总审定孙光荣教授题字

主管单位：国家中医药管理局机关服务局
承办单位：中和亚健康服务中心
中华中医药学会亚健康分会
长沙富智文化传播有限公司

图书在版编目（CIP）数据

国医年鉴.2009/《国医年鉴》编委会编.-北
京：中医古籍出版社，2009.4
ISBN 978-7-80174-675-7

Ⅰ.国… Ⅱ. 国… Ⅲ.医药卫生工作-中国-2009-
年鉴 Ⅳ.R826.2

中国版本图书馆 CIP 数据核字（2008）第 184634 号

ISBN 978-7-80174-675-7
9 787801 746757 >

中医古籍出版社出版发行
（北京东直门内南小街 16 号 100070）
全国各地新华书店经销
廊坊市安次区码头镇富达纸品印刷厂印刷
www.gxgy.org/gynj/

889×1194 毫米 大 16 开 37.5 印张 960 千字
2009 年 5 月第一版 2009 年 5 月第一次印刷
书号 ISBN 978-7-80174-675-7
定价 365.00 元

《国医年鉴》编撰委员会

序

《国医年鉴》总第一卷正式出版了，这是中医界的一件新事，更是一件益事！

民族文化是一个民族的历史血脉，是世界文明的有机构成，是全人类的共同财富，这是不争的史实。世界四大文明古国，以自己独有的民族文化，成为世界文明之林的丰碑。没有文化的民族是无法延绵于历史长河的，一个民族的历史，同时也是这个民族的文化传承史。

中医药学孕育于源远流长的中华文化，又丰富了博大精深的中华文化。从发掘文化意义、丰富文化脉络、促进文化传播、品味文化价值、赏析文化愉悦的角度，借助“年鉴”这一具有客观性的载体形式，发掘中医药学术精品；展现中医名人风采；展示中医药临床科研成果；搭建中医药产业平台，是一种全新的尝试。年鉴编撰委员会办公室和编辑部工作人员在确定选题、制定架构、组织编写、审稿定稿等方面，做了大量工作，对于完成年鉴起了重要作用。许多中医药专家、有关中医药院校和研究单位，也为本书提供了许多帮助和支持。因此，《国医年鉴》也可以说是集体智慧的结晶。

《国医年鉴》的医药篇、年度重大事件篇、治未病健康工程篇等，记录了中医药文化史传、中医药界参与社会重大事件的史实、中医药理念服务社会保健的年度有关工作情况。检视《国医年鉴》，可以感受中医文化的深邃、大气，和惠及苍生的亲切。

《国医年鉴》的中医名人、中医世家以及杏林故事等，证集了当代著名中医药学家的传略或诊疗故事。阅读《国医年鉴》，可以学习当代中医名家的学术经验，领略当代中医名家的大医风采。

《国医年鉴》的优秀论文专著、科技成果、诊疗技术，为矢志于中医药学术的人士提供了展示平台。收藏《国医年鉴》，可以获得足资借鉴的、体现时代气息的、弥足珍贵的中医药管理和学术等资料。

党的十七大决议明确指出要“中西医并重，扶持中医药和民族医药事业发展。”这体现了党心、民心之所向。值此中医工作正在进入一个新阶段之际，“君子之学必日新，日新者日进也。不日新者必日退，未有不进而不退者。”《国医年鉴》的出版，不仅是一个良好的开端，而且也体现了实干、奋发和继承、创新的精神。我衷心希望以本年鉴为平台，团结广大中医药工作者，脚踏实地，多做一些扎扎实实的有益于中医药事业发展的事情，把中医药事业不断推向前进。

本《年鉴》的编写是一项开创性工作，既需要勇气，又需要智慧、热情，尤其需要对于中医事业发展的高度责任感。它既是一部集文学性、艺术性、实用性和史料性于一体的大型工具书，又是一部极具珍藏价值的特色文化典籍。

由于水平与知识所限，时间匆促，在探索的道路上其不足之处难免，尚祈广大读者不吝赐教。

是为之序。

二〇〇九年五月

编辑说明

1、编辑主体

《国医年鉴》编辑工作在国家中医药管理局指导下，由国家中医药管理局机关服务局组织，中和亚健康服务中心、长沙富智文化传播有限公司和中华中医药学会亚健康分会负责承办。

2、编辑主旨

发掘中医药学术精品；展现中医名人风采；展示中医药临床科研成果；传承中医药文化；搭建中医药产业平台。

3、编辑原则

以中医药文化内涵为基础，力求文学性、艺术性、实用性和史料性。

4、篇章结构

《国医年鉴》2009 年卷为总第一卷，设 6 个分卷：

卷一、中医文化集萃卷--人物篇、医药篇、杏林故事篇、年度重大事件篇、主要活动篇、中医特色个人秀

卷二、中医名人榜卷--征稿姓氏笔画排序

卷三、中医世家档案卷--三代以上世家，以省名拼音排序

卷四、“治未病”卷--治未病健康工程的启动、进程、技术展示、产品展示、试点单位展示

卷五、优秀论文专著卷--征稿篇名拼音排序

卷六、科技成果、诊疗技术卷--征稿篇名拼音排序

5、组稿途径

之一：国中医药机服[2008]69 号文件--关于组织编纂《国医年鉴》的通知，下发各行政单位征稿

之二：政府信息网站正式发布的资讯

之三：行业主要媒体公开刊发的资讯

之四：国家中医药管理局、各级中医药行政机构、一级学会、科研机构、医疗机构等评选出来的优秀人员征稿

之五：年度大事纪实照片由资深摄影家巨锋供稿

6、编辑后记

以《年鉴》为载体发掘中医药学术精品；展现中医名人风采；展示中医药临床科研成果；传承中医药文化；搭建中医药产业平台，是一种开创性的尝试，得到国家中医药管理局的指导，各级中医药行政、科研机构的大力支持，中医药优秀人才的积极响应，编辑委员会谨致诚挚谢意！

《国医年鉴》以新生事物的姿态面世，或囿于策划的欠缺，或限于编辑的水平，或由于编排印刷的疏忽等等，真诚期待各方面建设性的意见。

弘扬国学，传承文化，我们愿与所有同道共勉。

《国医年鉴》 编辑委员会

生命与疾病

中医秉承了中华民族认识自然的天人合一思想，形成了对生命认识的整体观，运用阴阳平衡和五行生克制化的观念阐释生命的机理，采用比类取象、由表及里的方法把握生命与疾病的变化规律，创造了以藏象、经络、精气神等为核心的生命观。产生于两千年前的《黄帝内经》奠定了中医理论的基础，经过世代传承、创造和发展，相继产生了《伤寒杂病论》、《脉经》等经典文献。

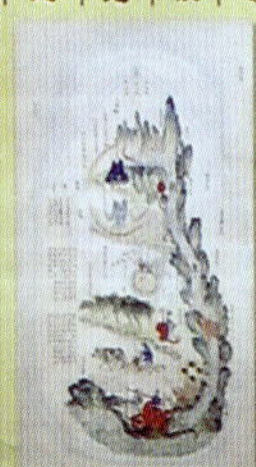

• 内景图

• 书影《黄帝内经》

目　录

第一卷　中医文化集萃

第二卷　中医名人榜

（以姓氏笔画排序）

第三卷　中医世家

（按省份拼音字母排序）

第四卷 “治未病”

第五卷　优秀论文专著

第六卷　科技成果、诊疗技术

2009

國醫年鑑

1 中医文化集萃

卷首语

中医文化，源远流长，自有黄帝，《内经》以传。
神农百草，丸散膏丹，药食同源，泽民安康。
望闻问切，四诊八纲，阴阳五行，和谐为上。
春生夏长，秋收冬藏，天人合一，循道则昌。
岐黄杏林，代有人杰，君臣佐使，遣药治方。
拔罐刮痧，黎民得安，针灸铜人，千古文章。
汶川地震，大医精诚，丹心仁术，接骨疗伤。
百年奥运，华夷同健；“神七”载药，橘井泉香。
贰零零捌，“国医年鉴”，“文化”开卷，海纳百川。

一、人物篇

中医药历史，与中华民族同步。中医药文化，与中华民族同源。为了彰显中医文化、学术的历史传承和哲学内涵，《国医年鉴》以中医整体观的视角，每年鉴将以不同的主题收录中医药历史人物。《国医年鉴-2009》为总第一卷，人物篇的主题是——源头活水。

黄　帝

1、黄帝与《黄帝内经》

黄帝与另一历史传说人物炎帝，是中华民族公认的先祖，中华民族自诩“炎黄子孙”即源于此。根据《史记•五帝本记》记载，黄帝确有其人：“黄帝者，少典之子，姓公孙，名轩辕，黄帝居于轩辕之丘”。根据这段记载，黄帝是少典的儿子。据说在公元前4千多年以前，地处轩辕丘有个龙图腾的国家，君主就是黄帝的父亲少典。史学家比较一致的观点是，轩辕丘是今天河南新郑，古代有熊国的都城。作为一国之君的公子，黄帝如何会成为中医第一人，著述中医千古经典《黄帝内经》，已经没有多少文字可考。人们普遍接受这样一个推论：《黄帝内经》为托名之作。《黄帝内经》之“上古天真论篇第一”说：“昔在黄帝，生而神灵，弱而能言，幼而徇齐，长而敦敏，成而登天。”开篇的介绍，推出一个具有公信力的人物，继而以黄帝与岐伯对话形式展开论述。《淮南子•修务训》说：“世俗之人，多尊古而贱今，故为道者必托之于神农、黄帝而后能入说”。以现代观点从字面看，推论黄帝为托名人物并不牵强。从历史传说看，黄帝之名本身就附会了演绎的色彩。上古时期，部落割据，争战频繁。据说黄帝经过三年苦战，打败蚩尤，战后在泰山之巅举行封禅仪式，告祭天地。这时候天上显现大蚓大蝼，人们说他以土德为帝，土色黄，故自称为黄帝，可见黄帝其名就蕴含了象征意义。

《黄帝内经》是现存最早的中医药学著作，一般认为成书于战国时期，结合当时哲学和自然科学的成就，总结了春秋至战国时期的医疗经验和学术理论，分别从阴阳五行、天人相应、五运六气、脏腑经络、病机、诊法、治则、针灸等方面论述了对人体的生理、病理以及疾病的诊断、治疗与预防，确立了中医学独特的理论体系，成为中国医药学发展的理论基础和源泉。

2、《黄帝内经》书名有关探讨

对于《黄帝内经》书名，历代也多有考究。一种见解认为，所谓“内经”与“外经”，只是相对之称，别无深义，如《汉书•艺文志》所记载的书目，计有七种医经，其中既有《黄帝内经》，又有《黄帝外经》；既有《扁鹊内经》，又有《扁鹊外经》；既有《白氏内经》，又有《白氏外经》。明代吴昆、王九达等则认为，“五内（指人体内的五脏等重要脏器）阴阳谓之内，万世宗法谓之经”。明代张介宾认为“内者，性命之道”。这些观点认为，《内经》是研究人之生命活动的内在规律的医书。

3、黄帝与民俗

始祖黄帝在名族文化中具有非同寻常的象征意义，对民众生活和教化的影响以各种方式渗透到民俗民风中。历史上有两个民俗节日都与黄帝生日有关。关于黄帝生日有两种说法，一说为农历二月二，一说为农历三月三。农历二月二是中和节，又叫龙抬头。三月三是上巳节。

中和节是唐德宗李适在贞元五年（789）所制定的，又名二月二日“龙抬头”。据《唐书•李泌传》记载，唐中叶以前，春天只有三个节日——正月九、正月晦（三十日）和三月上巳节，二月没有节日。唐德宗时，李泌上书，废正月晦，以二月一为中和节。德宗十分赞同，并下令以正月初九、二月朔和三月上巳合称三令节。中和节这一天，官员休假一天，民间则以青布口袋盛百谷果实，互相赠送，叫做“献生子”。

关于“中和”，《礼记•中庸》说：“喜怒哀乐之未发谓之中，发而皆中节谓之和；中也者，天下之大本也，和也者，天下之达道也。致中和，天地位焉，万物育焉。”用现代语言来表示就是：喜怒哀乐没有失控发作叫做中；喜怒哀乐情绪表现出来的时候都恰到好处，叫做和。中是天下最大的根本，和是天下能通达的法则。能达到中和完美的程度，天地都会赋予他应有的位置，万物都会养育他。中和在道教里指元气。《太平经•和三气兴帝王法》中有："元气有三名，太阳、太阴、中和。"这两方面的意思，都与《黄帝内经》中"法于阴阳，和于术数"异曲同工。

将二月二龙抬头认定为黄帝生日，也许与民族图腾有关。中华民族以龙为图腾，号称龙的传人。在这样文化背景下，始祖黄帝以龙抬头为生日是很自然的。更何况，龙抬头之说还不止是文化的演绎，而是有客观天象来佐证。古代天文学观天模式，在周天黄道确定28个星座，称为28宿。古人将这28个星宿按照东南西北分成4宫，每宫7宿，并按照它们的形象将四宫附会为4种动物。其中，东宫7宿被想象成一条南北伸展的巨龙，由30颗恒星组成。当被称为"龙角"的东宫 7 宿的第一宿出现于地平线上的时候，正值春天来临，所以，古人将它的出现作为春天的标志，把这种天象叫做龙抬头。而此时恰逢我国农历二月雨水节气前后，唐代著名诗人白居易诗说："二月二日新雨晴，草芽菜甲一时生"。二月二就被认为是龙抬头的日子成为一种节日了。

草木逢春生机勃发，人也要开始保健了。古代部分地区民间有二月二用蜡烛照房墙得习俗。民谚说："二月二，龙抬头，蝎子、蜈蚣都露头"。因此要"二月二，照房梁，蝎子蜈蚣无处藏"。明人沈榜的《宛署杂记》中更是具体记述："二月引龙，熏百虫。……乡民用灰自门外委婉布入宅厨，旋绕水缸，呼为引龙回。用面摊煎饼。熏床炕令百虫不生。"

农历三月三是皇帝生日的另一个说法。自古有"二月二，龙抬头；三月三，生轩辕"之说。古时以三月第一个巳日为"上巳"，汉代把这一天定为节日。《后汉书•礼仪志上》记载："是月上巳，官民皆絜（洁）于东流水上，曰洗濯祓除，去宿垢疢（病），为大絜"。唐代诗人杜甫写有"三月三日气象新，长安水边多丽人"的诗句。以上可以看出，古代人很重视春季驱浊辟邪，以利生机复苏。南方汉族有三月三吃地菜煮鸡蛋的习俗。民谚说"阳春三月三，荠菜当灵丹"。中医认为：荠菜味甘、性凉，归肝、脾、肾经，有和脾、利水、止血、明目等功效。为了加强地菜煮鸡蛋的保健功效，地道的民俗还要在地菜鸡蛋中加入老姜、枫球祛风祛湿，加入红枣桂圆健脾补肾。这一习俗，体现了中医药食同源时令进补的特点。

阳春三月三还是一些少数民族的"情人节"。三月三的那天，土家族的阿哥阿妹聚在一起，以山歌为媒，以踩脚定亲。能歌善舞的壮族四季歌会不断，以三月三的最隆重热烈，大的歌圩可达数万人之多。确实一派"春生"之象。

4、容易混淆的《内经图》

《黄帝内经》因其民族文化的标识意义，其成书或者某章节页面的图片广为流传。在我国古代文化史上，确实有一幅"内经图"，此图源出于邱真人之笔（http：//blog.sina.com.cn），亦称"内景图"，内景，亦称"内象"，指思维活动内向，以意存观脏腑、经脉组织及其运动规律的一种人体内在体验。《上清黄庭内景经》梁丘子注《题释》："内者，心也；景者，象也。外象，谕即日月星辰云霞之象也；内象，谕即血肉筋骨脏腑之象也，心居身内、存观一体之象也。故曰内景也。"

岐伯

在《黄帝内经》中，黄帝提出问题后，总有另一个人作答，这答问的人就是岐伯。岐伯相传为黄帝之臣，又是黄帝的太医，还是黄帝元妃嫘祖的舅父。

岐伯的籍贯也是一个众说纷纭的话题。清朝乾隆年间《庆阳县志•人物》记载：“岐伯，北地人，生而精明，精医术脉理，黄帝以师事之，著《内经》行于世，为医书之祖。”据此，岐伯应为甘肃省庆阳县人。也有人认为，四川盐亭是嫘祖故里，也是岐伯的故乡。在盐亭县西北，有许多岐伯文化遗迹，如岐伯庙、岐伯堂、岐伯宫、岐伯村、岐伯坝、歧柏树等。还有一个佐证是，在盐亭西北的柏梓镇一带中草药繁多，是古代的药谷。人们将此视为岐伯遗风。关于岐伯最没有争议的就是他的身份——远古时期最有声望的医学家。由中医学家皇甫谧编撰的《帝王世纪》中记载：“（黄帝）又使岐伯尝味百草。典医疗疾，今经方、本草、之书咸出焉”。宋代医学校勘学家，林亿等在《重广补注黄帝内经素问•表》中强调：“求民之瘼。恤民之隐者，上主之深仁，在昔黄帝之御极也。……乃与岐伯上穷天纪，下极地理、远取诸物，近取诸身，更相问难，垂法以福万世，於是雷公之伦，授业传之，而《内经》作矣”。甚至有人认为，他是《黄帝内经》的作者，托名黄帝是因为上古流行这样的著述方式，也有利于提升著述的地位和价值。持这一观点者认为，今人以“岐黄”作为中医的代名词，将岐（伯）置于黄（帝）之前，如果他不是真正的作者而僭越在帝王之前，这是不合常理的。这种论据过于单薄一些。因为岐黄之称亦是后人所为，应无关岐伯越位。将中医称为“岐黄之术”，可以考据是源于苏颂《政和证类本草图经序》：“雠校岐黄内经，重定针艾俞穴”。这里仅仅是提到“讐校”的一件实事，对前贤的著作做一个文字校正，并无人名高下排序的意思。

这些历史疑案已经有些扑朔迷离，我们无需质疑的是，在远古时期，祖先就留下了独具特色的医药文化。

1、“点天灯”

在四川盐亭，当瘟疫流行时，人们即于高处树干上点“天灯”以驱瘟除疫。这一方法是出于对岐伯的信服。相传岐伯为人治病之前是蚕医，他曾在螺祖故里盐亭高灯镇点天灯驱鼠护蚕。从现在的常识可知，天灯驱鼠护蚕是切实可行的，但用于驱瘟除疫则更多的是表达一种良好的愿望，是人们出于对岐伯的尊崇而对他的行为赋予了法力的想象，既然岐伯的天灯能护佑蚕，人们希望效法他的方法能辟邪求安。

2、“撒粉火”

由于岐伯所代表的医药成就，他已经成为人民祈求健康的精神偶像。如果家有病人，当地还会请傩神扮作岐伯，着装执剑，唱驱病之词，并将炒干的锯木粉撒于火把之上，使之燃为火团，这就是“撒粉火”。“撒粉火”有一定灭菌效果，尤其是山区或寒湿地区，民间流行用中草药熏香清洁空气。如檀木、艾叶、枫树球等中草药，都被采用作为熏香。

俞跗

史传上古医家。相传擅长外科手术，黄帝臣。但关于其生平没有多少翔实的资料可考，可见的史料文字，有史学家司马迁《史记•扁鹊仓公列传》中记载：“医有俞跗，治病不以汤液醴洒，镵石蹻引，案扤毒熨，一拨见病之应，因五脏之输，乃割皮解肌，诀脉结筋，搦髓脑，揲荒爪幕，湔浣肠胃，漱涤五脏，练精易形”。此外，西汉时期文史学家的著作中也记述了秦越人所论之上古医生俞跗的事迹。韩婴，曾任文帝时博士，约生活于公元前二世纪中，他在《韩诗外传》卷10写道：“中蔗子曰：吾闻中古之为医者，曰俞跗，俞跗之为医也，榒木为脑。芷草为躯，吹窍定脑，死者更生”。西汉经学家、目录学家、文学家刘向，在其所撰的《说苑•辩物》中也有类似记载。从刘向生平看，他对俞跗的认识来源于前人的记载。《汉书•刘向传》中记载：成帝“诏向领校中五经秘书”。这“领校秘书”，简单通俗地说就是负责校对藏书。《说苑•辩物》就是他校书时根据皇家藏书和民间图籍，按类编辑的先秦至西汉的一些历史故事和传说，记述中加入了自己的见解和评说，留下许多警世名言。如："高山之巅无美木，伤于多阳也；大树之下无美草，伤于多阴也"。"非所言勿言，以避其患；非所为勿为，以避其危；非所取勿取，以避其诡；非所争勿争，以避其声。明者视于冥冥，谋于未形；聪者听于无声；虑者戒于未成。世之溷浊而我独清，众人皆醉而我独醒"。这样一位明辨阴阳之利弊的"独醒"者，以其利世修身的世界观，辑录散在的故事传说，借题发挥儒家的政治思想和道德观念，其编撰思想是很严肃的。后人评价说：由于书中取材广泛，采获了大量的历史资料，所以，给人们探讨历史提供了许多便利之处。书中记载的史事，有的可与现存典籍互相印证；有的记事与《史记》、《左传》、《国语》、《战国策》、《荀子》、《韩非子》、《管子》、《晏子春秋》、《吕氏春秋》、《淮南子》等书相出入，对考寻历史者足资参考。有些古籍已经散佚，但《说苑》中却保存一二，吉光片羽，尤为可贵。

作为上古著名中医学家的俞跗，史实留存有限，关于他的历史传说就显得尤其可贵，故而录编如下。

1、从猎手到外科医生

传说俞跗做医生之前是有名的好猎手。这个说法也不无可能。因为远古的人们以渔猎为生，农耕种植起源于渔猎之后。那个年代，人们的打猎装备远不是现代可比，野兽也不像现在这样畏惧人类。俞跗做猎人，必然会常常遇到猛兽伤人事件。作为猎手，尤其需要强壮的体魄。打猎之余，他对强身健体的医学产生了浓厚的兴趣。尤其多次目睹野兽伤人的惨状，皮开肉绽，鲜血淋漓，此时切脉熬药实在有些远水不救近火。他非常迫切地想探寻快速疗伤的方法。就在他冥思苦想不得其解的时候，妻子养鸡给了他启示。

在农耕为主的时期，家庭养殖是很重要的家庭经济构成，对人类没多少威胁的鸟类，是人类最早驯服的动物之一，养鸡是主妇非常重要的工作。俞跗的妻子也不例外。她养了只老母鸡，并且孵出一窝小鸡仔。俞跗妻子非常用心照顾这窝小鸡仔。有天晚上小鸡遭到了野物偷袭，一窝鸡仔死的死伤的伤。有只小鸡肚皮被撕破，肠子流出来，痛苦地吟叫着。俞跗妻子非常痛惜一窝小鸡被毁，她想挽救这残存的小鸡。她小心地把流出的肠子放回鸡肚里，用骨针缝合了撕裂的伤口，再用一条面饼贴在线缝上盖住伤口。这小鸡居然被救活，长成了大鸡。俞跗看了深受启发，想起人被野兽伤了也这样缝合处理，岂不比吃药快多了。俞跗开始尝试用缝合的办法治疗外伤，缝合以后再加上采来药物敷洗。经过这样治疗的人愈合快，痛苦少。俞跗的名声传开了，求治的人越来越多，即使不是外伤也来找他诊治。俞跗开始琢磨，内脏的病切开来诊治或许比吃药快。打猎见多了动物内脏器官，使他对野兽的内部生理结构非常熟悉。他决定先在家里养的动物身上尝试。经过试验积累了一些经验，他开始为人开刀治病。这才有了史记"割皮解肌，诀脉结筋"的生动记载。

2、路遇溺水起死回生

从历史传说看，俞跗可以算得上中医外科第一人。由于他不同于一般的草药郎中，善于救治急险的危症，自然有"起死回生"的美名。传说有一次，俞跗在过河时，遇上一个溺水的女人被几个人打捞出来准备埋葬。俞跗出于做医生的职业习惯，上前询问这将被埋葬的人溺水多长时间了。抬尸体的告诉他，才打捞上来不久，捞上来就断气了。俞跗声明自己是郎中先生，提议先让他看看尸体。丧家自然求之不得，吩咐把尸体放下让俞跗诊察。俞跗先是摸了摸死者的脉搏，又看了看死者的眼睛，然后又让人找来一条草绳，把死者双脚捆绑好，倒吊在树上。人们虽然不理解俞跗为什么要这样做，但俞跗肯出手来诊察即将入土的人，家属还是心存感激和敬畏，对俞跗的吩咐一一照办。死者被倒吊后，大口大口地往外吐水，直到不吐时，俞跗才叫人慢慢将死者解下来，仰面朝天放在地上，双手在死者的胸脯上一压一放，帮助心脏恢复律动。经过一阵救治，俞跗拔掉自己的几根头发放在死者鼻孔上观察了一阵，发现头发丝缓缓地动了。这时候，不待俞跗说话，家属自然知道结局，欣喜万分。在场的其他人莫不欣然称奇。这个传说在今天看来并不稀奇，传说里所采取的控水和人工呼吸，可说是溺水后救治的常识性方法。如果这样的救治方法果然是从俞跗沿用到几千后的今天，俞跗在当时的学识水平和救治急险症的本领就的确是非常出类拔萃了。

雷 公

传说中的上古医家。关于雷公生平史料非常有限，能见到的文字记载，主要出自《黄帝内经》。"黄帝坐明堂，召雷公而问之曰：子知医之道乎?雷公对曰：诵而颇能解，解而未能别，别而未能明。明而未能彰。足以治群僚”。《内经》中的“著至教论”、“示从容论”、“疏五过论”、“征四失论”等篇，都是以黄帝与雷公讨论医药问题的形式写成，这成为雷公其人的最早资料。相传雷公为黄帝旗下懂医学的臣子之一，并且精于针灸，通九针六十篇，这些说法恰与《内经》一书吻合。

历史上托名雷公的医学著作有《雷公药对》。此书的有关记载是：药学著作。四卷（一作二卷）。作者不详。托名雷公。约成书于公元二世纪初。陶弘景认为本书在药物功用、主治及品种方面较《神农本草经》有所补充。原书已佚。但从晚于雷公的各代医药学家著述中，零星散见对于雷公和他的《药对》的追踪。比如李时珍《本草纲目》卷二中有：

药对岁物药品

立冬之日，菊卷柏先生，为阳起石桑螵蛸使，凡十物，使主二百草为之长。

立春之日，射干木兰先生，为柴胡半夏使，主头痛四十五节。

立夏之日，蜚蠊先生，为人参茯苓使，主腹中七节，保神守中。

夏至之日，豕首吴茱萸先生，为牡蛎乌喙使，主四肢三十二节。

立秋之日，白芷防风先生，为细辛蜀漆使，主胸背二十节。

李时珍列举了阳起石桑螵蛸等五条药对，他认为这些药对“出上古雷公《药对》中，而义不传尔”。李时珍认为“及此五条，文近《素问》，决非后世医所能为也。”

李时珍提到“岁物药品”，这是中药理论的一个独特概念，通俗地说，“岁”即年，“岁物”就是按照一定的时令采、用药物。《黄帝内经•素问》“至真要大论”中说到黄帝问岐伯：“非司岁物何也”？黄帝请岐伯解释不按照一定的时间用药会有什么影响。岐伯回答说：“散也，故质同而异等也。气味有厚薄，性有燥静，治保有多少，力化有浅深，此之谓也。”唐代著名医学家孙思邈说得更明白：“夫药采取不知时节，不以阴干暴干，虽有药名，终无药实，故不依时采取，与朽木不殊，虚废人功，卒无裨益。”古代医学家张景岳认为：“天地之气，每岁各有所司，因司气以备药物，则主病者无遗遗余矣。”

“时令药物”在大众生活中往往以民俗的方式表现出来，如三月三喝荠菜汤祛风祛湿，五月五佩挂香囊、涂抹雄黄酒辟蚊虫蛇毒等邪气，入伏节气吃老姜护阳、洗青蒿药浴防痱子脓疖等……

以上可以看出，中药理论与中医一样，体现出“天物合一”整体观的认知方式和思辨，重视客观环境对个体的影响作用，在千百年的累积发展中，既形成一门学科，也衍生出一种文化。

传说中的远古医学人物

伏　羲：

伏羲（xi）又作宓羲、庖牺、包牺、伏戏，亦称牺皇、皇羲、太昊，史记中称伏牺。是中华民族人文始祖。所处时代约为新石器时代早期，相传为中国医药鼻祖之一。

伏羲是我国古籍中记载的最早的王。据已故考古家王献唐先生考证，他出生在泗水县泉林、华村一带。伏羲聪慧过人，他根据天地万物的变化，发明创造了八卦，成了中国古文字的发端，也结束了“结绳纪事”的历史。他又结绳为网，用来捕鸟打猎，并教会了人们渔猎的方法，发明了瑟，创作了《驾辨》曲子，他的活动，标志着中华文明的起始。

相传其人首蛇身，与其妹女娲成婚，生儿育女，成为人类的始祖。又相传他是古代华夏部落的杰出首领。伏羲根据天地间阴阳变化之理，创制八卦，即以八种简单却寓义深刻的符号来概括天地之间的万事万物。此外，他还模仿自然界中的蜘蛛结网而制成网罟，用于捕鱼打猎。由于伏羲是蛇身人首，故华人有“龙的传人”之说。

伏羲创立八卦

在天水北道区渭南乡西部，有一卦台山，相传这里就是伏羲画八卦的地方。传说在伏羲生活的远古年代，人们对于大自然一无所知。当下雨刮风、电闪雷鸣时，人们既害怕又困惑。天生聪慧的伏羲想把这一切都搞清楚，于是他经常站在卦台山上，仰观天上的日月星辰，俯察周围的地形方位，有时还研究飞禽走兽的脚印和身上的花纹。

有一天，他又来到了卦台山上，突然听到一声奇怪的吼声，只见卦台山对面的山洞里跃出一匹龙马。说它是龙马，那是因为这个动物长着龙头马身，身上还有奇怪的花纹。这匹龙马跃到了卦台山下渭水河中的一块大石上。这块石头形如太极，配合龙马身上的花纹，顿时让伏羲有所了悟，于是他画出了八卦。今天，伏羲八卦台成为河洛文化的核心。

伏羲的生态平衡思想

传说伏羲在河南陈州当选为部落总首领后，曾三次回到母亲华胥的家乡阆中，完成了两大发明，一是结网捕鱼。他看到百姓在沿岸用树杈、石块击打游鱼，命中率很低，于是便从蜘蛛结网捕捉飞蛾受到启示，试着用林中的藤蔓编织成鱼网捕鱼。其二是教会人们打猎。他看到这里的百姓狩猎方式和武器落后，便用石头、木棒、竹片制作成锋利的武器。遇到大兽，就执锐器群起而攻之。渔猎有了剩余，伏羲就教人们驯养，作为无法渔猎时候的给养。

伏羲教会人们渔猎以获得足够的生活给养，但他很注重生态平衡。一次他打死了一只鹿，别人为他欢呼，他却潸然泪下说，这是一只有孕的鹿，我不该打死她！伏羲从动物世界领会了万物的循环，并在他的卦象理论中将这种循环理念融会贯通，举一反三。后来文王演周易，八卦，实际上就是对伏羲的卦象以及易经原理进行了分析论证和归纳总结。

有学者认为，古人对上古帝王及其世系的创造过程，是做加法，逐渐敷衍产生的。那么我们在对古史帝系做研究时，则应采用做减法的方法，既不可把神话当成历史，也不可仅凭史籍的记载而断然结论，对历史文献，也应历史地去看，参照考辨，去伪存真，溯其流，探其源，廓清历史真相，更多地探索传说人物所承载蕴含的文化源流内涵。

神农氏：

继伏羲以后，神农氏是又一个对中华民族颇多贡献的传奇人物。后人将其丰功伟绩列陈有八：训牛以耕，焦尾五弦，积麻衣革，陶石木具，首创农耕，搭架采药，日中为市，穿井灌溉。传说他还发明了医术，遍尝百草，发现药材，教会人民医治疾病。

《纲鉴易知录》记载：“民有疾，未知药石，炎帝始草木之滋，察其寒、温、平、热之性，辨其君、臣、佐、使之义，尝一日而遇七十毒，神而化之，遂作文书上以疗民疾而医道自此始矣。”

因以火德王，故称炎帝、赤帝、烈（厉）山氏。对于神农氏是否是炎帝这个问题，学术上一直悬而难决。

湖北神农架的传说

神农架位于湖北省西部边陲，1970年经国务院批准建制，直属湖北省管辖，是我国唯一以“林区”命名的行政区。

传说上古时候，五谷和杂草长在一起，药物和百花开在一起，黎民百姓靠打猎过日子，天上的飞禽越打越少，地下的走兽越打越稀，人们就只好饿肚子。谁要生疮害病，无医无药，那就更无生机了。

老百姓的疾苦，神农氏瞧在眼里，疼在心头。他带着一批臣民，从家乡随州历山出发，向西北大山走去。来到一个地方，眼前是一座高山。他对着高山，上望下看，左瞅右瞄，想登上高山找到能造福臣民的方法。后来，人们就把他站的这座小山峰叫“望农亭”。他看见几只金丝猴，顺着高悬的古藤和横倒在崖腰的朽木爬过来。神农灵机一动，把臣民们喊来，叫他们砍木杆，割藤条，靠着山崖搭成架子，就这样登上山顶。传说，后来人们盖楼房用的脚手架，就是学习神农的办法。

白天，他领着臣民到山上尝百草，晚上，他叫臣民生起篝火，他就着火光把尝试的结果记载下来。他踏遍了这里的山山岭岭。他尝出了麦、稻、谷子、高粱能充饥，就叫臣民把种子带回去，让黎民百姓种植，这就是后来的五谷。他尝出了三百六十五种草药，写成《神农本草经》，叫臣民带回去，为天下百姓治病。

为了纪念神农尝百草、造福人间的功绩，老百姓就把这一片茫茫林海取名为“神农架”。

僦贷季：

上古时之医学家。据传为岐伯之师，博通阴阳，熟诸色脉之学，人尊为“圣工”。《黄帝内经素问•移精变气论》中，岐伯在回答黄帝的有关问题时指出，“色脉者，上帝（上古之帝）之所贵也，先师之所传也。上古使僦贷季，理色脉而通神明，合之金木水土，四时八风六合，不离其常，变比相移，以观其妙，以知其要，欲知其要，则色脉是矣”。明代徐春甫撰《古今医统》认为：“僦贷季，黄帝时人，岐伯师也。岐伯相为问答，著为《内经》”。

伯　高：

传说上古之经脉学医家，黄帝臣。晋代史学家、医学家皇甫谧撰《黄帝针灸甲乙经》，曾指出：“黄帝咨访岐伯、伯高、少俞之徒，内考五脏六腑，外综经络、血气、色侯，参之天地，验之人物，本之性命，穷神极变，而针道生焉，其论至妙”。可知伯高之为医是以针灸之理论、临床和熨法等外治为特长，同时，对脉理亦多有论述。

少　俞：

传说上古医家，黄帝臣，俞跗之弟，医术多与其兄同。

鬼臾区：

又作鬼容区，号大鸿。传说上古医家，黄帝臣，曾佐黄帝发明五行，详论脉经，于难经究尽其义理，以为经论。

唐王冰注《素问》黄帝问于鬼臾区所答：“臣积考太始天元册文曰”时指出：“鬼臾区十世祖始诵而行之，此太古占候灵文，洎乎伏之时，已镌诸王版，命曰册文。”由此可知鬼臾区其人，当系神农氏后相传十世之世医。死后葬于雍，其冢曰鸿冢。

桐　君：

传说上古时药学家，黄帝臣，以擅长本草著称。梁•陶弘景《本草经集注》序强调：“至于药性所主，当以识识相因，不尔何由得闻，至于桐雷，乃著在于编简，此书应与《素问》同类”，“又有桐君《采药录》，说其花叶形色；《药对》四卷，论其佐使相识”。

少　师：

传说上古时医家，黄帝臣，以擅长人体体质之论而闻名流传于世。少师回答黄帝关于人有阴阳等问题时指出：“天地之间，六合之内，不离于五，人亦应之”，少师对五种人的体质、性格、行为特点等进行了比较具体的叙述，少师之论点近世为朝鲜医学家发展为“四象医学”。

巫　彭：

传说中之巫医。《山海经》有载。《说文》有“巫彭初作医”的记述。据考，巫彭乃黄帝臣，其医疗除用巫术为人治病外，还掌握有药物知识以治疗疾病。

巫　妨：

传说中之巫医，儿颅囟经，以占夭寿，判疾病死生，世所相传，有小儿方焉，为占卜小儿寿夭疾病之巫医。

巫　咸：

一作巫戊，传说中之巫医。唐尧时臣，“以鸿术为尧之医，能祝延人之福，愈人之病，祝树树枯，祝鸟鸟坠”。《楚辞》记有“巫咸将夕降兮”。王逸注为“巫咸，古神巫也”。甲骨文中有咸戊。故有学者认为巫咸或即商王太戊之大臣。

苗　父：

上古巫医，一称弟父。《韩诗外传》有：“吾闻上古医曰弟父。弟父之为医者，以莞为席，以刍为狗，北面而祝之，发十言耳，诸扶舆而来者，皆平复如故”。

综而言之，中国医学发展的启蒙时期，朴素经验的积累有过一个极其漫长的历史，即中国原始社会晚期“巫”产生前的若干万年无数代人们医疗经验的积累和口耳的世代相传。这些经验的积累被后世学者誉归于伏羲、神农、黄帝、岐伯、俞跗、伯高、鬼臾区、少俞、雷公、少师、桐君等等。继之而起者，乃原始社会晚期生产、文化等之发展而诞生的“巫”，以及由之而起的巫医，由原始社会晚期到殷商，乃至西周前后，巫医在中国医疗保健中曾居於显要地位，俞跗、巫彭、巫妨、巫咸、苗父等是其代表人物。研究中国原始社会之医疗保健，我们不能忽视上述传说甚至神话中的医家与巫医，并且不能脱离当代社会的认识水平，更不能以现代的文明水平去判定那个时代的是与非。应当承认，在这方面的研究还很不够，给予他们以历史的、真实的地位，乃是医史学家的责任。

二、医药篇

中医、中药同源同根，都与民族文化有不可割裂的渊源，形成与社会政治、经济、文化（包括口传文化）相互渗透。记录中医药发展历程，以及其理论、方法、技术所蕴涵的民族文化元素，是对客观历史的尊重，也有利于保持和拓展中医药应用的社会文化基础。本篇基于2008年度网络发布和行业主要媒体刊载，侧重收编中医药领域体现一定发展脉络的论文，中医药特有方法技艺及其具有文化特色的典故传说，对于“网络原创”这一文化现象涉及中医药题材的一并收录。

1、实与法规

毛泽东关于发展中医药的思想和实践

（2008-12-26来源：中国中医药报）

摘要：毛泽东非常重视中医药的发展，他不仅提出了一系列发展中医药的重要思想，还直接对中医药工作的实践进行具体的指导。他高度评价中医药的现实价值，认为中医药是中国对世界的一大贡献；发现并纠正了新中国成立后一段时期内轻视、歧视和排斥中医药的错误；从宏观上提出了一些促进中医药发展的措施，指明了中医药发展的路径。这些思想和措施推动了中医药事业的发展和进步，为新中国医药卫生事业的蓬勃发展作出了重要贡献。

毛泽东关于发展中医药的思想和实践

中医药是中国传统文化中的瑰宝。毛泽东非常重视中医药的发展，他不仅提出了一系列发展中医药的重要思想，还直接对中医药工作的实践进行具体的指导，为中医药事业在新的历史条件下的继承和发展做出了重要贡献。

高度评价中医药的现实价值

早在井冈山斗争时期，毛泽东就提出“草医草药要重视起来”。在当时井冈山医院医生和药源都极为缺乏的情况下，他及时指导医院“用中西两法治疗”，广泛利用当地流传的中医单方和当地出产的草药，内服外敷，治愈了许多伤病员。在抗日战争和解放战争时期，对于如何对待中国传统医学的问题，毛泽东多次作出重要指示。1940年在纪念白求恩逝世一周年大会上，毛泽东强调必须团结中医，发挥中医的作用。1944年10月30日，毛泽东在陕甘宁边区文教工作者会议上发表演讲：“陕甘宁边区的人、畜死亡率都很高，许多人民还相信巫神。在这种情形之下，仅仅依靠新医是不可能解决问题的。新医当然比旧医高明，但是新医如果不关心人民的痛苦，不为人民训练医生，不联合边区现有的一千多个旧医和旧式兽医，并帮助他们进步，那就是实际上帮助巫神，实际上忍心看着大批人畜的死亡。”边区人民政府为此广泛发动医务界执行毛泽东的指示，中西医与药铺密切合作，提倡中医科学化、西医中国化，有力地促进了中西医团结合作。毛泽东本人也曾因患风湿性关节炎，特请精通中医的李鼎铭到杨家岭给他看病。当二人谈到中国医学如何发展时，李鼎铭认为，中西医各有长处，只有团结才能求得进步。毛泽东说：“你这个想法好，以后中西医一定要结合起来。”这是毛泽东根据中国国情、民情以及中西医并存的实际情况得出的科学论断，对之后新中国一系列医药卫生工作政策的制定具有潜在的影响。

新中国成立前后，全国卫生形势非常严峻：疫病丛生，缺医少药，医疗卫生条件非常落后。当时全国西医仅有2万多人，中医虽有几十万人，但却不能正常发挥作用。全国约有80%的病人未得到正规的医疗帮助。为改变这种局面，1949年9月，毛泽东在接见全国卫生行政人员代表时，从保护和发展中医药的角度着重指出，只有很好地团结中医，提高中医，搞好中医工作，才能担负起几亿人口艰巨的卫生工作任务。不仅如此，毛泽东还对中医的贡献给予了很高评价。1953年12月底，毛泽东在杭州刘庄宾馆小憩时说："中国对世界有三大贡献，第一是中医。"中医各种学派、各家学说的不断发展，汇集成一个独具中国特色的学术巨流，对现代医学的发展大有借鉴之处。毛泽东把中医放到中国对世界的一大贡献的高度，足见他对中医非常重视。

对中药问题，毛泽东也很重视。1954年，毛泽东作出关于中药问题的重要批示：中药应当很好地保护与发展，我国中药有几千年的历史，是祖国极宝贵的财富，如果任其衰落下去，那是我们的罪过。中医书籍应进行整理。应组织有学问的中医，有计划有重点地先将某些有用的，从古文译成现代文，时机成熟时应组织他们结合自己的经验编出一套系统的中医医书来。1958年10月，毛泽东对几千年来为保障人民生命健康做出巨大贡献的中医药学给予充分肯定，指出："中国医药是一个伟大的宝库，应当努力发掘，加以提高。"这一评价表明，毛泽东不仅把中医药看成是中国传统文化留给我们的一份珍贵遗产，而且特别强调要充分挖掘其现实价值。

纠正中医药发展中的错误做法

建国后一段时期内，中医药的发展遇到了一些迟滞与困难。当时轻视、歧视和排斥中医药的现象有所抬头。其主要原因是建国初期毛泽东提出的"团结中西医"的卫生工作方针未被认真贯彻执行，在很多方面对中医药采取了不适当的限制，严重影响了中医药的发展和提高。特别是1951年公布的《中医师暂行条例》、《中医师暂行条例实施细则》和1952年公布的《医师、中医师、牙医师、药师考试暂行办法》，规定了一些脱离实际、在当时看来有些苛刻的办法，如规定只有持有公私立四年学制以上之中医学校毕业证书者、经中央卫生部或中央卫生部授权大行政区卫生部考试及格者、经省和直辖市以上人民政府卫生主管机关发给中医师证书或考试及格者，才能经大行政区卫生部审核并转呈中央卫生部核发中医师证书。中医师资格考试的笔试部分包括必试科如生理解剖学概要、细菌学概要、传染病概要等。选试科如内科（包括妇科、儿科）、外科、眼科、针灸科、正骨科、按摩科等，完全超出了当时一般传统中医所要掌握的基本医学知识。

这样做的结果是，1953年全国92个大中城市和165个县登记、审查合格的中医只有1.4万多人。山西省运城专区18个县，竟没有一名合格中医。天津市中医水平是比较高的，但参加考试的530多个中医只有55个合格。江西省卫生厅1950年和1951年先后进行了两次全省中医师登记审查换发执照工作，总登记人数为8728人，而被承认为正式中医师的仅424人，审定为临时中医师的3648人，其余实际上被取消了行医资格。1950年曾将审查不及格的1355人通知由专署考试，由于没有充分考虑许多中医提出的"缓期考试"的要求，结果报考者仅727人，有327人没有通过，引起一些中医的不满。

另外，在具体卫生工作中，也出现了不少问题，如实行公费医疗制度没有认真考虑中医的作用，吃中药不报销，大医院不吸收中医参加工作；办中医进修学校主要讲授简单的西医诊疗技术，片面地鼓励中医改学西医；各高等医学院校，没有考虑讲授中医药课程；中华医学会不吸收中医会员；中药产供销无人管理；盲目取缔一些深受群众欢迎又确能治病的中成药；有人发表文章，公开声称中医是"封建医"，鼓吹随着封建社会的消灭，中医也应被消灭。

针对上述中医药发展过程中出现的问题，1953年12月上旬，毛泽东在听取卫生部副部长贺诚等汇报时，谈了对卫生工作的意见：中医是在农业与手工业的基础上产生出来的。这是一大批遗产，必须批判地接受，把其积极的一面吸收过来加以发挥，使它科学化；另一面，对不合理的要研究，分析批判。1954年7月9日，刘少奇受毛泽东委托召集会议，传达毛泽东关于中医工作的指示。在指示中，毛泽东强调：中西医团结问题没有做好，原因是西医存在很大问题，主要是西医有宗派作风。西医传到中国来以后，有很大一部分人就把中医忽视了。必须把中医重视起来。中医问题，是关系到几亿劳动人民防治疾病的问题，关系到我们中华民族的尊严、独立和提高民族自信心的一部分工作。我们中国的医学，历史十分悠久，有丰富的内容，当然也有糟粕。中国人口能达到6亿，这里面中医就有一部分功劳。西医是近代的，有好的东西。但什么都是“舶来品”好，这是奴化思想的影响。西医要跟中医学习，具备两套本领，以便中西医结合，有统一的中国新医学、新药学。这些工作一定要制定出具体措施。经过一系列努力，1956年11月27日，卫生部宣布废除《中医师暂行条例》，12月13日，卫生部又宣布废除《中医师暂行条例实施细则》和《医师、中医师、牙医师、药师考试暂行办法》，开始大力开展和推进中医工作。这就为中医药的正常发展提供了保证。

提出促进中医药发展的措施

为了统一对中医药的认识，进一步推动中医药的发展，从而更好地为人民大众服务，为新中国的建设事业服务，毛泽东从宏观上提出了一些促进中医药发展的措施，指明了中医药发展的路径。其一，坚持中西医结合的基本原则。早在延安时期，毛泽东就谈过中西医结合的问题。1944年5月24日，他在延安大学开学典礼上的讲话中说：“我们边区政府的副主席李鼎铭同志是中医，还有些人学的是西医，这两种医生历来就不大讲统一战线。我们大家来研究一下，到底要不要讲统一战线？我不懂中医，也不懂西医，不管是中医还是西医，作用都是要治好病。治不好病还有医术问题，不能因为治不好病就不赞成中医或者不赞成西医。能把娃娃养大，把生病的人治好，中医我们奖励，西医我们也奖励。我们提出这样的口号：这两种医生要合作。”建国后毛泽东更加重视中西医结合的问题。1950年8月，第一届全国卫生会议召开。毛泽东提出“面向工农兵、预防为主、中西医结合”是新中国卫生工作的三个基本原则，并且作了“团结新老中西医各部分医药卫生工作人员，组成巩固的统一战线，为开展伟大的人民卫生工作而奋斗”的题词。同年10月23日，《人民日报》发表题为《人民卫生工作的正确方向》的社论。社论指出：“中医具有悠久的历史和宝贵的经验。……在为人民服务的目标下，中西医团结合作，是发展我国人民医学的必要步骤。”1951年5月，中央人民政府卫生部发出关于医药界团结互助学习的决定。1952年12月，第二届全国卫生会议召开，进一步确认了毛泽东提出的“面向工农兵、预防为主和团结中西医”三大卫生工作原则。

根据毛泽东的有关思想，1953年至1954年，中南区、华东区和上海市、天津市、四川省、陕西省等先后召开中医代表会议或座谈会，着重讨论组织和发挥中医力量、整理中医学术著作及中医进修问题。中华医学会总会也发出加强中医工作的指示，认为中医是祖国文化遗产中的重要组成部分，我国绝大多数人民的疾病治疗掌握在中医手里，加强中医工作是一个关系我国人民健康的重大问题。1955年12月，中国中医研究院和中医研究班宣布成立；1956年，中央召开了西医学习中医的卫生厅局长会议，并且决定在上海、北京、广州和成都各建一所中医大学。这些措施，对提高中国医学科学水平起了明显的促进作用。

1956年8月24日，毛泽东在一次谈话中更准确地阐述了他关于中西医结合的思想：“就医学来说，要以西方的近代科学来研究中国的传统医学的规律，发展中国的新医学。”“要把外国的好东西都学到。比如学医，细菌学、生物化学、解剖学、病理学，这些都要学。也要把中国的好东西都学到。要重视中国的东西，否则很多研究就没有对象了。”“中国的和外国的要有机地结合，而不是套用外国的东西。学外国织帽子的方法，要织中国的帽子。外国有用的东西，都要学到，用来改进和发扬中国的东西，创造中国独特的新东西。搬要搬一些，但要以自己的东西为主。”毛泽东的上述思想，在中共八大上得到了充分肯定。《中国共产党第八次全国代表大会关于政治报告的决议》认为：“对于我国过去的和外国的一切有益的文化，必须加以继承和吸收，并且必须利用现代的科学文化来整理我国优秀的文化遗产，努力创造社会主义的民族的新文化。”后来，毛泽东在艰辛地探索中国社会主义建设道路的过程中，又对中西医结合的问题阐发了许多重要思想，在我国医药卫生界产生了深远影响。

其二，开展西医学习中医运动。毛泽东不仅从卫生制度建设的角度，提出了真正实现中西医相结合从而取消中西医界限，创造中国统一的医学文化的问题，而且他还提出中西医结合的中心环节，即首先要西医学习中医，而不是中医学习西医。他认为，西医学习中医是光荣的，因为经过学习与提高，就可以把中西医界限取消，成为中国统一的医学，以贡献于世界。对此，毛泽东还对西医学习中医、发展和繁荣中医提出了具体的建议和要求，如抽调100～200名医学院校毕业生，集中学习知名中医的临床经验，而且特别强调要抱着虚心的态度去学；再如，各医院还要有计划地请中医来院看病和会诊，允许住院病人用中药。1958年10月11日，毛泽东在给杨尚昆的信中谈到西医离职学习中医的问题，“我看如能在1958年每个省、市、自治区办一个70～80人的西医离职学习班，以两年为期，则在1960年冬或1961年春，我们就有大约2000名这样的中西结合的高级医生”。可以看出，毛泽东不仅明确地阐述了中国医学文化发展应走的道路，而且还明确提出了西医学习中医的具体实施意见。

经过毛泽东的大力倡导和各方面的努力，到1956年前后，西医学习中医的潮流逐步形成。据有关资料显示，1955年底到1956年初，北京、广州、上海、武汉、成都、天津6大城市先后成立了6个西医学习中医的高级学习班，系统学习中医理论和治疗技术。1955年底，在中医研究院成立的同时，全国第一届西医离职学习中医研究班开学，从全国调来的76名有经验的西医参加了学习。他们脱产两年半，学习中医，取得了很好的效果。1958年11月18日，毛泽东在该班总结报告上作了重要批示，肯定了这一做法，说举办西医离职学习中医班“是一件大事，不可等闲视之”，并预言“其中可能出几个高明的理论家”。这一班毕业的学员，后来大都成为中医或中西医结合的学科带头人和业务骨干。经过努力，全国范围内西医学习中医的人数大量增加。据统计，1960年，全国范围内西医在职学习中医的约有3.6万多人，一些高中级医药院校出现了一批认真学习中医的积极分子，并已有一些一流的西医专家开始钻进中医药学的伟大宝库，着手进行了一些理论探索，从而有力地促进了中医药事业的发展和繁荣。

其三，发掘和整理中医典籍。毛泽东强调，继承和发展中医药事业，首先要重视中医典籍整理。为此，要组织在理论和经验上造诣很深的知名老中医，整理历代有代表性的中医典籍，并将他们对中医理论的认识和临床宝贵经验整理传授。根据这一思想，1956年中国中医研究院成立伊始即组织专家整理中医典籍，并编写中医教材9种，成为西医学习中医以及进行中医教育的重要参考书。在此基础上，1960年，卫生部组织北京、上海、广州等5所中医学院，又编写了《中国医学史讲义》、《医古文讲义》、《中医诊断学讲义》、《中药学讲义》、《中医方剂学讲义》、《中医内科学讲义》、《针灸学讲义》、《中医妇科学讲义》、《中医儿科学讲义》等。同时，卫生部还先后以科研任务的形式面向全国进行招标，对中医古籍进行整理和修订，使许多古代医学典籍得以出版，从而为培养全面、系统掌握中医理论和临床技能的高级专门人才提供了方便。

毛泽东提出的一系列发展中医药的重要思想，以及对中医药工作进行的具体指导，推动了中医药事业的发展和进步，为新中国医药卫生事业的蓬勃发展做出了重要贡献。

古代医家与药家的分立及其影响

中国古代社会中的医家和药家从何时开始独立分属两个不同的行业，他们的社会地位有何差别？这是一个值得探讨的问题。据介绍，在欧洲，内科医师的地位总是要比药师要高一些。从13世纪起，欧洲一些政府就总是企图将医师与药师分离开来。那么，中国古代的情况是否与之相同呢？医药分家对医药发展有何影响呢？在我们探讨古代医药分家的时代之前，有必要明确一个医家和药家的含义。

按现在一般人的理解，负责诊治疾病的是医家，而经营制备药品的是药家。如果据此去判断医、药分家的时代，那么清代的徐大椿认为这种分家大约从宋代开始：“古之医者所用之药皆自备之。《内经》云：司岁备物则无遗主矣。当时韩康卖药，非卖药也，即治病也。韩文公《进学解》云：牛溲、马勃、败鼓之皮，俱收并蓄，待用无遗，医师之良也。今北方人称医者为卖药先生，则医者之自备药可知。自宋以后，渐有写方不备药之医，其药皆取之肆中。今则举世皆然。”（《医学源流论•医必备药论》）徐氏所指的“写方不备药之医”，也就是我们今天理解的医家。他认为这样的医生宋以后才渐渐出现。这种看法并不十分准确。早在《本草经集注》中陶弘景就指出：“众医都不识药，惟听市人。市人又不辨究，皆委采送之家。采送之家，传习造作，真伪好恶，并皆莫测。所以钟乳醋煮令白，细辛水渍使直，黄芪蜜蒸为甜，当归酒洒取润，螵蛸胶着桑枝，蜈蚣朱足令赤。诸有此等，皆非事实。俗用既久，传以成法，非复可改。”（《本草经集注•序例》）陶氏所说的市人，即现在所说的药商，而“采送之家”，类似现在的药农、药工，他们分别从事药物的采集和加工炮炙。

在上引之文后，陶弘景还继续列举了许多合药中“巧伪百端”的丑恶现象。他感慨地说：“以次疗病，固难即效，如斯并是药家之盈虚，不得咎医人之浅拙也”。从他们“药家”与“医人”二词，可以肯定，医家与药家的分立至少在南北朝以前，陶氏所说“药家”，实际上包括了现在的药商、药工、药农。在《本草经集注》中，陶弘景自己对“采造之法”似乎也不是特别重视。他说：“诸药采治之法，既并用见成，非能自掘，不复具论其事。”也就是说，当时医家所用的都是市面上现成的经过“采治”的药物，不需要医生自己去挖掘炮炙，所以他在书中也不多谈这方面的事情。从这一记载来看，徐大椿所说的“写方不备药”的医家，决不是宋代才渐有之。那么，医药的分家到底肇始于何时呢？徐大椿以为《内经》有“司岁备物，则无遗主”，则当时的医家一定是按不同年份准备药物的。但徐氏所引的这段话，出自《素问》运气七篇中，一般不认为这七篇是秦汉时期的作品。因此，要证实秦汉时期医药有无分家，《素问》“司岁备物”一语难以为凭。

如果以“卖药”一词的出现作为专职药家产生的依据，那么，《后汉书•韩康传》也许是最早的记载：“韩康字伯休，京兆霸陵人也。常采药名山，卖于长安市，口不二价，三十余年。时有女子从康卖药，康守价不移。女子怒曰：公是韩伯林耶？乃不二价乎？康叹曰：我本欲避名，今小女子皆知有我焉，何用药为？乃遁入霸陵山中。”然而这种卖药，诚如徐大椿所说“非卖药也，即治病也”，这是早期医药发展阶段常见的现象。民间医生自采药物，出售于市，在卖药的同时，询问病情，决定卖给对方哪种对症的药物。这种遗风至今在边远山区的药物地摊上仍可见到。类似的记载在《后汉书》中还可见到。如“费长房传”中提到的壶翁就是另一位卖药者：“市中有老翁卖药，悬一壶于肆头，乃市罢辄跳入壶中，市人莫之见。”后来费长房得其传授，“遂能医疗从病，鞭笞百鬼”。从这段带有神话色彩的记载来看，壶翁也是一位医药相兼、带有巫医色彩的医生。

在医药发展的早期，医生们大多要自采自制药物，而且越是早期的医家，越是医药兼通。马王堆出土的《五十二病方》等先秦古医书所用方剂中，还有关于药物基原的形态描述（植物的有毒堇、屈，动物药有杨思、天牡），这一古方书遗迹可以看作是当时医家兼采药的明证。事实上，马王堆出土古医书所载的药物，除了少量的几个药记有产地（泰室、少市、蜀、秦、荆）之外，绝大多数药物都是今湖南一带可以就地采集到的。《战国策》记载扁鹊治虢太子尸厥，“使子豹为五方之熨，以八减之齐和煮之，以更熨两胁下”，这也说明他们是带着药品现场治疗的。扁鹊游医于列国，在后世被认为是走方医的鼻祖（见赵学敏《串雅》序），而后世走方医的特点之一就是随身带药囊，行医兼卖药。在《史记·仓公列传》中记载的淳于意既通医、又知药。

从历史的角度来看，医药分家是历史发展的必然，对促进医药发展具有积极意义。促成医药分家的主要原因是医家素质的提高和药品的商品化。随着各地用药经验的积累和交流，医生们用药的数量和范围不断扩展。因此，全国范围的药物的流通就应运而生了。马王堆医书所用药物已有几味是楚地以外地区所产的药物，可以想见当时的医生要使用这些药物一定要通过某种交易途径。这种远距离的药物交易必然要依靠专门的药家。

在中国现存最古老的药学经典《神农本草经》中，药物的产地已遍布全国，因此，可以推断全国性的药物交流贸易活动在西汉时已经开始。在汉代医简中，已经有多种药物的价格记录，这证明至少在东汉时期，药物的贸易已经达到了一定的规模。

（来源：http：//www.med66.com/html/2008/9/）

中医坐堂医诊所管理办法

（仅供试点工作使用）

一、总 则

第一条　为了加强对中医坐堂医诊所的管理，保障公民享有安全、有效、便捷的中医药服务，根据《中华人民共和国执业医师法》和《医疗机构管理条例》等有关法律法规，制定本办法。

第二条　药品零售企业申请设置的中医坐堂医诊所，适用本办法。

第三条　国家中医药管理局负责全国中医坐堂医诊所的监督管理。县级以上地方卫生、中医药行政管理部门负责本行政区域内中医坐堂医诊所的监督管理。

二、申办条件与要求

第四条　申请设置中医坐堂医诊所的药品零售企业，必须同时具备以下条件：

（一）具有《药品经营质量管理规范认证证书》、《药品经营许可证》和营业执照。

（二）有独立的中药饮片营业区，饮片区面积不得少于50平方米。

（三）中药饮片质量可靠，品种齐全，数量不少于400种。

三、机构设置与执业登记

第五条　设置中医坐堂医诊所，须按照医疗机构设置规划，由县级卫生、中医药行政管理部门根据《医疗机构管理条例》、《医疗机构管理条例实施细则》和本《办法》及《中医坐堂医诊所基本标准》的有关规定进行设置审批和执业登记。中医坐堂医诊所的法定代表人由药品零售企业负责人担任。

第六条　中医坐堂医诊所登记注册的诊疗科目为《医疗机构诊疗科目名录》“中医科”科目下设的二级科目。

第七条　中医坐堂医诊所的命名由识别名称和通用名称依次组成。识别名称：药品零售企业名称和街道名称，通用名称：中医坐堂医诊所。

第八条　中医坐堂医诊所配备的医师必须取得中医执业医师资格后从事5年以上临床工作。

“中医坐堂医诊所”可以作为中医执业医师的第二执业地点进行注册。

中医执业医师未经在中医坐堂医诊所注册的，不得在该中医坐堂医诊所执业。

四、执业规则与业务管理

第九条　中医坐堂医诊所工作人员要树立良好的职业道德，恪尽职守，遵纪守法，不断提高业务技术水平，维护公民健康。

第十条　中医坐堂医诊所执业，必须严格遵守国家有关法律、法规、规章和技术规范，加强对医务人员的教育，预防医疗事故，确保服务质量和医疗安全。

第十一条　在中医坐堂医诊所只允许提供中药饮片处方服务，不得随意改变或扩大执业范围。同一时间坐诊的中医执业医师不超过2人。

第十二条　中医坐堂医诊所应建立健全人员岗位责任、医疗、财会收费等各项规章制度。要使用有关部门统一印制的收费票据，严格执行中医病历书写、处方管理的有关规定。

第十三条　中医坐堂医诊所对患者就诊要有登记。

第十四条　中医坐堂医诊所应在显著位置悬挂《医疗机构执业许可证》、诊疗科目、诊疗手段、诊疗时间以及收费标准。

第十五条　中医坐堂医诊所发生医疗事故，按国家有关规定处理。

五、行业监管

第十六条　县级卫生、中医药行政管理部门负责对中医坐堂医诊所实施日常监督与管理，建立健全监督考核制度，实行信息公示和奖惩制度。

第十七条　县级卫生、中医药行政管理部门应建立社会民主监督制度，定期收集接受服务公民的意见和建议，将接受服务公民的满意度作为考核中医坐堂医诊所和从业人员的重要标准。

第十八条　药品零售企业在申请中，有伪造证明以取得申请资格、向相关人员行贿的，取消申请资格，构成犯罪的，依法追究刑事责任。

卫生、中医药行政管理部门和医疗卫生机构工作人员弄虚作假、徇私舞弊者，按有关规定严肃处理。

第十九条　违反《医疗机构管理条例》及《医疗机构管理条例实施细则》、《中华人民共和国执业医师法》和本管理办法有关规定的，根据《医疗机构管理条例》及《医疗机构管理条例实施细则》和《中华人民共和国执业医师法》的相关规定予以处罚。

六、附 则

第二十条　各省、自治区、直辖市卫生、中医药行政管理部门可根据本办法，制定具体实施细则。

第二十一条　本《办法》由国家中医药管理局负责解释。

第二十二条　本《办法》自2007年10月1日起施行。

（2008-08-20 国家食品药品监督管理局网站）

2、医 篇

坐 堂：

http://baike.baidu.com/view/

我国一些老字号的中医药店，多以“堂”相称，诸如“济生堂”、“同仁堂”、“长春堂”、“四知堂”等。以致有些药店沿变到后来发展成制药厂，仍然保留着这些老字号。如北京的“同仁堂”、天津的“达仁堂”、杭州的“胡庆馀堂”、石家庄的“乐仁堂”、安阳的“明善堂”等，至今仍名扬四海内外。

中医药店为何称“堂”呢？这还得从张仲景说起。

张仲景，名机，后汉南阳郡涅阳（今南阳）人，约生于公元2世纪，灵帝时（公元168～189年）举孝。建安中（公元196～219年）做长沙太守。他博学多才，曾从同郡张伯祖学医，尽得其详，成为当时的良医。

张仲景生在汉末纷乱之世，社会道德沦丧，疾病流行，给人民带来了莫大的灾难。他目击惨状，抱着救死扶伤的精神，立志学习医术，以解除人民大众的疾苦。他在《伤寒论》自序中说：“余宗族素多，向余二百，建安纪年以来，犹未十稔，其死者三分有二，伤寒十居其七，感往昔之沦丧，伤横夭之莫救”，因此，他“勤求古训，博采众方”，研读《素问》、《难经》等医学典籍，并结合了自己的临床经验，写出了《伤寒杂病论》16卷，创造了辨证论治的治疗法则，被后世尊为“医圣”。

张仲景在任长沙太守期间，正值疫疠流行，许多贫苦百姓慕名前来求医。他一反封建官吏的官老爷作风，对前来求医者总是热情接待，细心诊治，从不拒绝。开始他是在处理完公务之后，在后堂或自己家中给人治病；后来由于前来治病者越来越多，使他接应不暇，于是他干脆把诊所搬到了长沙大堂，公开坐堂应诊，首创了名医坐大堂的先例，他的这一举动，被传为千古佳话。

后来，人民为了怀念张仲景，便把坐在药店内治病的医生通称为“坐堂医”。这些医生也把自己开设的药店取名为“××堂药店”，这就是中医药店称“堂”的来历。

走方医：

古代以走村串户方式行医的一种。走方医以串铃招呼病家，因此又被称做铃医、串铃医。

走方医有三字诀：一曰贱，药物不取贵也；二曰验，以下咽即能去病；三曰便，能够就地取材。因此，清代著名医家赵学敏认为：“药有异性，不必医皆知之，而走医不可不知；脉有奇经，不必医尽知之，而走医不可不知。”“病有常见之症，有罕见之症，走医皆习之。”赵学敏著有专门为走方医正名的《串雅》。

望 诊

http：//blog.163.com/hbxt3020207@126/blog/

中医运用视觉，对病人全身和局部的神、色、形、态等进行有目的的观察，诊断疾病的方法。为中医四诊方法之一，中医学对此有专门论述。此处收编为网友发布的面部望诊图文互参解读（见文后）。中医望诊亦可成为大众自我保健的参考，但确切诊断宜由正规专业医疗机构进行。

两眉间及两眉二分之一处，靠中间画圈部分，代表呼吸系统肺、咽、喉。

两眉二分之一处靠外画圈部分包括太阳穴，代表肝脏。

两眼下方，颧骨上方代表胆。

两眼之间的鼻根处，代表心脑血管。

两眼与鼻根两侧间，男代表胸腔、女代表乳腺，男女都是交叉着看的。

肝脏的另外一个位置是在鼻梁中段，胆的位置在鼻梁中断两侧，所谓肝胆相连，肝胆相照。

鼻头代表脾，鼻翼代表胃。

颧骨下方至鼻头下端大U字平行处，偏外侧代表大肠。偏内侧小U字处代表小肠。

颧骨至耳之间包括耳朵、脸颊区域，代表肾功能。

人中代表膀胱。嘴四周代表生殖系统。

下巴代表肾或身上有酸痛的地方，也叫疲劳酸痛区；全脸青春痘，代表精神压力大或体内机能失衡。

中医面诊

（1）面色微黄而带红润，精神饱满，表情自然，稍有光泽 ——正常人面容。

（2）面色潮红、兴奋不安、鼻翼扇动、口唇疱疹，表情痛苦，呼吸和脉搏增快——急性病面容，如大叶肺炎、痢疾、小儿急性化脓性扁桃体炎急性传染病等。

（3）面部浮肿，眼睑水肿苍白，眼裂小，额部有指压下凹现象，尤其是清晨较重——急、慢性肾炎、肾病等。

（4）面容憔悴、面色灰暗、两眼无神、精神萎靡——慢性消耗性疾病。

（5）颜面苍白、浮肿、眼睑宽而松弛、表情迟钝而冷淡、黑眼珠上方露白，眼球突出——甲状腺机能亢进。

（6）面容苍白、浮肿，缺乏表情。舌大唇厚。加上声音沙哑、耳聋，全身皮肤粗糙等——甲状腺功能低下。

（7）面部浮肿、双颊暗红、口唇紫绀——多为风湿性心脏病、二尖瓣狭窄。

（8）头颅增大、面部变长、下颌突出、两颧隆起、耳鼻增大 ——肢端肥大症。

（9）反应迟钝、表情淡漠、目光呆滞、少气懒言——伤寒病。

（10）面容发红、胖圆、状如满月，由于两颊脂肪堆积，正面可能看不到耳朵——多为长期应用肾上腺皮质激素、柯兴氏综合征。

（11）面部肌肉强直、言语或动作时表情无变化，似面具样——震颤性麻痹和脑炎。

（12）面色苍白呈铅灰色、表情淡漠、双目失神、两眼凹陷、颧部突出、鼻尖峭立——多为大出血、严重休克、急性腹膜炎等。

（13）眼球结膜充血，面部及眼眶区、颈、胸部皮肤发红，压之退色——多为流行性出血热。

（14）在无黄疸的情况下，面色晦暗呈棕黑色中透青灰——多为肝硬化或肝癌晚期。

（15）口角歪向健侧，不能完成吹哨、鼓腮动作，眼裂增大，眼睑不能闭合，流泪，额纹消失——多为面神经炎。

（16）面部结节状增生和斑块，并融合成大块凹凸不平的结节，眉毛、睫毛部分脱落或全部脱落，形如狮子脸——多为瘤型麻风。

（17）面部清瘦而苍白，两颊红呈胭脂色，下午明显伴有低烧——活动性肺结核。

（18）脸色枯黄、鼻梁扁平、眼呈杏状、眼睑浮肿、额有皱纹、唇厚、伸舌、神疲无力——先天性愚笨。

（19）因腹泻或呕吐，面部憔悴、眼窝下陷，鼻梁瘦削高出，颧弓隆起清晰可见——严重脱水。

（20）面部看上去像“黑人”，牙龈和颊部粘膜也有黑蓝色的色素沉积——慢性肾上腺皮质功能低下。

（21）外伤伤口较深，数日后出现张口困难，面部肌肉痉挛，看来似笑非笑，呈特殊的苦笑面容——多为破伤风。

（22）痴笑，不断照镜子、扮鬼脸，思维特奇，情感反应幼稚，行为紊乱——青春型精神分裂症。

（23）狂笑——精神性疾病，如反应性精神病、癔症、脑动脉硬化性精神病、狂躁症等。

（24）傻笑——多见于因染色体畸变而致先天性愚型患者，以及因母亲妊娠期受放射线照射、病毒感染等先天发育障碍；难产和脑炎、脑膜炎等后遗症。

（25）强笑——常为多次脑血管意外的后遗症，亦可见于多发性硬化症。同时往往伴有强哭，发音和吞咽障碍等。

（26）诡笑、眨眼、呶嘴、吐舌、挤眉、弄眼——多见于小舞蹈病患者。

（27）呆笑，常有张口不闭、口角流涎、无意识地笑——多见于老年弥漫性脑动脉硬化症。

（28）假笑，眼裂扩大、鼻唇沟平坦，口角下坠、面部歪斜——面部神经麻痹。

（29）脸色长期异常，而且精神不振的——应到医院检查治疗。

（30）脸色突然变黄——可能是患了黄疸性肝炎、胆囊炎、钩虫病。

（31）脸色发青——多半是呼吸系统疾病，如肺结核、肺气肿、肺炎、慢性支气管炎等。

（32）脸部逐渐变黑——可能患了肝硬化。

（33）双眼睑呈现浮肿——身体“积水”、睡眠不足；每日晨起时双眼睑浮肿更严重者——心脏或肾脏有问题。

（34）颧骨或面颊部位出现白块——可能患上白斑症或癌症。

（35）皮肤呈黄色，头发失去光泽及易于缠绕者——甲状腺分泌失调。

（36）皮肤过度苍白——可能是贫血。

（37）皮肤呈现赤红——显示红细胞含量偏高，或心脏、肝脏及肠出现问题。

（38）眼睑出现半月型乳白色斑块——可能是血

颜面望诊

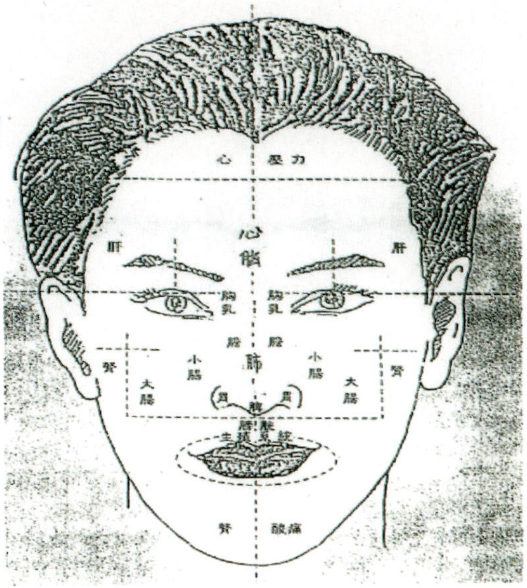

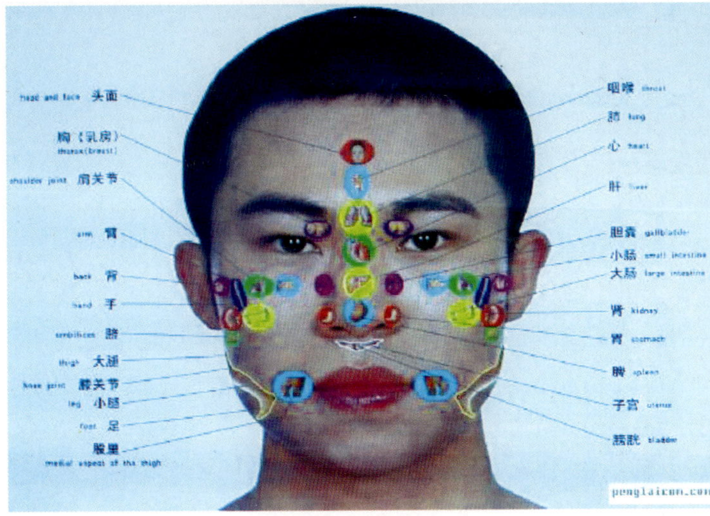

液中胆固醇含量偏高。

（39）面部的痣，突然出现了变化，如颜色变黑，颗粒变大，痣边缘呈不规则线条等——可能是皮肤癌。

闻 诊

http://www.39.net

中医四诊方法之一。闻诊即通过听声音和嗅病气测知病况，闻的内容具体来讲，可以分为声音、语言、呼吸、呕吐、肠鸣和病气等。

声音：正常的声音自然、音调和谐、语言表达清楚。

病变声音：

嘶哑：包括声嘶和失音，声嘶是嗓子干涩发音困难，失音是完全不能发音。多因外感风寒或风热，寒热相交伤肺所致。

鼾声：如昏睡不醒，鼾声不断，多因神志昏迷，气道不利。多见热入心包，或中风入脏之危证。

呻吟：身有痛处或胀满时，口中发出哼哼声。多为头痛、胸痛、腹痛、齿痛。

喷嚏：喷嚏是由肺气上冲所致，外感风寒多见此证。外邪入表日久不愈，忽有喷嚏者，为病愈之兆。

语言：心主神明，心病则语言错乱。

语言蹇涩：说话不流利、含糊不清、缓慢、词不达意，多见于中风后遗症或热病后期。

谵语：神志不清、语无伦次，多为实证。

郑声：神志不清、语言重复、语言不连续、声音低弱，多为虚证。

独语：自言自语、喃喃不休，多见于急性热病，或老年人久病心血亏虚。

错语：病人语言颠倒、错乱，自知说错不能自主，多为心气不足。

狂言：声嘶力竭、语言快、声音高、骂人或狂言，多见于痰火扰心的狂证。

呼吸：呼吸与肺肾等脏器有关，通过呼吸变化可推测脏腑的虚实。

喘：呼吸困难，短促急迫，甚者不能平卧。喘分虚实。实喘发作急，一般为形体壮实，脉实有力，多属肺有实热，痰饮内停。虚喘发病缓慢，吸少呼多，一般为形体虚弱者脉虚无力，属肺肾虚损。

哮：呼吸急促伴有喘，喉中痰鸣似哨声，反复发作。多因痰饮又外感风寒所致。久居寒湿地区，或食过多酸咸生冷也可诱发哮。临床上哮与喘常同时出现。

短气：呼吸气急而短、气短而渴、四肢关节痛属实证；气短无力、小便不利，则属虚证。

咳嗽：咳嗽发生与肺脏关系密切。

咳声重浊：痰色清白，鼻塞不通，多因外感风寒。

咳有痰声：痰多易咳出，多为寒咳，因痰湿阻肺，肺失宣降。

咳声如犬吠：声如犬吠伴有音哑，多为白喉证。

阵发性咳嗽：咳声不断，甚则咳血。称为顿咳、百日咳。

呕吐：胃中饮食物、痰、水液冲出口的一种表现。

呕吐声音微弱，吐势缓慢，吐物以清痰水，多为虚证、寒证。

呕吐声音宏大，吐物痰粘黄，或酸苦：多属实证。

呕吐酸腐：多因暴饮暴食，过食肥甘厚味，食滞胃中所致。

肠鸣：肠鸣：腹中鸣响。可凭借声音辨别病位和病情。肠鸣胃部如囊中水，振动有声，行走时以手按之，为痰饮阻滞。

肠鸣在腹部：得温得食则减，受寒或饥饿加重，多因久病不愈，或过食生冷或腹部受寒是胃肠气机不和所致。

嗅病气：嗅病气可分为身体气与室内气两种。

病体之气：

口气：正常人说话时不会发出臭气，口臭为消化不良、龋齿、口腔不洁。酸臭气为内有食积，腐臭气多为溃腐疮疡。

身臭：身发腐臭气，可考虑有疮疡。

病室之气：病室有血腥臭，多为失血症；尿臊气为水肿病晚期；烂苹果样气为糖尿病；均为危重病证候。

问 诊

问诊是询问病人及其家属，了解现有证象及其病史，为辨证提供依据的一种方法。明代医家张景岳认为，问诊“乃诊治之要领，临证之首务。”综观四诊所获证象，大半均由问诊得来，即知此言不谬。问诊范围甚广，《景岳全书》所列十问：一问寒热二问汗，三问疼痛四问便，五问呕眩六问悸，七苦八渴俱当辨，九问旧病十问因，病机全从证象验。妇人尤必问经期，先后闭崩宜问遍，再添片语告儿科，外感食积为常见。

悬丝诊脉

http://tieba.baidu.com/f?kz=139510761共有6篇贴子

1 悬丝诊脉

孙思邈是我国唐朝时期著名医学家，传说是他发明了悬丝诊脉，因古代男女授受不亲，虽然医术高明，皇后生病被请入宫，但他手不能触到皇后脉博，他就利用丝系在皇后脉之上，靠丝的振动来诊断病情。

2 回复：悬丝诊脉

也有人认为是假的

传说，古时因为宫廷尊卑有序、男女有别，御医为娘娘、公主们看病，不能直接望、闻、问、切，只能用丝线一端固定在病人的脉搏上，御医通过丝线另一端的脉象诊治病情，俗称“悬丝诊脉”。在我国古代神话小说《西游记》中，也有关于孙悟空“悬丝诊脉”的记述。“悬丝诊脉”真的能看病么？

一日，乾隆皇帝宣御医看病，御医不知是哪位妃子染恙，心想先讨个吉利再说吧。于是，在悬丝上诊了一会儿“脉”后，喜形于色地说：“启禀万岁，是喜脉！”乾隆一听，暗地笑了，说道：“就凭这根细丝诊脉看病，朕不信！”御医忙磕头道：“臣诊脉从未有过差错。”乾隆命太监带御医去看悬丝的另一头。

原来皇帝想试试御医的本领，丝线的另一端并未系上病人的手腕，而是系在凳腿上。御医看了大吃一惊，险些吓晕，这可是欺君之罪啊！但他不愧是个有经验的老御医，稍定了一下神，他搬起凳子细细查看一遍后说：“敢请劈开凳腿，便知微臣讲的是真是假。”

乾隆立即命太监取出利斧劈开凳腿，只见凳腿中有一个小蛀洞，洞内有只小虫正在蠕动。御医忙跪奏：“万岁请看，此为木之孕也，所以叫喜脉。”皇上一听，面露喜色，点头表示认同，这才命其给正在生病的格格诊治。此时，这位御医已是吓得大汗淋漓，连衣襟都湿透了。到底“悬丝诊脉”能否诊断病情，名医施今墨曾道出其“天机”。

施今墨是旧时京城四大名医之一，曾为清朝皇室内眷看过病。施老先生说，“悬丝诊脉”亦“真”亦“假”：“真”是说真有这回事；“假”是说这纯属一种形式。旧时，娘娘、公主们生病，总有贴身的太监介绍病情，御医也总是详细地向太监询问各种情况，诸如舌苔、大小便、饮食、病症状况等。为了获得真实而详尽的情况，御医们常常给太监送礼，得到这些贴身情报后，御医也就胸有成竹了。“悬丝诊脉”时，太医必须屏息静气，沉着认真。这样做，一是谨守宫廷礼仪，表示对皇室的尊敬；二是利用此时字斟句酌，暗思处方，准备应付，以免因说错话或用药不慎而惹祸。

可见，“悬丝诊脉”虽确有此事，不过是蒙上了神秘色彩的骗人形式而已。如果太医事先不通过各种途径获知详细病情，不论他医术多高明，光靠“悬丝诊脉”，是不会看好娘娘、公主们的病的。

3 回复：悬丝诊脉

是后人功夫不够，失传了？还是假的？没有人知道了。

4 回复：悬丝诊脉

玄妙！

5 悬丝诊脉

我是山东淄博的，“悬丝诊脉”大家应该听说过吧，我家族谱上有个名叫“嘉木”（是这个音，族谱家里老爸管着不让乱动，只有过年了，洗洗手，拜完了才让看）的老中医，给皇宫的妃子看过病，但是妃子已经很消瘦快不行了，御医也没办法。后来听说嘉木医术很高，但是肯定不能让老百姓见妃子，更不用说摸脉了，就是用的丝线。开始不相信嘉木有这个本事，就用丝线放在凳子上，嘉木爷爷说：木脉！那些人看确实能用丝线把脉，就放在妃子的手腕上，确诊是肠道中有一硬物，开药治好病！皇上要把他留在宫里，因为年事已高，所以还是想回到家里，皇上要嘉奖他，也没要，一天在花园里看到一个门很好看，就问能不能把那个门送给他，皇上就答应了！因为嘉木爷爷的意思是，有这个门放在村口，只要是路过的，文官要下轿，武官要下马，都要叩拜，不管官有多大！以后当官的要欺负村里人，也得想想后果！不过，嘉木爷爷在回到家中不久就去世了，那个门到了济南府也没再往这里运！

悬丝诊脉，听着像是故事，但是确有其事！

6 回复：悬丝诊脉

中医永远是我们宝贵的财富！可惜很多技术和方子都失传了，可惜啊

同身寸

针灸取穴的一种长度标准，均用患者本人体表的某些标志作为测量的单位，主要有四种方法。

“中指同身寸”：即让患者屈指，取其中指中节两侧横纹头的距离为一寸，进行测量。这是临床应用最多的一种方法；

“拇指同身寸”：取本人拇指末节的横纹宽度为一寸，以测量穴位的位置。《千金要方》：“取手大拇指第一节横度为一寸。”适用于四肢部取穴。

“目横寸”：即患者的目内眥角至外眥角为一寸；

“夫”：就是在第二至五指合并时（即四横指）其横经的最大宽度为一夫（“夫”是古名，相当于近代取穴时所用的指横径单位）。

话说针灸铜人

http://www.mycollect.net/blog/

乾隆铜人
（上海中医药大学）

针灸疗法包括针刺与灸灼两种不同的治疗方法。它们本来并不是结合在一起的，但是，由于它们在发展进程中，逐渐形成了相一致的地方，即都是按照中医的经络学说，选取有关的穴位进行治疗的。而且，针刺与灸灼治疗又逐渐地互相配合应用。经历了几千年的不断发展，中国针灸医学已经成为世界医学不可或缺的重要组成部分。特别是它在促使患者气血调和，经络通畅，扶正祛邪，促进康复，又无副作用，因此，它愈来愈受各国人民的喜爱。大多数人不知道有针灸铜人。它是我国的稀世珍宝。自宋徽宗时（公元1126年）被金兵从北宋都城汴京掠走后，它就杳无音信了。

几千年来，针灸疗法不仅在中国人民医疗保健上起了很大作用，而且很早就流传到国外，越来越受到人们的信赖。唐代《皇帝明堂经》是针灸学专著，医生按该书指定的人体经穴进行针灸治病。然而《皇帝明堂经》失传后，致使后来的医者针灸取穴失去了依据、标准。

公元1023年，为给针灸经穴重新制定国家标准，宋仁宗诏令国家医学最高机构医官院编撰《新铸铜人腧穴针灸图经》和铸造针灸铜人。公元1026年这部全国性的针灸学专著《新铸铜人腧穴针灸图经》终于问世。书中详细记载了经过考定的穴名350多个，穴位650余个。并叙述了针刺的深度、针灸疗法的功效等。

针灸铜人由王维一主持设计，王维一以朝廷的名义，组织全国的能工巧匠进行铸造，于1027年铸成了两具一模一样的针灸铜人，即史称之“宋天圣针灸铜人”。当时医生总结出的针灸秘诀：“肚腹三里留，

腰背委中求，头项求列缺，面口合谷收” ，今人用之，仍屡试不爽。

上世纪三十年代，中国学者承淡安在日本一博物馆发现一针灸铜人，据传由中国渡来。日本误认为它是中国的“宋天圣针灸铜人”。八十年代，中国一针灸考察团再赴日本，对东京国立博物馆的针灸铜人进行了细致的考察、研究，证实该针灸铜人也是以青铜铸成，体腔内充满了用木头制做的五脏六腑，但岁月已使之成一堆朽木。该铜人体表面布满经穴，由生漆绘的经络串连。每个凿穿的小孔代表一个穴位，并标记有穴名，并与《新铸铜人腧穴针灸图经》的354个穴名全部吻合，具体的定穴方法也完全相同。然而专家认为它与“宋天圣针灸铜人”有本质的区别：

（一）东京国立博物馆的针灸铜人是由12个部分分铸成，而不是象“宋天圣针灸铜人”是由两部分分铸成。手臂的姿势也与《新铸铜人腧穴针灸图经》有异。总穴位有365个之多，比标准穴位多出11个；穴名非雕刻而成是生漆书写而成。其铸造工艺及制作水准远胜于我国宋、明、清三代铸造的针灸铜人。（二）据测量它身高只有1.62米。据说史书记载，宋铜人高约1.7米。 专家肯定它并非宋天圣针灸铜人。它很可能是按照明代景德（日本江户时代）《图经铜人》石刻仿铸的。

据说史书记载，“宋天圣针灸铜人”以青铜铸成，身高和青年男子相若。头部有头发及发冠；赤裸上身，着腰带、短裤；正立，两手平伸，掌心朝前。铜人被浇铸为前后两个部分，以特制的机关来分解组装，充分体现了当时的审美观和先进的铸造工艺。铜人共标记有354个穴名，所有穴位都贯穿人身体的小孔。体腔内有木雕的五脏六腑。因此，它不仅可以应用临床，也可应用于教学。

史料记载，宋医官院代每年都在进行针灸医学会试，会试前，以水银灌入铜人体中，体表覆涂黄蜡，将经脉穴位完全遮盖。应试者凭经验下针。当扎中穴位，水银则从穴位中流出，反之则针不能入，此即史书所称之“针入而汞出”。是世界上最早铸成的针灸铜人——宋天圣针灸铜人。一具放在朝廷医官院，用于学医者观摩练习之用。另一具则置于大相国寺，供百姓参拜、观摩，成为汴京一道亮丽的风景线。

“宋天圣针灸铜人”的价值连城，就注定了它们命薄。公元1126年，金兵大举南侵，攻破北宋的汴京，大肆掠夺奇珍异宝。这两具“宋天圣针灸铜人”此后就漂落异乡。 据史料记载，北宋灭亡数年之后，曾有一具针灸铜人出现在湖北襄阳。南宋周密在《齐东野语》称，湖北襄阳太守章叔恭曾获得针灸铜人。但针灸铜人最后归属襄阳府赵南仲。也就是说当时金军入侵汴京后，覆巢之下，尚有完卵，“宋天圣针灸铜人”只是一具被金军劫掠走，另一具则流入襄阳府。

等到了靖康二年，康王赵构在南京（今河南省商丘）继位，史称南宋。赵构登基不久，赵南仲将“宋天圣针灸铜人”献给朝廷。随后公元1232年，元朝军队进攻金国的都城汴京。两年后金国灭亡，元朝趁机派遣使节到南宋威逼索要针灸铜人。惧于元朝的淫威，南宋皇帝忍痛献出“宋天圣针灸铜人”。《元史·阿尼哥传》记载：后来，因“宋天圣针灸铜人”历经200多年，“岁久阙坏”，急需修缮。公元1260年，元世祖忽必烈广召天下能工巧匠，最终诏命尼泊尔工匠阿尼哥修复“宋天圣针灸铜人”。阿尼哥经过4年的努力，终于修复，忽必烈因此赐官阿尼哥。

1264年，“宋天圣针灸铜人”和《铜人腧穴针灸图经》石碑由汴京移到元大都三皇庙。

迨元末，朱元璋攻占元大都，建立大明朝。此时，“宋天圣针灸铜人”和《新铸铜人腧穴针灸图经》石碑依然放置在元大都三皇庙内。到了明正统八年，历经400多年的“宋天圣针灸铜人”已经锈蚀，有的穴名已模糊不清。明英宗诏命仿铸“宋天圣针灸铜人”以备传承、使用，“明正统针灸铜人”与“宋天圣针灸铜人”不爽毫厘。同时还仿刻了宋天圣石刻《铜人腧穴针灸图经》。制成后的“明正统针灸铜人”被放置在药王庙内，并一直保存到清代。可是不久，蒙古瓦剌不断骚扰北京，明英宗为防止瓦剌进犯，开始加固京城的城墙。宋天圣《铜人腧穴针灸图经》石碑竟被劈毁当作砖石使用。

明景帝时北京失守，在战乱中，“明正统针灸铜人”被毁伤头部，直到清顺治时期才被修补好。宋《新铸铜人腧穴针灸图经》原碑石，存放在宋汴京大相国寺内，金灭北宋后带至燕京。此图经的编纂工作，完成于宋天圣五年（1027），天圣六年（1028）摹印颁行，同时范铸铜人模型，并在身上刻示经穴位置和名称，而后再详述主治和疗法，按图考经十分科学。后来作为样本的“宋天圣针灸铜人”竟不知去向（可能当作废品扔进了熔铜炉），只剩下“明正统针灸铜人”，宋《新铸铜人腧穴针灸图经》残石则于1971年在拆除明代城墙时被发现，这些残断石经，经过复原得到了医学界的重视和承认，这是后话。

到了清代，“明正统铜人”仍然受到极大重视与尊重。它不仅被称为“铜神”，还专门修建了一幢“铜神殿”，在长达450多年的时间里都被珍藏在明、清的太医院中。遗憾的是1900年，八国联军入侵北京，清太医院被俄国占作使馆区。显然“明正统针灸铜人”极有可能就在这时被沙俄军队掠走了。

为弥补“明正统铜人”被劫的重大损失，乾隆时铸造了一具铜人，现藏上海中医药大学。“清光绪三十年又仿“明正统针灸铜人”铸造了一具，也就是“光绪铜人”。“光绪铜人“今收藏于国家博物馆内。

1958年，中国孙震寰医师访问前苏联时，曾意外在圣•彼得堡博物馆见到一具中国古代铜人，可惜没有带回图片、资料。

后来，中国中医针灸研究所研究员黄龙祥，在一本国外医学杂志上看到一篇介绍俄罗斯圣•彼得堡国立艾尔米塔什博物馆收藏有一具中国明代铜人的文章，虽然配图与“光绪针灸铜人”相同（配图与上海中医药大学藏乾隆针灸铜人不同），但是，黄龙祥认定该针灸铜人可能是“明正统针灸铜人”。2003年初，黄龙祥、徐文斌等三人专程赴俄罗斯圣•彼得堡考察针灸铜人。在该市博物馆的中国展厅内，一具铜人立在大厅的中央。

黄龙祥等人经过细致考察研究，证实圣•彼得堡博物馆所藏针灸铜人的姿势、服饰与“宋天圣针灸铜人”基本特征完全一致。铜人身高1.75米，与“宋天圣针灸铜人”高度1.7米左右的高度相近。此外，标示出发际是“宋天圣针灸铜人”的一个重要特征，这具针灸铜人有精雕细刻的头发，并标示出前后发际。这在目前发现的国内外官修的针灸铜人中是惟一的一具。据史料记载，“明正统针灸铜人”在明末战乱中头部曾受伤，清顺治时修复。巧得很，这具针灸铜人也有一条通贯颈项的裂痕，以及清晰的修补痕迹。明英宗时，历经400年的“宋天圣针灸铜人”上的穴名，由于使用磨损和锈蚀等原因，有的字迹已模糊不清。现在该“明正统铜人”距今已有560余年，这具针灸铜人的穴名文字，用肉眼也已很难辨认。但这具针灸铜人的经穴数量与定位，均与宋《新铸铜人腧穴针灸图经》相符合。更为重要的是，在现存的针灸铜人中，只有这具针灸铜人能够完成“针入汞出”，而且方法简单、稳定实用。既然这具针灸铜人与“宋天圣针灸铜人”如此相似，那么，它会不会就是“宋天圣针灸铜人”呢？史书记载：“宋天圣针灸铜人”铸造时，正值章献刘太后临朝。刘太后父亲的名字中有个“通”字，为避父讳，特意将针灸铜人身上的“通天”穴名，改为缺笔的“通”字。同时仿制的《新铸铜人腧穴针灸图经》石刻中的穴名“通”字也均缺笔。但经红外线照相检测，发现这具针灸铜人“通天穴名”不是缺笔的“通”字，而是正确的写法。因此推断，它并不是“宋天圣针灸铜人”。可以肯定圣•彼得堡国立艾尔米塔什博物馆的针灸铜人是中国“明正统针灸铜人”。中国中医针灸研究院通过外交途径向俄罗斯方面索回“明正统针灸铜人”，但遭到婉言拒绝。为此，专家们决定重新仿制一具“明正统针灸铜人”。黄龙祥所领导的课题组经过艰苦的努力，终于成功复制出一具“明正统针灸铜人”。

“明正统针灸铜人”的发现以及它的重铸，具有里程碑的意义。从中人们可以对宋《针灸图经》进行研究，同时，有了学习腧穴的标本，通过它就可以更好地了解宋代腧穴定位方面的真实情况。

3、药 篇

宋代官药局——我国最早开办的国家药店

早在1076年，我国宋代京都汴梁（今河南开封）就创建了第一个国家药店——官药局，这是我国也是世界上最早开办的国家药局，当时叫做“熟药所”，也称“卖药所”。当时，国家控制了盐、茶、酒等贸易，并将药物也列入国家专卖。设立熟药所，主要负责制造成药和出售中药。由于中成药具有服用方便、携带容易、易于保存等特点，深受广大医生和病人的欢迎。因此，这种“卖药所”发展很快。最初熟药所只有一处，至1103年扩展到5处，并将制造成药的业务从熟药所分离出来，建立了两所“修合药所”。1114年，北宋朝廷将两个修合药所改为医药和剂局，5处卖药所改为医药惠民局。《东京梦华录》所载，朱雀门外街巷有熟药惠民南局，大内西右掖门外街巷有熟药惠民西局。全国各地都设立有分局。今天开封宋都御街上的惠民和剂药局，就是继承宋时传统而创建的著名大药店。医药惠民局以卖药为主。当时官府采取贱价低息办法，药价比市价低1/3，希望发挥一定的“惠民”作用。到南宋时，官办惠民局在淮东、淮西、襄阳、四川、陕西等许多重要地方都有增设。医药惠民局数量在全国达到70余个，初步形成了遍布全国，由国家控制的医药网络。这些官药局，主要是按方配置中草药和出售成药。其成药来源主要依靠医药和剂局制造供应。当时局里章法严明，规定遇急病而不能及时卖药的要“杖一百”。还规定陈旧不适用的药品要及时毁弃。除卖药外，惠民局还规定，遇到贫困之家及大水大旱及疫病，要免费施药救助灾民。遇到疫病流行时，由官府统一调拨，并承担临时性免费医疗。据史料记载，都市发生疫病时，惠民局则派出大夫携带药品去“其家诊治，给散汤药”。医药和剂局主要是制药。由药局编撰的《和剂局方》是世界上最早的官定药局方，对中外医药学产生了重大的影响。颁行于公元1151年，比外国最早的药局方早600余年。所收载的方子，不但广泛地被宋代以后各家方书所引用，而且其中有些方子是作为成方规范而流传下来。就以最通俗的中医方剂手册——《汤头歌诀》来说，其中有很多重要方子，如治中热疫毒、气绝昏厥的至宝丹，就是来源于此书。当时药局生产成药有严格的官颁标准方书，依此制成各种丸、散、膏、丹及饮片。生产过程中各类工艺流程皆十分严密。药局下设药材所，专门负责药材收购和检验。为保证质量和用药安全，专设了辨验药材及负责制药的官员，“以革药材伪滥之弊”。这可能是我国历史上最早的药品监督管理人员。药局除计划性常规生产成药外，还根据一些地区发病情况生产一些急需成药。如当时西南地区多瘴气，药局为之生产“瘴药”。南宋时为预防暑病，药局生产了大批“夏药”。在我国历史上，宋代对医药事业极为重视。宋代官药局的设立，对我国中成药的发展起到了很大的推动作用。它所创制的许多有名中成药，诸如苏合香丸、紫雪丹、至宝丹等，经过800多年的医疗实践检验，迄今仍具有良好的治疗效果。

（来源：http：//bbs.91.cn/）

国家保密处方

中药知识产权保护的一种。具体指根据《中华人民共和国保守国家秘密法》、《科学技术保密规定》等有关规定，列入国家秘密技术项目的中药品种。较早获得“国家保密处方”保护的有中药品种有云南白药、安宫牛黄丸等。

成为“国家保密”中药，须符合《科学技术保密规定》的“国家科学技术秘密的范围”，由产权所有者通过本省科技厅或药监管理机构的相关部门向国家科技部保密办公室申报，并提交评审资料，经过科技部保密办公室按照规定程序组织评审。

根据《科学技术保密规定》，确定国家科学技术秘密事项的密级，应当同时确定其保密期限和保密要点。国家科学技术秘密事项保密期限届满的，自行解密。保密期限届满后，可重新申报国家保密。知名品牌中成药“古汉养生精”，即在2008年度通过重新申请再度获得国家保密。

“古汉养生精”系湖南省中医药研究院名老中医与清华紫光古汉生物制药股份有限公司根据长沙马王堆出土西汉古墓竹简医书《养生方》研制而成，于1996年被国家科委、国家保密局列入国家级秘密产品。

2008年6月～8月，由健康报社组织的第四届“百姓安全用药•中成药调查评选”活动，对全国范围内的中成药进行了调查和评选，根据百姓问卷调查结果统计出六类药品共三十个“百姓信赖药品”奖，五家“百姓放心药”企业单项奖，一家“突出贡献奖”。其中紫光古汉集团有限公司生产的“古汉养生精”获“百姓放心药”称号。

（http：//www.lpgkjy.com/news/html/）

附：

科学技术保密规定

（来源：科技部）

（1995年1月6日由国家科学技术委员会、国家保密局制定）

第一章　总　则

第一条　根据《中华人民共和国保守国家秘密法》和《中华人民共和国科学技术进步法》，制定本规定。

第二条 科学技术保密工作既要保障国家科学技术秘密的安全，又要促进科学技术的发展，有利于解放和发展生产力。

第三条 科学技术保密应当突出重点，确保重要国家科学技术秘密的安全，有控制地放宽一般国家科学技术秘密的交流与应用。

第四条 科学技术保密工作应当与科学技术管理工作相结合，是科技管理部门的重要职责。做好科学技术保密工作应当依靠广大科学工作者。

第五条 国家科学技术委员会（以下简称国家科委）按照职责管理全国的科学技术保密工作。各省、自治区、直辖市科技主管部门按照职责管理本地区的科学技术保密工作，中央国家机关各部门的科技主管机构按照职责管理本部门或者本系统的科学技术保密工作。

第六条 各级保密工作部门对科学技术保密工作负有指导、协调、监督和检查的职责。

第二章 国家科学技术秘密的范围和密级

第七条 关系国家的安全和利益，一旦泄露会造成下列后果之一的科学技术，应当列入国家科学技术秘密范围：

（一）削弱国家的防御和治安能力；

（二）影响我国技术在国际上的先进程序；

（三）失去我国技术的独有性；

（四）影响技术的国际竞争能力；

（五）损害国家声誉、权益和对外关系。

第八条 国家科学技术秘密的密级：

（一） 绝密级

1、国际领先，并且对国防建设或者经济建设具有特别重大影响的；

2、能够导致高新技术领域突破的；

3、能够整体反映国家防御和治字实力的。

（二）机密级

1、处于国际先进水平，并且具有军事用途或者对经济建设具有重要影响的；

2、能够局部反映国家防御和治安实力的；

3、我国独有、不受自然条件因素制约、能体现民族特色的精华，并且社会效益或者经济效益显著的传统工艺。

（三）秘密级

1、处于国际先进水平，并且与国外相比在主要技术方面具有优势，社会效益或者经济效益较大的；

2、我国独有、受一定自然条件因素制约，并且社会效益或者经济效益很大的传统工艺。

第九条 有下列情形之一的，不列入国家科学技术秘密的范围：

（一）国外已经公开；

（二）在国际上无竞争能力且不涉及国家防御和治安能力；

（三）纯基础理论研究成果；

（四）在国内已经流传或者当地群众基本能够掌握的传统工艺；

（五）主要受当地气候、资源等自然条件因素制约且很难模拟其生产条件的传统工艺。

第十条 属于国家科学技术秘密的民用科学技术，原则上不定为绝密级。确需定为绝密级的应当符合本规定第八条关于绝密级的规定，并报国家科委审批。

第三章 国家科学技术秘密密级的确定、变更及其解密

第十一条 国家科学技术秘密事项，应当依照下列规定确定密级：

（一）产生单位按照规定第八条的规定及时确定密级。

（二）按照本规定第七条、第八条的规定，对科学技术成果难以确定其是否属于国家秘密和属于何种密级的，由产生单位按照《科技成果国家秘密密级评价方法》，及时确定密级；

（三）制定科研计划、规划时，有关单位应当按照本规定及时确定项目或者课题的密级。科技成果完成的同时，应当对其密级进行评价；

（四）有关单位应当在国家科学技术秘密事项的密级确定后三十日内，按照行政隶属关系上报省、自治区、直辖市面上的科技主管部门或者中央国家机关各部门的科技主管机构。

确定国家科学技术秘密事项的密级，应当同时确定其保密期限和保密要点。

第十二条 个人完成的科学技术成果，由其所在省、自治区、直辖市面上的科技主管部门确定密级，并按照本规定予以管理。

第十三条 国家科学技术秘密事项，有下列情形之一的，应当及时变更密级：

（一）知悉范围拟作较大改变的；

（二）一旦泄露对国家安全和利益的损害程序会发生明显变化的。

国家科学技术秘密事项密级的变更，由确定其密级的机关、应当及时解密：

（一）技术趋向陈旧，失去保密价值的；

（二）为使我国占领国际市场，且已有接替技术或者国外即将研究成功的；

（三）已经扩散而很难采取补救措施的；

（四）已在大范围试验推广，可保性较差的；

（五）可以从公开产品中获得的。

国家科学技术秘密事项保密期限届满的，自行解密。

对需在保密期限内解密的国家科学技术秘密事项，有关单位和个人可以提出解密建议。秘密级的报省、自治区、直辖市面上的科技主管部门或者中央国家机关各部门的科技主管机构审定；机密级、绝密级的报国家科委审定。审定结果应当在接到报告后的三十日内通知有关单位和个人。

第十五条 国家科委，各省、自治区、直辖市面上的科技主管部门，中央国家机关各部门的科技主管机构，以及确定密级的机关、单位对认为需要继续保密的，可以作出延长保密期限的决定，并在保密期限届满前三十日通知有关单位和个人。

第十六条 国家科委，各省、自治区、直辖市面上的科技主管部门和中央国家机关各部门的科技主管机构对国家科学秘密事项的确定、变更及解密不符合国家有关保密法规和本规定的行为，有权予以纠正。

第十七条 各省、自治区、直辖市面上的科技主管部门和中央国家机关各部门的科技主管机构应当将本地区、本部门确定和变更国家秘密技术的密级其解密的情况按年度报国家科委，由国家科委组织专家进行审核，并会同国家保密工作部门定期发布。

第四章 国家科学技术秘密保密管理

第十八条 国家科委管理全国科学技术保密工作，具体职责如下：

（一）制定或者会同有关部门制定科学技术保密工作的规章制度；

（二）指导国家科学技术秘密事项的确定和调整工作；

（三）按规定审查或者审批涉外的国家科学技术秘密事项；

（四）协助国家保密工作部门对科学技术保密工作进行检查和查上重大科学技术泄密事件；

（五）开展科技技术保密宣传教育，组织科学技术保密干部培训；

（六）表彰、奖励科学保密办公室，负责科学技术保密管理的日常工作。

第十九条 各省、自治区、直辖市的科技主管部门和中央国家机关各部门的科技主管机构，在国家科委和本地区、本部门的保密工作部门的指导下，负责管理本地区、本部门或者本系统的科学技术保密工作。其主要职责如下：

（一）贯彻执行国家科学技术保密工作的方针、政策，制定本地区、本部门或者本系统的科学技术保密规章制度；

（二）指导本地区、本部门或者本系统国家科学技术秘密事项的确定和调整工作；

（三）按规定审查或者审批涉外的国家科学技术秘密事项；

（四）参与本地区、本部门或者本系统的重大科学技术活动和涉外科学技术活动，配合有关部门制定专项保密方案；

（五）协助保密工作部门检查本地区、本部门或者本系统的科学技术保密工作和查处科学技术泄密事件；

（六）表彰、奖励本地区、本部门或者本系统的科学技术保密先进单位和工人。

各省、自治区、直辖市的科技主管部门和中央国家机关各部门的科技主管机构，应当设立专门机构或者指定专人负责科学技术管理的日常工作。

第二十条 各级机关、单位、社会团体及个人，在下列科学技术合作与交流活动中，不得涉及国家科学技术秘密：

（一）进行公开的科学技术讲学、进修、考察、合作研究等活动；

（二）利用广播、电影、电视以及公开发行的报刊、书籍、图文资料和声像制品进行宣传或者发表论文；

第二十一条 在对外科学技术交流合作中，确需对外提供国家科学技术秘密的，应当按照国家有关规定办理审批手续。

因工作确需携运国家科学技术秘密资料、物品出境，应当按照国家有关规定进行保密审查，并办理出境手续。

第二十二条 接待境外人员参观国家科学技术秘密事项，应当由接待单位按照行政隶属关系报省、自治区、直辖市的科技主管部门或者中央国家机关各部门的科技主管机构审查批准。

第二十三条 国家秘密技术在国内转让，应当经技术完成单位的上级主管部门批准，并在合同中明确该项技术的密级、保密期限及受让方承担的保密义务。

第二十四条 国家秘密技术出口，应当依照国家秘密技术出口审查的有关规定办理审批手续。

第二十五条 以国家秘密技术在境内同境外的企业、其他经济组织和个人开办合营合资企业的，应当在立项前按照行政隶属关系报省、自治区、直辖市面上的科技主管部门或者中央国家机关各部门的科技主管机构审批；在境外合办企业的，视同国家秘密技术出口，应当依照国家秘密技术出口审查的有关规定办理审批手续。

第二十六条 推广应用国家秘密技术，应当选择有相应保密条件的单位进行，有关人员均负有保守国家秘密的义务。

第二十七条 对参与国家秘密技术研制的科技人员，有关机关、单位不得因其成果不宜公开发表、交流、推广而影响其评奖、表彰和职称的评定。

对确因保密而不能在境内外公开刊物上发表的论文，有关机关、单位应对论文的实际水平给予评价。

第二十八条 各级机关、单位应当按照有关规定做好国家科学技术秘密档案的管理工作。

第二十九条 绝密级国家秘密技术在保密期限内不得申请专利或者保密专利。

机密级、秘密级国家秘密技术在保密期限内可申请保密专利，但机密级的应当报国家科委批准，秘密级的应当报省、自治区、直辖市面上的科技主管部门或者中央国家机关各部门的科技主管机构批准。

机密级、秘密级国家秘密技术申请专利或者由保密专利转为专利的，应当按照本规定第十四条的规定先行办理解密手续。

第三十条 各级机关、单位对于为科学技术保密工作做出贡献、成绩显著的集体和个人，应当给予奖励；对于违反国家保密法规的行为，应当给予批评教育；对于情节严重，给国家安全和利益造成损害的，应当依照有关法律、法规给予有关责任人员以行政处分，触犯刑律的，交由司法机关追究其刑事责任。

第五章 附 则

第三十一条 以国防为目的或者为主要目的的科学技术保密规定，由国防科学技术工业委员会依照国家规定的职责范围另行制定。

第三十二条 各省、自治区、直辖市面上的科技主管部门和中央国家机关各部门的科技主管机构可以根据本规定制定具体规定。

第三十三条 本规定由国家科委解释。

第三十四条 本规定发布之日起施行。经国务院批准，一九八一年颁布的《科学技术保密条例》同时废止。

小议我国清明节的药俗

（来源：中国中医药报）

清明时节，春回大地，万物萌生，草木勃发，一方面充满盎然生机，一方面容易感生疫病，因此，人们自然要用药物来防治。古人早就有在清明之际用药草洗浴身体的活动。《周礼•春官•女巫》载：“女巫掌岁时祓除衅浴。”郑玄注解为：“岁时祓除，如今三月上巳如水上之类。衅浴谓以香熏草药沐浴。”今天，民间一些地方还存在着以花草洗浴的健身方法。如宁波民间就认为在清明用桃花洗脸可以使人漂亮及不行桃花运。当地民间认为行桃花运的人要破财、克子、丧夫或丧妻。这种说法自然缺少依据，但用桃花洗脸能保健确实有一定的根据。根据《本草纲目》的记载，桃花具有止鼻血、治目黄无光及“悦泽人面”等药用价值。

民间还有在清明挖食葳蕤的习俗。葳蕤，又叫玉竹，有的地方则干脆称之为竹叶参，当作补身的佳品。葳蕤是一种中药，李时珍在《本草纲目》中说它是主治“风湿自汗灼热，及劳虐寒热，脾胃虚乏，男子小便频数，失精，一切虚损”。《神农本草经》也说葳蕤主治“女萎，主中风暴热，不能动摇，跌筋结肉诸不足。久服去面黑，好颜色润泽，轻身不老。”这样看来，葳蕤确实是极好的民间补药。

清明采集的草药还有“地筋草”、“马蹄香”之类。传说这一天采的地筋草具有益气止渴、除热利筋的功效；这一天采的马蹄香能够医治风寒逆咳，起到止喘化痰的作用。《本草纲目》说马蹄香“能散风寒，下气消痰，行水破血”，对其药用价值是肯定的。民间有一种用马蹄香治牙病、腹痛、头痛的良方，办法是在痛时嚼食马蹄香细根，不久便能止痛，十分方便。

方剂学名词拾贝

经　方：

方剂学名词。经方有两种说法，一是指《汉书•艺文志•方技略》所记载“医经、经方、神仙、房中”的经方十一家。经方十一家，包括《五藏六府痹十二病方》三十卷、《五藏六府疝十六病方》四十卷、《五藏六府瘅十二病方》四十卷、《风寒热十六病方》二十六卷、《泰始黄帝扁鹊俞跗方》二十三卷、《五藏伤中十一病方》三十一卷、《客疾五藏狂颠病方》十七卷、《金疮疭瘛方》三十卷、《妇女婴儿方》十九卷、《汤液经法》三十二卷、《神农黄帝食禁》七卷，原书今俱已失传。梁代•陶弘景曾经亲眼见过《汤液经法》，从中摘抄部分方剂，写成《辅行诀藏府用药法要》一卷。据说1907年，法国人伯希和从敦煌莫高窟盗取古书卷，委由莫高窟道士王圆箓装箱时，王道士受人所托，随意抽出一卷医书暗藏，此卷即《辅行诀藏府用药法要》。1915年为河北威县张渥南所购，传于嫡孙张大昌，但原书在文化大革命时被毁，所幸当时有人已将全书默记，而有传抄件存世。中国中医研究院马继兴根据传抄件整理成书，附于《敦煌古医籍考释》一书中，公诸于世。

经方的另一种说法，也是中医学界最为普遍的说法，是指中国汉朝张仲景所著《伤寒杂病论》（后世分为《伤寒论》及《金匮要略》二书）所记载之方剂。乃是相对于宋、元以后出现的时方而言的。其中《伤寒论》载方113首，《金匮要略》载方262首，除去重复的，共计178方，用药151味。经方是“医方之祖”，后世中医学家称《伤寒杂病论》为“活人之书”、“方书之祖”，赞誉张仲景为“医圣”。古今中外的中医学家常以经方作为母方，依辨证论治的原则而化裁出一系列的方剂。经方的特点可概括为“普、简、廉、效”。

在以上解释之外还有一个说法，认为经方是“经典医著中的方剂”，具体指《内经》、《伤寒论》、《金匮要略》中的方剂。

偏　方：

偏方通常指没有被正式医、药学典籍收载，但在民间一定地域或历史时期流传应用，并能取得较好的治疗效果的治病的方药。偏方疗效会因时令、地域和各人的身体状况不同而异。采用偏方方剂时，要根据地域和自己的身体情况有选择地选用合适的方剂。比如治疗咳嗽的偏方多达数十种。既有病因的差别，寒咳热咳用方不同。也有地域气候的差别，北燥南湿，用药各异。还有用药或者饮食习惯的差别，有愿意食疗的，有相信药疗的等等。

偏方产生于民间的生活经验积累，大多数是一个居住群之间的人际与代际口口相传，由于这些偏方家喻户晓，广泛应用，久而久之可能成为具有地方或民族特色的养生保健文化。

单　方：

单方有两种解释。一是指配方简单的经验方。徐大椿曰：“单方者，药不过一二味，治不过一二症，而其效则甚捷。” 民间还流行一种运用单方的习俗，认为单方取药须是单数，如三片老姜、七枚大枣。另一种解释，指只有单独一味药的经验方，如鱼腥草一味煎汤治肺痈，马齿苋一味煮食治痢疾。

药　对：

药对，又称对药，是临床用药中相对固定的两味药的配伍形式，在方剂配伍中能起到相辅相成的作用。药对是古今医家在长期临床实践中的经验总结，是方剂组成的基础，体现了方剂的整体疗效。单味药常以七情、性味、功效等为依据，搭配在一起，以达到协同增效、相辅助效、相互兼治、变生新效、制约毒性及副作用等用药目的。用药量和药物炮制方法是影响药对作用的主要因素。

药引子：

药引子是引药归经的俗称，指某些药物能引导其它药物的药力到达病变部位或某一经脉，起“向导”的作用。另外，“药引子”还有增强疗效、解毒、矫味、保护胃肠道等作用。

“药引子”可以说是有化学中的“催化剂”的作用，但作用不仅仅局限于“催化剂”，还有其它辅助作用。服用中药、中成药，多用白开水、酒、淡盐水、蜂蜜水、米汤、红糖水、葱白汤、姜汤等作药引子送服。药引子有引药归经，增强疗效之功用，有时还兼有调和、顾护、制约、矫味等功效，与中药、中成药适当配合，可收到相得益彰的效果。

中医药引知多少

来源：中国中医药报

中药处方讲究"药引"。药引有什么作用呢？据历代文献资料记载，药引具有引经作用（即把药物成分集中到病变部位），增强疗效作用，解毒作用，护胃作用，矫味作用。下面介绍几种常用的药引：

食盐：咸、寒，入肾、胃、大肠经，有清水、解毒之效。治疗肾阴亏虚的六味地黄丸、杞菊地黄丸，宜用淡盐水送服，取其咸能入肾。

生姜：辛、微温，入肺、脾经，有发汗解表、温中止咳、温肺止咳之效。治疗风寒感冒、胃寒呕吐时，常用生姜3～5片为引，以增强疗效。

葱白：辛、温，入肺、胃经，有散寒通阳、解毒散结之效。治疗感冒风寒、小便寒闭不通时，常用葱白5～7根为引。

灯心草：甘、淡、微寒，入心、小肠经，能清心除烦，利尿通淋。治疗心火元盛、小便短赤时，宜用灯心草一小把为引。

粳米：甘、平，入胃经，有益气健胃之效。治疗火热病证需用大剂量苦寒药物时，以防苦寒败胃，常取粳米一小撮为引，以顾护胃气。如清暑解热的白虎汤。

大枣：甘、温，归脾、胃经，能益气补中、养血安神，调和药性。使用峻烈药物（如甘遂、芫花、大戟、葶苈）时，常取大枣10～15枚缓和药性，以防止中毒。

蜂蜜：甘、平，入肺、脾、大肠经，能滋养、润燥、解毒。治疗肺虚燥热、肠燥便秘病证时，常用蜂蜜1～2汤匙为引。

食醋：酸、平，有散瘀止痛、收敛固涩之效。治疗妇女带下、血热崩漏、蛔虫腹痛病证时，常取食醋1汤匙作药引。

红糖：甘、温，能补中、祛瘀。治疗产妇恶露不畅、少腹冷痛病证时，常取红糖20～30克为引。

药引并非都是引经药

http：//www.medste.gd.cn/tcm/

药引与引经药的概念有相似之处，因而许多人认为药引就是引经药，其实不然，药引可能具有引经作用，也可能不具备。药引一般具有引经、增强疗效、调和脾胃、解毒、矫味等作用中的一种或一种以上功能。同时药引大多是一些生活常见药，还有不少是食物。

《医学阶梯》中列举了大量药引，逐录如下：

"古今汤方莫尽，药引无穷，临机取用，各有所宜。如发表用鲜姜，温中用煨姜，解胀用姜皮，消痰用姜汁。调营益卫用大枣，泻火疏风用红枣。补气益肺用龙眼，泻火安神用灯心。表皮用葱叶；表肌用葱白；表里用葱茎。健脾用湖莲；止痢用石莲。治风用桑叶；治湿用桑枝。固肾用莲蕊；涩精用莲须。保胎用陈苎根；安胎用鲜苎根。抑脾用青荷叶；清疏土用枯荷梗。补心用新小麦；止汗用浮小麦。清热解烦用青竹叶；利水泻火用淡竹叶。消瘀通经用赤糖；止痛温中用饴糖。安中益脾用陈壁土；止呕和胃用新黄土。消瘀用藕节；止血用侧柏叶。止呃用柿蒂；凉大肠用柿霜。消热痰用竹沥；泻实火用竹茹。导虚火用童便；益真阴用秋石。延年祛病用松黄、松脂；祛瘀舒筋用黄松节。定喘用白葵花；疗痢用赤、白扁豆花。壮阳用胡桃、蜀椒；暖子宫用艾叶。虚烦用粳米；热渴用芦根。止消用兰叶；定嗽用梨汁。止血用金墨；疗崩用陈棕。治肠风用石榴皮；治红痢用红曲。治白痢用煨姜；治赤白带浊用韭子、白果。止呕、定嗽用枇杷叶；止鼻衄用白茅花。行瘀用百草霜；达生用黄杨脑。探吐用瓜蒂；速产用弩牙。下噎用杵糠；定喘用铅汞。疗黄用铁屎；镇心用辰砂。辟邪用雄黄；润肠用松子仁。治疝用荔、橘核；催浆用笋尖、樱桃萼。拔毒用蒲公英；通乳用通草。发麻用紫背浮萍。治心烦不眠用鸡子黄。药引多端，指难遍屈。今以常用之引，聊录数则。举一反三，其惟良工乎?"

清代张确《资蒙医经》全面总结了引药的作用："酒入经为引者，取其活血行经；姜入药为引者，取其发表注凝；小枣入药为引者，取其消散开胃；大枣入药为引者，取其宁心利水；灯芯入药为引者，取其得睡神归；葱白入药为引者，取其补血健脾；龙眼入药为引者，取其发散诸邪勿住；莲实入药为引者，取其清心养胃和脾。”

药引用于丸剂是送服药物，用于汤剂，则是加入方剂中一起煎煮，不过多是后下。因为药引多是食品和易得物品，所以多是病家自己采集，自己估计用量。

药引在唐代剂中是介于药与非药的一种物质，属于“君臣佐使”中的“使药”。其常见作用有①引经作用，如以淡盐水作为药引送服，引药入肾；②增强疗效，如以生姜、葱白为引，加强辛温解表作用；③解毒作用，在使用某些毒性药物时加入生姜、饴糖等为引降低毒性；④保护脾胃，如有些方剂中加入大枣、粳米为引，起和中扶本作用；⑤矫味作用，如有些药物口味难咽，常以红糖或冰糖为药引，以减轻异味。

中药是如何命名的?

http://www.zhzyw.org/zycs/zycs/

中药的名称往往反映了它一定的特征。这就使得药物名称带有一定的比喻、象征意义，或谐音，或取义，这一特点，引发了颇具兴味的“药名文学创作”。

中药的命名法则，概括起来有以下几种：

1. 按药用部分命名　以入药部分命名的中药最为广泛，大多数的中药多以其部位作为命名的依据。如葛根、芦根、山豆根、板蓝根、白茅根、麻黄根等，都是以根入药；而枇杷叶、桑叶、侧柏叶、淡竹叶、艾叶等，则都是以叶入药的；以花入药的有芫花、金银花、菊花、厚朴花、月季花等；以种子、种仁入药的则有车前子、芥子、苏子、青葙子、蛇床子、菟丝子、葶苈子、桃仁、杏仁、火麻仁等；以种皮、茎皮及根皮入药的有大腹皮、陈皮、桂皮、秦皮、苦楝皮、地骨皮等；以全草入药的有仙鹤草、灯心草、车前草、老鹳草、金钱草、旱莲草；以茎枝入药的有桑枝、桂枝、紫苏梗等；以藤茎入药的有石楠藤、青风藤、海风藤、络石藤、鸡血藤等。动物药中有以器官、组织入药的，如鸡内金、鹿茸、鹿角、熊胆汁、猪胆汁肾等；以虫类动物全体入药的有九香虫、地鳖虫、虻虫、僵虫、全虫等；其他如阳起石、花蕊石、海浮石、寒水石、滑石、滋石等，则都是以矿石入药而得名的。

2. 按药物产地命名　一般以主产区来命名，多为当地的地道药材。在古代有按当时的国名来命名的：如秦艽、秦椒、吴茱萸等；后世则多以当时的行政区来命名：如四川产的川乌、川芎、川贝母、川楝子、川牛膝等；东北产的北细辛、关防风、关木通、辽五味等；浙江的杭白芍、杭菊花等；河南怀庆府(今新乡地区)产的“四大怀药”(怀生地、怀牛膝、怀山药、怀菊花)等；江苏产的苏薄荷、苏藿香等。从国外进口的则多冠以胡、番之名：如胡椒、胡麻仁、胡桃仁、胡黄连、番木鳖、番泻叶等。

3. 按药物气味命名　以药物特有的气、味来命名，对于药物的真伪鉴别有一定的意义。如麝香、丁香、木香、沉香、檀香、苏合香、松香、乳香等，都是以其具有特异香气而得名的；又如具鱼腥气的鱼腥草；败酱气的败酱草等，也是以其是特异气味而得名的；而苦味的龙胆草、苦参、苦楝皮等，甜味的甘草、甜杏仁等，多味的五味子，咸味的咸苁蓉，则均以其药味作为命名的依据。

4. 按性能命名　以药物性能作用命名：如活血调经的益母草，清肝明目的决明子、石决明，治创伤骨折的续断、骨碎补，泻热导滞的番泻叶，用治疮疡的蚤休，舒筋通络的伸筋草，治风通用的防风，乌须黑发的何首乌，益智安神的远志等。

5. 按药物颜色命名　以药物固有的色泽而命名：如白色的白芷、白芍、白菊花、白及、白附子等，紫色的紫草、紫丹参等；红色的红花、红藤、鸡血藤等；青色的青黛、青蒿等，黄色的黄连、黄柏、黄芩、黄菊花、大黄等。

6. 按采药季节命名　各种药用植物，都有一定的采收季节，按时采收，即可入药。如早春开花的迎春花，仲夏成熟的半夏，夏至成熟的夏枯草，以夏至前后采收为好的冬虫夏草，冬季采挖的款冬花，四季常青的四季青，经霜采收的冬桑叶，经冬不凋的忍冬藤等，都是以其采收时节而命名的。

7. 按药物形态命名　以药物或药材的生长形态而命名，也是中药命名的一大特点。典型的有七叶一枝花、半边莲、垂盆草、紫花地丁、桑寄生等，其他如人参形如人体，钩藤节上对生两个向下弯曲的钩，乌头形似乌鸦之头，木蝴蝶形似白色蝶翅，猫爪草为数个呈纺锤形的块根簇生一起形似猫爪，狗脊形似狗之脊骨，因全体密披金黄色茸毛又名金毛狗脊；金银花因其一蒂二花、黄白相映等，都是按药物形态命名的。

8. 按人名命名　以最早发现和应用该药的人来命名，带有纪念性质。如“徐长卿”为徐氏最早发现的一种药用植物。其他还有使君子、杜仲、刘寄奴等，都是以人名命名。

9. 按进口地命名　从国外进口或产于我国少数民族地区的药材，按来源地命名。如番红花主产于西班牙、希腊、伊朗等国家，过去多经西藏输入内地又名藏红花、西红花；高丽参产于朝鲜(古代称高丽)，东洋参主产日本国，西洋参主产于美国等。

10. 按译音命名　以翻译后的中文音而命名。如诃黎勒即诃子，曼陀罗等。

以上的中药命名法则，一般多取其中一项，但也有一个药名兼有两、三项的，如按人名命名、以形态命名的，则多只取其一项；而不少药名是兼取两项的，如红花、白菊花、黄菊花等既言其色，又取其部位；而番红花则既说明其产地，又说明了它的颜色，还指出了它的部位。

治疗疑难杂证及抢救各种意外伤害的用药

（贵州省黎平县二郎坡43号谢成祖）

1、在治疗疾病首先仔细“辩证”，通过“望、闻、问、切”四诊，看所治疾病属于那一类型的病。是外感病或内伤杂证；是表证、半表半里证、寒证、热证、虚证或是夹杂证。

2、熟记方剂中治疗各种疾病的一些有效代表方。如治疗表实证的“麻黄汤”，表寒证的“桂枝汤”，治少阳证的“小柴胡汤”，少阳阳明证的“大柴胡汤”，阳明气热证的“白虎汤”，阳明腑实证的“调胃承气汤，痰湿证的“二陈汤”……等等。

3、了解中药方剂中常用的几百种中药的成份药理、药性、功能、临床应用，用法、用量，注意事项。对有些民间治疗某些疾病，有效的草药，单方、秘方、作好记录，查看它的科属、学名、药性、有否毒性、用法、用量。然后经过自已临床应用，检验其效果。疗效好的记录下来。再根据这药的药性、功效，灵活运用到相类似的其它病症中。

4、处方时，必须切实了解病人体质和病情，做到“方证相符”考虑用哪个方剂为主方，根据“君、臣、佐、使”，“汗、吐、下、消、和、清、温、补”八法，对所用药物的药性、功效、用量进行适当加减，做到“对证治疗”。

5、对有些疑难杂证，在当前还没有有效药物治疗的疾病，不能说是不治之症。对于我国中医药来说，只不过是说还没有发掘出治疗这些疾病的药物，中草药数以万计，这就要靠业内人士去分析、去研究、去发掘这些药物。如“艾滋病”在世界上还没有有效治疗和根治这种疾病的药方。因为它是通过血液，精液方面的传染病，是由某种传染性病毒、病原体引起的，可考虑使用一些杀灭病毒、病原体，中和、排泻毒素的药物来治疗。我们可以由当前治疗蛇伤，狂犬病和妇女月家劳所用的有效草药中来筛选，再结合中药里面的一些清热解毒、补肾利水、增强人体免疫功能的药物。如党参、土鳖、天花粉、红花、当归、川芎、白芍、地黄、防风、马鞭草、鬼针草、柴胡、白术、苍术、茯苓、车前子、甘草、大枣等药物。对治疗“白血病”，我主张采用清热解毒，凉血、补血，增进调理脊髓生理机能的一些药物来治疗。对于受精神刺激引起失眠或神经失常的精神病，由于气滞引起生理功能混乱，可采用理气药物，如：柴胡、木香，加以补肾利水的茯苓、泽泻、车前子、枸杞子，二陈汤中的制半夏，下泻的大黄等，就可取得一定的疗效。

4、文化篇

白居易的养生诗

（来源：2008年《每周文摘》）

唐代大诗人白居易享年74岁，在当时是位高寿诗人。在他的诗篇中，有不少是介绍养生之道的。

养生以动

白居易认为，活动养生十分有用，因此他很喜欢步行游览名胜。在一首《玉泉》诗中云：“湛湛玉泉色，悠悠浮云身。闲心对定水，清静两无尘。手把青筇仗，头戴白纶巾。兴尽下山去，知我是何人。”诗句描述了白居易游览杭州西湖玉泉时的情景，可见他已被大自然的美景深深地陶醉，达到了忘我境界。

养生以静

白居易认为，静亦可养生。他在《消暑》诗中曰："何以尚烦暑，端居一院中。眼前无长物，窗下有清风。热散由心静，凉生为室空。此时身自得，做回人间翁。"酷暑苦夏，诗人自有对付它的妙法，即所谓"心静自然凉"。

养生练功

白居易晚年常以练气功养生。他在一首《练功》诗中说："负暄闭目坐，和气生肌扶。初似饮醇醪，又如蜇苦旁。外融为骸畅，中适一念除。旷至忘所存，心与虚俱无。"诗句生动描绘了练功时的场景。练功养生，诗人身心舒畅，简直如痴似醉，仿佛进入了另一个世界。

浣溪沙·中医逢盛世

福州市中医院　郑婉如　郑丽如

枯木逢春尧舜天
芳菲杏苑竞争妍
黎元额首舒欢颜
细雨斜风枝叶茂
新蕾老干报春光
传承薪火写宏篇

翻过2008年这不平凡的一页，我们迎来了生机昂然的2009年，迎来了伟大祖国的60华诞！华夏同欢直达同胞心里，改革开放30周年，使我们看到了中医丰富的特色与可喜的发展。

注：作者系全国首批500名国家级名老中医福州市中医院郑孙谋主任中医师之女

妙趣横生的药名联、药名词、药名诗

http：//hi.baidu.com/lishabuoshi/blog/item/

我国是中药的故乡，中药材众多，药名五花八门，生动有趣，是写作的好词汇。历代文人墨客巧用这一特点，拾药名入联入词入诗入谜，写出了不少流传千古的佳作。

人物药名联　"稚子牵牛耕熟地，将军打马过常山。""稚子对将军"、"牵牛对打马"、"熟地对常山"，六味药名不着一丝痕迹地嵌在联中，音韵和谐，平仄相宜，朗朗上口，栩栩如生地勾画出"稚子和将军"两位人物形象。亲情药名联　"一阵乳香知母至，半窗故纸防风来。"巧用"乳香、知母、故纸、防风"四味中药，刻画出母子连心，母爱情深的场面。使人如临其境，感同身受。

回文药名联　"红日千载千日红，青年万代万年青。""路路通衢通路路，重重楼阁楼重重。""虎山下来下山虎，龙江过去过江龙。""喜见一面一见喜，连边半夏半边连。"在这三幅回文联中，"千日红、万年青、路路通、重楼、下山虎、过江龙、一见喜、半夏、半边连"皆为中药名。嵌在联中，自然贴切，通俗易懂，浑然天成，妙不可言。

药名词　南宋爱国词人辛弃疾用中药名写出一首《满庭芳》，词云："云母屏开，珍珠帘闭，防风吹散沉香。离情抑郁，金缕织流黄，柏影桂枝交映，从容起，弄水银塘。连翘首，惊过半夏，凉透薄荷裳。一钩藤上月，寻常山夜，梦宿沙场。早已轻粉黛，独活空房。欲续断弦未得，乌头白，最苦参商。当归也！茱萸熟，地老菊花荒。"词中巧借二十四味中药名，活龙活现地刻画出一位贵妇人的形象。将她思念远征沙场丈夫的那一腔缠绵之意，表达得淋漓尽至，生动地抒发了她怨恨战争给自己带来夫妻久别，难以团聚的心声。

药名诗　北宋进士洪皓在高宗建炎三年奉命赴金，被金人扣留十余年。在此期间，他坚贞不屈，以诗明志，留下了众多的爱国诗篇。《集药名次韵》就是其中之一，很有代表性。诗云："独活他乡已九秋，肠肝续断更刚留；遥知母老相思子，没药医治尽白头。"十分巧妙地将五位中药"独活、续断、知母、相思子、白头"嵌入诗中，表达了自己深沉挚着的爱国怀乡思母之情，感人肺腑

讽刺意义的中药数字对联

http：//www.zhzyw.org/zycs/dl/

文人墨客把数字命名的中药巧妙地写成对联，别有一番情趣，令人拍手叫绝。

古时候，有一穷秀才，在过年的时候写了一副对联贴在门上，这副对联的上联是："二月兰、三白草、四叶参、五味子；下联是：六神曲、七叶莲、八厘麻、九里香。"读后令人拍手称快。为什么？联中用了八味中药，而且都是用数字命名的中药，但是唯独没有用"一"和"十"开头的中药，也就是说缺一少十。细品之，"一"和"衣"，"十"和"食"，不是谐音吗？此联的寓意正是在此，揭露了当时社会"朱门酒肉臭，路有冻死骨"的黑暗。全联对社会的黑暗不着一字，但是却揭露得入木三分，可谓不着一字尽得风流。

无独有偶，清朝末期，某地有一姓陈的药贩子，靠走街串巷贩药赚了不少钱。有了钱他就想权，很想过一下官瘾，可无奈腹中墨水太少，他知道自己走考状元之路，是万万行不通的。于是他挖空心思，花了几万两银子，从朝廷里买了个"五品官"头衔。虽有名无实，但一有热闹的机会，他就穿上青色的"五品服"向众人炫耀。有一年春节时候，他请人为他写一副春联。写春联的人知道他的底细，提笔一挥就写成了"五品青天服，六味地黄丸"。陈某不知是讥讽，反而认为写得惟妙惟肖，便堂而皇之地贴在门前，邻里见之无不哑然失笑。

为什么？肾是人的"先天之本"，六味地黄丸恰恰是滋补肾阴的中药。"肾"与"身"正好是谐音。肾虚意即身虚也。由此可见，这副对联妙就妙在，用对比、相承、谐音的手法，毫不留情地讽刺挖苦了这个"五品官"的虚荣心，暗中寓意先天不足，腹内空空，不学无术，巧妙地剥开了"青天服"包裹中的灵魂的卑微，所以是一副很有讽刺意义的中药数字对联。

中国古代文化精华之——中药谜语

（http：//bbs.tiexue.net/bbs_73.html）

据说药谜起源于三国时，传说在曹操一次远征归来时，头风病发作，于是为其担忧的部下就向他推荐了神医华佗。华佗来后，曹为试其才，写了一首中药名的谜语诗，诗云："胸中荷花兮，西湖秋英；晴空夜明兮，初入其境；长生不老兮，永世康宁；老娘获利兮，警惕家人；三十除五兮，函悉母病；芒种降雪兮，军营难混；接骨妙医兮，老实忠诚；黑发未白兮，大鹏凌空。"此诗言辞风雅，壮然隽永，华佗看后，提笔写下了"穿心莲、杭菊花、满天星、生地、万年青、千年健、益母草、防已、商陆、当归、麦冬、苦参、续断、厚朴、首乌、远志"十六味中药。曹见其确有才华，应不是庸医，就让他留下为自己治病。

之后，中药谜就在华夏大地上流行了起来，比方陆游在《夜泊水村》诗以"太息燕然未勒铭"的大半句为面，打中药名二"石耳、文无"（这诗是比较含蓄的一条谜。《后汉书•窦宪传》中描写，宪率部追逐北匈奴单于，"遂登燕然山，刻石勒功，纪汉威德，令班固作铭。"陆游反用此典。所谓"燕然未勒铭"，反应于底就是"石耳、文无"：光秃秃一块石头罢了，上面的文字还没有，真是干净到家了）。不仅文人大家如此，甚至连普通中药铺的掌柜也有出了好谜的："五月将尽六月初，二八佳人把窗糊，丈夫外出三年整，捎封书信半字无。"打四味中药名称，射的是："半夏、防风、当归、白芷"四味中药。真是妙趣横生，令人抿然。

这里转录了一些中药迷，以供大家一观：

1、低头思故乡——怀熟地

2、故乡——熟地

3、异国——生地

4、不生第二胎——杜仲

5、牧童——牵牛子

6、九死一生——独活

7、三九时节——天冬

8、包龙图——首乌

9、司机——车前子

10、昭君出塞——王不留行

11、天女散花——降香

12、长生不老——万年青

13、绿林好汉——草寇
14、病入膏肓——没药
15、自卫还击——防己
16、他乡遇故知——一见喜
17、一江春水向东流——通大海
18、春眠不觉晓——安息香
19、春常在——四季青
20、断肢再植——骨碎补
21、东坡先生浑不知——狼毒
22、有言在先——白前
23、老实忠厚——厚朴
24、黑色丸子——乌药
25、演讲技巧——白术
26、机构繁多——百部
27、雪——夏天无
28、葬花——安息香
29、武松杀嫂——穿心莲
30、土皇帝——地龙
31、世上只有妈妈好——光知母
32、偷梁换柱——木贼
33、莫用小人——使君子
34、早——省头草
35、梅——冬花
36、蔗——甘草
37、霰——天花粉
38、丹顶鹤额头——一点红
39、一言堂——云母
40、皇帝身上袍——龙衣
41、涨潮——胖大海
42、春夏秋——隐冬
43、烤火费——冬花
44、熟知植物学——草木通
45、九九归一——百合
46、苦熬三九——忍冬
47、剧场灯熄——台乌
48、云雾蔽日——锁阳
49、人工育珠——附子
50、肺气不宣——郁金
51、月中神树——桂枝
52、天府之宝——川贝
53、千年裘——陈皮
54、老汉首如霜——白头翁
55、酸甜苦辣咸——五味子
56、鸳鸯不独宿——合欢
57、赤字消费——红花
58、妇女节前夕——三七
59、爸爸已到四十岁，养了儿子才八岁——五倍子
60、白衣秀士拒贤人——王不留行

《成语辞典》中的医药卫生成语

笔者阅读《成语辞典》时，发现在5000多条成语中，与医药卫生有关的成语近百条，在释义中，涉及不少有关医药卫生方面的知识，现摘录其中如下：

•良药苦口

[释义]能治病的好药大都味道很苦。

[语出]《韩非子•外储说左上》：“夫良药苦于口，而智者劝而饮之，知其人而已己疾也。”《三国志•吴志•孙奋传》：“夫良药苦，惜疾者能甘之。”

•对症下药

[释义]症：病症；下药：用药。医生针对病人情况开方用药。

[语出]宋•“朱子语类等四十二卷：“克已复礼。便是促得病根，对症下药。”

•不可救药

[释义]药，治疗，不可救药：病沉重得没法医治。

[语出]《诗经•大雅•板》：“多将高，高不可救药。”

•讳疾忌医

[释义]讳，有顾忌而不说，隐瞒；忌，怕、畏惧。讳疾忌医：不肯说出自己有病，怕去医治。

[语出]宋•周敦颐《周子通书•过》：“仲由喜闻过，令名无宗马：今人有过，不喜人规（劝），如护疾而忌医，宁灭其身而无悟也。”

•病入膏肓

[释义]膏肓，我国古代医学把心尖脂肪叫膏，心脏和膈膜之间叫肓，认为膏肓之间是药力达不到的地方，病最难治的地方。病入膏肓：形容病情严重，不可救药。

[语出]《左传•成公十年》：“医生，曰：‘疾

不可为也。在肓之上，膏之下，攻之不可，达之不及，药不至马，不可反也。'"

•疮痍满目

[释义]疮痍，创伤，疮痍满目：眼睛所看到的都是创伤。

[语出]唐•杜甫《北征》诗："乾坤含疮痍，忧虞何时毕？"

•头疼脑热

[释义]指一般的小病。

[语出]元•孙仲章《勘头中》第一折："一百日以里，但有头疼脑热，都是你。"

•养痈遗患

[释文]留着毒疮不医就会留下后患。

[语出]汉•冯衍《与妇弟任武达书》："养痈长疽，自生祸殃，"清•李宝嘉《官场现形记》等14回"兄弟此条，决计不能够养痈贻患。"

•病从口入

[释义]指疾病是由于饮食不小心而造成的。

[语出]晋•傅玄《口铭》："病从口入，祸从口出。"

•久病成医

[释义]人生病久了可以成为医生。形容经常生病的人对疾病和医药知识都比较熟悉。

[语出]《左传•定公十三年》："三折肱，知为良医。"《楚辞•九章•惜诵》；"九折臂而成医兮。"

•手到病除

[释义]手一到病就好了。形容医生的医术高明，能很快把病人治好。

[语出]《水浒传》第65回："百药不能得治，后请得建康府安道全，手到病除。"

•疥癫之疾

[释义]比喻不必计较的、不足为害的小毛病。

[语出]《吕氏春秋•贵直论•知化》："夫各之于吴也，疥癣之病也。"《水浒传》第63回："疥癞之疾，何是挂意。"

•救死扶伤

[释义]抢救快死的人，照顾受伤的人。

[语出]汉•司马迁《振任安书》："虏救死扶伤不给。"

•妙手回春

[释义]妙手，指高超的医术；回春，比喻把快要死的人医治好了。妙手回春：赞扬医生的医术高明，能使病危的人痊愈。

[语出]唐•司空图《诗品•自然》："俯拾即是，不取诸邻，俱道适往，着手成春。"

•治病救人

[释义]治好病，把人救活。

[语出]晋•葛洪《神仙传》："沈某，吴郡人，学道于蜀，能治病救人，甚有思德。"

•延年益寿

[释义]延长寿命，增加岁数。益：增加。寿：年岁，生命。

[语出]战国楚。宋玉《高唐赋》："九窍通郁，精神察滞，延年益寿千万岁。"

•回光返照

[释义]比喻病人临死前精神的短暂兴奋。

[语出]宋•释道原《景德传灯录》卷26《洪州云居义能禅师》："方便呼为佛，迴光反照，肩身心是何物。"元•杨景贤《刘行首》第3折："楚岫云遮，弃死归生，回光返照。"

•病急乱投医

[释义]形容到了紧急时候，顾不得选择对象或办法。

[语出]《红楼梦》第57回："所谓'病急乱投医'了。"

•死马当活马医

[释义]比喻在看来已经绝望的情况下尽力挽救。

[语出]宋•何袁《春诸纪闻》卷4："有名士为泗卒者，卧病既久。其子不慧，郡有大医生杨介，名医也，适自都不还……其子曰：'大人疾势虽淹久，幸左右一顾，且作死马医也。'闻者无不绝倒。"

•心病还须心上医

[释义]旧时俗语。指思想上的问题必须从思想上解决，必须对症下药。

[语出]《初刻拍晏惊奇》第25卷："自古说得好：'心病还须心上医'，眼见得不是盼奴来，医药怎得见效。"

•头痛医头，脚痛医脚

[释义]比喻遇事临时应付，不作根本的彻底的解决。

[语出]宋•朱熹《朱子全书•道统六》："今学者亦多来求病根，某向他说，头痛灸头，脚痛灸脚，病在这上。"（来源：中国中医药报）

五色对五脏的滋养

《黄帝内经》中说：绿色养肝、红色补心、黄色益脾胃、白色润肺，黑色补肾。以大家常吃的绿豆、红豆、黄豆、白豆、黑豆为例：

五豆的功用：

绿豆的功效：性味甘凉，具有清热解毒之功，入肝经。

红豆的功效：性平，有清热解毒、活血排脓，健脾益胃、利尿消肿、通气除烦等，可治疗小便不利、脾虚水肿、脚气、黄疸等症。有促进心脏活动的功效，入心经。

黄豆的功效：性微寒，能活血通便、解毒祛风热、益气补脾，入脾经。

白豆（饭豆）的功效：性平，有理中益气、补肾健脾、和五脏、生精髓、止消渴、吐逆泄痢，小便频数，含有较多的钙质，入肺经。

黑豆的功效：性平，调中益气，活血解毒，治消胀，下气利水，止汗药物，入肾经。

绿色养肝

常见绿色食物　绿豆、菠菜、西兰花、黄瓜、丝瓜、芹菜、韭菜、青辣椒、茼蒿、莴笋、白菜、荠菜、油菜、四季豆、豆角、空心菜、木耳菜、绿苋菜、萝卜樱、青菜、苦瓜、水果等。

红色补心

常见红色食物　红豆　红薯、胡萝卜（保护视力，健脾、保肝）红辣椒、红枣、番茄、山楂、香椿、草莓等

黄色益脾胃

常见黄色食物　黄豆、牛蒡（最善清理脾胃火，可以加红白萝卜一起炖骨头汤喝）、脚板薯（最善治疗口腔溃疡），薏米（性味甘淡微寒，有利水消肿、健脾去湿、舒筋除痹、清热排脓等功效，为常用的利水渗湿药）韭黄、南瓜（产生胰岛素，治疗消渴症），苹果、蛋黄、粟米、玉米等

白色润肺

常见白色食品　白豆、冬瓜、梨、白萝卜、银耳、藕、百合、茭白、莲藕、米面、豆腐、花菜、竹笋、淮山、凉薯等。

黑色补肾

常见黑色食物　黑豆、黑米、黑芝麻、黑木耳、核桃（不是黑色，但是是补肾的食物）、紫菜、海带（润肺食物）

（来源：http：//www.zhzyw.org/zybj/zyys/）

茶叶的五色与五行

http：//bbs.jxjyzy.com/

绿茶：五行属木，代表茶有碧螺春、毛尖、毛峰、猴魁、龙井

红茶：五行属火，代表茶有川红功夫、滇红功夫、祁门功夫

黄茶：五行属土，代表茶有霍山雪芽、温州黄汤、君山银针

白茶：五行属金，代表茶有银针白毫、贡眉、白牡丹

黑茶：五行属水，代表茶有普洱茶、湖南黑茶

五音对五脏的养护

古代的音乐和现在有所不同，只有五音：角、徵、宫、商、羽。这五个音阶分别被中国传统哲学赋予了五行的属性：木（角）、火（徵）、土（宫）、金（商）、水（羽）。这一点，恰恰被中医利用了。《黄帝内经》记载，宫、商、角、征、羽五音，与人五脏相连，与五行（金、木、水、火、土）有不谋而合之处。如宫音雄伟，具“土”之特性，可入五脏中的脾；商音清净，具“金”之特性，可入肺；角音属“木”，可入肝；征音属“火”，可入心；羽音属水，可入肾。

用乐如用药。在繁体字中，樂、藥、療三字同源，音乐与药物、治疗具有天然的联系。音乐可以舒体悦心，流通气血，宣导经络，与药物治疗一样，对人体有调治的能力。

音乐有归经、升降浮沉、寒热温凉，具有中草药的各种特性。而且音乐需要炮制，同样的乐曲，可以使用不同的配器、节奏、力度、和声等等，彼此配伍，如同中药处方中有君臣佐使的区别一样。

用音乐治疗，也有正治、反治。让情绪兴奋者听平和忧伤的乐曲，是最常用的方法，还可以使乐曲与情绪同步，帮听者宣泄过多的不良情绪，例如以如泣如诉的乐曲带走悲伤、以快节奏的音乐发泄过度兴奋的情绪。

肝——五脏中的将军

肝比较喜欢爽朗、豁达。我们如果长期被一些烦恼的事情所困扰，肝就会使我们体内的本该流动的气处于停滞状态，时间稍久，就会逐渐消耗肝的能量，产生种种不适。

肝常见不适：抑郁、易怒、乳房胀痛、口苦、痛经、舌边部溃疡、眼部干涩、胆小、容易受惊吓。

属肝的音阶：角音，相当于简谱中的“3”。角调式乐曲：有大地回春，万物萌生，生机盎然的旋律，曲调亲切爽朗，有“木”之特性，可入肝。

最佳曲目：《胡笳十八拍》。肝顺需要木气练达，这首曲子中属于金的商音元素稍重，刚好可以克制体内过多的木气，同时曲中婉转地配上了较为合适的属于水的羽音，水又可以很好地滋养木气，使之柔软、顺畅。

最佳欣赏时间：19：00—23：00。这是一天中阴气最重的时间，一来可以克制旺盛的肝气，以免过多的肝气演变成火，另外可以利用这个时间旺盛的阴气来滋养肝，使之平衡、正常。

伴茶：准备一杯绿茶，里面少放一些白茶，以起到梳顺肝气的作用。

心——五脏中的君主

心脏通常不会偷懒，它一刻不停的搏动完全符合属于火的特性。心脏掌控着精神和血液的循环，然而，现实的生活和工作压力、不断在减少的睡眠、很少运动的身体……无一不在伤害我们的心，所以很容易心脏系统的不适。

心常见不适：失眠、心慌、心胸憋闷、胸痛、烦躁、舌尖部溃疡。

属心的音阶：徵音，相当于简谱中的“5”。徵调式乐曲：热烈欢快，活泼轻松，构成层次分明，性情欢畅的气氛，具有“火”之特性，可入心。

最佳曲目：《紫竹调》。心气需要平和，这首曲子中，运用属于火的徵音和属于水的羽音配合很独特，补水可以使心火不至于过旺，补火又可使水气不至于过凉，利于心脏的功能运转。

最佳欣赏时间：21：00—23：00。中医最讲究睡子午觉，所以一定要在子时之前就要让心气平和下来，过早过晚听都不太合适。

伴茶：准备一杯红茶，略加少量绿茶，可以补益心脏。

脾——五脏中的后勤部长

脾是我们身体里的重要能量来源，身体活动所需要的能量，几乎都来自脾胃，经过食物的消化吸收，才能转化成能量供应给各个脏器。暴饮暴食、五味过重、思虑过度等都会让我们的脾胃承担过重的负担而停产。

脾常见不适：腹胀、便稀、肥胖、口唇溃疡、面黄、月经量少色淡、疲乏、胃或子宫下垂。

属脾的音阶： 宫音，相当于简谱中的“1”。宫调式乐曲风格悠扬沉静，淳厚庄重，有如“土”般宽厚结实，可入脾。

最佳曲目：《十面埋伏》。脾气需要温和，这首曲子中运用了比较频促的徵音和宫音，能够很好地刺激我们的脾胃，使之在乐曲的刺激下，有节奏的进行对食物的消化、吸收。

最佳欣赏时间：在进餐时，以及餐后一小时内欣赏，效果比较好。

伴茶：准备一杯黄茶，略加少量红茶，可以温和的调节脾胃功能。

肺——五脏中的宰相

肺在身体里是管理呼吸的器官，全身的血液里携带的氧气都要通过肺对外进行气体交换，然后再输送到全身各处。也正因为肺和外界接触频繁，所以污染的空气、各种灰尘、致病细菌，会在你身体抵抗力稍低的一刹那，占领你的肺。

肺常见不适：咽部溃疡疼痛、咳嗽、鼻塞、气喘、容易感冒、易出汗。

属肺的音阶： 商音，相当于简谱中的“2”。商调式乐曲风格高亢悲壮，铿锵雄伟，具有“金”之特性，可入肺。

最佳曲目：《阳春白雪》。肺气需要滋润，这首曲子曲调高昂，包括属于土的宫音和属于火的徵音，一个助长肺气，一个平衡肺气，再加上属于肺的商音，可以通过音乐把你的肺从里到外彻底梳理一遍。

最佳欣赏时间：15：00－19：00。太阳在这个时间段里开始西下，归于西方金气最重的地方，体内的肺气在这个时段是比较旺盛的，随着曲子的旋律，一呼一吸之间，里应外合，事半功倍。

伴茶：准备一杯白茶，里面少放一些红茶和黄茶，以起到生补肺气，同时清除肺中杂质的效果。

肾——五脏中的作强之官

肾在身体的五脏之中，被认为是人体的储蓄机构，我们身体里所有其他脏器产生的能量，在满足日常消耗后，都会把多余的能量转存到肾中，将来身体里的其他器官缺少足够的能量时，通常会从肾中抽调。长此以往，肾中的能量总的来讲还是处于一种匮乏状态。

肾常见不适：面色暗、尿频、腰酸、性欲低、黎明时分腹泻。

属肺的音阶：羽音，相当于简谱中的“6”。羽调式乐曲：风格清纯，凄切哀怨，苍凉柔润，如天垂晶幕，行云流水，具有“水”之特性，可入肾。

最佳曲目：《梅花三弄》。肾气需要蕴藏，这首曲子中舒缓合宜的五音搭配，不经意间运用了五行互生的原理，反复的、逐一的将产生的能量源源不断输送到肾中。一曲听罢，神清气爽，倍感轻松。

最佳欣赏时间：7：00－11：00。这段时间在一天里是气温持续走高的一个过程，人和大自然是相互影响的，在这个时间段，太阳在逐渐高升，体内的肾气也蠢蠢欲动地受着外界的感召，如果此时能够用属于金性质的商音和属于水性质的羽音搭配比较融洽的曲子来促使肾中精气的隆盛。

伴茶：准备一杯黑茶，里面少放一些白茶，以起到五行相生的效果。

（来源：http：//bbs.jxjyzy.com/）

三、杏林故事篇

唐由之：为主席治眼疾的难忘岁月

（来源：中国中医药报）

如果当年中医眼科大家唐由之不是深得中医精要，最先继承和改进了传统中医切口小、创伤少的金针拨障术，就不可能被选作为当时身体虚弱的毛主席做白内障手术；如果唐由之不具备敏捷、娴熟的睫状体平部切口的手法，就不会顶着巨大的心理压力成功地为双目失明的主席拨云见日。在唐老的家里，听他平静地为我们讲述当年为毛主席手术的紧张而难忘的过程，记者越发地感受到唐老那不同寻常的中医大家风范。

神秘会诊中医手术的把握性也是85%

1974年，当人们还习惯于在新闻纪录片里看到熟悉的毛主席时，人们并不知道毛主席因为患有白内障已经有一年多的时间看不清东西了。如何为主席安全稳妥地治疗眼疾，成为党中央的一件大事。

也就是在这年年底，48岁的唐由之在广安门医院被通知参加了一次神秘的会诊。这次会诊与以往不同，一走进会议室就感觉到一种特别的气氛。当时来的医生很多，可以说有几十位，有皮肤科的、有心脏科的、有肺科的、还有眼科的。而且大家没有见到患者，只是介绍了他的病情。

三个月后，唐由之被通知进驻专门为中央领导诊病的中南海门诊部，在周恩来、邓小平的主持下，与来自同仁医院、北京医院、解放军305医院的眼科专家一起商讨主席病情，研究手术方案达半年之久，这期间，唐由之和西医眼科专家还不间断地为各种眼病患者做手术，观察对比不同的手术方案和术后反应等。

在一次政治局扩大会议上，周恩来和邓小平问西医眼科专家：你们做手术的把握有多大。他们回答说85%，问到唐由之时，他回答也是85%。虽然是同样的数字，但唐由之当时承受的压力可想而知：传统都认为，手术当然是西医方法精确而先进，而唐由之采用的白内障针拨术当时还不被西医广泛认可，古老的金针拨障术虽有几千年历史，但现代人们几乎不采用此法，当时认为此法极易造成出血和感染。但是唐由之对此技术还是心中有数的。他曾查阅过很多中医文献，并且亲自观察了兔子的眼睛，做过深入的科学研究，发现睫状体平部的解剖特性，并非是西医专家认为的有很多血管的解剖结构，是可以尝试手术的。他在研究工作中做过非常详尽的准备，积累了生理的、病理的、解剖的数据和结果，更重要的是，他用这种改进的白内障针拨术亲自为数千例病人做过手术，没有发生交感性眼炎、感染等并发症。当时广安门医院的患者排队等他做手术，后来文革期间被下放到广西、福建农村，在医疗条件相对恶劣的情况下采用此手术方法，都很少发生感染的情况，这种手术时间短，切口小，不需要缝合，愈合快，视力恢复好。

毛主席的身体相当虚弱，不适合长时间创口大的手术，而且，主席当时易咳嗽，这对眼科手术是很可怕的，因为头部晃动会使眼睛位置改变，而震颤会使切口裂开，后果不堪设想。所以大家还是认为金针拨障术更适合主席的手术。

准备手术 紧张到眼底出血

真正定下来由唐由之领导的眼科手术小组为主席做手术时，中央决定唐由之进驻中南海，与毛主席吃住在一起，更多地了解主席的病情。当

广东省的“名医树”

在广东省一个叫二沙岛的地方，有一棵“名医树”。这棵树是时任卫生部副部长、国家中医药管理局局长佘靖、时任广东省副省长李兰芳和名老中医们一道种下的。

早在2000年，面对新世纪，广东省中医院提出了一个新的目标，那就是把省中医院建设成为一个现代名医的摇篮，聘请全国最高水平的名老中医，集中在一间医院重点培养一批造诣深厚的中青年中医人才，打造一个全国中医院的典型。这个想法得到了两位全国名老中医——广州中医药大学终身教授邓铁涛先生和长春中医学院终身教授、广州中医药大学客座教授任继学先生的鼎力支持。

2001年4月20日，广东省中医界30位经过层层选拔脱颖而出的中青年骨干正式拜师15位全国名老中医。

这是一种全新的跟师方式，老中医提出“集体带，带集体，”门户没有了，流派没有了，地域没有了，给徒弟们打开的是一道门，获得的是“兼容并蓄，博采众长”。此举意味着广东省中医院“名医工程”正式启动。

广东省中医院打破地域界限创新师承模式打造名院的方式受到了卫生部和国家中医药管理局的高度重视，很快便被纳入了全国第三批名老中医师带徒计划当中。于是有了国家中医药部门领导和广东省委领导与广东名老中医一道种下的象征“名医名院共育英才”的“名医树”。

疾风知劲草，危难显医魂

广东省中医院抗击非典彰显中医优势

越是在危险的时刻，越是能够彰显一个人的品格，越是在关键的时刻，越能显现一个医院的文化精神。无论是在非典面前、还是在洪灾面前，无论是地震降临还是在生死关头，广东省中医院人都冲锋在最前面，用生命高高托起一个医务工作者的天使魂！

2003年春天，作为与非典病魔战斗最早、最持久的医院之一，广东省中医院人面对健康还是染病的考量，面对生和死的抉择，医护人员直面非典、众志成城，70多人先后染病倒下，但是没有一个人退缩，用生命谱写了一曲大医精诚之歌，彰显了中医药治疗传染性疾病应对突发卫生危机的不可替代的优势！

1、这里危险，让我来！

我们永远不能忘记叶欣，是她在这个没有硝烟的战场上，用生命谱写了一曲抗击非典的壮丽赞歌。叶欣是广东省中医院二沙分院急诊科的护士长，在抗击非典战斗打响后，她始终坚持战斗在最危险的急诊科。为了减少医务人员受感染的机会，每当有急危重的非典患者需要抢救时，她都冲在最前面。“这里危险，让我来！”这是叶欣生前留下的一句最刻骨铭心的话，成为了那个时代的中国的最强音。

后来在抢救一位垂危的非典患者时，她不幸染病倒下，在住院期间，她一刻也没有停息与非典病魔的抗争，每天仍然通过打电话指挥急诊科工作，上呼吸机插管不能说话，就用手写鼓励战友，直到昏迷。

叶欣烈士牺牲后，获得了一系列的荣誉，包括南丁格尔奖章。

她用生命诠释了护理界最高荣誉——南丁格尔奖章的深刻内涵。她在危难面前所表现出来的精神，集中反映了省中医院人所追求的精神境界。

2、支援香港

广东省中医院专家在抗击非典战斗中，用生命总结出了一整套中医药治疗非典的方案，并取得了突出的疗效，被世界卫生组织专家称赞为“是他所了解的退热时间最短，住院时间最短，死亡率最低的报告”，并成为了国家中医药管理局向全国推荐的第一套治疗非典的中医药方案。之后，广东省中医院应香港医管局之邀选派两位女专家赴港开展治疗“非典”的工作取得了显著的成效，获得香港“抗炎勇士金质奖章”。得到了世界卫生组织的肯定，为中医药治疗非典受到世界认可，为推动中医药走向世界做出了贡献。

3、向总书记谏言

2003年4月15日胡锦涛总书记视察广东，广东省中医院吕玉波院长利用分别之际向总书记建议抗击非典要中西医结合，得到了总书记的肯定。总书记表示："世界卫生组织对你们的评价很高，中医药学是我国文化宝贵的遗产，应该发挥它的作用。"

（由广东省中医院供稿）

忆福州市中医院老中医郑孙谋同志二三事

（福州市中医院 肖诏玮）

2006～2008年福州市中医院承担福建省卫生厅重点课题——福州历代中医特色研究（WZZM0605），笔者重视中华传统文化与中医脉络相通的关系，致力搜集榕医诗作，撰写医话，希望能顺着诗词的脉络和韵律来品读，徜徉在中医药文化的绚丽风景中，以诗证史。现选粹现代榕医医话四则如下：

医林媲美两先生

郑宗洛（1878～1959），学术推扬气化，用药寥寥数味，纯而不杂。林心斋，精研内科，术擅温病，二人医声远播。某男，病已阅年，尪瘠濒危，诸医皆以劳损论治，百药不效。病家遂邀二人会诊。郑、林辨证析疑，惟病是适，进通瘀为主，养阴清络为辅，调治月余而痊。刘通（建国前曾任中央国医馆福建分馆馆长，建国后曾任福建省副省长），赠诗赞曰："医林媲美两先生，著手成春脉理精，德拟千金能济世，桥南诗友尽叨荣"。文人相轻，千古积习，而医家相忌，颇为多见，刘诗赞其二人无门户之见，胸襟广阔，风格高远。

橘井春常满

叶轩孙（1897～1976）学术倚重滋阴，富收藏，畅歌咏，常与书画家潘主兰（获全国第一届书法兰亭成就奖，与启功并列），陈子奋等作赋吟诗。他自题验方选集："橘井春常满，药囊夜未闲，冶城悬一派，留与后人看。"潘老和诗云："《灵》、《素》勤探索，晨昏那得闲，悬壶家学绍，珍重济人看。"一时传为佳话。叶轩孙曾作回文诗《春晚迴文一首录寄功辉贤姪》，足见功力："霏霏晚雨细如尘，白下山痕水外春。归鸟与云残断岸，飞花数处坐闲人。人闲坐处数花飞，岸断残云与鸟归。春外水痕山下白，尘如细雨晚霏霏。"

君山两度息吟身

林英藩（1901～1974），壶氏林氏第六代传人，1921年秋闽侯君山乡有伍姓老者登门为其子延诊，林英藩即随前往。其独子善基14岁患伏暑晚发、成为秋邪，邪热入营，肾液涸竭，他以增液汤合服予之，三剂而起沉疴。有学究金刚先生，设绛帐于住宅，患头晕耳鸣之疾，闻而求诊，林英藩断为水亏肝阳上扰，以杞菊六味丸合大补阴丸予之，二剂而愈。后二十年秋，善基患痢甚剧，专人来延诊，林氏再度出诊君山，则门巷依旧而人物皆非，昔年病危之善基今两鬓有霜矣，问其父与金刚先生安在？曰："父作古，先生亦捐馆矣。"林英藩不胜嗟叹，是夜宿其家，转辗不寐，伏枕口占一绝云："君山两度息吟身，门巷依稀认得真。回首廿年犹是梦，先生还作再来人。"又画师郭三皓，善绘人物花卉，其晚年患咳嗽痰喘病，遍服中西药无效，求诊于英藩，他断为脾肾两虚，予景岳六君煎二剂见效，继予金匮肾气丸善后。时值抗日战争方烈，京沪长沙战祸蔓延，郭画师痛心国难，绘"壮士从军图"一幅赠林氏，图为一戎装青年跨鞍上马，旁一红衣女郎执鞭于梅花树下，两人神采奕奕，眉目如生，林氏披图赞不绝口，题一诗于图上云："壮士从军若等闲，美人相送上征鞍。只因邦国遭多难，肯把身心凭宴安。"

端缘博济沐天休

俞慎初（1915～2002）为八闽中医泰斗，活人济世，著作等身，桃李天下。1994年逢其从医执教六十周年暨八轶双寿，领导、专家、学者纷致诗词致贺，北京中医药大学教授刘渡舟诗云："道精岐黄业，医承三世家，洁比丰年玉，文如天半霞。"赵绍琴教授诗云："杏苑耕耘无所求，扶伤救死系心头，耄龄著述尤尽责，新纪相望正未休。"福建名医吴味雪主任医师诗云："由来同气自相求，研讨岐黄每聚头；更喜杖朝仍老健，端缘博济沐天休。"郑孙谋教授诗云："品高来自身无求，八十老翁雪满头。吾道衰微须砥柱，得延残喘葆天休。"可谓佳作纷呈，琳琅满目。

益阳名医李星鹄——二爹

湖南省作家协会，一级作家，副主席　叶　梦

小时候，我最崇拜的人是二爹。

我见到二爹的那年才9岁。当时就感觉这个爹爹与别个不一样。二爹个子很高，相貌堂堂，尽管当时年届七旬，行动迟缓，却有一种不动声色的威严。他的眼睛总是由高往下睥视，酷似鲁迅照片上的神态。后来我读鲁迅，鲁迅的风骨气度，总使我联想到二爹。二爹是那种保留了强烈个性的人，有一种人格力量的魅力。看到二爹之后再去看周围的人，便感觉庸人和俗人组成的芸芸众生中，独二爹鹤立鸡群。

二爹使我生出一种人生感动：做人当如此。

当年的二爹是益阳城内的名医，益阳市中医院的院长。二爹因治疗乙型脑炎闻名省内外，并且声名远播东欧各国。在一个小孩子的眼里，二爹的名声并不重要，只是感觉他有一种神秘的威慑人又使人崇敬的力量。

二爹住着两间平房，一间是他的卧室兼书房。到了冬天，他的架子床上便铺一床虎皮毯。一整张老虎皮，头、尾及四只爪子完完整整地摆在那里。我那时从未见过老虎，那张金光灿灿的虎皮仍叫人悚然。二爹家里还有一台电子管收音机，那时候，一般人家都没有收音机，二爹不仅有收音机，还是电子管的。收音机的右上角还有一个亮闪闪的猫眼管，那个猫眼管的两片绿屏忽开忽合，真是神妙无比。除了虎皮毯与收音机，二爹家里一切都简洁朴实，一如他玻璃书柜里的线装书。

二爹的西窗下是一个大葡萄架，结满了葡萄。每年放暑假，我总会搬一条小凳子去葡萄架下做作业。名曰做作业，其实是惦记着那些葡萄。葡萄简直成了我们整整一个夏天的梦想。

我们在葡萄架下做作业，写几个字，便会抬起头来看一眼葡萄。葡萄的诱惑实在太大了呀！可是我们不敢造次，若是二爹发现葡萄架上有动静，就会“嗨”的一声，吓得我们屏声敛气。葡萄架很高，我们用竹棍之类的工具其实很难弄得下葡萄。但是，我们实在太想吃葡萄了。我们总是耐心地寻找机会，只想在二爹不注意或者午睡的时候去偷摘葡萄。

因为葡萄，我熟悉了二爹，对他的工作起居了如指掌。二爹上午应诊，中午睡觉，下午捧一卷书在躺椅上读。上午来二爹处看病的人很多，我妈妈是二爹的徒弟，总是跟随左右。病人有许多是很远的乡下来的，有的穷买不起药。只要他们开口，二爹一律给他们付药费，他看病的八仙桌小抽屉里装得有钱，他从抽屉里拿出钱来给那些告穷的农民。有时他的小抽屉里没钱了，便在处方上签名记他的药账。二爹做这样的好事，不是一天两天，而是常年如此。尽管二爹拿的是高薪，除去每月替人代交的大额药账，也就拿不了多少了。每到发工资的那天．还会有一个个子很高的老倌子寻到二爹这里来，他一进门，二爹便给他5块钱，二爹接济这位老倌子从40年代直到“文革”。其实二爹与他一不亲二不邻，一点瓜葛也没有。40年代初，二爹曾在一家药号坐堂应诊，那高个子老倌当年在另一家药号帮工被辞退，失业后生活无着，二爹便每月接济他，直到“文革”前夕，历时20余年。但凡二爹知道的贫困患者，他一律不收诊费，还赠送药资。这里有孤寡老人、厨工、人力车夫等，二爹接济的农民无数，我亲眼见过的就不少。因二爹出身农民家庭，最了解农民的困苦。我以为二爹这样做，并不是一般意义上的乐善好施。二爹对金钱的态度从另一方面证明了他的精神品格。

有一次，一个乡里老倌子到二爹这里来，二爹十分高兴，连忙对跟随左右的我妈说：“这是一个好人呢！是他代替我当了地主。”原来，解放前，二爹卖了在乡下的祖业田产办医院，这个老倌子本不该当地主的，因为买了二爹的田才成了地主。在那个年代，“地主”这个词世人避之不及，二爹却敢热情地待那位地主并讲他好。这样的话，当然也只有二爹敢讲。

二爹是一个地地道道的儒医，年少时他习儒12年，如若不是家庭变故和改朝换代，二爹说不定会走“科举”这一条读书人唯一的路子，但不幸的是，少年时代的二爹见36岁的父亲死于沉疴，于是二爹才弃

儒从医，济世救人。由于二爹有很好的儒学功底，这使他更好地通览中医典籍。从《黄帝内经》、《难经》、《金匮》、《伤寒》等经典到叶天士、吴鞠通、王孟英等的温病学要义。我常听我妈说，二爹最推崇叶天士，他的风格属于温病学派。

二爹虽读书读得多，但是并不是那种只晓得背医书，谈起理论来一套又一套，其实治不好病的那一类人。二爹善于辨证，长于用药的君臣配伍。他常常用一些平常的便宜的中药却治好了许多危急和疑难病人。自20年代初开始，二爹用中药不知救治了多少高烧抽筋而昏死过去的小孩。

二爹从此医名大震，不仅益阳城内尽人皆知，周围各县慕名来求医的病人亦不少。二爹成了益阳及周围这一块地域的“国医圣手”。

1955年至1956年，益阳、长沙等地乙脑大流行，单纯用西药治疗患儿，死亡率很高，但经二爹一手治疗的小孩，几乎都被治愈。当年省传染病医院收治的乙脑患儿，一天死几个，情况十分紧急，卫生厅长把二爹接到长沙，让二爹接手治，除两例因接手太迟，无力回天外，其他患儿都治愈出院。这件事，一时在省医学界传为美谈。二爹治乙脑的经验，经人民日报、塔斯社发消息，不仅国内知道，而且在苏联、保加利亚、波兰等国都产生影响．苏联保健部还拍来专电，请求介绍治疗乙脑的经验。二爹获得了卫生部颁发的银质奖章。作为一个中医，已经名满天下了。据有关人士透露，二爹有可能担任省卫生界的一项重要职务，不料二爹无意于此。在一次省里的卫生会议上，主持人请他讲话，不想二爹介绍的不仅是经验，而是历数汪伪时期以来，中医遭受的种种歧视和压制，建国以来，尽管中医受到保护，然而认为中医不科学者大有人在，仅在治乙脑中，他与西医方法相左，西医喜欢用抽脊髓的办法来作诊断，然二爹极力反对，他认为，未抽脊髓的患儿，经中药治愈后无后遗症。事实也是如此。尽管二爹极力呼吁，仍无法改变西医的诊治程序。在满座西医专家的会场，二爹一开口竟说“西医先生们……”据说二爹的那个发言，着实令人吃惊。在省内医学界，二爹的发言，只怕是第一次也是唯一的一次属于中医的公开发言。二爹毕生致力于弘扬祖国传统医学，不知道的，以为二爹不懂西医。其实他年轻时不仅系统学过西医，而且还以西医的资格在湘军中任过相当军医主任的职务。尽管他精通西医，但他一直用中医的理论与方法治病救人，他从不用西医术语，尽可能不用西药。二爹这样做，想以这种方式告诉人们：不要忽视中医。

二爹当年在中医院，威望极高。一是因他的人品，二是因他的学识医术。在中医院从勤杂工到护士、医师，大家都十分崇敬他。就连平日里那些自以为很了得的老医生、有了一些名气的半老医生，在人前感觉很好，但一到二爹面前，竟然都垂手躬身，作小学生状，对二爹极尽恭维。我当时看到这些人在二爹面前的形象，十分不解。

二爹作为益阳的一代名医，受到党和政府的爱护。当年的市委书记王东克常来看望二爹，是二爹家的常客。每年政协的赏月联谊会，总是考虑二爹年迈，而在二爹寓所的地坪里举行。可“文革”一来，首先作为反动学术权威与黑鬼揪出来斗的竟是从前人人尊敬的二爹。有天晚上，我妈参加批斗会回来，神色黯淡，她说二爹这回只怕不行了，揪他跪下的时候，他身子就整个地瘫倒在地上了。为了维持批斗，他们便给二爹静脉注射葡萄糖强行继续批斗，批斗会的会场是从前的天主教堂，天花板上保留了绘有日月星辰图案的壁画。就在旧教堂那一片美丽的星空之下，二爹从人间坠入地狱，向世人演了一出新的耶稣受难图。年迈体衰的二爹，未能逃出“文革”的一切劫难。他还被勒令游街，因无法行走，有人便用了板车拖着游街的办法。与注射葡萄糖维持批斗会一样，这种极端的不人道的事在今天听来，恍若天方夜谭。

1968年阴历9月2日，是二爹80寿诞的日子，然而这一天，二爹受尽凌辱折磨离开了人世。他多年前准备的一副上好的棺材，早已被武斗中战死的造反派抢走。买来的水泥棺材不够长，只好将人勉强塞进去，用板车拖去埋了。医院的临时权力机关还不准放鞭炮不准哭。二爹若在“文革”前辞世，情况会完全不一样，益阳街上只怕会万民举哀，鞭炮响遍十五里长街。二爹从医60年，一辈子治病救人，感念他的民众何止千万。

今年阴历9月初2，是二爹112岁冥诞，又是他逝世41周年忌日，尽管二爹逝世这么多年了，我心里仍然记着他，他始终是进入我心灵的最早的“圣人”，二爹的那种超凡脱俗的风骨长久地影响着我的精神人格。

二爹用药神奇平淡，收效显著，现将幸存资料总结介绍于后，亦示怀念。

李星鹄：（1898～1968）

李芬，字星鹄，益阳市黄家仑乡人。1898年9月出生于一个农民家庭。自幼勤奋好学，于私塾就读12年。因父36岁死于沉疴，乃弃习医。先在本市的来苏医院学中医3年，嗣后至湘军卫戍医院附设军医讲习所学西医4年。结业后任军医、军医正（军医主任）4年。军阀混战、国事多艰、疾病流行、民不聊生。他深感服务军中，无济于民，虽在军中领衔中校，亦无所留恋，乃弃职还乡。

李星鹄一直在家乡益阳行医，李星鹄医术精湛、人格高尚，成为益阳在20世纪最有名望的中医师。捐资创办益阳市中医院，历任院长。在50年代，李星鹄以治疗流行性传染病乙型脑炎而闻名与医学界。《人民日报》《新湖南报》《健康报》都做了专题报道，同时，在国际上也产生了影响。塔斯社转发了消息，苏联《乌克兰真理报》《青年一代》、保加利亚《黑海前哨》也作了报道。苏联保健部还发来电报，要求介绍李星鹄治疗“乙脑”的经验。

李星鹄的经验曾经于1957年和1958年在湖南科技展览会等展览会上推介。1957年，湖南人民出版社出版了《李星鹄中医师治疗流行性乙型脑炎经验概述》。

李星鹄历任省人大代表、省政协委员，1959年获得了卫生部颁发的银质奖章。十年浩劫，李星鹄被打成资产阶级反动学术权威、黑鬼，并以板车游街示众，身心遭到摧残，于1968年10月在他80岁生日之际与世长辞。

节选自《益阳名人》

李星鹄的行医故事

深圳市第七人民医院 主任医师 副院长　熊国强

一、治暑温，内外并重，独创卧地泥罨法

《素问•热论篇》云：“凡病伤寒而成温者，先夏至日为病温，后夏至日为病暑”。二爹认为流行性乙型脑炎乃是感受夏令暑热病毒所致的急性传染病，属中医“暑温”范畴。其主要症状有：高热、口渴、呕逆、头痛身痛，神昏谵语，颈项强直，手足抽掣，口眼歪斜，角弓反张，腹痛，大便不调，舌苔白腻厚等。

诊察疾病轻重转机，李老尤重辨舌、验齿以及腹部情况。舌苔灰白腻厚是湿浊内盛；舌中赤舌边白是心火内燔；舌中白边赤是胃有湿热胭腽未解；咋舌、弄舌是内热风动，若舌苔白薄，象雪之白，竹膜之薄是胃热甚炽，津液立见消亡之候，若白苔不及转黄，必骤然焦黑而热甚起刺是凶险之兆；若齿干燥焦黄不润滑，是津液极度焦灼、枯竭。此外腹部的胀满、舒软可以察其邪之虚实，大、小便颜色的浓淡可以究其邪热伤津之程度。

治疗原则以清热解毒，化湿养阴为主，驱风祛痰，通窍活络为辅。二爹认为：暑温初起，体力尚健，可用苦寒清热，以折其燎燃之势，不宜用咸寒；病势已进，正气已耗，不宜纯用苦寒，须佐咸寒以清热解毒，生津壮水。湿热偏盛，若误用咸寒则火郁内燔；湿已化热，则清热解毒。湿未化热，则应化湿清热，忌利水伤阴。常用桑菊饮、银翘散、白虎汤、甘露饮、黄连竹茹橘皮半夏汤、调胃承气汤、叶天士养胃方为主要方剂，辨证化裁运用。

若“乙脑”高热不退，体内如焚，其势危重时，宜速降其热。李老根据《内经》：“治诸热病……必寒衣之，居之寒处”和叶天士：“热极用井底泥，蓝布浸冷复盖腹上”之办法，施以“卧地泥罨外治法”。将患者卧于地上，以黄泥调水和成泥饼，罨于腹部和胸部。泄泻者罨胸不罨腹，随干随换，吸其内热，增其水份，随时测其体温，热降即止。但表邪未解者不可用。

例一：牛××；男，8岁，1956年8月14日入院。发热，头痛4天，嗜睡，抽搐2次。患者4天前起病，低热头痛，翌日体温增高，头痛加剧，食减，呕吐，2天未大便。14日晨抽搐2次。入院体查：发育正常，营养中等，嗜睡，颈硬，瞳孔散大，对光反射存在、腹壁反射(±)，提睾反射(+)，克尼氏征(+)，巴彬斯氏征(阴性)，布鲁辛斯基氏征(+)。脑脊液检查：无色混浊，总细胞数852×106／L，白细胞408×106／

L，分类：多核0．84，单核0．16，糖42 mmoI／L。血常规：白细胞20．5×108／L，分类：中性0．92，淋巴细胞0．08。西医诊断：流行性乙型脑炎。8月14日上午李老查看患者：体温40.3℃，恶寒，头痛，呕吐，小便黄，大便正常，舌苔薄白，脉紧数。证属暑温挟寒，邪郁肌表，先宜辛温发散表寒，苦寒清其内热。处方：荆芥、防风、连翘、黄芩、青蒿各9克，法半夏、枳壳、薄荷、桔梗、赤芍、苏叶各6克，甘草3克。服1次。同日下午视表寒已解，恐邪毒内盛，治以清热解毒，和胃化浊。处方：黑栀子、黄芩、薏苡仁各12克，连翘、神曲、法半夏各9克，陈皮、薄荷、牛蒡子、川厚朴各6克，甘草3克。水煎服1剂。外治：卧地泥罨。8月15日查：体温38．5℃～39．7℃，嗜睡，呈浅昏迷，肤冷，微汗，大便自流，舌苔腻白厚，脉弦数。邪热已挫，湿浊未化，治宜清热化湿，养阴护津。处方：藿香叶、佩兰叶、陈皮、法半夏、葛根、淡竹叶各6克，黑栀子9克，黄芩、鲜石斛各12克，扁豆15克，薏苡仁18克。水煎服1剂。停卧地泥罨。8月16目查：体温37．2～38℃，嗜睡，唇焦齿垢，鼻孔有血痂，颈强直，大便自流，舌苔腻白厚，脉紧数。热势已孤，湿浊渐化，恐邪热内入营血。治以清热、凉血、止血。处方：桑叶、菊花、紫草、茅根、黄芩各12克，连翘、黑栀子各9克，牛蒡子、淡竹叶各6克，薏苡仁18克，甘草3克。水煎服，3剂后患者体温恢复正常，神识清醒，但表情呆滞，颈部有抵抗感，舌苔白腻厚。惟湿浊留连，筋脉不舒，拟祛湿舒筋，利窍活络。守上方去黄芩、黑栀子、紫草、茅根，加木瓜、丝瓜络、远志各6克，知母12克，鸡内金3克，续进6剂。8月25日查，患者颈项软，神智清楚，热病伤阴，予甘寒养阴之品调理善后。8月28日复查脑脊液正常，补体结合反应结果："可凝"。9月1日患儿无后遗症治愈出院。

按：本例患者病情变化多端。二爹辨证精当，丝丝入扣，尤以用药，似乎平淡无奇，病情转归，出人意料。用药中肯精事巧，早期清热解毒用黄芩、黑栀子、连翘等；后期清热养阴用知母、鲜石斛、桑叶、菊花等；化湿用藿香叶、佩兰叶；凉血止血用紫草、茅根；颈项强直用木瓜、丝瓜络等。兼挟表寒者仍可用苏叶、荆芥、防风辛温宣透。独创卧地泥罨外治法治疗本病，独具特色。

二、治渴泻，不在涩和利，而在清热保津益脾阴

二爹认为：小儿渴泻症是以口渴、大便泄泻次数增多为主要特征。多有发热，呕吐，腹胀，大便完谷不化，腹痛或不痛，甚则抽搐等证。以夏秋季发病为多，属于热泻范畴。

在治疗上是以清热导滞，化湿降浊，养胃生津，培补脾阴等方法为主。二爹认为本病在用药上不宜发汗，汗则重伤津液，不但渴增而热益炽。更不宜分利小便，分利则反成消渴，病势益甚。清热不可过用苦寒；收涩不宜太早，恐留余邪；淡渗不可太过，以免津枯阳陷。完谷不化者当分其虚实，体虚不化，邪实不散，宜审慎之。

选用药物，发热：连翘、黄芩、川楝子、黑栀子、知母；口渴：麦冬、花粉、石斛、芦根、葛根、扁豆；腹泻：川黄连、银花、鸡内金、粳米、莲肉、淮山药；呕吐；黄连、竹茹、陈皮，法半夏、麦冬、枇杷叶、藿香、佩兰；腹胀；枳壳、鸡内金、厚朴、大腹皮；失水：西洋参、玉竹、扁豆、淮山药、花粉、麦冬、甘蔗汁、藕汁、西瓜汁；抽搐：桑叶、菊花、荆芥、薄荷、蝉蜕、钩藤、麦芽、川贝母、丝瓜络。

例二：廖××，女，6岁，1959年7月2日入院。患儿呕吐，腹泻不止4天。刻诊：体温38．8℃，眼眶凹陷，肌肉大脱，呈严重失水状，口渴，呕吐，腹痛，面色青紫，呼吸粗急，脉沉细数。属渴泻证，治宜清热养阴生津。处方：沙参、玉竹、麦冬、石斛、芦根、淮山药、黄芩、知母、枇杷叶各9克，竹茹、枳壳各6克，法半夏4．5克。1剂水煎服。再诊：体温37．6℃，诸症好转，呼吸匀调，倦怠，身微热，渴饮，腹胀，舌红无苔，脉细数。邪热已退，脾阴未复，予以培补脾阴，清其余热。处方：玉竹、扁豆、淮山药、芦根各12克，花粉、石斛各9克，陈皮、法半夏各4．5克，甘草3克。服2剂后，体温36．5℃，面部现红色，泻止，微咳渴饮。遵上法，加健胃、消食之品，上方加鸡内金6克，黄芩12克。服1剂后，见面色红润，渴泻止，纳正常，二便调。于7月6日痊愈出院。

按：患儿素体禀赋不足，感受暑热，脾胃受病，清浊升降失常，津液被耗，故治以清热保津为主。在大队甘寒养阴药中加辛温之陈皮、法半夏，既可燥湿降浊，又制约甘寒药物壅滞之弊，更利脾阴恢复。

三、治小儿消渴，倡辛凉清热，甘寒养阴

小儿消渴是以口渴尿多为特征，多有发热，大渴引饮，小溲清长而频数，神清烦躁，腹胀或泄泻，舌苔白或黄而黑。

二爹认为：小儿形体未充，脏腑未实，盛夏暑热之气，薰蒸燔灼，津液干涸而成消渴。阳气盛于上故口渴，水道不约于下故溲多。甚则风火交炽，火热伤神而变生神昏抽搐等症。

在治疗上二爹认为，应以辛凉清其热，甘寒养其阴，勿过用寒凉，恐内热未除，而中寒复起。本病在高热时应避静卧阴凉之处，并以西瓜汁代茶以生津止渴。

选用药物，发热："连翘、薄荷、荆芥、黄芩、山栀子，桑叶，菊花；口渴、烦躁：石斛、麦冬、花粉、芦根、石膏、知母；小溲清长：莲蕊须，蚕茧；嗜眠抽搐：龙胆草、天竺黄、川贝母、犀角、桑叶、钩藤。

例三苏××，男，1岁10个月，患儿于1959年8月8日入院。体温40．4℃，咳嗽，大渴引饮，小溲多而频数，手足抽搐，头向后仰，目上窜，神昏嗜卧，大便黑色，舌苔黑。属小儿消渴，暑热灼伤肺胃，热极动风之证。治宜辛凉清热，养阴熄风。处方：黄芩、银花、石斛、芦根、白茅根各9克，知母、叶、连翘、天竺黄、白菊花、川贝母、栝蒌各6克。3剂，水煎服。服药后体温37．8℃身热渴饮溲多均有好转，惟咳嗽、烦躁，大便如红糖色，头生疮疖，手足拘挛。系脾虚肝旺而动风，遵前法佐健脾息风，治以前方加淮山药，钩藤、枇杷叶，连服6剂，诸症悉平。8月18日痊愈出院。

按：患儿因体质虚弱，加炎夏暑热蕴于胃，灼伤肺胃之津，津亏热炽，故高热，大引饮。邪热伤肺，肺失清肃，故咳嗽。肺为水之上源，暑热伤肺气，气不化水，膀胱失约而尿多。火热灼伤胃络，血行脉外故大便色黑。热极生风，风火相煽则神昏抽搐。患儿虽病情笃重，但一般不按温病的规律发展传变，只要肺胃邪热清，诸证可自平。故重用辛凉甘寒之类药物，收效卓著。

医者慈母心

河南省现代医学研究院院长 王泰升

出身中医世家的母亲，用她的一生来诠释一种职业——医为仁术。

我的母亲生于1910年，卒于2007年。母亲是姥爷家世代中医外科的唯一继承人，16岁时便从事祖传之业以济于世，她不慕名利，辗转深入民间为民治病，孜孜不倦行医81年，直到97岁高龄，还为乡亲把脉开方。她历经清末、民国、人民共和国三个朝代，临证阅历丰富，深得一方敬重。

母亲的家传是外科，家传方药对股骨头坏死，坏死性骨髓炎、骨节核恶变等，施以内消、外治、攻补兼施等法，功效过人。治疗大面积烧伤，也有独到经验。母亲以医者的慈怀，对女性不孕更是倾心施治，颇有心得。她老人家从气旺，血滞气逆不孕，热邪内蕴不孕，肥胖、湿阻经络不孕，瘦弱、血枯不孕，湿寒内闭、宫寒不孕诸多方面辨证立论，精心施治，给很多家庭送去天伦之乐，她以"大医精诚"的情怀，成为困窘患者的慈母。

乡邻有位精神病患者，母亲坚持亲自熬药喂服，患者病情发作多次咬伤母亲给她喂药的手，母亲无怨无悔，锲而不舍，从而使她重获新生；母亲在风雪交加的夜晚，将冻饿而昏死的不知名儿童抱在怀里暖醒后用自己的乳汁将濒死的孩儿救活；母亲在旧社会年三十之夜出诊给难产患者看病后在返程的路上滑倒摔在山沟里被冻烂面颊、双手、双脚。母亲给患儿因痰阻气管窒息后口对口吸痰救人……母亲的医者父母心，在乡邻中口口相传，母亲的丹心仁术，温暖了一方水土。

母亲是我的生身之母，还是我精神重生的领路人。

上世纪中期的"十年动乱"，是一代人的迷茫。1968年8月，我和同时代的年轻人一样，下放到农村。和别人不一样的是，无论我如何努力劳动，担大粪、扛石头、学木匠、铁匠、砖瓦匠，但倾心努力的结果是上学、参军、招工没有反革命子女名额的回答。对人生的失望使我走向了自杀的歧路。在我被救活后，妈抱着我泪流满面的说："孩子，你爸走了，你可一定要争气活下去，天大的困难是压不倒有志气的男儿的。你的命就是拿起咱们的书，走好咱们的路，好好治病救人，好好为人民服务，人民才会抬举咱的。"痛定思痛，我在妈妈的引导下，从针灸开始，从自身体验到给病人治病，从背药性、方剂学到上山采药给病人配方。我在繁忙的工作中，在贫下中农的赞誉中，在妈妈期待的目光中长大成熟。1979年父亲平反昭雪后，我被调到西平县人民医院门诊，继续完成父亲未完成的工作。新的环境，崭新的人生道路激发我如饥似渴的学习。考入安阳医专、考入河南中医学院，沐浴着妈妈的关爱让我不断进取，从医师到专家，从普通员工到豫南心脑血管研究所所长、豫南药枕厂厂长。

妈妈用中医医术救治乡亲，用中医的灵魂为我示范做人的榜样。

在时局动乱几度一贫如洗的岁月里，母亲借助月光研读《内经》、《难经》、《脉经》、《万氏妇人科》、《小儿药证直诀》；每当我出差回家给妈妈洗脚，修剪那走过无数风雨路伤残累累的卷蜷小脚时，妈妈总是说："不要管我，不要顾家，干好你的工作，要好好为人民服务。"母亲在共和国建国初期，将自己看一个病人2角钱的方式积累下的数千元钱，捐献给抗美援朝事业。后又将省吃俭用积攒的数百元钱捐献给三年困难时期的灾区救灾……

月光下，晚风中，回味母亲留给我的一生记忆是：

上善若水医者佛善年近百岁心无私
孔德之容唯道是从苦学中医福后人

古代关于医德医术的传说

虎守杏林

三国时董奉，医术高明，医德高尚，为人治病，不受谢，不受礼，只要求治愈者在他房前栽杏树作为纪念。重症愈者种5株，轻者1株。数年后，蔚然成林，红杏累累。他建一"草仓"，告诉人们，要杏果的，不用付钱，只要拿一器谷子来换一器杏果。这样用杏果换来的谷子堆积满仓，他用这些谷子救济贫民。人们非常感谢他，送他匾额上写"杏林"、"医林"、"誉满杏林"、"杏林春暖"。这些赞誉之词成为医德高尚、医术高明的雅称。传说，董奉一天回家途中遇茅草丛中卧着一只老虎。细看没有吃人的凶相，一动不动，抬头张嘴，大声喘气，流着泪，表情很痛苦样子，是求董奉治病。董仔细看了老虎说："明天此时你来此等候，我给你治病。"老虎点头走了。第二天董奉把两个铁环戴在胳膊上，叫老虎张口，铁环用来防虎咬。他用手掏出老虎喉咙里的骨头，治愈了老虎的病，后来老虎为了报恩，就为董垂守杏林。今人用"虎守杏林"，意在褒扬像董奉那样高超的医术。

青囊

指古代医生盛医书的囊，后借指医术。《后汉书•华佗传》张冀《补注》："吴押狱者每以酒食供奉，佗感其恩，告曰：'我死非命，有青囊未传，二子不能继业，修书与汝，可往取之'。吴至金城，取又藏之。佗知不免，大饮如醉而殂。吴弃役回家，向妻索书，妻曰：'纵学得神术，终毙于狱中，故我以囊烧毁也'"。因华佗精医术，生前行医各地，声名颇著，所以，"青囊"也成了医术的代称。

再世华佗

华佗一次在途中，见有人出殡，他看见棺材缝里流出来的血，还像活人的血，于是上前救治，终于救活在棺材里假死的产妇，被人们誉为"神医"。他精通内、外、妇、儿、针灸各科。《三国演义》说他能为曹操开头颅治其头风病。后人用"再世华佗"来赞扬医生的医术高明。

希腊公主和中医的不解之缘

“我喜欢中国，中国的中医药有神奇的力量，让我丢掉拐杖，重获健康和快乐”，希腊露拉公主说。

2008年8月14日上午在北京远望楼饭店，记者见到了EAWC协会（欧美妇女协会）主席希腊公主露拉。50岁左右的她，中等个子，金色短发，身着绣着红色牡丹花的中式对襟丝绸上衣。

露拉去年患上乳腺癌，术后左腿因血液循环不畅，患了严重的静脉曲张，左膝不能弯曲，疼痛难忍。“我每天靠着拐杖走路，左腿疼得有时候无法忍受，我就拿刀子敲自己左膝处的骨头。医生怀疑癌细胞转移到了腿部。”

“我并不了解中国的中医药，在纽约有很多人做针灸，但是自己并没有体验过。”当露拉的好朋友，世界和平慈善基金总会会长张田女士建议她看中医时，露拉并没有信心。

“但是三次针灸以后，我觉得中医太神奇了！”露拉1个月前来中国接受中医针灸治疗。第一天，左腿的肿消了；第二天，腿不疼了，可以不用拐杖；第三天，用露拉的话讲，“就可以跳舞了”。

与露拉一起寻求中医治疗的还有她的亲家卡达丽娜。因车祸受伤，卡达丽娜的腿肿了10多年，行动很不便。也是经三次针灸治疗后，卡达丽娜的腿消肿了，15年没穿高跟鞋的她，做完针灸后的第一件事就去买高跟鞋。

当露拉返回美国，曾为她治病的医生非常惊讶。得知露拉在中国治疗的故事，美国医生对露拉说，“真神奇，下次也把我带上吧，我去学习中医”。

露拉对记者说，“中国是一个有着灿烂文化的国家，我要把中国特别美好的东西和特别传统的东西介绍给我们国家和欧洲国家的朋友，以报答中国中医给我和我的家人带来的健康”。

这次来北京，露拉把她的家人都带来了，除了看奥运会，她的丈夫、女儿、女婿还要体验针灸。

“我很崇敬和感激中国古老的文明对世界的贡献。中医治好了我的腿，我和中医的缘分，就像中国和希腊之间的友谊源远流长。中国正在举办奥运会，中国每一个人脸上的笑容都特别灿烂，当中国人微笑着对我说‘你好’时，我内心感到很高兴，也为中国人感到高兴”。

露拉说，她打算今年12月带欧洲的朋友再次来中国。“我要成为中国的使者，让世界了解中医，爱上中国。因为中国有‘beautiful people， beautiful heart，and beautiful soul’（美丽的人，美丽的心，还有美丽的灵魂）”。（来源：中国中医药报）

四、年度重大事件篇

（以时间为序）

1、丹心仁术抗冰灾

2008年早春，一场罕见的特大冰灾使中国南部成为冰封世界，电告急、水告急，药告急，医疗设备告急。在这场不期而至的天灾面前，中医界发挥较少依赖器械的学科优势，以济世之心全力救护伤病员，媒体工作者用文字记录了特大冰灾面前中医人的职业形象：

湖南郴州倒塌的输电铁塔

冰雪中，中医人撑起一方蓝天

南方雨雪冰冻灾区中医医疗机构应急工作采访实录

2月7日记者飞赴贵阳开始南方冰冻灾区采访行程，5天时间里，辗转黔、桂、湘、赣等省区，先后到达贵州省贵阳中医学院一附院、二附院，黔南布依族苗族自治州中医院、独山各族自治县中医院；广西自治区柳州市中医院、桂林市中医院、龙胜县和平乡卫生院；湖南省郴州市中医院、资兴市中医院；江西省萍乡市中医院、南昌市洪都中医院等单位，了解中医医疗机构在这次数十年一遇的冰雪灾害中开展应急工作的情况。

记者出发时，气象部门刚刚宣布解除三级橙色气象警报，抗冰救灾最为紧张的时刻虽然已经过去，但在采访行程中，天空始终还布满阴霾，实地走访的所见所闻，仍让我们对这次灾害的严酷感同身受。同时，中医医疗机构迎难而上抗击冰雪的奋勇表现，也让我们为之震撼，为之感动，为之骄傲。中医人在抗灾救灾工作中做出了自己应有的贡献，中医药特色优势的发挥也为百姓安危撑起了一方蓝天。

一、医疗环境遭受冰灾突袭

南方今年冬天的雨雪天气来得早，起初并未引起人们的高度警惕，但是持续的低温雨雪终于导致凝冻发生，一场数十年不遇的灾害似乎是在悄然中突兀而至。

记者在黔南州政府所在地都匀市看到，尽管雪天已过数日，市区一些背阴处的冰层仍厚达5厘米以上。而在曾连下了三天暴雪的湖南郴州，出租车司机告诉记者当时积雪厚达二三十厘米，在当地，我们注意到路边的许多树木枝干被冰雪压断，折断处茬口触目惊心，在郊区，本来高高挺立的电力铁塔竟拦腰倒塌，铁骨架的上半截散乱地垂到地面。

贵阳中医学院一附院副院长田民回忆，1月中

被冰冻破坏的树木

旬，他从成都开会回来，就感觉同往年比天气特别冷。随着凝冻形成，灾害袭来，供电、供水、道路等设施受损，医院断电、断水事件接连发生，供热也明显不足，医院医疗保障秩序面临严峻考验。

断电对医院正常医疗工作带来显而易见的威胁。“最长的一次停电从早上上班停到下午两点”，田民告诉记者，“加上电压不稳，价值上百万元的医疗设备受损”，“一次停电时遇到急诊，为一位肛周脓肿患者施术，只好打着手电筒在科室治疗室紧急处理”。

同样的事件发生在多家医院。湖南省资兴市中医院副院长文巨辉告诉记者，电力中断时，该院妇产科正在为一位患有高血压的高龄产妇准备剖腹产手术，已经打了麻药，无奈赶紧联系郴州市内医院，却被告知那边也没电，最后还是靠手电筒照明，由妇产科老主任罗秋香亲自上阵坚持做完手术，力保母子平安。南昌市洪都中医院办公室主任舒伟告诉记者，该院曾两度断电，其中一次手术中突然断电，急得工作人员直接拨打了市长热线。

断电的影响几乎是全方位的。医院的大型医疗设备不能或不敢使用，医院的氧气制造和供应、处方划价信息系统等也深受其害。黔南州中医院紧急到贵阳等地调运氧气，该院党委书记杨建平还介绍，甚至受困于银行无电，医院购买发电机的资金无法及时到位。郴州市中医院党委书记黄玫生告诉记者，受断电影响，该院对住院患者实施紧急转院，断电几天内住院人数从200多人降到70多人，有的科室如妇产科出现零住院。因信息系统无法工作，该院药房一度只能接受中药饮片处方。

医院的供热供水也频频告急。医院的空调因断电无法启用。黔南州中医院所在地都匀市停电长达12天，停电之初，360多位住院患者面临无水无照明和室温降低的窘境危局。郴州中医院外科住院大楼安装的太阳能热水器关键部件全部被冻坏而告报废。因电力不稳水压不足造成的医院高层楼房断水更是普遍现象。

道路冰滑或泥泞给急救车辆行驶带来事故隐患。贵阳中医学院一附院、黔南州各有一台救护车就在救护途中遇险撞坏。急救人员不得不付出更多辛劳。杨建平提及，黔南州中医院的急救人员就曾经在漆黑的夜晚扛着担架，爬楼梯上到22层楼房施救。

二、启动应急机制 抗灾秩序井然

在所到之处，记者了解到，各中医医疗机构面对灾情都立即启动了应急工作机制，加强组织领导，广泛动员力量，采取积极措施，落实应急预案，努力把灾害对医疗秩序的负面影响降至最低，在抗灾救灾中发挥好医疗保障作用。

田民介绍，贵阳中医学院一附院在大型设备无法启用的情况下，组织安排患者到二附院进行检查化验，并加强了医疗物资保障，针对临床需要增加了五台吸痰机，应对制氧机故障迅速外借了50个氧气瓶，改变原来采取的药品零库存制度，联系医药供应单位组织了足够20天使用的药品、耗材。医院采取全天供热以缓解热力不足问题，同时调用库存毯子，提供热水袋给老年、重症患者。

黔南州中医院在断电断水发生当日，把危重病人集中到脑科，集中使用自备电源，组织家属院200多户每家烧两壶开水送到病房以解燃眉之急，随即寻找到水源，购置了煤炭、大型炉灶和铝锅烧水，并为所有患者发放水票。每个病区也添置了炉灶，为患者提供饮水、热饭和代煎药服务。医院除了购置蜡烛，还

桂林市中医院向遭灾严重的地区捐赠物资

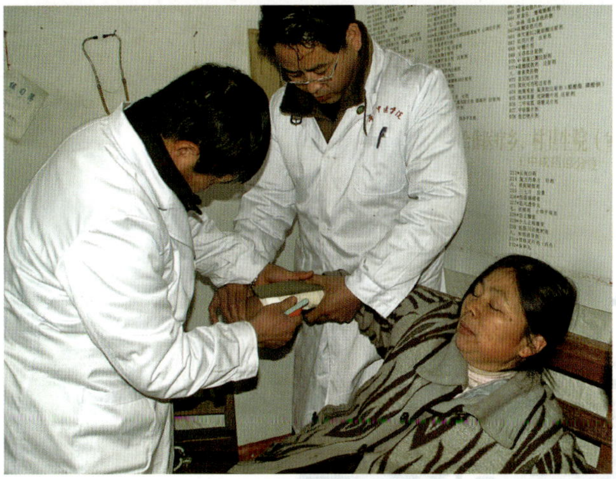
贵阳中医学院第一附属医院用小夹板救治摔伤病人

发动职工利用药瓶、墨水瓶、易拉罐和棉线手套等自制了400多个煤油灯，放置在每条走廊，分发到每间病房。行政后勤人员全力保一线，库房人员从一楼到五楼扛送重达50多公斤的氧气瓶，一天就要二三十趟；清洁人员坚持从蓄水池中抬水上楼保证半小时冲一次厕所，医院通过外借、购买方式，使自备发电能力达到300千瓦，水电班24小时运转保证重点部位用电。杨建平告诉记者：“临床一线都高呼后勤万岁了。”医院还成立青年突击队，组织了党员抗灾誓师大会，力促各项工作有条不紊地进行。

郴州市中医院全力保障住院患者的医疗救治和基本生活，雨雪天刚来时，即储备了足够的米、菜、煤，断电后又及时购买大量蜡烛，为病房添置应急灯、火炉等改善照明取暖。

南昌市洪都中医院面对灾情，建立了院领导24小时在岗带班制、职能部门应急状态早交班制和夜间总值班协调总查房制，及时发现问题和解决问题。该院还建立了突发情况下的手术运行机制，由医院统一调度，提高效率，保障质量。

柳州市中医院和桂林市中医院也启动了应急机制，把工作重点放在支持和援助重灾区方面。柳州市中医院组织内、外科专家组成的应急小分队随时待命。黔南州中医院急购发电设备，打来求援电话，该院积极联系协调有关厂商，并垫付了11.5万元货款，还随车送去了一批面包、火腿等食品，院党委书记郑居湘表示，灾区需要什么，我们就支持什么。该院还为溶水县良寨乡安全村灾民送去棉被、衣物和捐款。桂林市中医院由党委书记陆安权、院长杨斌主持应急工作，同时组建了由两个副院长领衔的两支急救小分队，执行医疗救助任务，并成立了民兵应急分队，参加修路、破冰工作。该院还为龙胜县和平乡送去了一批冬衣冬被和70袋大米等救援生活物资。龙胜县和平乡卫生院在雪灾形成前多次组织工作队下村巡回诊疗，并给有临产孕妇的家庭发了通知，安排尽早住到县里医院待产。

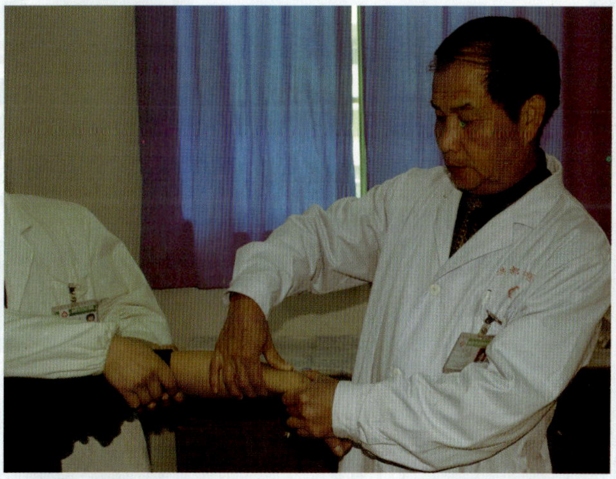
洪都中医院李培荣医师用中医手法整复救治摔伤病人

洪都中医院医护人员冒雪运送手术包

湖南郴州中医院派出医疗巡回车在京珠高速上巡诊给滞留人员送医送药

的器械派上了用场，脚踏呼吸机、消毒锅都在断电期间发挥了作用。

独山县中医院1月12日就开始接收到因灾受伤患者。从那时起，他们也担负起医疗巡诊任务，到几十公里外为滞留在高速路上的旅客服务送医送药，并救护20多人到医院免费治疗。该院三部救护车半个月时间出动100多次，共为患者减免医药费用12万元。1月29日，从远离县城70公里的深山乡镇打来求助电话，称当地停电无法为一高龄产妇进行剖腹产，当时的路况非常危险，但是救护车还是上路了，直走到第二天凌晨3点才到村，中午12点方赶回医院。

资兴市停电停水5天，市中医院当机立断第二天即购买了发电机，成为市属医院首家恢复正常医疗的医院。该院针对因灾致病受伤患者还开通绿色通道。

三、救死扶伤一线挽狂澜

在冰雪灾区，在骨伤患者数量骤然大幅增加的那些日子里，各医院骨伤科门诊、病房的紧张气氛直接让人们感受到了冰冻之灾的淫威，而医院也成为抗灾救灾的一个重要战场。

贵阳中医学院一附院针对灾区病患的特点，开设了凝冻外伤应急门诊，由中、西医骨科医师坐诊，门诊免收挂号费，放射费减半，全天24小时开放。同时，承诺对城区附近伤患者免费接诊。在道路状况好转后，该院于2月5日组织医疗队，奔赴重灾区都匀市甘塘镇卫生院救治患者。

黔南州中医院收治的摔伤骨折患者一下子增加了几倍，骨伤科两个病区共有150张病床，春节前却住得满满当当。杨建平介绍，该院院长胡建山是著名骨科专家，该院骨伤科是国家重点专科，当时道路不通，县乡患者送不上来，不然收治压力会更大。医院组织精干力量确保患者得到及时有效治疗。胡建山本人一直工作到年三十晚上，当天还亲自主刀为一位91岁的老翁做了手术。该院血透室也经历了严峻考验，这里担负着几十个患者的治疗任务，但由于断电断水，治疗难以为继。医院紧急组织人力到超市采购了大量瓶装水，一名患者需用300瓶水，而治疗一次需花费4个小时，血透室三个工作人员加班加点救治患者，连续数日工作到下半夜。为救急，许多已经过时

在柳州中医院，加大了对基层灾区救治工作的支持力度，该院骨科主任欧兆强就曾衔命奔赴120公里外的溶安县为伤者做手术。桂林市中医院冒险开展跨省救援。一天，湖南省道县人民医院因停电，电话直接打到该院请求派车接收一车祸颅脑损伤患者。电话打来时已经是晚上9点，但该院领导急患者之所急，拍板出车，由小车队长跟车前往，连夜赶路，第二天早上7时安全救护患者回到桂林，这一个来回400公里，其中一段10公里泥泞路面他们走了一个小时。

郴州市中医院启动自备发电机保障住院患者医疗，并在得到上级划拨的400千瓦发电设备后，基本恢复了医疗秩序。该院组织了巡回医疗队到107国道、京珠高速等处为滞留旅客服务，每天他们都熬制几大桶姜汤随车带去，广受旅客欢迎。该院副院长秦佩娟每次都亲自带队巡诊，早六点出发，返回到家往往已经半夜。在连续7天的巡诊中，有156位滞留旅客被接回该院得到救治。

南昌市1月25日遭遇冰雪袭击。当天，享有“伤不到洪都不行”美誉的洪都中医院做了应急动员，全力以赴救治骨伤患者。该院骨科门诊量短时间内增加了4倍，医院压力陡增，黄安安院长提出要“无条件收治患者”，为应对伤患就诊高峰，该院加强门急诊

力量，实行双岗制，同时8个骨科门诊全天候开放；在骨科三个病区160多张病床的基础上，该院调用内科病床、各科室主任办公室以及走廊加床新增病床70张。

该院特别加强了中医正骨科力量，把技术精湛的医生全部调到一线，并由名老中医正骨专家监督检验。改变手术工作机制，由医院统一协调安排，手术医生随时待命，4个手术室连台运转，每天完成24台骨伤手术。

放射科主任邓秋云带领6位同事担负每天600人次的拍片任务，任劳任怨，吃住在办公室，24小时连轴转。手术室7位麻醉师、11位护士也是从早到晚难得出手术室。

该院副院长黄科棣告诉记者，该院共收治受灾骨伤患者1400多人，收治量占到南昌市总数的一半。

四、中医药显身手建奇功

黔南州中医院用柴火煮开水给病人喝

中医手法正骨复位、小夹板固定、中药内服外敷以及针灸、火罐和理疗技术的广泛运用，是各医院开展的骨伤等冰冻灾区常见伤患救治工作带给记者的强烈感受。中医药的特色优势再次得到了集中体现。

在我们采访的第一站，贵阳中医学院一附院副院长田民介绍说，该院充分运用了传统的中医正骨复位技术，小夹板使用率达到80%，在该院医疗队到都匀市乡镇巡诊时，中医骨科陈久毅主任在甘塘镇利用小夹板技术，为一位因延误治疗多日导致骨愈合畸形的患者解除了后顾之忧。该院骨伤一病区副主任李玉龙说，即使经手术治疗的，在术后使用中药外敷，皮肤创面大的，利用中药湿敷，都有很好的疗效。该院传统骨科制剂“植龙膏”，可有效消痛止痛。

在黔南州中医院，骨伤一病区副主任曾文卿说，该院据协议方用蜂蜜调制的“接骨散”，可以很好地促进骨骼生长，加上传统的中药熏蒸疗法消肿止痛，促进康复，可显著缩短病程。我们在病房走访了解到，一位腰椎压迫性骨折患者，经中药熏蒸疗法，并使用药渣贴敷，10天之内已经能够自主翻身；另一位闭合性股骨胫骨折的70岁老年人，因无法手术从外院特意转到这里使用“接骨散”治疗。

独山县中医院的黄中湖院长，以中医正骨理论为指导，结合导针技术，施行空心加压螺钉内固定取得了显著临床效果，伤者同时服用中药接骨片，在创面敷药，可消肿止痛，促进血肿机化、吸收，加快骨痂生长，促进了康复。

在郴州中医院，我们了解到这里的中医治疗骨伤使用率达到100%，配合手法复位、小夹板固定的中药有“骨科1、2号”，系出自医院多年的协议处方。

中医骨科临床重镇——南昌洪都中医院非手术疗法治疗骨伤更是名声远扬。骨伤科主任张文仲说，该院在建院之初，就特别强调挖掘整理中医骨科特色技术，到上世纪七八十年代，就奠定了在国内骨科的学科地位，那时候每天有1000个病人就诊，其中三四百人来看骨科，每天忙得医生写病历都写不完。该院后来也走了一段弯路，中医特色一度淡化，但近年来医院领导班子提出了“小医院、大中医”的发展理念，特别抓了中医特色技术的运用推广，并派员到河南洛阳、广东佛山、山东文登等地考察学习，建立了人才培养制度和科研激励机制，中医正骨等传统疗法在洪都中医院重放异彩。

记者在这里了解到，中医手法正骨复位、小夹板固定疗法，每位患者仅需花费147元。有的患者携带大笔现金治伤，缴费时却十分惊讶，连称是“不幸中的万幸”。舒伟主任告诉记者，其实洪都中医院吸引来如此多的患者，就是因为这里的疗效好、费用又极低。

在来院患者中，有500多位不必手术，也无须正骨的，在这里进行中药外洗，中药自制剂内服外敷，以及接受推拿按摩等特色治疗，人均门诊支出170元。该院的“伤药膏”、“金黄膏”等敷药分别具有活血化瘀、消除热痛红肿的疗效，加上他们总结出一套中医特色明显、效果突出的功能康复锻炼方法，能有效促进肿胀消退，减少肌肉萎缩的程度，防止关节僵硬粘连和加速骨愈合过程。该院病房原来以手术为主，现在也在更多地结合药物治疗、物理疗法。

中医药在这次抗灾救治患者中发挥的重要作用令人感念，令人振奋，令人豪情满怀。

低温雨雪冰冻灾害卫生防病知识要点

2008年1月10日以来，我国南方部分省份遭受较大规模的低温雨雪冰冻灾害，部分地区电力系统遭到破坏，交通运输受到严重影响，加之又值春运时期，几十万旅客滞留在公路、车站和机场，交通运输面临着严峻形势，在此情况下，由于天气寒冷及大量人口集聚和流动，可能导致发生各种公共卫生问题，如冻伤、心脑血管病等慢性疾病的急性发作、食物中毒、一氧化碳中毒、急性呼吸道和肠道传染病和精神疾患等，为此。中国疾病预防控制中心组织专家紧急编写以下卫生防病知识要点。

一、冻伤

冰雪（冻雨）对人体的伤害主要是因严寒引起的冻伤、冻僵、冻昏迷和冻死，最需要的预防措施是提供御寒防冻的衣被和设备，以及正确救治冻伤的技术。

（一）如何预防

为抗灾而在户外工作的职业人群和因灾滞留在户外的旅客，要注意以下几点：

1. 旅途出行注意携带足够防寒衣物，戴上帽子、围巾、手套等保暖物品，并注意携带伞具；

2. 尽量保持衣物干燥，避免弄湿衣服，休息睡觉时，应注意保暖；

3. 尽量多吃些高热量的食物，可以起到御寒的作用；多喝热饮，有助保持体温；

4. 为防止冻伤，要经常观察皮肤，尤其是耳面部和手部等裸露部位，查看有无出现苍白、僵硬或失去知觉；并不时搓揉面部皮肤，伸展筋骨活动手足；

5. 尽量停留在背风向阳的位置；不要穿过于紧身的衣裤，以免妨碍血液循环；

6. 裸手不要接触金属物体，寒冷季节这种物体表面温度很低，热传导很快，手接触易于冻伤；

7. 加强膝关节、肘关节、腕关节和踝关节等部位的保暖防护；

8. 老年人耐寒能力差，旅途中应特别注意腿脚保暖，避免久坐，经常站立活动、跺脚、搓手等促进血液循环。

（二）冻伤后如何处置

1. 尽量脱离低温环境，脱掉湿冷衣服、鞋袜和手套，换上干燥衣服和鞋袜；

2. 采取保温措施，补充食物能量；

3. 发生冻伤应立即用温水迅速复温，若不具备复温条件，亦不应采用错误的复温方法，如拍打、冷水浸泡、雪搓或火烤等。

二、心脑血管疾病

人体受到低温刺激后，会导致交感神经兴奋，全身毛细血管收缩，使心、脑负荷加重引起血压升高，脑部缺血缺氧加速了血栓的形成，同时由于气候干燥，人体消耗水分多，容易造成体内缺水导致血液粘稠，血流减慢，因此寒冷天气急性心肌梗死与脑卒中发病率较高，尤其是老年人心脑血管病比较多发。

（一）如何预防

1. 患心脑血管病的老年人在气候多变的秋冬季节一定要提高警惕，做好保暖措施，下雪、化雪的时候天气格外寒冷，尽量减少外出时间；

2. 尽量避免感冒和感染其他疾病，避免受凉，谨防受冷诱发新的疾病感染；

3. 寒冷天气外出时，注意防寒保暖，戴帽子、围巾和手套，并注意随身携带好相关急救药物；

4. 出行旅客要保持心态平衡，及时调节不良情绪，避免精神紧张和情绪激动；

5. 可适当运动，合理安排运动时间和控制好运动量。

（二）如何处置

心脑血管病人发病后首先是对病人做一个简单的处置，把病人摆好体位，让病人平躺，揭开病人的上衣领扣子，使其呼吸通畅，并注意保暖；同时立即拨打120急救电话，尽快就医。

三、食物中毒

食物中毒是指食用了被生物性、化学性有毒有害物质污染的食品或者食用了含有毒有害物质的食品后出现的急性、亚急性食源性疾病。

（一）如何预防食物中毒

灾区居民与旅客重点注意以下预防措施：

1. 尽量选择新鲜的食品，不吃腐败、变质或霉变的食物；

2. 注意食品的保质期，防止食用过期食品；

3. 讲究个人卫生，水果要洗净去皮后食用，生食蔬菜要反复清洗干净；

4. 途中旅客不要从不法商贩手中购买食品，并尽量食用加热后食物，少吃凉拌菜等生冷食品。

（二）发生食物中毒后如何处置

一旦出现可能的食物中毒症状后，要立即停止食用可疑中毒食物，并马上拨打120急救电话以争取急救时间，尽早把病人送往就近医院诊治，同时注意保留好可疑食物和吐泻物。

四、一氧化碳中毒

一氧化碳为无色、无嗅、无刺激性的窒息性气体，家庭用煤炉或燃气炉不完全燃烧均可产生一氧化碳。如果人体长期吸入少量或一次性吸入较大量的一氧化碳时，可出现头晕、头痛、恶心、呕吐、口唇呈樱桃红色、心率快、烦躁等；严重者昏迷、瞳孔缩小、肌张力增加、频繁抽搐等；如救治不及时，可很快呼吸抑制而死亡。导致煤气中毒的常见原因包括烟囱堵塞、烟囱倒风、烟囱接头不紧、煤气管道泄漏、煤气阀门未关闭、炭盆取暖、汽车尾气等。

（一）如何预防

受困道路上车辆，应注意不要长时间密闭车厢，以避免造成旅客中毒。灾区居民要注意以下几点：

1. 使用热水器、煤气灶具之前应闻闻有无煤气味，确定是否漏气，切勿安装于密闭浴室或通风不良处；

2. 应注意热水器或煤气正确的使用方法及保养，并注意是否呈完全燃烧状态。若产生红色火焰，则表示燃烧不完全，产生的一氧化碳较多；若产生蓝色火焰，则燃烧较完全，产生的一氧化碳则较少；

3. 注意检查连接煤气灶具的橡皮管是否松脱、老化、破裂、虫咬，防止漏气；

4. 自动点火的煤气连续点火未燃烧时，应稍等片刻，让已流出的煤气放散后再点火；

5. 居室内用煤火炉要安装烟道密闭完全的烟囱，用炭火盆取暖时要注意空气流通。

（二）发生中毒后如何处置

家庭煤气泄漏时，要迅速关闭煤气阀门，打开门窗通风，切勿使用明火；一旦发生煤气中毒时，应迅速将患者转移到空气新鲜处，并注意保暖，严重中毒者，迅速拨打120急救电话送到医院救治。

五、呼吸道传染病

呼吸道传染病是指病原体从人体的鼻腔、咽喉、气管和支气管等部位侵入后引起的有传染性的疾病。呼吸道与外部相通，受各种病原体侵袭的机会较多，病原体通常寄居在呼吸道粘膜及肺，路途疲劳造成抵抗力下降时易引起发病。呼吸道传染病主要经空气传播，包括飞沫、尘埃、气溶胶等方式传播。冬春季节本就是呼吸道传染病高发季节，由于旅客大量集聚、人员流动频繁和室内空气质量往往较差，更容易发生流行性感冒、流行性脑脊髓膜炎、麻疹、风疹、流行性腮腺炎、水痘等呼吸道传染病的传播蔓延，儿童更是这些疾病的易患人群。

（一）如何预防

1. 在人群聚集场所打喷嚏或咳嗽时应用手绢或纸巾掩盖口鼻，不要随地吐痰，不要随意丢弃吐痰或揩鼻涕使用过的手纸；

2. 尽量勤洗手，不用污浊的毛巾擦手；双手接触呼吸道分泌物后（如打喷嚏后）应立即洗手或擦净；

3. 避免与他人共用水杯、餐具、毛巾、牙刷等物品；

4. 注意环境卫生和室内通风，如周围有呼吸道传染病症状病人时，应增加通风换气的次数，开窗时要避免穿堂风，注意保暖；

5. 多喝水，多吃蔬菜水果，增加机体免疫能力；

6. 儿童、老年人、体弱者和慢性病患者应尽量避免到人多拥挤的公共场所。

（二）如何处置

引起发热、咳嗽的疾病很多，但考虑到寒冷季节、拥挤的人群中，一旦有呼吸道传染病，容易出现传播蔓延，因此，一旦出现发热、咳嗽等症状，患者要及时就诊、注意休息和营养，同时注意采取措施如戴口罩、不要与其人密切接触，避免传染。

六、肠道传染病

肠道传染病是由各种病原体经口侵入肠道并能由粪便排出病原体的一类疾病，传播途径主要有经水传播、经食物传播、手及日常生活用品传播以及媒介传播等。肠道传染病通常的症状有呕吐、腹痛、腹泻等。大量旅客滞留时，卫生设施不足，食品、饮水等卫生条件易受到影响，灾区水管被冻裂，易发生饮用水被污染，这些情况都容易引发肠道传染病的传播和扩散。

（一）如何预防

1. 维护好人群滞留地的环境卫生，提供足够的厕所，集中处理粪便，集中收集生活垃圾，滞留在公路上的大巴，要做好车内卫生；

2. 旅客途中需注意个人卫生，进餐前要清洁手，无供水条件时，尽量采用消毒纸巾、或餐巾纸等；如无洗手条件或消毒纸巾，就餐时，手部尽量不要直接接触食品；

3. 运送和提供的食品要有完整包装，避免污染，尽量饮用开水或清洁水；

4. 寒冷天气，供水管道可能破裂而导致饮用水污染，若发现供水颜色异常或有异味时，应立即停止引用，并及时报告当地有关部门。

（二）如何处置

一旦出现呕吐、腹痛、腹泻等症状，患者要及时就诊，同时注意补液及休息，避免引起脱水、毒血症等并发症。若为群体性的，要注意及时向卫生机构报告相关信息，以便立即采取措施，避免造成暴发流行。

七、旅途精神障碍

气象条件变化以及长途旅行不仅影响人的生理健康，对人的心理情绪方面的影响也非常明显。旅途精神障碍是一种比较常见的短暂性心理障碍，主要症状包括意识模糊、定向障碍、出现妄想症、怀疑周围乘客对己不利、行为失控等。发病原因主要是因为长时间滞留乘坐交通工具，再加上人多拥挤，一些适应能力差的乘客就会吃不好，睡不好，精神紧张，缺水缺氧，并最终导致身体新陈代谢失调，大脑功能紊乱，引发精神障碍。

（一）如何预防出现旅途精神障碍

1. 要遵守旅行规则，保持公共卫生，不携带有不良气味的物品，不吸烟，在有条件的情况下，抓紧时间休息；

2. 应注意经常起身进行活动，放松心情，缓解紧张情绪；

3. 在车上要尽量克服食欲不振的状态，不能空腹旅行，除此以外，要多吃含维生素C和糖分的水果，比如香蕉、苹果或者果汁饮料等；

4. 对于有些无法控制自己紧张情绪的乘客，不妨在上车前预备一些镇定药，依靠药物保持稳定情绪。

（二）如何处置

旅途精神障碍是一种短暂性心理障碍，一般不需要进行特别处理，病人在经过一段时间休息，适应周围环境后，就会逐渐自行缓解。（以上由中国中医药报供稿）

苍生大医

入门中医者，无不诵读《大医精诚》：

凡大医治病，必当安神定志，无欲无求，先发大慈恻隐之心，誓愿普救含灵之苦。若有疾厄来求救者，不得问其贵贱贫富，长幼妍蚩，怨亲善友，华夷愚智，普同一等，皆如至亲之想。亦不得瞻前顾后，自虑吉凶，护惜身命。见彼苦恼，若己有之，深心凄怆。勿避险巇、昼夜寒暑、饥渴疲劳，一心赴救，无作功夫形迹之心。如此可为苍生大医……

2008年5月12日14时28分，中国四川省汶川地区发生8级地震。山崩地裂，举世震惊。特大地震灾害发生后，全国16个省（区、市）中医药系统先后共向四川灾区派出172支医疗队，派员2000多人，他们代表中医药界，以救死扶伤的实际行动，诠释中医文化的底蕴——大医精诚！

国家中医药管理局组织抗震救灾工作纪要

2008年5月13日

国家中医药管理局召开会议紧急部署抗震救灾工作

正在四川成都出席会议的卫生部副部长、国家中医药管理局局长王国强立刻投入到有关救灾工作中，并对国家中医药管理局抗震救灾工作作出明确指示。5月13日上午，王国强同志到四川省卫生厅抗震救灾医疗救援指挥部了解全省灾区伤员救治工作开展情况，指导灾后医疗卫生救援工作，从应急救援的指挥协调、信息收集和报告、合理安排省内外医疗队伍和应急物资，切实加强伤员救治等方面提出具体要求。

根据王国强副部长兼局的指示要求，5月13日上午李大宁副局长召开了由局机关各部门和局直属单位负责人参加的抗震救灾工作会议，传达了《中共中央办公厅国务院办公厅关于四川省汶川县发生强烈地震情况和全力做好抗震救灾工作的通报》，研究贯彻落实的具体工作，并对抗震救灾工作作出了部署。

一、加强与卫生部的联系，保持信息畅通，反应及时，认真贯彻落实卫生部的工作部署和要求。

5月13日，卫生部、国家食品药品监督管理局和国家中医药管理局联合印发了《关于切实做好抗震救灾医疗卫生应急救援和食品药品安全监管工作的通知》

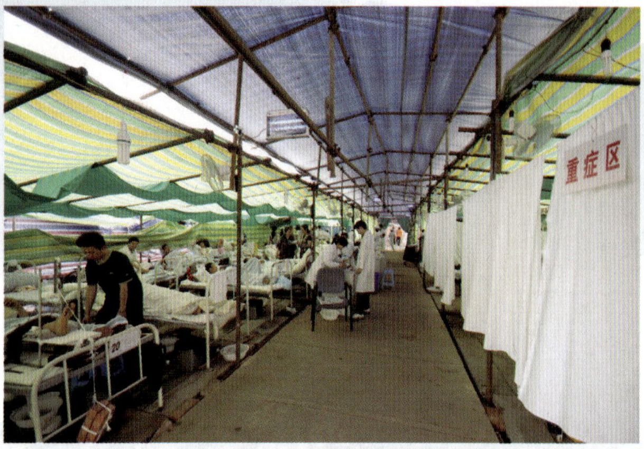

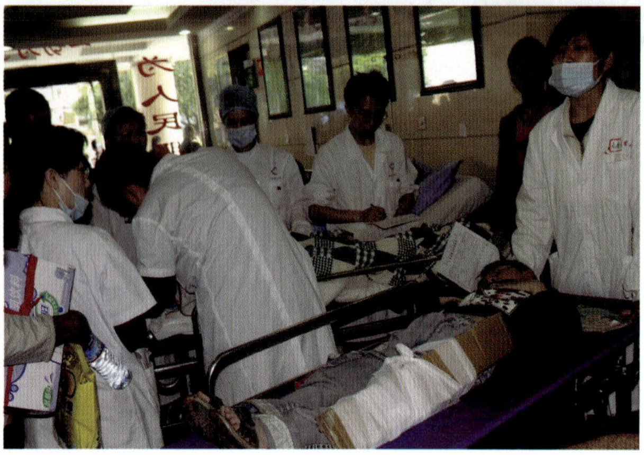

2008年5月13日我局向陈竺部长、高强书记上报了《国家中医药管理局关于抗震救灾工作有关情况的报告》。

二、成立国家中医药管理局抗震救灾工作领导小组。

成立了由王国强副部长兼局长任组长、房书亭副局长任副组长、其他几位副局长任小组成员的抗震救灾工作领导小组，并由各司办负责同志组成若干工作组，加强与四川省及各地中医药主管部门的联系，加强对中医药系统抗震救灾工作的组织与协调，并以内部明电向各地印发了《国家中医药管理局关于成立抗震救灾工作领导小组的通知》。

三、积极组织中医药系统抗震救灾医疗队。

5月13日我局组织局直属管中国中医科学院望京医院、广安门医院、西苑医院和北京中医药大学东直门医院、东方医院分别组建医疗队，配备得力人员，做好应急准备，随时参与国家医疗卫生救治工作。同时，组织部分全国中医骨伤重点专科所在医院组建7支医疗队，随时待命。局医政司组织行业专家研究提出抗震救灾中医药治疗技术的指导意见，加强技术指导和技术支持。

四、进一步加强抗震救灾期间的值班工作。为加强抗震救灾期间的值班工作，局办公室印发了《国家中医药管理局办公室关于加强抗震救灾期间值班工作的通知》。

2008年5月14日

根据卫生部副部长、国家中医药管理局局长、卫生部抗震救灾前方协调组组长王国强同志的指示，国家中医药管理局首批由中国中医科学院望京医院、北京中医药大学东直门医院组建的两支医疗救助队共17人携带所需药品、手术器械、小夹板和外固定器等奔赴四川省德阳市，并于当天抵达德阳市开展救治工作。

国家中医药管理局吴刚副局长等领导为第一批抗震救灾医疗队送行。

5月14日，广东省中医药局、浙江省中医局、山东省中医药管理局、天津市卫生局、山东济南市卫生局、河南中医学院第一附属医院、洛阳正骨医院、北京友谊医院等卫生和中医药机构也紧急组建医疗队，奔赴灾区，积极开展救援工作。

截至5月14日下午5时，全国还有14支中医医疗机构的医疗队待命，随时准备出发。

2008年5月14日上午

国家中医药管理局副局长李大宁再次主持召开会议，传达中央国家机关工委《关于动员中央国家机关各级党组织和党员干部积极投入到抗震救灾工作中的紧急通知》，动员和部署局机关和直属单位向地震灾区捐献的有关工作。

2008年5月15日上午

国家中医药管理局抗震救灾工作领导小组召开工作会议，通报抗震救灾工作有关情况，研究部署下一阶段工作。局抗震救灾工作领导小组副组长房书亭主持会议，副局长、局抗震救灾工作领导小组成员吴刚、于文明及机关各部门负责同志、局抗震救灾工作领导小组有关人员出席了会议。

会议对下一阶段的工作提出了要求和部署。

一、在抗震救灾工作领导小组中增设宣传组，进一步加强中医药系统抗震救灾工作的新闻宣传工作。

宣传组由局政策法规司司长闫树江担任组长，局办公室副主任徐皖生任副组长，并抽调专人负责对外宣传材料和简报的编制工作。

二、继续做好赴中医药系统灾区医疗队的组织协调工作，及时与前方协调组和卫生部相关部门沟通与联系。要根据医疗队组织情况和医疗队所在医院综合情况进行排序，根据灾区需要，按照前方协调组和卫生部的统一指挥，及时派出医疗救治队伍。

三、进一步加强与卫生部和地方中医药管理部门的联系沟通，及时了解卫生部抗震救灾的部署，报告我局开展的相关工作。及时了解和掌握灾区中医机构受灾情况和各地中医医疗机构开展医疗救治情况，予以指导和帮助。局抗震救灾工作领导小组下设的三个小组要与卫生部有关部门保持联系沟通，确保信息畅通。

四、进一步加强值班工作。会议特别强调，抗震救灾期间，局机关各部门、各直属单位的负责同志原则上不得离岗。确因工作需要必须离开的，须安排好工作并经主管局领导批准。值班人员要坚守岗位，恪尽职守，认真负责。局机关服务中心要加强安全保卫和后勤保障工作。

五、以国家中医药管理局名义给四川省中医药管理局发出慰问信，向奋战在抗震救灾第一线的广大中医药工作者表示崇高的敬意和亲切的问候。

国家中医药管理局发布《抗震救灾医疗救治应用中医药技术指导意见》

为指导各地在抗震救灾医疗救治中正确应用中医药技术和方法，充分发挥中医药的特色优势，国家中医药管理局组织有关中医药专家，制定了《抗震救灾医疗救治应用中医药技术指导意见》，于5月15日正式发布。该指导意见对地震灾害中常见的闭合性骨折、单纯软组织损伤、创伤后并发症（如创伤感染、挤压综合症、褥疮、深静脉血栓）等的中医药治疗提供了指导性技术方法，并就灾后防疫工作中的中医药参与提出了指导性意见和要求。同时，该指导意见提出，在卫生应急救援工作中，要积极利用当地的医药资源，充分发挥民族医药的作用。

国家中医药管理局组建抗震救灾医疗队

国家中医药管理局向灾区发出慰问信

5月15日，国家中医药管理局在积极组织抗震救灾工作的同时，向四川省中医药管理局发出慰问信，向灾区群众表示最诚挚的慰问，向抗震救灾的全体卫生工作者和中医药工作者致以最崇高的敬意！

各地中医机构相继组建抗震救灾医疗队

四川汶川地震发生后，各地中医机构纷纷行动起来，组建医疗队，并作好全部准备按照统一安排奔赴灾区或随时待命。

5月18日

国家中医药管理局组建第二批抗震救灾医疗队支援四川灾区

根据卫生部副部长、国家中医药管理局局长、卫生部抗震救灾前方协调组组长王国强同志的指示，国家中医药管理局继5月14日派出两支抗震救灾医疗队后，又于5月18日迅速组织了北京、上海两支医疗队共15人派往四川成都中医药大学附属医院和四川省骨科医院参与伤员救治工作。上海组派的医疗队由上海中医药大学附属岳阳中西医结合医院的5名医护人员组成，并于当日下午3点多乘飞机前往成都。北京组派的医疗队由来自北京市中医医院、中国中医科学

院西苑医院、广安门医院等3家医院的10名医护人员组成。

2008年5月19日

国家中医药管理局抗震救灾工作领导小组召开工作会议，传达国务院有关指示精神，通报有关抗震救灾信息，研究部署下一阶段工作。副局长、领导小组副组长房书亭主持会议，副局长、领导小组成员李大宁及局抗震救灾工作领导小组有关人员出席了会议。

会议对下一步工作提出了要求和部署。

一、按照国务院公告的要求，5月19日至21日局机关下半旗志哀，5月19日下午2：28起全局人员在办公楼门前集体默哀3分钟，以表达对四川汶川大地震遇难同胞的深切哀悼。同时通知各直属单位认真落实5月18日国务院公告安排。

二、目前我局已组织两批共4支医疗队前往四川灾区，派出医护人员共33人。

三、为充分发挥中医药在灾后防治疫病工作中的特色优势，要结合灾区疾病特点，组织专家加紧研究制定在灾后防治疫病中发挥中医药作用的指导意见，并及时向灾区医疗卫生工作者和广大群众提供技术指导。

国家中医药管理局抗震救灾工作领导小组听取赴灾区医疗队汇报

5月19日下午3点，国家中医药管理局抗震救灾领导小组副组长房书亭副局长，成员吴刚副局长、于文明副局长、李大宁副局长，以及各工作组和局各司办负责人，听取了国家中医药管理局首批赴川医疗队负责人、中国中医科学院望京医院院长陈珞珈的汇报。

据陈院长介绍，医疗队到达灾区后即投入救治，队员们急灾区人民之所急，想灾区人民之所想，发扬不怕疲劳、连续作战的作风，克服种种困难，加班加点工作，一天手术时间长达12个小时以上。在医疗设备缺乏、条件艰苦的情况下，医疗队对一些闭合性骨折、胸腰椎挤压伤或轻微骨折的伤员，采用中医手法复位后小夹板固定和中医牵引加练功的方法治疗，及时有效地处理伤情，较好地发挥了中医药的作用。根据初步统计，截至目前，这支医疗队已救治了842名伤员。在听取了陈珞珈院长的汇报后，局抗震救灾工作领导小组对医疗队的工作给予充分肯定，并通过陈珞珈院长转达对医疗队全体成员的慰问。同时，对下一步工作提出要求：

一、我局派往灾区的各医疗队在医疗救治中要注意发挥中医药特色优势，特别是在医疗条件有限的情况下，更要突出中医特色，并及时加以认真总结，做好科学统计分析。

二、赴灾区各医疗队要加强与当地有关部门的请示报告和沟通，在当地主管部门的统一安排下开展工作。

三、进一步加强我局与各医疗队的信息沟通与联系，随时了解前方医疗队的情况，关心他们的工作、

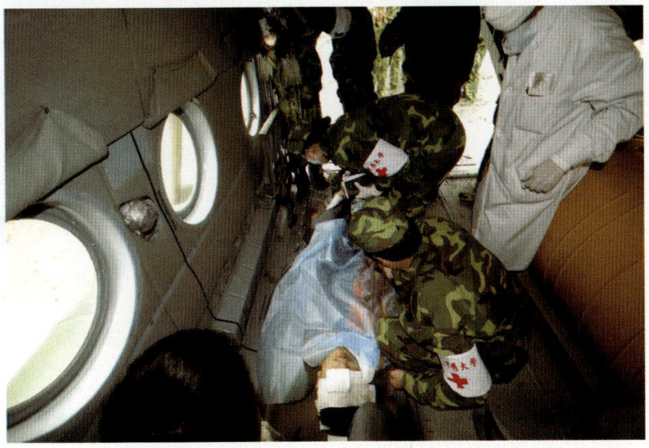

生活、身体状况，有什么困难和问题及时解决。

四、进一步加强与卫生部前方协调组和四川省中医药管理局的联系，根据需要安排派遣医疗队和物资捐赠。

国家中医药管理局发布《关于在震区灾后疾病防治中应用中医药方法的指导意见》

为在四川汶川“5.12”地震后的疫情预防和疾病治疗过程中充分发挥中医药的作用，指导有关人员正确应用中医药方法，国家中医药管理局组织有关中医药专家，研究制定了《关于在震区灾后疾病防治中应用中医药方法的指导意见》，于5月19日正式发布。该指导意见对震区灾后常见腹泻、感冒、蚊虫叮咬的预防提出了指导意见，对腹泻、感冒和皮肤湿疹的中医药治疗提供了指导性方法。

5月22日

国家中医药管理局抗震救灾工作领导小组研究部署下一步工作

5月22日上午，国家中医药管理局抗震救灾工作领导小组召开会议，副组长房书亭副局长主持，成员吴刚副局长和各工作组及局各司办负责人出席。会议听取了各工作组情况通报，研究部署了下一步有关工作。

会议同意河北以岭药业通过我局向四川灾区捐赠价值200万元的连花清瘟胶囊，并确定由医疗组联系安排捐赠事宜，争取尽快落实。

5月23日

河北以岭药业通过国家中医药管理局向灾区捐赠药品河北以岭药业公司通过国家中医药管理局向四川省中医药管理局捐赠200万元药品，捐赠仪式于5月23日上午在北京举行。国家中医药管理局副局长吴刚和以岭药业董事长吴以岭等出席捐赠仪式，20家新闻媒体记者参加了捐赠仪式。捐赠仪式由局办公室副主任兼新闻办主任蒋健主持。吴以岭董事长致辞，并代表以岭药业捐赠药品，医政司司长许志仁代为接受捐赠。吴刚副局长在捐赠仪式上发表讲话。吴刚副局长对以岭药业的善举给予高度评价和积极支持。他号召全体中医药工作者更紧密地携起手来，急灾区人民所急，解灾区人民所难，发扬同舟共济、共克时艰的协作精神，为保障灾区人民的身体健康、夺取抗震救灾斗争的全面胜利做出更大的贡献。河北以岭药业此次捐赠的治疗风热感冒中成药——连花清瘟胶囊已于今日紧急运往四川灾区。

5月23日

国家中医药管理局抗震救灾工作领导小组研究部署进一步做好抗震救灾工作

2008年5月23日下午，国家中医药管理局抗震救灾工作领导小组召开会议，副组长房书亭副局长主持，成员吴刚、于文明、李大宁副局长和各工作组及局各司办负责人出席。会议通报了国务院关于节约机关行政开支的精神，传达了王国强副部长兼局长关于在灾后疾病防治和伤员康复中发挥中医药作用的指示，研究部署了下一步有关工作。

会议指出，5月21日国务院常务会议强调，中央国家机关今年的公用经费支出一律比预算减少5%，用于抗震救灾，我局要严格遵照执行。

会议确定，由房书亭副局长带领局机关有关人员和部分中医药专家，赶赴四川地震灾区进行实地考察，加强对中医药参与医疗救治工作的指导。

会议要求，要抓紧组织相关专家研究制定中医药防治地震灾后常见病以及康复工作的总体方案，制作

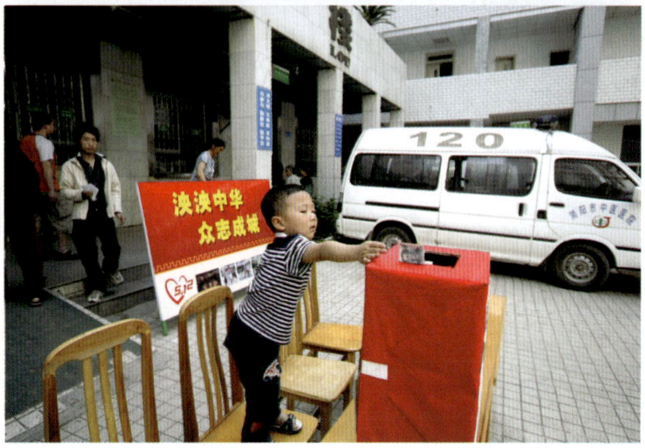

一批宣传挂图和科普手册，尽快定稿印制发往灾区。

5月24日

云南克雷斯天然药物制药有限公司通过中华中医药学会向四川灾区捐赠恒古骨伤愈合剂

5.12四川汶川地震发生后，云南克雷斯天然药物制药有限公司的董事会成员及全体员工对灾区人民和受灾群众万分关切。当得知目前四川灾区急需骨伤方面药物时，该公司决定通过中华中医药学会向灾区捐赠价值300万元的中成药—恒古骨伤愈合剂。捐赠仪式于2008年5月24日在北京举行。中国科协书记处书记冯长根、卫生部原副部长朱庆生、国家中医药管理局副局长房书亭、中华中医药学会秘书长李俊德等以及多家新闻媒体的记者参加了此次捐赠仪式。

捐赠仪式由中华中医药学会副秘书长曹正逵主持。

5月26日

国家中医药管理局要求在当前抗震救灾疾病防治中进一步发挥中医药作用

为在四川汶川“5•12”地震后的疫情预防和疾病治疗中充分发挥中医药的作用，使灾区群众及抗震救灾人员能够方便、快捷地得到中医药服务，促进地震伤员康复，减少灾后传染病的发生，有效治疗灾后常见病和多发病，保障人民群众的身体健康，国家中医药管理局于2008年5月26日发出《关于在当前抗震救灾疾病防治中进一步发挥中医药作用的通知》（以下简称《通知》），提出如下要求：

一、进一步加强组织领导，继续全力做好抗震救灾疾病防治工作。

二、积极开展中医药防病知识与方法的宣传，进一步做好疾病预防工作。要将国家中医药管理局组织编印的《地震灾后中医药防病知识》和中医药防病宣传画发往受灾地区，在灾民集中居住地、医疗机构进行张贴和供群众获取。

三、进一步抓好地震伤员和灾后常见病多发病的中医药治疗。

四、切实做好灾民集中居住地的中医药服务。

国家中医药管理局加强震后灾区中医药防病治病科普宣传与技术指导

根据卫生部副部长、国家中医药管理局局长、卫生部抗震救灾工作领导小组前方协调组组长、国家中医药管理局抗震救灾工作领导小组组长王国强同志的指示精神，为在震后疫情预防和疾病治疗中充分发挥中医药的作用，使灾区群众及抗震救灾人员能够方便、快捷地得到中医药服务，促进地震伤员康复，减少灾后传染病的发生，有效治疗灾后常见病和多发病，保障人民群众的身体健康，国家中医药管理局组织有关专家加班加点编写《震后灾区中医药防病知识》宣传手册和《地震灾后常见病多发病中医药治疗手册》。

《震后灾区中医药防病知识》宣传手册由15位中医药专家创作完成。《地震灾后常见病多发病中医药治疗手册》由24位中医药专家编写完成。

5月30日

王国强同志主持召开国家中医药管理局抗震救灾工作领导小组会议研究部署下一阶段任务

5月30日上午，卫生部副部长、国家中医药管理局局长、局抗震救灾工作领导小组组长王国强同志主持召开领导小组会议，总结前一阶段抗震救灾各项工作，对当前和下一阶段任务进行研究和部署。房书亭、于文明、李大宁副局长以及各工作小组负责人等参加了会议。

会议指出，当前和下一阶段要重点抓好以下几项工作：

一、国家中医药管理局要按照国务院抗震救灾总指挥部卫生防疫组的统一部署和要求，更加有效地组织、协调全国中医药系统抗震救灾工作，并使之更好地服从和服务于全国抗震救灾工作特别是卫生防疫工作的全局。

二、认真抓好国家中医药管理局《关于在当前抗震救灾疾病防治中进一步发挥中医药作用的通知》精神的贯彻落实。

三、全力协调做好物资保障工作。要及时了解和掌握灾区中医药系统对救护车辆、煎药机、中药饮片、中成药等各类急需物资的需求状况，并加强与卫生部等有关部门的联系，积极予以协调落实。

四、进一步加强宣传报道。要特别重视加强对在医疗救治和卫生防疫中应用中医药情况的宣传报道，让社会公众更多地了解中医药的参与程度、受群众欢迎的程度和中医医疗机构所做的大量工作。要进一步加大灾后防病中医药知识的宣传力度，《中国中医药报》要策划编辑出版抗震救灾中医药科普专刊，尽快发放到灾区群众和医疗机构。

五、认真做好表彰先进典型的准备工作。

六、及时与有关部门沟通，了解四川等灾区灾后重建工作的整体规划和进展，力争把中医机构重建纳入国家和地方灾后重建规划总体方案。同时，要按照国务院和卫生部的有关部署，积极组织开展全国中医药系统对口支援灾区中医机构的工作。

七、国家中医药管理局近期将再派出由局领导带队的工作组分赴四川、重庆、甘肃、陕西等地灾区，慰问奋战在抗震救灾一线的广大中医药工作者，加强对灾区中医药参与医疗救治、卫生防疫和医药物资保障等工作的指导与协调。

八、进一步加强信息工作。要完善工作机制，与各相关省（区、市）中医药管理部门保持密切沟通，及时了解、掌握各地开展工作的情况，及时收集、汇总和报送相关信息，确保信息畅通。

6月2日

局抗震救灾工作领导小组召开会议研究部署因灾受损调查和重建等工作

6月2日上午，国家中医药管理局抗震救灾工作领导小组召开会议，传达卫生部抗震救灾工作领导小组有关会议精神，研究部署中医药系统参与医疗救治、卫生防疫以及支援灾区中医机构灾后重建等工作。卫生部副部长、国家中医药管理局局长、局抗震救灾工作领导小组组长王国强主持会议，房书亭、吴刚、于文明、李大宁副局长以及各工作小组负责人等参加了会议。

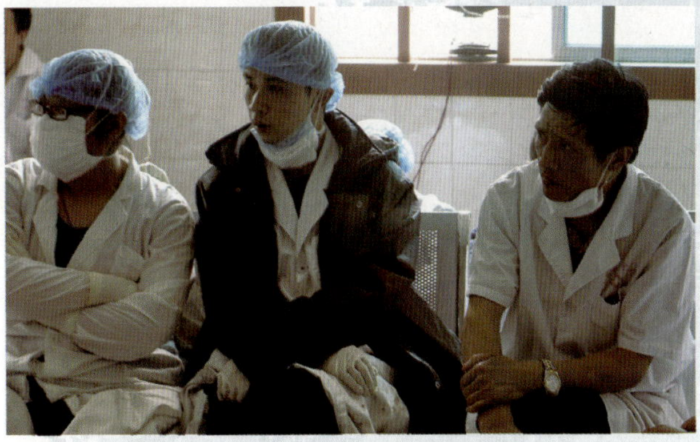

国家中医药管理局召开从灾区归来医疗队员座谈会，共商中医药参与医疗救治和卫生防疫等问题

6月2日下午，卫生部副部长、国家中医药管理局局长、局抗震救灾工作领导小组组长王国强主持召开座谈会，听取刚刚从四川地震灾区医疗救治前线归来的部分医疗队员和专家的情况汇报，详细了解队员们在灾区的工作和生活情况，特别是中医药在医疗救治中的应用和疗效情况，并就在下一步医疗救治、灾后易发疾病防治和卫生防疫工作中如何更好地发挥中医药作用听取大家的意见和建议。国家中医药管理局副局长、局抗震救灾工作领导小组副组长房书亭，局抗震救灾各工作小组负责人以及中国中医科学院、北京中医药大学有关负责同志参加了会议。

座谈会上，北京中医药大学东直门医院赴灾区医疗队队长于国泳汇报了在四川省德阳市中西医结合医院开展医疗救治的情况。据介绍，自5月14日到达灾区以来，该医疗队共为地震伤员进行了32台手术，且无1例术后感染，无1例截肢。同时他们还组织了2次义诊，3次下到受灾严重的乡镇巡诊，受到灾区群众的欢迎。医疗队队员、骨科专家王建军介绍，他们在医疗救治中对一些伤员术后配合服用中药，指导进行功能锻炼，可以有效促进骨折愈合，防止肌萎缩。对有些伤员，则使用一些镇静安神中药，使其能够很好地稳定情绪。医疗队队员、胸外科专家王广补充说，由于夏季蚊虫增多，建议应用中医药加强防疫工作，并能为灾区熬制预防流脑和乙脑的中药。东直门医院副 院长王耀献日前前往灾区看望医疗队员时曾代表该院与德阳市中西医结合医院达成对口支援协议，他表示，医疗队的工作架起了两院友谊的桥梁，东直门医院今后将进一步加强与德阳市中西医结合医院的长期友好合作，尽力帮助他们找准医院发展定位，加强人才和学科建设，提高业务能力和服务水平。

天津中医药大学第二附属医院外科专家张朝晖不久前曾被国家中医药管理局派往四川成都中医药大学附属医院帮助开展医疗救治工作。据他介绍，对于感染性伤口，中医外治法独具特色和优势。采用去腐生肌、活血化瘀的方法，对伤口感染的伤员早期干预，能减少抗生素的使用，降低截肢率。他认为，地震造成受伤的患者在3～4周后有可能出现二次截肢、慢性感染溃疡和褥疮等问题。他建议通过培训交流、远程会诊等措施，发挥中医药在以上领域的优势和作用。

中国中医科学院广安门医院副院长、中医心理康复专家汪卫东不久前对四川灾区德阳、都江堰、江油等地部分伤员和群众进行了心理干预和治疗工作，日前刚刚回到北京。他在座谈会上说，地震灾害对当地群众造成很大的心理伤害，如果不能得到及时的心理干预，可能会造成精神抑郁症，而心理重建则需要更长的时间。但是目前灾区大多中医院没有心理科，中医心理专家十分缺乏。他建议国家中医药管理局再派出中医心理专家组深入灾区进行干预治疗，同时帮助成都中医药大学附属医院建立中医心理科，并逐步形成以该院为中心的灾区中医心理治疗网络。

在听取了医疗队员和专家的发言后，王国强同

志作了讲话。他对我局派出的医疗队在抗震救灾工作中的表现给予了充分肯定，对队员们连日来所付出的努力表示感谢和慰问。他指出，四川汶川大地震发生后，国家中医药管理局及时派出医疗救援队前往灾区。各医疗队和全体队员不惧余震危险，克服种种困难，团结协作，忘我工作，无私奉献。特别是医疗救治中，坚持以人为本，一切以伤员的生命安危和健康安全着想，采取中西医结合，重视发挥中医药的优势和作用，取得了良好的效果。这些经验值得认真总结。

6月3日

国家中医药管理局再派三个工作组分赴灾区考察指导中医药系统抗震救灾工作

国家中医药管理局日前再次派出三个工作组，由副局长吴刚、于文明、李大宁带队分赴甘肃、陕西、四川和重庆灾区，慰问奋战在抗震救灾一线的医护人员，察看地震灾区中医机构受损情况，指导灾区中医药系统开展医疗救治、卫生防疫和恢复正常医疗秩

序、准备灾后重建等工作。

6月4日

局抗震救灾工作领导小组研究部署进一步做好医疗救治防疫和支援灾区中医机构重建等工作

6月4日上午，卫生部副部长、国家中医药管理局局长、局抗震救灾工作领导小组组长王国强同志主持召开领导小组会议，传达卫生部抗震救灾领导小组会议有关精神，听取各工作小组的工作汇报，对进一步发挥中医药在医疗救治和卫生防疫中的作用、支援灾区中医机构重建等工作进行研究和部署。房书亭、李大宁副局长以及各工作小组负责人等参加了会议。

会议指出，目前地震灾区伤员的医疗救治特别是重症伤员的治疗、康复，灾区群众的心理干预以及卫生防疫等工作十分艰巨，中医药系统应当更加积极有效地参与，充分发挥中医药的作用。

会议指出，要大力宣传绵阳市中医院手术室护士长黄琼等一批先进人物和先进集体，用他们的感人事迹教育和鼓舞全系统干部职工。

国家中医药管理局要求进一步发挥中医药作用加强地震转运伤员医疗救治和康复

为更好地发挥中医药在地震转运伤员医疗救治和康复中的作用，国家中医药管理局6月4日发出《关于更好地发挥中医药在地震转运伤员医疗救治和康复中作用等有关问题的通知》（以下简称《通知》），提出如下要求：

一、接收伤员的省级中医药管理部门要组织接收伤员的中医医院，安排医术精湛的中医专家，综合、合理运用各种中医药方法精心救治，进一步发挥中医药的优势，促进地震伤员早日康复。

二、《通知》要求，接收伤员的中医医院要积极预防和治疗伤口感染，注重运用疗效确切的中医药方法和药物（包括院内制剂）等，避免慢性溃疡、褥疮、骨髓炎等的发生。

三、各省级中医药管理部门要进一步加强与当地卫生厅局的协调，按照统一部署，积极组织中医医院派遣中医药人员参加当地的医疗队前往灾区。

四、参加医疗队的中医药人员要按照当地有关部门的要求，不畏艰险，不怕吃苦，积极深入医疗救治和疾病预防第一线。在工作中要积极采用简便有效的中医药方法，注重向伤员和受灾群众等宣传中医药防病治病知识和方法，深入灾民安置点和基层医疗机构开展巡回医疗，主动对当地中医药人员及基层医务人员进行中医药业务培训和技术指导。

五、灾区省级中医药管理部门要根据当地中医医疗机构受损情况，立足当前，着眼灾后，合理调配资源。

有条件的中医医院要通过在灾民安置点设立服务站、开展巡回医疗等方式，扩大中医医疗服务的覆盖面。

6月6日

国家中医药管理局组建中医心理医疗队奔赴灾区

针对灾区群众面临的灾后心理问题，国家中医药管理局专门组建了一支中医心理医疗队，6月6日上午已从北京出发奔赴灾区。该医疗队由中国中医科学院广安门医院、中国中医科学院研究生院和北京中医药大学研究生院的6位中医心理、精神等专业的专家组成。

6月7日

陈竺部长就中医药系统抗震救灾工作作出重要批示

6月7日，卫生部部长陈竺同志在国家中医药管理局关于中医药系统抗震救灾工作有关情况的报告上作出重要批示，充分肯定中医药系统在抗震救灾卫生工作中的重要作用，并对下一阶段中医药参与灾后重建、伤员康复等提出了明确要求。

批示指出，“在汶川大地震抗震救灾卫生工作中，中医药系统发挥了特殊的重要作用，在伤员救治、卫生防疫、接收转运、系统重建等各方面都建立了功勋，涌现出以黄琼同志为代表的一大批先进人物、集体之感人事迹。我在安县中医院，更是直接目睹了该院同志们在全国卫生系统支持下自强不息、奋起抢救伤员、挽救生命的壮举，使该院成为了北川—安县一线首批重伤员救治的前沿基地。谨向国家中医药管理局和全国中医药系统同志们致以崇高敬意和亲切慰问。”

批示完全赞同国家中医药管理局下一段工作安排，同时强调指出，“希在国家对口支援有关大政方针确定后，全力支持四川和陕、甘灾区中医药系统重建，并在伤残人员康复方面做出新贡献。”

6月9日

局抗震救灾工作领导小组传达有关会议和领导批示精神

研究部署进一步参与医疗防疫、灾后重建规划等工作

6月9日下午，卫生部副部长、国家中医药管理局局长、局抗震救灾工作领导小组组长王国强同志主持召开领导小组会议，传达国务院抗震救灾总指挥部和卫生防疫组有关会议以及陈竺同志重要批示精神，听取赴甘肃、陕西、四川和重庆三个工作组的调研情况汇报，研究部署进一步在灾区伤员医疗救治和卫生防疫中发挥中医药作用、帮助灾区中医机构恢复正常医疗秩序、做好灾后重建规划等工作。

副局长房书亭、吴刚、于文明、李大宁以及各工作小组负责人等参加了会议。

会议议定，对开展《中华中医药心连心》大型援助灾区中医药机构活动方案将适时进行专题研究。

6月13日

国家中医药管理局召开会议

传达贯彻省区市和中央部门主要负责同志会议精神

6月13日下午，国家中医药管理局召开局机关处以上干部和直属单位负责人会议，传达学习当天上午召开的省区市和中央部门主要负责同志会议精神。卫生部副部长、国家中医药管理局局长王国强同志在会上传达了胡锦涛总书记、温家宝总理的重要讲话，并就贯彻落实会议精神，做好下一阶段抗震救灾医疗卫生防疫工作、迎接奥运会召开、确保今年重点任务实现等提出明确要求。副局长房书亭、吴刚、于文明、李大宁出席了会议。

各地在抗震救灾医疗救治和灾后防疫中注重发挥中医药作用

在抗震救灾医疗救治和灾后防疫工作中，各地中医药工作者充分发挥中医药优势，多途径、全方位地采用中医药方法进行伤员救护、疫病防治、心理干预等，取得了较好效果。

作为受灾最严重的省份，四川省省级及16个市州的111个中医医疗机构共救治地震灾害伤员57515人，在救治中普遍采用了小夹板、中药外敷、针灸推拿、中药熏洗和中药内服等方法。四川各级中医医疗机构在灾后防病中利用宣传栏、画册、咨询、讲课等方式为伤员、抗震救灾人员、灾区居民安置点宣传普及中医药防病基本知识和个人防病常识，同时提供中药大锅汤口服防病。截至6月1日，中药大锅汤服用人数达120余万人次。

四川省中医学会、中西医结合学会、针灸学会连续8天派出皮肤、消化、呼吸、针灸方面的专家40余人到重灾区的12个灾民安置点巡回医疗，诊疗5000人次，针灸、心理治疗1500人次，治疗皮肤疾患5万人次。

广元、绵阳、都江堰、江油等地的中医院也分别在当地开展中药防疫大锅汤和中医药宣传品的发放。

成都中医药大学组织专家制定了“地震后中医防疫调治方案”，对社会公布后得到普遍认可。该校还组建了4支赴灾区中医药科技防疫工作小组80余人，先后前往平武、安县等地根据灾区防病防疫实际，以大锅汤形式配制并分发中药汤剂，进行灾后中医药防病知识宣传，对灾区民众进行心理安抚等工作。截至5月28日，该校共为灾民及解放军指战员分发中药“灾后防疫汤”4万余人次，分发中成药1万余人次，颗粒饮片6000人次。

河南省洛阳正骨医院派出的赴四川灾区医疗队根据伤员骨折的不同情况，采用洛阳正骨复位八法及小夹板固定，结合中药治疗以及功能锻炼，取得了较好的治疗效果。

广东省中医院收治了200名地震伤员，该院专家采用中药内服外洗和骨科手法相结合进行治疗；对于颅脑外伤患者，则采用针灸、内服中药汤剂等方法助其康复。

天津中医药大学二附院运用中西医结合方法，在采用西医对症抢救治疗的基础上，对外伤骨折患者加用医院的中药制剂神效散外敷；对多发肋骨骨折、血胸、合并大面积胸腰背部血肿的伤员，加用活血化瘀、消肿止痛的中药，内服以复元活血汤、血府逐瘀汤加减组方的中药汤剂。

江苏省名中医周仲英针对震后常见疫病，拟定了防治肠道传染病的“防疫化浊方”以及防治呼吸道传染病的“防疫清肺方”。南京中医药大学根据所拟定处方赶制了6000袋颗粒剂和3000只中药香囊送到灾区。

中国中医科学院广安门医院派出中医心理专家带领成都中医药大学中医心理专业学生组成临时心理救援队，深入到德阳、绵竹灾民安置点开展心理创伤状况调查，为进一步的心理干预和心理治疗做准备。该院还组织著名老中医路志正、刘志明、薛伯寿等针对灾区实际，拟定防病康体经验方，并派出营养师赴灾区为救灾部队提供膳食营养指导等后勤保障。

中医中药服务抗震救灾前线部队

“5.12”汶川特大地震发生后，解放军和武警官兵一直奋战在条件艰苦、任务艰巨、险象环生的抢险救灾中。为了保障前线官兵的身体健康，保护战斗力，四川省中医药系统积极行动起来，充分运用中医药技术为前线官兵服务。解放军总医院都江堰野战医院、成都中医药大学附属医院、四川省骨科医院的中医药专家针对烂裆、蚊虫叮咬、皮肤瘙痒的情况，研制了中药外用喷剂“都江堰1号”、“都江堰2号”及防暑降温中药处方；四川省中医药学会、中西医结合学会、针灸学会中医专家深入到什邡市红白镇、洛水镇、莹华镇等重灾区抢险救灾部队为官兵治疗疾病；广元、什邡等市县中医院主动为济南军区猛虎师、云南军区某高炮团、沈阳军区、成都军区等参加抗震救灾的前线部队官兵提供中医药服务。

北京中医药大学东直门医院和德阳市中西医结合医院签订对口支援协议

5月31日下午，北京中医药大学东直门医院和德阳市中西医结合医院正式签订对口支援协议并挂牌。参加仪式的有四川省中医管理局、德阳市卫生局的领导，北京中医药大学东直门医院和德阳市中西医结合医院的领导以及东直门医院全体医疗队员、德阳市中西医结合医院全体医务人员。

都江堰市中医医院迅速恢复对外诊疗服务

5月30日，四川省都江堰市中医医院正式恢复门诊服务，在其后的4天里，医院已经接诊病人600多人次。这标志着灾区正在逐步恢复正常医疗秩序。

“5.12”大地震给该医院带来重创，住院楼倾刻间坍塌，门诊楼摇摇欲坠，包括医务人员在内死亡人数达160余名，财产经济损失数千万元，医院遭到毁灭性的打击。温家宝总理飞赴灾区当天就到都江堰市中医医院视察灾情，该院也因此而受到社会的广泛关注。

灾难发生后，都江堰市中医医院的干部职工们清醒地认识到自己肩负的重任和使命，强忍悲痛，以坚韧的毅力投入抗震救灾的战斗中，冒着生命危险与救援的解放军、武警官兵一道先后从废墟中抢救出58名生还者。

医院在重庆市南岸区委、区政府的支持下，完成了1300平方米简易房的搭建，在医院门诊部设立了各科的诊疗室和留观病床、检验科室、治疗室等职能科室，并配备了厨房、餐厅和卫生厕所等设施。中医内科、中医骨科等门诊已经对外接诊。医院还与解放军总医院第一附属医院（304医院）签订对口帮带协议，304医院每年将派出医疗队对该院进行技术扶持，并协助开展和运用临床新技术和新业务，并选派专家组对该院进行业务技术指导，每年接收该院的医护人员进修学习。

成都中医药大学成立杏林爱心学校帮扶灾区学

四川汶川地震发生后的第三天，四川省教育厅接到阿坝州教育局的卫星电话汇报，得知5月16日将有200多名学生在老师带领下从汶川映秀镇沿水、陆两路撤离，须立即组织接应安置工作。成都中医药大学积极响应，于16日派出志愿者前往都江堰市紫坪埔迎接灾区孩子们，还专门成立了爱心帮扶学校，组织广大师生结对帮扶灾区学生。

绵阳市中医院护士长黄琼被授予“卫生系统抗震救灾英雄”荣誉称号

5月30日，人力资源社会保障部、卫生部决定授予四川省绵阳市中医院手术室护士长黄琼同志“卫生系统抗震救灾英雄”荣誉称号，号召全国卫生系统各单位和广大医疗卫生工作者要以她为榜样，忠诚履行为人民健康服务的神圣使命，为夺取抗震救灾斗争的全面胜利贡献力量。此前，黄琼同志还被中共中央组织部授予“抗震救灾优秀共产党员”称号。

中国中医药报刊发通讯，纪实报道四川省中医药系统抗震救灾工作

6月6日出版的《中国中医药报》刊发了《人民的利益高于一切——四川省中医药系统抗震救灾工作纪实》长篇通讯，报道了四川省中医药系统广大干部群众在特大地震灾害面前，以高度的政治责任感和高尚的职业道德，坚持人民利益高于一切的宗旨，快速行动，积极应对，日夜奋战，坚韧不拔，奋力抗震救灾的壮举。

中国中医药报出版《灾后防病治病特刊》发往灾区

为了帮助灾区群众了解和掌握灾后中医药防治疾病知识，发挥中医药在卫生防疫中的重要作用，近日，根据国家中医药管理局抗震救灾工作领导小组的部署，中国中医药报联合四川省中医药管理局针对灾区防病防疫实际情况，组织中医药专家紧急编印了《灾后疾病防治特刊》（以下简称《特刊》）。6月10日，20万份《特刊》已紧急送往四川、陕西、甘肃、重庆等灾区。

国家中医药管理局决定开展“中华中医药心连心”主题活动

国家中医药管理局日前发出通知，决定开展援助灾区重建家园“中华中医药心连心”主题活动。

通知说，开展这次活动的宗旨是：弘扬自强精神，倡导爱心奉献，彰显行业团结，为中医药行业、海外中医药人和社会各界人士表达支援灾区恢复重建中医药事业的心愿，构建沟通平台，促进全行业、全社会共同关注和援助地震灾区中医医疗机构的灾后恢复重建工作。

通知要求，各地各级中医药管理部门要加强引导，根据活动内容、活动方式，积极配合中医药心连心活动，做好有关援助事项的协调和服务等工作；动员本地区中医机构和人员积极参与中医药心连心活动，并结合本地区实际，开展适合自身特点的活动；认真做好中医药心连心活动援助数据的实时统计工作；受援地中医药管理部门严格按照《中华人民共和国公益事业捐赠法》、《汶川地震灾后恢复重建条例》和《国务院办公厅关于加强汶川地震抗震救灾捐赠款物管理使用的通知》等有关规定，切实加强对援助款物使用的督查工作，充分尊重和体现援助单位与援助人的意愿，确保定向援助的款物不被挪作他用。

（由国家中医药管理局供稿节选）

四川省中医药系统抗震救灾工作纪实

5月12日，这是一个让人们难以忘却的日子。下午2：28分，四川省汶川县发生里氏8级大地震，其震度和灾害波及范围为史上之最。灾害发生不久，四川省的阿坝告急！成都告急！德阳告急！绵阳告急！广元告急！四川省十多个地区纷纷告急，灾情严重后果与日俱增，在房屋设施严重损毁的同时，也造成灾区大量人员伤亡，而最让人揪心的还是有许多重灾区音信全无。

突如其来的灾害降临，灾区的中医医疗机构也难以幸免，同样遭受重创。北川县、都江堰市等中医医院业务用房坍塌，造成人员严重伤亡。青川、江油、安县、平武、汶川、茂县、绵竹、什邡、理县等大批县区的中医医院用房严重损坏，顷刻之间成为危房。

在这百年不遇的巨大灾害面前，按照胡锦涛总书记、温家宝总理的指示精神和四川省委、省政府的部署，全省中医药系统广大医务工作者团结一致、众志成城、共克时艰。灾区各中医医院在抓紧自救的同时，克服重重困难，积极发挥中医药的特色和优势，承担了大量灾区伤员的救治工作。未受灾的中医医院，发扬“一方有难、八方支援”的精神，在第一时间组织医疗救援队，奔赴灾区救治伤员，同时集结有生力量，全力收治抢救灾区伤员，并组织向灾区捐款捐物，爱心潮涌，感人至深。截至5月底，全省123个中医医疗机构、5个省级中医医疗单位门急诊和现场救治伤病员数为90950人，收治伤病员住院人数为11827人，分别占整个灾区门急诊、现场救治和住院收治数的25.17%，16.11%。已出院9719人次。中医系统已向受灾群众和救灾队伍免费发放预防灾后疾病的中药大锅汤剂120多万人份。灾难面前，四川省中医系统完美地表现出了中医药人大无畏的革命精神和救死扶伤的高尚职业道德。

自地震当日就在四川指挥抗震救灾工作的卫生部副部长、国家中医药管理局局长、卫生部抗震救灾前方综合协调组组长王国强高度评价了四川省中医药系统在抗震救灾中所做出的卓越贡献，他说：“四川省中医药系统经受住了灾难的严峻考验。”

沉着冷静 积极应对特大地震灾害

5月12日下午，国家中医药管理局正在成都召开全国重点研究室科技培训工作会议和全国社区中医药工作经验交流会。大会开幕式期间，汶川特大地震发生了，成都市震感十分强烈，会场建筑受损。在王国强副部长的亲自指挥下，四川省中医药管理局立即制订应急方案，一方面做好500多名代表的紧急疏散和避险工作，在最短的时间内将省外代表全部安全送出四川返回本地，无一人伤亡。另一方面，在大灾面前临危不乱，立即组织成立了四川省中医药抗震救灾领导小组和医疗救治组、医疗用品供应组、信息组、宣传组、综合组等五个工作组，迅速开展工作。在通讯全部中断的紧急状态下，通过多种方式了解掌握灾区中医单位受灾情况，积极组织和协调省内中医系统的有生医疗救援力量支援灾区前线。

5月12日晚，四川省中医药管理局发出紧急通知，要求全省中医系统主动投入到抗震救灾工作中去，发扬大无畏的革命精神，积极参加对伤病患者的救治工作。当天深夜，冒着余震不断的危险，省中医药局领导逐个检查了5个局直属医疗单位情况，部署救治灾区伤病员工作，并星夜兼程赶往受灾严重的都江堰市中医院。从5月13日清晨开始，王国强副部长率领国家中医药局和省中医药局有关同志风尘仆仆先后赶赴都江堰、德阳、绵阳、广元等灾区一线视察灾情，指导抗震救灾工作。

灾难降临，四川省中医行业保持了良好的组织状态和应急能力。在这些日子里，省中医药管理局领导带队多次到重灾区都江堰市、什邡市、江油市、安县、绵竹县、北川县等地，看望和慰问医务工作者和伤病员，使一线艰苦抗震救灾的医务工作者深受鼓舞，增添了战胜灾难的信心。四位局领导分别参加了四川省抗震救灾指挥部医疗保障组的负责工作。杨殿兴局长全面指挥中医系统抗震救灾工作，并一度驻扎绵阳市督查医疗救治工作。罗良娟副局长负责医疗用品供需组工作，邓宜恩副局长负责信息宣传组工作，冯兴奎副局长负责医疗救治组工作。省中医药管理局机关大部分同志都被抽调参加省抗震救灾指挥部医疗保障组进行繁忙紧张的协调工作，还有些同志作为医疗队长带领抗震救灾医疗队奔赴重灾区一线。地震发生后，全局领导和干部职工几乎都夜以继日地工作，大家发扬连续作战的精神，不怕苦不怕累，坚持“灾情就是命令，时间就是生命”，一切服务、服从于前线，做了大量的协调服务工作。

在这巨大的灾害面前，灾区中医医疗机构的干部职工以高度的政治责任感和高尚的职业道德，坚持人民利益高于一切，不顾个人安危奋力抢救伤病员，没有一个人临阵脱逃，在抗震救灾中涌现出许多可歌可泣的感人事迹。灾情发生后仅3小时，广元市中医院立即组成医疗小分队奔赴重灾区青川县。因道路已经严重损毁，他们只得改道辗转乘船、步行，经过连续14个小时的艰难跋涉终于赶到受灾最为严重的木鱼镇进行医疗救护，先后为126名伤员实施了紧急救治，为挽救伤员生命赢得了宝贵的时间。泸州医学院附属中医医院在震后2个小时就组建了第一批医疗援助小分队，昼夜兼程，于13日上午8：40到达地震重灾区什邡市，救治了数百名伤员。省中医医院、省中西医结合医院、成都市中西医结合医院、遂宁市中医医院、泸州市中医医院、攀枝花市中西医结合医院等单位都组织了救援医疗队奔赴灾区。

地震当日，省中医医院派出了3部救护车前往都江堰市运送伤员，每车都奔赴灾区5趟以上，一夜没停，几乎每辆车上都拉得满满的，随车的医生护士只好蹲在空隙里。当晚运送来的193名伤员中，危重的就有53名，血气胸的有6名，大部分都是骨折病人。医院在急诊室设立了简易手术室，包括麻醉、外科等科室都搬到了急诊室，骨科、外科专家立即进行手术治疗。省中西医结合医院闻讯都江堰市严重受灾，立即派出救护车和救护人员，7次去聚源中学等地方，紧急抢救和收治灾区伤员，并派出两部救护车及8名医务人员，由都江堰抗震救灾指挥部统一调配使用。省骨科医院在震后立即吹响全院病员大转移“集结号”，并全力以赴做好伤员抢救应急工作，至当晚20：00时，医院接诊地震受伤病员200多人，急诊手术6台。攀枝花市中西医结合医院紧急组织医疗救护队，医院收到职工自愿请战申请书170余份，许多医护人员含着泪水反复找医院领导，强烈要求到救援一线参战。

突如其来的灾难发生时，全省各级中医医院都能做到临危不乱，在房屋开裂、变形、倾斜和余震不断的危险情况下，各级中医医院把抢救病人做为第一要务，医务工作者们履行救死扶伤的天职，他们肩背手抬以最快的速度将病人转运到安全地带。当时许多医院正在为病人做手术，医务工作者们不顾个人安危，坚守工作岗位，没有一个人丢下病人逃离。地震发生后，绵阳市中医医院党政领导班子成员，迅速组织医护人员，每位干部负责一层住院病人的转移，俨然就是一场战斗，很快将全院300多名住院病人全部转移到安全地带。江油市中医院在帐篷里建立临时手术室，迅速恢复手术条件，抢救危重病人，震后3天内，医院紧急救治各类伤病员1000余人次，在临时帐篷手术室内开展了包括颅脑外伤、骨折固定、截肢、接生等各类大小手术150余台次。

坚韧不拔 以人民利益高于一切

这是一场战争，一场神圣的战争。四川省中医系统集中所有有生力量，全面投入到抗震救灾工作中去。

“我们很镇静，我们很坚强，我们很自信”，这是四川中医药人的共同信念与顽强毅力。地震后，各灾区中医医疗单位立即成立了应急救治指挥部，加强自救工作，认真处理善后工作，把灾难造成的损失减少到最小程度，与此同时，在自身受到灾害伤害的情况下，重新集结组织医疗援救力量，积极参与抢救伤病员的工作。

在地震中数家中医医院受损十分严重，甚至在倾刻间荡然无存，全部毁损。眼睁睁看着自己美好的家园瞬间变为废墟，看着自己的亲人以及同事生离死别、阴阳两隔，残酷的现实使灾区中医医院的干部职工悲痛万分，泪如雨下。但是，在灾害的千钧压力下，他们十分清醒地认识到此刻自己肩负的重任和使命，挺直了脊梁，擦干了眼泪，强忍悲伤，以坚韧的毅力投入到抗震救灾的战斗中。我们的干部职工，有的在重灾区的亲人杳无音信，心急如焚，但为了抢救众多伤员，没有离开自己的岗位半步；有的在被接二连三的亲人不幸遇难的噩耗打击下悲痛欲绝，但没有倒下，而是强咽泪水，把对亲人的思念之情深深藏于心中，全身心投入抢救伤病员之中；有的刚刚从坍塌的废墟中被营救出来，擦干身上的血迹，缠着绷带，又加入营救他人的队伍中去；更多的人是在自己一生的家产灰飞烟灭，所有财产只剩下身上衣着后，夜以继日地抢救伤员……在肆虐的灾害面前他们是勇敢的强者，在伤病员面前他们是大爱的仁者，他们的忠诚、毅力、敬业精神和责任感让人神共泣。

茂县中医院余国林医生是一位群众爱戴的好医生。地震时他为疏散病人而身受重伤，当他得知有病人被倒塌的墙体乱石和砖瓦埋住了，挣扎着和其他医生一道用双手刨挖乱石和瓦砾，直到自己倒下。在进行包扎缝合时，甚至在他生命垂危的最后一刻被抢救时，他嘴里仍还模糊地喊着“快去，快去救病人，不要管我……”由于颅骨和全身多处肋骨骨折，并发颅内血肿和气胸，经抢救无效，余国林医生不幸殉职，永远离开了他的亲人和病友。绵阳市中医院手术室护士长黄琼，在强震后3天内她7位亲人遇难的噩耗接踵而至，在与亲人生离死别的晴天霹雳打击下，这个弱女子悄然擦干泪水，以坚韧的毅力，全身心地投入到紧张的抗震救灾工作中去。广元市中医院麻醉医生梁宏的父母在重灾区北川县，父母一直没有音讯，他心急如焚，但面对众多血肉模糊的伤员，他选择了留下，一直坚守岗位。遂宁市中医院脑外科主治医生侯德文，从“5.12”汶川地震发生那一刻起，直到5月22日，整整10天他一直坚守在医院，并连续两次深入重灾区绵竹市汉旺镇及周边乡镇转运重伤病人。

距离震中汶川县映秀镇35公里的都江堰市中医医院在地震中住院大楼三分之二轰然倒塌，剩下的残楼摇摇欲坠，180多人被埋在废墟下。在巨大的灾难面前，医院领导没有惊慌失措，而是立即组织医护人员进行自救，从尚未倒塌的危楼中安全营救出了47名患者和医务人员。在残余大楼随时可能再次倒塌的情况下，医务人员们毅然冲上了瓦砾、碎石遍布的废墟，寻找救援幸存者。他们与200余名解放军官兵一道，先后从废墟中营救出了11名伤者。护士许萍被埋在废墟下，半小时后，她幸运地被营救出来。不顾受伤，她立刻投入到抢险队伍中去。在大灾后的第18天，5月30日，都江堰市中医院建立起简易板房医疗区，恢复了门诊服务，这是该院精神和毅力的重要体现，在向人们传递着一个信息：都江堰市中医院重新站立起来了！

绵阳市中医院克服人员紧张，物资不足的困难，凝聚全院力量，全力以赴抢救伤员，与死神争夺生命，充分体现了医务工作者救死扶伤的崇高品质。在震后短短的4天时间里，已诊治灾区伤病员上万人，其中施行手术和抢救危重伤病员近300人。地处震中区的汶川县中医医院在积极自救的同时，组织医疗救护队配合抢救人员在县城的废墟进行急救，并抽调医务人员冒着不断的余震、飞石和滑坡的危险，徒步翻山越岭，深入到倒塌的村寨抢险和救治伤员。地震时，江油市中医院领导和全体员工没有一人跑向楼外的安全地带逃生，而是冒着生命危险，冲入病房，在住院楼已经倾斜的紧急状态下，他们把留院的百余名病人及病人家属安全及时转运到院外空地，无一人伤亡。医院迅速建立临时病房，医务人员冒着余震的危险，多次冲入危险区域，抢运必需医疗设备、药品及物品，给予病人持续的治疗。突如其来的地震灾害，造成汉源县人民医院住院部、门诊大楼严重受损，无法继续开展工作，而医疗救治又迫在眉睫。汉源县委、县政府当即决定将汉源县中医院紧急作为地震伤员医疗急救中心，承担全县主要医疗急救任务。余震仍在进行，汉源县中医院众多医护人员冒着生命危险，一次次冲进大楼将急救药品和医疗器械等转运到室外。在不长的时间里，一所临时医院组建而成，搭起了2个简易手术棚和6个清创治疗台，急救工作随之开展。

四川特大地震灾害，动了党中央、国务院的心，也牵动了祖国亲人的心。正是因为党和国家的毅然决心，正是因为来自祖国四面八方无私的支援，才使得四川抗震救灾工作取得重大胜利。胡锦涛总书记、温家宝总理等党和国家领导人，卫生部副部长王国强，省委书记刘奇葆、省长蒋巨峰等领导相继来到都江堰市中医医院慰问医务工作者，指导抗震救灾工作。地震发生后，王国强副部长、于文明副局长坐镇四川指挥抗震救灾工作，不顾个人安危多次奔赴灾区一线。房书亭、李大宁副局长分别带队慰问灾区医务工作者，筹划灾后重建大计。领导们带来了党和人民的关怀与信任，使四川中医人受到极大鼓舞，更增添了战胜困难信心。

“一方有难，八方支援”是中华民族的优秀传统美德，而这种美德在此次地震灾害救援中显现得淋漓尽致。国家中医药管理局及时派出北京中医药大学东直门医院、中国中医科学院望京医院、北京市和上海市中医系统组成的4支救援医疗队，许多省市中医医疗机构派出专家参加本省市的医疗救援队急赴灾区救援，他们不辞辛苦、不计条件，以其高超的医技从死神手中挽救了一个又一个生命；台湾大同行善会中医师义诊及心灵治疗团一行14人奔赴德阳为灾民服务，他们从台湾带来如血府逐瘀汤、疏经活血汤、荆防败毒散等几十种中药散剂，也带来了台湾人民对灾区人民的无私大爱，深切地反映了两岸人民血浓于水的兄弟骨肉同胞情谊。黑龙江、辽宁等省中医药管理局发来慰问电，更有许多省市中医药行政管理部门和中医单位组织向灾区捐款捐物，黑龙江省中医药管理局捐资10多万元购急需药品送达四川，还有北京德坤瑶医医院斥资百万购5辆救护车和药品，院长覃迅云带队驱车36个小时，把救护车和药品及时送到受灾最为严重的中医医院。天津达仁堂捐赠40件治疗骨伤的药品……还有许多许多，这些仁爱之士以一分热发一分光，共同分担四川灾区人民的痛苦，他们赠言“天下中医是一家”，表示要当好四川灾区的坚强后盾，其诚挚之情感人至深。

按照省抗震救灾指挥部医疗保障组组长省委常委李登菊、副省长陈文华指示精神，省卫生厅党组成员、省中医药管理局杨殿兴局长代表抗震救灾指挥部医疗保障组和沈骥厅长，赶赴德阳、绵阳、广元市看望和慰问了奋战在救治地震灾区伤员第一线的省内外救援医疗队。杨殿兴局长看望了在德阳进行救治工作的第三军医大学、凉山州、保定市、重医二院、河北医科大学、武汉协和医院医疗队，在绵阳支援救护的北京协和医院、北京友谊医院、上海第一人民医院、大连医科大学附属第一医院、辽宁省人民医院医疗队，在广元市参加救治灾民工作的南昌市、西安市中心医院、陕西省博爱医院等医疗队，向医疗队员们表示了衷心的感谢，对他们忘我敬业、努力救助的精神给予了高度赞扬。

积极参与 在防治疫情中充分发挥中医药的作用

“5.12”汶川特大地震灾害造成大量人员伤亡。在救治受伤人群过程中，灾区中医医疗机构和中医医疗救援队专家大量使用中医药方法，运用舒筋活血、消肿止痛、活血散瘀的药物，为伤员内服、外敷，发挥了很好的作用。地震造成最多的是骨折病人，中医院运用手法复位、小夹板固定治疗骨折派上了大用场，加快了伤员救治速度，取得了良好的效果。针对灾民中有大量的人员出现了扭伤、挫伤及灾后的心理恐惧、抑郁等病症，许多中医院还派出医疗小分队到灾民安置点上门服务，通过针灸、推拿、拔火罐等治疗方法，解决了许多灾民的病痛。

大灾之后防大疫，这是我们战胜自然灾害的重要经验。在“5.12”汶川地震后不久，四川省中医 药管理局就先后2次审定并下发了中医药专家拟定的灾后疾病防治的中药处方，指导医疗机构正确应用中医药方法，确保大灾之后无大疫。5月21日，四川省中医药管理局发出通知，要求各市（州）、县中医院组织中医专家，根据灾区气候、环境特点，分析受灾人群的体质情况，借鉴国家和省中医药管理局的推荐处方，就防暑降温、预防呼吸和消化系统疾病，因时、因地拟定中药处方熬制大锅汤药为群众服务。在受灾群众集中居住点为群众提供中药汤剂。充分保证抗灾抢险的部队、医疗队的中医药服务需求，在疫情防治中充分发挥中医药的作用。

在抗震抢险的战斗中，解放军、武警部队、公安干警始终冲锋战斗在第一线，恶劣的环境、艰苦的生活、连续的战斗，使官兵十分疲劳，有的出现感冒、胃肠不适和患上皮肤病，省中医药局领导率中医药专家前往灾区一线，来到南京空降兵部队、黄继光空降兵部队和成都武警部队为官兵们诊治。省第二中医院按照厅局推荐的预防消化系统和呼吸系统传染病的中药处方，组织专业技术人员加班加点生产，并辗转将6700袋防治呼吸道、消化道传染病的中药汤剂，以及

200盒治疗皮肤病专药送达急需援助的执行都江堰市抗震救灾任务的济南军区铁军某部和在什邡市洛水镇救灾抢险的成都武警部队，受到灾区指挥部和部队领导的高度赞扬。

灾区各中医医疗机构根据灾后疫病流行趋势、当地气候、环境特点和人群体质情况进行辨证配方，及时熬制了中药汤剂送到灾民安置点。德阳市中医药管理局就全市范围的中医药灾后防病工作进行了安排部署，要求参照使用国家和省中医药管理局推荐处方，将灾民集中安置点人群、部队官兵、医务人员作为灾后中医药防病重点，全市中医药防病实行包干负责制。截至5月27日，德阳市已有50余个灾民安置点约10万余人次服用了预防呼吸系统、肠道传染病大锅汤药，约2万名部队官兵、医务人员服用了大锅汤药。制作中医药防病宣传展板20余个，发放宣传资料10余种约5万份。绵阳市中医院已经给院内的每个住院病人及医院救灾帐篷内、九洲体育馆医疗救治中心等地的灾民发放了3.5万人份预防传染病流行的中医汤药。广元市中医院充分运用中医药优势防疫防病，组织专家开具了预防肠道传染病、防中暑等疾病的中药协定处方，每天供应中药汤剂400多kg，免费让伤病员、志愿者、病员陪伴者以及职工服用。江油市中医院购进贯众、银花、白术和防风等一批清热、解暑的中药，及时熬制了中药汤剂，同时准备了防治呼吸道、消化道感染性疾病的成品药，分别送到了华丰中学、太白广场、市委、市政府附近的灾民安置点。灾民们对市中医院在自己医院也遭受地震灾害的时候仍然心系群众健康的善举非常感动，一再向医院工作人员致谢。省骨科医院5月14起连续组织加班工作3个日夜，紧急生产出该院疗效显著的中药外用制剂“新伤软膏”2万支，由国家中医药管理局、省中医药管理局和医院领导亲自送往广元、德阳、绵阳和阿坝州，有力地支援了灾区的救治工作。据初步统计，全省中医医疗机构已经向灾区免费发放中药汤剂120万人份。灾区中医医疗机构采取多种方式，进行中医药科普知识宣传，介绍中医药防疫的简便易行的方法，受到广大灾民的好评。到目前为止，灾区无疫情发生，中医药“未病先防”发挥了重要作用。

在此次抗震救灾中，四川省包括全国中医药系统都涌现出许多感人的先进事迹，集中体现了伟大的中华民族精神。省中医药管理局组织专门力量深入一线进行深度采访和报道，编辑“抗震救灾工作专辑简报”15期，刊发信息和通讯50余篇，《中国中医药报》等报刊刊发了大量的来自抗震救灾前线的新闻报道和感人的事迹，激励广大中医药工作者夺取抗震救灾的全面胜利。

抗震救灾工作正如火如荼，四川中医人还在紧急行动。

（来源：中国中医药报）

望京医院手术室护士王芸同志抗震救灾先进事迹

王芸，1978年11月出生，是一名在中国中医科学院望京医院手术室工作了10年的普通护士。“5.12汶川大地震”发生后，她立即向院领导请战，要求参加抗震救灾医疗队，并于5月14日奔赴灾区四川德阳，开始了与死神抢夺生命的战斗。

连夜建立手术室 专业素质人称赞

5月14日夜里10点，王芸所在的望京医院医疗队抵达了四川省德阳市旌阳区中医院。顾不上旅途疲惫，她立刻投入到抢救战斗中。位于六层的手术室天花板坍塌、墙壁裂缝、破坏严重，王芸意识到在这样的手术间里已无法进行正常手术，更何况惊魂未定的伤员们宁愿忍受肢碎体残的痛苦也不敢再迈进高楼一步。为了让80多名亟待手术的伤员及时得到治疗，王芸立即主动联系了旌阳区中医院手术室的医护人员，提出立即建立“战地手术室”的设想。骨科手术要求绝对无菌，根据自己十多年的工作经验及灾区的状况，王芸提出将一楼急诊抢救室改造为临时手术室，立刻进行空气消毒并进行空气培养，进入手术室的物品全部用消毒液擦拭……她还根据当地现有条件，对无菌环境、无菌操作的工作原则进行了详细说明。根据王芸的建议和指导，医疗队和当地医护人员一起连夜组建了临时手术室，达到了骨科手术的基本要求。

望京医院医疗队承担着德阳市旌阳区中医院的所有手术任务，而王芸是唯一的手术室器械护士。王芸说，她心中一直有一个念头，这些受伤的人们刚刚从死神手中挣扎出来，决不能因为手术感染再度失去生命。在震区自然环境险恶，条件设备简陋，处处断瓦残垣，伤员遍地的恶劣条件下，王芸一个人出色地完成了所有骨科手术的器械准备、麻醉配合、手术配合等手术室工作，而无一例感染，当地同行惊讶而又钦佩，都称王芸为“专家”。

挥汗战死神 日夜救亲人

王芸同志是医疗队中唯一的手术室护士，无人替换，必须连续作战直到完成灾区医院的所有手术。二十天的抗震救灾工作，混淆了白天和黑夜的界限。王芸每天都要连续工作10多个小时，有时甚至要持续工作近20小时。长时间的超负荷工作，长时间保持同一姿势，一天下来，她常常腰都弯不下去，腿部严重浮肿。由于对新刷手液过敏，她的手部及上臂长满了红斑，又痒又痛，她仍咬牙坚持上台手术。为了集中精力投入手术，她频繁用酒精搽脸，让自己时刻保持清醒。

王芸把每一位患者都看作她的亲人，她的父母，她的孩子，她的兄弟姐妹。尽管从废墟中抢救出来伤员太多太多，需要手术的患者太多太多，但王芸把每一位患者受伤的程度、需要手术的部位都牢记在心，所有手术伤员术前、术后都认真访视，详细记录，决不放弃任何一个生的希望。5月25日，所有的人都认为医院里所有必须的手术已经完成，正准备投入到下一步的护理工作中，王芸却提出还有一名八十多岁前臂骨折需要植皮的老大爷还没有进行手术。当地医院的医护人员称这位伤员早已经转走，但王芸还是放心不下，坚持要把他找到。事实证明了王芸的执着和用心，她在众多伤员中一个个寻找，终于找到了这位大爷，第二天医疗队为他进行了手术。

神圣职责记心间 再大余震何所惧

5月25日下午，四川又发生强烈余震。此次余震是“5.12地震”后的最强烈的一次，震级为里氏6.4级，时间长达近2分钟。当时，医疗队正在6楼的手术室为一位81岁女病人实施手术，作为器械护士的王芸，此时正在手术台上。地震来袭，房屋及手术车上的器械开始剧烈摇晃，王芸没有惊恐，她立即用手扶着手术车及器械，避免器械砸到病人身上。此时，手术间震动地更加强烈，无影灯剧烈摇晃，药品柜里的瓶瓶罐罐已东倒西歪，放敷料的木柜吱吱作响，人已站立不稳了。王芸要求身边两名年轻护士立即撤离到大楼外，同时与其他3位手术队员相互抓住对方的胳膊保持平衡，以防摔倒，保持无菌状态。两名护士不肯撤离手术室，王芸大声说：“你们还年轻，赶快走……”一把把她们推了出去。近2分钟后，大楼里的人还在继续撤退，但手术室里却依然安静、有序地进行手术。当时谁也不知道究竟要震多久，也不知道震中是否在脚下。危难之时，对病人不离不弃，王芸信守着医疗队“决不放弃一个病人”誓言；危难之时，她选择了把生的希望留给别人，把死的危险留给自己。

撇下病儿老母 义不容辞赴灾区

谁都有家，谁都有爱，谁不想为病中的父母敬孝，谁不牵挂自己孩子的安危。王芸的母亲长期患有高血压、糖尿病、冠心病，儿子也刚满3岁，正是离不开妈妈的年龄。临行前老母亲又患上了带状疱疹，剧痛难忍，儿子当天高烧39°多。一面是在病痛中煎熬的母亲和儿子，一面是灾区千千万万需要援救的伤员，王芸将立刻奔赴灾区，又放心不下母亲和儿子。母亲说：灾区还有那么多的老人、孩子等着你们去手术、去治疗，有那么多的伤员无人照顾，灾区伤员更需要你们！你和医疗队就放心去吧！家里还有人亲戚照顾呢。王芸含着泪水匆匆关上家门，踏上了奔赴灾区的征程。在前线的日日夜夜，王芸没有和任何人提及母亲和孩子生病的消息，在工作中从未提及家中的困难，她把牵挂和担忧都深深埋藏在心底。直到医院领导赴医疗队员家中看望家属时，大家才了解到这一情况。

王芸是一名普普通通的白衣天使，却也是一名可歌可泣的白衣战士。没有豪言壮语，没有惊天动地之举，在灾难面前，显示了不屈服的坚韧精神，她用自己的行动践行了白衣天使神圣的责任与使命，淋漓尽致地彰显出白衣天使的真实本色，无愧于“白衣天使”的称号！

战地日记

我们的德阳第三天和第四天

今天是我们来到德阳的第三天，由于救援工作日夜在进行，我们的专家和河北保定医疗队专家轮流上台。轮到我们有时是上午开始手术，下午两三点钟才能下台；有时是下午手术，晚上十一二点回来，我觉得好像没有了时间概念。

确定一下今天是5月17日，因为今天有一件特别令人激动和难忘的事值得记忆。

今天上午我们抽时间召开了第一次战地党小组会议。会上我们有两名队员申请火线加入中国共产党！他们分别是我们中最年轻的队员手术室护士李晶和我们中最瘦的队员骨科专家赵子义。还有两名队员申请加入农工民主党！分别是我们队中最帅、最有才的泌尿外科专家张愚和男队员中个头最小但力气最大的骨科专家俞兴。

李晶是一个活泼开朗的小姑娘，爱说爱笑的，但是工作起来却是有板有眼，丝毫不马虎懈怠。作为手术室护士，她总是最先上台做好准备工作，无论手术时间有多久，有多累她都会收拾好每件手术器械，为下一台手术做好准备后才走出手术室。

赵子义是个看上去大大咧咧的人，但是却特别的谦虚和腼腆。有一天他三岁的儿子给他打电话，问他：爸爸你有没有救人？他有点儿害羞地说：爸爸是做了一点儿工作。儿子急了：爸爸，你怎么还不去救人呀？别看赵子义是我们队最瘦的队员，干起工作来却是拼命得很。

张愚是我们队最帅的队员，我觉得他做得手术和他的人一样漂亮。来德阳之前他刚刚结婚，新婚燕尔，蜜月还没结束就走上战场。来德阳之后，他一直要求到最艰苦、最需要的地方去救援。

俞兴业务专长是脊柱外科，在我们东直门医院有C型臂、脊柱导航仪等设备，手术做起来如鱼得水。在这里只能凭着经验，也正是他丰富的经验挽救了一个又一个垂危的生命。

这里是灾区，灾难无情地夺走了无数人的生命；这里更是战场，作为医务人员能够站到抗震救灾的第一线与灾区人民并肩作战，既是我们义不容辞的职责，也是我们最大的荣耀。责任与使命在不断净化我们的心灵，无论是中国共产党还是各民主党派，还是群众，在灾难面前团结一心，众志成城，就一定能够取得抗震救灾的最终胜利！

真的很感动！真的很激动！德阳第三日，再确定一遍是5月17日！

（北京中医药大学附属东直门医院德阳医疗队于5月17日）

我们的德阳第五天

5月12日下午2点28分，来自地壳的短短几秒钟的强烈震撼，使数万生命瞬间消失，富庶的家园顷刻间成为一片废墟。到今天一个星期过去了，前方的救援工作仍在艰难中推进，一个个遇难者不断被救起，然而随着时间的推移，生存的希望变得越来越渺茫。累计死亡的人数在不断攀升，一万两万三万……远去的亲人不再回来，活着的人一定要坚强，珍爱自己的生命，重建美好的家园。

5月19日下午2点28分，鲜红的国旗徐徐降下一半，在这一刻，所有中国人停下手中的工作起立，低下头静静地为汶川大地震中遇难的同胞、亲人沉痛默哀三分钟。默哀期间，汽车、火车和舰船鸣响汽笛，各地拉响防空警报。这是共和国历史上最肃穆的时刻之一。

19日中午，由于有一个肩胛骨粉碎性骨折的患者急需手术，因此我们打算将全体队员分为两部分组织默哀，王建军、俞兴、赵子义、李晶在手术台上，其余人集中在一起，在同一时刻与全国人民一道为逝去的生命哀悼。

为了保证我们在一线救援中的安全性，出发前医院专门为我们准备了鲜红色和亮黄色的队服，而在今天大家主动脱下队服，统一穿上白衣，以示对逝者的尊敬。

下午2点，一直在四川灾区指挥协调抗灾防病工作的卫生部副部长、国家中医药管理局局长王国强再次来到德阳市，来到中西医结合医院，把党中央的问候带到了灾区人民和救援医疗队员中。他鼓励受灾群众要化悲痛为力量，积极做好灾后重建。鼓励医疗队员继续发扬不畏艰苦、连续奋战的精神，全力救治伤病员。

（北京中医药大学附属东直门医院德阳医疗队于5月19日）

战地连线

连线1——江苏省中医院医疗队：即使翅膀断了心也要飞翔

江苏省中医院5月14日接到江苏省卫生厅通知，立即组建赈灾医疗队，选送8名护士，2名司机赶赴灾区。15日晚，记者连线了该院医疗队领队、护士长王琰。王琰说，14日晚23时，医疗队一行8人到达了四川绵阳，4名ICU护士立即被安排到病房值夜班，其余4人虽然安排休息，但是夜间余震不断，早上醒来，紧靠墙的床已经离墙几十厘米，房间中增加了很多裂缝。

惨状，让我们痛心

“到处都是病人，手术台上、地下躺的都是伤员”，王琰说，“15日当天一共开了十几台手术，伤者都是十几岁的孩子，其中有5个截肢，看到孩子们残缺的身躯，我们的心在滴血”。

护士孙慧说，15日她们共收治了几十名伤员，其中大多数是十来岁的孩子，上午就为9个孩子进行了手术，下午又从北川送来了3名伤员，2名伤者头部“千疮百孔”，惨不忍睹，另一名伤员肠破裂、膀胱破裂。她们立即参与到手术中。将近晚上时，从北川送来一名20多岁的女性，从地震开始就被埋在地下，被救出时已过了整整4天时间，除了有点脱水症状外，自己能走路，情况不错，医务人员认为这又是一个生命的奇迹。

“昨天一个孩子被救出后，孩子的足踝脱位，在给孩子进行伤口处理时，孩子凄惨的哭声，当时的惨烈、痛楚无法用语言描述。如今，北川一中的五层教学楼坍塌后只剩下了两层高，救援工作还在进行中。”这是江苏省医疗救援队护士孙慧接受记者采访时的开场白，然而就在记者进一步询问时，孙慧突然有紧急任务，匆忙中的一声抱歉，中断了采访。

因为有信念，所以坚强

5月16日，记者接通了江苏省中医院护士长王琰，她说，16日中午1：30，她与该院年轻的护士厉婷婷以及江苏省其他的医疗队被正在北川视察的胡锦涛总书记接见，胡总书记的讲话令在场的全体救援人员信心倍增。

北川人民医院一名护士，地震后通过自救跑出去，硬是走了3天才到绵阳，经过简单的伤口处理，又与其他医务人员回到北川，投入到救援工作中。看着她忙碌的身影使人无法想象，去年5月12日上帝赐给她的宝贝儿子，今年同一天又残忍地从她怀里夺去。但她这种忘我精神，无声地感动着每一位医务人员。

昨天，王琰她们接到年龄最大的是一名40多岁的女患者，地震发生后该患者自己从平武县自救走出来，准备赶至绵阳，走了100多公里遇到救护车，送来时，前额头皮全部掀掉，头盖骨暴露，浑身是血……

北川目前条件非常差，整个城市一片废墟，她们到了后与江苏省消防总队的救援人员集中在帐篷里，王琰说，她们在现场看到，北川一名大学生，5月12日地震时被埋在废墟里，凭着顽强的毅力，坚持下来，一直到16日晚上8点被救援人员救出。

她们年轻，同时充满激情

江苏省中医院医疗队，除了王琰年长些，其余7名护士平均年龄24岁，虽然都很年轻，但她们毫不惧怕随时发生的余震所带来的危险，很快进入了工作状态。

据王琰介绍，她们的工作时间是早上8：00到晚上8：00，但她们不到7点就进入手术室。当天，送来的患者多是重灾区平武县两个中学的孩子，由于年龄小，许多孩子被送来时就已经休克，必须立即实施抢救，王琰护士长带领其他几名护士在手术室立即进入角色。队员们一方面随时抢救哪怕有一点生命迹象的人员，另一方面，做好病人的心理安慰、疾病防治和科普宣传，特别是做好传染病的防治，避免灾后传染病的发生。17日上午9时，王琰与江苏医疗队队员又在北川县城正中一废墟边，全力抢救被埋在地下的2名幸存者……

采访后记：电话连线后，记者心情久久不能平静，她们在人民最需要的时候挺身而出，在群众纷纷撤离的时候奋勇向前，尽自己最大的努力帮助患者，或许她们只是数万名救灾英雄中的几个代表，而更多可爱的人在冲锋陷阵，一方有难，八方支援，灾区的乡亲，或许你们失去了家园，但是还有双手，大家一起努力，即使翅膀断了，心也要飞翔。

连线2——望京医院医疗队：决不放弃任何一个伤员

一组温暖的照片

狭窄的通道里，一床被褥就是一张病床，医务人员始终跪在地上为伤员看病，并不时紧握伤员的手，传递着爱心和温暖。这是拍自地震重灾区之一的德阳市旌阳区中医院的一组感人的画面。

5月16日一早，记者经反复拨打，终于联系上了照片里的主人公———中国中医科学院望京医院应急医疗救援队队长张兴平。短短的10来分钟的通话中断了两三次，电话那头，不时有人叫他查看伤员，紧急手术……

“今天凌晨3点下的手术台，7点爬起来查房。”张兴平的话语间，已透露着些许疲惫，但精神依然振作。他说，比他辛苦的人很多，医疗队所在的旌阳区中医院的医务人员已连续好几天没合眼了。

“中医药在救治上有优势”

医院收治了数百名伤员，其中大部分为重症伤员，90%以上的伤员以骨折为主，数十人都在等待手术。而此次医疗队中包括张兴平在内只有2位骨科医生，救治任务非常繁重。

中医药在救治过程中发挥了很大的优势”，张兴平说，地震塌方导致的闭合性骨折、软组织挫伤患者众多，采用手法复位、小夹板治疗等中医药治疗手段，可以及时有效地缓解伤员的痛苦，目前医疗队已经对部分伤员进行了小夹板固定。

“一台骨科手术要2个小时，而这个时间可以给10个伤员上小夹板了，伤员这么多，要一个一个地等手术，是根本等不起的！”张兴平介绍，医院的手术室在地震中被破坏了，现在正用的两个手术间是在急诊室临时组建的，由于手术条件简陋，消毒设备缺乏，在做完一台手术后，下一台手术还要等手术器具消毒后才能进行，原计划开展的10多例手术，结果只完成了一半。“真的太遗憾了！”

望京医院应急医疗救援队是国家中医药管理局组织的首支医疗救援队，也是第一批进驻旌阳区中医院的救援队。“今天，河北的一支医疗队将进驻中医院，和我们共同开展医疗救援。”张兴平对医疗救援充满了希望，他还表示，希望卫生部门能尽快运送一批医疗物质，以便更好地开展救治工作。

“决不放弃任何一个伤员！”

张兴平还告诉记者，他在现场感受到的东西太多太多，“除了感动，还是感动”。

在救援过程中，周边地区的伤员不断地涌入旌阳区中医院。与此同时，旌阳区其他的小医院和社区卫生服务站的医务人员积极来院参加医疗救治工作。参加抗震救灾的志愿者们不怕脏，不怕累，尽心尽力地为伤员服务、端屎端尿。不少伤者的家属和当地百姓还自发捐款捐物，送来热粥和包子等食物。伤员之间相互安慰，相互打气……看到这一幕幕情景，张兴平说，他从这些感动中看到了希望，获得了勇气，“我们会争分夺秒地抢救，决不放弃任何一个伤员！”

电话采访在张兴平急促的一声“要紧急手术了”中结束了，但记者的内心许久不能平静，虽然没能去现场，却已经被活生生的照片和真挚的话语深深地震撼了。这是中国30年来遭遇的最严重的地震灾害，是不可预知的生命中不能承受之重，死者已矣，但希望还在。在千万群众万众一心投入抗震救灾中，我们看到了爱与希望，如温总理所言，举全国之力抗震救灾，我们不会抛弃更不会放弃，有1%的希望就要付出100%的努力！如果说灾区就是战场，那我们期待胜利的曙光！

火线情怀

抗震救灾医疗队的火线报告

记2008年5月12日四川汶川大地震的医疗抢救

陈珞珈

山崩地裂，路断桥倒，
顷刻间美丽富饶的天府大地啊，
陷入了炼狱般的煎熬。
灾情就是命令！
时间就是生命！
连夜组建医疗队，
从北京飞德阳火速赶到，
救护车鸣着呼啸的警报，
带着中医界十万火急的关切，
带着中医科学院和望京医院的医疗队员、药品和手术包
一跳下急刹的救护车
向着濒危的生命迅跑……

眼前已没有了昔日中医院的面貌，
断垣残墙，
哀鸿遍地，
风呜咽，
心颤抖，
血色映着夕照。
伤员挤满了残垣病房，
伤员睡满了露天篷帐，
伤员躺满了水泥硬地上……
骨碎肢残
皮破肉伤，
惊恐写满了同胞的脸庞。
生命在呼唤！
亲人在哀号！
众多的骨折使我们惊愕，
绽肉的伤口令我们心跳，
楼砸、雨浥、饥渴、日烤，
他们经历了怎样的苦难啊，
在盼望着祖国母亲的抚慰和治疗……

北京的专家来了！

医疗队冲上去了！
我们的医生护士
挥汗如雨清创缝合，
噙着泪水包扎喂药，
在简陋的手术室里，
翻飞着熟练的手术刀，
一个个断肢被复位固定，
又修复了多少胸腔与颅脑。
小夹板与外固定器大显身手，
手法复位与中草药再奏捷报。
我们把艰难困苦置之度外，
从晨曦干到黄昏，
从入夜直到鸡鸣拂晓，
让汗水与辛苦化为救治的捷报！
多少个不眠的昼夜啊，
我们与当地医务人员
满眼血丝，
面容枯槁
步履蹒跚，
疲惫难熬，
他们用生命的极限，
在抢救！在奋战！
一个馒头，一口凉水，
帐蓬为家不知饥饱，
把党和祖国的大爱
化为抢救的分分秒秒……

支援的群众来了，
送来延续生命的至宝：
一袋馒头，一筐油条，
一箱矿泉水，棉被几条，
把爱心送到伤员的心中，
人间的真情浓缩在平凡的身影里，
民族的大爱洋溢在灾区的云霄。

穿梭的医生护士，
奔跑的志愿者小帽，
他们与死神殊死搏斗，
在去往死亡的路上
夺回了生命无数！
拯救了千万同胞！
他们是最可爱的人！
他们是白衣天使的骄傲！

逝者去天堂一路走好，
我们会点燃泪烛为你祈祷；
存者在病榻安心治疗，
祖国母亲会把你紧搂怀抱！

这里净化了我们的人性灵魂，
这里升华了我们的人生情操；
我们要为中医和中医科学院争光
让美丽回归巴山蜀水
使天府再展富饶新貌

作于2008年5月18日深夜四川德阳市旌阳区中医医院，时任国家中医药管理局抗震救灾医疗队、中国中医科学院望京医院医疗队领队

药名诗•汶川抗震救灾有感

南京中医药大学 杨 璞

重楼续断脊，巴蜀半夏凉。
灾民连翘首，旋复盼救亡。
白头哭青黛，稚子失乳香。
长山钩藤月，独活无余粮。
党深慰百姓，使军到川乡。
从容赴国难，何惧礞石伤。
生地熟地客，当归同一方。
消防风行至，天使细心忙。
至爱无国界，情传千里光。
中华龙骨傲，路远志更强。
拭去珍珠泪，明天更辉煌！

注：本诗共含有重楼、续断、半夏、连翘、旋覆花（旋复）、白头翁（白头）、青黛、栀子（稚子）、乳香、常山（长山）、钩藤、独活、余粮、党参（党深）、使君子（使军）、苁蓉（从容）、礞石、生地、熟地、当归、防风、细辛（细心）、炙艾（至爱）、千里光、龙骨、远志、珍珠、天明精（明天）等28味中药。

灾后调治

要重视灾后亚健康的中医药调治

5月12日发生的四川汶川大地震给当地群众生命财产造成巨大损失。灾后，有不少群众乃至救援人员因身心受到不同程度的摧残处于“亚健康”状态。亚健康状态是在身体心理社会适应上的一种非完好状态。亚健康状态的特点是在不断动态变化发展的，既可向健康状态转变，也可向疾病状态转化。向哪方面转化主要取决于自我保健措施和自身的心理、生理功能状态水平。

中医学虽无亚健康一词，但对亚健康状态的关注却由来已久。中医关于“治未病”的理论即主要是对亚健康状态的科学认识，中医把“治未病”思想贯穿于防病治病的全过程，历代医家有多种经验总结，从程度上可区分为“治其未生、治其未成、治其未发、治其未传”等若干层次，强调早发现、早治疗。现就发挥中医药特色优势，积极调治灾后亚健康作以论述。

发挥中医药特色优势，调治灾后亚健康的指导原则

发挥中医药特色优势，积极调治灾后亚健康工作，必须以下列四点原则为指导：

中医特色明显

处在灾后亚健康状态的人体检阳性体征不明显，大多以个人感受为主，或者伤员术后身体康复而心理、社会适应不够完好。中医学通过望闻问切对就诊者所有的有异于健康状态的外在反应和表现如症状、体征、舌苔、脉象等进行归纳、分析，运用自己独特的理论体系判断“阴阳、气血、脏腑所偏”，并应用相应的治疗手段和药物进行纠偏以使其回归“阴平阳秘，脏腑气血调和”的健康状态。灾后亚健康状态的临床表现复杂多变，中医药学治疗方法的多样化更能灵活体现对亚健康状态的综合治疗理念。

技术适宜

中医学在长期的临床实践中，总结了调摄情志、适度劳逸、合理饮食、谨慎起居等养生调摄之术，形成了食疗、针灸、推拿、气功、导引、心理、音乐、内服与外用药物治疗等多种调治方法。对于震后心理情感异常者，可以“告之以其败，语之以其善，导之以其所便，开之以其所苦，虽无道之人，恶有不听者乎”（《灵枢•师传》）。对于不同的躯体症状可以“补其不足，损其有余”（《灵枢•邪客》），采用食疗、针灸、推拿、药物调治等方法使其所“偏”归于“平”、归于“和”。

形式多样

一方面，调治技术形式应多样，例如精神调养，注意饮食起居的调节，药物治疗，针灸、导引、按摩等给予体外调整等等，以满足灾后不同人群的亚健康服务需要；另一方面，要解决这么多人的灾后亚健康问题是一个浩大的工程，故灾后亚健康服务机构形式应多样化：

灾后亚健康服务中心模式：中心应有严谨的组织规章制度、齐全的仪器设备、一流的专业技术人员、完善的服务体系，其服务内容多样且完整，各种服务齐全，在目前经济条件下，此种模式主要为想拥有很好的健康状况且经济条件较好的人群提供服务。

灾后社区卫生服务中心模式：地址设在社区，应有常规仪器设备，主要提供最基本的亚健康服务，面向广大的社区群众。

药店模式的灾后亚健康服务机构：它模仿药店而设立，提供出售药品和保健品服务，以保健品为主，并有一名专业技术人员（坐堂医生）可给顾客简单的检测诊断，提供针对个人情况而制定的调治方案。

个人创业模式的灾后亚健康服务机构：其特点为规模小，设备简单，提供的亚健康服务单一，服务对象由本机构负责招募、管理。

灾后亚健康心理咨询中心模式：主要为存在心理不健康的灾后亚健康人群提供心理咨询服务，服务内容具有高度的专一性，其规模可大可小。

灾后医院-社区亚健康管理模式：医院与社区建立对口关系，将灾后亚健康人群或疾病缓解状态的人群分流到社区中，在医院的指导下，建立规范的亚健康管理档案。针对不同的人群由不同的亚健康咨询师、亚健康检测师、亚健康调治师指导健康管理，疾病缓解期的患者由亚健康咨询师、亚健康检测师、亚健康调治师结合社区医师共同管理，减轻医院的压力。

服务规范

即制定灾后亚健康服务机构运行规范并规范运营流程，可按以下六点操作：

灾后亚健康咨询：包括电话热线咨询、网上咨询、当面咨询、上门服务咨询等。

灾后亚健康状况检测：包括健康体检、心理测试、心理咨询、生活和工作环境检测等。

灾后亚健康信息管理：以标准的信息管理格式建立个人或家庭、群体成员健康档案并终生保存，制成个人电子病历及亚健康管理账户，实现网络化信息管理。

灾后亚健康信息评估：凭借采集并录入的健康状况信息，对其进行汇总，使管理者及被评估者清楚了解个人的健康状况，对健康危险因素及风险因子进行预测，发现并认识其亚健康状态。

灾后亚健康调治及指导：包括纠正不良习惯，倡导科学生活和工作方式；制定营养食谱和运动处方；指导使用保健食品和保健用品；心理治疗；家庭健康教育；家庭护理与指导等。

跟踪随访，调整灾后亚健康管理计划：随时对灾后亚健康管理计划的实施和调治情况进行随访，定期对服务对象的亚健康状况和行为方式进行调查，及时对调查结果和体检结果进行分析评价。根据服务对象的反馈情况和检查结果对调治和管理计划进行适当调整，并长期记载反馈信息，实现全面、全程、动态管理。

针对灾后不同亚健康人群，采取不同的调治措施

中医强调防治要因人、因时、因地制宜，所以发挥中医药特色优势，积极调治灾后亚健康工作中，在遵循中医特色明显、技术适宜、形式多样、服务规范的指导原则基础上，针对不同的灾后亚健康人群，具体采用不同的调治措施以及早防治疾病的发生显得尤为重要。

针对伤员、死难者的家属及与死难者关系密切的个人

震灾后的亚健康危机调治不同于传统心理咨询，其治疗的根本目的应放在消除或减少震后应激反应，包括消除或缓解抑郁焦虑症状，防止症状进一步加重；改变对震灾事件的态度和认知；提高人们提高处理应激境遇的能力；通过多样化适宜方法，协助病人适应与度过危机，尽快恢复正常功能等。所以宜采取“认知行为疗法”、“指导性咨询”、“支持性心理治疗法”等调治方法，并以独特的中医心身医学视角和实践经验，提醒人们在震灾后的医疗救助中，一定要注重亚健康状态和躯体疾病一同调治。

对精神抑郁状态或是烦躁状态等，可运用具有中医特色的心理疗法调摄精神、愉悦心情。中医治疗情志致病的总原则是强调根据病情进行辨证施治，对于绝大多数情志疾病的患者，在给予中西医药治疗的基础上，辅以心理治疗，并逐渐以心理治疗为主，药物治疗为辅，强调心理矫正。中医的心理疗法多种多样，主要有移情疗法、易性疗法、以情胜情疗法、情境疗法等。

针对在现场的救护人员

对于这次在救灾中过度劳累的医护人员、消防与武警官兵等，除采用调节情志的预防措施外，更重要的是劳逸结合与合理的饮食调理，例如可通过轻柔和缓协调的太极拳锻炼，既保证锻炼康复的有效性，又能够减少过度运动造成的损伤。饮食应含有丰富的蛋白质，特别是动物蛋白，多摄取新鲜蔬菜水果。另外，利用食物、推拿或配合天然药物，结合具体证候表现辨证施治，通过适当多食一些干果、运用背部膀胱经手法按摩、服用补中益气汤或逍遥散等来扶正、祛邪以达到调整阴阳，免除疲劳。

针对由于地震而受影响的人群

正确面对各种压力：及时调整自己的心态，珍惜生命的价值和意义，从容、淡定、坦然地面对生活。心理学认为，一切烦恼来自不合理的认知。我们应该提倡积极的认知方法。

运用针灸推拿治疗身体酸痛、疲劳等亚健康状态：可以通过针刺与艾灸解除病痛，利用手法作用于人体的特定部位，以调节机体的生理、病理状况。

运用食疗方法：对于情绪抑郁者，可适当多食含硒多的食物，硒含量较高的有干果、鸡肉、海鲜、全谷类等，还有复合性的碳水化合物，能改善抑郁情绪。

运用音乐疗法：由于地震影响而心情消沉的人，可以听听《苗岭春早》、《春江花月夜》、《步步高》等音乐，调节一下心情。事实证明，经常听音乐的人，承受压力的能力比较强。

总之，我们发挥中医药特色优势，积极调治灾后亚健康工作，从现代流行病学角度看，不仅可以提高灾后全民健康水平和意识，而且通过健康教育、改变不良生活方式、合理膳食、注重体质锻炼以及掌握科学保健技能，也有助于降低一些慢性病及传染性流行疾病的发生率，节约了医药卫生资源，也全面提高了灾后人们的生活质量。是对中医药医疗、保健、教育、科研、产业、文化“六位一体”全面协调可持续发展的有力实践，是对灾后人民群众健康需求的有力

回应；是坚持以人为本，把满足群众对中医药服务的需求作为出发点和落脚点的具体举措；是培养遵从中医学“治未病”思想，发挥中医学“治未病”优势，运用中医药物调治和非药物调治的方法，为灾后亚健康人群提供以未病先防为目的的安全实效的检测、调治、评估、指导、管理服务的具体举措。我们要努力通过完善覆盖城乡的中医药灾后亚健康人群服务，为积极探索构建中医特色预防保健服务体系贡献力量，为灾后人民健康事业做出积极有益的贡献。

（国家中医药管理局机关服务局局长、中华中医药学会亚健康分会主任委员　孙涛）

震后救治骨伤患者别忘中药

有幸被救出的伤员，大部分人都有轻重不等的骨折情况。对于这类患者，在复位、固定的同时，应给予骨伤科药物治疗，以加速康复。有几种中成药效果很好。

1.伤科接骨片：本药由红花、土鳖虫、朱砂、马钱子粉、没药（炙）、三七、海星（炙）、鸡骨（炙）、冰片、自然铜（锻）、乳香（炙）、甜瓜子由成。具有活血化瘀，消肿止痛，舒筋壮骨作用。主要用于跌打损伤，闪腰岔气，伤筋动骨，瘀血肿痛，损伤红肿等症。对骨折患者需经复位后配合使用。用法是口服，成人一次4片；十岁至十四岁儿童一次3片。一日3次，以温开水或黄酒送服。注意本品不可随意增加服量服用，增加时必须遵医嘱。孕妇忌服，十岁以下儿童禁服。

2.中华跌打丸：本品由金不换、地耳草、牛尾蕨、鹅不食草、牛膝、乌药、红杜仲、山桔叶、刘寄奴、过江龙、两面针、鸡血藤、木鳖子、半边莲、独活、苍术、急性子、栀子、制川乌、丁香、香附、桂枝、樟脑等中药组成。本品为黑褐色的大蜜丸；味甜而微辛辣。每丸重6克；每20丸重6克（小蜜丸）、每30丸重6克（小蜜丸）。具有消肿止痛，舒筋活络，止血生肌，活血祛瘀的作用。主要用于挫伤筋骨，新旧瘀患，创伤出血，风湿瘀痛。用法是口服，一次6克，一日2次。小孩及体虚者减半。外伤出血者，将丸研细，外敷患处。孕妇忌服。

3.云南白药：云南白药是我国传统的治疗出血及瘀血肿痛性疾病的良药，常用于跌打损伤、瘀血肿痛、内伤出血等症的治疗。本药可内服也可外用，对出血诸症无论伤情轻重，一律需用开水调服，对瘀血肿痛等未出血的破损诸证，可用黄酒调服，对疔疮痈肿者，除内服外，还应将本药与少许酒调匀涂敷患处。已化脓者只需内服，成人每次0．2～0．3克，每4小时一次，2岁以上小儿0．03克，5岁以上小儿0．06克。每瓶云南白药内装有保险子一粒，遇有严重跌打损伤或内伤出血时，可先将保险子一粒用酒调服，以做急用，其它轻症者可不必服保险子。服药期间，忌食蛋、豆、鱼类和酸、冷等食物。孕妇忌服。本品内服、外用，一般无明显毒副作用。但也有的人，出现过敏和中毒反应，中毒反应与用量有关，一次量不超过0．5克，1日最大剂量不应超过4克。大剂量服用，会出现恶心呕吐、面色苍白、四肢厥冷等反应，严重者会导致急性肾功能衰竭。当出现过敏反应或中毒反应，应停药，并进行对症治疗。

4.七厘散：本品由冰片、儿茶、红花、没药、乳香、麝香、血竭、朱砂组成。为朱红色至紫红色的粉末或易松散的块状；气香，味辛、苦，有清凉感。具有化瘀消肿，止痛止血等作用。主要用于跌打损伤，血瘀疼痛，外伤出血的治疗。用法是口服，一次1～1.5克，一日1～3次；外用，调敷患处。孕妇禁用。

5、三七伤科片：本品由人参、雪上一枝蒿（去皮）、三七等中药组成。为灰黄色的片；味苦、微辛。具有活血祛瘀，止痛止血作用。主要用于跌打刀伤，远年瘀患，劳积内伤，咳血，吐血，筋骨肿痛，风湿麻木。用法是口服，一次4片，五至十岁儿童一次2片，一日2次。孕妇禁用。

（源：中国中医药报）

3、中医与奥运

中医是中华民族的璀璨文化明珠，同时也是世界文化的有机构成。中医的整体观——天人合一——是没有国界的。中医的文化底蕴——誓愿普救含灵之苦……华夷愚智，普同一等——是没有国界的。中医的方药技艺——扶正祛邪、同身寸——是没有国界的。

2008年8月8日至24日，第29届奥林匹克运动会在中国首都北京举行。中医服务成为奥运中国的特色文化之一。

传奥运圣火 展杏林风采
奥运火炬在中医药人手中传递

8月6日，2008年北京奥运会“祥云”火炬经历4个多月的国内外传递后来到北京进行为期三天的传递，并将于8日晚上在奥运会开幕式上点燃主会场圣火。据不完全统计，从5月奥运火炬在国内传递以来，共有20多位中医药人担当了火炬手。

5•12四川汶川大地震让奥运圣火在四川的传递蕴含了更多的含义。四川省骨科医院的中医骨伤专家张世明和王小勇参加了8月5日成都站的奥运火炬传递。现为北京奥运会中国国家队医疗专家的张世明长期从事运动创伤和中医骨伤的临床、科研及教学工作，为国家队、省市运动队队员诊疗伤病。曾为我国著名篮球运动员姚明、中国女排运动员赵蕊蕊等人疗伤。他还作为中国医疗专家组成员参加了2002年美国盐湖城冬奥会、2004年雅典奥运会，为中国体育代表队取得优异成绩作出了贡献，被评为四川省首批十大名中医。职业网球运动员出身的王小勇现为四川省骨科医院运动创伤专科门诊的副主任医师，长于运动创伤的预防和治疗，曾经担任中国网球队和女子足球队的队医，运用中医药疗法为女足队员保驾护航。他们表示，将运用中医药服务好2008年北京奥运会。

浙江中医药大学附属第三医院副院长范炳华参加了5月18日杭州站的奥运火炬传递。“谢谢你，范医师——孟关良”、“范老师我脚扭伤了，怎么办——罗雪娟”、“谢谢您了，我是沈盛妃”、“范老师，你的罗罗也是火炬手，而且是第一棒！——罗雪娟”……范炳华收到过许多运动员发给他的短信，最多的是感谢的话。这位被体育局誉为“金牌福星”的浙江名中医为运动员诊疗伤病，疏导心理，不仅治愈了他们的伤病，也教给他们如何保护自己、防止伤病的知识。作为推拿学学科带头人，浙江省颈椎病重点学科负责人，他特别强调针灸推拿对运动员恢复体能，缓解心理疲劳和伤病困扰具有独特的优势。

7月13日，齐齐哈尔市中医院党委书记、院长陈宏作为第6棒火炬手参与了奥运火炬传递。在医院管理上，陈宏总结了“五个抓好”的工作思路，即“外争创、内指导、抓好机遇；新观念，促发展，抓好改革；树品牌，展特色，抓好优势；倡人文，固信誉，抓好服务；循规则，务实效，抓好经营”，使医院的发展从质量效益型向规模经营型快速转变，使管理医院模式转变为经营医院模式，使医院由单一医疗机构发展成为产业多元化的、医商互补的集团。他先后荣获“全国中医医院优秀院长”、“第十届黑龙江省劳动模范”、“第五批黑龙江省优秀中青年专家”等称号。

“有幸能成为一名北京奥运会火炬手，我感到非常自豪。我会在以后的日子里更加努力学习、奋发工作，把‘更高、更快、更强’的奥运精神结合到本职工作中去，为医院创建三级中医院贡献出自己的最大力量。”在跑完传递路程后，长治市中医研究所附属医院的史慧军激动的说。他曾被山西团省委评为“全省优秀共青团干”，长治团市委评为“全市优秀共青团员”，还是“长治青年五四标兵”。

卫生部中日友好医院院长许树强、中国中医科学院望京医院医师李智、四川省中医院医师周志彬、天津南开医院院长李平、山东省中医院医师王东梅、山西亚宝药业集团总经理许振江、贵州恒霸药业有限公司董事长何晓玲、新疆雪莲维药生物工程公司董事长

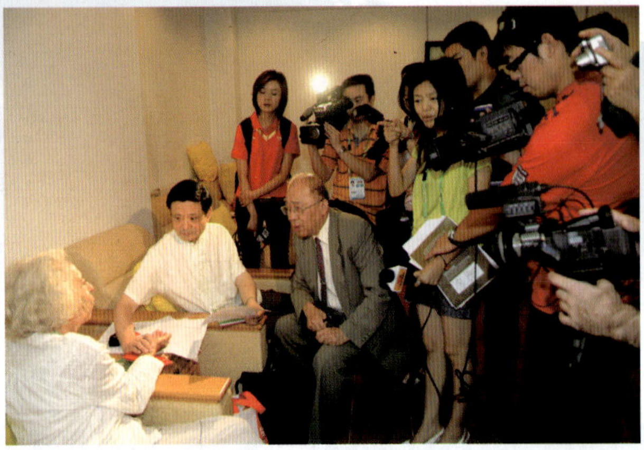

饶峰、广西中医学院学生陈晓东、桂林市中医院陈圣麟、洪湖市中医院院长周祖山、江苏省中医院医师陈小宁、南京市中医院副院长张骠和护士长周莉莉、仁和集团董事长杨文龙、江中集团胡晓云、广药集团副总经理周可祥、广药足球队教练沈祥福、广药中一足球队队员卢琳等人也参加了奥运火炬的传递。他们每个人都有一段不同的故事，但他们都有同一个奥运梦想。他们是中医药人的骄傲。

（来源：http：//www.gxjk.net）

服务于奥运 显中医特色

中医药走进奥运村综合诊所
——奥运医疗卫生保障服务体系全面启动

北京奥组委和北京市卫生部门官员7月31日在北京表示，北京奥运会赛时医疗卫生保障服务体系已全面启动，届时，北京将为参加奥运会的各国运动员和观众提供及时、高效的医疗保障服务。

当天在北京奥运会主新闻中心举行的新闻发布会上，北京市卫生局副局长邓小虹表示，北京已通过建立医疗急救体系、提升疾病防控水平、强化公共卫生监督管理以及做好突发群体伤亡事件的应对等一系列措施，为奥运会提供完备的医疗保障。

奥组委官员介绍说，北京奥运会的医疗保障服务体系将覆盖北京和奥运协办城市的所有涉奥场馆。这一体系包括220多个医疗站、数百辆救护车以及3000多名由中外专业人士组成的医疗志愿者队伍，能够以“及时反应、无延误”为目标提供医疗急救服务。

同时，在运动员集中的奥运村还设有综合诊所，据北京奥组委运动会服务部副部长戴建平介绍，在奥运村综合诊所，我们对16000名运动员的10%进行口腔检查、筛选和口腔教育，免费为运动员提供验光配镜服务等。这是历届奥运会没有的。中医药也走进奥运村综合诊所，我们将为各国队医举办中医预防性运动医学讲座，并开展针灸、火罐、中医推拿、按摩等中医药诊疗服务。

服务奥运 中医药人已准备好

（来源：中国中医药报）

2008年北京奥运会给中医药在世界的传播带来了难得的发展机遇，让世界认识中医药、走进中医药、享受中医药是中医行业参与奥运、服务奥运的行动主题。

随着北京奥运会的一天天临近，服务奥运，中医药人准备好了吗？记者日前走进京城两家奥运定点中医医院——中国中医科学院广安门医院、首都医科大学附属北京中医医院进行了实地采访。从就诊环境、人员素质、实地演练和组织培训等方面看，这两家奥运定点中医医院正以崭新的精神面貌、独特的传统技术、一流的医疗服务，迎接奥运会的召开，迎接五洲四海的宾朋。

就诊环境好 体现人文关怀

在广安门医院和北京中医医院记者看到，中医诊室干净整洁、凉爽舒适，历代名医的肖像、格言与字画随处可见，一些人性化的设施，处处体现以人为本、以患者为中心的宗旨。加上空气中弥漫着独有的中草药香味，人们可以感受到浓郁的中医药文化氛围。

广安门医院的奥运绿色通道和独立就诊区域，中英文对照就诊流程图清晰可见，导诊标识一目了然，导诊手册详细具体；病房里幽雅宁静，温度适宜，各种医疗、生活设施应有尽有，还有国际直拨电话和互联网接入服务；奥运特定收费人员能够出具由北京奥组委运动会服务部统一印制的中、英文对照的收费凭证及费用清单，对费用有异议时有关人员能够无障碍地用英语解答和交流；一些低位电话、楼梯扶手、低位柜台、患者求助呼叫系统、无障碍电梯服务、无障碍浴室、轮椅坡道等设施，为残疾人奥运会的医疗服务提供了便利条件。

北京中医医院对门诊大厅、针灸科、急诊科、中西药房等16个科室及收费处进行了改造，进一步改善了就医环境。按照奥运会的要求，该院重点增加了残疾人设施，先后改造门诊低位收费窗口3处，低位公

用电话5处，改造无障碍卫生间15处，无性别卫生间2处，在主要路口增加了残疾人通道；更换、增加中英文标识牌616块。

人员素质高 展现中医风采

记者从两家医院有关部门了解到，经过资质审查和筛选的奥运接诊医师和志愿者素质高，经验丰富，专业齐全，技术全面，全部具备用英语无障碍交流的能力。透过他们的服务，将展示中医药的特色与优势，展示中医药的文化价值，展示中医人的精神风貌。

广安门医院确定的奥运接诊医师都是主治医师以上人员，其中有高级职称的占2/3，他们能熟练出具奥组委运动会服务部统一印制的中、英文对照的处方、病历和诊断证明等文本；熟知奥组委运动会服务部关于伤者救治的相关规定，并严格遵守；掌握风俗禁忌知识及违禁药品知识，并严格遵守。该院ICU的蓝海涛和呼吸科的李光熙在“好运北京”测试赛医疗服务中，充分发挥了团队精神和主观能动性，出色完成了任务，受到了奥组委的表扬。

北京中医医院选派的多名奥运志愿者，年轻有为，富有责任心和使命感。他们分别来自急救、针灸、按摩等科室，通过培训将以精湛的医疗技艺、统一的操作规范、过硬的心理素质、标准的服务礼仪，在奥运场馆为世界各国运动员提供特色鲜明和高水平的中医保健服务。同时，该院还通过健身操比赛、《舞韵太极》舞蹈和奥运小品、书画比赛、歌曲演唱会以及向外国朋友传授太极拳等活动，探寻奥林匹克精神与医院文化的结合点，传播和弘扬中医药文化，进一步提高职工的整体素质以及奥运意识、服务意识和责任意识，从各个方面展现中医人的时代风采。

实地演练勤 提高应急能力

为应对各种突发事件以及突发公共卫生事件，两家医院进一步完善了应急措施，制订了奥运应急预案，包括分级管理、派出预案、接受预案和大规模伤员临建方案，并进行了多次实战演练。

在“好运北京”测试赛期间，3位参加奥运的运动员慕名来到广安门医院就诊。一进医院，就有指定的工作人员接待，顺着奥运绿色通道依次完成了挂号、检查、诊断、治疗、划价、收费、取药等流程，他们对该院提供的中医药服务感到非常满意。此外，该院还积极配合奥组委进行了多项实战演练工作，如兴奋剂检察官的实战演练、外语服务的实战演练等。

7月19日，记者目睹了北京中医医院的一次应急实战演练，从接到“北京市卫生局值班”电话，到29位伤员处置完毕，仅仅用了一个小时。演练预案设计全面，医护人员到位及时，处理措施快速适当，体现了中医医疗机构的应急能力和水平。从该院接待一位外国友人看急诊的演练录像看，反映出医院人才济济，检查设备齐全，医疗技术独特，中医疗效显著。他们按照接待来宾、呼叫人员、诊断检查、治疗取药、答疑解惑等程序给予周到细致的服务，特别是用中医方法减轻了这位外国患者的腹痛问题，使得外国友人非常感动，并对针灸赞叹不已。

组织培训多 彰显中医特色

两家医院都成立了培训工作领导小组，设有专门的“奥运培训办公室”，多次召开培训工作专题会讨论和布置培训工作。在培训内容上，以奥运知识、文明礼仪以及外语为主体，以针灸、推拿等中国传统技术为特色，开展岗位大练兵。培训形式多种多样，如观看录像、专家讲座、奥运沙龙、数字图书馆、网络媒体等；同时采取集中学习和科室及小组学习相结合的方式。在培训过程中分层次、分岗位、分任务，有针对性地开办普通班和高级班，提高不同层次医疗人员的技术水平。

广安门医院先后完成英语、手语、礼仪、心理、各种医疗技能以及新闻发言人培训等，1475人参加了奥运知识培训，1277人参加了反恐知识培训，还统一组织进行了兴奋剂知识的培训和考核。特别在针灸、按摩、中医各科、气功心理等专业培训上下功夫，以最好的技术让参加奥运的世界各国宾朋感受到中医药的独特魅力。

北京中医医院先后组织了依法行医知识培训、处方管理办法培训、中医药在急危重症中的应用及急诊急救培训、特色技能针灸推拿培训、护理技术操作大比武、中西药师技能竞赛等。到目前为止，医院共计完成素质培训1216人、党员培训258人、奥运知识培训1216人、英语培训573人、专业技能培训3304人次、中医特色技能培训300人次，药剂培训513人次。

黄志鹏进决赛 3根银针功不可没

8月22日下午，北京顺义奥林匹克水上公园，中国组合黄志鹏和沈洁历史性首次杀入男子双人皮艇1000米决赛。实际上，黄志鹏曾遭受伤病折磨，差点不能在奥运赛场上展现风采。

幸运的是，四川省骨科医院医生张挥武的手部模具、3根银针和中医治疗，让黄志鹏摆脱了伤病。决赛前，正在全力备战的黄志鹏在接受采访时表示，针灸治疗让他受益匪浅。

在男子双人皮艇1000米的半决赛中，黄志鹏和沈洁在第一阶段排在最后一位，但最终冲到小组第三，顺利晋级决赛。而这两位选手的顺利发挥，有着成都医生的功劳。距奥运会开幕的6个星期前，黄志鹏在一次训练中手部意外受伤，当时就无法参加训练。按照正常的医疗程序，他的伤需要休养6星期才能痊愈，然而这6周又正是冲刺奥运的黄金训练时期，如果放弃训练，那么他的身体机能将无法达到比赛的要求，有可能失去参加北京奥运会的机会。

6月20日，应国家体育总局和水上运动管理中心的邀请，来自四川省骨科医院的主治医师张挥武正式成为国家皮划艇队的一名医生。“那么个大小伙，颓废的样子让人心酸。”看到黄志鹏的伤，张挥武感慨不已，并迅速加入到治疗行列中。

“想要让他尽快恢复训练，必须打破常规的治疗时间限制。”张挥武专门为黄志鹏制定了一个功能锻炼时间表。要求黄志鹏每天锻炼1小时40分钟，包括跑步10公里，以及手脚功能锻炼，主要帮助心肺功能慢慢加强，达到最佳状态。

除了基本的功能训练，张挥武还比照黄志鹏的手做了一幅手部模具，里面涂上符合奥组委要求的专门中药药物，以减轻他在运动中所受到的疼痛，帮助他进行正常的锻炼。每天训练前10分钟，张挥武就会用绷带、夹板和海绵将模具固定在黄志鹏手部，并指引他进行有助于伤病恢复的姿势锻炼。

除了手部模具，张挥武还有一项关键的工具是3根银针。“用针灸治疗，效果会更好、更明显。”张挥武说，他对黄志鹏采取了局部针灸疗法，每天针灸15分钟，并辅以中医药物治疗。

外国友人为中医服务打满分

7月29日早上，一个名叫艾德瓦多•米格尔的巴西圣保罗日报记者忽然上吐下泻，肠胃不适，被送到中国中医科学院广安门医院。医院立即按照奥运接诊程序，开辟奥运绿色通道，运用中医药治疗方法救治，仅用一天的时间，使患者恢复了健康。

米格尔竖起大拇指，高兴地说，“我要为医院的这种快捷、方便、优质的医疗服务打满分！”离开医院后，米格尔特意给医院发来感谢信，信中这样写到：“我是上个星期住院的巴西记者，我想要感谢医院的领导、医师及护士们在这段时间为我提供的治疗和协助，我康复得很好，中医药真棒！我会永远记得大家对我的照顾。诚挚的艾德瓦多•米切尔。”

记者了解到，北京市24家奥运定点医院中，大部分是三甲综合医院，其中广安门医院和北京中医医院两家定点医院因其特有的“中医药”特色受到了人们的关注。

据了解，目前，广安门医院的特需门诊已改造为奥运就诊区域，所有的无障碍设施也全部完善，已经接待奥运会志愿者、“好运北京”测试赛患者、巴西报业集团圣保罗日报和美联社的记者等。医院在不影响正常门诊的前提下，已经做好了奥运筹办最后关键阶段的各项工作。前往奥运场馆服务的30名医疗志愿者经过英语、手语、礼仪等各种技能培训，专门接诊涉奥人员。

俄罗斯媒体认为中医是中国奥运军团“秘密武器”之一

据新华网莫斯科8月20日奥运专电 中国军团在北

京奥运会上所向披靡，把体育强国美国、俄罗斯和西欧国家远远甩在身后。中国人如何能够在短短几年时间内成为体坛霸主？俄罗斯媒体认为，中国人有5大“秘密武器”。

第一是体校。中国大约有200所这种培养冠军的“机器”。体校的住宿、伙食和医疗条件都很好，并且拥有最先进的运动设施。

第二是善于学习。中国用最先进的设备和手段研究别国运动员的训练方法。各种比赛都录下来进行研究。

第三是中医。只有中国运动员能享受到中医的治疗方法，比如针灸、按摩、中草药治疗等。

第四是纪律。体校的学生训练非常刻苦，守纪律。

最后是物质保证。运动员一旦登上奥运最高领奖台，一辈子都有保障。

（来源：中国中医药报）

中医在这一刻倍受欢迎

石志勇在奥运村开村前就进驻到综合诊所了。奥运会开幕前，他除了做好本职工作——按摩以外，还要布置工作间。“工作间有15张按摩床，考虑到不同国家和地区的信仰、习俗不同，我们在按摩床之间都设了屏风，让每一位享受中医按摩的客人都有独立的空间。”

“国外运动员对中医按摩手法很感兴趣，按摩时，有的外国运动员还会提到‘穴位’、‘疗效’等专业问题。有一个非洲国家代表团的团长在体验按摩后，提前预约了第二天的所有床位，让他们棒球队和曲棍球队的16名队员都来做按摩。”石志勇说，“按摩工作间每天晚上6点后都会满员。”

中国中医科学院望京医院李永耀医师也在这里服务。他告诉记者，按摩诊所分为保健按摩和治疗按摩，由于大多数运动员、官员等身体健康，所以选择保健按摩的人很多。而他主要从事中医治疗按摩服务，服务对象大部分为非洲国家的官员、教练和随队人员。这些人有的腰部有劳损，有的身上有旧伤，通过中医按摩，他们的症状均有所缓解。这些人大都对中医按摩表示认可。

8月9日，五棵松篮球馆运动员医疗站理疗室迎来了第一位理疗病人，来自国际篮联的一位官员。根据他的病情，FOP（场馆运动医疗站）医疗站点的医生建议他进行物理治疗。征得同意后，医生将他转给了站内资历最高的体疗师——首都医科大学附属北京中医医院骨科王健纯医师进行治疗。王大夫从医近四十年，经验丰富，手法精湛。经过检查，王大夫发现病人第5腰椎及第1骶椎区域压痛。于是，给予推、提、拉、滚等一系列手法按摩，之后，病人症状明显好转，心情非常愉快，称赞中医疗效神奇，主动提出与王大夫合影留念。

用微笑和汗水浇铸“北京名片”

“每天早上4点30分起床，6点30分进村，7点30分开始工作，晚上如果没有特殊情况，22点结束工作。”这是石志勇一天工作的时间安排，也是奥运村其他医护志愿者的作息表。

“每天这么辛苦，有快乐吗？”

“自己参与奥运，这本身就是一种快乐。”石志勇说。“志愿者是现代奥林匹克运动的基石，是奥运会形象大使。一想起这句话，我就浑身是力气！”李永耀说。“快乐的理由太多了，运动员的一个微笑，一个竖起大拇指的手势，都令我兴奋很久！”王健纯说。

无论多么辛苦，无论流多少汗水，这些可爱的志愿者都以最饱满的热情为奥运会加油，成为北京奥运会上一道靓丽的风景线。

拨通在海淀区体育馆做志愿者的中国中医科学院望京医院医生张威的电话时，他正在给工作人员发放十滴水和藿香正气水等防暑药物。海淀体育馆是乒乓球和足球的训练场地。张威哑着声音说，“我们要保证在这里训练的运动员和工作人员的健康。虽然不能去现场看比赛，但能看到各国运动员训练，也是一件很享受的事情。”

8月6日，国家体育馆内，运动员在紧张训练，馆外热浪汹涌。北京中医药大学第三附属医院负责紧急救治的志愿者关丽萍等4人正在用晚餐。18点08分，对讲机中突然传来命令，一位外籍体操运动员受伤，需要迅速转运至奥运村综合诊所。所有人员扔下饭碗，迅速赶到出事地点，用最快速度把运动员送上急救车。上车后才知道，由于运动员训练不慎，导致脚部受伤，对于体操运动员来说，脚伤很可能意味着他不能参加比赛了，而能否及时送医决定能否在最佳治疗时机治愈脚伤。18点12分，急救车驶出奥林匹克中心区向奥运村开去。

车上，护士填写急救车转运单，助理则与伤员的队医交流，了解具体需求，关丽萍与医疗站负责人保持联系，沟通运动员的受伤情况。18点20分，奥运村综合诊所的医务人员赶到，顺利完成了交接任务。不到8分钟的时间内，运动员便及时地从场馆运送到了奥运村。关丽平说：“我们所承担的责任就是缩短时间，为伤者争取到最佳治疗时机。我能成为奥运志愿者，是很大的荣誉，我们很珍惜这个称呼。”

让世界了解中医药文化

志愿者们在做好医疗保障工作的同时，还充当着中医药文化的义务宣传员。中国中医科学院广安门医院刘馨雁医师在八中训练馆工作期间，经常给其他工作人员讲解养生保健知识，为一些亚健康人群号脉，开出健康处方，告诉他们如何在日常生活中进行饮食、运动和情志调理，让更多的人了解和应用中医药。

中国中医科学院望京医院闫安医师是国家体育馆医疗保障运行团队成员，负责奥运急救服务。在来馆的第一天，他就向团队的170多位志愿者讲解中医在骨折方面的优势，建议在急救中采用中医手法复位和夹板固定等保守治疗方法。作为负责奥运开幕式现场医疗保障的医师，他还积极对外国友人宣传中医特色治疗方法。

上海中医药大学附属龙华医院傅勤慧医师是惟一一名来自上海的医疗志愿者，她经常利用和周围的人交流的机会，宣传中医药治疗的特色。

接受采访的中医志愿者们均表示，希望借奥运会这一平台，向世界充分展示中医药文化，让大家都来了解和使用中医药。

（来源：http：//www.efu.com.cn/）

给奥运志愿者送一份清凉

中华中医药学会向奥组委赠送“志愿者清暑凉茶”配方

7月17日，由北京奥运会志愿者工作协调小组办公室、中华中医药学会、北京志愿者协会共同主办的“奉献奥运会　关爱志愿者——‘志愿者清暑凉茶’配方捐赠仪式”在北京新世纪日航饭店举行。卫生部副部长、国家中医药管理局局长王国强，北京市委常委梁伟出席。北京奥运会、残奥会赛会志愿者、城市志愿者以及社会志愿者代表80多人参加捐赠仪式。

捐赠仪式上，王国强和梁伟为参与“志愿者清暑凉茶”配方研制工作的中医专家代表佩戴了倡导实践“乐于助人、诚实守信、文明礼仪、保护环境、学习进取”承诺的“微笑圈”。中华中医药学会秘书长李俊德向北京奥组委志愿者部捐赠了“志愿者清暑凉茶”配方。北京团市委书记、北京奥组委部部长、北京志愿者协会会长刘剑为中华中医药学会颁发了捐赠证书。

据悉，自2005年6月5日北京奥运会志愿者项目正式启动以来，已有数以百万计的志愿者直接或间接参与北京奥运会、残奥会的志愿服务。绝大部分的志愿者是在户外的岗位从事志愿服务，不仅要接受志愿者岗位的考验，还要接受炎热天气的考验。

中华中医药学会从去年9月24日起，聘请行业内著名专家成立专家组，以奥运志愿者和工作人员为凉茶的使用对象，以清凉解暑增强体能为主要目的，以药食同源的中药材为配方用药，按照保健预防为主、确保安全有效的组方原则，积极发掘和开发中医药古典药方，研制了“志愿者清暑凉茶”配方。

借奥运东风　传中医文化

中国中医药出版社推出迎奥运系列图书

7月30日，中国中医药出版社在京举行发布会，推出迎奥运系列中医药文化图书。

中医药要在现代社会中继续生存和发展，首先就必须解决好如何向现代人传播不同于现代西方文明的中国传统文化、如何有效地传播中医药核心知识等一系列传播问题。为此，中国中医药出版社历时三年推出了《天人合一看奥运》、《21世纪中医现场》（四卷）、《中医点亮生命》（五卷）、《走进中医大家》（四卷）和《中华中医名流》（两卷）等数十种系列中医药文化图书，向即将召开的北京奥运会献礼。

4、中医与航天

五千年时间长河，积淀了中医丰厚的文化，航天的无限空间，开拓了中医更广阔的未来。

2008年9月25日21时10分04秒，我国自行研制的神舟七号载人飞船在酒泉卫星发射中心发射升空，21时19分43秒准确进入预定轨道。9月28日17时13分，神舟七号胜利返航。在这个时段里，来自世界自然遗产地之一江西三清山的二十五种三清山濒危植物种子包括白檀、水丝梨、大叶冬青、香楠等，搭载“神七”进行太空育种试验，为取材天然植物的中药学带来新的课题。

中药首次带上神七飞船

新华网北京9月25日电

中国航天员中心负责人告诉记者，神舟七号首次携带了中药上天，供航天员在飞行期间服用。

国外的载人航天飞行任务中，航天员通常是在入轨72小时后出舱。由于飞行天数的有限，神七航天员出舱活动安排在第2天，而这个时间段，恰恰与空间运动病的高发期重合。

航天员中心医监医保研究室主任李勇枝博士说，与神五、神六航天员在执行飞行任务前后服用中药不同的是，这一次，神七航天员在飞行过程中将服用一种名为“太空养心丸”的中药汤剂，以加强身体机能，更好地防治空间运动病。

航天员在飞行期间服用中药，这在中国业已完成的三次载人航天飞行中是头一回。第一次被带上太空的中药，也被众多媒体称为神舟飞船的“秘密武器”。

李勇枝告诉《瞭望东方周刊》，目前，三名航天员还处于14天隔离期之中，中医药用于这次任务的相关数据也还在总结、处理中。初步研究表明，他们心律稳定，立位耐力状况良好。

中医药与航天机理一致

把传统的中医药运用于航天，这项被人们认为颇有想象力的创造，在李勇枝看来完全是情理之中。

“临床要解决的是在正常的环境中人体发生的异常问题，而中医是应对正常的人体在异常的环境中出现的问题。”李勇枝说，后者与航天条件下机体的适应机理是一致的。

李勇枝向本刊记者介绍说，空间运动病并不是真正的“生病”，而是空间失重环境引发的心血管功能失调、骨盐丢失、红细胞下降等反应，是健康人在不正常条件下的生理应激反应。航天员是很健康的群

体，身体素质都十分优秀，不能把他们当成病人来治。

对此，西医缺乏有效而无毒副作用的手段，而中医强调“天人相应”、“整体观念”、“辨证论治”和“防治结合”，以强身固本的原则来调理和用药，能够提高航天员的生理功能储备，让他们在特殊环境下的适应性和耐受性得到提高。

从1997年起，中国航天员科研训练中心探索用中医药的理论和方法解决航天医学难题。

据李勇枝介绍，科研人员们收集了中国航天员在地面模拟训练和空间飞行时的生理数据以及国外航天员的一些生理数据，用中医的理论和方法进行辩证分析，从而提出了载人航天飞行各阶段的病机假说。在此基础上，他们制定出中医的治疗原则，然后参照从古至今的有效方剂，组织出用于航天领域的方剂，并最终在神七飞行前研制出了成药。

航天员的“秘密武器”将惠及普通人

中医药在载人航天中的应用，已经引起了国际关注。

比利时的航天医学专家曾用他们的设备，对神六飞行乘组任务前后的生理变化进行测定，并与缺乏中药“保驾”的国外航天员进行了比较。他们得出了这样的结论---

“在短期航天飞行后，中国航天员的心血管自主神经功能变化情况与俄罗斯航天员、欧洲航天员存在着明显的差异。中国航天员的心血管自主神经功能在5天的短期太空飞行后，没有明显地受到重力变化的影响，心血管调整控制能力明显优于经历过同等飞行条件的俄罗斯及欧洲航天员。”

李勇枝说，中医药在航天医学领域的应用有着广阔的前景。“西方国家十分关注中国航天医学的最新进展，俄罗斯、欧洲都在尝试把中医药运用于航天医学，比利时政府则优先资助航天医学专家搞中医药研究。

同时，由于环境的部分相似性，航天中医药成果还将推广至航海和航空，并进一步投入更广阔的民用市场。

李勇枝说，这些成果在提高普通人群的免疫力，治疗失眠和老年骨质疏松，让现代都市人摆脱亚健康状态等方面，都将发挥独特作用。

“我们希望让这个中国自主知识产权的产品走向国际。”李勇枝说。

中医药研究航天生理适应性反应的模式思考

中医药通报-2008年3期

中医药在航天领域中的应用是我国航天医学中具有特色的部分。目前有关研究主要集中在：

（1）结合中医理论，对人体所出现的证象进行了辨证分型；（2）针对证型选药组方，考察中药复方对模拟失重状态下机体多系统生理适应性变化的影响；（3）探索有关方药的作用机制等方面。本文指出，以航天生理适应的中医病因病机作为研究的基点，特别是以中长期航天飞行中不同时相的机体生理适应与中医病证及其病机演变和有效干预方药为要点。其中以航天飞行和航天训练中整体功能态的中医“证”的辨识为起点、通过探察整体功能态中不同类型的机体生理生化变化的特征性指标，赋予有关中医“证”的现代内涵、通过“方证相关”的原理，探索有效干预方药及其调控原理，可能是一个值得考虑的研究思路。而开展航天特因环境下中药药效学与药代动力学的研究对于建立航天中医药学学科领域具有重要意义。

由政府行业主管组织，在全国范围内，由多个政府职能部门共同协作，举办大规模的中医药科普宣传活动，使广大人民群众了解中医、认识中医、感受中医，让中医药惠及千家万户，为大众健康服务，这是中医史上前所未有的。为了忠实记载这一空前规模的中医文化活动全貌，本年鉴收编活动全程相关文件和主要进程。

为认真贯彻吴仪副总理在今年（2007年——编者注）全国中医药工作会议上的重要讲话精神，进一步加强中医药科普宣传，国家中医药管理局联合有关部委决定共同主办“中医中药中国行”大型科普宣传活动。通过在全国范围内举办大规模的中医药科普宣传，集中展示中医药在维护人民健康，促进经济社会发展，弘扬我国优秀传统文化等方面的重要地位和作用，增进大众对中医药的了解和认同，使中医药更好地惠及百姓，为人民健康服务，促进社会主义和谐社会建设。

“中医中药中国行”是一项全国性的大型科普宣传活动，历时长、要求高、范围广、内容多，整个活动计划用三年左右的时间完成。2007年先期在北京、河北、山西、辽宁、吉林、黑龙江、广东、厦门以及香港等地举行，其它省（区、市）也要紧紧围绕“中医中药中国行”主题，按照“中医中药中国行”（2007）活动方案要求，在活动期间，结合当地实际，积极组织开展多种形式的中医药科普宣传活动。

摘自——国家中医药管理局关于举办“中医中药中国行”大型科普宣传活动的通知

中医中药中国行——2007

“中医中药中国行”（2007）活动方案

一、活动主题

传承中医国粹 传播优秀文化 共享健康和谐

二、指导思想

以邓小平理论和“三个代表”重要思想为指导，认真贯彻党的十六大和十六届六中全会精神，全面落实科学发展观，认真落实吴仪副总理在2007年全国中医药工作会议上的重要讲话精神，紧紧抓住中医药发展的良好机遇，深入广泛地开展中医药科普宣传，为中医药发展营造良好的社会环境。

三、活动意义

通过在全国范围内举办大规模的中医药科普宣传活动，集中展示中医药悠久的历史、科学的理论、独特的方法、良好的疗效，让社会了解中医药为中华民族繁衍生息所做出的巨大贡献，了解中医药在维护人民健康，促进经济社会发展，弘扬我国优秀传统文化等方面的重要地位和作用，使广大人民群众了解中医、认识中医、感受中医，让中医药惠及千家万户，为大众健康服务。

四、活动目的

面向基层、服务农村、惠及百姓

五、组织机构

主办单位：国家中医药管理局
中共中央宣传部
全国人大教科文卫委员会
全国政协教科文卫体委员会
教育部
科技部
劳动和社会保障部
农业部
卫生部
国家人口和计划生育委员会
国家广播电影电视总局
国家食品药品监督管理局
总后卫生部
中华全国总工会
共青团中央
中国科学技术协会
中华慈善总会

承办单位：中国中医药报社
相关省中医药管理部门

协办单位：中国中医药出版社
中国中医科学院
中华中医药学会

执行机构：北京纵横杏林广告有限公司
肇远世纪国际广告传媒（北京）有限公司

支持单位：中国中药协会
中国中西医结合学会
中国针灸学会
中国民族医药学会
世界中医药学会联合会

支持媒体（中央媒体）：中国中央电视台 新华社 中新社 人民日报 中央人民广播电台 中国国际广播电台 经济日报 光明日报 中国日报 科技日报 中国教育报 农民日报 工人日报 中国改革报 健康报 解放军报 中国妇女报 中国青年报 北京晚报 中国医药报 人民政协报 健康时报 中国卫生画报 中国体育报 医药经济报 文汇报 新华网 人民网 新浪 网易 搜狐 雅虎 中华网 千龙网

活动官方网站：国家中医药管理局网站www.satcm.gov.cn

六、“中医中药中国行”（2007）组委会

主任：

王国强　卫生部副部长、国家中医药管理局局长

常务副主任：

房书亭　国家中医药管理局副局长

副主任：

董俊山　中宣部宣教局副局长

宋　森　全国人大教科文卫委员会人口卫生体育室主任

张文康　全国政协教科文卫体委员会副主任

吴建伟　教育部农林医药教育协调办公室主任

刘燕华　科技部副部长

胡晓义　劳动和社会保障部副部长

危朝安　农业部副部长

江　帆　国家人口和计划生育委员会副主任

胡占凡　国家广播电影电视总局副局长

张敬礼　国家食品药品监督管理局副局长

陈新年　总后卫生部副部长

乔传秀　中华全国总工会副主席、书记处书记

刘可为　共青团中央宣传部部长

程东红　中国科学技术协会书记处书记

邓铜山　中华慈善总会副会长

吴　刚　国家中医药管理局副局长

于文明　国家中医药管理局副局长

李大宁　国家中医药管理局副局长

成员：

王志勇　国家中医药管理局办公室主任

蒋　健　国家中医药管理局办公室副主任兼新闻办主任

姜在旸　国家中医药管理局人事教育司司长

闫树江　国家中医药管理局政策法规与监督司司长

许志仁　国家中医药管理局医政司巡视员

高思华　国家中医药管理局科技司司长

张　奇　国家中医药管理局国际合作司司长

杨　锐　国家中医药管理局直属机关党委常务副书记

孙　涛　国家中医药管理局机关服务局局长

陈贵廷　中国中医药报社社长

谢阳谷　北京市中医管理局局长

王振邦　河北省中医药管理局局长

文　渊　山西省卫生厅中医管理局局长

董德刚　辽宁省卫生厅副厅长

邱德亮　吉林省卫生厅副厅长兼中医药管理局局长

索天仁　黑龙江省卫生厅副厅长兼中医药管理局局长

彭　炜　广东省卫生厅副厅长兼中医药局局长

杨叔禹　厦门市卫生局副局长

王国辰　中国中医药出版社社长

李怀荣　中国中医科学院党委书记

曹洪欣　中国中医科学院院长

李俊德　中华中医药学会秘书长

王桂华　中国中药协会副会长

穆大伟　中国中西医结合学会秘书长

刘保延　中国针灸学会秘书长

诸国本　中国民族医药学会会长

李振吉　世界中医药学会联合会副主席兼秘书长

组委会下设办公室

主　任：王志勇

副主任：蒋　健 陈贵廷

成　员：赵文华、李　昱、陈　伟、朱海东、关树华、刘志旭、王华章、濮传文、胡京京、陆　静、何春生、吴宝康、胡秀英、王一安、屠志涛、韩同彪、赵红娟、冷荣久、丛丹江、靳万庆、甘远宏、孙　健

七、活动口号

发展中医，利国利民

发展中医药，健康你我他

发展祖国医学，造福人类健康

弘扬传统文化，服务大众健康

传播中医文化，打造健康生活

您的健康，我的责任

发挥中医优势，护佑百姓安康

弘扬国粹，惠泽民众

八、活动时间

2007年6月至10月

九、活动地点

北京　河北　山西　辽宁　吉林　黑龙江　广东　厦门　香港

十、活动形式

（一）在北京举行全国启动仪式（北京地区活动同时启动）；

（二）在省会城市举行启动仪式，同时在10个左右地级市举办现场宣传活动；

（三）中医大篷车万里行活动；

（四）举办大学生中医药文化辩论赛；

（五）与中央电视台联合拍摄中医药纪录片《中华医圣》和系列专题片《中医堂文化》。

十一、主要内容

（一）举行“中医中药中国行”活动启动仪式；

（二）向社区中医从业人员和乡村中医、卫生人员赠书；

（三）发放中医药科普知识资料（每一个地点发放一万份），同时发放收集三千份中医药相关情况调查表；

（四）举办中医药科普宣传百米展廊（申请世界非物质文化遗产代表作展，中医药防病基础知识展，中医药历史文化展，名医、名院、名科和名厂、名药、名店展等）；

（五）中医文体表演；

（六）中医药文化知识现场互动参与活动；

（七）一招三式授中医；

（八）中医义诊咨询活动；

（九）“弘扬国粹、爱我国医”签名墙的签名活动；

（十）中医大采访活动；

（十一）中医大篷车进农村慰问军烈属、贫困户等活动；

（十二）中国中医药报举办“我与中医药”征文活动。

十二、活动经费

由国家中医药管理局支持部分启动经费，其余经费由承办单位自筹解决。

北 京

中医中药中国行大型科普宣传全国启动仪式暨北京站启动仪式于7月7日上午在北京中华世纪坛举行。国务院副总理吴仪在仪式上宣布活动启动并为活动授旗。全国人大常委会副委员长蒋正华为中医大篷车授金钥匙，卫生部部长陈竺、党组书记高强以及国家中医药管理局、中宣部、全国人大科教文卫委员会等17个主办单位的有关领导以及中医药系统的各界人士、企业界、新闻媒体代表共1000多人参加了启动仪式，卫生部副部长、国家中医药管理局局长王国强主持仪式。启动仪式现场，卫生部部长陈竺、党组书记高强分别向北京地区赠送了中医药图书和医疗物资。

启动仪式当天，北京市18个区县卫生局、各中医机构以统一的主题、口号和标志，在城市、乡村同时开展义诊、科普讲座、中医药认知度调查等活动，在全市营造一个让青少年认知、中年人感悟、老年人回味中医药文化的强烈氛围。7月8日，北京市城区二级以上中医、中西医结合及民族医医疗机构和综合医院中医科的200多名专家将在朝阳公园举行“中医中药北京行”大型中医义诊咨询、科普宣传活动，向首都市民集中展示中医药在首都公共卫生领域中的服务优势和特色，弘扬中医药文化，普及中医药预防保健知识。

7月14日、15日中医大篷车将开进北京房山区、密云县偏远乡村，以“面向基层、服务农村、惠及百姓”为目的，开展义诊咨询、中医中药防治疾病示范、健康调查等卫护健康活动，并为农民送医送药，为贫困农民和军烈属送温暖。

河 北

8月15日，在“中医中药河北行”启动仪式暨石家庄站活动上，来自全市的中医、中西医结合及民办医疗机构和综合医院中医科的32家医院的100名专

家，在现场举行了大型中医义诊咨询和科普宣传，集中展示中医药在公共卫生领域中的服务优势和特色，弘扬中医药文化，普及中医药预防保健知识。不少病患在活动现场接受了治疗，比如颇具中医色彩的蜂疗。

在“中医中药河北行”启动仪式在省会文化广场隆重举行之际，“中医中药河北行”邯郸站、秦皇岛站、承德站、沧州站也同时开展活动，标志着“中医中药中国行”在河北的系列宣传活动正式拉开帷幕。

山 西

“中医中药中国行”启动仪式于9月2日上午9:00在太原市滨河体育中心隆重举行，启动仪式由山西省卫生厅李俊峰厅长主持。

本次活动涉及全省119个县（市、区）的近200个社区和乡镇；将有1500名中医专家为7.5万人次的百姓开展面对面的免费服务；将面向社区医生和乡村医生开展130场中医药知识和技能培训，面向大众人群开展1900场健康知识讲座，并发放科普宣传小册子3万份，宣传单6万份，印发《中国中医药报》“山西特刊”12万份，赠送中医药手册2万册。活动启动后，中医大篷车队将赴太原、阳泉、晋中、大同深入农村、厂矿、社区，送医送药，发放科普宣传资料，慰问贫困家庭、困难职工、残疾人等，向基层医疗单位捐赠价值400余万元的物资。

辽 宁

9月9日上午，中医中药中国行辽宁省启动仪式暨沈阳站活动在沈阳市政府广场隆重举行。国家卫生部副部长兼国家中医药管理局局长王国强，国家中医药管理局办公室主任王志勇、副主任蒋健、人事教育司副司长洪净等随行人员，省政府滕卫平副省长、省

卫生厅姜潮厅长、董德刚副厅长，市政府王玲副市长、市卫生局刘兴烈局长、赵午副局长以及沈河区政府徐爱秋副区长及各医院代表、群众千余人参加了仪式。

启动仪式由省中医管理局丛丹江局长主持。副市长王玲致辞。国家中医药管理局有关领导向辽宁省赠送了中医科普图书和医疗物资，滕卫平副省长宣布启动仪式开始。

来自辽宁中医药大学附属医院、沈阳市中医院等19家医疗机构的165名专家在活动现场为群众义诊。组委会还特别邀请了美国加州圣克鲁斯五系中医学院王晓中教授在沈阳参加了义诊。活动现场义诊数达3723人、咨询5125人、发放了中医科普宣传资料26430份、中医中药报特刊1000余份、中医认知度调查问卷350份，1200余名群众在签名墙签名。在现场活动中，中医药科普知识百米展廊、中医药谜语、文艺表演吸引了大量观众的观看、参与。

吉　林

“中医中药中国行” 9月24日在长春市启动。吉林省政府对此高度重视，责成省中医药管理局等29个省直部门、单位共同主办，主要开展四方面活动：一是启动仪式暨现场活动，包括大型义诊、科普资料发放、文化知识互动、文体表演、“签名墙”签名、中医药宣传百米长廊展示、现场发放《中国中医药报》吉林特刊、展播《蓬勃发展的吉林省中医药事业》宣传片；二是开展中医药图书、医疗器械等物资捐赠活动，举办社区医生中医药知识与技能培训专场以及面向群众开展“中医大讲堂”系列活动；三是深入长春、白山、辽源等地区的农村、厂矿、部队、学校和基层医疗单位，进行“中医大篷车万里行”活动；四是与国家及省内主要媒体联合开展“中医大采访”，并配合中国中医药报社开展“我与中医药”征文活动。在此期间，各市州还将举行中医药管理局、中医药治未病中心成立揭牌仪式和省中医中药研究院更名为“吉林省中医药科学院”的揭牌仪式。

黑龙江

“中医中药中国行”黑龙江省启动仪式暨哈尔滨站活动在市建筑艺术广场举行。这次活动的主题是“传承中医国粹，传播优秀文化，共享健康和谐。”

此次活动涉及黑龙江省100多个中医医疗机构，将有近2万多医务人员、1200名专家参与义诊义治和送医送药活动，直接惠及约4万户家庭、12万人口，并为5.5万人（次）开展面对面的免费服务。

广　东

11月29日，"中医中药中国行"广东省启动仪式暨广州站活动在广州市英雄广场隆重举行。卫生部副部长、国家中医药管理局局长王国强等领导出席。

福　建

8月3日上午，“中医中药厦门行” 活动在我国著名侨乡厦门市的国际会展中心广场隆重举行启动仪式。

“中医中药中国行”大型科普宣传活动组委会常务副主任、国家中医药管理局副局长房书亭，厦门市副市长叶重耕等领导出席了仪式。厦门市卫生局局长黄如欣主持启动仪式，并宣布“中医中药厦门行”活动正式启动。当地群众和正在参加第42届全国新特药品交易会暨第四届中国国际天然药物保健产品展览会的部分医药企业代表参加了仪式。

启动仪式后，出席活动的领导、嘉宾与群众一起参观了厦门中医药文化展廊，并参加了“弘扬国粹，爱我国医”万人签名活动。

香　港

中药嘉年华　科普见精彩

http：//q.163.com/xinglin/poster/

中医中药中国行香港活动启动仪式之后，作为系列活动之一的“中药心连心”嘉年华活动11月24日下午在香港著名的中环遮打道公园举行。

“嘉年华”音译自英文“Carival”，是起源于

欧洲的一种民间狂欢活动，最早可以追溯到1294年的威尼斯。多年以来，“嘉年华”逐渐从一个传统的节日，到今天演变为包括大型游乐设施在内，辅以各种文化艺术活动形式的公众娱乐盛会。世界各地有着花样繁多的嘉年华会，并成为很多城市的名片。香港这座国际大都市自然也有别具特色的嘉年华活动，但11月24日举办的嘉年华绝对是别无二致的嘉年华，是香港中医药界一次空前的盛会。

中药嘉年华，香港市民热情参与。活动现场列展的中药知识展板，介绍了中药分类、家庭日常滋补类中药的服用注意事项、中药饮片的真假鉴别、中药有毒无毒的正确理解等内容，吸引了不少民众驻足浏览，有一些老人在细致地观览之余，还认真作了笔记。展台上摆放着蕲蛇、龟板、蛤蚧等动物药材，这让小朋友们大开眼界。虽然对这些动物标本略微有些害怕，但在工作人员讲解其功用时，他们还是围拢过来，用心聆听。另一旁，中医师义务推拿按摩，大家自觉排起了长队等待难得的体验。据介绍，中医师在按摩时敷以中药万金油，这对治疗骨关节、肌肉等处的疾患效果显著。

中医中药中国行——2008

“中医中药中国行”（2008）活动方案

一、活动主题

传承中医国粹　传播优秀文化　共享健康和谐

二、指导思想

以党的十七大精神为指导，深入贯彻科学发展观，积极推动社会主义文化大发展大繁荣，坚持解放思想，实事求是，坚持改革创新，与时俱进，紧紧抓住中医药发展的大好机遇，在2007年“中医中药中国行”活动的基础上继续深入广泛地开展中医药科普宣传，为中医药发展营造良好的社会环境，使中医药更好地为维护人民群众的健康服务。

三、活动意义

通过继续在全国范围内举办大规模的中医药文化和科普宣传活动，集中展示中医药悠久的历史、科学的理论、独特的方法、良好的疗效，依托“中医中药中国行”的平台，推进中医“三名三进”工程，中药“三名三保”工程，宣传中医“治未病”的理念和方法，让社会了解中医药为中华民族繁衍生息所做出的巨大贡献，了解中医药在维护人民健康，促进经济社会发展，弘扬我国优秀传统文化等方面的重要地位和作用，使广大人民群众了解中医、认识中医、感受中医，让中医药惠及千家万户，为大众健康服务。

四、活动目的

面向基层、服务农村、惠及百姓。

五、组织机构

主办单位：国家中医药管理局
中共中央宣传部
全国人大教科文卫委员会
全国政协教科文卫体委员会
国家发展和改革委员会
教育部
科技部
财政部
劳动和社会保障部
铁道部
农业部
文化部
卫生部
国家人口和计划生育委员会
中国民用航空总局
国家广播电影电视总局
国家食品药品监督管理局
总后卫生部
中华全国总工会
共青团中央
中国科学技术协会
中华慈善总会

承办单位：中国中医药报社
相关省中医药管理部门

协办单位：中国中医药出版社
中国中医科学院
中华中医药学会

执行机构：北京纵横杏林广告公司

支持单位：中国中药协会
中国中西医结合学会
中国针灸学会
中国民族医药学会
世界中医药学会联合会
世界针灸学会联合会

支持媒体（中央媒体）：

中国中央电视台　新华社　中新社　人民日报　中央人民广播电台　中国国际广播电台　经济日报　光明日报　解放军报　人民政协报　中国日报　科技日报　中国教育报　农民日报　中国青年报　工人日报　中国改革报　健康报　中国人口报　劳动和社会保障报　中国医药报　中国卫生画报　医药经济报　文汇报　新华网　人民网　搜狐网

活动官方网站：国家中医药管理局网站www.satcm.gov.cn

六、“中医中药中国行”（2008）组委会

主任：

王国强　卫生部副部长、国家中医药管理局局长

常务副主任：

房书亭　国家中医药管理局副局长

副主任：

董俊山　中宣部宣教局副局长
宋　森　全国人大教科文卫委员会人口卫生体育室主任
张文康　全国政协教科文卫体委员会副主任
王东生　国家发展和改革委员会社会发展司副司长
石鹏建　教育部高教司副司长
刘燕华　科技部副部长
王　军　财政部副部长
胡晓义　劳动和社会保障部副部长
彭开宙　铁道部副部长
危朝安　农业部副部长
周和平　文化部副部长
江　帆　国家人口和计划生育委员会副主任
李　健　中国民用航空总局副局长
胡占凡　国家广播电影电视总局副局长
张敬礼　国家食品药品监督管理局副局长
陈新年　总后卫生部副部长
乔传秀　中华全国总工会副主席、书记处书记
刘可为　共青团中央宣传部部长
程东红　中国科学技术协会书记处书记
邓铜山　中华慈善总会副会长
吴　刚　国家中医药管理局副局长
于文明　国家中医药管理局副局长
李大宁　国家中医药管理局副局长

组委会成员：

王志勇　国家中医药管理局办公室主任

蒋　健　国家中医药管理局办公室副主任兼新闻办主任
姜在旸　国家中医药管理局人事教育司司长
闫树江　国家中医药管理局政策法规与监督司司长
许志仁　国家中医药管理局医政司司长
苏钢强　国家中医药管理局科技司副司长
张　奇　国家中医药管理局国际合作司司长
杨　锐　国家中医药管理局直属机关党委常务副书记
孙　涛　国家中医药管理局机关服务局局长
陈贵廷　中国中医药报社社长
王国辰　中国中医药出版社社长
李怀荣　中国中医科学院党委书记
曹洪欣　中国中医科学院院长
李俊德　中华中医药学会秘书长
王桂华　中国中药协会秘书长
穆大伟　中国中西医结合学会秘书长
刘保延　中国针灸学会秘书长
诸国本　中国民族医药学会会长
李振吉　世界中医药学会联合会副主席兼秘书长
沈志祥　世界针灸学会联合会秘书长
各相关省、自治区、直辖市中医药管理部门领导
组委会下设办公室
主　任：王志勇
副主任：蒋　健 陈贵廷
成　员：宋树立、李　昱、陈　伟、朱海东、关树华、刘志旭、王华章、濮传文、胡京京、陆　静、何春生、吴宝康、胡秀英和各相关省、自治区、直辖市中医药管理部门人员。

七、活动口号

（另文发）

八、活动时间

2008年4月至10月

九、活动地点

山东 安徽 上海 浙江 广西 湖南 青海 甘肃 宁夏 陕西 江苏 湖北 澳门

十、活动主要形式

（一）4月12日在山东济南举办2008年“中医中药中国行”启动仪式（山东省活动同时启动）；

（二）在省会城市举办各省启动仪式（省会活动同时启动），同期在各省地级市举办现场宣传活动；

（三）中医大篷车万里行；

（四）“中医中药军营行”活动（方案由总后卫生部制定）

十一、活动主要内容

分两部分，一部分为全国组委会安排的内容，一部分为当地组委会安排的内容。

（一）全国组委会安排的内容

1．省会和地级市现场活动

（1）举行“中医中药中国行”活动启动仪式；

（2）组委会向各省（区、市）的社区中医从业人员和乡村中医、卫生人员赠书仪式（《社区中医实用技术》、《乡村中医实用技术》、《中医药科普知识读本》）；

（3）组委会向各省（区、市）捐赠医疗物资仪式；

（4）中医药文体表演；

（5）发放中医药科普知识手册，同时发放收集一千份中医药民众认知度调查问卷（每个活动现场）；

（6）发放“中医中药中国行”各省特刊（中国中医药报）；

（7）开展“弘扬国粹、爱我国医”签名墙的签名活动；

（8）开展大型中医义诊咨询活动；

（9）开展“中医大采访”活动；

（10）开展多种形式的中医药科普宣传。包括举办中医药历史文化展览、食疗保健漫画展、民族医药展览；开展中草药辨识、古代名医辨识、认识中医经络、中药炮制、制药，中药谜语、中医药知识问答、中医药趣味游戏、教授中医保健操、现场健康讲座等互动活动；发放中医药知识宣传纪念品；

（11）民族医药展览展示活动。

2．省会和地级市的深入科普宣传活动

（1）组织“中医中药中国行”社区医生培训（每个城市组织2-3场），培训现场发放《社区中医实用技术》；

（2）开展社区中医药科普宣传活动，各省推荐和组织科普专家进入城市社区进行义诊咨询、发放中医药科普资料，开展面向社区居民的健康讲座，讲座现场发放《中医药科普知识读本》。通过全国活动组建中医药科普专家库，建立科普讲授的长效机制。

每个省（区、市）组织开展一场中医院文化建设

和“治未病”论坛或讲座，通过网络视频等方式组织一场同步互动的高级临床中医培训讲座，组织一场由著名中医专家讲授的高级养生讲座。

3. 中医大篷车万里行活动

参加省（区、市）启动仪式，中医大篷车走进社区（省会城市两个以上社区）活动、走进农村（每个省至少组织四个地点（农村地区））开展义诊咨询，送医、送药，慰问军烈属、贫困户，开展面向乡村医生的中医药技能培训等活动。

4. 其他活动

（1）拍摄活动照片、视频，充分发挥当地媒体作用报道“中医中药中国行”活动；

（2）中国中医药报举办“我与中医药”征文活动。

（二）地方组委会安排的内容

活动所涉及各省（区、市）成立地方组委会，在全国组委会安排的内容以外，根据本地实际情况，组织具有地方特色的科普宣传活动。

十二、活动的组织

地方组委会制定本省（区、市）具体活动方案，全国组委会负责提供部分现场活动所需物料，组织、派遣培训专家，组建中医大篷车队，与地方组委会共同组织各项活动。

十三、活动经费

活动经费由承办单位和各省（区、市）自筹解决，国家中医药管理局支持部分工作经费。

十四、其他各地活动

除今年启动的15个省（区、市）外，其他各地中医药管理部门应充分调动各单位的积极性，组织开展形式多样的中医药文化传播和科普宣传活动。符合“中医中药中国行”主旨的活动，经省级中医药管理部门对主办单位资质和活动主题、指导思想、活动目的等进行审核后，可报全国组委会批准纳入“中医中药中国行”活动。

主题词：中医中药中国行

△方案　通知

国家中医药管理局办公室

2008年3月17日印发

校对人：宋树立

2008年中医中药中国行活动第一站从山东开始，卫生部副部长、国家中医药管理局局长王国强全程参与了年度内各省的启动仪式。

山　东

4月12日，2008年中医中药中国行全国活动启动仪式暨山东省和济南市活动启动仪式在济南泉城广场隆重举行。卫生部副部长、国家中医药管理局局长王国强出席并讲话。山东省副省长王随莲宣布活动启动。济南市副市长邹世平致辞。

山东省政府副秘书长马越男、省卫生厅厅长包文辉、国家中医药管理局有关司局领导、山东省中医药协调领导小组19个成员单位领导及当地中医医疗单位、中医药院校、中医药企业、群众代表共1000余人参加了启动仪式。

王国强代表中医中药中国行全国组委会向山东省和济南市赠送了中医药科普图书和医疗物资，包文辉代表山东省组委会接受了捐赠。随后，现场举行了文艺表演。

启动仪式现场，来自驻济中医医院、部分综合性医院的百名中医药专家进行了大型中医义诊咨询、科普宣传活动。向群众发放“中医药民众认知度”调查表1000多份，赠送由山东省中医管理局编写的《中医养生防病50法》和《中医土单验方100首》等科普资料10000余套。中医中药中国行百米展廊，图文并茂地集中展示了山东中医药传统文化及其特色优势。广大群众在“弘扬国粹，爱我国医”签名墙上踊跃签名，并积极参加中药谜语、中医药文化知识互动游戏，了解中药饮片真伪鉴别常识。

安　徽

2008年9月8日，“中医中药中国行”安徽省活动暨合肥站启动仪式在合肥市胜利广场隆重举行。省委常委王明方副书记、省人大朱维芳副主任、副省长谢广祥、省政协赵韩副主席出席活动，卫生部副部长、国家中医药管理局局长王国强出席启动仪式并作重要讲话。国家中医药管理局副局长房书亭代表组委会向安徽省捐赠中医药科普图书和医疗设备。省卫生厅等安徽省活动组委会成员单位的负责人和全省17个市分管市长也参加了活动。

同日蚌埠、淮北、滁州、宣城、等市也举办了启动仪式，随后活动将在其余城市陆续展开。

甘　肃

2008年9月14日上午，中医中药中国行甘肃省启动仪式暨兰州市活动在兰州市东方红广场隆重举行。国家卫生部副部长、国家中医药管理局局长王国强，甘肃省委常委、宣传部部长励小捷，甘肃省人大副主任崔玉琴，甘肃省副省长咸辉、甘肃省政协副主席栗震亚，兰州市委常委、宣传部部长牟少军，兰州市人大常委会副主任张祖迁，副市长周丽宁，市政协副主

席张荫林以及国家中医药管理局、省、市有关部门负责人出席了启动仪式。甘肃省城卫生医药系统近千人参加了中医中药中国行活动。

启动仪式上，卫生部向甘肃省赠送了价值30万元的图书，国家中医药管理局捐助甘肃省价值1500万元的医疗设备，辽宁中医药大学援助甘肃省地震灾区中医院7台救护车。

青　海

9月15日上午，由国家中医药管理局、卫生部联合中宣部等22个部委共同发起的大型科普宣传活动“中医中药中国行”青海省活动在西宁市正式拉开帷幕。卫生部副部长、国家中医药管理局局长王国强，省人大常委会副主任刘春耀，副省长马顺清，省政协副主席、省卫生厅厅长陈资全等领导出席了启动仪式。

启动仪式上，国家中医药管理局领导青海省赠送了医学图书和医疗物资，出席启动仪式的领导还与广大群众一起在“弘扬国粹、爱我中医”签名墙上签名。

宁　夏

在宁夏回族自治区成立50周年之际，素有“塞上江南”美誉的宁夏平原迎来了“中医中药中国行”活动。9月27日，宁夏回族自治区暨银川市活动启动仪式在银川市光明广场启动。卫生部副部长、国家中医药管理局局长王国强、宁夏自治区副主席李堂堂出席了启动仪式，中共宁夏自治区区委常委、宣传部长杨春光宣布活动启动。

启动仪式上，王国强代表“中医中药中国行”活动组委会向宁夏赠送了中医药实用技术及科普图书和医疗物资。

在活动现场，来自宁夏当地的医疗机构和回族的医疗机构近100位中医、民族医专家为群众进行义诊咨询，中医药工作者表演了“枸杞红了”等精彩文艺节目，并举行了“弘扬国粹、爱我国医”大型签名活动、中医药科普知识百米展，发放了中医药防病治病科普宣传资料等活动。

澳　门

10月12日在澳门塔石广场启动的“中医中药中国行”澳门站活动，吸引了澳门居民踊跃参与。人们徜

徉在百米中医药科普宣传展廊，参与中医药免费健康咨询、中医药文化知识游戏，沉浸在博大精深的中医中药传统魅力之中。

从居民的日常保健凉茶、到沿街各处的中药材店，再到大小林立的私人中医诊所，中医中药在澳门代代相传，历久不衰。

在澳门著名的莲峰庙仁寿殿大堂正中高悬的一幅“百草备尝”横匾，是1876年全澳34间药材行所赠，中医中药业在澳门的兴盛由此可见一斑。

澳门中医中药与内地中医中药一脉相承，每年农历4月28日都有供奉“药王”的传统。作为长春阁参茸行东主的龚树根说，目前澳门的药材主要由内地进口，约占进口药材的九成。

澳门特区卫生局局长李展润表示，近年来，澳门特区卫生部门与内地不断加强在中医药方面的交流与合作。

陕　西

10月18日上午，古都西安大雁塔广场锣鼓喧天，人头攒动，卫生、中医药工作者和市民群众上万人汇聚于此，参加“中医中药中国行”大型科普宣传活动。市民争相体验针灸，学做中医“解除大脑疲劳法”和“321经络保健法”，共同感受中医。

卫生部副部长、国家中医药管理局局长王国强，陕西省副省长郑小明，西安市副市长李秋实以及省、市政府有关部门等32家单位的负责人出席了当天举行的陕西省暨西安站活动启动仪式。启动仪式由省政府副秘书长孟建国主持，李秋实副市长致欢迎辞，郑小明副省长宣布活动启动，王国强、郑小明、李秋实等一起开启“启动仪”。

全国组委会在启动仪式上向陕西省捐赠了中医药图书、科普宣传资料以及医疗物资。出席活动的领导与各界群众一起到“弘扬国粹，爱我国医”签名墙签名。王国强等还看望了参加义诊的中医药专家，参观了“中医药百米展廊”。

上　海

10月25日上午，在素有“中华商业第一街”之誉的上海南京东路的世纪广场，“中医中药中国行”上海市活动隆重启动。

上海市人大常委会主任刘云耕，卫生部副部长、国家中医药管理局局长王国强，上海市副市长沈晓明，上海市名中医代表裘沛然等领导和专家出席了启动仪式，上海市卫生局局长徐建光主持。

乐声响起，黄绸掀开，王国强为《实用中医临床诊治备要》首发仪式揭牌，这本书是88岁的全国名老中医颜德馨精心为社区医生编写的。启动仪式上，国家中医药管理局办公室副主任兼新闻办主任蒋健代表全国组委会向上海赠送中医科普书籍；中国中医药报社社长陈贵廷与上海雷允上药业有限公司董事长陈保华向社区卫生服务中心代表赠送《中成药临床选用指导图解》；刘云耕为参加“中医药名馆、名企、名店一日行”的市民代表授旗。

浙 江

十月的杭州丹桂飘香、秋风轻拂。10月28日，在西子湖畔的杭州运河文化广场，“中医中药中国行”浙江省暨杭州站活动启动，卫生部副部长、国家中医药管理局局长王国强，浙江省副省长郑继伟出席了启动仪式。

“中草药嘉年华活动”现场，摆放着200多种中药饮片、150余种中草药图谱和200多种药用植物。来自浙江中医药大学药学院的志愿者们正在给过往的群众讲述如何辨别中药。杭州米市巷社区，一个远程中医药培训视频互动栏目正在举行。当日下午，在杭州市举办了面向群众的中医药健康讲座和针对社区医生的中医药适宜技术培训。随后，中医大篷车将走入鲁迅故乡绍兴、革命老区温州、畲乡丽水景宁和丹溪故里义乌，开展义诊咨询和送医送药等活动。

湖 北

11月15日，“中医中药中国行”湖北省暨武汉市活动启动仪式在武汉市洪山广场隆重举行。武汉市中医机构的100名中医专家参加了现场义诊活动。未来一周，湖北省内13个地市也将通过中医专家义诊、健康咨询、中医药健康知识讲座、人员培训及“中医大篷车万里行”等一系列活动，进农村、进社区、进家庭，开展中医药宣传活动，为群众提供送医送药服务。

出席启动仪式的卫生部副部长、国家中医药管理局局长王国强发表重要讲话，鼓励大力发展农村中医药和民族医药，更好地解决农民看病就医问题。以简便验廉的中医药服务更好地满足广大农民医疗保健需求，把中医药工作切实落实到惠及农民健康、促进农业发展、构建和谐农村上来。

湖北省副省长张岱梨宣布活动启动。中国科协书记处书记程东红出席启动仪式，并代表“中医中药中国行”活动组委会向武汉赠送了医疗物资和中医药实用技术及科普图书。武汉市副市长刘顺妮致辞。省科协副主席徐晓金、省卫生厅副厅长姚云等参加了启动仪式。省卫生厅党组书记杨有旺主持。

在活动现场，36个绿色义诊厅前，前来义诊的群众排起长队。湖北省中医院在义诊现场发放了50多份中医体质辨识量表，免费为群众进行体质辨识。活动现场还设立了中医药科普展廊，发放《中医药养生方法50法》等科普资料和图书，举办中医历史文化展览，开展中草药辨认、中医经络等讲座。

湖 南

国家中医药管理局联合国家22个相关部委共同主办的“中医中药中国行”全国性大型科普宣传活动于11月22日在湖南隆重启动。

卫生部副部长、国家中医药管理局局长王国强代表卫生部、国家中医药管理局和活动组委会向湖南省赠送了社区中医技术、乡村中医实用技术及中医药知识科普读本图书和价值1200万元的医疗物资，王国强部长表示，湖南是中医药大省，是中药材资源大省，

中医药有着广泛的群众基础。他希望湖南以此次活动为契机，进一步做好中医药医疗、保健、教育、科研、产业、文化“六位一体”的发展，加快推进中医药事业发展，不断提高中医药在经济和社会发展中的贡献。并将“中医中药中国行”的红旗亲自授予湖南省中医药管理局局长刘君武手中。湖南省副省长甘霖宣布“中医中药中国行”湖南省暨长沙站活动正式启动。随后，卫生部副部长、国家中医药管理局局长王国强、湖南省、市卫生厅及中医药局领导莅临太平街国学国医大讲堂，视察中医中药中国行国医科普知识讲座分会场，与讲座专家旷惠桃教授亲切握手，并同国医馆义诊中的医师们亲切交谈，对分会开展的活动予以高度评价。

随后的一周内，全省14个市州的“中医中药中国行”活动相继拉开帷幕。活动期间，全省将有400个医疗机构与1000多名中医药专家将通过义诊、健康咨询、中医药健康知识讲座、人员培训及“中医大篷车万里行”等一系列活动，进农村、进社区、进家庭，开展中医药宣传活动，为群众提供送医送药服务。

卫生部副部长、国家中医药管理局局王国强、湖南省、市卫生厅及中医药局领导莅临国学国医大讲堂。

广 西

11月30日，“中医中药中国行”广西区暨南宁市活动启动仪式在南宁市五象广场隆重举行。卫生部副部长王国强、自治区副主席李康出席，南宁市副市

长李国忠致辞。国家中医药管理局和区直有关部门领导、区市中医机构的代表和参加观礼方队的广大中医药、民族医药工作者。还有热爱中医药、民族医药的广大市民近万人参加了活动。

自治区副主席李康宣布“中医中药中国行”广西区暨南宁市活动正式启动。启动仪式结束后，安排了中医药养生健体文艺表演、百名中医药专家义诊、社区医生讲座等系列活动。“中医大篷车万里行”将走进广西药用植物园走进白色市田东县红军村隆安县叮当镇活动宜州市永福悬，送医送药，发放科普宣传资料，慰问红军家属等。

江 苏

2008年“中医中药中国行”大型科普宣传活动的最后一站，江苏省活动启动仪式12月7日在六朝古都南京市的山西路广场隆重举行。几千名南京市民参与现场活动，领略了独具特色的中医诊疗服务和悠久灿烂的中医药文化魅力。江苏省活动在随后的1个月时间里，将在全省13个地级市深入开展。

启动仪式上，卫生部副部长、国家中医药管理局局长王国强，南京市副市长赵晓江分别致词。国家中医药管理局副局长马建中代表全国组委会向江苏省赠送图书和医疗物资。江苏省副省长何权宣布活动启动。江苏省政府副秘书长朱步楼主持了启动仪式。仪式上还为江苏省中医药“三基”知识竞赛的获胜代表队颁了奖。

现场义诊是活动的重头戏。在40多个义诊亭，上百名高水平中医师为市民提供一系列免费义诊、咨询、按摩、刮痧等中医服务，其中有从北京赶来“助阵”的5名中医专家。在中医特色疗法体验区前，众多市民跃跃欲试。3位来自南京中医药大学针灸系的秘鲁籍研究生也参与到义诊中，娴熟地为市民施展按摩拔罐的技艺。中医药展览区里介绍的古代医药发展简史、日常生活中的食疗药膳，还有本地名中医、名专科，让许多市民驻足留连。

除了现场活动，著名老中医专家陆广莘于当天下午在南京市中医院举办的“国医大讲堂”上，面向市民群众作了“老年人的养生与保健”专题报告。南京市中西医结合医院则在此前一天举办了四季养生健康知识讲座。南京市中医院的丁泽民博物馆活动期间对公众免费开放。

至此，2008年“中医中药中国行”已先后走进山东、湖北、广西等12个省、市、自治区和澳门特别行政区。

国学国医岳麓论坛活动

全国首家探讨国学和国医养生文化的全国性的高层次的大型学术交流会——首届国学国医岳麓论坛由中华中医药学会中医药文化分会、中国自然辨证法研究会易学与科学委员会主办，由长沙富智文化传播有限公司承办，于2007年7月23日—25日在湖南长沙留芳宾馆隆重召开。首届国学国医岳麓论坛是基于“弘扬国学、振兴中医、效法自然、促进和谐”的宗旨，确定首届论坛的主题是：和谐文化，居住环境，健康养生。

首届国学国医岳麓论坛参加会议人员有全国知名中医药专家、教授，著名易学专家、教授及社会各界人士等200余人参加会议。湖南省政协副主席、湖南省湖湘文化研究会会长文选德在出席论坛讲话时表示，中华民族之所以能绵延几千年而光焰不灭，究其原因，主要是因为博大精深的国学精神已经注入中华民族的骨髓，因而不论时过境迁还是斗转星移，国学精神总是中华民族的支柱和支撑。对于前不久网上闹得沸沸扬扬的“废止中医论”，他认为不必惊慌也无需讨伐，“中医作为国医，自然应该是‘国学’的重要组成部分”。主讲嘉宾由海内外知名的易学、国学、中医药大师、专家学者和中国社科院、中国建设部、卫生部的相关领导以及来自全国多家易学研究机构及20多家相关学术单位的学科带头人担任。

主讲与交流的主要内容是：中华国学论、易学与国学；周易与建筑文化；周易与生命科学及哲学；周易与医学等。还有中医医德规范研究；中医与中华传统文化；中医药人文精神与科学精神；中医养生文化、中医药地域文化与企业文化建设；中医药历史古籍文献、文物及考古研究；中医哲学的内涵。

首届国学国医岳麓论坛包括一个主论坛和国学分论坛、国医分论坛，还安排有：专题学术会议、古典音乐演奏晚会、书画笔会等精彩活动。

首届国学国医岳麓论坛组委会名单如下：

首席顾问：文选德

名誉主席：董光璧

主　　席：张其成

副 主 席：丘亮辉　田伏隆　孙光荣　朱汉民　韩增禄　任俊华　袁长津　蔡光先　徐仪明　张建中　赵安民　王　健　温长路　马瑞保　朱　胆　易亮如　朱　嵘

秘 书 长：朱　嵘（兼）

副秘书长：李晓阳

办公室主任：朱　灿

办公室副主任：曾招佐

学术组主任：赵安民　王育林

秘书组主任：李　淼　朱　腾

國學國醫論壇

首届国学国医岳麓论
首届國學國醫岳麓論壇

首届国学国医岳麓论坛

首届国学国医论坛音乐会

国学国医岳麓论坛活动

第二届国学国医岳麓论坛

中华养生——传统文化的回归

为了更好地传承和发扬国学国医文化，服务社会，根据社会对健康服务和中医院对文化建设的需求，第二届国学国医岳麓论坛于2008年5月21-22日在长沙金源大酒店拉开了帷幕，主题：中华养生——传统文化的回归，分设两个分论坛：国学分论坛，中医养生分论坛。

本次论坛由中和亚健康服务中心、中华中医药学会中医药文化分会、中国自然辨证法研究会易学与科学委员会主办，由湖南湖湘文化研究会、湖南中医药大学、湖南中医药高等专科学校协办，由湖南长沙富智文化传播有限公司承办。组委会特邀请了国家中医药管理局医政司许志仁司长、国家中医药管理局机关服务局孙涛局长、著名中医药学者李俊德教授、著名国学家、易学家张其成教授、丘亮辉教授、何清湖教授、孙光荣教授、徐义明教授、欧阳维诚教授等出席会议，分别作了专题报告。论坛没有举行开幕仪式，直接进入主论坛专题报告议程，并增加了现场代表和主讲嘉宾的互动环节。另外还安排有新书报告会、书画笔会等精彩活动。

与会人员为了表达对在汶川地震中去世的同胞的怀念，在上午9点论坛召开之前，参与论坛的全国知名中医药专家、教授，著名易学专家、教授及中医药、易学科研人员400余人，全体起立，为汶川地震遇难同胞默哀三分钟。

论坛上，围绕"中华养生——传统文化的回归"这一主题，各地的专家学者纷纷以学术交流的方式作了论述。主讲与交流的主要内容有：构建具有中医特色的预防保健体系的思考、用传统文化提高当代软实力、中医药学会在中医院文化建设中的作用、亚健康研究概况及发展趋势、突出中医特色科学构建亚健康学科体系等。许志仁教授在其论作《构建具有中医特色的预防保健服务体系的思考》中，通过对目前中医保健体系的现状分析，对如何构建具有中医特色的预防保健服务体系提出了建议，其中对制定中医技能人才资格认定标准被认为很有实际操作性。

第二届国学国医岳麓论坛组委会名单如下：

首席顾问：文选德

顾　　问：董光壁　丘亮辉　钱超尘　朱汉民
　　　　　蔡光先　李俊德　袁长津　马瑞保
　　　　　任俊华　温长路　欧阳维诚

主　　席：张其成

副 主 席：孙光荣　田伏隆　何清湖　朱　嵘
　　　　　徐仪明　朱　胆　赵安民

秘 书 长：朱　灿

第二届國學國醫岳麓高峰論壇
論壇主題：中華養生
傳統文化的回歸

第二届國學國醫岳麓高峰
論壇主題：中華養生
傳統文化的回歸

2008年中国中医药展会

2008年11月6—9日，由卫生部、国家中医药管理局、国家食品药品监督管理局、教育部、科技部和解放军总后勤部卫生部6部门联合主办的中国中医药展在北京中国国际贸易中心举行。展览分为中医药历史文化、中药产业、中医药体验区等五大展区，会聚了内地三十一个省、区、市，香港、澳门特区，世界卫生组织，部分中医药产、学、研机构等一百多家单位参展。以文字、图片、视频、实物、体验等丰富多彩的方式，全方位展示中医药源远流长的历史文化和改革开放以来中医药事业取得的辉煌成就，受到参观者高度赞扬。

中国中医药展北京·2008

中国中医药展北京·2008

国家中医药管理局

新疆生产建设兵团

河南中医药

贵州

西藏 TIBET
传统藏药

河北省中医药管理局
河北省展区
HEBEISHENGZHANQU

2-39
中医特色健康保障—服务模式（KY3H模式）

中国政府保护 扶持 发展中医药事业

国民间中医医药研究开发协会
中医刁氏正骨

山东中医药
历史篇
教育篇

贵州中医药

辽宁省中医管理局

中华中医药学会
China Association of Chinese Medicine

内蒙古自治区卫生厅

广西中医药

各地中医药文化节日

中国国医节

http: //baike.baidu.com/view/

【来历】

1929年2月国民党政府卫生机构的主管俞云岫在一次工作会议上提出：取消旧医药（那时中医中药被称为旧医药），全盘否定中医中药。如果取消旧医药被确定的话，治病用药，只能是西医西药，我国几千年的传统中医中药就会被遗弃。“废止中医”提案当时在医学界引起非常大的振动，大量的中医药人士纷纷抗议游说，上海名中医张赞臣主办的《医界春秋》为此以“中医药界奋斗号”一刊发起了对取消旧医药的抗命。在同年3月17日，全国17个省市、二百多个团体，三百名代表云集上海。召开大会，高呼“反对废除中医”、“中国医药万岁”等口号，上南京请愿，通过各种方式表达了民心民声，国民党政府不得不撤除取消旧医药的决定。为了纪念这次抗争的胜利，并希望中医中药能在中国乃至全世界弘扬光大，造福人类，医学界人士将3月17日定为“中国国医节”；上海是“国医节”的发源地。

【详细】

中医乃我国“国宝”之一，有着数千年悠久的历史和辉煌的成就。鸦片战争前，中国医界一直是中医一枝独秀。国门打开后，西学东渐，西医学也在中国落地生根，两种异质医学体系并存，冲突在所难免。在日益激化的中西医论争中，有相当一部分人对中医持轻视甚至反对态度，主张用西医取代中医，认为中医已落后于时代，是封建迷信的骗人把戏。为了挽救中华民族这份宝贵的医药文化遗产，中医界进行了长期的顽强抗争。

【北洋时期的首次抗争】

北洋时期，政府一味推行西洋医学，而无视中国传统医学的存在。1912年，北洋政府以中西医“致难兼采”为由，在新颁布的学制及各类学校条例中，只提倡医学专门学校（西医）而没有涉及中医，完全把中医药排斥在医学教育系统之外。这就是近代史上著名的“教育系统漏列中医案”。

消息传出，各地舆论反响强烈：“教育部定章，于中医学校之课程，删中医科目，是可忍，孰不可忍。”扬州中西医学研究会创始人袁桂生首先公开批评北洋政府的医学教育政策，从此拉开了抗争的序幕。

1913年，教育总长汪大燮公开提出废除中医中药。他在接见京师医学会代表要求将中医列入医学教育系统时，竟毫不掩饰地说：“余决意今后废去中医，不用中药。所请立案一节，难以照准。”接着，江西当局颁布了取缔中医章程32条。随后，教育部公布了“大学规程”、“医学专门学校规程”和“药学专门学校规程”，仍摒中医于政府教育体系之外。于是，中华教育社联合江苏、湖北、山西等中医团体，向教育部提出中医加入医学系的要求，但教育部以中医不合教育原则为由予以拒绝。而对这种情况，上海“神州医药总会”会长余伯陶等通函各省征集意见，联合全国19个省市中医界和同仁堂、西鹤年堂等药业人士，组织了“医药救亡请愿团”，推举代表进京向教育部、国务院请愿，力请保存中医中药，并将中医纳入学系。连日来，各地民众也纷纷集会、通电，抗议政府弃中扬西的政策。

1922年3月，北洋政府内务部颁布了《管理医士暂行规则》，规定发给医士开业执照的资格，必须经各地警察厅考试及格领有证明文件者，或在中医学校、中医传习所肄业三年以上领有毕业文凭者；医士诊病必须开设二联单，汇存备查，如有药方不符或医治错误，经查“予以相当处分”等。上海中医学会与中华医药联合会召集了有170人参加的大会，大家一致认为，审查医士资格应由医学会或推出各地名医主试，而不是由警察厅主试；并通知全市医生拒领执照，定期召开全国中医大会，各地纷纷响应。会后派代表赴南京请愿，要求内务部取消《医士规则》。在一片反对声中，内务部被迫宣布暂缓实施《医士规则》。

【国民党时期的废止中医案】

1929年2月，国民政府召开第一届中央卫生委员会议，通过了西医余云岫等提出的“废止旧医（中医）以扫除医药卫生之障碍案”，另拟“请明令废止旧医学校案”呈教育部，并规定了6项消灭中医的具体办法：

1、施行旧医登记，给予执照方能营业，登记限期为一年。

2、限五年为期训练旧医，训练终结后，给以证书。无此项证书者停止营业。

3、自1929年为止，旧医满50岁以上、在国内营业20年以上者，得免受补充教育，给特种营业执照，但不准诊治法定传染病及发给死亡诊断书等。此项特种营业执照有效期为15年，期满即不能使用。

4、禁止登报介绍旧医。

5、检查新闻杂志，禁止非科学医学宣传。

6、禁止成立旧医学校。

这就是历史上的“废止中医案”。曾留学日本学习西医的余云岫，是废止中医派的代表人物。他对中医的处置办法是“废医存药”，中医废止，而中药作为医学研究资料尚可以加以利用。

1929年2月26日，上海《新闻报》首先披露此事。消息传出，全国为之震动，上海市中医协会首先发起召开上海市医药团体联席会议，邀集神州医药总会、中华医药联合会、上海中国医学院、医界春秋社等40余个中医药团体的代表商讨对策（Petition Report of National Medical and Pharmaceutical Organizations Chronicle of Medical Field, 1929，34：48.全国医药团体请愿报告，医界春秋，1929，（34）：48）。会上讨论决定，组织上海医药团体联合会以便采取统一行动，议决筹备召开全国医药团体代表大会，定会期为3月17日。1923年8月17日，全国医药团体代表大会假上海商会会场举行开幕式。

为了表示对大会的支持和拥护，上海中医、中药界分别停业半天，药店门前张贴许多醒目的标语，如“拥护中医药就是保持我国的国粹”、“取缔中医药就是致病民的死命”、“反对卫生部取缔中医的决议案”等等。会场上悬挂着巨幅对联“提倡中医以防文化侵略”、“提倡中药以防经济侵略”。出席大会的有江苏、浙江、安徽、江西、福建、广东、广西、湖南、湖北、四川、河南、河北、山东、山西等15省132个团体的代表共262人。

国民政府没料到会造成如此轩然大波，当时正值召开国民党第三次代表大会，卫生部不得不公开表示对中医并无歧视，并面允代表：该提案虽获通过，但暂不执行；改称中医为国医；同意成立“中医学社”。

【公布《中医条例》步履维艰】

在1933年6月召开的国民党中央政治会议上，中委石瑛等29人提议仿1930年制定的《西医条例》，拟定《中医条例》（草案）。在会议讨论中，行政院长汪精卫反对该提案，引起了中医药界的强烈抗议。汪精卫见众怒难犯，便转换手法，在《中医条例》交立法院审查时，他写信给立法院院长孙科，大谈“若授国医以行政权力，恐非中国之福”，嘱孙共同阻止其通过，使得《中医条例》被压了两年之久。

2008首届国医文化节倾情启动首倡复兴“国医节”

http：//county.aweb.com.cn/2008/3/12/

中国是一个有着上下五千年文明发展史、文化底蕴深厚的东方大国，传统节日众多，但是随着一些西方文化尤其西方节日文化进入中国，再加上对传统节日文化宣传引导不够，而且很多传统节日文化缺乏创新，形式单调，从而造成很多年轻人开始对传统节日冷落。

为了更好的宣传保护中国传统节日、弘扬民族传统文化、传承中华精神文化，中国元素网络文化节、中国民协节会文化专业委员会、中国乡村经济发展促进会、福建电视台综合频道、中国元素公益推动联盟共同发起，联合中国元素网、中国节庆网、中国国医网、中国节日网、人文中国网等多家网站在成功推展“最受推崇中国十大节日网络调查”基础上，特别策划推出“中国节2008暨首届中国传统节日网络文化节”，以在每个传统节日期间举办网络互动宣传推广。前期，已分别成功举办“2008首届春节网络文化节”和“2008首届元宵文化节”，受到社会各界大力支持和肯定。

“国医节”是1929年由医学界人士为纪念对由国民党政府卫生机构主管俞云岫提出的“废止中医案”进行抗争胜利共同倡议而创立，虽然距今仅有79年历史，但是中医药作为中国国粹却是有着几千年的悠久文化历史，理应予以弘扬和传承。最重要的是，这样一个极具社会意义的纪念日，当前还只是停留在中医药界，尚未成为国家政府正面推行庆祝和老百姓普遍认同纪念的重要节日。为此，“中国节2008”系列活动，特别破例将“国医节”列为2008年进行积极推动和庆祝的九个传统节日之一，并于2008年3月17日“国医节”来临之际，联合新浪网、搜狐网、网易、腾讯网、中华五千年网（中医学频道）、无忧健康管理网、TOM论坛、千龙网、青海新闻网、天山网、中国家装家具网、商助网、39健康网、平安健康网、中国医疗网、中医五绝网、汉华佗网、成龙医药网、4716医疗社区、药历网、全医网、农博网、千页千站网、169在线、《自然之旅》杂志、2008中国中医迎奥运勇登玉珠峰组委会、北京博爱堂中医机构等近30余家单位，共同推出“2008首届国医网络文化节”，分列“国医•齐倡议”、“国医•大讲堂”、“国医•元素汇”、“国医•理论班”、“国医•群英谱”、“国医•药博会”、“国医•百家坛”、“国医•话沸点”、“国医•品牌展”等十大系列活动，以通过互联网对“国医节”和中医中药进行全面宣传推荐。并共同发布“国医十大主题倡议”，倡议国家政府能将“国医节”正式确定为每年都予以隆重庆祝的重要纪念节日，同时呼吁整个社会乃至全球华人每年都来纪念和庆祝“国医节”，都能共同积极保护、弘扬和传承中医药传统文化，让中医中药在中国乃至全世界弘扬光大，造福人类。国医十大主题倡议内容具体如下：

1、倡议国家政府将“国医节”正式确定为每年都予以隆重庆祝的重要纪念节日，并组织各级媒体向全社会进行正面推广和宣传，同时在这一天举办全国中医药表彰大会，对在中医药方面作出突出贡献的专家学者进行表彰。

2、倡议国家教育系统能在中小学以及高等教育教材中，安排专门的中医药文化和中医药健康知识，或者专门编著《中国中医药》作为教材之一，让中国人从小就能接受中医药传统知识和文化。

3、倡议国家医疗系统为中医药进行独立于西医之外的系统形象包装，设计专门的中医院标志、中医药工作人员制服等，从而让整个社会给以中医药应有的重视。

4、倡议国家政府制定并出台《中医药法》，对中医药进行法制约束和保护。

5、倡议国家中医药系统，能将确认有效的中医药药方，通过各种途径（比如媒体、图书、社区宣传册等）向全社会进行普及传播和推广，尤其是中药保健药方，以创造浓厚的中医药文化氛围。

6、倡议各大著名企业尤其是中医药著名企业或企业家，能参考诺贝尔奖设立巨额中医药奖项，专门奖励在中医药研究作出突出贡献的专家，从物质方面同时促进中医药研究和大发展。

7、倡议中医药企业，能多在社会上组织一些以中医药的社区公益宣传、免费咨询服务、免费试用等活动，让老百姓能真正接触并真实体验到中医药的疗效和便利。

8、倡议影视和音乐创作人员，特别倡议以中国风为主题的音乐创作人，尤其特别倡议周杰伦和方文山能合作创作一曲以宣传中医药为主题的歌曲，通过音乐传播和推广中医药。

9、倡议广大媒体都能对中医药进行积极宣传和推荐，并策划组织一系列以弘扬和传播中医药文化为主题的活动，特别倡议CCTV能推出一个类如《感动中国》一样的年度评奖活动，专门表彰在中医药方面作出贡献的人。

10、倡议中医药从业人员，一定要本着为中医药负责、为国家负责、为中华民族负责的信念，以最端正的态度从事中医药研究和工作，不做假中药，不以次充好，不不懂装懂，不见利忘义，虚心学习，勤学苦读，树高尚医德，将中医药真正学精学透，让中医中药在中国乃至全世界弘扬光大，造福人类。同时，倡议全社会都能积极、正面、辩证的认识中医药，共同保护、弘扬和传承中医药传统文化。

“2008首届国医网络文化节”结束后，中国节2008系列活动届时还将陆续推出“清明网络文化节”、“端午网络文化节”、“七夕网络文化节”、“仲秋网络文化节”、“重阳网络文化节”等，以通过互联网更好的宣传推动中国传统节日和弘扬民族传统文化。

2008第七届张仲景医药科技文化节开幕

（来源：中国中医药报）

由科技部、国家中医药管理局、河南省人民政府主办，南阳市人民政府承办的中国•南阳第七届张仲景医药科技文化节9月20日在河南省南阳市隆重开幕。科技部副部长刘燕华、河南省人民政府副省长徐济超、国家中医药管理局副局长房书亭、河南省卫生厅副厅长兼省中医管理局局长夏祖昌等出席了开幕式。

依托独特的人文优势和丰富的中药材资源，自2002年以来，南阳市启动实施了医疗、保健、教育、科研、产业、文化“六位一体”的张仲景医药创新工程，成功举办了六届张仲景医药文化节，打响了医圣张仲景品牌，促进了中医药产业快速发展。

开幕仪式后，来自海内外的数百名嘉宾在南阳医圣祠祭拜了张仲景，并举行了医圣祠全国中医药文化宣传教育基地揭碑仪式。

2008中国禹州中医药文化节开幕

http：//www.ha.xinhuanet.com

来源：中共禹州市委宣传部

2008年10月26日，一年一度的药王孙思邈医药文化节暨中国禹州中医药交易会在禹州市科技文化广场隆重开幕。

禹州市地处豫东平原过渡地带，区域面积1472平方公里，耕地118万亩，人口120万。其地势西北面群山环绕，岗峦起伏，东南侧百里平原，一望无际。禹州的中药材种植历史悠久，品种众多。明嘉靖年间，已种植名贵地道药材45种。到目前盛产动、植、矿物药材1084种。其中：国家重点普查的363个品种，禹州就有147个，占40%；全省统一普查的351个品种，禹州有225个，占64%。

历史上唐朝药王孙思邈曾长期游居禹州，行医采药，著书立说，著有《千金翼方》和《备急千金要方》等医学专著，被唐太宗李世民封为“药王”。元世祖至元一年（1264年），禹州已成为药材汇集之区。到明洪武元年（1368年），朱元璋曾诏令全国药商来禹州集结，每年春、秋、冬三个会期。此时的禹州因“内而全国22省、外越西洋、南洋、东极高丽、北际库伦，皆每车节转而至，真可谓无街不药行，处处闻药香”的药材交易盛况而被誉为“药都”。

“2008杭州中医膏方养生文化节”开幕了

http：//news.zj.com/detail/1026439.shtml

冬日到来，进补成了老百姓最关心的事，11月18日，“2008杭州中医膏方养生文化节”在浙江省杭州市吴山广场开幕了。据介绍，本次“2008杭州中医膏方养生文化节”已被杭州市政府列为“十大特色潜力行业重点扶持项目”。

当日在现场，除了杭州各大老字号药房来到吴山广场，为市民进行冬日进补养生补品的推荐与咨询外，胡庆余堂还特地派来了店内名医为老百姓免费义诊。

2008乌鲁木齐中医药文化节拉开序幕

http：//www.cnr.cn/xjfw/jjxj/szyw/200812/

2008年12月26日，在悠扬典雅的古筝乐中，新疆乌鲁木齐市中医医院的中医师们齐声诵读新编《大医精诚》，拉开了乌鲁木齐第五届中医药文化节的序幕。

中医药学是我国传统文化的瑰宝，是中国人民几千年来同疾病作斗争的经验总结和智慧结晶。为了进一步保持和发挥中医药特色，加快青年中医人才培养，传承和创新名老中医的学术思想和临床经验，促进乌鲁木齐市中医药事业健康持续发展，12月26日，乌鲁木齐市中医医院举办了第五届中医药文化节活动，并且在活动中举行了富有中医传统特色的中医拜师会。

乌鲁木齐市中 医医院的老中医许公平与他的弟子王冬云和虞梅举行了拜师仪式，弟子向老师敬茶、献花，老师给学生颁发师承证书，整个仪式极富中国传统色彩。

此外，活动还进行了表彰大会。表彰了杨椿年、郭玉麟等八位有突出贡献的老中医，并为获得“全国百名杰出青年中医”称号的邓德强、“全国优秀中医临床人才研修项目培养对象”张秀芬、贡献出已故名老中医经典处方的李凤雪颁了奖。此外，还介绍了退休老中医庞宝华的从医经验和学术资料。

活动中，青年中医师孙红友和王莉莉分别为大家表演了背诵《伤寒论》和《十二经》。《伤寒论》是一部阐述多种外感疾病的专著，全书共12卷，22篇，397法，孙红友在台上 滔滔不绝，条文章段信手拈来，脱口而出，主持人让观众当场随机抽取《伤寒论》的任意一条考他，孙红友都能应付自如，倒背如流，博得了一片掌声。

在活动最后，新参加工作的中医人集体为投身中医事业进行了宣誓：“我保证履行由于我的专业我自愿承担的治疗和帮助病人的义务。我的义务是基于病人所处的软弱不利的地位，以及他必然给予我和我的专业能力完全信任。所以，我保证把病人多方面的利益作为我的专业伦理的第一原则......”

2008
年度中医药网络资源集萃

中医从黄帝时期的望闻问切到信息时代远程视频会诊；中药从人类始祖时期的药食同源到农业文明百草皆药，到现代科技的植物细胞破壁，纳米制剂；中医药跟师从口口相传到网络远程教育，中医中药始终保持着与科技文明相携而行。本年鉴分类收编2008年可查的部分中医药行业网站，以见证中医药行业的时代侧影。

中医药政府信息网

（按汉字拼音排序，下同）

安徽省卫生厅：http://www.ahwst.gov.cn/

北京市卫生局：http://www.bjhb.gov.cn/

北京中医药管理局网：http://www.bjtcm.gov.cn/

重庆市卫生局：http://www.cqwsj.gov.cn/

福建卫生信息网：http://www.fjphb.gov.cn/

甘肃省中医管理局：http://tcm.gsws.gov.cn/

广东省卫生厅：http://www.gdwst.gov.cn/

广西省卫生厅：http://www.gxws.gov.cn/

贵州省卫生厅：www.gzwst.gov.cn

海南省卫生厅：http://www.wst.hainan.gov.cn/

河北省卫生厅：http://www.hebwst.gov.cn/

河南省中医管理局：http://www.tcm.gov.cn/tcm/

黑龙江省卫生信息网：http://www.hljwst.gov.cn/

湖北省卫生厅：http://www.hbws.gov.cn/

湖南卫生信息网：http://www.21hospital.com/

吉林省中医药管理局：http://www.jltcm.gov.cn/

江苏省中医药局：http://www.jstcm.gov.cn/

江西省卫生厅：http://www.jxwst.gov.cn/

辽宁省卫生厅：http://www.lndoh.gov.cn/

内蒙古自治区卫生厅http://www.nmwst.gov.cn/

宁夏回族自治区卫生厅：http://www.nxws.gov.cn/

青海省卫生厅：http://www.qhwst.gov.cn/

山东省卫生厅：http://www.sdws.gov.cn/default/

山西省卫生厅：http://www.sxswst.gov.cn/bureau/index2.asp

陕西省卫生厅：http://www.sxhealth.gov.cn/zyzy.asp

上海市卫生局：http://wsj.sh.gov.cn/website/

四川省中医药管理局：http://www.sctcm.gov.cn/

天津市卫生局：http://www.tjwsj.gov.cn/InnerPage/Index.aspx

新疆维吾尔族自治区卫生厅：http://www.xjwst.gov.cn/1$005/443.jsp

云南省卫生厅：http://www.pbh.yn.gov.cn/

浙江省卫生厅：http://www.zjwst.gov.cn/

中华人民共和国国家中医药管理局网http://www.satcm.gov.cn/

中医药科研机构网

福建省中医药研究院：http://www.fjzyy.org.cn/

河南省中医药研究院：http://www.hntcm.com/lianxi/

黑龙江省中医研究院：http://www.hljtcm.com.cn/

江苏省中医药研究院：http://www.jsatcm.com/

江西省中医药研究院：http://www.jxatcm.com/

辽宁省中医研究院：http://www.lnpatcm.com/

山东省中医药研究院：http://www.sacm.com.cn/

山西省中医研究院：http://www.sxws.cn/sxzyy/

陕西省中医药研究院：http://www.sxatcm.com/

中国中医科学院：http://www.catcm.ac.cn/

中医药院校网

安徽中医学院：http://www.ahtcm.edu.cn/

北京中医药大学：http://www.bucm.edu.cn/portal/media-type/html/role/guest/page/login

长春中医药大学：http://www.ccucm.edu.cn/

成都中医药大学：http://xwzx.cdutcm.edu.cn/

福建中医学院：http://www.fjtcm.edu.cn/

甘肃中医学院：http://www.gszy.edu.cn/

广西中医学院：http://www.gxtcmu.edu.cn/

广州中医药大学：http://www.gzhtcm.edu.cn/

贵阳中医学院：http://www.gyctcm.edu.cn/

河南中医学院：http://www.hactcm.edu.cn/

黑龙江中医药大学：http://www.hljucm.net/

湖北中医学院：http://www1.hbtcm.edu.cn/

湖南中医药大学：http://www.hnctcm.com/

江西中医学院：http://www.jxtcmi.com/

辽宁中医药大学：http://www.lnutcm.edu.cn/cn/

内蒙古民族大学蒙医药学院：http://www.cbe21.com/yewu/gaoxiao/lmgmz/1_9.htm

南京中医药大学：http://www.njutcm.edu.cn/

山东中医药大学：http://www.sdutcm.edu.cn/

山西中医学院：http://www.sxtcm.com/

陕西中医学院：http://www.sntcm.edu.cn/

上海中医药大学：http://www.shutcm.edu.cn/

首都医科大学：http://www.cpums.edu.cn/20060420/index.htm

天津中医药大学：http://www.tjutcm.edu.cn/

西藏藏医学院：http://www.ttmc.edu.cn/web/index_c.jsp

新疆维吾尔医学专科学校：http://www.gkzxw.com/zggx/200901/25972.html

新疆医科大学中医学院：http://www1.xjmu.edu.cn/zyxy/index.asp

云南中医学院：http://www.yntm.edu.cn/

浙江中医药大学：http://www.zjtcm.net/

中医药综合信息网站

大中华健康网：http://www.jkw.cn/

当代中医网：http://www.tcmtoday.com/

国立中国医药研究所网站：http://www.nricm.edu.tw/web/Home/

临床药物速查网：http://durggery.6to23.com/

蒙医药信息网：http://www.mengyiyao.com/

上海市中医文献馆中医药网：http://www.pharmnet.com.cn/tcm/

亚太中医药网：http://www.aptcm.com/

中国藏医藏药网：http://www.tibetanmd.com/

中国医药网：http://www.pharmnet.com.cn/

中国医药信息网：http://www.cpi.gov.cn/

中国中医药信息网：http://www.cintcm.com/

中华针灸信息网：http://www.acutimes.com/

中药不良反应信息网：http://www.adr.com.cn/

中医通网站http://www.tcmworld.com/

中医药战略网：http://www.chinamedicine.org.cn/

远程中医药资讯网

北京中医药大学远程教育学院：http://www.ibucm.com/news/index.aspx

东方医学网：http://www.emed.com.cn/

华佗医疗资讯网：http://www.ehato.com.tw/

环球医药教育在线：http://www.yx24.com/Medicine/index.htm

国际中医远程医学中心：http://www.cintcm.ac.cn/xxs/yczx/yczx.htm

中国中医网http://www.cn939.com/

中华中医药在线：http://www.itcmedu.com/

中医名家网http://www.zhongyimingjia.com/

中医药论坛信息网站

丁香园医学论坛：http://www.dxy.cn/

国学国医岳麓论坛http://www.gxgy.org/

六味论坛：http://bbs.chinamtcm.com/

伤寒论坛：http://www.shanghan.com/bbs/

中国中医药论坛：http://www.cntcm.org/cgi-bin/leobbs.cgi

中国生命科学论坛：http://www.bioon.net/

中国医药第一论坛：http://www.yyxxg.com/bbs/

中医五绝论坛：http://www.wujue.com/bbs/

中国中医论坛：http://tcmbbs.com/

大医精诚中医在线：http://www.dyjc.net/

爱爱医——中国医学论坛：http://www.iiyi.com/bbs/

针灸天下论坛:http://www.acusky.com/luntan.htm

国外中医药信息网站

华美中医学院:http://www.acaom.edu

基础中医网:http://www.tcmbasics.com

加拿大针灸学会:http://www.acupuncture.com/index.html

康复网:http://www.healingpeople.com

美国草药网:http://www.herbnet.com/

美国草药药典网:http://www.herbal-ahp.org/

美国匹兹堡大学替代医学主页:http://www.pitt.edu/～cbw/about.html

美国医疗针灸大学:http://medicalacupuncture.org

美国植物委员会:http://www.herbalgram.org/

英国草药研究基金会:http://www.herbs.org

英国医学针灸协会:http://www.medical-acupuncture.co.uk/

英国中草药注册局:http://www.rchm.cp.wk/

中医药与预防性健康护理研究所:http://www.itmonline.org/

中医药在线指南:http://allnatural.net/index2.html

中医药博物馆网络搜索

北京同仁堂博物馆http：//news.xinhuanet.com/overseas/2007-05/23/content_6137758.htm

北京御生堂中医药博物馆http://news.qq.com/a/20070130/001394.htm

北京中医药大学中医药博物馆http://baike.baidu.com/view/193955.htm

北京中医药大学中医药数字博物馆http://202.204.40.197/

广州市"神农草堂"中医药博物馆http://baike.baidu.com/view/1659942.htm

杭州胡庆余堂中药博物馆http://baike.baidu.com/view/164855.htm

江苏省苏州中医药博物馆http://www.cdstm.cn/c7/info.jsp?id=364796

上海中医药博物馆http://www.shutcm.edu.cn/shutcm/bowuguan/

2008年度网络发布最畅销的中医药通俗读物

"2007年度电子图书阅读排行榜"正式发布（摘录）

时间:2008-04-21 09:42:00 http://news.chinaitzhe.com/2/2008-04/120874368243399.html

健康类图书电子阅读热，但图书质量有待提高

2007年健康类图书像一匹黑马，闯进了人们的视野，在平淡的图书市场刮起了一阵不小的旋风，掀起了健康类图书热卖的高潮。一大批健康养生类图书竞相登场，一时间让人眼花缭乱、目不暇接。非文学排行榜前30名中健康类图书所占的席位比前几年有了很大增加。07年度的健康类图书，同样抢滩了网络阅读市场，中里巴人的博客有数百万次的点击量，中医药养生也成为网络讨论最热门的话题之一。

本次上榜的"2007年度网络热门健康图书排行榜"几乎囊括了所有引起读者热议的健康书籍，包括《YOU：身体使用手册》、《求医不如求己1》、《不生病的聪明》、《人体使用手册》、《实用偏方验方大全》、《一生的性保健书》、《刘太医谈养生》、《慢生活》、《男孩女孩成长手册》、《健康排毒全典》，正确不正确的健康养生方法都有人阅读，这一方面显示百姓对于生活质量日益重视，另一方面显示百姓把握健康信息的相对贫乏，急需正确引导，难怪国家日前发布这类图书将设市场准入证。

中医特色个人秀

王延章

王延章　1941年出生，四川射洪人。射洪县中医药十八反研究所所长、研究员。从事中医工作数十余年，对疑难杂症的研究治疗颇有个人学术见解，在内科疾病治疗着力探讨十八反中药对人体疾病的治疗效果，提出“利用十八反，振兴中医阳气”，并有个人经验药物申请国家专利。发表了20余篇医学论文，其中“辨证新治肺病102例疗效观察”和“治喘汤治疗哮喘374例”，在学术交流会获好评。

史敬杰

史敬杰，男，汉族，辽宁省沈阳市沈河区人，1953年出生。毕业于沈阳中医学院，现任自创建的辽宁鞍山市天宝堂疑难病中药研究所所长。中国民间中医医药研究开发协会副会长。

史敬杰出身于中医世家，其曾祖父史焕亭、祖父史纯山、父亲史克慈都曾给社会知名人士把脉治病。史敬杰承袭祖训自幼随父学医，继承了史氏家族经验方，并于2004年将两项个人经验药物申报国家发明专利。还研制了具有家传特点的风湿病膏剂用于临床。行医治病二十多年中，获得多种奖项和荣誉证书。

甘志球

甘志球，男，1957年4月出生，执业医师，中医主治医师职称。现任广西岑溪市妇幼保健院、妇女儿童医院中医科主任。

从医三十年，有丰富的临床经验，深得患者信赖。对中草药的临床应用研究颇有心得，学术上有一定成就。多年来，通过收集民间有效验方、偏方，结合祖国医学理论，筛选整理出一批专科专病方药。

1999年9月被梧州市人民政府评为“推广农村合作医疗先进个人”，2005年11月在全国农村基层优秀中医成才规律及临床经验总结与推广工作中，被评为“全国农村基层优秀中医”。曾当选为中共岑溪市第十二次代表大会代表，政协岑溪市委员会第六届、第七届委员。论文《乙肝清毒汤治疗慢性乙型肝炎临床观察》获全国优秀论文奖、岑溪市首届优秀科技论文二等奖，《养肝软坚汤治疗肝硬化25例报告》一文被选为第二届海峡两岸中医药学术研讨大会交流论文。申请了两项国家发明专利：一种治疗慢性肾炎、肾病综合征的中药制剂“肾病降白散”（专利申请号：200710162776.3），一种治疗慢性乙型肝炎及肝硬化的中药复方制剂“软肝散结散”（专利申请号：200710162775.9）。两项专利于2008年4月2日在国家专利局发明专利公报第24卷第14期上公布，2008年4月18日进入实质审查程序。

刘国栋

刘国栋，男，1968年出生，汉族，黑龙江省铁力市桃山镇人，1992年8月至2008年11月任桃山镇卫生院门诊部负责人，中医执业医师，主治医师，中华中医药学会会员，中国特色医疗医药学会会员，中国社区卫生协会会员，高级康复保健师。

刘国栋本人是一名残疾人，历届铁力市残疾人联合代表大会代表、委员。1985年自学中医，道路曲折而艰辛，经过坚持不懈的刻苦努力学习，先后参加了中医函授、成人高等教育学习，获得毕业证书。

1992年经上级领导同意，创建了桃山镇卫生院第四门诊部并任负责人，从事中西医诊疗工作，2008年11月，桃山镇卫生院第四门诊部停业，申办社区卫生服务站，刘国栋建立保济堂大药房并坐诊。

行医二十载，回顾过去，有成功、有失败、有经验、有教训，愿与同仁继承和发杨祖国传统医学，全心全意为人民服务。

刘唐宝

刘唐宝出生于山西省灵石县一个中医世家，祖父业医，其父擅长治疗温病，自创良方，以大黄为主，急下存阴。

刘唐宝自幼立志传承祖业，在父亲的言传身教下，系统地学习中医理论《伤寒论》《金匮要略》，长期在基层卫生院从事临床实践工作，在治疗慢性前列腺炎、前列腺肥大方面有个人心得，其药物申报国家知识产权局获国家专利，在《中国专利公报》周刊刊登， 专利号：200610048386.9，被编入《中国专利发明人》第九卷中及《中华英模创新人才榜》一书中。2002年他结合自己治疗肿瘤的经验，撰写论文《癌瘤诌议》参加第九届世界中医药学术交流，该论文2003年在《中医杂志》上刊登。

刘铭生

刘铭生，医师，男，1945年10月出生，浙江温州市人，中共党员，现任温州市鹿城区藤桥镇刘铭生中草药诊所所长，浙江省特色医疗协作网专业委员会会员。

1963年春跟随祖传中医师学医三年，1966年～1975年响应祖国号召到缺医少药地方去，在农村半耕半医10年。1976年在藤桥镇创建“中医小儿科刘铭生

中草药诊所”，独立开业行医，1977年4月间参加温州市卫生局组织的最早一批个体医师申报审核考试中医小儿科专科考试，考试考核成绩合格后由区卫生局登记注册，颁发医疗机构执业许可证。

1998年9月至2001年7月在郑州仲景国医专修学院中医专业三年制专科修业期满学完国家规定的全部课程，考试成绩合格。

1985年10月入录《浙江省个体医生录》，1994年7月入录《中国当代民医荟萃大典》。

张计锁

张计锁，男，1949年7月生，系山西省灵石县人。中共党员，副主任中医师。初中毕业后适逢文革影响而辍学，于1968年随老中医刘庆森(岳父)学习中医，出师后在乡村行医多年，于1979年经全省选拔统考被择优录用，并颁发中医师职称证书，分配到灵石县段纯中心医院任中医临床工作。后于1981年在山西省晋中卫校“中医经典著作进修班”学习一年，期间得到了晋中卫校著名中医王耀山、张开疆等老师对中医四大经典的面授；同时还聆听了北京中医学院著名中医学家刘渡舟、赵绍琴、马雨人、王洪图等教授对78届在校研究生四大经典的授课实况录音，并在四大经典著作理论上得到了更进一步的深化和提高。再经省自考取得大专学历，于1999年晋升为副主任中医师，任职于山西省灵石县中医院，兼任天石中医妇科研究培训中心主任。

从医40余年， 临床以治疗中医内、妇科为见长。妇科方面在辨证论治的基础上,注重阴阳气血的相互消长，因势利导，动静结合，创立“分步疗法”。曾多次参加全省及全国性的学术研讨及交流会，撰有10余篇医学论文均于省级以上刊物发表，其中《论妇科不孕症治疗三步法》、《妇人滑胎的分步疗法》、《优生优育与中医妇科分步疗法》形成了自己独特的中医妇科临床特色。另外《论妇科不孕症治疗三步法》被山西省晋中地区评为1992年“自然科学学术论文”二等奖，山西省“优秀论文”三等奖，又于1998年收入中国中医药优秀学术成果文库——《中国特色医疗新技术》一书，并被评为“优秀学术论文一等奖”。《优生优育与中医妇科分步疗法》被《中国医学创新发展》一书收入。

李恺华

李恺华，男，1941年出生于上海嘉定，原新疆库尔勒28团医院主治医师，现上海市李恺华中医诊所法人代表，任中国公共卫生建设网专家委员。

李恺华从叔祖公学习中医四大经典和内、外、妇科及针灸八年。从医33年。重视阳气与脾胃后天奉养功能外，诊疗中着眼于病人已发及未发疾病的生理状态和综合病机，务必考察其脏腑经络气血阴阳的盛衰和先天后天的有余不足，强调全面综合地考察病人状况。对支气管炎、喘喘、支扩、各种肺炎、肺结核，以及妇科各科炎症、中皮癣、脉管炎、血管神经性头痛、烫伤等，积累了一定的临床经验。擅长针灸疗法。

1994年以来，先后在各种学术会议、医学类刊物和大型医学丛书上发表论文数十篇。《李恺华专家论疑难杂病》刊载于《中国医药指南》杂志（2005年第五、第七期）名医侧记专栏。

张荷生

张荷生，男，1946年出生，山东济南人，汉族，大专，执业医师。原任山东省化工厅地址勘探院保

健医师。1992年调任济南市中疑难门诊部主任六年。1994年退休，1998年任山东济南天慧中医药研究中心主任，西崖村卫生室负责人.。四十多年来，一直在一线从事临床工作，论文《续骨散与乌鸡配伍治疗骨折的捷效》刊发于《二十一世纪中华民族医学临床新进展》（2002年6月）。先后写出《综合微观的发现治疗肿瘤的初探》、《试用唯象论浅谈辩证的部分治法及搬移疗法》等。2006年11月5日在北京举办的“国际中医药肿瘤大会”中，交流稿《治疗肿瘤的回顾》被选入会刊（见会刊335页）。

李荣林

李荣林，男，1946年生，贵州省遵义县人，大专学历，中医师、执业医师，中西医结合专业。于1965年～1987年在刀靶乡卫生院从事中西医临床工作并担任院长20余年；1987年至现在于刀靶村卫生室从事农村卫生防保、临床与新医学研著工作。曾被评为全国基层优秀中医、全国优秀乡村医生。《美国中华现代医学杂志》副主编、香港中华医药报高级撰稿人、香港国际传统医学研究会会员。中国民间中医研究开发协会会员。政协遵义县第十一届委员会文史委员。

《新医学引玉》一书已于2001年8月由北京科学技术出版社出版，书号为ISBN7-5023-1473-3。全书基础到临床共8大部分，18册约360万字。其中把脑充实调整在脏腑学说中取代心包络一脏，并立为统帅；又把三调节体系充实调整在脏腑学说中取代三焦一腑，立为枢纽机关。有机地将中西医理论融会贯通。

从1985年起先后在国家中医杂志、中西医结合杂志、美国现代医学杂志等国家级及世界刊物上发表论文18篇；曾参加“第二次世界中西医结合大会”、“全国中医药临床研讨会”等世界、国家级学术会议8次。所发表的论文《为创造具中国特色的新医学新药学而奋斗》、《脑为脏腑之统帅》、《三调节为脏腑之枢纽》、《致病的四因分类》、《脑卒中的三调节辨病论治》等。

周金昌

周金昌，出生在贫寒的农民家庭，童年遇上三年自然灾害期间，父母均患过重病，亲眼目睹父母在贫病交加中挣扎的凄惨情景，从小萌发了学医志向。本人祖上曾是地方伤科医，因隔代失传，于是从小一边念书，一边向民间医生学习中医，在部队期间曾拜南少林德善禅师为师，学习推拿按摩。回地方参加工作后得到地方武师传授武林骨伤科医技，此后又得到武林界多位名宿的指点，在骨伤科及筋骨疑难病方面有所心得，并写成“常见伤科疾病的中医治疗”书稿。

我是师传、自学走上医学之路的。为了提高自己的医学理论水平，1989年参加中医培训中心为期一年的强化培训班，以优异成绩通过考试。1997年5月报考北京师范大学继续教育学院中医学专业专科函授，一边学习，一边工作，以优异成绩通过考试，获得大专学历证书。通过30多年的学习研究和临床实践，在肿瘤及筋骨疑难病方面取得了一些成绩。收治过300多例各种晚期肿瘤病人，现已存活3年以上者有117人，5年以上者有62人，最长者已存活23年，由于求医者绝大多数都已经过放、化疗及手术后复发转移，因此，对肿瘤病的治愈率并不高，但已说明恶性肿瘤并不是绝症，只要治疗及时，方法得当，医患能够很好地配合，大多数肿瘤病人是可以获得一定疗效的。

本人的医疗事迹，江西省南昌电台曾于1991年做过专题报道，每天早晨5点开始，连续播放过一周。近几年中，主要把精力集中在总结经验和编撰著作上。

罗振学

罗振学，男，瑶族，1947年10月生，系湖南江华瑶族自治县人。出生于祖传瑶医世家，祖辈是当地草药医，自幼跟随祖父祖母和父母采草药学习为患者治病。上世纪六十年代参加合作医疗，担任过村卫生员和赤脚医生，后在江华县东田人民公社会合片瑶族医药学会任副会长，负责收集整理民间单方秘方和中草药的开发工作。1979年至1997年在涔天河水库胡世祥家和东田镇门口开瑶医草药诊所。1998年至今，在江华县城开大市场中药诊所。1995年参加江华县民间中草药秘方协会任副会长，2000年任会长。二00五年创办湖南省永州市江华民间中草药研究会担任秘书长，同年又成立江华瑶族医药学研究会任会长，带领全体会员，致力于瑶山民间草药的挖掘、研究和开发。

罗振学对医术精益求精，对患者不分贫富，有钱没钱都为患者精心治疗。几十年来，为解决边远瑶山地区群众看病难、治病贵的难题作出不懈的努力，为不少的困难户和五保户免费治病，受到当地政府和群众的好评。他还热心公益事业，积极为本县篮球赛、修建西佛桥、四川地震救灾捐款。

徐能全

徐能全，男，生于1947年。退休主治中医师。

徐能全从医40多年，潜心于医疗事业，先后在《工人报》、《湖北中医杂志》等刊物上发表论文数篇。

徐能全由三级甲等医院退休后开设了一家具有特色的医疗机构，其服务宗旨：以人为本、以病人为中心、服务于社会。以便民、利民、惠民为服务理念，采用中药、针灸、经络整体调整、穴位注射、中药熏蒸、中药熏洗、水针刀等综合疗法为患者服务。

谢衍霞

谢衍霞，女，1964年10月出生，广东省兴宁市人。现任兴宁市罗岗供销社医务所妇科科室主任。

在长期的临床实践中，对女性各类疾病积累了一定的治疗经验，并形成科室经验制剂药物。

2008年9月，应邀参加了“全国妇女健康大会”，获得荣誉证书。

余　成

余成，男，出生于1948年，汉族，广东湛江东海岛人，多年从事中西医结合工作，对药膳食疗颇有心得，多次去海外演讲药膳食疗。 创办了湛江第一所药膳学校。

曾在国内外学术论坛会上发表数十遍论文。如《中西医结合治疗心肌梗塞》、《脑肿瘤七例医案介绍》、《临床医案八则》等。参加全国首届中医药发展大会，曾任《寻医问药》杂志副主编。现在湛江海洋职工医院从事中医工作。

彭　辉

彭辉，男，汉族，1933年生，湖南省永州市人。广西民族医药协会会员。热爱中医文化，对中药炮制和复方煎煮方法对功效的影响有个人见解，认为不能用简单的叠加来理解复方综合作用的整体效果。提倡多开发适用于各种证型的通用性中成药，这样可以有效降低多发病的发病率。长期以来一直关注中老年常见疾病，在自身保健方面，尝试用食疗代替药疗，用纯中药和纯米酒按传统工艺泡制而成的“彭氏魔酒”系列治疗中老年常见的冠心病、高血压、糖尿病、风湿等疾病，能全面调理各脏腑的功能，达到阴阳平衡，具有独特的功效。

朱引山

朱引山，男，道号玄阳子，中国道家无极门掌门、玄阳武道馆馆长、一心堂中医养生公司总经理、中国周易策划有限公司总经理兼首席策划师。自幼练习各门武学，修持道家功夫，研修传统文化，是当今极负盛名的武、易、医、道、玄学明家大师。其超感应武道、一三针法、心易神数、奇门遁甲、大六壬、太乙神数、朱氏医道风水学、无极玄空风水学、成功学、奇门兵法与企业管理、梦中乾坤、心灵术、道家内丹等等法门，风靡世界各地学术界。定期亲自主持玄阳武道馆、一心堂中医养生公司的教学、医疗工作，不定期到世界各地讲学。先生学究天人，参玄悟道多年，感悟五术之玄机，深味武易医道玄之真谛，融种种绝学为一体，汇古今文化为一炉，亲自带领中国周易策划有限公司的专家团为您策划，助您铸就辉煌。

雷重新

雷重新，男，中华医学会会员。探索以中药动物药某些成分用于治疗血液病，有所心得。雷重新认为，“天然药物”不等同于“中药”。他说：“天然药物”的提出和兴起，是由于药源性疾病日益增加，人们惧怕化学合成药物的毒副作用，从而转向自然界寻找新的药物途径，反映了人们对安全药物的迫切期待。他认为，中药具有自己的学科体系和内涵，没有必要因为社会期待安全药物青睐“天然药物”而将中药改称为天然药物。应该加大中医药文化的推广普及，让更多的人了解中药学的合理性，使这门独具特色的民族药物学为更多人健康服务。

黄开云

黄开云，男，回族，生于1948年5月20日。自学成才，获河北渤海学院2001年至2004年中西医结合大专学历。受聘担任国际医药科研部注册《国际客座研究员及中外名医风采》杂志“特约编审”。2007年入选《中外名医风采》杂志6月期专栏。中国特色医疗医学会通知为学会会员。中华侨医远程会诊全球联盟理事会会员。

2009

國醫年鑒

2 中医名人榜

河北　丁彩文

名人小传

丁彩文，男，59岁，汉族，中共党员，全国农村基层优秀中医。1966年开始从事医疗卫生技术工作，在本村担任村医。从1988年至今，先后在3所基层卫生院任临床医生并担任院长职务。

持之以恒自学， 44年如一日，从一名“赤脚医生”成长为一名合格的副主任医师

参加工作以来，认真学习医学理论知识，刻苦钻研医疗技术，努力提高诊疗水平，对技术精益求精。刚担任村医时，由于只参加过7个月的短期培训，仅学到一些比较浅薄的医学知识，在临床上根本不够用，就一边工作，一边在实践中学习，理论与实践相结合，坚持自学并积极参加各种业务培训班。虚心学习，不耻下问，卫生院、医疗队的医生，邻村的村医，民间有一技之长的祖传医生，甚至长期患病的老病号，都是其老师。为扩大知识面，掌握医学新动向，先后订阅11种医学杂志，从中吸取营养，掌握新技术、新疗法，不断充实更新医学知识，提高自身医疗技术水平。1992年中医自考专科毕业，2003年中医自考本科毕业，写下超过200万字的读书笔记。2007年取得副主任医师职称。

工作认真负责，一丝不苟，对待患者耐心细致，深受好评，在当地享有较高声誉

热爱党的卫生事业，对患者不分职业职务一视同仁。在诊疗工作中，热情接待患者，详细询问病史，对患者耐心细致地进行各项检查，力求做到客观、正确地诊断，并制定合理有效的治疗方案；对急诊病人能及时、正确地制定治疗方案，迅速、妥善地进行处置和组织实施抢救。经治的病人，有效率较高，受到患者的信赖，在当地享有较高声誉，多次受到县、市的表彰和奖励。2006年被国家中医药管理局评选为“全国农村基层优秀中医”。

学术经验

在44年的行医生涯中，把学到的中医药理论知识运用到临床实践中，使理论和实践相结合，从中探索可重复运用的规律。从医以来，长期在农村基层工作，服务对象以农民为主。在临床实践中，根据农村的实际情况，用所学到的医学知识，以中西医结合、偏方、验方、针灸、按摩等简便有效的多种方法治疗各科常见病、多发病，为父老乡亲解除疾病的痛苦。

2008年在崇礼县“农村基层常见病多发病中医药适宜技术推广项目”培训班上，结合本人临床经

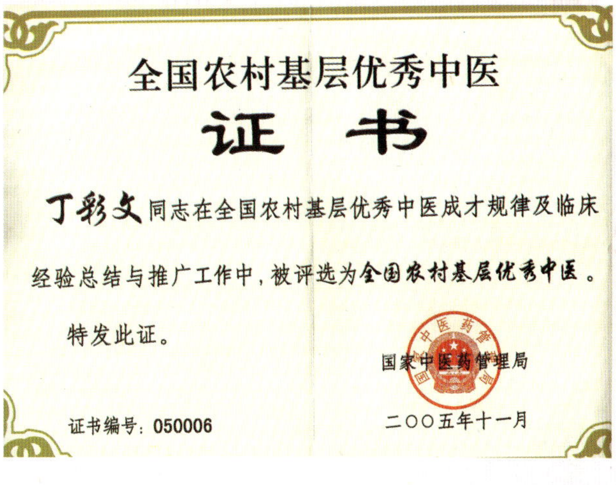
全国农村基层优秀中医

证　书

丁彩文同志在全国农村基层优秀中医成才规律及临床经验总结与推广工作中，被评选为全国农村基层优秀中医。

特发此证。

国家中医药管理局

证书编号：050006　　二〇〇五年十一月

验讲授的"放血疗法治疗急性呕吐"，以安全、有效、简便、易学的特点受到参加培训的医务人员的一致好评。

主要成果

经常总结经验，不断探索，坚持挖掘、收集、整理民间行之有效的偏方、单方、验方，结合自己临床实践，在5种医学杂志上发表论文9篇。

河北 马玉琛

名人小传

马玉琛，男，从事中医、中西医结合临床逾40年。现任国家中医药管理局中西医结合风湿病重点专科——解放军第252医院中医康复科主任，主任医师，教授，研究员，博士研究生导师。为第三、第四批全国老中医药专家学术继承工作指导老师，军队中医师承制研究生导师，全军中医药工作先进个人，保定首届名中医。任中国特色医疗医药学会委员，中华中医药学会名医学术思想研究会委员，中国中西医结合防治风湿病联盟常务委员，中国中西医结合学会消化病专业委员会委员，解放军中医药学会常务理事、中医内科专业委员会委员，北京军区中医药学会副主任委员，河北省中医骨病专业委员会副主任委员，河北省针灸学会委员，保定市中医药学会副秘书长、中医风湿病专业委员会主任委员，保定市中西医结合学会风湿免疫专业委员会主任委员等学术职务。

学术经验

长于风湿免疫和中医内科疾病的诊疗和临床研究。认为类风湿性关节炎（RA）临床症状和滑膜类肿瘤样增生性、侵蚀性的病理改变，具有明显中医"痰"、"毒"特征，提出"RA痰毒共同致病"、"无毒不足以致痹"和 "RA淫瘀痰毒合治"的学术观点，自拟抗炎止痛口服方为其代表方进行临床治疗，并在细胞、分子水平进行理论探讨，成效显著。主张对疾病实行"三维动态、内外关联中医辨证施治"，根据中医证候动态、时空的性质和多因素、多层次、多界面的特点，针对RA在各个分型分期、辅助检查、医药干预中的不同证型规律，在抗炎止痛口服方的基础上，自拟健骨抗炎、补气抗炎、活血抗炎、蠲痰攻毒、激素调节、激素替代等多种口服方，治疗RA及其并发的骨质疏松、贫血、血小板增高、肺间质纤维化以及激素副作用和停减中的反跳，总结出"RA三维中医辨证诊疗体系"。认为系统性红斑狼疮（SLE）的本质为"阴虚标实"， 其发生发展的关键是"痰积毒蚀"，发现该病 "夏热冬寒"的规律，针对疾病各阶段临床表现的不同，自拟狼疮饮及其1、2、3号口服方剂、雄清胶囊和雄附胶囊，治疗SLE；认为强直性脊柱炎（AS）本质是阳虚，以补肝肾、强筋骨、舒筋活血、祛痰攻毒为法，自制强脊口服液治疗AS；都独具特色，取得显著疗效。探索独特的"脊穴点段针刺疗法"，提出穴位的新含义，穴点、穴段的概念及其主治和刺法，治疗各种疼痛，关节、软组织、血管、神经和部分脏器疾患。认为高脂血症乃由痰浊壅塞所致，自拟行气化痰汤治疗冠心病；提出IgA肾病的中医辨证分型应以气阴两虚为主，治疗当以补益肾阴为根本法则，自拟补气益阴汤治疗IgA肾病；发现并论证了脾胃虚寒是十二指肠溃疡的中医病理基础，自拟温脾平疡汤治疗十二指肠溃疡；对CT在血管性痴呆中医辨证中的作用进行了观察总结，提出脑动脉硬化性神经衰弱综合征的概念，治以自拟活血益脑汤治疗老年痴呆；自拟消岩真汤、清消饮治疗肿瘤；都取得了较好的效果。

主要成果

发明电脑调温、热控中药透皮风湿治疗仪并获国家发明专利。采用该仪器并利用红外、微波、超短波等，应用自拟酒润风湿透皮散进行中药透皮法治疗各种原因导致的肌肉疼痛、酸楚、麻木，关节肿胀、屈伸不利等。发明生命信息穴位疗法治疗冠心病、心绞痛、冠脉供血不足、心律失常、人体免疫功能失调；针刺治疗心律失常等；分别获得省部级科研成果奖

发表学术文章70余篇，出版专著2部。"十一五"期间，参加国家科技支撑计划课题的重大疑难疾病中医防治研究项目、负责全军中医药重大临床攻关课题各1项，承担省、市、军区课题多项。以第一完成人获省部级5项、地市级1项科技成果奖。

河北 马秀文

名人小传

马秀文，女，生于1962年10月。河北省衡水市枣强县人，汉族。大学本科学历，河北省衡水市哈励逊国际和平医院中医科副主任、主任医师。

马秀文1984年毕业于河北省中医学院，同年分配至河北省衡水市哈励逊和平医院从事中西医结合内科

临床工作。1998年在北京中日友好医院脱产进修一年，有幸向焦树德、闫小萍教授学习。2005年经考试入选第一批“河北省优秀中医临床人才研修项目”，师从全国著名中医路志正、薛伯寿教授，脱产跟师侍诊一年，以优秀学员结业。2008年经考试入选“全国第二批优秀中医临床人才培养研修项目”，为衡水市双十双百工程人选，河北省中西医结合学会神经科分会委员。

学术经验

高血压、心脑血管病是临床常见病多发病，中医药具有很好的疗效，对西医药有很好的减毒增效作用。马秀文认为，顽固性高血压主要存在阴阳失衡、气机失调、尤其肺肝脏腑功能失谐。她采用调整肺肝气机兼燮理阴阳治疗高血压病、脑血管病后遗症，疗效显著。常用方药：桑叶12克、菊花15克、白芍20克、生地15克、泽泻12克、茯苓15克、川牛膝12克、珍珠母30克、生龙牡各20克、川楝子5克、枳实10克等。

多次系统性师从全国名老中医，马秀文善于以中医整体观辩证实施治。比如诊治冠心病心律失常，她从脾胃论，采取健脾胃祛痰湿、心胆同调的方法，疗效颇佳。这是她师从路志正老师所得。常用方药：陈皮8克、半夏10克、茯苓12克、远志8克、菖蒲8克、郁金、丹参18克、枳壳12克、竹茹10克、生龙牡各18克。

主要成果

1994年与中国科学院安徽光学精密仪器研究所合作，完成ZJS-co2系列激光针灸仪的研发项目，其关键技术之一：“模拟中医针灸传统复式补泻手法烧山火、透天凉等信息，以此调制激光发射，完成针灸并施”主要由马秀文完成，此项研究已经申请国家专利。该项研究获中国科学院科技进步二等奖。

发表学术论文11篇。其中有对经方的临床新用经验，如：“三仁汤治疗术后发热”、“生脉散加味治疗电解质紊乱”、“资生汤临床新用”。也有自己探索的心得总结，如“中西医结合治疗糖尿病并发症”。出版著作一部：《中医对慢性阻塞性肺病调养护理》一书由中国中医药出版社出版。

医学感悟

中医是医生心灵与疾病的对话。中医需要科班式教育更需要师承。中医学历经数千年积淀，仅凭中医经验的重复是不够进入中医艺术殿堂的。中医需要现代科技手段的参与，而非用现代科技的尺子裁量。我认为，现代医学知识对更好体悟中医是大有裨益的。

黑龙江　马宝璋

名人小传

马宝璋，男，生于1940年4月。1965年8月毕业于黑龙江中医学院，后留校在妇科教研室及附属医院妇产科执教至今。曾任黑龙江中医药大学妇科教研室主任、附属第一医院妇产科主任。现为黑龙江中医药大学妇科教研室及附属第一医院妇产科教授、主任医师、博士生导师、国家重点学科点中医妇科学学科带

头人，国家局级重点实验室中药药理（妇科）实验室主任。国家高等教育中医药类规划教材编审委员会委员，现教育部批准为“十一五”本科及七年制新版规划教材《中医妇科学》主编。国家名中医师带徒指导教师，黑龙江省名中医。世界中医药联合会妇科委员会副会长，中华中医药学会妇科委员会副主任委员，黑龙江省中医妇科学术委员会主任委员，黑龙江省学位委员会委员，中华中医妇科杂志编委会副主任委员，享受国务院特殊津贴。2007年10月被中华中医药学会授予“全国中医妇科名专家”。

学术经验

马宝璋教授从事妇产科临床工作45年，对月经不调、功血、痛经、先兆流产、习惯性流产、妊娠高血压综合征、不孕症、盆腔炎、子宫内膜异位症、子宫肌瘤等有突出疗效，吸引了国内外患者前来就诊。尤其对妇产科常见疑难病的治疗有较深入的研究：①慢性盆腔炎缠绵难愈，多年实践中研制的炎克宁治疗慢性盆腔炎，特别是对由盆腔炎导致输卵管病变的不孕症，运用炎克宁加特殊通液术予以治疗，方法简便，费用低廉，疗效可靠。②自行研制的固肾宁治疗月经不调，无排卵功血，闭经等有较好疗效，在月经病治愈的同时也能治疗排卵障碍的不孕症。③自行研制的优生宁用于治疗先兆流产和习惯性流产，保胎的成功率较高，而且经保胎成功的婴儿发育正常且聪明伶俐，在客观上冲击了在流产方面的“优胜劣汰”理论。④自行研制的异位宁用于治疗盆腔子宫内膜异位症有较好疗效。盆腔子宫内膜异位症一是继发的痛经进行性加剧，有时是难以忍受的疼痛，二是不孕，三是月经不调，有人比喻为“不死的癌症”，还有人称手术治疗三年复发30%，五年复发50%，中药在治疗本病痛经上有较好疗效，且治疗中有怀孕的机会。上述疾病的治疗都有相应的科研课题和相关实验支持，表明中医妇科学是中医药学最具优势的学科之一。

主要成果

教学方面：多次承担国家规划教材本科、专科、七年制《中医妇科学》的主编工作，同时主编了多部《中医妇科学》教学参考书，2006年已完成“十一五”本科精编教材《中医妇科学》主编工作，目前正在进行七年制（二版）规划教材《中医妇科学》主编工作。多年来不断以理论研究成果更新和改革《中医妇科学》教材内容。除从事本科教学外，现培养博士已毕业者27人，在读者5人；已毕业硕士21人。已毕业的多名博士在国内中、西医药药院校妇产科担任科主任、博士生导师、硕士生导师工作。

科研方面：执教45年来，一直致力于中医妇科学经典理论挖掘整理的研究工作和教材建设工作。提出了一些创新性的理论：①根据文、史、医的相关资料，系统整理了中医妇科学发展简史。②根据医学文献，建立中医学女性生殖脏器理论。③根据经典理论发掘整理和发展了中医妇科学的冲任（督带）学说，使冲任理论贯穿于妇科“生理、病理、疾病”的整个论理过程，明确和规范了中医妇科学理论的系统性和科学性。④关于天癸的研究，明确提出：天癸源于先天，藏之于肾，是促进人体生长、发育和生殖的物质。⑤根据经典理论首次提出“肾气-天癸-冲任-胞宫”月经机理的作用过程与环节，同时论证了这一机理与西医学“下丘脑-垂体-卵巢-子宫”的环路相对应等理论。⑥根据经典理论系统整理了妇科诊断要点与治法概要，进行了规范性、系统性的阐述，完善了中医妇科学的理论体系。这些理论研究成果，得到专家认可，已全部写入本科、专科及七年制教材中。

在实验研究方面，曾承担国家自然科学基金、国家中医药管理局、省科委课题多项。获省政府科学进步奖4项，近五年获省政府科技进步二等奖1项，三等奖1项；中华中医药学会科技进步二等奖1项；近五年获省教学成果一等奖2项，二等奖1项。此外著作18部，发表论文109篇，近五年以第一作者和通讯作者发表论文39篇。

山西 丰广魁

名人小传

丰广魁，男，主任医师，1983年毕业于山西大同

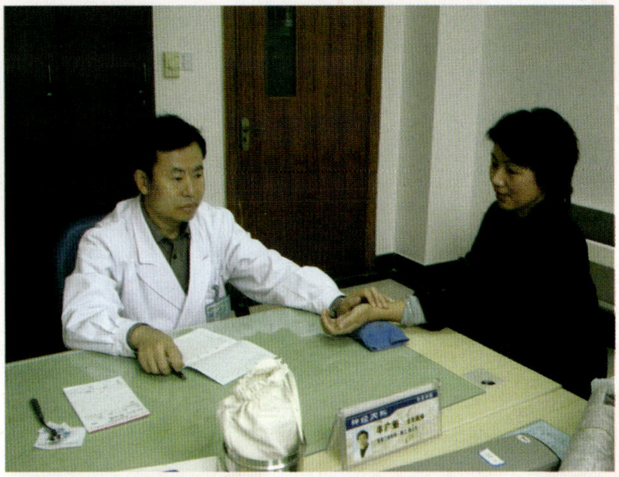

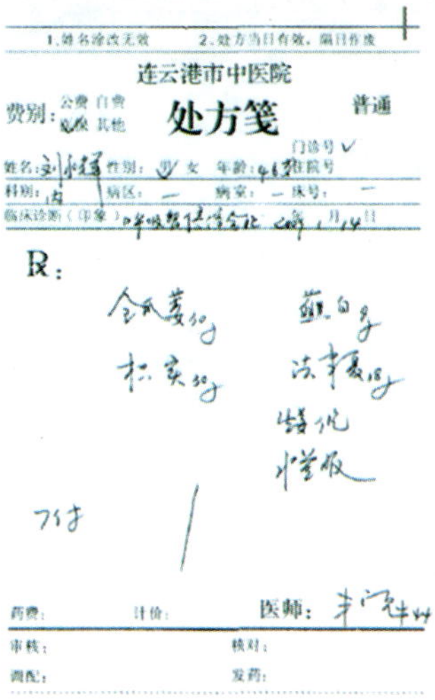
1.姓名涂改无效　2.处方当日有效，隔日作废

连云港市中医院

费别：公费 自费 医保 其他　**处方笺**　普通

门诊号　住院号

姓名：　性别：男 女　年龄：

科别：　病区：　病室：　床号：

临床诊断（证象）

R：

药费：　计价：　医师：

审核：　核对：

调配：　发药：

医学专科学校中医专业，同年在山西阳高县中医院工作。1995年获陕西中医学院中医内科硕士学位，同年在江苏省连云港市中医院工作。2007年获南京中医药大学中西医结合急重症博士学位，现在江苏省连云港市中医院工作。获得南京中医药大学博士研究生“求是奖学金”，为江苏省第二届优秀青年中医药工作者，连云港市521工程第一层次培养对象，江苏省连云港市名中医，江苏省连云港市政府特殊津贴获得者，政协委员，江苏省连云港市中医院副院长，江苏省中医药学会理事，江苏省中医药学会脑病专业委员会副主任委员，江苏省中医药学会急症医学委员会副秘书长，中华中医药学会脑病分会委员，第二批全国优秀中医临床人才研修项目培养对象。

学术经验

1. 在临床中十分推崇岳美中的“治急性病要有胆有识，治慢性病要有方有守”的中医治病思想，急重病用仲景方，慢性病、虚损性疾病推崇东垣方。善用经方、小方，提倡方精药简，一矢一的，有的放矢；认为辩证应首辩阴阳，遣方用药应刚柔相济。采用中医、中西医方法治疗帕金森病取得了肯定疗效，在改善临床症状、提高生活生存质量、减低美多巴等药物的不良反应方面体现出中药汤剂“镇颤舒”的独特优势，此课题获市科技进步二等奖。采用中药治疗高热不退，呼吸暂停综合征、顽固性高血压、顽固性癫痫等疑难病、急重症取得了较好疗效。

2. 对帕金森病的研究：认为帕金森病属中医老年颤证范围，病机属本虚标实，本虚为肝肾不足，气血两虚，标实为风火内生，痰瘀阻络；筋急风动为病理关键，只有导致筋脉失养，影响筋脉的正常舒挛，失却自如保持动静的能力，才能致颤；柔肝缓痉乃其正治，内风与肝之关系最为密切，治肝乃治颤之大法，治肝之法甚多，但惟柔肝之法最顺肝刚烈之性，不可填塞峻补过猛，亦不可行气活血，通利息风过峻，宜平补平泻，补而不腻，疏而不过，柔肝缓痉，缓缓图之，自拟芍药钩藤汤（镇颤舒）治疗帕金森病改善震颤，肌强直疗效显著。

3. 对持续性植物状态的研究：持续性植物状态（PVS）属于特殊的意识障碍，PVS患者多由外伤脑窍，痰瘀阻络，窍闭神蒙，或年老中风，脑脉瘀滞，神明受阻；或窒息缺氧，清气不升，脑窍失聪，神明受蒙，发为不识人事，肢窍失用。此皆与气血运行失乖，痰瘀阻窍，窍闭神蒙有关，因此本病病性乃本虚标实，因实致虚，以虚为主；实为痰瘀阻窍，或挟火挟风，虚为气血不足，脾肾亏虚。PVS病性属阴，患者初期以瘀血内阻、痰浊蒙窍为主，亦可挟热、挟风，中期以气血不足、痰瘀阻闭为主，后期以精气亏虚、痰瘀阻闭为主，而气血亏虚证多见。但气血亏虚，痰瘀阻窍，神明闭阻贯穿始终，虚、瘀、痰是病理关键。宜益气和血、化瘀开窍法，方选，黄芪、当归、麝香、桃仁、石菖蒲、白芷六味（益神启窍方），共凑补气养血、活血化瘀、豁痰化浊、明蒙启闭、醒神开窍之“益神启窍”之功。益神启窍方能提高PVS疗效评分，增加促醒例数，能有效调整血、脑脊液中氨基酸、多巴胺含量，明显优于对照组。

主要成果

1、在省级以上学术刊物上发表论文28篇；其中核心期刊20篇，编写《昏迷与植物状态诊断治疗学•持续性植物状态患者的中医治疗》（人卫出版）。

2、获市级科技进步二等奖1项，三等奖2项；3项通过鉴定，2项待评奖；

3、研制了治疗帕金森病、失眠（焦虑症）、颈性眩晕的院内制剂，分别是镇颤舒胶囊、柴龙解郁丹、葛根定眩胶囊，皆疗效肯定、需求量大。

医学感悟：

医乃仁术，需有仁有术；勤思考、多临床；扎实的中医理论基础是做好临床的前提，研习经典是诊疗水平获得飞跃的桥梁。

北京 王文远

名人小传

王文远，男，汉族，1945年出生于山东临沂市，中共党员，主任医师。1961年师承于鲁南名医刘春启门下，1975年毕业于解放军军医学院。荣立二等功2次，被评为全军中医药工作先进个人、北京军区文职干部标兵、育才有功专家、优秀共产党员、科技先进个人、中华中医药学会中医药传承先进个人，北京市精神文明奖章获得者，享受国务院特殊津贴。王文远教授兼任中国针灸学会理事、中国医促会理事、中国老年学学会平衡针灸学委员会主任委员、全军中医药学会常务理事、北京中医药大学教授、钓鱼台养生保健中心特聘专家。

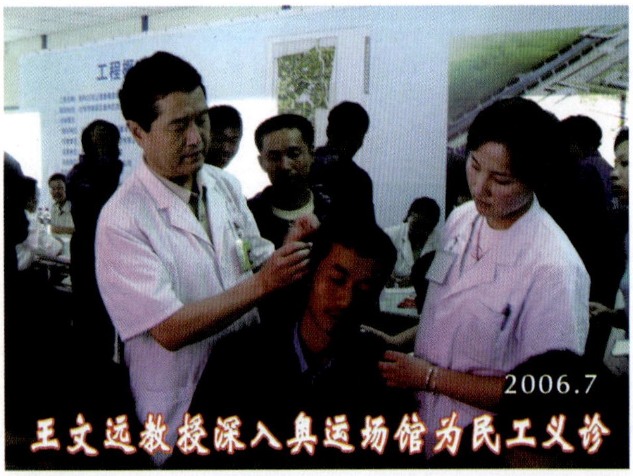

2006.7

王文远教授深入奥运场馆为民工义诊

王文远教授40余年的从医生涯，道路曲折，没有科研条件，没有经费，没有人才，仅仅凭着沂蒙山革命老区的艰苦奋斗及无私奉献的精神，凭着一名军人不怕困难、不怕挫折、顽强拼搏的坚强毅力，凭着对博大精深的祖国医学的无限热爱，由一名军旅郎中成长为平衡针灸学科的掌门人，一个人创立一个国家级重点平衡针灸专科；一个人创立一个平衡医学系列；一个人获得18项科技进步奖；一个人培养出1万余名乡村医生与部队针灸人才；一个人十余次现场演示针灸治疗，3秒钟见效，震惊世界中医论坛！

原国家主席杨尚昆为王文远教授题词“平衡针灸造福人类”；时任中央政治局常委刘华清将军亲自批示“王文远同志的中医技术应传播全军，在卫戍区成立全军平衡针灸培训中心”。

学术经验

“平衡是人体健康的基础，失衡是疾病形成的诱因，修衡是针刺外周神经靶点，复衡是在中枢神经靶位调控下，达到机体新的平衡”。这就是由享受国务院特殊津贴的针灸专家、北京军区总医院全军平衡针灸治疗培训中心创始人王文远教授经过40余年潜心研究，数万次针感体验，成功创立的一门现代针灸学。

王文远教授认为人类生命科学的核心是大脑中枢司令部按照遗传基因程序通过神经系统实施对内脏的科学管理。如呼吸中枢、心跳中枢、血压中枢、体温中枢、神经内分泌中枢、躯体运动中枢、躯体感觉中枢、视、听、嗅觉中枢等，人体正是在司令部指挥下完成各项生命活动。一旦中枢系统管理程序出现问题，必然影响到中枢所管辖的有关脏器，引发疾病。所以，对疾病的治疗首先是调整修复大脑基因程序，这才是中医治病先治本的具体体现。

平衡针灸学突破了几千年传统的经络模式，创立了传统医学与现代医学在针灸领域相结合的一门现代针灸学。提出了区域性、特异性、交叉性的取穴原则，发明了位于外周神经上的靶点（如降压穴、降脂穴、降糖穴、肩痛穴、颈痛穴、腰痛穴、心痛穴、肝病穴等），在大脑中枢靶位的作用下，依靠病人自己来调节修复治疗自己的疾病。在平衡针灸的基础上又推出了平衡心理学、平衡保健学、平衡推拿学、平衡火罐学、平衡药物学、平衡膳食学等平衡医学系列。突出心理平衡，突出中枢调控，不论功能性、器质性疾病，形成了安全有效、简便价廉、3秒钟90%以上患者见效的中医技术特色。

主要成果

1995年12月总后卫生部批准建立“全军平衡针灸治疗培训中心”。 2001年平衡针灸学被列为国家中医药管理局“十五”中医药标准化研究招标课题；2002年10月被评为国家中医药管理局重点针灸专科；2005年被评为国家卫生部第二批十年百项农村与基层适宜技术推广项目、国家中医药管理局中医药科技成果推广项目、钓鱼台国宾馆养生保健中心保健项目；2006年被评为国家中医药管理局第一批向全国农村与社区适宜技术推广项目。2006年平衡针灸学委员会申报的 “针刺降压穴治疗原发性高血压病的临床研究”课题被批准为民政部“十一”五计划科研项目；2007年平衡针灸技术又中标“国家973计划中医基础理论课题”研究项目。2008年中标民政部老年医学研究2项招标课题。

先后开展新技术500余项，发表学术论文380余篇，获得科技进步奖18项。此技术在全国4000多家医院临床推广，共计治疗国内外病人60余万，治疗高血压、高血脂、高血糖、冠心病、脑血管病后遗症、肩周炎、颈椎病、腰椎间盘突出、膝关节骨性关节炎、肋间神经痛、带状疱疹后遗症、面神经麻痹、偏头痛、三叉神经痛、痛风、帕金森氏病、莱姆病、顽固性失眠、慢性前列腺炎、过敏性疾病、神经性耳鸣等680余种疾病。先后举办200余期培训班，培养了遍布于20多个国家和地区的3万余名针灸人才。创办了《中国平衡针灸平衡医学杂志》和平衡针灸国际网站，成功召开了7届全国与国际平衡针灸平衡医学学术会议。

湖南　王行宽

名人小传

王行宽，男，1939年3月出生，江苏省镇江市，汉族，中共党员。现任湖南中医药大学第一附属医院内科教授、主任医师、博士研究生导师。享受政府特殊津贴。湖南省名中医、湖南中医学院内科学术带头人、全国第二、三、四批老中医药专家学术经验指导老师。

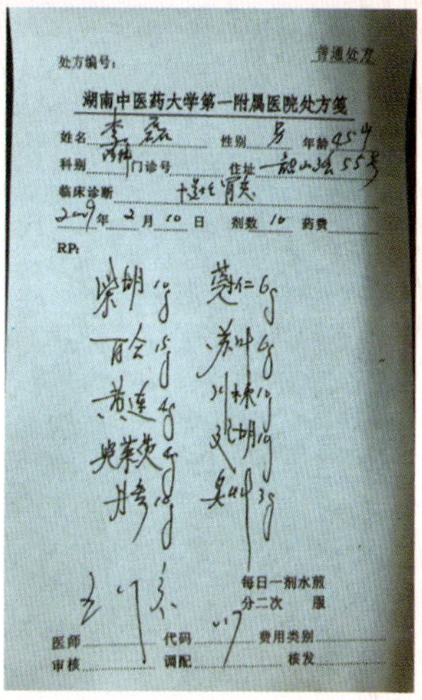
处方编号：　普通处方
湖南中医药大学第一附属医院处方笺
姓名　性别　年龄
科别　门诊号　住址
临床诊断
年　月　日　剂数　药费
RP:
每日一剂水煎 分二次 服
医师　代码　费用类别
审核　调配　核发

1959年高中毕业考取原南京中医学院医疗系本科，1965年7月毕业后分配至湖南中医学院附一院内科工作。1998年经国务院批准享受政府特殊津贴，经湖南省学位委员会批为中医内科博士指导教师、湖南中医学院中医诊断学博士流动站指导小组成员，同年被聘为国家药品监督管理局药品审评专家等。1999年经湖南省人事厅、省卫生厅评定为湖南省名中医，2008年1月被湖南省教育工会评为医德标兵。曾任医院门诊部主任、门诊党支部书记、急诊科主任、业务副院长、一系副主任、大内科及内科教研室主任等职。

学术经验

其学术特点为：精通中医学，旁谙西医内科学，刻意创新，继承为前提，发扬为目的。擅长中医心脑、脾胃系疾病、急危重症及疑难杂症。根据脏腑生化制约的相应性，对于慢性疾病及疑难杂症擅长综合分析，多脏调燮，习用隔一脏、隔二脏乃至隔三脏疗法，从肝论治是其治病特色。对胸痹心痛，认为其病位应在心络，病机为心气营亏虚为本；脂浊痰瘀互结，肝气郁滞，心络经隧不畅为标；治宜补气和营、豁痰化瘀、疏肝通络。倡导从肝治心，推崇清•陈士铎在《石室秘录•双治法》中所提“心痛治肝”之法及《明医杂著》中论述：“凡心脏得病，必先调其肝肾二脏，肾者心之鬼也，肝气通则心气和；肝气滞则心气乏，此心病先求于肝，清其源也”之说。研制“心痛灵Ⅰ、Ⅱ号”治疗冠心病心绞痛，效果甚验。对于缺血中风，认为其病位在脑之络脉，肾虚精亏，髓海不足，脑络为脂浊痰瘀痹阻，气血逆乱，气不顺则生风，扰乱神机致其失灵，经气流贯阻滞，发为缺血中风，即所谓：“脑喜静谧而恶动扰，静谧则清明内持，动扰则掉摇散乱。”主张用六味地黄丸合补阳还五汤加减治疗，前方补肾益精以荣脑；后方补气和血以通脑络乃标本兼治之举，若属风痰瘀阻证者，又当以六味地黄丸合羚羊钩藤汤化裁；风火窜扰，脑络破损，血溢络外之出血中风，力主以犀角地黄汤合羚羊钩藤汤增损为佳，犀角地黄汤有凉血散血之妙，而无止血留瘀之弊。治疗慢性胃炎、溃疡病，倡用疏肝和胃、左金制木法，既使肝不犯胃，又令金行左位起制木之能，如是始能胃气降，脾气升，枢机通畅，胃腑自和，自拟“加味连苏饮”疗效尚称满意。对慢性结肠炎，主张以“大肠胀”或“肠痹”名之。便溏为主即称前者；便秘突出则称后者为宜。肝失疏泄，脾失健运，肺失治节，小肠失于分清泌浊，大肠有失传导之司为其发病之关键，故主张肝脾并治，尤其崇尚丹溪治肠痹，必开肺气之说，“肠痹以开肺气以宣通”“但开降上焦肺气，上窍开泄，下窍自通。”诊治消渴病，不囿于一般肺、胃、肾阴虚燥热之说，首创心肝郁热（火旺）之说，肺胃之热乃心肝郁热移易所致，肾精亏损实病情演变之结局，故提倡清肝泻心、滋阴润燥法，诚另辟蹊径之举。对于慢性肾衰强调肾虚为本，瘀毒蕴结为其基本病机，而肝失疏泄贯穿于病之始终。肾主五液，肾衰则气化不力，五液不行，水湿留聚于肾，变生“溺毒”，由肾络逆渗入于血分，随血运行，侵淫脏腑，毒害五体，耗气、伤阴、损血，甚则逆变，上犯脑神，发生“溺毒入血，血毒上脑之候。” 总之，其病位在肾及溺毒蕴藏于血，罹害肝、脾、心、肺、脑诸脏，耗损阴阳气血，故谓其本在肾，治节在肺，其制在脾，疏泄在肝，治应分辨标本缓急、虚实寒热，综合分析，权衡多变，不可胶柱鼓瑟，诚如已故著名中医学家邹云翔教授所云：“治肺肾肝脾，难循一法，用宣清疏补，唯求应机”等。

主要成果

带教研究生：1987年起带教硕士研究生18人。1998年起带教博士研究生9名。1997年、2002年、2008年作为全国第二、三、四批老中医药专家经验继承传授老师，传授学生4人；1999年为湖南省中医管理局中医跨世纪人才学习班指导学员7人。

发表学术论文及著作：已发表学术论文近60篇、著作9部。代表作有：《中医急诊学》编委（上海科技出版社）、《中医内科疾病诊疗常规》副主编（湖南科技出版社）、《中医诊断与鉴别诊断学》编委（人卫出版社）、《中医主症鉴别诊疗学》副主编（湖南科技出版社）、《中西医结合内科学》主编（中国中医药出版社）、《常见症状中医鉴别诊疗学》编委（人卫出版社）；《心痛灵2号治疗冠心病心绞痛疗效观察》（《中国中医急症》杂志）、《浅谈中医胰与糖尿病的关系》（《辽宁中医杂志》）、《清肝泻心汤治疗2型糖尿病的临床研究》（《中国中医药科技》）等。

科研课题与获奖：主持厅级以上课题6项，获湖南省科技进步奖二等奖、省中医药科技进步三等奖、省中医管理局科技进步四等奖、湖南中医学院优秀教学成果三等奖各1项。1998年获中华国际医学交流基金会颁发1997年度林床宗扬医学教育奖。

大连 王 虹

名人小传

王虹，女，医学博士，大连青虹中医门诊主任，原沈阳军区首长保健医生。1995年4月与公爹曲恒发创建了青虹中医门诊，为“曲氏刺血术”的第九代传

患者游佐木一与王虹院长

青虹门诊大厅

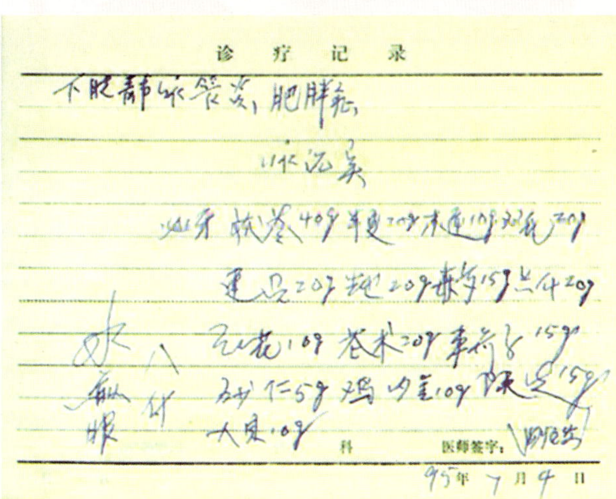

曲先生亲笔处方

人。中国名人协会会员，中国发明协会会员，荣获2000年度辽宁省“三八红旗手”，大连市优秀发明企业家，任中美陈香梅文化促进会副秘书长，2001年，王虹被评为全国“十佳中华名医”，联合国前秘书长冀朝铸先生亲自为她颁了奖。2002-2007年任政协委员，2007年当选人大代表。

曲氏家族原姓鞠，早在清朝雍正年间，先人乃朝廷重臣，因性格耿直，刚正不阿，得罪了朝臣贪官污吏，为奸臣陷害，被判满门抄斩。宫中有一名御医对先人仰慕已久，不忍目睹德高望重的名臣断子绝后，冒死藏匿先人之子，谎称为自己的儿子，改姓曲氏并将之抚养成人，传授医术。从此，曲氏后人刻苦研习，医术辈传，为中医学术探源求真，奠定了曲氏中医疗法的理论基础。行医数辈，普救万众，在东北地区颇具盛名。又数年后，奇遇针灸高人，将其毕生心得的《针经》倾囊相赠，遂得真传。由此，曲氏后人受益匪浅，不断创新，精心研习，经过临床案例总结、整理、验证，创立了“曲氏刺血术”。从此曲氏医术历代相传至今。

曲老先生晚年欲将祖传医术授予后人，却为此颇为踌躇。曲恒发有四个儿子，半个世纪的蹉跎岁月，曲氏家族经历着社会上种种风波，坎坷磨难，当文革结束给予平反时，曲老已是须发皆白的耄耋之人。那时，祖传的刺血术也很少在社会上流传和实践。为延续祖传医术，该找个传人了，可自己这一大家子孙竟没有合适的人选。考虑继承之人医理悟性、人品德能、为人处事样样不能含糊，老人思来想去，最终把目光落在小儿媳王虹身上。王虹时任某军区首长保健医生，又曾当过几位名将军的保健医生。嫁入曲家十余年，言行谨慎，乐观豁达，行孝恭顺，颇得公婆的喜爱。曲氏历代古训“刺血术传男不传女，传内不传外”，最后老爷子还是下了决心，破例选中王虹做刺血术的第九代传人。在老人75岁的生日那天，他向众人宣布了自己的决定，子女亲朋哗然惊呆，一时反对者斥责不息。曲老先生力排众议，他说：“医者德为先，我观察王虹十余年，她不但人品出众，又有西医功底，一定能把祖传的刺血术发扬光大。我现在可以放心闭眼了，至于以后传给谁我就管不了。”话虽这样说，曲老先生教授王虹练习刺血术可是一丝不苟，言传身教。王虹的女儿现在回忆起当时的情景说：“我爷爷还是那么保守，教妈妈时只许家里的男孩子看，从不准女孩子靠近。”这一年，35岁的王虹开始从头学中医。曲老先生将第九代传人的重任交给她，这既让她惊喜、感动，又让她充满一种深重的责任感。平素在家中，曲老先生慈眉善目，但在诊所却严厉异常。每有病人，先叫王虹把脉，诊断治疗后由老先生再复查一遍，偶有差失，便严加训诫。王虹虽背人抹泪，但深知严父用心之苦，也就愈发勤勉自厉了。

十年磨一剑，王虹结合中西医理论与现代医学技术，加以突破创新，将刺血疗法内涵与外延进一步扩大，终于在1995年同曲恒发老人一同创建了青虹中医门诊部。结合自己的西学功底，王虹提出了刺血可以抗自由基的过氧化反应，预防自由基引起的多种疾病，可以起到促进新陈代谢、改善血液循环、增强淋巴细胞的免疫功能、增加机体的抗病能力、净化血液、排毒清肠、提高免疫力、预防多种疾病的作用，从而达到治愈疾病的目的。 这一论点在第46届传统医学大会上，一经阐述立即得到了很多国际专家和学者的认可和重视。 此疗法治疗丹毒、痤疮、黄褐斑、牛皮癣，荨麻疹，脂溢性皮炎，硬皮病、鱼鳞病、支气管哮喘、面瘫、血栓性静脉炎、脉管炎、痛风、高血压、冠心病、慢性胃炎、胃溃疡、更年期综合症、甲亢、小儿发育不良、小儿生长缓慢、儿童多动症等众多各大医院都感到棘手的疑难病症，见效快，无副作用。

学术经验

在数年临床过程中，王虹对于所继承的刺血疗法也颇有心得：①针刺的感应性。针感起着导航的作用，因为当软组织挫伤后，肌肉失去弹性，血液不能畅通，供血受阻，导致肌肉坏死，针刺受阻，力度不当，达不到疗效，力度若过，易伤静脉，这在行针上需长期积累感受才能准确把握到位。②手法、针法选择和灵活性。不同疾病选取不同针法，手法宜轻、浅、快、准。至于血量，取决于针法、点数、刺度。一般专家认为，深度以0.1～0.2寸，血量以数滴至数毫升为宜，也可因病情轻重流量不等。在临床上，视患者身体状况而定，如良好者，在其血脉处针刺10～20点，流量可多于常规，在10～30ml，效果更加显著。因为，一次性能排出大量瘀血，对身体既无副作用，又可加快缩短疗程。临床还需辨血色，深紫、黑红、浅黄、清淡等不同颜色，代表不同疾病的表象；血流的急、缓，也寓意不同病情的反应。治疗过程中血的“三变”，即由深变浅，由紫变红，由多变少，是治愈的验证。③治疗的应变性。刺血“三应变”：首先，在治疗期间随着病情的好转，间隔刺血的日期可延长。针刺同脉理，望诊详察很重要，《灵枢•终始篇》指出：“凡刺之法，必察其形气。”因此，临床望诊需根据患者的体质形态、气质特点及神气盛衰等状况，来确定相应的治疗方案。其次根据人体的高矮、肥瘦、强弱来决定针刺的手法及流量。再次，根据神气有余、不足，来确定刺血的适应范围和忌讳。 这需要辨明虚实，知其标本，定其血气，顺应时令，才能对症下针，针到病除。

主要成果

在大量的临床实践中，王虹不断总结并进行创新，学术上取得了可喜的成果。1992年她撰写的论文“针刺放血治疗丹毒与静脉综合症”在全国特殊针法首届学术交流会上引起了轰动；1993年撰写的“针刺放血治疗丹毒”在全国传统疗法学术研讨会上受到好评；论文“针刺疗法治疗丹毒痛风面瘫”获1998年国际中医药临床经验交流会一等奖；同年，她撰写的“癣丹治疗牛皮癣”又获美国第八届世界医学学术研究会金奖。2008年，参加了在斯里兰卡科伦坡举行的第四十六届传统医学大会，她的论文“刺血术临床新探”获得好评，其刺血疗法也获得了“绿色金针奖”，她本人被授予医学博士，颁发终生成就奖。

广东 邓铁涛

名人小传

邓铁涛，中医学家。广州中医药大学终身教授，博士生导师，中华全国中医学会常务理事，全国名老中医。1916年10月出生于广东省开平县。广州中医药大学教授，博士生导师，广东省名老中医，内科专家。

历任广州中医学院教务处副处长、副院长，中华全国中医学会常务理事，中华全国中医学会中医理论整理委员会副主任委员。中国中医药学会常务理事，中国中医药学会中医理论整理研究委员会副主任委员，中国中西知结合学会第二、三届理事会名誉理事，广东省卫生厅药品审评委员会委员，广州市科学技术委员会顾问，中国中医研究院客座教授，辽宁中医学院名誉教授，广东省第四、五届政协委员。1989年被英国剑桥世界名人中心载入世界名人录。1990年被遴选为全国继承中老中医药专家学术经验指导教师。1993年荣获广东省“南粤杰出教师”特等奖。

广东省政府曾两度（1962年和1978年）授予邓铁

涛教授为“省名老中医”称号；1990年享受国务院特殊津贴；同年被遴选为首批全国继承老中医药专家学术经验的指导教师；中华人民共和国卫生部第一届药品评审委员会委员；广东省第四、五届政协委员；广东省、市科委顾问。现任国家中医药管理局中医药工作专家咨询委员会委员；中华中医药学会终身理事；中国中西医结合学会理事会名誉理事；中国中医药学会中医理论整理委员会副主任委员；香港浸会大学荣誉教授及香港大学名誉教授。

出身名门，推崇经典

邓老1916年10月出生于广东省开平县钱岗乡石蛟村。其父邓梦觉是岭南一位有名的中医。邓老自幼耳濡目染父亲运用中医药治病救人，给他留下了深刻印象，坚定了他从医的道路。学医伊始，父亲一直要求他“早临证、重跟师”，先后师承岭南名医陈月樵、郭耀卿、谢庚平等人。1932年，邓铁涛考入广东中医药专门学校系统学习中医5年，使他增长了见识，开阔了视野，深深感到中医药学财富甚丰，博大精深，决心为继承发扬中医药学而贡献毕生精力。他遵崇中医四大经典《内经》、《伤寒》、《金匮》、《温病学》，学宗仲景、东垣，旁及叶桂、鞠通、王清任诸家学说，以《伤寒杂病论》序言为医德基础，视孙思邈“大医精诚”为行医座右铭，“简、验、便、廉”一直是治病救人的用药理念。

信念坚定，百折不挠

1938年，日本侵略军轰炸广州，邓铁涛避难于香港，与同学4人在文威东街南北药材行会址，合办南国新中医学院（夜校），并于九龙芝兰堂药店坐堂应诊。在救亡运动、进步文化影响下，他研读了政治经济学、唯物辩证法和介绍共产主义初步知识的书籍，在此期间，他深深感到历史唯物主义和辩证唯物主义对自己学习钻研中医有很大帮助，这也成为他以后探索中医药学宝库的一把钥匙。香港被日军侵占后，邓铁涛返回广州，辗转于穗港及武汉之间，行医谋生。

1949年10月中国人民解放军进驻广州，翌年他到广东中医专科学校工作。中华人民共和国成立之初，中医学从奄奄一息中苏醒过来，但未能迅速恢复。1956年，邓铁涛得以进入国家早期兴办的4所中医院校之一——广州中医学院工作，其所学与抱负才得以发挥。“文化大革命”期间，他虽备受冲击，但始终未能使他放弃钻研中医。中国共产党的十一届三中全会以来，卫生部先后召开了衡阳会议、石家庄会议、西安会议，中医事业的形势逐步好转。1982年第五届全国人大通过的新宪法规定了要在发展现代医药的同时发展传统医药，特别是1986年12月20日成立了国家中医药管理局，成为我国中医史上的一座里程碑。邓铁涛为中医事业迎来了真正的春天而高兴，更激励他投身到振兴中医事业的工作中去。

为中医药，秉谏计策

邓铁涛教授对当代中医药事业的发展有强烈责任感和使命感，先后撰写医政论著“中医学之前途”、“试论中医学之发展”、“新技术革命与中医”、“中医发展的现状与问题”、“为中医药之发展架设高速公路”等，产生重大反响。每当我国中医药事业发展的关键时刻，铁肩卫道，秉笔直书，曾五次写信给中央及广东省省委领导同志，并得到答复。如1984年3月18日，以一个“中共党员中医”的名义，写信给中央领导同志，信中说：“发展传统医学已明文写入宪法，但我们失去的时间太多了，必须采取果断的措施使之早日复兴。”3月24日，中央领导同志作了“认真解决好中医问题”的批示，作为中央政治局参阅文件（1984年5号）印发。又如1998年8月11日，与任继学等八位名老中医给朱镕基总理写信反映中医药情况，朱镕基总理做了批示，请张文康同志研处，努力探索解决中医药事业改革与发展的一些关键问题和深层次的问题，这是当代中医史上有名的“八老上书”。

2003年初发生非典型肺炎（SARS）疫情，邓铁涛教授认为中医药应该及早介入防治非典工作，为人民健康及社会稳定作出应有贡献。2月14日对《广州日报》记者发表讲话。在防治非典关键时刻，4月26日，分别写信给胡锦涛总书记和吴仪副总理，建议中医早日介入防治SARS。5月1日，撰写“论中医诊治非典”，提出非典是全新的疾病，中医不能袖手旁观，这是历史赋予现代中医的责任。

邓铁涛教授深深关注中医如何取得更大更快发展的问题，在北京香山会议上发表了题为“为中医药之发展架设高速公路”的报告，提出了中医药的发展必须得到政府和全社会的全力支持。在战术上采取“伤其十指，不如断其一指”，召集全国著名老中医30多名在广东省中医院带徒50多名中青年骨干，并为医院发展献计献策，使广东省中医院取得了飞跃发展。

2006年邓铁涛教授与朱良春教授等多位著名老中医联名上书国务院，提出“中医药管理应符合中医药发展规律”，并对“中医药教育必须遵循其自身人才培养规律”的问题提出意见，得到了吴仪副总理批示的肯定。

邓铁涛教授晚年在学术上探讨中医“未来医学”的模式，勾画出中医学“仁心仁术”的“未来医学”前景：中医讲求“仁心仁术”，将是未来医学的最高精神境界；中医诊治疾病的“人天观”是未来医学模式发展方向；未来医学必将把养生放在最重要的地位；未来医院将向“保健园”的模式发展，人类将摆脱化学药品的副作用，摆脱创伤性的检查以及治疗技术带来的痛苦与后遗症；医学讲人道主义，达到“仁心仁术”的职业道德最高境界；实行“上工治未病”，医学将以养生保健为中心，使人人生活过得更愉快、舒适、潇洒；医学从人体的健康需求上升到精神世界的美好境界，医学、文学、美术、书法、音乐、歌舞、美食、药膳、气功、武术、健康旅游等成为“保健园”的重要组成部分。

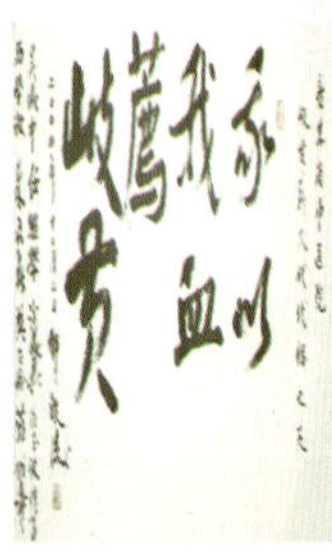
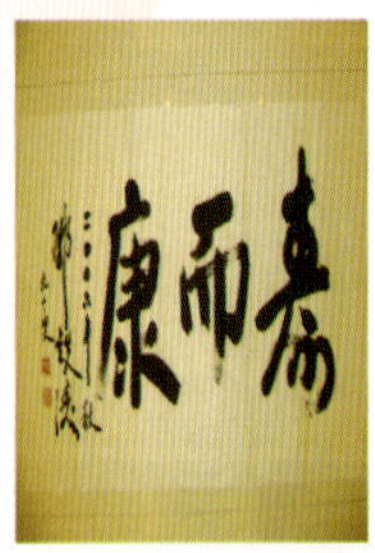

学术经验

1、学术思想　包括寒温统一诊治外感热病、脾胃学说的继承与发扬、气血痰瘀理论的认识及应用、中医诊法与辨证、“未来医学”前景探讨、以及五脏相关学说。

“寒”、“温”统一辨证论治。长期以来，外感发热病的论治，有“伤寒”与“温病”之分，在历史上发生过数百年的争论。邓铁涛自幼受父亲的影响，对“伤寒”与“温病”无所偏执。在以后的实践中，更体会到只要真正辨证论治，有证而用其方，无论是伤寒方或温病方，都能取效活人。从发展的观点来看，温病学派是在伤寒学派的基础上向前发展了的，可以看成是伤寒派的发展。但如果认为既然是发展了，便可取代伤寒派，取消伤寒派的宝贵经验——法与方，那是错误的。同样，认为温病派微不足道，杀人多于救人，而一笔抹煞温病派数百年来的学术经验，也是不对的。他认为伤寒与温病的学说和方法同样是我国医学宝贵的遗产，应该以科学的方法通过临床实践进行研究与实验。1955年8月，他在《中医杂志》发表了题为“温病学说的发生与成长”一文，阐明了自己的学术观点，在中医界引起了较大反响（此文后来被日本神户中医学研究会翻译，刊于《中医临床》1980年第3期，对日本中医学界产生了一定的影响）。

“寒”、“温”到底如何合流？邓铁涛提出了更高层次的研究课题。他从毛泽东的“两论”中得到启迪：理论之重要，在于能指导实践。在教材中，外感发热病的辨证，有“六经辨证”、“卫气营血辨证”、“三焦辨证”、“六淫辨证”，这对学术流派学习是必要的，但在临床上，则往往使初学者见证茫然，所以他认为“寒”、“温”合流的关键在辨证上，从而提出了“外感发热病辨证之统一”的学术观点。他认为伤寒派与温病派有一脉相承的关系，其所研究的对象又同是外感发热性疾病，所以辨证的统一是可能的，亦是完全必要的。邓铁涛对文献医著做了大量的研究，并以临床实践为依据，于上世纪70年代初，先后发表了“外感发热病辨证刍议”、“外感发热病的辨证论治”等文，“外感发热病的辨证论治”于1971年编入《中医学新编》。

提出五脏相关学说包容和取代五行学说，其重要原因是有明显缺陷的五行学说思维已经影响了人们对中医核心内容的理解。五脏相关学说立足于中医理论的特点，既包含五行学说和中医脏象学说的合理内容，又尽力吸取现代自然科学方法论的认识。其方法学特点是:①在实践的基础上保留“五”的配属系统。②以系统和结构的观点认识五脏的相关性。③气血阴阳为五脏相关的信息单元和控制因子。④证伪与证实相结合，以“症状- 病机”的逻辑认识五脏关系。⑤以文献和临床调研为依据，开展五脏相关研究。五脏相关学说保持了五脏配属结构，包容了五行的关系模式，最大限度上保持了中医理论的完整性

2.技术经验　包括冠心病冠状动脉搭桥围手术期中医药临床研究、重症肌无力中医辨证论治及危象抢救方案的建立与研究、中医药防治非典型肺炎（SARS）临床研究，是邓铁涛教授对中医临床医学作出突出贡献的三项成就，其研究水平已经走到国际学术前沿，被认为是中医药走向世界，对人类有较大贡献的成果之一。

冠心病冠状动脉搭桥围手术期中医药临床技术经验：邓铁涛教授在广东省中医院指导弟子吴焕林、邹

旭、阮新民和张敏州等进行研究，逐渐总结出 “心脾相关”理论对心血管系统内外科病证诊疗的一套较系统、较完整的方案，并提出了三个目标：提高围手术期治愈率，防止合并症，减少再狭窄率；探索用中医的综合治疗取得与搭桥、介入、激光治疗等同样效果的非手术疗法；用中医的导引、饮食、药膳、药物等疗法，总结出益气除痰，调脾护心等有效防治心血管疾病的理论与实践方法。

重症肌无力中医辨证论治及危象抢救方案的建立与研究：邓铁涛教授在广州中医药大学第一附属医院开设重症肌无力专科，逐渐总结出“脾胃虚损，五脏相关”理论，对重症肌无力诊治尤其是危象抢救形成了一套较系统、较完整的方案。

中医药防治非典型肺炎（SARS）临床研究：中医药防治非典型肺炎临床研究是邓铁涛教授寒温统一诊治外感热病学术思想的延续，所撰写的“论中医诊治传染性非典型肺炎”是我国首篇论中医治疗非典的文章，一经发表即引起了学术界广泛关注，提出非典属于春瘟病（伏湿），指导临床取得良好疗效。

主要成果

1. 学术建树　五脏相关学说是邓铁涛教授学术思想精华。自1961年提出及至1988年，先后就五行五脏关系与临证应用发表五篇学术论著。五脏相关学说是在五行的基础上从临床实际研究提出的，邓铁涛教授认为五脏相关学说是中医的方法论，是基于中医学理论产生的学说，是基于中医临床逐渐形成的学说。相对五行学说而言，五脏相关更加能够准确表达五行五脏关系，更有现代性、实践性，更加关注的是相关性、多维性、动态性、综合性。随着时间的延伸，越来越体现出这一理论的前瞻性，2005年成为国家科技部重点基础研究发展计划（973计划）中医理论基础研究专项，2007年11月通过国家科技部组织中期评估，结果“优秀”，2008年10月通过广东省科技厅组织科学技术一等奖现场考核。

2、 科研课题与获奖：

1985年研制成功中成药“五灵止痛散”，获广州市科技成果四等奖；

1991年，主持“脾虚型重症肌无力临床研究及实验研究”的课题，获国家中医药管理局科技进步一等奖；

1992年，与广东省中医院心脏中心合作，开展围绕心脏手术期的中医药治疗研究，显著提高了心脏病人对手术的适应能力，促进术后的康复，获国家科技进步二等奖；

1993年荣获广东省“南粤杰出教师”特等奖。

2003年被中华中医药学会授予“中医药抗击非典特殊贡献奖”荣誉证书。

主持“中医近代史研究”并于2003年获广东省科技进步二等奖，2005年获中华中医药学会科技进步二等奖。

2005年6月被国家科技部聘为国家重点基础研究发展计划即“973”计划首席科学家，担任“中医基础理论整理与创新研究”项目主持人。国家将投入5200万元用于专项研究，这是历史上国家资助中医基础理论研究金额最多的一次。

2. 主要著作：

主编《中医名言录》，广东科技出版社，1986年出版，获1991年广东省中医药管理局科技进步二等奖；

主编《中医大辞典》，人民卫生出版社，1995年出版，该著作1997年获国家中医药管理局基础研究二等奖；

主编《邓铁涛医集》，人民卫生出版社，1995年出版；

主编《中国医学通史•近代卷》，人民卫生出版社，2000年出版；

主编《实用中医诊断学》，人民卫生出版社，2004出版，2005年获中华中医药学会科技进步（著作类）三等奖。

还主编《耕耘集》、《学说探讨与临证》、《中医学新编》、《实用中医内科学》等专著共20多部。在国内外核心刊物发表论文、医话、医案等达100多篇。

3. 学术传承：

共培养硕士生27人，博士生16人，博士后1人，学术继承人（含弟子）13人。

医学感悟：

“仁心仁术，是医之灵魂。”

“上工治未病，是医之战略。”

“我以我血荐岐黄。”

“振兴中医光华夏，意欲耕云播彩霞。”

“中医本身是科学、超前的，有自己的一套思维方法，应该坚持。自然科学在21世纪才与中医科学逐渐得到结合。”

“21世纪是中华文化的世纪，是中医腾飞的世纪。”

“‘非典’是中医发展的一个机遇，但机遇只留给有准备的人。”

上海　叶玉妹

名人小传

叶玉妹，女，出生于1961年2月，江苏籍。叶玉妹现任上海市第七人民医院中医科科主任，主任医师。首届全国优秀中医临床人才、浦东新区名中医、上海市中医肾病优势专科学科带头人、宁夏医学院硕士生导师、上海中医药大学兼职教授。担任的社会兼职有：上海中医药学会妇科学会委员；上海市中医药学会脑病分会委员；上海市中医药学会综合性医院中医分会委员；九三学社上海市委医卫委员会委员；浦东新区卫生工作者协会中医质控组长；浦东新区医学会中西内科学组组长；上海市第七人民医院九三学社支社主任委员。

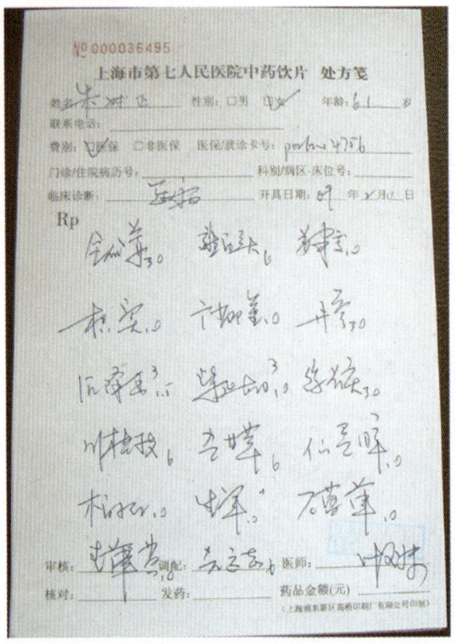
No 000036495
上海市第七人民医院中药饮片 处方笺
Rp

叶玉妹1983年7月毕业于上海中医药大学医疗系，获学士学位。毕业后在上海浦东川沙中心医院中医科担任住院医师。1986年7月调动到上海市第七人民医院中医科，一直工作至今，担任该院中医科主任，主任医师。叶玉妹从求学开始就用心于中医学，工作中一直没有放松理论学习和业务进修。1995年2月～1995年8月，曾在上海市曙光医院中医妇科做进修医生。由于功底扎实，临床经验丰富，被遴选为首届全国优秀中医临床人才。2004年3月入围国家中医药管理局“优秀中医临床人才研修项目”，拜名中医朱南孙、蔡小荪、张云鹏、夏翔主任等为师。2007年始为“叶景华名中医工作室”继承人之一。师从上海市名中医叶景华主任。

师从多位中医名家，叶玉妹虚心学习各家所长。她非常珍惜跟师前辈名医的机会，对老师的学术思想进行深入探讨，对每一位老师都有专门的心得论文发表。这样的治学态度和方法，使她自己集腋成裘，所获颇丰，成为有一定影响的新名医，成立了“叶玉妹名中医工作室”。

学术经验

叶玉妹一直从事中医内科、妇科临床和科研二十五年余，以善治妇女更年期综合征为特长，精于妇女更年期综合征的研究，并对其病有独到见解。主张从益肾柔肝养心法治疗妇女更年期综合征；从心肾论治更年期健忘症，从而达到对早老痴呆干预。以交通心肾法治疗更年期失眠症。临床多年致力于治疗更年期综合征宁神合剂专方的科研，并申请了新药专利，目前对治疗更年期综合征是有理、有法、有药，形成了自己的独特学术思想和治疗特色。

对于其他疑难杂症，叶玉妹主任医师也积累了丰富的诊治经验。如：妇女月经失调、慢性盆腔炎、多囊卵巢综合症、肾病、冠心病、高血压、脑梗塞等。特别是对于妇女不孕症的诊治有其独特的见解。她认为，不孕症病人要分阶段治疗，分周期调经，不能一味的补肾，补肾药堆砌往往不能取效，必须通补兼施，辨证得当，治疗才能有效。

主要成果

1、课题成果：叶玉妹承担、参与科研课题约12项，3项为市级课题，其中获市级科技成果2项；获新药专利发明人1项。为第一负责人课题有4项，1项市级课题；2项区科委课题；1项区级课目。发表在核心期刊论文论著30余篇。

以第一完成者研究的浦东新区科委课题“宁神合剂对更年期综合症的临床和实验研究”，2004年6月通过鉴定并获科学技术成果鉴定证书。

以第一负责人研究的上海市卫生局中医处课题“宁神合剂治疗绝经期妇女记忆力减退对早老性痴呆

干预课”，在研。

以第一负责人研究的浦东新区社会发展局卫生处课题“宁神合剂对更年期妇女失眠症疗效及安全性临床研究”，在研。

2、发表论文、论著主要有：

宁神合剂对更年期雌性大鼠的免疫系统的实验研究，中医药学刊，2004.（7）：1211-1212，第1作者。

叶景华运用宁神合剂治疗失眠症的经验，中医文献杂志，2005.（1）：33-34，第1作者。

宁神合剂对实验性更年期雌性大鼠性激素的影响，中国临床药学杂志，2005.14（1）：56-57，第1作者。.22（2）：32-36，第1作者。

学黄帝内经谈中医养生，中国中医药现代远程教育杂志，2005

朱南孙治疗不孕症临床思路，中医药通报，2005.（5）：19-21，第1作者。

宁神合剂对更年期综合征患者性激素、白介素-2及临床疗效的影响，中医杂志，2005.（7）：510-512，第1作者。

学《内经》谈‘魄门亦为五藏使也’指导临床治疗体会，现代中西医结合杂志，2006.15（9）：1192-1193，第1作者。

叶景华治疗慢性肾功能衰竭临床经验，辽宁中医杂志，2006.33（3）：264-265，第1作者。

张云鹏治疗脂肪肝临床经验，医药月刊，2006.3（9）：83-85，第1作者。

蔡小荪善用桂枝茯苓法治疗妇科症瘕，中医文献杂志，2007.25（1）：36-38？，第1作者。

中医药防治早老性痴呆临床研究近况，中华中医药学刊，2007.（4）：776-777，第1作者。

医学感悟

中医的生命力在于立足实践倡特色，重视继承和创新。

福建 叶 玲

名人小传

叶玲，女，1957年出生，主任医师，硕士生导师。1977年恢复高考的第一年考入福建医科大学中医系，1982年毕业，获医学学士学位。1997年师从全国第二批老中医药专家谢宝慈主任医师学习3年，为国家三部委批准认定的国家级名老中医药专家学术继承人。2003年经考试入选中医优秀临床人才研修项目。热爱中医事业，工作学习兢兢业业，勇于探索总结，刻苦钻研名家医术，常登门求教，观摩手术，从中汲取精髓，领悟真谛，从而不断学习理论知识，丰富临床工作经验，在承袭导师诊治专长的基础上，融汇了自己的临床经验与感悟，兼收并蓄，并汲取国内外的先进经验，创新性地自成一格，对痔、瘘、裂、便秘等肛肠疾患的诊治颇有特色，是福建省具有浓厚中医特色的新一代肛肠病专家，在国内肛肠学术界亦有一定的影响。现任福建中医学院附属第二人民医院肛肠科科主任，福建省中医药学会肛肠分会副主任委员，福建中医学院中医外科学硕士生导师，中华中医药学会肛肠学会委员，中华中医药学会继续教育委员会委员，《福建中医药杂志》编委，系国家级名老专家学术继承人，福建省中医优秀临床人才。

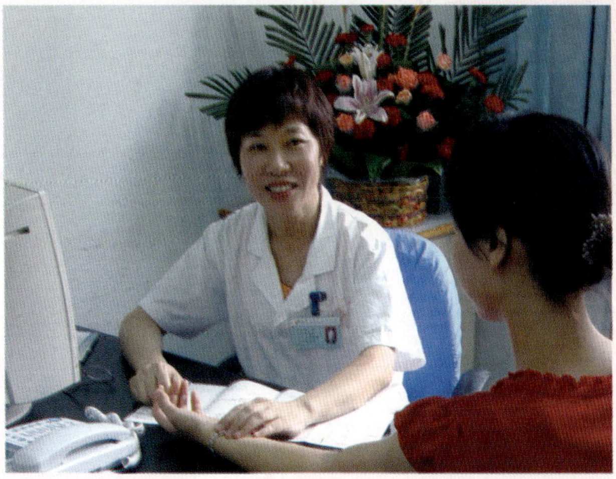

学术经验

悉心研读中医四大经典，不断将中医四大经典理论运用于临床实践之中，以临床实践佐证理论，形成了独具特色的理论指导，揭示疾病的变化规律。

注重中医的整体观，强调治病求本，崇尚《黄帝内经》的“有诸内，必形诸于外”的经典理论，痔瘘疾患的局部病灶虽然是表现在肛门部位，但常常是全身疾病的局部表现，故在临证中不拘泥于局部病灶的治疗，注重审证求因，对症下药。肛肠疾病的治疗总则离不开辨证施治，在辨证论治的基础上，针对性地运用《伤寒论》方，分别采用原方使用、原方加味、原方加减、两方合用、改丸剂为汤剂等方法治疗肛肠疾病，在临床应用中形成独具特色的经方系列方，拓展了四大经典理论的应用范围。

在学术上不偏执门户之见，善于汲取现代医学之长来充实中医之不足，创新不离其宗，而使中医理论更臻完善。率先在福建省开展B超诊断肛周脓肿、肛瘘的新技术。超声诊断可以准确显示肛管直肠周围脓肿的脓腔位置、大小及分布，准确判断脓成熟与否，尤其对深部脓肿不能确诊以及早期脓肿未有液波感、无法明确判断脓成熟与否的患者，借助超声诊断可以立即确诊。同时率先引进福建省第一台LC电脑肛肠病检查治疗系统，该系统对发现的病灶部分可冻结、放大、存储、回放并进行治疗前后对比等，为肛肠科临床提供可靠的诊断治疗依据。它不仅为医疗纠纷提供了真实可靠的治疗过程及彩色图片做治疗前后的对比依据，也为肛肠疾病的科研和临床教学提供了图文并茂的典型病案。这两种诊疗设备的引进丰富了福建省肛肠疾病的诊疗。

在治疗肛肠疾病过程中，不断改进传统手术方式，丰富了肛肠疾病的手术方法。比如在行消痔灵注射术时，改进了传统的消痔灵四步注射法，采用简单易行的消痔灵两步注射法，其临床治疗效果不亚于传统手术方式。这种注射法不仅让学习者更容易接受，而且缩短了手术时间，更受患者欢迎。此外，在治疗过程中提倡多种疗法联合运用，以期迅速解决患者病痛。例如在治疗脾虚气陷型脱肛的过程中，采用消痔灵直肠黏膜下注射法的同时，运用中药补气紫芨方保留灌肠、中药补中益气汤口服、中药补气固脱汤坐浴熏洗等治疗。上述每种治疗方法在临床上对脾虚气陷型脱肛的治疗效果均得到证实，使得它们的联合运用达到事半功倍的效果。在传统的手术上也有自己独到的见解，紧跟医学发展模式，手术过程中特别注重无创微创，手法轻巧灵活，提倡人性化的无痛微痛手术。

主要成果

发明出独具特色的中医肛肠病系列经验方(乙字系列方、紫芨系列方、苦参系列方、经方系列方、桃红系列方等)，并研制出系列肛肠专科院内制剂。如紫芨系列方是在长期的临床应用中，在原有治疗痔核的基础上，又发现了它其他的功用，通过药味加减及药量的变化，发展成为不同剂型的系列方，如紫芨油肛内注药治疗痔核、肛裂，紫芨液保留灌肠治疗慢性、放射性、溃疡性结直肠炎，补气紫芨方保留灌肠治疗脱肛、直肠脱垂性便秘。

制定具有本院特色的中医肛肠病诊疗方案。这是一套统一的有中医特色的标准化综合治疗方案，已在本科长期规范开展，方案本着发展中医，弘扬国粹的精神，辩证的把中医理论贯穿于治疗的始终。其中的脱肛诊疗方案已列入国家中管局“十一五”重点专科协助组，该方案包括中药内治法和本院的特色中医疗法：熏洗疗法、保留灌肠疗法、物理疗法（肛肠腔内治疗仪）、注射疗法（消痔灵直肠黏膜下注射）、结扎疗法、针灸疗法等，在临床中取得了很好的疗效。

发表学术论文30余篇，参与编著《肛肠疾病临床诊疗经验荟萃》、《肛肠病诊疗新技术图解》、《肛肠病》（福建省基层中医药适宜技术推广丛书）等书。

目前在研科研课题“中药加味苦参汤对肛周脓肿术后创面愈合作用的临床研究”（项目号XB2006021）。

医学感悟：

治学格言：勤求古训，博览众方；精益求精，撷采众长。

行医准则：大医精诚，济世为怀；弘扬国粹，造福众生。凡有疾求治者，不论富贵贫贱，长幼妍媸，华夷愚智，皆如至亲之恩，一心赴救。

近三十年的临床工作，治疾无数，手术数万，从而领悟出“治未病”的重要性。运用内经理论的养生法则指导痔疮的预防保健，在现代生活中有着很大的临床实践价值。

上海　叶景华

名人小传

叶景华，男，生于 1929年1月。主任医师，全国名中医，上海市人。

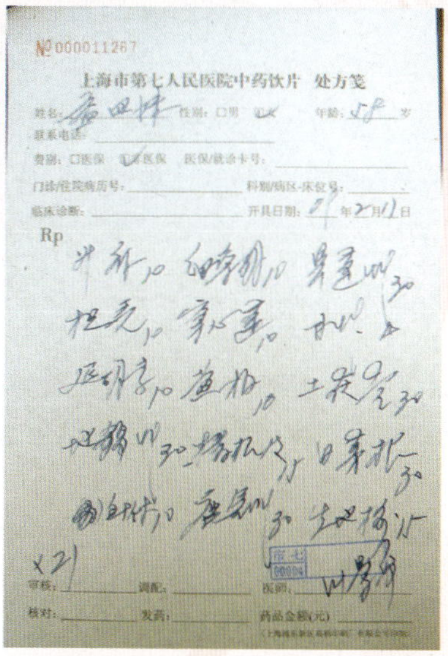
№000011267

上海市第七人民医院中药饮片 处方笺

Rp

叶景华先生自幼随父学医，并从师名医丁济万先生，得获真传，后又进修西医，1948年毕业于上海中医学院。历任上海市第七人民医院中医科主任、副院长；上海中医药会常务理事，上海中医肾病委员会主任委员，全国中医肾病专业委员会委员。1978年被评为上海市卫生先进工作者，1986年被评为全国卫生先进工作者，1993年被评为有贡献的专家，享受国务院特殊津贴荣誉。1995年获首届“上海市名中医”称号。1996年被聘为上海市继承老中医学术经验继承班指导老师。2003年任“第三批全国老中医药专家学术经验继承研究班”导师。2006年任“上海市老中医药专家学术经验继承高级研修班”导师。2008年担任“第四批全国老中医药专家学术经验继承研究班”导师。

学术经验

从事中医内科临床工作五十年，以善治肾病称颂杏林，精于肾病的研究，对肾病的研究尤具独到见解。主张综合性一体化治疗慢性肾病，五十年来在临床上以中药内服为主，兼脐疗法、热疗法、灌肠法、熏蒸法、穴位敷贴法治疗，形成自己的独特的治疗特色。

对丁其他疑难杂症，也积累了十富的诊治经验。如：糖尿病、胰岛素抵抗、外感热病、肺脓肿及结核，特别是对于结核的诊治有其独特的见解。其认为，结核病人低热盗汗仅按辨证为阴虚，给予滋阴退热之剂往往不能取效，必须针对其基本矛盾结合抗结核的专方专药治疗才能有效。

主要成果

以其深厚的学养和丰富的临床经验屡起沉疴，为救治更多病患，研制了多种院内治剂：冬柏通淋合剂　批号：沪药制字Z05130672 ；肾II合剂　批号：川沙卫药剂91－280；肾炎合剂　批号：川沙卫药剂91－298；宁神合剂　批号：沪药制字Z0513109，该制剂已经申请国家专利局专利1项　（申请号：200810035536.1）；参屯精合剂　批号：川沙卫药剂91－292等。

在临床的同时注重科研，主持了多项科研课题，如“以益肾清利活血祛风为主治疗慢性肾炎和肾衰方为主治疗慢性肾功衰竭临床与实验研究”，获市卫生局科技成果三等奖两项。先后发表论文60余篇，著有《叶景华医技精选》和《简明中医临床诊治手册》均由上海中医药大学出版社出版。

医学感悟：

“熟读经典勤临床实践是中医人的根本，整体观念和辨证论治是临床工作的主要思路方法。”

湖南　石海澄

名人小传

石海澄，男，63岁，中医主任医师，湖南省涟源市人，现任涟源市田心卫生院院长兼支部书记，湖南省中医药学会肿瘤专业委员会委员，湖南省第二批老中医药专家学术经验继承指导老师，湖南省第九、十、十一届人大代表。1999年湖南省人民政府记一等

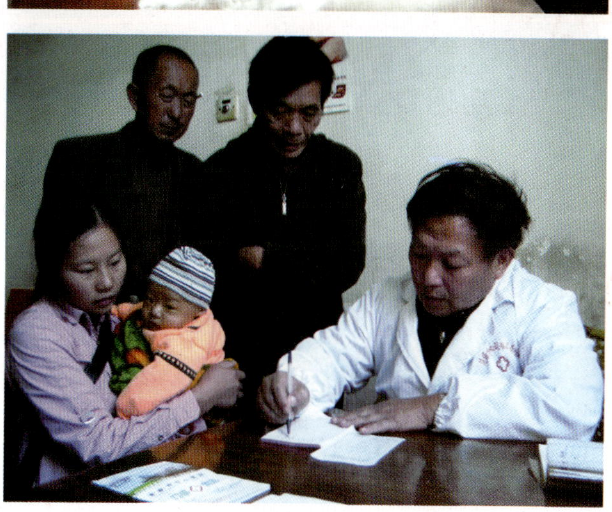

功一次，2000年国务院授予“全国先进工作者”称号，2003年被评为“全省优秀乡镇卫生院院长”，2004年荣获“湖南省名中医”、“娄底市优秀专家”、“娄底市学术带头人”称号，2005年被国家中医药管理局授予“全国农村基层优秀中医”。医院在其带领下，走科技兴院之路，一年一个台阶的发展。2001年被国家人事部、卫生部、中医药管理局评为“全国卫生系统先进集体”，2002年被湖南省卫生厅授予“中医兴院示范单位”。

仁慈行医，成就了“药到病除”之功，日积了“悬壶济世”之德，从草药郎中到湖南省名中医，从乡村医生到中医主任医师，在无数患者之中留下了一句口碑——好医生。自幼热衷医学，先后拜本地刘绍裘、谢谷怀、团周大师、月苍长老等名医为师，广泛搜集民间秘方、验方，整理成3000多个效方应用于临床。刻苦钻研中医药学，从理论到实践，勇于探索，善于思考，把学到的医学理论和收集的秘方验方融会贯通，开创了中医药治疗专科—专病—专方—专药的医疗模式。形成了中医药名医—名科—名方—名药的医疗特色。

学术经验行医近五十年，长期在基层医院工作，潜心研究中草药治疗疑难病，对医治肝病、肿瘤、胃病、风湿病、心脑血管病、骨质增生、坐骨神经痛等疑难病症各有专方，疗效显著。其学术思想和临床经验主要体现在重视对慢性病和疑难病的研究，他对治疗病毒性肝炎的治疗作了较为系统的总结，认为病毒性肝炎的中医病因病机是湿热蕴毒，从清热、解毒、化浊入手，强调治疗肝病有方有守，剂型上丸、散、汤药等不拘一格；在中医药治疗肿瘤方面颇有心得，在临床上非常注重发挥中医药优势，中医药治疗肿瘤是他的专长。他认为治疗肿瘤要抗癌与扶正相结合，中医药对癌症转移的晚期患者也能够进行控制病情，达到减少痛苦、减轻症状，提高生存质量，延长生命的目的。

主要成果

20多年来，成功总结出20多个特效专病专方，其自主研制的制剂“癌痛灵胶囊”对晚期癌症患者治疗有显著疗效，获国家知识产权局发明专利证书。

在各级医学刊物上共发表科研和专业论文38余篇，其中，有12篇论文在省级以上刊物上发表，8篇论文在全国学术研讨会进行宣读和交流；完成科研课题研究5项，其中，获娄底市科研成果二等奖2项、三等奖1项，有2项先后获湖南省中医药学会三等奖，有1项获国家发明专利；“乙肝解毒片”、“龙山胃乐胶囊”、“灭湿搜风痛胶囊”、“玄驹肝宝口服液”“扶脾养肝丸”等6个产品经省食品药品监督局批准为医院制剂运用于临床。在利用中草药治疗疑难病方面取得了一定的成绩，为医院带来了良好的社会效益和经济效益。医院开发中药材种植基地200余亩，有金银花、杜仲、厚朴、绞股兰、栀子等十五个品种，目前全镇共有中药材种植面积2万多亩，带动了当地广大群众脱贫致富。

医学感悟

医生的临床思维主要来自临床实践，没有临床实践，就没有临床思维。

北京　刘弼臣

名满京城的“小儿王”，中国著名中医儿科专家、儿科教育家刘弼臣教授2008年9月25日长眠。为了纪念一代儿科宗师，将他的宝贵学术经验发扬光大，惠泽后生，我们以传播和传承刘弼臣教授学术思想、缅怀其对国医的一生执着，告慰刘弼臣教授。

名人小传

刘弼臣（1925－2008. 9 .25），男　汉族，生于1925年6月6日，江苏省扬州市人，中共党员、农工党员。北京中医药大学东直门医院儿科研究室主任、教授、中国著名中医儿科专家、儿科教育家、研究生导师。国务院首批享受政府特殊津贴的专家、国家教委确定的全国九位中医终身教授之一。中华中医儿科学会名誉会长，全国中医药高等教育学会儿科分会理事长，全国中医儿科科研成果评审会主任，高等中医药院校教材编审委员会委员，第八、第九、第十、第十一届北京市人大代表，第八届全国政协科教文卫体委员会委员。

刘弼臣教授不但为中医的医疗、科研、教学做出了贡献，而且自1985年被选为北京市人大代表，1992年被选为第八届全国政协委员以来，直接参政议政，

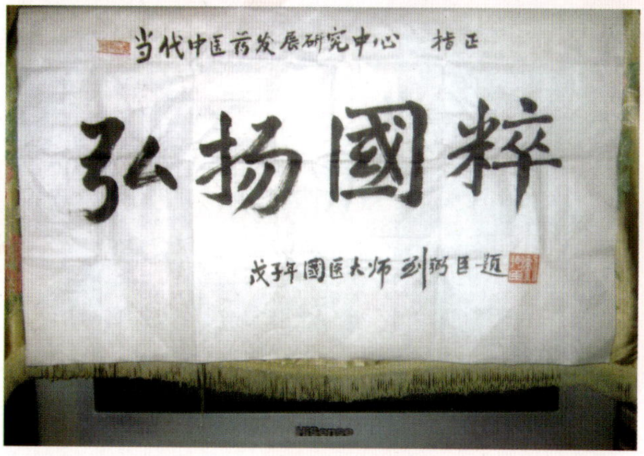

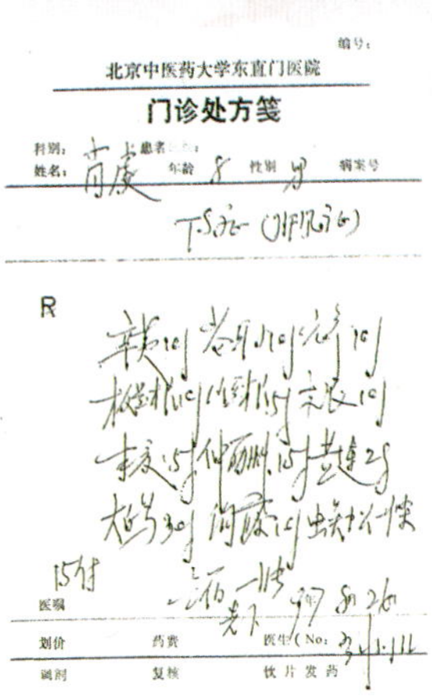
北京中医药大学东直门医院

门诊处方笺

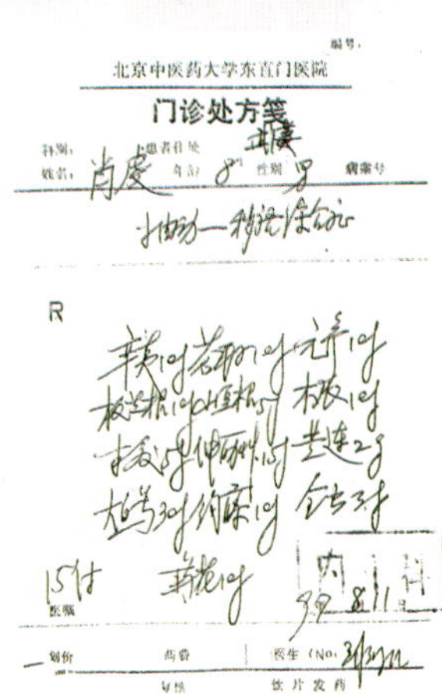
北京中医药大学东直门医院

门诊处方笺

对国家大事发表意见和提案。作为中医界代表，在市人大和全国政协会议上多次提出议案，大声疾呼，力主早日建立中医儿科医疗研究中心，以便更好地促进全国儿童的健康水平。同时他还多次提案，对医疗卫生制度的改革，及公费医疗制度改革等发表意见。他还拿出多年积蓄捐资成立“刘弼臣医学发展基金”，以长期促进中医事业发展。

1、立志从医　心悟有成

刘弼臣教授原名刘世仁，医名“弼臣”。他自幼体弱多病，每次患病皆得益于其姑父的治疗而速愈，为后来的健康打下了良好的基础。其姑父孙谨臣，是当地著名中医儿科医生，是太平天国时期“江南小儿神医”朱冠臣创立的“臣字门”第三代传人。

刘弼臣幼年时聪明过人，学习成绩优异，曾两次破格跳级升学。但他的青少年时代是在战争和动乱中渡过的。正当他扬州中学毕业，学业欲成之际，由于日寇入侵，学校迁移，家境贫寒而辍学。他从古人范仲淹“不为良相，当为良医”的古训中受到启发，决心学医济世活人。遂于14岁中学辍学后拜其姑父孙谨臣先生为师，取医名“弼臣”，寓意“治世以文，弼亮之臣攸赖”。成为“臣字门”的第四代传人，从此走上了从事中医事业之路。

蒙师孙谨臣虽为当地名医，却从不固步自封，尤其反对把弟子禁锢在自己的门派内，当他3年满徒出师后，适逢名医时逸人创办上海复兴中医专科学校，当即将其推荐前去学习。

他从孙谨臣学医时为传统的师徒教授法。而在上海复兴中医专科学习则是多学科的系统学习法。时逸人请了几十名上海的名中医给学生上课；其中有外科的张赞臣，中药的陈存仁，内科的程门雪，儿科的钱今阳等。授课的老师中有的是相互对立的学术派别，在讲课时各执已见。例如，同为儿科的奚晓岚和徐小圃，一为寒凉派，一为温热派。但他仔细观察发现一种有趣现象；即常常奚晓岚看不好的病，徐小圃看好了；而徐小圃看不好的病，反在奚晓岚处见神效。他悟出一个道理：“过于寒凉则应温补，过于温补则需寒凉，因人而异，不应拘于一门之见。”此时更感蒙师孙谨臣教诲的正确。同时他也深深地体会到“学习中医悟性是十分重要的”。悟就是理解，理解了才能掌握。

2、初露锋芒　再次深造

刘弼臣教授从上海复兴中医专科学习毕业，满怀抱负回到故里。在其父的支持下，将自家的两间街面房改为诊所。

他初次行医，心里一直牢记蒙师孙谨臣的谆谆教诲："医者，仁术也"。他治病不分贫贱，不分富贵，只收低廉的诊费，无钱则义务诊治，因此受到乡亲们的欢迎。十余年间，经其治者何止万人，高超的医术和医德，使他深得家乡同仁所器重。新中国成立后组建了联合诊所，他被推举选为中医联合诊所所长。成立卫生工作者协会，他又被推举选为卫生工作者协会主任。

1954年他到泰州参加扬州地区中医进修班进修。1955年南京中医药大学的前身——江苏省中医学校成立，集中全省中医精华，各地名医荟萃。为了发展中医事业，使中医教育步入正常发展的轨道，急需大量中医教育的师资力量。为此，学校举办了首批师资培训班。刘弼臣便被选拔到师资班中培训。在师资班里，他接触了来自全省各地的名医，聆听他们的授课，不但学到了各家名医的专长，而且受到了系统的中医基础理论培训。在此期间，他阅读了大量中医经典著作，广采众家之长。同时学习和掌握了中医教学的基本方法。可以说，南京师资班的学习，是他从医历程中的一个重要转折点，为他以后步入北京中医药大学任教，乃至成为知名中医专家，中医儿科教育家，奠定了坚实的理论基础。

3、屡愈沉疴 誉满京都

他在江苏省中医学校毕业后，时逢北京中医学院初创时期，急需师资人材，因此奉调进京。先执教于方剂教研室，使他对方剂有了更深入的认识和了解，为后来的临床工作提供了学养优势。后附属东直门医院建立，即转到东直门医院儿科从事中医儿科临床医疗、教学和科研，工作至今已近50个春秋。

1959年，北京地区小儿腺病毒肺炎流行，当时病死率高达5～15%。刘教授与466空军医院协作攻关，治疗35例肺炎患儿，无1例死亡。特别是其中1例危重患儿，由于热久耗伤气阴，邪陷血分，迫血妄行，大量呕血，便血，进而汗出肢凉，神志昏迷，前后8天8夜曾三次呼吸暂停。他发挥中医特色，积极配合抢救，在人工呼吸、输血、吸氧的同时，用大剂量别直参煎汤鼻饲，以益气固脱，从而病情得到控制，脱固血止。但患儿马上又现肢体抽搐震颤不已，二目失明不能视物。他处变不惊，经仔细查体，分析辩证，为久病绸缪，脾损阴消，气血俱伤，肝木亢动。遂以缓肝理脾汤加减治之，叠进28剂而愈。

1992年夏，天津一李姓患重症肌无力病情垂危，住在某大医院里，全身瘫软无力，呼吸无力，行气管插管，手脚开通2条静脉通路，性命危在旦夕。后得知刘教授善治此疾，便辗转驱车来请。患者经刘教授诊治2次，病情明显好转，以后可自行乘车来京求诊了。

他除对重症肌无力有深入研究外，对病毒性心肌炎、哮喘、脑积水，肾炎肾病等许多疑难疾病都有较深入的研究，每起沉疴而获奇效，被广大人民群众誉为"小儿王"。

4、教书育人 师门有继

1978年恢复研究生制度以来，他被确定为硕士生导师。10余年来，培养中医儿科硕士研究生10名，为研究生教育作出了贡献。

1990年刘弼臣教授又承担起国家中医药管理局、卫生部、劳动人事部确定的老中医带徒的任务。把自己多年积累的宝贵经验和心得体会毫无保留传教给弟子。在他精心指导培育下，他所带的两名继承人的总结性文章在国家一、二级杂志发表和参加国内国际学术会议交流达30余篇，并以优异的成绩通过各级考核而顺利出师。为了继承"臣"字门的传统经验，并发扬光大，他亲笔为二位继承人分别题写医名，一为"济臣"，一为"洪臣"。其良苦用心由此可见一斑。

学术经验

1、"从肺论治"有奇效

刘弼臣博采众家之长，强调从肺论治，小儿病毒性心肌炎、眼肌型重症肌无力、小儿肾炎肾病等许多难治之症都取得了很好的疗效。他的独特的"精于五脏证治，突出从肺论治"的学术思想体系，经多年临床验证疗效确切，对中医儿科临床起着重要的指导作用。

2、应对顽疾有高招

近年来，小儿抽动——秽语综合征患者逐年增多。临床上以全身运动肌群不自主的抽动伴秽语两组症状为主。目前对其说法不一，有人推测是遗传因素所致，是脑内多巴胺含量升高以及调节运动功能紊乱造成的；也有人认为与精神因素有关，所以国外将此病称为"脑功能轻微障碍症"。目前这种疾病没有准确的辅助检查和诊断标准，患儿的神经系统及脑电图检查几乎没有异常改变。这种疾病多发于5至12岁的儿童，患病率为万分之四。近年来由于各种因素的影响，我国儿童的患病率呈明显上升趋势。以往的治疗方法通常以镇静剂控制症状，但患儿长期服用治疗精神病的药物后，不但对病情无益，反而产生了震颤、强直、木僵、嗜睡、流涎等一系列病变。刘弼臣经过多年研究，对小儿抽动秽-语综合症提出了自己的独特见解。他认为，小儿抽动秽语综合症是由于变态反应所致，本源在肝，病发在肺。治疗应以疏肝调肺，涤痰通络为主，清热解毒，宣窍达邪为辅。患有抽动-秽语综合症的儿童大多伴有上呼吸道的慢性病灶，所以感冒能使病情加重。为防止诱发此病，患儿应避免致敏食物（如海鲜鱼虾等），同时要减轻学习压力，减少看电视及玩游戏机的时间。

3、“熄风利水”有创举

中医界有这样一句俗话：“宁医十男子，不医一妇人，宁医十妇人，不医一小儿”。儿科，俗称“哑科”。虽然小儿精神少受七情六欲之攻，脏腑未经五味八珍之渍，但是，他们言语未通，痛苦不能自诉，加以脉来驶疾，难于指下分明，在诊断上存在着很多的困难。问诊有时家长难以讲清。切脉呢，小孩子气血还没稳定，见了大夫就哭，脉象都是乱的。所以中医儿科的望闻问切主要以“望”为主，需要深厚的学养积累。

刘弼臣博学多思，对于小儿脑积水的治疗，就是得益于黄果树瀑布的启发。瀑布飞流直下，自然界的水都是向下的。但脑积水这水为什么不下行，偏偏向上？他认为是风的作用。刘弼臣改变了多年来中医认为小儿脑积水是因肾虚不制水导致的看法，根据“至高之巅，惟风可到，风熄水自下”的观点，独创“熄风利水”疗法。有一些脑积水的患儿，在刘弼臣的精心调治下，病情有效缓解，给父母极大的宽慰。

主要成果

1、学术创新 自成体系

刘弼臣教授师承新安学派，为“臣字门”的传人，却没有被师门学派所束缚。他对钱乙“五脏证治”的学术观点十分崇尚，不但全面继承了钱乙“五脏虚实补泻”的学术思想，而且进一步发展了“五脏证治”。他尤其重视脏腑之间的相互影响，相互制约的关系。并根据小儿脏腑娇嫩形气未充，肺常不足，易受外邪侵袭的生理特点以及肺脏受邪后又极易传变，易出现传心、犯脾、侵肝、伤肾的病理特点，提出了“从肺论治”的学术观点。从肺论治的学术观点并不是单独调肺，而是重视肺与其它脏腑之间的关系，从治肺入手，达到治疗其它脏腑疾病的目的。完整地讲，应该是：“重视五脏证治，突出从肺论治，抓住要害，出奇制胜”，堪称其学术思想的精华和主体。

突出从肺论治的学术思想是刘弼臣教授对中医儿科传统的“五脏证治”理论体系的重大发展，同时也是其长期从事医疗工作实践经验的结晶。这些独到的学术见解和临床方法的有效运用，成就了儿科“北京刘弼臣调肺派”。

2、科研课题

1991年，刘弼臣教授牵头的国家“七五”攻关课题“复力冲剂”治疗小儿眼肌型重症肌无力，获国家中医药管理局科技进步奖三等奖。

1992年，作为学校级课题负责人，进行“调肺养心冲剂”对小儿病毒性心肌炎的临床与实验研究的科研工作，历经两年，圆满的完成了科研任务。

1994年，对小儿抽动——秽语综合征的临床研究。近三年来曾连续获得国际学术交流金杯奖，科研成就金牌奖，学术创新理论奖三次。

3、学术论著

刘弼臣教授自二十世纪50年代始，他在各级杂志上大量发表文章。六十年代初期，与孙华士合作，出版了《医家金鉴•幼科心法要诀白话解》，累计出版发行量已高达120万册。数十年来，刘教授在全国各类杂志发表及在国内和国际会议上宣读的论文达百余篇，出版著作十数种。其主要论著还有：

（1）刘弼臣. 金匮“痉病”浅谈. 中医杂志，1957，3（11）：566.

（2）刘弼臣. 论温病学说的“营卫气血”. 中医杂志，1958，（6）：356.

（3）刘弼臣. 方剂组成与变化的规律. 中医杂志.1959，5（12）：815.

（4）刘弼臣. 丹痧的辩证与治疗. 中医学院学报.1960，2（1）：34.

（5）刘弼臣. 中医治愈小儿病毒性肺炎35例报告. 中华儿科杂志1960，10（2）：151.

（6）刘弼臣. 祖国医学对于传染性肝炎的辩证施治. 中华儿科杂志1960，10（4）：283.

（7）刘弼臣. 中医治疗小儿病毒性心肌炎的体会. 新医药杂志1979，（2）：3.

（8）刘弼臣. 小儿黄疸证治. 江苏中医 1982，3（2）：29.

（9）刘弼臣. 中医治疗小儿眼肌型重症肌无力21例临床分析. 中医杂志1985，26（10）：43.

（10）刘弼臣.鱼腥草汤治疗小儿肾炎.北京中医学院学报1986，9（1）：31.

（11）刘弼臣.苦降辛开法治疗小儿肺炎.北京中医学报1986，9（5）：36.

（12）刘弼臣.小儿泄泻脉因证治中若干问题综合探讨.新加坡中医学报1986，（2）：39.

（13）刘弼臣.从肺卫论治小儿病毒性心肌炎的经验.中国医药学报1990，5（2）：44.

（14）刘弼臣.小儿抽动——秽语综合征中医辨治初探.中国医药学报1992，7（6）：42.

（15）刘弼臣.小儿肺炎的攻下疗法.中国中西医结合杂志1993，13（12）：748.

（16）刘弼臣.对中医防治传染性非典型肺炎的探讨.中医儿科杂志 2006，2（3）：18

（17）刘弼臣.熄风制动颗粒治疗小儿抽动——秽语综合征60例临床观察.北京中医药大学学报 2006年13（4）：25

（18）刘弼臣.调肺养心颗粒治疗小儿病毒性心肌炎60例临床观察.中医儿科杂志
2007年 3（2）：18

（19）刘弼臣.金元四大家学说对儿科的指导意义之（一）.中医儿科杂志 2007年3（1）：5

（20）刘弼臣.金元四大家学说对儿科的指导意义之（二）.中医儿科杂志 2007年3（2）：8

（21）刘弼臣.继承发扬创新是名医之路三阶梯.中国国际中医药特色医疗技术交流会 2007年4月会刊

（22）刘弼臣.简明中医儿科学.人民卫生出版社，1959.

（23）刘弼臣.医宗金鉴•幼科心法要诀白话解.人民卫生出版社，1963

（24）刘弼臣.中国医学百科全书、中医儿科学.上海科学技术出版社，1983年1月.

（25）刘弼臣.中医百病自我疗法丛书•百日咳.人民卫生出版社，1985.

（26）刘弼臣.中医儿科学.人民卫生出版社，1987年1月

（27）刘弼臣.中医学问答题库 儿科学分册.中国古籍出版社，1988年12月

（28）刘弼臣.中国现代名中医医案精华.北京出版社，1990年7月

（29）刘弼臣.中医儿科治疗大成.河北科学技术出版社，1998年4月

（30）刘弼臣.中医儿科学.（协编教材）学苑出版社，1998年5月

（31）刘弼臣.刘弼臣临床经验辑要.中国医药科技出版社，2002.

（32）刘弼臣.中医儿科经典选释.中国医药科技出版社，2002.

（33）刘弼臣．医宗金鉴．幼科心法要诀白话解。人民卫生出版社 2004年第三版

（34）刘弼臣．幼科金鉴刘氏临证发挥。中国医药科技出版社 2004年7月

江苏 刘永年

名人小传

刘永年，男，汉族，生于1934年6月，江苏省南京市人，中共党员，主任中医师，江苏省中医。1963年毕业于南京中医专科学校5年制专科，毕业后至南京市三街卫生院任内科住院医师；1979年调任南京市中医院任住院医师、主治医师、副主任医师，并任科教科长、内科研究室副主任；1991年晋升主任中医师，并聘任为南京中医药大学兼职教授。曾任中国中医药学会名医学术研究会理事，江苏省中医药学会理事、江苏省中医多学科研究会理事，江苏省中医痛证学术研究会主任委员，南京中医药学会副会长、内科分会主任委员。曾获“南京市六五期间优秀科技工作者”称号，聘为第二、三、四批全国500名老中医药专家学术经验继承工作指导老师，享受国务院特殊津贴，1993年当代选为江苏省第七届政协委员。

学术经验

刘永年从事中医临床医疗、教学及科研工作40余年，曾师从杏林耆宿张简斋先生之弟子傅宗翰先生研习内科疑难杂病之诊治，因其广闻博识，勤思善悟，临证灵活变通，深得傅老器重，是以衣钵相承，尽得真传，以续绝学。擅治内科疑难病及自身免疫性结缔病。对疑难病的诊治，不囿传统，勤于探索，思路新颖，治法灵活，方药平正，形成了自己的诊治思路和实践经验。对免疫风湿病潜心研究30年，尤擅长诊治干燥综合征，强调燥毒滞络，以解毒活血贯穿治疗始终。并主张分期论治，活动期解毒祛瘀治标为主，缓解期扶正治本或补虚祛邪为要；立有清热解毒法、活血化瘀法、凉血散血法、养阴润燥法、补气生津法、

温阳散寒法、通络蠲痹法。通过大量的临床病例，总结研制了“燥毒清”专方，在控制症状、减少复发、减缓内脏损害、改善预后方面效果显著。对系统性红斑狼疮的诊治，运用分期辨治与专方专药结合，善用滋阴、活血解毒诸法，自拟“狼疮饮”用于该病毒热炽盛肾阴耗损证，疗效颇佳，并对撤减激素和减少激素的副作用方面积累了新经验，明显改善了本病患者的生存质量和预后。

主要成果

发表“中医疑难病的辨证思路和方法初探”、“干燥综合征分型规律探讨”等论文50余篇，其中很多学术观点、经验和验案被引用和收录于《结缔组织病中医治疗指南》、《当代名医验案》、《长江医话》等医集中，主编或参编的专著有《干燥综合征的中医诊治与研究》、《中医疑难病方药手册》、《南京中医药论文荟萃》等5部。获部、省、市各级科技进步奖12项。

广东　刘伟胜

名人小传

刘伟胜，男，广东省兴宁市人，1937年10月出生。1963年毕业于广州中医学院医疗系本科，1991年在美国韦因大学进修学习呼吸、肿瘤专业。曾在广州呼吸疾病研究所工作。现为广州中医药大学第二附属医院（广东省中医院）肿瘤科主任医师、教授、博士生导师、主任导师、肿瘤科学术带头人，全国中医肿瘤学会常委，中国抗癌协会肿瘤传统医学委员会委员，全国中医内科学会常委，广东省中医药学会终身理事、呼吸专业委员会荣誉主任委员及肿瘤专业委员会副主任委员，国家药品监督管理局药品审评专家委员，广东省药品监督管理局药品审评专家委员。广东省名中医，国家人事部、卫生部、中医药管理局任命的第二、三批全国老中医药专家。刘教授从事医、教、研工作40余年，衷中参西，学验具丰，成绩斐然。

曾受到香港《大公报》、《广州日报》等媒体的参访。2003年11月参加由吴孟超院士带队的中国肿瘤代表团出席全俄罗斯肿瘤大会。由于刘教授在中西医结合防治肿瘤方面成绩明显，2008年10月被中国中西医结合学会肿瘤专业委员会授予特殊贡献奖。

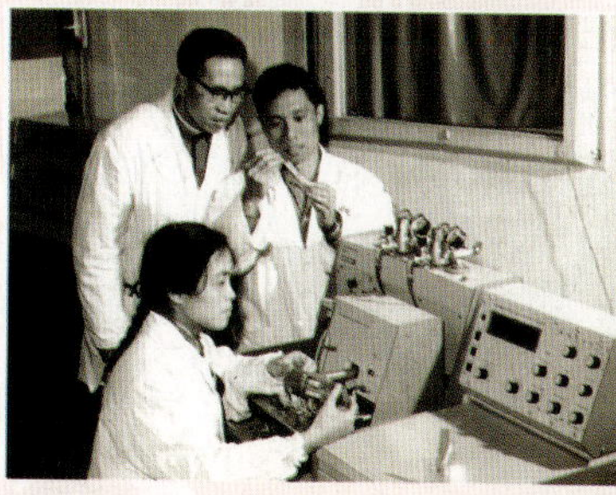

与钟南山院士在一起

在防治非典型肺炎的关键性时刻，刘伟胜教授作为省防治“非典型肺炎”医疗小组的成员，为中医药治疗“非典型肺炎”制定方案，提出“非典属中医温病范畴”，参照中医温病辨证，在分期、辨证基础上进行个体化辨证施治，临床获效良多。并与香港、澳门等地交流治疗经验，相关报道刊登于《太阳报》、《澳门日报》，有关研究课题亦获奖。因抗“非典”成绩突出，2003年荣获“全国防治非典工作优秀科技工作者”称号、“中医药抗击非典特殊贡献奖”、“广东省抗击非典先进个人一等功”等。

学术经验

临床中医辨治时，强调审证求因、辨证与辨病相结合、把握局部与整体的辨证关系、辨标本缓急，治疗重视辨证论治、辨病论治、对症治疗三结合。

阐幽发微，肺系病证

1968年刘教授调回广州医学院呼吸疾病研究所，与钟南山院士等一起进行“呼吸四病”（即慢性支气管炎、肺气肿、肺心病、感冒）的研究。在此工作期间，他不仅提高了西医理论、临床水平，掌握了过硬的纤维支气管镜、ICU重症监测等技术，而且勇于创新，摸索出一条中西医结合的道路，如以中医理论阐述慢性支气管炎“咳、痰、喘、炎”四大主症与肺脾肾的密切关系，探究疾病发展由浅入深、由表及里、由肺而脾而及于肾的机理，设计系列处方治疗慢性支气管炎、肺心病取得很好的效果，其中一些被转让厂家生产，相关研究课题获奖。

中西互补，探究肿瘤

1985年刘教授调到广东省中医院工作，进修回国后负责组建肿瘤科。经近20年的发展，广东省中医院肿瘤科已成为广东省中医药重点专科，正式成为国家级重点学科建设单位，形成了人才梯队合理、设施齐全、颇具规模的专科。他根据中西医不同特点，优势互补，提出中西医结合治疗肿瘤的思路，总结出系统的治则、治法及方药，有效地指导临床，产生了较好的经济和社会效益。如治疗支气管肺癌的经验方消积饮，显示了较好的效果。针对该方已开展多项课题研究，包括“中医药预防肺癌根治术后转移的疗效及机理研究”、“消积饮、华蟾素联合长春瑞滨治疗老年IIIB、Ⅳ期非小细胞肺癌”等。

主要成果

曾参与国家科委“八五”肿瘤重点攻关课题“中医药治疗非小细胞肺癌预防复发和转移的临床与实验研究”，参与国家科委“九五”、“十五”、“十一五”攻关课题，指导省级、局级课题十余项，并获奖多项。培养硕士研究生10余名，博士研究生8名，师带徒5人。发表论文70余篇，主编、参编10余部专著。经验方“降气定喘颗粒”、“祛痰止咳冲剂”、“紫茶合剂”先后通过省级鉴定，转让给制药厂生产，获得良好的社会效益和经济效益。1978年与钟南山院士合作“慢性支气管炎中西医结合分型诊断和治疗”曾获全国科学大会一等奖，“舌诊对慢性阻塞性肺疾病病情判断的意义”获广东省高教局科技成果三等奖，治疗慢性支气管炎中药颗粒剂“降气定喘颗粒”获1985年广州市科委科技成果四等奖，“中医药对非小细胞肺癌防治及抗复发的临床与实验研究”获2000年广东省中医药科技进步二等奖，“中西医结合治疗传染性非典型肺炎的临床研究”获2003年教育部、2005年中华中医药学会二等奖。

陕西 刘华为

名人小传

刘华为教授毕业于陕西中医学院，从医四十余载，是我国著名中医内科学家，陕西省有突出贡献专家，全国首届百名中医药科普专家，陕西省名中医，陕西十大名医，全国中医医院优秀院长，第四批全国老中医药专家学术经验继承工作指导老师。现任陕西省中医药研究院暨陕西省中医医院业务院长，研究员，主任医师，肿瘤科学科带头人，国家“天使工程项目”陕西中医肿瘤中心主任。兼任西安交通大学医学院教授、硕士生导师，陕西中医学院教授、硕士生导师，世界中医药联合会亚健康委员会理事，中华中医药学会名医学术思想研究分会副主委，中华中医药学会科普分会委员，陕西中医学会副会长，《陕西中医》杂志编委会副主任，陕西省军区首长医疗保健首席专家，陕西台湾籍学人协会会长等职。

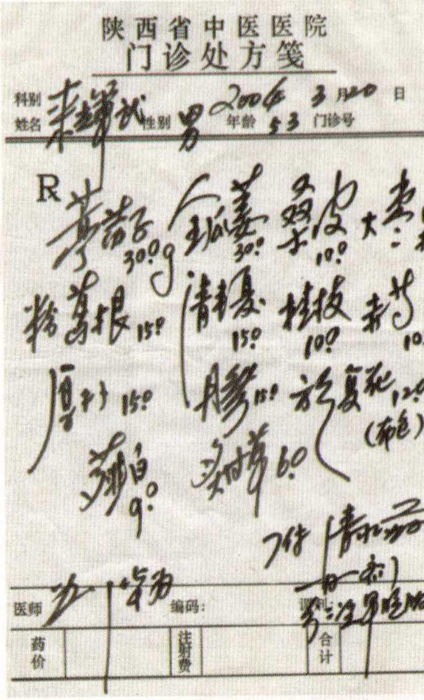
陕西省中医医院
门诊处方笺

他早年受多位名医指导，从1968年起正式悬壶济世。1972年在陕西中医学院开始就读深造，大学毕业后在宝鸡中医药学校任教，先后担任教研室主任、副校长。1980年9月在温州医学院参加了卫生部举办为期一年的“全国古典医著师资提高班”。1985年9月后，在陕西中医学院攻读“温病理论与临床研究”硕士学位研究生，师从于原陕西中医学院院长、全国著名中医内科学家、国医大师张学文教授，获医学硕士学位。1988年9月起，兼任陕西省委机关医院副主任医师、主任医师；1998年7月起，任西安医科大学、西安交通大学校长助理、教授、主任医师；2002年8月至今任陕西省中医药研究院暨陕西省中医医院业务院长、研究员、主任医师、硕士生导师。2006年被新闻媒体组织的百万读者公投评选为“陕西十大名医”，同年被省卫生厅推荐进入《陕西省志•人物志》（下册）；同年被全国中华中医药学会授予“全国首届百名中医药科普专家”称号；被省委、省政府授予“陕西省有突出贡献专家”称号；2007年9月被中华中医药学会评选为“全国中医医院优秀院长”；2008年被国家确定为第四批全国老中医药专家学术经验继承工作指导老师，同年被陕西省人民政府授予“陕西省名中医”称号。

学术经验

刘华为教授把五行学说同中医的气化学说联系起来，深化了中医的基础理论。其用这种理论指导临床实践，认为内科疾病的产生尤其是疑难杂症，都与“气化失司”、“痰（水、饮、湿）瘀互结”有关。治疗的目的在于恢复人体正常的气机运动和气化功能。从这一理念出发，其在治疗内科疾病中，紧守病机，各司其属，着眼气机，着手气化。如在分析脾胃肝胆大小肠等消化系统疾病时，把调节气机、恢复气化放在首位。认为脾胃肝胆大小肠气机升降失常是本，是发病的根源，而痰、湿、水、瘀是病理性产物，是标治宜标本兼顾。或疏肝健脾化痰，或疏肝健脾利水，或理气健脾化瘀，或柔肝健脾通络，或疏肝和胃降逆等等，病机千变万化，治疗随证变法，但其目的是变相乘相侮为相生相克，恢复生克制化的正常气化关系。其常把四逆、逍遥散、痛泻要方、半夏泻心汤、大小柴胡汤、温胆汤、胃苓汤、归芍六君、香砂养胃等古方，灵活的合并或化裁，得心应手，疗效显著。

其以《素问•经脉别论》“饮入于胃，游溢精气，上输于脾，脾气散精，上归于肺，通调水道，下输膀胱”的理论和临床实践，认为《素问》已明示了人体水液代谢的全过程和最终下输膀胱的结论，中医膀胱的概念应包括现代医学的“肾”和“膀胱”，“肾”为膀，“膀胱”为胱，合称膀胱。他认为现代医学的“肾”与“膀胱”之病，实质是中医膀胱“气化不宣，水瘀互结”所致。治宜宣气化，利水湿，化瘀毒，认为五苓散、桃核承气汤或抵挡汤是治疗该病的典型方剂。

还认为，伤寒论太阳病篇蓄水证和蓄血证是指慢性肾炎、肾病综合征、尿毒症。其归类在太阳病篇的原因是因为这类病与溶血性链球菌感染有关，多由感冒、上呼吸道感染后复发或加重，故列为太阳病篇。认为五苓散健脾利水，适用于慢性肾炎；桃核承气汤或抵当汤活血利水通便，适用于“肾病综合征”或“尿毒症”，既活化了肾小球基底膜血管硬化，又使水从大便排出，减轻“肾”的负担，实际上等于对肾衰和尿毒症进行肠道透析。

同时其还认为中风的本质是脏腑间的生克制化（气化）失司，主要表现为肝气升发太过（气机失常），水瘀互结是其主要病机。血有瘀便是水，用五苓散类方剂健脾利水，降低脑压，或用桃核承气汤或抵当汤类，既可活血通络，又可通腑下气，以降低脑压和血压。认为“肾”与“膀胱”之病与中风同为“气化失司，水瘀互结”，病机相同，可异病同治。

在治肺病时，主张分析病情要着眼于五脏六腑，治疗宜宣降并施，急则兼通腑气，缓则培土生金。认为肺之为病是脏腑气机失常，导致肺失宣降，气化失司，不独在肺。

对癌症治疗主张带瘤生存，分年龄段治疗。认为癌症发生的病机是正虚邪实，气化失司，水瘀、痰瘀、湿瘀交夹，治宜祛邪，但又须温化，温化用参附、术苓之辈。中青年血气方刚、癌变迅速多端，治宜七攻三补，年老体弱，癌亦相对稳定，治宜七补三攻，攻不宜峻，以免损伤元气，使气化难以恢复。

在治疗疑难杂症中，常用辨证思维与逆向思维合参，迂回出招，取效甚捷。如用利水剂治愈多尿症；用升举法治愈顽固性呃逆症；用通降法治疗胃下垂；用附子退高热；用附子降虚火；还从气治水，用升清降浊治愈积水症（脑积水、肝硬化腹水、心包积液、胸膜积液、肾盂积水等）；从水治血，用利水法治愈功能性子宫出血，用“少火生气”理论治愈甲状腺功能减退症；用壮火食气理论辨治“衰竭症”；用通腑泻热法治愈胃柿石所致急黄昏迷症等等，不一而论。其善用四苓、五苓、四君、六君、理中、补中之辈；

温胆、泻心、二妙、四妙之类，认为这类方剂能调节气机，气化。甚或半夏附子同用，认为附子能生阳气，半夏能降逆气，一升一降，温阳化气，调畅气机，恢复气化。

主要成果

发表学术论文百余篇，出版著作八部，其中《陕西温病学发展史》、“传统哲学与传统医学的关系”、“中医的优势、缺陷及对策”、“中医的继承与发展”、“中医的病根在哪里”、“中医药要走自己发展的道路”、“中国的传统医药应该建立完备的法律体系”、“日本对中医诊治之研究”、“中医及复方的临床研究”等书籍和论文在中医界和国内外都引起了很大的反响和好评。应邀到新加坡、马来西亚、西班牙、日本、葡萄牙等国家讲学和学术交流，促进了中医药在国外的传播。

2003年获陕西省第八届自然科学优秀论文三等奖1项，2004年获中国管理科学院“中国新时期人文科学优秀成果奖”一等奖1项，先后获国家新药成果证书6项，国家新药临床批件5项，科技成果转化5项，2004至2007年连获“陕西省科学技术奖”三等奖4项，国家中医药管理局中医药科研成果推广项目2项，陕西省科技厅中医药科研成果推广项目1项，陕西省卫生厅科技项目1项，陕西省中管局中标课题3项，指导国家级老中医药专家学术继承人2名，在校研究生10名。

黑龙江　刘秀才

名人小传

刘秀才，男，1956年出生，汉族，河北省承德人。十七岁开始步入中医骨科医学的门槛，从师于当地中医整骨名医李先芝，掌握应用祖传柳枝接骨秘方，为其铸就骨伤专科特长奠定了坚实基础。先后在哈尔滨市西大桥骨伤医院、黑龙江省中医学院附属医院和哈尔滨市创伤骨科中心五院等医院潜心进修学习骨伤专科。进修期间，他不分白天黑夜守在病房，

忘我的工作、如饥似渴的学习精神感动了哈市第五医院的专家和医院领导，特批其进入五院的医院总值班室，凡是骨科手术都让其参加，危重病人抢救都让其参与，五院医师、专家们都主动地把自已看家的本领传授给他。为了攀登骨科医学尖端领域，又从师于省内、外四位骨科名医，先后拜黄殿栋教授、吉林省黄克勤教授、北京尚天裕教授、天津苏宝恒教授为师，掌握了骨伤专科现代先进技术。运用现代高科技手术接骨技术诊疗骨伤疾病收到良好的临床效果。

先后被聘为国际华陀中医学院教授、中国接骨学会理事、国家高等中医院校骨伤研究会副会长、国家高等医学院校教材中医分册编委、中国骨伤人才分会常务理事、世界骨伤专家协会理事、哈尔滨市医师协会理事。近年来，先后被国内外权威专业部门授予“三江名人”、“中国名医”、“百名杰出骨科专家”、“骨科名医”、“世纪骨伤杰出人才”和“当代中国骨伤名医”等荣誉称号。他热爱祖国、拥护共产党，全心全意的为人民服务，当选为第十四届、第十五届依兰县人大代表，第十届依兰县政协委员。2006年加入中国共产党。

学术经验

三十多年来，他应用祖传师授红伤接骨秘方和国内四位名师传授的独特手法整复接骨技术，专治各类闭合性骨折、粉碎性骨折、多段骨折、不稳定骨折、新鲜骨折、陈旧性骨折、关节内错位骨折。结合现代手术技术治疗开放性骨折、多段粉碎性骨折、骨不连、假关节形成骨折、刀砍伤、筋断、韧带、关节囊断、血管、神经断等。用独特的保守疗法治疗四肢关节痛、滑膜炎、颈椎病、腰间盘突出、骨髓炎、股骨头坏死等，充分体现了中医骨伤专科特色。利用一种

温通化瘀生骨长骨中药复合物与“骨搬移”骨再生技术相结合，生长新骨，使骨延长8.5cm，治疗骨烂、骨缺损、骨丢失。用特殊的整复接骨技术治疗闭合性胸腰椎压缩性骨折（压缩3/5无截瘫）复位如初，为其特殊专长，并得到国内外知名专家和学者的肯定。

主要成果

从事骨伤临床、科研三十年来，先后发表论文15篇，其中《“骨延长推进器”治疗胫骨骨缺损生长8.5cm》于1998年10月北京第二届世界伤学术交流大会获国家科学进步三等奖，《额骨塌陷性粉碎性骨折提拉复位器复位》于1999年海南二十世纪中国接骨协会最高成就颁奖大会荣获银质奖，《微弹式骨折外固定器专利》于2000年12月在德国汉堡召开的第五届国际中西医优秀成果交流研究会荣获金质奖，《胫腓骨粉碎性骨折，纵向叩击手法加速骨痂生长》在1990年全国骨伤新技术推广应用大会上获发明金奖。

发明了“微弹式四肢骨折外加固器”、“祖传柳枝接骨秘方生骨长骨组合物”、“刘氏祖传红伤膏药”、“骨折治疗仪”、“胸、腰椎压缩性、粉碎性骨折复位器”、“踝关节骨折复位固定器”、“锁骨骨折复位器”、“颧骨塌陷粉碎性骨折提拉复位器”等获十项国家专利技术。

湖南　孙光荣

在人民大众创造历史的进程中，总是会从平凡的岗位上涌现不平凡的人；在人民大众从事有益于国计民生的事业过程中，总是会从平凡的工作中涌现不平凡的事。任何事业、集体、个人，只有不忘记为历史和事业发展做出了突出贡献或给予了我们无私帮助的人，才能正确地总结成功的过去，也才能正确地走向光明的未来。这一篇传略所闪耀的是中医药学界众多璀璨星辰之一的光辉，是叙述平凡岗位上的、一位平凡的人的、一些平凡却又实在不平凡的事。

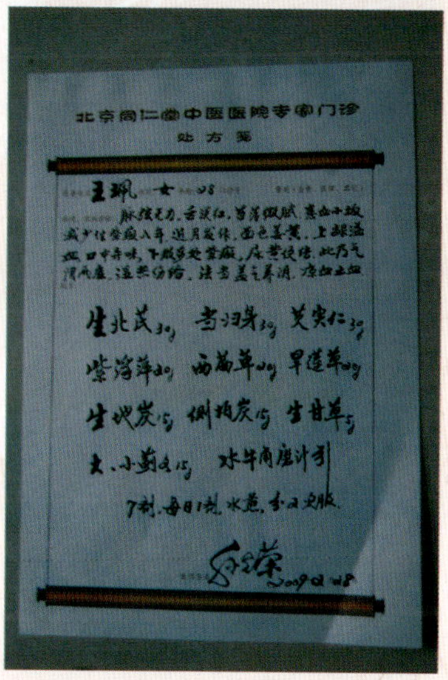

名人小传

孙光荣，男，庚辰年（1940年）农历十一月初八日出生于中医世家。祖籍安徽省庐江县，现籍湖南省长沙市。汉族。无党派人士。幼承庭训，师从全国著名中医药学家李聪甫老教授。中医学徒出身，本科学历。研究员、教授、主任医师。著名中医药文献学家、临床家，中医药文献研究学术带头人之一，中医药现代远程教育创始人之一，享受国务院特殊津贴的有突出贡献专家。原任湖南省中医药研究所理论研究室副主任、文献研究室主任；湖南省中医药研究院硕士研究生班医古文、中医文献学教师（连任16届），科教处副处长，湖南省中医药研究院文献信息研究所所长，湖南省中医药科技信息中心主任，《中医药时代》杂志执行主编，《湖南中医药导报》杂志主编；现任北京二十一世纪中医药网络教育中心（世中联<北京>远程教育科技发展中心）主任，北京中医药大学远程教育学院副院长；国讯医药集团董事、总裁；《中国中医药现代远程教育》杂志主编；受聘为北京同仁堂中医医院诊疗专家。先后当选为中国人民政治协商会议湖南省第七届、第八届委员会常委，国家中医药管理局中医药继续教育委员会委员，中华中医药学会继续教育分会主任委员、中医药文化研究分会常务副主任委员、中医药编辑出版分会副主任委员、亚健康分会副主任委员，老干部健康指导委员会委员；受聘为国家科技部科技奖励评审专家，国家食品药品监督管理局药品、医疗器械审评专家，《中国中医药年鉴（学术卷）》编辑委员会委员等。

七十年来，孙光荣教授走过了颠沛流离的童年、贫寒困苦的少年、艰辛奋斗的中年、伏枥千里的老年。

孙光荣从出生直到启蒙，正是抗日烽火燃烧着中华大地的岁月，随父母颠沛流离，还险些丧生在日寇的屠刀下。

他的父亲孙佛生老先生博学多才，学贯古今，天文星象无所不晓，诗词歌赋无所不精。母亲是远近闻名的知书达理、贤淑坚贞的慈母。佛老夫妇对子女坚持传承“俭以养廉，勤以补拙，躬以持身，恕以待人”的孙氏家训，教育和督导非常严格。而在医德医术继承人的选择上，佛老十分慎重。原拟将家传医道授予三子，但经考察，惟有孙光荣“刚正敦厚，循规蹈矩，天资聪颖，过目成诵，可传衣钵”。于是，命孙光荣五岁启蒙：习字、吟诗、撰联；熟读《学三字经》、《药性赋》等。

佛老的好友清末秀才黄子刚老先生年高德劭、学富五车，他非常喜欢与当时年仅5岁的孙光荣“对话”，但黄老先生耳聋，一老一小只能采用“笔谈”。有次亲友聚会，黄老先生特意出难题，写道：“你这么小的孩子，为何这样聪明？”孙光荣写道：“山不在高。”又笔问：“我这么老，又耳聋，怎么听得懂你的话？”孙光荣笔答：“心有灵犀。”再笔问：“你是什么人？”孙光荣笔答：“暂是白丁。”进一步笔问：“我是什么人？”孙光荣再笔答：“永是鸿儒。”在场的亲友都鼓掌赞叹。

为了求知问道，孙光荣历来奋力拼搏，历尽艰辛。他小学毕业时，有的亲戚看到佛老夫人靠种菜、挑货郎担走村串户为儿子筹措学费，就劝孙光荣辍学，他即在衣柜柜门上用毛笔大书，宣示：“头可断，血可流，书不可不读！”；读中学时，为了不受设在文庙“大成殿”的图书馆每人每次只准借3本书的限制，他主动帮助半瘫痪的图书管理员打饭、挑水、搞卫生、整理图书。从事中医文献研究，为了寻找《中藏经》善本和学习版本鉴别技术，自带干粮在上海一位老技师的家门前守侯三天，并为老技师的家人诊治疾病，终于感动老技师，获得善本和版本鉴别的真传；为了开创中医药现代远程教育，60岁时在办公室周主任辅导了15分钟之后，坚持连续自学自练24小时，终于学会使用电脑，能够自如地上网操作，后来制作Power Point和键入速度都能够达到甚至超过年轻人的水准。

长期的、一贯的、顽强的、刻苦的学习和实践，使他学识渊博、才华过人。

几十年来，孙老从医执业坚持“三不”：不收病人及其亲友的礼金、礼品；非病情特别需要不开大处方；不迎合病人求治心理而贬低他医。

孙老的崇德敬业、修身治学，著名书法家、《伤寒论》学者路振平教授为孙老乔迁北京寓所题赠五言诗：

久有凌云志，今朝踞此楼。一览胸间阔，万物眼底收。

决胜去千里，帷幄来运筹。卓识犹深虑，睿智又多谋。

才华惊北斗，风范照清流。小节无可非，大事不糊涂。

巨著开新论，仁术解民愁。中医创远教，惠泽在寰球。

忠孝诚两全，德业实双修。承先亦启后，未冕赛王侯。新中国中医药事业奠基人之一吕炳奎老教授给孙光荣教授的题赞是：“杏苑英才，承先启后；医界志士，继往开来。”

学术经验

孙光荣教授从事中医临床45年、中医药文献研究29年、中医药现代远程教育11年。在父亲、导师、师辈的教导下，在政协湖南省委员会、国家中医药管理局、中华中医药学会、湖南省卫生厅及中医药管理局、湖南省中医药研究院、北京中医药大学、国讯医药集团等的领导的关心和指导下，经过长期的、艰苦的、精心的研究，在临床、科研、教学以及中医药文化建设和中医养生等方面，逐步形成了自己的学术观点。主要有：

一是怎样定义“中医”和怎样认识某些人攻击中医的言论？他认为：中医，是以中医基本理论为指导，以望闻问切“四诊”为主要手段采集临床信息，通过四诊合参，运用辨证论治诊断疾病及其证候，采用天然药物组方或采用非药物疗法，实施预防、治疗、保健的医学行为主体。对于某些人攻击中医的言论，孙光荣教授认为其程度和性质有所不同，他说："不知中医而攻击中医，是谓'无知'；不识中医在中华民族伟大复兴中的重大使命和作用而攻击中医，是谓'无识'；不明中医特色优势与发展规律而攻击中医，是谓'无理'；不按科学论争规则行事而采取学霸手段乱扣'伪科学'帽子而攻击中医，是谓'无赖'；不尊重客观事实而颠倒是非、甚至利用痛惜明星陈晓旭病逝的民众心理而攻击中医，是谓'无德'！"

二是怎样认识中医药特色优势？他认为：中医药在数千年的、亿万人次的临床实践中形成了五大特色——个性化的辨证论治、求衡性的防治原则、人性化的治疗方法、多样化的给药途径、天然化的用药取向；具有六大优势——临床疗效确切、用药相对安全、服务方式灵活、文化底蕴深厚、创新潜力巨大、发展空间广阔。

三是怎样认识中医药文化的核心理念？他认为：中医药文化的核心理念是"以人为本、效法自然、和谐平衡、济世活人"。由以下六个要素构成：一是"人文观念"，集中体现在"天人合一"、"致中和"；二是"防治思想"，集中体现在"治未病"、"防重于治"； 三是"思辩模式"，集中体现在"整体观"、"辨证论治"；四是"治学方式"，集中体现在"勤求古训、博采众方"；五是"医德医风"，集中体现在"本立道生"、"德业双修"；六是"行为准则"，集中体现在"精诚专一"、"淡泊名利"、"大医精诚"。

四是怎样发挥中医药文献研究的作用：他认为：中医药文献研究要坚持"有渊源、有依据、有类比、有归纳"的"四有"原则；发挥"可信性强、导向性强、实用性强、拓展性强"的"四强"作用。

五是怎样理清中医药继续教育的基本思路？他认为：应分为四个层次——一是"高精教育"，重点对象是高层次的中医人员，目的是使培养对象掌握成为新一代名医的学术思想、临证思辩特点、医德风范、传承方法；二是"就业教育"，即"毕业后教育"，重点对象是中医药专业的本科、专科毕业生，目的是通过专科技术培训和分级测评，为中医药专业的本科、专科毕业生的就业增添一块"敲门砖"；三是"增进教育"，重点对象是执业医师和执业助理医师，目的是促使培养对象牢固掌握中医药四大经典和新理论、新知识、新技术、新方药；四是"规范教育"，重点对象是准入后的从业人员，目的是使培养对象牢固掌握中医药四大基础、执业规范和中医临床基本技能、中药识别与炮制技能。

六是怎样认识培养新名医的关键？他和陆广莘教授一致认为：培养新名医的关键是要使继承者在老一辈中医名家的学术思想与临证经验的传承中追求和达到"六明"——明志、明德、明理、明术、明法、明业。

七是怎样加强中医医院的中医药文化建设？他认为：主题是突出中医药文化核心价值；关键是充实中医药文化内涵；重点是彰显中医药文化特征。

八是怎样确定中医临床总则？他认为：无论运用何种辨证方法，都应当"护正防邪，存正抑邪，扶正祛邪"；他归结自己的临床思辨特点是：调气血、平升降、衡出入（摘自在"《当代名老中医典型医案集》第一次整理研究工作会"的中心发言）。

九是怎样认识治未病与亚健康的关系？他认为：中医"治未病"是中医的学术思想，具有强调以人为本、防重于治；强调形与神俱、和谐平衡；强调天人合一、效法自然的"三强调"的特征，具有针对性突出、多样性突出、天然性突出的"三突出"优势；"亚健康"，可以简单概括为"疾病预警综合症"；中医学"治未病"思想与干预"亚健康"不在一个层面，前者在学术层面，后者在技术层面；前者是主导，后者是实施；前者是顶层覆盖，后者是基础支撑；前者限于中医范畴，后者普适健康医学领域。二者不仅没有矛盾，而且是共存互补的关系。

十是怎样提出简明的养生法则？他认为：养生总则是三个字"合则安"； 养生要诀是三个词组："上善、中和、下畅"； 养心法则是三句话："是非审之于己，毁誉听之于人，得失安之于数"（引自千年学府"岳麓书院"楹联）；推崇的养生方法是干祖望老教授提出的四点："童心、蚁食、猴行、龟欲"。

孙光荣教授执业中医45年来，积累深厚，学验俱丰。他的学术经验可以简要地、初步地归纳为：临床基本原则是：慈悲为本，仁爱为先，一视同仁。临床学术观点是：护正防邪，存正抑邪，扶正祛邪。临床思辨特点是：调气血、平升降、衡出入。孙光荣教授临床基本处方是：自拟"调气活血抑邪汤"。

孙老常说：我在中医临床方面学习和实践的体会

是，要做到“三善于”，一要善于调气血，二要善于平升降，三要善于衡出入。无论以何种方法辨证论治，表里、寒热、虚实、顺逆、生死都离不开阴阳这一总纲，但归根结底，阴阳最终还是离不开气血，这是因为“人之所有者，血与气耳”（《素问·调经论》）；论生理、论病理，无论在脏腑、在经络、在皮肉筋骨，最终也是离不开气血，这是因为“气即无形之血，血即有形之气”（《不居集》）。而气血之间的关系尤为密切，就是众所周知的“气为血之帅，血为气之母”，所以第一要善于调气血。人参、黄芪益气，丹参活血，这样配伍比较“中和”，可以作为诸方的基础，所以我习惯于使用它们“率领”诸药“团队”前进。升降出入，是基于阴阳学说而形成的气机消长转化的重要学说。升清（阳）、降浊（阴）、吐故（出）、纳新（入）是气机的基本动态，《素问·六微旨大论》说：“非出入则无以生长壮老已；非升降则无以生长化收藏”。中医治病最讲究两条：一是从病人的整体以及与外环境的关系来看病，不是头痛看头、脚痛看脚，而是要辨证论治，要“因人、因地、因时制宜”，而不是头痛医头、脚痛医脚，不是用统一的“套餐”，不是用程式化的“套路”。二是中医治病不是运用对抗性思维，不是有细菌或病毒就只要杀死细菌或病毒，不是有病损的脏器或肢体就只要截断病损的脏器或肢体，而是“调”。什么叫“调”？就是调整、调和、调理。调什么？调阴阳、调气血、调气机的升降出入。调到什么程度？调到平衡。所以，在调气血的前提下，还要善于平升降、衡出入。

孙老还认为：作为中医，背诵经典和汤头歌诀是基本功，没有这种“垫底”的功夫，那就无法行医。但是，疾病和证候是千变万化的，中医辨证论治的精髓就是因人、因时、因地制宜，大部分的“汤头”必须悉罗于胸中，但又要化裁于笔下。遇疑难杂症，当先察阴阳气血升降出入，确立治疗法则，可以“正治”，也可以“反治”。比如，气、血、痰、湿、食等所致的积聚、症瘕、痞块等多种疑难杂证，如果单纯活血化瘀，就是缘木求鱼，而要运用《素问·至真要大论》所言坚者削之、结者散之等大法。所以，要做到心中有大法、笔下无死方，古人说“执医方以医病，误人深矣！”

主要成果

孙光荣教授深研经典理论、结合临床经验，独著/合著专著21部、发表论文78篇，共1200余万字。代表作有《中医古籍整理入门》、《医用文言基础学》、《中藏经校注》、《中藏经语译》、《中国历代名医名术》、《中风康复研究》、《炎症的中医辨治》、《神经系统疾病的中医辨治》、《中医养生大全》等专著，副主编《中医方剂大词典》，参编《中华本草》等。医德高尚、医术精湛，擅长治疗脾胃病、血液病、情志病、肿瘤等疑难杂症，受到患者广泛好评，多次为中央、地方、部队首长做医疗保健服务。近年来，承担并完成了国家“十五”科技攻关项目“名老中医学术思想、经验传承研究”的综合信息库、典型医案研究课题，执行主编了《当代名老中医典型医案集》，主导了“名老中医综合信息库”研究，现为国家“十一五”科技支撑计划课题“名老中医学术思想、临床经验传承研究”综合课题组组长之一。先后获得国家自学成才奖章，国家科技进步奖二等奖1项，湖南省中医药科技进步奖一等奖1项，全国科技图书奖二等奖1项，第五届亚太地区经贸博览会金奖1项等。

（供稿：孙光贵 朱 嵘 杨建宇 李彦知 邓爱明）

四川 孙同郊

名人小传

孙同郊，女，1928年12月生，教授，硕士研究生导师，江苏奉贤（上海浦东）人。1953年2月毕业于南京大学医学院，1956年至1957年在中国中医研究院内科研究所学习，师从赵锡武老师。1959年在南京中医学院全国温病师资班进修学习。历任泸州医学院附属医院内科主治医师、中医科主治医师，泸州医学院中

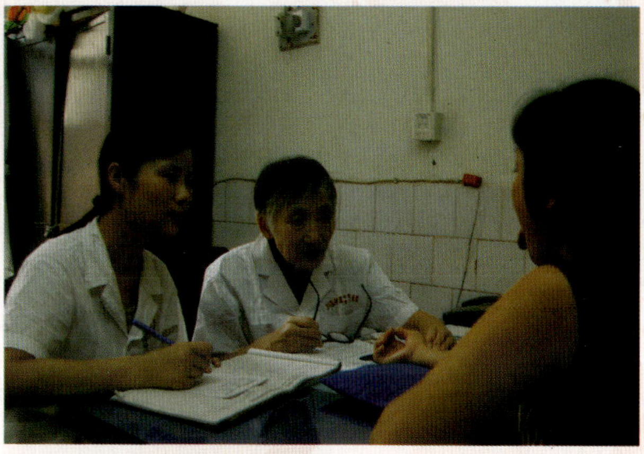

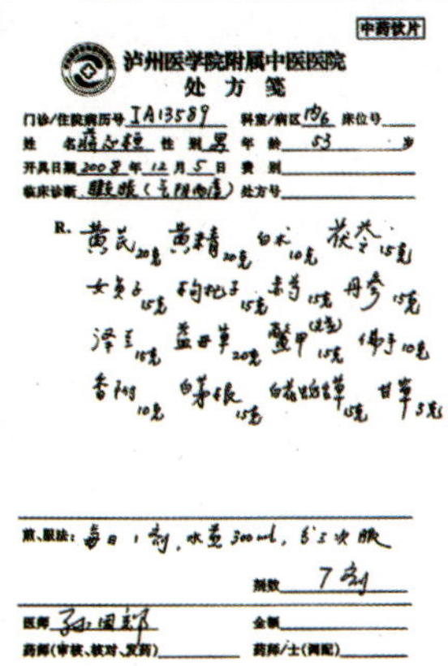

医系副主任、副教授、教授，泸州医学院副院长等。曾任中国中医学会第一、第二届理事，四川省中医学会第一、第二届常务理事。四川省第一批名中医，泸州市首届十大名医，全国第三批继承老中医药专家学术经验指导老师，获中华医学会颁发的“首届中医药特别传承贡献奖”。“十一五”国家科技支撑计划项目“名老中医临床经验、学术思想传承研究”课题入选老专家。享受国务院特殊津贴。1998年退休后，在泸州医学院附属中医医院每周参加两次门诊，一直至今。

学术经验

孙同郊教授从事中医、中西医结合教学、临床、科研50余年，有较深厚的中医理论水平及临床经验。临床上采用双重诊断，一重治疗，用辨证寓于辨病、辨病必需辨证的方法诊治疾病。擅长治疗急、慢性肝炎、脂肪肝、肝硬化，急、慢性胆囊炎、胆石症等肝胆疾病，胰腺炎、急、慢性胃炎、消化性溃疡、肠炎等脾胃疾病；老年性神经衰弱、老年性皮肤瘙痒症等老年性疾病以及头痛、失眠、痹证等内科杂病和更年期综合征等。主攻中医内科肝胆疾病的防治，治肝病以清热解毒祛湿为主，辅以疏肝活血、养阴柔肝、健脾益气，自制“茵陈解毒汤”用于肝病湿热甚者，“解毒护肝汤”用于肝病湿热渐退、正虚邪恋者；治胆病以疏泄通降为要，配合清热解毒、利湿退黄、行气补虚。治脾胃病强调脾胃虚弱是发病的根本，虚实夹杂、标本并见是脾胃病的特点，急则予以疏、通、温、清，缓则扶脾养胃为主。治老年病主张在辨证施治的基础上，着重调补肾阴肾阳的虚损。

主要成果

主研的“养肝止痛口服液的临床及实验研究”，“复方健肝液治疗慢性乙型肝炎的临床和实验研究”，“痛立舒口服液治疗急性疼痛的临床和实验研究”，“护肝解毒冲剂治疗乙型肝炎的研究”等，分获四川省政府科技进步奖、四川省中医管理局科技进步奖、四川省教委科技进步奖等。参加国家中医管理局“八五”攻关课题“解毒护肝颗粒治疗慢性乙型肝炎的研究”，所主持研制的“解毒护肝颗粒”已通过国家临床试验，获生产证书，并转让苏州东瑞制药有限公司。主编西南、西北片区高等中医院校教材《中医学导论》，由贵州人民出版社出版，主编全国20所高等医学院协编教材《中医学》，由四川科技出版社出版，参编《现代中医治疗学》，由四川科技出版社出版。

医学感悟

信念是根本，读书是阶梯，临床实践是关键。

山西　张计锁

名人小传

张计锁，男，1949年7月生，山西省灵石县人，中共党员，副主任医师。初中毕业后适逢文革而辍学，后于1968年师从著名中医刘庆森（即岳父），出师后在乡村行医多年。1979年经全省选拔统考被择优录用，并颁发中医师职称证书，分配到灵石县段纯中心医院从事中医临床工作。1981年在山西省晋中卫校“中医经典著作进修班”学习一年，期间聆听了该校著名中医王耀山、张开疆等老师对中医四大经典的剖析；同时还学习了北京中医学院著名中医学家刘渡舟、赵绍琴、马雨人、王洪图等教授对78届在校研究生四大经典的讲课实况录音，对四大经典的理解得到了进一步的深化和提高。后经过省自考取得大专学历，并于1999年晋升为副主任中医师，为当地县中医界有史以来第一位高级职称获得者。现任职于山西省灵石县中医院，并兼任天石中医妇科研究培训中心主任。系中华中医学会会员，中华临床医学会常务理事，中国管理科学研究院特约研究员。

学术经验

从医40余年，以内、妇科疾病见长，尤其擅长治疗外感热病、危急重症、内科、妇科疑难杂症，同时对急、慢性肝炎、肾炎、女子不孕症也具有较好疗效。在妇科方面以辨证论治为基础，注重阴阳气血的消长变化，因势利导，动静结合，创立“分步疗法”。

主要成果

曾多次参加全省及全国性的学术研讨及交流会，撰有10余篇医学论文均于省级以上刊物发表，其中《论妇科不孕症治疗三步法》、《妇人滑胎的分步疗法》、《优生优育与中医妇科分步疗法》形成了自己独特的中医妇科理论创新和临床特色。《论妇科不孕症治疗三步法》于1992年获山西省晋中地区 “自然科学学术论文”二等奖、山西省“优秀论文”三等奖，于1998年收入中国中医药优秀学术成果文库——《中国特色医疗新技术》一书，并被评为“优秀学术论文一等奖”，同年该论文及《麝香猪油膏的临床研究及应用》获得两项第四届世界传统医学大会“国际优秀成果奖”。 另外，《优生优育与中医妇科分步疗法》入编《中国医学创新发展》一书；《〈伤寒论〉拾遗——太阳病酒后辨症论治》于2003年获得“光明杯”全国名老中医经验交流大会“中医药成果优秀论文奖”，该论文填补了《伤寒论》太阳病酒后无证可辩、无法可依、无方可用的空白。

张计锁自1995年以来先后被收入《全国专科名医选编》、《中国特技名医》、《中国特色名医大辞典》、《中国专家大辞典》、时代楷模系列丛书《共和国的脊梁、名人风采卷》等多部辞书中。1998年经卫生部中国医疗保健国际交流促进会专家审评委员会授予“中国特技名医”荣誉称号，并颁发了荣誉证书及铜匾。2004年经人民日报海外版网络信息部“中国名院、名医、名药”评审组严格审核，荣获“中华名医”荣誉称号。2001年创建“天石中医妇科研究培训中心”，现该中心正面向医、教、研为一体的全方位良性发展。2008年参加北京人民大会堂“08中医人聚会”荣获“2007中医药事业特殊贡献奖”。

医学感悟：

为医需具双意识：1. 自我改造意识，即必须建立终身学习制；2. 对疾病与自然社会的超前意识，即站到科学技术的最前沿

治病须遵循两规律：1. 宇宙自然的客观规律；2. 人体自然生命生理、病理的客观规律

湖南 张俊卿

名人小传

张俊卿，男，汉族，1932年1月出生，湖南衡阳县人，中共党员，副主任医师。1951年入伍，1954年毕业于第六军医学院医疗系，曾任解放军101预备医院和北京军区北戴河疗养院(281医院)军医、医务处助理员、副主任、主任，享受副师级待遇。退休后从1990年至2004年，先后在52998部队风湿骨病诊疗部和秦皇岛市北戴河区卫协风湿软伤骨病诊疗部从医，并被聘为一些单位的研究员、客座教授和专家顾问等。

学术经验

从二十世纪六十年代开始，从现代药物治疗学的基本原理入手，长期致力于我国传统膏药贴敷疗法的研究探索，形成了自己的见解和思路：

一、认为我国的传统膏药贴敷疗法，符合和利用了药物运行、分布、作用、效应和代谢等规律以及药物直接介入，药物被动运动、简单扩散、顺流运行、直接到达、分布患处，药物透皮入血和药物刺激调节神经、经络等机理，是科学的药物治疗体系与方式，极富特色和优势，为医伤治病开辟了更广泛门路，甚至“无限法门”，是我国传统医药中极为珍贵的瑰宝，应当予以充分认识和高度重视。

二，认为搞好膏药贴敷疗法的关键在于制用膏药时，都要按照药疗的共同规律和不同机理，掌握好“对应”和“适宜”等要点，做到“用药如用兵”。

三、认为我国传统膏药的制用存在一些问题、缺点，应当予以改进。例如依照流传下来的“无丹不成膏”的说法，使铅丹膏药几乎成为我国传统“膏药”的代名词，而铅是有毒有害之物，用作膏药的赋型剂是不适宜的，应当用无毒无害之物代替等。

四、为了检验自己的见解和思路，更好地继承和发展我国的传统膏药制用事业，他着重于非铅硬厚膏药局部贴敷疗法的研探：在传统非铅硬厚膏药的范畴内，成功地研制出《特效风湿膏》、《特效跌打膏》

和《特效拔毒膏》（合称“特效三膏”），并在北戴河海滨的52998部队风湿骨病诊疗部投产制用，1991年由河北省卫生厅核发其“冀卫药制正字第094号《制剂许可证》”后，又针对其问题存在的缺点，打破传统膏药的界限，吸取现代中西医药学的成果，改进配方、用料、工艺和包装，增加品种、规格，进一步研究出一类新型非铅硬厚膏药，曾名《劲松系列膏药》，亦称《张氏系列膏药》和《双贴密封膏药》。该类新型膏药，1992年以来，经其本人和协作单位重点试制试用“风湿”、“威灵（抗炎）”“跌打”、“骨刺”和“祛毒”膏等五种共四万余贴，不但对一般伤病的疗效更好，且解决了传统膏药用前均须加热化软等共存问题，具有配方、用料、工艺合理和存放、使用方便等诸多优点，完全可以代替铅丹膏药，而且还能攻顽克难，在原发性坐骨神经痛、风湿性关节炎、肩周炎、股骨颈骨折、梨状肌炎、梨状肌综合征、骨性关节炎、骨髓炎等许多重难病症中，也收到了良好效果。

主要成果

他研探非铅硬厚膏药的第二步成果《双贴密封膏药》，已获我国实用新型专利（专利号：ZL972218173），香港世界医学研究中心中国特色医术专业委员会“医药最大科研成果奖”，世界发明家国际协会“国际发明金奖”，“香港国际新产品新技术博览会金奖”和“日内瓦国际专利技术成果博览会金质奖”，参与了第三届北京高新技术产业国际周和中国中医药发展大会等的展示，被编入《中华优秀专利技术精选》和《中国当代基石创新博览》等书。

发表的多篇论文和临床报告中，《膏药局部贴敷的机理和应用》被编入中国中医药出版社1997年出版的《中国特色医疗与专病专方集粹》和知识产权出版社1999年出版的《二十世纪世界传统医学优秀成果精典》，荣获1999年第二届全球华人医学大会及优秀论文大赛“孙思邈杯创新发明金奖”；《关于松香膏药代替铅丹膏药的探索》被编入中医古籍出版社1998年出版的《中华传统医药新论》，荣获中国现代科技出版社研究丛书编委会“特等奖”和新世纪全国首届“华佗•医圣” 杯金奖；《膏药治疗强直性脊柱炎》被编入亚太国际出版有限公司1999年出版的德国汉堡《第一届国际中西医结合治疗老年病及凝难病研讨会论文集》，荣获该会“优先论文金奖”等

福建 张敏建

名人小传

张敏建，男，1958年生。1983年毕业于福建中医学院。1986年创办福建省首家男科门诊和专科病房，填补本省这一学科空白。曾获福建省卫生厅“福建省优秀中医专科医师”、“福建省优秀中医药师”、“福建优秀青年中医科技工作者”称号。1992年为福建省首批破格晋升的副主任医师，1998年晋升为主任医师。2004至2006年参加福建省优秀中医临床人才研修班学习，获“福建省优秀中医临床人才”称号。现任福建中医学院附属人民医院男科主任，中国中西医结合学会男科专业委员会副主任委员，福建省中西医结合学会理事，福建省中西医结合学会男科分会主任委员，福建中医学院学术委员会委员，《中华男科学杂志》编委，《中国男科学杂志》编委。

学术经验

在男科临床方面倡导疏肝理气法治疗慢性前列腺炎，长期研究该法代表方艾可合剂对慢性前列腺炎的临床疗效，从大鼠等动物试验发现该方具有较好的抗炎症细胞浸润作用，毒性试验表明安全性较高，经志愿者术后前列腺组织病理检查发现，该方能降低前列腺内炎症细胞浸润，为该方治疗慢性前列腺炎提供了有力的病理学方面的支持。从已完成的基础与临床研究表明，疏肝理气法治疗慢性前列腺炎，能较好的改善慢性前列腺炎患者NIH-CPSI各项积分，在改善疼痛症状、尿路症状和提高患者生活质量方面有较明显优势，且该法安全性高、依从性好。从基础与临床研究结果分析表明，疏肝理气代表方艾可合剂为治疗慢性前列腺炎的重要方法。

针对前列腺痛这一男科顽疾，经长期摸索创立了“盆骶经络揉推法”取得显著疗效。该法具有简、便、廉、优等特性，正在进一步研究当中。《伤寒杂病论》针对小便不利多从扶阳出发,其太阳蓄水证与蓄血证的病机演变与前列腺增生症的代偿与失代偿的病变过程极为相似，在临床工作中审识阳气虚衰的轻重之不同，分别采用温阳利水、通阳行瘀治疗前列腺增生症取得显著疗效。

主要成果

组织编写了《慢性前列腺炎中西医结合诊疗指南》并公开发表，发表男科课题论文和专科学术论文

50余篇，其中《中医男科辑要》由上海中医学院出版社1990年出版发行；《阳痿的诊断与治疗》由上海医科大学出版社1993年出版发行；《阳痿症家庭食疗与验方疗法》由上海世界图书出版公司1994年出版发行；合著《中医男科临床治疗学》1991年由人民卫生出版社出版发行；合著《中国中西医结合男科学》由中国医药科技出版社2005年出版发行，并任该书副主编；合著《实用男科学》由人民军医出版社2006年出版发行；编写福建中医学院校内试用教材《中西医结合男科学》等专著、合著七部，获《阴茎勃起角度测量器》国家实用新型专利1项。近年来承担福建省自然科学基金研究项目“艾可合剂对CNBP动物模型病理学改变及镇痛效果的研究”、“艾可合剂对离体家兔膀胱颈前列腺尿道部平滑肌作用机制的研究”和其它重点研究项目多项。“男子射尿症不育的研究”、“有生育力男子精液质量研究”分别获地厅级科技进步一等奖和二等奖。

医学感悟：

柯琴说：“读仲景书，不仅知其正面，须知其反面，应知其侧面，看出底版。”学习经典应不拘泥于本，做临床应仁善诚信实践，信守辨证论治，发扬国医光大，勤学苦练，除此别无选择。

参加福建中医学院学术委员会议后在学校大门口留影

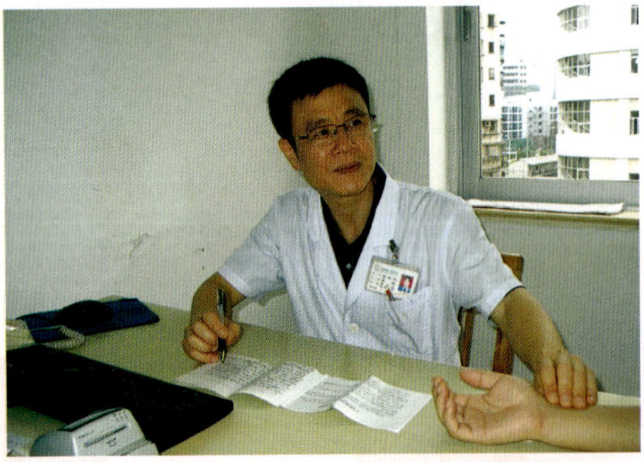

门诊工作照

登上黄山险峰

甘肃　张盛国

名人小传

张盛国，男，汉族，66岁，大学文化，中医、中药双学历，主任医师。中国药文化研究会皮肤病高级专家，香港国际中医人才研究会课题教授。2008全国道德模范，全国“五一”劳动英模。中国中外名人文化研究会会员，北京聚医杰医药科学研究院专家委员。全国百佳杰出名老中医，中国特色医疗学术研究委员会研究员。

学术经验

在多年的行医过程中形成以下特点：①治病重视三因制宜原则，强调中医整体观念和辨证论治的准确性。②认为“治未病”是21世纪世界医学模式转变的必然，是从古至今中医特点的至高境界。应用“治未病”的学术思想，以“未病先防，已病早治，既病防变，愈后防复”为纲，对易感冒患者采取平衡阴阳，调真气以内存，使邪不可干的理论，自拟屏风固本汤，调治加强可防病机能，又防止病毒性心肌炎、风心病的发生。自拟尿路排石汤以排除病人小结石，解除了待结石增大后手术之后患，减轻患者看病贵的难题。③擅长治疗皮肤病，对银屑病、痤疮、疱疹、足癣、荨麻疹、过敏性紫癜、白癜风等，精心研制的白癜风酊、痤疮酊、牛皮癣膏、鱼鳞病膏、痤疮冲剂、面膜、手足癣浸剂，疗效显著，并发表论文，荣获优秀论文奖。对银屑病顽疾运用“八症十二型”立法方药，辨证论治疗效显著，并发表论文获国家级优秀论文奖。善治妇科病，特别对不孕证、乳腺增生，以舒肝、活血、化瘀为法，取得较好疗效。

主要成果

参加人民大会堂首届中医药发展论坛和2007年第六届科学家论坛，荣获“自主创新成果优秀奖”，并颁发金匾。同时对脾胃病、肾病、糖尿病、高血压病总结了验方，并发表论文，荣获优秀论文奖，其中“高血压病的防治”一文在2007年发展中医论坛上荣获学术论文特等奖。2006年10月至2007年11月，8次出席庐山、桂林、北京、昆明、哈尔滨、西安全国中医药特效疗法名医学术研讨会，发表论文荣获优秀论文奖，荣获全国民间杰出名老中医等荣誉称号。2007年5月1日应邀在人民大会堂参加时代英模“五一”表彰座谈会，7月14日应邀在人民大会堂参加科技部主办的第六届中国科学家论坛，提交的论文荣获“自主创新成果”优秀奖。2007年11月24日在西安参加第二届中华杯中国中医药特效疗法研讨会授予学术贡献奖杯、百佳名医荣誉证书称号。

吉林　李延玲

名人小传

李延玲早年毕业于山东中医学院，毕业后一直在

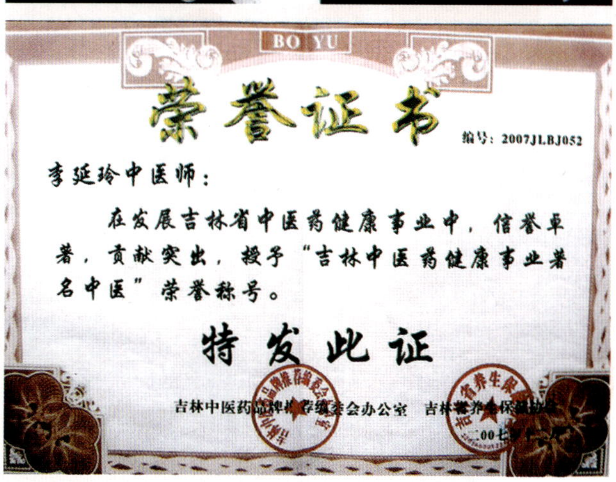

荣誉证书

编号：2007JLBJ052

李延玲中医师：

在发展吉林省中医药健康事业中，信誉卓著，贡献突出，授予“吉林中医药健康事业著名中医”荣誉称号。

特发此证

医院从事中医临床工作。并在工作中博采众长，善于研究总结，积累了大量的临床经验。擅长妇科疾病的诊治，尤其对女性不孕症、习惯性流产、产前及产后的各种疑难杂症有丰富的经验。至今从医四十余载，在“信仰中医而不能薄于西医，敬仰古人而不薄于今人”的思想指导下，研究出一套新旧结合的独特医疗方法，取得了很好的效果。

学术经验

李延玲擅长运用活血化瘀溶栓的方法治疗血栓静脉炎及由静脉炎引起的下肢溃疡，自研活血化瘀汤加四虫散，治疗血栓闭塞性脉管炎疗效显著。对雷诺氏病研究出温经活血化瘀扩张肢端动脉痉挛方法，治疗时间短，起效快，随访5年有多例未复发者。用补气活血化瘀溶栓方法加针灸治疗脑中风，包括脑血栓、脑梗塞、脑出血后遗症，疗效观察与西医方法相比较，疗效相近。自拟疏风活络祛风汤浸泡方法治疗痛风症，采用中药浸泡方法消肿快、止痛快，与西药相比无副作用，无任何不适症状。用中药外敷治疗外伤引起的髌骨滑膜炎，效果显著，积液吸收快、消肿明显，复发率低，疗效可靠，治疗后随访3年未复发者多例。运用中医针灸治疗面神经麻痹近百例，时间短，恢复早，不留后遗症，无需药物配合治疗。运用疏肝解郁、调和冲任、平肝和胃法，自制“乳癖康胶囊”，对乳癖(西医称小叶增生慢性囊性乳房病)疗效显著，对乳沥、乳痰、经前乳胀及西医称乳腺纤维瘤等症也有较好疗效。

主要成果

运用疏肝解郁、调和冲任、平肝和胃法，自制“乳癖康胶囊”，于2008年获民间中医特色疗法推广项目奖。

医学感悟

医者应尊古人教导，为治病救人，而非发财之道也。

广东　李丽芸

名人小传

苦难成就名医

“苦难”是李丽芸童年生活的写照。1934年李丽芸在新加坡出生，出生不久因父亲患病，全家回到了香港。不久抗日战争打响。1938年，香港沦陷，全家又开始了逃难生活，从香港一路逃往家乡广东鹤山。

逃亡的生活是苦得不能再苦了。清贫如洗的家境，使得一场高热伤寒留下了陪伴着她一生的缺陷——一边下肢变短，行走不便。

李丽芸说，父亲一直非常相信中医，家里人有病都是去中医大夫那里就诊的，这对于李教授以后从事中医埋下了伏笔。她的父亲对于女儿的培养是不遗余力的。父亲考虑到女儿腿不好，希望女儿有一技之长，于是李丽芸中学毕业后，父亲就将她送到了广州中医药学校学习，那时候，邓铁涛也在学校里任职。

在广州中医药专门学校上学时，李丽芸爱好妇科，当时就立志要当一名妇科大夫。在求学期间，师从著名中医学家罗元恺教授。

1954年，李丽芸从广州中医药专门学校医疗本科毕业，分配到省中医院工作。那时侯，中医院还没有独立的中医妇科，刚到到医院的数年内，她内科、儿科、外科疮疡的临床医生都当过，这些都为她今后的医疗生涯打下了基础。1957年，中医院决定成立中医妇科诊室，由李丽芸和吴松溪老医生负责。至此，终于圆了她当一名妇科大夫的梦。当时，李丽芸可以说是省中医院历史上第一个女中医。

李丽芸说："工作上，我有一种拼搏精神。因为在那个年代，一切东西都得之不易，中医妇科从无到有，从小到大，从大到强，每上一个台阶，都要靠拼搏得来，靠辛勤的付出得来。我很珍惜这一切。"

美德造就美名

李丽芸说："我的徒弟在填跟师表时问我的人生格言是什么，我告诉她是真、善、美。真，是认真、真实、真诚。做每一件事情，都应该认真去做。作为一名医生，治病救人就应更加认真。真实，就是不欺骗病人，现在假东西太多了，但医生不能假，那可是会害死人的。真诚，就是待人要真诚。善，是善良、善意、慈善。唐代伟大的医家孙思邈在《大医精诚》中提到：'凡医治病，必当安神定志，无欲无求，先发大慈恻隐之心，誓愿普救含灵之苦'，这是教导我们作为一个医者应有的品德。只有心中怀善，才能理解和体会病人的痛苦，才能尽心尽力为他们排忧解难。美，就是美好的生活、美丽的梦想。每个人都希望自己拥有美好的生活，美丽的梦想能够实现。美好的生活应该是享有天伦之乐，上有父母，下有孩子。对我的病人们，圆美丽的梦想就是给他们一个健康的孩子。"

凡是见过李丽芸教授的患者，印象最深刻的就是她脸上始终洋溢着宽慰的微笑。许多病人来到她面前，常常人还未曾落座，就已经泪流满面。但是，她们只要听到李丽芸教授如和煦春风的好言相慰，并得到她的悉心治疗，几乎个个破涕为笑。李丽芸常说："良言一句三冬暖，恶语伤人六月寒。医者能得到病人的信任，她们的病情就已经轻了一半。"

年过七十的李主任，仍然坚持在临床工作的第一线，每日加班加点，尽心尽力为病人服务。高强度及长时间的工作，使她患上了高血压病及严重的颈椎病。尽管如此，对待病人她从来没有不耐烦，总是细心地询问、耐心地解释、精心地治疗。有时候病人几乎下班了才到，李主任总是尽量帮她们加号，宁愿自己推迟下班时间也不愿病人多跑一趟。

就是这样年复一年，坚持不懈地坚守自己的岗位，李丽芸教授以其精湛的医技、高尚的医德，不仅在内陆享有盛誉，而且深受来自美国、加拿大、澳洲、新加坡、香港、澳门等各地患者的欢迎，赢得"送子观音"之美誉。广州日报、香港电台等多家媒体纷纷报道了李丽芸教授的高超医术和感人事迹，许多动人事迹在群众中广为流传。1993年李丽芸教授获广东省人民政府授予的“广东省名中医”称号，是人事部、卫生部、国家中医药管理局批准的第二、第三、第四批名老中医师带徒专家之一。李教授在中医学术传承方面也同样不遗余力。作为指导老师，李丽芸教授在授徒过程中总是毫无保留、倾囊相授，将自己的学术理论知识和临床经验一一传授给弟子，为中医事业发展与传承作出了贡献。2006年获得中华中医药学会中医药传承特别贡献奖。并任广东省中医药科技专家委员会常委、广东省中医药研究促进会理事、广东省中医医疗事故鉴定会妇科专业组组长、广东省中医妇科学会顾问。

学术经验

1. 主张以肾为本，调经以种子　李教授认为妇女有经、带、胎、产、乳等特殊生理，其主要脏器胞宫、胞脉、胞络均系于肾。人类的生殖过程，主要是由肾的精气所决定。调经种子之法，重在调理肾、肝、脾。而调理肾、肝、脾又体现在其调治月经周期法上。她的经验是从中医关于阴阳之间的思辨，结合月经的不同阶段，提出了“调治月经周期法”，治疗由生殖内分泌功能紊乱所致的月经失调性不孕。本法是以补肾为基础，模仿妇女月经周期的生理改变而用药。中药人工周期通过“肾-冲任-天癸-胞宫”间的平衡改善性腺的功能，也即通过“下丘脑-垂体-卵巢轴”的功能改善而发挥治疗作用。

2. 强调肝郁病机，怡情才易孕　李教授认为女子以血为本，以血为用。而血者与肝密切相关。肝主藏血，主疏泄，喜条达，恶抑郁。肝气条达则血脉流畅，经候如常；肝气郁结则血脉失畅，月经失调，影响孕育。若情志不畅，肝气郁结，疏泄失常，气血不和，冲任不能相资，可致不孕。李丽芸教授在不孕症治疗中重视肝郁病机，强调宜疏肝之气，解肝之郁，养肝之阴。对于肝气郁结不孕者，治宜疏肝解郁，调冲种子，并自创开郁种子汤。

3. 重视化瘀消癥，调气血助孕　妇人以血为本，月经以血为用，气血关系密切。妇人之生，有余于气，不足于血，以其数脱血也。李教授指出，治疗不孕症，不但要补肾以改善卵泡质量，而且还要改善盆腔、宫腔及宫颈的环境，就像种花一样，不但要种子好，土壤也很讲究。有些月经规律的患者多次行试管婴儿失败的原因很多是由于盆腔、宫腔及宫颈的环境不良。李教授总结，对于一些盆腔内异症、子宫腺肌症、子宫肌瘤、盆腔炎症包块或卵巢囊肿等属于中医妇科癥瘕范畴者，活血化瘀、消癥散结才能改善盆腔、宫腔及宫颈环境，达到助孕的目的。而消癥散结归根结底还是在于调理气血。用药上李教授喜用三棱、莪术以破血消癥，牡蛎、珍珠母以软坚散结。若瘀血轻者，可用桃红四物汤或少腹逐瘀汤等加减；若瘀血内阻明显者，还可在活血化瘀的基础上加虫类药，如全虫等;如夹有气滞者，宜加香附、木香、郁金等疏肝理气之品；如夹有气虚者，宜加党参、黄芪、白术等健脾补气之品；如夹有寒凝者，宜加干姜、肉桂、艾叶等温经通络之品。值得注意的是破血消癥散结之品容易耗气散血，故在治疗上要时时注意顾护气血，可在辨证的基础上加鸡血藤、当归、白术等补气补血活血之品。有攻有补，气血调和，孕育乃成。

4. 湿浊可致不孕，助孕必治带　李丽芸教授认为广东地处岭南，气候炎热潮湿，湿邪是妇科常见的致病因素，妇女湿邪致病的途径主要从阴户而入，直犯胞宫、胞络。李丽芸教授将其分为湿浊、湿热、湿毒、寒湿、痰湿、湿瘀等不同的证候，认为其中湿毒、痰湿、湿瘀致不孕症最为常见。治法总体上是化湿除浊，扶正祛邪，根据湿邪转化类型有寒热虚实的不同，应用清化或燥化或泻实或补虚的治法，通过化湿、燥湿、渗湿、利湿、升阳温通或豁痰逐瘀等，调补脏腑，调理冲任，健固督带，达到助孕目的。其治疗上有治湿八法：化湿除浊法、清热利湿法、化湿解毒法、化湿祛寒法、升阳除湿法、温阳化湿法、化湿豁痰法、化湿逐瘀法。

5. 重视整体调节，饮食需宜忌　李丽芸教授主张多层次、多侧面、多因素、全方位地考虑引起不孕症的原因，结合现代科学的各方面检查，寻找“病”的证据，强调辨病与辨证相结合治疗。在中医整体观念指导下，分析引起不孕症的原因，如为内分泌因素引起的不孕以调经为主，如为炎症因素引起者以治带为主，如为子宫内膜异位症、子宫肌瘤及免疫性不孕者以综合治疗为主。此外，在重视整体调节的同时，饮食调护也很重要。中医学认为药食同源，合理适当的膳食对不同人体的素质及不同原因的不孕有一定的帮助。如肾阳虚所致的虚寒宫冷不孕，可用温补之品当归羊肉汤等。肾精不足、冲任亏虚之不孕，可服用虫草炖水鸭等，可起到滋补肾阴冲任的功能，忌服温补燥热之品。气血虚弱之不孕，可服用当归大枣鸡蛋茶等，可起到补益气血的功能。

6.重视冲任督带学术理论，主张多种途径、多种方法治疗妇科疾病　多途径治疗妇科疾病始于汉隋唐代，发展于清代，提炼升华于近代。从汉代的《金匮要略》到唐代的《千金方》，再到清代的《理瀹骈文》，均有对多种用药途径治疗妇科病进行的描述。李丽芸教授结合自己的临床经验，参考了历代医家经验，应用多途径综合疗法治疗妇科常见病，临床上取得较好的效果。李教授常用的方法有：内服法，药物保留灌肠，下腹部外敷药（药散水蜜调敷，或药包蒸热外敷），下腹部及腰骶部通过电离子导入药液，子宫腔、输卵管入药，对外阴、阴道、宫颈疾病的外阴薰洗、坐盆、纳药、宫颈上药，以及配合穴位挑治、埋线、针刺、艾灸，耳针、梅花针等。7.育儿求端庄　李教授指出，治疗不孕症，一方面使患者成功受孕，另一方面也要重视受孕后的调理。古人有“肾以载胎”学说，胎元能否巩固，既在于父母阴精是否强健，也在于是否有人为的耗损，因此怀孕头三个月房事不洁是导致流产的重要原因。故流产的防治，首先就是禁欲。其次，要慎药饵。孕早期出现妊娠恶阻者应作相应的治疗。注意饮食宜清淡，忌油腻、寒凉冰冷之食品，应进食适量蔬菜水果以保持大便通畅。此外，还要适当加强孕期营养，计划怀孕及孕期应每日补充叶酸及各种维生素，食物中的禽类、蛋、鱼、瘦肉、排骨、牛奶等含有高质量蛋白质，对胎儿大脑发育及日后智力发展有促进作用，故孕期应适当补充上述物质。

综合上述，李丽芸总结出以下七点种子要诀：种子先调经、助孕必治带、配偶要精壮、真机期交合、怡情才易孕、饮食需宜忌及育儿求端庄。

主要成果

主持及参与的科研课题有：国家中医药管理局课题“复方毛冬青液保留灌肠治疗慢性盆腔炎的临床与实验研究”（1993-1995）、“补肾益骨膏防治围绝经期骨质疏松症的临床与实验研究”（1996-1998），均获广东省科技进步二等奖。“中西医结合治疗不孕症-附治愈80例临床报导”（1987）获中华全国中医学会广州分会学术论文三等奖。“毛冬青甲素对大鼠实验性输卵管炎性阻塞的作用”（1993）获广州中医学院学术年会优秀论文奖。“湿浊与不孕”（2003）获全国医药卫生优秀成果奖。现在进行的课题有国家自然科学基金课题“益肾

填精助孕法对胚胎着床障碍小鼠母胎界面分子对话、信号传导的时序调控作用及机理研究”、广东省自然科学基金课题“益肾填精助孕法调控母胎界面信息传导的分子机制研究”、广东省中医院中医药科学技术研究专项名中医经验的应用研究“李丽芸教授经验方对多囊卵巢综合征患者卵巢局部因子调控的研究”等。

李丽云教授善于总结临经验，主编《中医妇科临证证治》、《中西医结合治疗不孕症》、《妇科专病中医临床证治》，参编《中医杂病证治》和《现代疑难病中医治疗精粹》等学术著作，发表学术论文20篇。

医学感悟：

健康所系，性命相托

踏实、勤奋，勤于思考

发挥中医特色，中西医结合

河北　李佃贵

名人小传

李佃贵，男，汉族，中共党员，1950年8月出生，河北省蔚县人，现任河北医科大学党委副书记、副校长（正校级），河北省中医院院长，河北省中医

药研究院院长，河北省胃肠病研究所所长，教授、主任医师、博士生导师。1974年毕业于河北医科大学，毕业后留校任教一直从事行政和临床工作。1983年任河北省中医院副院长兼中医内科教研室主任，1987年破格晋升为副教授，成为当时全国最年轻的中医副教授之一。1992年任河北中医学院副院长兼教务处处长，1995年任河北医科大学副校长，1999年任河北省职工医学院党委书记兼院长职务。

先后获得全国劳动模范、享受国务院特殊津贴专家、全国优秀中医院院长、首届中医药传承特别贡献奖、中国医师奖、河北省省管优秀专家、省突出贡献专家等多项荣誉称号和奖项，还被评为全国老中医专家学术经验继承工作指导老师，2008年被评为河北省12大名医之一，荣获和谐中国2008年度十大杰出人物称号。

现兼任中华中医药学会李时珍研究分会会长，中华中医药学会脾胃病分会副会长，中国中西医结合学会理事，河北省中西医结合学会会长，河北省中医药学会副会长，河北省医师协会副会长；中国亚太经济发展研究中心高级研究员，加拿大疑难病研究所（温哥华）国际医疗合作项目专家组团成员、客座教授等，并担任《国外医学》呼吸系统分册等12个医学杂志的主编、副主编。

学术经验

慢性萎缩性胃炎是临床难治性消化道疾病之一，其伴发的肠上皮化生和不典型增生被称为胃癌的癌前期病变，中医理论认为这种病不可逆转。为找到理想的治疗方法，李教授带领相关专业人员，在河北省科技厅等上级部门的立项资助下，结合临床实践，从中医学的角度深入研究了该病的发病机制，并创造性地提出了“浊毒”理论。他认为慢性萎缩性胃炎多因饮食所伤、情志不舒、浊毒内蕴所至。根据这一认识，他采用“舒肝理气、活血化淤、解毒化浊、健脾和胃”四步疗法，精选红景天、绞股蓝、白花蛇舌草、薏苡仁、枳实等相关中药组方，使该病的治愈率达到了75%、有效率达到了90%以上，从而打破了“胃癌前期病变不可逆转”理论的束缚，为纯中药制剂治疗慢性萎缩性胃炎、癌前期病变提供了一条崭新的思路。

李佃贵教授在肝胆病研究治疗方面也独有建树。他根据肝脏“喜条达、恶抑郁，喜疏降、恶上亢，喜柔润、恶燥热，喜涵养、恶湿捆”的生理、病理特点，拟定了十多种方剂，研制成“复肝丹”、“珍黄丹”、“利胆化石丹”等系列中药制剂对肝胆病人进行辨证施治，同样取得了显著疗效。肝硬化也属难治性消化系疾病，李教授采用“软肝化坚、解毒化浊、活血养血”三步疗法辨证施治，使很多肝硬化患者得到了治愈或缓解。他说：“引起肝硬化的原因90%为病毒性肝炎，还有一部分为酒精肝和药物性肝炎。肝炎—肝纤维化—肝硬化—肝腹水，是肝病发展的几个阶段。肝硬化可合并肝癌、肝功能丧失，进而出现肝昏迷、门静脉高压大出血。运用‘解毒化浊’的三步疗法施治，可缓解患者病痛，延长患者寿命，最重要的是可阻断向肝癌发展。”

主要成果

李教授不但学验俱丰，而且在理论和科学研究方面也取得了丰硕成果。他用3年时间编著的《实用中医肝胆学》，全面系统地阐述了中医肝胆病学的范畴、渊源和发展、解剖与生理、临床常见肝胆病的种类、发病机理、诊断方法、理化检查、辨证施治以及预防和调护，提出了很多新理论、新观点，将与肝胆藏象学、经络学有关的疾病均归入肝胆病范畴，充实了中医肝胆病学的内容，创新了肝胆病学理论。他还参加国家星火计划项目《名贵中药绞股蓝的临床应用研究》并著书立说，为绞股蓝的推广应用发挥了积极作用。此外，还著有《当代临床医学与实践》、《现代临床理论与临床实践》等多部著作，主研的《康胃胶囊治疗萎缩性胃炎癌前病变实验与临床研究》等17项科研成果分获国家、省、厅级科技进步奖，在国内外发表学术论文100余篇。2007年，李教授的浊度理论研究室被国家中医药管理局批准为“国家浊毒证重点研究室”，李教授任研究室主任；他主持的脾胃病专科被评为国家级重点中医专科。

福建　李学麟

名人小传

李学麟，男，1954年12月出生，祖籍福建永泰，大学文化。现任福建中医学院附属人民医院杏苑国医诊治中心主任，教授，硕士生导师，主任医师，为第一批全国优秀中医临床人才，福建中医药学会儿科分会常务理事兼秘书，福建中医药学会内科分会理事。

李学麟出身于中医世家，其父李子光擅长中医内、儿兼通妇、骨伤、针灸科疾病的诊疗，以精湛

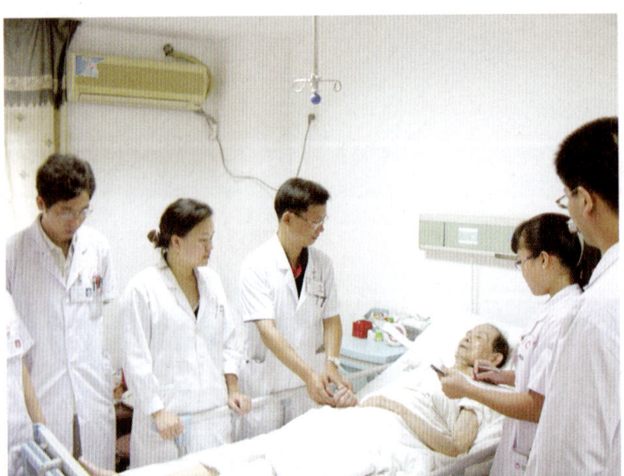

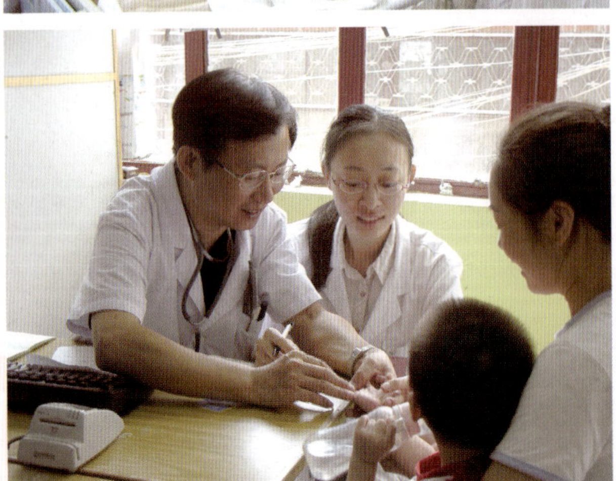

的医术享誉福州一带。长兄李学耕、次兄李学尧均继承父业为医，尤其是长兄李学耕系福建中医学院儿科教授，作为福建中医儿科的学科带头人而享誉全国。在家庭的熏陶下，李学麟幼时即对中医感兴趣，13岁小学未毕业即在母亲的督促下抄诵《医学三字经》、《汤头歌诀》、《药性赋》等中医入门医籍，因文化大革命而休学后则随父侍诊，抄写处方，聆听教诲，广览家中医籍，打下了良好的中医基础。复课上中学后即施展其所掌握的医学知识为师生服务，并曾担任当时学校《卫生常识》这门课中针灸知识章节的讲授任务。中学毕业后次年即去插队，一个月后即因其具有的特长被所在的农场安排在医务室中担任卫生员，在此期间更是阅读了大量的医书，并通过《基础医学问答》、《临床医学问答》、《农村医生手册》等自学了一些现代医学知识。1977年初，经过努力争取，参加了福建医科大学中医系（福建中医学院复办前身）举办的第二期福建省中医进修班半年培训。

1977年秋，全国高考恢复了，李学麟于当年考上了福建中医学院，经过将近5年的系统学习，于1982年毕业后一直在福建中医学院附属人民医院儿科担任医、教、研工作。他不仅继承家传的经验，工作之余，还常结合临床实际，钻研中医经典理论，博览群书，学习历代名家经验，并不断吸收医学新知识和掌握医疗新技术，致力于小儿热病方向的研究，从伤寒、温病等传统学说入手，结合历代医家的心得、经验，融伤寒、温病理论于一炉，深入研究小儿常见病、多发病的病因、病机及治法、方药，针对小儿的生理病理特点，提出以通阳和阴之法指导治疗小儿感染性发热、肺炎、哮喘、肾病及反复呼吸道感染、慢性咳嗽等急、危、疑难病证，每每能出奇制胜，故出诊时求医者甚众。

2004年经过严格的选拔、考试，李学麟被国家中医药管理局遴选为全国优秀中医临床人才（200名）研修项目人选之一。经过3年的研修，系统、深入地学习了中医四大经典，撰写了多篇学习笔记和论文，最后通过考核，被国家中医药管理局授予“全国优秀中医临床人才”的称号。

李学麟由于其具有深厚的中医理论和丰富的临床经验，不仅精通中医儿科，并兼擅中医内、妇、针灸等疑难病症，因此平时除了诊治小儿患者，也经常接诊内、妇等病人，以擅长针灸尤其是家传的小儿飞针术而闻名。在2006年初因为医院的发展需要，李学麟接受了医院振兴传统中医的任务，担任了医院的杏苑国医诊治中心主任，组建了传统中医病房和中医工作室，通过发挥传统中医的优势，采取中药口服、针灸、贴敷等综合方法以治疗各种疑难病症，并大力开展学习中医经典名著等措施，把中医工作室和传统中医病房作为全省培训高级中医临床人才的基地，以强化中医人才队伍的素质和水平。

学术经验

小儿虽然是“稚阴稚阳”之体，但由于阳气在人体的生长发育过程中起主导作用，在小儿时期更为突出。因而与成人相比较，小儿其生长发育过程尤为蓬勃、迅速，而精、血、津液等作为生长发育的物质基础，因其脏腑功能的未臻成熟，往往显得相对不足，且易受损，患病后往往有阳气易亢、阴液易伤的特点，形成后世医家所称 “阳常有余，阴常不足” 的不稳定状态。因此患病过程中除了阴气易损、阳气易伤之外，阳气常可因阳气郁遏不能畅通、舒展、宣泄，行其正常的温煦、升发、蒸腾等作用，失其自然调节作用时，则成为体内异常的“有余”之阳气（绝对），从而破坏阴阳平衡，导致百病丛生。因此应根据小儿阳气的特点，对小儿疾病发展过程中表现出的阳热过盛之证，既不可误予温补，也不可过用寒凉，使阳气受到闭遏及戕伤，须时时注意予邪以出路，必要时还须应用温热药鼓荡其闭遏或不足之阳气，使其振奋而能驱邪外出，但使阳气得到舒展、畅通并有所宣泄。只有这样，才能使闭者开，郁者伸，滞者通，结者散，达到阳气流通，畅达无阻，津液敷布表里上下，气机升降出入有常，恢复小儿体内阴阳相对的动态的平衡目的。

主要成果

1988年参编《中医学问答题库•儿科学分册》（中医古籍出版社出版）。主持并参加多项省级科研课题研究项目，参与的“中西医结合治疗小儿难治性肾病的临床研究”课题于1998年获福建省医药卫生科技进步三等奖。

从医近30年来，李学麟曾先后撰写了20多篇论文，发表于国家级和省级专业杂志。除临床外，还担任中医学院本、专科班教学工作，2000年开始招收硕士研究生，承担了《中医儿科学》、《儿科学》、《中西医儿科学》、《中医儿科临床和进展》、《中医儿科名著选读》等课程的理论教学及临床带教工作。

医学感悟：

中医之理博大精深，除悟性之外，尚需穷一生之精力钻研，方能窥其门径。

江苏 李 慧

名人小传

李慧，男，出生于1957年4月。1982年毕业于南京中医药大学本科，1984年拜江苏省名老中医沈俊丰（祖传六代中医）为师，随其临床学习抄方两年。后又师从江苏省名中医符为民、龚丽娟夫妻二人。现任江苏省连云港市第一人民医院（国家三级甲等医院，国家综合医院中医药工作示范单位）中医科主任，主任中医师。主持中医科工作期间，所在医院2007年被评为“全国综合医院中医药工作示范单位”。为省中医药学会脑病专业委员会常委、省中西医结合学会活血化瘀专业委员会常委，省中医药学会名家流派研究分会委员。享受市政府特殊津贴，获得国家中医药管理局的“全国优秀中医临床人才”及“江苏省名中医”、“江苏省首届优秀青年中医药工作者”、“市知名专家”、 市“五一劳动奖章”等荣誉和称号。

学术经验

二十多年来，一直从事心脑血管病的中医防治工作，在中风病防治方面积累了丰富的经验并取得较好效果。在对中风的发病上提出“痰瘀蕴热始终贯穿于中风发病前后”的观点，认为中风前及中风发病时多为火热、痰热，中风后呈现缓解，但死灰复燃、火热至极时又可引发二次中风。故从“治未病”的角度出发，临床上将中风后遗症的“病后”视作“病前”看待，治疗中把“痰热”作为预防中风的关键。针对“痰热”采用“泻热化瘀”的治疗方法，突破了中风后遗症治疗上传统的“温补化瘀”模式，并取得较好临床疗效。

首次提出“方证对应学”概念，认为方证对应与辨证论治是在概念、内容等方面都是完全不同的两个体系。中医的精髓应包括方证对应与辨证论治两个部分，而不是单一的辨证论治。中医与其它学科的不同就是在于中医是由理论和经验两个部分组成，辨证论治是中医的理论体系，而方证对应学则是中医历代医家创立的经验传承体系。中医的生命在于疗效，掌握了辨证论治的理论和方法就可以开方，但并不一定就会有好的临床疗效，疗效与经验密切相关，这正是中医与其它学科的不同之处。中医经验属方证对应学研究范畴，方证对应作为经验传承体系与辨证论治的理论体系共同构筑为中医的特色和精髓。开展“方证对应体系”的研究，改变当前只重辨证论治理论学习，轻视经验传承方法和内容学习的状况是振兴中医的必由之路。

主要成果

先后获得国家医学发明专利一项，市医学科技创新一等奖1项，市科技进步二等奖3项，发表省级以上学术论文２０多篇。其研制具有抗动脉粥样硬化、预防中风作用的“降粘胶囊”获国家医学发明专利。产品自１９９０年用于临床以来取得了较大的经济和社会效益。

医学感悟：

“中医的精髓应包括方证对应与辨证论治两个部分，而不是单一的辨证论治。方证对应作为经验传承体系与辨证论治的理论体系共同构筑为中医的特色和精髓。”

福建　杨春波

名人小传

杨春波，男，现任福建中医学院第二人民医院名誉院长、主任医师，国家、省中医脾胃重点专科学术带头人，福建省中医药研究院国家药品临床研究基地委员和脾胃研究室主任。

杨老系五代中医传人，祖父医德双馨，驰名福建莆田、仙游、惠安毗邻。祖母遵祖父遗训，在小学寒暑假期间，即督其念《药性赋》、《汤头歌诀》、《王叔和脉诀》、《医学三字经》等书。中学假期即随父亲学习中药加工、炮制、识药、配方以及制剂。

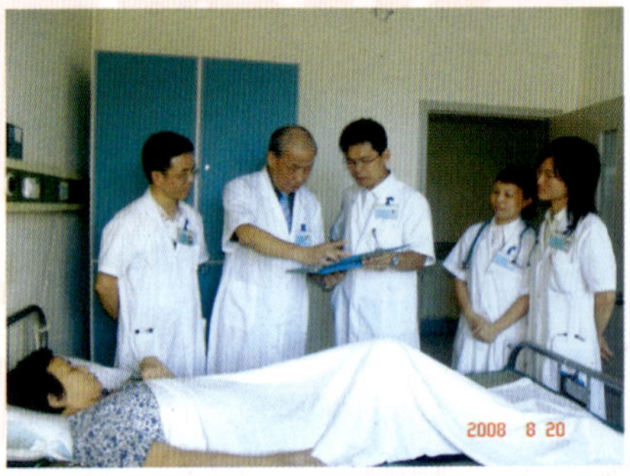

辍学后从家叔学习中医，熟读《陈修园丛书》，背诵《医宗金鉴》的“伤寒杂病心法要诀”等，并跟诊实践。独立行医后参加过中医进修班，后又考进福建省中医进修学校，系统学习了中医四大经典、中国医学史、中医诊断学、中医内科学、妇科学、儿科学、中药学、方剂学以及西医学的基础、诊断、临床等课程，还听了《唯物辩证法》、《矛盾论》、《实践论》等哲学讲座，由于成绩优异，毕业后留在福建省中医药研究所工作，后调至福建中医学院第二人民医院，从事临床、科研、教学工作已60多年。

杨春波曾任福建省中医药研究院副院长、福建中医学院第二人民医院院长，被选为第八、九届全国人大代表，系国家“十五”科技攻关课题“名老中医学术思想及经验传承研究”百名入选老中医之一，全国第二、四批老中医药专家学术经验继承指导老师，先后兼任国家药品审评专家，中国中医药网专家团专家，全国中医内科脾胃病委员会委员，中国中西医结合消化病委员会常委，全国青年中医研究会高级顾问，中国民间中医药研究开发协会理事，《中国中西医结合消化病杂志》常务编委，《美国中华临床医学杂志》常务编委；福建省政协六届常委，福建省孙中山研究会会长，福建省中医药学会副会长，福建省中医脾胃学术委员会和福建省中西结合消化病委员会主任委员，福建省中医药重点科研课题首席专家，福建省中药新药评审委员会主任委员，福建省中医药高级

职称评委会副主任委员，福建省科技进步医药卫生组专家，福建省医学继续教育委员会中医药学科组组长，《福建中医药》编委。荣获中华中医药学会首届中医药传承“特别贡献奖”（左图），先后赴香港、台湾及马来西亚、美国、欧洲等地学术交流。

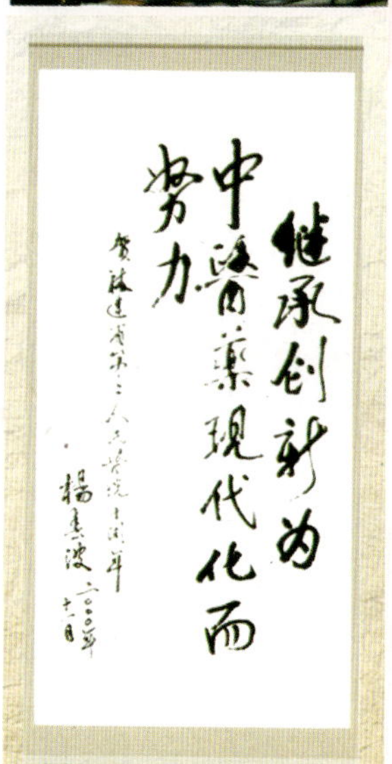

名誉院长杨春波主任医师题词

学术经验

杨老擅长内科疾病的治疗，对脾胃病、温病经验丰富，精于辨证论治，用药灵巧，重视舌诊和中医综合治疗。杨老认为中医学术特点是整体的观念、恒动的观点、辩证分析和调节平衡的方法，辨证论治是这个特点在临床的主要体现；中医学正从传统型向现代型过渡，特征是出现了宏观与微观、整体与局部、功能与形态、机体与环境相结合的诊疗新思维。

杨老主张依据中医学术特点，用传统和现代相结合的科学方法，从养生保健、防病治病入手，以提高疗效为中心，发展中医学。在中医证的研究方面，先以单纯病、典型证为对象，观察证型的演变，在观察宏观规律的同时，积极运用现代科技，应用多种指标探索它的微观变化，发现新理论。对温病提出分时温（四时温病）、温疫和温毒三类，再按温热与湿热，分别以卫气营血、三焦辨证论治。认为痰有形，不宜分有形与无形，应分显痰与隐痰。首先对炎症进行中医理论的探讨，制订了中医治疗十二法。创制6种新药。

主要成果

1. 科技成果（第一作者）

（1）“中医辨证分型治疗慢性萎缩性胃炎”获1990年福建省科技进步二等奖；1988年福建省医药卫生科技进步一等奖。

（2）“慢性胃炎中医证、型的现代病理基础探讨”获1987年福建省科技进步三等奖；1986年福建省医药卫生科技成果一等奖。

（3）“脾胃湿热证的现代科学研究”获2006年中国中西医结合学会科技进步三等奖，2007年福建省科学技术三等奖。

（4）获福建省医药卫生科技进步一、二等奖各一项。

2. 专著、论著

（1）主编、参编正式出版的学术著作18部。代表著作有：

①《现代中医消化病学》（2007年，福建科技出版社），福建省优秀著作出版专项资金资助，获第21届华东地区优秀科技图书二等奖；

②《脾胃学说与临床》（1990年，人民卫生出版社）；

③《中国医学百科全书·中医内科学·温病》（1989年，上海科技出版社）。（2）撰写学术论文161篇，已正式发表108篇。代表性论文有：

①“依据中医学术特点，努力开展临床研究”（1985年，福建中医药）；

②“证的研究设想——证候研究要做好临床基础性工作”（2002，中国中西医结合杂志）；

③“温病分类的探讨”(1982，福州中医)；

④“流行性乙型脑炎的中医药治疗”（1975，福建医药卫生）；

⑤“中医辨证分型治疗慢性萎缩性胃炎疗效总结”（1988，中医杂志）；

⑥“脾胃湿热证的临床研究——400例资料分析”（1994，中医杂志）；

⑦“脾胃湿热理论的应用与研究”（1998，中国中西医结合脾胃杂志）；

⑧“脾胃湿热证研究的初步揭示”（2003，中华

中医药杂志）。

医学感悟：

医德感悟：祖训："诚实、勤奋、精医、善药"

学习感悟：中医学具有朴素的唯物辨证法思想，学好现代科学的《唯物辩证法》、《矛盾论》、《实践论》等哲学书，是学习中医经典著作的金钥匙。学经典主要明白它的医学思想和大则、大法，铭记精论，在防病、治病实践中理解和验证。

临证感悟："读方三年，无病不治，治病三年，无方可用"。理论是实践的指南，但不是教条。

山东　芦珂恩

名人小传

芦珂恩，男，汉族，博士学位，教授，主任医师。1933年11月生于山东省章丘市卢氏中医世家，毕业于上海中医药大学，为了加强理论知识，继续学习深造，1986年参加上海市清华专修学院高等医学部四年制中医本科学习，期满发证。1997年参加美国世界传统医学科学院、传统医学研究生部学习，期满考试合格，论文答辩通过，授予医学硕士学位。1999年春参加中国中医研究院培训中心第八期全国高级中医培训班进修结业。1999年秋参加中国北京名医名方研究推广中心第六期名人名医学术研讨班进修结业。2005年参加世界中西医结合医学研究院（东南亚总部）中医学研究生部学习，期满成绩合格，论文答辩通过，经世界学位联合评审委员会批准，特授予中医学博士学位。现任卢氏中医侯马卢珂恩中医诊所所长、法人代表。曾任卫生所所长、世界医药研究中心中国西北研究院侯马心脑血管病研究所所长。兼任美国中医学会会员，加拿大世界中医学会研究员，澳大利亚国际中医药研究开发学会特约研究员，香港科学院顾问，香港国际中医药学院课题教授。

学术经验

擅长治疗心脑血管病（高血压、脑动脉硬化、冠心病）肺心病、肝病、胃病、肾病、风湿病、颈椎病、关节炎、坐骨神经痛、早期肿瘤（食道癌、胃癌、肝癌、乳腺癌）、内外痔、前列腺炎、前列腺增生、妇科杂症、面瘫、面肌痉挛等。在临床经验中自创：①自拟治心脑血管病"消心痹化瘀通络散"剂，1号方、2号方、3号方治疗心脑血管病；②自创"用中药内服外敷法"治颈椎病。③自创外涂药"痔疮一扫光"散剂，配合结扎疗法治疗各类痔疮。④"创新割治疗法"治疗面瘫。

主要成果

发表优秀论文九篇。其中四次荣获国际优秀学术论文金奖，五次荣获国内优秀论文金杯奖。特别是"创新割治疗法治疗面瘫"的经验一文在1999年第四届世界中西医结合学术论坛暨颁奖大会（泰国）上荣获金奖。在2002年德国柏林医学优秀论文颁奖在会上荣获优秀论文金奖。

西安　邵霞龄

名人小传

邵霞龄，女，1934年生，陕西户县人，西安肾病医院院长。西安肾病医院于1986由其创办，被确定为中国健康扶贫工程定点医疗机构，中国中医药研究促进会团体会员单位，陕西省老教授协会肾病专家咨询中心，中共户县委员会、户县人民政府授予文明单位，2002年——2003年被授予西安市消费者协会诚信单位。

邵霞龄院长现任世界传统医学会会员、美国中医研究院教授、陕西省医学史专业委员会委员、陕西省老教授协会肾病专家、中国中医药研究促进会会员、《世界传统医学大会•古代世界传统医学杰出人物》副主编。

她出身中医世家（《户县志》记载），祖父、父亲均为一方名医，她为家中第十六代传人，自幼随父习医，行医乡里颇有口碑。1952年加入医卫协会行医，后深造于陕西中医学院，医学理论知识得到系统升华，此后一直从事医教研工作，勤于医理、精于临床、善于钻研，尤其在肾病研究、治疗方面，善于总结祖辈家传方和自己的几十年临床经验，形成了完整的治疗方案和科学的理论体系，避免了肾病患者长期使用激素的副作用。

邵霞龄院长心里始终装着百姓，多年来她一直坚持为余下全镇60岁以上老人、为敬老院老人免费查体送药，先后共计6000余人次，使老人安度晚年。她积极组织全院职工为人民捐物捐资，并身体力行，仅2005年春节她就为五竹乡贫困户送面粉50余袋。

邵霞龄院长关心户县教育事业发展，她热衷于老年事业和社会公益事业。为教育事业发展提出许多好建议，积极捐款建校，被县委县政府授予"捐资助学先进个人”，多次参加陕西省老教授协会，陕西省医学史专业委员会等组织医疗下乡活动。

由于她的突出贡献，中央电视台夕阳红、半边天栏目、中国妇女报、中国老年报、人们日报、健康报、工人日报、华夏掠影等全国性媒体对其事迹做了报道，陕西省人事厅编著的《奉献余热的人》、西安市人事厅编著的《夕照明》等均收录了她的事迹，被西安市委市政府授予“老有所为精英奖”，被收入陕西省历史档案馆。

主要成果

出版著作《伤寒赋》、《杂病赋》、《肾病学》、《糖尿病学》、《妇科探锦》等5部。主持了国家科研项目中医肾病新药研发工作，有两种新药成为国家准字号药品，另有两种新药已通过国家药监局专家组评审。

福建 陈长华

名人小传

陈长华，男，教授，主任医师。毕业于福建中医学院，现为全国名老中医药专家学术经验继承工作指导老师。曾任中华中医药学会内科脾胃病分会委员、中华中医药学会感染病分会委员、福建省中医药学会脾胃病分会委员、福建省人民医院大内科主任。从事中医、中西医结合的临床、教学和科研工作40余年，在实践中刻苦钻研，不断探索，虚心学习，总结经验，取得了丰富的临床经验和科研成绩。

学术经验

在中医消化系统疾病诊治、研究方面造诣颇深，长期致力于中医“脾胃肠”的理论和实验研究，擅长治疗急慢性胃炎、胃及十二指肠球部溃疡、慢性结肠炎以及肝胆病等疑难重症。在临床上认为治疗脾胃系统疾病，首先应以调和脾胃为主，再配合疏肝理气的方法，方能取得显著效果。这体现出前人所云：“治肝可以安胃”、“理胃必先调肝”、“木达则土安”之理。所用的疏肝药物，多属于辛温香燥之品，易耗气伤阴，故中病即止，不必过剂，更不能久用，以防劫阴碍胃。根据现代药理研究分析，疏肝理气药能松弛阿狄氏括约肌紧张度，扩张胆管，加速胆囊收缩，促进胆汁的排泄，减少胃酸的分泌，同时也能增强胃排空和肠道推进的功能，这也符合中医理论之旨。在临证中，自拟基本方，由本院药剂科制剂室精制成

“胃痛合剂”，药物组成为苍术、白术、川朴、陈皮、茯苓、煮半夏、北柴胡、枳壳、白芍、郁金、元胡、金铃子等。在临床使用中疗效甚佳，深受广大患者的好评。

对于严重的慢性结肠炎，多采用中医辨证论治，根据患者的虚实不同研制了灌肠液Ⅰ号、Ⅱ号。Ⅰ号药物组成：白头翁、黄连、黄柏、秦皮、马齿苋、凤尾草、牡丹皮、赤芍、木香、槟榔、枳壳、乌药等。Ⅱ号药物组成：党参、黄芪、白术、茯苓、山药、陈皮、白芍、防风、吴茱萸、五味子、肉豆蔻、补骨脂等。运用中药保留灌肠的方法，是中医特色，效果显著，赢得了广大患者的赞誉。灌肠能使药物从肠道直接吸收，药液浓度高，直接作用于病灶，有利于祛邪和修复组织，还可保持药物的性能，避免汤剂的苦涩、难以下咽以及口服时胃脘不舒服。此种方法安全可靠，适用范围广，病人无痛苦，容易接受。灌肠的注意事项：患者在灌肠前要先排空大小便，药液温度控制在30℃～37℃，灌肠后病人应静卧30分钟，以防立即排出，保留药液时间越长越好。

主要成果

曾在国家级和省级刊物上发表系列研究论文40余篇，参编专著二部，其中“胃痛合剂对急症胃痛作用观察”获得中国中医科学院奖励。

医学感悟：

中医药这块瑰宝，无论何时都不会失去其光芒。

作为消化科医生，我最希望的是所有患者都能够得到早期明确的诊断，得到及时有效的治疗，最终能够康复。我时刻地意识到自己所肩负的重托，数十年来，为了培养中医后继人才，我毫无保留地把自己的成功经验讲解出来，竭尽全力，奉献全部心血。

我们所学到的医学知识只不过是沧海一粟，病人也是医生的老师，病人用自己的病史与体验为医生提供和积累了临床经验，我们的医疗技术、诊疗经验来之于民，要还之于民。只要我心中还有余热，身体还有余力，只要学生或病人需要，我愿为心爱的中医事业、为中医走向世界作出自己的贡献。

福建　陈民藩

名人小传

陈民藩，男，1935年11月生，福建省连江县人。毕业于福建省中医进修校校，1956年分配于福建省中医学院附属人民医院肛肠科工作至今，从事中医肛肠学科医教研工作53年，长期担任肛肠科主任，成果颇丰。系中华中医药学会肛肠分会第一至四届委员，曾任福建省中医药学会常务理事，福建省中医药学会肛肠分会第一至三届主任委员，第四、五届名誉主任委员，国务院特殊津贴获得者，全国第二、四批中医药专家学术继承工作指导老师。

陈民藩主任不但有精湛的医术，更有高尚的医德。为人和蔼，扶持后学，诊病认真，深得领导、同志们及患者们一致赞誉。1997年获“福州市第二十六届劳动模范”光荣称号、福建省教委系统“优秀共产党员”称号，次年被国家人事部、卫生部授予“全国卫生系统先进工作者”称号。还多次被福建中医学院、福建省人民医院评为“先进工作者”、“优秀共产党员”，是福建省卫生系统精神文明的一面旗帜，是一名德艺双馨的中医专家。

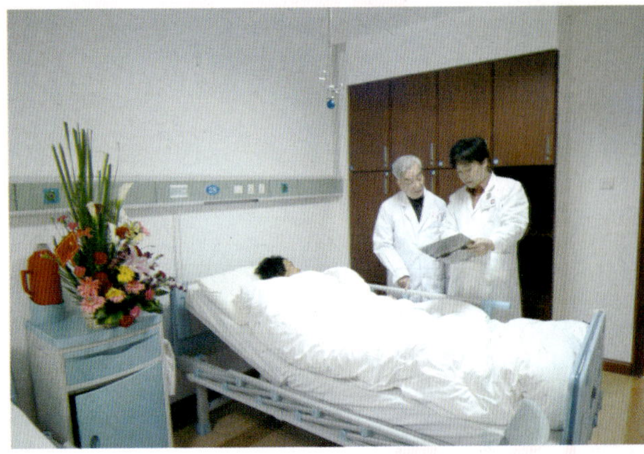

学术经验

注重三因制宜，多从湿热辨证论治

主张兼收各家之长。对历代医家之长，多加探讨，认为“金元四大家”中“河间苦寒”、“东垣之甘温”均各有其地区、气候、社会条件差异。地处东南沿海的福建多湿、多热，患者易感湿邪热邪。而湿性趋下，肛肠疾病位属下焦，多为湿热下注而致，故治疗上主张多从湿热论治，且重视兼夹证的分析，辨证论治主次兼顾，善于根据四季变化灵活配伍药物，并根据患者体质差异加以辨证分析治疗。

重视顾护“脾胃之气”

“有胃气则生，无胃气则死”，论述疾病发生发展和转归的过程中脾胃功能的重要性。陈民藩强调应将顾护“脾胃之气”贯穿于疾病治疗的始终。疾病早、中期以祛邪为主，兼以扶正或祛邪扶正，后期以扶正顾本为先。

强调整体观念，内治外治并重，辨证辨病结合

凭借深厚的中医辨证论治的功底，在肛肠外科的临床实践中，始终注重整体辨证论治方法，形成了一套独特的外病内治、术后调理的理法方药体系。同时，根据肛肠科疾病特点，疾病所处阶段不同，熟练应用中药外用熏洗、枯痔、挂线及手术方法。研制了新枯痔丁、枯痔液、黄白胶囊、紫白膏、消炎生肌膏等特色的专科外用制剂。以中医辨证论治为基础，结合现代医学辨病方法，更加有效指导临床。

强调理论联系实际，重在创新，疗法应用有常有变

重视从古籍医典中吸取营养，关注国内外专科的学术发展动态。二十世纪五十年代起，开始了规范枯痔丁应用的临床研究，最终得出含砒枯痔丁的用法用量标准。在这基础上，他带领同仁研制了新式无砒枯痔丁及枯痔液。其主持的“枯痔疗法”科研成果，把枯痔疗法向前发展了一大步。

在临床工作中，陈民藩主任善用中草药，主张清热解毒、凉血止血、滋阴润下等内服外敷法治疗肛门直肠疾病各期病证，并注意到老、中、青、幼的不同疗法以及一年不同四季气候的用药。在治疗各种复杂性肛门直肠瘘管中，注意保持肛门的整形，用挂线疗法治疗高位肛门直肠瘘管时，用胶布橡皮筋牵引法掌握线的松紧度和适宜的脱落期，防止早、晚期的粘连。他认为挂线方法还有引流、止血、作标志物等功能，将应用于深部肛门直肠周围脓肿、肛裂、肛门狭窄、盆底肌肥厚综合征等疾病。对肛瘘的“挂线方法”应用也是有常有变，不单应用于一般高位肛瘘，也把挂线疗法加以演化，形成“多挂线术式”、“切挂留皮桥术式”、“挂线旷置引流术式”、“低位挂线术式”、“婴幼儿肛瘘挂线术式”等新的手术方式。对肛周各种皮肤病的治疗中，注意到周身慢性消耗性疾病，应用局部与整体的结合治疗，内服与外敷的结合治疗，均取得了显著的功效。同时注重现代仪器现代技术在肛肠科的应用，如肛肠动力测定、医用微波技术应用、超声波技术在肛肠科应用、镇痛技术的应用等，丰富和发展了肛肠专科诊断与治疗技术。

主要成果

陈民藩1956年开始从事中医肛肠学科工作，四十多年间他在医学刊物上发表论文六十多篇，其中“枯痔疗法”一文，获1978年“全国科技大会奖”、“福建省科技成果奖”。1973年编著撰写《肛门常见病临床治疗》一书；1980年编著《肛门科临床手册》（获福建省中医图书三等奖）、参与编写《基层医务人员材料》、《中西医结合诊疗手册》、《中国肛肠病学》等5本医学专著的肛门直肠部分。1983年被评为福建省科技系统先进工作者；1985年因“开展中医科研工作中作出显著成绩”被福建省人民政府授予“中医科研突击贡献奖”；1986年得到中华全国中医学会“促进我国肛肠学科发展”表彰奖。

香港　陈汉水

名人小传

陈汉水，男，1941年10月生于福建南安，主修中医内科、兼修人文、经济。

陈先生早岁失学，少年时期就边工作边自修经史子集和传统医学，上世纪60年代初悬壶济世，1973年迁港，定居后仍从医，且长期应邀外诊。1993年获荣誉教授，1999年获国际杰出医学成就奖。三十多年来，陈先生无视物欲横流的氛围，踽踽独行于医药研发的路上，屡以“吾爱吾土”为辞婉谢多个外邦、外区医事部门、机构、学府、师友的邀聘，偈然固守着“师古而敢迈古、遵经而不泥经”的信念，坚持自主创新的特立独行。

学术经验

上世纪七十年代后期，陈先生就开始进行医事研究。八十代初即成功地通过理学、生命科学和医学的融汇，进行以中药作可控冷疗的临床应用。冷疗法乃根据古哲恩“阴阳剥复，天地再合”的理论自拟新方，为危重病患者提供一续命新方。盖一经饵服这种方剂，可使体温下降，周身散发凛冽冷气，籍缓和病症的恶化且具良好的镇痛效果，能舒缓机体新陈代谢、减少脏器能量消耗，延长存活期，为继续救治争取时间。

主要成果

他所研发的新方新药计有：

①畅：可替代血透疗法，而优于血透疗法地通肾萎、肾衰之尿明，清尿毒稀血稠、彻血毒；无痛而快速地排除肾石；还可用治各类肾炎，时疫性肺炎、降转氨酶等。

②冠心通：用治心脑血管梗塞、萎缩、血栓；高胆固醇所致之冠心病、心肌梗塞、心肌炎、心肌肥大，血管硬化、脑血栓、脑梗阻、脑萎缩等。

③香港救心丹：治一切突发性心肌梗塞、心窍壅闭的急心痛、晕厥者，只要四肢犹软，入喉即可，亦用补冠心病之疗治。

④天心甘露：治疗治各病程中的诸类消渴、胰岛素依赖型之糖尿病等。

⑤乳康尚：治疗治各病程的乳腺癌。

⑥清化枢天丹：治疗治各病程的诸种原发性及继发性恶性肿瘤。初起时服之能消弭。电疗、化疗期间，手术后及晚期者服之，非惟能舒解精神靡萎、四肢乏力、日渐羸瘦等因副作用引致的状态，且有助康复、延长存活期。

⑦再生缘：治疗治白血球亢增病——又名血癌。

⑧肝康尚：治疗治各型类肝炎、肝炎病毒带菌者。

⑨除萎：复活病理性、辐射性之组织、脏器萎缩。

⑩心脑血脉通：(既防且治：冠心病、心肌肥大、心肌梗塞、心肌炎、二尖瓣关闭不全，血管硬化、血管萎缩、脑血栓、脑梗阻、脑萎缩、高血压、高脂血症、高血糖、脂肪肝、糖尿病等心脑血管疾病)等二十多种。

海南　陈秋乾

名人小传

陈秋乾　女，1942年4月出生，海南儋州市人。1963年毕业于广东医学院。系海南省海洋渔业总公司海员医院副院长、副主任医师；传统医学博士。兼任世界医药研究中心，中国国际交流出版社，香港新闻出版社和世界医药研究会等10多个国内外著名学术团体的学术委员、理事、顾问、研究员、编委和访问学者。

19次评为海南省海洋渔业总公司先进工作者，劳模，三八红旗手、省卫生系统先进工作者，全国“风湿四病”流调工作突出贡献者，儋州市二、三届政协委员，白马井八、九、十届人大代表。

学术经验

以中西医结合治疗难治性疾病为专业特长。临床诊断符合率、治疗有效率、抢救危重急病症成功率较高。

主要成果

发表医学论文20多篇，如“中国首次流行的登革出血热”、“古典登革热与登革出自热的诊断、治疗和控制”、“口唇粘膜斑诊断麻诊250例”和“菌陈理中四逆汤加味治疗淤胆型肝炎52例报告”等。

北京　陈珞珈

名人小传

陈珞珈，男，1953年3月生，研究生学历，研究员职称。历任湖北荆州地区人民医院医师、湖北省卫生厅中医处处长、国家中医药管理局医政司处长、副司长、中国中医科学院信息研究所所长兼党委书记。现任中国中医科学院望京医院院长、中国中医科学院骨伤科研究所所长、中国卫生经济学会副会长、中国中医药信息研究会副会长、中国民间中医医药研究开发协会副会长、中国卫生信息学会常务理事、中国民族医药学会常务理事、《中国骨伤》杂志社社长、《中国卫生信息杂志》副主编。为享受国务院政府津贴专家，科技部“国家科技发展咨询专家”，中国中医科学院硕士研究生导师，中国中医科学院学术委员会委员。

陈珞珈院长长期从事中医临床、中医药管理、卫生经济、信息情报等方面工作，承担过省部级重要科研课题并获奖，出版学术著作9部，在国内外报刊发表了上百万字的文章，内容涵盖中医药管理、科研，旁及相关中医药历史重大事件和典故，如中医存废之争、云南白药的传说等。1985年至1986年，参与起草《中医法》。应邀出访过美国、英国、日本、德国、韩国、俄罗斯等二十余个国家，并到白俄罗斯、保加利亚、台湾、香港等国家和地区讲学，曾为二十余个省市的医院院长学习班讲课。曾被团中央授予“全国新长征突击手”荣誉称号。论文曾获“全国中青年中医优秀论文一等奖”。

2003年12月至今，任中国中医科学院望京医院院长期间，望京医院的业务量以年25%左右增长率递增，　2008年门诊量达到76万人次，病床使用率

97%，出院病人11000，业务收入超过3亿元。2004年以后，医院相继获得北京市公共卫生文明先进单位、中央直属单位精神文明单位、首都文明单位称号。

2008年5月，作为国家中医药管理局抗震救灾医疗队、中国中医科学院望京医院医疗队领队，赴四川德阳市旌阳区中医医院直接指挥和参与救治地震伤员。

学术经验

陈珞珈从业经历丰富，各种岗位都有所建树。现任中国中医科学院望京医院院长，他的主要管理经验是：发展。以发展为主线统揽全局。

陈珞珈用“以发展的主线把全院的人统起来，把矛盾也统起来”的思路治院很见成效。陈珞珈上班的第一天，就被告状的职工团团围住，但陈珞珈什么也不说，就强调抓业务，拼命地把门诊量搞上去，把病人收进来。早在2004年，陈珞珈制定了19条措施，接着又出台了40多条加速发展的新举措，他想了不少点子用了不少绝招，医院经济效益随之迅速好转，医院的大小矛盾也迎刃而解。陈珞珈在接受记者采访时说，一个月不抓发展，不抓效益，矛盾就会层出不穷，“望京医院现在没人告状了，大家都忙着搞业务去了，所以用发展这条主线来统揽全局是非常有效的办法。”

主要成果

一．参与的科研课题及获奖

1、 2002—2003年，世界卫生组织课题《中医中药在中国医疗保健中的作用与应用情况》，为课题主要负责人。

2、 2001年，科技部基础性工作专项《中医药科技信息数据库》课题，编号2001DEA30039，为课题第3研究人员。

3、 2002年国家中医药管理局课题《医改对中医医院发展的关键性问题的政策性研究—中医医疗服务成本与价格的研究》，任课题组组长。

4、 2002年国家中医药管理局课题《中药及相关产品进出口分类标准的规范化研究》，为课题第3主要研究人员。

5、 2001—2002年，国家中医药管理局课题《区域卫生规划中医药资源配置指导原则的研究》，为课题负责人。

6、 1999年，中国中医研究院“苗圃工程”课题《我国医疗保险制度改革对中医医院的影响及中医医院应采取的对策分析研究》，为课题组组长。

7、2003年，科技部课题《国家药用植物资源与利用预警系统的研究》，课题组副组长。

《中国中医医疗服务需求与利用调查研究》获2003年中华中医药学会科学技术一等奖，是当时我国建国以来中医药管理研究与理论方面所获得的第一个最高奖项，填补了这个领域的空白。本项研究入户调查十省市10800户，42000个城乡居民，数百个医疗机构，获得60万个数据，首次对中医中西医结合的资源、需求和服务利用做了全面研究。研究成果已出版专著，国家中医药管理局召开了新闻报告会，新华社向全球作了报导。对全国中医药医疗、教学、科研工作具有实用价值和借鉴意义，为我国中医药主管部门制定中医药政策提供了重要参考。

担任课题组长的课题“中国农村中医事业管理技术研究”课题获安徽省科技信息一等奖，为当时中医管理领域建国以来获得的第一个省部级成果奖。

二．参编的著作

1、《中国中医医疗服务需求与利用研究》（主编），黑龙江科技出版社，2003年

2、《中医人手册》（主编），中国科学技术出版社，2003年

3、《中国农村中医事业管理》（主编），安徽科学技术出版社，1993年

4、《中国农村中医医疗服务研究》（主编），中医古籍出版社，1989年

5、中国卫生管理学（编委），吉林科学技术出版社，1994年

6、《中医老年病学》（副主编），天津科学技术出版社，1999年

7、《中国当代民族医药集成》（主审），四川科学技术出版社，1995年

8、《中医药防治非典型肺炎研究》（编委），中医古籍出版社，2004年

9、《中医现代化科技发展战略研究》（编委），学苑出版社，2003年

10、《中国白俄罗斯放射医学文集》（编委），2005年

三．发表的论文

1、医院也需要有竞争意识.中国医疗前沿，2008年4期

2、中医药软科学研究中的社会调查方法.中医药

管理杂志，2003年5期

3、 医药卫生体制改革对我国医院的影响与对策.卫生经济研究，2002年4期

4、我国中医医院信息化建设的现状、存在的问题及对策.中医药管理杂志，2002年1期

5、 中医医院经济运行情况分析.中国中医药信息杂志，2001年5期

6、曲焕章和他的云南白药.中国民族医药杂志，1999年3期

7、我国中医医院的资源，效益，问题与建议.中国中医药信息杂志，1999年12期

8、我国县级中医医院建设的里程碑：记全国县级中医医院工作会议.卫生软科学，1999年3期

9、 农村中医药事业管理.中国农村卫生事业管理，1999年1期

10、 医疗制度改革形势下中医医院的发展分析.中华医院管理杂志，1999年10期

11、全国示范中医医院建设工作回眸.中华医院管理杂志，1999年5期

12、中医医院50年的发展历程与主要经验.中国医院管理，1999年10期

13、中医医院改革向何处去？.国际医药卫生导报，1999年2期

14、分级管理使中医医院走上现代科学管理之路：中医医院分级管理工作10年.中国卫生事业管理，1999年4期

15、谈谈我国农村中医药技术队伍质量建设的几个问题.中国卫生质量管理，1998年6期

16、1996年全国中医医院资源效益分析.中华医院管理杂志，1998年3期

17、全国百家示范中医院建设工作回眸.中医药管理杂志，1998年6期

18、我国卫生的资源与利用.中国中医药信息杂志，1997年11期

19、台湾的中医中药事业.中国农村卫生事业管理，1997年9期

20、我国百家示范中医医院建设效益分析.中国医院管理，1997年11期

21、我国中医医院资源与效益分析.中国医院管理，1997年1期

22、传统医药与农村初级卫生保健.中国初级卫生保健，1992年4期

23、我国中医医院的医疗资源现状与分析.中国医院管理，1992年3期

24、论中医法规建设.中国卫生事业管理，1991年5期

25、民族医药在卫生事业中的地位与作用.中国农村卫生事业管理，1990年12期

湖南 陈新宇

名人小传

陈新宇，男，医学博士，主任医师，教授，硕士生导师。系湖南省中西医结合学会理事，湖南省老年康复学会心血管专业委员会委员，湖南省中医学会内科专业委员会委员，湖南省性病艾滋病防治协会第二届理事，湖南省青年骨干教师培养对象，湖南省中医内科学学科带头人培养对象。2007年被国家中医药管理局授予“全国优秀中医临床人才”称号。1983年获湖南中医学院中医医疗专业学士学位，1983～1986年在湖南中医学院攻读《金匮要略》专业硕士研究生，并获医学硕士学位，1986年至今在湖南中医学院第一附属医院内科工作，先后从事内科急诊、心血管内科、呼吸内科、消化内科、神经内科和肾内科等专业的临床教学与科研工作。

学术经验

善长以温法治疗中医各科的疑难病症，并取得切实可靠的疗效，受到患者的好评。能熟练运用中西医结合的方法诊治内科常见病、多发病及疑难危急重症等。

主要成果

研制的血压平胶囊、泻心胶囊、温阳强心方等有

良好的临床疗效，并取得较好的经济社会效益。先后以课题负责人身份主持6项省厅级科研课题，参加1项973课题，1项国家自然科学基金课题，发表论文30余篇，主编著作5部，参编20余部。2002年作为编委参加国家十五规划教材《内科学》的编写，2003年又作为编委参加国家教育部“十五”国家级规划教材、新世纪全国高等中医药院校七年制规划教材《中医内科学》编写。2007年作为副主编参加国家十一五规划教材《内科学》（第二版）的编写。

四川　周天寒

周天寒，男，1952年1月出生，四川大足人。自幼随父习医，尔后师从大足名医李琴舫。1973年毕业于重庆第二卫校，后留校担任教学及医疗工作。曾先后在成都中医学院师资班、中国中医研究院研究生班、北京光明中医函大学习。曾任重庆市第二卫校党委书记、校长。现任重庆医药高等专科学校副巡视员、主任中医师、重庆市中医药学会会长、重庆市科协委员、第四批全国名老中医药专家学术经验继承指导老师、江津市人民政府科技顾问、太极集团中药二厂医药顾问。

1992年荣获“重庆市自学成才基金会自学成才奖”；入选《全国知名中青年中医药师名录》、《中国当代中医名人志》、《中国当代医界精英人名辞典》、《中国当代知名中医特色医疗辞典》、《疑难杂症求医指南》、《中华当代名人辞典》等书。《现代工人报》、《重庆农村报》报道了事迹。2002年入选《中国中医药年鉴》、获重庆市“文明市民”、老年大学“优秀教师”，重庆市中医学会“先进个人”，2005年获“重庆市名中医”，2006年获“全国中医科普专家”称号。江津市委宣传部、广电局联合录制的大型专题片《情结》，以“妙手仁心济世人”为题，专集介绍其从医经历及事迹。

学术经验

对血管神经性头痛、神经衰弱、急慢性支气管炎、美尼尔氏病、火锅综合症、泌尿系统结石等病的中医治疗，积累了丰富的经验。在理论上提出了“五脏六腑皆令人郁、瘀、喘、泻”的新观点；对胆石症的病因病机，倡寒湿立论，主张益胆气，温胆排石，并提出了相应方药。

主要成果

1979年以来，在国内外医学刊物上发表文章230余篇，有30余篇获优秀论文奖。部分论文被收入《中医临床成果进展》、《疑难病中医治疗进展》、《中医百家言》、《中医百家新论》等专著中。30余篇论文先后参加国际、国内学术会议交流。论文“五脏六腑皆令人郁”在国内发表后被翻译成英文，在美国《针灸与东方医学学院》全文发表。主参编写有《实用中医学》、《中医肺病证治》、《矿物本草》、《实用药茶疗法》、《动物本草》、《实用穴位埋线疗法》、《中华效方汇海》、《中医群星医论》、《中医百家新论》、《内经临证》等15本书。主研“郁病脏腑证治研究”课题获江津市人民政府科技进步二等奖；参研“实用穴位埋线疗法”、“中医百家新论”分别获江津市人民政府科技进步一、三等奖和重庆市中医管理局医学科技成果三等奖。2002年完成了《周天寒医论选编》课题的鉴定工作，2006年获江津市人民政府科技进步三等奖。

福建　周来兴

名人小传

周来兴，男，博士，主任医师，全国第三批老中医专家学术经验继承工作导师，福建省永春县中医院名誉院长。曾赴美国、澳大利亚等国参加中医

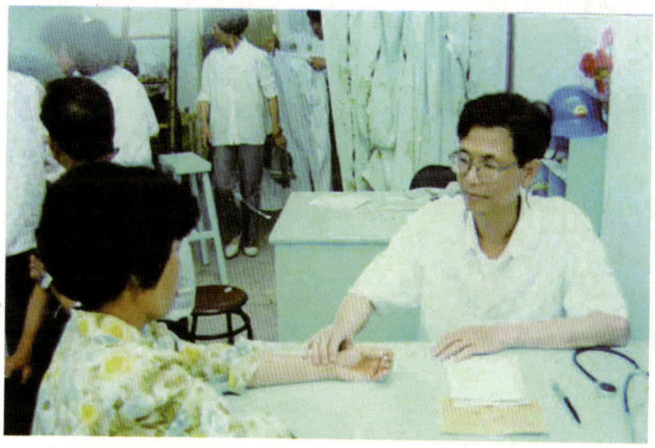

2002年在天津参国际中医药博士论坛时外景的照片

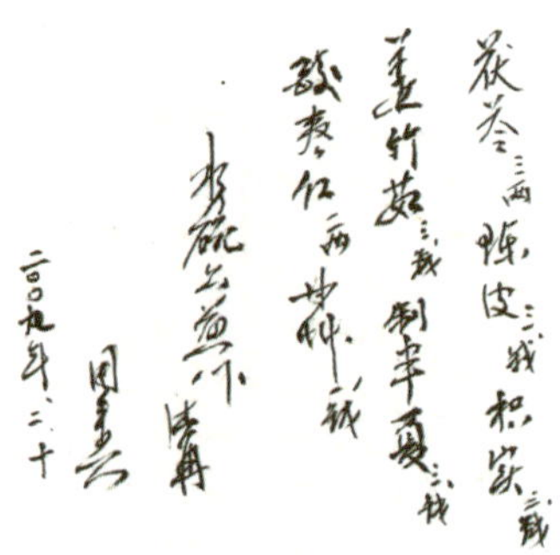

国际学术交流与颁奖大会。1998年荣获"全国德艺双馨"医护工作者，还获省自学成才奖，市优秀党员，市"白衣天使"先进个人等称号。《福建侨报》、《厦门日报》及省、市、县电视台均有相关专题报道。

立志从医 踏遍深山解民忧

周来兴主任医师出生于惠安农村，曾在农村行医数载，对中医产生了浓厚兴趣。深知农村看病难，医疗条件差，要找一名称职医生不容易，于是立志学好医学，当一名好医生，造福一方人民。带着这种夙愿，1961年如愿再深造中医专业四年，毕业后分配到永春一都边远山区工作。从沿海到山区，克服了山高路远种种困难，坚持为山区群众治病几十年如一日，因经常出诊劳累，加上三餐无定时，患上了胃病。这种病也是农村常见的病，为了治己也是为了病人，于是一边治病一边研究，结合搜集有效经方和民间单方，在自己身上进行临床试验，研制出治胃病的个人经验方胃1号、2号、3号等系列方药，疗效显著。

精勤不倦 学海茫茫苦求索

古往今来，凡欲成大医者，都必须具有广博的知识。精勤不倦，是唯一之路。周来兴主任医师在学术面前从不满足，不断对自己提出新的要求。1982年，他参加省《内经》班学习一年，1990年参加全国男性病学习班半年，1991年继承全国首批名老中医专家骆安邦学术经验三年，1994年参加香港亚洲函授学院（中西医结合专业2年毕业），1997年参加美国世界传统医学科学院博士研究生远程教育5年，获传统医学博士和Pn.D博士双学位。这些求学经历使他医术大有长进，深悟中、西医各有所长，必须科学地结合运用，以提高治疗效果。如骆老精研《金匮》，善用经方，对他启发很大，由此提出"疏通论"，运用于肝胆疾病治疗，取得显著疗效。

在治学的过程中，他既勤奋与刻苦，又坚持理论与实践相结合，一边工作，一边跟师学习中医。首先是背诵《药性赋》、《汤头歌决》、《濒湖脉学》、《医学三字经》，有人称之"小四经典"。当时老师只要求背熟，熟能生巧，通过一年余的自学，四百味药性及二百多首的方剂均能背诵，对二十八脉的脉形主症也能熟悉掌握，这为以后学中医打下良好基础。1961年有幸离职进入医专系统学习中医四年毕业，使中医理论功底有了较大提高。尤对《内经》、《伤寒》、《金匮》等经典的学习，更是刻苦研读，使自己有了较扎实的中医理论基础，更好地指导临床。

周来兴主任医师已经从医49年，仍坚持学习，不断实践，"不以物喜，不以己悲"。日则应诊，夜则读书，勤求古训，上自四部经典，下及历代名著，尤对张锡纯、蒲辅周、岳美中医疗经验及《中医杂志》、《中华中医药》、《中国中医药现代远程教育》等杂志，无不用心研读。首先是领悟，使心有所感，豁然贯通，对《金匮》每精读一遍，就有翻新的心得和感受。如《金匮》中几条论痹条文，不但背熟，而且领悟各个特点，区别选用，整理治痹八法运用于临床获得满意效果。

周来兴主任医师有个习惯，行医时，不管是坐诊还是出诊，每看完病遇到疑难之症，就翻书对照，或与同事探讨。若有不放心之处，哪怕山高路远，都赶去再诊，或用电话回访病人，检验自己行医效果，借以总结经验。由此，一些疑难杂病，能得到较好的治疗。

拜师求艺 注重探索勇创新

拜师求艺，注重探索，又是周来兴主任医师造诣日深的又一途径。为提高医术，扶危救急，他几度拜师求艺，兼收并蓄，不断提升自己。他既学书又不唯书，只唯实，既拜师又不唯师，只唯继承创新，从不局限于既学的领域，而是广泛涉猎，博采众长。他自述："每触见活人之一法一式，皆著之于骨髓，深不敢忘，必欲尽学通之而后休"。他认为，经过临床一段时间再去深造，带着问题而学，往往收获更大。1973年他到市一院进修，跟师全国著名老中医专家蔡友敬教授一年，自感受益匪浅。尤其蔡老重脾胃，宗东垣与中梓之长，治病用药力倡顾护脾胃之气，注意调节肾之阴阳，运用六君子汤加减治疗一些疑难杂症，其效能堪称一绝，对其影响较深，周来兴主任认为，用心汲取名师经验，是他自己长于脾胃之疾治疗的重要因素。

学术经验

周来兴主任医师宗中医整体观和脏腑相关学说，立辨病与辩证、整体与局部综合调治法，突出脾胃与气血调治在治病中的作用。如治溃疡病、胃炎、胃肠病、主张活动期以辩病为主，缓解期以辩证为主，采取治胃实脾疏肝宣肺，提高了治愈率。在《内经》"治未病"学术思想指导下，治肝病以顾脾防肾；疗外感热病，以清热佐凉血活血防其变；对癫痫重在休止期治疗，以防复发。自创"疏上源、通下腑、胆自安"治疗思想，采用疏肝利胆通腑和升清降浊，调和脾胃治疗肝胆胃肠病，取得显著效果。

由于周来兴院长多年行医在山区农村，认识到丰富的民间医药是临床取之不尽用之不竭的源泉。他广泛涉猎，搜集民间有效验方、偏方，在实践中加以验证，治疗不少疑难杂病。

主要成果

他善于总结经验，自行医以来，就有记录病案的习惯。他说：记好病案，平时可供回顾反思，久而久之，资料积累多了，就可从中悟出许多治疗规律，整理出许多有效病例和方药，总结出失败与教训。所以临床之余，笔耕不辍，撰写《〈内经〉》痹证初探》，《消化性溃疡中医诊治思路与方法》，《病毒性肝炎中医治疗体会》等80余篇论文发表在《世界传统医学杂志》、《中华中医药杂志》、《中医杂志》、《中国中医药现代远程教育杂志》等国内外医学杂志。主编《蔡友敬医案》、《骆安邦论医集》、《周来兴医学文集》、《疑难杂病临床经验》专著4部，参编《内经症候类诠》、《现代中医消化病》等5部。他还获国际、全国及省、市、县科技进步奖15项。论著中获奖的主要有：《溃疡汤治疗消化性溃疡病310例疗效观察》、《刮抓疗法治疗小儿消化不良》获世界传统医学国际优秀成果金杯奖2项；《再发汤治疗斑秃326例》获得世界传统卫生组织圣塔莫妮卡科技进步二等奖；《骆安邦论医集》获省医药卫生科技进步二等奖；《周来兴医学文集》获全国第二届中医药科研成果优秀论著二等奖。

医学感悟：

"钻研中医学要心无旁骛，'不以物喜，不以已悲'。"

"每触见活人之一法一式，皆著之于骨髓，深不敢忘，必欲尽学通之而后休"。

"记好病案，平时可供回顾反思，久而久之，资料积累多了，就可从中悟出许多治疗规律，整理出许多有效病例和方药，总结出失败与教训。"

"经过临床一段时间再去深造，带着问题而学，往往收获更大。"

湖南　尚品洁

名人小传

尚品洁，男，1940年11月生，湖南省长沙人，主任医师。1966年毕业于湖南中医药大学中医专业，1983年毕业于湖南医科大学中学西研究班。为湖南省名中医，全国老中医药专家学术经验继承工作指导老

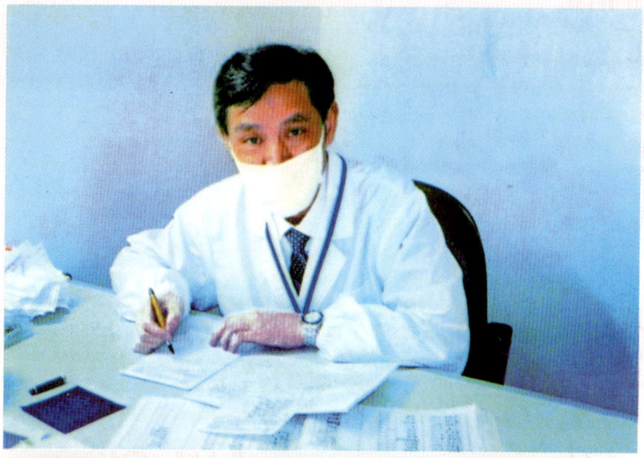

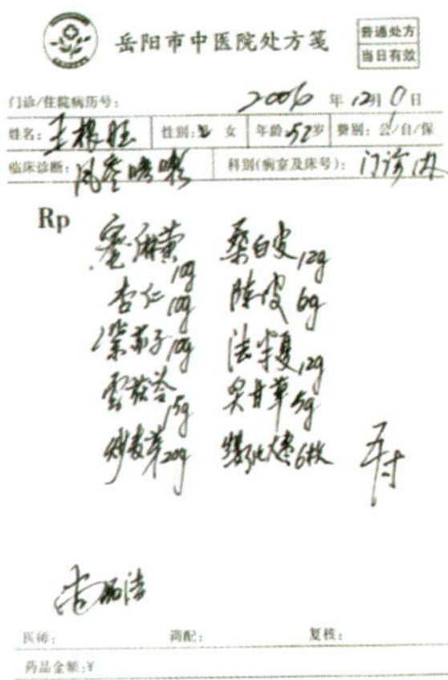
岳阳市中医院处方笺　普通处方　当日有效

门诊/住院病历号：　2006 年 12 月 10 日

姓名：　性别：女　年龄：52岁　费别：公/自/保

临床诊断：　科别(病室及床号)：门诊内

Rp

医师：　调配：　复核：

药品金额：¥

师，享受国务院政府特殊津贴专家。曾任湖南省岳阳市中医医院院长、党委书记，岳阳市中医药学会理事长，湖南省中医药学会理事，湖南省卫生系列高级评审委员会委员。并当选为岳阳市政协第一、二届委员、常委。

长沙是湖南名医云集之地，尚品洁少时仰慕李聪甫、谭日强老先生在星城救死扶伤的医名，从而萌发将来济世活人的志向。长沙市一中高中毕业后，如愿考入湖南中医学院并得到李老、谭老等前辈的亲切教诲，遂发奋攻读岐黄之学，以优异成绩毕业。被分配到四川万县地区从事中医临床工作后，又有幸待诊川东名医龚去非老先生（中医学家冉雪峰学生）。从此把脉问诊，遣方用药，得其要领，并常以“勤求古训，博采众方”的精神治学。调回湖南后又考入湖医“中学西研究班”深造3年，从理论到临床又上了一个台阶，此后治学临证，精勤不倦，逐渐提高。

学术经验

尚品洁的学术思路：以四大经典为圭臬，通读各家学说，博观约取，兼收并蓄；吸取现代名医精华，广益众智；同时学习现代医学及信息等新知识、新技术，为我所用，自主创新。

临证风格：以提高临床疗效为核心，辨证辨病，中医为主，西医为辅，取长补短，相得益彰。

临证四原则为：1、治重病学仲景，吸取经方的精练；治慢性病，老年病宗东垣，有方有守，小剂缓图；治湿热证及时病法天士，采纳时方的轻灵，博采众长。2、“三因制宜”，用药个体化，参以天候地气。3、胃气为本，治外感病注意维护胃气；治内伤病注意调和胃气。4、遵循辨证论治体系并与专方专药相结合。

主要成果

在四十多年的临床实践中，尚品洁主攻内科疑难杂病，逐步形成了以中医药为主治疗心脑血管病，脾胃病和老年病的专业特长。他治学严谨，勤于临证，且善于总结，曾撰写30多篇有价值的学术论文，在各级专业杂志或学术会议上发表与交流，并有编著出版。其中“小柴胡汤证心悟”发表于《湖南中医学院学报》；“视网膜色素变性的中医药综合治疗兼论中医药学的特征、优势与前景”发表于日本国《地下茎》医学期刊；“莪术的临床应用研究”在“第三届国际传统药物大会”交流；“六淫的科学价值及其定量标准探讨”发表于《气象与环境杂志》；“浅议中医临床人才素质培养”在“第二届中国中医药发展大会”交流。参与合编《感冒病临床治疗学》由《中国医药科技出版社》出版；编著《养生宝典》在台湾禾杨出版有限公司出版，并著“中医气象学”基本定稿待出版。此外，上世纪八十年代曾应邀出访日本讲学。与人合作获得岳阳市科技成果奖1项，湖南省卫生厅科技成果2项，并且研制“微型自动调温煎药熏药浴盆”获中华人民共和国专利(实用新型80042号)。

山东　庞保珍

名人小传

庞保珍，男，1958年出生，山东省聊城市东昌府区大张乡庞庄人，副主任中医师。山东省聊城市中医医院不孕不育专家、世界中医药学会联合会妇科专业委员会理事、世界中医药学会联合会男科专业委员会会员、全球执照中医师联合会常务理事、中国性学会中医性学专业委员会常务委员、中国文化研究会传统医学专业委员会第六届常务委员、山东中医药学会不孕不育专业委员会委员、聊城市优秀中青年中医药人才。精研于妇科、男科、性科学，尤其在诊治不孕不育上有较

高的学术造诣，主治不孕不育、性功能障碍、输卵管炎、前列腺炎等妇科男科病。

庞保珍专家自18岁从医至今，一直潜心研究不孕不育症，充分发挥中医治疗不孕不育的独特优势。他精研妇科、男科、性科学的目的之一正是为了更好地研究不孕不育。他认为：不孕不育不是一个独立的疾病，而多为妇科疾病与男科疾病的一种结局或后遗症。

他一直热爱读书、收藏中医书籍，读书是他的一大乐趣。他主张“多读书，读好书”，还提倡要爱好读书。他读书坚持“精”与“博”，主张精博相兼。他认为，科学是有继承性的，特别是中医这门实践性很强的学术。历世流传的中医典籍，便是仁人志士步入殿堂的阶梯。所以他始终坚持读经典名著，探求嗣之路，及时吸收和应用国内外有关不孕不育的现代医学检测、治疗的先进经验，衷中参西，中西汇通。理论上，尤其在《内经》、《傅青主女科》等古代经典名著的理论探讨和临床应用方面有较深的研究，不仅打下了坚实的理论基础，而且取得硕果。除刻苦自学之外，并曾多次到济南、北京、杭州等地系统进修，师从多位名医，掌握了国际国内众多著名不育不孕专家的宝贵经验。还多次出席重大国际、国内学术交流会。尤其是1991年出席了由世界卫生组织和中华人民共和国国家中医药管理局联合举办的“国际传统医药大会（北京’91）”，这是国际传统医药界一次规模宏大的盛会。会议期间，得到了众多中医名家的指导，及时掌握了前沿学术动向，学到了新的知识并学以致用。

学术经验

中医的精髓就是整体观念、辨证论治。中医治疗不孕不育，必须遵循这个核心原则，才能取得理想疗效。由于不孕不育不是一个独立的疾病，而是多种妇科病、男科病、性疾病所造成的一种结果或后遗症，所以不孕不育绝不是分几个型，乃至几十个证型，就能解决问题。故不孕不育没有固定的证型，固定的方药，所以他一贯主张中医治疗不孕不育必须走辨证论治之路，绝无其他捷径。总之，不孕不育，治无定方，因人而药。正如明代张景岳在《妇人规•子嗣类》中所说：“种子之方，本无定轨，因人而药，各有所宜，故凡寒者宜温，热者宜凉，滑者宜涩，虚者宜补，去其所偏，则阴阳和而化生著矣”。

主要成果

编著《不孕不育中医治疗学》，2008年由人民军医出版社出版。

本书由世界中医药学会联合会妇科专业委员会会长、博士生导师韩冰教授，中国性学会中医性学专业委员会主任委员、中华中医药学会外科分会主任委员、北京中医药学会男科分会主任委员、博士生导师李曰庆教授，全国名老中医药专家学术继承导师、聊城市中医药学会会长谷越涛主任医师作序，分为3篇16章。上篇简要介绍了中医治疗不孕不育经典理论著作的主要内容；中篇和下篇分别系统论述了不孕、不育的中医发病机制、辨证分型及治疗方法，其中的方药大多是作者30余年从事不孕不育临床工作与研究的经验方，立方遣药平允而无偏颇，疗效显著；在“现代研究进展”部分介绍了国内许多著名中医学家治疗不孕不育的宝贵经验。本书的特点是突出中医整体观念，辨证论治，辨病与辨证相结合，是一部临床实用性参考书，可供中医临床医师、中医院校师生及专业科研人员和不孕不育的患者阅读参考。

编著《不孕不育中医外治大全》，已由人民军医出版社计划2009年出版。

本书由中国性学会中医性学专业委员会主任委员、中华中医药学会外科分会主任委员、北京中医药学会男科分会主任委员、博士生导师李曰庆教授、世界中医药学会联合会妇科专业委员会会长、博士生导师韩冰教授作序。共分9章，概要介绍了中医外治疗法的起源与发展简史、作用机制与治疗手段，收集了中医古籍中有关不孕不育的外治方法，系统而详细地论述了不孕症和不育症的中医辨证论治和辨病施治及其各种具体的外治方法，并介绍了作者30余年临床工作中治疗不孕不育症的经验和体会。本书理论联系实际，辨证与辨病相结合，集不孕不育中医外治方法之大成，临床实用性强，是不孕不育领域的第一部中医外治专著，可供中医临床医师、中医院校师生、不孕不育的患者及其家人阅读参考。

另有参编著作2部（副主编1部），发表中医论文180多篇，其中不少论文被多次引用。获国家级、地级等优秀学术、科技成果奖10余项。继承、创新、发展，研创了一系列治疗不孕不育疗效较好的中医方药。

医学感悟：

“读经典名著，探求嗣之路。”

“书以记文，文以载道，道以育人。历世流传的中医典籍，便是仁人志士步入殿堂的阶梯。”

河南　易幼儒

名人小传

易幼儒，曾任河南医科大学（现为郑州大学）心脑血管病研究室主任，中华医学会会员、中国中西医结合研究会会员、教授、主任医师，现聘为河南武警医院分院中风偏瘫治疗中心主任。系中药“抗瘫健脑胶囊”的发明人，在中药治疗中风吞咽困难、失语方面取得新突破。她没有中医世家的传统，也没有祖传秘方，而是在从医50年来累积的临床经验和科研实践中，通过自己不断地探索，取得了今天的医学成就。从医50年来，她从未离开病人，春节也很少在家与亲人团聚，曾多次被医院评为先进工作者，1993年荣获“河南医科大学校优秀共产党员”称号，并在校大会上介绍先进事迹。现虽已年逾七旬，但她仍以认真负责的精神，精湛的医疗技术、满腔热情地用中药为脑中风及脑外伤后瘫痪、失语、吞咽困难、智力障碍的患者解除痛苦而不惜余力，使他们站起来，会吞咽、会说话　，重新过正常人的生活。为普及脑中风防治知识，除日常接诊脑中风患者治疗工作外，还彻夜不眠地撰写防治脑中风科普文章，以期读者从中受益，帮助降低脑中风发病率、致残率、复发率、死亡率。她从不收取患者酬谢重金，病人早日恢复健康就是她最大的收获。

从医50载，现年已72岁，回首自己献给医学的人生历程，易幼儒坚定的说，“我要把毕生精力和技术回报社会，治愈更多患者。这样，临终时才不会感到遗憾。现在唯恐时间太少，必须争分夺秒地来做。”回望易教授走过的路程，其历程大致可分两部分：

刻苦学习，立志行医

1954年至1959年，易幼儒就读于广西医学院（现为广西医科大学），学习成绩均为5分（满分），曾获全校优等生荣誉称号。成绩如此好，她笑称自己擅长背诵，这是学医必须的，马虎不得。只有一心放在医学上，才会把医书背得通透。

毕业后，易幼儒即被学校保送至武汉医学院药理高师班研修一年。当时导师是国家著名药理学专家吕富华教授，在其指导启发下学习了现代药理学。导师吕富华为其打开了一扇通往中医药殿堂的门户，正是在导师的影响下，易幼儒认识到，一味跟在西医药后面学，很难赶上更别说超越西医药，而研究中药学，就如发现了埋在地下的金矿，有取之不尽的“财富”。读研修期间，易幼儒阅读了许多古典中药学著作，现在仍能背诵《药性赋》、《汤头歌诀》等，其结业论文就是“论中药当归”，她惊叹古人早已明辨许多中药不同部位的不同功效，如当归的头破血、当归的身养血、当归的尾行血、全当归活血。

第二次进修是1972年～1973年到河南中医学院跟著名老中医袁子震、李秀林教授学习。她学习了两位专家治疗心脏病、脑中风丰富的临床经验，对中医中药治疗心脑病的医术有了更进一步提高。

第三次则是到中国医学科学院北京阜外医院进

修。1980年、1984年，易幼儒分两次到该院进修各一年。期间，在著名心血管病专家陶寿琪等教授指导下，主修了心血管内科与电生理起搏器科。其后在河南医科大学建立了全国第一家心脑血管病研究室。

悬壶济世，崭露头角

在国家困难时期，响应医院号召，易幼儒1964年赴郑州郊区医疗队，于郑州西岗用中药汤剂治好了各大医院都诊断为后遗症、不治在家等死的中年中风瘫痪患者，使病人重新站立起来，邻居看到了称赞说这真是奇迹。

1970～1972年，医院搬到农村，收治了来自全国各地众多脑中风及脑外伤后遗症瘫痪患者。易幼儒采用中药治瘫的汤剂发挥了巨大作用，使许多患者重新站起来，期间，易幼儒还验证了许多中药方的效力，为后来研究治疗脑中风的中药积累了极有价值的资料。

1975年河南发生特大洪水，易幼儒奔赴抗洪第一线。大水之后有大疫，在鹿邑发生流行性脑膜炎。易幼儒经过日夜奋战，用中西医药抢救治愈了六百多例患者，无一人死亡，并用中药控制疫情。医疗队临走时群众送了半卡车玻璃匾。

1977～1979年，国家卫生部组织医疗队，易幼儒被派往埃塞俄比亚医疗服务。易幼儒在埃塞俄比亚治愈了众多常见病，同时，亦用自己出色的医疗技术治好了许多难治的疑难病如破伤风、瘫痪，及当地流行病如扩张性心肌病心力衰竭、婴儿高度营养不良（夸希奥克—红孩病）等。易幼儒出色的医疗成绩及救死扶伤的敬业精神，搏得埃塞俄比亚人民高度赞扬，获医疗队一等奖。她还被中国驻埃大使馆批准为党员，并由大使亲笔写信推荐至中国医学科学院北京阜外医院进修。

学术经验

俗话说，名师出高徒。易幼儒通过药理高师班、省中医学院、北京阜外医院等多位知名专家指导，阅读了大量国内外著作文献，并经历了国内外临床实践，为研治脑中风病、心血管病的有效药物奠定了坚实的理论基础，获得了丰富的实践经验。她将数十年来临床用中药治疗脑中风行之有效的处方，经过反复筛选论证，以最有效的高品质中药按照君、臣、佐、使组方，采用现代科技萃取中药有效成分，经动物药效学与毒力学实验，证实疗效确切，无毒副作用，制成抗瘫健脑系列药物，通过专家门诊，使数以千计脑中风、高血压、冠心病等患者得到了救治。

主要成果

1987年，易幼儒于河南医科大学（现为郑州大学——面向21世纪100所重点大学）建立心脑血管病研究室，时任主任，主持“高血压病及其脑并发症（脑中风）防治的实验与临床研究”、“致死顽固性心律失常新疗法的临床研究”、“中药降脂降压”等多项科研课题。易幼儒曾获多个奖项，如河南省科技进步三等奖、河南省高教系统科技进步二等奖，并载入国家科技成果大全,以及多项优秀论文奖等。

抗瘫健脑制剂是易教授四十余年临床经验和科研的结晶，是易教授重大科技成果，该成果连续三年被郑州大学推荐到全国高科技会上展览。2004年登载于河南科技成果网，题目为“中药抗瘫健脑制剂”。2004年10月26日全国优秀报刊浙江《生活与健康》报以“抗瘫健脑有灵药”详细报导了该药的疗效和特点。2004年该药由河南省食品药品监督管理局批准制剂号为豫药制字Z04110039。

香港　林德峰

名人小传

林德峰，男，1959年生。现为香港中医药管理委员会注册全科医师(编号001638)、香港注册中医学会会员、香港九龙中医师公会永久会员、广东省汕尾市同乡总会中医协会学术部副主任、香港中医研究院教授、香港永佳药业有限公司顾问、天德圣佛宗佛学会医事顾问、香港弥勒大道活动中心义务医师、博康医院小区老人中心义务医师、梁耀忠街坊工友服务处义务医师、豪丰中医专科诊所驻诊医师、林德峰中医诊

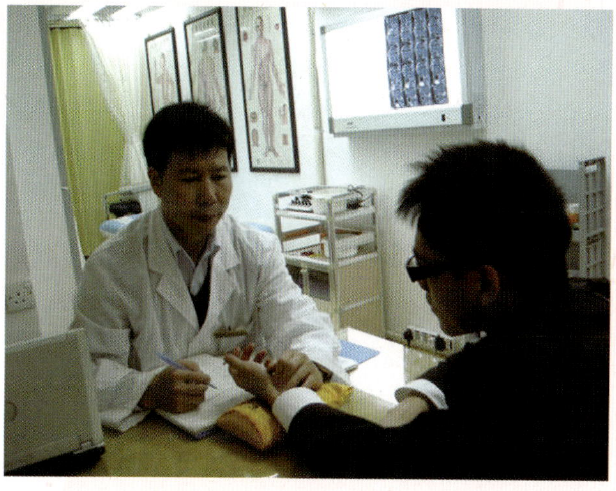

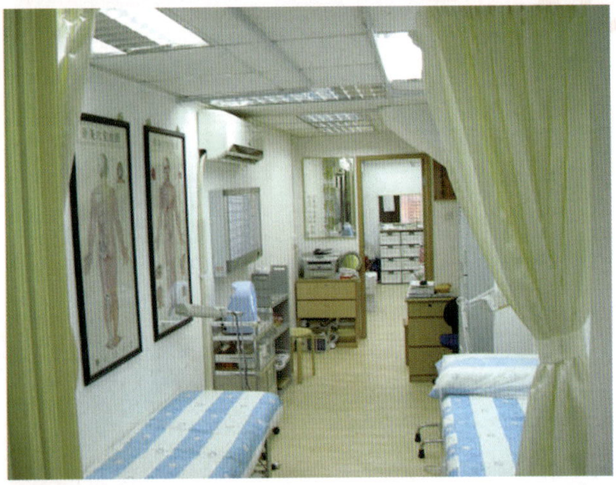

所驻诊医师。

林氏1979年起随名老中医林洪(叔公)行医，后获荐读中医课程，于1982年毕业于香港九龙中医学院。从医30年对自己的专业很有抱负，精益求精，擅长奇难杂病。对五官科〔眼耳鼻喉口〕综合症、五脏科〔心(脑)肝脾肺肾〕综合症、伤科痛症综合症、皮肤科综合症、妇科综合症、儿科综合症等的治疗，经验丰富；尤其是胸肺科：哮喘、肺炎，肝炎、肝硬腹水；心脑科：冠心、心肌肥大，偏头痛、思觉失调；各种溃疡症：食道、胃肠、菌蚀；各类痛症：骨质增生、椎体移位、侧弯、骨胶原劳损等；皮肤科：硬皮症、淋巴水肿、湿疹、痤疮、红斑狼疮、主妇手、香港脚……，感恩病人称之为「哮喘鼻炎专家」、「刺骨圣手」、「骨科华佗」，能治百病的「济世良医」……

学术经验

目前许多医学界很难治愈或须手术治疗的病例，经转介林医师诊治，都可毋须手术而康复。如：

香港玛丽医院冠心病和前列腺炎病人梁x忠，男，53岁，香港某公司营业代表。2008年7月到诊，经治疗5月回院复检，两病痊愈；

香港养和医院严重胃溃疡病人郑x妹，女，45岁，香港某机构秘书。2005年3月9日到诊，经治理、服药5周痊愈，至今4年不发；

香港仁济医院颈椎和腰椎骨增生病人杨x忠，男，62岁，退休工人。2004年1月29日到诊，经治理、服药5周痊愈，至今5年不发；

前列腺致不育症病人陈x文，男，35岁，香港某清洁公司工人。2004年6月23日到诊，服药3周痊愈(太太也为他诞下一女，现已4岁)；

北京某医院和广州某医院病人苏x寒，女，33岁，广东汕尾市某公司业务员，结婚7年，患妇科病(酸性高)不育症；2006年3月31日到诊，经林医师诊治3个月痊愈(已生下一男，今已3岁)；

香港联合医院27年糖尿病和高血压病人郑x芳，女，53岁，香港某小学校工。2004年7月29日到诊，经治理8月回院检查痊愈，病人后来再往深圳凤凰医院复检正常，至今5年健康满意；

香港玛加烈医院和浸会医院硬皮症(因细菌感染需截肢)病人许x端，女，41岁，香港某时装公司东主。曾于2004、2005两年内发病2次，每次皮肤病发都溃不受控，直到院方知会须截肢的关键时刻，家人才来邀诊，每次都不须两周时间脱险，现已基本痊愈；

鼻咽癌病人伍x康，男，56岁，香港某广告公司摄影师；曾做过多次化疗，还是经常复发。2007年4月20日到诊，经诊治13月，停药观察，至今健康稳定；

产后腰椎严重移位、无法行动的女病人黄x思，35岁，香港公务员；和腰部劳损(椎间盘突出)、每早不能自我起床的女病人许x花，37岁，香港某菜市场工人。两人病征一样，都是：L3/L4椎间盘向周围隆起，压迫硬膜囊；L4/L5椎间盘后中叶偏右侧突出，压迫硬膜囊及右侧神经根；L5/S1椎间盘明显向后突出，压迫硬膜囊前缘。黄女士2002年3月到诊，经诊治7月痊愈；许女士2005年X月就医，经治理5周复康，至今已分别7年和4年，病人对疗效表示满意。

广东 林毅

名人小传

林毅，女，1942年出生，福建古田县人，广州中医药大学教授，广东省中医院主任医师，省重点专科

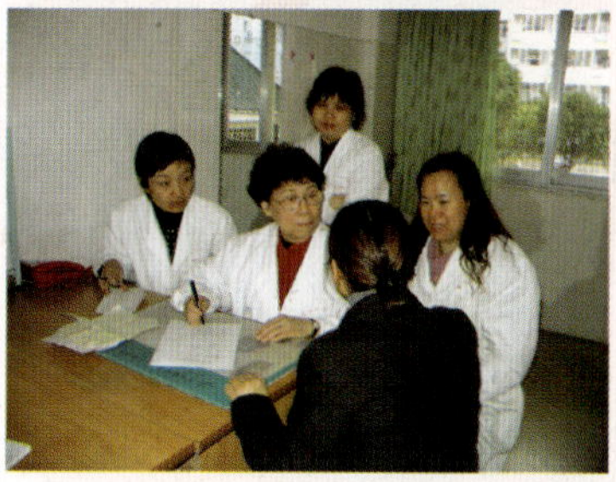

学科带头人，国家中医药管理局乳腺病重点专科学科带头人。历任全国中医外科学会乳腺病专业委员会主任委员，现任中华中医药学会乳腺病工作委员会主任委员，广东省中医药学会外科专业委员会顾问。两次荣获全国卫生系统先进工作者称号。享受国务院政府特殊津贴，为全国第二批、第四批继承老中医药专家学术经验指导老师。多年来举办全国中医及中西医结合乳腺病学习班九期，为全国各地培养数百名乳腺专科人才，成为各地乳腺专科的骨干力量。

医学世家，立志中医

出生在五代西医世家的林毅从小就品学兼优。本是福建人的林毅，幼年时随军辗转江西、广州，最后落户到广西。1959年，高二的她被选中保送到空军当女飞行员，只因舅舅在台湾而未能如愿。命运之神让她走进了中医学院的大门，带着学好中医、振兴中华的使命感，天资聪慧的林毅刻苦勤奋地学习，畅游在博大精深的祖国医学的海洋中。时至今日，每每聆听林老辨证论治，年近七旬的她总能不假思索地引经据典，可见她当初用功之深。

实践探索，继承创新

1979年，在桂林市中医院大外科工作十余载的林毅已成为医院的骨干力量，她在工作中发现许多乳腺病患者由于投医无门，失治误治，饱受疾病折磨。自幼深受家父教诲，以苍生大义为己任的林毅萌发了建立乳腺专科的念头。雷厉风行的林毅立即向院领导打报告，1980年在国内中医界率先成立乳腺专科。随后在临床工作中，她发现切开排脓引流术治疗急性化脓性乳腺炎的方法，切口大、创伤大、痛苦多、病人不易接受；而接受手术的患者则出现愈合时间长、愈合后瘢痕形成造成乳房畸形及泌乳功能障碍、影响患者的生活质量等情况。聪明大胆的林毅继承用创新“火针洞式烙口引流术+提脓药捻引流”的方法治疗急性化脓性乳腺炎，达到了创伤小、出血少、愈合快、瘢痕小、不影响哺乳的目的，使广大患者受惠。

随着医疗卫生水平及生活水平的提高，炎症乳腺疾病的发生显著减少，而肿瘤性疾病的发生率逐年升高。林教授明确指出，中医药治疗乳腺癌主要目的在于提高手术耐受性，减轻放化疗和内分泌治疗的毒副反应，提高生活质量，提高机体免疫功能及抗复发转移等方面。因此，乳腺癌实体肿瘤的治疗已经不是中医药内治参与乳腺癌的治疗的重点，而是逐步演变为参与乳腺癌围手术期、围化疗期、围放疗期以及巩固期的治疗。林教授结合乳腺癌多元化综合治疗手段及其阶段性治疗的特点，在大量文献及临床研究的基础上，在全国首次提出了乳腺癌分期辨证治疗的初步理论，得到了国内中医乳腺病专家的认同。确立了乳腺癌围手术期、围化疗期、围放疗期及巩固期的分期治疗体系，并在临床实施过程中验证了这一理论的科学性。

勇于开拓，孜孜不倦

1997年初，已是国家中医药管理局乳腺病重点专科学科带头人的林毅教授肩负重任，来到广东省中医院组建乳腺科，开始第二次创业。从专科人才的引进、培养到设备的购置，病房从无到有，从小到大，都倾注了林教授大量心血。12年来乳腺科的发展日新月异，现年门诊量10万人次，年住院病人2500多例，拥有专业技术人才28名，其中主任医师3名，副主任医师5名，拥有专科病床45张，成为国家中医药管理局“十五”期间重点专科，“十一五”期间强化建设重点专科，广东省乳腺病重点专科。

林教授医德高尚，医术精湛，每天接待国内外慕名而来的患者上百例。年近七旬的林教授出诊时总是精神饱满、精力充沛，面对众多患者，细心诊治，耐心解释。因晚期乳腺癌而对生活绝望的病人经过林教授精心治疗，总能够拾回信心，笑对人生。难治性复杂性浆细胞性乳腺炎，被称为“乳房顽症”，碰到艺高胆大的林教授，总能妙手回春，柳暗花明。面对络绎不绝的患者和一号难求的挂号局面，林教授不得不牺牲中午的休息时间，为未挂上号的患者加号看病，所以患者常说：“林教授能按时下班不正常，不能按时下班才是正常。”

学术经验

林毅教授坚持“优势病种能中不西，疑难杂病衷中参西，急危重症中西结合”的观点，学术上主张“实践探索，继承创新”，临床上注重“识病为本、辨证为用、病证结合、标本兼治”的原则。林教授认为乳腺癌是中西医结合治疗的优势病种，乳腺增生病与乳腺炎是中医治疗的优势病种，强调在乳腺癌整个治疗过程中应遵循“识病为本、辨证为用、病证结合、标本兼治”的原则，提倡“整体与局部治疗相结合、扶正与祛邪相结合、内治与外治相结合、长期与短期相结合”的策略。在乳腺增生病的治疗过程中，坚持全程纯中医治疗，以“经前治标，经后治本”为原则。认为乳房以通为顺，以堵为逆，以塞为因，乳腺炎性疾病的治疗以通为用，以消为贵，慎用寒凉，尤贵早治！”

林毅教授的临床心得主要有：

“中医治疗乳腺癌的核心是重在治人，讲究未病先防，既病防变。其一是运用中医药周期疗法治疗乳腺增生病，预防乳腺癌的发生；其二是运用中医药分期辨证提高机体的免疫功能，预防复发和转移；其三是运用中医药防治乳腺癌并发症；其四是五脏皆虚，独取中焦。”

“乳腺癌的病机首推脏腑亏虚，本虚标实。正虚是乳腺癌发病的基础，血瘀是乳腺癌发病的重要条件。”

“乳腺癌受体阳性重在补益肝肾，受体阴性重在益气健脾。”

“手术偏于耗气伤血，在脏易伤脾；化疗之药毒偏于耗气，在脏易伤肝、脾、肾、心；放疗偏于火毒伤阴，在脏易于伤肺、皮肤；内分泌治疗易致冲任失调，在脏易于伤肝、肾。”

“乳腺增生病的治疗以经前治标、经后治本为原则。”

主要成果

主编《现代中医乳房病学》、《外科专病中医临床诊治》、《中西医结合治疗乳房常见病》、《产后缺乳与乳腺增生病（海外版）》、《养生导引功》（科教片）及《乳房疾病的防治》（科教片）等7部，参编《中医临床治疗特色与优势指南》、《妇科专病中医临床诊治》、《肿瘤科专病中医临床诊治》、《乳腺肿瘤学》、《实用中医学》、《实用中医乳房病学》、《现代中医乳房病诊疗学》等专著9部。发表学术论文50余篇。

规范乳腺增生病的辨证分型，创立系统的“乳腺增生病中医药周期疗法”理论体系，继承创新“火针洞式烙口治疗乳腺脓肿”特色疗法，首创“中药介入法治疗乳腺导管炎性溢液”，在全国首次提出“乳腺癌分期辨治规范化”理论，运用“子午流注纳支法”理论结合“健脾补肾生髓法”防治乳腺癌化疗后骨髓抑制症，研制出14种纯中药制剂，其中“消癖颗粒”获国家药品食品监督管理局临床研究批件，进入Ⅱ期GCP临床试验。主编专著7部，参编专著9部，发表学术论文50余篇。培养学术继承人4名，为全国各地培养数百名乳腺专科人才。

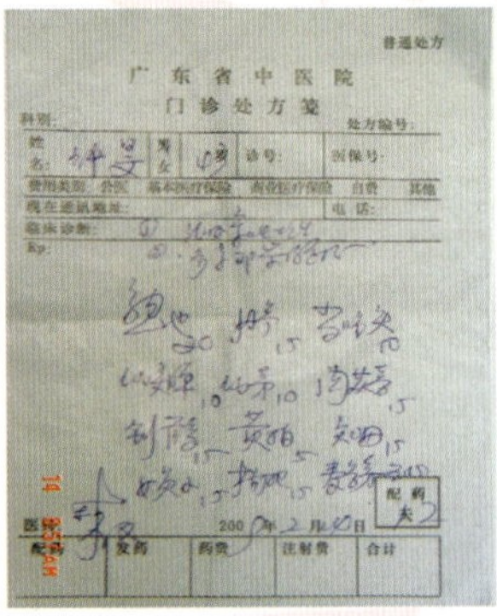

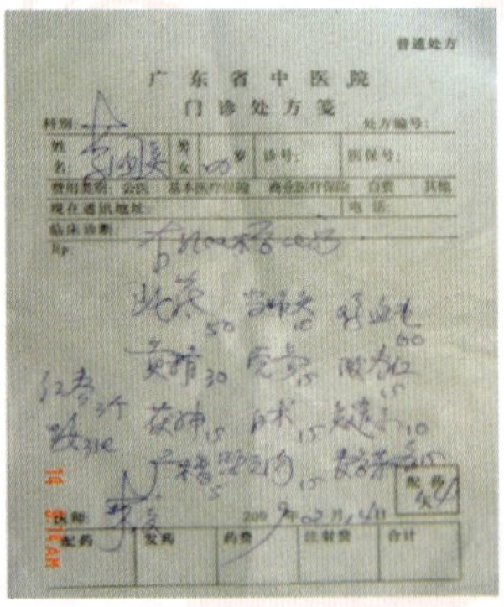

医学感悟：

“临床疗效是中医的生命力，辨证论治是中医的特色和核心，辨证是否准确对疗效起着举足轻重的作用。”

北京　罗金殿

名人小传

罗金殿，男，1931年生，河南夏邑人，中共党员。1948年毕业于私塾中医药。企业管理大学本科学历，现任北京朝阳罗有明中医骨伤科医院院长、副主任医师，罗氏正骨法教研室主任、兼任中国骨伤人才学会副理事长、中国药文化研究会现代医药委员会全国委员、理事、北京市中医协会理事。罗氏中医药家族史的第六代传承人、北京市“罗氏正骨法”非物质文化遗产医药类保扩项目代表性传承人。“罗氏正骨法”也是国家级非遗保护项目。

罗金殿20岁开始独立行医，50余年来，在继承传统中医骨伤科医技的基础上，又通过系统中医理论及北京医学院、朝阳医院临床医学的深造，发展完善了业已成熟的罗氏正骨法，表现在临床治疗、教学和疗效上，而且有所创新。因此，经北京市中医药管理局及专家、教授考评三年师承的成绩后，被选定为罗有明老中医学术继承人。

1997年3月授予中国骨伤人才学会科技杰出人才，曾获中直机关先进工作者、北京市劳动模范等荣誉证书。他十分重视培养接班人，罗氏正骨中医药家族第七代传人，罗素兰、罗勇、罗素霞、罗伟等，他(她)们几十年来，在专业方面均有了长足的发展，这与罗金殿教授的言传身教是分不开的，也说明了罗氏正骨法后继不乏其人。曾随国家组团赴俄罗斯、美国考察、访问及学术交流。曾多次参加国际、国内学术交流，接待10多个国家的医学代表团，受到了医学界及名流学者的极大关注和欢迎。现他仍在罗有明医院带徒。

他在医疗、教学、科研、管理和传播中医药学方面做了大量的工作。其传略被收入《中国当代名人大典》、《时界名人大典》、《中国当代高级专业技术人才大典》等多种辞书。

50余年来，他一直保持着全心全意为人民服务的好思想，好作风，为了人类的健康事业，他仍像小学生一样，孜孜不倦的学习，向年轻人一样朝气蓬勃的工作，在传统的医学道路上继续探索着。

学术经验

在对骨折、骨关节脱臼、颈椎综合症、腰椎间盘脱出症、颈椎间盘脱出症、风湿性脊柱病、膝关节病伴骨质增生等的治疗上，积累了丰富的临床经验。在高难度外伤性颈、胸、腰椎骨折伴截瘫患者的诊疗上，也颇有独到之处。数以万计的骨伤患者，均获得了满意的疗效。

主要成果

在医学实践中十分注重积累点滴经验，使其不断升华为理性认识。在1993年第五期《中国骨伤》杂志发表了和合作者撰写的《正骨手法治疗腰椎问盘脱出症》一文，总结出“侧扳复位法、手、肘压法”，给髓核还纳创造了有利条件。《中医正骨手法治疗60例外伤性截瘫患者的报告》一文，也是对攀登现代医学科学尖端的一种尝试，此文被收进《白家方技精华》一书中。1994年6月在世界传统医学首届“生命力杯”论文大奖赛上，发表了手法治疗脊柱病的两篇论文，一篇获优秀论文奖，一篇获金杯三等奖。1994年10月，主编导拍摄了《罗氏中医正骨法》电教片两部，在传授和教学上起到了积极的推动作用。主编了《罗有明正骨法》一书，荣获北京市中医药管理局老中医学术继承二等奖，主编了《罗氏正骨法》中、英文版一书，荣获1997年首届国际民族医药展研评一等奖，中西医结合骨病诊治系列丛书《腰椎间盘脱出症》分册一部，2008年编著了《双桥正骨老太罗有明》一书，此书是现代骨伤流派名家丛书之一，这既是一本医书，也是一本史书，图文并茂，受到了读者的欢迎和好评。以上四部书均由国家级出版社出版发行。研制的“罗氏骨伤膏”、“罗氏骨痛膏”，在1995年U. S. A纽约，均获国际传统医学新产品金奖。并被纽约中国传统医学院聘为客座教授及U. S. A国际传统医学会常务理事。目前还研制了“化瘀止痛胶囊”、“风湿祛痛片”、“灵仙祛痛膏”等剂型，疗效极为满意。

四川　苟剑阳

名人小传

苟剑阳，男，1937年12月出生，四川省成都市人。现任成都高新区苟剑阳颈椎病防治研究所所长，著名颈椎病专家。中华医学会四川分会医学辩证法专委会第二、三届副主任，四川省自然辨证法研究会第四、五、六届理事，《21世纪自然医学促进与发展宣言》发起人，世界文化艺术研究中心（中国医学）研究员，世界教科文卫组织（WESCHO）医学专家成员，中国国际行业组织研究会（医疗）高级研究员，中国管理科学研究院学术委员会特约研究员。国家职改办核准首批“国家专业技术拔尖人才”，中国决策咨询委员会决策咨询顾问，中国国医专家委员会国医专家（终身制），中华医学会会员，中华中医药学会会员，注册执业医师。

苟剑阳在医学学术上的成就，优良的临床疗效和良好的医德医风，获得了海内外患者的赞誉和好评，受到了中央国家机关有关部委、全国有关省市、军区、党、政、军领导以及有关学者专家的肯定和好评。中共四川省委副书记秦玉琴于1994年4月5日会同省市有关领导，亲临颈椎病研究所视察，并看望了苟剑阳，且题词“医术独特，医德高尚”。2003年春，中共四川省委副书记陶武先在省委书记室会见苟剑阳，对其医疗和研究成果给予肯定。四川省卫生厅厅长卓凯星于2001年11月2日会同省卫生行政有关领导到颈椎病研究所给予关心和指导，对苟剑阳医德、医风和医术给予肯定和好评。包括香港、台湾在内的全国50余家新闻单位先后以报刊、广播、电视等形式向海内外作了相关报导。曾先后应邀多次赴北京和全国10余个大城市医疗讲学，受到各方面好评。1970年至1990年间，工作中18次立功受奖评为先进个人，其中1980年成都市人民政府记个人二等功一次。

学术经验

苟剑阳少年跟师学习中医骨伤科，继承和发展了多种具有临床特效的中国传统医术，有近50年的临床经验和坚实的医疗基本功，主治颈椎病兼治腰椎病和骨关节伤病及有关疑难杂病。在治愈的颈椎病例中，最大年龄90岁，最小年龄4岁；最长病史超过40年，最长远期疗效追访已30年未见复发。病员来自全国各省区、港澳台湾地区，以及部分美、德、加、澳、瑞士、西班牙和东南亚等有关国家，在全国和海外有较高的知名度和声誉。特以对人体危害严重，临床医疗滞后的疑难常见病，颈椎病机理研究和临床医疗成就突出，理论上有创新、治疗上有突破。以手法为主的非手术治疗颈椎病是其治疗特色。

主要成果

发表论文13篇，其中7篇16次，先后被评为国际、全国、四川省、成都市优秀论文奖。4篇论文先后被评审收入《98国际医药学术研讨会论文选》、《二十世纪世界传统医学优秀成果经典》、《中国特色理论发展经典文库》、《中国专家学术成果通鉴》、《现代医学与临床技术应用论文选》等多部书籍中，并出版发行进行国内外交流。多次出席国际、全国、四川省的医学学术会议宣讲论文，参与大会答辩获得好评。

湖南　范金茹

名人小传

范金茹，女，1962年出生，湖南长沙人，汉族，中共党员，医学博士，主任医师，教授，硕士生导师。现任湖南中药大学附一院内科副主任、内科教研室副主任。系湖南中医学院78级医疗系本科生，1983年毕业参加工作，从事内科临床，1990年获中医内科专业硕士学位，2004年获中医内科专业医学博士学位。2002年晋升为主任医师，2004年评为教授。1997批准为全国第二批老中医药专家经验继承人，师从王行宽教授学习三年。1999年遴选为湖南省中医管理局中医药跨世纪人才培养对象，学习三年结业。2003年入选国家中医管理局全国优秀中医临床人才培养对象，2007年获国家中医药管理局授予“全国优秀中医临床人才”称号。

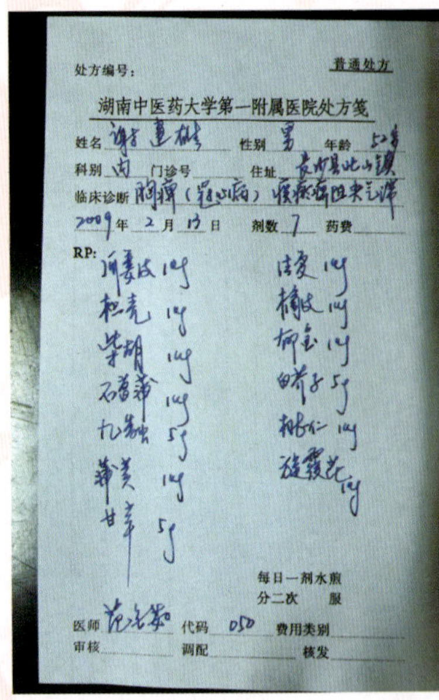
处方编号：　普通处方
湖南中医药大学第一附属医院处方笺
姓名　性别　年龄
科别　门诊号　住址
临床诊断
2009年2月17日　剂数7　药费
RP:
每日一剂水煎
分二次　服
医师　代码 050　费用类别
审核　调配　核发

学术经验

二十多年来，一直从事内科临床、教学、科研工作，博学中医学，旁谙西医内科，衷中参西，擅长心血管疾病、消化系统疾病等诊治，对高血压、冠心病、心肌病变、心律失常等诊治有较丰富的经验。通过高学历教育和师承教育学习，相互渗透，取长补短，在继承、整理、提高名老中医专家的学术思想和经验基础上，结合自己的临床体验，在心脑系病变、脾胃系疾病方面积累了行之有效的诊治方法。范金茹教授认为中医学的发展，重在继承与创新，继承是基础，创新是关键。以勤求古训、融会新知，师古不泥古，善用经方、经典，综诸多医家的论述并受诲多个名家临诊指导，结合个人临床实际，初步形成自己的学术观点：

1.以胸痹心痛（冠心病心绞痛）、风眩并心胀（高血压左室肥厚）等心系病为代表，对其病名、病位、病性、病因病机及治疗进行探讨，试图撮得精华，补充新论，悟彻其治疗真谛，遣方用药确中肯綮。根据中医“胸痹心痛”与西医冠心病心绞痛对应，真心痛与心肌梗死相应，提出胸痹与冠心病对应，冠心病猝死型可否名为“胸痹猝死”，心肌病型可否名为“胸痹心胀”的探讨，并认为胸痹病位在心络、心脉，殃及心肌；病性为本虚标实，本虚应系气营亏虚，标实常为脂浊痰瘀互结；病机为“不通而痛”与“不荣而痛”共存；治疗应以补益气营、豁痰化瘀为法，须重视疏肝行气、温阳散寒，或清泄郁热。对高血压左室肥厚，提出以风眩并心胀为病名；认为其病位在血脉与心；病因病机为禀赋肝肾不足，血脉亏虚，复加后天饮食不节，起居失调，七情过用等综合因素作用下，长期渐积而成。风眩病源于血脉，罹及心、肝、肾，导致心气亏乏，心体胀大，终而心气虚衰，肝肾阴虚，肝阳上亢，甚则肝火炽盛；治疗以调燮阴阳、滋阴清肝、疏浚血脉为原则。

2.集杂病治肝之依据：一为《内经》、《伤寒论》、《丹溪心法》等经典理论；一为心身医学的发展，心理因素在内科许多疾病的发生发展及治疗中起着极其重要的作用；一为师承杂病从肝论治经验，举隅杂病从肝论治，冀扬前贤之说，不揣浅陋，发挥新论。如胸痹心痛、风眩并心胀、胃痛、消渴病、淋证、癃闭、便秘等内科杂病从肝论治的治疗思路；疏肝解郁用于胸痹心痛、淋证、癃闭、便秘；滋阴平肝用于风眩并心胀；疏肝和胃佐金平木用于胃痛，清肝泻心佐以滋阴润燥用于消渴病等。冀杂病治肝理论得以发挥，经验能够传承。

主要成果

先后在省级以上刊物发表有关方面学术论文近40篇；主编参编专业著作7部；主持参加厅级以上课题6项；获得省级科技进步二等奖、厅级科技进步二等奖和三等奖各1项；湖南省科委优秀论文1篇。带有硕士生13人。近年的代表作有：疏肝化瘀豁痰法治疗不稳定型心绞痛疗效与对血小板-白细胞相互作用的干预观察（中国中医急症2008）；治肝之法撮要（中医药学刊 2007）；治肝之法在杂病中的运用（中医药学刊 2006）；风眩胸痹心痛等心脑病证中医病因病机诠释（中西医结合心脑血管病杂志 2006）；滋阴平肝法降血压及逆转左室肥厚的临床研究（中国中医药科技 2005）；滋阴平肝法降血压及逆转左室肥厚的实验研究（中国中医急症 2006）；重视血小板-白细胞相互作用与血栓性疾病的研究（诊断学理论与实践2006）；高血压左室肥厚中医病名、病位、病因病机探讨（中医药通报 2005）；刍议胸痹的命名、病位、病性、病机及治疗（中国中医急症 2003）。

医学感悟：

对诸家之说，应兼容并蓄，精勤不倦，博学旁收。

德、精、仁、术乃医者之最高境界。

陕西　范维乾

名人小传

范维乾，男，1944年7月出生，陕西西安市人。教授。民革党员。陕西中医学院毕业。世界科教文卫组织专家成员，美国健康医学研究生院导师，国际联合医院、国际医学诊疗中心执业医师。现任职汉中市汉医药研究所所长。

学术经验

中医将草根树皮自然物质引入人体，纠偏补虚以治人病，就像饥餐渴饮一样，科学性不容怀疑。几十年总结出中医学的十一大科学性：物质性•矛盾性•系统性•时空性•有序性•层次性•凝聚性•恒动性•社会性•可变性•多样性。其实这也是人体生命运动的规律性。中医学就是建立在这十一个规律性上的人体生命科学。

继而，从中医将蛋白质及细胞等人体基本结构物质称为精去思考，得出了人体生命是一个社会，这个社会遵循十一个生命运动的规律性，而黄帝们提出的藏象理论或学说正是人体生命运动规律性的理论总结。所以，“中医学是什么科学”的正确回答是：中医学是人体的社会科学。

中医学从宏观层次提出了藏象理论，当然是宏观包容微观；现代人体生命科学及其医学研究了人体生命的微观层次，这些分子与细胞的活动必然要遵循十一个规律性，从微观走向或上升为宏观，走向人体社会，纳入到藏象理论中去，所以，范维乾提出了

"拿来法则"：宏观拿来微观，中医拿来西医；东西方医学优势互补强强结合，创造新医学的新理论与新观点。

为什么从上世纪50年代就提出了中西医结合，到现在两者同床异梦、貌合神离呢?中西医只是并用，并未结合。是因为我们太骄傲了，太自以为科学与现代了，把中医学看成了落后与不科学的化身。只知微观不知宏观，不知人体生命是一个社会。口里说唯物辩证法，不知藏象是人体生命唯物辩证法的具体体现与运用。你不尊重中医，不尊重唯物辩证法，不尊重科学，当然是盲人骑瞎马不得其门而入了。正所谓尊重对方就是尊重自己。

主要成果

论文《创造新医学跨入新世纪》在巴塞罗那宣读获优秀成果奖；《优势互补创造新医》在汉堡、汉城、悉尼交流，获金奖；《世纪之初谈中医》、《黄帝陵前话中医》在《科学中国人杂志》2000年5期、12期发表；《提出藏象巨系统新理论》、《创造新医学跨入新世纪》、《中国传统医学的先进性》在美国《世界传统医学杂志》1999年2期、2000年4、5、6期发表；《中医现代化的障碍来自中医学》在《中国医药学报》1997年增刊发表；《黄帝创造的人体社会科学》、《人体的社会科学》在《中外名医杂志》2000年4、2001年2期发表；《伪科学吞噬了中医学》在国家级图书《21世纪中国基层领导者文鉴》发表获优秀奖；《中医走入分子细胞》、《创造中国统一的新医学新药学》、《新医学诞生了》、《古树新花人体社会科学亮相登台》在《中华新医药杂志》2003年5期、7期发表。《历史大变局中的今日中医》2005年在《中国专家学术成果通鉴》发表。《人体的互联网》在《中国优秀领导干部论坛论文卷》发表。以上论文被多家国家级刊物转载。

医学感悟：

少年时见中医治病，心叹其奇。稍长学医，心暗立志，以探中医之科学原理为此生奋斗之目标。

福建　郑则敏

名人小传

郑则敏，1933年生，福州人，毕业于福建中医学院，现为福建省人民医院教授，主任医师，福建中医学院名老中医，中华中医药周围血管病分会专家顾问，周围血管病学科人才培养指导老师。历任中华中医药外科学会常务委员，中华中医药学会脉管专业委员会副主任委员，福建省中医药学会外科专业委员会主任委员。

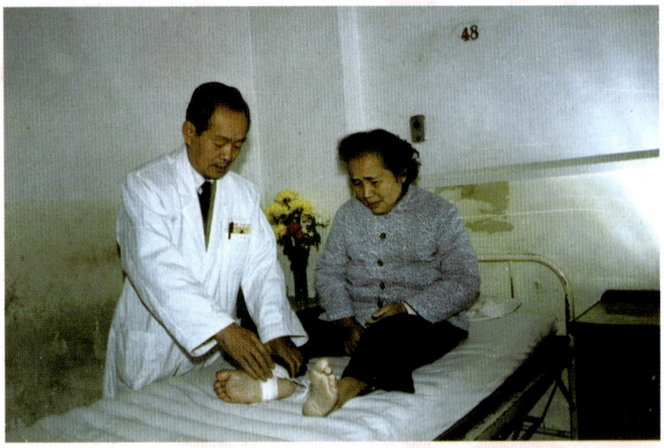

学术经验

脱疽

本病是气血流注受阻，脉络痹寒不通的疾病。患肢紫黑色溃烂，日久趾（指）节坏死脱落故名脱疽。本病好发于四肢的末端，尤其下肢为多，初起趾（指）怕冷、麻木、步履不便，继则疼痛剧烈，日久紫黑腐烂不愈，可使趾（指）部骨节脱落。包括现代血栓闭塞性脉管炎、闭塞性动脉硬化性坏死、糖尿病性坏死等疾病。

按中医辨证论治，本病临证可分四型：①寒湿型，为初期症状，治宜温经散寒祛湿、和营活络；②血瘀型，为中期症状，治宜活血化瘀、理气通络；③热盛伤阴型，后期症状，治宜合营活血，养阴清热解毒；④气血两虚型，治宜益气养血。治疗应遵循以下原则：人体是统一整体；辨病与辨证相结合；整体辨证论治与局部辨证处理相结合。按全身症状与局部症状，常分为血瘀证、热瘀证、湿热证、热毒证。由于对该病认识不足或不够重视，常被误诊或误治，在临床上多见热毒证，选验方丹参芍六味合地黄汤，生芪益气托毒，丹参、赤芍凉血化瘀；石斛、熟地益肾补血；茯苓、赤豆、莲子健脾宁心；丹皮清血分之热，金银花、甘草清热解毒。

病例：陈某，年过七十。患右足疼痛已2年，间歇性跛行，足冷潮红，年前因修甲，导致2-3趾皮损日益扩大，波及足背，低烧，夜间痛甚，不能行走，足背动脉搏动消失，口干纳减，腰酸，溲赤便结，舌暗红，苔薄，脉细弦。此系老年肾衰脾弱，瘀血脉道，夹染毒邪。治宜益肾健脾、补气化瘀、清热解毒。处方：丹参、芍药、熟地、丹皮、赤小豆、茯苓、莲子、生芪、银花、甘草，水煎口服。外治："蚕食法"清洁疮口，皮肌灵软膏换药。并经上方加减调治1个月，疮口愈合，能下床步行，生活自理，经1年多随访未见复发。

皮肤鳞状细胞癌

本病多发于中老年人，初起结节坚硬，边缘高起，中间有骨质，状如鱼鳞，不易剥离。数周、数月后形成菜花样溃疡，易出血，肿瘤底面不平，呈肉红色，病情发展很快，极易转移至附近淋巴结。本病中医又称："翻花疮"，形如花开而得名。本病内因心情刺激和正气不足，导致机体阴阳失调，脏腑功能障碍，经络阴寒，气血运行时常，气滞血瘀，痰凝邪毒等互相交结而成肿瘤。论治首先掌握整体与局部统一的辩证关系；在处理好扶正与祛邪；标本缓急等治愈原则。热毒炽盛者多选板蓝根、蛇舌草、鱼腥草、紫草根、半枝莲；活血祛瘀多选莪术、三棱、山甲、水蛭、土鳖虫、全蝎；化瘀散结多选半夏、海藻、昆布、瓜蒌、海石、僵蚕；扶正补虚多选人参、黄芪、草河车、石斛、熟地、女贞之类。

病例：江某，女，51岁。左耳下生一肿物8年。初起豆大，因失治，肿块增大，溃后起根翻花，脓液臭味扑鼻，疼痛剧烈。曾在某省立医院病理检查示：鳞状细胞癌，并动员其手术治疗，患者拒绝，后经友人介绍来诊。局部其症如前，常低烧（T37.5℃），心烦口干，便结，舌红苔薄，脉细弦。此系邪毒内溢，热毒炽盛。治宜祛痰清热解毒。方取扶正解毒汤：生芪、山萸肉、熟地、山甲、连翘、鱼腥草、莪术、蛇舌草、归中、海石、甘草、浙贝、胆草，清水煎服，每日1剂。外用：经验方平胬祛瘀散合加味黄连膏。上方连服20剂，疮口将愈，继服扶正为主之中药调理1个月。经2年随访，未见复发。

红斑狼疮

红斑狼疮（SLE）系现代医学病名，属中医痹症、历节、肌痹、风湿等证范畴，是一种青年女性多发的自身免疫性累及脏腑的炎症性结缔组织病，也是以各种免疫反应异常为特征的疾病，临床症状变化繁多，起病缓慢，可分为：①慢性皮肤性红斑狼疮；②亚急性皮肤性红斑狼疮；③急性红斑狼疮。根据中医辨病辨证相结合的观点，对系统性红斑狼疮可分为①热毒炽盛证，治宜清营透热；②阴虚内热证，治宜养阴滋肾，凉血宣痹；③脾肾阳虚证，治宜温肾理气，平喘肃肺；④瘀热伤肝证，治宜疏肝利胆，凉血调经；⑤风湿热痹症，治宜祛风化湿，活血通络；⑥肝肾阴虚证，治宜养阴补肾，平肝调经；⑦邪毒攻心证，治宜养心安神，气血双补，既往认为本病为危重难治之症，如今采用中西医结合的治疗方法，可完全缓解，存活数年或数十年，存活率达90%以上，其经验是在缓解期还要坚持治疗。

病例：患者陈某，女，50岁。左下肢疼痛半年，继而2-3趾暗紫，中趾溃烂流脓。医生以"甲沟炎"治疗，经治无效，病情加重。1年前曾在某省医院，住院2次。经血液检查，诊断为"系统性红斑狼疮"。使用激素抗炎，疗效不佳，求诊于本院外科。追问病史：患趾流脓，疼痛难忍，夜间尤甚，不能入睡，口干自汗，呼吸不畅，胁痛，腰酸胀，纳减，舌暗红，脉细弱无力。此系肝肾阴虚，脾弱，瘀阻脉络，治宜滋补肝肾、扶脾土，凉血通络，清热解毒。处方：蛇舌草、紫草根、蜈蚣、蕲蛇肉、生芪、石斛、生熟地、莲子、茯苓、麦冬、莪术、山甲、连翘，水煎口服。外以"祛瘀散"、"肤皮灵软膏"清洁换药，择期用"蚕食法"处理。里应外合，才使半年之久的疮口愈合。

主要成果

所著《中医外科心得》一书，获得福建省科技三等奖；参加编写《周围血管病中医研究最新全书》、《中医外科学》等高等中医药院校协编教材和《今日中医外科》等10部著作；发表"辨证分型治疗三期Ⅰ-Ⅱ级血栓闭塞性脉管炎"、"肢体动脉硬化闭塞证83例"等50余篇，多篇获得省级优秀论文奖。

医学感悟：

"德技双修，为民服务。"

福建 郑 健

名人小传

郑健，男，1958年8月出生，现任福建中医学院第一临床医学院院长，教授，博士研究生导师，主任医师。兼任中华中医药学会儿科分会常务理事，中国中医药高等教育研究会儿科分会常务理事，福建省中西医结合学会副会长，福建省中医药学会常务理事，

福建省中医药学会儿科分会主任委员，福建省中西医结合学会儿科分会副主任委员，福建省青年中医学术委员会主任委员，国家自然科学基金课题评审组成员，中华中医药学会和中国中西医结合学会科技成果奖评审专家，《福建中医药》杂志副主编、《福建医药》杂志编委和福建省政协委员。从事儿科的临床、教学、科研工作26年，对小儿肾病、哮喘等中西医结合治疗颇有研究，承担厅级以上科研中标课题近十余项，发表专业论文百余篇，荣获部（局）省级科技成果奖4项，厅级科技成果奖9项。由于科研成果显著先后被授予“全国中西医结合优秀中青年科技工作者”、“福建省百千万人才”、“福建中医学院优秀中青年骨干教师”、“福建中医学院优秀老师”，“福建中医学院骨干教师（享受校级岗位津贴）”、“全国（200名）优秀中医临床人才”、“国家中医药管理局中医药科技管理工作优秀工作者”、“全国优秀中医医院院长”、“福建省优秀中医院院长”、“福建省优秀医院管理者”等光荣称号。

学术经验

八十年代开始从事小儿肾脏病的临床研究，本着研究坚持突出中医药特色优势，旨在探讨如何提高小儿肾病的缓解率，降低复发率，减轻副作用，创新性地提出应用中医益肾活血法治疗小儿原发性肾病综合征，临床总结和精心筛选出治疗小儿原发性肾病综合征的中药肾康灵冲剂系列制剂，临床疗效显著，同时对中医药治疗小儿肾病的作用机制及其与临床免疫学、分子生物学、蛋白质组学和代谢组学的关系进行深入的临床和实验研究，不断创新理论、努力提高疗效，其学术水平达到同期国内先进、省内领先，并在省内近十家医院推广应用。

主要成果

1.“中西医结合治疗小儿原发性肾病综合症临床研究”获1993年度福建省医药卫生科技进步四等奖。

2.获1994年度福建省科学技术进步三等奖 。

3.“小儿原发性肾病综合征中药抗复发治疗的初步探讨”获福建省1990-1992年度自然科学优秀论文三等奖。

4.“中西医结合治疗小儿难治性肾病的临床研究” 1997年荣获福建中医学院1989-1996年度科研成果一等奖。

5.“中西医结合治疗小儿难治性肾病的临床研究”荣获1997年度福建省医药卫生科技进步三等奖。

6.“中西医结合治疗小儿频繁发型肾病综合征30例”获福建省1998-2000年度自然科学优秀论文一等奖。

7.“叶天士络病理论及通络法治疗研究”获2002年度福建省科学技术进步三等奖。

8.“小儿过敏性紫癜性肾炎辨证治疗与甲皱微循环关系”获福建省2000-2002年度自然科学优秀论文四等奖。

9.“临床导教法”荣获福建中医学院2004年度教学成果四等奖。

10.“临床导教法”荣获2005年度福建省高等教

育科学研究优秀成果奖。

11. “小儿频繁复发性肾病中西医结合抗复发治疗系列研究”获2005年度中华中医药学会科学技术三等奖。

12. “中药喘康通配合治疗儿童哮喘发作期临床观察”获第七届福建省自然科学优秀论文四等奖。

13. “益肾活血法治疗阿霉素肾病大鼠的实验研究”获2006年度中华中医药学会科学技术三等奖。

14. “中西医结合治疗小儿复发性肾病综合征的实验和临床研究”获2008年中国中西医结合学会科学技术三等奖。

医学感悟：

医学是一门神圣的学科，是人类灵魂的艺术家，也是人类最应该去探讨和研究的学科。随着对医学的爱好，我越来越喜欢这种专业性的研究，而且觉得医学其实是责任心得到极值体现的一种形式。在医学界的教科书中是这样解释从医动力的：从医的动力是一种救死扶伤神圣不可侵犯的精神。我觉得不管什么样的医术，只要能减轻病人的痛苦，就是最适合人类与疾病做斗争的良方，该享有最高的荣誉称号。简单一点也就是说，不管是中医、西医还是中西医结合，只要是能快速减轻病人疾苦的就是我们最值得去推广的一门重要学科。

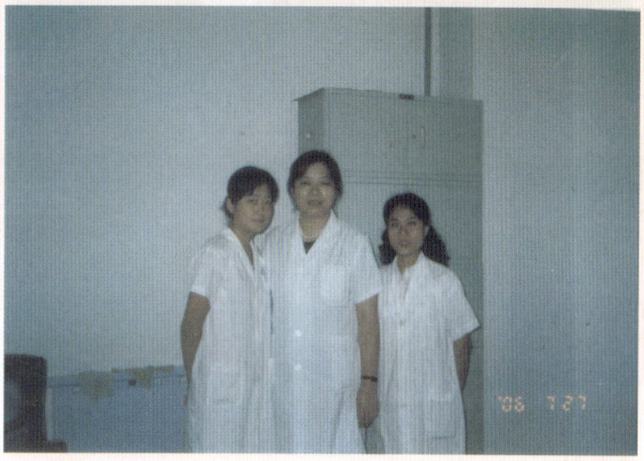

湖北 胡文金

名人小传

胡文金，女，生于1952年12月。籍贯湖北松滋市，汉族，中共党员。大学本科学历，湖北荆州市中医院妇科主任医师，荆州市知名中医，全国500名名老中医刘云鹏学术经验继承人，湖北中医学院兼职教授，硕士生导师。世界中医联合会妇科专业委员会会员。《中华现代妇产科杂志》编委。被载入《中国当代中西医大词典》。

胡文金主任医师1976年毕业于湖北中医学院中医系。1976年分配至松滋市第二人民医院从事内科工作，1980—1986年调松滋市中医院从事妇科工作，1986年至今在荆州中医院从事妇科，并师从名老中医刘云鹏先生。1991年被国家中医药管理局遴选为全国名老中医药专家刘云鹏学术经验继承人，三年学习期满，经考核以优异的成绩出师。其间参加全国医古文函授班，古典医籍学习班，科研方法学习班，妇科提高班，将师承经验与现代临床理论相结合，不断探索妇科临床治疗的新经验。她所带领的医院妇科为全国重点专科，湖北省知名专科，全国“三八”红旗集体。

学术经验

临床方法上以调肝祛邪为主，所见一般情况下妇女肝郁为多，尤以中年妇女为多见。肝不调、精血不畅则疾病缠身。胡文金主任医师在临床上主张“调经先治肝，疏肝经自调”。祛邪则以湿热为主。若是饮食不节，高粱厚味，嗜好辛辣助阳之品，都有助长湿热之嫌。加上经期、产后、人流手术，或摄身不洁，都可能导致湿热毒邪乘机而入，阻滞气机，或与血相搏，互结成瘀（成癥），故妇科病临床以实证为多。然“治病先祛邪，邪祛则正安”。所以疏肝行气，活血化瘀，清热除湿是常用法则。但对虚实夹杂症，或治虚祛邪，或祛邪顾虚。对脉症均虚者亦放纵以补，强调以人为本，整体观念，治病求因，及因人因时制宜的原则。注重舌脉辩证，往往体内的疾病易从舌脉反映出来。重视心身治疗，精神安慰。中衷参西，辨证与辨病相结合，借助现代检查方法为我所用，不断提高诊疗水平。

主要成果

胡文金主任医师经过多年临床实践总结创制的调经助孕验方，受到广大患者的欢迎。方药如下：

当归15克　熟地15克　川芎9克　白芍15克　香附15克　充蔚子15克　白术15克　益母草15克　丹参15克　菟丝子15克　枸杞子15克　覆盆子19克　五味子9克　紫河车15克等

此治疗方法纳入国家科研项目并得以推广，在荆州市评为科技成果进步二等奖。

其他获奖成果还有：刘云鹏验方《固胎合剂防治滑胎的研究》获湖北省科技进步三等奖。《妇安泡腾片治疗念珠菌性阴道炎临床与实验研究获湖北省重大科技成果，荆州市人民政府科技进步二等奖。刘云鹏验方“麟儿来”方治疗精血亏虚型无排卵性不孕症的临床研究，获湖北省重大科技成果，荆州市人民政府科技进步二等奖。妇康汤治疗盆腔包块的临床实验研究，获省重大科技成果。

在国家级省级学术刊物上发表专业论文20余篇。参与编写专著《百年百名临床家——刘云鹏》、《中华名医特技集成》、《当代名医验方大全》、《当代名医症治汇粹》、《当代名医临症精华、不孕专辑》，《中国名医名方》、《心身医学研究》等，以上著作均是介绍妇科临床经验治疗方法，验方的运用，及特技疗法。由中国中医药出版社，中国古籍出版社，北京科学技术出版社，中国医药科技出版社出版。

医学感悟：

“熟读经书，深究内涵。反复学习，不断实践。知其所本，名其所长。”

“临症时应不断探索，不为教条所缚，掩盖真像，在错综复杂的现象中，找到病情的本质，抓住病情的主要矛盾。”

“在临床过程中要养成收集案例，总结概括的良好习惯，细心整理自己的临床日志，将治疗理念，疑难治法不断提炼升华。

江苏　项　平

名人小传

项平，男，1944年9月18日出生，浙江省淳安县人，1962年9月至1968年7月毕业于原南京中医学院医疗系本科，毕业后长期从事中医内科临床诊疗工作。

1979年9月至1982年7月原南京中医学院硕士研究生毕业，获医学硕士学位，毕业后留校任教并从事临床医疗工作。历任南京中医药大学教员、副教授、教授、教务处副处长、副校长、校长等职（1987年4月任副教授，1993年6月晋升为教授，1997年评为博士研究生导师。1985年5月至1995年10月任副校长，1995年10月至2005年3月任校长）。曾任第七、第八届中国药典委员会委员、国家中医药管理局专家咨询委员会委员、世界中医药学会联合会咨询委员会委员、中华中医药学会临床药理专业委员会副主任委员、中国中

医药高等教育学会副理事长等职，曾被加拿大中医药针灸学会、香港浸会大学聘为荣誉教授。现为南京中医药大学教授、博士研究生导师、国务院学位委员会学科评议组（中医药组）专家、澳门科技大学中医药学院院长、澳门科大医院院长、世界中医药学会联合会常务理事、世界中医药学会联合会亚健康专业委员会会长、国家食品与药品监督管理局新药评审专家及保健品评审专家、澳门医务界联合总会名誉会长、享受国务院政府特殊津贴专家。在任南京中医药大学校长期间，注重内涵建设，重视国际交流与合作。强调中医药高校培养人才的综合素质提高，主张中医学生在学好中医的同时还要认真学习必要的现代科学、计算机及外国语知识，当今的中医药高校培养的中医药人才应当是国际型的中医药人才。与校领导班子的成员一起，带领全校师生医护员工，努力工作，积极探索，开辟了占地104公顷的南京中医药大学仙林新校区，使学校的办学条件大为改观，整体办学实力及学术地位有了较大幅度的提高，在海内外产生广泛影响。

学术经验

学术上主张严谨、求实，认为中医学是门科学，科学是来不得半点虚假的。坚决反对学术上的浮躁作风，要求自己和学生治学和临床都得一步一个脚印，不懂决不装懂，一切言行以维护中医学作为一门科学的尊严为原则，一切以维护民众的健康为目标。临床上重视中医学“治未病”思想的应用，热心中医养生学和中医康复学的推广，注意对人们亚健康状态的研究和临床干预。承担澳门科技发展基金项目“快节奏人群保健药品的研究”，通过流行病学调查，针对快节奏人群不同类型的亚健康状态研制相应的保健药品，以冀提高这类人群的健康水平。治疗老年病强调“顾护脾胃”，认为老年肾虚是自然规律，是人体衰老过程中的必然趋势。然而，顾护好脾胃，则能使后天补先天，不仅能使老年患者逐渐康复，还有可能获得健康长寿。临床运用中医学辨证论治的原则为指导，在治疗老年性慢性支气管炎、慢性结肠炎、帕金森氏病、系统性红斑狼疮等疑难病方面，取得较好的疗效。

主要成果

通过长期临床诊疗工作，在中医康复医疗及老年病诊治方面积累了较丰富的经验。编著有《中医康复学》、《中医食疗方全录》等教材、专著16部，撰写“略论老年治脾”、“中医康复医疗的基本步骤”等论文60余篇。承担国家中医药管理局重大科研项目《中华本草》编撰办公室主任工作，已完成全部编撰任务。还先后承担世界卫生组织项目“中医药在心脑血管病社区康复中的应用”、国家中医药管理局项目“中医养生康复学系列教材编写”、江苏省教育厅项目“中医食疗方的整理和研究”、“200种常用药膳制作工艺的研究”等任务，均任项目负责人。所编著的《中医康复学》教材获国家中医药管理局优秀教材二等奖，《中医养生方》获华东地区优秀图书一等奖。

湖南　晏建立

名人小传

晏建立，男，毕业于湖南中医药大学，研究生学历，主任医师、教授、研究生导师。现任湖南中医药高等专科学校附属第一医院中医临床办主任。全国优秀中医临床人才，湖南省中医药跨世纪人才，株洲市卫生行业学科带头人。中华中医药学会肾脏病分会

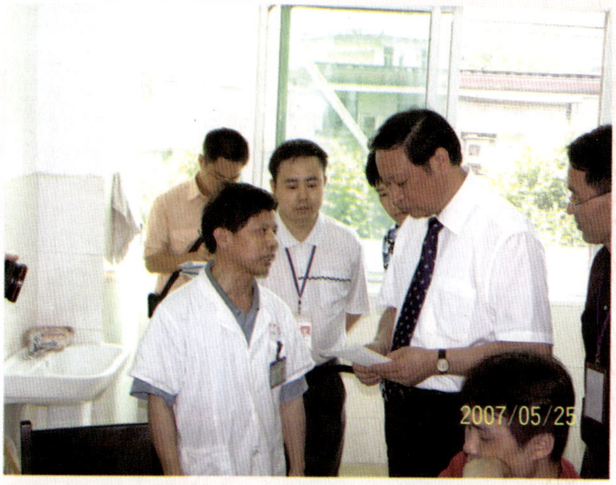

委员，湖南省中医内科学会副主任委员，湖南省中西医结合学会肾病专业委员会委员，株洲市中医学会理事。《中国中医科技杂志》常务编委，《中华现代中西医结合杂志》编委，《发现》杂志社副理事长，《中国中医科技杂志》特邀通讯员。湖南省老中药专家学术继承工作导师。湖南省科技成果评审专家，株洲市劳动能力鉴定专家。香港民族大学客座教授。世界传统医学杰出人物。《株洲医药》、《株洲工矿医刊》杂志主编。湖南省中医执业医师考官，政协株洲市委员会委员。

晏建立教授医德医风良好，多次被评为“优秀共产党员”、“先进个人”、荣立“三等功”一次，其事迹曾在《中国中医药报》、《株洲日报》等新闻媒体报道。载入《中国高级技术人才辞典》等多部大型典籍。

具有很好的医学理论功底。大学毕业后先后参加“全国医古文函授班”、“中医基础理论提高班”、“湖南省中医药跨世纪人才班”、“全国优秀中医临床人才班”学习，专业进修肾病一年。拜中国工程院院士王永炎，国家级名医朱良春、张淇、晁恩祥、路志正，省级名医程丑夫、奚彩昆教授为师。通过跟师吸收了名老中医的高超技术经验，加之自己长期医疗实践，业务技术不断提高。中西医结合治疗内科疾病得心应手，尤其擅长肾病、呼吸系统疾病、老年病、头痛、痛风、高脂血症、冠心病、肿瘤等疑难杂症。

学术经验

临床中研究仲景学说，喜用经方，常据证加减，出奇制胜。如用小柴胡汤合小陷胸汤、茯苓杏仁甘草汤加减治疗冠心病，大面积使用取得了良好效果。常从仲景学说中感悟，扩大经方使用范围，如《金匮要略》中“妊娠，小便难，饮食如故，当归贝母苦参丸主之”。在男性中常有小便难者多为前列腺炎，用此方而获奇效。在临床中常据证多方合方使用，大大的提高了疗效。晏教授认为临床中辨证的关键是抓病机，只要病机抓住了，就抓住了治疗的关键。只要病机治法方剂的功用三者相一致，就肯定有疗效。主张用中药就必须用中医理论指导，不要被西医的病所干扰。要大胆使经方新用，不断积累经验，使中医理论更为完美。

他认为药物剂量是疗效的关键，对药物剂量花大量精力进行研究，如治疗头痛的益气和血汤中的黄芪20克，而冰片0.2克，黄芪与冰片的剂量相差100倍，慢咽散中的熟地90克，五味子为5克，熟地是五味子量的18倍。治疗主症的主药用重，佐使药用量轻，重者用到90克，轻者只用0.2克。方剂的君臣佐使分明，治疗相得益彰，疗效才会明显。才能获得病人的好评，才能成为当代名医。

主要成果

主持多项科研课题的研究，创造了良好的社会效益和经济效益。曾先后获省厅科技成果奖2项，市级科技进步奖3项，《中医杂志》等期刊发表医学论文40余篇，编写著作14部，培养研究生4名。

照片说明：

1，国家中医管理局局长王国强与晏教授亲切交谈.

2，国家中医管理局局长王国强接见晏教授

北京　聂惠民

名人小传

聂惠民，女，1935年生于北京，全国著名中医药专家，教授，博士生导师，主任医师，伤寒学术带头人，原北京中医药大学伤寒教研室主任，享受国务院特殊津贴的突出贡献专家，国家人事部、卫生部、教育部、国家中医药管理局确定的全国名老中医药专家学术继承工作第二、三、四批指导老师；中华中医药

学会理事，中华中医药学会仲景学说专业委员会前副主任兼秘书长，中华中医药学会科学技术奖评审专家，《国医论坛》编委会副主任，《实用中医内科杂志》编委；1995年获英国剑桥国际传记中心名人录证书。

聂惠民于1956年高中毕业，尊母旨意，考入北京中医学院（现北京中医药大学）六年制中医专业，为北京中医学院第一届本科生，在高等学府，承蒙秦伯未、焦树德、任应秋等名老中医临床带教与指导，在中医理论与临床诊治技能上打下扎实基础。1962年毕业后，支援边疆而到黑龙江中医学院工作，任伤寒教研室助教、讲师、附属医院主治医师兼内科门诊负责人，承担教学以及临床工作，她所讲授的《伤寒论》全部课程颇受好评。1974年2月于中国中医研究院西苑医院进修半年，向著名中医专家郭士魁学习疑难病诊治经验，收获颇丰。1974年9月于哈尔滨医科大学附院内科进修一年半，系统学习西医内科疾病的诊疗技能，受益很大。进修期间，正是提倡“西学中”之际，故学习西医与传授中医并行，积累了中西医学术合作经验，奠定了西医学功底。1979年2月因国家工作需要调回母校任教，一直从事中医教学、临床、科研工作至今。教学上，系统主讲本科生、硕士研究生、博士研究生的伤寒论、方剂学、中医内科学、儿科学等课程，积累了丰富的教学经验，不断提高教学质量。从1979年开始与刘渡舟教授共同培养研究生，1987年独立招收硕士、博士研究生，共培养博士生19名，硕士生28名，多年来培养了大量中医继承人才，积累了培养研究生的丰富经验。2002年被评为全国名老中医药继承工作指导教师，第二批、第三批继承人均已出师，第四批继承人正在学习中。聂惠民主张研究中医必须坚定二个原则：一要继承与发扬并重，继承为先，发扬为续，方有创见；二要理论与实践结合，理论为导，实践为用，方能探知真谛。

学术经验

聂惠民五十年来经过学识伤寒、讲授伤寒、创研伤寒、诊用伤寒、论写伤寒这五大步骤，专攻仲景学术。主要研究方向是：《伤寒论》六经辨证理论体系与防治疑难杂病的研究。对《伤寒论》勇于探索研究，博广精深，对六经辨证理论体系及理、法、方、药的运用规律形成了具有独到见解的学术思想和诊疗技术。

1．《伤寒论》理论研究：承担卫生部的古典医籍校勘课题，采取对校、本校等四法，逐字校勘，完成《伤寒补亡论校注》一书。同时全面校注了《伤寒论》原文。

2．确定了《伤寒论》的学术地位，提出《伤寒论》是一部辨证论治疑难杂病的经典专著，实践证明它广泛指导临床内、外、妇、儿各科疾病的辨治，对急症学、预防医学、免疫学及护理学均有指导意义，其理法方药适用于循环、呼吸、消化等各系统疑难杂病，发表“论《伤寒论》对中医临床医学的贡献”等文，全面阐述了《伤寒论》对中医学的重大贡献与学术价值，提高了《伤寒论》的学术地位，促进了仲景学术的全面发展。

3．对《伤寒论》全面系统注释、解疑研究，并开展了《伤寒论》类证、类方、类脉的综合研究，发表“《伤寒杂病证》脉法探要”，专题论述仲景脉法的诊技特长。对泻心汤类方证、承气汤类方证等，归类分析，对比发明，注重理法方药运用规律，提供临床经方论治的实用法则。

4．重点论明《伤寒论》六经的实质所在，对六经要有全面的理解，从客观实践出发，把六经和脏腑、经络、气化等有机结合起来，才能全面认识。并提出六经辨证与八纲有着经纬相贯，纵横相连，体用结合的辨证关系。

5．科研工作紧密结合教学、临床，用现代科技方法研究仲景之学，经方之用。临床经验丰富，擅用经方治疗内、妇、儿科疑难杂病，尤以治疗消化系统和心血管系统疾病为特长，疗效显著。临床上尊仲景，崇经方，辨证论治，力倡“取仲景法，严遵经旨，用仲景方，灵活变通”原则，临床时再运用个人之见，古今结合，其效更宏。如柴胡剂治郁证，苓桂剂治咳喘，陷胸剂治胃病等方面，灵活自如，方简效优，从而探讨出运用经方的规律与特点。推崇“合方法则”，并发表“论《伤寒杂病论》合方的特色与优势”一文，全面阐述合方用药，独具特色。长期临床实践探讨出经方治疗多发病、疑难病的有效治则和方剂，为“古方今用”打开了广阔的途径，为防治疑难杂病创新方法。

6．诊疗技能总结三大特点：一是谨守诊技，辨证论治；二是切、闻、望、问，“三因制宜”；三是治病祛邪，以人为本。

主要成果

聂惠民治学严谨，锲而不舍，有雄厚的中西医功底，造诣颇深。在科研方面，承担主持多项国家教育部博士点科研课题，如“经方改善儿童体质的研究”、“经方防治萎缩性胃炎的研究”以及“桂枝剂治疗支气管哮喘的研究”等，获科技进步奖一项。研制纯中药制剂“健脾金丹”、“咳喘宁”等，取得满意的科研成果。在指导高徒方面，经验丰富，为培养中医药人才做出贡献，获全国老中医药专家学术继承工作优秀指导老师奖，获北京市全国老中医药专家学术继承工作优秀指导老师奖。聂惠民更擅于总结经验，主编、编写了医学著作26部，其中最突出的成果是编著出版《伤寒论》系列医籍一套，如《聂氏伤寒学》、《伤寒论析义》、《经方方论荟要》、《名医经方验案》、《伤寒论与临证》、《伤寒论集解》、《长沙方歌括白话解》、《伤寒论讲义》、《伤寒论白话解》等共9部，从不同学术层面阐述《伤寒论》的丰富内涵与其优势特色。其中《聂氏伤寒学》是一部全方位研究《伤寒论》的专著，为其代表作。该书以原著为基准，将六经辨证理论体系与理法方药运用规律深入阐发，探索了新的伤寒学术体系，弘扬了仲景学术精粹。全书融合了古今多种研究成果，总结了个人近50年研究伤寒的理论与临床论治经验，内容翔实，见解独到，勇于创新，经验丰富，实用性强，是一部很受重视的专籍。著名伤寒学家刘渡舟教授阅后题字“惠民教授，贵在创新”以资鼓励。

此外合编、参编有《伤寒挈要》、《内经病证辨析》、《中医证候鉴别诊断学》等10多部医籍。发表论文100篇，多次参加国际国内学术交流会议，曾赴美国、意大利、德国、法国、瑞士等多国讲学与医疗，享有很高的声誉。

医学感悟：

“中医学是博大的宝库，《伤寒论》是宝库中明珠，我为中医自豪，我为中医奋斗，我为伤寒学献身！”

“要学好中医学必树立‘四心’（虚心、诚心、专心、恒心），要学好《伤寒论》必会用‘四法’（习法、思法、悟法、行法）。”

“熟读王叔和，不如临证多。既要临证多，还须读叔和。”

“勤求古训，博采众方。上工治未病，仁心精术。传承仲景学术，发扬仲景精神！”

湖南　袁长津

名人小传

袁长津，男，63岁，医学硕士，湖南省名中医。现任湖南省中医医院主任医师、教授，全国第四批老中医带徒的导师，中华中医药学会理事，中华中医药学会亚健康专业委员会副主任，中国医师协会理事，湖南省中医药学会副会长，亚健康专业委员会主任，湖南省医学会及医师协会常务理事，《中医药导报》主编等职。历任湖南省中医管理局第一副局长、局长、湖南省科技进步奖中医药专家评审组组长、湖南中医药大学内科临床研究生导师、《中医药导报》主编等职。

袁长津从事中医临床研究40年，2007年以前，虽先后担任湖南省中医管理局主持工作的第一副局长、局长14年，但一直未放弃中医药临床学术的研究，并坚持于每周六假期在湖南省中医医院坐诊及带教研究生，从不懈怠。2007年从行政岗位上退休后，每周一、三、五、六上午坚持出诊临床、带教学生。在长期的医疗服务中，能坚守“轻利重德求疗效”的原则，颇受广大患者及学生好评。每个上午他应诊病人，门庭若市，多则达五、六十余人，是湖南省声孚众望的名中医，近年曾多次被我省电视和报刊邀请采访或讲座。

袁长津从知青到赤脚医生，到血防医院、人民医院医师，到中医院院长、卫生局局长、湖南省中医管理局局长，一生的青春和年华都在医疗战线，一篇专访如实记录了他的人生轨迹：

“赤脚“岁月

1965年，高中毕业的袁长津成了一名下乡知识青年。“文革”爆发以后，他与广大知青一道，得以短期返城，那是1967年。面对迷茫得看不到未来的同伴，他的思路却异常清晰：农村缺医少药，学医！他拜当地老中医甘国祯为师学中医。由于家境困难，他白天外出打工谋生，晚上挑灯夜读。很快，他就将被称为“四小经典”医书背得滚瓜烂熟，随后他又开始认真研读中医“四大经典”著作。

1970年，24岁的袁长津他当上了临澧县珠日桥公社永丰大队的赤脚医生。从此，他更加勤奋地在实践中刻苦学医：乡村的夏夜蚊虫猖獗，就在蚊帐内点灯读书；出诊中如遇疑难，便把病人的脉症记下，回家后再查找资料、或向同行请教后再处方送药上门；他所在的乡村离县城要走20里地山路，每次上县城购药，为了不耽误为乡亲们治病，他总是在午饭后才挑着箩筐匆忙上路，等装上满满的一担中西药品踏上归程时，山野间已是暮色苍茫，或月明星稀；为了加深对中草药材质药性的感性认识、减轻群众的药费开销，他谦恭地向老药农学习，深入山林采挖中草药、就地种植中药材……。

实践得真知，勤谨结硕果。凭着他的勤奋和悟性，几年下来，他就成了远近小有名气的“袁医生”。他不仅能熟练的防治农村一般的常见病，而且还治愈了一些较严重的呼吸系感染、上消化道出血、风湿性关节病所致瘫痪、早期肝硬化腹水等重症病人。

1973年夏天，当地爆发了麻疹大流行，由于天气酷热，全大队先后发病的173个麻疹患儿，大多都高烧到40℃左右，并发有肺炎等病症，给正在“双抢”中的人们造成了不小的恐慌。一个多月来，他成天背着药箱，顶着烈日，奔走于山间小道，出入于每个患儿的家庭，送医送药，一心扑救，结果，除一例早发的患儿未能及时治疗而死亡外，其余172个都安然痊愈，在当时麻疹流行的周边大队中，死亡率是最低的。

农民是纯朴而务实的，袁长津的作为和奉献精神，逐渐冲淡了人们对他所谓“出身”的介意而提升了对他的信任和亲近感。每逢年关节气，或娶亲嫁女，当地农家分了鱼、宰了猪，他的“饭局”就不断，在那些他亲手治愈的孩子们稚嫩的邀请声中，他也感到了自己的价值。冬夜出诊回家的路上，常路过正在熊熊燃烧的砖窑，或热火朝天的榨房，农民兄弟总要留住他，众人围着一大钵正在沸腾的野味、杂烩畅饮儿碗谷酒，在酣然入梦的霎那，他更感悟到了人生的辛劳和乐趣。……这些不无艰辛、粗犷而充满情义的生活往事，时至今日，仍历历在目，令他回味无穷。

袁长津作为知识青年、赤脚医生，在农村里度过了十多年的青春岁月，超乎常人的付出使他多次被评获县、地、省级知青典型、模范赤脚医生、农业学大寨积极分子和自学成材标兵等荣誉称号。

机遇与作为

1978年冬，作为已为数不多的最后安置回城的知识青年，袁长津成了县血防医院一名临床医生。当时，血防医院虽然属国家单位，但他却还是个“集体职工”，每月工资不到30元。对此，他毫不在意，仍然坚持在努力工作中刻苦自学。

也正是这样的处境才给他带来了一次难得的机遇。当时，为了解决因“文革”而造成的全国中医药后继乏人的问题，中央下达了78（56）号文件，决定通过严格的考试，在全国集体性质或民间的中医药人员中选拔一批有真才实学的人才，充实到各级全民所有制的中医医疗、教学、科研机构。通过初试和复试，早已自修完全国中医药高等院校统编教材和熟读“四大经典”著作的袁长津，在众多考生中轻而易举地脱颖而出。一下子，他有了“中医师”职称，进入了“国家干部”的行列，月工资也猛涨到五十多元。他说：在我过去的经历中，往往都是在随遇而安中“因祸得福”，所以我从不因所谓“境遇不公”而抱怨不休。

1979年，他被调往临澧县人民医院中医科工作。在他主持中医科工作期间，不仅中医门诊病人大幅增加，在医院的支持下，中医科也有了设有40张床位的住院病房；其间，他和医院各科西医合作，救治了许多疑难重症，他的名字在县城迅速传开。

三年后，他走马上任临澧县中医院院长；几年以后，他考上了著名中医学家、湖南中医学院老院长肖佐桃教授的研究生，获得“医学硕士”学位。尔后，他还担任过临澧县卫生局局长三年。

1993年他被调到省中医管理局工作，先后担任主持工作的第一副局长、局长十四年，直到省委、省政府制定下发了《关于加快中医药发展的决定》，省中医药管理局提升为副厅级单位，省委、省政府召开了一个极高规格的“发展中医药大会”以后，他才于2007年的7月隐然退出在职公务员的行列。14年来，他对中医药事业的执着精神和贡献，在全省中医行业内是尽人皆知的，也得到了国家中医药管理局的充分肯定。

大医风范

袁长津生性善良而又历经艰难，对人间疾病困苦深怀恻隐仁爱之心。他时刻以古代名医孙思邈提出的“大医精诚”为座右铭。他解释说：“大医”，又称为“苍生大医”，就是为苍生百姓疗病解痛的大夫；做一个称职的大夫，一是医术要“精”，治疗病人要精益求精；二是医德要“诚”，待病人以诚、讲诚信，要以认真、严谨、负责的态度，唯恐有失，即所谓：“如临深渊、如履薄冰”。

袁长津的名片背后印有“弘扬中医药，服务老百姓”两句话。当一名好中医是他矢志不渝的追求，即使是在院长、局长的位置上，他都坚持利用公休日，定期上医院坐诊，坚守诚信，从不懈怠。

如今，每周六、周三上午他到湖南省省中医院坐诊，周五到湖湘中医肿瘤医院坐诊，总是门庭若市，应诊不暇，一坐就是五个小时不离凳，要看完四、五十多个病人才罢休。这对于一个已年过花甲的人来说，更多的是一种专注、奉献精神的支撑。当有病人极力称赞袁长津的医术时，他却低调而真诚地说：“我并没有那样神，关键是你自身的配合，我多不过起到了帮你调整、恢复自身的抗病能力和康复能力的作用而已。”

袁长津非常体贴病人，他从不开大处方、不收病人的红包。由于他的门诊量大，几年前，总有不少药贩在他身边“转悠”，他都以药价太贵而断然拒绝，这几年总算是“清净”了。采访中，他不无谦虚地自我评价说：“找我治病的人之所以多，其中有一个重要的原因，就是我开的药方便宜，病人承受得起。”

能用简廉的方药治大病，方为大医。

学术经验

通过40年的中医临床实践和学术钻研，能熟练地运用中医理、法、方、药辨证治疗内、儿、妇科常见疾病。对麻疹并发肺炎、乙脑、流行性出血热、肝炎等病毒性感染疾病，消化系统、呼吸系统、神经系统、心血管系统疾病及类风湿性关节炎、肿瘤等疑难病证，积累了丰富的临床经验，形成了自己临床学术特色：对危笃重症，善用仲景经方及复方重剂拯治；对急性热病，喜用叶、吴、薛、王等温病四大家及杨栗山的学术经验防治；对消化系疾病及慢性疑难杂病，则善于从李东垣、朱丹溪、王清任等著作中寻求调治之法。此外，对近代中医临床名家的学术经验亦曾作过广泛深入的研究及临床借鉴应用。

袁长津从多年的临床经验中认识到：现代医学所认为的某些疑难重症，有时可以用一些很简单的中医方法就有效果，特别是医圣张仲景（东汉人，曾做过长沙太守）的“经方”，更是药简、价廉、疗效可靠。

曾有一位流行性出血热杜姓病人，高烧六天，出现急性肾功能衰竭，数天没有一滴小便，腹大如鼓，病人危在旦夕，众医束手无策之时，当时传染科的李主任（后来调到湖南省肿瘤医院，担任过该院内科主任）想到了袁长津，赶紧请他来会诊。他用大剂“调胃承气汤”保留灌肠，一剂而汗出热退，二剂而小便通利，转危为安。

袁长津不仅自己全心为患者治病，还乐于培养后学，把自己的经验毫无保留地传授给别人。有一个西医科班出身的周医师，在湘雅医院攻读西医神经内科研究生期间，曾慕名跟袁长津临床抄方学习中医2年，毕业后分配到怀化市中心医院工作。在临床工作中，每当碰到按西医常规处理后疗效不好的病人，他都试着用中医药治疗，若有疑难，就通过发短信或电话向袁老师请教。在袁长津的手机中还保存着十余条他们师徒切磋医技的短信，其中有一个病例的治法方药就与上面列举治验如出一辙，现原文照录如下：

“袁老师：有一30岁男性患者，头痛发热3天，四肢抽搐、烦躁不安1天入院。现意识模糊，十分躁动，力气大，几个人都按不住，发热38度左右，舌红中间有点少量黑苔，脉倒是有些沉实。脑脊液压力高，蛋白高，细胞数多，考虑细菌性脑膜炎。其人非常胖，180多斤，呈向心性肥胖。可不可以用点调胃承气汤或者桃核承气汤灌肠？”袁长津回以调胃承气汤加桃仁煎汤灌肠。第三天周回信息称：“如师法用后第二天即热退神清，已能自行坐起要喝水吃东西，今天已开始下床活动。谢谢袁老师！”

2008年4月28日，湖南省中医院骨科主任孙教授邀请袁长津给一个棘手的重症病人会诊。患者是个80岁的女性，因跌伤致左股骨颈骨折，经股骨头置换术后不久，出现严重的肺部感染并心衰，先后延请院内外中西医专家会诊3次，予以抗菌、平喘、强心、利尿治疗，效果不显著。患者咳喘烦躁，呼吸急促，满肺湿啰音，心率增快，下肢浮肿过膝，时有神志不清。袁长津认为：其病机为痰热内阻，肺气不得宣降，三焦水气停滞不通，兼气阴两虚。他采用4个“经方”加减拟方，共15味药。家属取方时还在问老人的“寿脉”如何？尚能坚持几天？好准备“后事”。他不无自信地回答说：服药后可能会有所转机。第二天中午孙主任即来电相告：患者明显好转，家属非常高兴和感激。待3剂药服完后患者即咳喘显减、浮肿渐消而转危为安，继续调治至5月9日，患者即痊愈出院。

袁长津解释说：从西医诊断来说，以上两个病例是完全不同的两种病；但按中医辨证，则两个病人的“病机”和状况基本相似，所以用基本相同的治法方药能取得同样疗效。这就是中医的“异病同治”。

主要成果

主持及参与国家中医类课题4项，省级中医类课题4项，获科研进步奖等4项，其中评获部级一等奖1项、省政府科技进步3等奖1项。出版中医著作5部，发表中医学术论文20余篇。代表作有《20世纪中医药学术发展概要》（科学技术文献出版社2008年4月出版）、《现代中医疫病学》（化学工业出版社2008年8月出版）、《中医临床医学流派》（中医古籍出版社1999年1月出版）。

陕西　郭教礼

名人小传

郭教礼，男，42岁，研究员，名医传承研究分会主任委员，陕西中医药研究杂志常务副主编。兼任中

华中医药学会名医研究分会常务委员，编辑出版专业委员会理事，曾任陕西省科技史学会医学史专业委员会副主任委员兼秘书长，陕西省医学会科普写作分会常务委员、医学史分会委员。二十世纪八十年代毕业于陕西中医学院，主攻《黄帝内经》专业，获医学硕士学位。后分配至《陕西中医》杂志编辑部从事编辑工作，从1996年起负责《陕西中医药研究》杂志（原《陕西省中医药研究院学报》）的编辑出版工作。除本职工作外，始终坚持中医诊疗、科研及编撰工作，颇多成绩。先后主编、组编出版了《类经评注》、《当代中医世家系列丛书》、《当代中医名家临床经验集要》、《常见病中医异治》等学术专著66部，发表“黄帝内经临床医学思想初探”等学术论文300余篇。从医20余年，临床以脾胃病、肝胆病等内科疑难病的中医治疗为业务特长。

上世纪六十年代初出生在古城西安近郊长安的一个普通农民家庭，与其他同时代的人一样，经历了我国人民由饥饿状态向温饱转变的历史变化。少时的贫穷培养了艰苦朴素的美德，良好的家教成了礼让为先的习惯，喜欢舞墨的父亲教会了笔耕的乐趣，与人为善的母亲坚定了　“吃亏是福”的铭言。也许是父辈积下的福份，从七岁上学开始，便一路小跑地奔到了研究生的位置，从小学到中学，从中学到大学，整整十八载，越学越聪明，成绩也越来越好，最终在母校落下了一个以勤奋而著名的“高材生”的美名，早在大学三年级的时候，就开始发表专业论文，至今仍然成为老师和同学们的相见美谈。

从1980年9月到1988年8月，是其步入中医行业的求学阶段，不但是面壁八年，刻苦攻读祖国医学理论知识而奠定今生在杏林之中有所作为的八年，同时也

是直接改变其人生命运的八年。在其咸阳母校的前三年，系统地学习了中医基础学、中药学、方剂学、中医诊断学及西医基础知识等，从而打下了其后从事医学工作的基础。接下来的两年时间，又相继系统性地学习了中医内科学、外科学、妇科学、儿科学、针灸学及西医内科学等临床课程，并进行了系统性的临床实践活动。在陕西中医学院的最后三年中，以专业第一的优异成绩考取母校《黄帝内经》研究生，跟随导师傅贞亮教授、董笃一教授研读，并相继随从张登本教授、韩宏志教授、张学文教授、王炳礼教授、杜雨茂教授及乔富渠教授等人临床诊疗。

毕业后来到陕西省中医药研究院从事《陕西中医》杂志的编辑工作之后，一边工作，一边四处求教。先后拜于刘锐、黄保中、乔富渠、张振中主任医师门下，尽得其传；1996年开始主编《陕西省中医药研究院学报》及《陕西中医药研究》杂志之后，又特别向全国名家、博士生导师张学文教授、杨世忠教授求学，深得其验，特别是与张学文老师结为师徒关系之后，更是学业大进，如虎添翼！

老子有言：大智若愚、上善若水。在这个以“和谐”为社会发展主旋律的时代中，只有用最大的爱心去善待每一位都不容易的其他人，重德轻财，品才兼备，才有可能成为大多数人共同拥戴的“完人”。在这方面，其虽非完人，但却始终努力作一位“上善之人”，用一些知其甚深者的话来评价，就是在当今社会上极为难得的“医界全才”。

由于其在长期的工作实践中练就了一支“铁笔”，自1996年以来，除了圆满完成自己的本职工作之外，还经常应邀为许多陕西中医界杰出人士撰写人物专访稿件，提高他们的社会影响力，间接地发挥了诸葛孔明的辅佐作用，有力地推动了相关医院，尤其是民营中医单位的快速发展，得到了他们的真诚感激和敬重。

人们常说：送人玫瑰，手中留香。从1989年第一次辅佐西安性医学疾病医院胡岩院长开始，按照时间顺序，又先后帮助和支持了乾县中医医院张文捷院长、西安中医脑病医院宋虎杰院长、陕西省心脑血管病研究所刘德强博士、陕西亚健康诊疗中心杨震院长、西安中医偏瘫研究所张雪峰所长、陕西康杰医院牛献杰院长、陕西刘氏圈疗研究所刘应凯所长、西安市发射疗法研究会季秦安所长及西安秦华中医门诊部谭吉城主任等十余位中医界著名人士，不但有力地促进了他们各自事业的快速发展，而且也使他们成为自己的知心朋友，相约百年。

学术经验

自从1983年第一次开方自治到现在，经其治疗和治愈的患者数不胜数，涉及内外妇儿各科，然而，投入精力最大的还是消化系统疾病，相继接治了慢性胃炎。消化性溃疡、胆汁反流病、食道炎、慢性结肠炎、乙型肝炎、肝硬化、黄疸梗阻、胆囊炎、胆结石、糖尿病、心肌功血不良、颈椎病、腰痛、水肿、脑供血不良、颜面色斑及月经不调、小儿遗尿等等，由于善用大方重剂，所以收效颇佳，几乎个个有效，尤其是在胃肠疾病的中医治疗方面更是如此，被患者称赞为善于顽疾的“治胃能手”！

主要成果

十六年来所总编、主编和参编72部专著、360余篇专业论文和六十余次大大小小的国际国内学术研讨会，特别是2006年秋，独自以陕西张学文中医药研究所所长与《陕西中医药研究》编辑部主任的名义举办了“首届中医名家学术经验研讨峰会”等两次全国性学术盛会，将其前半生中医事业的奋斗历程推向高峰，得到了包括陕西省原副省长姜信真教授在内的一大批业内外名家的一致赞赏，进一步巩固和加强了与导师张学文教授的亲密合作。

归纳一下其近二十年来的编撰成果，大约可以分为一下六大类：

科普著作类，诸如《粮菜瓜果肉食家庭疗法》《糖尿病养生保健150问》等；

经典研究类：诸如《类经评注》、《伤寒证候发微》等；

名医经验类：诸如《当代中医名家经验集要》、《中国医术名家精华》等；

中医世家类：诸如《时振声中医世家经验辑要》等；

专病医案类：诸如《心脏病医案》、《温热病医案》等；

心理预测类：诸如《中国预测医学》等。

在学术论文方面，除了以上这些相关内容外，特别在中医治疗消化系统疾病、中医药快速取效方法、导师张学文教授治学经验、中医编辑学研究及临床诊疗纪实等方面不断撰写新论文，其中不乏诸多新理论、新见解。在这些论文之中，颇具代表性的文章不少，诸如“中医学家张学文教授的名医之道”、

“四步断层法治疗慢性胃炎”、“中医脾胃与肝胆同治”、“中药汤剂快速取效的四大途径”、“医学编辑人员的伦理道德问题”及“中医发展的四大历史阶段”等，均为比较难以撰写的中医战略性学术论文，具有传颂价值。

医学感悟：

人生在世，如果不能让自己的生活充实的度过，那么怎么能对得起父母的养育之恩、国家的培养之情和自己的天地良心！

由于种种原因，每个人的成长经历各不相同，因此不可能用同一种模式来要求大家，但是作为自己，一定要在回首过去的时候，不因自己没有作出应有的努力而懊恼万分，也不因终生碌碌无为而辛酸无言。我以为虽然不是社会的宠儿，行业的英才，但却经常为自己有勇有谋、刻苦勤奋、一专多能、生活充实、乐于行善的优点而自豪。

北京　高从文

名人小传

高从文，男，生于1949年，祖籍山东。中国中医研究院点穴按摩客座教授，中国医学气功研究会终身委员，北京少林内劲一指禅研究会会长，国际养生经济联盟特聘专家，曾荣获二十一世纪中华英才荣誉称号。在九三年国际健康博览会上被收入中华国际名人录。2009年，被中国医促会亚健康专业委员会聘为首席专家。2002年4月获得全国疑难病症临床诊疗一等奖；他的诊所获得了“全国十佳糖尿病诊所”的称号。

曾在部队服役十多年，是一名共产党员。为了能够更好地解除病人的痛苦，系统地学习了中西医课程，取得了中医执业医师资格和西医主治医师资格，后专门求学于全国著名老中医、政协委员吴振国，成为吴老的关门弟子。

青年时代开始习武，曾拜北少林武僧释德松（王松年）为师，成为他的第三十一代继承人；后又曾跟随张兴老师学习孙氏太极拳、形意拳和八卦掌；之后又拜少林内劲一指禅著名气功师王瑞亭为师，成为中国少林内劲一指禅第十九代传人。武学的修养使其点穴按摩的有了不同凡响效果。重视理论学习与研究，学习大量的医学经典，直接从生命与疾病的根本法理上去研究。对于西医的治疗理论和西方心理学，也不

排斥，以期兼容包并，为我所用。

除了治疗患者，最大的心愿是将自己所继承的传统中医的精髓能够通过弟子们传承下去。教授了几十位来自北京中医药大学和全国各地的弟子，希望能把中医的精华留给子孙后代。把自己的从医经验和感悟教授给学生，希望他们毕业后去祖国各地为患者服务，解除他们的痛苦。同时，真心希望和医学专家们共同研究探讨糖尿病的治疗理论，相信我们中国人有能力治愈糖尿病。衷心祝愿普天下的糖尿病患者都重新获得一个健康的身体，过上幸福的生活。

学术经验

在诊病方面，用中医的望闻问切四诊即能准确地说出患者体内病灶所在和身体状况。在治疗上，采用所学的独特的上古自然疗法，在发扬传统的基础上又有创新，因势利导，以期扶助人体的自组织、自平衡、自稳定功能从而治疗疾病；同时又运用心理疏导引导患者形成正确的思维方式和生活习惯，达到养防结合、生活与治疗相结合，充分体现了中医“治未病”的特色。以中国文化“和合”的思想为指导，因人因病采取不同的治疗方法，与西医的对抗性治疗思路不同。通过治疗，病人正气增强，阴阳趋于和合，身心愉悦，许许多多的疑难杂症、被现代医学宣布为不治之症的绝症也自然而然地痊愈了。

三十多年来治疗了无数的糖尿病人，在多年的临床实践中认识到糖尿病只是人体功能的失调、紊乱。并不是不治之症，治疗时宜补不宜泻。根据不同类型的糖尿病和不同病人的情况，以指代针，选取相应的穴位、骨节进行治疗，以激活胰岛功能，使其再生，促进机体的自我修复功能。在治疗中注重内外并治、标本兼治，通过疏通患者的经络，气血并调，以

疏肝理气、清热养阴、活血化瘀从而改善患者气阴两虚、气滞血瘀的体质，促进失调、受损、退化的胰岛功能的恢复。这种疗法激发了患者机体的自愈功能，不需打针、吃药，因人因病选取不同的穴位和治疗手法进行治疗，这样对患者的伤害最小，是一种真正意义上的自然绿色疗法。绝大多数患者不仅治愈了糖尿病，而且改善了体质，提高了生活质量，变得开朗而乐观。

对骨伤病人，用高效快速接骨法，在接骨时不打石膏，病人治疗完后骨伤处能在24小时内快速愈合。近几年经起治愈的骨伤患者数以万计，从儿童、青年到八九十岁的老者都能够一次治愈。

主要成果

其诊所曾获得“全国十佳糖尿病诊所”的称号，患者们送来了无数的锦旗。高从文的论文《糖尿病治疗方法》与《高效快速接骨法》曾被世界传统医学专家联合总会、美国国际医学研究中心和世界气功科学联合总会联合评定授予特别金奖，并获得“民族贡献奖”荣誉称号。

医学感悟：

精诚之心——我的求医之道。

湖南 谌宁生

名人小传

谌宁生，男，1933年9月生，汉族，湖南临湘人，湖南中医药大学第一附属医院主任医师，国家肝病中医医疗中心学术带头人，国家中医管理局“十一五”中医肝病重点专科协作组和“十一五”重大传染病项目专家学术指导委员会专家，世界教科文卫组织专家成员，我国著名的中医肝病专家。经政府审批确认的湖南省第一批名中医、国家第二批老中医药专家学术经验继承工作指导老师。中华中医药学会感染病分会顾问、内科肝胆病专业委员会委员。

谌宁生教授1952年10月毕业于湖南省第二卫生学校医士科，分配到湖南省政府医务所担任医生工作，并临床跟从刘春益老中医学习中医，对中医有初步认识，于1956年秋调干考入广州中医学院六年制本科学习，1962年9月毕业分配到北京市中医医院工作，临床跟随白啸山老中医学习。1964年10月调湖南中医学院附一院，从事中医临床、教学、科研工作至今，并历任内二科、传染科兼肝病研究室和温病教研室主任、研究生导师。

从事中医临床、教学、科研工作50余年，有丰富的临床经验，擅治内科肿瘤疑难杂症，特别对肝病研究有较深造诣。重视中医的整体观和辨证观，强调整体观即“治病求本”的原则，对于疾病不仅要针对患者所出现的临床症状、体征施治，而且要考虑到疾病发生的病因、病机和病理变化及其进展而进行全面论治。

学术经验

急性病毒性肝炎重视审因论治，不拘泥湿热轻重，辨证论治，创立“肝炎消毒饮”治疗急性病毒性肝炎。慢性肝炎基本病机为肝郁脾虚、瘀血阻络兼湿热未尽。治则疏肝理脾、活血通络，兼清湿热为慢性肝炎的基本治法。慢性重型肝炎的基本病机为“毒瘀互结”，治疗凉血解毒化瘀，创立“凉血解毒汤”、“解毒化瘀汤”治疗重型肝炎。例如对慢性乙型肝炎的治疗，不仅只针对患者临床症状，如纳差、腹胀乏力、腹痛、便溏等；体征：如肝脏、脾脏肿大、蜘蛛痣等；肝功能异常：如转氨酶、黄疸升高、白蛋白/球蛋白比值改变等。而且要考虑到对病因乙肝病毒、病机免疫功能失调或低下，以及病变进展，防止肝硬化和肝细胞癌变，而进行整体全面论治。同时强调辨证观，即具有“灵活性和个体化”的原则，中医有“同病异治”和“异病同治”的方法，即同一个疾

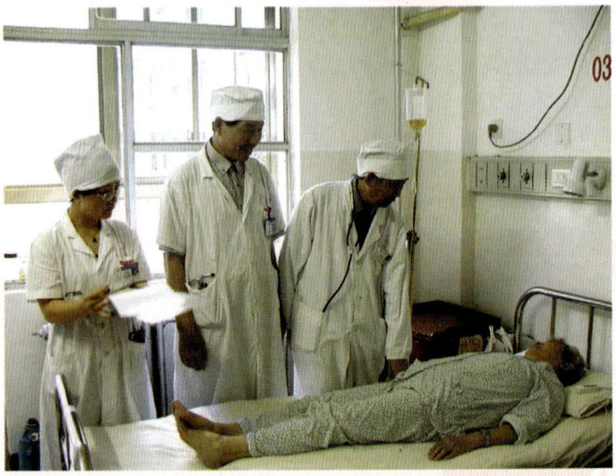

病，可有不同的治则和方药；不同的疾病又可用同一个治则和方药。此外，处方用药更要注意因时、因地、因人而制宜。总之，在辨证论治过程中,必须全面了解病情,认真辨证分析患者外在环境与内在机体的有机联系,全面思考而进行整体全面施治。

对于慢性疾病，中医认为需要三分治疗七分养，是说明保养身体比治疗疾病更重要。对于慢性肝炎亦是如此，要做好保养身体的养生之道，就必须遵照《黄帝内经》中“食饮有节，起居有常，不妄作劳”的教导，即是要告诉患者，饮食要注意不能暴饮暴食，并要注意饮食禁忌，如不能饮酒，忌吃雄鸡、鲤鱼、牛、羊、狗肉等发物，少吃油腻、辛辣刺激性强的食品，如肥肉、猪油、辣椒、槟榔、油炸上火等食品。日常生活起居要有规律，每天保证要有足够的睡眠和休息时间，要按时睡觉起床和午休。工作学习不能过于劳累，苦干、加班加点、文体娱乐、打牌、玩电脑，时间亦不能太久，切忌熬夜和玩通宵，性生活亦宜适当节制等。这些都需要患者有正确认识,要心情思想稳定、戒躁戒怒，并能很好地配合医生合理用药治疗，才能使病情稳定，日益好转，终获痊愈，进而有利防止慢性乙型肝炎发展成为肝硬化或肝细胞癌变以危及生命。

主要成果

在国内外40余种杂志发表论文140余篇，其中10余篇获国家优秀论文奖和金杯奖。著作主编、参编10余部。1993年获湖南省中医药科技进步一等奖和四等奖。1995年获湖南省科技进步三等奖。1999年获湖南省中医药科技进步一等奖和湖南科技进步三等奖。2008年获湖南省中医药科技进步二等奖和湖南省科技进步三等奖。

主编《中医治疗病毒性肝炎的研究与实践》（已完稿交人民卫生出版社，定在今年出版），主要内容阐述中医对病毒性各型肝炎，包括急性、慢性肝炎、淤胆型肝炎、肝硬化以及重型肝炎（肝衰竭）的中医辨证治疗和实验研究，以及古今常用中药、方剂和药膳食疗等方法（包括我院治疗的经验）。

《中国百业发展文库》（中国文联出版社，2007年12月第一版）第一副主编，撰写论文“浅谈中医药的历史发展与前途”一文，内容有1、中医药的起源和发展；2、中医药经得起历史考验，与反科学者斗争的胜利；3、我国中医的现状及发展前途。

撰写论文《发展中医药如何贯彻落实科学发展观》，论点有三：1、继承和发展中医药理论，是贯彻落实科学发展观的基本内容；2、中西医结合是发展中医药贯彻落实科学发展观的必须手续。3、必须吸取现代科学最新成果，搞好科研是落实贯彻科学发展观的重要核心。

谌宁生教授近影　谌宁生教授工作照

天津　黄文政

名人小传

黄文政，男，1941年8月5日出生，汉族，天津市人。天津中医药大学第一附属医院中医内科主任医师，教授，博士生导师。曾任天津中医学院第一附属

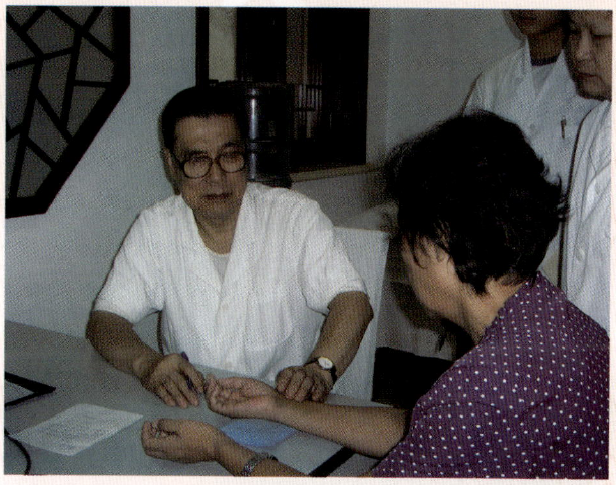

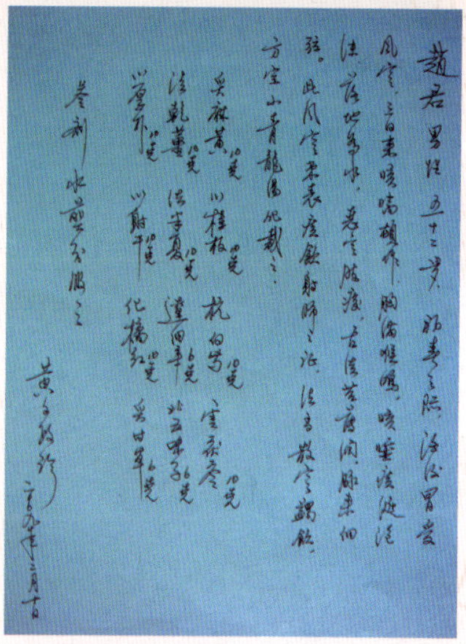

医院副院长、内科主任。曾任中华中医药学会肾脏病专业委员会副主任委员。现兼任世界中医药联合会内科肾病专业委员会会长。享受政府特殊津贴。黄教授1962年毕业于天津中医学院。同年在天津中医学院附属医院（现第一附属医院）任住院医师，师从津门名医柴朋年教授。先后参加救灾医疗队、农村医疗队和部队医院（天津解放军254医院）的中医临床及教学工作。曾在天津市第一中心医院西医内科进修。

从事中医临床工作46年，在脾胃疾病危重、疑难病证方面积累了丰富的临床经验，尤其在中医药治疗慢性肾脏病方面，取得良好疗效，为天津中医药大学第一附属医院肾内科成为国家中医药管理局重点专科奠定了基础。

学术经验

慢性肾炎治疗经验

总结多年临床经验，提出治疗慢性肾炎十法，即淡渗利水法、健脾益气法、补肾益精法、收涩固精法、清热解毒法、清热利湿法、祛风胜湿法、活血化瘀法、疏利少阳法、虫蚁搜剔法。

肾病综合症的治疗经验

激素治疗存在阴虚火旺，宜滋阴降火，方用大补阴丸、二至丸、知柏地黄丸；或可见湿热蕴结或湿毒壅盛之证，又当清利湿热或清热解毒，方用萆薢分清饮、五味消毒饮。激素撤减阶段，容易出现不同程度的复发或反跳，患者常表现为脾虚气弱或肾阳不足，治以益气建脾或温阳补肾，方用四君子汤合金匮肾气丸。

慢性肾功能衰竭的治疗经验

黄文政教授认为，慢性肾衰属中医“肾劳”、“关格”、“溺毒”范畴，脾肾亏虚、浊邪不减为其总病机，扶正祛邪是其总的治则，调理脾胃是其权益之计，通腑泻浊、活血化瘀为祛邪关键。治疗上擅用扶正祛邪、调理脾胃、通腑泻浊、活血化瘀四法。

慢性肾功能衰竭可逆因素的治疗经验

①感染因素的治疗：痰热壅肺，治以泻肺清热、化痰解毒，方以泻白散合葶苈大枣泻肺汤，重用桑白皮、葶苈子15-30g；泌尿系感染，急性多为热淋，治以清热利湿通淋，方用柴苓汤；慢性多属劳淋，气阴不足、湿热下注、脾肾阳虚三者并存，治疗则益气养阴、清热利湿、温补脾肾三法并进，方用清心莲子饮加附子、肉桂、小茴香、狗脊。胃肠道感染，以慢性胃炎、萎缩性胃炎伴幽门螺杆菌感染为多，此时脾胃亏虚，寒热失调，治以辛开苦降、甘补并用、寒热共调，方以半夏泻心汤为主。②有效血容量不足的治疗：属中医“急性伤阴”，初、中期以甘寒养阴为主，方用益胃汤、增液承气汤；晚期肝肾阴伤，以咸寒育阴为主，方用复脉汤、三甲复脉汤。③高血压及心力衰竭：高血压早期为肝阳上亢，可用天麻钩藤饮、镇肝息风汤，以平肝潜阳、熄风镇痉；晚期为肾气亏虚、阴阳失调、络脉瘀阻，方用二仙汤合大黄蛰虫丸。心衰为心肾阳虚，亡阳欲脱，急予参附汤、生脉散益气温阳。

泌尿系感染的治疗经验

治疗提出清利湿热、调理三焦和扶正补虚三法。清利湿热：以八正散为主，常加白花蛇舌草、金线重楼、红藤、败酱草、马齿苋、白头翁，血尿加大蓟、小蓟、凤尾草、生地榆、马鞭草。调理三焦：见寒热往来、口苦咽干、排尿涩痛乃湿热内郁，邪犯少阳三焦，治以小柴胡汤合八正散，重用柴胡15-30g。扶正补虚：肾阴不足，湿热未尽，应滋阴补肾兼清利湿热，方用滋水清肝饮；脾虚中气下陷，应益气升陷，方用补中益气汤加味；脾肾气阴两虚宜健脾补肾，益气养阴，方用参芪地黄汤加萆薢、红藤、凤尾草等清利之品。

主要成果

培养硕士生18名、博士生15名，作为全国老中医药专家学术经验继承指导老师，培养徒弟3名，作为国家中医药管理局“优秀临床人才研修项目”指导老师，指导研修学员3名。主持完成省部级科研项目7项，其中获天津市科技进步二等奖1项，3等奖5项，获中华中医药学会科学技术三等奖1项。完成国家自然科学基金项目2项。发表学术论文40余篇，参与编写专著2部。获奖项目如下：

1.“扶肾液治疗慢性肾功能衰竭的临床及实验研究”获1993年天津市科技进步三等奖。

2.“牛血清白蛋白和葡萄球菌肠毒素诱发小鼠IgA肾病的研究”获1994年天津市科技进步三等奖。

3.“疏利少阳标本同治法治疗慢性肾炎的临床及实验研究”获1995年天津市科技进步三等奖。

4.“肾炎3号治疗慢性肾炎的临床及实验研究”获2000年天津市科技进步二等奖。

5.“疏利少阳标本兼治法治疗慢性肾炎的临床及实验研究”获中华中医药学会2003年度科学技术三等奖。

6.“中药肾疏宁对肾小球硬化的实验研究”获2005年天津市科技进步三等奖。

7.“肾小管间质损害的相关因素及肾疏宁作用机理的研究”获2007年天津市科技进步三等奖。

医学感悟：

肾主藏精又主泻浊、肾主虚证亦有实证

肾有藏有泄才能保持人体新陈代谢的动态平衡。不仅肾藏精与泻浊如此，就是肾藏精本身也是如此。肾既能贮藏精气，也能输泄精气给五脏六腑。病理上肾之精气不足，则气化不利，代谢产物不能排除，化为浊邪潴留体内，则升降失司，三焦壅塞，外溢肌肤，内陷心包，动风迫血，变证蜂起；同时浊邪克伐肾精，使肾气更加虚衰，形成恶性循环。此即为临床肾衰竭的病机，其根本不外精气亏损和浊邪弥漫两端，故治疗唯固肾、泻浊两法。

前人重视肾主封藏，而忽视了肾的输泄。实际上临床上常用的降火、利水、泻浊诸法，都是针对肾之实证、热证而采取的清法和泻法。

三焦——一个复杂的网络组织

黄教授提出肺脾肾是三焦的水液系统，心肝肾是三焦的相火系统。三焦作为人体庞大复杂的网络组织与三焦主导的三大功能系统联系的根本均在于肾。三焦对于气机升降出入运动起到了重要的调节作用，是人体正常生理活动的根本保证，体现了“少阳三焦网络调节机能”。故对慢性肾脏病的治疗，在应用健脾补肾、清利湿热、活血化瘀的基础上，提出了“疏利少阳三焦”的大法。以小柴胡汤加减化裁，组成肾炎3号（肾康宁），治疗慢性肾炎256例，取得总有效率86.7%、完全缓解率34%的良好疗效。

气血升降是病因病机的基本要素

朱丹溪云：“气血冲和，万病不生。一有怫郁，诸病生焉。故人身诸病多生于郁。”倡导气、血、湿、热、痰、食六郁之说，创制越鞠丸、六郁汤。认为气血之郁是六郁总纲。黄教授临床应用六郁汤治疗肾病综合征应用激素导致的满月脸、水牛肩等副作用，效果显著。

气机升降存在于五脏六腑的功能之中，升降失调则生病变，其中又有升降不及、升降太过和当升不升当降不降之别。凡此种种皆当分清气机升降标本缓急，总以调理气机恢复正常之气机升降为目的。黄教授尝治患者病目合不开日久，辨为阴跷脉病胆气不升，治用升麻、麻黄升开之剂，佐当归、何首乌而取效。治患者目开不合，夜难入寐，养心安神久治不愈，责之阳跷脉病胆气不降，治以郁李仁、竹茹降胆气为主，佐以合欢皮、夜交藤而奏功。

福建　黄秋云

名人小传

黄秋云，女，汉族，1954年10月出生，福建省闽清县人，中共党员，中央党校在职大学学历，福州市中医院院长，福州市中医药研究所所长，主任中药师，第四批全国老中医药专家学术经验继承工作指导老师。现任中华中医药学会医院管理分会委员、中国中西医结合学会中药专业委员会委员、福建省中医药学会理事、福建省中药分会委员会副主任委员、福州市中医药学会副会长。

从1977年以来一直从事临床中药学工作；1998年6月任福州市第六医院院长、党支部书记；2003年至今任福州市中医院院长、党委副书记。为中药、西药执业药师。主要研究方向是中药用药及中药不良反应。

学术经验

黄秋云主任在学习期间，牢固掌握中医药基础知识，从事中药工作以来，治学严谨，理论联系实际，努力吸收新技术、新知识，将传统的中医药理论同现代科技不断融合。黄秋云主任强调学习中药理论首先要掌握中医基础理论；学习中药知识要从身边开始，从点点滴滴开始，要有“涓涓细流汇成大海”的思想；做中药人要学习中医药经典理论著作，师古不泥；要有创新精神，要有开拓思维，要能举一反三；要讲道德，要勤奋，要有巧功；要善于积累知识，善于整理总结；要在全面掌握中药知识的基础上，学有专长；要重视实践操作。

黄秋云主任在全面掌握中药知识的基础上，特别对中药的不良反应、中药主食药膳的开发制作、新鲜青草药和新鲜菌类药的应用及部分药用植物的种植加工与应用、个体化用药的特殊加工炮制、膏方的制作及临床用药的监督指导方面有独到的技能与见解。作为第四批全国老中医药专家学术经验继承工作指导老师，黄秋云主任始终在不断学习，不断开拓思路，不断总结提高，为弘扬传统中医药不断努力。

主要成果

主要论文：

1．“当年和隔年川贝的比较”，1996年4期《海峡药学》，第一作者。

2．“脂必妥治疗痰湿型肥胖症1例”，1996年6期《中国药理学》，第一作者。

3．“静滴双黄连针的不良反应及预防措施”，1996年6期《福建医药杂志》，第一作者。

4．“关于中药SOPHORA抑制大白鼠血糖值上升的研究”，1996年2期《日本农艺杂志》，第二作者。

5．“对10种市售中药情况报告”，1997年5期

《福建医药杂志》,第一作者。

6．“对复方丹参质量标准的探讨”，1997年10月《学会》国家级，第一作者。

7．“中药苦骨的抗糖尿病活性研究”，1998年1期《海峡药学》，第一作者，2000年获福州市科学技术优秀论文三等奖。

8．“从苦参分离而得的两种民黄酮甙及其对小肠乙糖酶的抑制作用”，1997年5期《应用生物科学》（英文版），第二作者。

9．“苦参水提取物消除蔗糖诱发小鼠高血糖症及其肠二糖酶的抑制”，1998年6期《生物科学、生物技术、生物化学杂志》（英文版），第二作者。

10．“寻找中药代用品途径”，1999年3期《福建医药杂志》，第一作者。

11．“中药苦骨治疗糖尿病引起的白内障”，1999年1期《海峡药学》，第二作者。

12．“糖尿病治疗药物的进展与回顾”，2002年4期《海峡药学》，第一作者。

13．“中西医治疗亚急性甲状腺炎110例对比分析”，2004年11期《中国中医药科技》国家级，第一作者。

14．“中药毒副作用分析”，2005年3期《福建医药杂志》，第一作者。

15．“常用祛风湿药及其制剂的不良反应探讨”，2005年4期《中医药通报》，第一作者。

16．“运脾散敷脐治疗小儿中寒型急性胃炎36例”，2005年6期《中医药通报》，第一作者。

17．“浅谈中药的毒性和不良反应,指导临床合理使用”，2007年19期《海峡药学》，第一作者。

18．“赤芍不良反应的调研”，2008年20期《海峡药学》，第一作者。

19．“导源民俗以‘治未病’之摭谈”，2008年27期《世界中西医结合杂志》第一作者。作者搜集、整理福州岁时民俗中有益健康之中医养生方药，推动中医“治未病”工作的开展，并建议继续挖掘其中有益健康的内容，以运用于人们的养生保健中，进一步开辟中医“治未病”的新领域。

主要著作：

1．《中医药进社区丛书》，世界医药出版社，2004年出版，任常务编委。

2．《百病简易中医治疗》，福建科技技术出版社，2005年出版，任主编。本书师承前贤经验，结合多年临床实践，溯古摘今，博采众长。该书包括各科疾病，各病多采用西医病名、中医治疗，包括概述、单方验方、饮食疗法、中成药、外治法以及自治参考等内容。其中自治参考部分系本书画龙点睛之作，介绍作者治疗各病的心得体会或名医经验，或对病人关注的问题进行答疑解惑。

3．《孙氏世家妇科临证经验》，福建科学技术出版社，2006年7月出版，任常务编委。

4．《中医四季养生保健系列丛书》，中国华侨出版社，2008年6月出版，任常务编委。

承担科研课题：

1．“祛风湿中药及其制剂不良反应的研究”——福建省教育厅B类课题（已结题）。本项目选择常用风湿药及其制剂作为研究对象，探讨其发生不良反应的原因、临床表现及其使用注意等。为此类中草药及其制剂不良反应的监测提供参考，为药品生产部门进一步改进技术，提高药品质量，预防或减少不良反应，保证用药安全提供依据。

2．“福州市中药用药情况调研及中药不良反应监测研究”——福州市科技计划项目，正在申报结题。

3．“中医辨证施膳辅助治疗Ⅱ型糖尿病的临床研究”——福建省卫生厅中医药科研课题，结题论文投稿中。

4．“福州市鲜草药的推广应用研究”——福州市科技计划项目。

北京　焦树德

著名中医学家焦树德教授于2008年6月14日驾鹤西行。谨以此文纪念焦老对中医事业的卓著贡献。

名人小传

焦树德教授，男，1922年5月生，河北省辛集市人。早年向外祖父学习中医，攻读《内经》、《难经》、《伤寒论》、《金匮要略》、《神农本草经》等经典著作，打下了坚实的理论基础，并对《千金》、《外台》以及金元明清等历代医家代表性著作进行了涉猎研读，还参加天津国医学院、西医专门学校函授学习。1941年在原籍设济生堂开业行医，医绩显赫。1946年经冀中卫生局考试审查合格，发给医师证书，屡起沉疴，医名大震。1950年悬壶于北京城，同年参加中央卫生部高级医师考试及格，于1951年冬任北京市立第二医院内科医师，又致力于西医学的研求。1955年冬，响应国家西医学习中医的号召，又到中央卫生部举办的“西医学习中医研究班”学习近三年，再次系统深入地学习祖国医学，亲聆了蒲辅周、黄竹斋、杨树千、秦伯未、余无言等国内几十位中医名家的教诲，毕业时荣获银质奖章。

1958年秋，到北京中医学院工作共27年。历任内科教研室讲师、副主任、副教授、教授，附属医院内科主治医师、副主任、副主任医师、主任医师，中医学院学位评定委员会委员、研究生毕业论文答辩委员会主任委员、研究生导师等职，培养了三届硕士研究生。1981年当选为北京市东城区第七届人民代表。1984年春，奉调到中日友好医院任中医内科副主任。1984年冬被评为全院“先进个人”，1985年夏，任中日友好医院专家室副主任。1986年荣获中华人民共和国卫生部授予的“全国卫生文明先进工作者”称号。

焦老还历任中日友好医院学术委员会委员、中医教授、主任医师、专家室副主任、博士学位审授委员会委员，国家科技进步奖评委会委员、何梁何利基金会科学技术奖评委会委员、卫生部药品审评委员会顾问、全国科技图书评奖委员会委员，中国中医药学会顾问、中国中医药学会中药学会理事、中国中医药学会急诊医学会顾问、中国老年学会中医研究委员会顾问、中国中医药学会内科学会副主任、中国中医药学会内科学会心病专业委员会主任、中国中医药学会中医风湿病学会副主任、北京中医药大学教授、中国中医研究院研究生部客籍教授，中国医学基金会理事、中国民间中医药开发协会理事、北京中医药研究促进会理事，《中医杂志》编委、《光明中医》常务编委、《中国医刊》编委会顾问、《中日友好学报》编委会顾问、《北京中医》顾问、河北省辛集市中医院名誉院长等职。

焦老曾任中央卫生部药典委员会委员，国家中医药管理局第一、二届重大科技成果奖评委会委员，科技进步奖评委会委员和科技攻关标书评委会委员。

焦老于1991年10月应国家中医药管理局邀请有在人民大会堂参加了全国挑选的五百名老中医药专家收徒拜师大会。1992年4月被北京市科学技术委员会评为“科技之星”，消息在《北京日报》头版发表。自1990年享受国务院颁发的“特殊津贴”。

焦老还多次应邀赴日本、美国、新加坡等国讲学，并被聘为日本中医学研究会名誉会长和美国加州中国医学研究院高级学术顾问、美国中医药研究院学术顾问、新加坡中医学院毕业医师协会永久学术顾问，受到国外医界人士高度赞誉。

学术经验

焦老擅治内科疑难重病，疗效卓著。对肝胆、泌尿系统结石注重增强本脏功能排石。对萎缩性胃炎、溃疡病（胃脘痛）采用自拟的三合汤、四合汤随症加减，不但能愈胃痛，而且胃镜检查也可见明显好转或溃疡愈合。对冠心病、心肌炎、心绞痛（心痹），采用心、肺、胃、肾同治，理气、通脉、助阳、涤痰并用，颇有良效。对中风（急性及血管病），应用家传中风三法，认为邪中于经，常归于腑，必须注意清化阳明，通达三焦。对再障贫血及出血性疾病，重用滋肾凉血、降气抑火而生血止血。对高热不退疾病，谨遵“见热莫攻热”古训，活用青、疏、滋、降和等法，以解热。对休克、厥症、人事不省诸疾，辨证治本，效如桴鼓。顽症危症，每每着手成春，深受患者拥戴。

焦老在学术上强调用中医理论指导临床实践，特别重视辨证论治，主张用整体观和动变制化思想去分析观察疾病发生、发展、传变、合并、转归的规律。要求理、法、方、药，丝丝入扣。对咳嗽的辨治，反对脱离辨证论治一味地镇咳、止咳嗽的治法，提出宣、降、清、温、补、润、收治咳七法。常谓七法犹如音乐中的七个音阶音符，相互搭配，变化无穷。要做到法中有法，法外有法，圆机活法，存乎其人。提出“治喘两纲六证三原则”，创拟了麻杏二三汤，麻杏苏茶汤等六个治喘效方。对神经衰弱中的阴虚肝旺症和妇女更年期综合征创有挹神汤，对下肢淋巴回流障碍的足胫浮肿创有足消肿汤等等，这些方药广为临床医师采用。焦老主张有目的、有选择、积极地吸收现代科研成果和西医学的有关内容，取长补短，促进中医药学按照自身规律向前发展。他对中医科研工作提出了“继承前人学术，博采今人众长，突出中医特色，立足创新发扬”的研究方法。他提倡具有中医特色的创新，在诊治类风湿性关节炎方面颇有心得。1981年他对具有关节变形、骨质受损、肢体僵曲的痹病（包括西医学类风湿性关节炎、强直性脊柱炎等病），创议了“尪痹”这一新的病名，提出了初步诊治规律。中华全国中医学会痹病学组，1983年采用这一新病名和主要方药，组织27个省市科研单位进行了临床研究，与本溪第三制药厂合作，共同创制了

"尪痹冲剂"，该产品畅销国外，并获国优产品奖。1990年焦老指导中日友好医院"七五"攻关尪痹科研组，又与该厂协作，通过五年研究，研制出第二代新药"尪痹复康"Ⅰ、Ⅱ号。本研究荣获国家中医药管理局科技进步奖。这一科研成果与诊治理论，不仅对尪痹病学术研究有一定促进作用，而且对《内经》行痹、痛痹、著痹、热痹（痹热）的分类法也有一定的补充意义，并且对类风湿性关节炎发病机制的研究，具有一定的启发作用。

主要成果

焦老曾主编《简明中医内科学•下卷》、《痹病论治学》、《实用中医风湿病学》等书和《橘杏春秋》医刊，主审光明中医函授大学高等教材《中医内科学》和《中医老年保健》，参加全国中医学院试用教材《内科学》、北京中医学院《内科学》讲义、《中国医学百科全书•中医基础理论》、《中医症候鉴别诊断学》、《中医食疗营养学》、《中医内科》等书的编写。其主要著作《用药心得十讲》和《从病例谈辨证论治》二书，均获人民卫生出版社"优秀作品奖"。前者不仅在国内畅销，还远销东南亚各国，后者已被译成日文，在日本刊行。1996年出版的《方剂心得十讲》，台湾准备刊行繁体字本，1997年出版的《焦树德临床经验辑要》一书，三、两个月销售告罄，后进行第二次印刷，并获1999年国家科技图书三等奖。焦老还发表《治咳七法》、《心绞痛的辨证论治》、《中药临床运用》、《尪痹刍议》、《尪痹的辨证论治》等医学论文60多篇。日本《中医》、《新中医研究》杂志、新加坡中医学院《毕业特刊》上均有全文发表或转载。

福建　曾章超

名人小传

曾章超，1943年生，毕业于福建中医学院医疗本科六年制，师从福建省名老中医邹素庵主任，一直在福建中医学院附属人民医院，从事临床、教学、科研工作。曾任福建中医学院附属人民医院儿科主任、儿科教研室主任，教授，硕士生导师，主任医师。兼任中国中医高等教育儿科学会副理事长，中国中医儿科学会理事，福建省中医儿科学会主任委员，国家药品监督管理局非处方药评审委员及国家基本药物评审委员，福建省新药评审委员，《福建中医学院学报》、《福建中医药》杂志编委等职。代表作有《实用中医儿科临床手册》、《古今中医儿科实用效方》等著作；发表学术论文"中西医结合治疗小儿肾病综合征150例临床研究"、"小儿原发性肾病综合征中药抗复发治疗的初步探讨"等68篇；"中西医结合治疗小儿肾病综合征临床研究"及"小儿难治性肾病临床研究"等课题荣获省、厅级科技成果奖8项，享受国务院政府特殊津贴。经卫生部审定为全国第三批名老中医。

学术经验

从事中医儿科临床教学、科研三十余载，医理娴熟，学验俱丰；平素勤求古训，博采众学；提倡学术不但要继承更要发展、交流，不能固步自封；临证诊察仔细认真，讲究理、法、方、药及辨证论治；善于应用中医汗、下、温、清、消、补等法治疗儿科多种常见病及疑难病，并将现代医学诊疗手段融入其中，辨病与辨证相结合；临证能知常达变，善于分析、总结、融会贯通，常常有不同学术观点蕴酿而生，独树一帜。擅长用中药治疗小儿急慢性咳嗽、小儿腹泻、小儿反复呼吸道感染、小儿血尿、频复发性肾病等疾病，尤其对小儿肾脏病的治疗自成一派，在国内处于领先水平。

小儿咳嗽证治经验

注重小儿咳嗽的病机特点和辨证，提出咳嗽的重要病机是肺气失宣。在临床上急性咳嗽多由外感所

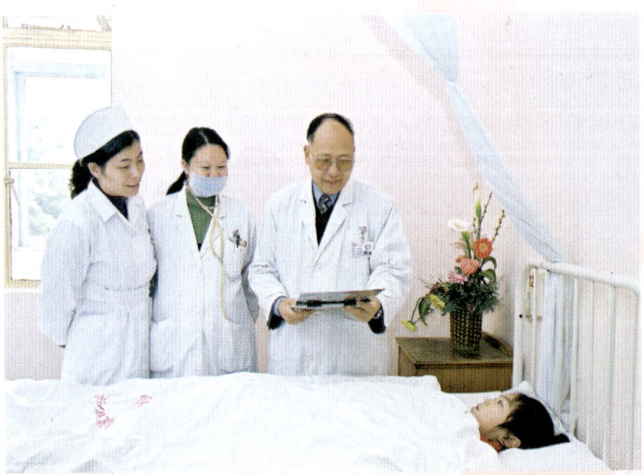

致，其辨证除风寒咳嗽、风热咳嗽外尚有寒热未明这一过渡证型。该证型在临床上较多见，表现为轻咳少痰，喷嚏，流涕，二便正常，脉浮，舌淡红，苔正常等。治宜疏风宣肺、理气化痰。这一独特创见，一扫书本上沉闷、雷同之风，在儿科咳嗽治疗领域中独树一帜。对于慢性咳嗽，尤其是咳嗽变应性哮喘曾主任认为其病因病理类同中医“哮喘”，并提出其治疗方法可与哮喘一致。采用清热化痰、宣肺通阳，方以小青龙汤或麻杏石甘汤加减。同时在治疗外感咳嗽中曾主任强调不可过早应用敛肺镇咳之品。根据小儿生理病理特点应着重疏风宣肺、化痰、健脾、理气。

小儿腹泻诊治经验

做到辨证精确，巧用八法。他将腹泻分为寒、热、虚、实四类，并根据病人症状、舌脉、指纹将腹泻辨证为湿热泻、伤食泻、寒湿泻、及脾虚泻等证型。在临床上紧紧抓住“湿”这一腹泻的重要病机而推出“祛湿”是治疗腹泻的主要方法并根据不同症候分别配合疏风清热、消食、导滞、温中、益气健脾、收敛止泻的方法。其中理中汤、五苓散、异功散、葛根芩连汤、七胃味白术散、参苓白术散、平胃散是治疗小儿腹泻常用方，而在腹泻的中医治疗中巧妙应用收敛剂、固涩药，可以起到事半功倍的效果。

小儿血尿证治经验

善于抓住症候特点，理法方药丝丝入扣，相得益彰。提出从热、瘀、虚来论治血尿。临证尤其重视血尿的病因、病机、病性。其对以血尿为主要症状的常见病如IgA肾病、过敏性紫癜肾炎的中医治疗别具风格，疗效卓著。将IgA肾病临床分为热毒型、肺脾气虚型、肝肾阴虚型、气阴两虚型。强调“泻火安络”是治疗IgA肾病的第一要务；“活血化瘀”要贯穿治疗IgA肾病的始终，而“养阴补气”法是IgA肾病的治本之道。对于过敏性紫癜肾炎的治疗，更是紧紧抓住热毒、气虚、血瘀的特点，临床将其分为血热妄行、气虚血瘀及风热挟瘀等证型。血热妄行治以凉血止血、气虚血瘀治以益气摄血，活血化瘀；风热挟瘀治以疏风清热、凉血止血。

中西医结合治疗小儿频复发性肾病

潜心研究小儿肾病三十多年，对于小儿频、复发性肾病的中西结合治疗独树一帜，临床疗效突出，副作用少，在国内处于领先水平。认为中西医结合治疗小儿频复发性肾病不仅增强疗效，同时可纠正激素副作用，减少肾病复发，且能提高细胞免疫，维持机体免疫稳态。在服西药的同时，根据不同症候变化而采用分期辨证施治，在国内儿童肾病治疗领域自成一派。根据患者服激素前后临床表现分为初治期、诱导期、撤减期、持续期、巩固期。初治期以风水症状为主，宜疏风宣肺利水；诱导期以阴虚阳亢之象为主；宜滋阴降火，益气健脾；撤减期以阳虚之象为主，宜温肾健脾；持续期表现为肾虚夹瘀之象，宜补肾固摄，活血化瘀；巩固期主要表现为大病之后体虚之症，宜益气固表，防止复发。

主要成果

上世纪七十年代进行小儿腹泻、小儿肺炎等科研，1979年获福建省科学大会奖。八十年代起致力于小儿肾病综合征的临床研究，1987年至1993年间，曾获省教委资助，对小儿肾病综合征进行中西医结合系统的前瞻性研究，并获得突破性进展，同行专家鉴定一致认为：“本项目中西医结合方案，能提高细胞免疫功能，纠正激素副作用，减少肾病复发率，本研究成果达到国内领先水平”。该成果荣获1993年度福建省医药卫生科技进步二等奖和1994年度福建省科学技术进步三等奖。1995年荣获福建省自然科学优秀论文三等奖。擅长以中西医结合治疗小儿难治性肾病。该项目荣获1997年福建中医学院科技成果一等奖。1998年荣获福建省医药卫生科技进步三等奖。2000年荣获福建省科协、福建省科技厅、福建省卫生厅联合颁发的科技成果三等奖。2004年、2006年荣获中华中医药学会科技成果三等奖。

医学感悟：

在长期的临床实践中由衷地感悟到中医学的精华主要是它的医学思想和基本理论，以及体现这种思想的诊疗思维、方法及技术，还有各个流派的学术主张和经验以及有效的民间诊疗方法和经验。对经典著作，要熟悉它的医学思想和基础理论，掌握它的大则大法；对代表性的方剂，着重分析它的配伍，以从中得到启迪。此外还要继承老中医的经验，学习新中医学知识和成果。中医是一门实践性很强的医学，而临床实践是掌握、理解中医理论的关键，也是丰富和发展中医理论的重要途径。

福建　谢宝慈

名人小传

谢宝慈，女，主任医师，福州市中医院肛肠科学科带头人。1965年毕业于福建医科大学医疗系；1976至1977年脱产参加福州市西学中班学习；1995年晋升为中西医结合专业主任医师。现为国家级名老中医药专家，福建省肛肠学会名誉副主任委员。

学术经验

从事肛肠专科临床、教学、科研工作四十五年，曾参加过多项科研项目的研究和临床成果鉴定。精通中西理论，医术精湛，采用中西医结合治疗肛肠疾病，擅于将传统中医理论与现代医学理论有机结合起来指导临床实践；注重整体观，强调治病求本、辩证施治。擅长治疗各种肛门直肠的疑难杂症。临床手术特点：强调局麻用药，药液浓度低、用量少，将药物毒性控制在最低限度；手术力求微创，操作稳、准、轻、快，尽量保留肛门皮桥，不损伤正常组织，最大限度保持肛门功能不受损害；术后重视预防感染、出血等并发症。

擅长用直肠指诊法发现早期直肠癌；应用中医辨证论治，给予中药口服或保留灌肠治疗结肠炎、直肠炎和放射性直肠炎引起的直肠出血，疗效显著；应用中药汤剂或自配中药散剂治疗习惯性便秘或老年性便秘，都取得了非常好的疗效。

主要成果

1997年被确定为全国老中医药专家学术经验继承指导老师。曾在国内外杂志上发表学术论文二十余篇，同时培养了一大批肛肠界新秀。2000年12月由于为培养中医药人才做出杰出贡献而受到中华人民共和国人事部、卫生部和国家中医药管理局的嘉奖并颁发荣誉证书。为福州市第六、七、八届政协委员，曾先后多次被评为“福州市三八红旗手”和“福州市总工会巾帼建功先进个人”。

医学感悟：

“中西医结合，创造新方新医学。”

北京　谢继增

名人小传

谢继增，1949年6月30日生于中国享有盛名的药都河北省安国市一个著名中医世家。现为国际医学博士，北京市崇文区医学会健安医院院长，中国民间中医医药研究开发协会副会长，中国民间中医医药研究开发协会肿瘤专业委员会副主任委员，全国民营中医医院院长工作委员会副主任委员，阿根廷中国医药专科学校客座教授，马来西亚中医科学研究院海外专家顾问，马来西亚三奇药业集团董事长，马来西亚德仁堂中医养生治疗中心院长。曾担任过中国文化研究会传统医学专业委员会副主席、秘书长，美国传统医药科技大学客座教授，香港国际医学研究会驻北京分会副理事长，世界传统医学联盟委员，中国医促会中医药发展研究会专家委员，中国　—北京肿瘤骨病研究会理事，国际颈、肩、腰、腿痛专辑编委，首都医药杂志编委，共和国名医专家大典编委，加拿大世界中医药学会理事，中国保健科技学会国际传统医药保健研究会常务理事。

继增先生早在1963年的孩提时代就从事医学基础理论学习。1966年任乡卫生所医生。1968年入伍，从事部队医务工作，后一直从事中西医结合防治肿瘤工作。就读于北京军区医学院、河北医学院。曾任张家口105医院、267医院、251医院、268医院中医主治医师。1974年军首长遵照周恩来总理“我们一定要战胜癌症”的重要批示。特任命他为军区肿瘤科研小组组长。

2007年11月17日在“首届全国优秀民营中医医

疗机构表彰大会”上被评为“全国优秀民营中医医院院长”。

学术经验

为更好的了解和积累治癌防癌的经验，走遍全国各地，虚心向名老中医和民间老中医以及经过验方、秘方、偏方治疗康复的肿瘤患者请教经验，并大胆地、科学地总结以中医研究肿瘤的病因病理以及伴随的症状和转移，从而达到治疗转归，有一套独特的诊断和成熟的治疗方法，特别是对肺癌、膀胱癌、乳腺癌、分别采取不同的辩证论治，取得了显著的效果。经过长期的刻苦钻研和不懈的努力，大胆的实践和探索，取得了以中西医结合治疗肿瘤及疑难病症的宝贵经验。

全国政协副主席郝建秀在人大会议中心合影留念

主要成果

编著《肺癌患者康复指南》一书，撰写的《肺丹治疗肺癌3500例》、《三棱针穴位速刺加拔火罐治疗寻麻疹》、《乳结灵治疗乳腺病》、等多篇专业学术论文均获优秀论文奖。特别是2000年11月自拟治疗肺癌新药“七贝肺安颗粒”被北京市药品监督管理局批准为医院制剂，于2004年9月1日被中华人民共和国国家知识产权局获取国家专利。

三亚亚龙湾留念

湖北　鲁玉霞

名人小传

鲁玉霞，女，1953年4月15日出生于湖北武汉，1975年6月26日光荣加入中国共产党；1973-1975年为基层医生，在武汉市第三医院进修内科一年；1976-1978年毕业于武汉市卫生学校；1988年毕业于武汉医师进修学院；1990年-1991年供职武汉市东湖医院，负责防治甲型肝炎；1991年-2001年负责中华医学会康复中心工作；2001起担任华中科技大学武昌卫生所主任；2003年起任武汉科技大学中南分校医院院长和华中科技大学武昌分校医院副院长至今；2006年任《中华中西医临床杂志》第二届编委会编委，医疗行业高级研究员。2007年度荣获“中国百名改革创新风云人物”荣誉称号。2008年任中国亚健康促进会理事职务；当选2008年中国公益事业形象大使。同时出席了“2008年全国民营医疗机构高峰论坛”。

鲁玉霞院长德艺双馨，扶危济困，富有社会责任感和担当精神。多次被评为省、市、局先进工作者和优秀共产党员标兵，优秀医务人员及医疗卫生界领导者。

学术经验

从事医院管理期间，她将“以疾病为中心”的服务理念转变为以“一切为了病人，为了一切病人，为了病人的一切”。注重医务人员在疾病的治疗过程中，处处体现优质的人性化医疗服务。

一. 管理科学化

根据医院实际和目标责任制建立全面质量管理体系，编制设置合理的机构，人员配置。制定各种有效的规章制度。技术操作规程，操作流程。注重逐项检查落实考核细则，并有专人实施督导。用以规范临床医护人员的行为，进一步促进临床诊断、治疗的科学化、规范化和标准化。

二．人力资源管理、经营理念人性化

全员实行竞聘上岗，优胜劣汰，奖优罚劣和一对一的差异性的个体化的服务，严格考评。把对病友的尊重、理解和人文关怀体现在患者从进院到出院的医疗服务全过程中，入院有人接，住院有人查，检查有人引，出院有人访，促进相互尊重、理解和信任。并制订医护人员与病人沟通细则，杜绝纠纷、投诉。

三．质量、成本、效益一体化

质量是医院生存发展之根，成本是效益之源，效益是质量之本。注重基础质量、医疗服务质量、医疗安全质量、安全核心制度的落实及关键环节，重要部门、重要岗位的管理。以完善配套的相关操作规程、流程、监管措施，确保医疗安全，质量提高，降低成本，给病人实惠，为医院增收节支。

在其倾心经营和出色领导下，武科大中南分校医院得到长足发展，分院和医疗点已扩展至武汉多所高校和地区，为广大师生和人民群众提供优质的医疗、预防和保健服务。

主要成果

从事医疗业务及领导管理工作30余年，尤其在医院管理和重症急救及老年病的中医康复治疗方面有较深的造诣。先后在国内外学术杂志发表论文多篇。

北京　窦永起

名人小传

窦永起，男，1965年生，河北枣强县人。1987年7月毕业于北京中医药大学中医系并参加工作，1997年5月至2000年6月第二批全国中医师承制拜师全国首批百名中医药专家、全军中医学会原会长赵冠英教授。现任解放军总医院中医科副主任、全军中医研究所副所长，主任医师、教授、硕士生导师；任中华中医药学会内科分会常委、中成药分会常委，解放军中医药学会内科专业委员会副主任委员、康复与保健专业委员会副主任委员，北京中医学会老年病分会副主任委员、中国老年学会肿瘤专业委员会理事等职。长期从事中医临床医疗、科研、教学工作，善于运用中医及中西医结合方法治疗消化系疾病、恶性肿瘤及老年病，并系统总结了中医传统养生保健理论和促进疾病康复的方法，具有较强的疑难病诊治能力和较高的诊疗水平，临床疗效突出。获得首届全国中医药传承高徒奖，第二届全国百名杰出青年中医荣誉称号，入选第二届国家级优秀临床人才研修项目。

窦永起教授带教及辅助带教博士研究生6名、硕士研究生26名、进修生12名。享受2008年度政府特殊津贴。

学术经验

窦永起教授学术上强调阴阳、气血、脾肾学说是中医学认识生理病理的基本理论和核心学说，应作为辨证论治的根本依据，注重平衡阴阳、调和气血、补养脾肾。临床长于诊治消化系统疾病，治疗脾胃病注重调节升降、调和寒热、调节脏腑、调和气血；治疗肝病注重肝脾同治、气血并调、补泻结合；治疗胆道疾病注重疏利肝胆、调和肝胆脾胃、兼顾行气活血。认为老年病的共同特点一是本虚标实、虚实夹杂，二是阴阳同病、气血并及，三是脏腑失和、升降失常，治疗老年病一要补虚扶正、培元固本，二要平衡阴阳、调和气血，三要调和脏腑、恢复气机，四要祛邪除实、消除病因，五要权衡攻补、轻重适宜，六要调治结合、预防为辅。同时，善于将传统中医疗法与现代医学最新诊疗技术相结合开展临床医疗和科研，深入探索恶性肿瘤及相关并发症的中西医结合综合治疗，强调因人而异、辨证论治，在促进术后康复，提高放、化疗的疗效，改善患者生活质量、延长生存期方面疗效突出，能显著减轻化疗引起消化道反应、骨髓抑制、静脉炎，靶向治疗引起的皮疹、腹泻，以及放疗引起的放射性口咽炎、放射性食道炎、放射性肺炎等不良反应。

主要成果

根据中医学理论并吸收现代病理学研究成果，应用凉血解毒及活血化瘀法，对肿瘤患者进行进行早期防治，取得了良好临床疗效和基础研究成果， 2008年获军队医疗成果二等奖。

先后承担军队“十五”（已完成）、“十一五”课题各1项，军队中医药研发专项课题1项，北京中医药薪火传承“3+3”工程项目1项；以第2署名承担国家自然科学基金课题3项（已完成2项）、国家科技支撑计划项目1项、国家“十五”科技攻关分课题1项（已完成）及军队、北京市和国家中医药管理局其它课题6项；作为第2完成人获北京市科学技术二等奖和军队医疗成果二等奖各1项。

共发表论文40余篇，主编和参编《实用传统养生法》、《神经官能症防治230问》、《赵冠英教授验案精选》、《中医病案分析》、《中医防治消化及呼吸系统肿瘤》等学术著作8部：

1 实用传统养生法 人民军医出版社 主编 1998.08 北京

2 不孕不育症中医疗法 金盾出版社 主编 1999.08 北京

3 新编中医老年病临床手册 金盾出版社 副主编 1999.03 北京

4 神经官能症防治230问 金盾出版社 主编 1996.12 北京

5 赵冠英教授验案精选 学苑出版社 第2作者 2003.08 北京

6 中医防治消化及呼吸系统肿瘤 贵州科技出版社 主编 2005.01 贵州

7 中医执业医师资格考试考题分级实战模拟 人民军医出版社 主编 2007.04 北京

8 中医执业助理医师资格考试考题分级实战模拟 人民军医出版社 主编 2007.04 北京

医学感悟

岐黄之术乃仁德之术，岐黄之学乃深奥之学。抱持“极黎元于仁寿，济羸劣以获安”之定志，遵行“高下不相慕，嗜欲不劳其目，淫邪不惑其心”之大道，达至“恬澹虚无，真气从之”之圣境，甘耐寂寞而持之以恒，方可得岐黄之学而工于仁德之术。此乃大医之道也。

湖南 廖怀章

名人小传

廖怀章，男，1964年10月生，汉族，新邵县人。1982 年7 月至1987 年6 月就读于湖南中医学院获学士学位；1996年5 月至1996 年10 月在上海第六人民医院进修骨伤科；1997年2 月至1997年8 月在天津医院进修骨伤科；2000年10 月至2000年12 月在北京三医院进修骨伤科；2005 年9 月至2008 年7 月攻读湖南中医药大学博士研究生，并获博士学位。系湖南省第十一届人大代表、第八、九届省政协委员，现任邵阳正骨医院院长，骨伤科主任医师，兼任新邵县政协副主任、国家《中医正骨》杂志编委、湖南省中医学会骨伤科专业委员会副主任委员、中华中医学会青年医师骨伤科专业委员会委员，湖南省医学会脊柱外科专业委员会委员，湖南省康复医学会脊柱脊髓损伤专业委员会委员，湖南省中医药科技奖评审专家库专家，邵阳市医学会医疗事故鉴定专家库成员，邵阳市骨伤专业委员会主任委员。连年被评为市、县先进工作者，6次立功受奖；2001年获“邵阳市百佳医务工作者”称号，2002年被评为“湖南省卫生系统先进工作者”；2003年被评为“全国卫生系统先进工作者”；2004年被评为湖南省“优秀事业单位法人代表”；2005年4月被评为“全国先进工作者”，同年享受国务院特殊津贴；2006年被评为近二十年来全省政协“十大新闻人物”；2007年被确定为湖南中医药大学硕士生导师。

学术经验

1形神并重

中医历来强调形神并重，形神并重在骨伤科专业里尤为重要，形是指形态结构，神是指功能活动，形神的关系是辨证统一的关系，形态结构的偏差影响功能的正常发挥，功能的残缺则形态结构成了摆设。因此治疗骨伤必须形神并重，不仅要恢复患者的形态结构，而且要尽最大可能地恢复其功能，做到“一保生命，二保肢体，三保功能”，使治疗达到形神完备的状态。

2 整体调治

人是一个由多系统、多结构、多组织构成的具有心理情感特征的有机体，任何一种因素作用于机体，都会产生不同的作用与反应，骨伤患者的形神完善恢复，是受体质、心理、治疗方法等因素制约与影响的。因此，诊治骨伤必须重视整体调治，调动一切因素，促进形神的恢复。

3理筋正骨

中医常谓“筋束骨”，筋与骨在运动系统中是唇齿相依的关系。骨骼承载负荷，是运动的杠杆；筋附于骨，将各骨骼连缀在一起，构成一个有机体，是运动的原动力。暴力作用于运动系统发生骨折时，必然伴随着筋伤的发生，出现筋肉痉挛、断裂、肿胀；暴力作用消失后，骨折的移位主要取决于筋肉的痉挛与损伤；骨折复位后，稳定骨骼虽然可以通过固定器械起作用，但筋的有效压应力才是最根本的因素。因此，正骨必先理筋。复位之时要解除筋肉痉挛，以利于整复；复位后，通过有效方法，维持恢复筋肉的正常压应力，有利于稳定骨骼，防止因运动不当导致重新移位和固定器材的变形断裂，从而提高固定的稳定性。

4期位辨治

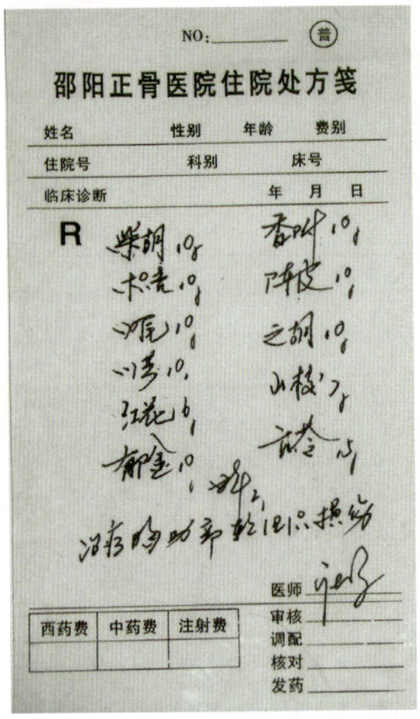
NO:________ (普)

邵阳正骨医院住院处方笺

姓名 性别 年龄 费别

住院号 科别 床号

临床诊断 年 月 日

R

医师

西药费	中药费	注射费

审核

调配

核对

发药

中医治疗骨伤强调分期辨治，而损伤骨折、脱位多是局部的，廖怀章禀承传统，结合现代医学，病证结合，提出期位辨治法，并始终抓住两个基本点，且贯穿于整个治疗过程中。一是伤后总存在气滞血瘀，经络不通，故才有肿痛及功能障碍，所以只要损伤未愈之前存在类似症状，就须活血祛瘀，通经活络。二是脾胃乃后天之本，气血生化之源。脾失健运，则水谷精微及药物无以至五脏六腑、皮肉筋骨。注重调养脾胃，则生化有源，药如期效。廖怀章认为，损伤内证“治从血论”，但应辨部位、虚实，如其对胸胁胀者，予行血；对腹痛者，予下血；对老弱者，予行血活血。对于损伤外证，则认为早期基于水血相关，故倡导活血祛瘀与利水消肿并举，辅以解表，药用木通、泽兰、防风、茅根等；突然跌仆损伤，精神受刺激，导致情志异常，忧闷不安，影响肝木疏泄条达，气机失调，故以柴胡、香附辅之。筋骨受损，担心预后，长期忧思过度，卧床不动，焦虑不安，则影响脾胃运化，易至水湿内停，故中期当注重调养脾胃，和营养血，接骨续筋。后期除调补肝肾、强筋壮骨外，因伤后正气亏虚，易受风寒湿邪侵袭，故应辅以温经通络、祛寒除湿之品。在长期的实践中，结合现代成就，总结出了上肢伤方、下肢伤方、头部内伤方、脊柱伤方、胸部内伤方等系列伤药。

5术药同行

廖怀章认为无论何种损伤，都会导致人体内在环境的失衡。因此，手法、手术治疗虽然能整复骨折脱位，但调理内在环境须通过药物调治，同时骨折脱位必然会导致局部气血瘀滞，因此必须通过药物的调治消除气血瘀滞之病理变化，故治疗必须术药同行。

主要成果

《多针阶梯形排列髓内弹性固定治疗不稳定型尺桡骨骨折临床研究》2005年获邵阳市科学技术进步奖一等奖。

《经皮穿针（钉）、托跟式夹板固定治疗胫腓骨干骨折的临床研究》2003年邵阳市科学技术进步奖二等奖。

《长收肌和闭孔神经切断、经皮折断式加压螺纹钉内固定治疗内收型股骨颈骨折》2001年邵阳市科学技术进步奖二等奖。

《“V”形切骨、折断式加压螺纹钉内固定术治疗内收型股骨颈骨折临床研究》2000年湖南省科技进步四等奖。

《“V”形切骨、折断式加压螺纹钉内固定术治疗内收型股骨颈骨折临床研究》1999年邵阳市科学技术进步奖二等奖。

《骨伤系列制剂分期治疗骨伤疾患的研究》2006年邵阳市科学技术进步奖二等奖。

《儿童桡尺骨桡骨下1/5骨折桡骨背向移位（54例报告）》1994年湖南省自然科学论文三等奖。

《胫骨下端穿针、托跟式夹板固定治疗胫腓骨骨干骨折疗效观察》2005年邵阳市自然科学论文一等奖。

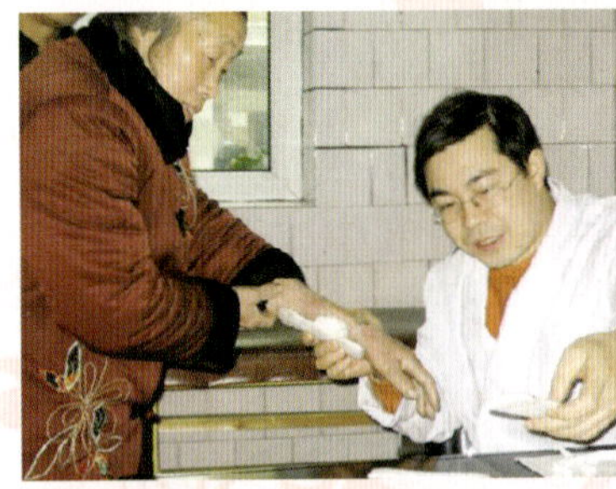

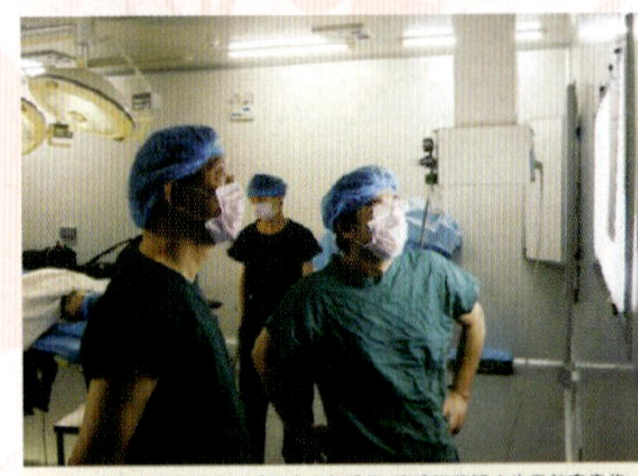

省医学会骨科专业委员会主任委员、湘雅医院博士生导师李康华教授与廖怀章院长会诊骨科疑难病例。

廖怀章院长与卫生部原部长高强（中）、山东文登整骨医院谭远超院长（左）在卫生部招待全国劳动模范酒会上

2006年廖怀章院长参加香港亚洲创伤外科会议

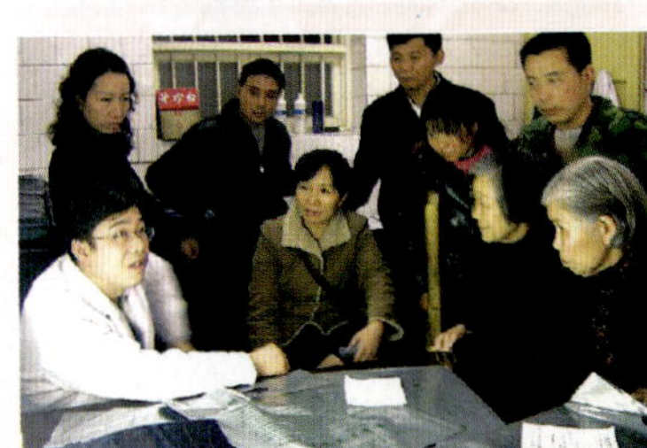

《经Lister结节多针阶梯形排列髓内弹性固定治疗尺桡骨双骨折的实验研究》于2009年1月经专家评审鉴定达国际先进水平。

学术专著：《中医骨伤科查房手册》副主编，山西科学技术出版社出版；《孙广生骨伤临床经验》主编，中医古籍出版社出版；

医学感悟：

穷研经典，衷中倡西。谨守病机，病症结合；手法与有限手术并举；药物与导引疗法并重。内外兼治，中西兼容，施法精一，执简驭繁。

湖南　熊继柏

名人小传

湖南长沙芙蓉路浏城桥下“百草堂”药号，每周的星期三、五、日早上，总是挤满了来自全国各地的患者，排着长龙而苦于一号难求。在患者心目中享有如此信誉的，就是曾三次被湖南卫视晚间新闻专题采访的湖南中医药大学传奇式教授、湖湘当代著名中医熊继柏先生。概括其名医之路，可谓之：读经典，用经典，讲经典，贯穿实践。

熟读经典，少年成名

熊氏1942年出生，湖南省石门县人。幼时家境坎坷，生活艰难，然天资聪颖，学力非凡。13岁时遵祖父熊玉田公之训，启蒙习医，始读《雷公炮制药性赋》、《药性歌恬四百味》、《王叔和脉诀》、《汤头歌诀》，过目能诵。14岁时参加农村联合诊所，拜师于常德地区名老中医胡岱峰先生门下。胡老先生自幼习文，先儒而后医，时已80高龄，乃依循序渐进之法教以《医学三字经》、《时方妙用》、《时方歌括》，并令熟读《医宗金鉴》中之《四诊心法要诀》、《伤寒心法要诀》、《杂病心法要诀》、《妇科心法要诀》和《幼科心法要诀》。15岁时，重点攻读《伤寒论》和《金匮要略》，所读之书悉能背诵。16岁时，开始单独行医，其时年幼少历练，临证时有不知所措。至20岁，复拜师于名老中医陈文和先生门下。陈师早年曾毕业于日本东京大学，执教颇重针对性，除教习《黄帝内经》之外，并令重点研习《温病条辨》、《温热经纬》和《中医内科学》、《中医方剂学》。自此，临证水平长足进展。时逢乙脑流行，病死者无数，熊氏诊治一高热昏迷之垂危病人获愈，起死回生，顿即医名大振，四乡危重患者接踵而来。熊氏用温病理论指导诊治，鲜有不效者。几年下来，熊氏之医疗业务已辐射至石门周边几个县域，少年成名。

活用经典，医名远播

熊氏自1958年实习当医生，直至1979年，在石门县维新中医院连续从事中医临床21年。其间从1964年到1979年的十余年内，每日应诊量常达100人次左右，出诊足迹遍及石门县的每一个乡村，积累了丰富的基层医疗实践经验。1979年调入湖南中医学院后，仍然不间断地坚持医疗实践，而且长期单次门诊量维持在80～100人次。业医50年来，已接诊患者近80万人次。在中医临床实践中，熊氏始终坚持中医经典理论与实践相结合，善于辨证施治，精于理法方药，对诊治内科杂病、儿科病及妇科病，均有丰富的临床经验。在诊治急性热病和疑难病证方面，尤有独到的经验。由于熊氏通熟中医经典，且悟性颇高，每遇疑难杂症，总能圆活运用经典理论指导诊断辨证和处方用药，从而达到辨证如理乱丝，用药如解死结。由于理论功底扎实，临床疗效卓著，熊氏在省内外的医疗威望不断提高，医名远播。1999年被湖南省人事厅、卫生厅评定为湖南省名中医。2006年受国家某部邀请远赴阿尔及利亚为其国家总统诊病，并获良效，是国内至今为外国元首看病的为数不多的中医之一。2008年被聘为全国第四批老中医药专家学术经验继承指导老师。

讲授经典，一代名师

1979年底，经全国中医选拔考试，熊氏以特别优异的成绩，被选调到湖南中医学院任教，主要从事中医经典理论教学。主讲《黄帝内经》，并主讲过《难经》、《金匮要略》、《温病条辨》、《中医内科学》等课程。任教20余年，讲课时数达8000学时。熊氏讲授中医经典课，条理清楚，深入浅出，旁征博引，融会贯通，而且紧密联系临床实践，深受学生欢迎。曾先后8次被湖南中医学院评为优秀教师、教学效果好的老师和学生最喜爱的老师。无数中医学子，从熊教授的讲课中深受教益。凡是听过他讲课的学生，无不激发出学习中医的高昂热情。熊氏毕生从事中医临床和教学，精勤不倦，德艺双馨。熊氏曾戏言："一辈子就是两个人喜欢我，一个是病人，一个是学生。"确实，在病人眼中，他是最好的医生；在学生眼中，他是最好的老师。

近年来，熊氏曾多次受国家中医药管理局、上海中医药大学、广州中医药大学、上海同济大学、广州暨南大学、香港浸会大学、遵义高等医专、深圳市中医院、江门市五邑中医院、广东省中医院、夏门市中医院邀请讲学。国家中医药管理局并批准在湖南株洲举办了两期全国性的"熊继柏教授临床经验研讨班"。此外，受湖南省中医学会邀请，先后赴株洲、衡阳、湘潭、常德、永州、郴州等地市中医学会讲学。2008年受香港田家炳基金会邀请，以大陆杰出学者身份赴香港浸会大学讲学，听课对象为全港注册中医师，熊氏渊博的学识令全体听众无不折服。熊氏的讲学始终贯通经典，立足临床，理论与实践紧密结合，凡其讲学之处，无不引起一致好评，产生了强烈的反响。熊氏迄今已培养研究生、博士生和带徒80余人，其中大部都已成为中医的业务骨干。一代名医，更是一代名师。

学术经验

中医临床，关键在于贯穿辨证施治的基本法则，坚持理法方药的基本步骤。临床辨证的关键是辨清病性与病位，临床施治的关键是因证选方，因方遣药。兹举熊氏治疗"黑疸"验案一则，以窥一斑。

张某，男，64岁，湖南省林业部门离休干部。门诊病例。

初诊（2000年11月8日）病家代诉：患者因患黄疸、腹胀，从4月25日～9月28日在省级某大医院住院治疗156天，诊断为：①胆汁瘀积性肝硬化，②慢性胆囊炎并胆囊多发性结石，③糖尿病（II型）。由于病情不断发展变化，肝功能损害严重（血清谷丙转氨酶253.8U/L），B超发现脾静脉增宽，黄疸逐渐加深，并出现严重黑疸，于是出院转请中医治疗。诊见患者整个面色黧黑，黑色甚黯而状如烟煤，人望之莫不感到惊愕。目黄，身黄，尿黄，兼见齿衄，鼻衄，伴心烦善饥，两胁及少腹胀痛，大便溏泻，足胫微肿，精神十分疲乏，口苦，舌苔黄滑腻，舌质紫暗，脉细数。

辨证：湿热夹瘀阻黑疸。

治法：清湿热，祛瘀阻。

主方：栀子柏皮汤合茵陈四苓散加味。

处方：茵陈30g，茯苓15g，猪苓10g，泽泻10g，炒白术10g，栀子炭10g，黄柏10g，丹皮15g，赤芍10g，茜草炭15g，白茅根15g，田七粉15g（另包冲服）。7剂，水煎服。

二诊（2000年11月15日）目黄、身黄略见减轻，腹胀、足肿明显减轻，鼻衄已止。但黑疸未减，齿衄仍作，两胁下仍胀痛，心烦、口苦，大便溏，舌紫苔黄腻，脉仍细数。药已取效，拟原方再进7剂。

三诊（2000年11月22日）目黄、身黄明显减轻。面色黯黑略见转淡，但眼圈四周及鼻两旁黑色仍显深暗，足肿全消，齿衄间作，小便仍黄，两胁下尚有隐痛。舌苔转薄，黄白相兼，舌质尚紫，脉仍细数。治法不变，再拟前方加减。

处方：茵陈20g，茯苓15g，猪苓10g，泽泻10g，炒白术10g，黄柏10g，栀仁10g，丹皮10g，桃仁10g，赤芍10g，茜草炭15g，藕节10g，炒鳖甲20g，田七粉15g（另包冲服）。10剂，水煎服。

四诊：（2000年12月2日）：面部黑疸明显消退，惟两目眶部黯黑较显，目睛微黄，身黄已明显消退，齿衄已止，胁痛腹胀亦止。大便微溏，小便仍黄，食纳较差，舌苔转薄黄白腻，脉转缓象。诸症悉减，效不更方，拟原方再进10剂。

五诊（12月12日）：黑疸明显消退，目眶部黑色明显转淡，目黄身黄基本消退，但觉脘痞食少，精神疲乏，小便尚黄，口中转淡，舌苔薄白腻，脉细缓。此热虽去而湿未尽，改拟化湿祛瘀法，选三仁汤加减善后。

处方：茵陈20g，苡仁20g，杏仁10g，白蔻仁6g，厚朴10g，通草6g，滑石15g，法夏10g，丹皮10g，赤芍10g，栀仁6g，田七片15g。10剂，水煎服。

按：《诸病源候论》云："夫黄疸、酒疸、女劳疸，久久多变为黑疸。"《张氏医通》则云："黄疸证中，惟黑疸最剧。"此证因黄疸久治不愈而转为黑疸，且黑色甚重。然其脉、舌、症均呈湿热阻遏之候。朱丹溪曾云："疸不用分其五，同是湿热。"故治法始终以清湿热为主，兼以祛瘀凉血，可谓治黑疸之临证一得。

主要成果

临床与教学之余，熊氏伏案耕耘不辍，公开发表学术论文100余篇，著作17部。其独撰著作《内经理论精要》一书，已被美国国会图书馆，英国大英博物馆和牛津大学图书馆列为藏书。副主编著作《黄帝内经研究大成》一书，为我国历代以来研究《黄帝内经》最大型、最完备、最系统的工具书，1999年获得国家新闻出版署科技图书一等奖，并获国家中医管理局科技进步二等奖。

医学感悟：

"中医的生命力在于临床！"

"读中医经典，重临床实践！"

"学好中医，要做到'三不'，一是不蠢（即聪明而有悟性），二是不懒（即勤奋读书，刻苦实践），三是老师不糊涂（即老师一定能传道、授业、解惑）"。

"当一个好中医，必须三具备：第一，扎实的理论功底；第二，丰富的临证经验；第三，敏捷的思维反应。"

"中医疗效是有必然性的！"

山东　谭远超

名人小传

在风景秀丽的胶东半岛黄海岸边，一座气派沉稳、简洁凝练、建筑面积达数万平方米的15层医疗大楼拔地而起，这就是全国三大中医骨伤专科治疗中心之一的山东省文登整骨医院。在这所医院里，有一位对技术精益求精，对事业执著追求，对患者满腔热忱的山东省名中医，他就是山东省"泰山学者"特聘专家、博士生导师谭远超主任医师。

他1953年年底出生在文登铺集乡的普通农家，父母都没有什么文化。1970年高中毕业的他，和当时中国的大多数同龄人一样，不得不回乡干了一段农活。1973年9月，他才幸运地遇到继续求学的机会。谭远超本来填报的志愿是莱阳农校，不知道因何阴差阳错，最后被录取到莱阳医专学制两年的中专班。毕业后，谭远超抱着一切听从党安排、干啥就要干好啥的信念进入文登整骨医院。

对青年谭远超影响最大的是老院长朱惠芳。朱院长14岁入伍从军，1958年转业到文登整骨医院，通过自学成为齐鲁名医、文登整骨创始人孙竹庭先生的真传弟子。当时，孙氏整骨技术已祖传三代，誉满乡里。其治疗方法主要是手法拔伸、理正、复位后用夹板固定。后来又开展针刺麻醉、固定牵引、矫形手术、小切口三刃钉内固定等，实行中西医结合。谭远超在朱惠芳等前辈的指导下，一点一点地积累着经验。自学成才的经历和锲而不舍的学习精神，是朱惠芳给谭远超最大的启示，激励他在后来的几十年中坚毅、执着地追求和探索。

谭远超在实践中认识到，医生的对象是人，是人的生命，是人们的病痛。疾病的发生和发展是受多种因素及其相互制约、相互影响而出现的极端复杂的过程，创伤包括骨折、各种开放性创伤及创伤的并发症、创伤的危重症等。医生不仅要对发生在病人身上的阳性体征、感觉、心理诸方面的情况了如指掌，提出正确的诊治方案，付诸实施，还要提出使病人及早恢复健康的建议。医生不能急功近利地走捷径，应认真观察病情变化，在复杂的表面下面找出病因所在，制订最佳的治疗方案，取得满意的疗效。为此，谭远超一方面虚心地向老专家求教，观察他们的临床方法，经常大胆提出问题。同时用业余时间参加华西医科大学的函授学习，熟练掌握了骨伤科临床诊疗技术，为日后探索中西医结合之路打下了良好的基础。临床医生日常工作繁忙，时间总是不够用，谭远超读书常是夜伴孤灯。他善于泛读与精读结合，有针对性地了解当时国内外某一问题的观点、方法及发展趋向，结合自己的经验和病例认真思考，写出了20余万字的读书笔记。

谭远超认为，“治病重效果，不是钱越多越好。来医院百分之八九十的患者是农民或农民工，要为他们少花钱、高效优质地治病。”为此，他对求诊的每位患者都制定出切实可行的治疗方案准，能用手法的，便不手术；即使手术，也千方百计将费用降至最低。这样继承、保留、发展中医的精华，把降低成本与提高质量和服务效率有机地结合起来，确保了医疗优质高效。他还以技术创新为基础，在全省注册成功首家三级医疗器械厂，产生了较好的经济和社会效益。

谭远超深知知识经济时代，医疗市场竞争异常激烈，只有注重培养一线的创新人才，就会抢占竞争的制高点，在激烈的医疗市场中立于不败之地。为此，他特别重视扶掖后辈，对下级医师言传身教。他带领的团队几年来涌现出硕士研究生11名，博士研究生5名，享受国务院特殊津贴9人，省、地级科技拔尖人才11人，有16人在全国和省医学会等学术团体担任职务，12人在8家省级以上杂志担任编委，5人被安徽中医学院、泰安医学院聘为硕士研究生导师，1人被福建中医学院聘为博士生导师。

谭远超主任医师先后被聘为中华中医药学会理事，中华中医药学会骨伤专业委员会常务理事，全国骨科医院学术委员会副主任委员，山东省中医药学会副会长，山东省中医药学会骨伤学会会长，国际脊髓学会中国脊髓损伤学会委员中国康复医学会脊柱脊髓损伤专业委员会委员，山东省骨科学会委员、山东省脊柱脊髓损伤专业委员会副主任委员，山东省骨科学会副主任委员，威海市骨科学会、脊柱脊髓损伤专业委员会、骨伤科专业委员会主任委员。威海市骨科学会、脊柱脊髓损伤专业委员会、骨伤科专业委员会主任委员。同时被安徽中医学院、泰安医学院被聘为骨伤科教授、硕士研究生指导教师。先后被聘为《国外医学•骨科学分册》、《中国脊柱脊髓杂志》、《中国中医骨伤》、《中国骨伤》、《山东中医杂志》、《中医正骨》、《山东医药》杂志编委。1994年11月6日应邀去香港参加华裔骨科学会首届科学研讨会并作学术报告。1996年10月30日应邀去美国参加美国中华医学会举办的学术会并讲学。2004年1月被评选为威海市发明协会会长。1998年2月被国务院批准“享受政府特殊津贴”。1999年被评为“威海市科技拔尖人才”；2002年8月被卫生部评为“全国有突出贡献的中青年专家”；2003年10月，山东省人事厅、卫生厅授予“山东省名中医药专家”称号；2003年11月被评为百名“山东省有突出贡献的中青年专家”。2001年4月被评为“威海市劳动模范”。2003年5月被评为“山东省劳动模范”，2003年10月被山东省人事厅、卫生厅荣记二等功，2004年4月被全国总工会授予“全国五一劳动奖章”，2005年4月荣获“全国先进工作者”，2006年9月获山东省“杰出学科带头人”，2007年11月获山东省“泰山学者”特聘专家称号。历任威海市第七、八、九、十届政协委员。

学术经验

谭远超重点从事脊柱脊髓病的临床研究，对脊柱脊髓创伤、颈椎病、腰腿痛、脊柱肿瘤、脊柱结核等疾病积累了大量临床经验，开展了高选择性脊神经后根切断术治疗脑性瘫、脑外伤、脑血管意外后遗症、脊髓损伤后遗症等，填补了胶东半岛的空白。还开展了腰椎爆裂骨折前路椎体切除减压、双凤尾档板固定椎体重建术、高位脊髓肿瘤切除术、脊柱重度畸形后路矫形固定融合术、全椎体截骨矫形固定治疗脊柱畸形等高难度手术。

技术创新是保证中医学术旺盛生命力的关键。谭远超业务上有所突破在1978年。那年4月，谭远超在继承传统中医的基础上大胆创新，对复杂和难治愈的骨折采用新方法进行创新性治疗，开展的首例胫骨延长术治疗短肢跛行收到较好效果。从那之后，他更坚持在传统骨伤理论和方法的基础上，运用现代医学的解剖知识、创伤机制和各种现代实验手段，把西医创伤骨科学的理论和治疗手术方法，有机地融合于中医骨伤科诊断、手法整复、手术治疗、内外固定、内外用药、功能锻炼及功能康复的全过程。

主要成果

脊柱脊髓科是我国骨科领域发展较晚的一个学科，也是医院的一个薄弱环节。作为学科带头人和科室主任，谭远超先后主持研究了“单钉—沟槽柱翼钢板治疗腰椎滑脱症的基础与临床研究”和“腰椎管狭窄节段性减压腰椎后稳定结构重建的研究”，使脊柱脊髓科的诊治水平大大提高，获威海市科技进步一等奖。后来经过8年的努力，又使脊柱脊髓科在学术、技术水平上达到国内先进水平，其主持研究的具有文登特色的治疗脊柱失稳相关疾病的内外固定系列，因其巨大的社会效益，被国家食品医药监督总局批准生产并向全国推广。

他指导研究的“节段减压后稳定结构治疗腰椎管狭窄的研究”获2000年度山东省科技进步二等奖；主持研究的“WDFC治疗颈椎失稳的基础与临床研究”获山东省科技进步二等奖，“ALPF治疗胸腰椎骨折的基础与临床研究”也获2001年度山东省科技进步二等奖，获奖后组织研究出Ⅱ型结构，已通过国家食品监督总局批准生产并向全国推广。这些创新技术是治疗各种骨伤科疾病的有效方法。

2004年，“中西医结合早期治疗手部大范围多元组织毁损的研究”获国家科技进步二等奖。2005年，“侧前方减压植骨双凤尾钢板固定治疗胸腰椎爆裂骨折的基础与临床应用研究”获威海市科学技术一等奖、山东省科技进步二等奖。2006年，“经皮导入内固定治疗肱骨近端骨折并肩关节前脱位的研究”获威海市科学技术一等奖、山东省科技进步二等奖。

谭远超在学术上善于在日常工作中总结自己的学术思想，长年徜徉在医学的境界里。他在省级以上专业期刊上发表论文50余篇。主编了近百万字的《实用骨科临床》；主编百余万字的《特色骨伤科学》主编《强直性脊柱炎治疗学》；担任《实用脊柱病学》、《脊柱畸形与截骨术》两书的编委、副主编。

医学感悟：

“治病重效果，不是钱越多越好。来医院百分之八九十的患者是农民或农民工，要为他们少花钱、高效优质地治病。”

陕西　樊　哲

名人小传

樊哲，原名樊庭骥。男，1934年出生，汉族，陕西临潼人，自幼跟其三爷樊树志和其父樊步英学医，培养其子樊新学、樊新荣继承家学之医。中学失学后于1951年到田市安仁堂药房随坐堂医田树仁学医；1953年春到田市中医联合诊所；1955年陕西中医进修学校毕业分配到红会二医防大队任中医；1957年先后调入国棉二厂和陕棉十二厂医院任中医科主任和医疗班长；1978年调入陕西中医学院任教，1983年任讲师，1993年晋升为副教授。兼《民族医药报》特邀通讯员并参加陕西中医学会、获香港科学院医学顾问及千年之交纯金勋章等。主要业绩：从事医、教、研50年，由于认真负责，被所在单位多次评为先进工作者和模范党员。

学术经验

医疗上，尽得家传，尤其是其父用针和刀速疗急腹症及用刺蓟神奇止血等，并取众医之长，坚持衷中参西。以内、妇、儿和针灸尤为特长，治患、重、危、难病症，多获奇效。如柏叶汤加减成功抢救肺结核大咯血、肝硬化和胃溃疡大吐血，肾气酒类增损方治愈男女不育和夜尿等；自拟参萸丁连砂冰散外用腹部治愈小儿腹泻和十余年不愈的肝胃病及术后腹痛等；针灸上突出单针强刺，如单针合谷、三里，当即止牙痛、腹痛等。

教学上，主讲《温病》，次讲《中药》、《方剂》、《流行病学》等。先后为本科、大专、校医、研究生、函授和西学中培训医典、辅导与授课，同时兼班主任，指导历届毕业生论文和设计，从而多次荣获院或系教书育人、为人师表先进个人。

主要成果

发表论文30余篇，其中《伤寒论中十纲学说初探》获学院优秀论文证书，该文学报编者按：“‘八纲’增加上下为‘十纲辨证’，这在中医辨证论文论治的发展里程上属首创。” 赋十纲运动形式而为阴阳血气、表里出入、上下升降、寒热进退、虚实正邪及进而自创立的十分二（一≤9…五≥5…九≥1）规律定位定性定量；独撰《唯物辨证论治法》获院成果三等奖。

科研上主要负责《温病条辨电子计算机教学科研诊疗系统的研究》（省教委的课题），《中国中医药报》（1991年）报道称“该研究填补了运用电子计算机研究温病学的空白”；于1959年发明“无痛进针机”，1990年负责（第一位）研制成“多功能无痛进针机”，获第六届全国发明展览会铜牌，1991年度陕西中医药科技成果三等奖和省第三届科技成果会等多枚金奖。

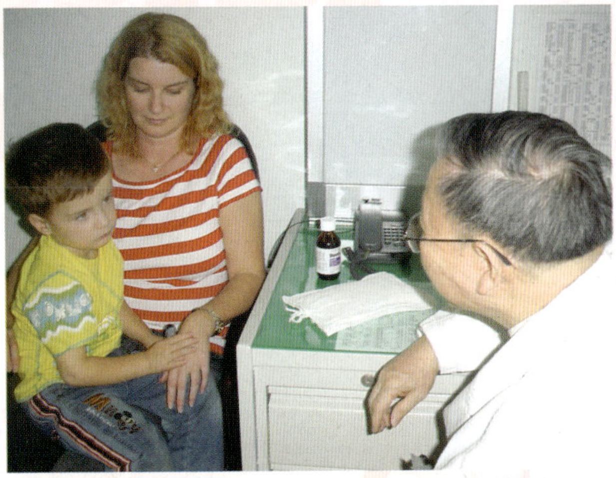

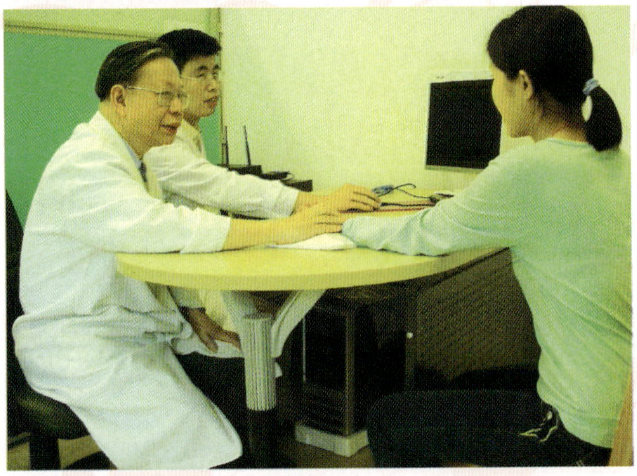

广东 禤国维

名人小传

“在有人认为皮科难成大业时，他默默地、不懈地钻研；在有人鄙薄中医医术时，他明白桃李不言，下自成蹊。”

这是在北京举行的2006年度“和谐中国十佳健康卫士”颁奖大会上，专家对中医界惟一获得该项荣誉的广东省中医院皮科专家禤国维教授的点评。

从小熏陶，立誓中医

禤国维出生于1937年，从小生活在广州龙津东路，在很长一段时间内那里是广州中医聚居的地方。楼上楼下、街坊邻里中有很多中医，具有厚重的传统文化和浓郁的中医药氛围，他在这样的环境里耳濡目染，还亲见了不少中医的大手笔，对中医非常钦佩。自幼对中医怀有一份特殊的感情。

1951年至1957年，他在广东著名的广雅中学学习，毕业时就下定决心到大学学习中医专业。1957年参加高考，那时候的大学录取比例比现在低很多，而他喜欢的广州中医学院在那一年更是破纪录地只招65人。复习备考时，导师不断地鞭策他：中医是古老学科，倘若顺利考入大学，就能用现代知识去解读中医、发现中医，就会学有所用、有所作为。同时，他也自觉性格相对内向，做医生比较适合。经过一番彻骨寒，他终于成为广州中医学院1957级学生。“仗起死回生之能，有拯人膏肓之力”成为心中宏愿，在中医药学习的道路上迈出了第一步。

在广州中医学院，禤国维度过了难忘的六年时光。1963年，大学毕业的他被分配到湖南中医学院第一附属医院工作，当时他的家人对这个分配有抵触情绪，他便安慰他们：我是国家培养的青年中医，无论到哪里，只要努力，都会有收获。

在湖南他工作了13年，主要从事中医外科皮肤科教学、科研、临床工作。其实，刚毕业时他觉得自己更适合内科工作，但是他想组织上既已安排，应该服从大局。在工作期间，他一方面一丝不苟地干好临床工作，一方面抓紧时间进行自学，精读中医经典，参阅西医教材。因为有了夯实的中医理论和中西医的比较研究，同时他发现用中医诊疗皮肤病有很大优势，于是就投入了相当一部分精力在这一方面进行更深发掘。1976年他调回广州，湖南的工作积累为以后的工作奠定了坚实基础。

1976年后他在广东省中医院皮肤科工作，1984年起任广东省中医院副院长兼皮肤科主任，1991年晋升为正教授。

攻克皮肤病学难题，实现医生人生价值

“只有攻克一个又一个皮肤病学上的难题，才是真正为患者服务，才能实现一个医生的人生价值。”禤国维常常告诫他的弟子。

黄先生是位皮肌炎患者，由于合并心肺系统损伤及严重双下肢静脉栓塞，呼吸困难，全身消瘦，双下肢高度水肿。其家属抱着一线希望，将黄先生送到广东省中医院作安慰性治疗。禤国维对身边的弟子说：“即使只有千分之一的希望，我们也要尽万分的努力去挽救病人，这是医生的神圣职责。”禤国维仔细检查了患者，发现患者尚能少量进食，胃气未绝，或可逆流挽舟。于是从调整脾胃开始，每一味方药，每一份量及患者是否用药，用药后的反应，禤国维都细致观察，亲自过问。经过一段时间的治疗，病情明显好转。接着，禤国维为患者调肝补肾，从整体上提高患者的生存质量，直至完全康复。黄先生出院时感激地说：“是禤教授给了我第二次生命，他是我的救命恩人。”

中医药的神奇功效，也使一些外国人为之折服。一位在我国大亚湾核电站工作的法国工程师R先生，为治好 6岁儿子小查理的顽固性湿疹，跑遍了法国所有著名的医院，但始终反复难愈，令小查理寝食难安，痛苦不已。当R先生得知禤国维是皮肤病的专家，便把小查理带到广州治疗。禤国维诊断，小查理的病属慢性湿疹，当以养心健脾、活血祛风为主，治疗期间忌食海鲜、牛肉及煎炒、油炸、辛热等易过敏、有刺激的食物，并给小查理开了三个星期的中药，其中包括内服药、外涂药和洗浴药。两个月过去了，小查理湿疹消退，未见反复，皮肤光洁，食物无忌口。R先生感叹：“中医药实在神奇得不可思议啊！”

身受重伤奇迹恢复，履行职责带病工作

1990年春，一个风高月黑的夜晚，时年53岁的禤国维作为副院长负责当晚的值班工作。在巡视过程中，突然遭到几个歹徒的袭击。一个歹徒从背后用羊角锤猛力敲打禤老的后头顶，禤国维顿时仰卧在血泊中。幸亏学生及时发现，被送往医院抢救。

无影灯下，医护人员为处于休克状态的禤国维清创、开颅、治疗……他们都为这位身受重伤的长者而心痛，更为他能否康复而担心。毕竟，他伤得太重了：颅骨广泛性、粉碎性骨折、脑挫伤、脑血肿。

大难不死的禤国维，在医务人员的精心照料下顽强地活了下来，并靠坚强的毅力和艰苦的锻炼恢复了记忆，恢复了体力，又能为病人诊治疾病了。

禤国维名声在外，就诊患者络绎不绝。他深切理解来诊者的迫切心情，每次出诊都尽量满足一些未能挂上号的病人，以致自己经常要到下午一、两点钟才能下班。即使是在左足 骨折、颈部骨质增生和眼睛患白内障期间，他仍然克服一切困难坚持上班，让所有的病人都满意而归。

遵循古训追根求源，灵活变通勇于创新

禤国维把解除病人疾苦作为自己的天职，不遗余力地履行自己的职责。他继承先贤衣钵，注重中医基础理论的应用和中医传统疗法的使用，以及中医与西医的融会贯通。主张要不断地吸取现代医学和现代科技知识，为发展中医事业服务。

历代文献均认为，痤疮是由于肺胃血热上熏头面所致，所以，目前中医学界大都用清肺热、泻胃火、凉血解毒的中药进行治疗。禤国维认为，此病除有肺胃血热和肠胃积热的一面外，还有素体肾阴不足、相火过旺的一面，许多是肾阴不足、冲任失调、相火妄动所致。从现代医学的角度看，采用补肾中药作治疗，不仅可以调节人体的内分泌功能，而且可以减少

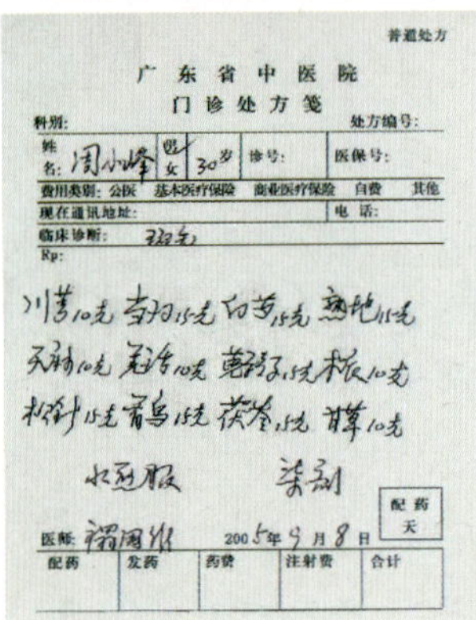
普通处方

广东省中医院

门诊处方笺

科别: 处方编号:

姓名: 周小峰 男/女 30岁 诊号: 医保号:

费用类别: 公医 基本医疗保险 商业医疗保险 自费 其他

现在通讯地址: 电话:

临床诊断:

Rp:

配药 天

医师: 禤国维 2005年9月8日

配药	发药	药费	注射费	合计

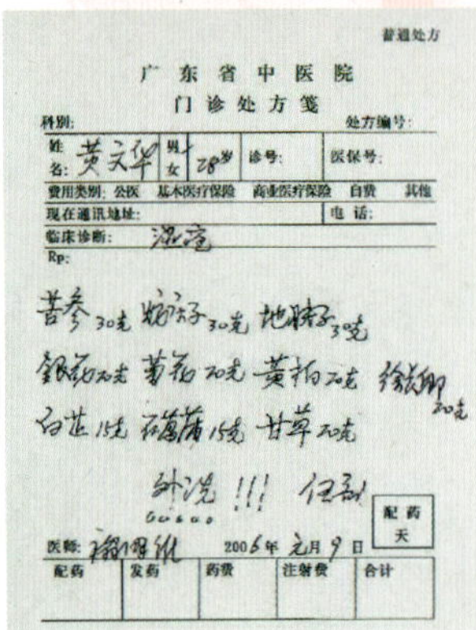
普通处方

广东省中医院

门诊处方笺

科别: 处方编号:

姓名: 黄文华 男/女 28岁 诊号: 医保号:

费用类别: 公医 基本医疗保险 商业医疗保险 自费 其他

现在通讯地址: 电话:

临床诊断:

Rp:

配药 天

医师: 禤国维 2006年元月9日

配药	发药	药费	注射费	合计

皮脂分泌，有抑菌消炎和改善血液黏度的作用。对治疗脂溢性皮肤病，他认为采用滋肾阴、清湿热的治法疗效明显。

禤国维对中医皮肤病外治法深入研究后，并根据其治疗操作的方式及配合药物的情况概括为药物外治法、针灸疗法及其他疗法三大类。他认为，内治法与外治法各有所长，应互相补充，还要继续发掘和发展提高。对一些难治性疾病，如果在内治的同时配合外治法，则疗效更加满意。在遣方用药上也要讲究药物的煎法，如丹参入药时应避免高温对其有效成份的破坏。

甘当人梯培育英才，以德为先桃李满园

每当申报科研课题和发表文章时，禤国维总是把才华出众的年轻人推到前面，给他们以足够的机会和发展空间，如成果、课题的排名，专著、论文的排名等。禤国维“甘为人梯”的精神，推动着学术团队的快速发展。

皮肤科从不起眼的小科成为 “广东省中医皮肤科性病重点专科”和“国家中医药管理局重点学科”，成为国内中医皮肤病学最早招收博士生的教学点及博士后工作站。目前开设6个专科门诊，每年门诊量近30万人次，是全国中医皮肤门诊量最大的单位之一。

禤国维经常对弟子说：“医者必具仁道、仁义、仁人之心。要做好一个医生，首先要有高尚的医德医风，要有乐于奉献的精神，其后才是你的医疗技术。医生心中装的永远是病人。”

在禤国维先后培养的15位博士生中，越南留学生谢文平谈起禤教授送的“三件宝”，感激之情溢于言表。

原来谢文平在毕业回国前夕，禤国维送他三件礼物，第一件是一支笔，告诉他医生笔下的处方可以救人，也可能误人、杀人，不可不慎；第二件是一条领带，领带代表一个人的形象，医德是从医的首要因素，没有医德者不能为医，没有高尚医德者不能成为良医，要求学生终身保持为医者的仁心仁德；第三件是一双皮鞋，希望学生踏踏实实做人做事，为人不可图虚名，求浮利，做学问更不能有半点虚假。因此，谢文平逢人便说，在中国老师禤国维那里，不仅学到中医药学的知识，更重要的是懂得怎样做人、处事。

禤国维的辛勤耕耘，换来了累累硕果。得到禤老真传的弟子，如今都成为中医学界的骨干力量，活跃在祖国的大江南北乃至东南亚和北美各地。

学术经验

临床上，禤国维遵循“平调阴阳，治病之宗”的理论原则，治疗上强调“辨证”二字，在治疗疑难性皮肤病注重补肾。

主要成果

禤国维教授先后在省级以上医学杂志发表了“皮肤病临证见解”、“平调阴阳，治病之宗”等80多篇论文，于人民卫生出版社、广东科技出版社等主编出版了《皮肤性病中医治疗全书》、《中西医结合治疗皮肤病性病》、《皮肤性病科专病中医临床诊治》、《中医皮肤病临证精粹》、《皮肤病性病中医治疗锦囊》、《中西医结合皮肤性病学》、《Acne & Alopecia》、《Chloasma & Vitiligo》、《Urticaria》、《Eczema & Atopic Dermatitis》、《Scleroderma &Dermatomyositis》，参编《中医外科学》、《现代疑难病中医治疗精粹》、《常见皮肤病性病现代治疗学》、《实用老年病学》、《奇难杂证新编》、《中西医结合临床皮肤性病学》、《现代乳房病学》等多本专著及有关教学资料。近年来，先后主持“中药疣毒净治疗尖锐湿疣的临床与试验研究”等8个部、省级科研课题。先后获国家中医药科技进步奖、广东省中医药科技进步奖、广州中医药大学科技进步奖多项。参与国家自然科学基金、国家中医药管理局科学基金、广东省科学基金等有关课题多个，这些课题正按计划实施。主持广东省中医院皮肤科期间，该科被评为省“五个一科教兴医工程”的重点专科，广东省重点专科，广州中医药大学重点专科，国家中医药管理局重点学科。

医学感悟：

“医者必具仁道、仁义、仁人之心。”

“医生和教师都是高尚的职业，要当好一名医生或教师，首先要有高尚的品格和职业操守，要有乐于奉献的精神，然后才是你的教学水平和医疗技术。作为医生，心中永远装的都是病人；作为教师，心里装的永远都是学生。”

“勤学医源，广采新知。”

“要做成功的中医，必须熟读中医经典。虽然并不要求现在的年轻医生刻意的死记硬背，但通读、熟读、精读绝对需要的。”

广东　薄智云

名人小传

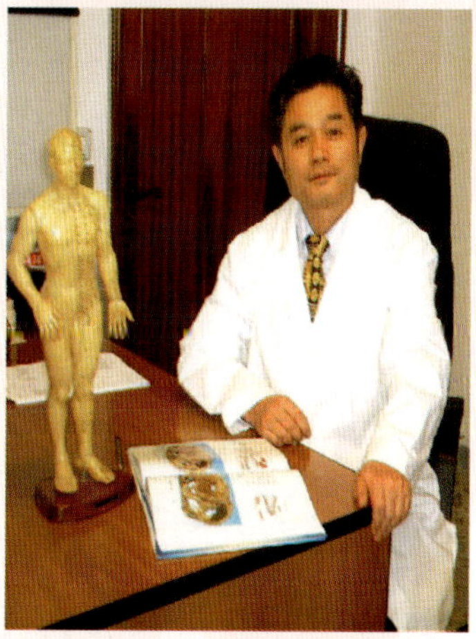

腹针创始人，全国名老中医，广东省中医院主任导师，曾任山西省针灸研究所腹针研究室主任、兰州军区乌鲁木齐总医院腹针脑病康复中心主任等职。现任中国针灸学会腹针专业委员会主任委员、北京薄氏腹针医学研究院院长、广东省中医院腹针研究所所长、意大利腹针医学会名誉会长，韩国薄氏腹针医院名誉院长。曾应邀美国、荷兰、法国、意大利、希腊、丹麦、韩国、新加坡、马来西亚等多国讲学、传播中医文化。

学术经验

薄智云教授1972年确立了腹针治疗体系。在研究中发现，腹部经络是一个多层次的空间结构，人体在腹部的全息影像酷似一个伏在前腹壁上的神龟。这一神龟影像分布于腹壁的浅层，构成了神阙调控系统中外周调节系统的主体。对内脏的平衡调节起着重要作用。薄智云教授认为，经络是先于脏腑和肢体在人体最早形成的系统，经络的形成可以追溯到胚胎发育期，是与人的正常生理同步形成的系统。经络亦分为先天经络和后天经络两个部分。以神阙为核心的大腹部存在着一个全身高级调控系统即神阙经络系统，这个系统对全身具有宏观调控的作用。使腹针疗法与中医理论紧密地衔接，从而使腹针疗法不仅可以像中医那样对慢性病、疑难病的调理得心应手，又能像传统针灸那样取得立竿见影的效果，因而治疗慢性病、疑难病时常常也能取得奇效。

腹针疗法具有以下显著特色：

①理论上创立了先天经络学说；②临床上发现了“神龟图”应用规律；③方法上体现了中医防治疾病精髓，脏腑经络同时并举；④使用上无痛、安全、有效，患者乐于接受；⑤取穴上突出规范化操作特点，便于学习推广，具有可重复性，可以纳入现代科学体系研究。神阙调控系统理论的提出，完善了经络的理论，对于临床有重要的指导意义。腹针即是通过刺激腹部穴位调节脏腑平衡来治疗全身疾病的。

薄智云教授在探索推广腹针医术的过程中，一直坚持“处方标准化、操作规范化、辩证条理化”，在腹针疗法的每一个处方中都有严格的规范，君、臣是调节脏腑的穴位，佐、使是调节经脉和病变部位的穴位。这样不仅能使症状很快缓解而且可以取得很好的远期效果，体现了中医整体观念与辩证施治的特点，使理、法、方、穴的中医特色得到了完整的体现。

主要成果

二十多年来，薄智云教授培养国内外腹针人才六千余人；腹针疗法从2001年起连续8年被国家中医药管理局确定为国家级中医药继续教育项目向全国推广；2001年列为国家中医药管理局“中医临床诊疗技术整理与研究项目”研究课题，2004年通过结题验收；2005年列为中医药科技成果推广项目；出版有《腹针疗法》、《腹针无痛治百病》和《腹针挂图》、教学VCD、腹针专用针具；2005年中国针灸学会成立了腹针专业委员会、意大利成立了腹针医学会、韩国成立了韩国薄氏腹针医院。2005年召开首届国际腹针学术研讨会、在广东省中医院建立腹针研究所。2007年承担国家课题针灸标准化腹针操作规范起草；在广西南宁、广东新会、东莞、山西太原成立腹针临床治疗中心；在美国、法国、新加坡、马来西亚、意大利、希腊、韩国、德国、荷兰等国家得到了广泛的推广。

福建　魏仲南

名人小传

魏仲南，男，1982年毕业于福建中医学院医疗系。现为福建中医学院教授，硕士生导师，师承班导师，主任医师，福建中医学院附属第二人民医院肾内科主任，还担任中华医学会福建省肾脏病学会常务委员、福建省中西医结合肾脏病学会副主任委员、福建省中医药学会肾病分会副主任委员、福建省中医药学会理事、福建省中医内科学会委员以及福建中医学院学报、福建中医药杂志、福建医药杂志编委等职务。

参加工作20多年来，长期从事各种肾脏疾病及内科疑难病的中西医结合临床诊疗。对急、慢性肾小球肾炎，肾病综合症，急、慢性肾功能不全，尿毒症及高血压肾病，糖尿病肾病等继发性肾病，肾结石，复杂性尿路感染等诊治有其独到见解。研制补肾祛毒丸、肾血宁等多种制剂供临床使用。参加过卫生部举办的中山医科大学肾科高级医师进修班半年以及全国西医、中医肾病新进展学习班、国内外各种专业学术会议几十期。所在科室有40张床位，46台血液透析机，全年门诊病人3万多人次，年经济收入达1500万元，是福建省最大的血液透析中心和腹膜透析中心之一，是福建省中西医结合肾脏病重点专科及“十一五”全国中医重点专病“慢性肾衰”协作组单位之一。肾内科也是福建中医学院中西医结合重点学科之一，魏仲南为学科带头人，承担厅级、校级课题多项，参编《中西医结合老年病学》一书，在相关医学杂志发表多篇学术论文。2007年成为国家中医药管理局主办的全国优秀中医临床人才研修项目第一期毕业学员。

学术经验

在肾脏病临床研究中深感慢性肾脏病危害性大，而现代医学治疗上存在局限，众多的慢性肾脏病患者虽到处求医，长期治疗，仍不可避免地进入肾衰竭期，透析治疗或死亡。“路漫漫其修远兮，吾将上下而求索！”为解困救疾，提高疗效，故勤求古训，博采众方，努力钻研祖国经典医学之《黄帝内经》、《伤寒论》、《金匮要略》、《温病条辨》及《脾胃论》、《血证论》、《儒门事亲》、《里虚元鉴》等，挖掘其中精华。拜福建名医肖熙、杨春波等为师，悉心研究历代名家医案，探讨其辩证与临床用药特色，施于临床而提高疗效。深入研究现代医学肾脏病发病机理，并与中医理论相结合，发现肾病与水密切相关。

论文《水病初探》即体现“经典”理论与临床的探索。“水病”是指水邪伤人所致的各种病症的总称。古人认为万物生于水，水是构成人体的非常重要的物质。《佛经》言：“人禀四大而成形。”四大即地、水、火、风。《内经》言：“人禀五行而生。”五行即水、木、火、土、金。但水能载舟，亦能覆舟，有其用，又有其害。人生百病，最难者莫出于水。故水之二重性，辨治中应慎之又慎。

论文全面、深入的分析了历代医家对水病的各种研究。首先探讨了要维持水液的代谢生理，主要靠脏腑的气化功能正常。水液是由胃、脾、肺、肾、三焦这五经之气，经过升、降、浮、沉的复杂的生理运动，才成为“水精四布，五经并行，合于四时五脏阴阳”的生理循行。

如果感受风、寒、湿、热、雾露邪气，或起居失调，饮食不节，情志内伤，使胃、脾、肺、肾、三焦这“五经”之气化失调，则使司水之功能受到障碍，尤以阳气不能化阴，气机不能行水，而致“阴阳气道不通，四海闭塞，三焦不泻，津液不化”（《灵枢·五癃津液别》），而使水的代谢不能顺利进行，因而构成气寒水凝，或流溢失序，或上冒清阳，或泛溢周身。《素问·至真要大论》：“诸病水液，澄澈清冷，皆属于寒。”水为有形之邪，其性寒冽，必犯阳气。因此，水寒浩淼难治，在表在里，沿三焦以为害，于是各种水病逐次发生。”

水病之临床表现多种多样。并不只是常见的有形的水肿。除了水肿以外，与水之寒性有关的“水气”亦属其中。体内水寒之气或外受，或内生，其上逆、内阻、格据、扰乱气机，而变生种种他证，若按水寒治之，则有拨雾见途之效。列举了八个水病病案，从不同的角度介绍了不同的治疗方法。

论文中还列举了水痫、水眩、水寒作咳、水逆、水渴、水悸、水痞、水泻、水秘、水厥、水郁发热、水霍乱等病的临床症状、症候分析、辩证要点、治疗方药，有的附以病案。

临床中糖尿病肾病的水肿，西医有时运用大量利尿剂治疗仍困难，而用温阳利水宣肺、提壶揭盖等法，却能明显取效，解决问题。有些顽固性、难治性高血糖，配合中药辨治，疏肝理气、清热利湿、活血化瘀、调和营卫等，则使血糖容易控制，并明显减少胰岛素及降糖药的使用量。治疗了不少此类病人。

主要成果

总结经验，写出“温阳利水法治疗糖尿病肾病水肿”、“糖尿病及肾病临床治疗举隅”等文章。以中医药为主治疗慢性肾功能不全产生较好的疗效和优势，能明显延缓慢性肾衰竭的进展，并减少经济费用。根据慢性肾衰脾肾虚损、气机郁滞，浊毒内潴等病机，研制了补肾健脾，泄浊解毒的补肾祛毒丸，发表了“补肾祛毒汤治疗慢性肾功能不全120例临床观察”，获得福建省自然科学优秀论文三等奖。其余发表的文章有“中西医结合治疗肾病综合症72例”、“无症状肾性血尿的中医药治疗”、“肖熙教授治疗关格经验”、“温阳通利法治疗慢性肾炎体会”等。对久治不愈的疑难杂症，善用经方辩证，屡起沉疴。其中“论伤寒论的寒热并用法及临床应用——兼半夏泻心汤治疗阳郁恶寒证探讨”代表一定学术观点，发表在《中医杂志》。

2009

國醫年鑒

3 中医世家

北京

高氏世家

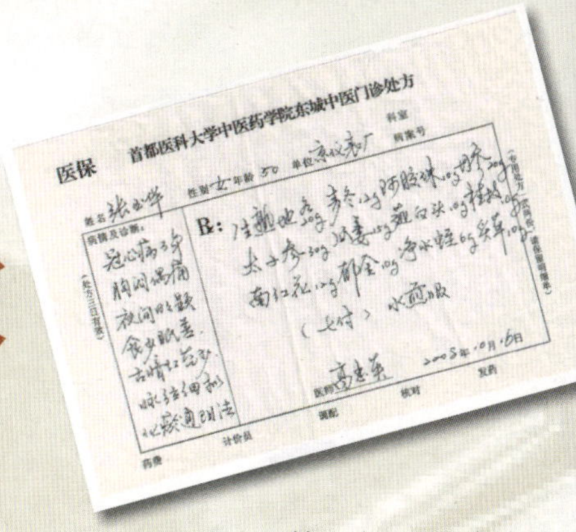

世家传略

高忠英，男，生于1938年6月23日，汉族。北京市人，首都医科大学中医药学院教授，主任医师，博士生导师，全国老中医药专家学术继承工作第二、三、四批指导老师。

高忠英世家业医从祖父高斐然开始。高斐然先生是河北省深县高家寺村人。早年投师医门，学有所成，在原籍悬壶济世。当时社会经济水平低下，妇、产危证给乡邻家庭带来很大的痛苦，是延医就诊率较高的疾患。高斐然先生应一方所需，术有专攻，擅长妇科、产后危难急证，驰名乡里。

高斐然先生传医于长子高金印，次子高金堂。次子留守乡里承续祖业，为乡亲邻里把脉除疾。日寇侵华扫荡中原时，高金堂不幸被日军杀害。伤痛之余，长子高金印到京城应试，经国家卫生厅考试合格，更名高世卿，在北京南城梁家园甲5号挂牌行医。初以家传为依托，主诊内、妇二科。后得《推拿秘书》，潜心自学有所成，以小儿推拿独步京城。解放前曾任北京中医师公会监事，解放后曾组织联合诊所任所长，后并入宣武区大栅栏医院，享年80岁。

高金印传医于长子高忠民，三子高忠英。长子应乡里诚请，回农村继承祖业，解放后入深县医院护驾池分院工作，任中医师。高忠英20岁经北京市卫生局考试合格，入北京市中医医院内科任中医师。为丰富家学，提高医术，高忠英1962年拜京师名宿魏舒和为业师，先后专题研治呼吸及消化道疾病，收效颇丰。后调入中医药学院，先后任方剂学、温病学教研室主任，兼任北京中医药学会基础理论学会委员。1997年被确定为国家级名老中医。事迹先后被收入多部辞书。

高忠民教授一生精勤于学业，发表专业论文10余篇，如“五脏补益法”、“引火归原法的实质与运用”、“中医临床用药配伍规律”等等。此外，还参加编写《实用中医学》（获部级特等奖）、《实用中医营养学》以及《徐大椿医书全集》注释工作。1987年主持科研国家级课题之子课题“脾胃病证中药方剂知识库”，针对脾胃诸病证，搜集历代医藉中相关的药物与方剂，按程序编计算机数据库，搜索窗口菜单，可了解药物的性味功能及不同版本本草书籍的记载。方剂出处、组成、主治及同名方剂的差异。知识库可按病证的类型（如胃痛虚寒型），计算机可根据该型常用方剂中的药物使用率，经筛选演示出一组常用的方药，以供学者参考。获市局科技一等奖。其后将其补充为“五脏病证

高忠英的父亲高世卿

高忠英的哥哥高忠民

中药方剂知识库”，在国际传统医学大会上获金奖。高忠民之子高燕生毕业于河北中医药学院，与同班同学张敏志同道合结为连理，一同留在石家庄从医，成为高家世医第四代。

学术经验

1、善用五脏补益

高忠民教授集从医50年丰富的临床经验，结合临床用药配伍规律的研究，提出五脏补益基本法则，强调整体观念，倡导治疗慢性病以补益为主，着重提高自身免疫机能。如治疗气管炎久咳不愈者，以补气养阴的补肺汤加味，效果显著；补肺汤加益肾及脱敏中药治疗哮喘；玉屏风散加味及脱敏中药治疗过敏性鼻炎；慢性肝炎用滋补肝肾法，提高自身免疫力，阻断病毒生活条件，疗效肯定，复发率低；补益肝肾加白花蛇治疗红斑狼疮多例，均取得显著疗效；补肾益精加虫类药治疗脊髓空洞症。

2、巧用“引火归元”

高忠民教授临床思辨精当，对疾病寒热不是简单的温补和清泻。比如，巴戟治阴阳俱虚之高血压，遇有虚阳上越者，更加附子、肉桂，通过引火归元提高降压效果；此外，治疗慢性胃炎创立脾虚胃燥型，寒热并用法取得理想效果等等。

3、创制方剂图析

高忠民先生从事方剂学教学20余年，重点从事方剂理论及临床运用的研究，以寻求方剂配伍规律。他治学严谨，教学直观，敏于接受新事物。他在教学中创造一套方剂电化教学图表，重点突出方剂君臣佐使组成原则理论的分析，直观性强，易学易懂，提高学习和教学效果，受到各层次班级同学的称赞，1991年将其整理为专著《方剂图析》刊行。

4、精编个人医案

高忠民教授医、药双修，既有家传和亲历的丰富临证经验，又长期从事中药学高等教育。他的医、药经验，来自临床又验之于临床。为了提携后学，高忠民教授晚年集带徒临床验案编著《高忠英医案精选》，每例验案后附注按语，提示辨证和方药要点，把自己几十年治学从业经验系统整理，留给后学服务社会。

轶闻趣事

1、悲喜交加父母心

李某有双胞胎儿同患病毒性肺炎，急诊于儿童医院，经3日高热不退，其中一患儿不治病亡。丧子之痛，使父母伤心欲绝，对另外一息尚存的患儿也失去了治疗信心，悲痛之余，坚持抱子出院。经介绍燃起一线希望求诊于高金印先生。高金印先生用中药结合小儿推拿迅速解除高热，七日后病愈，家属敲锣打鼓送“济世活人”匾额一块，以示感谢。

2、起死回生亲人喜

表亲张×久患高血压突发中风，昏厥不省，急诊不效，转住××医院，经治疗仍无转机，遂将其放入单间病房放弃治疗（无药物及氧气）。其子不甘心父亲无救，连夜找到高忠民先生求其诊视。观其昏厥不省人事，痰声漉漉，二便俱实，舌红苔黄黑焦厚。高忠民先生即刻用上等牛黄清心一粒，化开滴入。复用清肝泻火中药一剂慢慢滴入。次日病者说笑如常人，已转入普通病房。医生不解，谓其生命力太强，焉知此为中医之功，中药之效。

北京 许氏世家

世家传略

2008年3月，北京举行国家级名老中医、杏林女杰表彰大会。受到表彰的女杰之一就是北京中医医院许心如教授。许老是北京中医医院主任医师，硕士研究生导师，是著名的心血管专家，国家级名老中医。

许心如女士生于1924年12月，籍贯上海市。1952年毕业于上海同济大学医学院，毕业后分配到北京工作。毕业于知名西医高等院校的许心如成为北京知名的杏林女杰，其中缘由与许女士的家学有关。

许心如女士的母亲来自中医世家。她的外曾祖父为江苏省当地中医。自采中草药及虫类药为患者治病以外科为主，受到患者的好评。外祖父姜子楣拜师当代名医费佰雄，擅长温病及妇科疾病。舅舅姜岳蒲跟随外祖父学习中医后独立行医，他们二人均为当时江南一带名医。解放后姜岳蒲应聘于南京中医学院，并参与该院之筹备工作。母亲姜毓清耳濡目染，颇谙医道，在外祖父患眼疾失明后，就由母亲帮助外祖父临证抄方。但由于她出生于1889年，受世俗影响未能正式行医，仅为乡亲及家人治疗颇受好评。祖传几代悬壶济世深受老百姓爱戴，在许心如幼年时代就留下了深刻影响。当今许心如教授，还保留着前辈的医案及亲笔处方。

上世纪五十年代，毛泽东同志为第一届全国卫生工作会议的题词：“团结新老中西各部分医药卫生工作人员，组成巩固的统一战线，为开展伟大的人民卫生工作而奋斗”。为响应党中央毛主席提出“西医学习中医，整理提高祖国医学”的号召，出身于中医世家的许心如理所当然地服从领导调派，于1959年～1961年参加了北京市第一届西医学习中医脱产学习班，系统学习了三年中医理论。1961年结业后就留在北京中医医院、中医研究所工作。许心如女士是我国西医院校毕业从事西医临床工作多的医师最早系统学习中医开展中西医结合之路而继承发展中医事业的中西医结合专家。

许心如教授行医五十多年，有中、西医两套理论基础，系统学习中医之前，在综合医院内科工作七年，学习中医之后，一直在中医医院内科及心血管科从事中医、中西医结合临床医疗及科研教学工作，是北京中医医院心血管科带头人、主任医师、研究生导师、全国老中医药专家经验继承指导老师。

学术经验

世家医道熏陶，中、西医学的系统学习和中、西多年临床，使得许心如教授学养深厚、经验丰富，她擅长心脑血管病的诊治，并总结老中医前辈经验，提出冠心病、心绞痛归为五个类型，一个胸阳不正，一个气滞血瘀，一是阴虚阳亢，一个是痰浊阻络，一个是心气不足。胸阳不振者用瓜蒌薤白白酒汤加减；气滞血瘀者用血腑逐瘀汤加减；痰湿阻滞用导痰汤加减；阴虚肝旺者用一贯煎加减；心气不足者用养心汤，炙甘草汤加减。1972年以后对本病的特点进一步分析认为本病是一种慢性病，大多数患者为胸部隐痛时发时止，劳则加重，多拌有胸闷气短心悸等症，结合舌脉象等按中医辩证大多属于虚症，而以心气不足居多。《金匮要略》中记载“胸痹而痛，所以然者，责其极虚故也”。王清任在“医林改错”中说“元气既虚，必不能达于血管，血管无气必停留而瘀”。这都说明“瘀血”这个实症临床上经常与“正虚”同时交错并存。而正虚往往是瘀血的病因。由于正气不足，阴血亏损而造成气滞血瘀、心脉不通，不通则痛。所以“本虚标实”是本病基本特点。结合气血理论：“气为血帅，血为气母”二者一阳一阴“互相生化，互相依存”，“补血必须补气”“血虚之痛，必须用补血之味”。故在补血之中加适当补气，在补气之中也相应适当补血。再则王清任“医林改错”中谈到“于补血之中行逐瘀之法则气血不耗瘀血尽消矣”以及“瘀血不去，新血不生”，“新血不生，瘀血不化”此为活血化瘀法则应用时应注意的警句。三参通脉立法用药包含此意。用益气养阴、补血和活血化瘀并用的法则治疗冠心病心绞痛取得较好的疗效。

许心如教授运用中医气血理论为主，治疗心脑血管病取得明显疗效。

气和血是人体生命活动的动力和源泉，人体各种机能活动，均由气血的运行而维持，全身各脏腑组织器官都有赖气血的濡养，而气血的再生亦是由脏腑功能活动正常运行所产生的物质所补充。例如脾主运化，升清，意即把进入胃中的食物，经胃的“腐熟”作用(消化作用)经小肠进一步消化分“清”“浊”两部分，其中“清”的部分属精微物质及水分通过脾的运转经心肺输布到全身各部供给全身营养，补养气血之再生，当气血不足时脏腑机能受损。反之，气血变化亦可影响到某脏腑的功能，两者密切相关。

以下简述一组病案说明之。

运用气血理论治疗冠心病、心绞痛

扶正祛邪法治疗冠心病、心绞痛一附-112例临床总结及49例远期疗效观察(发表于中华医学杂志1976年2月：81—83)

扶正祛邪亦即益气养阴、补血和活血化瘀并用的法则。后多次修改及补充，改名为三参通脉。基本方：

太子参30g 元参15—30g 当归10g 赤白芍各15g 郁金15g 婆罗子15g 丹参15g 细辛5g

加减用药一般规律

1、胸阳不振，加桂枝3—15g 瓜蒌30g 薤白10g

2、气滞血瘀型加枳壳10g 佛手10g 青陈皮各10g 鸡血藤30g 川芎10～15g 红花10～15g

3、痰湿阻滞型去元参、白芍，加半夏10g 陈皮10g 瓜蒌30g，兼气虚者加黄芪10～15g

4、阴虚肝旺型加生地15～30g生石决或珍珠母30g 菊花10g，头项强痛或头痛头晕者加葛根10-30g，心悸重者加紫石英30g

5、心气不足型加黄芪30g 党参10—15g(气阴两虚改用沙参15～30g。

治疗效果：按1974年全国冠心病高血压普查预防座谈会修定的参考标准评定临床疗效评定显效39例(34.8%)，改善63例(56.2%)，无变化101例(9%)，总有效率91%。

临床体会

早在2000多年前《黄帝内经》所记载的“心痛”，“真心痛”，“厥心痛”以及后来医学文献所记载的“胸痹”、“心胃痛”等都类似冠心痛心绞痛，对本病因的认识，大多认为是“阳气不足，阴邪乘之”，治疗用《金匮要略》的栝蒌薤白白酒汤为主者较多。此外还有寒热痰湿血瘀气滞等学说。

学术成果

1987年，她主持研究治疗冠心病、心绞痛的心痛气雾剂开始临床应用，并获得了国家科技成果二等奖，这也是中医界的第一个国家级奖项。谈起获奖情况，许心如说是博大精深的中医理论给了她启发。她主持的课题多次荣获市级科技成果奖。

逸闻趣事

1、医道高明的证据

为我国著名物理学家严济慈作传的作家张沪，在自己的新作《严济慈传》出版之际，第一时间就赠送给徐心如教授，赠言如下：

许心如大夫：

送上《严济慈传》一本，请收，这是您医道高明的证据。

1998年5月，我因高血压中风，当时右手腿麻木沉重，头脑不清，言语迟钝，而此书合同已签，不完成不合适，多亏您为我诊治用药，使我一边服药，一边居然能执笔写作，现此书已出版，主要功劳应归于您，是您救死扶伤，起死回生的具体表现。

特此送上，敬请惠存！

张 沪

2、国家级名医的得失观

许心如教授80多岁高龄时，依然坚持每周挤公交车去10公里外的北京中医医院出门诊。当问起他图个什么？许心如说：心里放不下的是对那些患者的牵挂。现在心血管病是很难的病，有很多问题是解决不了，有些问题通过努力还是可以解决的，这样就给我一个动力，促使我继续努力，所以我这样感觉很充实。许老心地善良，体恤患者，一生行善，品德高尚，从不给别人添麻烦。很多人问她：这么大岁数还坐公交车出门诊，累不累呀？许老说：“我最愉快的事就是治好病人，我得到的比我付出的更多。”

福建李氏世家

世家传略

福州李氏儿科名闻榕城已有百余年之久。

清末期间，李氏儿科第一代李春山先生，为了发展家学，从原籍武术之乡永泰举家迁徙到了省城福州南台（现福州市台江）开设诊所，主业儿科。由于李春山先生同时兼有一身武艺，同期还以自己所擅长的少林虎尊之技设武馆授徒，颇有声名。

全心全意继承李氏医技的是李春山之子李子光。

李子光（1901～1976）晚号杏园老人。由于年幼之时体弱，未能完全承继祖传武术之技，但他天赋颖悟，幼承庭训，善读古籍，穷探《内经》、《难经》、《伤寒论》、《温病条辨》秘旨，故少时即跟随其父春山公临诊习医，尽得其医术之传。弱冠之时，其父殁，即承家业悬壶。精儿科，擅痘疹，兼通内、妇、骨伤，并擅针灸之术，亦善制丸、散、丹、膏。1921年他参加了当时的中医学术团体“全闽医学

李子光遗容

会”，建国前曾历任过福州群生医学研究会的常务理事、理事长等职。1949年建国后，参加了联合诊所的建立，先后在福州市中医院、福州市机关公费医疗门诊部、福州市第一医院的内科、儿科工作。除了平时忙于诊务之外，还曾兼任福州市中医班的教学。

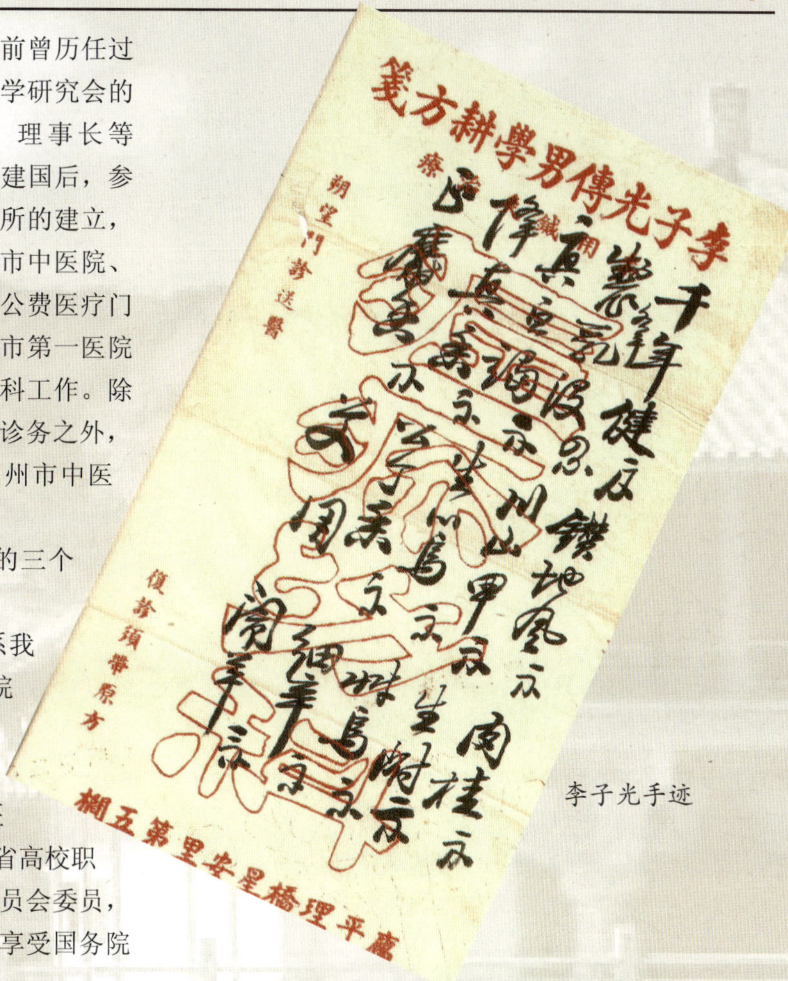

李子光手迹

李氏医家第三代有三人，即李子光的三个儿子。

李子光长子李学耕（1927～2006）系我国著名中医儿科学家，曾任福建中医学院终身教授，主任医师。作为福建省中医儿科学科带头人，历任中华全国中医药学会理事、儿科分会常任理事，福建省中医妇、儿科学会主任委员、名誉顾问，福建省高校职称评定委员会评委，福建省中医药评审委员会委员，福建省中医医疗事故鉴定委员会委员等，享受国务院政府终身特殊津贴。

李学耕教授自幼聪颖好学，年幼即随父攻读经典，并精通书画、金石等，多才多艺。1947年即通过当时的中医师资格考试，自设“鹤庚针灸诊所”主诊针灸，兼内、妇、儿科。1949年曾任中国针灸研究社（由苏州承淡安主办）福建分社社长，1952年由福建省卫生厅指派分配到原福建省中医进修学校并参与创办福建省人民医院筹备工作，在医院任针灸科主任兼内科门诊负责人。1958年至1960年作为福建省优秀中医人才代表，参加卫生部委托北京中医学院举办的全国第一期教学研究班研修，结业后因学习成绩优秀被留校任教。在任教期间曾兼任越南留学生班教学并任班主任，同时参加编写全国中医学院统编教材。1960年由于福建中医学院开办之初急需人才，被福建省政府调回福建中医学院任教。在该校期间曾先后主讲医经、儿科、温病等课程，并担任中医儿科教研室主任。1992年被评为“福建省有突出贡献的医学专家”。

李子光次子李学尧（1944～　　）作为中医世家子弟，于高中毕业后就以继承父业为志，随父学医为徒，在福州市第六医院（原福州市机关公费医疗第二门诊部）中医科工作四十多年，临床经验丰富，求医者众，现已退休，仍为医院返聘。

李子光三子李学麟（1954～　　）系第一批全国优秀中医临床人才，福建中医学院首届“名中医”。主任医师，副教授，硕士生导师。现任福建中医学院附属人民医院杏苑国医诊治中心主任，福建中医药学会儿科分会常务理事兼秘书，福建中医药学会内科分会理事，福建省突发公共卫生事件专家咨询委员会委员。在家庭的熏陶下，李学麟幼时即对中医感兴趣，13岁小学未毕业即在母亲的督促下抄诵《医学三字经》、《汤头歌诀》、《药性赋》等中医入门医籍，及至文化大革命开始休学期间则随父侍诊，抄写处方，聆听教诲，同时广览家中的医籍，打下了良好的中医基础。1977年高考恢复时李学麟即考上福建中医学院医疗系，于1982年毕业。1982年毕业以后李学麟就一直在福建中医学院附属人民医院儿科担任医、教、研工作。2000年开始招收硕士研究生，承担了《中医儿科学》、《儿科学》、《中西医儿科学》、《中医儿科临床和进展》、《中医儿科名著选读》等

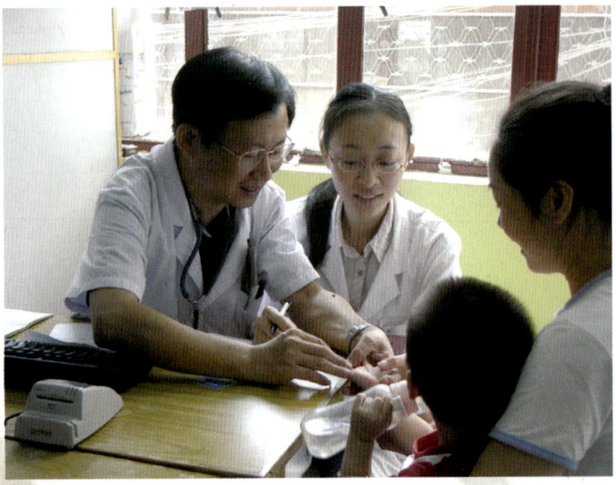
李学麟

课程的理论教学及临床带教工作。他不仅继承家传的经验，工作之余，还常结合临床实际钻研中医经典理论，博览群书，学习历代名家经验，并不断吸收医学新知识和掌握医疗新技术，致力于小儿热病方向的研究，从伤寒、温病等传统学说入手，结合历代医家的心得、经验，融伤寒、温病理论于一炉，深入研究小儿常见病、多发病的病因、病机及治法、方药，针对小儿的生理病理特点，提出以通阳和阴之法指导治疗小儿感染性发热、肺炎、哮喘、肾病及反复呼吸道感染、慢性咳嗽等急、危、疑难病证，每每能出奇制胜，故门诊出诊时则求医者众。

2004年经过严格的选拔、考试，李学麟被遴选进入国家中医药管理局全国优秀中医临床人才（200名）研修项目。经过3年的研修，更系统、更深入地学习了中医四大经典，撰写了多篇学习笔记和论文，最后通过考核，被国家中医药管理局授予“全国优秀中医临床人才”的称号。

李氏业医已传承到第四代。李学耕长子李孔珪（1950～　）继承家学，在社区卫生站担任中医师。

学术经验

李子光

他在内、儿科方面术宗仲景、叶桂、吴塘之说，精于治疗热病，小儿痘疹，乐善好施，常以小儿飞针术救治急危重患儿。

李学耕

1. 幼幼哑科　尤重望诊。儿科自古号哑科，皆因年幼不能言，或言而不实，无脉可切。故李学耕认为：凡治小儿之病，惟凭望色审窍，则知其病之原，治无不神。望色审窍乃为儿科辨证之精髓也。

李学耕在望诊方面积有丰富的经验，尤善运用五色辨证指导于临床。

尝云：若面赤如朱心火燃；左腮赤色肝有热；右腮发赤肺热痰；鼻准唇红属脾热，惊风将作面颊红；山根色红夜啼频。倘红赤甚于两腮(颊)部位则为客色。如左颊红赤甚于右颊为心火传于木位，肝风心火相煽之征，应防惊风将作，宜羚羊钩藤汤加地龙干、紫雪丹，以清心泻火，凉肝熄风。若面赤兼见口唇色红，或气池红紫，属心脾积热，用清热泻脾散以清泄心脾积热。若右颊红赤偏甚，兼见鱼际红紫，则为肺经热盛，挟有痰热咳嗽，予麻杏石甘汤加黄芩、栝蒌以清热宣肺、止咳化痰。如红赤见于两侧腮颊部，兼见舌尖红、额心热，为里热心火炽盛，用泻心汤清泻心火，通腑泻下，以顿挫火势。若久病重病见两腮颊鲜红娇艳，而面白肢厥、冷汗出，为虚阳浮越、阳气欲绝之症，亟予扶正固脱，用参附汤加龙骨、牡蛎以回阳救逆。

2. 阳热居多　清解惟要。李学耕根据小儿易热多火的病理特点，在临床上始终贯穿着清热法的运用。认为：清法可清热泻火，凉血解毒，祛除痰湿，盖及早清除痰热(火)可免侵害他脏。若能早期应用清热法，对防止惊厥的发生有较大作用。李学耕不仅善用清法，且常配合他法使用。如主张（一）运用“宣、清、运”治小儿咳喘。包括有：1.解表宣肺开郁法；2.清热泻火止咳法；3.运脾理气化痰法等。（二）“疏、清、下”治小儿高热。认为：1.六淫外袭，以疏为要；2.纯阳多火，清解惟宜；3.釜底抽薪，善施下法。（三）“补、清、涩”治小儿泻痢等病，具体有：1.重视脾胃，寓补于消；2.清热除湿，用药多样；3.虚实夹杂，标本兼顾。

在临床中，李学耕教授非常注重辨证求因，推本溯源。李学耕教授根据小儿生理病理特点，及临床所见，认为小儿咳喘，外感多于内伤，其证型则以肺热咳喘为常见。《内经》虽有“五脏六腑皆令人咳”之说，然小儿咳喘则以外感六淫，内伤饮食为主。并谓：咳、嗽，喘分之则成三证，阖而遂为一病也。咳多见嗽，喘多伴咳，咳嗽之渐乃为喘。且三者证候，在临床上往往相互传变，从病机上来说，三者则互为因果。故强调疗咳喘务必熟谙其病因病理，方能执简驭繁，举一反三，则临床遣药得心应手，莫不中的。

对于小儿哮喘的病因，李学耕教授还认为关键在于痰，谓：无痰不作哮，何也？盖痰为百病之源。宿痰胶固，凝成窠囊，深伏肺腧；或感六淫，内外相应，肺失宣肃，升降不利是小儿哮喘的主要病理机制，而窠痰深伏则为发病之关键。哮喘的发生、演变、转归莫不与痰密切相关，盖无痰不作哮，哮专主于痰故也。在治疗上，李学耕尝云：治哮不治痰非其治，而治痰不治窠囊之痰，岂与不治同也。并谓：痰秘胶固，气道因之气不得顺，宜先消其积痰，其气则自顺；若顽痰而实阻于肺，以逐痰、豁痰为要，俾窠痰自清其气顺，则哮喘悉平。所以李学耕教授治疗咳喘着重强调气机升降的重要性，尤善于调理气机，以利升降。认为疗咳喘，必先调气，以畅气道，气顺痰化，则喘咳自平。在遣药上，更为灵活精当，或升降互调，或开阖相济，或宣敛并进，或敛降共击。

李学耕教授主张有是病而用是药，认为只要辨证准确，勿虑小儿肌薄脏娇，应果敢立断，以截瞬变。尤其在治疗急危重症时，每以娴熟而敏捷的辨证，迅猛慓悍的用药，力挽狂澜，救危急予俄倾之间。故他清热泻火，独尊石膏，其用量有时甚则用至150～200克。而润肠通便，则重用蒌仁，认为“大便通畅痰热自除”，常在辨证的基础上遇痰热郁结必加用大量的栝蒌仁(15－30克)，润肠通便以达清泻热痰之目的。止咳化痰，擅用覆花，盖大凡认为“诸花皆升，惟旋复独降”，而李学耕教授则认为意不在此，谓：旋覆花须配赭石方降，花飘浮毕竟属轻宣上扬之品，佐以杏仁则具有豁痰止咳之功，正因为它能宣发华盖．而使肺气肃降。肺气得宣，咳嗽痰喘则自平。这正和肺先升后降的正常生理功能相吻合，亦与所谓的提壶揭盖有异曲同工之义。热痰蹯踞，独赏黄芩。在辨证用药上李学耕教授推崇黄芩，称它为清肺化痰热之要药，每于小儿咳喘中，无论是风寒、风热，或痰热等均必用之，且效用卓著。李学耕教授根据自己数十年的临床实践认为：黄芩治病非重剂不能奏效，观其量常用至6～15克，婴幼儿皆如此，而未见苦寒伤胃之弊。

学术成果

李子光　生前曾撰写或发表《对痫证的治疗体会》、《疹后四大证辨证简说》、《自订止痒紫金汤治疗湿疹瘙痒的经验》等二十多篇论文，遗著有《杏园老人论医集》、《李子光临诊医案汇编》等。

李学耕教授　曾创造“三用针灸医疗器”，编写《小儿飞针疗法》著作，分别曾获得福建省科技二、三等奖。并参加协编《中医基础学》、《中医基础理论详解》等著作荣获福建省高等教育厅科技三等奖，1985年获福建省卫生厅颁发的“继承发扬祖国医学遗产”的奖章和奖状。

李学麟教授　曾先后撰写了20多篇论文发表于国家级和省级专业杂志上。1988年还参编《中医学问答题库·儿科学分册》（中医古籍出版社出版）。主持并参加多项省级科研课题研究项目，参与的《中西医结合治疗小儿难治性肾病的临床研究》课题1998年获福建省医药卫生科技进步三等奖。

轶闻趣事

1、李子光针药解悬念

一次，李子光正在家中给人看病，只见一位友人的家属气喘吁吁的跑来，说友人因事与人发生冲突，曾被对方触压过胸部，事后不到顿饭时辰，突感胸闷难受，随即大汗如雨而出，现人事不清，故急来求救。据说对方身怀武功，有点穴之技。尚在了解情况之时，又有一位其亲友来催，说现人已呼吸欲绝，怕是不行了，于是李子光即放下手中之事，随来人急急前往。到了那里，只见人围一圈，拨开人群一看，友人正躺在一张竹床上，面现脱色，周身汗出如珠，床下地面湿漉漉的，急取毫针扎其膻中、合谷、气海等穴，须臾，针尚未拔，汗液已收，人渐清醒，但觉疲乏无神，余无恙，围观众人惊叹不已。后续书一方予以调养，次日已复如常人。

2、李学耕飞针去宿疾

一日，友人之子方3岁，因高热而抱之上门求诊，李学耕书方一纸嘱其急取煎服，然出门后未及一刻复敲门而返，原来尚在半途其子突然抽搐，口吐白沫，神智不清，急惊风作矣，故急返。李学耕急取飞针针具在其子身上施术如飞，旋即患儿汗出神清抽止。自此之后，既往时有而作之抽风之夙疾不再作矣。

福建 孙氏世家

世家传略

福州西门善化坊孙氏，系清初从山东乐安（今山东省博兴、广饶等县一带）迁来福州，历经六代，是在福州享誉两百多年的中医妇科世家。

“为医第一贵虚心，临证兢兢毋率尔”，是孙家世守的家训。

孙氏最早业医为五世祖心兰，于清代乾隆嘉庆年间悬壶。其后传子滋森。滋森之子椒藩是孙门三世，精于医道，是清道光、咸丰年间福州名医，不但擅长妇科，在时疫流行时，还选方制作“应时丸”，分赠亲友、邻里和贫苦病人健身防疫，甚得百姓赞誉。椒藩之子石溪为孙门四世，秉承父业，行医50多年中，精研医理，诊病细心，遐迩闻名，曾任福州中医师公会理事、闽侯县中医考询委员等职。孙门五世石溪长子孙朗川、次子孙浩铭（1909－1975年）尽得家传，20世纪30年代先后开业从医，仍以妇科著称于福州。建国后，朗川任福建省中医学院妇科教研室主任兼福建省人民医院妇科主任，浩铭任福州市人民医院妇科主任，两人先后被选为省政协委员及省人大代表。他们积极整理孙家祖传治病经验，朗川著有《妇科经带胎产证治歌诀》、《孙朗川妇科临床经验》两书；浩铭也留有不少珍贵手稿，使瑰宝得以保留。

浩铭长子孙坦村为孙家第六代传人，17岁随父习医，21岁经考核出师调至福州市人民医院妇科工作，累升至主任医师，福建中医学院教授。

孙坦村教授是福州市有突出贡献的专业技术拔尖人才，享受国务院政府特殊津贴医学专家。历任福州市中医院院长、福州市中医院名誉院长、福州市中医药研究所副所长、中国中医药学会妇科委员会委员、福建省中医药学会妇科委员会主任委员、福建省中医药学会常委、福州市中医药学会副会长等职。

学术经验

1、重视脾土

孙氏崇尚东垣的脾胃学说，认为妇女以血为本，经、孕、产、乳皆以血为用事，血之化源在脾，且冲脉隶属阳明，阳明为多气多血之腑 ，脾胃健旺，精微充足，血气旺盛，冲任充沛，则无以病生，若脾胃功能失调，则直接或间接导致诸多妇科疾患。因此，临床上孙氏擅以补脾升阳，俾脾气健旺，统摄守职，血以归经。如脾气虚弱引起的月经过多、月经先期、崩漏及胎漏下血、乳汁自溢等证，则以健运中土滋其化源，充其血气，冲任得养，经脉畅通，则病自瘥。常用归脾汤、香砂六君子汤等方剂。

在用药上善扶脾胃正气。孙氏临床治疗用药处处顾及胃气，强调“有一分胃气，便有一分生机”。治疗慢性疾病，注意健护脾胃，滋其化源，维护正气。俾体质恢复，正气强盛，力以抗邪。治疗急性病，热邪壅盛，若用苦寒之药，则不宜久用，用量不宜过重。因苦寒最易败胃，中病即止，若需久用，则必须配伍保护胃气之药，以免胃气损伤并发他病。补血之药多属厚味腻滞，易碍胃满中，令脾气更虚，败伤胃气，不但血虚难复，且使百病难治，因此常佐以轻量之辛香理气药如陈皮、砂仁之类，以醒脾开胃。

2、调气心诀

妇女由于在生理上有经、带、产、乳，血分疾病居多，故以血为本，当属公论。孙氏论治主张若血受病，重在调气。瘀血之证，若血虚之体，勿急化瘀，气滞已见，务宜顺气，气顺则血行，气调则血和，如疏肝气以散瘀血。凡因气郁而血脉瘀滞所致月经不调、痛经、闭经、产后腹痛者，当疏肝为先、化瘀为辅，其验方养血调气汤：

制香附、青皮、川芎、当归、赤芍、熟地、乌贼骨、茜草、泽兰叶。

盖气血本属相辅而行，不可须臾相离，气不守则血无所藏，阴不足则阳无所附。妇科病与脏腑气化功能关系较大，如崩漏、闭经均可导源于气。前者缘由脾胃气虚，胃气不足，以至气不摄血。后者因气滞血瘀，冲任无资，致生闭经，故顺气乃属良策。肝体阴用阳，在调理气血之时，孙氏尤善疏泄肝气，即使阴血不足，肝体失养，养血亦须参以疏肝。吴鞠通云：“善治血者，不求之有形之血，而求无形之气。”孙氏主张“治血分病当调气为先”，验方中孙氏擅用制香附，李时珍谓其“利三焦，解六郁”，乃“气病之总司，女科之总帅”，诚为本方之主药。

3、补肾固冲

《傅青主女科》谓“经本于肾”、“经水出诸肾”。《素问·金匮真言论》曰：“精者，身之本也。”《素问·上古真言论》亦曰：“肾者，主水，受五脏六腑之精而藏之”，足见肾在月经产生的过程中起主导作用。大凡久病大病“穷必及肾”，临床诸虚不足，多责之于肾，而肾病必以虚为主。“冲为血海”，为“十二经之海”，广聚脏腑之血，“任主胞胎”为“阴脉之海”。而任通冲盛以肾气盛为前提，故冲任之本又在于肾。孙氏善以补肾固冲治疗月经失调，尤其作为善后调理恢复机体功能的必备手段。其补肾在于滋水之源，以填精补髓为主，同时兼用益火之品，使水火既济，阴阳平衡，精血自生。常用药如仙灵脾、巴戟天等；滋肾药如熟地黄、女贞子等；固冲任药如莲须、山茱萸等。方剂常选六味地黄丸、二至丸等。

4、明辨标本

妇科疾病有别于他科，有经、带、胎、产、乳及杂病的特性，病理变化往往错综复杂。孙氏从明辨标本以审虚实凶吉，断主次缓急而分步论治，如此临症则能稳操胜券，化险为夷。孙氏认为妇科疾病的治疗，首先当循从“治病必求于本”的原则，根据疾病的发展过程，还须掌握“急则治标，缓则治本”和“标本同治”要则，灵活论治。分辨标本为确定治疗提供重要依据，掌握疾病的本质所在，有的放矢，针对病因进行治疗，体现辨证求因、审因论治的治病法则。临床治崩三法（塞流、澄源、复旧）是体现这个程序和目标所采取的治疗法则。孙氏每遇产育血崩之证，气随血脱，遵《素问·标本病传论》“病发而不足，标而本之，先治其标，后治其本”，以及“有形之血不能速生，无形之气所当急固”，急用独参汤或参附汤益气固脱。又如子宫功能失调性出血，先行止血，继而固本，使其肾气充盛，冲任通畅，月经周期方能复常，益肾固本为治本病要着。“标本同治”适用于病势缓和，病程较长，或病情复杂的疾病。如恶阻因脾虚兼气滞，胃失和降，而出现呕吐不食，胸脘胀闷等，方用香砂六君汤以补脾理气，止呕安胎。对于邪实正虚疾患，则扶正攻伐兼而施之，亦即标本同治，孙氏擅以益气养血与祛瘀消癥并用治疗子宫肌瘤，多获良效。

5、用药要诀

药味宜纯　药量适中　　孙氏认为处方用药最忌夹杂，因此临证需详查病情，理法方药一以贯通，轻病用轻药，勿使药过病所，亦不可离题太远，无济于事，且药不达病所，姑息养患，反使病势转重。重病不可用轻药，需慎重将事，有制有节，方能奏效，否则可致偾事。孙氏在药物用量上亦颇具匠心，临床上药不够量，难以呈现疗效，过量则又损正气，而贻后患。如何掌握分寸，孙氏认为必审察病机，深晓药性，再因人、因时、因地以定药量。如散结解热，连翘用至30克；清热凉血，鲜侧柏用至30克，此类药量过小，则药难中鹄，箭成虚发。而对于疏肝和胃药，如青皮、砂仁等药，用量则少至3克，此类药物，性味多辛温香燥，少量可以化湿悦脾，舒气开胃，而用量过大，不仅破气伤正，且易化燥化火。

“产后温补”　不可偏执　　民间习俗以及医者，对产后用药，多主张温补。孙氏认为，儿甫落地，即进姜、酒、鸡、糯米丸等食物，似不合宜。因产后阴血亏虚，阳易升浮，服辛热肥甘粘腻之品，最令助热伤阴，碍脾不化。设遇形瘦多火，阴虚内热，善怒性急，夏月坐褥时当火令者，最易化火动血，临床所见流弊不可尽言。因此，对产后疾病的治疗，不可偏执“产后温补”之说，妄投温补之剂，正如王孟英所言：“产后非确有虚寒证者，皆勿妄投热剂，暑月尤宜慎之。”医者当引以为戒。

详察病机　活用生化　　时俗产后不论有病无病，瘀行未行，均服生化汤数剂；或有未服少服者，产后染病则责之服生化汤不够。考生化汤为逐瘀生新之剂，有活血温通之功，对于产后寒凝瘀滞确有良效。但有感每人通用，则难以尽当。若遇阴虚火旺之体，尤非适宜。应随症加减用之，如恶露净行去桃仁；口渴加麦冬、五味子；伤食加麦芽、北山楂；寒痛加肉桂、砂仁。若于产后未进饮食之前，即行顿服生化汤原方，谓可逐瘀生新，永免产疾，则必然宜忌参半，甚至加病。所以吴鞠通、王孟英等竭力批评如此做法。孙氏盛赞石芾南氏创“新生化汤”，于益母草、丹参、当归、桃仁等活血方中加入藕汁、童便、益元散等清热生津之药，以治产后热甚烦躁，不欲近衣，瘀热内结等症，亦甚惬合。

6、“病”、“证”结合

孙坦村先生虽然精谙中医理论，但也非常重视吸收现代医学和新科技，取西之长，补中之短，提倡中西互参，辨病与辨证相结合，冀以提高临床诊断率，洞悉疾病的本质所在，以便更准确地进行辨证论治。尝曰：“当今社会是高科技时代，孔子早在几千年前就提出‘工欲善其事，必先利其器’的精辟论断，以中医独具的特色，运用和配合现代科技，借助先进医疗仪器，则如虎添翼，促使传统医学得到科学的阐明，更趋于完善。”因而提出了妇科临证应注重微观辨证。中医辩证着重于功能方面的认识，而任何功能的改变必然是结构改变的基础，“证”亦必有其微观的表现和物质基础。人体是一个有机整体，功能与结构是保持统一的，对妇科一些疑难症证，采取传统的望、闻、问、切，很快作出明确诊断和对症治疗，有一定局限性，而将实验诊断和临床诊断相结合，则能纠正现象和本质的不一致，以助去伪存真，有的放矢选方用药，达到治病之快而佳的效果。

学术成果

孙坦村先生曾2次获市科技一等奖；1次获市科技二等奖；2次获省科技一等奖；1次获省医药卫生优秀科技著作科技进步三等奖；1次获国家中医药管理局中医药科技进步三等奖。

论文著作

孙坦村先生学验俱丰，发表在国家及省级医学刊物的论文达30多篇；先后主编《孙浩铭妇科临床经验》、《福州近代中医流派经验荟萃》、《月经病防治200问》、《孙氏世家妇科临证经验》，合编《脉经校释》、《基层医生临床实用指南》等书，均由人民卫生出版社或福建科技出版社出版。

轶闻趣事

1、兼擅男科

孙氏对不孕症的医治深有研究，被誉为“送子观音”。他打破常规，认为不孕症病因不论归咎于哪方，需要男女同治，才可毓麟有望，对治疗男子性功能障碍亦有独到之处。一对年过四旬夫妇，婚后8年未孕，女方慕名前来就诊，他细致问诊后得知，双方都有问题，女方排卵障碍，男方常有早泄，并已多方诊治罔效。由是要求双方同时治疗，详参四诊，辨证论治，女方调治正常，男方辨以肝经湿热论治，独以龙胆泻肝汤加减，累服三个月，并嘱注意生活饮食宜忌，半年喜告有孕。

2、筹集善款济危困

孙氏世家不但精于医道，且有慈悲之怀。常对贫苦患者免费就诊、送药，甚则慷慨解囊，深得人们赞颂，其善良品德一直延承至今。有一尼姑年四十，患子宫肌腺瘤和卵巢巧克力囊肿多年，倍受病痛折磨，肿瘤大到非手术不可，因种种原因她不愿手术。是次又暴崩，体力难支，急请坦村先生诊疗。先生立即主动出诊，全面了解病情后，认定非药物所能为，考虑到僧人清贫难以支付手术费用时，当即拿出1千元钱给她，亲自护送到医院并办理住院手续，随后积极联系佛教会筹款，该患者以及陪同来的僧人感动备至，作揖道谢。

福建 肖氏世家

世家传略

福建中医学院附属第二人民医院肖定远出生于福州中医世家，从他算起，祖上七代都是中医。起先，祖先还仅是乡间的半农半医，福州话叫“草药医”，只是利用农闲时间为乡亲邻里用草药治病，没有自己的独立医馆。后来子孙医术越来越高明，名气也越传越大，求医者越来越多，到了清朝末年，从肖定远的祖父肖治安开始正式设馆，一心一意为老百姓治病了。

肖治安21岁起开始在福州城澳桥旁开设医馆独立行医。由于他继承了祖上积累的经验，为人又聪颖勤慧，刻苦自修医学著作，广采众长，进步极快，不久便声名远播。《福州市郊区志》对他的医名有所记载。肖治安老先生很擅长治疗外科疑难杂症，主张小病轻病从外治解决，慢、长及危重外科疾患从本入手，内治为主、外治为辅。

据说，当时北郊有一位打铁工人，脚拇趾被铁件砸破，伤口发炎化脓，病人又4、5日大便不通，烦燥不安，并伴一会儿发冷一会儿发热，发冷时甚至牙齿发抖，角弓反张，把舌头都咬破了。其他医生看过后，摇摇头说：“是破伤风，无法救治了，准备其后事吧！”情急之下，病人家属请来了肖治安先生。肖老观察了病况后，只给了江鳔巴丸及江鳔珠丸各18粒，嘱咐先将巴丸研碎冲汤灌服半小时后，再给珠丸研碎灌服，待约后情况如何再说，服药后，当晚病人泻下一脚盆污秽臭黑的粪便，第二天病情大有改观，接着又经内服外治半个月调治后一切恢复正常，还照样上工打铁。这个案例在民间影响较大，被当地地方志收录。

肖治安老先生在六十多年行医中，不知接触过多少上层达官显贵之人物及广大贫苦民众，他对患者不分贵贱，一视同仁，在自己开业时，除收应得的诊金，药费外，从不猎取份外之款。对贫苦的患者除免收诊金外，对特困者还赠送医药，并时常教导子孙要做一名好医生。他认为：“医者德为本”，有技术重要，有医德更重要。为了光大家学祖业，造福更多民众，他还不倦地投资开办中医学社，培养年轻一代的中医人才，他的三个儿子和两个女儿就是他创办的学社第1、2届学生。到了近年，肖家后代可以选择的人生道路很多，但不少年轻的肖家后人还是选择了报考中医，原因很简单：对中医有割舍不断的热爱。

肖治安老先生享年81岁，直到去世前不久还在为病人看病。经他言传身教，3个儿子与2个女儿都成了有一定影响的医生。父子两代齐心协力，将肖家在福州的2个诊所经营得井井有条。解放后，在党的中医政策关照下，诊所越干越好，兄弟姊妹等人商量，打算将澳桥旁外科诊所进一步扩展为医院，后因城市实行公社化，也随着医疗行业公私合营的浪潮，这个计划搁浅了。他们兄弟姊妹调配到省、市、区等各级医疗部门相关科室工作去。1986年8月26日，在省市有关部门的特批下，正式在福州成立了以肖治安名字命名的医院——福州肖治安中医外科医院，实现了上一辈的宿愿。

肖定远10岁左右开始在家里开设的诊所中当“小助手”。那时看病的人非常多，一些病人需换药，人手又不够，从小受家风影响，他也乐意利用课余在家的时候为病人洗擦脓腐的疮面，再换上新药。他还跟着祖父，父亲从辨别中药材、帮助病人换药、抓药入手，再学习医学基本理论及中医外科代表专著，然后站在大人身旁观诊、听诊“实习”。 十七八岁时，肖定远已经可以独立行医了。但他认为自己所学仍然有限，于是决定走出家庭诊所，进入更高的学府深造。1960年，他考入了福建中医学院医疗本科，开始了为期六年的系统学习。

作为中医世家的后代，肖定远认为，随着时代的发展，医学的进步，到了自己这一代，应该不再像祖先那样只懂中医了。他有意识地将中医的辩证理念与西医的辩病理论有机联系在一起，博采众长以提高自己治疗中医外科杂病难症的水平。2001年，他被马来西亚首都中医学院邀请去吉隆波讲课看病，遇见一位红斑狼疮的病人。西医采用激素和免疫抑制剂疗法，但效果不理想。肖定远先生在借鉴西医病理机制的基础上，用中医辩证疗法治好了这位病人。

因其在中医药学术方面的造诣和业绩，肖定远先生受聘参加或负责过数个省卫生厅、省科委中标的中医外科疾病药物应用与剂型改制、课题研究工作及省外硕士研究生论文评审工作。并被福建中医学院两次评定为优秀老师，被省卫生厅评定为省属卫生系统学习白求恩双十佳先进工作者。

学术经验

肖治安先生在世时，一方面自己用心专研医术，同时也很注重收集民间草药的单验方，只要听说谁手上有好药方，他都不惜重金购买。这样日积月累，加上祖先业医历经200年之久，积累了独有的家传经验方。为了救治更多的病人，肖氏家人陆陆续续把这些药方贡献出来，服务社会。

肖家有种独特疗效外用良方叫《大成膏》，解放后献给了国家。《大成膏》被省卫生厅列入中标的科研课题加以改进，并向外科界推广使用。肖定远在给学生上课时，也会主动地把一些家族的经验方教给学生，让他们尽早掌握中医临床技能。

主要成果

肖定安先生善于及时总结临床治疗经验与心得体会，前后共撰写30多篇论文，有的发表刊登在全国性或省级医学杂志上，有的参加全国性或省级医学学术交流会在大会宣读。前后参加了四本书的编写和审定工作：（1）于1982年参加教育部组织的第三版《中医外科学》教材审定工作，该书1983年由人民出版社出版；（2）《外科学》（供高等医学院校，中西医结合临床专业专用），负责外科感染篇章的编写，1991年由福建科技出版社出版；（3）福州近代中医流派经验荟萃，负责中医外科篇章的编写，1994年由福建科技出版社出版；（4）中药新药皮肤科、眼科、耳鼻咽喉科临床研究指导原则第三辑，于1995年参加卫生部组织的皮肤科方面编审工作，该书1996年由人民卫生出版社出版。

趣闻轶事

家风开明 医术传男也传女

旧社会有种陋习，一些手艺是传子不传外，传媳不传女，特别是在一些有所谓“祖传秘招”的世家，这条简直被奉为不可动摇的家规。但世家肖府奉行德为术之先的立业思想，行医把解救疾苦放在首位，而不是将医技作为传家私产。因此，肖家医术传男也传女。肖治安老先生共有4个儿子、5个女儿。其中有3个儿子与2个女儿都在他的亲自教诲引导下成了医生，且声名不凡。

广东 管氏世家

世家小传

广东省管氏之家已有六代中医传承。曾祖管镇乾（管金墀）是清朝的二品官，广东岭南五大名医之一。管镇乾的父亲已经是一位颇有名气的中医师，秉承家学，管镇乾的医术尤以骨伤见长，他的医德也有口皆碑。管镇乾去世前在佛山开医馆，经常周济贫穷者，佛山的一次特大火灾，他赠医施药，救治无数。管镇乾去世后，当地为其建一祠堂供后人拜祭，足见其医德高尚，深得民心。

管氏第三代从医有三人，即管镇乾的儿子兄弟三人，他们均为当地德高望重的医师，其中管季耀是位出色的教育家和医学家，他著有全国第一部《中医伤科学讲义》。为了抵制国民党取缔中医的政策，他曾率广东代表团到南京请愿。他与有识之士在广州创办了广东保元中医专科学校等四所中医学校，并与儿子管霈民一起执教多年，桃李遍天下。

第四代是管铭生和他的堂兄管霈民，二人均为解放后省政府授予的“省名老中医”称号的获得者。管铭生1938年毕业于父辈创办的广东保元中医专科学校，他一生学术严谨，知识渊博，谈吐典雅，在同行中被敬称为“管公”。

解放初期，管铭生在广东南海工作，他经常带着一班助手穿梭于乡村，为民众治疗疾病，打预防针，种牛痘……他家住的地方不大，却有一张家庭病床，供病重的患者使用，管铭生的妻子和岳母则轮流给病人熬药洗烫，来者多为贫苦的病人。为贫寒者赠医赠药是管家一贯的作风。

1956年的湛江仍属比较穷困落后的新城市，需要大批知识分子去开发和建设，管铭生响应党的号召，举家到湛江支援城市建设，一去竟是50年，直至1990年长眠于斯。

1958年，毛主席作出西医学习中医、培养中西医结合医师的指示，管铭生积极响应，开办“西医学习中医班”、“中医研修班”、卫校中专班、大专班，所用教材，例如《中医的脉学入门》等都是管铭生所撰。管铭生还满腔热情地创立了粤西人民医院（湛江中心医院）的中医科及中医病房，带教历届的广州中医学院实习生。

管铭生的儿子管其健，子承父业，是中医副主任医师、湛江市名中医称号获得者。次子管永基、孙辈管志远在不同的岗位上，也是众人称颂的好中医。管铭生的女婿邱健行1965年毕业于广州中医药大学医疗系，融入了管氏中医世家。邱健行曾任广东省中医研究所副所长、广东省第二中医院副院长，是国家级中医师带徒专家、广东省名中医、第九界全国人大代表主席团成员。每当他给中医药大学毕业生上医德课时的第一句话就是：“学医先要学做人，把病人当亲人，把医术当艺术”。与管氏扶危济贫的家风一脉相承。

管铭生的外孙、邱健行之子邱剑鸣可以说是管氏中医的第六代了。他从西医院校毕业后，秉承家族事业，考取广州中医药大学研究生，走中西医结合道路，在中医骨伤科专业上努力进取。

主要成果

1、创办广东保元中医专科学校等四所中医学校

2、著有全国第一部《中医伤科学讲义》

3、编撰西学中培训班教材《中医的脉学入门》

4、管铭生晚年写下了１５万字的《医余随录》

广东 林氏世家

世家传略

林季文，男，出生于1937年8月。广东省潮阳县人。现任广州中医药大学第二临床医院、广东省中医院儿科主任。主任医师，广东省中医院名老中医。兼任广东省中医药学会、儿科专业委员会委员。1999年受聘为亚洲中医药学会中国大陆特效医药分会第一届理事会理事，暨小儿咳喘病专家委员会委员。

林季文主任医师出身于五世薪传中医世家，自幼受家学熏陶，从小酷爱中医。按祖传家规，为了成年后永远记熟汤药基础、临床时运用自如，于童年期首先背诵“药性”、“汤头”。继中学之后，随父学医，临床跟诊，日看症，夜读书，在父亲的精心指导下，通读四大经典、温病学说，《医宗金鑑》、《本草纲目》等，循序渐进，逐一理解，连读五载，于1957年9日在汕头市出师，同年年底在家乡潮阳县峡山镇悬壶行医。1958年6日受聘于峡山镇医院任中医师，1958年12月应聘来广东省中医实验医院（广东省中医院前称）任儿科医师，连续中医儿科专业，长期从事临床、教学、科研五十春秋。

1975年～1978年，遵照医院党委指示，为总结名老中医临床经验，林季文先生作为助手，半脱产跟随儿科名家，省名老中医文子源教授，连续三年、边临床、边总结，得到文老无私的传道和指导，林季文先生将文老的学术思想及临床经验悉心整理，在《论文选编》、《新中医》等刊物发表。

林氏第一代中医出生于清代，乃家乡教师，自学医藉，中年弃儒从医。至第二代为求良师指导，到汕头市拜名医蔡仲耕为师，在名师门下侍诊、跟诊、

应诊五年，出师后在汕头市悬壶开业，颇负盛名。中年将其子林松轩安排在身边，长期侍诊、应诊，父子合作，使林松轩深得医道。父亲逝世后，由林松轩掌管行医事务。

林松轩为了培养下一代，使家学世代相传，特安排其第五子林国扬及长孙林达文在他身边长期侍诊、应诊，使子孙深得其道。林松轩先生曾表示，希望世家中医能传十代。

林氏中医第五代林达文遵先祖教训，精心培养其子女4人从医。林季文是四子女之一，成为林氏中医第六代。他也遵家训，从小培养子女对医技感兴趣，他们均先后考读广州中医药大学，毕业后从事内、儿科临床工作，继承学习祖传医技，为林氏第七代传人。欣慰之余，林季文先生铭记先祖的遗训，已开始培养孙子，希望他将来能成为林氏第八代传人……

学术经验

1、熟谙经典、重视温病

林老推崇清代温病大家吴鞠通对小儿生理特点的概括。吴氏运用阴阳理论，认为小儿生理特点为“稚阳未充、稚阴未长”，稚阴稚阳体现了小儿机体娇嫩、气血未盛、脾胃薄弱、肾气未充，腠理疏松、神气怯弱，是对钱乙“两有余、三不足”等理论的发展。但岭南气候湿热，故小儿发病也较易于化热、化火，基于以上观点，林氏临证时认为岭南儿童偏热证者多，外感风寒者也易热化，故临床用药平和偏于清凉。但由于小儿“肺脾常不足、肾常虚”，故寒证虚证也常见，用药需立足八纲辨证，辨证处方常以时方化裁。

林氏对叶、吴、王等诸家学说精心潜研，善于治疗小儿发热，结合《素问·热论》中：“未满三日者，可汗而已；已满三日者，可泄而已”。遵叶天士的温邪入于气分，“邪未伤津、犹可清热透表”的原则，强调儿童急性外感发热治疗需注意“宣通、导热下行、顾护津液”三原则，自拟疏风散热方（荆芥、薄荷、柴胡、甘草、桔梗、连翘、大青叶、蝉衣、北杏）、清透泄热方（青蒿、柴胡、甘草、羚羊角骨、连翘、板蓝根、桔梗、青天葵及苇茎）及养阴清热方（太子参、板蓝根、甘草、桔梗、石斛、谷芽、枇杷叶、玄参及苇茎）。根据“卫气营血”辨证，指出小儿高热需辨清“火郁”及“火热”之不同，前者为邪在卫表渐入气分，治疗当以宣发疏表为主、佐以清气之药物，如过早用寒凉则引起气机凝滞、郁遏邪气。后者邪在气分，可能进一步出现入营动血等，治疗当以清气为主，佐加透表之药。由于火热炎上，故治疗时常加导热下行之品，如芦根、白茅根等。清气除了导热下行外，还包括凉膈、通腑、泻火、导滞等方法。由于小儿脾胃虚弱，故临床上使用苦寒清热药物常需顾护脾胃，否则常因脾胃运化功能失常导致患儿反复感冒、咳嗽难愈等。

2、重视脾胃学说

由于小儿脏腑功能发育尚未完善，但其生长发育又较迅速，故脾胃功能是否健全，关系到小儿的整个生长发育。经云“正气存内、邪不可干”，“脾胃为后天之本”。脾胃运化吸收功能良好，则机体抗病力相对较强。林氏临证时处处顾护脾胃，强调“攻伐不宜伤及正气、扶正当以运脾为先”，故在治疗热病时慎用黄芩、金银花等苦寒伤及脾胃药物，治疗虚证时避免过用白术等“甘能令人中满”药物，健脾同时常加苍术、鸡内金等药物以运脾。辨证时常需结合面色、山根、气池、口唇及舌脉象、指纹等。

儿童临床上更多表现为土虚木克，肝木旺盛是相对于脾虚而言，儿童抽动症、多动症、癫痫、黄疸等病证常从肝、脾治疗，常用的方法包括健脾、化痰、平肝、柔肝、熄风、清热利湿等。

3、善治咳喘、方法灵活

3.1慢性咳嗽：

慢性咳嗽是一组疾病的统称，小儿生理特点“脾常不足，肺常不足”，结合“脾为生痰之源，肺为储痰之器”的脏腑功能特性，及“风为百病之长”的病机特点，慢性咳嗽的病因主要为“风痰互结”，治疗当以“疏肺理脾蠲痰”为法。本法强调了治疗慢性咳嗽要内外同治，标本兼顾，疏散外风的同时，注重调畅肺气和健脾化痰。处方：

苏梗8g　北杏8g 川贝5g　桔梗6g　前胡7g　僵蚕6g　橘红3g　云苓10g甘草3g

主方中苏梗性温，味辛，归肺、脾经，功能疏风宣肺，行气宽中；前胡性微寒，味苦、辛，归肺经，功效宣肺解表清热，擅治风热咳嗽；桔梗性平，味苦、辛，归肺经，开宣肺气，祛痰止咳；僵蚕性平，味咸、辛，归肝、肺经，功效祛风止痉化痰，四药味俱辛，归肺经，具有祛风疏肺之功。北杏性微温，味苦，归肺、大肠经，有止嗽，消痰润肺之效；川贝性微寒，味苦、甘，归肺、心经，清热化痰，润肺止咳，善疗肺虚久咳，二药在本方中主司化痰之功。

橘红别名芸红，辛、苦、温，归脾肺经，有化痰、理气、健脾、消食等功能，理脾化痰而无伤阴之弊；云苓性平，味甘、淡，归心、脾、肾经，功能健脾理气利湿；甘草性平，味甘，归心、肺、脾、胃经，调和诸药的同时，益气健脾润肺，与桔红、云苓配伍健脾理气化痰效果明显。上述九药构成林季文主任治疗小儿慢性咳嗽的主方，主方配伍条理分明，方药各司其责，方意明晰，处方立意切合慢性咳嗽病机病理，故临床疗效卓著。若合并风寒外感之象，配伍麻黄、枳壳疏风温肺，宣肺化痰；久咳痰多，配伍枇杷叶、款冬花润肺化痰，收涩止咳。

3.2治哮三法

“哮喘”病名早见于《丹溪心法》。治疗上在急性发作期，病变主要在肺，应以急则治其标（肺），或标本兼治之法；病情缓解后给予理脾；病久肾虚，气不摄纳者，应运用温肾纳气之法，或肺脾肾同治。林氏“平喘方”：

麻黄、甘草各4g，苏梗、北杏、前胡、法夏各9g，桔梗、僵蚕、枳壳各7g，橘红5g

以上用量为4～5岁儿童用量，可随年龄增减。

哮喘缓解后，表面上为肺气虚，其实多为脾气弱。必需于缓解后以及平时，坚持较长时间调理脾胃，用益气健脾，燥湿化痰之剂，才能杜绝生痰之源，消除喘根。应常服六君子汤，汗多者加五味子，痰多易喘者加款冬花、紫菀；气机不畅，胸腹胀闷者加香橼皮，纳呆便溏者加春砂仁、炒谷芽。

哮喘病儿多反复发作，迁移日久，有些病程长达数年或更久，导致肺脾日虚，久则损伤肾元。小儿本已“脾常不足肾常虚”。故病久之儿，其本在肾，肾虚不能摄纳，则喘证易发而难平。林氏自订“固肾纳气汤”为此而设。药用：

菟丝子、补骨脂、山萸肉各6g，龟板、淮山、磁石各10g，紫河车、白术各7g，五味子5g、炙甘草3g。

本方既有温肾纳气，又有滋阴潜阳、敛肺益脾作用，对久喘肾虚、气不摄纳，颇具疗效。

主要成果

林季文先生在研读经典和临证实践的同时，不断总结学习体会和临床经验，撰写论文：“略探小儿伏暑辨治”、“小儿喘息性支气管炎（痉支）的中医治疗小结”、“治喘三法”、“小儿咳嗽症治体会”、“浅谈小儿惊风病机证治”、“小儿久热治疗6法”、“喘息性支气管炎的分型与证治”、“小儿泄泻的辨证与治疗”、“小儿暑温证治”、“夏季热的病机证治”、“顿咳（百日咳）的辩证与治疗”、“林季文主任小儿脾虚证治疗经验”、“中药治疗小儿支管哮喘缓解期概况”等。

以上论文、先后在《论文选编》、《新中医》及国际性、全国性学术大会上发表交流，部份获国际性、省级优秀论文奖。

林季文先生的业绩被收录于《中国当代中医名人志》、《中国名医列传》、《中国高级医师咨询词典》、《中国当代中西名医大辞典》、《中国专家大辞典》等。　　　　（广东省中医院供稿）

附：曾祖父手写方案二则及先父国医证书一份

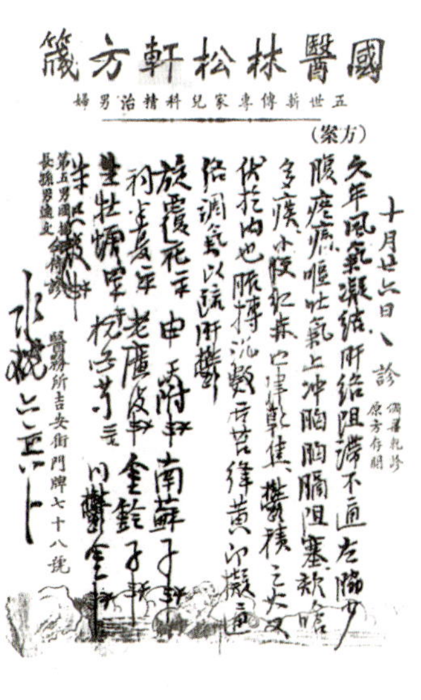

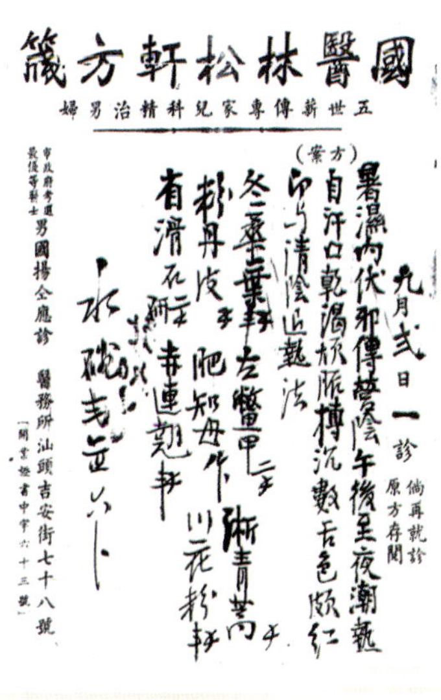

西关名医罗广荫

广东 罗氏世家

世家小传

广东省中医院儿科的学术带头人罗笑容主任医师，出生岭南医学世家，自幼受岐黄之道的熏陶，走上悬壶济世之路。

1934年，罗笑容出生在一个岭南名医世家，一家三代行医，其曾祖罗萼初是岭南民间著名的医生，擅长治疗水肿、脚气病。其父亲罗广荫是广州市政府授予的“广州市名老中医”。其外祖何氏家族自明清以来世代业医，精于伤科，外祖父何竹林是1962年广东省政府授予的“广东省名老中医”，四位舅舅也都是广州地区著名的医生。罗笑容与其弟罗永佳也在1993年被广东省政府授予“广东省名中医”的荣誉称号，“一门双名医”在九十年代初的羊城传为佳话。

一、祖辈骨科誉岭南

罗笑容的外祖父是广东省政府授予的“广东省名老中医”，岭南骨科名家何竹林。何竹林有幸得父辈文武栽培，自幼秉承庭训，私塾之余，侍诊于其父左右，后又随武林拳师习武，同乡进士桂南屏先生学文。年方十七已生得体格魁梧，臂力过人，兼有满腹诗文。1901年，19岁的何竹林辞家北上游学，博采众家之长，历时三年，行程逾二万里，足迹遍及大江南北，广开见闻，既提高了武艺和医术，又磨练了意志。回到广州后，何竹林先生在广州长寿路开设医馆，开始了其近70年的悬壶济世生涯。

1924年10月，广州商团叛乱事件中，一位市民被流弹所伤，子弹斜穿切破腹壁，肠管膨出外露，何竹林用银花甘草水外洗患部，将肠管退回腹腔，用丝线缝合伤口，外敷生肌膏而取得成功。该市民康复后，感激涕零，特制“破腹穿肠能活命”匾赠与何竹林先生。

何竹林先生为人豪爽慷慨，医德高尚，对于旧社会的贫苦病者赠医施药，抗战前夕，与同道陈伯和等人，在长寿路合办“西关赠医所”，由当时各科的知名大夫轮值，每日就诊者络绎不绝，深受劳动大众的称颂。

1945年，抗战胜利后，尽管诊务繁忙，何竹林先生仍热心于中医事业的发展，是时敦聘他为中央考试院两广考铨处中医检核委员会顾问，并兼任广州中医工会理事及各大社团之医事顾问。

解放后，何竹林受到党和政府的重视，被推选为广州市第一、二、三届政协委员。在任广州市正骨学会主任委员期间，积极开展中医骨伤学术交流，排解骨科各门派之间的纷争，深得同行钦佩。

1956年，国家筹建广州中医学院，73岁的何竹林先生受聘为筹备委员并执教该院，兼任广东省中医院外科主任。他勇于接受实践的检验，以精确稳妥的手法和独特有效的固定技术名世。

何竹林先生一直坚持在临床第一线，1966年，已是84高龄的他还亲自给伤者施行骨折、脱位的整复操作，直至1972年，临终前的一个月，仍然风雨无阻，每天按时回广东省中医院骨科住院部查房，把正骨技术毫无保留地传授给后辈。

在何竹林先生的影响和培育下，他的6个儿子，2个女儿，3个儿媳均以中医骨伤为业。长子何应华从小随父习武学医，历任广州荔湾区中医院骨科主任、院长等职。次子何超常医师任职于广东省中医院骨科。四子何应权，早年毕业于广州中医学院，继承父业，在母校任教，均是广州著名的骨科医生。其他儿女皆秉承医业为何氏的学术传人，在国外行医。

1972年1月，何竹林先生在广州逝世，享年90岁。1991年，人民卫生出版社出版的全国高等中医院校教材《中医骨伤科各家学说》中，总结了中国近代中医骨伤科有贡献的十大名家，何竹林先生与上海石筱山、北京刘寿山、平乐郭氏等并称“十大医家”之一。他的学术思想和治疗经验对后世影响较大，对骨伤科临床有较重要的指导作用。

二、父辈医名满西关

罗笑容主任的父亲罗广荫老中医，出身中医世家。罗老幼承家学，自幼随其祖父在南海西樵一带行医，尽得祖传治疗脚气病之秘要。1929年，罗广荫与甄梦初、黄耀桑等一起，考入卢乃潼创办的广州中医药专门学校。经过五年的刻苦学习，1934年学成毕业，在广州市光复北路100号挂牌开业。1956年领头组建光复第一联合诊所，任中医师、所长。1957年8月任健全联合诊所常务委员会副主任委员。1958年8月参加西区医疗机构大联合，无偿地把自己开业的诊所提供给卫生院作门诊部。先后在向阳卫生院、荔湾区中医医院任中医师、中医主治医师。1979年，为表彰罗广荫在广州市中医药事业发展中的贡献，广州市政府授予其广州市名老中医称号。1983年晋升为副主任医师。

他先后担任过广东省中医师工会理事、广州市医师公会常务理事、广州市熟药丸同业工会理事。曾被选为荔湾区第七、八届人民代表大会代表，广州中医学会理事，荔湾区中医学会常务理事，荔湾区联管理委员会委员，中国农工民主党广州市委员会委员和顾问等职。

1988年五月，罗广荫老中医在广州逝世，享年75岁。

三、姐弟同登名医榜

1993年岁末，广东省政府对63名为中医药事业做出突出贡献的专家进行嘉奖，授予“广东省名中医”的光荣称号。在这63名中医界的佼佼者中，西关罗氏家族就占了两位，他们是姐姐——广东省中医院的罗笑容、弟弟——广州市中医院的罗永佳。

罗笑容主任医师，幼承家学，1956年考入广州中医学院，成为该院第一届六年制本科生。1962年9月广州中医学院首届学生毕业，广东省卫生厅对此非常重视，在广州的东方宾馆召开了继承名中医学术经验座谈会，出席会议的有广州市及广东省内各地名老中医八十多人，广州中医学院首届毕业生全体同学也列席了会议。该次会议决定将广州中医学院应届毕业的大部份学生派到省内名老中医所在单位，一边工作，一边拜名老中医为师，通过临床实践，把过去六年学到的医学知识加以巩固提高；更通过随名老中医学习，体会和总结他们的学术经验，使自己成为名符其实的、有丰富经验的高级中医人材。这是广东现代中医史第一次的师带徒拜师大会。会上，罗笑容拜西关儿科名家杜明昭为师，跟随杜师学习1年，随侍诊务，尽得杜师真传。跟师结束后，罗笑容在广东省中医院儿科从事临床医、教、研工作40余载，成为广东省中医院儿科临床医疗、教学、科研的学术带头人。罗笑容在临床的同时，也注意培养新人、骨干，坚持临床带教，并担任多届广州中医药大学医疗系本科班课堂教学任务。

罗永佳主任医师，比其姐姐小四岁。同样幼承庭训，有志于医。1959年考入广州中医学院，接受正规的学院教育，同时利用业余时间随侍父亲诊务，学习总结其临床经验。1965年毕业后，分配到广州市中医院，曾先后在骨科、急诊科、内科、脉管炎科、中医药研究所从事临床、科研及教学工作。罗永佳带领脉管炎科医生一道，在继承凌兆熙老主任经验的基础上悉心攻坚探研脉管炎最新疗法，为此而比别人付出更多的辛劳。他采用以中医为主的中西医结合、内服和外治相辅的法则，获得显著疗效，使大多数病人免除了因截肢而致残的痛苦，深受海内外患者的欢迎。罗永佳率领全科同事共同努力在中西医结合治疗血栓闭塞性脉管炎的研究方面获得显著成绩。曾获得全国科学大会奖、全国卫生科学大会奖。

1986年8月开始罗永佳任广州市中医中药研究所专职副所长，广州市中医医院副院长，院长，连续担任三届广东省人大代表。1993年获广东省人民政府授予“广东省名中医”称号并获荣誉证书。

西关罗氏医家，世代行医，从曾祖罗萼初开始，一门共有14人从事中医事业，获得政府授予光荣称号的广东省名医3名，广州市名医1名。

学术经验

罗广荫老中医从事中医药工作50余年，既蒙祖训，又秉师承，刻苦钻研，造诣尤深。自中医药专门学校毕业以来，继承祖父遗教，以治水肿、脚气为主，经过临床实践，擅治关节痛、腰腿痛和内科、儿科疾病，对治疗风湿性关节炎、类风湿性关节炎、坐骨神经痛、足跟痛等诸病，经验甚丰。他在传统中医理论基础上，总结出“南方之病，重视湿邪”、“寒热虚实”、“补虚之法，重补脾胃”、“筋痹之病，重在柔肝”等独具个人见解之经验，既是实践的总结，又为后学者提供了学习的资料。他所研创的“土地骨方”治疗风湿性关节炎，经广州市荔湾区中西结合研究班临床验证，总有效率达92%。对久治不愈的痹症，罗氏还擅用虫、藤类药物，使疗效更为显著。根据“筋痹不已，复盛于邪，内舍于肝”；“肝者，筋之合也……故脉弗荣则筋急”，罗氏提出了筋痹之病，重在荣肝的理论，自拟加味芍药甘草汤。方中重用白芍、甘草、生地黄、玄参，以柔肝养肝，并主张注意饮食禁忌，避免温补燥热，以防燥而伤筋。

罗笑容在长期的临床实践和科研工作中，积累了丰富的临床经验，秉承岭南中医特色，既善于清热祛湿，又重视温阳扶正，对小儿疾病的诊治总结了一套较完整的规律，尤其对小儿肺系疾病的预防及诊治，具有较高的造诣。罗笑容深刻领悟小儿生理、病理真谛；临证重视望诊，对钱乙之“面上症”、“目内症”及陈飞霞之“三关虎口指纹望诊法”等学术思想有继承和发展；灵活运用中医理、法、方、药；对小儿生长发育，预防保健有较精辟见解；擅长中西医结合治疗儿科疾病，尤其对小儿消化系统、呼吸系统疾病有较深刻的认识；特别重视中医整体观念，对万全“三不足两有余”观点的理解有独到之处；并注重“肺”、“脾”系子母关系间疾病传变规律的研究，对脾胃与小儿疾病的关系，饮食与疾病的关系，现代医学与中医辨证的关系等亦有独特见解，坚持运用中医特色疗法，中西医结合方法诊疗儿科疾病，在同行和患者中享有较高声誉。

主要成果

何竹林先生毕生致力于中医理法方药，1958年，他毅然将自己的传家宝——骨科的膏、丹、丸、散秘方捐献出来。1960年，广州中医学院、广东省中医院、解放军157医院、广东省人民医院等单位共同开展中西医结合治疗骨折临床科研工作，何竹林主持完成了《中西医结合治疗骨折100例》的科研论文，受到广东省卫生厅的奖励。

罗广荫老中医在繁忙的诊务之余，著书立说，先后著有《祖传脚气秘方》、《足跟痛经验谈》、《治疗痹证的一些体会》、《中医辨证分型治疗坐骨神经痛》、《草药治疗胃痛》、《治疗类风湿关节炎的初步探讨》、《水肿验方》等医学论文，分别刊登在《新中医》、《广州市老中医经验选》和《荔湾区中医院医学论文选》。

罗笑容在教学的同时也重视著书立说，主要著作有《中医儿科疾病证治》、《专科专病中医临床诊治》、21世纪高等医药院校教材《中西医结合儿科学》、《现代疑难病中医治疗精粹》等4部，专业论文10多篇。作为广东省中医院儿科主任导师，小儿哮喘专科专病学术带头人，曾担任部级重点课题、省科委课题的多项研究。

罗永佳著有《坐骨神经痛》、《名中医罗广荫治痹症经验》、《中西医结合治疗血栓闭塞性脉管炎》、《省、市级中医医院发展模式刍议》等论文20多篇。出席过全国医药卫生科学大会，荣获广州市卫生局科技成果二等奖，主持研制出脉复生及胃肠病系列袋泡剂十多种，成为广州市中医医院的特色制剂。

趣闻轶事

副省长题词贺“金榜名医”

罗氏医家，根繁叶茂，代有名医，各有建树。尤其得到业界和坊间称颂的是“一门双名医”。那是1993年，广东省政府嘉奖全省63名有突出贡献的中医药的专家罗氏一门姐弟双双获奖，姐姐罗笑容、弟弟罗永佳，同时被授予“广东省名中医”的光荣称号。一家姐弟二人同登杏林金榜，一时传为佳话。广东省原副省长寇庆延为此欣然题词致贺。（广东省中医院供稿）

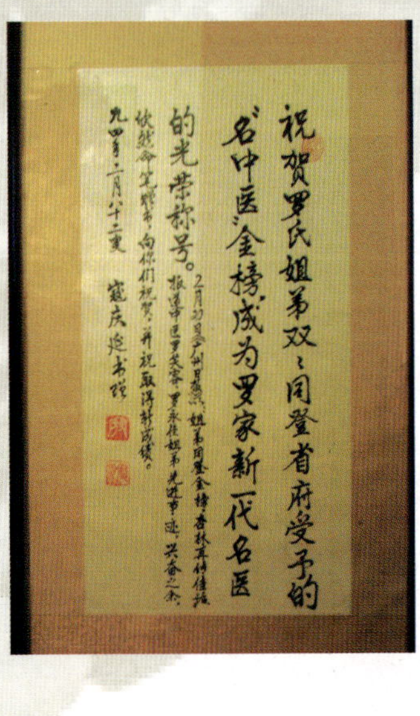

广东省原副省长寇庆延为罗氏姐弟同登名医榜所题贺词

罗笑容与舅舅何超常——何氏骨科传人

骨科名家何竹林

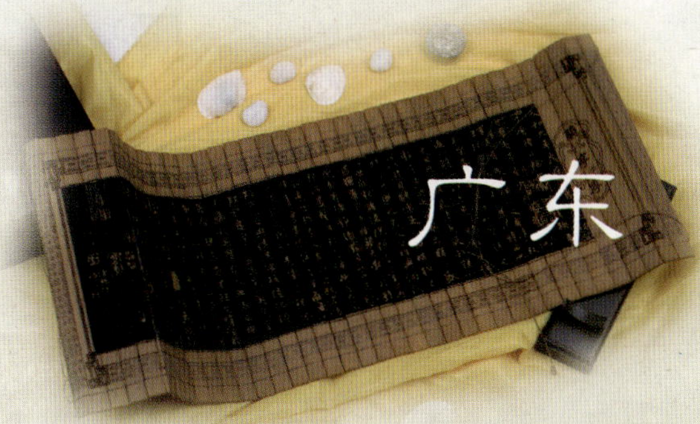

广东 甄氏世家

世家传略

甄梦初（1909-1990），又名兆熊，号幹达。广东省开平县人，建国以来广东省授予的第一批名老中医之一，曾在广州解放路开设甄家医馆，颇有口碑。

甄梦初出生于三代中医世家，祖父甄氏金光公，业中医药20余载。其父甄显松经营中药材，其母李瑞琴略通医道，善手法正骨，常为乡里宗亲疗疾治病。甄先生耳濡目染，便对医学产生了兴趣，矢志于医并使甄家医药业发扬光大。

甄梦初先生之父辈在广州及香港均有生意买卖，故甄先生少年时期就于两地居住，1926-1929年期间分别在广州培正学校及香港圣约翰学校接受现代教育。1929年就读于广东中医药专科学校，接受了正规医学教育。由于学习勤奋、医道悟性高，甄先生在广东中医专门学校还没毕业时，就得到校长陈任枚的赏识，在广东中医院出任主诊医生。毕业后，小小年纪就已经在广州、香港、澳门一带开设医馆，虽医业繁忙，先生仍热心于公益事业，受聘任曲江广东方便医院业务副组长兼内科医师、医务委员。当时国难当头，抗日将士、家属缺医少药，鉴于天职所在，遂毅然担负起韶关市患病官兵及出征家属医疗服务队东河区队长之职，行管理及义务诊治之责，为粤北将士及人民的的医疗保障工作做出了贡献。1940年11月，与江济时、江汉荣、李家任、吴粤昌等当时的名医一起发起并组办了“广东医药旬刊”，成为当时颇具影响力的医学刊物之一。

1956年应召入广东省中医院内科工作，愿遂志就，从此便全身心投入祖国中医药事业。临床之余，首先认真研读古典医籍，开卷于《内经》、《伤寒》、《金匮》，继而于《千金要方》、《本草纲目》，中医经典烂熟于心。他既善理论，又重临床，既重继承，又强调发展，敢于创新，在理论学术上多有发展，与罗元恺、梁乃津、黄耀遷、何竹林、岑鹤龄、林夏泉、文子源、张阶平等人并称为当时的“九大名医”。1978年晋升为内科副主任医师，后又担任内科主任医师，并荣获广东省名老中医的称号，任中华全国中医学会理事、广东省中医学会常务理事及省政协委员等社会职务。

甄驾夷（1934-2008），甄梦初之长子，是甄氏医学的第四代传人，从医50余年，为广东省中医院内科主任。甄驾夷主任自幼承庭训，少年时期随其父辗转各地，得其言传身教，及至年长即在广东省中医学院的前身——广东省中医专门学校接受正规医学教育，同时潜心钻研温病及岭南杂病，积累了丰富的理论和临床经验。30岁至其退休以后一直受聘于广东省中医院，由于医德高尚、医术高超，受病家、民众欢迎甚多，颇有乃父之风。

甄驾夷在外感高热，风湿痹症、瘿瘤等内科杂症，妊娠呕吐，产后虚弱以及小儿疳积等方面均有较深的体会，尤其在治疗内科杂症上疗效显著，很好的延续和发展了甄梦初先生的医学理论和经验。

张忠德（1964- ），是甄氏医学的五代传人，也是甄氏医学的发展者，为甄梦初先生的孙女婿。中医内科主任医师，教授，硕士生研究生导师，原任广东省中医院二沙分院急诊主任，现于广东省中医院医务处担任处长一职，世界中医药联合会呼吸分会副秘书长，中华中医药学会急诊分会、中国中西医结合学会急救医学专业委员会委员，广东省中医药学会呼吸专业委员会副主任委员，广东省中医药学会热病专业委员会副主任委员，广东省中西医结合呼吸专业委员会委员，2003年获了“全国卫生系统抗击非典先进个人”称号及荣立广东省抗非一等功，获得“广州抗非模范”称号，荣获“广东省五一劳动奖章”。2005年5月荣获广东省“十杰青年志愿者”称号。2008年广州中医药大学“千百十工程”重点培养对象；获“百名杰出青年中医”称号。

张忠德教授1988年以优异的成绩毕业于广州中医学院医疗系本科，分配到广东省中医院工作，于同年拜甄梦初老先生门下，一心从医，尽得师传。并在甄老逝世后保留了甄老的一批亲笔遗作，反复学习研究，将甄氏医学经验延续和发展下去。

张忠德教授以呼吸内科见长，将甄老的“通瘀”理论广泛应用于临床，用于治疗肺结核、胸膜炎、胸积水、肺间质纤维化等病取得理想的效果，对外感高热，以及风湿痹症、痨证、瘿瘤瘰疬等内科杂病同样颇有心得。对甄梦初先生用药不求名贵，常以寻常之药救治疑难沉疴，主张用药简便廉验，以减轻患者负担的医风尤为尊重，并将其贯彻到自己的医学实践中。

学术经验

甄梦初先生不但善治温热时病、小儿疳积、瘰疬瘿瘤等证，而且更精于痹症（及其类证）、痨证（肺结核病）的诊治。甄老认为中医药在治痨方面有其独到之处，不可妄言偏废，首先要识清肺痨一病其始动之因、相传之变，并可按其症状的轻重缓急，将肺痨的病程分为四期。对于肺痨的治疗强调“治痨非独滋阴可也”，可在养阴清肺基础上，加上活血祛瘀之药，尤擅采用民间验方铁破汤加减治疗痨疾。

对于痹症，甄老认为其致病之因风湿二邪必在，因此治疗上重通络以速祛邪，且要注意酌情调补气血。他在长期的临床实践中，于传统理法的基础上，基于对“痹”、“痨”诸证之体会而立“痹痨必瘀，瘀去证消”的观点。甄老认为瘀血阻滞，经络不通是各种痹症的共同病机；“久病必瘀”、“久病入络”是痨者必瘀的理论基础。故“通”是治疗痹症的总的原则和要求，而治痨首先应活血化瘀，再行补肺滋阴。基于传统理法之上，用“祛瘀通络法”结合辨证，治疗痹痨二证，可取显效。

其子甄驾夷在内科杂病方面继承了甄梦初老先生的学术精华，并广泛应用于临床实践。另外，甄主任在岭南常见病、多发病上同样有很深的体会，如胆囊炎，甄主任认为以湿热困阻为主要病机，治疗上主张一清二疏三止痛的大原则，再根据辩证选取药物，多能获取良效；而胃脘痛当分清寒热、虚实，在气在血而治，喜用鱼白甘汤辨证治疗胃病；高血压病当明辨虚实，实者以平肝潜阳为主，虚者以平肝滋肾为主；慢性肝炎以养阴柔肝为主治，兼以疏肝活血。

张忠德教授师从甄梦初、甄驾夷两位前辈，尤擅治疗呼吸内科疑难杂症，在久咳、顽咳的中医辩治方面有独特的见解，对于风湿痹症、瘰疬瘿瘤、外感高热、小儿疳积等甄氏医学传统病种更有深刻体会，遣药成对，组对成方，结合季节、时令、饮食等情况治病，且十分注重“未病先防”的治未病思想，致力于各种咳喘、痹症、小儿疳积的中医药防治科学普及工作。

主要成果

甄梦初先生把毕生精力都投入中医临床事业，对后辈注重言传身教，遗憾的是没有留下完整的学术专著，仅受当时报刊、杂志之邀将学术经验的精华部分刊出而得以留存，其余信息只能从其读书笔记、手稿以及继承者中了解。甄梦初先生的主要著述有1964年韶关地区卫生局中医学术活动的《肺结核的治疗体会》，1977年3月《中医临床》院刊的“痹症治验”，《老中医医案医话选》的“痹症治验”，院内学术活动资料“结核球一例临床小结”，《中医临床》院刊第四期的“铁破汤临床应用”，1978年1月的《临症见解》的“穿海汤治疗痹症”（由广东省中医院编，人民卫生出版社出版），此书曾获1979年省科学大会奖。

趣闻轶事

1、“口碑名医”

甄梦初出生于三代中医世家，精于中医理法方药，当时其开设的医馆挂牌均为“内儿妇、正骨”。虽然甄梦初在中医上最擅长的是内妇儿科杂症，这也是他在中医学界取得最大成就的领域，在民间，甄梦初还是有名的跌打医生。他为病人医治跌打、骨折也有一绝，采用的是母亲从娘家带来的正骨手法，来者从不拒绝，正因如此，他善治跌打在民间也是声名远播，求医者众。

2、“学生大夫”与“随身医馆”

甄驾夷主任曾回忆甄梦初老先生道：“父亲是广东中医专门学校(广东中医药大学的前身)头几届的学生。上世纪三十年代，父亲在那里念书，还没毕业，就已经是广东中医院(广东省中医院的前身)的主诊医生了。”那时候，医院、学校都是私立的。甄梦初才华出众，得到校长陈任枚赏，还没毕业就在医院挂职。学、识不凡的甄梦初自己还同时在珠村开了个药店，经常到那里去出诊。毕业后，甄梦初在香港、澳门各开了一个医馆，他定时去门诊。甄驾夷主任曾回忆说："三岁开始，我就跟在父亲身边了，他到哪我就跟到哪。父亲在他所到之处，都开有医馆。日本鬼子打进广州的时候，父亲转移去韶关。他在位于民权路的朋友家开了一间临时诊所，一边给病人看病，一边筹备自己的医馆。"

甄梦初先生把中医当作自己的终生事业，可谓一生不离医馆。

甄梦初、张贵善夫妇与两个儿子甄驾夷、甄抗夷。

1978年广东省革命委员会授予甄梦初的"广东省名老中医"奖状。

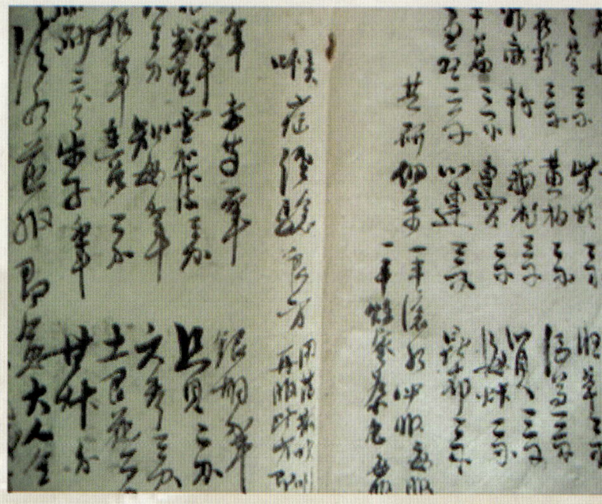

甄梦初的行医笔记

甄驾夷（甄梦初长子）及其夫人

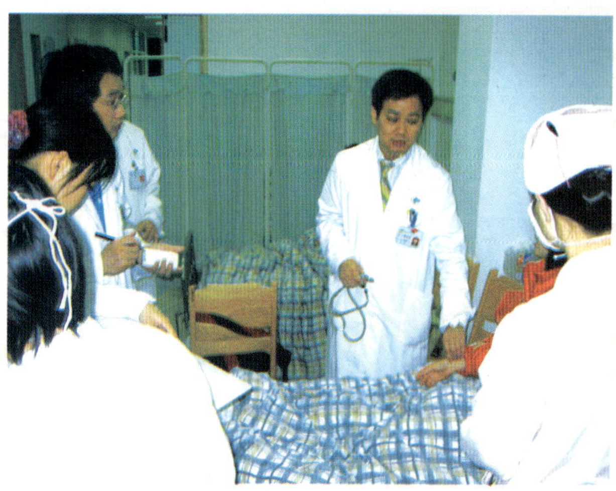

张忠德教授在查看病人

河南 李氏世家

世家传略

古都洛阳市明朝“鼓楼”下有一家创建于1893年的祖传膏药店——济世堂李占标膏药店。此店系李占标先生在清朝末年所创，由于李占标先生心存济世活人，开业之初店名称“济世堂”。

李占标（1864-1938），字干卿，洛阳偃师人。其父李振声，幼时入少林寺学艺，练就一身武功，还学得一些少林疗伤的方药，有“尚武尚医”之称。担任过清政府镖局总武师，曾因率兵降匪立下战功，被当朝政府封官。李振声在降匪战役中扭伤左臂，他利用少林习武时所学到的疗伤方技为自己疗伤，并开始着意研制治疗跌打损伤的膏药。后将医武之技尽授其长子占标。

李占标年幼随父习武，并学得一些治伤知识。曾应武场科考并金榜题名，后因清政府废科举仕途落空，于是专攻岐黄之术，并仿效孙思邈，为游医“郎中”，伤科之外还广泛接触了妇科、儿科、老年病等。他研制中成药数十种，其中“狗皮膏药”最为驰名，以至于坊间将其堂号称为“李占标药店”或“李占标膏药店”，李占标索性顺从大众口碑，店堂更名为“济世堂李占标膏药店”。

1938年前，济世堂药店日渐兴隆，已有雇员30余人，前店应诊、施药，店后制药，药品行销中原。1938年夏正当“济世堂药店”日渐发扬光大之时，日寇侵华。李占标因年事过高，被子女、众徒劝返故里偃师，躲避战乱。一日，日机轰炸，占标于路边靠山窑躲避，忽见一顽童惊呆路边不知所措，此时他一个箭步跨出窑外，抱起小孩，准备返回窑内，谁料身后炸弹爆炸，占标被震趴在地，孩子得救，七日后占标终因震裂肺部而不治身亡。

占标先生去世，其弟占魁痛不欲生，再未回到过济世堂药店。其长子李永韬及次子李永斌共同主持济世堂，并更名为“济世堂李占标药店”。

济世堂虽是家族作坊，但管理严格，分工明确，二代人李永韬全面主持药店并应诊，其妻李贾氏分管制药，其弟李永斌携员主持外销。

一九五四年因公私合营李占标膏药店被并入“洛阳民生制药厂”，三十余种药品行销全国。其中十九种药品载入一九五六年出版的《河南中成药暂行标准》一书。

为抢救保护民族民间文化遗产，2006年在河南省民间文化遗产抢救工程领导小组的领导下，河南省文联会同各省辖市的相关机构，在全省范围广泛开展了河南民俗经典、首批河南“老字号”、首批河南古代暨近代民居民间建筑的普查、记录、申报和评选工作。经河南省文联研究、河南省委宣传部同意，授予洛阳“济世堂李占标膏药店”河南老字号的称号。

学术经验

中药贵在炮制，以炮制“九蒸大熟地”为例，按照传统方法需用铜笼蒸制 ，蒸九次，晒九次。在蒸制过程中，津伴黄酒及砂仁（去壳），以除其寒凉之性而轻温，起到通经活血的作用，佐以砂仁则可启脾健胃，以使其滋而不腻。这样制出的熟地其色黑，有光泽，气香则通窍。真可谓：修制无人知，用心天可鉴。

制药程序要求严格，如摊制膏药，有“徒弟学三年，膏药摊不圆”之说。摊制膏药时必须达到圆、匀、准。除了外观圆、匀的标准，还要求药量准确，摊成的膏药放在特制的立式衡器中，松手后秤杆不允许上下摆动。

学术成果

学术著作：

李占标遗著有《验方集锦》、《百效良方》、《病窗医目》、《救世必读》四部。其中除《验方集锦》捐献给国家外，余存三部。济世堂李占标膏药店从创立开始，从配方到工艺，精心研制膏、丸、丹、散，积累了30余种中成药的修治工艺，既是店堂的立身之本，也是对传统中药工艺的宝贵传承。

逸闻趣事

1、世代相传的店规

李氏中药世家以治病救人为最高准则，人不分贫富，一概用心救治。药不论贵贱，只求疗效。他定下店规：治病救人，医者天职，穷汉吃药，富人拿钱，世代相传，牢记心田。

为了满足治疗的需要，他主张将药店办出特色，采取人无我有，人弃我取，人需我与。一些常见入药的物品，如蜂房、柿蒂、玉米须、浮萍等寻常之物，随时收取置备。他说：物虽微贱，确各有用处，一旦使用，能有起死回生之力，切莫等闲视之。用此药概不收费。

2、扶危济困得碑传

李占标先生奉行医为仁术，常怀悯人之心。每到年关，都会从经营盈利中拿出一定银两，兑换成米券或馍票，发放给衣食不济的人。民国二十四年即1935年，洛河泛滥，偃师受灾严重。济世堂药店拿出米十石，银元三千，委托乡绅史贺祥及族兄李三汉主持放赈，使故里灾民度过难关。

为方便行人行路及农民耕作，李占标先生在故里修建茶亭多处，四季免费供给茶水。每个茶亭施地五亩，作为供水者的酬金。故里有碑证，以记善举。百年沧桑之后，至今还留有一亭，位于偃师营房口通往登封的公路旁。

湖北 钟氏世家

世家传略

钟初荣，男，生于1949年5月，湖北省保康县中医世家。世界传统医学博士、美国中华医学会会员、中国文化研究会传统、医学专业委员会委员、北京中医函授学院毕业，副主任医师。

钟氏一代钟德福，15岁到四川省峨眉山下拜名老中医马天锋先生为师，跟师学徒5年后回乡从事防病治病工作。在日常防病治病中严格遵循师嘱，“学医先学德，德高自成才”，并将师嘱传于后代。

钟氏二代钟发万，从小就随祖父学医，通读中国中医古籍，发展了钟氏中医的诊疗技术。上世纪50～70年代之间，山区县还是缺医少药情况比较严重，他主动带徒弟十几名，办起了区级卫生院，管理区卫生所、村卫生室十几所，解决了很大部分群众就医难的问题，平时工作中总是不辞劳苦，白天在医院门诊上班，晚上走村串户为在家的重病号送医送药上门。在行走的路上还为病人找草药，尽量使用简易单方以减轻患者的经济负担，使病人早日康复，几十年如一日，赢得了患者的由衷敬佩。

钟氏三代钟初荣，初中毕业后就跟随父亲学医，因为自小接受家庭熏陶，识见比较丰富，几年间就成了山村小名医。患者的信任成为他继续发奋的强大动力，每天都是一心一意的为病人着想，白天在门诊上班，晚上和父亲一样走村串户，送医送药到户。每遇到疑难病情，请教父亲外，他还查找医学资料，找出

全国农村基层优秀中医

证书

钟初荣同志在全国农村基层优秀中医成才规律及临床经验总结与推广工作中，被评选为全国农村基层优秀中医。

特发此证。

证书编号：050206

二〇〇五年十一月

病因，总要给病人一个很清楚的答复。随着时代的进步，他对自己有比父辈更高的要求。他觉得自己需要医学系统的教育，以提升辨症论治的理论水平。他先到保康县卫生学校学习一年，而后又到湖北省中医函授学院学习四年。1984年3月，又参加北京健康报振兴中医函授学习三年毕业。通过临床实践与理论学习交替进行，加深了对理论理解，又提高了实际诊疗水平，处置各类疑难杂症有了理论依据，治疗方案更加合理有效，为更多的疑难患者解除了痛苦。1997年钟初荣又参加了“美国世界传统医学科学院”学习深造，获得了满意的成绩。

钟初荣先后多次被评为卫生战线上先进工作者，1998年由卫生部医促会授予“德艺双馨”医护工作者荣誉称号，2001年卫生部“新世纪中华医疗成果交流会授予“医疗技术创新奖”。2005年11月国家中医药管理局授予“全国农村基层优秀中医”称号。2008年由湖北省襄樊市卫生局授予“襄樊市优秀名老中医”称号。他在中国文化报社、《中国当代人生格言》告诫自己，“医者，圣人也，每位医者都要尊重“圣人”二字，要有崇高的思想品德、掌握过硬的医疗技术，才能为人类造福，否则会成为人类中的杀手。”

学术经验

钟德福：善用单、验方治疗骨结核和骨瘤。对无名肿毒及深部脓肿用黄连、黄柏、黄芩，大黄、芦荟、地丁研细末加鸡蛋清调和外敷。对各种骨折病用手法扶位后急用地骨皮，五加皮，金不换研细末加鸡子一只，没开叫的小公鸡最佳，同捣如泥敷骨折处，干后再换，连续使用21天，能有效催进愈合。

钟发万：擅长以“清热解毒”为主，临证加减治疗内科疾病。

钟初荣：在临床上，实践总结了多项行之有效的经验方剂。

主要成果

钟初荣总结自己的临床经验，于2003年6月写了《钟氏中医五科全书》一部，并向湖北省襄樊市辖7个县市赠书300余册，向河南等其它省份赠书200余册，让钟氏家传方技服务更多患者。

湖南 欧阳世家

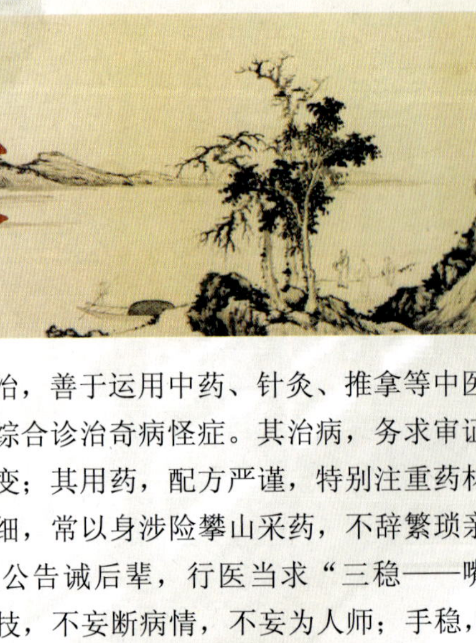

世家传略

湖南新化欧阳传彬中医世家，自其高祖辈开始即行医于湘中。其高祖欧阳维代，因年代久远，生卒年不详。维代公系秀才出身，因目睹家人与乡邻病患之苦，遂立志学医，卖光家里四十多亩田产，拜本地著名草药医生为师，潜心学习十余载，终得其真传，遂开世代行医之序幕，而其所主攻在风湿痹症、跌打损伤与虫蛇咬伤。传至其第二代曾祖欧阳宋才公，精研医术、草药之外，尤重医德，常自费为穷苦病人看病，在当地颇有美誉。

至其第三代祖父洪银公（1893-1973），自幼接受家传继承医学，在其父宋才公指导下通读历代名医医案，广采博取，医技精进，把家传医学进一步发扬光大。洪银公医术精湛，擅长于骨伤、风湿、脾胃、蛇伤疾病系诊治，善于运用中药、针灸、推拿等中医传统治疗手法综合诊治奇病怪症。其治病，务求审证求因，知常达变；其用药，配方严谨，特别注重药材道地、炮制精细，常以身涉险攀山采药，不辞繁琐亲自加工。洪银公告诫后辈，行医当求“三稳——嘴稳，不妄言医技，不妄断病情，不妄为人师；手稳，开方谨慎，下药切证，用药地道；身稳，不行不正之事，不求不义之财，不作势利之人”。又常云：“医者，虽小技，而百姓以之为甘霖。故行医求精，用药求真，活人以心，勿因己恶而不救，勿因小利而蒙心。”洪银公所治病人，无论贫贱富贵，一概平等视之，有人贫穷出不起诊金，则一概免之，因此虽声名彰于湘中，而家道始终平平。

第四代欧阳东宣公（1926—1956），自幼随父学医，虽小有所成，然生于乱世，为避战火，颠沛流离之间渐染重疴，英年早逝。

第五代欧阳传斌（1957—），大学文化，中医执业医师，原湖南省中医药学会民间医药专业委员会副主任会员。

欧阳医生半岁父亲过世，由祖父抚养成人。自8岁开始随祖父学医，诵读中医经典，常得祖父耳提面命，指点迷津。并随祖父攀山采药，为求准确掌握中药性味功能，在祖父指点下口尝百药，其中几经风险，时光时流逝四十多年，往日苦心化作牙齿黑痕，依旧历历可辨，此亦使得欧阳医生得以精确准确掌握各种草药性味功能，为其日后行医奠下坚实基础。有祖父悉心传授家学和严师般教导，欧阳医生益加砥砺求学，至16岁即学有所成，开始独立行医，算于今已有30多个春秋。其后，进入医学专科系统学习中西医理论；毕业后，又先后多次到广州、上海、北京、等高等中西医院校进修学习，并广泛拜师访友，医技大进。1984年从新化以特殊技术人才引进而迁入省城长沙，先后受聘于湖南中医学院（即目前的湖南中医药大学）附属二医院福安联合医院、湖南建设医院从事中医临床和研究工作。1994年起开办欧阳传斌中西医诊所至今。

欧阳医生于方药以外，对中医传统医疗技术推拿、针灸、刮痧、耳穴按压等均有所心得，以为医者不应该对治疗手段存高下、优劣之见，临床实际中他总是选择最合适最便捷成本最低的方法为患者解除疾苦，减少其经济负担。如对胆结石、支气管患者，常用耳穴方法治疗，虽然方药效果也不错，但他常弃之不用，他认为耳穴按压法对患者更简单更经济效果也好。欧阳医生常以草药医生自称，认为自己来自民间，自己的成长得益于深厚的民间医学滋养。他既认为草医是中华民间宝藏，相比于现代医学有其独特优势，但对现代医学理论的学习，也使他看到草医的严重局限，众多的民间医生就是因为固步于自身的所谓家传绝学，既不能使自身医术让更多民众受惠，又不能将家学发扬广大，终于沦落到现代医学边缘。因此，民间中医的发展提高，应结合已有的传承，注重学习现代医学，并使之相结合，并广泛地学习交流。

学术经验

欧阳医生行医30多年以来，长期潜心于民间特色疗法和地道珍贵中草药研究，通过大量、反复的临床实践，努力实现祖传秘方与现代医学理论的结合，使祖传秘方的科学性和有效性更加完善。他以家传草药验方心法为基础，在现代医学理论指导下，结合临床心得研制攻癌汤及各种散剂，用民间特色耳压疗法综合中草药治疗胆结石，都取得一定疗效。

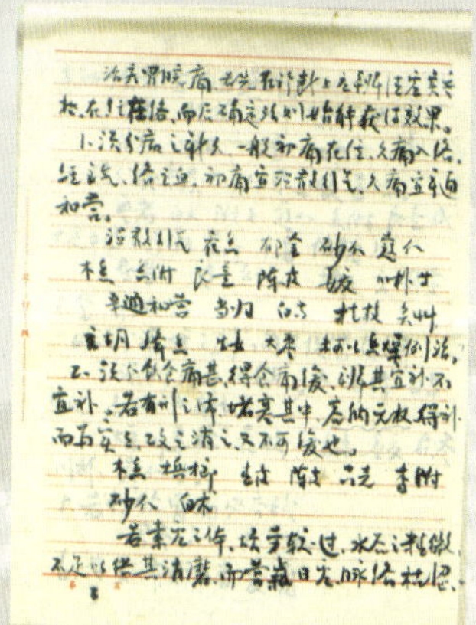

欧阳洪银（1893—1973）

欧阳东宣（1926—1956）

主要成果

欧阳医生曾多次应邀参加全国和国际性学术交流研讨会，并发表论文12篇且多次获奖。其中民间草药方治疗胃病一文入编于《中国民间疗法精要》、《全国治病特长名医编》；中草药治疗肺癌一文入编于《中国中医药肿瘤集》一书，由中国人民卫生出版社出版；民间特色疗法一文，由中国民间疗法杂志刊登发行；自拟野公散治疗痔疮一文，在湖南中医药导报杂志发表；并在1997年湖南第五届中青年医师学术交流会上宣读论文。其治疗肝硬化、糖尿病等多篇论文入选中国首届疑难病学术研讨会、1994海峡两岸医疗学术恳谈会和中国张家界国际针灸推拿学术交流会，收入大会论文集。

骨伤泰斗张瑞林先生铜像

湖南 张氏世家

世家传略

湖南省岳阳县西塘，一个偏僻的农村小镇。1899年（清光绪25年）农历10月的一天清晨，随着声声啼哭，一个小生命诞生了，这就是后来的著名骨伤医生张瑞林。其父张元初，生于清光绪初年。张元初幼年深得父母疼爱，虽家境并不宽裕，仍省吃俭用，送其在私塾读书。张元初聪慧好学，并天性喜爱医学。成年后，采集七叶一支花、田边菊、接骨草、九节茶等民间传统中草药物，加以调制，在家中开设一中草药店铺，给邻人诊治跌打损伤谋生。

有一次外出采药回家路上见一老翁病倒在道旁，奄奄一息，张元初顿生怜悯之心，立即将老人背回家中，好生安顿，悉心照料，并以中草药煎制为其调养。不几日，老人逐渐康复。老人十分感谢，见张元初心地善良，爱好医术，即告诉张元初，他本身也是伤科郎中，游历至此，不幸病倒。并主动授其接骨入骱法则，传正骨疗伤秘方。在临别之时，将随身黄纸小本一册交与元初。张元初仔细阅读，均为民间诊治跌打损伤之法则药方，张氏深得其要领，结合自己经验，反复实践，方方得法。从此，张元初自成骨伤流派，张氏正骨术从此应运而生。

张元初先生纯朴厚道，乐于周济乡邻，为人治病收入菲薄，家境清贫。24岁时取邻村李氏女为妻，次年（光绪25年）生一子，取名瑞林，含继承发达杏林之意。

张瑞林在医学环境薰陶中成长。自幼小即热爱医术和武术，一边在私塾读书，一边随父民间学医，专治跌打损伤。并结合父亲所传秘方认真钻研少林治伤之法。穴伤辨治，重脉学，善以浮沉迟数滑涩六脉判断伤势。重整骨夹缚手法，对各部位骨折脱骱采用相应的整骨续筋手法。同时，以秘方验方精心调制出膏、丹、丸、散、酒等中医制剂，在治疗骨折、脱臼、创疡等骨伤疾患上具有极为独特的疗效。张瑞林先生善兼收并蓄，更深入地发展了张氏正骨术，成为张氏正骨术第一代传人。

1959年，张瑞林奉政府调遣偕爱徒罗新群到湖南岳阳市中医院，创建骨伤科，并亲自担任主任。先生为人刚正，温厚和蔼，深受病人爱戴，求医者络绎不绝。先生娶妻孙氏，无后，晚年认爱徒罗新群为义子，言传身教，尽授正骨医术真传，终使张氏正骨术香火延续下来。1961年，张瑞林先生因重病不幸逝世，享年62岁。

张氏正骨术第三代继承人罗新群先生，男，出生于1930年2月，祖籍江西。骨伤科主任医师，湖南省名中医，岳阳市中医院骨伤科第二任主任。罗新群先生生长在医学世家，祖辈几代均在江西樟树开中医药店，民间流传“药不过樟树不灵”。其父罗善良先生少年时在当地行医就小有名气。后来考入长沙“四医堂药店”学徒成为一名中医药剂师，直到1955年退休。罗新群先生受家庭影响，热爱医药，由父亲推荐拜张瑞林先生为师。随张瑞林先生采药从医，习文练武。罗先生天资聪颖，勤奋好学，深得张瑞林先生喜爱器重。张老先生晚年因无后而认罗先生为义子，并在弥留之际，对其尽授真传，终成张氏正骨术正宗第二代学术传人。

罗新群先生1984年出任湖南省第一届中医骨伤科学会常务理事，同年加入农工民主党，1985年出任湖南省中医骨伤科函授大学岳阳辅导站站长，同年破格晋升骨伤科高级职称。其发表的论文“肱骨外上髁炎的中医治疗”、“骨质增生症的踩压按摩治疗”等，均在中医骨伤科学界同仁中受到好评。

世家外传

方东方先生，男，出生于1940年2月，岳阳县籍。骨伤科主任医师。湖南省著名中医骨伤科专家，岳阳市中医院第三任骨伤科主任。先生14岁即开始随其伯父在乡村学医，由于聪明勤勉，好学，悟性高，很快学有所成。1960年以优异的成绩考取刚建院的湖南中医学院，在校六年。1966年成为湖南中医学院首届骨伤科专业本科毕业生。曾师从湖南省著名詹氏正骨名老专家詹镇川先生学习骨伤诊治。来岳阳市中医院工作后，师从中医骨伤科专家罗新群先生，精心钻研张氏正骨术，并努力加以发掘，成为张氏正骨术第三代学术传人，同时，也是大学科班出身继承张氏正骨术的第一人。1989年出任湖南省中医骨伤科学会理事。

黄会保，男，1963年12月出生，岳阳县籍。骨伤科教授、主任医师，1985年毕业于湖南中医药大学骨伤科本科专业。毕业后师从方东方先生，继承张氏正骨术精髓，成为张氏正骨术第四代学术传人。并破除门户观念，与著名西医骨科专家陶志余教授结弟兄情谊，亲密合作，深层次共同发掘张氏正骨学术资源。现任岳阳市中医院骨伤科主任，岳阳市医学会骨科专业委员会委员，岳阳市工伤康复治疗中心副主任，张氏正骨术继承发展领导小组办公室主任，张瑞林正骨学术研究会会长。从事骨伤科临床工作二十多年来，先后到西安骨科医院、天津骨科医院、上海瑞金医院等地进修深造。多篇学术论文在国家医药杂志发表。

张氏正骨术历代学术传人合影，第一代：张瑞林(铜象)第二代：罗新群(右二)第三代：方东方(左二)第四代：黄会保(右一)第五代：陈辉明(左一)

陈辉明，男，1975年2月出生，骨伤科副教授、副主任医师，1999年毕业于湖南中医药大学骨伤本科专业。毕业后一直从事骨伤科临床工作。现任骨伤科副主任，张瑞林正骨学术研究会副会长。曾先后到天津骨科医院、湘雅附二医院骨科进修深造。拜黄会保主任为师，继承发掘张氏正骨术精髓，成为张氏正骨术第五代学术传人。多篇医学论文在国家级医学杂志发表。（来源：湖南省岳阳市中医院张氏正骨术继承发展领导小组办公室）

江苏 谢氏世家

谢浩如

世家传略

南京谢氏中医世家可溯源于清代，确切地说是医药世家。谢氏医药之家祖籍河南。第一代为出生于清末年间的谢邦信先生。他先在家乡从事中草药买卖为生，后辗转来到南京定居，在南京北门桥创建谢天生药房。因诚信待客，选料真实，生意日渐兴隆。经过几十年的苦心经营，药店已有相当的根底和规模。谢邦信年事日高，后由其子谢焕文承业。

在抗战期间，谢焕文以1万4千银圆将谢天生药房改造为南京最大规模的药房之一。该店经营的中草药和丸、散、膏、丹等各种中成药，以炮制讲究、药味齐全著称。

起源于民间的中医药最早是医药不分家的，为医者需识药辨性，“走方郎中”就常常是自配药物给人诊病。经营药号也要通医理，对请不起大夫的患者要能指导购买药物。谢氏药号做大了，经历的求医也多起来，第三代即谢焕文后代谢浩如，就正式师从清末民初南京四大医之一的王筱石学习中医。既有家世积累熏陶，又有名师指点，谢浩如精于方脉，对时令病和杂病的诊治有独到之处，求医者纷踏而至。如果以挂牌行医论，谢浩如可谓谢氏医门第一人。谢浩如从药家进入医门之后，潜心于医道，还悉心引领其子早承庭训，传承家学。

谢浩如之子谢昌仁，字怡生，1919年出生。自幼随父习医，16岁考入南京国医传习所，1942年悬壶于金陵，1956年南京市中医院成立后即调入。曾任内科主任中医师，江苏省中医学会理事，江苏省中医内科分会副主任，江苏省中医急诊学术研究会主任，南京市中医学会副会长，《江苏中医》编委，南京市人大教科文卫委员。1991年被评为全国首批500名老中医师承指导老师，终身享受国务院特殊津贴的中医专家。曾当选为南京市人大八届，九届代表，曾被评为南京市劳动模范，多次被评为省市先进工作者。

谢昌仁悬壶济世六十余年，医人无数，临床经验丰富，在内科疑难杂证的诊治中有其独到之处，尤精于脾胃疾病，擅用经方，择药轻灵精炼。

继承谢昌仁家学的是他女儿谢佑宁副主任中医师。谢佑宁从事医务工作30多年，1978年调入南京市中医院内科工作，继承家传，多次拜师学艺，1991年通过考核终为谢昌仁专家学术经验继承人。通过耳濡目染，悉心钻研，对脾胃病、时令病、咳喘、中风、经方及通腑法的临床运用等多有心得体会，并在临床中取得满意疗效，深受患者信任。

继女儿之后，谢昌仁的孙女谢晓枫成为谢氏中医世家的新一代。谢晓枫毕业于南京中医药大学，获学士学位，现为南京市中医院消化科主治中医师。2001年开始随名老中医谢昌仁主任侍诊，为卫生局第三批名老中医师承人员，掌握了谢昌仁在脾胃疾病及一些内科杂病的中医辨证用药上的独到经验。

学术经验

1、以“通”为用 灵活运用通腑法

谢昌仁先生认为临床有很多疾病与通腑有关。由于大便不通，新陈代谢发生障得，也会导致病情增重。宜驱除多余，减轻负担，吐故而能纳新。在通腑法的运用上，有的专用通腑，多数则是兼用通腑。例如高血压病须平肝通腑；口咽破痛须清胃通腑；温热病阳明里实须泄热通腑；寒热腹痛，表里俱急，则须发表通腑；湿热发黄须清利通腑；积滞困中须导滞通腑；水毒犯胃须温阳泄浊通腑；痰饮积聚于胁下须逐饮通腑；瘀蓄下焦须化瘀通腑等等，采用通腑法，往往均能取得良好之效果。

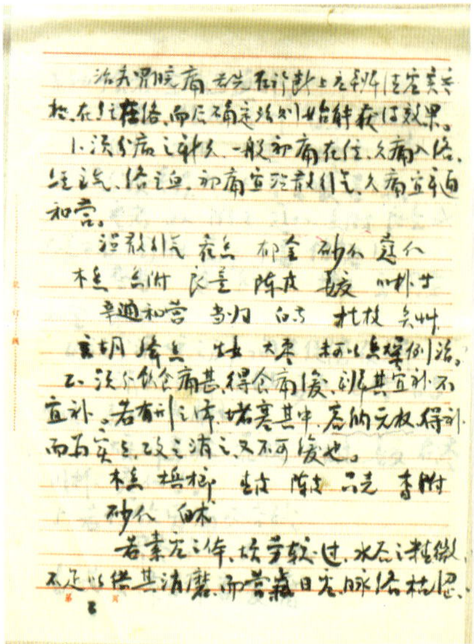

谢昌仁手稿

2、擅用经方治急症

谢昌仁先生一生潜心于中医理法方药，所遇疑难杂症颇多，对中医药用于急症治疗颇有心得。如：

四逆散治疗急性痛证

(1)肋间神经痛：四逆散加香附、川芎、玉金、青皮络、红花、炒蒌皮、金橘叶。

(2)胁痛：四逆散加玉金、姜夏、青陈皮、黄芩、茵陈、蒲公英、赤苓、左金丸。

(3)胃痛：四逆散加川连、吴萸、川楝子、玄胡、陈皮、香附。

(4)疝气：四逆散加橘核、炒山楂、川楝子、小茴、荔枝核。

(5)肾绞痛：四逆散加内金、海金砂、扁蓄、瞿麦、石苇、赤茯苓、车前子、金钱草。

承气汤治疗急腹症

(1)胰腺炎：脘腹满痛拒按，痞塞不通，便结，口干苦，舌苔黄腻，脉滑数，方用大承气汤合清胰汤加减。常用药：大黄、芒硝、厚朴、枳实、柴胡、黄芩、黄连、木香、白芍、玄胡、蒲公英、茵陈。

(2)急性肠梗阻：腹痛胀硬，矢气不出，大便不解，时而呕吐，舌苔厚腻。方用复方大承气汤主之。常用药：大黄、枳实、厚朴、芒硝、赤芍、桃仁、莱

菔子。

(3)胆石症、胆绞痛：右胁痛剧烈，甚则伴见黄疸，呕恶，便秘，苔黄腻，脉弦，方用大承气汤合四逆散加味。常用药：大黄、芒硝、厚朴、枳实、柴胡、赤白芍、金钱草、海金砂、郁金、黄芩、甘草。

主要成果

谢昌仁先生多年来致力于中医临床诊疗工作,积累了丰富的临床经验,著述颇丰.他先后有30余篇论文发表于全国及省级杂志上，并有多篇临证验案，经验与专论被收载于《中国现代名医医案精华》，《中风专辑》，《脾胃病专辑》，《泄泻专辑》，《喘证专辑》等大型专业著作中。荟萃他一生学术精华与经验的《谢昌仁临床医学经验》一书于1994年由南京出版社正式出版，书中集谢昌仁多年之经验方。

谢佑宁曾总结谢昌仁老中医学术思想经验，撰写论文多篇，先后在省级杂志上发表。如：《香连苓芍汤加味治疗慢性结肠炎》（江苏中医杂志），《谢昌仁老中医治疗胃脘痛经验》（辽宁中医），《三拗汤的临床应用经验》（时珍国医国药杂志），《平肝清胃法治疗小儿抽动—秽语综和症》（ 时珍国医国药杂志）等。

谢晓枫参加了国家中医药管理局、市卫生重点课题“微电针镇痛内镜的临床研究”，省中管局课题“肠宁合剂治疗腹泻型肠易激综合征结肠动力的研究”临床观察。并撰有《谢昌仁血证治疗撷英》，《宣肺化湿，抑肝扶脾法治疗腹泻型肠易激综合征临床观察》，《自拟清哮汤配合穴灸法治疗小儿咳嗽变异性哮喘42例》等论文共5篇。

左为谢佑宁

谢晓枫与祖父合影

江苏 胥氏世家

世家传略

胥受天，男，汉族，1926年生，江苏南京人，江苏省名中医，主任医师，著名中医妇科专家。中华中医学会南京分会副会长，南京市妇科学术委员会主任委员，原南京市秦淮区政协副主席，现为南京市秦淮区中医医院名誉院长。

胥老的家乡江宁靖安乡附近70余里范围内只有一名中医。胥受天18岁那年，长兄不幸患上伤寒，终因得不到及时的治疗而死去。悲哀中的他目睹家乡缺医少药的现状，立下了“从医拯民”的志向。身为私塾先生的老父亲对儿子的这片仁心也非常支持，为满足儿子的心愿，东挪西借了20石米，让胥受天跟金陵名医陈郊平学习歧黄之术。老师名气大、医术高，对学生要求严，但也很保守。白天，老师看病，胥受天只能站在一旁端茶倒水；晚上，要侍侯老师安寝后，才能在夜灯下苦读。凭着天资聪颖和刻苦努力，他将默记下来的老师看病的药方与医书对照，渐渐悟出个中医理，并能对应于临证运用。曾经有一头痛病患者，服用老师方药后症状未见好转，胥老给其方中加了“川芎”、“石膏”两味，而将其病治愈。

解放后，胥受天接受了传统医学的系统教育。他1952年从南京市中医进修学校毕业，同年开设了私人诊所，1955年又创办了中医联合诊所，后改建为南京市秦淮区中医医院。胥受天在这里一干就是60年。

中医有句俗语“宁看十男子，不看一妇人”。因为妇女在生理病理上有经、带、胎、产的不同，加之许多妇科病又涉及到个人隐私，患者往往隐瞒不说，所以诊治起来尤为棘手。但胥受天不畏艰难，经过数十年的临床实践和不断探索，他逐步形成了“补肾疏肝活血调月经周期；健脾化浊解毒杜带下之源；补肾益气固冲以安胎元；从实论治产后病审因求本；辨病与辨证结合治不孕”的学术特色，在妇科理论及临床实践上不断创新。近年来，在疑难病的诊治中，胥受天结合现代医学检验手段诊断疾病，用中医辨证予以治疗，不断攻克难关，提高诊疗的水平。在胥老的抽屉里珍藏着患者们寄来的一大叠婴儿的照片，被广大患者誉为“送子观音”。

胥氏为人正派，谦逊厚道，处事待人“和以处众，宽以接下，恕以待人”。对同道，不恃才傲物，团结合作，尊敬同仁。对患者，胥氏信奉孙思邈《大医精诚》“若有疾厄来求救者，不得问其贵贱贫富，长幼妍蚩，怨亲善友，华夷愚智，普同一等，皆如至亲之想”。胥氏虽为省名中医，年逾古稀，对医学知识，特别是现代医学理论仍不断学习，为我所用，他常谓：学无古今，唯善是从；医无中西，唯效是尚。多年来，他博取众家之长，善于西学中用，锐意创新著述，在中医药刊物及学术会议上发表医学论文多篇。任基层医院院长30余载，他坚持党的卫生工作方针，振兴中医，不遗余力，成绩卓著，医院由创办时仅七人的小诊所发展成拥有千万元固定资产的二级乙等中医医院。他曾被南京市政府评为科技功臣，他所在中医妇科定为市级重点专科。

胥老长子胥京生深得其父真传，已成为江苏“省名中医”， 主任医师，南京市十佳院长。现任中华医学会江苏省性医学分会副主任委员、省中医妇科专委会常务委员、省名家学说专业委员会常务委员、南京市中医学会常务理事、南京市中医妇科专委会副主任委员、南京市人大代表、南京市秦淮中医院院长等职。擅长中、西医内、妇科，具有丰富的临床经验和理论造诣，对妇科月经不调、功血、习惯性流产、子宫肌瘤及男女不孕症等疑难杂病的诊治有独到之处。在国家、省级学术刊物和学术会议上发表医学论文30多篇，其中《中医周期调经法》获全国中青年中医优秀论文三等奖；《不孕症辨证琐谈》获第二届世界医学大会优秀成果奖；《化瘤四法》获南京市优秀论文奖，主持省、市科研项目3项，其中《化瘤合剂治疗子宫肌瘤疗效和应用研究》2000年通过省科技厅科研成果鉴定，2004年获全国现代医药科技进步一等奖，主编、副主编《月经病中医治疗》、《不孕不育中医治疗》等专著6部。

胥老长孙胥波，从小深受祖辈影响，耳濡目染，对中医产生了浓厚的兴趣，目前正在攻读中医内科博士。

学术经验

胥老在女性病的治疗方面方法比较多，主要有内治法、外治法及饮食疗法，在临床上应根据不同病情选择相应的疗法。如在疾病的急性期要内外同治，特别是局部病变，如阴道炎、宫颈炎、卵巢囊肿、输卵管粘连、阻塞更应该注意外治法的应用。在疾病的治疗中，由于病因的复杂性，必须采取多种综合的治疗方法，才能提高疗效，由于妇女有经、孕、产、乳的生理特点，因此必须特别注意经期、孕期、哺乳期的卫生，以预防和减少疾病的发生。

胥老治疗月经病特别注重“调”字，认为月经病均因冲任失调所致。治疗时，对热者清而调之，寒者温而调之，瘀者行而调之，主张多用和营养血，疏调气机，同时指出当行经时宜情绪舒畅，劳逸结合。对于崩漏胥老认为多因劳顿有热，迫血妄行，故方中多加入黄柏，以泻相火，收效甚佳。

胥老除精于妇科外，对于皮肤科、内科、儿科亦颇多研究，临床辨证施治，独辟蹊径，常起疑难解沉疴。如慢性湿疹患者，或全身溃破流水，或红色斑丘疹此起彼伏，作痒难耐，病者痛苦异常，四处求医数月甚至数年而不得病除。胥老认为此病多血热作祟，常予以清热凉血，药用丹皮、赤芍、黄柏、银花、连翘、生大黄等药，随证加减，无有不效。又有小儿疳积，形体瘦削，夜寐欠安，汗出纳呆，大便干结，小便黄赤。胥老认为小儿多肝常有余，脾常不足，如饮食护理失当，易致肝热脾虚，而形成疳积。治当清肝热，健脾胃，药用黄芩、夏枯草、牡蛎、太子参、白术、石斛、鸡内金、炒麦芽等药，疗效甚好。

学术成果

科技成果：

名称：化瘤合剂治疗子宫肌瘤疗效观察与应用研究。

一、简要技术说明及主要技术性能指标：

《化瘤合剂治疗子宫肌瘤疗效观察与应用研究》项目经江苏省中医管理局【苏中医科字（95）第18号文】批准列入1995-1996年度全省中医药科研项目计划正式下达，项目编号9536。

该研究为总结省名老中医胥受天经验方，结合现代医学血清药理学方法进行药效学的实验研究，以探索开发中医治疗子宫肌瘤的有效药物，使子宫肌瘤患者，免除手术之苦。

本研究分临床疗效观察和血清药理学实验二个部分，对化瘤合剂治疗子宫肌瘤疗效及机理进行深入研究。

临床疗效观察：122例子宫肌瘤按随机双盲法，患者分为治疗组及药物对照组，按照项目设计要求统一规范诊治，并详细观察用药后临床证候、体征、用药反应，其疗效治疗组明显优于对照组，因此临床研究达到并完成设计书的研究设计标准。

血清药理学实验研究，观察了给药大鼠血清对离体子宫平滑肌的影响，观察了化瘤合剂对ADP诱导血小板影响及小鼠子宫肠系膜的影响，为临床研究提供了客观依据，并对化瘤合剂治疗子宫肌瘤的机理作了深入探讨，血清药理实验研究达到并超过课题设计书要求。

二、鉴定委员会专家鉴定意见：

2007年7月8日江苏省中医管理局主持召开《化瘤合剂治疗子宫肌瘤疗效观察和应用研究》成果鉴定会。鉴定委员会专家组一致认为该课题完成了各项研究任务，技术资料完整，达到了预期目的和要求，并提出：化瘤合剂对子宫肌瘤小于5cm，年龄在40岁以上的患者疗效较好。药理实验证明，化瘤合剂对小鼠离体子宫平滑肌有兴奋作用，能改善微循环和血液流变学参数。

该课题设计合理，方法科学，资料数据可靠。该课题对胥老治疗子宫肌瘤经验方进行了长期临床疗效观察，应用血清药理学方法进行药效学研究，具有一定创新性，经文献检索，在国内尚属首次。该课题为治疗子宫肌瘤提供了一种有效的方药，在国内同类研究中处于先进水平，专家一致通过鉴定。

著　作

1、主编《月经病中医治疗》，由江苏科学技术出版社出版

本书对中医中药诊治月经病作了系统总结。全书共分上下两篇，上篇主要阐述了月经的生理，月经病的发病机制和诊断，西医常规治疗及中医常用中药、方剂和特色疗法。下篇主要介绍了月经中每个病种的中医辨证论治的基本方药、中成药、单方验方、食疗、针灸、外治、推拿及中西医结合治疗方法。

3、由胥氏三代共同参与编写《不孕不育症中医治疗》，由江苏科学技术出版社出版

本书分为上、中、下三篇，上篇主要论述不孕不育症概论，包括男女不孕不育症的检查诊断与治疗。中篇论述了女性不孕症常用的中医治疗方法，中药人工周期疗法，以及辨证与辨病相结合治疗方法。下篇则主要介绍了男性不育症的中医治疗。

4、著有饮食与健康丛书，由河海大学出版社出版，包括：

《不孕不育患者吃什么》、《妇女病患者吃什么》、《性功能障碍患者吃什么》等 ，该系列书籍主要通过食物及药食兼用品来解除广大妇女患者的病痛，以达到防治疾病，强身延年的目的。每分册包括“基本知识”和“食疗方法”两部分内容。“基本知识”部分包括发病情况（流行病学）、发病原因、诊断方法、理化检查、中医认识、西医认识、治疗措施、饮食原则、食物禁忌等。“食疗方法”涉及到了茶、酒、粥、汤、羹、点心、菜肴和药膳等内容。所列食疗方从食物或药物的原料采购到制作都适合一般家庭，并以来源广泛、价廉物美、制作简便、口感良好、疗效确切、安全可靠为列选标准。从而满足不同地域的普通家庭的食疗需求。

轶闻趣事

1、不药而愈的“不孕症”

在临床工作中，胥老非常注重问诊的重要性。六年前，有一对安徽农村的夫妻来看不孕症，主诉是结婚两年多未避孕未孕。胥老问他们：“有没有两地分居啊？”回答：“没有，住在一起的”。“在一起还正常吗(一般指性生活情况)？”“正常”。女方月经周

期、经期，经量、色、质也都正常，白带也正常，平时也无腰酸腹痛等不适。男方是自己种地卖菜的，也没有烟酒等不良嗜好。那先做个妇科检查看看吧。结果发现，女方外阴是未婚式。就详细询问她性生活的情况。原来，他们认为结婚就是两人睡一张床，同床共枕，并没有实质性生活。不孕的疑团终于解开，给他们进行性教育后，让他们回去了。后来打电话来说，女方怀孕了。经过这件事，对于不孕症的患者，一定要询问性生活的情况。后来也发现一些夫妻，因为男方阳痿，一年没有成功性生活的也有相当数量，治疗就要以男方为主，而不应习惯性认为不孕症是女方接受治疗。中医注重“望、闻、问、切”四诊合参，虽然“望诊”是第一位的，但是在临床上胥老非常强调“问诊”的重要性，很多疾病的病史、病因都可以从问诊中获得重要资料，继而针对性治疗。“有的放矢”，也正是胥老治疗不孕症疗效显著，得到“送子观音”称号的重要原因。

2、“送子观音”的百子图

生儿育女是中国家庭一件很重要的事情。胥老善治不孕症，为很多家庭治好生理疾病的同时，更解除他们的精神痛苦。经胥老诊治后由不孕到喜得麒麟的父母，常常会欣喜地把孩子的照片送给胥老，感谢这位现实生活里的“送子观音”。下面所有小儿照片均为胥老诊治的不孕不育症患者生育后所赠予。

辽宁 吕氏世家

世家传略

辽宁省海城市吕氏正骨起源于清代已有二百余年的历史，是海城一家百字号门诊。

海城毛祁唐王山后村，是一个人杰地灵的小山村，一代开国上将原铁道部部长，政协副主席吕正操老将军和原已故冶金工业部部长吕东都出生在这个小山村，这个小山村还孕育了海城吕氏正骨第一代宗师吕金氏。她老人家其父就略通医道，熟悉手法正骨，常为十里八乡的百姓治病疗伤。吕金氏自幼跟随父亲见习，年稍长更专心学医，行医，30几岁就闻名于十里八乡，求治者众多。第2代吕氏正骨传人吕周氏是吕门二儿媳，自过门后，深得婆母娘的喜爱，耳濡目染，便对医学产生浓厚的兴趣，开始从医学古籍入手学习，积累了大量的医道经验，并且发扬了光大，因为是二儿媳所以被人们称为老二太太。婆媳二人深受乡邻父老的尊敬，而且总结出一套传统的治疗骨病的经验与名方，吕氏正骨得到了发扬光大，而闻名于辽南。

吕宗绵（1908-1979）是吕氏正骨第三代传人（系吕正操和吕东的堂侄），自幼随母亲老二太太学习中医，继承家传正骨术，开卷于《皇帝内经》《金匮》《千金要方》《本草纲目》等，中医经典烂熟于心。由于学习勤奋，加之医道悟性高，二十多岁时，求治者就源源不断。他既善理论，又重临床，既重继承，又强调发展，敢于创新，在理论学术上多有发展。吕先生不仅以医术服人，更以为人谦和，全心全意为人民服务的态度，深受群众赞扬和欢迎。吕宗绵先生每天到各地治病，后来与他人合作成立第一家海城联合诊所。开诊多年后被海城政府召入响堂医院，从此便全身心投入祖国中医药事业，成为当时有名的国医大夫。老人家总结整理出一套完整的治疗骨病的心法口诀，让下辈人牢记于心，并亲手传于其子吕氏正骨第四代传人吕兴夫。1975年2月4号海城发生了理氏7点3级大地震，当时吕宗绵和其子吕兴夫为无数受伤的灾民治病疗伤，地震发生后救灾的人民子弟兵（海城兵营）也有伤情发生，吕家父子倾力医治，用家传医术为海城抗灾做出了贡献。

吕兴夫（1951——）传承吕氏医学，尤擅中医软伤科及骨科疑难病症，治疗腰间盘突出症，颈椎病，骨质增生，软组织损伤（膝内半月板损伤）有独到之处。他的治疗思想是以人为本，先救生命，兼顾保肢体功能与外形。治疗骨折脱臼采用手法复位，小夹板外固定术。治疗无痛苦无副损伤。吕兴夫还善长授业培养子女，口传得妙，讲读得要，引领其子吕久东承继家学。

吕久东是辽南吕氏正骨第五代传人，1985年8月跟随父亲吕兴夫在海成滑石矿职工医院学习祖传中医骨科技术三年。1988年9月份考入鞍钢职工医学专科学校学习临床医学。1991年毕业后分配海城市牌楼卫生院中医骨科。1998年跟随父亲在海城市开设辽南吕氏正骨宗兴久扶正堂，并进修于鞍钢总医院骨科学习开放性骨科手术。2005年考入辽宁中医药大学中医专业本科班，完成学业后毕业。吕久东深得中医济世活人的要义，对老红军，老八路，现役军人，双下岗职工，特困户，五保户，残疾人等免费治疗骨科疾病。终生有效！

吕久东把中医当作自己终生的事业，除特殊情况外一生不会离开辽南吕氏正骨宗兴久扶正堂。第六代传人吕廷举正在培养学习中。

2008年5月10日，吕久东在北京世纪坛礼堂参加中国中医名家论坛，被组委会评为中医特色传统人物；辽南吕氏正骨宗兴久扶正堂被组委会评为中医传统特色单位，而且吕久东受到了中国中医药发展战略研究课题组组长，北京谦益和中医药研究院院长贾谦教授的高度好评。

学术经验

吕宗绵是吕氏医学的集大成者，行医50多年，长居辽南海城，对辽南软伤病研究颇深，熟读《黄帝内经》、《本草钢目》等医籍，结合自己多年的临床实践和研究，总结出自己独特的经验理论。他善抓主证分析，用药配伍严谨药味少，剂量轻疗效好，善于采用疗效显著而易得草药以治疗各种疑难杂症

吕兴夫继承吕宗绵大师的学术精华，并应用临床实践，取活血祛瘀之大义，用于治疗痛风，风湿性关节炎，腰间盘突出症，颈椎病老寒腿取得满意的疗效。

吕久东对开放性创伤的救治尤有心得，对老年骨折病（股骨颈骨折）徒手复位，经皮牵引，取得了良好的疗效。运用手法复位（旋转法，折顶法）治疗脊柱疾病得到了经治患者的认可，疗效显著。

主要成果

吕宗绵大师把毕生的心血和精力都投入到中医临床事业，对后辈注重言传身教。虽然没有留下完整的学术专著，但老先生总结出一套完整的人体骨骼歌和中医复位法的口诀。大师生前留诗一首：整骨技术不一般，皮里肉外眼难关，如果技术学的妙，手到伤处即复原，一般患者拐腿走，治疗未愈落不痊。

病例1：城市英落镇刘晓峰，女，51岁，患者于2003年12月不慎扭伤腰部后，走路破形，疼痛难忍，经其他医院（几家医院）治疗后（注射杜冷丁）21天。后经多人抬入海城市吕氏正骨门诊，经查改患者系腰间盘突出症（腰椎4-5）截瘫，经过抬腿复位法针灸电疗（环跳、承扶、委中、乘山、殷门、昆仑、风市、阳菱泉、十七椎、腰奇穴等）21天痊愈，随诊至今完全康复。

病例2：城市八里镇大新村，女，72岁，系左股骨颈骨折，经过手法复位。皮牵引，中医保守疗法，牵引时间20天后，折片可见骨痂形成良好，一年后，随诊，完全康复，行走自如。

病例3：市东四大榆树村，女，头晕、头迷、恶心、颈强双上肢麻木，经CT确诊颈椎颈体增生，颈椎综合症：经过吕久东医生采用的牵引，针灸电疗及吕氏旋转法，使其15天完全康复。

病例4：08年5月23日在四川汶川地震灾区，四川绵竹市九龙镇患者，女，71岁，杨禾英喜被大树砸伤右膝关节，经海城市吕氏正骨第五代传人吕久东医师确诊为右膝关节半月板损伤，经过吕氏正骨手法复位后，立即可以行走，经过3天的复诊，基本可以自理生活，7天后痊愈。

病例5：城市牌楼镇三角村，男，赵良贵，几年内右股骨颈骨折，左锁骨骨折，左双踝骨折，均是采用，吕氏正骨法治疗，完全康复。

趣闻轶事

1、“为民间中医争气”

2008年5月12日中国四川汶川发生里氏八级特大地震，吕久东自愿请站前往四川汶川地震前线参加抗震救灾医疗援助工作，5月20号接到四川红十字会四川共青团的电话通知，去四川报到。5月21日吕久东乘车到达北京谦益和中医药研究院院长贾谦家里转道赴川，贾老在吕久东的本子上郑重写到：海城吕氏正骨抗震救灾为民间中医争气。

2、救灾前线谢旧恩

吕久东于2008年5月22日到达四川双流机场，后到四川成都红十字会、共青团报到，被分配到成都市第一人民医院，吕久东申请前往更需要救护力量的抗震一线，后被分配到四川绵竹九龙镇，于下午4时开诊，当晚就救治了30余名伤者。在这片血泪热土，他听说有参加过家乡海城1972年抗震救灾的老战士。

1975年2月4日家乡海城地震时，吕久东还是个7岁的小孩，爷爷吕宗绵带着父亲奋力救治伤员的身影是他一生的榜样，解放军战士奋不顾身抢救家乡父老的壮举温暖了吕久东一颗灾区孩子的幼小心灵。听说当地有1975年在辽宁海城当过兵的，吕久东心里热流涌动。他来到57岁的灾民李龙贵面前问：“您1975年在辽宁海城当过兵？”得到肯定答复，吕久东深鞠一躬，说：“向您表示感谢！我是海城人。33年前，你们救过我们，这次我来灾区当志愿者。”

如同一位记者所说：世界真的很小，李龙贵在海城救灾时，曾参与解救一位在海城宾馆废墟下压了5天的人。当时吕久东就跟着父亲守在废墟边上。二人越聊越近，李龙贵竟然认识吕久东的爷爷：“吕宗绵对吧？绵竹的绵。老先生家住唐王山后村，是吕正操将军的侄子，过去我们训练受伤，都去找他老人家治疗。” 吕久东说：“我爷爷30年前就去世了，如果活到今年就101岁了。小时候我记得特别清楚，一个叫铁大民的军官经常带着军人找我爷爷正骨。”李龙贵当然也记得铁大民，那是他们连长，回族人。

据知情人介绍，吕久东请命赴四川地震灾区时，他妻子正怀着身孕。同胞生死存亡之际，他义无反顾。在灾区十几天，吕久东每天行走几十公里，救治了300多名伤者，都得到了康复。他得到四川人民和四川共青团红十字会的高度好评，中央电视台，四川电视台，辽宁电视台，鞍山电视台，海城电视台，海城广播电台，人民日报，新华社，南方日报，鞍山日报，海城先后报道了吕久东到四川抗震救灾的先进事迹。

吕久东（左）与李龙贵33年后重逢于汶川

书法家李绍华书写：如果说历史是民族的根，那么文化就是民族的魂，而博大精深的中医既护卫着民族的根，佑卫着民族的魂，以表示对吕久东的勉励。

书法家张建超书写：山垮屋塌创众心，群情同济爆懿心，共克时间秉理念，帮扶兴邦照爱心，举世赈灾滔浪涌，义助捐献行善心，吕氏正骨誉西蜀，匡复天府奉丹心。先生以诗句表彰吕久东抗震救民的义举。

3、海城民谚趣话

吕氏正骨用其真诚的医疗服务赢得海城和东北父老的认可，每天都有各地的患者都前来求治。当地坊间有句民谚生动地描绘了当地对吕氏正骨的认同：捋（吕）胳膊，捋（吕）腿，就找吕大夫。

山东 郝氏世家

世家传略

郝敬华，1943年出生于青岛三代中医世家，从小耳濡目染，掌握了一些基本的推拿、针灸技巧及常见病的方药治疗医术。1963年考入了曲阜师范大学，求学期间经常遇到身边有人生病很苦恼，他利用世家的便利，开始认真研习医术，为身边的患者提供力所能及的帮助，因此而逐渐有了一定的医名。毕业后，应当地群众要求仍坚持业余行医，并得到了政府及卫生部门的认可和赞赏。1972年～1977年，兼任完全中学校医，并长期在县级以上人民医院临床实践及帮助工作。1991年～1993年，入“上海清华专修学院”专门学习中医理论，取得了中医专业《毕业证书》及《专业人才证书》。

郝敬华世家行医以针灸推拿见长，他传承了家学，从医至今已四十余年，擅长小儿推拿、针灸及中草药治疗。为了将家学发扬光大服务社会，2006年9月，与女儿郝洪恩、儿子郝灵波共同创办“青岛敬华小儿推拿中心”，融临床科研教学为一体。

学术经验

郝大夫在小儿推拿方面秉承家传经验，将先祖诸论去粗取精，参考现代解剖学说，结合几十载的临床实践，潜心研究，形成了独具特色的“敬华小儿推拿”疗法。该疗法的特色是：第一取穴方便。以手臂部穴位为主，加强推拿力度，去除了应用体穴的不便及给患儿所带来的“痛苦”。第二“男女平等”。打破了古人所谓“男左女右”（即男孩推拿左手，女孩推拿右手）的陈规框架，将男女手法完全统一，这样便于手法掌握和临床操作。第三老幼皆宜。将小儿推拿疗法的年龄限制由6岁推广到终生，成人老人皆可应用且疗效等同。

主要成果

郝敬华将自己数十载的临床经验整理成册著有《小儿推拿精要》（家传本），在此基础上，又结合后来的临床研究成果，秉承家传经验及参阅古医先圣专著，著有《敬华小儿推拿精要》，全书52万余字，2007年由北京科学技术出版社出版，通过新华书店面向社会发行。2007年另著有《凝滞痞块证治》（家传珍藏本）。郝敬华根据自己多年从事小儿疾病治疗的经验和观察，看到不少现代家长在小儿护理养生方面严重违反了自然规律，危害了小儿的身心健康，自2008年岁首开始，郝大夫又著有《中医健康宝宝养生秘要》一书，帮助家长建立合理的儿童带养模式，减少儿童患病。

山东孙氏世家

孙兴收徒仪式

世家传略

山东济宁孙氏中医世家始于曾祖父孙镜朗。孙镜朗先生（1901～1974），名铭勳，字镜朗，以字行。1963年，由山东省济宁市政府确认为济宁四大名医之一。

孙镜朗先生出生于一个手工业家庭，其祖父益太公，曾参加太平天国起义军。清·同治年间流落苏州，开设济源公镖局，终因英年早逝，家道中落。父士章公以缫丝为业，惨淡经营，积劳成疾。年幼的先生，每日为父亲延请医生，出入药肆，受尽坤士医家的百般刁难，从此他立下志愿，发奋学医，“受尽十年寒窗苦，不为良相，当为良医”。他凭着十年苦学奠定的文化基础，于17岁初览医籍，系统地阅览了历代医学经典著作，潜心六载，有所心得。继而又负笈南京，拜金陵名医石芸轩先生为师。1929年，旧国民政府第一次中央卫生会议召开，余云岫抛出了当时轰动全国的“废止中医案”，斯时，先生正客居上海，毅然以山东代表的身份参加了抵制“废止中医案”的声讨大会。5年后他在济南参加考试被录取的基础上，赴南京参加了国民政府中央国医馆考试，以优异的成绩获“国医”资格，被授予由叶楚伧先生题写的“国医孙镜朗”铜质匾额一面，随后先生在南京行医。

因曾高祖患病，先生于1936年返济宁行医，创办“镜朗国药小室”。新中国成立后，他献身于祖国医疗卫生事业的春天，参加了中医学会，任卫生工作者协会分会主任委员，济宁市中医学会名誉会长，他将珍藏多年的珍本，《褚氏遗书》、《医经小字》、《心印绀珠经》等文献毅然献出，刊行于世，为发掘祖国医学遗产做出了贡献。1956年，先生加入中华医学总会。先后在济宁市立医院，济宁中医研究所工作。生前曾担任山东省中医学会名誉会长，济宁中医第七联合诊所所长，济宁市政协委员。

孙镜朗先生医学思想丰富而精深，高超医术闻名乡里，作为孙氏医家的创始人，他的医疗体系自成特色。

二世孙复猷先生（1937～2008），大学文化。济宁医药集团科研所副主任医师。九三学社社员，济宁市政协委员，济宁纺织医学会副会长，山东中医学会会员。

孙复猷先生自幼接受家传继承中医，二十世纪六十年代初曾就读于山东中医学院，进一步提高了医学理论修养。孙复猷先生专长内、妇、儿科，临证四诊合参，尤重于脉诊，从医不守旧，取众家之长，坚持因人、因地、因病和适时用药。对妇女崩漏症，立法用药独具一格，在法则上采用澄源以塞流，固本以复旧，补中有疏、塞而有澄。以“归脾汤”为基础方，用药以炒炭存性见长，取得满意的临床疗效。

三世孙兴（1961-）自幼受世医家庭的熏陶酷爱医学，课余涉猎医籍。然发奋之年，正值国家十年动乱的“文革”，求学道路未能长远，幸而幼时打下医

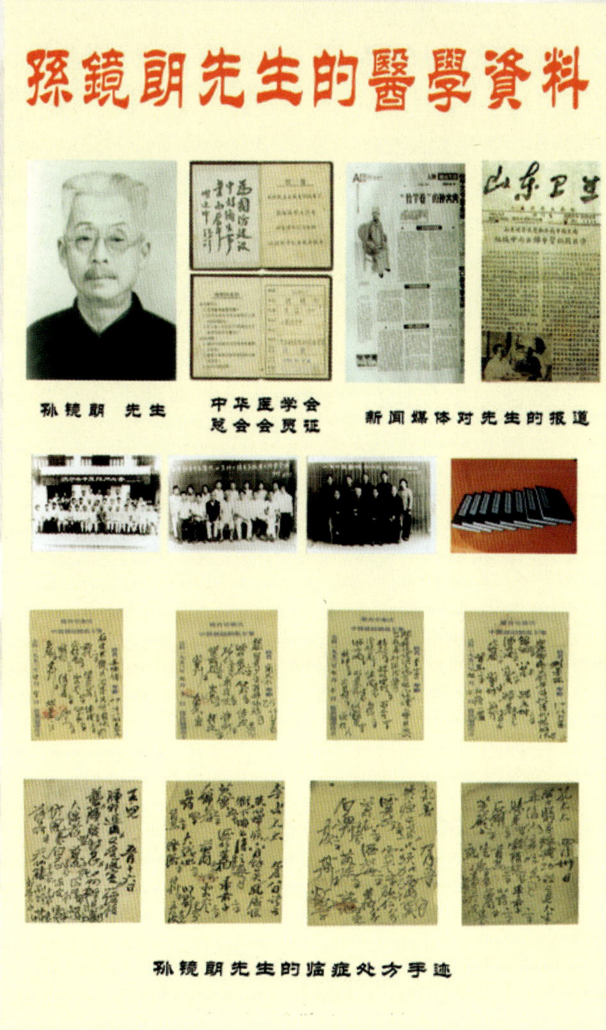

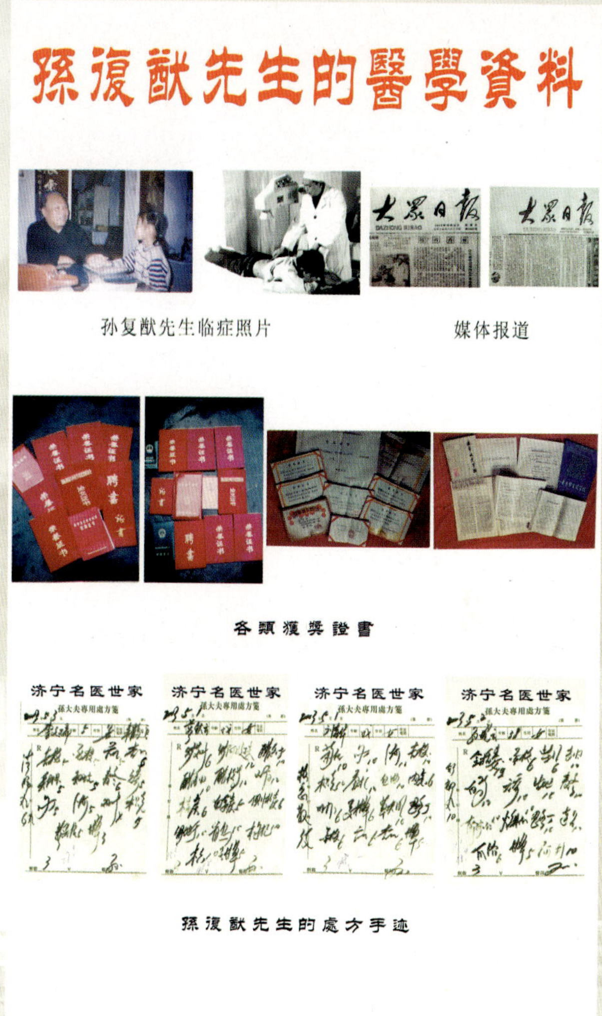

学基础，热爱祖国医学，又通过进修及函大学习，医学知识取得长足进步，早年受到其祖父及父亲的口传心授，家学根底，成为孙兴业医的坚实基础。孙兴于1977年12月～1985年3月在山东省济宁市市中区骨伤医院工作，以针灸见长，广受欢迎。同期，为了提升医疗水平，1981年4月～1982年4月，孙兴到山东省中医院进修。1985年3月～1993年在济宁纺织医疗中心中医部工作，担任该门诊部副主任。1993年4月～1994年在济宁市针灸研究所任所长。1995年成立“孙大夫中医诊所”。

孙兴先生在临床治疗上能突出孙氏家传医疗特点，处方用药体现了方小量轻、以寡胜强的家传用药风格。在医疗上能融会上两代人的临床经验，再结合个人多年的临症心得，形成了一套较完整的医疗体系。

孙兴先生多年来工作之余撰写学术论文30余篇，分别发表在国内较有影响的医学杂志上。其中《中医处方应遵循的原则》刊登于1991年第一期《中医药学报》，《黄帝内经的气象医学观》刊登于1991年第6期《中医药信息》等。

孙兴先生积极参与发展、发扬祖国医学的活动，参加国际、国家及省、市级学术研讨会20余次。曾受聘《中医药信息报》特约通讯员；《时珍国药研究》杂志特约通讯员，《中国中医食疗》编委。是山东半岛中医药研究会会员，齐鲁中青年中医读书会会员。

近年来，孙兴先生工作之余一直致力于整理、修复其祖父、父亲遗留下的文献、验方，并编辑成册。对于祖国医学的传承，孙兴先生响应国家号召，积极投身中医师承体系，于2008年暑假期间正式接受其子孙相如为学术传人。孙兴之子自幼受家庭医学环境熏陶，在师承父亲孙兴的同时，还同步接受中医高等教育，就读于湖南中医药大学中医学专业。一并投师孙兴的还有其子的学友：来自天津的曹石、贵州的杨毅、内蒙古的王福财。他们志存国医，举行了庄重的拜师入室仪式。

学术经验

1、精研内科 深究温病

孙镜朗先生业医50余载，诊籍论证，能机杼善发。他近与病谋，退与心谋，论治温病，更能自辟蹊径。譬如：湿温病辨证，先生指出：首先分清偏热、偏湿，论治以三大法则，即：苦寒法、芳香法、淡渗法。针对湿热交结的特点，凡热胜于湿者，治疗以苦寒法为主，芳香淡渗为辅；湿胜于热者，治疗以芳香淡渗为主，苦寒为辅；对失治误治而湿以阴化者，湿伤阳气，法当扶阳，但不可滥用温热扶阳之品，只须使用淡渗利湿之药，便可收到通阳之效。此即叶氏“通阳不在温，而在利小便”之论，湿从阳化者，热伤阴血，湿以化燥，法当清润，淡渗当禁。温热症最易伤人阴分，劫津耗液。先生治疗温病十分重视顾护患者津液，认为津液是患者的生机，津液之存亡，关系到病势的逆顺，在顾护津液方面，常选用三才汤，人参白虎汤，竹叶石膏汤，加减复脉汤，黄连阿胶汤等。温病初期，仅在卫分、气分，此时虽尚无津亏症象，但辛凉解表方中必加石斛、天花粉、芦根之类，或重剂白虎汤，此即叶氏“务必先安于未受邪之地，恐陷入易易耳”的预防思想。倘有气阴两亏之证，症见大汗不止，汗出如珠，肢冷脉伏，虚阳外脱之候，当急投益气养阴之品，佐以扶阳固脱之味，以挽救垂绝之阳。然投扶阳之品，重要在于阳复辄止，切不可鲁莽滥用温补。

2、组方之巧 善用药引

孙镜朗先生处方，十分重视药引的应用，以为药之有引，如舟之有楫，引药归经，直达病所。先生所用的药引，种类繁多，别具一格。如治疗心脾两虚之症，心悸怔忡，神疲力乏，用大枣、龙眼肉为引，借其甘温，补益心脾；脾胃不和，纳差食少，用荷叶炒大米和煎，具有升发阳气，裨助脾胃之功；虚寒胃疼加生姜以温中；下利清谷用煨姜以暖胃；小便短赤用甘草梢或灯心草，以清利心经移热于小肠之火；肝胆气盛而致眩晕头痛，用鲜荷梗二尺，取其色青入肝，能和解少阳，又不伐其生生之气；中风闭症，痰蒙清窍用淡竹沥、生姜汁为引，冲服苏合香丸，以起豁痰开窍，清热启闭之功；气阴两亏，汗出津伤，心液耗损用大定风珠冲鲜鸡子黄；肺阴亏虚，干咳少津入蜂蜜一勺；内、外痔加荷叶脐；大便下血用荷叶脐碳，月经不调加红糖一撮和服；闭经用黄酒半盅兑饮，清解痘疹余毒，用鲜芦根等。

3、遣方之道 重视炮制

孙镜朗先生极其重视药物的炮制，认为临床疗效与其应用药物的精当炮制密切相关。先生采用炮制既有遵古之法，亦有个人发挥，总以切合病情需要为原则。如表虚自汗，营卫失调之症，用桂枝炒杭芍，寓桂枝汤之意；肝气犯胃，两胁疼痛之症，用吴茱萸炒黄连，法取左金丸之意；治心肾不交证，用肉桂炒黄连，法取交泰丸之意等。先生讲究随用随治，保持新鲜纯正。

4、调养之法 长于食疗

孙镜朗先生认为食物调养常能辅助药物，巩固疗效，尤其药不能及之时，每于食疗收功。他常说：“治病虽主以药物，而久服亦能伤脾败胃，体虚之人更难接受，食物即治病又益身，药物唯疗疾而不养人，虽滋补之品，亦止于祛病而已”。先生应用食疗，多针对慢性虚损患者，如虚劳之症，用白毛公鸭一只（乌骨者良），新鲜胎盘（学名紫河车）三具，截成块状，一具喂饲两天，六日喂完，隔日将鸭宰杀洗净，慢火炖至脱骨，令患者食之。鸭为水禽，性降入肺肾，为益阴上品，紫河车乃元阴元阳之体，为滋补之佳味。先生名之曰：“金水胎元汤”，常在冬至交节后令患者食用。凡阴虚盗汗，哮喘肺痨，梦遗等虚损证候，每获良效。治疗脾胃虚弱，或脏器脱垂，慢性泄泻等，用粳米、百合、芡实、莲子、糯米、菱角米、大枣熬粥，粥成入白色鲜荷花数朵，清香透发，大醒脾胃，先生名之曰：“荷花八宝粥”，具有升发阳气，益气举陷之功。其他常见病，如红痢初起用云南普洱茶，食积宿垢用西湖龙井茶；便秘、内、外痔用广东甘蔗汁；清瘟败毒用鲜梨煮茶；清解暑热用西瓜汁；小儿疳积厌食用山楂羹等。食疗之法简便易行，患者喜而乐受。先生的食疗思想，盖渊源于《内经》，“五谷为养，五果为助，五畜为益，五菜为充”的食疗医学观。

学术成果

研制“中药熨疗器”

孙复猷先生1978年在济宁中医院工作期间，创建了熨科门诊，并研制“中药熨疗器”。该仪器是以古老太乙神针为基础，结合现代科学技术，采用红外线热辐射原理，挥发中草药，使药物分子局部透入肌体，起到温经散寒、疏通气血、改善循环等作用。中药熨疗用于颈椎病、腰椎病、坐骨神经疼、风寒湿痹等症疗效较好。该项科技成果获省、地、市科技发明奖。

论著及获奖

近二十年来，孙复猷先生勤于笔耕，在国家及省、地、市级的刊物发表论文30余篇。其主要著作及学术论文有《黄帝内经素问白话注解》、《治疗传染性乙型肝炎的体会》、《治痢心得》等。全国中医文化学术研讨会交流的论文《书法与保健》获三等奖，1994年在《中国中医药报》发表了《道地药材考释》，1990年参加东方文化基金会主办的“国际周易与中医学术思想研讨会”交流论文《亢龙有悔原理在医学中的体现》，该论文被收入《中华易医荟萃》。另有《论药名演变的不可逆性及当前的对策》、《中国历代名医百家传评价》等分别发表于《中国中药》杂志、《山东中医学院学报》。

轶闻趣事

1、“四两拨千斤”起沉疴

孙镜朗先生临证用药素以“四两拨千斤”而著称，深得叶、吴遣方用药之诣，极擅轻灵。立法定方，详辨精审，药虽少，而克病之力强，量虽轻，而奏效之功著。方小量轻，中病辄止。先生治病，从不以药胜而邀功，亦不以量大而求速。譬如：早年治疗一失血症：患者女性、年已六旬，突发呕血，倾碗而注，已奄奄一息，家人已完备后事，行将就木，欲图最后希望，求治于先生。查其脉，虽极伏微，尚有缓象，遂煎熬独参汤、合用童子便、砚上好京墨半杯频服，果然转危为安。又以扶正之品调理，前后用药不过三、五味，而得以返还生机。

2、中、西医结合的家庭

孙兴先生的夫人杨敏女士从事西医医疗工作，工作之余与家人共同研习孙氏医技，相互借鉴，共同提高，成为事业互补的伉俪。

3、兄弟事业互补

孙兴先生的弟弟孙鼎先生，毕业于药学专科，接受家传，专攻儿科，又深得家兄多年指教，多年来研习医学，颇有心得，以自己的学业优势创立“孙氏儿童大药房”，为孙氏家学开拓了新的服务领域。

（供稿：孙相如）

山东 王氏世家

世家传略

王士合，男，汉族，山东泰安人，生于1964年，大专文化，中医师。于1980年随父亲到济南在中铁十局集团工业物资公司工作，同时在山东中医大学进修。中国医师网健康顾问委员、国家高级推拿师、济南市推拿协会会员。

王士合出生于中医世家，祖父是当地有名的老中医，母亲善于腰腿接骨复位，各种跌打损伤、骨折及无名疼痛贴上祖传的王三贴膏药疗效明显。那时候，四邻八舍，谁要是崴脚了，或者脱臼了，都会找到他们家，家里的老人会通过按摩、正骨，然后贴上自家研制的膏药，很快就好了。

王士合年轻时并不从医，那时候家里也觉得他应该找个体面的正式工作。于是，1981年，刚满16岁的王士合就走上了工作岗位，这一工作就是28年。尽管王士合没有做大夫，但是因为从小就经常看到母亲给别人推拿治病，自己耳濡目染也学会了一些。同时受家庭长期为乡邻义诊的熏陶，王士合又是一个非常热心的人，只要同事们有哪儿不舒服，王士合也会给推拿按摩几下，然后送别人几贴自己家研制的膏药。久而久之，同事都知道王士合会推拿、正骨，他们家的膏药很好用。在给别人义务推拿按摩的过程中，王士合慢慢发现给别人解除痛苦后的那种兴奋、喜悦和成就感是平时的工作中体验不到的，王士合渐渐理解了祖辈们为什么能够坚持义务给街坊邻居治病那么多年，同时王士合也对从医有了兴趣。为了更好的为病人服务，王士合开始在工作之余钻研医书。从中医理论基础到黄帝内经，王士合几乎翻遍了能够借到的所有中医书籍。2000年，一个偶然的机会使王士合认识了济南军区的一位推拿大师，那是一位老中医，技术精湛。王士合觉得这是一个非常难得的学习机会，于是拜这位老中医为师，系统学习推拿。2004年，王士

合又加入了济南推拿健身协会，在那里，他可以和来自各地的推拿高手交流学习，他的医术也更加精湛。在系统学习推拿按摩的同时，王士合还根据自己所学的中医知识，对自家祖传的膏药进行了改良。家传的王三贴膏药现已申请国家专利和申报省级非物质文化遗产。

学术经验

王士合在中医事业上做出了一些成绩，但却不满足现状，他认为，中医药学渊远流长，博大精深，但中医中药事业的发展与社会经济的发展还不相适应，尤其是在社会老龄化和疾病谱改变以后，与百姓对医疗保健服务的新需求还有较大差距。为了更好的为病人服务，王士合利用工作之余行走十多省市，拜访民间老中医，学习他们有效的治疗手段，再加上自己收集总结的偏方验方、祖传的方剂、祖传的针灸法、结合实践经验、继承发展创新，充分发挥中医中药的预防优势和治疗特色，逐渐形成自己独到治疗方法和特效药物。他擅长“王氏推拿”，具体运用推、拿、按、摩、揉、捏、点、拍等多样手法，达到疏通经络、推行气血、祛邪扶正、调和阴阳的疗效。

主要成果

王士合特别用心于对家传膏药的改进创新，经过十几年潜心研制后的“王三贴膏药”，可用于颈椎病、腰椎间盘突出、骨质增生、关节炎、股骨头坏死、跌打损伤等各种常见多发病的治疗。同时他对疑难杂症也有较深入的研究和独到的见解，凭着多年来的经验，总结出多个经验药方，有的已正式批准应用于临床。

轶闻趣事

从“王一贴”到“王三贴”

王士合说起祖辈行医的经历，他记得父母那时给十里八村的乡邻治病都是义务的，膏药也是免费的，因此王士合一家在农村的威望很高，乡亲们把他家的膏药称为“王一贴膏药”。 王士合正式从医后，经过多年拜师学艺和自己不断加深理论学习，结合临床实际，对自家祖传的膏药，进行了改良。由于许多人看到“王一贴膏药”这个名字就自然而然的认为不管什么病，贴一次就能治好，误解了“王一贴”的意思，于是他把“王一贴”改成了“王三贴”。

陕西 孟氏世家

世家传略

在陕西三秦大地上，关中槐里有一个远近闻名的四代中医世家，其家学的代表人物是2006年已故德高望重的九十三岁妇科、胃肠疑难病名医孟维礼先生。

孟氏世家祖居山东，晚清战乱，孟子章随父亲迁至陕西西安。传统家教和异乡生活使孟子章15岁就有救民报国理念，立志“不为良相，但为良医”。于是17岁便开始在兴平西关“世兴利”药铺当相公抓药。孟子章勤奋自学，又拜师坐堂医生张有亮和西安名医小马先生，后买下药店，又和长子孟维贤开药铺，改名“天成亨”后更名“保安堂”，时逢关中十八年灾荒和霍乱流行，妇科病和胃肠病成为常见，于是孟子章把行医50年个人经验方研制成“调经促孕丸”和“开胃健脾丸”，广为效用，从此创立了孟氏中医世家之特色。

孟子章老先生一生熟读《黄帝内经》、《大医精诚》等经典，形成了他一生“重医德诚做人、精医术勤为民”的人生规范。他经常教育子女后人，终生修两条：一是，学医要一生首做高人，即做人要“实”。二是，学医要争做大医，即做医生要“精”。孟子章老先生的一生，也正是实现“精实”的典范。

二世孟维礼先生，排行老三，自1932年其兄染霍乱病故后，即辍学从医，继承“保安堂”家业，从此奋斗了七十多个春秋。孟维礼先生1959年入陕西中医学院，经过3年系统学习中医理论，加之二十世纪六十年代行医乡村，使他对农村多发病，流行病有了丰富的诊疗实践经验，尤其擅长治疗妇科不孕病、滑胎、产前后病等。1958年，兴平地区乙型脑炎流行，孟维礼先生所创制的中医防治乙型脑炎系列处方，分别在县中医学习班和咸阳地区首届老中医座谈会上介绍，并由其子孟国栋整理成教材资料。孟维礼一生明白医术和医德是为医必备的两个基本条件，他一直谨记父教：“医不三世，不服其药，至言世医者，集医学理论之指导、临床诊治经验之大成，非一般所能比拟也，当深思而慎行之”。这也成了他一生的座右铭和教育子女的准则。二十世纪70年代，门诊最多每天100多人，大部分为妇女患者。孟维礼先生奉行“医为仁术”，从无挟技谋私之心，一心只在疗救疾苦，因为用药疗效好而价格便宜，被一方乡梓赠封“赭石大夫”的美誉。数十年后，幼年经孟老先生救治的乙脑病儿，已50多岁的刘坐虎还为孟老先生无微不至的服务精神而感怀落泪。孟维礼先生67岁才退休，回家后又坐诊“孟家祖传妇科联合诊所”，始终坚持医德为本，服务至上。68岁时被选为陕西省兴平市政协常委直到90岁。

三世传人中，孟国栋从17岁开始就随父学医，上世纪70年代已独立行医，全面掌握了孟氏中医妇科，胃肠病的经验。1979年被评为陕西省首批新长征突击手。后又进入陕西中医学院学习，先后发表学术论文30篇，出席北京国际传统医学大会，海峡两岸及全国各地专业学术会20多次，2004年主编了由陕西科技出版社出版的当代中医世家系列丛书《孟维礼中医世家经验辑要》。慢性胃炎治疗法获全国医药卫生优秀成果二等奖及药王杯、华佗杯、草药杯等科技奖11项，先后担任世界教科文卫组织大中华区医学专家成员、中国药文化、中国特效医术发掘整理，中国中医药民营医院管理委员会委员。2005年中医古籍出版社为其出版了中华名医系列丛书第四卷《中医世家名医孟国栋经验辑要》，2009年当选陕西中医药科技开发研究会第四届理事会理事，成为针药并用的一方名医。他的弟弟孟国庆、孟国顺和小妹孟清雅也继承祖业，先后成立中医妇科诊所，造福民众。第四代传人中，已有四人业医，包括孟彦荣，毕业于陕西中医学院，又进修毕业于北京中医药大学本科，现任职于兴平市中医院，担任主治中医师。15年来发表学术论文20篇，主编专著一部，连年被评为卫生系统先进个人，并被树为兴平市青年科技岗位能手，曾出席中国中医药学会北京20周年学术年会。孟蕊蓉主治中医师，现在兴平市宣计站工作，能运用中西两法辨治妇科病，曾出席海峡两岸中医药学术大会。孟彦武中医师在兴平市防疫站工作，孟艳燕也从卫校毕业即将从业医界，孟氏中医后继有人。

此外，孟氏中医历代先后收纳门徒弟子齐喜云、豆志强、陈治辉、任从树、杨义春、张瑞龙、张杰、吴赛英、南金虎、郭晨峰、张小宁、常继业、程素云、郭凤琴、崔彦斌、吴益芝、吴文妮、王瑛、张静等20余人，其中担任业界领导职务者多达12人，成为了光大孟氏祖传经验，共同发展中医事业的医疗群体。一百多年来，孟氏中医世家逐步形成了医德医术并重的孟氏中医文化，即："孟德厚道，精诚活人"。2005年，孟国栋代表孟氏中医世家在人民大会堂领取了由中华中医药学会颁发的全国首届中医药"六名"金牌。

学术经验

孟氏中医世家受佛家和儒家影响，学养底蕴深厚。在妇科病治法上推崇丹溪滋阴法，在胃肠病治疗上遵守东垣补土法，因而在中医学术上有着鲜明的特色。孟氏中医学术概要有：

1、医源于易，中和位育。孟氏中医一世孟子章老先生终生"和善知礼"；二世孟维礼先生学研《易经》；三世孟国栋更是深研《易经》，并拜读台湾中医泰斗陈立夫先生易学观点加以发挥。

2、丹溪养阴，临床通效。朱丹溪，名震亨，号丹溪，为金元四大家滋阴派的代表。一世孟子章老先生开始把滋阴法运用于妇科和胃肠病，创"滋血健脾丸"；二世孟维礼除对妇科病采用滋阴为根本治法外，还在乙型脑炎中晚期运用滋阴熄风、解毒清热之法。三世孟国栋和四世孟彦荣则分别在乙型肝炎、脑中风、慢性胃炎、老年病及男女更年综合征等广泛运用滋阴法治疗。

3、妇人主血，调经为要。从一世孟子章开设"保安堂"创"调经促孕丸"开始，后三代人承前启后，并总结出妇科病的学术思想：滋阴养血为总纲，养阴补脾调脏腑。抓住调经这个中心，调理气血使经血和顺，神清气爽则诸症易于获愈。

4、孟氏中医世家诊治胃肠病已有百年历史，总结出运用补气升阳、养阴滋胃、清热化湿、化瘀攻毒总治法辨治胃肠病，并提出毒证论应做为脾胃病的补充辨证法。

5、针灸是中医急症和提高疗效的独特学科，应努力在临床上发挥治疗作用，并促进中医药创新。

不孕症是妇科常见病，孟氏中医自成体系形成了四步四证十法的治疗方案。一先查：中西医全面检查；二再分：中医分热瘀、肝郁、痰湿、肾虚四证，西医分原发，继发两型；三辩：中医辩证型，西医辩主因；四治：中医分调经、消症、促孕三法治疗，同时配合西医现代手段共同治疗。十种方法即口服、注射、灌肠、针刺、艾灸、热敷、清洗、手术、佩戴、调势，以达消除病因的目的，总体调经为根，补肾为本。

轶闻趣事

一、巧救兴平城内百姓吃粮难（孟子章）

1936年夏末，兴平城内驻守了一个团的国民党军队，关城门限出入，影响了粮食市场的交易，城内百姓因粮价上涨叫苦连天，可谁都怕受连累敢怒不敢言。时逢团长之妻患胃肠病久治不效，就派了两个背枪的卫兵来到保安堂，命令式地说，团长叫孟先生去看病。一家人和邻居都很惊怕，孟子章却笑着说："咱是个看病的怕啥"。经几次调治夫人病愈，团长赠银感谢，孟子章力辞不受，趁机向其反映群众吃粮苦，以父母子女之情晓之以理，终唤起其悯民之心，命令部队定时开城门放宽粮食进出的交易，城内百姓吃粮难得以缓解。孟子章老先生淡薄个人得失体恤民生传为佳话。

二、孟维礼先生九十寿诞庆典记事

2002年12月2日，是孟维礼先生九十大寿的喜庆日子。这一天他所在的兴平市东城区西街村村委会为他举行了隆重的纪念活动。活动从12月1日下午开始，50多名村民锣鼓乐队迎接兴平乡亲、友好送的红寿字铜匾。晚上八点，由兴平市秦腔剧团着装演出折子戏"大拜寿"，西安秦腔名家演出团30余位名角助兴演出两场。两团演出前在广场放礼花90筒，以示孟老先生90岁生日。12月2日是寿诞日，从清晨开始，前来祝贺的有：兴平市统战部、市政协、市政府东城办、兴平市卫生局、兴平市人民医院、东城各村委会及医友、朋友100多人。上午10点大会开始，孟维礼先生带领儿孙上台致谢，西街村党支部书记巨全录首先宣读贺词说："孟老早年随父行医，深受父亲教诲……他刻苦学习，精心探索，形成了独特的孟氏中医……治愈妇科及其他疑难病患者不计其数，特别是1958年在县医疗队治疗队治愈乙脑患者500例，使许多重危病人得以起死回生。他用高尚的医德塑造自己，堪成楷模，使孟家成为远近闻名的四代行医世家。孟老是从咱们西街村走出来的一代名医，他为咱西街村人做很多有益的事情，也争得了荣誉”。接着，孟维礼先生在台前致谢时讲到：“我孟维礼能有今天，全靠党的关怀和群众的信任和支持，我向大家表示深深的感谢”。此时台下一片掌声，正如他的同窗好友年已九旬的史允谦老师送给他的生日七律诗总结的：

仁术济世称医宗，蜚声槐里遍关中。记通灵素知病理，业精岐黄药性明。八纲辩证心有术，四诊施治方剂灵。自古名医媲良相，杏林春暖荡和风。

他将老骥伏枥，壮心不已，为人民再做贡献。

三、孟国栋副主任医师诗文精选：

1、抒怀诗作

诗之一：《志者事成》

读李时珍《鸣志》诗，和诗一首，颂药王并励自己。

东坡幼志医精成，三八三易万草盛。四八志极正日中，二十四年《纲目》咏。

时1968年7月17日

诗之二：《超脱》

学海无涯苦作舟，人生如梦别回头。争创奋斗一口气，世上哪有不散席。事业如春永不愁，今生无悔别无求。不定成功重参与，超脱无限自乐趣！

时2001年11月

诗之三：《平凡与孤独》

人生自古哪无终，医怡平衡可中兴。生命之火不脱凡，心康体健当寿星。人生苦短实难笃，精研终必成孤独。事业之火堪脱凡，功成名就老来红。

时2004年10月9日

2、铭志文

会友贾平凹小说选出版序言读后有感：

我觉得作为一个中医，既是从事自然科学，就得不断适应发展。既要不跟着别人的老路子走，也不要老踏着自己原路走圆圈。我需要去作一番试验和探索，力争在以后的医疗生涯中，从理论探讨，学术研究，方药配制，疗效分析，经验总结上有所发展，力争突破，使自己在治疗疾病上有新的起色。这一年一个脚印，脚步踏得实实在在，才无愧于我们这个时代，也无愧于人民对我们中医的要求。

时1997年夏

主要成果

1999年4月北京首届世界创新医药大会，孟国栋、孟彦荣论文《辩证针灸治脑中风新方案探讨》获二等奖。

北京2000年国际传统医药大会，孟国栋、孟彦荣论文《中医辨治妇女更年期综合征新方案探讨》被大会中英文展版交流，论文号0178。

2000年，孟国栋加入香港国际传统医药研究会，当年被评为百名杰出会员金奖。2001年担任学会理事，十名课题教授。

2001年被香港第三届全球华人医药大会授于华佗杯创研发明金奖。

2001年北京海峡两岸中医药学术大会，孟蕊蓉、孟国栋论文《陈立夫中和位育学术思想探讨》获大会荣誉奖。

2002年4月，陕西孙思邈学术思想传统医学研讨会，孟国栋、孟彦荣论文《孙思邈“以毒攻毒”学术思想探讨》获药王杯金奖。

《孟维礼中医世家经验辑要》，由陕西中医药研究院组织编辑，总主编《陕西中医药研究》杂志编辑部主任郭教礼，由陕西科技出版社于2004年11月出版。

《中医世家名医孟国栋经验辑要》，由中医古籍出版社2005年8月出版。

陕西 姚氏世家

世家传略

姚氏中医世家的创始人姚福年（1838～1923）晚号嘉我公，为救民于疾苦，于清代咸丰末年（1861）在河北武安创立“太和”。“太和医室”迄今已近150年。

姚福年老前辈治病注意调和阴阳，曾著《太和医室秘录》传与后人，并因救治朝廷重臣受诰封“四品”而声名大振。此后历经五代传人，皆能遵祖师遗训，秉承家学，代代以医为业而服务民众，有名噪本土乡里者，有誉满秦都古城者，有遐迩远洋海外者，成绩斐然，各有千秋。

二代传人姚占铭，为福年次子，擅针灸，著《针灸医案》一部。三子姚占富，治病重视气血阴阳，擅长内科，早年前往台湾，已故于宝岛。幼子姚占贵，一生操持中药材炮制，为人厚道可赞。

三代传人姚兴华，抗战期间后迁西安，为“太和医室”创立第二故乡。其人医德高尚，医术精湛，治病则善从脏腑阴阳气血入手，治内伤善补阴精，治外感注重阳气，治腑证以通为用，治脏病以补为法，活人无数。姚兴华先生为陕西省著名老中医，在西安古城行医20余载，学术及临床影响颇深。“十年动乱”之际不幸作古，其学术思想入选《陕西省名老中医经验荟萃》第一辑。

第四代传人中有树森、树棠、树锦、树铮、树绵、树锋六兄弟，以及兴华先生晚年所收门人陆秀芳、王凤楼、宋培林共九人。九人之中，又以姚树锦为代表，现任西安市中医医院主任医师，早年曾就读于西北师范大学，1965年毕业于陕西中医学院师资班，曾任西安市西学中班班主任。儒医兼通，精于中医基础理论研究，熟读经典，博采众长，发挥家学，形成了自己独特的“扶正固本”学术思想。从事中医临床、教学、科研50年，精于内科，通晓妇、儿，擅长各种常见病治疗，尤精于肾病、结缔组织病、免疫、内分泌、肿瘤等疑难病的诊治，涉及病种数百，治疗颇有佳绩。主持“固本咳喘丸”“胆胃通降片”“健身先天宝”等新药开发和科研课题。曾先后获得科技进步、科研成果、优秀论文等十余奖项。自1997年起，被国家人事部、卫生部、中医药管理局遴选为第二、三、四批全国名老中医继承人导师，现已为国培养学术继承人弟子5人。退休后被聘为西安市文史研究馆馆员，又率领一众同门、弟子等志同道合者服务社会，牵头成立独树一帜的“树锦国医馆”，以医疗（疑难病诊治）、教（国家名老中医继承人培养）、研（已有六项科研成果问世）为主旨，是西安乃至西北地区著名的中医特色医疗机构。

姚树锦先生近照

由于四代弟子影响扩大，尤以姚树锦为代表，被多家媒体报道，《太和医史》专题片在河北泰安多次播放，“太和精神”得以发扬光大，所以五代弟子数量众多，遍及全国17省市，尤其以姚氏后裔及“全国名老中医继承人”项目所培养弟子5人最为出色。大弟子王维英主任医师（1963～ ），国家级名老中医师承继承人，现任西安市中医医院肾病科主任，陕西中医学院临床研究生导师，陕西省中医学会内科专业委员会主任委员、全国中西医结合学会变态反应委员会委员、全国中医肾病专业委员会委员、陕西省中医肾病专业委员会委员，从事原发性肾病、继发性肾病

（狼疮肾、糖尿病肾病、紫癜性肾病等）及慢性肾功能衰竭的医教研工作，发表论文数十篇，主持《血尿宁胶囊治疗紫癜性肾炎血尿的临床和实验研究》、《姚树锦辩治免疫性疾病学术思想研究》等省市课题四项。另有国家名老中医继承人二批弟子黄伟、邵艳均为西安市中医医院肾病科副主任医师，负责该院肾病科日常工作，都有十余篇论文发表；现在读第三批继承人弟子杨晓媛、李晓阳，分别为肾病科主治及老年病科副主任医师，为临床工作骨干。另有姚树锦之子姚永平（1968～ ），现主持“树锦国医馆”日常诊疗及管理工作。其余五代弟子封树志、姚露萍、姚丽萍、姚艳萍、姚安萍等均为五代弟子中的佼佼者。

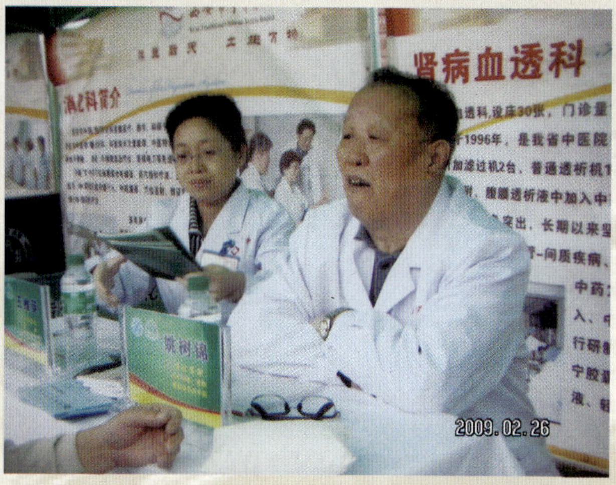

姚树锦先生（右）在中医药万里行西安站携弟子王维英（左）应诊

学术经验

姚氏“太和医室”传承已有五代，家学渊源，代有发扬，积淀颇多，至四代姚树锦更是发扬光大，现将其主要学术经验，略述于下：

阐微“扶正固本”学说

扶正固本是针对虚损而设的中医治法，即对于正气亏虚之疾采取培补正气以治愈疾病的方法。《内经》认为“邪气盛则实，精气夺则虚”；《素问·三部九侯论》提出“虚则补之”大法；《素问·阴阳应象大论》详述“形不足者，温之以气；精不足者，补之以味”；《素问·至真要大论》进一步提出“劳者温之……燥者濡之……散者收之……损者益之”的治法；《素问·调经论》提出“阳虚则外寒，阴虚则内热”，提示虚证有阴阳之别；《素问·阴阳应象大论》则提出“疏其血气，令其调达，而致和平”是治疗的目的，为扶正固本学说的发展奠定了基础。后世诸家，自《难经》以至《金匮》，从《脾胃论》以至《丹溪心法》《医贯》《景岳全书》等诸多名著均从理法方药等不同方面论述及应用扶正固本之法。

姚氏“太和”诸位先贤，上溯《内》《难》《伤寒》，后览东垣、丹溪、献可、景岳之书，渐成家传之学，且形成侧重培补脾肾二脏，主张补虚益损的用药特点，并以“男子注重益气补肾，女子注重养血舒肝，小儿重在消导健脾，老人侧重平补阴阳”为临床家训。通过观察时代发展和人类疾病谱的变化，总结临床经验，认为前人单纯强调补虚培本的经验，对于虚实相兼病证的认识和临床有所不足。姚氏认为：

1. 正虚不能御邪且可生邪

姚树锦先生（左）携夫人陆秀芳（右）女士上海开会期间留影

正气是抗御病邪，免致疾病的主导因素，所谓“正气存内，邪不可干”便是常人免于致病的机理写照。正气虚损患者，正虚未复之前，常易感受外邪，并易因虚而生内邪。前者如系统性红斑狼疮患者，多因禀赋不足，肝肾亏虚为本，遂外感风、寒、湿热之邪，内外相合，正邪交争而发病；后者如脏腑虚损，气血不足，阳失宣化，气化难行，渐经脉不畅，血脉瘀阻，津液运化转输失常，停而为气滞血瘀痰停湿阻等邪实之病。如系统性红斑狼疮后期，诸脏皆损，阳气不足，气化不行，脏腑失和，寒、湿、瘀、热内生，虚实夹杂，证情复杂。

2. 邪实也能致虚复生邪

外邪侵犯人体，不论感邪之新旧，病位之深浅，邪实之轻重，必然导致正邪相争，耗伤正气，一时之虚损，且虚损不甚，常邪去则正复；若邪气留恋，病久不愈，必然导致正气久损而成虚损之疾。再而因虚致实，虚实相兼，因果往复，病程缠绵。如系统性红斑狼疮之初，外感邪气，从热而化，热毒炽盛，留恋难除，势必耗气伤阴；气虚日久湿浊生，阴虚而内热升，气虚、阴虚、湿热互结，病难向愈。

总之，“正虚”不管是因为“先天不足”或是“后天”疾病所伤，总为“本虚”。“邪实”不论“实”到何处程度，皆为“标实”。而由功能性“代谢障碍”所造成的“标实”，在很大程度上是由于脏腑功能不足之“正虚”形成的，同样“标实”日久则导致“正虚”。通常的情况是“正愈虚”，所表现的是“表愈实”，显示了“标本虚实”的二重性。故对此复杂病例，则扶正即助祛邪之力，祛邪即给扶正之机。

以现代免疫学观点阐释“扶正固本”

姚氏家学之所以能发扬光大，在于学无止境，善于融会贯通新知识，博采众长，为我所用。姚氏以现代免疫学观点阐释“扶正固本”认为：

1. 正气具有现代医学免疫系统的正常功能

正气是机体抗御病邪，适应环境，调整和修复疾病伤损机体的能力。现代免疫学认为免疫系统有防御、自稳、监视三大功能。防御功能，就是抵抗各种微生物感染，即正气防御外邪的作用。自身稳定，就是清除自体抗原，排除外源性因素干扰，稳定内环境，维持免疫平衡，即正气调节阴阳，消除病邪，维持机体阴阳平衡的作用。免疫监视是机体细胞突变为“异己细胞”，一旦突变，就通过免疫排斥反应，排斥突变细胞，即正气协调脏腑经络气血，互相依存，相互制约的功能。由此可见，正气具有现代医学免疫系统的正常功能。

2. 免疫反应就是正邪交争的反应

中医正气学说认为，正邪之争贯穿在疾病发生、发展的始终，决定着疾病的发展与转归。正气是正邪斗争的主导方面，正气盛衰是决定矛盾转化的关键，正气充实就能抵御邪气，免于发病，即使发病，正气也可祛除病邪，使机体康复。正气虚衰，或邪气太强，则正不胜邪，疾病就发生发展。从免疫学角度看，一切外来的病源微生物和因各种因素改变了性质的机体自身组织细胞，均是能刺激机体产生免疫排斥反应的“非己”物质，均为“邪气”。据此认为，免疫反应就是正邪交争的反应，正气战胜邪气，则疾病向愈，否则就会发病。

3. 扶正祛邪复方具有双向免疫调节作用

扶正与驱邪是中医治病的二大法则。姚氏认为，扶正就是调动机体的抗病力，提高机体的免疫功能，增强其稳定性。祛邪就是排除破坏免疫平衡的一切因素。现代实验研究证明，补气、补血、补阴、补阳等扶助正气药物及方剂均能提高免疫功能，不论对细胞免疫还是体液免疫，不论特异性免疫还是非特异性免疫均有一定作用，尤其对细胞免疫功能促进更为明显。祛风湿、清热解毒、活血化瘀、攻坚破积药物均有免疫抑制作用。更重要的是黄芪、党参、甘草、刺五加、玉屏风散及活血化瘀、清热解毒方具有双向调节作用。所谓双向作用，是同一药物（方剂）具有促进细胞免疫，抑制体液免疫的作用。而临床不少免疫性疾病（包括SLE），就表现为细胞免疫功能低下而体液免疫亢进的错综复杂现象。扶正祛邪并用的复方，前者可以激发偏低的细胞免疫，后者抑制过高的体液免疫，使调节免疫反应的作用更强，是笔者临床治疗此类疾病效验的现代理论依据及基础。

由此可见，以现代免疫学观点看待中医理论，正气的作用具有免疫系统防御、自稳、监视三大功能，正邪相争类似免疫反应，正胜于邪则不发病，正不胜邪和正邪剧争均可发生过高或过低的免疫反应而发病。免疫药物研究表明：扶正药物具有增强细胞免疫功能，祛邪药物抑制体液免疫，扶正方药具有双向调节作用，扶正祛邪并用，则能更好的发挥双向调节作用。由于中药成分复杂，其免疫调节可能通过多种途径完成，具有整体调节作用，并通过整体而作用于局部，不致导致整体的机能紊乱，避免了现代医学药物治疗的弊端，或许这正是中医整体观念的支持论点之一。

善用“扶正固本”

姚氏认为，中医药的免疫调节作用是长于整体，短于局部；强于扶正，短于祛邪。对于正气虚而邪气不盛者，起效快、症状体征改善明显，检验指标改善也快，疗效显著；对正虚不显，邪气亢盛者，则起效慢，难以缓解，常需加用西药强的松、环磷酰胺（CTX）等抑制体液免疫而加强“祛邪”方能取效。化疗极易伤阳，由此推论，将CTX看做“苦寒解毒”药，强的松为“辛热解毒”药，纳入中医体系而行辨证论治之用，这样则克服了中药“短于局部，疏于祛邪”的缺点，更好的发挥“长于整体、强于扶正”的优势。临床观察发现联合用药后起效更快，病程更短，激素、CTX的用量减少，感染次数降低，病情易于稳定，生存质量更高，比单用中、西治疗效果更好。太和医室经百余年理论与临床实践，系统总结出一套“扶正固本”的治法及方剂，不脱于“辨证论治”范畴，但颇有自己的特色及显著疗效。

1.调补法 即调理补虚法，以脾胃为重点，实用于以下情况：虚损早期，正虚不显著，可以香砂六君子、四君子汤、益胃汤等扶脾养胃，使化源充足则其虚自复。脾胃久虚或脾阳不足者，多水湿偏盛，补中则易气壅湿重，扶阳则助湿化热，故可先以芪苡四君子汤益气健脾，化浊利湿，而后再培补其虚损。虚损晚期，气血阴阳俱虚，脾胃衰败，应先给予甘淡平和之品，如香砂养胃汤、八宝粥等调补脾胃，脾胃气复，饮食渐增，则药力方能发挥，以利后续辨证施治。正气虚损，各脏腑气机不和，如肝胃不和、肝郁脾滞、心脾不调等，可以四逆散、逍遥辈行疏理气机、调和肝脾。

2.平补法 平和补虚法，以药性平和之品，组成刚柔相济之方，治疗缓慢进展的虚损病症。禀赋不足，老年生理虚损者，如六味地黄丸、龟鹿二仙膏等平补肝肾；归脾丸调补心脾虚损；玉屏风治卫表不固；杞菊地黄丸疗肝肾阴虚均属此类。

3.清补法 寓清于补，正气已虚，余热未尽，或因虚生热之证。温热病后，阴津已虚，余热未尽者，竹叶石膏汤、青蒿鳖甲汤、清燥救肺汤等可用；阴虚发热者，阴精不足于内，阳热亢盛于外，热复伤阴，因果往复，可予知柏地黄丸、大补阴丸滋肾阴清虚火；黄连阿胶鸡子黄汤养心肾阴血，泻心火宁心神。气虚发热者，扶中气，升清阳，甘温除大热，补中益气汤主治（此方之中，参芪升柴不宜增大）。血虚发热，营血不足，气失卫护，虚阳外浮，当归六黄汤养血固表，补而兼清。阳虚发热系阳气不足，水湿留滞，湿、食积而化热，应予扶阳散寒消积除湿为法，如黄连理中汤。

4.温补法 即温热补益法，用温热性的补益药，或补益药配合辛温散寒药物，以达到回阳救逆、扶阳散寒的目的。卫阳不足者，玉屏风酌加温阳之品。阳虚兼寒者，附子理中汤、真武汤。阳虚兼表寒者，麻黄附子细辛汤。阳虚阴盛至极者，参附汤、四逆汤等。

5.峻补法 用大剂疗效可靠、效专力宏的补益药治疗虚损重症危证，以求速效。如阳气厥脱，独参汤、参附汤、四逆汤、参附注射液、参芪注射液等，益气固脱、回阳救逆。气阴双虚重证，生脉散、复脉汤、生脉注射液，急固气阴，挽救危亡。营血亏损重证，未兼邪实，脾胃尚健者，人参养荣汤加龟胶、鹿胶、阿胶、鱼鳔胶，直补营血。

6.食补法 适用于多种慢性虚损，选择相宜食物且易于受纳运化者食养。

《内经》指出“五谷为养”；《伤寒论》则曰“糜粥自养”。慢性虚损患者确实有“药疗不如食疗”的一面，且“药食同源”，故根据粥有充养胃气，易于吸收，口感较好，老少皆宜，制作方便，缓能固之的特点，以辨证论治为基础，制定食疗粥方。常用：粳米、生薏仁、山药、莲子；肺胃阴虚，加百合、银耳；血虚者，加桂圆肉、红枣；偏脾虚者加陈皮、扁豆、山楂；偏肝肾不足者，加枸杞子、核桃仁。

“扶正固本”的应用原则

无论因虚致实，还是因实致虚，均以虚为本，以实为标。临证时，先判正气受损程度，斟酌正邪斗争的情况，衡量标本虚实的性质，确定辨证论治的依据，从而定攻补之先后、时机、分寸。特别应遵循以下原则，方能药病合拍，提高疗效：

1. 祛邪不可伤正 初病者不可贪功冒进，过攻伤正，害人寿命于无形；久病者，祛邪之中，酌予扶正之品。如系统性红斑狼疮热毒炽盛期，病程日久，必气阴耗伤，清热解毒、凉血化瘀中，多宜佐西洋参、麦冬等益气养阴扶正。

2. 治病勿伤胃气 《内经》言“人以胃气为本”“有胃气则生，无胃气则死”；《伤寒》多处强调“勿犯胃气”；《脾胃论》“内伤脾胃，百病由生”。“勿犯胃气”首先是在辨证论治的基础上，取舍过偏、伤脾碍胃之品；次而视脾胃所伤而治之。常用砂仁、内金、山楂醒脾和胃化滞，防治并行；脾虚气滞已成者，以《伤寒》厚朴生姜半夏甘草人参汤为基础，加沉香、大腹皮、莱菔子成自拟消胀理气汤，达健脾行气之效方（详见后）；脾气虚弱致湿者，用四君子加生黄芪、生薏米而成芪薏四君子以益气健脾利湿；中阳不足，甚至脾虚下陷者，附子理中汤、补中益气汤可温中健脾、升阳举陷。复杂病例，证型错杂，辨证难明，应“上下交损，当治其中”，“执中央，运四旁”，方能执简驭繁，事半功倍。德国《药物植物》曾指出“中药有效成分多为低分子抗氧化剂，是由高分子多聚物经胃液热处理后释放出的较高生物利用度的分子片段”。胃液中胃酸和胃蛋白酶含量较高者疗效较好。与“留得一分胃气，便有一分生机”、“得谷者昌，绝谷者亡”不谋而合。

3. 扶正勿忘祛邪 久病虚损病例，正虚为主，表现为物质基础的不足和功能活动的低下而代谢障碍，病理产物积聚。祛邪与扶正并举，方能阻断病情进展。如系统性红斑狼疮病程中，气虚多并见气滞、湿停、成瘀，故行气、化湿、活血多需并行；阴虚则生内热而津伤血枯络阻，故养阴生津、清热、化瘀常兼并用。

4.顺应脏腑气机升降之性 气机的升降出入是机体生存的根本，百病必致气机失常而发病。故临证时，必察气机失常所在，顺应脏腑气机之性而条达之。据“六腑以通为顺”之理，创“胆胃通降片”及“消胀理气汤”诸方。

姚氏太和医室扶正特色方药举隅

姚氏治疗虚损病证，扶正之中侧重脾肾，师古而不泥古，方药运用灵活多变，能与病机丝丝入扣，常以经方、时方、验方合而施之，篇幅所限，仅举最常用之益气、健脾、益肾组方略示微妙：

1.健脾方 脾胃为后天之本，气血生化之源，位居中州，是气机升降的枢纽。调补脾胃为调补之重要之法。姚氏健脾常用古方加减而成之芪薏四君子汤和消胀理气汤

芪薏四君子汤，即四君子汤加黄芪、生薏仁组成。临床所见，脾虚则湿停者居多，脾喜燥恶湿，湿滞气更虚，脾虚湿更盛。四君子汤补气略嫌不足，加补气且有利水之效的生黄芪、渗湿利水的生薏仁，则益气利湿兼备，全方益气健脾，补而不滞，虚实兼顾，且防因虚致实，效力更宏。

消胀理气汤，由仲景名方厚朴生姜半夏甘草人参汤加沉香、大腹皮、莱菔子构成。此方适于脾气虚弱所致虚滞之证。脾胃气机为全身升降枢纽，脾升胃降则全身气机通利，升降和调；六腑以通为用，胃气不降则百病丛生。本方以通降胃气为主，然通降之中则兼寓补脾升清之意，姚师称其为通补之法。此方以降促升，与补中益气汤之甘温补中升清降火，以升促降法遥相呼应，二者立法虽升降迥异，然构思成方则有异曲同工之妙。

2.补肾组方 肾为先天之本，元阴、元阳之所系，补肾法是扶正固本治疗中最具特点的治法。姚氏临证，多有家学，特立组方，相互协同，补偏救弊，突出重点，增强疗效。如仙茅、仙灵脾、巴戟天温肾助阳以疗精冷；红参、肉桂、鹿茸，温肾壮阳助命火；杜仲、川断、骨碎补，益肾强腰膝；益智仁、山萸肉、五味子、桑螵蛸，益肾缩尿涩精；莲须、芡实、金樱子、锁阳，益肾收敛固精；龟板胶、鹿角胶、阿胶、鱼鳔胶一组，则填精养血，阴阳双补，尚能止血摄精；结合现代药理，选杜仲、白芍、寄生、川牛膝养肝肾，抑肝阳，重在降压；首乌、草决明、黄精、生山楂补脾肾，清肝热，化瘀浊，重在降脂。

3.补气药物 虚损之证，气虚为先，故益气药最为常用，以人参类最具代表。

人参类常用者包括人参（东北参）、西洋参、党参、太子参。东北参根据炮制不同分为野山参、生晒参、红参、糖人参，归心、肺、脾、胃经，具有补肺强心，健脾益胃，固表敛汗，养阴生津的作用，善于补一切气虚，偏于上、中二焦。红参性偏温，能大补元气，补气之力最强，效力精专，适于气虚重证，气脱危证，姚氏临证多在阳虚中施以本品以益气助阳，增强脏腑机能：如在癌症患者手术化疗之后，元气大伤、阳气不足之时最为适宜；SLE患者CTX冲击治疗后，元阳受损，多易感风寒，检测多白细胞计数降低，也有显效。西洋参补气类东北参，但药性偏凉，生津效佳，多用于气阴双虚之危重证最宜。党参普遍用于各种气虚，应防其滞邪气壅之弊。太子参性平而微苦，补气之力最弱，兼能清热生津，无滞邪之弊，对气津两伤、虚证不甚者最为适合。

扶正固本，绝不是单一的应用补益方药，而应根据正邪消长（斗争）情况，辨别标本缓解，或攻补兼施，或先攻后补，攻中寓补，或先补后攻，补中寓攻，遵“祛邪无伤正气，治病勿犯胃气，扶正不忘祛邪，顺应脏腑升降之性”的原则，同时“补气须行气，补血要疏络，补阴应助阳，勿忘清热，补阳要和阴，不忘利湿”，不要偏执于补益一途，圆机活法，知常达变，方能“谨守病机，各司其属，有者求之，无者求之，盛者责之，虚者责之，必先五胜，疏其血气，令其调达，而致和平”。

轶闻趣事

1、“西安树锦国医馆”与百年传承的“太和医室”

“西安树锦国医馆”，位于西安市尚爱路55号，于1997年由西安市新城区卫生局批准成立。

"西安树锦国医馆"与姚氏一代创立于一百多年前的"太和医室"一脉相承。"太和"一词出自《易经·乾卦》："乾道变化，各正性命，保合太和，乃利贞"。

姚氏太和一门，历来重于临床济世，但各代均有著述，惜于国难离乱，仅存数部传世。宗师福年《太和医室秘录》为门内经典；二代占铭以《针灸医案》留名；三代兴华《姚兴华医案》本已成书成版，后因十年风波，书稿散佚，终未刊行，后其经验多刊于《陕西省名老中医经验荟萃》首集；四代树锦，发扬家学，德高望重，终年忙于临床及教学，无暇著述，但仍以《太和医室内妇儿科秘录》闻名，论文、讲稿则难以计数；五代弟子以王维英为首，总结整理《姚树锦中医世家经验辑要》出版于2002年。

"太和医室"百年积淀，医理方术自成一家，多应验于临床。后响应国家号召，自制秘方大多贡献，被省市验方新编收录，部分被制成成药推广。其中姚树锦所优选之"固本咳喘丸"荣获陕西省医药管理局1988年医药新产品三等奖。

2、对联明志

"太和医室"首创于河北，抗战期间为避战乱，由三代传人姚兴华迁西安继续执业，为"太和医室"创立第二故乡。姚兴华首重医德，倡导以德立身、立家、立业。他把除疾健身的医术看做高尚的职业，曾自撰对联明志自勉："立言立功裕后立德最好，业儒业商济众业医为先"。立德济众之心，使他对医术精益求精，成为一方名医。

香港 陈氏世家

世家传略

中国香港（祖籍山东蓬莱）陈氏中医世家始于清朝康熙年间，至今已传至11代，他们是：第一代：清朝康熙年间宫廷御医陈庭园先生（擅长内科杂症、妇儿、针灸、堪舆）；第二代陈嘉芳先生（擅长内科杂症、妇科、堪舆）；第三代陈奉先先生（擅长内科杂症、针灸、堪舆）；第四代陈传奎先生（擅长内科杂症、妇儿、堪舆）；第五代陈同山先生（擅长内科杂症、针灸、骨科、堪舆）；第六代陈述正先生（擅长内科杂症、温病、堪舆）；第七代陈炳德先生（擅长内科杂症、针灸、眼科、堪舆）；第八代陈明科先生（擅长内科杂症、针灸、眼科、堪舆）；第九代陈留恩先生（擅长内科杂症、眼科、堪舆）；第十代陈长义（慧缘）先生（擅长内科杂症、针灸、眼科、佛道医学、堪舆）；第十一代陈鼎文先生（擅长内科杂症、针灸、佛道医学、堪舆）

第十代陈长义（慧缘）先生幼承庭训，禅心研习岐黄易和佛道医学，少年时曾出家于峨眉，成年后又曾就读于陕西中医学院和第二军医大学；先后受师于陈明科、陈留恩、太乙上人、青云禅师等多位医易名士和佛道大师。他集众家之长于一身，形成了独具特色的学养，知识渊博，著作等身，深受国内外人士推崇。陈长义（慧缘）先生现任世界堪

治未病卷

第一届

2008.1.25-26 北京·

中医药学会 中华医学会健康管理学分

首届“治未病”高峰论坛
暨“‘治未病’健康工程”启动仪式
“治未病”——健康

首届"治未病"高峰论坛
暨"'治未病'健康工程"启动仪式
"治未病"——健康的基石
主办单位：国家中医药管理局

第二届

第二届"治未病"高峰论坛
"治未病"—— 把握健康
主办单位：国家中医药管理局

第二届"治未病"高峰论坛

"一个13亿人口的大国，如果不把疾病防控和健康促进抓好，投入再多钱到医疗机构也难以应对。"

—— 国家卫生部陈竺部长

"治未病"健康工程的启动

首届"治未病"高峰论坛暨"治未病"健康工程启动仪式

"治未病"出自中医典籍《黄帝内经》："圣人不治已病治未病……"；孙思邈《千金要方》："上医医未病之病，中医医欲病之病，下医医已病之病"。这一医学认识，与世界卫生组织倡导的"医学的首要目的是预防疾病和损伤，维护和提高健康"不谋而合。

2007年1月11日，时任中央政治局委员、国务院副总理吴仪同志在全国中医药工作会议上，从国家经济发展的大局认识中医药事业，发挥中医药的优势服务社会，以全民健康促进经济发展，建设性地提出开展中医"治未病"工程。

2008年1月25日，首届"治未病"高峰论坛暨"治未病"健康工程启动仪式在北京钓鱼台国宾馆隆重举行。国务院副总理吴仪参加；卫生部党组书记高强主持；卫生部部长陈竺致辞，就发展"治未病"工作强调三点意见；卫生部副部长、国家中医药管理局局长王国强发表主旨讲话。

陈竺部长：

尊敬的吴仪副总理，尊敬的各位专家、各位同道、各位来宾、女士们、先生们，大家下午好！

今天国家中医药管理局在这里举行首届"治未病"高峰论坛暨"治未病"健康工程启动仪式，这是中医药界贯彻党的十七大精神，落实吴仪副总理关于加强中医药工作指示的重要举措，对振兴中医药、构建中医特色预防保健服务体系必将产生强大的推动作用。我谨代表卫生部对首届"治未病"高峰论坛的举行和"治未病"健康工程的启动表示热烈祝贺。

下面借此论坛机会，我想强调三点：

第一，健康是构建和谐社会的永恒主题。党的十七大明确提出，要高举中国特色社会主义伟大旗帜，以邓小平理论和"三个代表"重要思想为指导，深入贯彻落实科学发展观，继续解放思想，坚持改革开放，促进社会和谐，为夺取全面建设小康社会新胜利而奋斗。科学发展、社会和谐是发展中国特色社会主义事业的基本要求，其核心是坚持以人为本。

而对于我们每个人来说，健康是根本，是我们实现自我价值和社会价值的基石，拥有健康就拥有希望，就拥有未来，就拥有幸福。失去健康就失去了一切，对于整个社会来说，社会的和谐有赖于人类的健康，人类健康是推动整个社会走向生产发展、生活富裕、生态良好的文明发展道路的前提。因此，健康是人类的第一需求，也是社会进步的重要标志和潜在动力。胡锦涛总书记在十七大报告中提出健康是人全面发展的基础，关系千家万户幸福，是千真万确的。

第二，预防保健是维护人类健康的关键环节。尽管影响人类健康的因素很多，涉及许多方面，但是作为医学而言，维护人类健康无疑是其天职，是其永恒的追求。作为医学，维护人类健康的手段不外乎是治疗疾病和防患于未然，而这两者中，无疑后者更为积极主动，更具有良好的成本效果。吴仪副总理在2007年全国中医药工作会议上指出，中医学中有一个理念叫"上工治未病"，就是要重视预防和保健，就是要防患于未然。

新中国成立后，预防为主成为我国卫生工作的方针。50多年来，在各级领导支持和广大人民群众的参与配合下，各级各类预防保健机构根据疾病发生和传播的规律，采取有力措施，大搞群众运动，有效地消灭和控制了包括天花、鼠疫、霍乱和血吸虫病在内的严重危害人类健康的传染病和寄生虫病。同时通过健康宣传教育，培养健康生活方式，改善生活和劳动环境，我国人民的健康水平得到了显著提高。主要健康指标在发展中国家中处于领先地位。

随着社会经济发展，人民生活改善，我国疾病谱发生了明显变化，已由以传染性疾病为主向慢性非传染性疾病为主转化。如何有效预防慢性非传染性疾病的发生，是我们面临的一大挑战。与此同时，人民的健康意识进一步增强，对卫生服务的需求不断提高，如何满足人们的卫生需求，不断提高国民的健康水平，是摆在我们面前的艰巨任务。21世纪的我国卫生事业关键在于预防保健，在于防患于未然。

第三，“治未病”引领人类健康发展方向。“治未病”是中医保健的特色和优势，“治未病”的理念早在2000多年前《黄帝内经》中就有记载，“是故圣人不治已病治未病，不治已乱治未乱，此之谓也”。中医学蕴藏着丰富的预防思想，总结了大量的养生保健和预防疾病的方法及手段，具有鲜明的特色和显著的优势。“治未病”理念几千年来一直是指导中医发展的强大思想武器。在今天看来也极具先进性，具有唯物辩证法的思想品格。因此，加强“治未病”研究，深刻理解和不断丰富发展其理论精髓及科学内涵，全面挖掘、系统总结长期以来我国劳动人民和历代医家积累的丰富“治未病”经验，通过实施“治未病”健康工程，大力开展“治未病”服务，对解决人类的疾病预防控制和卫生保健问题，促进中医药事业的更大发展都具有十分重要的战略意义。

目前，我国正在探索实施医药卫生体制改革，这对发展“治未病”，构建中医特色预防保健服务体系提供了良好的机遇。发展“治未病”，首先应转变观念，医疗卫生决策者、医务工作者都应不仅着眼于治愈疾病，我想大家都知道这样一个故事，战国时期的扁鹊是非常杰出的医生，医术高超，能够起死回生，但是扁鹊说他不如他的哥哥，他的哥哥是善于治疗未发生的疾病。

这个故事至少说明两点：其一，“治已病”和“治未病”从来就是一对亲兄弟，彼此具有非常密切的关系。其二，“治未病”比“治已病”具有更高的境界，具有更大的意义。发展“治未病”应在实现关口前移的同时，实现重心下沉，使两者得到有机结合，广大社区和农村医务工作者，不仅要成为医疗疾病的全科医生，更应该成为养生保健、健体防病的指导员和督导员，使社区和农村医疗卫生服务机构真正成为预防保健的基地。当然，“治未病”不止是医疗卫生工作者的责任，更需要全社会的参与和支持，需要人们持之以恒的坚持。

发展“治未病”，应建立我国独具特色的健康保障服务体系，以健康文化为基础，引导人们树立健康的理念和信心，掌握运用“治未病”的知识和方法，以健康促进为手段，将医疗部门、健康教育部门、健康管理部门以及科技部门有机整合起来，开展预防保健服务，以健康保险为支撑，发挥其经济补偿、市场组织、资金融通等功能，为“治未病”的发展提供保障。这种新模式将是我国医药卫生体制改革的积极探索，是建立我国独具特色的健康保障体系的新尝试。

同志们，发展“治未病”，探索构建中医特色预防保健服务体系，使中医这一古老的理念，在新的历史条件下焕发出新的勃勃生机，是一项崭新的、极富挑战性的工作，需要我们大家一起为之而奋斗。最后祝论坛圆满成功，祝“治未病”健康工程圆满成功。

王国强副部长：

尊敬的吴仪副总理、陈竺部长、高强书记，尊敬的各位领导、各位专家、各位同仁，同志们、朋友们：

今天，我们隆重举行首届“治未病”高峰论坛暨“治未病”健康工程启动仪式。首先，请允许我代表国家中医药管理局，向吴仪副总理长期以来对中医药事业的亲切关怀和大力支持并在百忙中出席指导此次会议表示衷心的感谢！向出席会议的各位领导、各位专家、各位同仁及新闻界的朋友们表示热烈的欢迎！

在2007年全国中医药工作会议上，吴仪副总理站在历史和时代发展的战略高度，从国家经济社会发展的大局出发，开创性地提出了开展中医“治未病”工作的要求，此后又就完善中医保健服务体系作出重要指示。今天，吴仪副总理又亲临指导，使我们深受鼓舞，倍感振奋。这对我们切实做好“治未病”工作，努力构建中医特色预防保健服务体系是莫大的激励和鞭策。

借此机会，我就对“治未病”工作的认识、探索与思考向大家作一汇报。

一、对“治未病”概念的把握。

“治未病”是一个既古老而又前沿的命题，体现了中医学先进和超前的医学思想，在古往今来的中医药防治疾病实践中，始终焕发着活力和光辉。中医学理论奠基之作《黄帝内经》最早提出了“治未病”，《素问·四气调神大论》中有这样一段著名的论述：“圣人不治已病治未病，不治已乱治未乱，此之谓也。”以此为源，历代中医名家对“治未病”屡有发挥，如医圣张仲景在名著《金匮要略》中提出“见肝之病，知肝传脾，当先实脾”，成为指导“治未病”的一大法则；唐代孙思邈强调“上医医未病之病，中医医欲起之病，下医医已病之病”，将医学的功能区分为上、中、下三个层次；元代朱丹溪在其著作《丹溪心法》中专论《不治已病治未病》，将“治未病”作为重要内容进行深入研究；清代叶天士更是提出“先安未受邪之地”的预防学观点，强调采取主动措施防变于先的重要意义。

经过历代医家两千多年来的不断充实和完善，“治未病”逐步形成了具有深刻内涵的理论体系。这一体系，把握了预防保健的三个主要层次，也可以说是“治未病”的三种境界，即“未病先防”、“既病防变”和“瘥后防复”。“未病先防”着眼于未雨绸缪，保身长全，是“治未病”的第一要义；“既病防变”着力于料在机先，阻截传变，防止疾病进一步发展；“瘥后防复”立足于扶助正气，强身健体，防止疾病复发。其核心，落实到一个“防”字上，充分体现了“预防为主”的思想。结合中医学对疾病发生、发展的认识，特别强调要达到“防”的目的，就应当保养身体，培育正气，提高机体的抗邪能力。“正气存内，邪不可干”、“精神内守，病安从来”等，正是这些思想的典型表达。

“治未病”的理念，重在指导人们做到防患于未然，“消未起之祸，治未病之疾，医之于无事之前，不追于既逝之后”。这既是医学认识的理想境界，也是衡量医学水平的重要标志。强调“治未病”，不是忽视“治已病”。“治未病”与“治已病”相辅相成，密不可分。“治未病”是“治已病”的更高境界，可以减轻“治已病”的压力；“治已病”对致病机理和诊疗手段的探索，可以有效指导“治未病”。

二、对“治未病”意义的认识。

世界卫生组织在《迎接21世纪的挑战》报告中指出：“21世纪的医学，不应继续以疾病为主要研究对象，而应以人类健康作为医学研究的主要方向。”上个世纪末，全球医学界大讨论的最终结论是：最好的医学不是治好病的医学，而是使人不生病的医学。当今，医学发展的趋势已由“以治病为目的的对高科技的无限追求”，转向“预防疾病与损伤，维持和提高健康水平”。这一重大转变，至少有三个显著特点：一是由治病的医学转向保健的医学，二是由关注人的疾病转向关注人的健康，三是在重视科技作用的同时，更加重视人文关怀。随着医学目的和医学模式的转变，以及人们对健康提出的更高要求，“治未病”理念与实践被提到前所未有的高度，显示出广阔的发展前景。

开展“治未病”工作，具有重要的现实意义。它是落实国家“人口与健康”战略，使疾病防治重心前移的重要举措，也是摆在中、西医学面前的共同任务。

开展“治未病”工作，防患于未然，使人们不生病、少生病或延缓疾病，不仅可以减轻医疗卫生负担，而且可以站在时代发展的前沿引导和激发需求，可以直接或间接地提高社会生产力，促进经济社会发展，为构建和谐社会做贡献。

开展“治未病”工作，能够满足人民群众日益增长的保健需求，维护和促进健康，提高人们的生活质量和生命质量。

开展“治未病”工作，对中医药自身发展来说，既是继承中医药学术、彰显中医药特色的重要体现，也是拓展中医药服务领域的重要途径，更是弘扬和传播中医药文化的重要载体。

随着“治未病”工作的深入开展，必将使中医药的服务对象由以病人为主拓展到病人、亚健康人和健康人，服务范围由医疗为主拓展到医疗、预防、保健、养生、康复等各方面，中医药的活力将进一步增强。我们必须抓住机遇，乘势而上，积极开展“治未病”工作，努力构建中医特色预防保健服务体系。

三、对“治未病”实践的探索。

在中医学漫长的发展进程中，“治未病”实践一直贯穿始终。历代医家均强调以养生为要务，认为养生保健是实现“治未病”的根本手段，“与其救疗于有疾之后，不若摄养于无疾之先”，“以方药治已病，不若以起居饮食调摄于未病”。从马王堆的导引图，到华佗的五禽戏，以及后世医家倡导的包括运动、饮食、心理诸方面的系列养生方法，形成了独具特色的中华养生文化。对此英国学者李约瑟说："在世界文化当中，唯独中国人的养生学是其他民族所没有的。"

针对疾病的防治，脍炙人口的扁鹊为齐桓侯诊病的故事流传久远，它的核心也是强调"治未病"的重要性；历代医家积累的防治中风先兆等疾病的丰富经验，以及现代采用的冬病夏治的敷贴方法、体质辨识及干预等，都是"治未病"在预防保健中的具体应用，充分展示了中医"治未病"的恒久魅力。在现代医学目的和医学模式发生重大转变的今天，如何把握时代特征，顺应发展潮流，符合群众需求，发挥"治未病"思想在现代健康保障中的引领作用，将中医药在预防保健领域的优势充分展现出来，是我们面临的重大课题。在吴仪副总理高瞻远瞩提出开展"治未病"工作的要求后，我们以构建中医特色预防保健服务体系为着眼点，立足于高起点，从服务内容、服务模式、服务平台、运行机制等方面，积极探索实践"治未病"思想的有效途径和方式方法。上海、浙江、广东、广西等地的中医医院试点稳步推进，上海、广东还在总结试点单位经验的基础上，在全市（省）范围内组织开展"治未病"试点、实施"治未病"健康工程，发挥了很好的示范带动作用。昆仑——炎黄公司组织专家经过数年研究，创造性地提出了体现"治未病"思想，融健康文化、健康管理、健康保险于一体的新型健康保障模式（即"KY3H 健康保障模式"）。在服务内容上，以中医体质辨识为基础，探索确定了体现中医特色、个性化、全程系统的适用技术和服务手段；在服务模式上，针对不同服务对象、服务领域和服务技术手段，形成了清晰的服务途径和规范的服务流程；在服务平台建设上，积极探索有效整合内部资源和社会资源，建立"治未病中心"，明确服务平台建设的基本要求、具体内涵等；在运行机制上，积极探索"政府引导、市场主导、多方参与"的运行机制，为开展"治未病"试点提供了新的理念、新的思路和新的机制。

四、对"治未病"发展的思考。

试点实践证明，"治未病"工作具有良好的发展前景，受到了人民群众的欢迎。"治未病"理念和实践，必将成为落实预防为主的卫生工作方针、实施"健康中国 2020"战略、实现人人享有基本医疗卫生服务宏伟目标的重要举措；成为增强全民健康意识、提高健康素质的重要途径；成为弘扬中医药优秀传统文化、建设中华民族共有精神家园的重要组成部分；成为推动中医药产业发展、提高中医药在经济社会发展中的贡献率的重要动力。我们将进一步树立服务意识，拓宽服务领域，调整服务结构，创新服务模式，改善服务方式，完善服务内容，充分发挥中医"治未病"的特色和优势，实施"治未病"健康工程，积极开展中医预防保健服务，探索构建中医特色明显、技术适宜、形式多样、服务规范的保健服务体系。

第一，必须始终把坚持中医药理论和规律、满足群众对中医药预防保健服务的需求作为第一要务，这是"治未病"理念和实践乃至整个中医药工作得以存在和发展的根本。特别是在工作起始阶段，要抓好试点，树立样板，把握精髓，求真务实，避免一哄而起，力戒形式主义，既不能把一些"治未病"的技术方法简单等同于"治未病"，更不能把"治未病"泛化最终导致庸俗化。

第二，必须加强"治未病"文化传播与健康信息化建设。健康知识和行为方式是影响人们健康的重要因素，信息是沟通的基础和社会发展的重要资源，要通过"治未病"文化传播和知识方法的普及，增强人们的健康意识和应用"治未病"知识方法自主改善生活方式和健康相关行为的自觉性；通过建立广覆盖的健康状态信息网络，为群众提供全面的、连续的中医特色预防保健服务。

第三，必须建立健康保障模式与相应的健康服务模式。健康保障模式是为保证预防保健服务的可及性与有效性所作的制度安排。要努力实现医疗保障向健康保障的转型，以"治未病"理念为先导，将"治未病"方法融入健康监测、分析、评估、维护的全过程。要通过金融契约，探索建立健康保障的防范机制和补偿机制。与此相应的健康服务模式要为群众建立健康状态信息库，为群众了解自己的健康状态服务，为指导群众应用"治未病"知识和方法维护和提高健康服务，为群众提供维护健康、防治疾病所需的名医、名科、名院服务。要认真探索和完善"KY3H 健康保障模式"及服务方法。

第四，必须探索建立有效的运行机制和管理机制。要制定扶持政策，推动资源整合，制定运行规则，规范市场行为，探索建立并不断完善政府组织引导、充分发挥市场作用、系统整合各种社会资源的"政府引导、市场主导、多方参与”机制。要研究制定机构、人员准入的条件和开展业务的范围，健全有关管理规范，为中医预防保健服务的发展提供制度保障。

第五，必须提供人力与科技支撑。要充分发挥专家的作用，指导试点地区和单位搞好试点。要培养一批中医药基本功扎实、具有丰富的临床实践经验、掌握中医养生保健知识和技能的医师队伍，培养一批具有养生保健康复基本知识、掌握中医特色技术方法等中医“治未病”职业技能的实用型人才。围绕实践加强科研对中医“治未病”工作的支撑，完善技术手段操作规程，规范技术方案，科学总结服务效果。要组织研制、筛选、推广一批中医“治未病”的器械、设备、技术方法和手段。

开展“治未病”工作，必须明确目标，把好方向。要从贯彻落实党的十七大关于坚持中西医并重、扶持中医药和民族医药事业发展的方针和要求出发，正确处理提供服务与内涵建设的关系、预防保健服务与医疗服务的关系、公益性和市场机制的关系、试点工作与体系建设的关系。由于各地实际情况不同，开展“治未病”工作不可能千篇一律。应当鼓励各地根据实际情况，在“治未病”理念指导下，积极探索“治未病”的不同模式和方法。

五、关于“治未病”健康工程。

为深入开展中医“治未病”工作，国家中医药管理局决定在全国实施“治未病”健康工程。

“治未病”健康工程的目标是：努力构建中医特色明显、技术适宜、形式多样、服务规范的预防保健服务体系。

“治未病”健康工程的目的是：不断提高中医预防保健服务能力和水平，满足人民群众日益增长的多层次多样化的中医预防保健服务需求。

“治未病”健康工程的载体是：以国家中医药管理局已经确定的“治未病”预防保健服务试点单位为主体，并根据发展要求和条件基础，在严格把关指导下，逐步扩大试点单位。

“治未病”健康工程的模式是：积极探索和完善以“治未病”理念为指导，融健康文化、健康管理、健康保险为一体的健康保障服务模式，通称 KY3H 健康保障服务模式，积极创新“治未病”服务内容和方法以及规范技术方案、完善评价体系。

“治未病”健康工程的机制是：积极探索“治未病”政府引导、市场主导、多方参与的运行机制，以及“治未病”人才培养机制、科技创新机制、文化传播机制等。

为保证工程的可持续发展，国家中医药管理局将充分发挥专家咨询组的作用，组织制定治未病健康工程实施方案，明确实施步骤、组织方式、具体任务、评估指导等要求，积极稳妥实施。

各位领导，各位专家，同志们：我们完全有理由相信，在党的十七大精神和科学发展观的正确指引下，在党中央、国务院的正确领导下，有各相关部门的大力支持，有各位专家和广大中医药工作者的积极探索和共同努力，吴仪副总理所大力倡导的中医“治未病”这一古老而又年轻的伟大实践一定会为发展中医药事业，提高人民群众健康水平，为全面建设小康社会、构建社会主义和谐社会做出新的更大的贡献。

谢谢大家！

“治未病”健康工程的进程

“治未病”健康工程是对中医药学术的深度应用，是中医药服务社会的重大举措。2007 年 12 月 27 日，国家中医药管理局成立“治未病”工作领导小组和办公室。王国强副部长担任组长，吴刚副局长、于文明副局长担任副组长，医政司许志仁司长任办公室主任。“治未病”健康工程由领导小组实施组织和管理，在全国有序展开。

成立“治未病”专家顾问团和专家咨询小组成员

2008 年 1 月，国家中医药管理局确定了“治未病”专家顾问团和专家咨询小组成员名单：（按姓氏笔画排序）

一、顾问名单：

王永炎 中国中医科学院

王绵之 北京中医药大学

邓铁涛 广州中医药大学

石学敏 天津中医药大学第一附属医院
吉良晨 北京中医医院
朱良春 南通市中医院
任继学 长春中医药大学
刘德培 中国医学科学院
李大鹏 浙江中医药大学
李连达 中国中医科学院
何　任 浙江中医药大学
吴咸中 天津市南开医院
陈可冀 中国中医科学院西苑医院
陈凯先 上海中医药大学
张伯礼 天津中医药大学
张　琪 黑龙江省中医研究院
周仲英 南京中医药大学
胡之璧 上海中医药大学
俞梦孙 空军航空医学研究所
桑国卫 全国人大科教文卫委员会
路志正 中国中医科学院
裴　钢 同济大学
颜德馨 同济大学中医研究所

二、专家咨询组：
王　琦 北京中医药大学
王永炎 中国中医科学院
白书忠 中华医学会健康管理学分会
刘保延 中国中医科学院
肖鲁伟 浙江中医药大学
陈元平 中国人民大学健康管理学院
张学文 陕西中医学院
张伯礼 天津中医药大学
张其成 北京中医药大学
林瑶珉 昆仑健康保险股份有限公司
郑守曾 北京中医药大学
房耘耘 北京中医药大学管理学院
俞梦孙 空军航空医学研究所
陶祖莱 中国科学院力学研究所
黄建始 中国协和医科大学
樊正伦 北京崔月犁传统医学研究中心

成立 “治未病”预防保健服务试点单位名单

第一批“治未病”预防保健服务试点单位

2008 年 1 月，国家中医药管理局在 15 个省市 26 家申报单位中确定了 13 家医院名单：

北京中医医院
辽宁中医药大学第一附属医院
上海中医药大学附属曙光医院
上海岳阳中西医结合医院
浙江省中医院
杭州市中医院
福州市中医院
济南市中医院
泰安市中医二院
河南中医学院第一附属医院
武汉市中医院
广东省中医院
广西中医学院第一附属医院

2008 年 1 月，国家中医药管理局确定了中医“治未病”研究专项第一批 21 个课题，结合“治未病”试点工作开展研究。

2008 年 2 月 21 日——22 日，国家中医药管理局在上海主办“治未病”培训班。培训班由上海市卫生局和岳阳医院承办。培训班主要就有关“治未病”理念、政策、具体实施等相关问题进行讲座。

第二批“治未病”预防保健服务试点单位名单

2008 年 8 月 11 日，国家中医药管理局确定上海市、广东省为实施“治未病”健康工程试点省市，并确定第二批 32 个“治未病”预防保健服务试点单位：

天津中医药大学第一附属医院
天津中医药大学第二附属医院
河北省石家庄平安医院
江苏省中医院
苏州市中医医院
无锡市中医院
昆山市中医医院
江苏省扬州市广陵区湾头镇社区卫生服务中心
江苏省泰州市高港区刁铺社区卫生服务中心
浙江省杭州市米市巷街道社区卫生服务中心
浙江省黄岩熙都养生会所
福建中医学院附属人民医院
福建中医学院附属第二人民医院
厦门市中医院

江西中医学院附属医院
山东省中西医结合医院
河南省中医院
湖北省中医院
武汉市江岸区上海街社区卫生服务中心
广东省妇幼保健院
广东省佛山市南海区妇幼保健院
南方医科大学附属中西医结合医院
广州市荔湾区华林街社区卫生服务中心
广西中医学院附属瑞康医院
广西省元之源亚健康医疗中心
成都市青羊区新华社区卫生服务中心
新疆维吾尔自治区中医医院
中国中医科学院广安门医院
中国中医科学院西苑医院
中国中医科学院眼科医院
北京中医药大学东方医院
北京中医药大学东直门医院

2008 年 8 月 21 日，国家中医药管理局印发《“治未病”健康工程实施方案（2008-2010 年）》的通知。

2008 年 10 月，进行国家中医药管理局第三批“治未病”预防保健服务试点单位的申报工作。

2008 年 12 月 2 日，国家中医药管理局组织在江苏省南京市召开《构建中医预防保健服务体系指导意见（讨论稿）》等有关文件研讨会。对前期起草并反复讨论修改的构建中医预防保健服务体系指导意见、中医院养身保健科室设置标准、各类中医预防保健人员资质标准、社区中医养生保健工作、中医养生保健效果评价体系等文件进行了研讨，以指导各地规范地开展“治未病”工作。

“治未病”健康工程的成果

“治未病”高峰论坛以及系列专题讲坛

国家中医药管理局组决定在继续举办“治未病”高峰论坛的同时，连续举办“治未病”高峰系列论坛系列专题讲坛。重点针对社会求医需求较大的常见病、多发病举办专题讲坛，探讨防治措施，普及防治知识，从“治未病”的角度减少、减轻其发病，提高治疗水平。

2008 年 10 月 25 日-26 日，在上海国际会议中心，国家中医药管理局与上海市卫生局联合主办了第一期“治未病”高峰论坛专题系列讲坛——体质-肝/胆-易发疾病防治——专题讲坛。论坛由国家中医药管局副局长、论坛组委会副主席吴刚主持开幕。

国家卫生部副部长、国家中医药管局局长王国强发表主旨讲话；解放军总后勤卫生部副部长陈新年少将发表致辞；上海市卫生局徐建光局长作主题发言；国家中医药管理局医政司司长、论坛组委会执行主席许志仁作专题发言；中国科学院院士、上海中医药大学校长陈凯先作专题宣讲。在讲坛作专题宣讲的专家有：中国科学院研究员、原中国生物医学工程学会副理事长陶祖莱；全国名老中医颜德馨；中国中医科学院眼科医院名誉院长、主任医师、教授唐由之等。

2008 年 11 月 29 日，在杭州大剧院，国家中医药管理局、浙江省卫生厅和浙江省中医药管理局联合主办了第二期“治未病”高峰论坛专题系列讲坛——体质-肺/大肠-易发疾病防治——专题讲坛。论坛由国家中医药管局副局长、论坛组委会副主席于文明主持开幕。

国家卫生部副部长、国家中医药管局局长、论坛组委会主席王国强发表主旨讲话；浙江省副省长郑继伟为讲坛开幕致辞；解放军总后勤卫生部副部长袁永林少将发表致辞；浙江省卫生厅厅长杨敬作主题发言。新华社浙江分社社长张晓华出席讲坛。在讲坛作专题宣讲的专家有：中国科学院院士、上海中医药大学校长陈凯先；浙江中医药大学原校长、首批全国老中医学术经验继承导师何任教授；全国名老中医、北京中医药大学教授王琦等。

计划 2008 年-2009 年陆续举办以下专题讲坛：

肾/膀胱-易发疾病防治　主要探讨以下疾病的防治：慢性肾脏病、腰腿痛（椎间盘突出症）、女性更年期综合症、咳嗽变异性哮喘、慢性前列腺炎、颈椎病、男性性欲低下、女性不孕症、骨质疏松症、膝骨关节炎等。

脾/胃-易发疾病防治　代谢综合症、高血脂病、肥胖症、结直肠癌、胃癌、胰腺癌、慢性胃炎、消化性溃疡、功能性肠胃病等。

心/脑/小肠-易发疾病防治　冠心病、脑血管意外、动脉粥样硬化、痴呆、失眠等。

中医治则方面的讲坛专题有：

中医治则在“肿瘤”防治方面的应用；中医治则在“糖尿病”、“代谢综合症”防治方面的应用；中医治则在“心脑血管病”防治方面的应用等。

针对特殊人群的讲坛专题有：

“儿童”相关易发疾病的防治；“妇女”相关易发疾病的防治；“老年”相关易发疾病的防治等。

以上专题针对多发病、慢性病，或者疾病高发人群，体现了“治未病”健康工程的核心精神——一切为了人民健康。

《健康保障与健康管理及其实施模式研究》课题取得阶段成果

2008年10月13日，“十一五”国家科技部支撑计划《健康保障与健康管理及其实施模式研究》课题取得阶段成果，在上海交通大学通过了专家组的论证。

2007年，国家科技部将《健康保障与健康管理及其实施模式研究》课题列入“十一五”国家科技部支撑计划——中医“治未病”及亚健康中医干预研究——项目开展研究。课题组以中国传统健康文化为基础，运用系统科学的原理和系统工程的方法，对国内外已有的社区医学模式和健康管理经验以及健康保险等，进行了多学科综合分析和系统的比较研究，对所设计的“以个体人为中心，健康文化、健康管理、健康保险三位一体的健康保障服务模式”（简称KY3H模式）进行了结构化设计，形成了一系列规范化模块，并进行试点，取得了以下成果：

1、提出了健康风险的概念。把“治未病”这一传统医学理念融合于当代人的切实的健康保障需求之中。

2、提出了健康管理新思路，即防病前、病中、病后之病，并在“知己”的基础上指导、协助就医。

3、以传统中医学和养生学为主，融合现代医学和医学工程技术等，提出了以中医体质和身心整体功能状态有机结合的个体人健康状态辨识、干预、评估的方法学体系。

4、对健康状态风险和疾病发生、发展的不同阶段个体人面临的健康风险进行了系统的分析和归纳，提出了“三种人”、“八类健康状态”、“六个健康风险因素”和“五个管理方法要素”，形成了“KY3H 健康保障服务”的规范化模块。

5、规范了KY3H服务内容，提出了健康保障服务产品阵列（四类八款）构架，在整体性、系统性中充分体现个性化、人性化以及服务提供特色化。

6、课题组以“治未病”理念为先导，个体人健康信息的智能系统为支撑，个性化全程健康管理与被保险人疾病损失的时候补偿相结合，实现了健康保险与健康管理服务融合，健康管理技术与健康文化传播结合的设计理念，体现了工程科学的方法在健康保障服务领域的成功应用。

实施工程 创新模式 服务健康

——在“治未病”高峰论坛系列专题讲坛

——“体质—肝/胆—易发疾病防治”

2008年10月25日卫生部副部长、国家中医药管理局局长王国强的主旨讲话：

今天，我们相聚在美丽的黄浦江畔、明珠塔下，迎来了“治未病”高峰论坛系列专题讲坛第一期——“体质—肝/胆—易发疾病防治”专题讲坛的开幕。首先，请允许我代表卫生部和国家中医药管理局，向出席讲坛的各位领导、各位专家、各位同仁以及社会各界的朋友们表示热烈的欢迎，向上海市政府、上海市卫生局和各有关单位为筹备本次讲坛所给予的大力支持和付出的辛勤劳动表示衷心的感谢。

“治未病”是一个既古老而又前沿的命题，体现了中医学先进和超前的医学思想，在古往今来的中医药防治疾病实践中，始终焕发着活力和光辉。当今时代，“治未病”理念与实践，是落实预防为主的卫生工作方针、实现人人享有基本医疗卫生服务宏伟目标的重要举措；是增强全民健康意识、提高健康素质的重要途径；是弘扬中医药优秀传统文化、建设中华民族共有精神家园的重要组成部分；是推动中医药产业发展、提高中医药在经济社会发展中贡献率的重要动力。

我们还清楚地记得，今年1月25日首届“治未病”高峰论坛暨“治未病”健康工程启动仪式在北京钓鱼台国宾馆隆重举办，时任国务院副总理吴仪同志亲临现场，卫生部高强书记主持论坛开幕和“治未病”健康工程启动仪式，陈竺部长宣布“治未病”健康工程启动并发表重要讲话。我在论坛主旨讲话中，对“治未病”概念的把握、意义的认识、实践的探索以及发展的思考进行了阐述，并概要介绍了“治未病”健康工程。首届论坛以“治未病——健康的基石”为主题，引起了社会强烈反响，取得了圆满成功。

下面，我讲三点意见，和大家交流。

一、精心组织开展工作，“治未病”健康工程取得了新进展

今天，距离首届“治未病”高峰论坛刚好10个月。10个月来，我们的工作又有了新的进展，取得了新的成绩。

一是制定和实施《“治未病”健康工程实施方案（2008—2010年）》。《方案》全面体现首届论坛精神，在注重总结试点经验、积极利用相关研究成果的基础上，确定了“工程”的阶段性目标，即经过3年努力，建立健全政府引导、市场主导、多方参与的“治未病”工作运行机制，探索完善以“治未病”理念为指导的融健康文化、健康管理、健康保险为一体的新型健康保障服务模式（即“KY3H 健康保障服务模式”），建立健全“治未病”预防保健服务、提供服务技术产品和服务支持的示范体系，创新服务内容和方法，规范服务技术和流程，建立健全服务评价体系，初步形成中医特色明显、技术适宜、形式多样、服务规范的“治未病”预防保健服务体系框架，使中医特色预防保健服务的能力和水平明显提高，不断满足人民群众对预防保健服务日益增长的需求。目前，各项工作正按《方案》稳步推进，本次讲坛的举办，就是实施《方案》的一项重要举措。

二是“治未病”试点范围进一步扩大。不久前，国家中医药管理局确定了第二批“治未病”预防保健服务试点单位，试点单位达到45个，涉及17省（区、市）和我局的直属管医院，其中既有中医医院、综合医院、专科医院，也有社区卫生服务机构，还有保健服务专门机构；既有政府举办的，也有非政府举办的。同时，区域性试点也开始起步，我局确定了上海、广东为实施“治未病”健康工程试点省市。两省市根据“工程”总体方案，结合自身实际，分别制定了具体实施方案。不久前，上海市又启动了长宁区创建“治未病”试点区，上海市“治未病”发展研究中心也正式开始运作。这是上海市实施“治未病”健康工程的又一重大进展。

三是“治未病”预防保健服务不断推进。各试点单位加强服务平台建设，建立了“治未病”服务科室；加强人才队伍建设，形成了“治未病”服务专业技术队伍。上海曙光医院、岳阳医院等多家试点单位，运用融健康文化、健康管理、健康保险为一体的新型健康保障服务模式，组建KY3H治未病中心，开展以中医体质辨识为基础的“治未病”服务，加强规范化建设，在服务理念、思路、方法、机制以及模式等方面进行积极探索和总结，取得了许多有益经验，“治未病”服务量明显增加，受到群众欢迎。除各级中医药管理部门确定的试点单位外，还有不少单位也在积极开展“治未病”服务。

四是“治未病”研究取得阶段性成果。许多单位及专家学者以“治未病”为主题，积极开展科学研究，取得了阶段性成果。“十一五”国家科技支撑计划项目中，上海交通大学和有关医疗机构、昆仑—炎黄公司等单位结合实践进展，继续深入开展KY3H健康保障服务模式研究，认为这一模式为“治未病”理念落实于社会实践开辟了道路，为建立既能满足当代人健康保障需求、又在经济上可持续的社会健康保障体系提供了范式；课题组进而以“治未病”理念为指导，运用系统工程的原理和方法，结合试点经验，从服务准则、服务流程、服务内容等方面，对KY3H健康保障服务模式进行了结构化设计，形成了一系列规范化的模块，为工程的实施实现高起点、科学规范管理和服务奠定了基础。中医药行业科技专项关于“体质—脏腑—相关易发疾病群防治研究”课题，以中医学为理论基础，运用KY3H健康保障服务模式，创新性地提出了个体人健康状态分类框架，并采用宏观、中观、微观相结合的办法，提出了《KY3H个体人健康状态辨识规范》，制定了肝癌等七种疾病的个体人健康状态辨识规范，为规范开展“治未病”服务提供了有效方法。针对个体人健康状态干预的技术产品研发也取得进展。所有这些，都为开展“治未病”服务提供了有力的科技支撑。

上述成绩的取得，是大家共同努力、社会各方大

力支持的结果，凝聚了许多试点单位、专家学者以及有关机构的心血。在此，我代表国家中医药管理局向大家表示衷心的感谢，并对大家取得的成绩表示热烈的祝贺。希望大家继续努力，把实施“治未病”健康工程提高到一个新的水平。

二、精心办好系列专题讲坛，加快推进“治未病”健康工程

国家中医药管理局决定在继续举办“治未病”高峰论坛的同时，连续举办“治未病”高峰论坛系列专题讲坛。

讲坛是论坛的拓展、延伸，其主要内容是，介绍在“治未病”理念指导下，养生保健和防治疾病的文化、知识、方法，防治疾病的最新研究成果以及相关技术方法的应用，KY3H 健康保障服务模式及其服务产品在防治疾病中的应用，并交流展示相关技术、产品和服务。

讲坛着重体现实践性、应用性以及科普教育性，举办讲坛的主要目的，是要创建可持续发展的“治未病”健康工程主流传播平台，促进“治未病”理念指导下防治疾病的科技成果转化及相关技术应用，打造“治未病”理念指导下防治疾病的示范服务机构，形成“治未病”领域的专家团队，并向大众传播“治未病”理念精粹及疾病防治知识方法，普及新型健康保障服务模式，满足人民群众的健康需求，促进“治未病”健康工程深入、规范实施。

讲坛的系列专题目前初步确定四个篇章、12 个专题，即脏腑篇 5 个专题、中医治则篇 3 个专题、特殊人群篇 3 个专题、情志篇 1 个专题，从而形成系列，构成有机整体。本期讲坛的举办，标志着“治未病”高峰论坛系列专题讲坛正式启动。

第一期讲坛选择在上海举办，有着以下原因：一是上海市卫生局按照国家中医药管理局总体部署，积极推进“治未病”试点，认真组织“治未病”健康工程，成为实施“治未病”健康工程的试点市。二是在国家中医药管理局组织开展的“治未病”试点中，上海曙光医院、岳阳医院以及长海医院等积极响应，并为全国试点工作提供了有益经验。三是本次讲坛的专题，上海有数个国家中医药管理局的相关重点专科等项目和良好的专家团队基础。

办好讲坛，既是实施“治未病”健康工程的重要内容，更对推广应用科研成果，提高社会对“治未病”理念的认知度与普及率，有效、规范实施“治未病”健康工程等，具有重要的促进作用。因此，衷心希望今后将与我局联合主办讲坛的有关省市中医药管理部门和各承办单位，充分借鉴本次讲坛成功举办的经验，精心组织，周密安排，确保系列讲坛取得实效。

本期讲坛，将以“体质—肝/胆—易发疾病防治”为专题，通过专家演讲以及现场展览、演示和体验，把我们的工作进展、取得的科研和服务实践成果等，进行全面的介绍和充分的展示，以沟通信息，启发思路，更加坚定实施“治未病”健康工程的信心。

三、精心实施“治未病”健康工程，为维护人民健康服务

一要坚持以人为本，服务群众。必须把维护人民健康、满足群众对“治未病”预防保健服务的需求，作为实施“治未病”健康工程的根本出发点和落脚点。出席今天讲坛的有许多是社会各界的朋友，我们愿意竭诚为大家提供“治未病”服务，并真诚地希望大家在亲身感受服务的同时，给我们提出宝贵的意见和建议，以便我们不断改进工作，不断提高质量，不断提升水平，从而能为大家提供更好的服务。

二要坚持高起点。首先是认识水平要高，要真正认识实施“治未病”健康工程的重大意义。二是理念要新，实施“治未病”健康工程这一开创性工作，必须更新观念，只有在新的理念指导下，才能有新的思路，才能走出一条新的发展道路。三是全局意识要强，特别是各试点单位和地区，要真正把自身的工作，放到实施工程、构建体系的大局中考量，切实按照总体部署和各项要求开展试点。

三要创新服务模式。开展“治未病”服务是一种新的健康保障服务，没有现成的模式可以借鉴。KY3H 健康保障服务模式是许多专家智慧和初步实践经验的结晶，是一种先进的健康保障服务模式，在实施工程、构建体系过程中，要积极利用，并不断探索总结和完善。

四要注重服务规范。规范是保证服务质量的关键。要积极应用已有的科研成果，切实按照 KY3H 健康保障服务模式下规范的服务准则、服务流程、服务内容及有关技术操作要求，认真开展“治未病”服务，在服务中不断丰富发展和完善，不要简单地把有关技术方法等同于“治未病”服务，不可将“治未病”理念泛化而导致庸俗化。

五要丰富服务技术产品。要在中医理论和“治未病”理念指导下，积极利用现代科学技术方法，紧密

结合“治未病”服务的需求，紧紧围绕“治未病”技术产品体系建立的要求，明确重点，创新机制，不断研发服务技术产品，不断发展服务内容，不断提高服务技术，更好地满足广大群众多层次、多元化的服务需求。

六要及时总结评估。一方面要及时总结实施工程、构建体系的工作经验，不断提高工作水平。另一方面要更加注重评估工作的效果，积极开展“治未病”服务效果的评估研究，尽快建立并不断完善评价指标体系，促进服务质量和水平的不断提高。

同志们、朋友们：实施“治未病”健康工程、构建中医特色预防保健服务体系，作为一项崭新而有意义的工作和复杂的社会系统工程，不仅需要我们中医药行业全体同志的共同努力，更需要其他学科专家学者和社会各界的热情支持和大力帮助。我们完全有理由相信，在大家的大力支持下，通过我们的共同努力，我们的目标一定能够实现，中医“治未病”这一古老而又年轻的伟大实践，一定会为探索中国特色的中医预防保健体系，为提高人民群众健康水平、构建社会主义和谐社会做出新的更大的贡献。

“治未病”健康工程的技术展示

“多元经络干预法（技术）” 减少复发性感冒发病率及其症状的技术方案

（陈友义[1]，张炜[2] 1 福建中医学院，福建 福州 350003；2 福建中医学院附属人民医院，福建 福州 350004）

关键词：多元经络干预法；复发性感冒；治未病预防保健

复发性感冒亦即“感冒易患”，发生于各年龄段，广泛影响人民的生活、学习和生命健康，研究针对复发性感冒人群的预防保健措施是中医“治未病”的重要课题之一，具有广泛而重要的社会和经济意义。“多元经络干预法（技术）”系福建中医学院陈友义老师创立，由福建中医学院附属人民医院“治未病”中心作为独特的中医“治未病”干预措施，推广应用于呼吸系统的治未病预防保健，结果对减少复发性感冒发病率及其症状有独特的效果，受到广大患者欢迎。现介绍如下：

1 技术方案

1.1 适宜对象 凡符合“感冒易患”诊断标准〈感冒全年不规则发生 6 次及以上，或季节性（3 个月）发生 3 次及以上，易患达 2 年及以上历史〉，不论儿童与成人，只要能够配合干预操作，并无“多元经络干预法（技术）”禁忌症的人群均适宜。

1.2 干预时期 在非患感冒期（不包括感冒后遗症）及其他急性疾病期，非月经期、孕产期进行干预。发病季节性明显的患者选择在发病季节前 1 个月进行干预。

1.3 干预频次与疗程 每周 1～2 次进行经络干预操作，10 次为 1 疗程。每个疗程之间间歇 10 天，2 个疗程为基本疗程，只要干预有效则可继续，疗程不限；而干预 2 个疗程无效则放弃本措施。

1.4 “辨质”与“辨证” 根据平常状态的体质辨识和感冒发病时的症候分型做出诊断，凡表现肺胃热盛、阴虚火旺、感冒时易出现为“风热”症候者，诊断为“风热感冒质”；凡表现寒湿凝滞、阳气不足、感冒时易表现为“风寒”症候者，诊断为“风寒感冒质”。

1.5 干预元素与处方 干预元素包括：a.“风热感冒质精油”，b.“风寒感冒质精油”，c. 推拿手法，d 刮痧手法，e.“风热感冒质中药外敷剂”，f.“风寒感冒质中药外敷剂”，g. 针刺，h. 艾灸。处方 A：a+c+d+e+g；处方 B：b+c+d+f+h。

1.6 技术应用 “风热感冒质”者应用处方 A，“风寒感冒质”者应用处方 B。操作步骤：先将精油涂抹于颈胸“肺系”和前臂手太阴肺经区皮肤，继之在上述区域做经络腧穴推拿、刮痧手法，再将中药外敷剂涂膜于颈胸“肺系”区皮肤，30 分钟后除去体膜，最后进行针刺或艾灸（取天突、华盖、膻中、中府、太渊）。

2 临床总结

2.1 效果评定 显效：全年或同季节发病次数减少达 80%以上，感冒时的症状及咳嗽等后遗症显著减轻、病程显著缩短；有效：全年或同季节发病次数减少达 50%以上，感冒时的症状及咳嗽等后遗症减轻、病程缩短；无效：发病次数与病情无变化。

2.2 干预效果 “多元经络干预法（技术）”应用于复发性感冒人群的预防保健，半数以上患者经过 1 个疗程干预后，效果达到有效标准；七成患者经过 2

个疗程干预后，效果达到显效标准。

3 讨论

罹患复发性感冒的关键原因是呼吸道免疫力低下，中医认为是身体平衡失调、肺卫功能不足所致。“多元经络干预法（技术）”采用推拿、刮痧、贴敷、针灸综合刺激经络的方案，能直接疏通经气，发挥经络平衡调节作用，激发肺卫功能，因而获得良效。同时此项技术纯属外治法，不用内服，因此颇受患者欢迎。

中医温熨疗法与电热砭石仪

（张维波 中国中医科学院针灸研究所，北京 100700）

1 中医温熨疗法

熨法是传统中医疗法之一，在我国现存第一部医学理论著作《黄帝内经》有多处记载，《灵枢·病传》中写到：“黄帝曰：余受九针于夫子，而私览于诸方，或有导引行气、乔摩、灸、熨、刺、火芮、饮药之一者，可独守耶，将尽行之乎？”说明熨法是与导引、按摩、灸、刺、药物等方法并列的中医医术。熨法主要使用热量作用于人体，配以药物、针刺等方法，具有驱痹去邪、调和血气、疏通经络的作用。

熨法与灸法同是用热作用人体，其差异在于灸法使用面积较小的艾绒作用于穴位，作用面积较小，热量有限，而熨法多用较大的发热体如砭石、绵絮细布、汤液，直接作用于人体体表，作用面积较大，还可配合一定的推熨摩擦运动，是一种热疗加按摩的复合疗法。熨法和灸法的差异还在于熨法不会灼伤皮肤，比较安全，二十世纪三十年代出版的《砭经》指出：“熨似灸，熨其外而不能灼其皮肤”，《灵枢·寿夭刚柔》中提到“刺布衣者，以火淬之；刺大人者，以药熨之”。

砭石是作熨法的最常用工具之一，唐初杨上善特将其称为石熨：“气血未盛，未为脓者，可以石熨，泻其盛气也”。古人加热石头有水、火二法，《砭经》指出：“水者，温石于水，以保其热也”，“火者，煨于灰，以传其热也”。水热砭石，如1956年江西上高县战国墓出土一件放在鼎内的磨光穿孔石器，可以用绳穿线放入鼎内水中，加热应用。火热砭石，如1964年长沙下麻战国墓中出土一种扁圆形石器，长6厘米，两端有琢磨痕和火烧裂痕，一面光滑如镜，显然是经过煨热用于熨法的。从砭石具有光滑如镜的一面来看，用砭石作熨法的过程是将加热的砭石在身体上进行摩擦推运，颇似现代用电熨斗熨衣服的过程。因此，熨法与单纯将发热物体静止地放在身上或靠近身体的温法有所区别，但将熨法固定使用就是温法，两者可交替进行，故温熨常相提并论，合称为温熨疗法。

熨法的主要作用是祛寒除痹、疏通经络。《灵枢·周痹》篇指出：“岐伯对曰：风寒湿气，客于外分肉之间……此内不在脏，而外未发于皮，独居分肉之间，真气不能周，故命曰周痹。故刺痹者，必先切循其下之六经，视其虚实，及大络之血结而不通，及虚而脉陷空者而调之，熨而通之”。熨法的作用机理在于利用热使凝结的血气得以化解运行，古人用自然界的冰溶水行比喻这一过程。《灵枢·刺节真邪》指出：“故行水者，必待天温冰释，冻解，而后水可行，地可穿也。人脉犹是也，治厥者，必先熨调和其经，掌与腋、肘与脚、项与脊以调之，火气已通，血脉乃行，然后视其病，脉淖泽者，刺而平之，坚紧者，破而散之，气下乃止，此所谓以解结者也”。

熨法常和刺法、导引等方法配合使用。如与刺法配合治疗痈疾：“其痈在管内者，即而痛深；其痈在外者，则痈外而痛浮，痈上皮热。黄帝曰：刺之奈何？岐伯曰：微安其痈，视气所行，先浅刺其傍，稍内益深，还而刺之，绑过三行，察其浮沉，以为浅深，已刺必熨，令热入中，日使热内，邪气益衰，大痈乃溃”《灵枢·上膈》。其中，熨法的热量可通过针刺的孔道作用于深部病患处，攻击邪气。熨法和刺法并用还可治疗上热下寒的病症：“上寒下热，先刺其项太阳，久留之，已刺则熨项与肩胛，令热下合乃止，此所谓推而上之者也”。熨法还可以和导引方法合用治疗筋病，“形苦志乐，病生于筋，治之以熨引”（《灵枢·九宫八风》。由此可见，熨法的治疗范围是多方面的。

熨法的工具并不限于砭石，用棉絮细布浸以药液后用火炭加热作用于病处的方法称为药熨，使用马膏涂于患处，再用火烤的方法称为膏熨，使用汤液的熨法称为汤熨，这些方法在《黄帝内经》中都有记载，说明熨法是《黄帝内经》时代普遍使用的一种疗法。清朝张振均著的《厘正按摩要术》一书中，熨法被作为按摩二十八法中的一法，设专门一节来介绍，该书指出熨法传自扁鹊，今世已不多用，认为是外治之小技，作者仿《内经》用炒枳壳、炒莱菔子、大皂角、食盐白酒炒温后用青布包好作熨法，治疗食积痰滞有神效。类似的方法还出现在二十八法中的“解烦法”“开闭法”“暖痰法”等法中，说明熨法用途广泛。值得一提的是，在“定痛法”中特别讲明用青布包热盐由胸腹从上运（熨）下，再次说明了熨法的运动特性。熨法还多次出现在《黄帝内经》之前的马王堆汉墓医书《五十二病方》中，在五十二个病方中，竟有八个病方使用了熨法，分别用于治疗伤痉（破伤风）、婴儿索痉（脐风）、狂犬咬伤、牡痔（肛漏）、疽病、阑者（烧伤）、痂（疥癣类皮肤病）、身疕（银屑病）等，说明熨法历史悠久，应用广泛。

无论使用石头、布、盐还是汤液，熨法的基本原理都是利用工具介质的热容量将热量传递到人体上，因此，使熨法工具长时间维持一定的温度，是实施熨法的关键。古代的科技手段有限，无论使用火热、水热还是炒热的盐，均无法作到长时间恒温，这是传统熨法的致命缺陷，它阻碍了熨法在临床上的广泛应用。

2 电热砭石仪的研制思路

考虑到传统砭石加热的缺陷，我们希望有一种能够连续加热砭石、温度可以调节并且安全方便的电热砭石，为此，我们研制了电热砭石仪，它使用高效率的低压电热器件对砭石进行加热，并采用内镶式结构，使加热安全、均匀、效率高（省电），该结构已获得国家专利（专利号：ZL00266752.5）。另一种非内镶式、体积较小具有灸功能的结构也已获得国家专利（专利号：ZL02256536.1）。在仪器方面，经过两代的改进，目前的第二代（二型）电热砭石仪（DRB-2D）采用了微电脑程控自动温度反馈技术，实现了严格恒温，即砭石表面的温度不受环境温度和负载温度的影响，同时，砭石表面温度可大范围连续调节，每按一下键温度改变一度，适合于对温度敏感性不同的人和不同的部位，仪器还具有定时关机，自动断电显示和报音等功能。最重要的是，它可以实现长时间（八小时）的连续热疗而不必作其它的加热处理，这些功能均通过计算机软件实现，可不断地升级，具有很大的功能可塑性。

第三代电热砭石仪在第二代单路输出的基础上改变成多路输出，可同时加热多个砭石，并分别对每路砭石进行调温，各自设定所需要的温度。仪器设有两路砭石（a 石和 b 石）和四路砭灸（c 石），砭灸的面积参考了艾灸的加热面积，直径为 3cm，能够准确的作用于穴位。六路电热砭石可同时作用于全身多处病患或多穴位、进行多经络的配合治疗，效果更佳，也可同时应用于多个病人。减少治疗时间和等候时间，提高医疗效率，更适合于医院、诊所、保健中心等医疗服务场所，也可在医生或一定的医学知识指导下在家中进行康复疗养和自我保健。

本仪器采用经严格检测的泗滨浮石（微晶灰岩）为砭石母体，加热后的远红外电磁波能谱功率进一步提高，其远红外的频率范围达 7 ～20μm，与人体经络的红外穿透频谱 9 ～20μm 相吻合，其能量可在经络中传导，作用于远端部位。现代研究还表明，远红外与水的共振频率相符，易被人体吸收并作用于深层组织。

3 电热砭石仪的使用

电热砭石仪是传统中医疗法与现代高科技的结晶，它集中体现了中医外治法、非药物疗法的特点，是无污染、无副作用的真正绿色疗法。与口服药物和保健食品相比较，该仪器属于长期耐用品，无需消耗任何附加材料，一次购置即可长期使用和多人使用。与其它类似的理疗设备相比较，它兼备了热疗、远红外理疗和传统砭石疗法的三重功能；其砭石部分体积小巧、可放置和作用于身体的任何部位，实现局部恒温加热、按摩手法和穴位经络的砭灸刺激，使用非常方便，是医院针灸、按摩、理疗科的理想工具，目前已有一些医院展开了电热砭石疗法，在腱鞘炎、肩周炎、颈椎病和尿潴留等疾病方面取得了较好的效果。在亚健康的调理方面，将电热砭石放在命门和大椎两处可以温补阳气，疏通督脉，放在关元穴（下丹田）可以补元气，老年人寒腰寒腿可以用电热砭石在局部进行按摩温熨，防止天气变冷时的疾病复发。总之，电热砭石仪的研制成功为中医外治疗法和亚健康调理提供了又一个有力的工具，推进了中医的现代化。

参考文献:略

诗艾芳香疗法与养生

李菁菁

摘要：芳香疗法的理论优势体现在生命观方面的优势，针对生命的精神、功能、整体、动态等层面的均衡把握，对生命复杂现象及其规律作直觉观测、灵性感悟和整体的引导。在预防康复观方面，芳香疗法的优势体现在从整体上认识患病是人体功能的失衡所造成的。在治疗观方面，芳香疗法的优势体现在从整体调节人体功能。因此，以“通调养”为法则的诗艾芳香疗法和中国医药在亚健康防治方面异曲同工，具备了得天独厚的功能。

1 芳香疗法的“通调养”三步养生法理论优势

芳香疗法在生命观方面的优势，体现在生命的精神层面、功能层面、整体层面、动态层面上，对生命复杂现象及其规律作直觉观测、灵性感悟、整体把握；在疾病观方面的优势，体现在从整体上认识患病就是人体功能的失衡所造成的；在治疗观方面的优势，体现在整体调节人体功能失衡状态以及未病养生的预防思想、辨“证”求“本”的诊断方法、发掘正气潜能、自我调节的治疗原则；在医学观方面的优势，体现在生命的物质层面、个体层面、静态层面的具体分析以及实质治疗上结合生态的综合医药学模式。

通

通就是疏通全身经络、血管、淋巴，排出身体毒素。早在几千年前的中国医学就发现，人体的健康有赖于全身经脉气血的运行畅通。而现代生活中，由于缺乏运动、工作劳累、压力大、经常伏案工作致使身体的血液循环不畅，加之风、寒、暑、湿等很多致病因素的影响，导致人体经络不畅通，使人出现疲倦无力、精力不集中，失眠多梦、食欲减退、头昏、头痛、胸闷、心慌、气短、甚至颈肩腰背酸痛、耳鸣、出汗、心烦等现象，这些都是经脉阻塞的典型表现，“不通则痛”就是这个道理。许多中医专家告诉我们，疏导经络就像是疏通沟渠一样，长时间不疏导，就会出现不畅通甚至阻塞的现象，久而久之很容易造成相关脏腑的问题，所以定期进行疏导是远离疾病和亚健康状态的第一步。

调

调就是调节脏腑能量，改善脏腑亚健康症状及病变。在疏通全身经络的基础上，根据患者身上出现的症状重点进行理疗，如乳房出现肿块，在疏通身体经络之后使用“乳香健康养疗”进行乳房结节消散的重点治疗。这个疗程会快速改善顾客身体及皮肤上的症状。

养

养就是养精气神，平衡阴阳。精气神是构成生命活动的三大要素。

“精”是构成人体的基本物质，分为“先天之精”与“后天之精”，“后天之精”来源于饮食呼吸等各种摄入，二者互相依存。由于生命活动不断地消耗“精”，故需要不断地外部补充与内部滋生。

“气”是激发人体活动力的特殊物质，对各种生理活动起着推动作用，以维持人体生命的基本功能。气和精同属构成生命活动的物质，二者互相滋生。

中医药学的世界观、生命观是众所周知的整体恒动观。芳香疗法以植物学和有机化学为基础但并不机械对待生命现象，避免了中医唯哲学体系的空泛。一开始就将人视为天地人大环境中的一个子系统，将人体本身视为一个有机的整体，看成是与天地自然相感应的小环境、小宇宙是符合人体生命实质的。人除了自然属性、物质属性(包括器官、细胞、分子等组织结构)外，还有社会属性、文化属性、精神心理属性。芳香疗法在系统把握人的社会、文化、精神心理属性方面更有其优势。芳香疗法将整体学说等所采用的整体类比、感应综合的方法，与因果分析方法相比较，在解释自然、生命中的确定性、稳定性、简单性领域有其优势，在解释自然、生命的不确定性、不稳定性领域也有其优势。因此以现代医药学为代表的因果分析方法的作用在人类生理学的领域里显著削弱了，而且，当涉及到心理的或社会的现象时，它就蜕变成完全不确定的了。而在这一方面，芳香疗法感应综合的方法则有它特定的优势。

2 芳香疗法的养生学优势

芳香疗法对症论治方法，从整体而论主要是无损伤性获取信息；系统的功能观察；动态的诊察内容和简便的诊察方法。芳香疗法治疗具有安全、有效、低毒等优势，其单方及复方的药理作用具有多效性，同时存在多个有效成分或部位，而通过辨证治则组成的复方，其各组部分相互之间产生化学反应又具有新物质及新功能，使得复方形成比单方精油更优越的整体调节功能，从而更有力地纠正机体的各种不平衡状态，为有效地治疗复杂疾病奠定了基础。

2.1 诗艾香薰的养生方式

通(通全身经络、血管、淋巴)

精油的高渗透性

精油可以入血，它可以在3～5分钟进入皮肤，5-8分钟进入微循环，其小分子量、高渗透性的特点能够很好地帮助血液循环，促进新陈代谢。

精油的高排毒性

精油的排毒特性可以帮助带走体内的毒素和废物，疏通血管。

精油有“归经”的特性

精油就是西方的中草药，同源于植物，具有药草的特性，可以入经脉。如：玫瑰归肝、脾经，因此能很好地作用于经脉。

精油可以疏经活络

精油的归经和排导性可以快速疏通受阻的经络，同时精油也是一种植物能量，可以推动经络气血的运行。

诗艾芳疗的五行经络导引、能量玉石醒肤通穴、香肩舒适保养、清逸安神头疗、内分泌薰疗调理套、滋阴补肾薰疗、祛风除寒疏通套、降火除毒通畅套正是运用精油上述疏通的优势而达到其显著效果。

调（调脏腑平衡及功能）

精油具有靶向作用，可以直接作用于身体需要帮助的地方。

精油是天然的植物能量，同时具有其独特的阴阳属性，因此能很好的激活或调理脏腑的平衡。

精油具有抵抗病菌等作用，同时可以增强脏腑的免疫功能。

精油能够完全经由呼吸、排汗等方式排泄代谢出体外，不增加脏腑负担。

跟一般药品最大的不同是精油在改善脏腑问题的同时，可以提升脏腑的免疫力，而所有的药品都对脏腑有一定程度的损伤。

诗艾运用“调”的产品如：卵巢保养、幸福伊人子宫保养、乳香健康养疗、理肠健康养疗，四季五行等。

养（养身心灵〈精气神〉）

精油有着对身、心、灵综合疗养的效果

精油能够舒缓，镇静，安抚及平衡心理和情绪。对心灵有极佳的放松和调节效果。

精油激励和回复精神，提升心灵生命的境界。

精油也是一种营养品，可以补充身体能量。

精油可以净化人体磁场。

诗艾运用肾部保养、益气补元套、冥想精油等产品结合不同的方式如静养，瑜伽等更好的达到精气神的最佳状态。

2.2 诗艾香薰的养生原则

精油就如食补，药补不如食补

是药三分毒，中医也认为最好的医生是食医，就是懂得通过食物来调整身体和疾病的医生。《黄帝内经》中指出：药取用的是偏性，食物用的是平和之气。身体健康是一个积精累气的过程。没有药能到达奇经八脉，没有药物是可以补元气的，除了食物。但是，普通食疗需要很长的时间才能见效，因为少量蔬菜水果所含的营养和能量是极为有限的。而精油集结了无数天然植物的精华，比如一滴柠檬精油是70个柠檬精华的集合，所以能够让效果来得更快更好。

顺应天时，四季养生

四季养生，就是养生要和天时气候同步。说具体一点，就是热天有热天的养生原则，冷天有冷天的养生道理。总的原则就是要顺应天时养生，也就是要按照大自然的阴阳变化来调养我们的身体。通过四季养生调整我们人体的阴阳，使我们生命活动顺应四季阴阳变化，而不是违背天时阴阳。这一点对生命活动非常重要，因为任何生命和天地大自然都是一个整体。和整体相统一，生命才能协调。和整体相违背，我们就会陷入孤立，就会被大自然所抛弃。所以必须经常调整人体的生命阴阳，使之和大自然阴阳气候步调一致。

综合性理疗，多管道管理

将植物精油结合国际最新流行的仪器（智能生物微波理疗仪等）、国际最新流行的理疗方法（热石疗法等）、最为天然的理疗工具（玉石、水晶、黑胆石等），通过皮肤、黏膜组织、呼吸、经络穴位等作用于人体，以效果为导向，起效迅速。

芳香疗法治疗使用的工具或手法，发挥着整体功能综合调节和协助人体自然康复的作用，强调因人施用、辩证施用，注重医患双方的互动性和方法的实用性、有效性。

芳香疗法的优势病种包括心脑血管、呼吸、消化、内分泌、皮肤系统的亚健康状态；还包括外科、骨伤科、疼痛治疗的形体病证，还有内脏慢性病和内分泌病及病因复杂或原因不明的病种。芳香疗法长于诊治多系统、多器官、多组织的综合病变，精神神经、内分泌、免疫系统疾患、病毒性疾病以及功能性、原因不明的病证等；在形体和器质性疾病、原因单纯而明确等病变的诊治上，与西医药学更不可同日而语。芳香疗法在治疗心因性疾病、心身疾病以及男性病、妇科病方面也有较大优势。但芳香疗法优势病种也并非一切均优，而是有条件的。如糖尿病治疗，芳香疗法降糖并不占优势，但对并发症有很好的疗效；芳香疗法治疗慢性肾功能衰竭，主要是能明显延缓慢性肾功能衰退的病理进程；而治疗肿瘤则是从整体提高人体的综合抗病能力与机能恢复能力，减少病痛，提高生活质量，延长存活期，减少放化疗的副作用，增强其疗效；对于中风，降血压和快速清除出血、急救等方面不及西医药学，但对中风后遗症的康复，芳香疗法有着较好的疗效，可提高患者的独立生活能力。

3 芳香疗法的发展观与中医药学的文化结合

“通调养”的芳香健康法则与中医药学结合往往可以补充一些现代生物医药学的缺陷和不足。芳香疗法符合“保护生态，回归自然”的要求。中医药学理论体系，既包含有文化社会的因素，又包含有自然科学的因素；既反映了人体脏腑之间不可分割的复杂关系，又反映了人体内“藏”与自然万物外“象”的对应关系。中医药学和芳香疗法体现了综合、全息的“藏象”、“脉象”、“证象”思维特征，反映了病因、病性、病位、病势等人体各种信息与自然生态各种信息的总合。因此可以理解为以“通调养”为原则的诗艾芳香疗法与中医药学是顺应自然的生态医药学。

自然治疗学可以称之为功能调节治疗学。芳香疗法和中医药学都强调自我调节、发掘人体正气潜能。诗艾芳香疗法与中医药学在治病防病方面针对人体无形的功能关系的自我组织、自我调节的治疗系统，建立了一套功能的动态平衡调节模式，而这种调节又主要落实在脏腑功能调节上。脏腑功能调节从不同的角度可分为外在调节、内在调节、自我组织调节，即时调节、后时调节、前时调节等几类。外在调节，指采用药物、香薰、泡浴、油压、针灸、推拿、气功导引等外在手段，进行脏腑功能调节以治疗疾病，达到动态平衡的健康状态；内在调节，是指人体内部脏腑之间依据相生相克原理进行自我调节，脏腑的生克调节说明人体本身存在维护健康的能力；自我组织调节，是外在调节和内在调节的总称，两者都是通过不断地吸收外在的负熵（即“正气”）由无序达到相对有序，通过五行生克达到稳态平衡的自我组织行为；即时调节，就是“通”的法则，是指人体一旦出现五行生克失衡状态，随即就有一种本身的或外在的正气——负熵对它进行调节，通过疏通闭塞的经络脉络组织达到和谐稳态；后时调节即是“调”的法则，是人体五行——脏腑生克严重失衡，配合“通”法则调节，在病程长、病情重的情况下，通过香薰、水疗、药物、针灸、气功等手段进行的功能调节；养疗可以理解为前时调节，是人体在“未病”状态或亚健康状态，五行生克制化尚没有失衡时采用的一种功能调节，中医药学的“养生”、“不治已病治未病”，实际上就是一种前时的养疗调节。

由此可见，诗艾芳香疗法在对人的自然属性、社会文化属性、精神心理属性的认识方面，在对人的健康、疾病的认识方面，都有现代医药学所不及的优势。芳香疗法的优势是指其在养生领域中某些方面的优势，也就是说芳香疗法在医药学思想和医疗方法中有优势的一面。芳香疗法发展应当发扬自己的“优势方面”，与自然医学的优势元素充分结合。在治疗上，芳香疗法在代谢性、免疫性、功能性疾病以及多组织、多系统、多靶点性疾病或特定病程的治疗方面，在调整亚健康状态、养生摄生、防老抗衰以及保护生态，回归自然等方面发挥了巨大的作用。注重芳香疗法与中医药学的优势发展应当始终以自然医药学为“平台”，而不是以单纯的医疗科学为发展“平台”和发展目标。当然，如何在思维方式层面发扬芳香疗法与中医药学的大生态医药学、功能调节治疗学方面的优势，尽可能弥补量化、细化、形态化方面的不足。如此才能真正实现芳香疗法与中医药学的规范化发展，才能真正实现自然医学的精髓，促进芳香疗法与中医药学的复兴。

刮痧疗法的规范研究

（杨金生[1] 王兵[1] 赵永祥[2] 1中国中医科学院针灸医院，北京，100700；2 陕西省扶风县中医医院，陕西扶风， 722001）

刮痧疗法的历史可以追溯到两千多年前的《黄帝内经》时代，与《内经》所载的砭石疗法或刺络疗法有着更直接的关系。如《素问》记载用刺络疗法治疗腰痛说："刺解脉，在郄中结络如黍米，刺之血射以黑，见赤血而已。"从中不难看出刮痧疗法与这种刺络冶法在方法、机理上的相似性。

虽然刮痧疗法形成的具体时间已不可考，但它长期以来流传于民间，薪火相传。宋元之际，民间已比较广泛地流传用汤匙、铜钱蘸水或油刮背部，以治疗腹痛等症的方法和经验，而且这些经验已引起了医学家们的注意。如宋·王棐《指迷方瘴疟论》将刮痧称之为"挑草子"。元·危亦林的《世医得效方》较早地对痧症作了明确记述："心腹绞痛，冷汗出，涨闷欲绝，俗谓搅肠痧。"明代有关痧症的记述更加丰富起来，如杨清叟《仙传外科秘方》、王肯堂《证治准绳》、虞博《医学正传》、龚廷贤《寿世保元》、张景岳《景岳全书》等均记载有关于痧症及治痧的经验。

至清代，刮痧疗法大为盛行，如清人王庭记述其家乡的情况说："无何，则吾乡挑痧之法盛行矣。先是乡人有粪秽感痧，例用钱物蘸油而刮，及此多用挑。然行之大都妇人，以故为名医者不道。"在此基础上，古代医家对痧症的研究终于在清代取得了突破性进展，其主要标志就是出现了第一部痧症研究的专著——郭志邃撰于康熙初期的《痧胀玉衡》，该书对痧症的病源、流行、表现、分类与刮痧方法、工具以及综合治疗等方面都做了较为详细的论述，该书不但奠定了痧症研究的理论基石，而且总结了痧症临证治疗的丰富经验，因而对后世有较大的影响。

解放后，1960年江静波先生著的《刮痧疗法》一书，开创了现代研究刮痧之先河，将刮痧、放痧、拍法等以"刮痧"概之，使刮痧由原来局限的"痧病"和"出痧"走上了学术论坛，为之名正。九十年代以来，在全球回归自然疗法的热潮中，刮痧疗法比肩成势，并有多部著作面世。吕季儒《吕教授刮痧健康法》、王敬、杨金生《中国刮痧健康法》、张秀勤、郝万山《全息刮痧法》、侯志新《经络微针穴区刮痧法》、孔垂成《中医现代刮痧教程》、傅贞亮《中医刮痧疗法130问》、漆浩、刘硕等《排痧养生祛病法》、王富春、赵艳鸿等《刮痧疗法》等十余部，使刮痧疗法登上了医疗保健的舞台。这些著作孟庆云教授总结为特征有三：在理论上，由经验刮痧发展成为中医针灸经络理论指导，循经走穴，内症外治的辨证刮痧；在实践中，扩大了刮痧疗法的应用范围，由原来的治疗痧病发展到内外妇儿等科近400种病症，并涉及到消除疲劳、减肥、养颜养容等养生保健领域；在机理研究上，从活血化瘀、免疫调节、改善新陈代谢等方面进行钻研，使刮痧疗法与针灸、按摩、拔罐等方法成为公费医疗、医疗保险的特色项目，如今又被国家劳动和社会保障部列为职业劳动技能，成为广大群众自我保健和创业就业的一项劳动服务技能。刮痧真可谓是"不用手的按摩，不用针的针灸，用刮痧板的拔罐"，以其简、便、廉、验、速和易学会、好操作、挺安全、效果好的特点，将为人类的健康事业做出贡献。

刮痧疗法已经作为一项技能被纳入医疗教学体系，因此对刮痧疗法规范化和系统化确有必要，这也符合国际化发展潮流。笔者担任国家劳动和社会保障部《保健刮痧师》职业国家标准、国家职业资格培训教程、培训大纲、辅导教材和国家考试题库的主编，在刮痧治疗领域也进行了多年的潜心研究，与多位学者就刮痧疗法的规范化及标准化作了大量的工作。现介绍如下：

一、名称概念的规范

传统刮痧疗法是用边缘光滑的嫩竹板、瓷器片或碗的边缘、小汤勺、铜钱、玻璃、毛发或苎麻等不易损伤皮肤的器具，蘸食用油、酒、清水或油脂，在人体皮肤表面进行由上而下，由内向外的反复刮拭，直到皮肤出现红色斑点或瘀血斑块的现象，以解除病痛，治疗疾病的民间自然简易治疗方法。

现代刮痧疗法，是在中医基础理论指导下，遵循经脉运行和病变特点，用特制的水牛角刮痧板和具有清热解毒、活血止痛的润滑剂，在人体相应穴位、经络和部位进行有规律的刮拭，以达到循经走穴，内病外治的一种中医外治方法。

二、使用工具和介质的规范

1. 水牛角刮痧板

我国民间历代使用的刮痧板种类较多，如铜钱、银圆、瓷杯、瓷汤勺、苎麻、棉纱线、头发团、水牛角、玉石板等。目前从事刮痧工作者，主要选用水牛角刮痧板。

水牛角属天然材料，除具有光滑耐用、易于擦洗消毒和天然无静电、无毒的优点外，它还是一种名贵的中药，具有清热解毒、软坚散结、活血止痛、解热镇惊的作用，可以促进血液循环，减轻疼痛，有助出痧和提高效果。而且货源充足、价格便宜，大众乐于接受。

水牛角刮痧板一侧薄而外凸为弧形，刮痧操作时安全且有利于出痧；对侧则厚而内凹或为直线形，多用于体虚或保健者；刮痧板棱角处多用于点穴。另外还设置有缺口，便于刮拭手指、足趾、脊柱部位，以扩大接触面积，减轻疼痛，提高效果。头发浓厚且长者，经常使用梳子状刮痧板，便于刮拭头部和保护头发。无论为何种形状，但边缘必须光滑、圆钝，以便保护皮肤，加强效果，减轻刮痧时的痛感。

2. 刮痧油（活血剂、润肤油、精油）

刮痧油是在进行刮痧时涂抹在人体体表的润滑保护介质之一，明清以前刮痧常用的介质是香油、食用油、酒、猪脂、水或药汁等，随着科学的发展，人们克服以前刮痧介质的种种不足，研制了新型的刮痧专用介质——刮痧油（刮痧活血剂）。它使用传统中药与医用润滑油，经现代工艺精炼而成，具有清热解毒、预防感染、活血化瘀、缓解疼痛、解肌发表、帮助透痧以及润肤护肤、减少皮损、摩擦等作用。经过十多年的实际使用，在医疗和保健刮痧方面有较好的作用。逐渐淘汰了从前的香油、猪脂、水、酒等介质。另外一些用于治疗跌打损伤的外用药物（油、酊），因其含有收敛、挥发、麻醉止痛的成分，不利于刮痧出痧，也不宜使用。

3. 刮痧润肤乳（膏）

刮痧润肤乳是在保持刮痧油良好作用的基础上，增加一些促进皮肤药物吸收和营养滋润皮肤的成分，由维生素 E、人参茎叶皂苷、鲜芦荟汁等多种纯天然植物精制成白色乳膏状，具有改善血液循环、促进新陈代谢、润肤通经刮痧和增强刮痧保健效果的作用，又能减少衣物污染，刮痧后可不必擦去，而且携带方便。尤其适用于面部、妇女、儿童的保健刮痧时使用。

三、操作程序的规范

1. 根据患者的病情和医生的综合判断，首先进行诊断，决定是不是刮痧的适应症，以便确定在哪些部位进行刮拭。

2. 选择适宜进行刮痧操作的体位，并暴露将要刮拭的部位，用热毛巾擦拭清洁，并使患者放松。

3. 依次均匀涂抹刮痧介质，用刮痧板轻轻往返涂抹，并摩擦相应部位的皮肤，使患者觉得局部有热感为度。

4. 刮痧次序是指对人体进行刮拭时，所选择刮拭部位的顺序。一般来讲：全身顺序为：头、颈、肩、上肢、背腰、胸腹及下肢；局部如颈部刮痧顺序为头、颈、肩、上肢；肩部刮痧顺序为头、颈、肩上、肩前、肩后、上肢；背腰部分顺序为背腰部正中、双侧和下肢。刮痧顺序总的原则是先头面后手足，先背腰后胸腹，先上肢后下肢，逐步按顺序刮痧。

5. 正常情况下各部位的刮拭方向：头部一般采用梳头或散射法，面部一般由里向外，由下向上方向刮拭，胸部正中由上向下，双侧则由内向外，背部、腰部、腹部则常采用由上向下，逐步有里向外扩展，四肢常向末梢方向刮拭。因此总的原则是，由上向下，由内向外，单方向刮拭。

四、操作手法的规范

1. 握持刮痧板方法

单手握板，将板放置掌心，一侧由拇指固定，另一侧由食指和中指固定，也可由拇指以外的其余四指固定，利用腕力进行刮拭，刮痧板移动方向与皮肤之间夹角以 45 度为宜，不可角度太大或使用削铲之法。

2. 刮痧基本手法

（1）轻刮法：是初学者常用手法之一，是指刮痧时刮痧板接触皮肤面积大，移动速度慢或下压刮拭力量小的一种方法。一般接受者无疼痛或其他不适感觉，多适应于儿童、妇女、老年体弱者以及面部的保健刮拭。

（2）重刮法：是一种针对骨关节软组织疼痛性病症所采用的一种手法。在刮痧时刮痧板接触皮肤面积小、移动速度快或下压刮拭力量较大，以顾客能承受为度。多适应于年轻力壮、体质较强或背部脊柱两侧、下肢及骨关节软组织较丰满处的刮痧。

（3）快刮法：是指刮拭的次数每分钟在 30 次以上。力量有轻重之别，若力量重、快速刮，多用于体质强壮的顾客，主要刮拭背部、下肢或其它明显疼痛的部位；若力量轻、快速刮，多用于体质虚弱或整体保健的顾客，主要刮拭腰部、胸腹部、下肢等部位，让顾客舒适为度。

（4）慢刮法：是指刮拭的次数每分钟在 30 次以内。力量也有轻重之别，若力量重、速度慢，多用于体质强壮的顾客，主要刮拭腹部、关节部位和一些明显疼痛的部位；若力量轻、速度慢，多用于体质虚弱或面部保健的顾客，主要刮拭背腰部正中、胸部、下肢内侧等部位，不让顾客感觉疼痛为度。

（5）直线刮法：亦称直板刮法，这是一种常用的手法，就是利用刮痧板的上下边缘在体表进行直线刮拭。保健刮痧师一般用右手（左手亦可）拿住刮痧板，拇指放在刮痧板的一侧，其余食中指或四指放在刮痧板的另一侧。与体表呈 45 度左右，刮痧板薄的一面 1/3 或 1/2 与皮肤接触，利用腕力下压并向同一方向直线刮拭，要有一定长度，这种手法适用于身体比较平坦部位的经脉和学位，如背部、胸腹部、四肢和头部。

（6）弧线刮法：是指刮拭方向呈弧线形刮拭后体表出现弧线形的痧痕，操作时刮痧板多循肌肉走行或骨骼结构特点而定。如胸部肋间隙、肩关节前后和膝关节周围多用此法。

（7）逆刮法：是指刮痧方向与常规的由里向外、由上向下方向相反，即由下向上或由外向里进行刮拭的方法。多用于下肢静脉曲张、下肢浮肿或按常规方向刮痧效果不理想的部位。逆刮法操作亦轻柔和缓，从近心端部位开始逆刮，逐渐延长至远心端，其方向是由远心端向近心端刮拭，其目的是促进静脉血液回流，减轻水肿或疼痛。

（8）摩擦法：将刮板的边、角或面与皮肤直接紧贴或隔衣、布进行有规律的旋转移动或直线往返移动的刮拭，使皮肤产生热感为度并向深度渗透，其左右移动力量大于垂直向下按压之力。操作时动作轻柔、移动均匀，可快可慢，一个部位操作完成后再进行第二个部位，多用于麻木、发凉或绵绵隐性疼痛部位，如肩胛内侧、腰部和腹部。每一部位刮痧前可使用该法使皮肤有热感。

（9）梳刮法：使用刮痧板或刮痧数字从前额上发际处及双侧太阳穴处向后发际处做有规律的单方向刮拭，刮痧板或梳子与头皮呈 45 度，轻柔和缓刮拭，如梳头状，故名梳刮法。梳头时力量适中，一般逐渐加力，在穴位或痛点处可适当使用重刮或点压、按揉，具有醒神开窍、消除疲劳、防治失眠的作用。适宜于头痛、疲劳、失眠等病痛，用该法可以达到更好的效果。

（10）点压法：点压法亦叫点穴手法，多用于穴位或痛点的点压，与按摩法配合使用。用刮痧板厚的边角与皮肤形成 90 度垂直，力量逐渐加重，以耐受为度，保持数秒钟后快速抬起，重复操作 5～10 次，操作时将肩、肘、腕的力量凝集于刮痧板角、施术要求灵活，既要有弹力，又要坚实，此法适用于肌肉丰满，刮痧力量不能深达或直接不宜刮拭的部位和骨骼关节凹陷部位，如环跳、委中、犊鼻、水沟以及背部脊柱棘突之间等。此法是一种较强刺激手法，具有镇静止痛、解痉作用，多用于实证。

（11）按揉法：按揉法是利用刮痧板在皮肤经络穴位作点压按揉的手法，向下有一定压力，点下后做往复来回或顺逆旋转手法，操作时刮痧板紧贴皮肤而不移，频率较慢，每分钟 50～100 次。常用于足三里、内关、太冲、涌泉、太阳穴等穴位。

（12）角刮法：是指使用特制的角形刮痧板或让刮痧板的棱角接触皮肤，并形成 45 度，自上而下或由里向外刮拭，手法要灵活，不宜生硬，适宜于四肢关节、脊柱双侧经筋部位、骨突周围、肩部穴位如风池、内关、合谷、中府等穴位，因角刮接触面积相对小，要避免用力过猛而损伤皮肤。

（13）边刮法：是最常用的一种刮痧方法，将刮痧板的两侧长条棱边或厚边或薄边与皮肤接触并成 45 度角进行刮拭。该法适宜于大面积腹部、背部和下肢等部位的刮拭。

3. 刮痧特殊手法

（1）旋转法：是指刮拭的方向围绕某一部位旋转而言。保健刮痧师利用刮痧板的边或棱角接触刮拭部位的皮肤，做有规律的顺、逆时针方向旋转刮拭，该手法多用于腹部肚脐周围，女性乳房周围和膝关节髌骨周围的轻手法刮拭。

（2）推刮法：是指刮拭的方向朝着保健刮痧师相反的方向进行刮拭。如保健刮痧师站在仰卧位顾客的右侧，要刮拭左侧胸部，多采用推刮法。同样如保健刮痧师站在坐位顾客的左侧，要刮拭顾客右侧颈肩部，也采用推刮法。即所谓顺为刮、逆为推。

（3）弹拨法：应用刮痧板的边角在人体肌腱、经筋附着处或特定的穴位等处进行点压、按揉、刮拭并迅速向外弹拨。一般一个部位、穴位可进行 3～5 次弹拨，手法轻柔，力量适中，速度较快，以便使局部快速解除痉挛、缓解疼痛。适宜于骨关节、韧带等处的疼痛。

（4）拍打法：使用刮痧板表面拍击体表或用刮痧

边角快速按压相关部位，使皮肤逐渐充血，出现瘀点称之为拍打法、击打法或叩打法、啄法。保健刮痧师握住刮痧板一端，利用腕力或肘部关节活动之力，使刮痧板另一端平面在体表上进行有规律的击打，速度均匀，力度和缓。此法多用于背腰部、前臂和下肢腘窝等处。

（5）双刮法：亦叫双板刮痧法。是指保健刮痧师双手握板，同时进行刮痧操作。多用于脊柱双侧和双下肢的刮拭，双手均匀用力，平稳操作，刮拭顾客左右两侧。该法加快了刮拭速度，但操作较为费力，适宜于刮痧水平较高的保健刮痧师使用。

（6）揪痧法：亦叫扯痧法、挤痧法。是指保健刮痧师五指屈曲，用食、中指的第二指节或食指、大拇指对准施术部位，把皮肤与肌肉揪起或撕扯特定部位，瞬间用力向外滑动再松开，这样一揪一放，发出“巴巴”声响，直到皮肤出现紫红色或瘀点。此法主要用于头面部的印堂、颈部天突和背部夹脊穴。

（7）颤刮法：是一种借助刮痧板的快速按摩手法，保健刮痧师将刮痧板的边角与人体接触，向下按压并快速有节奏的（每分钟100次左右）颤动或在颤动时逐渐移动，使顾客消除肌肉紧张，局部放松，缓解疼痛。多用于头部、背部和关节部位。

（8）挑刮法：亦叫放痧法。通过刮痧后，皮肤出现瘀斑、痧疱或青紫肿块，保健刮痧师用酒精棉球消毒后用三棱针或一次性放血针头刺入皮肤，并放出瘀血少许，使瘀血、邪毒得泻。术后碘酒消毒，胶布或创可贴加压固定。此法用于腘窝、太阳穴等处的浅表静脉扩张和瘀血以防治中暑、急性腰扭伤、下肢静脉曲张等。

（9）刮痧拔罐法：是刮痧与拔罐配合使用的一种有效方法。拔罐具有向外和相对固定的优点，两者配合，对颈肩痛、腰背痛以及失眠、痤疮、疲劳的病症有显著效果。一般先刮痧，然后在刮痧的部位留罐或进行走罐，促进循环，加快排毒。该法多用于背部和下肢部位。

（10）刮痧按摩法：刮痧与按摩在保健时常联合使用。按摩后刮痧主要是在特定部位先使用按摩手法，缓解病痛，同时也消除对刮痧的顾虑，然后再使用刮痧疗法以增强按摩的效果；刮痧后按摩主要是针对刮痧后痧象，采用按摩的手法，促进循环和痧斑吸收，提高刮痧保健效果。

4. 面部常用刮法

（1）平抹法：刮痧板平面接触面部皮肤，做单方向运动，可以悬肘或用肘部紧贴肋骨，使用腕力，运动平稳、力量均匀、也可以双手持板做左右运动。如分抹颧上区与颧下区。

（2）平推法：用单手持板与皮肤形成5～15度角单方向推向皮肤，犹如熨衣服状。推动过程中可用一手固定被推皮肤、防止牵拉、或用另一板压住皮肤，常用于推鱼尾纹或颈部。

（3）平压法：用板一端面点压在一定部位称压法；也可以用板的平面，平放于皮肤或穴区上对皮肤、穴位形成压力，压一下松一下每次约3秒钟可连续压4至6次。

5. 刮痧综合手法

补泻手法是一种综合手法，是根据患者的体质和疼痛不适的类型而定。操作者在刮拭时的力量大小、速度快慢和刮拭时间长短而言，可把刮痧综合手法分为补法、泻法和平补平泻法。

（1）补法：补法是在刮拭时，刮痧板按压的力度（力量）小，刮拭速度慢，刮拭时间相应较长的一种刮拭手法。补法一般多用于体弱多病、久病虚弱、疼痛敏感的虚证顾客。例如：腹泻、食欲不振、疲劳、失眠、低血压、糖尿病的顾客，一般采用补法进行刮拭。

（2）泻法：泻法是在刮拭时，刮痧板按压的力度（力量）大，刮拭速度快，刮拭时间相应较短的一种刮拭手法。泻法一般多用于初病、骨关节疼痛、体壮或实证顾客，能较快的疏泄病邪，例如：感冒、发热、头痛、颈痛、肩痛、背痛、腰痛的顾客，采用泻法进行刮拭效果显著。

（3）平补平泻法：主要用于亚健康体质人群的保健刮痧。平补平泻法在刮拭时，刮痧板按压的力度介于补法和泻法之间，时间上可长可短，因人而异，速度比较慢。一般多用于虚实夹杂体质的顾客，最适宜亚健康人群的保健刮痧。用平补平泻的手法，可以起到调和阴阳，实现人体阴阳平衡，使机体康复的作用。

6. 刮痧的强度和时间

（1）手法的轻重，力量的大小，时间的长短，间隔的期限，依据顾客的年龄、性别、体质、身体状况以及出痧情况等因素而定。

（2）刮痧板接触皮肤，力量适中，以顾客能承受为度，做单方向的均匀刮拭。

（3）每一角度或方向刮15～30次，每一部位刮拭3～5分钟。

(4)局部病变刮痧或局部保健一般20～30分钟，全身整体刮痧40～50分钟为宜。

(5)个别顾客不宜出痧，不可强求出痧。出痧者一般3～5天痧退，痧退后方可在原部位进行再次刮拭。

(6)健康人群：是指身体比较健康，身强体壮的中青年。进行保健刮痧时多用泻法、平补平泻法，整体保健需要40～60分钟为宜。

(7)亚健康人群：是指身体存在某些方面的不适但还不能明确判断为某种疾病。进行刮痧康复时多用平补平泻法，针对性刮痧需要20～30分钟，整体刮痧需要40～50分钟为宜。

(8)疾病人群：是指身体患有某种慢性病、常见病、多发病等，多为体弱年迈、久病瘦弱之人。进行刮痧治疗时多用补法、平补平泻法，针对性治疗需要40～50分钟为宜。

(9)妇女儿童、疼痛敏感人群：是指妇女儿童或疼痛敏感的人群。进行刮痧时多用补法、轻手法，特别是紧张、怕痛的顾客，在刮拭的过程中，随时注意观察顾客的体表、面色、表情及全身情况，以便及时发现和处理身体意外的情况。时间因人而异，整体刮痧不超过30分钟为宜。

五、适应病种的选择

现代临床刮痧，根据中医经络理论辩证论治，凡针灸、推拿按摩、拔罐、理疗等疗法治疗的常见病、慢性病，均可采用刮痧疗法，适应症涉及到内外妇儿各科，据统计治疗的病种多达400种，如：

(1)内科:呼吸系统、消化系统、神经系统、循环系统、泌尿系统和内分泌系统等，如感冒、气管炎、哮喘、肠胃炎、胆囊炎、慢性腹泻、消化不良、头痛、高血压、三叉神经、冠心病、脑血管意外（脑血栓、脑梗塞及脑出血后遗症)、便秘、慢性肝炎、肾炎、神经衰弱、更年期综合症等。

(2)外科:急腹症、运动系统（颈、肩、腰、腿、骨关节、软组织等）和血管病变等，如胃痉挛、阑尾炎、泌尿结石、颈椎病、落枕、肩周炎、胸背痛、肌肉疼痛症、四肢关节疼痛、腰痛、动脉硬化等。

(3)妇科：常见的如痛经、月经先后无定期、闭经、带下病、盆腔炎、功能性子宫性出血、产后疾病等。

(4)儿科：常见的如百日咳、消化不良、腹泻、伤食、遗尿等。

(5)皮肤科：常见的如痤疮、荨麻疹、神经性皮炎、皮肤干燥症、皮肤瘙痒症、带状疱疹以及养颜美容等。

(6)五官科：常见的如结膜炎、溢泪症、鼻炎、牙痛、口腔溃疡、慢性咽喉炎、耳鸣等。

(7)其它：常用于保健、消除疲劳、恢复体力。对增强性功能、减肥等亦有一定的作用。尤其对于外感类疾病、骨关节疼痛性病变以及神经肌肉血管病变和病后康复等有比较好的疗效。

六、痧象的判断与处理

1.痧的表现形态

(1) 明确认识痧是通过刮拭人体以后，在皮肤上出现的皮下出血、出血改变。其颜色形态为：红色栗粒状、丘疹样、大片状潮红高起、紫红色或红色血斑、血包或血管浮起成串。

(2) 了解出痧的部位：一般头面、背部及四肢容易出痧。胸腹及四肢内侧不易出痧。若出痧，说明手法偏重。

(3) 观察出痧的颜色形态：身体健康者，出痧较少，且均匀，多为红色；慢性病顾客，多伴有紫痧或血包；急性病多为栗粒状，大面积；若为血斑，血包，说明病情较重。

2.痧象与健康的关系

(1)正常人。经过系统的保健刮痧，一般不会出现痧，仅表现为皮肤潮红、局部发热，身体轻松。

(2)通过出痧部位判断健康状况。凡经络循行部位和穴位区域容易出现痧，提示相应经络所联系的内脏功能病变。例如在背部膀胱经均匀刮拭，心腧穴区出现痧斑或紫痧，则说明心脏功能变化，应提早保健。

(3)了解痧象判断康复程度。若出痧散在，颜色浅淡，说明病情较轻，容易康复；若出痧较多，而且点大成块，紫色血包等，说明病情较重，多次保健才能康复。

(4)痧症与出痧不同。痧症是指多发于夏秋之间，因感受风寒暑湿燥火六淫之邪气或疫疠秽浊毒气所出现的一些病症。如头痛、发热、咳嗽、烦闷、眩晕胸闷、脘腹痞痛、恶心呕吐、手足、头面、身体肿痛、指甲青黑等等，称之为痧症、痧气或痧胀。

(5)刮痧过程中，若局部出现痧迹后改为轻手法刮，使痧慢慢透发出来，以减轻疼痛，简称透痧。另外一些神经肌肉瘫痪之人，刮痧后不易出痧，不可硬刮、重刮、强求出痧，若多刮几次，痧象自然浮现，说明病情好转，这亦称透痧。

(6)若刮痧下肢部位出现血包或血管浮起成串，

说明静脉循环功能较差，应立即采用轻手法逆向刮拭，并保护好皮肤，促进血液回流。

七、禁忌症与注意事项

1.禁忌症

（1）有严重的心脑血管疾病、肝肾功能不全、全身浮肿、皮肤溃烂或严重过敏等，禁用刮痧。

（2）孕妇的腹部、腰骶部禁用刮痧。心尖部以及体表大血管处不宜重力刮痧。

（3）人体之眼睛、口唇、舌体、耳孔、鼻孔、乳头、肚脐、前后二阴等部位禁止刮痧。

（4）凡体表有疖肿、破溃、疮痈、痣、斑疹和不明原因包块处禁刮。

（5）急性扭伤、创伤的疼痛部位或骨折部位禁用刮痧。

（6）有接触性皮肤传染者忌用本法或注意严格消毒后方可使用。

（7）有出血倾向者慎用本法：如糖尿病晚期、严重贫血、白血病、再生障碍性贫血和血小板减少者慎用。

（8）过度饥饱、过度疲劳、醉酒者，不可当时重力大面积刮痧，特殊情况下可用轻手法或点按刮拭。

（9）精神病、精神高度紧张，急躁或刮痧不合作者禁用刮痧法。

2.注意事项

（1）根据保健刮痧的适应范围，选择合适进行保健刮痧的顾客，不宜超出相应范围。

（2）顾客的体位是否合适，对防止出现刮痧晕倒现象和取得良好效果有很大的影响，在保健时一定要选择合适的体位。

（3）根据顾客的体质，选择好合适的刮痧部位后，尽量暴露，若刮拭部位不清洁，请用消毒用品，热毛巾，卫生纸巾或酒精棉球擦洗干净，预防感染。

（4）对于初次接受保健刮痧的顾客，应作必要的解释工作，以消除顾客的紧张心理。

（5）刮痧时应保持室内适宜温度，尤其是在冬季应避免伤风受寒；夏季应回避风扇、过堂风及空调直吹刮拭部位。

（6）刮痧后，顾客可休息一会儿，并喝适量温开水。不宜即刻食用生冷食物或洗冷水澡。

（7）刮痧时用力要均匀，手法由轻到重，以顾客能承受为度，刮到局部潮红或出现痧斑、痧点为止。

（8）年迈体弱、儿童、疼痛敏感的顾客，使用轻手法刮拭并注意观察顾客面色表情及全身情况，随时调整保健方案。

（9）下肢静脉曲张或下肢易肿胀者，宜由下向上刮，采用逆刮法，注意不要从上向下刮。

总之，刮痧治疗的规范还需要在临床工作中不断的总结和完善。根据不同病症研究并制定相应的操作规范，使之称为中医针灸外治法体系中即具有实用性又具有科学性的一门学科，以便更好的普及和推广，造福广大民众。

疲劳自评量表

中华中医药学会亚健康分会，中华中医药学会中医诊断分会

推荐使用量表

疲劳自评量表（FSAS）

姓名：________性别：________年龄：__________填表时间：_____________

指导语：下面的文字是一组描述疲劳表现的陈述句，用于评定您的疲劳状况。请您仔细阅读后，根据您近1～2周的感受，在每一条与您情况相符的方框内划“√”。

		无或偶有	少部分时间有	一半时间有	大部分时间有	几乎所有时间有
1	我感到四肢酸软、疲乏无力。	□	□	□	□	□
2	我感到注意力不能集中。	□	□	□	□	□
3	疲劳让我的情绪低落。	□	□	□	□	□
4	疲劳使我对正在做的事情感到厌烦，不想再做下去。	□	□	□	□	□
5	我感到体力不支，总想躺下休息。	□	□	□	□	□
6	我感到脑子反应迟钝。	□	□	□	□	□
7	我感到四肢肌肉无力。	□	□	□	□	□
8	疲劳让我的工作或学习效率降低。	□	□	□	□	□
9	我感到身体虚弱。	□	□	□	□	□
10	我感到想问题时思路不清晰。	□	□	□	□	□
11	疲劳让我的心情焦躁不安。	□	□	□	□	□
12	我感到容易忘事。	□	□	□	□	□
13	疲劳影响了我的走亲访友。	□	□	□	□	□
14	疲劳使我不能胜任日常事务（如家务，购物等）。	□	□	□	□	□
15	休息不能缓解我的疲劳。	□	□	□	□	□
16	睡眠不能缓解我的疲劳。	□	□	□	□	□
17	情绪低落或急躁时我感到疲劳。	□	□	□	□	□
18	在嘈杂的环境中我的疲劳加重。	□	□	□	□	□
19	在闷热的环境中我的疲劳加重。	□	□	□	□	□
20	精神紧张时我感到很累。	□	□	□	□	□
21	从事愉快的事情可减轻我的疲劳。	□	□	□	□	□
22	我觉得我的疲劳在一天内没有明显的时间段变化。	□	□	□	□	□
23	疲劳程度在一天内不同时段的变化情况 （如果第 22 条的选项为除“完全同意”以外的其他四项中的任何一项，请根据您在一天内不同时段的疲劳程度情况，在下面的坐标图上选择一个合适的位置并划“×”）。					

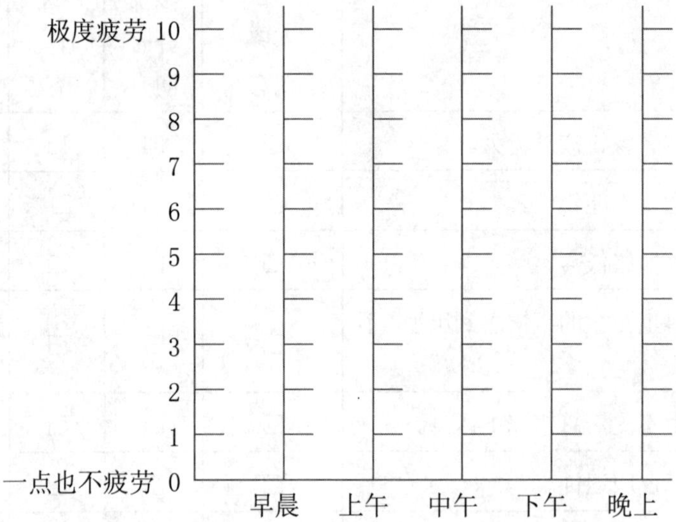

平衡火罐技术防治未病的临床研究

（王文远 北京军区总医院全军平衡针灸治疗培训中心， 北京 100026）

1 平衡火罐学的理论研究

火罐原为流传民间的一种自我疗病保健的常用方法，具有悠久的历史。但火罐学科真正的创立与发展是在新中国成立以后，从理论方法至器具介质的逐步完善，并且有了较大的创新。特别在20世纪80年代作者在创立平衡针灸学科的基础上，成功创立了平衡火罐学技术。在传统而古老的民间拔罐疗法的基础上吸收现代科学理论，上升为现代科学层次，为临床常见病多发病的防治，为人类的保健医学开辟出一条新的途径。其突破了传统局部拔罐的方法，从神经分布区域探索中枢调控下的靶区与靶位，不直接作用于有病的部位，而是通过调节特定部位来治疗另一部位的疾病。

1.1 平衡火罐学的定义

平衡火罐学是在继承传统火罐疗法的基础上，以平衡针灸学理论为依据，吸收现代科学理论而形成的一门现代火罐学。主要通过闪罐、行罐、针罐、药罐等手法，选择相对平衡的特定靶区，利用火的温热效应及火罐的负压作用，实施熨、刮、闪、留，推行、牵拉、挤压等良性刺激，通过兴奋皮肤、神经末梢、毛细血管、肌肉、皮下组织等处的感受器，将良性信息不间断地传入大脑高级中枢靶位，使失调、失衡的大脑中枢指挥系统瞬间恢复到原来的平衡状态，充分调动机体内所贮能量物质——中枢递质，以最快的速度、最佳的捷径，通过信息高速公路——传出神经和一切可利用的其他信息通道，到达病变的子系统，恢复大脑中枢对下属子系统的调控功能和修复功能。

1.2 平衡火罐技术作用原理

现代医学研究证实，平衡火罐技术可以提高机体的免疫作用，拔罐后可使白细胞总数增加，同时白细胞的吞噬能力及血清中补体效价增加；拔罐可使红细胞总数相应增加；可使血液中的内啡肽的含量发生相应变化；拔罐可调节心律、增加冠状动脉血流量，反射性地影响全身血流变化；并可加强局部的血液循环，可使肺的通气量增加，呼吸功能得到改善，还可以提高消化系统功能的修复，同时起到双向调节作用，当胃肠处于抑制状态时，通过拔罐治疗可兴奋胃肠功能；当胃肠处于亢进状态时，通过拔罐治疗可抑制胃肠功能。平衡火罐技术还可以提高对神经系统的调节功能，拔罐可使局部产生瘀血，引起自身溶血现象，并释放组织胺、5-羟色胺等神经介质，通过神经体液机制，影响着神经系统的所有环节，并对全身各系统起反射性调节作用。

2 未病先防的重要性

随着社会的发展，人们的生活节奏加快，工作压力随之加大，处于“亚健康”状态的人在许多国家及地区都呈明显的上升趋势。所谓的“亚健康”，就是指人的身心处于疾病和健康之间的一种健康低质状态，但又未形成实质性的疾病，即中医所说的“未病”阶段。“亚健康”状态主要表现在以下几个系统方面：神经系统表现为头晕、头痛、失眠多梦、记忆力减退、精神不振；心血管及循环系统表现为心悸、胸闷、气短、胸部隐痛、临界高血压、高血脂；消化系统表现为食欲不振、消化不良、胃部隐痛；免疫系统表现为身体抵抗力下降、易患感冒；感官系统表现为耳鸣、听力减退、眼部干涩；身体体能、心理方面表现为自觉手足冰凉、易疲劳、工作效率低下、心情低落、有焦虑感、忧郁感、失落感等等。人如果长期处于亚健康状态，不仅损害自身健康，随着时间的推移，还会诱发出多种功能性或器质性疾病，给生命造成不可挽回的损害。所以，纠正亚健康状态，将疾病扼杀于萌芽之中就成为一个不容忽视的问题。早在《黄帝内经·素问》中我们的祖先就已提出了“消患于未兆”、“是故圣人不治已病治未病，不治以乱治未乱”的这种防重于治的指导思想，可见未病先防的重要性！

3 平衡火罐技术是治未病的有效方法

目前，现代医学对于亚健康状态尚无有效的防治方法。同时，随着近年来药物的毒副作用越来越被人们所认识，拔罐技术这种不用药物又无痛苦，而且疗效确切的独特疗法，日益引起人们的重视。火罐技术适合了人们顺应自然，回归自然的愿望，它不仅成为治疗疾病的一种重要方法，而且其保健作用愈加显现。通过拔罐以增强人体自然抗病能力、维持人体正常恒定，解除肌肉疲劳，调节精神紧张，消除各种疼痛，防病健身，延年益寿，因此火罐技术越来越受人们的欢迎。

4 平衡火罐技术的特点

4.1 无创伤、无痛苦，病人易接受。

4.2 操作简单、疗效显著（80%的病人通过治疗可一次见效）。

4.3 安全无副作用。

4.4 既防病又治病，突出保障人体自身平衡。

5 平衡火罐技术的取罐原则

5.1 腹部取罐原则

诸病以调中为本，腹部取罐主要是用于保健与慢性疾病的首选部位之一。腹部为人体的重要脏器储存体，故称为人体的第二心脏、人体的第二大脑，称为人体的中轴，对全身各个脏器起着重要的作用。

5.2 脊背部取罐原则

主要是用于保健与慢性疾病的首选部位之一。脊背部为胸神经、腰神经发出的地方，对机体内脏躯体起着重要的支配作用。

5.3 交叉取罐原则

即左上肢病变取右下肢部位，右下肢病变取左上肢部位。如右侧肩周炎取左侧臀部实施火罐治疗。

5.4 对应取罐原则

如右侧臀部病变取罐部位为左侧臀部，左侧腰部病变取右侧腰部相应部位。右侧乳房病变取乳房的背部对应部位。

5.5 定位取罐原则

是指非炎症性病人而采取的定位取罐原则。

6 平衡火罐技术的适应症

6.1 防病保健：疲劳综合征、旅游综合征、更年期综合征、老年前期综合征等所有“亚健康”表现。

6.2 内科疾病：感冒、上呼吸道感染、支气管炎、支气管哮喘、高血压、冠状动脉供血不足、糖尿病、甲状腺功能亢进、胃炎、胃溃疡、十二指肠溃疡、胆囊炎、肠炎、失眠、神经衰弱、植物神经功能紊乱、泌尿系统感染、肾盂肾炎、阳痿、早泄等。

6.3 骨科疾病：落枕、颈椎病、腰椎间盘突出症、腰椎管狭窄症、腰肌劳损、急性腰扭伤、肩关节周围炎、颈肩纤维组织炎、肱骨外上髁炎、坐骨神经痛、股外侧皮神经炎、肋软骨炎、肋间神经痛、类风湿性骨关节炎等。

6.4 妇产科疾病：经行先期、经行后期、经行先后无定期、月经过多、月经过少、经闭、痛经、白带、黄带、赤带、产后缺乳、产后腹痛、人工流产综合症。

6.5 五官科疾病：急性结膜炎、流泪、沙眼、目痒、目赤肿痛、远视、近视、视神经萎缩、鼻塞、鼻疮、咽喉肿痛、咽炎、急性扁桃体炎、口腔溃疡、牙痛、下颌关节紊乱症。

7 平衡火罐技术的禁忌症

对于皮肤过敏、溃疡、水肿、大血管分布部位；孕妇的下腹部、腹部、腰部、腰骶部及乳部；出血性疾病、血友病、白血病、血小板减少症；高热抽搐，恶性肿瘤的中期、晚期患者；心肌梗塞，心、肾或呼吸功能衰竭者；精神失常、癫痫、精神病发作期；破伤风、狂犬病患者禁用平衡火罐技术。

综上所述，平衡火罐技术的理论核心就是突出人体的自身平衡，通过火罐的温热效应，经外周神经把医生的指令性信息反馈到大脑高级中枢神经，激发补充调整体内的能量物质，促进机体病理状态下的自然转归，是一种自然绿色的防病保健的特色技术。其简便、经济、疗效显著以及安全无毒副作用等优势必将使得平衡火罐技术在人类的防病、治病，保健中发挥更大的作用。

秦氏经络按摩

（ 秦助龙 北京聚龙烨康体健身服务中心，100013）

经络按摩是根据中医经络学理论、生物全息理论及中医整体治疗理论辨证施治，符合我们传统医学治未病的基本理论基础，具有保健、养生、治疗、康复、美容、减肥、平衡阴阳、调和气血、增强人体免疫力功能，恢复人体自愈力等功能，无毒副作用、无血液污染，疗效好、恢复快、痛苦小，即刻见效的一种既古老又新兴的绿色健康之法。

秦氏经络按摩，其特点是：手法连贯、有顺序、轻而不浮、重而不滞，推拿与气功、点穴、整脊相结合，能被大多数人所接受，效果突出。其手法是作者以30余年临床实践，结合中医望闻问切四诊，综合正骨、中医推拿、经络按摩、脏腑按摩的各类手法，再融入子午流注、灵龟八法点穴、气功点穴、生物全息点穴等集各家手法之长，融会贯通，自成一体的一整套综合性手法。通过点穴、正骨，调整人体脊柱的自然生理曲度，使一些因脊柱错位引起的诸如心脑血管、内、外、妇、儿、骨、筋伤科、眼科的急慢性病，可以得到即刻调整。通过手法使气血流量改变、脏腑功能改变、神经体液改变，并滑利关节、改善经络气血、神经的状况，对一些占位性病变，如妇科乳腺增生、子宫肌瘤、囊肿、扁桃腺体炎症等也有奇特的疗效。曾为数以万计的各种疑难病和亚健康人群解除了痛苦，恢复了正常的生活、工作能力，被患者称为“神医妙手”、“国医妙手”。从而达到调整已病和治未病的目的。

附注：因湿气过重或长期慢性劳损致病，又是初次受术者，术后会感觉更痛或次日全身肌肉痛，遇到这种状况下更应坚持，三次后疼痛消失。有些不知其因者认为是按坏了，殊不知疾病也是一种能量的积累，好坏能量都在积累。坏能量（邪气）的积累阻碍了好能量（正气）的正常运行，时间越久、积累的越深，邪气盛则正气必受损，就越难调理，这是成正比的。经络按摩是给受术者肌肉进行被动的运动，故按摩的时间越长，也会造成肌肉的疲劳。肌肉疲劳也要有恢复期的，肌肉内的酸、湿、滞瘀等要经过手法的排除，才能恢复正常，就象人运动过量后产生疲劳是一样的。故要想获得健康，就要坚持不懈。只有坚持才能获得健康，长痛不如短痛，一般三天的疼痛忍过去后，就是一身轻松。点按痛点、穴位时疼痛难忍，但术后立刻轻松了就是这个道理。

新砭镰经络保健法

——一种安全的家庭针灸替代术

（张维波[1] 田宇瑛[1] 谢衡辉[2] 1 中国中医科学院针灸研究所，北京 100700；2 北京市朝阳医院针灸科，北京 100020）

1 砭石简介

“砭”《说文解字》注：“以石刺病也”，用于治疗的石头称为砭（biān）石。人类进化的标志是学会了制造工具，而砭石正是人类最早制造的医疗工具。砭石疗法（砭术）在秦汉时代与针、灸、药和导引按硗并列为中医的五大医术。后来由于制作砭具的佳石匮乏等原因，砭术在东汉以后逐渐从古医籍中消失，但在民间仍有流传。近年来，随着砭具佳石泗滨浮石的发现，砭石疗法被逐渐恢复，并总结出来了一系列手法，如感、压、滚、擦、刺、划、叩、刮等十六法。

砭石有“针灸之母”之称。针灸是在砭石的基础上发展起来的，两者的作用原理基本相同，都是通过经络穴位起作用。作为一种医术，针灸的操作需要专门的经络穴位和西医解剖学知识以及专门的操作技巧，因此，最好由受过专门训练的医师在医院中进行。而与之有深刻渊源的砭术所需的解剖学知识和操作技巧要简单得多，因此它适用于非医疗场所和广大家庭的医疗保健，是一种安全的家庭针灸替代保健术。经常进行砭镰保健，对疏通经络、活跃气血、促进人体阴阳平衡有很好的作用，对于一些疑难病、慢性病也有较好的调节作用。古老砭术的重新挖掘和推陈出新必将为人类的健康带来福音。

2 新砭镰简介

随着砭石疗法恢复，一些新砭具也因运而生。其中常用的一种砭具称为多功能砭板，另外还有砭锥、砭砧、砭尺等，它们分别可进行砭术的不同手法，若实施多种手法，则需要几种砭具交替使用，费时、费料，且开支较大。实践中还发现，砭板在操作中容易脱手打碎，作拍法和叩法时，由于力臂小，产生的力度不大，操作起来不够方便；用砭砧或砭尺作拍法时，由于石头的质量较大，力度有所增强，但惯性效应使着力点较深，对筋骨有一定的冲击。

新砭镰针对上述问题进行了改进。新砭镰也称为复合功能砭镰，是根据商代墓葬中出土的医疗工具——砭镰，并结合多种砭具而发明的一种新型复合砭具，已获得国家实用新型专利（专利号：01278663.2)。新砭镰在原有出土砭镰的形状基础上将砭镰和砭锥融为一体，并增加了手柄。可实施拍、叩、剁、刮、刺等多种手法。由于增加了手柄，使用拍法和叩法的力臂加长，力量增大，相应的效果更好，而且更加安全，不易脱手滑落，造成石质部分的破损。由于手柄力量的存在，力度有所增加，砭镰的厚度可以作的较薄，拍击身体时，与用质量较大的砭尺和砭砧拍击相比，不易伤害筋骨，增加了使用的安全性。由于手柄的存在，砭锥部分的长度可以大大缩小，节省了宝贵的泗滨浮石原材料。

省力是新砭镰的重要特点，也是砭镰保健术与徒手按摩相比的一个主要优势。砭镰的力学原理主要在于通过手柄将整个手乃至身上的力聚集在砭镰与身体接触的部位。这种力的放大效应不仅增加了力的强度，而且不易产生徒手按摩时某块肌肉或某个手指过度用力而导致的肌肉疲劳现象，降低了操作者的劳动强度。

新砭镰的石体部分使用了经过检测的泗滨浮石材料，这种材料具有微晶结构、超远红外波和丰富的超声波脉冲，因此，除了力学作用，物理能量也在其中发挥了重要的作用，这是新砭镰不同于一般按摩器械的一个重要方面，即它兼备了按摩和理疗的双重作用。总之，新砭镰的主要特点可以概括为：省力、省石材（经济）、手法多、具备按摩理疗双重作用四大特点。

3 新砭镰的八种基本手法

新砭镰的手法包括拍法、叩法、剁法、刺法、划法、擦法和点揉八种主要手法，以及滚、旋、振等多种辅助手法。进行保健时应根据身体部位的不同选择不同的手法。

3.1 拍法：握住手柄，挥动砭镰，用砭镰侧部拍击身体部位。拍法是新砭镰的主要手法，它利用泗滨浮石独特的超声波特性，在拍击时，通过震动产生超声波作用于人体穴位深部，可产生类似针刺得气的痛、麻、胀感，可代替针刺，实现无损伤的家庭针刺替代疗法。

3.2 叩法：握住手柄，挥动砭镰，用砭镰弯曲的弧形头部叩击穴位。

3.3 剁法：握住手柄，挥动砭镰，用砭镰薄刃部或厚刃部击打身体部位。薄刃的力度较大，可用于肌肉丰厚及不敏感的部位；厚刃部力度较小，可用于皮肤较薄，骨头凸起、弧度较大的身体部位。

【注意】：使用以上三种手法时，要注意力的运用，在砭镰接触皮肤时手臂要放松，使组织有回弹的余地。此法可有效地松解紧张的肌肉和黏连组织，促进血液和组织液的流动。

3.4 刮法：握住手柄，使砭镰的薄刃或厚刃接触皮肤，沿砭镰的垂直方向推动砭镰，用薄刃刮力度比较大，刺激较强，用厚刃刮力度比较小，但厚刃的马鞍形曲面接触皮肤时感觉比较柔和。

3.5 刺法：握住手柄，用砭镰的尾椎压迫穴位，并维持一段时间的静力压迫。

3.6 划法：握住手柄，用砭镰的薄刃或头部顶住皮肤，然后沿平行于砭镰的方向划动。

3.7 擦法：握住手柄，用砭镰侧部基本平行地接触皮肤，然后快速地往返运动。

3．8 点揉：用砭镰头部抵住身体，然后作前后左右的摆动或往返旋转，与用手按揉的运动方式相似。

4 新砭镰经络保健法

4.1 头部保健法：

（1）使用砭镰侧部，在百会穴前后左右各1寸的四神聪穴区域做快速擦法，擦至头皮发热为止。百会乃是督脉与足太阳经交会穴，且六阳经脉朝百会。故做此法可起到升清降浊，调理气机，预防感冒，缓解头痛、眩晕、失眠、健忘及中风后遗症等。

（2）用砭镰的厚刃部，在头部两侧，自头维穴向后下方，经耳后由上而下做刮法。力量由轻渐重，刮至头皮发热为止。此区域乃是足少阳胆经循行处，做此法可缓解肝郁气滞，肝火上炎引起的偏头痛、眩晕等症。也可仿效梳头法，用厚刃部或薄刃部均可，在头部自上而下再做大面积的刮擦法。常用此法可调理督脉及诸阳脉，增进头部血液循环，促进毛发再生，激发毛囊产生黑色素，防治脱发，延缓白发。老年人多做此法还可预防记忆力减退，老年痴呆症。

（3）使用砭镰的头部，点揉太阳、百会、头维、风府及两侧风池穴，用力不宜大，手法由轻渐重，以受术者能耐受为宜，产生酸胀感最佳。此法可提神醒脑，促进脑部气血通畅，防治感冒、头痛、头晕、高血压等症。

（4）使用砭镰的尾椎点刺耳部听宫、翳风、耳门穴，用力不宜过大。可缓解耳鸣、耳聋等症。

4.2 面部保健法与美容：

（1）用砭镰的厚刃部在前额部，与前额纹（抬头纹）垂直方向，单方向自上而下做刮法，反复刮擦数次，再用厚刃部自前额正中（最好双手操作）分别向两侧单方向刮擦，至额头皮肤发红、发热，可延缓和舒展前额部的“抬头纹”，也可缓解头痛。

（2）用薄刃部从下颌底部，向两侧外展，自下而上，经双侧嘴角及鼻翼，至两侧颧骨，做单方向弧形刮法，动作宜轻，反复刮擦数次，至皮肤发红、发热。也可用砭体的头部，同样沿此路径做轻拍法，用力宜轻，拍数分钟，此法活跃面部微循环，使面色润泽，可延缓和淡化嘴角纹、鼻唇纹。（注：面部痤疮较重者，不宜用此法）。

（3）双眼轻闭，用薄刃部自眼角内眦向外眦，做全眼部单向刮法，左右交替刮10～20次，可消除因睡眠不足引起的眼睑浮肿。用砭镰的尾椎点刺双侧睛明、四白、太阳穴，力量宜轻，略感酸胀为宜。此法可促进眼部血液循环，消除视力疲劳引起的眼干涩，视物不清等眼部不适。

（4）用砭体的头部，自外眼角（鱼尾纹易生处），向下眼睑（眼袋易生处），做轻拍法，反复数次，拍至皮肤发红、发热，可增加眼部皮肤弹性，促进眼部微循环，舒展淡化鱼尾纹、眼角纹，也可消除眼袋，黑眼圈。

（5）用砭镰的头部点揉两眉之间的印堂穴，再用薄刃部自印堂起分别向左右刮擦两侧眉毛，点揉与左右刮擦交替进行 10～20 余次，可起到安神镇惊的作用，可缓解头晕、头痛等症。用尾椎在鼻翼两侧的迎香穴做刺法，点刺数次，以感酸胀为宜，再用砭镰的头部，自上而下，在鼻翼两侧做刮法，反复刮擦，可缓解感冒引起的鼻塞等鼻部不适症状。

4.3 手部保健法

（1）用拍法拍击手掌面，特别是劳宫部位，左右各拍打30～40下，力量以出现类似微痛，感觉舒服为度，拍后手掌部位出现微红，为活跃微循环的表现。

（2）在手背部使用砭镰的厚刃部由手腕向手指尖实行刮法，力量适中。

（3）对手指第二关节部（四缝）施行剁法。

（4）使用刮法和剁法作用于手部的大、小鱼际。

（5）用砭尾刺合谷穴，此穴为保健要穴。

（6）用砭镰头部点揉手背五指的指缝上端（八邪）。

（7）用砭镰侧部拍打和点刺十个手指的指尖（十宣），十宣穴部位分布有丰富的神经和痛觉受器，刺激该穴可起到清热解毒，清咽退热的作用。

（8）使用尾椎点刺手背二、三掌骨间的落枕穴，配以肩颈部保健的手法，可缓解落枕引起的肩背部不适。

4.4 足部保健法

使用新砭镰进行足部保健具有非常好的保健效果。保健手法分为以下方面：

（1）拍脚面：用砭镰拍打从脚心到脚掌的各个部位，力量以感到微痛为度，左右脚各拍打 30～40下。可重点拍打涌泉穴部位，涌泉穴为足少阴肾经的源头（井穴），拍打时有时可感到口内唾液增多，这是激发少阴肾经经气的表现（肾经通于咽喉），经常进行此项保健有助于增进睡眠。

（2）刮脚面：使用砭镰的厚刃部从近心端向脚尖方向刮，力量不宜过强，特别是骨头凸起的部位，以免损伤组织。此法可旋转进行，分别刮足阳明胃经（位于脚面中部，终止于第二、三脚趾）。

（3）使用叩法击打涌泉、解溪、太冲等穴位，叩解溪时使其产生酸胀感，常叩此穴可增进食欲，预防阳明经经气厥逆引起的头痛。

（4）使用砭镰的薄刃部对脚面及脚侧面特别是脚弓部位施行剁法，可往返施行；在脚心处可基本平行于正中线（肾经）施行剁法，常施此法可补益肾气。

（5）根据足底反射原理，在脚面疼痛的部位进行叩法、刺法和点揉等手法，可调整全身脏腑气血的平衡，达到强身却病之功效。

4.5 四肢保健法

使用砭镰的厚刃部对前臂的手三阳和手三阴进行刮法，对上臂肉厚的部位做循经的拍法。用拍法拍击前臂阴面的内关穴，此穴为保健要穴。

使用砭镰的薄刃部在小腿外侧胆经部位做剁法，在足三里附近用砭镰头部作叩法。

在大腿部的主要穴位（伏兔等）和腘窝的委中、承山等穴用叩法击打，力量以产生酸、麻、胀感为度。

4.6 肩颈部保健法

（1）点揉肩井、肩中俞、肩外俞、肩胛内上角处，由轻渐重，以受术者可耐受为度，压天宗使有酸、胀感产生，并可向上肢放散，推、滚肩胛上，沿肩胛边缘肌肉处点压。

（2）用砭镰的厚刃部在颈部的后面和侧面由上向下做刮法和擦法，用砭镰的薄刃部顺着下颌骨内侧进行点揉，注意此处有颈动脉，不能持续按压。

（3）用砭镰头部点揉两侧的风池穴和中间风府穴，切忌用大力。

（4）使用砭体在颈部大椎穴区域内做快速擦法，擦至皮肤发红、发热。可缓解因感冒引起的发热、咳嗽。

4.7 背部保健法

背部有督脉和左右各两条膀胱经，膀胱经上分布着五脏六腑的背腧穴，是人体十分重要的调节中枢，督脉两旁还有夹脊穴，属于经外奇穴。

手法如下：（1）由上至下沿督脉和膀胱经刮、推、划。力量轻柔，使之有舒适感，皮肤见微红，反复操作 10～15 分钟。（2）沿膀胱经 1 线和 2 线自上而下轻拍，在肾俞穴可适当增加拍击的时间和力度。（3）用砭镰头部沿每一节椎骨棘突下旁开 0.5-3 寸之间用点揉法，或由中间向两侧刮散法，上中部分宜轻柔，腰部力量可重一些，但忌用暴力，在发现酸胀感明显的穴位时，可在该处稍加按压 0.5～2 分钟，第三腰椎横突点（大约在第三腰椎棘突旁开 3～5cm），一般为敏感点，多提示腰部肌肉损伤或劳损，宜用滚法及快频率的擦法 10～20 分钟，使之透热。

4.8 胸肋部保健法

（1）使用拍法拍打胸大肌至锁骨区域，力量宜轻、频率宜快。

（2）用薄刃部在肩窝及肩头处实施剁法，此处为肺经、心包经和心经经过之处，常作此手法可防治咳喘和心脏疾病。

（3）在锁骨中部的缺盆穴用砭镰头部施行叩法或用砭尾施行刺法。

（4）用砭镰薄刃部沿足阳明胃经（乳头正中向下一带）由上往下刮推，然后用砭镰厚刃部在肋侧肝胆经循行处自上而下实行刮法，用砭镰侧面在肋部实行擦法，用砭镰头部轻叩肝经终点大包穴。使用此法后可使胸气畅快，对胸中憋气、呼吸气短有较好的调整效果。

（5）用砭镰头部沿胸部的任脉穴位作点揉。

4.9 腹部保健法

使用薄刃部在腹部由上而下实施刮法，力量可以大些，然后再由上到下实施拍法，注意在胸口（剑突处）使用拍法时用力不要太大。此法对饮食不调引起的脘胃胀满有奇效，操作中常常出现打嗝，是腹中积气排除的好现象。另外，常用此法，可减少皮下脂肪，具有减肥美体之功效。

5 注意事项：

（1）使用拍法和叩法时，不要过分用力及用砭镰顶部着力（力臂过大），导致砭镰的石体部脱落。

（2）对骨头凸起、皮肤较薄的身体部位，不要用拍法。

（3）冬季进行砭镰保健时，砭镰的石体部分有时较凉，可将其放在暖气上烤热或在温水里泡热后使用。

参考文献：略

音波调理技术及其技术支持

（魏育林 中日友好医院，北京 100029）

自古以来，人类就用音乐解除不适和痛苦。20 世纪 70 年代初，世界音乐治疗联合会(WFMT)成立，音乐治疗学作为一门正式学科得以确立。21 世纪音乐治疗发展是引入现代科学技术方法，运用音乐、声学、物理、生物学、心理学、现代医学和传统医学等多学科的理论和方法。创造出不同类型、多元化的音乐治疗方法，更加有效地调理身心，以适应各国人民追求整体健康的需求。

在中国，卫生部中日友好医院魏育林研究员牵头组织策划、由多学科专家构成的项目组历经 8 年研制出音波调理技术，该技术是针对身心功能失调及亚健康状态者，将现代音频音响技术和音乐、心理、中医和中国传统养生等方法有机结合起来的一种具有中国特色的音乐治疗方法。采用科学研究方法，在证实其安全性、有效性的基础上，力求使其规范化、流程化和简便易推广，以适应市场和人民追求整体健康的需求。

自然界中声波传播有空气传播、物体传播和液体传播三种方式，人体对音乐声波接收途径分别为听觉接收、人体触振动觉接收和经脉腧穴接收。音波调理原理是根据人体音乐声波接收途径，设计制作专有功能音乐，通过专用音频音响设备，经空气传播和物体传播或液体传播的方式同时对人身心两方面进行干预，其音波调理平静优美的音乐旋律、放松引导语声和音乐声波振动引发心身放松反应，可促进自主神经系统平衡，维持内脏功能正常。音波循经调理通过音乐声波经脉腧穴接收，调理脏腑功能。

音波调理的基础方法分为主动式的音波调理训练和被动式的音波循经调理及音波放松调理两大类。调理的症状主要为功能性睡眠障碍、肌肉紧张性疼痛、功能性胃肠失调，便秘、慢性疲劳等亚健康症状。长期坚持音波调理，形成日常良好的生活习惯，能达到调整内分泌失调及代谢平衡失调、强身健体、驻颜养形作用。

项目组多年研究证实，音波调理的主要生物学效应表现为降低血压和心率、提高皮温、改善微循环不良状态、促进血液流动（活血）、促进大脑脑波进入α波状态。临床大样本对照研究结果显示，音波调理可显著改善亚健康状态疲劳，疼痛，睡眠障碍，睡眠质量下降，日间功能障碍和功能性胃肠症状及抑郁、焦虑、强迫、敌对等负性情绪和行为。其健脾和胃宫音调理干预方法可有效改善功能性消化不良患者心身症状，其改善胃肠功能效应与脾胃经腧穴声电接收特性相关。心理咨询加音波调理可有效改善伴有抑郁和焦虑情绪的女性失眠患者的睡眠和抑郁焦虑状态。

为促进音波调理技术的推广应用，中日友好医院和平健康管理研究中心建立卫生部中日友好医院亚健康管理和休闲养生技术支持服务平台，为客户提供远程技术培训和亚健康管理服务。

莱香三养美人疗法

（童锡刚 莱香（国际）美容连锁机构，）

汲“日、月、星晨之力，五行本源能量，草本之灵秀”，法于阴阳，和于术数， 天人相应，凝“元液、元露、精元”，补“人之宇宙、生命之能、精气神之元”，造化“人之气韵、容颜、形体之美”。

疗法含义：“养气、养血、养经”三养之法，塑造“好气色、好容颜、好身材”三好美人。

（“有诸内，必行诸外”、“面部是人体内脏的一面镜子”，健康与美丽同源）

疗法定位：融“健康、养生、美容”三位于一体，相生相依；筑“健康基石”、得“养生于内、美容于外”！

健康——通过亚健康调理，以达健康状态

养生——保养生命、保持健康状态

美容——由内而外，塑“气韵、容颜、形体”之美

疗法基础：以中医“整体观念”与“辩证论治”为核心，择中医古法御方、《黄帝内经》、《难经》、《脾胃论》、《神农本草经》等，集“气、血、经络、穴位、能量”整体养护于一身。

适用范围：被亚健康状态所困扰、渴望由内而外健康、养生、美丽的人群。

应用方法：引古法秘方，植物草本精华等，融“穴疗”、“气血养生”、“经络养生”、“阴阳五行能量养生”等诸法开展全方位整体调理，并依四时更替、天人相应之道辨证论治形成“莱香特色亚健康调理养生美容6+1 处方签”。 以“养气、养血、养经”为核心，并以养气为先导，运用天地自然能量精元，通过“开穴—调气—补血—通经络—增能—专项养护”，塑造“好气色、好容颜、好身材”三好美人。

“莱香三养美人疗法”第一法门：

“养 气”

“气也，人之根本。”(《难经》)。人的形体：“因气而荣，因气而病。”(《圣济总录》) 养生之道首在养气！气，无处不在，流行全身，内至五脏六腑，外达筋骨皮毛，以其运行不息而推动和激发人体的各种生理活动，主要具有“推动与调控”作用、“温煦与凉润”作用、“防御”作用、“固摄”作用、“中介”作用。

气分为元气、宗气、营气、卫气。

元气，是人体生命活动的原动力，其功能一是推动和调节人体的生长发育和生殖机能，二是推动和调控各脏腑、经络、形体、官窍的生理活动。

宗气，功能主要有行呼吸，行血气和资先天三个方面。

营气，是行于脉中而具有营养作用的气，其功能为化生血液和营养全身。

卫气，是行于脉外而具有保卫作用的气，其功能为防御外邪、温养全身和调控腠理。

“莱香三养美人疗法”之“养气”以调理气机为主。从肩背、头、腿足为入手点，汲自然能量精元，承天地之气充盈人和之气，气畅全身，行气活血！

“莱香三养美人疗法”第二法门：

“养 血”

“人之所有者，血与气耳。”(《素问·调经论》)，“凡为七窍之灵，为四肢之用，为筋骨之和柔，为肌肉之丰盛，以至滋脏腑，安神魂，润颜色，充营卫，津液得以通行，二阴得以调畅，凡形质所在，无非血之用也。是以人有此形，惟赖此血。故血衰则形萎，血败则形坏，而百骸表里之属，凡血亏之处，则必随所在，而各见其偏废之病。”(《景岳全书·血证》)

血主要具有濡养和化神两个方面的功能。

血的濡养作用，较明显地反映在面色、肌肉、皮肤、毛发、感觉和运动等方面。血量充盈，濡养功能正常，则面色红润，肌肉壮实，皮肤和毛发润泽，感觉灵敏，运动自如。如若血量亏少，濡养功能减弱，则可能出现面色萎黄，肌肉瘦削，肌肤干涩，毛发不荣，肢体麻木或运动无力失灵等。

血的化神作用，表现如：在人体血气充盛，血脉调和的前提下，其精神充沛，神志清晰，感觉灵敏，思维敏捷。反之，在诸多因素影响下，出现血液亏耗，血行异常时，都可能出现不同程度的精神情志方面的病症，如精神疲惫，健忘，失眠，多梦，烦躁，惊悸，甚至神志恍惚，谵妄，昏迷等。

“气为血之帅，血为气之母”，气是血液生成和运行的动力，血是气的化生和载体。气为血之帅，包含气能生血、气能行血、气能摄血三个方面；血为气之母，包含血能养气和血能载气两个方面。

“莱香三养美人疗法”之“养血”以补充血之营养、体之所需为主。通过内服之法，汲草本灵秀之精元，增血之营养，为四肢之用，为筋骨之和柔，为肌肉之丰盛，以至滋脏腑，安神魂，润颜色，充营卫，津液得以通行，二阴得以调畅！

“莱香三养美人疗法”第三法门：

“养 经”

“经脉者，所以决生死，处百病，调虚实，不可不通”，经络最主要的作用就是行气血和阴阳，将体内五脏六腑、四肢百骸、五官九窍、皮肉筋脉等联接成一个有机的整体，并使人体内外、上下、左右、前后、脏腑、表里之间保持相对的平衡，气血盛衰和机体功能也保持正常的节律。

十二正经是经络系统的核心，为气血运行的主要通路。奇经八脉是十二正经之外的重要经脉，具有密切十二经脉联系、调节十二经脉气血等作用，并对人体有重要而独特的作用。

“莱香三养美人疗法”之“养经”以通经活络为主。通过十二正经、奇经八脉阴阳养生之法，汲天地自然能量之精元，濡养经脉，疏通经络，行气血，和阴阳！

“莱香三养美人疗法”在实际应用中遵循四时更替，天道循环，重脏腑四季养生，并运用独特的开穴、增能（阴阳五行能量）之法，使得“养气、养血、养经络”更显非凡之效。

“莱香三养美人疗法”深得中医健康养生美容文化之精粹，不失为一种塑造国人健康之美的好方法！

中和平衡健脊术

湖南中和亚健康服务中心 湖南中医药大学

在日常生活中，脊柱病和脊柱相关病变十分常见，特别是颈项和腰背酸痛症状十分普遍。有研究表明，50岁以上的中老年人有50%以上的颈腰腿痛患病率，且发病有年轻化的趋势。由于伏案工作因其慢性劳损、外伤、椎间盘病变如椎间盘膨隆、突出和骨质增生等，引起脊柱力学结构失去平衡，脊柱关节移位，刺激了相应的神经和血管，引起各种疼痛、麻木和肌肉萎缩。若没有用有效的防止手段及时地进行调整，形成恶性循环，会严重影响人体健康。所以为了保持脊柱的力学平衡，增加脊柱的稳定性，防止脊柱骨关节的移位，注意脊柱的保健是十分重要的。

中和平衡健脊术是根据中医经络理论和现代医学理论，运用传统的中医推拿手法及现代康复技术，通过对脊柱两侧肌肉、肌腱、关节囊、韧带等软组织及脊柱小关节的调节，起到行气活血，疏通经脉作用，使脊柱及脊柱相关组织处于一种相对平衡状态的操作方法。其调节机制主要表现在三个方面：

整体调节

中医的脏腑，所反映的功能是惹你整体水体的功能。脏腑居于内，通过经络气血外络肢节，维持生命机能正常运转。督脉循形于身后正中线，为“阳脉之海”；任脉循行于身前正中线，为“阴脉之海”，中和平衡健脊术通过对任、督二脉的补益与调节，以达到通行溢蓄全身之气血，输布后天精气，濡养五脏六腑的母体，体现出整体调节的特性。

平衡调节

脊柱是人体的中轴骨骼，由 24 块椎骨和一块骶骨、一块尾骨，凭借软骨、韧带和关节连接而成，靠左右两侧对称的肌肉、肌腱和韧带等软组织而处于一种动态平衡中。但由于外伤、慢性劳损、炎症、姿势不当等诸多因素导致脊柱失去平衡后，椎体位置发生微小变动，刺激或压迫到脊神经，从而影响到响应脊神经的正常功能。中和平衡健脊术作用于脊柱两侧的浅层肌肉及深层组织，并在生理活动范围调节错缝的脊柱小关节，运用手法使脊柱重新趋向新的平衡，以达到治疗疾病、保健强身的目的。

反馈调节

中医学理论以五脏之间相互联系协调，来调节生命运动。现代医学则以神经调节、体液调节和内分泌调节等方式，实现对生命有序状态的调控。因为脊背部是中医经络学说中五脏六腑的背俞穴、现代医学中神经节的体表对应点，是调整生命信息的重要部位，所以二者都十分重视脊背部的特殊性。显然，中和平衡健脊术的手法信息可通过经络及神经通路，根据人体组织器官所处的不同状态而起到正反馈调节或负反馈作用。

中和平衡健脊术由湖南中和亚健康服务中心组织以湖南中医药大学李江山博士为首的课题组历时两年研发而成，并在湖南中医药大学附属第一医院临床应用 200 余例，证明可以有效地激发经气，畅通血脉，促进气血运行，对由脊柱问题引起的各型病变及疲劳、肌痛、失眠、健忘、情绪低落等各型躯体性亚健康具有良好效果，同时也是一种强身保健的良好技术手段。中和平衡健脊术操作简易安全，疗效十分显著，可以广泛适用于保健、养生、医疗等领域。

“治未病”健康工程的产品展示

参芪益气膏调治亚健康疲劳状态

参芪益气膏是广东省中医院治未病中心研制的一种调治亚健康疲劳状态的养生保健产品。亚健康状态作为一种阴阳轻度失衡的状态，具有气血失衡的病理特点。经文献总结及临床调查显示，亚健康主要表现为疲劳失眠、疼痛等症，而亚健康疲劳状态的人群，以气虚型较为多见。我院研制的参芪益气膏，以颜德馨教授“衡法”理论为指导，从调和气血着手，而非单纯的“补剂”，针对气虚型亚健康疲劳状态，在益气健脾的基础上动静结合，佐以行气醒脾之药，补而不滞，务求“疏其血气，令其条达而致和平”，达到救偏却病的目的。

广东省中医院运用参芪益气膏调治亚健康疲劳状态，经初步的临床观察显示具有良好的临床疗效。治疗组用参芪益气膏治疗，对照组用补中益气汤治疗，分别于用药前后进行疲劳评定量表（FS－14）评分及症状评分。结果显示参芪益气膏可显著降低亚健康疲劳状态患者的 FS-14 分值，改善亚健康疲劳状态，其效果优于对照组。提示参芪益气膏疗效显著，且服药方便，广受欢迎。

本技术产品是杨志敏教授通过师承全国著名中医药专家颜德馨教授，在名师的指导下深入钻研古籍经典，博采众方，并在不断临床实践与积累过程中研发而成。

产品主要完成人是杨志敏教授。杨志敏教授，女，主任医师，博士研究生导师。全国名老中医药专家继承人。中华中医药学会养生康复专业委员会副主任委员，中华中医药学会脑病分会副主任委员、副秘书长，广东省中医药学会脑病专业委员会副主任委员，中国睡眠研究会理事。主持多项国家级课题，荣获多项成果奖以及多项国家级、省级的个人奖项。杨志敏教授作为广东省中医院治未病专科学科带头人，在亚健康养生保健等方面有很深造诣及丰富经验。在治未病理论研究、诊疗技术等方面有独特见解，引领学科的前沿动态，领导制定专科建设规划，并多次被国内各大学术交流会与港澳同行邀请开展讲座或学术交流。

更年滋肾口服液调治更年期综合症

更年滋肾口服液是广东省中医院针对更年期妇女研制的一种养生保健产品。由于更年期妇女容易出现原发性骨质疏松症，所带来的骨脆性增加和骨折发生率的增高，严重威胁着妇女的身心健康。中医认为该病的发生与绝经前后肾气衰、天癸竭有关。现代医学研究证明，更年期妇女卵巢功能失调，雌激素水平下降与肾虚关系密切。肾虚证的更年期妇女血清 E2 水平比正常妇女明显降低，易患骨质疏松症。更年滋肾口服液正是针对这种状态，以补肾健脾、强腰壮骨为治法。在补肾的基础上，兼顾脾的运化，化生精血，以后天养先天，补充肾气肾精，加强肾生髓充骨的作用，改善骨代谢，促进骨形成，从而有效地防治骨质疏松症。

我院曾运用更年滋肾口服液对更年期妇女肾虚证与骨代谢、雌激素紊乱进行防治，并对其疗效和作用机制进行研究。结果显示给予更年滋肾口服液治疗组的骨痛症状明显减轻，骨密度显著提高，雌激素水平呈上升趋势，明显优于阿法 D3 对照组，研究显示更年滋肾口服液是一种防治更年期妇女骨代谢、雌激素紊乱的高效、安全的中成药品。

本技术产品是王小云教授经过多年临床实践研发而成。经过长时间临床研究与应用，证实其是一种有效的更年期调养产品。

产品主要完成人是王小云教授。王小云教授，女，主任医师，博士生导师，广东省中医院大妇科主任，妇科教研室主任，全国名老中医路志正教授弟子。中华中医药学会妇科专业委员会委员、广东省中医药学会第六界理事会理事、世界中医药学会联合会妇科专业委员会理事、广东省中医药学会妇科专业委员会副主任委员、广东省妇幼保健学会理事会常务理事、中国中西医结合循证医学专业委员会委员、中国针灸学会腹针专业委员会常务委员、中国针灸学会腹针专业委员会常务委员、中国中西医结合学会围手术期专业委员会委员。主持多项国家级课题，荣获多项成果奖与个人奖（其中 2008 年获中华中医药学会授予全国优秀中医健康信使称号）。在妇科内分泌、肿瘤疾病及女性养生保健等方面有很深造诣及丰富经验。

今迈通口服液治“未病”

（张景元 1、黄绍钧 2、张志光 3）

“森康牌今迈通”口服液是张景元先生于上个世纪 90 年代初研制的菌类保健品。最早叫“958 菌仙口服液”，后易名为“健康人口服液”。2004 年 10 月 25 日国家食品药品监督管理局审批时定名为“森康牌今迈通口服液”（国食健字 G20041178）。主要的技术依托为张景元先生发明的两个专利，即：1、“椴木菌丝体熬制液及加工方法”（专利号 ZL96118223.7；国际专利主分类号：6135/84）；2、“一种防治非典型肺炎的中草药剂的配制方法”（国家知识产权局公开专利号为 CN1456346A）。该菌类保健品具有预防和治疗人体器官潜在性病变——“未病”的功能。

主要成份和药理活性物质

“森康牌今迈通口服液”由多种食药兼用真菌和药用植物配伍而成的治未病的菌类保健品。主要成分有：

灵芝：Ganoderma lucidum (heyss ex Fr.) Kurst.；茯苓：Poria cocos (Schw.) Wolt.；蜜环菌：Amnillariella mellea (Vahl.:Fr.) Quel.；香菇：Lentinula edodes (Berk.) sing.；黑木耳：Auricularia auricula (Hook.) Underw.；菟丝子：Cuscuta chinensis Lam.；杜仲：Eucommia ulmoides oliv.

主要的生理和药理活性因子

1. 真菌多糖。今迈通口服液中具有生理和药理活性的真菌多糖，包括：灵芝多糖、香菇多糖、蜜环菌多糖、黑木耳多糖、茯苓多糖等上百种以上的多糖，是由多个单糖分子连接的大分子化合物。除葡萄糖外，尚有甘露糖、木糖等等，因为它具有螺旋状三维结构。

还具有多种生理和药理活性，能全面调节人体细胞代谢和器官功能正常化的功能。例如：提高机体免疫力、抗肿瘤、心脑血管保护、促进骨髓造血、保肝解毒、降血压、降血脂、降血糖等。

2．菟丝子黄酮。具有内分泌调节、免疫系统调节、抗氧化延缓衰老、抗凋亡、壮阳、保胎等活性。

3．真菌蛋白和多肽。真菌蛋白和多肽除具有营养作用外，尚有许多具有药理活性因子，如：对脑神经有保护作用的谷氨酸和天门冬氨酸，有所谓生长因子的赖氨酸、精氨酸。在灵芝菌丝体分离到的IE－8蛋白，具有调节体液免疫阻止过敏的发生，此外尚有抗菌、抗病毒、免疫调节的糖蛋白等。

4．双链核酸和维生素 PP。双链核酸（disRNA）是干扰素的诱发剂，可以干扰病毒的复制和抑制某些癌基因的表达，具有抗癌和抗病毒性肝炎的活性。维生素 PP 又叫烟酸，它与人体 40 多种生化反应有关，具有扩张血管作用。临床上具有治疗头痛、偏头痛、耳鸣、内耳眩晕、预防心脑梗死等活性。

5．嘌呤和三萜。香菇嘌呤是与遗传核酸无关的有机碱基，又叫香菇素，是香菇特有的降血脂作用很强的一种腺嘌呤衍生物。灵芝三萜有 100 多种具有非常强的免疫调节和抗肿瘤活性。

6.绿原酸和腺苷。绿原酸具有很强的抗菌降血压、降血脂、保胎作用。蜜环菌腺苷具有很强的降血脂和脑保护作用。

防“未病”的药理功效

1．免疫调节。提高细胞、体液的免疫能力，促进免疫因子的产生，从而全面提高机体的免疫功能，增强对疾病的抵抗力。

2．抗肿瘤。通过提高抗氧化能力，消除自由基，使致癌物质活性减弱；通过增强重要的抗癌基因—P53基因的活性，抑制癌基因的活性；通过全面提高机体的免疫力，预防癌疾的发生；通过抑制组织蛋白酶 B 的活性，阻断癌细胞浸润转移通道；通过提高抗辐射能力，减弱放疗和化疗的副作用。

3．保护心脑血管。降血脂、预防动脉血管粥样斑的形成、提高红细胞荷氧能力、提高心脏的耐缺氧能力、溶血栓等。

4．保肝解毒。增强肝细胞的代谢，如：蛋白质、核酸的合成能力，提高肝细胞的解毒力、强化肝细胞的增殖。

5．降血糖、降血脂和降血压。降血糖：真菌多糖可活化胰岛细胞，提高血浆中胰岛素水平、提高肝脏内葡萄糖激酶等活性，如：强化糖代谢、降低血糖浓度、预防糖尿病并发症发生。降血脂：通过真菌多糖，香菇素等降低低密度脂蛋白、胆固醇、甘油三脂等浓度，提高高密度脂蛋白胆固醇浓度。

6．壮骨生血作用。提高造骨细胞活性、加强钙的吸收转化、预防骨质疏松症发生、提高骨髓细胞造血功能。

7．镇静安眠、预防失眠。

8．延缓衰老、消除疲劳。抗氧化消除自由基，延缓衰老等。

防“未病”的三个特点

1．无毒副作用。有变应性反应，但无器质性病变反应。所有的原料无污染、安全，成品不含任何的防腐剂。

2．对人体所有器官起全面平衡调理作用。

3．调节人体细胞代谢，使器官功能正常化。

该产品是预防和治理多种慢性疾病的菌类健康产品。

注：张景元 1：湖南森康生物技术有限公司总工程师，中国健康管理专家。

黄绍钧 2：湖南怀化二医院副教授级药剂师，湖南森康生物技术有限公司技术专家。

张志光 3：湖南师范大学生命科学学院教授、博士生导师，湖南森康生物技术有限公司首席技术专家。

健脾开胃饮防治小儿脾虚

广东省中医院

健脾开胃饮是广东省中医院针对小儿这一特定人群开发的调养产品。

脾虚是目前小儿最常见的一种状态。健脾开胃饮根据小儿脾常不足的生理特点，处方通过配伍达到健脾醒脾（振奋脾气）、养胃育阴（生津）、助运（消导）的目的，共奏健脾运脾、开胃生津、行气消食之效，使脾旺而欲食、改善吸收功能，既直接增加各种营养，又通过健脾运脾，使补而不滞；既改善消化功能、改善营养，又不致肥胖，适合小儿的日常调养，尤其适合于脾虚证小儿的调养。加之味道可口，大部分小儿当之为日常饮品，喜爱有嘉。

广东省中医院近20年的临床实践证实，健脾开胃饮在改善脾虚证方面有显著疗效。我院曾经对109例厌食症小儿进行临床疗效观察，结果提示服用健脾开胃饮治疗组的改善厌食总有效率为98.70%，明显高于口服“小儿消化片”对照组78.13%的总有效率；同时以尿-D木糖排泄率作为主要实验指标，提示该药在改善小肠吸收功能上的有良好作用。其疗效同时得到广大患小儿家长的认可。

我院对健脾开胃饮进行急毒和长毒实验，证明其安全可靠，无毒副作用，适合长期饮用。

本技术产品是袁美凤教授经过多年临床实践，在临床应用过程中不断改进，并再次进行临床验证与基础研究而成。

产品主要完成人是袁美凤教授。袁美凤教授，女，硕士研究生导师，著名中医儿科专家。1940年出生于澳门。中华中医药学会儿科分会理事、全国中医药高等教育学会儿科分会常务副理事长、广东省中医药学会儿科专业委员会主任委员、广东省中医经学会常务理事、广东省药品监督委员等。40多年来从事儿科临床、教学、科研、中西医结合工作。著有《中西医结合儿科诊疗手册》、《社区中医儿科学》等多部著作。发表论文30多篇，主持国家级、省级科研课题多项，获省级科技成果奖2项。曾多次获邀到国内外讲学。

经络-脏腑-体质方面干预调理

四季康美集团

2007年，国家中医药管理局决定在全国实施“治未病”健康工程，弘扬中华民族健康文化的“治未病”行动在中华大地热火朝天的开展。在国家中医药管理局确定的“政府引导、市场主导、多方参与”的运行机制领导下，四季康美集团作为国家中医药管理局中和亚健康服务中心的战略伙伴，专业美容行业唯一亚健康推广单位及培训基地，积极响应，奋力前行，大力实施“治未病”健康工程，宣传、普及、践行“治未病”理念。

2007年至今，集团在全国各地积极建立“治未病”服务平台，代理商及加盟店遍布全国各地，并统一化严格遵守《养生型美容院暨社区亚健康服务站服务工作规范》，严格自律，绝不超范围经营，先后于广州、西安开拓4家直营店（包括位于广州繁华城区的圆心店、龙心店、畅心店及位于西安新开发区的大唐店），希望通过广泛的覆盖面让更多人深入了解及体验“治未病”所带来的益处；同时集团不断的发展壮大人才队伍建设，先后与“治未病”领域专家（樊正伦教授，常海沧教授，中里巴人等）进行合作，不但加强了服务队伍的专业技术，借由专家权威去教育影响更多的人认识了解“治未病”的重要性及生活中饮食运动的预防方法；同时集团为了长足发展，不断丰富服务技术方法，与时俱进，激发需求，不断创新。

集团紧紧围绕中医养生的核心主线：以一元整体观贯穿经络-脏腑-体质三个环节，结合中医的辨证论治，针对亚健康人群进行个性化的调理。

1.经络方面：“不通则痛，痛则不通”，遵循经络是遍布全身、气血运行的通道，使用企业独创的专利环保型工具摩蝎刷、动力虎、五官按跷棒、神采刷、棒棒槌等配合天然中草药油、药膏、调理露进行全身经络疏通及气血的调节，天然的胶质柔韧舒适安全有效，效果比传统刮痧板等工具更深层，符合人体工学设计的形状能作用于身体的任何部位及角度，可广泛用于面部、头颈部、胸部、腹部等，不但减轻手工操作的辛苦，同时避免在进行疏通时无法准确找到经络穴位的位置而产生的教育推广难的问题，改善亚健康症状快速而明显。

2.脏腑方面：五脏六腑位于体内，最快速有效的调理方式当然就是口服。四季康美集团以天然安全为根本，运用药食同源的中草药及新型天然绿色果蔬等结合中医理论指导下的中药复方技术，研制出口服类调理食品。并且根据中医脏腑学说对身体进行清、调、补，特别是对现代人普遍的肝肾机能失调、生殖泌尿内分泌问题、及后天之本脾胃的调理方面，采用顺畅活力饮和活泉能量饮天然活性的消化代谢酶，取得良好效果，产品温和安全有效，连婴幼儿、孕产妇、各种慢性病的预防调养及病后修复体质使用都有极佳的效果，市场反响强烈，深受消费者好评。

3. 体质方面：风、寒、暑、湿、燥、火六气是人体致病的六种因素，参考北京中医药大学王琦教授的体质学说，对都市人群不同体质进行辨识，针对性开发出奇经八脉系列，纠正体质偏颇，尤其是现代人常见的十人九虚及寒、湿、燥体质，或复合性的上燥下寒体质，运用中草药的药包熏蒸泡浴及中草药调理露、中草药粉、中草药贴布、中草药冲剂、中草药锭多管道的驱除体内过甚的六淫邪气，平衡阴阳，预防体质病变产生的发炎、赘生现象等，更好的改善消费者身体素质。

现举例亚健康常见症状——头痛，采用四季康美特有的经络-脏腑-体质服务技术来改善。

1. 经络方面：使用好神气套合进行改善，根据经络巡行部位，针对不同部位的头痛，疏通相应经络改善之。比如，后头痛疏通足太阳膀胱经，前额痛疏通足阳明胃经，两侧头痛疏通足少阳胆经，头顶痛疏通足厥阴肝经，这些经络配合中草药萃取的宁神通窍调理露滋补头皮经络脉气，驱除寒湿，再利用方便有效的工具神采刷及好神气按摩油，进行头颈部疏通，最后再用中草药及现代科技所研制的活化修复筋膜的乳霜易筋行气冰乳打通颈部气血运行的主干道，解决肩颈背的僵硬酸痛问题，针对头昏头痛、失眠多梦、记忆力下降及脱发等效果立竿见影，如果再配合全身经络疏通效果则能更持久。而这些产品也都是群众喜闻乐见的中医传统工具的延伸。

2. 脏腑方面：经络疏通后，进行补益或疏泄就变得容易。头痛属于实证的，易感觉胀痛、跳痛、重痛，多属肝阳上亢型，此类人多情绪急燥、失眠多梦、胸肋胀痛，使用健康工坊 101、102、112 清理血液的毒素、减轻肝脏负担、调和肝脏的机能；头痛属于虚证的，易感觉隐痛、空痛、昏痛，多属于肾虚型，此类人多疲劳、眩晕、耳鸣、腰背酸痛，采用健康工坊 103、105、珍宝养生饮、活泉能量饮调养肝肾，益精填髓进行补益。

3. 体质方面：有些头痛，和体质当中的风寒、风热、痰湿和瘀血密切相关，如风寒型头痛同时又有头重、鼻塞、喷嚏、感冒的症状，配合健康工坊 109、110 两支中草药调理露及常青浴 2 号洗头效果明显，一次见效。风热型头痛同时并有口渴、小便黄、便秘、舌苔红甚至发烧的症状，配合健康工坊 109、生机净化调理露及常青浴 1 号洗头可清热祛火补虚。各种不同症状的调理方式在此不一一例举，但以经络疏通、脏腑调节、体质改善三环相扣进行完整调理，对改善头痛有釜底抽薪的效果。

综上所述，各种亚健康问题的根源离不开脏腑、经络、体质出现了障碍，通过这些专业化的独特的服务技术，逐渐形成集团自己的核心竞争力，同时也把经济效益和服务技术有机结合，既能创造价值，又能服务大众健康，是个值得深入开展的养生项目。

“治未病”健康工程的试点单位展示

广东省佛山市南海区妇幼保健院的介绍

中医“治未病”应用于妇幼保健的创新理念和实践

广东省南海区妇幼保健院是一家二级甲等妇幼保健院，该院作为广东省广州中医药大学附属的妇产儿童医院，始终坚持中西医合力发展的办院宗旨。在“治未病”理念的指导下，潘佩光院长创新性地把中医的保健养生理念全面渗透到妇幼保健工作中，进行了许多有益的探索，提出了许多先进的理念。在 2007 和 2008 年，该院先后成为广东省和国家治未病试点单位。

1、“园丁理念”

医生就是保护老百姓健康的园丁，而没有一个园丁不是从土地的选择与土壤的改良开始。而“治未病”的理念一定要从人类的源头先天禀赋开始，从孕前体质入手，达到真正提高出生人口素质，这才是人类医疗卫生保健事业发展的主要方向。

2、“土壤理论”

清代陈修园在《女科要旨》记载：“一曰择地，二曰养种，三曰乘时，四曰投虚。地则母之血也，种则父之精也”。也就是说，选好土壤，种地前松好土，准备好适宜耕种的土地，是获得丰收的前提。对孕前妇女进行体质辨识，针对不同体质进行调理，的确是保证孕期顺利度过的关键。

3、“沃土疗法”

“沃土疗法”是潘佩光教授提出的又一个新学说，

认为女性的身体可比喻为土壤，这块土壤质量的优劣，直接关系到胎儿体质的优劣。为了提高下一代的体质，潘佩光教授提出了在女性孕前开始入手调理体质，使女性能够在最佳的状态下怀孕，才能保证下一代有更好的体质，提高整个中华民族的素质。

4、“松土疗法”

潘佩光教授在国内外首倡“松土疗法”，在人工流产术前予“松土方”，松解胚胎组织、蜕膜在子宫壁的附着，可利于胚胎被负压吸出，能减少人工流产术后并发症。

5、“马拉松理念”

运动员在跑马拉松的头半年就开始作耐力、体力的准备，这是关乎比赛成败的关键，而孕妇十月怀胎好比一场艰苦的马拉松比赛。孕前妇女应象马拉松运动员赛前进行耐力、体力的训练一样，积极做好体质保健。

6、从经带辨孕前女性体质

以月经、白带作为辨体质的标准，同时结合月经前后出现各种症状及其它表现，能够准确的辨别女性孕前常见中医体质，也能对女性孕前常见中医体质进行准确的分型。此项工作获得了广东省中医药管理局科研经费的资助，已经研究制定出科学、规范的《女性孕前中医体质量表》，确定了孕前女性中医体质分型，完善了“女性孕前中医体质保健方案”，从 2005 年开始至今，该院已经辨识孕前女性中医体质 5000 余例，给予针对性地保健指导 1600 余例，初步临床研究发现，孕前中医体质保健，可以降低围生期疾病发生率，提高新生儿素质。

7、孕期逐月养胎

该院在对妇女孕前辨体保健的基础上，结合我国北齐徐之才“逐月养胎法”的理论依据，开展了“三期养胎法”，早期安养胎气，中期助养胎气，后期动利生产。

8、产时推崇自然理念

分娩是一种自然的生理现象。因此，产妇要有良好的心态，顺其自然，以乐观、积极的态度迎接生命的诞生，从根本上调动内在的精、气、神，使体内阴阳平衡，保持正常产力，使胎儿顺利娩出，最终达到优生目的。

9、产后快速整体康复理念

根据女性产时、产后的不同体质特点，制定相应的中西医结合方案，发挥中医、中药在妇女围生期保健领域的作用，促进产后快速整体康复。

10、健康人群和患病人群分离

该院 23000㎡ 的母婴保健大楼，目的就是把健康人群和患病人群有效分离，营造母婴保健的良好环境，是治未病理念的具体体现。

将中医体质学说应用于孕前保健的研究填补了国内外在此领域的空白，并受到广泛关注。国家卫生部副部长、国家中医药管理局局长王国强到该院视察时充分肯定此项工作，并给予高度赞扬。目前该院已经打造出完善的孕前、孕期、产时、产后、新生儿、儿童保健链条，形成了初步的治未病健康工程系统。在潘佩光院长的带领下，全院医务人员通力合作，认真实践，落实科学发展观，在妇幼保健工作中发挥中医药的优势；在“治未病”理论指导下，探索中国特色的妇幼保健之路。通过中西医合力，提高我国出生人口素质，将对人类做出巨大的贡献，功在当代，利在千秋！

广东扶元堂医疗康复医院的介绍

扶元堂医疗康复医院是经广州市卫生行政部门批准的具有独立法人资格的民营医疗机构，1992 年 7 月建院，在广州从事医疗卫生服务至今，医疗规模不断扩大，医疗业务水平不断提升，事业与团队同兴；俊采星驰，现已发展成为集医、科、教、贸于一体的医疗产业化经营集团，被广东省授予“广东省中医‘治未病’健康工程试点单位”，成为全国首家赢得该荣誉的民营医疗机构。

扶元堂医疗产业集团总部位于广州市天河区黄埔大道 161 号，属广州市城市中轴线上，环境优雅。在全国 4 省市设有 8 家分院门诊部，共有医疗业务用房 13000 余平方米，从业人员近 1000 余人（其中中医药技术人员占 80%以上），拥有床位 600 余张，设施设备齐全。先后成为世界中医药联合会亚健康分会常委单位、中华中医药学会会员单位、中华中医药学会医院管理分会委员单位、中国中西医结合风湿类疾病专业委员会会员单位、全国颈肩腰腿痛专科临床技术继续教育基地、广东省亚健康人才教育基地等。

经过十六年中医事业的历练，扶元堂医疗康复医院本着“扶人体正气，元生命活力”的宗旨，弘扬中医“不治已病治未病”的文化，致力于“治未病”理论研究和实践。医院以中医为特色，现有内科、妇科、中西医结合科、康复医学科、中医科、中医美容科、口腔科、针刀治疗室、颈肩腰腿痛专科、针灸科、推拿科、检验中心等科室，同时成立了扶元堂技术委员会、扶元疗法研究室，着力于“治未病”理论技术运用研究和产品研发，研究并开发扶元系列药剂、扶元保健品、扶元医疗器械等产品，本院独创“扶元疗法”，将中医的外治精华包括经穴推拿、足穴推拿、针灸火罐等传统治疗方法，广泛运用于临床康复治疗和养生保健之中，其中以扶元疗法、针刀治疗及中医美容最负盛名。同时扶元堂医疗康复医院还成立了培训学校，实施名医带徒工程，聘请多位知名教授作为医学顾问，定期开展医疗技术交流与培训。

扶元堂为扎实做好中医“治未病”试点工作，将积极探索中医“治未病”的服务模式、服务范围、服务方法和保障措施，建立中医特色的健康管理服务平台，力争在2010年全面形成在广东省乃至全国可推广的典型的扶元“治未病”模式，为构建中医特色预防保健服务体系做出更大贡献。

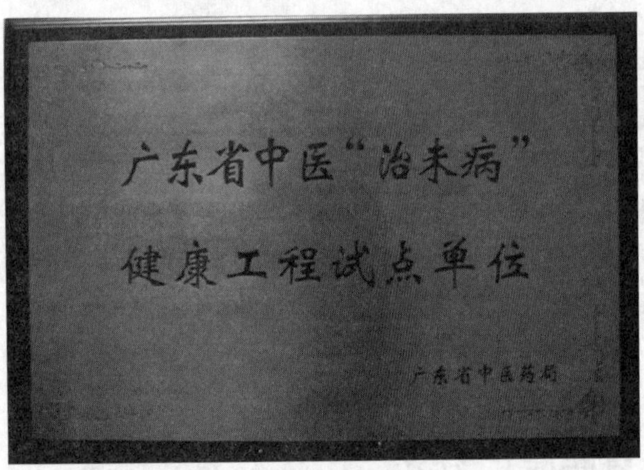

广东省中医“治未病”健康工程试点单位

王氏扶元疗法传人王扶松院长

技术力量雄厚的医疗团队

环境优雅、精细服务

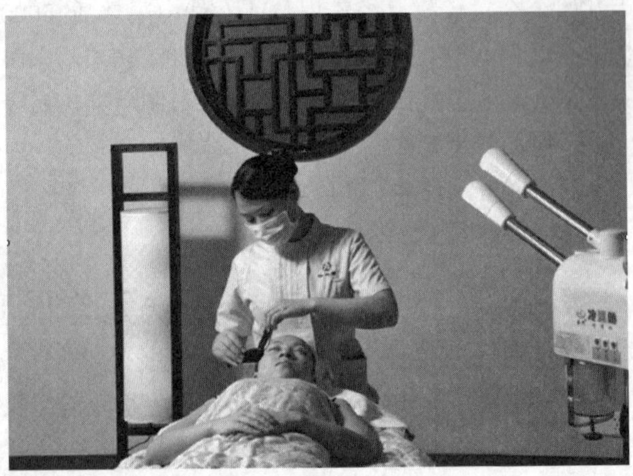

中医特色美容

浙江省米市巷街道社区卫生服务中心介绍

米市巷街道社区卫生服务中心位于美丽的古运河畔，始建于二十世纪五十年代。2008年被国家中医药管理局确定为全国社区中医药“治未病”试点单位，在省、市、区中医管理部门的领导下，构建完善社区中医治未病组织体系，开展中医特色预防保健服务，探索社区中医特色预防保健的有效途径、模式、内容及方法。

发展历程

2003年：杭州市规范化社区卫生服务中心；杭州市满意社区卫生服务中心。

2005年：杭州市示范社区卫生服务中心。

2006年：杭州市规范药房。

2007年：浙江省规范化社区卫生服务中心；全国中医药特色社区卫生服务示范区。

2008年：全国中医药“治未病”试点单位。

领导支持

国家卫生部、国家中医药管理局、省卫生厅、省中医药管理局、市委、区委主要领导及卫生行政部门领导多次莅临本中心指导检查工作。

2008年4月9日卫生部党组书记高强视察我中心

2008年10月28日卫生部副部长、国家中医药管理局局长王国强视察我中心

以科研推动社区中医治未病试点工作：

《中药熏香剂预防呼吸道感染的应用研究》

《经络调理技术在儿童保健系统管理中的应用研究》

《糖耐量低减人群组织化中医药综合干预模式的构建和效果评价研究》

《社区治未病组织模式构建与社区亚健康人群中医辨证论治干预的效果评价研究》

医疗特色：

中医针灸、推拿科：擅于头皮针，结合针刺治疗中风、失眠、呃逆、面神经麻痹；主治椎间盘突出，肩周炎，腰腿痛、颈椎病、偏头痛、外伤性引起的后遗症及康复运动、各种关节病的治疗康复、前列腺及妇科等疾病的理疗。

类风湿关节炎专科：与上海市光华中西医结合医院合作进行国家中医药管理局“十一五”重点专病（类风湿关节炎）建设项目，定期邀请上海的国内知名风湿病专家坐诊。

中医治未病工作室：在省、市、区中医管理部门的领导下，构建社区中医治未病组织体系。开展中医特色预防保健服务，探索社区中医特色预防保健的有效途径、模式、内容及方法。

胡庆余堂名中医诊疗室：定期聘请名、老中医专家坐诊。原浙江省卫生厅厅长、胡庆余堂名医馆馆长张承烈每月义诊一次。

老年关怀：收治家中无人照顾，生活又不能自理的老人，实行限价服务。

临终关爱护理：根据不同信仰、文化背景的老人在临终前，安睡于经过精心布置的关爱护理病房，让老人安祥地离开人间。

肿瘤康复：收治中、晚期癌症病人。运用全身化疗、介入化疗、中医中药等综合治疗。

责任医师团队：中心共有6支责任医师团队，在团队长的领导下，承担所辖社区的基本医疗、预防保健、慢性病康复、残疾康复、老年保健、妇幼保健、健康教育、计生技术指导等“六位一体”的工作任务，建立起涵盖全中心的社区卫生服务网络，全科、全程、全天候的“三全”服务方式。所谓全科是指预防、医疗、保健、康复、健康教育、计划生育技术指导于一体的卫生服务；所谓全程是指出生到临终（包括围产期保健、新生儿检查、临终关怀病房的康复指导），使生者健康、死者安祥；所谓全天候是指不管白天黑夜、刮风下雨、春夏秋冬，患者都可在15分钟内得到社区卫生服务中心（站）的服务或指导。

中心愿景：争创全国一流的社区卫生服务中心

中心使命：米市巷街道社区居民的健康管理者

“治未病”健康工程的优秀论文

“冬病夏治”治未病的临床运用

（闵羿　熊健 长沙市中医医院针灸科）

近几年来，随着养生保健意识增强，越来越多的人选择各种方法如健身、食疗，甚至使用药物来增强体质、提高免疫力，以提高抗病能力，达到益寿延年的目的。早在两千多年前，《素问·四气调神大论》已经提出“不治已病治未病”的观点，认为医学的最高境界不是治疗疾病，而是防止疾病。祖国医学中的“冬病夏治”体现了古代医学家提出的这一医疗原则，笔者所在科室运用此疗法“治未病”，临床疗效显著，现报导如下：

1、小儿体虚易感

适应症：14周岁以下儿童，体质虚弱，易患感冒、发烧、咳嗽等上呼吸道感染者。

治疗方法：选择每年的头伏、中伏、末伏三天进行治疗。将元胡、甘遂、白芥子、细辛等量研末和匀备用，姜汁调粉做成2cm×2cm药饼，药饼中心洒少量丁香、肉桂粉末，用医用胶贴将药饼固定在穴位上。选贴肺俞、风门、天突、列缺等穴。敷贴时间为2～4小时不等，视皮肤反应情况而定。以敷贴处皮肤微红起小泡为度。每年治疗三次(即头中末三伏)，三年为一疗程。

疗效评价标准：

显效：患感冒、发烧、咳嗽等上呼吸道感染次数明显减少，全年次数为0～2次，且症状明显减轻。

有效：患感冒、发烧、咳嗽等上呼吸道感染次数较往年有所减少，全年次数为3～5次，且症状有所减轻。

无效：患感冒、发烧、咳嗽等上呼吸道感染次数并无减少，症状无减轻。

2005～2007年“冬病夏治”疗法治疗小儿体虚易感疗效观察

例数	治疗三次显效	治疗一疗程显效	有效	无效	失访	有效率（%）
228	146	47	12	5	18	89.91

另注：此法治疗小儿体虚易感疗效显著，对于其中年龄偏大、配合程度较好的小儿及成年体虚易感患者，可采用三联疗法(如下)加强。

2、支气管哮喘

适应症：支气管哮喘发作频繁，呈反复发作性。常因气候突变、饮食不当、情志失调、劳累等因素诱发。发作前多有鼻痒、喷嚏、咳嗽、胸闷等先兆。发作时喉中哮鸣有声，呼吸困难，甚则张口抬肩，不能平卧，或口唇指甲紫绀。

治疗方法：①开穴：选择每年的头伏、中伏、末伏三天进行治疗。根据治疗当日的天干地支按照灵龟八法查找对应的穴位，针刺得气后留针10分钟。②刮痧：取C 3～T 7相对应的背部膀胱经、督脉，方向从上往下，以皮肤发红及皮下有瘀点、瘀斑为度。⑧贴药：制药饼同上。选贴定喘、肺俞、风门、脾俞、天突、孔最等穴。敷贴时间为4～12小时不等，视患者年龄及皮肤反应情况而定。以敷贴处皮肤微红起小泡为度。每年治疗三次(即头中末三伏)，三年为一疗程。

另注：中、重度患者及皮肤反应不明显者可采用蒜汁代替姜汁，刮痧治疗后选取定喘、肺俞、风门进行刺络拔罐，以加强疗效。

疗效评价标准：

痊愈：临床症状消失，无复发，呼吸功能活动正常，喘息、睡眠明显改善；好转：临床症状基本消失，呼吸功能活动明显改善；

2005～2007年“冬病夏治”疗法治疗支气管哮喘疗效观察

例数	治疗三次显效	治疗一疗程显效	有效	无效	失访	有效率（%）
87	35	21	13	3	15	79.31

3、体会：

小儿体虚易感和支气管哮喘发作这两种疾病看似不同，但在发病机理上却有着相似之处：

小儿脏腑娇嫩，未发育完全，肺气不足，卫表不固，容易外感六淫之邪，而出现外感表证；而支气管哮喘在中医学领域中归属于“喘证”，发病机理为肺、脾、肾三脏功能失调，以阳虚之体复感寒邪引发伏痰，最终导致气道阻塞所致。两种疾病的发病机理有一个共同点，即为“阳气虚”。“冬病夏治”是根据《素问·四气调神大论》：“春夏养阳，……以从其根。”及“以夏之阳盛之时，助素体阳虚之体”等理论，选择“夏之阳盛之时”的三伏进行治疗(夏至后第 3 个庚日为初伏，夏至后第 4 个庚日为中伏，立秋后第 1 个庚日为末伏)。首先开穴，遵循针灸学“时间疗法”，针刺与三伏日及治疗当日时辰相应的八脉交会穴，以打通周身经脉之气血循行，使之与天时相呼应；继以刮痧疗法，循督脉、膀胱经，以背俞穴为重点刮痧，对不同系统疾病患者采用与之相应的背俞穴进行治疗，以疏通相应脏腑经脉之气血；敷贴治疗，开穴和刮痧治疗完成以后，相应脏腑经脉的气血已经调和至最佳状态，并能与天时节气相呼应，所谓“天人相应”，此时将具有发泡功效的药物敷贴在相应穴位上，通过对穴位的适量刺激而最大限度地激活机体相关系统免疫功能，从而达到治病防病的目的。

现代医学研究表明，“冬病夏治”疗法通过抑制黏附分子的表达或直接抑制白细胞与内皮细胞的黏附，从而减少炎细胞的浸润，对淋转及 IgG、IgA、IgM 均有提高作用，证明本法有一定提高人体免疫机能，增强抗病能力的作用。

参考文献：略

从六经体质特点辨证论治未病

河南中医学院第一临床医学院　李真　冯晓东

摘要：本文将《伤寒论》辨证论治归纳为三部定位，虚实寒热定性的辨证体系，将疾病分为表阳、表阴、里阳、里阴、半表半里阳、半表半里阴证。归纳出六经疾病的各自易感性，提出了六经体质学说，及其对疾病发生发展的影响。并根据其将东方人群分为七个体质及太阳、厥阴、阳明、太阴、少阳、少阴及阴阳平和体质。并归纳出六经体质的特点。

关键词：六经体质；治未病

体质，是在先天遗传的基础上环境因素作用下，生长、发育和衰老过程中形成的身体结构、机能、形态上相对稳定的状态。中医体质学认为：体质决定了患者对病邪的易感性和所患病证种类的倾向性，故分清人群的体质，针对性预防易感疾病比诊治疾病更为重要。《伤寒论》开创了辨证论治的先河。其辨证体系也为后世医家预防疾病奠定了基础。从六经入手将人群划分出六经体质。对疾病的预防会有很大的指导意义。

1 六经体质对疾病发生发展的影响

1.1 六经体质的特殊性与感病的倾向性

个体体质的特殊性，决定了其感病的倾向性，特殊体质与疾病之间存在着相应的关系。《金匮要略》中关于血痹病的论述：“盖尊荣肥盛，是素本气虚血滞之质矣”，具此体质的人，稍一疲劳汗出，则气伤津耗，气不足以运血，津不足以载血，血行失其常道。同时《内经》论述肥贵人易患厥逆、颇疾、仆击、偏枯，也是由肥贵人的体质特点所决定的，由此可见，特殊体质感受外邪发病有一定的倾向性。

1.2 六经体质与病证类型

体质不同，病邪作用于人体时的反应状态和传变也不相同，故证候类型也不相同。如同伤于寒邪，其见证必有虚实之不同，这与体质有关。若素体太阴阳虚者，症见口淡、便滑；素体阳明阳亢体质者，易致大青龙汤证：素体少阴阴虚体质者，症见热气内郁、喘咳、口渴。“伤寒大青龙证，是寒束于外，卫陷于内而化热也，其人必胃热素盛者”。又如仲景之伏气寒病与叶天士之伏气温病，同为伏气为病，体质不同，寒热两途：“凡伏气之病，发于里者，有寒热两途……，若其人真阴充裕，寒虽久伏，不能化热；若真阴不足，虚阳亢燥，遂发为春温、风温之病矣”。

1.3 六经体质与疾病的传变

疾病传变与体质密切相关，同伤于寒邪，而有邪传太阴或邪传阳明之不同，与体质密切关系，其人太阴体质里虚寒者，易致邪传太阴；其人阳明体质里实热者，易致邪传阳明。“初伤固总是寒，日久有寒邪内陷者，是其人本内寒也，有寒去热不解者，是其人阴不足也，寒邪内陷必下利，即所谓阴传太阴也，……热气不解，必秘结，必自汗，即所谓阳传阳明也，此时，太阴之津液必已亏矣”。并明确提出六经传变之寒化、热化多与六经体质的寒热虚实之偏颇有关。

2 六经体质学说的理论基础

后世医家将《伤寒论》辨证论治归纳为三部定位，虚实寒热定性的辨证体系，将疾病分为表阳、表阴、里阳、里阴、半表半里阳、半表半里阴证。而我们提出的六经体质学说是从上述六个病证的各自易感性人群入手，将东方人群分为七个体质及太阳、厥阴、阳明、太阴、少阳、少阴及阴阳平和体质。并归纳出六经体质的特点。

2.1 (伤寒论)辨证的三部定位

《素问·离合真邪论》也说："不知三部者，阴阳不别，天地不分。"虽讲的是经络的三部，也可看出分部在辨证中的重要性。《伤寒论》第16条："观其脉证，知犯何逆，随证治之。""知犯何逆"就是要辨明疾病的病所。仲景对病位的界定，着眼点不是某一脏腑，某一经络，而是划分为三个层次，表、里、半表半里。而六经体质之人对各自疾病有一定的易感性，在疾病的变化过程中又有一定的选择性。

2.2 (伤寒论)的"三部六经"辨证

《伤寒论》中，以三部六经为纲领创立了辨证论治的基本框架，它不仅为伤寒一病立法，而且能广泛运用于各种疾病，正如仲景在自序中所说："虽未能尽愈诸病，庶可以见病知源"。柯琴在《伤寒论翼》中也说："仲景约法，能合百病，兼该于六经，而不能逃六经之外"。

2.2.1 太阳病 是表部的阳性病，由表热证和表实证构成。

纲领证：头项强痛，脉浮或咳喘，发热恶寒。治则：辛凉解表。主方：葛根麻黄汤。太阳病主证根据《伤寒论》第1、7、63条列出，主方由葛根加麻杏甘石汤组成。一般认为太阳病的主方是桂枝汤、麻黄汤，这是不适宜的。太阳病是表部阳性病，宜清热解表，而不能用热性方药。麻黄汤、桂枝汤皆属辛温之品，不能做太阳病的主方。正如王叔和在《伤寒例》中所讲："桂枝阳盛，下咽即毙"。

2.2.2 厥阴病 是表部阴性病，由表寒证和表虚证构成。

纲领证：手足逆冷，脉沉细，或四肢痹痛。治则：温通血脉。主方：当归桂枝汤。厥阴病主证根据《伤寒论》第337、351条列出，主方为当归四逆汤，即桂枝汤去生姜加当归、细辛、通草而成。一讲厥证的病理病证，一讲厥证的方证。本方证为末梢循环障碍，血行不畅，不能荣于四末所致。病位表浅，属表部阴性病，故列为纲领证，使三部中各有阴阳对峙，符合了阴阳对立统一规律。

2.2.3 阳明病 是里部的阳性病，由里实证和里热证构成。

纲领证：胃家实，大便难，发潮热，自汗出。治则：攻下泻热。主方：大黄芒硝汤。阳明病主证根据《伤寒论》第180、179条等列出。主方为大承气汤加芍药而成。芍药有缓急止痛、敛汗益阴之效。阳明病内热致实，有食、血、痰、水之别。有单纯食结，也由气、食、热三者相杂为患，在治疗上，必须在注意共性治疗的基础上，注重研究每一有形物质的个性，针锋相对，方能收到良好效果。泻痰用大陷胸汤等，泻水用十枣汤等，泻血用桃核承气汤、抵当汤等，泻食用大小承气汤等。

2.2.4 太阴病 是里部的阴性病，由里寒证和里虚证构成。

纲领证：腹满，或吐或利，时腹自痛。治则：温里健中。主方：苍术干姜汤。太阴病主证根据《伤寒论》第273条列出，主方为《金匮要略》苍术干姜汤。全方温里散寒，建中燥湿，使里部虚寒之证化解，运化功能恢复。太阴之虚寒根据其部位高下不同所治也异。寒在食道者，方用旋复代赭汤；寒在胃脘的，方用吴茱萸汤；寒在小肠的方用理中汤；寒在升结肠的，方用五苓散；寒在降结肠的，方用桃花汤。

2.2.5 少阳病 是半表半里部阳性病，由半表半里热证和实证构成。

纲领证：胸满热烦，口苦咽干，小便黄赤，发热或往来寒热。治则：清热除满。主方：黄芩柴胡汤。少阳病主证根据《伤寒论》第263、264条列出。少阳篇在《伤寒论》中占的篇幅最少，实际发病最多，实际上《伤寒论》中大量的治疗少阳病的方证分散在了其它各篇。可清之证皆属少阳。其所清之热不外两种类型：一为体温亢盛邪热，一为蕴积局部之火毒。清热莫过于白虎汤，泄火不外乎栀子豉汤，清热滋阴，予竹叶石膏汤，泄热育阴宜黄连阿胶汤。引火出表，用葛根芩连汤，引热出表用麻杏石甘汤，引火出里用大黄黄连泻心汤，引热出里用调胃承气汤。热极转阴，用白虎加人参汤，火极转阴用附子泻心汤。

2.2.6 少阴病 是半表半里部阴性病，由半表半里虚证和寒证构成。

纲领症：心动悸，背恶寒，短气或脉微细。治则：强心壮阳、益气复脉。主方：附子人参汤。主证根据《伤寒论》第281、304、117条列出。少阴病为全身性虚寒证，和少阳病同位而异性。陆渊雷说："少阴病者，乃全身机能衰退之病也"。主要在血液循环虚寒过甚，常可影响到心脏功能衰竭，并易致死亡。《伤寒论》根据其兼证不同，创制了真武汤、茯苓四逆汤、四逆加人参汤、炙甘草汤来分别对待少阴病之四肢酸痛、小便不利、手足逆冷、脉结代等证。

3 六经体质分类

《灵枢·通天篇》论述："阴阳和平之人，其阴阳之气和，血脉调，谨诊其阴阳，视其邪正，安容仪，审有余不足，盛则泻之，虚则补之，不盛不虚，以经取之，此所以调阴阳，别五态之人者也。" 以阴阳学说为指导来划分人群体质类型。而《伤寒论》开创了辨证论治的先河。其辨证框架应为"六经辨证"，而六病辨证过程的核心是辨病位、辨病性。《伤寒论》的病位既不是经络，也不是脏腑，而是整体病势的三个层次，即表、里、半表半里。其在生理上是有其物质基础的。其三阴三阳作为人体六个生理系统，是客观存在的。由于在人群各个个体，体内各系统生理功能的不同状态，就形成了人群不同的体质类型。即太阳体质、阳明体质、少阳体质、太阴体质、少阴体质、厥阴体质、阴阳平和型。不同体质的人有各自的易感外邪、易受病因。发病后，临床表现各有特点，进一步发展，转归预后也有区别。很容易表现为相应的六经病变。

太阳体质之人，为表实热体质，其体质壮实，腠理致密，卫阳充实，机体抗邪能力较强，感受外邪，易表现为发热、恶寒、身痛、无汗等表实证：或阳气过盛，或素有内热，感受外邪，则表现为发热重、恶寒轻、头痛、咽痛、汗出不畅、口渴等表热证，相当于后世的银翘散证等。体型多高大、魁梧，性格外向，做事有气魄。

厥阴体质之人，为表虚寒体质，其人卫阳虚弱，体质虚弱，腠理不密，卫阳不足，营阴郁滞，血脉凝涩，平素易感寒邪，易表现手足逆冷，脉沉细，或四肢痹痛。体型多瘦削，肌肉不丰，皮肤不荣，毛发稀疏。性格内向，受挫后容易丧失信心。

阳明体质之人，为里实热体质，其人多阳而少阴，胃肠消化功能好，食欲亢进，平素能吃能睡，发病易表现为发热、大便干结的阳明腑实证，所谓"正阳阳明"、"胃家实"；或食欲较好，有大便干倾向，发病易表现为大便干结、小便数多的脾约证，所谓"太阳阳明"。体格壮实，肌肉丰满，精力旺盛，生性好运动，做事积极主动。

太阴体质之人，为里虚寒体质。其人多阴而无阳，体质虚弱，多形体肥胖而筋脉松弛，体力不足，进食生冷油腻，有腹泻倾向，发病易表现为腹满胀痛、呕吐、腹泻等证：或平素畏寒，四肢不温，大便稀溏，发病易表现为腹满冷痛，畏寒肢冷，呕吐下利清水等证。此体质人多形体高大，有驼背，进取心强，做事认真。

少阳体质之人，为半表半里部实热体质。其人多阳少阴，体质虚弱，体力不足，发病易表现为胸胁胀满，情志抑郁，疲乏无力，腹胀腹泻，妇女月经不调等证；或体质较强，体力较好，或素有内热，喜生气，发病易表现为心烦郁怒、头晕头痛、口苦咽干、胁痛腹满等证。体型瘦小，面容不华。性情忧郁，喜悲观，意志不坚定。

少阴体质之人，为半表半里虚寒体质。其人多阴少阳，体质虚弱，平素畏寒，心时动悸，其背恶寒，腰膝酸冷，性功能减退，发病易表现为畏寒肢冷、腰膝冷痛、神疲思睡，甚至可见四肢厥冷、冷汗淋漓等阳衰危证。形体多肥胖，肤色白多红少，好静恶动，行事低调。

阴阳平和之人，阴阳平和，外邪难侵，内邪不生，不易生病，生病不易传变，易于恢复。体型适中，外貌从容稳重，举止大方得体，性格和顺，生活安然顺从。

4 六经体质学说对治未病的影响

根据三部六经学说，把人体划分为表、半表半里、里三个不同的空间，每一部以阴阳不同的病性，划分为六类证候集合群，但不越六病。据此可创立三部六病体质理论体系，根据六经体质的不同对疾病易感性不同，结合治未病思想，对疾病进行针对性的预防。一为未病先防，二为将病防发，三为既病防变。未病先防，即未病者通过养生之术预防疾病的发生；邪伏未发者通过治疗，防止疾病的形成；既病防变，即对已发之病及早治疗。研究人群中的六经体质的分布及其生理特点及病理变化，将会促进体质学说的发展，为预防疾病的发生做出贡献。

从中国文化的传统精神论中医学的防治理念

袁长津 湖南省中医药管理局

中医药学植根于中国文化，是我国自然科学和人文科学相融合的典范。为了有助于传承、推广中医药学的防治理念和方法，本文试从中国文化的传统精神与中医药学的渊源关系，对中医学防治理念的形成、特色及其运用的价值，作如下简要的分析。

1 天人合一的整体观念

“天人合一”是中国文化即诸于百家共有的传统观念。这一观念早在被称为众经之首的《周易》中即已见端倪，公元前300年左右道家的《庄子·齐物论》：“天地与我并生，而万物与我为一”；西汉大儒董仲舒和宋朝理学大师张载，更明确提出了“天人合一”命题。天人合一的实质是“天人同构”，即天地万物、包括人，都是由同一类物质构成的，这种物质在中国传统科学及哲学思想中称之为“气”。《管子》说：天地万物皆“根天地之气”，《庄子》称：“人之生，气之聚也。聚则为生，散则为死，……故通天下一气耳”。“气”又分为阴、阳两类，《易传》称：“一阴一阳之谓道”；《老子》认为万物皆从“无中生有”、顺“道”而生，提出“道生一，一生二，二生三，三生万物。”这里的“一”即“通天下一气”，“二”是阴、阳，“三”是阴阳和合所产生的结果。可见，阴阳二气的相互作用，即带来天地万物的生生不息、繁衍昌盛，是所有自然现象及一切生命现象的本质。故国学大师钱穆称：“天人合一”观是整个中国思想之归宿，也是中国传统文化对人类的屉、巨大贡献。

《黄帝内经》即本着“天人合一”的思想，构建中医药学的基本理论体系。如《素问·保命全形论》明确提出：“人以天地之气生，四时之法成”，《素问·生气通天论》称：“生之本，本于阴阳”。《内经》有关藏象经络的诸多篇章中，认为人体内在脏腑的生理活动，病理变化，不仅与外在肢体器官的功能形色之表象相关联，而且还与其外在的时空(即四季五气、四方五位)相通应。同时，中医也从不把人只作一般生物看待，人的健康和疾病，除了与自然界的气候变化及一些理、化、生物因素有关。还与人所居处的社会环境和自身的情志因素有极大的关联，这也成为中医整体观念的一大特色。中医认为，情志过激和低沉，都可伤及人体的脏腑气血，《素问·疏五过论》说：“离绝菀结，忧恐喜怒，五脏空虚，血气离守。”因此，在中医的养生防病理念中，特别强调要：顺应时节气候的寒温变化和居处环境的状况，调节自身的生活行为和心态。《灵枢·本神篇》：“故智者之养生也，必顾四时而适寒暑，和喜怒而安居处，节阴阳而调刚柔，如是则僻邪不至，氏生久视。”此外，中医对疾病的治疗，更强调要以调节人体阴阳的消长平衡作为根本大法。

总之，从“天人合一”的整体观念出发，则中医的脏腑经络，阴阳五行、六淫七情、三因制宜等基本理论即顺理成章的形成。而中医学有关人体的健康和疾病与其内外环境及自身情志密切相关的思想，无疑也是现今世界才公认的“生物—心理—社会”医学模式之先声。

2 以时为序的恒动思想

宇宙观决定人们认知的基本取向，而宇宙观即是“时空观”，古人曰：“上下四方曰宇，古往今来曰宙”。近年，有学者认为：中国和西方的文化及科学传统的差异，主要是自古以来各自“时空观”的偏差所形成。古代西方科学体系以空间为主，故西方人重视对空间实体及其结构的剖析和度量：而中国古代的科学体系则以时间为主，故中国思想家侧重于对事物随时间变化的现象和过程的体察。我国著名的哲学史家、哲学家冯友兰先生也认为：中国传统哲学中的“动”不仅指一个物体在空间的移动，更重要的“是包括一件事物在时间中的变化”。

可以说：从时间的层面来观察天地万物，皆是寒来暑往、岁月更替的现象和沧海桑田、生长壮老已的演变过程。因此，从时间层面、用动态变易的眼光观察、感悟事物的现象，研究其演变的过程和规律，也是中国思想文化的二大传统。如有中国文化思想源头之称的《周易》，即是一部通过“睽端推类”和“彰往察来”，研究和预测天地人事变易规律的著作；而西汉的伟大史学家司马迁所概言的“究天人之际，通古今之变”，更是我国历代学人所追求的一种智慧境界。

中医学认为，从人的整个自然生命来说，百岁人生称为“天年”。《灵枢·天年》篇即以10岁为序，描述了人生百年历程发展变化的规律，是非常符合实际的。按照《灵枢·天年》的描述，人生百年间由盛而衰的分水岭即是 40 岁，这恰好符合所谓黄金分割定律，也为现在俗称“四十进补”的养生观点提供了依据。

中医学对人体的养生保健也特别强调要以顺应“四时阴阳”，《素问·四气调神大论》：“夫四时阴阳者，万物之根本也”，并提出“春夏养阳”，“秋冬养阴”，作为顺应四时养生的基本原则：而具体的起居要求则是：春三月宜“夜卧早起，广步于庭”，夏三月宜“夜卧早起，无厌于日”，秋三月宜“早卧早起，与鸡俱兴”，冬三月宜“早卧晚起，必待日光”。《内经》中对人体五脏功能的养护，也提出以时相配的原则，如：春季是阳气生发，肝气条畅的季节：夏天是阳气盛长，心气旺盛的季节；秋天是阳气收敛，肺气清肃之季；冬季是阳气闭藏，肾气固藏之季。故人们对饮食种类和健身方法也要求顺时择宜，否则就会有损脏气而为病。因此，《内经》中再三强调：“故四时阴阳者，万物之终始也，死生之本也，逆之则灾害生，从之则苛疾不起，是谓得道”。所以，近代著名的中医学家恽铁樵即认为：“《内经》之五脏为四时气化之五脏，而非血肉之五脏。”古代中医这些宝贵的养生防病以时为本的思想、理论和经验，是包含有深刻的道理和实际意义的，值得我们认真研究和推广运用。

中医学对人体生命及健康和疾病的认识，亦主要用动态的观点去审视和判断。中医学认为，人体生命始终在有序的运动变化之中，如饮食呼吸的出入代谢，气血津液的升降输布等。这些运动变化的基本形式一旦停息，即是人之生命的终止。《素问·六微旨大论》曰：“出入废则神机化灭，升降息则气立孤危。故非出入则无以生长壮老已，非升降则无以生长化收藏”。而人体健康的维持和正邪的转换，也主要是由气血运化的通滞来决定。如《金匮要略》：“五脏元真通畅，人即安和”，张介宾说：“故凡病水者，本即身中血气，但其为邪为正，总在化与不化耳”。

中医对人体生理和病理的判断，主要也是凭直觉观察，对其外在症象及其变化过程的感悟和分析，以把握其内在的生理变化和病机趋势。依靠直观、动态的研究方法和感悟、类比的思维方式，并通过无数医家长期临床观察的体悟和诊疗经验的总结，则形成了中医“四诊八纲”及理、法、方、药一以贯之的，以“证”为中心的个体化诊疗模式，即“辨证论治”。

这里还得说明，中医的“辨证论治”即包涵有防治亚健康和“治未病”的内容。实际上，“治未病”历来就是衡量一个中医是否高明的重要标准，《金匮要略》开篇即解释“上工治未病”说：“夫治未病者，见肝之病，知肝传脾，当先实脾”；著名中医学家方药中更把“治未病”，作为他提出的辨证论治“5 步”模式中的重要一步，即在整体恒动、五脏一体理论的指导下，针对主病的脏腑进行治疗的同时，还须考虑“调节相关的未病脏腑”。不仅如此，有许多学者根据“治未病”及“冬病夏治”、“春夏养阳”等理论，采取“择时而治、防治于发病之先”的措施，在防治老年慢性支气管炎的实践中，收到了很好的效果。如上海陈泽霖教授以健脾补肾药丸剂于 7～8 月间给老慢支患者服 3 个月，即可改善体质，增强免疫力，减少复发或不发；北京晁恩祥教授等研制固本止咳夏治片，治疗慢性支气管炎、肺气肿及部分肺心病缓解期患者 1018 例，于夏季伏暑后连服 40～60 天，总有效率为 90.32%。此外，中医所辨的“证”，有许多就是介于健康和疾病之间的、令人感到不适甚至痛苦的“证状”，因此，中医辨证论治的理、法、方、药中，积累了非常丰富的内容和宝贵的经验，值得努力挖掘和整理。

3 顺应自然的人本精神

老子《道德经》中说：“人法地、地法天、天法道、道法自然。”即是讲：人之一生都得遵循大地生态生死荣枯的规律，大地生态都得遵循天时岁月更替的规律，天时更替则遵循整个宇宙的运行规律，而整个宇宙皆遵循一个法度，即“自然而然”。这里强调是人与天地万物都必须“顺应自然”。

人是最高级而又最复杂的生命体，人的生命是一个生、长、壮、老、已的自然过程。经过数百万年的进化，人类自身已形成了比较完好的、能与时空环境相协调而致和谐的能力。在正常情况下，人体都具有较好的自然抗病能力、自我调节能力和康复能力。中医学认为，人体的健康是“正气存内”、整体恒动的和谐状态，患病则是“正邪交争”、整体失调的异变状态。有的人之所以会生病，生了病又长久不愈、甚至于死亡，其主要的原因是患者在当时内外因素的影响下，其自然抗病能力的缺失或减弱，自愈能力的耗损或障碍。因此，中医对疾病的防治，也主要着眼于人与生态环境、时节气候的协调，着力于调整人体内外的失衡状态，着重于通过各种防治方法，运用草、木、虫、石等天然药物或非药物疗法(如针灸、推拿、五禽戏、太极拳、气功等)等防治手段，保护、恢复人体的自然抗病能力和自我康复能力。用经典的中医原文来表达，即是通过各种养生手段和“治未病”、“扶正以祛邪”等方法，以达到“正气存内”、“精神内守”、“阴平阳秘”、“五脏元真通畅”的健康状态。

中医这些防治疾病的理念和方法，相对西医重视对人体解剖还原分析，以“病”为标准的规范通用的诊疗模式，主张针对局部病灶运用生化药品、放射疗法及外科手术进行直接对抗(即杀灭病原体、切除或植换病损了的组织器官等)和直接补充(即缺什么物质元素就补什么物质元素)为主的治疗原则，正好相佐互补。用一句通俗的话来比较：中医着眼于患病的“人”，而西医则着眼于人患的“病”。数千年来中华民族繁衍昌盛的历史证明，中医学“顺应自然、以人为本”的防治理念，是卓有成效的。

近百年来，西医学由于不断吸收和利用现代科学技术成果而得到了快速的发展。但是，这种过分依赖病因诊断和重视局部病灶而建立在直接拮抗层面上的疾病医学，其自身的缺陷和所带来的负面影响，也是不容忽视的。限于篇幅，这里就不举例分析了。对现代医学以疾病为中心的诊疗方法，中国科学院院士、卫生部部长陈竺在 2007 年太平洋健康高层论坛上的讲话中，曾提出过深刻的反思，他说：“现代医学在专业化还原的策略下分工越来越细，致使整个医疗系统和疾病的实施过程逐渐趋于‘破碎化’。但是几乎所有复杂性疾病都受到多基因和环境的影响，同一种疾病的不同亚型以及不同疾病之间在发展过程中的共性特征在破碎化的诊疗体系下会被丢失，使我们失去不少用简单方法进行治疗或早期干预的机会。”这即给以“人本思想”为出发点，建立在整体恒动、正邪消长观念及调节调和层面上，依靠辨证论治，运用简、便、验、廉的天然药物和非药物疗法的中医药学留下了发挥作用的广阔空间。

4 中庸和谐的实用原则

“中庸和谐”是我国传统儒家思想的精髓。所谓“中庸”并不是一般所理解的“折衷平庸”的意思。不偏之谓“中”，即无过不及，河南人有个口头禅，即对认可的事、恰到好处的东西，都表示为：“中”。不易谓之“庸”，合乎常规而又实用，称为“庸”。多元融合谓之“和”，协调平和称之“谐”。“和谐”是与单一、雷同、偏执、对抗相对应的。历代儒家皆认为“和实生物”，主张“和而不同”、“以和为贵”：而道家老子更提出：“万物负阴而抱阳，冲气以为和”。可以说，提倡“天地人和”，是古今中国人一脉相承的传统理念。为了促进当今社会的科学发展、可持续发展，胡锦涛总书记更明确提出了要建立“和谐社会”的理念。

有趣的是，我国古代极力倡导“中庸和谐”的著名思想家、哲学家和学者，大多数都是高寿之人；而近代著名的人文科学、自然科学家中，活过九十岁的人中，绝大部分一生的思想行为都具有“中庸和谐”的传统遗风。但令人惋惜的是，在那些才气横溢而又英年早逝的顶级文化名人中，却有相当一部分即是反对儒家“中庸”之道，总以矫枉过正的言行批判中国传统文化的激进思想家。可见，从养生保健的角度来衡量，我们的生活、行为和心态，还是要“中庸和谐”为好。

前面已经提到，中医认为人体的健康是“正气存内”、整体恒动的和谐状态。中医养生保健理论和实践则符合“中庸和谐”的实用原则。根据中医传统养生的基本理论，结合古今医家、名人的养生经验，可概括为 4 条基本原则：起居有常，饮食有节，劳逸有度，心态平和。

此外，还要做到因人、因时、因地制宜，即“三因制宜”。

起居有常：要根据前面提到的四季养生、起居的基本原则，养成良好的、有规律的生活起居的习惯。不要随意大乱作息的节律，更不能“以妄为常”(即晨昏颠倒)地过日子。前面已论及人们一年四季还要遵循以时为本的起居原则，这里还需要特别强调的是，人年过 40 岁以后，更要保证一日 7～9 个小时的睡眠，尤其要保证一天之中，阴、阳盛衰的交替时段的睡眠，即俗称的“子午觉”。

饮食有节：最好的补品就是日常的饮食。中医经典著作《内经》中说：“五谷为养，五果为助，五畜为益，五菜为充”。《内经》中所列的的这 4 类食物，完全满足了人体所需的 7 大营养素；并且，其先后的排序及表述，也基本符合现代所谓科学的饮食结构的主次要求。但是，任何东西都有两重性，需要平衡有度、有所节制。如果长期单一或过多食用一种或一类所谓有营养的食品，也会造成对身体的不利。《素问·藏气法时论》说：“久而增气，物化之常也；气增而久，天之由也。” 因此，中医一贯强调要“饮食有节”、“食勿用饱”，以达到“轻身延年”的目的。现代研究认为，目前人类真正能延长生命的办法，还只有合理的节制饮食较为可靠，科学家们对猴子、老鼠、果蝇都做过试验得以证实。因为，吃的过多，不仅体内的“垃圾”堆积太多而致病，且体内自由基增多而加快人的衰老，即老子所说：“物壮则老”。心态平和：情志活动是人体对外界环境的一种心理反应，情志波动适度一般不会致病，如果过激而又不能节制，则往往导致五脏功能失调而致病。因此，《内经》中亦把人类常有的“喜、怒、忧、思、悲、恐、惊”七种情感的过于偏激视为致病因素。据报道，美国科学家曾对127例年龄在18岁～65岁之间的成年人进行观察，发现与平静乐观的人相比，心里充满怒气、抑郁或怨恨的人，体内一种导致炎症的C反应蛋白质(CRP)含量要高1～2倍。而CRP所致的炎症反应会使动脉内层硬化而引发心血管疾病，有学者认为：CRP含量是比胆固醇含量更好的心血管疾病风险指标。(引自朱清时《用现代科学观看中医》)我国北京、上海等大城市的一项398例胃癌配对调查发现一个共同点，即胃癌患者都有经常生闷气的情况；同时，各地调查还发现性格开朗、精神健康的人不易患胃癌。说明不良的精神因素可以导致胃癌的发生。研究表明，当强烈的精神紧张刺激，使人丧失应对能力而表现出抑郁、沮丧的情绪时，会促使皮质类固醇激素分泌过度而抑制免疫系统的功能，且血液中的T淋巴细胞数量也明显减少。

劳逸有度：所谓“法于阴阳，和于术数”，这里的“术数”，主要指我国古代的导引、吐纳、五禽戏及太极拳、八段锦、气功之类的传统锻炼方法。习性懒散而长期坐卧不动的人，不利于气血的畅通和体内废物的排泄，不可能有健康的身体。但运动锻炼也要适度有序，即要顺应天时阴阳寒热的变化，根据“三因制宜”的原则，选择适合的锻炼方式，掌握适度的运动量，并做到持之以恒。中国古代传统的锻炼项目有几大特点：一是以柔和适度为贵，二是肢体运动与呼吸频率相协调，三是讲究动静结合、形神合一、心神合一。中医的运动养生，不主张刻板的、激烈的强运动。否则，就违背“不妄作劳”的原则，就犯了“生病起于过用之戒。

此外，还有一个有趣的问题要提出来请有识之士帮助查证：笔者曾查阅不少文献，认为在我国古代的文献中，不仅《黄帝内经》中“和”字运用的频率算是很高的，而且在一段文字中和、谐二字同时出现且联袂成词的，当首见于张仲景的《伤寒论》：“病者常自汗出者，此为荣气和，荣气和者，外不谐，以卫气不共荣气谐和故尔。以荣行脉中，卫行脉外，复发其汗，荣卫和则愈，宜桂枝汤。”(宋版第53条)可以说，中医药学就是一种顺应自然、讲究和谐的医学，有学者称之为“绿色医学”。人体的内外及脏腑、气血、阴阳的和谐，就远离了疾病和亚健康而臻于健康长寿之境。

参考文献：略

紧握“治未病”内涵　创颈椎健康单元

——记我院在颈椎治未病方面的理论渊源与实践经验

福建省第二人民医院

1 中医“治未病”理论渊源

“治未病”一词首见于《内经》，主要有三层意思。

一是“未病先防”，预防疾病发生。如《素问·四气调神大论篇》：“是故圣人不治已病治未病”；《类经》注释“此承前篇而言圣人‘预防’之道”。《灵枢·逆顺篇》：“上工，刺其‘未生’者也……故曰上工治未病，不治已病。”

二是对疾病的早发现、早诊断、早治疗。如《刺热篇》：“肾热病者，顾先赤，病虽未发，见赤色者刺之，名曰治未病。”《黄帝内经素问集注》：“脏气热于内，必先见于色，病虽未发，见其色而即刺之，名曰治未病。”《八正神明论》：“上工救其‘萌芽’，必先见三部九候之气，尽调不败而救之，故曰上工。”《集注》：“萌芽，始发，见其洒淅动形而即治之，不使有伤三部九候之气。”

三是“既病防变”，防止疾病发展。《难经·七十七难》：“经言上工治未病，中工治已病者，见肝之病，不晓相传，但一心治肝，故曰治已病也。”相同语句又见《金匮要略·脏腑经络先后病脉证第一》篇首“见肝之病，知肝传脾，当先实脾。”根据五脏（五行）之间生理、病理相关原理，从整体出发，预测原发脏的病变发展趋势，采取非针对“现脏病”的“隔二、隔三脏”预防性治疗，防止继发脏病的产生，杜绝疾病发展和传变。

2 我院在颈椎“治未病”方面的实践探索与经验

随着现代工作、生活模式的改变，特别是使用电脑工作和娱乐，人们伏案工作的时间延长以及空调冷气机的普及，使人们颈后部肌群疲劳、受寒、受损的机会增加，从而是颈椎病发病率提高，发病人群年轻化。为解决这一矛盾，我院在继承中医“治未病”思想的基础上，结合多年临床经验，创立了“颈椎健康单元”的理论。即对于颈椎病的“病前、病中、病后”，所采取的“未病先防、已病防变、瘥后防复”的措施。

2.1 未病先防

对于在健康辨识中出现了不适的症状，但无检测指标异常的；或检测评估过程中发现了脊椎的曲度或活动度等异常，但无不适等临床症状的。根据不同的年龄特点给予不同的干预措施。

25～30岁的青年人：其表现主要由于坐姿的不良及空调冷气的使用等，导致脊椎的急性可逆性改变。干预上以宣传教育、生活习惯的改变，功能锻炼为主，防患于未然。

30～50岁的中年人：其表现在诱因的作用下已发展到相对稳固的状态。干预上要根据已经发生的脊椎的曲度的改变，劳损的情况，及所出现的症状。在加强教育及生活习惯改变、功能锻炼的基础上，给予针灸、推拿、理疗等干预手段，以缓解症状，改善血供，提高其自身的机能，救病于萌芽状态。

对于各种干预手段，从实际情况考虑，主张以功能锻炼为主。我院颈椎病团队，在长期的临床工作中编制了一套模仿自然界动物动作的导引操(苍龟缩颈、大鹏展翅、白鹅引颈、鲤鱼打挺等)。

2.2 已病防变

即颈椎病治疗内容。根据发病的年龄、病情的轻重，将颈椎病分为急性期、康复期、缓解期，以明确此类疾病治疗过程的阶段性，各种治疗手段综合、合理应用，强调在三个阶段先后以颈椎制动、被动调整、主动锻炼为治疗重心，并制定出颈椎病分期综合诊疗方案。

2.3 瘥后防复

由于脊椎疾患是一类反复发作的疾患，我们认为预防脊椎疾患的复发事在必行。而“瘥后防复”最主要且符合实际的措施即为宣传教育与功能锻炼。

由此，团队制定出如下宣教措施：①配合省科协、医学会到机关事业单位或基层进行健康宣教。②定期在报纸、电台、电视台做专栏节目。③定期在医院内开设颈椎病的健康讲座，以提高人群对脊椎健康的重视及认识程度。④健康管理中心定期组织相关专家到受监测单位进行脊椎病的检后咨询，进一步提高脊椎病的受重视程度。

同时，在宣传及检后咨询中提供用于锻炼的运动处方，提供生活、起居调摄的常识。或到医院接受保健推拿等预防的措施。

2.4 干预手段：包括针灸、推拿、导引、S-E-T、理疗、牵引、中药、食疗、健康教育等。

①针灸：以督脉及颈部夹脊穴为主进行加减，采用平补平泻法。

②推拿：包括经络推拿（以任、督二脉为主，主要起强壮作用)、少林内功推拿、通督点穴法推拿等。

③导引：有五禽戏、少林内功、易筋经等。并主要应用团队编制的一套模仿自然界动物动作的导引操（苍龟缩颈、大鹏展翅、白鹅引颈、鲤鱼打挺等)。

④S-E-T悬吊训练：应用S-E-T的神经肌肉反馈重建技术来提高颈椎的功能及稳定性。

⑤理疗：采用低/中频电疗。

⑥中药：由于福建地处东南，气候潮湿，寒湿之邪客于经脉易致劳损耗气。故药用益气化湿之品，主要选用黄芪、葛根、桂枝、木瓜、淫羊藿等，一般选用颗粒剂，以便于服用。

⑦食疗：根据不同的季节给予不同的饮食方案。

综上所述，我院颈椎健康单元体现了中医“治未病”治其未生、治其未成、治其未传、愈后防复的理念。对提高广大群众的颈椎健康及生活质量必将产生划时代的意义。

浅谈“治未病”思想在疾病倾向方面之运用

（邵霞龄　西安肾病医院）

上工“治未病”首见《黄帝内经》中《素问・四气调神大论篇》第二篇中。贯穿于张仲景的《伤寒杂病论》全书等各部分，它是张仲景六经辨证体系中的重要思想，其中包括“未病先防，既病防变，已愈防复”三个方面。后汉末叶是个政治腐败兵荒马乱的时代，发生过多次大疫，每次都死人无数，真所谓：“家家有僵尸之痛”，死亡者三分有二，伤寒十居其七，可见当时传染病的流行是何等猛烈。张仲景的思想既是《黄帝内经》学术思想的继承和发展，也是对后进医家防病治病的很好启迪。随着社会的发展，再结合现代的研究成果，加之现代医学又赋予了它新的内容，使后进医家更加知其“未病先防，既病防变，已愈防复”的思想更是有其科学性及实用价值。

《黄帝内经》提出“不治已病治未病，不治已乱治未乱，病已成而后药之，乱已成而后治之”。显然前人在防治方面强调人体未发病之前，就应采取积极且行之有效的措施，防止疾病的发生。张仲景在《金匮要略·脏腑经络先后篇》中提出不治已病治未病的观点，接着又提出“若五脏之真通畅，人即安和，若任能养慎，不令邪风干忤经络，个遣形体有衰，病则无由入其腠理”，说明病贵在预防。进一步提出病邪“适中经络，未流传脏腑”，即“医治之”的有病早治的思想。唐代医家孙思邈把疾病分为“未病”、“已病”。指出：“消未起之患，治未病之疾，医之于无事之前。”一直有着深远的影响，也是中医重要的理论基础。

笔者治疗肾病、糖尿病已有56年临床实践经验。根据祖传秘方，选用几十味名贵中药经过反复酌取、协调配方并结合现代科技研制开发出治疗肾病、糖尿病的“金肾汤四号”。肾病是目前医学界一大难题，其实“难治肾病不难治”，应重在预防。该方具有力挽肾功，预防和治疗肾衰的作用，急、慢性肾脏疾病患者肾功能恶化后即逐渐或急进发展为肾衰，也就是说各种原发性、继发性肾脏疾病持续发展，最终均可致肾功衰竭。这种趋势是进行性的，不可逆的，导致肾功衰常见于各种原发性、继发性肾病，如慢性肾炎、肾盂肾炎、狼疮肾、紫癜肾、痛风肾，肾结石，肾积水、肾囊肿等和代谢性疾病(如糖尿病、肾病等)，所以积极治疗原发病，对于避免或延缓肾衰极为重要。“金肾四号”具有通腑泻浊、扶正祛邪之功效，有纠正可逆因素，阻止或延缓肾衰到来的作用，可预防治疗急、慢性肾功能衰竭。“金肾汤一号”和“金肾汤二号”对于急慢性肾炎、肾病综合症和继发性肾炎等都具有独特的疗效。“金肾汤四号”主要配合一、二号，预防和治疗尿毒症。对于肾脏病的一些并发症，如继发性高血压、肾衰引起的胃肠道不良反应等，我们的金肾三号和六号，以及专对糖尿病的五号都具有特殊疗效。

我们治疗糖尿病不忌食，禁忌烟、酒，注意面食。糖尿病不绝对禁食，防止并发症出现，糖尿病不可怕，最怕的是并发症，并发视网膜病变、白内障、青光眼、脑病、心血管病、高血压病、肾炎、尿毒症，从而危急生命！糖尿病有三型，Ⅰ型糖尿病配合胰岛素，Ⅱ型糖尿病不需要用胰岛素，Ⅲ型儿童型也不需要打胰岛素，如注射胰岛素，孩子将出现生长发育障碍。我院从头到尾坚持不用激素根治肾病、糖尿病，以“温阳片”、“解热片”和“金肾汤系列中药”治疗。它就是针对“潜病未病态、前病未病态、传病来病态”，要早期诊治，截断扭转，控制疾病的深入发展和传变，将病理损害减少到最小程度，以促进患者早日康复。

现代疾病预防学明确提出三级预防的新概念。第一级预防是在发病之前，及时消除和阻断致病因素的作用和累积影响，防止疾病的发生，这是积极有效的措施。第二级是在发病期，及早有效的治疗，减轻疾病的危害，阻断疾病的进一步发展、传染。第三级预防是在发病后期，采取有效的治疗措施，暂缓或避免疾病的恶化、致残或死亡，使机体逐步恢复健康。

国家投入大量的财力、物力，设立疾控中心，提倡预防为主，未病先防，是指在健康未病态时，采取各种措施，做好预防为主，以防止疾病的发生。笔者认为其与张仲景“治未病”思想是一脉相承的。随着现代医学的发展，其科学性、可行性，合理性的内涵也将进一步提高，进一步提示疾病应尽可能控制在萌芽状态并终被消灭。

张仲景云：“炉烟虽熄，需防灰中有火”，已愈防复是张仲景治未病的思想，不可不知，足以告诫后人，有些疾病表面症状已愈，但内在功能尚未修复，需要巩固，以防死灰复燃。有些人治肾病用激素治疗，外表好了，病家认为全愈了，实际上，肾脏内在肾硬化、肾纤维或肾小球细膜增粗变成新月体形，肾小管塌陷、肾萎缩、肌苷、尿素氮不能正常排出，导致尿毒症。

既病防变是张氏思想的重要组成部分。他在《素问·五气运行大论》中云：“气有余，则制其所胜，而侮所不胜”，在脏腑的整体观念上，五脏之间各有其生理功能，但彼此之间都存在着生克乘侮的关系。即某脏有病，最易传于其所克之脏，如“肝病实，疏泄太过，易于传脾”，当“实脾”，以防肝病之变，肝虚则疏泄不及，也影响到脾，则“补脾”，如“肾病传心”的乌头赤石脂丸证，“脾病传肾”的甘姜苓术汤证，“心病传肺”的百合地黄汤证等等，足以阐述其未病先防，已病防变的思想。故要严中防范，先安未受邪之地。

历代名医更不惜笔墨，各抒已见。诸如：仲景云：“先揭诸病，当预图于早，勿带病成方治，以贻悔也。”清程云末强调：“治未病者，谓之未病之脏腑非治未病之人也。”清魏念庭云：“五脏之气旺，则资其所生，病则侮其所克。”不胜枚举，足以说明其对“治未病”的认识，充分体现了其重要性。

我院在肾病、糖尿病临床实践中充分把握和利用这一原则，做到“早发现、早预防、早治疗”，随着现代人民生活水平的不断提高，各种原因引起的肾脏疾病在不断上升，严重影响到人们的健康和安全。据有关资料统计，我国每年有10万多人死于慢性肾功能衰竭，有人称它为仅次于癌症的第2号杀手。所以这更提醒人们一定要正确认识，提早预防、正确治疗。

浅释中医“治未病”的含义及涵盖的主要内容

杨俊耀

1 “治未病”的渊源与含义

“治未病”一词最早见于我国古代医学名著《黄帝内经》一书，《黄帝内经·素问·四气调神大论》说：“是故圣人不治已病治未病，不治已乱治未乱，此之谓也。夫病已成而后药之，乱已成而后治之，譬犹渴而穿井，斗而铸锥，不亦晚乎!”。《难经·七十七难》则指出：“所谓治未病者，见肝之病，则知肝当传之于脾，故先实脾气，无令得肝之邪，故曰治未病焉。”《中医治未病解读》又说：“ 未病”包含无病状态、病而未发、病而未传几层涵义。

关于“治未病”一词，在我国古代浩如烟海的典籍中各有所指，其内涵和外延十分丰富，是一个泛化性的概念。理解起来，主要包括“未病先防”和“既病防变”两方面。它的根本原则在于道法自然、平衡阴阳，通过预先采取措施，防止疾病的发生与发展。

2 “治未病”及“未病先防” 主要可从以下方面理解

2.1“治未病”中的 “未病先防” 首当从健脾做起

“脾统四脏”这一理论最早由清朝沈金鳌创立，在后世得以发挥。沈金鳌曾说：“脾统四脏，脾有病，必波及之，四脏有病，亦必有待养脾，故脾气充，四脏皆赖煦育，脾气绝，四脏安能不病……凡治四脏者，安可不养脾哉”。总结了脾与其他脏腑之间的密切关系，突出了调治脾胃的重要意义。因此，他脏病变，从脾论治，寓有治本之义。概言之，脾是健康之本、脾弱则发生亚健康乃至群病峰起，治未病应先健脾。

2.1.1 脾是健康之本

（1）脾胃为水谷之海，气血生化之源

脾性至阴，五行属土，系水谷之海，化生气血，而生命活动以脾胃化生的气血为基础。脾运化胃纳之水谷，吸收精微上输于肺而化为营卫，《素问·痹论》云：“营者，水谷之精气也，和调於五脏，洒陈于六府，乃能入于脉也，故循脉上下，贯五藏，络六府也。卫者，水谷之悍气也，其气疾滑利，不能入于脉也，故循皮肤之中，分肉之间，熏于肓膜，散于胸腹”；宗气的生成亦离不开脾胃，《灵枢·邪客》云：“五谷入于胃也，其糟粕、津液、宗气分为三隧。故宗气积于胸中，出于喉咙，以贯心脉，而行呼吸焉”；脾胃可资生元气，《质疑录》谓：“元气为生身之精气，而实祖于胃”；血液由营气和津液合和而成，由脾上输于心肺，灌注脉中，化赤而充养，而营气和津液均来源于水谷精微，故脾胃是血液生化之源，正如《景岳全书》所说：“血者，水谷之精气也，源源而来，而实生化于脾。”

（2）脾为气机之枢

脾为气机之枢，居于中焦，通连上下，可调衡气的运动，能“运代脏气”，尤在泾谓：“土具冲和之德，而为万物之本，冲和者，不冷不热，乃能生化万物，是以湿土宜燥，燥土宜润，使归于平也。”正如《四圣心源》所谓：“火降则水不下寒，水升则火不上热，平人下温上清者，以中气之善运也。”肝属木，旺于春，其气从左升，位于东方；肺属金，旺于秋，其气从右降，位于西方，此即“肝生于左，肺藏于右”（《素问·刺禁论》）之谓。肝之左升，肺之右降有序，则赖于中央脾胃通上彻下，斡旋阴阳。水火相交、肝升肺降之协调，皆基于脾胃为枢，黄坤载谓：“水宜浮而火宜沉，木宜升而金宜降，土居中皇，是为四象转运之机。”

（3）脾脏广泛的功能体现

脾可援心神抗邪，神虽由心主，但脾“在志为思”，且其化生的水谷精微是心神活动的物质基础；脾可助肝清内御邪，肝藏血主疏泄，但肝血源于脾土所化之精微，同时脾居中焦主升，对“肝升”具有促进作用，此乃肝脾同升之意；脾可帮肺主卫外，肺宣发的津液和卫气均来源于脾胃所运化的水谷精微；脾可促肾化元气，肾为先天之本，“五脏之阴气，非此不能滋，五脏之阳气，非此不能发”，后天养先天，肾所藏“后天之精”全赖脾胃运化的水谷精气所化，津液虽由肾所主，但其源于脾胃，且其代谢亦受脾运化之制；脾升胃降以和，脾之与胃，以膜相连，经脉络属，表里相关，纳运相合，燥湿互济，升降相因，胃降必赖于脾之升运，脾不升运，胃浊必停于中；脾与小肠相通，小肠主液，而液源于脾运化之水谷精微，小肠别浊，与脾升密切相关，脾气不升可致腑气不降；脾在体合肌肉，主四肢，脾运化水谷，化生气血，充养肌肉和四肢。

2.1.2 脾弱则易发病

有终必有始，有始未必有终。空间中寓时间，时间中亦寓有空间，时间与空间是统一的。与空间相比，中医学更重视时间，亦即动态性、过程性，此乃“上守神”之意。时间是通过气化来实现的，气化的形式（升降出入运动）表现为空间。

“正气存内，邪不可干”，“邪之所凑，其气必虚”。亚健康能否发生及转归，正气的强弱是关键，正气不足是产生亚健康的内在依据。而正气源于水谷精气，亦即李东垣所论的胃气、元气。胃气和元气的盛衰，又与脾之功能强弱有内在联系，脾旺则正气充盛，脾弱则正气不足，因此，“内伤脾胃，百病由生”。从空间上看，亚健康具体发生于哪个脏腑，也与脏腑本身的正气强弱有关。脾为后天之本，充养全身，脏腑局部之正气亏虚，亦与脾藏有着密切的联系。疾病发生以后，从时间上讲，其发展变化也是以正气强弱为依据的，正气强，则亚健康向着健康方向发展；正气弱，则功能性的疾病向着器质性的疾病方向发展。因此，脾的功能失常是诸多疾病发生发展的终始。

2.2“阴阳自和”是治未病中的“未病先防”的一个法宝

阴阳自和，是指阴阳双方自动维持和自动恢复其协调平衡状态的动力和趋势。对生命体来说，阴阳自和是生命体内的阴阳二气在生理状态下的自我协调和在病理状态下的自我恢复平衡的能力。

阴阳自和的概念，脱胎于中国古代哲学中“阴阳贵和”的思想。“阴阳自和”一词，在古代哲学著作中，最早见于东汉王充的《论衡》；在中医学著作中，最早见于东汉张机的《伤寒论》。中国古代哲学中，“阴阳贵和”思想由来已久。这种朴素的哲学思想，渗透中医学中，用以“类比”人体内的阴阳双方，认为人体阴阳二气的运行也应协调有序，方能维持人体生命活动的正常进行。若因某种原因导致阴阳双方失去了协调平衡，称为“阴阳失调”，则标志着机体的生命活动存在着某种程度的失常而进入疾病状态。故《素问·生气通天论》说：“凡阴阳之要，阳秘乃故，两者不和，若春无秋，若冬无夏，因而和之，是谓圣度。故阳强不能秘，阴气乃绝；阴平阳秘，精神乃治；阴阳离决，精气乃绝。”

基于上述的认识，推知人与天地相应，人体内的阴阳二气的运动与自然界的阴阳二气的变化相通应。故人要健康长寿，与天地同在，就必须遵循自然界阴阳二气的运动变化规律来调节自身的阴阳二气的运行，以与天地阴阳二气相同步并融为一体。这样人们可以通过自我的修身养性并结合中药调养、针灸、推拿、及气功导引、食疗等，并以遵循自然界阴阳二气的规律来调养心身，从而使人体自身的阴阳二气达到协调共济，一身通泰。因而抵抗疾病的能力增强而较少得病。

3 “治未病”及“既病防变”主要可从以下方面理解

3.1 治未病当应先健脾

脾居中央，灌溉四旁，生命之生生不息，源于脾所化生的水谷精微的不断供养。故《素问·生气通天论》有“谨和五味，骨正筋柔，气血以流，腠理以密，如是则骨气以精，谨道如法，长有天命。”脾得健运，则气血阴阳调和，人自健康无病。健脾指运用药物或非药物手段恢复脾脏正常功能的治疗方法。健脾包括对一切脾病的治疗，含虚实之疾在内，它不同于补脾，补脾仅适于虚证。善养生者，首当饮食有节，慎和五味，兼以适寒暑、节劳役以养脾。即《素问·上古天真论》所谓：“法于阴阳，和于术数，食饮有节，起居有常，不妄作劳。”相反，若“以酒为浆，以妄为常，醉以入房”，则脾气败伤，精气日亏，脏腑经络日损，肌肉形体日削。则“半百而衰也”。 脾为正气之源，养脾自可养正气，正气充足，形气相得，虚邪贼邪自不能独伤人。即仲圣所云：“四季脾旺不受邪”。李东垣在《内经》的启迪下大倡“百病皆由脾胃衰而生”的重要理论，认为“脾胃既和，谷气上升，春夏令行，故其人寿。”相反，“大抵脾胃虚弱，阳气不能生长，是春夏之令不行，五脏之气不生”（《脾胃论》），易群病峰起。

3.2 情志相胜疗法是治未病的一种重要的方法和手段

情志化生于五脏精气，如《素问·阴阳应象大论》说：“人有五脏化五气，以生喜、怒、悲、忧、恐。”五脏分别归属于五行，而五行具有生克运动规律，故情志之间也具有相互克制和相互制约的关系。如如《素问·阴阳应象大论》说：“怒伤肝，悲胜怒；喜伤心，恐胜喜；思伤脾，怒胜思；忧伤肺，喜胜忧；恐伤肾，思胜恐……”那么，根据情志之间的相胜之理，临床上可激发病人产生新的有利的情志活动，以矫治其有害的情志变化，这就是情志相胜的心理疗法。张子和将情志的五行相胜理论应用到临床实践中，开“以情胜情”以矫治不良情志之先河。他在《儒门事亲》中说：“悲可以治怒，以怆恻苦楚之言感之；喜可以治悲，以谑浪亵狎之言娱之；恐可以治喜，以恐惧死亡之言怖之；怒可以治思，以污辱欺罔之言触之；思可以治恐，以虑彼志此之言夺之。”

然而，在运用情志相胜疗法的临床实践中，应做到具体情况具体分析，切记不可机械、教条。这是因为情志之间的相互制约实际上是复杂的、多维的，一种情志可对几种情志起制约作用，而一种情志也可被几种情志所制约。如喜对悲、忧、思、恐、怒皆有制约作用，恐对喜、怒、忧、思也都有制约作用，这些都被前贤的医疗实践所证实。故而在运用情志相胜疗法时，既要遵循情志之间的五行相胜规律，又不可死搬硬套某一模式。

3.3“既病防变”亦当从健脾作为切入点

从健康到疾病是一个质变过程，亚健康是二者之间的一个中介状态。此时，虽缺乏疾病典型临床表现，但体内病机因子已经活动，出现了阴阳的偏盛偏衰，处于欲病而未发作的“潜证”阶段。若能早期发现，早期治疗，即可把疾病消灭于萌芽状态。亦即《素问·八正神明论》所云：“正邪者，……其中人也微，故莫知其情，莫见其形。上工救其萌芽，必先见三部九候之气，尽调不败而救之。”对于亚健康的治疗，关键在于实脾，脾健正胜则病退，脾虚正负则病进。因亚健康状态邪气尚轻，正气尚强，实脾能充分发挥脾的抗邪作用，如等到疾病末期去治疗，由于长期邪正斗争，一方面正不胜邪而邪气深入，另一方面正气与邪气长期相争而耗损消残，出现“半死半生”局面。这一点同时也说明，在临床中凡是遇到病情复杂、隐蔽、或多方面相互牵涉的多级复合证时，会有一个起决定和影响作用的症状，而其他症状大多是随着这一症状的产生而产生，随着这一症状的转变而转变，意即主要矛盾决定着次要矛盾，解决了主要的矛盾，次要矛盾随之而解。而《素问·藏气法时论》载“毒药攻邪，五谷为养，五果为助，五畜为益，五菜为充，气味合而服之，以补精益气。”说明治病必须依靠脾运化五谷、五果、五畜、五菜等富含营养的食物以补精益气，培补正气，驱除病邪。故此说明脾在许多疾病的发生、发展与治疗的过程种占据着主要矛盾的地位。

3.4 五行制化与胜复对制定疾病的防治原则具有重要的指导意义

人体的五脏功能因五行的生克关系而联结为一个有机整体，任何一脏的功能发挥，必然受到其他四脏的资助或制约，因而五脏之中的某一脏有病，可通过母子相及和乘侮等传变形式影响到其他四脏而导致其发病。要控制五脏病证的传变和发展，可根据五脏病证的制化与胜复等规律，及早采取阻止病证传变的措施，预防五脏病证的传变。而控制五脏病证传变的最佳措施，是控制住和处理好原发病之脏的病势，此乃根本之图；然后再根据五行的母子相及和乘侮传变规律，预测其可能累及的脏，并同时给以或补或泻的处理，以阻断病证的传变和发展。

然而，无论是“脾统四脏”，“既病防变”把健脾作为切入点，还是五行的母子相及和乘侮等传变，皆不能完全概括说明五脏病变的相互影响。这些观点，笔者认为它仅是古代先贤对病证的一个角度的认识或经验，仅是发掘出了疾病的矛盾的一个方面。当然，这些今天对我们临床工作至今有着重要的指导意义的理论，由于限于其本身的和历史局限性，他不可能完全说明五脏之间的各种生理联系，也不可能详尽地阐明五脏病变的相互传变规律。并且疾病的发生发展是复杂多变的，不可能完全按照此母子相及和乘侮的传变模式去发展变化。如《素问·玉机真藏论》就有“然其卒发者，不必治于传，或其传化有不以次”之说；再如张机发现的伤寒病的六经传变规律，叶桂创立的温热病的卫气营血传变规律等，却是在临床实践中总结出来的某类具体疾病的传变规律。据此，我们研习中医的后学者在临床应用五行学说来阐释疾病的病理变化时，不可拘泥于此母子相及和乘侮传变模式，而应当了解母子相及和乘侮传变，其病证有虚有实；在阐释母子相及和乘侮传变时，应与精气、阴阳学说结合应用；判断母子相及和乘侮传变的轻重逆顺，应具体情况具体分析，不可仅以五行相生次序的逆顺来区分病势的轻重，推测预后的良恶。更应发现和总结出新的能说明疾病传变规律的模式来。

3.5 注重显证—半隐证—隐证这组矛盾的关系

中医病因学的原始病因与继发病因，体现了病因的动态观，这种动态观是将先贤名医知微见著的高超诊疗手法和提倡“治未病”的具体升华，笔者始终将其理解为：一是它揭示了在疾病的发生发展过程中，致病因素作用于人体，使人体发生病理性改变，并产生某些病理产物，在一定条件下，这些病理产物（如：水湿痰饮、瘀血、结石、增生等等），又可作为一种致病因素直接或间接作用于人体某些脏腑组织器官，导致脏腑组织功能失调而引起新的病理变化，形成各种新的复杂的症候。那么，就要求医者在辨析复合症候尤其是在区分某些多级复合证的各个子项证候之主次时，绝不可被症状表现的明显与否所左右，因为尽管是临床十分突出的“显证”也并非是全部都是该复合证的主流所在，反之，有时在多级复合证中起主观作用或决定作用的或即将发挥主导作用的证候都是目前症状尚不明显或并不十分突出的隐证或半隐证。所以，在进行多级复合证的本证辨析时，必须注意在明显的证候方面，还可能潜存着更为重要的，但因其症状目前尚不明显，表现还不突出而易被医者所忽略的某种潜隐性证候；二是它同时揭示出了疾病发展过程中，其有固定的阶段性，并在一定程度上提示可能出现的定向演进或易趋性，从而使医者及时考虑采取“先安未受邪之地”等预防性或阻断性治疗措施，以尽可能地阻止或减少了各种严重性的继发性证候。

3.6 普及民众的健康知识和行为方式，拒绝伪科学的诱惑，杜绝医疗上不良行为

健康知识和行为方式是影响人们健康的重要因素，政府应当通过“治未病”文化传播和知识方法的普及，增强人们的健康意识和应用“治未病”知识方法自主改善生活方式和健康相关行为的自觉性；通过建立广覆盖的健康状态信息网络，为群众提供全面的、连续的中医特色预防保健服务。

（1）防止过度医疗

“过度医疗”有两种不同的情况：一种是因病人强行索求所致，其中最突出的表现是点明用药，点名检查。而另一种则是医务人员为某种目的如增加经济收入而有意为之。过度医疗并非只是浪费医疗资源那么简单，更主要的是它会对人们的身心健康造成伤害。不该做的检查做了，如果是有创的，还要再承担肉体上的痛苦；不该用的药用了，可能因为药物的毒副作用造成脏器损害、成瘾依赖，甚至致残、致死等。

（2）正确认识抗衰老的中药

a. 方无大小，药不在贵贱，只要能治了病，便是好方好药。人参能吃死人，大黄也可救活人。方药必须与病证相附，才能治病疗疾，才能让人类益寿延年，否则弄巧成拙，反成其害。药物若孤立地看待，仅具有单纯的一般属性，也就是说，独具特色的中医学理论体系势必亦决定了其相关药用的独特性。当中药离开了中医学理论的指导，违背了理、法、方、药一线贯穿和君、臣、佐、使的原则，不顺从升降浮沉和气味归经之趋向及不晓药物的剂型剂量改换的应变时，它就如同商品离开了流通领域后一样，也就再不是“药”了，而应将其理解为是原有的植物、动物、矿物或生物的所固有的属性而已。只有当它们形成一定的组合时，其整体则由于药物与药物之间相对稳定的联系，而产生新的复杂意义。

b. 人体衰老是一系列生理、病理过程综合作用的结果，其机制极为复杂，至今人类衰老之谜仍未完全揭示。长期以来，“脏腑学说”一统天下，因此一味的从补益药中寻求延缓衰老药物是不科学的。如历代帝王为延年益寿，虽遍服补品但能长寿者也寥无几人！据研究发现，此类保健制品，大多数是把中草药当作天然之物进行研究，多以单味药为主或通过药物筛选组成小复方，提取有效成份，然后添加于以往一般产品之中，此类东西虽然标有中医药学概念的功能，但在使用上都是对西医学概念的功能；仅以处方中各味药的理化性质和药理性质为基础，违背了中医学的以上所述之概念。

c. 立方遣药，必须遵循理法方药和君臣佐使的原则。要掌握升降浮沉和气味归经之趋向，同时还要通晓药物的炮制和剂型剂量的改换。也就是“药有个性之长，方有合群之妙用”，药物通过配伍，还可以改变原有的功能，使之更符合病情的需要，或者能够调和偏胜、制其毒性，能消除或缓和对人体的不良影响，组药成方既不是“头痛医头”，“足痛医足”，也不是把药物进行简单堆砌，而必须是在辨证审因、确定治法的基础上，根据药物的性味、归经、功用，按照一定的组成原则而选定药物、妥善配伍。笔者将其寓之为

医为枪，药为弹，枪弹不可分家。比如："何首乌"一药生用能泻下通便，制熟后则失去泻下作用，而专补肝肾，壮骨乌须黑发之效。又如"麻黄"能发汗解表，宣肺平喘，生用则长于发汗，蜜制则辛散发汗之力受到制约而偏于平喘。再如"小承气汤"与"厚朴三物汤"；"四逆汤"与"通脉四逆汤"这两组方虽然药物的组成是相同的，但由于用量不同，药物间君臣佐使的配伍关系被改变，随之方剂的主治、病机、功用亦随之改变。那么，以上诸类的所谓保健用品是否遵循中医药这一特异的理论不得不让人置疑了。

笔者同时还认为人类健康与长寿之奥秘关键是在于其身体机能状态的良性循环的可持续性建立，而内外环境因素的相互制约与协调应是身体机能状能否始终成为良性持续循环的先决条件和主要因素。这里的外环境因素单从狭义上讲，是指人的心理情志和参与社会活动时的个体特有行为以及在接受保健和疾病治疗过程中因条件和诊疗技术之不同而言；内环境因素其不乎人体的脏腑器官、经络百骸、气血津液等有形实体。先从外环境因素而讲，由于人类乃是地球上进化层次最高的动物，层次越高，运动形式亦就愈复杂。复杂的运动形式所产生出的喜、怒、忧、思、悲、恐、惊等情志表现较之其它任何动物一方面要强烈的多也丰富的多，另一方面也反映人类的精神心理应急与应激能力特别强！而这种应激的主观能动性又会反过来产生出有害的生活方式、消极态度或亢奋情绪，从而必不可免地导致和促使身体机能状态趋向于恶性循环方向上发展。它能让人体比如神经、内分泌、免疫功能、合成代谢功能以及主要脏器机能均受影响，呈现一系列生理平衡破坏进而成为病理改变，出现衰老征象。

综上所述，中医"治未病"这在今天看来它确实是历史与现实的对应，具有非凡的生命力和前瞻性，具有时代的先进性，具有唯物辩证法的思想品格。因此，加强"治未病"研究，深刻理解和不断丰富发展其理论精髓及科学内涵，全面挖掘、系统总结长期以来我国劳动人民和历代医家积累的丰富"治未病"经验，通过实施"治未病"健康工程，大力开展"治未病"服务，对解决人类的疾病预防控制和卫生保健问题，促进中医药事业的更大发展都具有十分重要的战略意义。

突出中医特色，科学构建亚健康学科体系

（何清湖　樊新荣　刘朝圣　湖南中医药大学）

随着社会的发展，虽然先进的药物和诊疗仪器不断出现，人类的寿命不断延长，病死率不断下降，但人群中有不适感觉的"病人"却越来越多。亚健康研究就是在这种形势下应运而生的。但是，正如王永炎院士所讲"亚健康是一个新问题，目前国内还少有同类书出版。国外一些保健类的实用书和其他书，以及国内一些医学书涉及了部分亚健康问题，但不尽全面、系统"。基于此，本文特就突出中医特色，科学构建亚健康学科体系做一阐述。

1　科学构建亚健康学科体系的必要性

1.1　医学模式的转变与健康概念的新认识需要

随着社会的发展和科学技术的进步，人们完全突破了原来的思维模式。世界医学模式也发生了转变，从原来的"纯生物模式"转变为"社会——心理——生物医学模式"，使得西医学从传统的"治疗型模式"转变为"预防、保健、群体和主动参与模式"；另外，世界卫生组织对健康提出了全面而明确的定义："健康不仅是没有疾病和虚弱，而且是身体上、心理上和社会适应能力上三方面的完美状态。"从而使对健康的评价不仅基于医学和生物学的范畴，而且扩大到心理和社会学的领域。由此可见，一个人只有在身体和心理上保持健康的状态，并具有良好的社会适应能力，才算得上是真正的健康。而随着人们观念进一步更新，"亚健康"这个名词已经越来越流行，你有时感觉心慌、气短、浑身乏力，但心电图却显示正常；不时头痛、头晕，可血压和脑电图没有什么问题，这时你很可能已经处于"亚健康"状态。所以，"亚健康"是指人体介于健康与疾病之间的边缘状态。值此，不单是孤立追求身体健康，而是追求"顺应自然——身心健康——适应社会"这样一种整体和谐状态模式的中医学日益受到重视。中医学发展的模式涵盖了健康、亚健康、疾病状态下的各个过程，它反映了人类对完美人生的追求。因此，抓住契机，与时俱进，突出中医特色，科学构建亚健康学科体系为当务之急。

1.2 社会发展与疾病谱变化需要

目前由于社会发展，人们生活水平的提高，寿命不断延长，老龄化问题日益突出，老年人常见疾病如高血压、冠心病、糖尿病及高血脂症等倾向症状表现日益突出；随着竞争的日趋激烈，人们用心、用脑过度，身体的主要器官长期处于入不敷出的非正常负荷状态，一是引发急慢性应激直接损害心血管系统和胃肠系统，二是引发脑应激疲劳和认知功能下降，三是破坏生物钟，影响睡眠质量，四是免疫功能下降，导致恶性肿瘤和感染机会增加；还有如水源和空气污染、噪声、微波、电磁波及其他化学、物理因素污染对人体的心血管和神经系统、消化系统等都会产生不良影响，这些是防不胜防的健康隐性杀手与新疾病谱的不同源泉；城市里高层建筑众多、交通拥挤、住房紧张、房间封闭、办公场所过于狭小等，均可使空气中负氧离子浓度降低，长期处于这种环境，人体血液中氧浓度和组织细胞对氧的利用率都会降低，进而影响组织细胞的正常生理功能，从而使人感到心情郁闷、烦躁不安等。概言之，随着社会发展和国人疾病谱的转变，生活方式病和慢性病日趋占主导地位，迫切需要有效地对亚健康进行深入研究与指导，但现状是缺乏适合国情、被国民普遍接受的亚健康全面而系统的知识。故此，突出中医特色，科学构建亚健康学科体系为利国利民之举。

1.3 国家宏观卫生政策的转变需要

党和国家提出提高健康素质、人人均享有医疗和保健的总方针，并提出医疗保健工作的战略前移和重心下移。战略前移：就是抓预防、治未病，真正贯彻“预防为主”的方针。以一、二级预防为重点，以疾病发生的“上游”入手，增进健康意识，改变不良生活方式与行为。加强健康的监测、预测、管理与促进，预防重大疾病的发生。重心下移：主要是将卫生防病保健工作的重点放在社区、农村、社团和家庭。加强基层卫生机构建设，健全医疗卫生服务保障体系，提高医疗保障的覆盖面。随着国家宏观卫生政策的调整和民众健康意识的提高，以及伴随着国家卫生事业的发展和进步，亚健康事业的机遇和挑战日渐凸现，压力和困惑也应运而生。这也要求我们卫生工作者应从国情出发，站在历史责任感的高度，积极响应党和国家号召，有计划、有组织、有系统地努力突出中医特色，科学构建亚健康学科体系。

1.4 中国亚健康状态的流行现状需要

据王月云等等撰文中国国际亚健康学术成果研讨会公布的数据：我国人口 15 %属于健康，15 %属于非健康，70 %属于亚健康，亚健康人数超过 9 亿。中国保健科技学会国际传统医药保健研究会对全国 16 个省、直辖市辖区内各百万人口以上的城市调查发现，平均亚健康率是 64.00 %，其中北京是 75.31 %，上海是 73.49 %，广东是 73.41 %，经济发达地区的亚健康率明显高于其它地区。据傅善来等介绍世界卫生组织一项全球性调查报告全世界真正健康者仅占 5%，找医生诊病者占 20%，剩下的 75%就是属于亚健康者。张梅珍[5]介绍我国卫生部对 10 个城市上班族调查，处于亚健康的人占 48%以上，沿海城市高于内地，脑力劳动高于体力劳动。2005 年 4 月 8 日在北京举办的“21 世纪中国亚健康市场学术成果研讨会”提供的有关统计资料显示[6]，在我国，约有 15%的人是健康的，15%的人非健康，70%的人呈亚健康状态，且处于亚健康状态者年龄多在 20～45 岁之间，亚健康状态也是很多疾病的前期征兆，如肝炎、心脑血管疾病、代谢性疾病等等。随着社会经济的发展，生活环境的变化，今后还将呈上升趋势，并将严重影响人们的生活质量和工作效率[7]。因此，突出中医特色，科学构建亚健康学科体系，积极干预和调治亚健康状态，对于预防疾病的发生，提高人们身心健康水平与生活质量均具有重要意义。

1.5 中医特色有利于科学构建亚健康学科体系

面对亚健康状态，一般西医的建议都是以改善生活或工作环境为主，如合理膳食、均衡营养以达到缓解症状目的，但是需要的时间比较长，且依赖个人的自律。而中医的特色在于可以不依赖西方医学的检测，只根据症状来治疗。它的理念是“整体观念，辨证论治”，随着被治疗者的年龄、性别、症状等的不同，治疗的方法也各不相同。更强调把人当做一个整体，而不是“头痛医头，脚痛医脚”。因为亚健康状态本身就是一种整体功能失调的表现，所以中医治疗有独到之处。中医理论认为，健康的状态就是“阴平阳秘，精神乃治”，早在《内经》中就有“不治已病治未病”的论述，因此调整阴阳平衡为让人摆脱亚健康状态的总体大法。从健康到亚健康再到疾病是个连续的渐进的过程，亚健康状态的预防包括两层含义：从亚健康到健康的扭转和从亚健康到疾病的预防。在这方面，中医强调“治未病”的思想，正如《素问·四气调神大论》所说：“是故圣人不治已病治未病，不治已乱治未乱，此之谓也。夫病已成而后药之，乱已成而后治之，譬犹渴而穿井、斗而铸锥，不亦晚乎？”其次，中医认为健康的生活、行为、工作方式是提高生命质量，预防“亚健康”和疾病的根本方法。其主张的饮食有节、起居有常、条畅畅情志、劳逸适度等养生之术即是对其高度的概括。如《素问.上古天真论》云:“虚邪贼风,避之有时；恬淡虚无,真气从之；精神内守,病安从来?”告知人们养生之道应注意生活起居,保持良好的生活态度,则可预防疾病、保健身体。

总之，社会需求是任何学科和产业发展的第一推动力，因此，近几年来亚健康研究机构和相关服务机构应运而生，蓬勃发展。但由于亚健康学科总体发展水平还处于起步阶段，所以目前的客观现状是亚健康服务水平整体低下，亚健康服务手段普遍粗糙，亚健康服务管理总体混乱，亚健康专业人才严重匮乏。尤其是亚健康专业人才的数量匮乏和质量低下，已成为制约亚健康事业发展的瓶颈。而这些问题的存在，其根源皆在于没有科学地构建出亚健康学科体系。笔者认为，科学的学科体系是一个学科发展的一切前提。而亚健康学科体系的构建，是一个全新的课题，没有任何经验可以借鉴。因此，突出中医特色，科学构建亚健康学科体系是对亚健康事业与研究的一种开拓性探索。

2 亚健康学概述

2.1 亚健康学的概念

亚健康状态是一种人体生命活力和功能的异常状态，不仅表现在生理功能或代谢功能的异常，也包含了心理状态的不适应和社会适应能力的异常，其最大的特点就是尚无确切的病变的客观指征，但却有明显的临床症状。这种处于健康和疾病之间的状态，自20世纪 80 年代被前苏联学者称为“第三状态”这个新概念以来，得到国内越来越多学者的认同与重视，并将其称之为“亚健康状态”。临床上常出现以疲乏无力、精力不够、肌肉关节痠痛、心悸胸闷、头晕头痛、记忆力下降、学习困难、睡眠异常、情绪低落、烦躁不安、人际关系紧张、社会交往困难等种种躯体或心理不适为主诉来就诊的人群，通过运用现代的仪器或方法检测却未发现阳性指标，或者虽有部分指标的改变，但尚未达到西医学疾病的诊断标准。亚健康是指人在身体、心理和社会适应能力方面出现各种不健康的问题，有可能向疾病发展的一种过渡状态，主要表现在三个方面，即身体亚健康、心理亚健康和社会适应能力亚健康。亚健康是一个新概念，“亚健康”不等于“未病”，其是随着医学模式与健康概念的转变而产生的，而“未病”的概念是与“已病”的概念相对而言，即非已具有明显症状或体征的疾病，亦非无病，而是指机体的阴阳气血、脏腑功能失调所导致的疾病前态或征兆。因此未病学主要讨论的是疾病的潜伏期、前驱期及疾病的转变或转归期等的机体变化。其宗旨可概括为“未病先防、既病防变”，从这一点上看可以说中医“未病”的内涵应当是包括了亚健康状态在内的所有机体阴阳失调但尚未至病的状态。总体上讲，亚健康学是运用中医学及现代医学与其它学科的理论知识与技能研究亚健康领域的理论知识、人群状态表现、保健预防及干预技术的一门以自然科学属性为主，涉及心理学、社会学、哲学、人文科学等多个领域的综合学科。

2.2 亚健康学的研究对象 处于亚健康状态的人群。

2.3 亚健康学的研究思路

亚健康状态不仅仅是一个医学问题，它还涉及了心理学、社会学、哲学、人文科学等多个知识领域。因此，在亚健康诊疗中突出中医特色的同时，必须采取综合、开放的态度，把社会医学、医学心理学、行为科学、医学伦理学、预防医学、营养学、现代检测技术等一切有利于亚健康研究的知识融入进来，以拓宽对亚健康的诊断方法、技术、干预原则、干预种类、干预途径等应用，以有利于亚健康状态的早期诊断、早期干预。另外，建立健康的生活方式和行为习惯，也是防治亚健康状态的关键所在之一；开展全民健康教育活动，更新健康理念，挑战不良生活行为，也是突破亚健康、实现真健康的重要举措。目前大力倡导“健康四大基石”，即做到平衡心理、合理膳食、适量运动、戒烟限酒，主要还是从健康生活方式做起，发现存在的主要卫生问题和健康危险因素，及早采取预防措施干预亚健康状态。

2.4 亚健康学的归类

亚健康学不仅仅是一个医学问题，它是以自然科学属性为主，兼有人文科学特性和自然科学属性的交叉产物。涉及心理学、社会学、哲学、人文科学等多个领域的一门综合学科。

3 亚健康学科特点

3.1 突出中医特色

亚健康者大多以个人感受为主，处在亚健康状态的人体检无阳性体征，各种实验室检查多为阴性，在诊断上有一定难度，而中医学对人体的认识论、方法论区别于现代医学的最显著特点,就是注重研究人体的功能反映状态。现代医学所着眼的重点是治“病”,而中医所着眼的重点却是不同的个体生理特征(体质)与病理反应状态(证型)。中医既重视疾病的共性,也重视人的个体差异,既治“病”,更治处于自然和社会中的“人”。它通过望闻问切对就诊者所有的有异于健康状态的外在反应和表现如症状、体征、舌苔、脉象等进行归纳、分析,运用自己独特的理论体系判断“阴阳、气血、脏腑所偏”,并应用相应的治疗手段和药物进行纠偏以使其回归“阴平阳秘,脏腑气血调和”的健康状态。尤其治疗方法的多样化,更能灵活体现对亚健康状态的综合治疗理念:亚健康状态的临床表现形形色色,复杂多变,也因社会环境、文化差异、家庭背境、教育、年龄、性别等不同因素而有所不同。对于亚健康状态的调治,中医学针对不同情况有着极其丰富的调治方法,面对亚健康状态预防及治疗上的广谱需求可谓游刃有余。中医学在长期的临床实践中,总结了调摄情志、适度劳逸、合理饮食、谨慎起居等养生调摄之术,形成了食疗、针灸、推拿、气功、导引、心理、音乐、内服与外用药物治疗等多种调治方法,正所谓“杂合以治,各得其所宜”(《素问·异法方宜论》)。对于心理情感、生活交往异常者,则可以“告之以其败,语之以其善,导之以其所便,开之以其所苦,虽无道之人,恶有不听者乎”(《灵枢·师传》)。对于不同的躯体症状可以“补其不足,损其有余”(《灵枢·邪客》),采用食疗、针灸、推拿、药物干预等方法使其所“偏”归于“平”、归于“和”。因此,在亚健康学科体系建设中中医特色必须突出。

3.2 突出“三结合”

首先,基础与临床相结合。在亚健康学科建设中,我们应以突出中医特色为基石,撷取中西医之长,注重基础与临床相结合,系统地阐述亚健康的病因病理、临床表现、诊断方法,干预方法等,力求内容全面充实,叙述严谨准确,力争反映最新理论和最有效的干预方法,使之具有较强的科学性和实用性;其次,理论与技能相结合。理论一般是概括的、抽象的,甚至是难以理解的。所以亚健康学科建设时,必须结合实际技能对抽象的理论加以说明,则可达到深入浅出的效果;第三,传统与现代相结合。中医不能厚古薄今,现代医学也不能厚今薄古,要相互渗透,相互借鉴,取其所长,补己之短。科学方法与技术无国界之分,亚健康学科体系建设中也不应强囿于中医与现代医学之别。

4 亚健康学科建设具体结构

本学科建设所涉内容应适用于亚健康人群、普通读者与一般医务工作者。具体结构涵盖以下十门类:

(1)《亚健康学基础》,为亚健康学科体系的主干内容之一。系统介绍健康与亚健康的概念、亚健康概念的形成和发展、亚健康的范畴、亚健康的流行病学调查、未病学与亚健康、亚健康的中医辨证、中医保健养生的基本知识、亚健康的检测与评估、健康管理与亚健康、亚健康的综合干预、亚健康的研究展望等亚健康相关基础理论。

(2)《亚健康临床指南》,为亚健康学科体系的主干内容之一。针对亚健康人群常见症状、各种证候群和某些疾病倾向,介绍相对完善的干预方案,包括中药调理、饮食调理、针灸调理、推拿按摩、运动调理、心理调理、音乐调理等。

(3)《亚健康诊疗技能》,为亚健康学科体系的主干内容之一。介绍临床实用的亚健康诊疗技能,如各种中医常见诊断方法、常用心理咨询的一般理论与方法技巧、各种检测仪器与干预设备、针灸、火罐、水疗、推拿按摩、刮痧、整脊疗法、气功等。

(4)《亚健康中医基础理论》,为亚健康学科体系的辅修内容之一。系统介绍中医的阴阳学说、五行学说、气血津液学说、脏象学说、病因病机学说、体质学说、经络学说、治则与治法、预防和养生学说、诊法辨证等中医基础理论。

(5)《亚健康方药学》,为亚健康学科体系的辅修内容之一。着重介绍与亚健康干预关系密切的常用中药和常用方剂的功效、主治、适应证及注意事项等。

(6)《亚健康药膳与食疗》,为亚健康学科体系的辅修内容之一。以《中医药膳学》为基础,重点介绍常见亚健康状态人群宜用的药膳或食疗方法及禁忌事项。

(7)《保健品与亚健康》,为亚健康学科体系的辅修内容之一。介绍亚健康保健品的研发思路及目前市场常用的与亚健康相关的保健品。

(8)《足疗与亚健康》,为亚健康学科体系的辅修内容之一。着重介绍亚健康足疗的基本概念、机理、穴位、操作手法及适应的亚健康状况。

(9)《亚健康产品营销》,为亚健康学科体系的辅修内容之一。介绍一般的营销学原理、方法与语言沟通技巧,在此基础上详细介绍亚健康产品营销技巧。

(10)《亚健康管理》,为亚健康学科体系的辅修内容之一。包括国家的政策法规，亚健康服务机构的行政管理，亚健康服务的健康档案管理等。

总之，突出中医特色，科学构建亚健康学科体系有利于亚健康事业的又快又好发展，将对亚健康研究起到核心推动力作用。没有科学的学科体系作基础、作灵魂，其它培训与机构建设等不可能持续健康发展。

参考文献：略

退缩回归平衡免疫疗法治未病

（赵徕淋　山西省壶关县医院）

“退缩回归”是当今环境保护，平衡生态，回归自然的新理念。“治未病”是目前医学界探索的焦点，二者之间在主、客观上是否有着偶、必然的内在联系呢？这个问题不是现在有人会想到，而是700多年前就有人已经做到。

金元时代，医学界以攻下派为代表的张从正，在连年争战，饥不饱食，传染病流行的恶劣社会背景下，应用攻下法，挽救了中原人民的人数仅次于当时战争死亡人数而声威大振，被誉为金元四大家之一流传千古，更可贵的是总结概括出“陈莝去而肠胃洁、癥瘕尽而荣卫昌，不补之中有真补存焉”哲理名言。很显然，这是一套从理论到实践完整的医学创作。数千年来，一直积极地指导着医学发展。现在只有正确理解攻下法的内涵，才是发扬光大为今所用的前提。概而言之，“只有攻去肠胃中糟粕才能使其清洁；只有清洁的环境，气血生成才能清鲜昌旺，祛病抗邪；肠胃净、气血充，自然百病不生”，“退缩、平衡、免疫”理通意顺，也可以理解为“积极消除人体污染，是提高生活质量，消灭疑难病症，延年益寿，尽其天年”。

而今社会背景不同，张大师的攻下法是否可以应用，让事实来回答这个问题。随着社会的发展，生活水平的提高，高脂肪、高蛋白，精细粮食的摄入，致使胃肠气滞，里急后重，蠕动缓慢，努责难下，股柱固瑟，数日一解等，从而导致不规则大便产生，从而脂肪大量沉积于皮下与脏腑组织之间。血液也同时发生质的变化，全血黏度，血浆黏度，红细胞压积，血小板聚积率和血脂等增高。常常从童年开始，经数十年潜伏，至中年或老年才发病，而发病则多为阻塞占位性疾患。疑难无法治疗，多半被夺去性命。诸如高血压，脑中风，冠心病，糖尿病，脂肪肝，骨坏死，肿瘤等。根据大量临床资料表明，80%以上患者均有长期不规则大便病史。

循张从正攻下法理论，集通腑泄浊，理气活血之品为组方，浓缩后制成“安生丸”颗粒，中长期服用能促进大小便排泄，以及痰、汗、涕、泪、眵、皮脂等代谢性产物增量外排，使沉积于体内的陈莝、癥瘕排出出体；旨在净化血液，消障清脂，疏通经脉。

该颗粒临床疗效十分奇特：一脑出血女性患者，45岁，深昏迷50余天，眶上反应消失，鼻饲给药后，再生康复；一肾癌男性患者，右肾切除后存活8年之久；一骨癌男性患者，左股骨坏死，手术切除后骨质迅速再生。糖尿病痊愈，胃溃疡修复，肝囊肿吸收，尽管用药时间长短不一，但完全归功于服用“安生丸”颗粒每日2～3次排便之效。

谈到预防，其效更佳，一青年女学生，年方20岁，大学就读，每日头痛，郁闷、心烦不安，并且月经失调，成绩多门功课不及格，3～5日大便一次，服用“安生丸”颗粒后每日保持2～3次大便，除上述症状全部消除外，每门功课均超80分以上，由原来的怕泄泻，不愿接受治疗，变现在的不愿脱离；一老汉82岁，30年前患胃溃疡，每年三次胃出血，日排便数次，但努责难解，经吃“安生丸”颗粒20余年以来，每日保持二次畅便，不但溃疡治愈，而且返老还童，田间劳作不减当年。

典型病例，枚不胜举，真乃预防治疗双丰收。为继续发扬张大师的真知灼见，我把该疗法称作“退缩回归平衡免疫疗法”，并且以“一种治疗高黏血症的药物及其制备方法”为题申请国家发明专利，专利号：ZL98126299.6。

这里需要大声疾呼的是：全民族要提高忧患意识，不要等发病了才去治，一定要在未病前就预防。“退缩回归平衡免疫疗法”是一种有效的治未病的疗法。

未病不简单等于亚健康

何丽云　刘保延

健康与亚健康状态研究是 21 世纪人类健康和疾病预防研究领域的热点问题。在过去相当长的时间内，人们只是关注对疾病认识、诊断和治疗方面的研究，而忽略了健康与疾病的社会文化属性，也忽略了从人的健康状态出发，研究和判断疾病的发生发展趋势。实际上，在健康和疾病两种状态之间，人体生命活动总是不断地运动变化着，疾病发生虽是不可避免的，但也是可以预防的。因此对疾病复杂性的认识和健康状态的研究具有现实意义，而对疾病的欲发或始发阶段"亚健康"状态的重视体现了科技进步和时代的特征。

提起亚健康问题，人们不由自主地会联想到中医药学和"治未病"。中医药学是以维持"健康"状态为使命，以调治"有病"的人为目的，从临床实践中发展起来的医学。而"治未病"是中医药学体系当中的一个重要理念，其经典著作《黄帝内经》以养生篇开篇，全篇贯穿了一种"未病先防，既病防变"和"预防为主，防治并重"的思想，恰好与现代医学强调疾病预防的思想不谋而合。

本文通过当代对亚健康研究的重视，分析了治未病与亚健康的关系，展望了今后中医药在人群未病与亚健康阶段的作用。

1 亚健康与治未病的必然联系，未病不等于亚健康

亚健康研究已经成为当今热点，用未病的观点和对健康状态的深入分析可以发现，未病与亚健康有一定的区别。关于未病，近代多有著述[1-3]，在未病的范畴中，处于健康未病态的部分属于无病的健康人，正如 1948 年《世界卫生组织宪章》中指出的，健康包括躯体健康、心理健康、道德健康和社会适应健康四个方面，中医学中称为"阴阳平和之人"。由于机体时刻处于不断变化的自然和社会环境条件下，处于各种致病因素的侵袭和威胁之下，随时可能患病，因此这种健康状态的维持较为重要。健康未病态的维持是未病学研究的目标。未病学的研究首先从健康未病态开始，了解人体正常功能状态，在人体出现其他三种未病态时使其恢复到健康未病态，故健康未病态是未病学研究的出发点和最终目标。中医不仅对人体正常功能状态进行研究，同时，对如何保持这种状态也进行了多方研究，有丰富的摄生防病理论，还有如气功、导引、按摩、药膳、药茶、药浴、房室养生、饮食起居、精神摄生等许多行之有效的方法。

处于潜病未病态的人们，此时的病理信息不易或不能识别，而被误认为健康无病，在此阶段，中医学能够发挥其早期诊断优势，见微知著，能够以"证"为核心，"审证求因、辨证施治"，如我国古代扁鹊在齐桓公身上所"望"到的，就是一般医者未能发现的潜在病理信息。随着现代科学技术的发展，检测水平的提高，人们也有一些办法能够对潜病未病态加以识别、诊断及治疗。处于欲病未病态的人基本上尚未影响正常生活及工作，有的可能工作效率较低，但不久就可能出现明显症状而发展为疾病。如中风病的前期表现因人而异，或眩晕、或肢麻、或指麻、或肌肤不仁等，作为先兆证，必须进行预防性治疗。以上状态应该属于亚健康状态。维持机体健康未病状态，是通过对潜病未病态、欲病未病态和传变未病态不同阶段的控制调节实现的。潜病未病态是机体由健康到疾病的必经之路和起始点，及早发现可以及时干预，使机体不偏离健康轨道，也是最容易调整的阶段；欲病未病态是已经有先兆或小疾的状态，如果有较广泛的预防思想，就容易被多数人认可和配合，开展早期治疗：传变未病态是指疾病已经存在的阶段，因此是疾病治疗的重要阶段，对于传变未病态，中西医均将其列入临床疾病防治范围之内，如高血压基础上脑血管事件的控制，糖尿病发生后其并发症的预防等。而在疾病的发展过程中，若欲病阶段未及时干预，进一步发展到气血阴阳失衡、脏腑功能紊乱的程度，就是"已病"或病情较重的阶段。如果机体某一脏器已经出现了明显病变，根据疾病的传变规律及脏腑之间的生理病理关系，病邪可以进一步传入其他脏腑而使之发生病变。

2 亚健康是未病范畴的一部分

对治未病的研究是时代发展的需要，是人们对健康追求的需要，现代临床医学的任务已经由以疾病治疗为中心转变为以疾病预防和风险控制为中心的模式，将朝着健康促进、疾病预防的方向发展。早在《内经》时代，就明确了人体预防疾病的方法是"恬淡虚

无，真气从之，精神内守”。直到现在，治未病的思想仍然是人类和平安宁、幸福健康的根本。美国心脏病之父怀特近年提出：“No hurry，No worry，No hypertension，没有着急，没有烦恼，就没有高血压”，在西方被视为心理防病的圭臬之言。新世纪已经来临，处于疾病和健康之间的“中间状态”开始受到重视，这将极大地促进未病学发展。亚健康的提出是现代社会发展的产物，是在新的健康概念和医学模式基础上提出的新理念，是具有时代特征的对治未病思想的集中体现。亚健康概念的提出体现了古代“上工治未病”的防病思想，属于未病学的研究范畴，亚健康状态相当于未病学中的潜病未病态和欲病未病态。

2.1 亚健康的研究植根于未病思想

亚健康的判断是从整体出发，注重生理、心理、社会、环境因素在健康维持中的作用，能够用中医辨证方法概括其病因病机，以治未病的原则进行辨证论治。对亚健康的研究离不开未病思想的指导。例如，近年来在亚健康的概念研究中，有几种描述，都体现着未病的内涵。90年代中期我国学者王育学首次提出“亚健康”的概念，并把“亚健康”初步定义为：介于健康和疾病的中间状态，在相当高水平的医疗机构经系统检查和单项检查，未发现有疾病，而病人自己确实感觉到了躯体和心理上的种种不适[4～5]。处于亚健康状态的入主观、心理上有许多不适的体验，机体呈现活力降低、各种反应能力和适应能力不同程度的减退状态，可去医院进行相关检查却没有器质性病变，医生也没有好的办法来对其进行治疗[6]，2003年国内中医界在一个研究课题中形成了流行病学专用的亚健康定义：持续3个月以上反复出现的不适状态或适应能力显著减退，无明确疾病诊断或有明确诊断但所患疾病与目前不适状态没有直接因果关系。据此得到亚健康诊断参考标准：①持续3个月以上反复出现的不适状态或适应能力显著减退，但能维持正常工作。②无重大器官器质性疾病及精神心理疾病。⑧尽管具有明确的非重大器官器质性疾病或精神心理疾病诊断，但无需用药维持，且与目前不适状态或适应能力的减退无因果联系[7]。由此可见，亚健康的研究从概念开始，就是对未病的深入阐释，是对潜病未病态和欲病未病态的进一步刻画。

2.2 亚健康的研究是对未病学的发展

未病学作为一门学科已经被提出十多年，但仍然停留在理论层面，缺乏实际的可操作的技术、方法、标准和手段，亚健康是建立在生理、心理、社会适应能力和道德的几方面客观化研究的基础上，因此，必将使未病学的内容变的更加具体，使中医未病学成为能够看得到的、更容易被世人接受的学科体系，通过对亚健康的综合研究和应用，有利于促进未病学学科的真正建立和发展。

总之，从未病学的实质内容可知，中医药学认识疾病，治疗疾病是整体的、动态的，其指导思想是先进的，切合实际的。而亚健康的提出，虽然刚短短十几年，但已被人们广泛重视与接受，学术界对亚健康的研究越来越活跃，从CNKI上可以查到的相关学术论文已达400多篇，其中2005年一年就有160余篇。由此可见，从古代未病思想，到现代未病学理论，从治未病理念到亚健康概念、分期、分类、综合干预的实质研究，都表明中医药学的生命力和可持续发展态势，其早期发现、早期诊断、早期治疗的预防观是中医学的灵魂，也是现代预防医学、社会医学中健康主题的精华所在。

参考文献略

亚健康与“治未病”的概念、范畴及其相互关系的探讨

（王天芳 薛晓林 北京中医药大学基础医学院中医诊断系，北京 100029）

摘要 本文在阐述亚健康的概念与范畴及中医“治未病”的概念与范畴的基础上，论述了亚健康与中医“治未病”的关系，认为亚健康属于中医“治未病”的范畴，中医“治未病”思想及其理论体系可指导亚健康的临床辨识及干预，开展亚健康的研究可进一步丰富和发展中医“治未病”的内涵及理论体系。

关键词：亚健康；治未病；概念；范畴；关系

亚健康与“治未病”均为当前的热门话题，关于它们的概念、范畴及相互关系，更是当前讨论的重点内容，笔者在这里谈一点儿自己的看法，敬请同道斧正。

1 亚健康的概念与范畴

1.1 亚健康概念的提出

亚健康是一个当代新名词、新概念，是基于健康与疾病的概念而提出的，而关于健康与疾病的概念本身，可以从不同的角度给出不同的定义。

世界卫生组织(WHO)将健康定义为：健康不仅仅是没有疾病或不虚弱，而是身体上、心理上和社会适应能力上的完美状态(健康是指生理、心理及社会适应三个方面全部良好的一种状况，而不仅仅是指没有生病或者体质健壮)。该定义体现了医学模式的转变。

目前关于疾病的定义尚存在争议。常用的定义为(来源于百度百科)：疾病是一定的原因造成的生命存在的一种状态，在这种状态下，人体的形态和(或)功能发生一定的变化，正常的生命活动受到限制或破坏，或早或迟地表现出可觉察的症状，这种状态的结局可以是康复(恢复正常)或长期残存，甚至导致死亡。随着医学的发展，人们查明一些症状常由一定原因引起，该原因在人体内造成特定的病理改变，症状只是这些病理改变基础上出现的形态或功能的变化，该过程有一定的转归(痊愈、死亡、致残、致畸等)，于是人们称这一过程为“疾病”，对尚未查明原因者则称之为“综合征”。根据国际疾病分类手册(ICD—10)，疾病名称有上万个，而且因为新的疾病还在不断的发现中，其名称会越来越多。

分析目前人们关于疾病概念的认识，可以将其归纳为广义的疾病和狭义的疾病两大类。广义的疾病是针对健康而言，也就是说只要不符合健康的定义，就可以认为是有“病”了；狭义的疾病是根据疾病分类手册而言，也就是指具有一定诊断标准的、具体的疾病名称(包括综合征)。然而有些人表现为种种不适，或在体检中发现一些生物参数的偏高、偏低，认为自己得“病”(广义之病)了，但不一定满足当前疾病分类手册中的某些标准而被诊断为某种具体的疾病名称(狭义之病)，这就是广义和狭义疾病之间关系的一个简单的表述。

基于上述关于健康和疾病(狭义)的认识，人们发现有相当一部分人既不属于健康范围，也不满足疾病的诊断标准，而是处于两者之间，因此就有“第三状态”、“中间状态”、“过渡状态”、“灰色状态”等概念的诞生。由于处于两者之间者，已经偏离了健康状态，被我国学者称为“亚健康状态”，也就是次等的健康状态。“第三状态”或“亚健康状态”等概念的提出，反映了人们对健康质量的更高追求和对医疗保健的更高需求。

基于近年来我国学者对亚健康的理解和认识，中华中医药学会在2006年组织起草、发布的《亚健康中医临床指南》中将亚健康定义为：亚健康是指人体处于健康和疾病之间的一种状态。处于亚健康状态者，不能达到健康的标准，表现为一定时间内的活力降低、功能和适应能力减退的症状，但不符合现代医学有关疾病的临床或亚临床诊断标准。

1.2 目前关于亚健康的研究中存在的问题及对策

1.2.1 亚健康的名称

可能是由于“第三状态”或“中间状态”这个概念太抽象，我国学者提出了“亚健康”的概念来代表介于健康和疾病之间的“第三状态”。但从名称上看，似乎是隶属于健康下的分类(这一点在英文名称sub-health 中也有体现)，偏于健康这一边。因此，也有一些“亚疾病状态”、“临床前状态”、“病前状态”等一类的名词出现在媒体或文章中，但这些名词也有偏向疾病之嫌。总的来说，这些名称只是在命名时的切入点、侧重点的不同而已。亚健康通俗易懂，已被人们广泛采用，并且一些冠以“亚健康”的学术团体和科普、学术专著已经纷纷登台、亮相，笔者认为就用此名称代表“第三状态”也无妨，关键是要界定、发展此概念的内涵、外延及相关的分类、诊断体系与相应的发生机理，为临床干预提供基础和依据。

1.2.2 亚健康的表现及分类

根据上述健康与疾病的概念，被称为处于亚健康状态者，主要有两类人群：

(1)一类人群表现为各种不同的躯体、心理、社会交往方面的主观感觉上的不适或能力的减退等，但运用现代的仪器或方法检测却未发现阳性指标，或虽有部分指标的改变，但尚为达到西医学有关疾病的诊断标准，也即所谓“有症无据”。

具体来说，这类人群的表现是多种多样的。躯体方面可表现有疲乏无力，肌肉及关节酸痛，头昏头痛，心悸胸闷，睡眠紊乱，食欲不振，脘腹不适，便溏便秘，性功能减退，怕冷怕热，易于感冒，眼部干涩等：心理方面可表现有情绪低落，心烦意乱，焦躁不安，急躁易怒，恐惧胆怯，记忆力下降，注意力不能集中，精力不足，反应迟钝等；社会交往方面可表现有不能较好地承担相应的社会角色，工作、学习困难，不能正常地处理好人际关系、家庭关系，难以进行正常的社会交往等。

根据亚健康人群的具体表现，还可以进行进一步的分类。如在《亚健康中医临床指南》》中，依据健康概念的维度，主要划分为躯体亚健康、心理亚健康和社会交往亚健康。以躯体亚健康为例，其表现依然可以是多种多样的，因此，是否还可以根据机体的功能系统(如心血管系统亚健康、胃肠系统亚健康等)或主要症状表现(如疲劳性亚健康、睡眠性亚健康、疼痛性亚健康等)进行进一步的划分，是未来值得探讨的一个问题。

(2)另一类人群则表现为体检中发现一些生物参数偏离了正常范围，但够不上疾病的诊断标准，临床上也无明显不适。

如果按照上述“(1)和(2)”来判定亚健康，很可能将一部分健康人群或疾病人群划归进来。①将健康人群判断为亚健康状态的情况：如因体内的生理变化而出现的一些暂时的症状或实验室指标的改变，或由于个体差异而表现为一些生物参数的偏离正常范围(目前医学上的所谓正常值的范围是根据大多数人的情况而制订的)等；②将疾病人群判断为亚健康状态(甚至健康状态)的情况：如在一些疾病的早期或潜伏期，体内虽然已经存在有一定的病理改变，但从刻下的宏观临床症状表现或检测指标方面，尚未表现出来(包括因为无明显不适而未进行相关实验室或影像学检测，或受经济、医疗条件、诊断技术水平等因素而未能进行充分的或有效的检测等情况)等。

以上现象说明，尽管根据人们当前的认识水平，健康、亚健康和疾病三者各有定义和判定标准，但从临床诊断角度来说，实际上是存在着交叉、重叠现象的，更何况二者之间本身就是一个从量变到质变，从生理到病理的动态演变和相互转变的过程。

因此，只能说健康、亚健康、疾病的判定是相对而言的，三者各自均存在着程度的差异。如同样属于健康的范围，但有程度的不同。

由于健康、亚健康和疾病三者之间存在着交叉、重叠现象，针对对亚健康与健康和疾病之间的模糊地带，可依据一些参数制订相应的标准。如症状表现的多少、严重程度、持续的时间、对日常生活影响的程度、生物参数值的高低范围等，从而将三者的判定变得可操作化，便于人们在研究和临床干预中采用。如在《亚健康中医临床指南》中，对于以症状表现为主者，为了将其与健康状态明显分开，从典型亚健康状态入手，对其持续时间的要求规定为3个月(当然，随着研究和认识的不断深入，可以不断修正)。

1．2．3 亚健康的范畴

根据《亚健康中医临床指南》中有关亚健康的定义，亚健康状态属于健康与疾病之间的一种“过渡状态”，其覆盖的人群范围是相当广泛的。同属亚健康状态的人群，其表现可能多种多样，各有不同。因此，对亚健康状态进行系统、科学的分类，并提出相应的范畴，是临床识别及干预亚健康状态的前提和基础，是必须进行的研究内容之一。

如果从健康、亚健康和疾病三者之间是一个动态演变过程及存在相互转化关系的层面上界定亚健康状态的范畴，则可能有助于我们不断深入认识亚健康的实质及发展倾向和演变规律，从而有利于从临床上对亚健康进行更有针对性的干预和疾病的防控。基于上述认识，笔者认为亚健康是一个大概念，不仅涵盖了与健康和疾病衔接的区域或阶段，而且可能存在有一些独立的实质性内容。笔者在《亚健康中医临床指南》和《亚健康学》有关内容的基础上，将亚健康状态人群可能涉及的医学范畴进一步梳理为以下几个方面：

(1)因体内的生理变化而出现的一些暂时的症状或实验室指标的改变，或由于个体差异而表现出来的一些生物参数的偏离正常范围等(严格意义上可能属于健康的范畴，具体划分到健康还是亚健康，取决于所参照的标准及不同的诊断者)；

(2)机体对所处环境或情境的不良适应所反映出来的身心及社会交往方面的种种不适的表现，如疲劳、虚弱、情绪改变、社会交往困难等，或某些生物参数的轻度异常(此类亚健康状态近邻健康的范畴，这些不适或失调相对容易恢复)；

(3)机体身心功能的轻度失调而表现出来的种种躯体、心理等方面的症状，或个别生物参数的轻度异常。其确切的病因及发生机理在相当时期内难以明确，其表现与各种“综合征”可能会有一定的交叉(这类亚健康状态中有些容易恢复，有些不容易恢复)；

(4)由于组织结构及生理功能减退所导致的各种虚弱表现，或某些生物参数的轻度异常(这类Ⅲ健康状态是由于人体自然衰老或早衰所导致，经过调整或干预，有些是可逆的。有些虽不可逆，但其发展速度可能会减慢)；

(5)某些疾病经手术、或药物等多种不同手段治愈，或自然痊愈后(病灶消除，生物参数恢复正常等)，或由于身体内经历了较大的生理变化(如妇女的流产、分娩等)后，机体的功能处于恢复阶段，仍存在有各种虚弱或不适的表现（这类亚健康状态经充分休息或调整后，多数可以恢复。这部分人群从表现上可以归为亚健康，但如果从发生的时空上来说，是处于疾病之后的一个状态）；

(6) 某些疾病发病前的生理病理学改变所导致的种种临床症状表现，或某些生物参数的轻度异常。此时，已呈现出发展成某些疾病的高危倾向，潜伏着向某病发展的高度可能。但也有一些表现和疾病之间的关联性，属于人们还没有完全认识到的（对于这类状态，如不及时加以干预，将会朝着某些疾病的方向发展，并在一定的时期内发展到满足某些疾病的临床诊断标准。此类状态与有些学者提出的“临床前”的概念较力接近，近邻疾病）；

(7) 某些疾病在体内已经出现病理改变（主要指形态）的证据，但由于临床上尚未出现明显的症状表现，而没有引起重视进行相应的检查，或由于现有诊断技术及水平的限制，检查不出证据来，或现有的证据不能得出相应的诊断结论（这类状态只是有待明确诊断，从本质上来说已经属于疾病的范畴，与“亚临床”状态或 “潜临床”状态的概念接近。但从病人的表现上来看，可能被认为是健康状态或亚健康状态）。

随着研究的不断深入，人们对上述状态的界定会逐步清晰和变得可操作化，尤其是亚健康与健康的边界，亚健康与疾病、亚临床的边界等。

通过研究，如果能对上述不同状态进行及早、有效的识别，进行有针对性的干预或调整，对于促进健康状态的维持及疾病的防控有着重要的意义。

2 中医“治未病”的概念及范畴

2．1 中医“治未病”概念的提出

“治未病”一词，最早见于《黄帝内经》。如《素问·四气调神大论篇》指出：“圣人不治已病治未病，不治已乱治未乱。……夫病已成而后药之，乱已成而后治之，譬如渴而穿井，斗而铸锥，不亦晚乎”。这里所言“治未病”是其最经典的含义，即处于健康状态时，要未病先防。《内经》中还有其他篇章提到“治未病”。如《素问·刺热篇》指出：“肝热病者，左颊先赤，心热病者，颜先赤……病虽未发，见赤色者刺之，名曰治未病。”这里的“治未病”是指在疾病初发之际，症状轻微不明显时（热病首先通过面色赤表现出来），就及时予以治疗。又如《灵枢·逆顺篇》指出：“上工，刺其未生者也，其次，刺其未盛者也，其次，刺其未衰者也。下工刺，其方袭者也，与其形之盛衰者也，与其病之与脉相逆者也。故曰：方其盛也，勿敢毁伤，刺其已衰，势必大昌。故曰：上工治未病，不治已病。此之谓也。而这里的“治未病”，主要强调在疾病未发、病后邪气未盛、病后正气未虚时要及时治疗。

2．2 中医“治未病”的范畴

根据中医历代医家在《内经》基础上对“治未病”内涵的发展，其范畴可以概括为以下几个方面：

(1) 未病养生、防病于先

当人体处于健康状态时，要注意运用各种养生保健的方法和手段，增强体质，维护健康，提高生活质量，防止疾病的发生。这种无疾病的状态，被今人称为“健康未病态”。

(2) 欲病救萌、防微杜渐

当人体出现一些偏离健康的迹象、征兆，但还达不到疾病的标准时，要及时调理、治疗，防止其发展为疾病。即《素问·序》中所指出的“消患于未兆”、“济羸劣以获安”。在唐代孙思邈的《备急千金要方· 论诊候第四》中出现了“欲病”的概念：“古人善为医者，上医医未病之病，中医医欲病之病，下医医已病之病，若不加心用意，於事混淆，即病者难以救矣。”这种“欲病”的状态，被今人称为“前病未病态”。

从上述引文可看出，孙思邈在提出“欲病”的同时，还提出了“未病之病”的概念。如何理解“未病之病”？从诊断角度可以将其理解为机体内已经存在疾病的信息，但尚未显化而从症状上表现出来，看上去如同健康人一样（古人对疾病的认识，主要是根据外在的宏观表现，即自觉症状与体征）。这种情况与现在意义上的疾病潜伏期（如传染病的潜伏期），疾病早期有体内病理改变而无临床表现（如恶性肿瘤的早期），或发作性疾病的缓解期（如癫痫、哮喘等疾病的缓解期）等相似，今人将其称为“潜病未病态”。根据现在有关疾病的概念，严格上已经属于“已病”的范畴，只是缺乏明确的诊断依据。

(3) 已病早治、防其传变

当人体患有疾病后，要早期诊断，及时治疗，并掌握其发生发展的规律及传变途径，以防止其进一步的发展和传变，使病情更为严重，或累计更多的脏腑。如《难经·七十七难》指出：“所谓治未病者，见肝之病，则知肝当传之于脾，故先实其脾气，无令得受肝之邪，故曰治未病焉”。这种疾病的早期或未传变状态，今人称为“传变未病态”。

(4) 瘥后调摄、防其复发

当疾病初愈后，要采取适当的调养方法及保健手段，促进机体的完全康复，防止疾病的复发。古人认为疾病痊愈后，如调养不当，可发生复发，并有食复、劳复等的不同。依照上述命名原则，将疾病愈后的未复发状态称为“愈后未病态”。

从上述“治未病”的含义可以看出，广义“治未病”中的“未病”包括无疾病、欲病、已病和病愈后四个状态；而狭义“治未病”中的“未病”仅指前两个阶段，即无疾病和欲病。古人提出“治未病”概念，主要是要倡导一种预防为主，防患于未然的思想和理念。中医经几千年实践形成的诊治疾病的理论体系及丰富的治疗与养生保健的方法和手段，在“防患于未然”方面有着明显的优势。

3 亚健康和中医“治未病”的关系

3．1 中、西医有关健康和疾病认识的比较

从广义上来说，中、西医对于疾病的认识是一致的，但从狭义上来说，也就诊断疾病的侧重点是不同的。中医更强调功能上的失调，多根据机体所表现出来的外在的宏观征象进行判断，因此，书中记载的很多疾病的名称是以主症命名的，从西医学角度看就是症状。而西医学更重视机体内形态、结构方面的改变，当然也有属于功能改变而导致的疾病者。其所言疾病，一般来说有较为明确的病因和发病机理。

假设中医的“无病”与西医的“健康”范畴一样大的话，西医学疾病的范畴比中医的已病小，只是部分中医的“已病”；亚健康的范畴涵盖了中医的“欲病”和部分“已病”。

3．2 亚健康属于中医“治未病”的范畴

亚健康虽然是西医学基于健康新概念而提出的一种新概念，但其所反映的理念早在中医《黄帝内经》时代的“治未病”思想中就有体现，也就是要重视疾病的预防，提高健康质量及生活质量。亚健康状态的范畴不等同于中医广义“治未病”中的未病，但属于中医“治未病”的范畴，与中医所言“欲病”的状态最为接近，但可能包括一部分“已病”的内容，这是因为中医所言病主要根据症状进行判断的缘故，它比西医疾病的范畴要大。

3．2 中医“治未病”思想及其理论体系可指导亚健康的临床辨识及干预

亚健康虽然作为一种新概念是基于西医学健康和疾病概念诞生，但根据西医学的指导思想，如果其机理不明确，就无法采取有针对性的干预措施。更何况亚健康是一个很大的概念，其范畴相当大，在当前来说对于其分类及判断(或诊断)也存在着很大的困难。

而中医的“治未病”已有两千多年的历史，中医理论体系是侧重于从宏观表现来认识和辨识、判断机体的状态，更何况中医所言疾病的部分属于亚健康的范畴，因此，中医“治未病”的思想为亚健康的调摄指明了方向，其理论体系可指导亚健康的临床辨识及干预，其优势具体可表现为以下几个方面：

(1) 中医“天人相应”、“形神合一”等整体观的思想为亚健康的辨识与干预提供了理论依据。

(2) 中医“三因制宜”的思想为亚健康人群的个体化诊疗提供了基本原则。

(3) 中医“四诊合参”的诊察手段，有利于对亚健康状态的早期诊察。

(4) 中医体质学说与辨证理论有利于对亚健康状态的辨识与分类。

(5) 中医丰富多样的治疗方法和技术为亚健康的干预提供了手段。

(6) 中医科学的养生理念及丰富的保健手段可运用于亚健康的预防和调摄。

3．3 开展亚健康的研究可进一步丰富和发展中医“治未病”的内涵及理论体系

亚健康概念的提出虽然为时不是很长，但已经逐步得到公众与学术界的广泛重视与接受，因此，开展亚健康的研究，将进一步促进对中医“治未病”的研究与实践，促进中医药健康保健服务体系的建立，体现了我国卫生事业重点前移的战略思想。

“上工治未病”已经提出几千年，一直到目前仍然是一种很新的理念。虽然也有人提出“未病学”，并通过学术专著而体现，但作为一个独立的学科体系尚存在不足。因此，通过亚健康的研究，集中、西医的精华和优势，将这种朴素而先进的理念和当代先进的研究方法和技术有机结合，促进人们对中医“治未病”更深入的理解，使中医的“治未病”从理念、思想发展成为看得到的、更容易被世人接受的、具有丰富内涵的理论体系及中医未病学学科，在疾病预防和保健中发挥其应有的作用。

参考文献略

以“治未病”理念为指导　发挥中医药调治亚健康优势

——积极探索构建中医特色预防保健服务体系的一点思考

中华中医药亚健康分会　孙涛

随着社会进步和人民生活水平的提高，人们对自身健康状态的关注已经从“已病图治”转变为“养生保健，未病先防”，因此，“治未病”和亚健康问题受到医学领域乃至社会各阶层的重视。例如，1）从科研和学术方面，近年来针对亚健康的研究得到科研管理层与众多学者的普遍重视，大型科研项目国家如“十一五”支撑计划、“863”项目等都设有专项支持，亚健康相关研究的学术论文发表数量逐年增多，学术期刊的等级不断提高。2）从健康检测方面，健康体检机构如雨后春笋，国家大型医院重视健康体检机构的软硬件建设，使其向着规模化发展，民营体检公司或称之为健康管理的机构不断增多，专项的健康测量和评估手段不断丰富和完善。3）亚健康无创伤检测技术和仪器不断研制并推向市场，针对高端人群的保健方案颇受欢迎。4）政府重视加强，诸如各种大型的健康论坛如“治未病”高峰论坛暨“治未病”健康工程的举办，亚健康人群系统监测研究的启动等。

面对这样的局面，中医和从事中医药职业的人们能做些什么？以“治未病”理念为指导，发挥中医药调治亚健康优势，积极探索构建中医特色预防保健服务体系自然成为我们的任务。

1　以“治未病”理念为指导，发挥中医药调治亚健康优势，积极探索构建中医特色预防保健服务体系的必要性

1.1　适应人民群众不断增长的健康需求的需要

随着社会的发展，人们渴望健康的需求日益增长，卫生工作者逐渐认识到单纯治疗疾病是远远不够的。中医的服务对象必将与时俱进地由病人为主拓展为病人、亚健康人和健康人，服务范围必将由医疗为主拓展到医疗、预防、保健、养生、康复等各领域。服务网络必将由单一的医疗服务体系发展为医疗服务和预防保健服务两大体系。从重治疗必将向重预防保健发展，从针对病源的对抗治疗必将向整体调节发展。另外，随着经济发展，由于生活习惯不健康、工作压力过大等原因，亚健康对我们的威胁也越来越大。亚健康是介于健康与疾病中间的状态，无明显疾病特征，却呈现活力降低、适应力下降，并伴随一系列不适症状。亚健康作为一种疾病前状态，极大地影响着人们的生活质量，还存在着疾病的潜在危害。因而人们的健康理念已在逐渐转变，对健康的追求不只是“身体没有病”，而是更加注重生存质量，对预期寿命，特别是预期健康寿命的要求越来越高。使得指向“疾病的医学”转而指向“人的健康的医学”，保健和预防是未来医学发展的重要方面。这正契合了中医“治未病”的思想。孙光荣教授说的好，运用“治未病”思想指导“亚健康”管理服务是中医的特长。总之，以“治未病”理念为指导，发挥中医药调治亚健康优势，积极探索构建中医特色预防保健服务体系已变得十分必要，只有如此才能保证卫生服务与人民群众不断增长的健康需求相适应。

1.2　医学模式与理念转变的需要

2008年3月5日，卫生部副部长、国家中医药管理局局长王国强在全国政协十一届一次会议上接受记者采访时表示，随着人民生活水平的提高、健康观念的变化和疾病谱的改变，现代医学模式已由单纯的生物模式向生物、心理、社会和环境相结合的模式转变，现代医学理念也由治愈疾病向预防和提高健康水平的方向作出调整。这正与中医药理论强调人与自然的和谐、强调整体观和辨证施治的理念相一致。中医学发展的模式涵盖了健康、亚健康、疾病状态下的各个过程，它反映了人类对完美人生的追求。因此，抓住契机，与时俱进，以“治未病”理念为指导，发挥中医药调治亚健康优势，积极探索构建中医特色预防保健服务体系十分必要。

1.3　疾病谱变化的需要

目前由于社会发展，人们生活水平的提高，寿命不断延长，老龄化问题日益突出，老年人常见疾病如高血压、冠心病、糖尿病及高血脂症等倾向症状表现日益突出；随着竞争的日趋激烈，人们用心、用脑过度，身体的主要器官长期处于入不敷出的非正常负荷状态，长此以往，影响人体组织细胞的正常生理功能；还有如水源和空气污染、噪声、微波、电磁波及其他

化学、物理因素污染对人体健康等都会产生不良影响，进而出现各种亚健康症状。以“治未病”理念为指导，发挥中医药调治亚健康优势，积极探索构建中医特色预防保健服务体系也迫在眉睫。

1.4 响应国家卫生大政方针的需要

党和国家提出提高健康素质、人人享有医疗和保健的总方针，并提出医疗保健工作的战略前移和重心下移。战略前移：就是抓预防、治未病，真正贯彻“预防为主”的方针。以一、二级预防为重点，从疾病发生的“上游”入手，增进健康意识，改变不良生活方式与行为。加强健康的监测、预测、管理与促进，预防重大疾病的发生。重心下移：主要是将卫生防病保健工作的重点放在社区、农村和家庭。加强基层卫生机构建设，健全医疗卫生服务保障体系，扩大医疗保障覆盖面。另外，我国正在建设中的全民健康保障体系，目前已将中医药纳入其中，中西医并重，把中医药作为不可或缺的医疗技术支撑，弥补西医的缺陷和不足。王国强表示，中共十七大作出提高全民健康水平的战略部署后，加快构建中医特色预防保健服务体系，将是今后一个时期内国家中医药管理局的重点工作。随着国家宏观卫生政策的调整和民众健康意识的提高，以及伴随着国家卫生事业的发展和进步，加之我们还面对着70%的中国亚健康人群，亚健康事业的机遇和挑战日渐凸现，压力和困惑也应运而生。这也要求我们卫生工作者应从国情出发，站在历史责任感的高度，积极响应党和国家号召，有计划、有组织、有系统地以“治未病”理念为指导，发挥中医药调治亚健康优势，去主动的积极探索构建中医特色预防保健服务体系，去主动的充实中医特色预防保健服务体系。

1.5 节约卫生资源的需要

我国花在卫生资源上的消耗约6140亿元人民币，可慢性病发病率、死亡率却年年攀升，这跟忽视预防保健有很大关系。国家“九五”攻关研究表明，把1元钱花在预防上，可以节省 8.59 元药费，还能相应节省约100元的抢救费、误工损失、陪护费等。发挥中医“治未病”的独特优势，通过有效的健康管理和调治，降低医疗费用，将慢性非传染性疾病控制在发生之前、传染病控制在感染前，才能有效地提高人类的健康水平，又好又快地促进和谐社会的建设。发挥中医“治未病”的独特优势，通过有效的健康管理和调治，降低医疗费用，让人人享有健康，将是大势所趋。

2 在中医特色预防保健服务体系中，中医药调治亚健康状态的优势

2.1 传统文化底蕴优势

中国传统文化历史悠久，博大精深。它的起源和积淀经历过漫长岁月，并且始终影响着中国社会发展的各个层面。具有中华民族传统特色和优势的中医学更是以这一文化背景作为底蕴，使其具有深厚的群众基础。

2.1.1 天、地、人三位一体的整体观

中医学认为，天文、地理、人事是一个有机整体。天人合一，形神一体。人类生活在自然界和人类社会之中，人既有自然属性，又有社会属性。中医学从人与自然、社会的关系去认识生命、健康和疾病问题，重视自然、社会和心理因素的作用，形成了人（生物、心理）——自然——社会的整体医学模式，强调上知天文，下知地理，中知人事，方可以为医。这是中国传统文化的大一统的整体观的体现。

2.1.2 人命至贵，以人为本的医德观

中国传统文化的人文精神在于以人为本，强调人的主体地位，一切为了现实的、具体的人。基于这种人文精神，中医学认为，“天覆地载，万物悉备，莫贵于人”(《素问·宝命全形论》)，“人命至贵，有贵千金”（唐·孙思邈)，把人的生命价值视为医学的出发点和归宿。维护和保障病人的生命和健康是医生的神圣职责。把不为名利，无欲无求，潜心医术，志存救济，仁爱至尊，认真负责作为医德的标准。这是一种人道主义的救死扶伤精神，是中国传统文化关于人伦和谐价值观的体现。

2.1.3 阴阳协调，动静互涵的恒动观

天地万物源于一气，人之生死由乎气。运动是气的根本属性。阴阳的对立统一是气运动的根本原因。人体是一个不断发生着升降出入的形气转化运动的机体。阴平阴秘，精神乃治，动静有常，互涵平衡，意味着健康。运动贯穿于生命过程的始终，中医学非常重视用运动变化的观点即辨证的观点来认识健康与疾病，指导防病治病，延年益寿。这是中国传统文化动静平衡观的体现。

2.1.4 未病先防，既病防变的防治观

中医学主张的“不治已病，治未病，不治已乱，治未乱”(《素问·四气调神大论》)是非常正确的预防医学思想。强调未病先防，既病防变，与其治疗于有病之后，不如摄养于未病之先。生长壮老已是生命运动的自然法则，人不可能长生不老，也不能“返老还

童”，但是注意调摄，则可以防止未老先衰而益寿延年。这种预防保健为主的医学思想，是中国传统文化中防微杜渐的忧患意识的具体体现。

概而言之，中国传统文化是中医学术的源头，是中医学发展的底蕴，更是利于服务对象接受的优势所在。

2.2 中医药自身独特优势

2.2.1 中医四诊可以便捷地获得亚健康状态人群的信息

现代医学重视临床证据，除病人的主观症状外，客观证据往往是医生诊断疾病的主要依据。亚健康状态的人员往往只有临床症状，实验室检查多正常，因此令很多临床医生束手无策。中医需要的临床证据是以患者的外在表现为主。中医诊病依靠望、闻、问、切四诊，直接从病人那里获取信息，因此亚健康状态的人员即使现代医学治疗受限，中医仍然可以对他们作出诊断，从而进一步进行治疗。中医诊病更重视病人的主观感受，从中发现疾病规律。

(1) 望诊：中医学认为，人体外部和五脏六腑关系密切，如果人体五脏六腑功能活动有了变化，必然反映于人体外部而表现为神、色、形、态等各方面的变化。

(2) 闻诊：医生运用自己的听觉和嗅觉，通过对病人发出的声音和体内及排泄物发出的各种气味的诊察来推断疾病的诊法。由于人体内发出的各种声音和气味均是在脏腑生理和病理活动中产生的，如五声和五音及五臭都与五脏相应，是五脏功能变化的反映。

(3) 问诊：可以让医生了解疾病的发生、发展、治疗经过及病人自觉症状等情况，是诊断疾病的重要依据，问诊是了解病情的主要方法，在中医诊法中占有重要地位。对于只有主观症状而缺乏客观体征的疾病，化验和检查结果是阴性，只表现为功能上的改变，而无组织形态学的改变，或对于由情志因素导致的疾病，问诊就显得特别重要。通过问诊可以了解病人的亚健康状态，及早诊治，以免病情进一步发展。

(4) 切诊：是医生用手对患者体表进行触摸、按压的诊法。切诊包括脉诊和按诊两部分。脉诊又称为切脉、诊脉，是通过对脉象变化的体察，了解体内病变的切诊方法；按诊，是用手触摸按压病人体表某些部位，以了解局部异常变化，从而推断病变部位性质和病情轻重等情况的方法。

总之，望闻问切均可以在现代诊疗仪器诊断无异常的情况下进行，所以只要患者有自觉症状，出现亚健康状态，就可以用中医药知识进行调治，维护人民群众的健康。

2.2.2 中医辨证论治思维可以归纳出现代医学诊断无异常的亚健康状态并进行调治

中医在亚健康的诊断上有独到之处，只要有症状就有中医发挥之处，辨证论治是中医认识疾病和治疗疾病的基本原则，是中医学对疾病的一种特殊的研究和处理方法。证，是机体在疾病发展过程中的某一阶段的病理概括。由于它包括了病变的部位、原因、性质，以及邪正关系，反映出疾病发展过程中某一阶段的病理变化的本质，因而它比症状更全面、更深刻、更正确地揭示了疾病的本质。“辨证”就是把四诊（望诊、闻诊、问诊、切诊）所收集的资料、症状和体征，通过分析、综合，辨清疾病的病因、性质、部位，以及邪正之间的关系，概括、判断为某种性质的证，这种证就可以对现代医学诊断无异常的亚健康状态做出诊断分析，从而进行辨证治疗。例如有些人工作任务繁重，常有神疲倦怠， 腰酸腿软， 烦热不安的感觉，或有夜间盗汗，多梦，头发干枯易脱落，舌苔薄黄或薄白，脉细略数等，理化检查各项指标均正常，应属于亚健康状态，中医可从症状学辨证为肾精亏虚，治以滋阴补肾法，若不愿口服汤剂，可用六味地黄丸加以调治，并嘱其劳逸适度，注重心神调养。还有不少人群经常头晕耳鸣，伴急躁易怒，面红口苦，失眠多梦，舌红，脉弦等，各项理化检查诊断均正常，这类症状现代医学无特殊治疗方案，长期如此生活质量低下，并有可能导致其它疾病。这也应属于亚健康状态，中医辨证属肝阳上亢，治以平肝潜阳法，可用桑叶、菊花、决明子等泡茶，也可予耳穴按压结合针刺治疗，必要时可以中药汤剂口服，往往收到很好的疗效。

3 以“治未病”理念为指导，发挥中医药调治亚健康优势，积极探索构建中医特色预防保健服务体系的指导原则

王国强同志指出的“积极开展中医药预防保健服务，探索构建中医特色明显、技术适宜、形式多样、服务规范的保健服务体系”，为我们以“治未病”理念为指导，发挥中医药调治亚健康优势，积极探索构建中医特色预防保健服务体系指明了方向，即必须以下列四点原则为指导：

3.1 必须中医特色明显

处在亚健康状态的人体检阳性体征不明显，各种实验室检查多为阴性，在诊断上有一定难度，亚健康者

大多以个人感受为主，而中医学对人体的认识论、方法论区别于现代医学的最显著特点，就是注重研究人体的功能反映状态。现代医学所着眼的重点是治“病”，而中医学所着眼的重点却是不同的个体生理特征（体质）与病理反应状态（证型）之间的关系。中医既重视疾病的共性，也重视人的个体差异，既治“病”，更治处于自然和社会中的“人”。它通过望闻问切对就诊者所有的有异于健康状态的外在反应和表现如症状、体征、舌苔、脉象等进行归纳、分析，运用自己独特的理论体系判断“阴阳、气血、脏腑所偏”，并应用相应的治疗手段和药物进行纠偏以使其回归“阴平阳秘，脏腑气血调和”的健康状态。亚健康状态的临床表现形形色色，复杂多变，也因社会环境、文化差异、家庭背境、教育、年龄、性别等不同因素而有所不同，中医药学治疗方法的多样化，更能灵活体现对亚健康状态的综合治疗理念，从而更好的为广大亚健康者恢复健康状态进行预防保健工作。

3.2 必须技术适宜

对于亚健康状态的调治，中医学针对不同情况有着极其丰富多样的调治方法，面对亚健康状态预防及治疗上的广谱需求可谓游刃有余。中医学在长期的临床实践中，总结了调摄情志、适度劳逸、合理饮食、谨慎起居等养生调摄之术，形成了食疗、针灸、推拿、气功、导引、心理、音乐、内服与外用药物治疗等多种调治方法，正所谓“杂合以治，各得其所宜”（《素问·异法方宜论》）。对于心理情感、生活交往异常者，则可以“告之以其败，语之以其善，导之以其所便，开之以其所苦，虽无道之人，恶有不听者乎”（《灵枢·师传》）。对于不同的躯体症状可以“补其不足，损其有余”（《灵枢·邪客》），采用食疗、针灸、推拿、药物调治等方法使其所“偏”归于“平”、归于“和”。尽管如此，亚健康是一个全新的概念，老祖宗没教过我们，只有在继承中发展，发挥“治未病”优势，不断探索中医调治亚健康的规范技术。为充实中医特色预防保健服务体系不断努力。

3.3 必须形式多样

一方面，调治技术形式应多样，例如精神调养；注意饮食起居的调节；药物治疗；针灸、导引、按摩等给予体外调整等，以满足不同人群的亚健康服务的需要；另一方面，要解决这么多人的亚健康问题是一个浩大的工程，故亚健康服务机构形式应多样化：①亚健康服务中心模式，亚健康服务中心应有严谨的组织规章制度、齐全的仪器设备、一流的专业技术人员、完善的服务体系，其服务内容多样且完整，各种服务齐全，在目前经济条件下，此种模式主要为想拥有很好的健康状况且经济条件较好的人群提供服务。②社区卫生服务中心模式，其地址设在社区，应有常规仪器设备，主要提供最基本的亚健康服务，面向广大的社区居民。③药店模式的亚健康服务机构，它模仿药店而设立，提供出售药品和保健品服务，以保健品为主，并有一名专业技术人员（坐堂医生）可给顾客简单的检测诊断，提供针对个人情况而制定的调治方案。④个人创业模式的亚健康服务机构，其特点为规模小，设备简单，提供的亚健康服务单一，服务对象由本机构负责招募、管理。⑤心理咨询中心模式，主要为存在心理不健康的亚健康人群提供心理咨询服务，服务内容具有高度的专一性，其规模可大可小，随着我国经济的发展，此种模式的亚健康服务机构会越来越多，服务水平也将越来越高。⑥医院－社区－亚健康管理模式：在未来的医疗体系和预防保健体系的构成中，医院与社区建立对口关系，将亚健康人群或疾病缓解状态的人群分流到社区中，在医院的指导下，建立规范的亚健康管理档案。针对不同的人群由不同的亚健康咨询师、亚健康检测师、亚健康调治师指导健康管理，疾病缓解期的患者由亚健康咨询师、亚健康检测师、亚健康调治师结合社区医师共同管理，减轻医院的压力，使亚健康管理规范化，同时让亚健康从业人员有充分的工作面。

3.4 必须服务规范

即必须制定亚健康服务机构运行规范并规范运营流程，可按以下六点操作：

①健康咨询　包括电话热线咨询、网上咨询、当面咨询、上门服务咨询等。

②健康状况检测　包括健康体检、心理测试、心理咨询、生活和工作环境检测等。

③健康信息管理　以标准的信息管理格式建立个人或家庭、群体成员健康档案并终生保存，制成永久的个人电子病历及亚健康管理账户，实现网络化信息管理。

④健康信息评估　凭借采集并录入的健康状况信息，对其进行汇总，使管理者及被评估者清楚了解个人的健康状况，对健康危险因素及风险因子进行预测，发现并认识亚健康状态。

⑤亚健康调治及指导　包括纠正不良习惯，倡导科

学生活和工作方式；制定营养食谱和运动处方；指导使用保健食品和保健用品；心理治疗；家庭健康教育；家庭护理与指导等。针对个体不同的危险因素组合，筛选并制定出独具特色的个人亚健康管理处方，制定个性化亚健康管理计划，并因人、因时、因地进行调治。

⑥跟踪随访，调整亚健康管理计划 随时对亚健康管理计划的实施和调治情况进行随访，定期对服务对象的亚健康状况和行为方式进行调查，及时对调查结果和体检结果进行分析评价，并相应更新健康档案中的有关内容。根据服务对象的反馈情况和检查结果对调治和管理计划进行适当调整，并长期记载反馈信息，实现全面、全程、动态管理。

总之，我们以“治未病”理念为指导，发挥中医药调治亚健康优势，积极探索构建中医特色预防保健服务体系，要如王国强同志所言，大力促进中医药医疗、保健、教育、科研、产业、文化“六位一体”全面协调可持续发展，使之与人民群众不断增长的健康需求相适应，始终坚持以人为本，把满足群众对中医药服务的需求作为出发点和落脚点，培养遵从中医学“治未病”思想，发挥中医学“治未病”优势，运用中医药物调治和非药物调治的方法，为亚健康人提供以未病先防为目的的安全实效的检测、调治、评估、指导、管理服务的人才，通过完善覆盖城乡的中医医疗服务体系，积极探索构建中医特色预防保健服务体系，加强科研与调治实践的结合，实施“三名三进”、“三名三保”、“三名三培”工程等，努力实现人人享有基本医疗卫生服务这一目标，为全民健康事业做出积极有益的贡献。

以“治未病”思想为指导 开展中医特色的社区孕前健康教育

（吴夏秋 彭锦 中国中医科学院中医临床基础医学研究所 北京市东直门内南小街16号，100700）

摘要：在中医“治未病”思想指导下，继承中医优生和养生保健理论和方法，通过优生咨询、健康宣传、辨证与辨体相结合、饮食起居等多种养生保健方法共同应用的综合方案，开展具有中国特色的社区育龄妇女孕前健康教育。

关键词：中医 ；优生；社区；干预；健康教育

优生优育思想在我国源远流长，为中华民族的繁衍作出了巨大贡献，早在两千多年前中医就提出“取妻不取同姓”，“男女同姓，其生不番”等观点，充分认识到保证出生人口素质是民族繁荣昌盛的根本。

中医理论从其对健康概念的把握以及疾病发生原因出发，认为医学的目的最高境界是“消患于未兆”（《素问·序》），“治未病”思想是中医防治理论的核心，对于优生优育同样具有重要的指导意义。由于出生缺陷和残疾所造成的后果相当严重且是不可逆的，中医学从“治未病”思想出发，十分强调优生优育的第一个关键环节是优生，降低出生缺陷率的关键是减少出生缺陷发生机会，因此，中医优生学不仅重视孕中的胎养胎教，而且从预防的角度出发，更加强调孕前优生思想的宣传指导和父母体质状态的调养。

系统地继承中医传统优生思想、原则、方法和手段，发挥“治未病”优势，研究适应现代社会变化的优生方法，并开展相应的社会活动是中医养生保健工作者的主要职责之一。目前，我们已与丰台计生委合作，开展社区育龄妇女孕前健康教育近一年，受到了较好的社会效益，现将具体做法介绍如下：

1 形式

主要采用了讲座、宣传材料和专家咨询三种主要形式。

1．1 集中讲座

讲座举行前2～4周，由丰台区计生委与下属各街乡计生服务人员组织，向计划在2年内怀孕的夫妇传递授课信息，明确授课内容及授课人。授课前，先发放自制的《育龄妇女体质调查表》，由参加讲座的育龄妇女作答，后统一收集由专人评判。宣教人员每月第三周的周末在丰台区计生委人口学校进行讲座，每次时间为1.5h。

1．2 发放宣传材料

根据收集的《育龄妇女体质调查表》的评判结果，向参与优生干预的妇女发放适用于纠正其体质偏颇的健康处方，指导其正确的生活方式。

1．3 专家咨询

中医专家到人口学校现场，接受育龄妇女有关健康问题的咨询，在发放健康处方的基础上，进行更具体的指导。

2 内容

中医优生思想的基本指导原则为“慎始正本”，包括三个方面：其一为择优配偶，其二为调元培本，其三则是布育种子。讲座围绕这三个方面的内容，同时结合现代医学、营养学等领域相关知识展开。理论联系实例授课，采用互动式的教育方式，提高育龄夫妇的参与性，达到最佳教育效果。课后及时与育龄夫妇沟通，获取反馈信息，根据他们的实际需求调整讲座材料，使其更加实用。

2．1 择优配偶

“男女同姓，其生不蕃”，近亲、乱伦等均易导致人口素质降低，故不提倡近亲结婚。

2．2 调元培本

“人之始生，以母为基，以父为楯”，父母元气充足有利于胎儿的健康发育，若胎禀不足则“小儿有头破颅解，神慢气怯，项软头倾，手足痿软，齿生不齐，发生不黑……”。故在孕前即应进行调理，以保证父母元气充足、男精女血充盛。调理方法为辨体调质，结合中医体质学说，对育龄男女的体质状态进行辨证分型，施以相应的方药、饮食、起居、精神、房事、导引等调理处方，协助其在受孕时达到身体和心理的最佳状态，从而健康妊娠并分娩健康婴儿。

2．3 布育种子

《内经》认为“女子二七”和“丈夫二八”天癸至才能有子，且“合男女必当其年”，故反对早婚早育，也不提倡过晚的婚育，女子适孕年龄为 25～30 岁，男子适育年龄为 30～35 岁。

此外，根据天人相应的理论，受孕的环境也要认真选择，应避开大风大雨、大寒大暑、雷电霹雳等。

2．4 其他

结合现代医学、营养学等领域的优生知识，以适应现代社会需求。内容包括：孕前接种疫苗、平衡营养以及检查遗传缺陷等。

3 效果与评价

3．1 中医优生知识讲座适应当前的需求，深受社区育龄妇女及计生工作人员的欢迎

在人口学校集中讲座时，育龄妇女听课兴致高，边听讲边做书面笔记。因为课堂倡导互动形式，故妇女遇到疑问或不理解时在课上积极提问，宣教人员和在场的其他妇女都会尽所能为其解答，课后部分妇女还会咨询课堂上没有涉及到但在生活中会涉及到的知识。总之，育龄妇女对授课形式和内容给予较高的评价，同时一致表明要经常参加此类社区活动，且将来要发动丈夫一同参与其中。

对于计生工作人员来说，其本职工作中即包括抓好“优生优育，向群众发放宣传资料等”，由相关科研机构开展中医优生知识宣传活动既有一定的权威性，又有很强的科学性，对计生工作有很大的促进作用，故计生工作人员非常乐意与我们合作，并且热心宣传，积极安排讲座场地，以及组织孕妇参与，为每次讲座的顺利开展提供有力的后勤保障。

3．2 发放健康处方与专家面对面咨询相结合的形式，有利于提高干预效果

针对体质偏颇程度较轻的育龄妇女，根据其体质调查问卷的结果给予其相应的健康处方，可指导其在日常生活中通过饮食、运动、情绪调适等方面进行自我调理。而对偏颇程度较重者，自我调理无法达到纠正的目的，此时则由专家对其进行中药调理指导。

这二者相结合的形式，一则可使妇女对自己身体状况有大致了解，避免无病乱投医；二则减轻医疗专业人员工作量，有更多精力为需要医学咨询者提供服务，有利于提高干预效果。

4 讨论

4．1 开展社区健康讲座需讲究技巧

社区健康讲座的对象多为非医学专业的人员，因此讲座的语言要尽量通俗易懂、生动活泼，同时要图文并茂，使听众能够接受。但同时，不排除一些听众是高学历知识分子，这类人群对于知识的接受和理解能力非常的强，并常会以批判的眼光看待事物。因此在面对这一人群时，应让其知其然并知其所以然，使其心服口服。

4．2 应保证健康讲座内容的科学性

影响出生缺陷的因素太多，不明原因亦非常多，目前对于很多与出生缺陷相关的因素还存在争议。科研机构开展宣教活动，本身就带有一定的权威性，容易让老百姓产生信任感，因此一定要保证讲座内容的严谨性、科学性，避免不正确内容的传播。

不可否认，积累了几千年的中医浩瀚宝库中有精华就必有糟粕。中医养生保健工作者在面对文献记载和民间流传的中医优生相关知识时，一定要有所取舍，把好第一道关，对社会和群众负责。

针灸在治未病中的应用

（翟 伟 长沙市中医院针灸科）

随着社会的进步，人们越来越重视疾病的预防，医学关注的对象也将从“已病”人群逐渐向“未病”人群扩展，医学干预的切入点将逐渐前提。中医“治未病”理论具有明显的超前性，它的未病先防、早期防治、已病防变、保健延衰的核心思想将日益引起重视。针灸作为“治未病”的主要手段，更以其充分重视机体自身潜能激发且无毒副作用等特色引起预防医学界的高度重视。

1 治未病

“治未病”是中医重要的预防医 学思想。“治未病”一词首见《素问·四气调神大论》，即“是故圣人不治已病治未病，不治已乱治未乱”。“治未病”是中医防病保健的理论精髓之一。它应包含未病先防、早期治疗、已病防变等涵义。

《素问·刺热》进一步解释治未病含义时说：“肝热病者，左颊先赤。心热病者，颜先赤。脾热病者，鼻先赤。肺热病者，右颊先赤。肾热病者，颐先赤。病虽未发，见赤色者刺之，名曰治未病。”“治未病”就是根据表现出来的征象及早调治。《灵枢·逆顺》中：“上工刺其未生者也；其次，刺其未盛者也；其次，刺其已衰者也……故曰，上工治未病，不治已病，此之谓也。”《素问·疟论》中也有：“夫疟之未发也，阴未并阳，阳未并阴，因而调之，真气得安……故工不能治其已发……若夫病已成而后药之，乱已成而后治之，譬如渴而穿井，斗而铸锥，不亦晚乎！”

“治未病”是指导中医药防治疾病和保健延衰的重要法则，《内经》的正气理论对其影响深刻。正气是生命活动能力的集中表现，是机体抵抗邪气侵袭，适应生活环境，维持正常生理活动能力的总称。阴阳平衡是机体健康的表现，即机体内外环境平衡与协调的和谐征象；而疾病发生发展的最根本原因是阴阳失衡。《素问·评热病论》中有：“邪之所凑，其气必虚。”《灵枢·百病始生》中有：“两虚相得，乃客其形。”《素问·生气通天论》曰：“内外调和，邪不能害，耳目聪明，气立如故。”人体对外界的影响具有调节与适应能力，这种能力是正气的组成部分。只有当正气充盛时，机体才有较强的适应与调节能力，才能及时调节机体潜在或轻度的紊乱与失调，促进机体向阴阳平衡的健康方向发展；而当正气不足，机体适应与调节能力较弱，不能及时调节机体轻微的阴阳失调，机体难于恢复阴阳平衡，进而向着阴阳失调的病理状态转化。因此，机体的正气是维持内环境稳定、预防疾病保持健康的内在因素，它决定着“未病”发展的方向。中医“治未病”的最重要的方法与原则——扶助正气的目的就是力图保护并加强机体这种自调能力，使机体气机活跃，免疫力提高，物质代谢协调，抗病能力增强。

2 针灸治未病

后世根据《内经》“治未病”原则，结合经络腧穴理论提出了“逆针灸”，是一种极具针灸特色的扶助正气的具体方法。明·高武《针灸聚英》解释：“无病而先针灸曰逆。逆，未至而迎之也。”是指在机体健康无病、疾病发生之前或疾病轻浅之时，预先应用针灸方法激发经络之气，增强机体的抗病与应变能力，从而促进健康、强壮延年、防止疾病的发生，减轻随后疾病损害程度。采用“逆针灸”的目的就是最大限度地激发机体内在的调衡阴阳的潜力，去应对内外各因素的影响和干扰，保持机体内环境的稳态，防治疾病并保持健康。“逆针灸”因具有注重机体自身潜能开发与利用的特色，在众多防病保健方法中独树一帜，是我国古代主要的防病保健手段之一，至今还以其独特的功效保持着旺盛的生命力。针灸不仅可以激健康人的生命潜能，提高生命质量，而且中老年保健针灸、穴位贴敷冬病夏治防治哮喘、节气灸预防中风、感冒、提高机体免疫力、延缓衰老的应用也越来越广泛，很多人愿意接受包括针灸在内的多种非药物疗法。

针灸“治未病”见于大量文献记载。如《素问·刺疟论》中记载了预防疟疾发作的针刺方法：“凡治疟，先发如食顷，乃可以治，过之则失时也……先发时如食顷而刺之，一刺则衰，二刺则知，三刺则已。”《灵枢·逆顺》：“方其盛也，勿敢毁伤，刺其已衰，事必大昌。故曰：上工治未病，不治已病，此之谓也。”说明在疟疾发病之前进行针刺，可以防治疟疾的发作。《素问·遗篇·刺法论》中记载了为防邪气侵犯脏腑，可预先针刺五脏六腑的原穴，并认为："是故刺法有全神养真之旨，亦法有修真之道，非治疾也，故要修养和神也。"预先针刺的目的是以期"补神固振，神气不散，神守不分"，从而达到预防疾病发生的目的。《针灸要诀与按摩十法》有："无病针灸腿上能远行不疲……无病针灸腹上能增食量。"《素问·阴阳应象大论》："阳气者，若天与日，失其所则折寿而不彰。"特别强调了在扶正时维护阳气的重要性。艾灸比针刺更侧重保护机体的阳气，并且艾灸因为操作更为方便安全舒适自然，因此应用更多更广，多用于机体正气不足，内脏功能尚不强盛或开始减弱，内环境不稳，容易发生各种疾病的体弱、小儿、中老年人群等。此时，艾灸可以激发机体内在的调节能力，帮助机体保持内环境的稳定。宋·窦材《扁鹊心书》中有："保命之法，灼艾第一。""人于无病时常灸……虽未能长生，亦可得百余年寿矣。"窦氏认为，人体衰老的原因是真阳之气渐衰，并主张在机体出现衰老之象的中老年时期经常施灸关元穴，可强壮真阳之气，防病延衰。因关元穴为一身元气出入的场所，经常艾灸可使"阳气不绝，生命坚劳"。窦氏本人即有"余年五十，常灸关元五百壮，遂至健康"的切身体会。明代《医学入门》中有每年的四季交替之时各熏灸1次，可使"真气坚固，百病不生"的记载。《江间氏心身锻炼法》记载了无病长寿法之一，就是"每月必有十日灸足三里穴，寿至二百余岁"。《医说》云："患风疾人，宜灸三里者，五脏六腑之沟渠也，常欲宣通，即无风疾。"《医学帛书》中提出了"灸则强食产肉"。强食即增加食欲，产肉即体格强壮。《养生一言草》中有小儿防病保健身柱灸穴的记载："小儿每月灸身柱、天枢，可保无病。"《千金要方》、《诸病源候论·卷四十五》均有："河洛关中土地多寒，儿喜病痉，其生儿三日，多逆灸以防之，又灸颊以防噤。" 《类经图翼》也有隔盐灸神阙穴"若灸至三五百壮，不惟愈疾，亦且延年"的记载。《千金方》有："短气不得语，灸大椎随年壮。""凡疟有不可瘥者，从未发前灸大椎，至发时满百壮，无不瘥。"晋·葛洪在《肘后备急方》记载了用狂犬的脑泥敷贴被狂犬咬伤的伤口，可以防治狂犬病。《外台秘要》："三里养先后天之气，灸三里可使元气不衰，故称长寿之灸。"明·杨继洲在《针灸大成》中详细记载应用艾灸预防中风方法和时机时指出："但未中风时，一两月前，或三四月前，不时足胫发酸发重，良久方解，此将中风之候也，便宜急灸三里、绝骨四处，各三壮……如春交夏时，夏交秋时，俱宜灸，常令二足灸疮妙。"《千金要方》认为："上医医治未病之病，中医医治欲病之病，下医医治已病之病。"这种观点几乎与现代预防医学的三级防治有着异曲同工之妙。

总之，针灸治未病是依据中医"治未病"理论，选择一定的时机，应用各种针灸方法刺激机体一定的腧穴，人为地激起机体适度应激的一种有效方法，它通过增强机体的抵抗力和耐受力而达到防病保健的目的。具有丰厚的中医理论基础，其防病保健作用十分肯定。

参考文献：略

中医"治未病"体系建设之浅见

胡虹　胡玮　臧镭镭

摘要：通过对中医"治未病"思想内涵的阐释，对如何促进并落实中医"治未病"体系建设，进一步增强大众保健意识，形成一套完整的疾病预防系统，以取得"治未病"思想在疾病预防、保健上的成效提出见解。

关键词：中医；治未病；教学体系；临床应用

随着人们生活水平的不断提高，冠心病、糖尿病、心脑血管病等现代疾病频发，给个人健康带来了巨大危害，也严重制约了社会发展。在此情况下，人们的健康意识进一步增强，在对保障健康、预防疾病、提高生命质量的需求日益增长的同时，也对医源性疾病、化学药物毒副作用的认识不断深入。上个世纪末，全球医学界大讨论得到的最终结论是：最好的医学不是治好病的医学，而是使人不生病的医学。世界卫生组织在《迎接21世纪的挑战》报告中也指出："21世纪的医学，不应继续以疾病为主要研究对象，而应以人类健康作为医学研究的主要方向。" 当今，医学发展的趋势已由"以治病为目的的对高科技的无限追求"，转向"预防疾病与损伤，维持和提高健康水平"。这一重大转变，至少有三个显著特点：一是由治病的医学转向保健的医学，二是由关注人的疾病转向关注人的健康，三是在重视科技作用的同时，更加重视人文关怀。“治未病”理念与实践被提到前所未有的高度，显示出广阔的发展前景。而中医“治未病”以其绿色、健康等特点在医学预防保健上发挥着特有的优势，越来越受到广大群众的青睐。本文拟从中医“治未病”思想内涵的阐释入手，对如何建设中医“治未病”体系，进一步增强大众保健意识，形成一套完整的疾病预防系统，以取得“治未病”思想在疾病预防、保健上的成效提出初步见解。

1 中医“治未病”的思想内涵

“不治已病治未病”是早在《黄帝内经》中就提出来的防病养生谋略，是至今我国卫生界所遵守的“预防为主”战略的最早思想。经过历代医家两千多年来的不断充实和完善，“治未病”逐步形成了具有深刻内涵的理论体系。这一体系，把握了预防保健的三个主要层次，也可以说是三种境界，即“未病先防”、“既病防变”和“瘥后防复”。这就要求人们不但要治病，而且要防病，不但要防病，而且要注意阻挡病变发生的趋势，这样才能掌握疾病的主动权，达到“治病十全”的“上工之术”。

此三境界终其根本，落实于一个“防”字上，充分体现了“预防为主”的思想。结合中医学对疾病发生、发展的认识，特别强调要达到“防”的目的，就应当保养身体，培育正气，提高机体的抗邪能力。“正气存内，邪不可干”、“精神内守，病安从来”等，正是这些思想的典型表达。“治未病”的理念，重在指导人们做到防患于未然，“消未起之祸，治未病之疾，医之于无事之前，不追于既逝之后”。这既是医学认识的理想境界，也是衡量医学水平的重要标志。强调“治未病”，不是忽视“治已病”。与“治已病”相辅相成，密不可分。“治未病”是“治已病”的更高境界，可以减轻“治已病”的压力：“治已病”对致病机理和诊疗手段的探索，可以有效指导“治未病”。因此，只有在“治已病”的同时强调“治未病”，在“治未病”的同时不忽视“治已病”，使得“未”、“已”并重，我国的医疗事业才能发展到一个更高的水平。

中医“治未病”思想对于现代医学的亚健康防治也有着直接的指导意义。亚健康是介于健康与疾病的中间状态，机体无明显疾病，但是人体却呈现活力降低，适应力下降并伴随一系列不适症状的状态。据我国抽样调查结果显示：亚健康人群约占我国总人口的60%，其中主要以中年群体居多，约占48%～50%。亚健康状态在城市居民、青年学生、知识分子、机关干部和军人中普遍存在。据统计，我国目前在高级知识分子、企业管理者中亚健康状态的比例高达70%。亚健康状态的发展趋势主要有两方面：一方面，如果机体长期处于亚健康状态而忽视调理，就可能导致疾病的发生；另一方面，通过合理的干预，就能使机体恢复健康状态。中医学倡导“上工治未病”，十分注重人与自然、环境、社会的和谐统一，注重情志等因素对人的影响，强调整体观念、辨证论治，主张“未病先防”和“天人合一”、“形神统一”、“动静结合”等医疗卫生保健思想。这些理论恰恰与人类健康观念的变化以及医学模式的转变相适应。因此，中医学“治未病”对于亚健康的防治具有独特优势。

2 坚持高起点，全面建设中医“治未病”体系

2.1 建设中医“治未病”的教学体系

众所周知，预防医学是现代医学的一个重要分支。有一套完备的理论体系。在预防传染病和营养不良方面，通过疫苗接种和公共卫生措施，许多恶性传染病得到了有效的控制乃至被消灭。并形成三级预防的保健体系。

中医治未病遵循个体化的原则，针对不同的个体，由于体质、生活环境等内外因素的不同导致其生理特征、病理变化的不尽相同，“因时、因地、因人制宜”，应用了多种多样的手段和方法，也有着更为广阔的开发应用前景。

目前，中医在这方面的教育不是很系统。其实，中医的预防保健知识，也就是“治未病”思想在四大经典、中医养生学、中医基础、诊断、中药方剂、中医内外妇儿及针灸推拿等教科书中均有体现，是否可以把这些内容归纳总结在一起，成为一套完整的中医的预防学丛书系列，是目前推广治未病思想的重要环节。此套丛书的出版必将便于学生系统的掌握中医在预防保健方面的知识，为以后的临床实践提供一定的基础。笔者认为，此书内容可包括四大经典中的“治未病”学术思想，中医的养生原则和方法，诊断中的体质学说及辨证施治内容，中药方剂中的食疗药膳以及针灸推拿方面的保健知识等等。当然这些不是独立的，相互之间有重要的联系，这套教材可以把中医预防、养生、保健和康复等知识进行提炼和总结，从而在此丛书的基础上不断对“治未病”学术思想作深入研究，并结合其它预防医学的经典书目，在“治未病”实践的科学性及功能性上获得突破性进展。与此同时，在预防医学中增设“治未病”课程，以培养一支专业队伍。

2.2 建设中医“治未病”的宣传教育体系

在全民范围内开展多种健康宣教活动。健康知识和行为方式是影响人们健康的重要因素，信息是沟通的基础和社会发展的重要资源，要通过“治未病”文化传播和知识方法的普及，增强人们的健康意识和应用“治未病”知识方法自主改善生活方式和健康相关行为的自觉性；通过建立广泛覆盖的健康状态信息网络，为群众提供全面的、连续的中医特色预防保健服务。

建议充分利用社区医疗服务的优势，在全社会范围内开展大型健康课堂等健康教育工作， 通过报刊、电视、网络等媒介，发表科普文章，举办讲座，并组织医护保健人员走进社区进行活动，通过义诊、咨询、发放宣传资料等形式，宣传慢性病、常见病、多发病的预防知识，从而推动全民身体预防保健意识的形成。

2.3 建设中医“治未病”的临床医疗体系

首先，在体检中贯彻“治未病”思想。体检中心应为体检的人群提供个性化评估，建立现代医学和中医体质一对一的个人健康档案。对有发病倾向的人制定个性化中医养生方案，通过食疗、起居、精神调养等将机体调理到平和状，达到“未病先防”的目的：对已病的人制定个性化诊疗方案，达到“已病防变，病后防复”的效果。

其次，在各大中小医院中设立专门的“治未病”门诊。在中医“治未病”的临床应用上应该扩展“治未病”的概念，以“未病先防，有病早治，既病防变”为原则，发扬中医药特色，发展中医的三级预防作用。

“未病先防”体现了现代医学的一级预防概念，在这点上最能体现中医治未病的理念。“未病先防”是发病前期的预防，是最积极的预防措施。许多疾病都是与遗传和不良的生活方式有关，健康是人与自然环境及社会之间的一种动态平衡，“阴平阳秘，精神乃治”。现代社会由于生活节奏加快、竞争激烈、环境恶化等造成的长期心理压力导致慢性疲劳和心情压抑、免疫功能降低，从而出现的一系列偏离健康的症状，所以要改变不良生活方式，坚持适度的体育锻炼，通过调整身体状况来改善精神状态；中医很早就有体质的分类，如《内经》中把体质分为阴脏人，阳脏人，阴阳平和之人，很多医藉中都有体质的分类，研究发现，疾病的发生与人的体质因素与类型有关，如高血压、糖尿病、高脂血症、中风属于痰湿体质较多，这种体质之人往往体形偏胖，多痰多湿。所以针对自身体质可采取预防的措施。另外，服食方药(膏方)：中医服食方药历史悠久，根据个性化原则，不同季节服食不同方药，对于预防疾病有很好的效果。特别是近年来中药作为绿色天然药物，适合人们回归自然崇尚天然的趋向。

“有病早治”体现现代医学中的二级预防概念，即临床前期(发病期)预防，即在疾病的临床前期作好早期发现、早期诊断、早期治疗(“三早”)，从而使疾病能够得到尽早治愈而不致加重和发展。病情的发生发展有一定规律，一方面要强调及早治疗，防微杜渐，避免疾病的深入发展；另一方面不同情形要有针对性治疗措施，要在适当的时候采用恰当的方法，如“疾之居腠理也，汤熨之所及也；在血脉，针石之所及也；其在肠胃，酒醪之所及也；其在骨髓，虽司命无奈之何”(《史记·扁鹊仓公传》)。在这方面可以发挥中医特色，《金匮要略》“适中经络，未流传脏腑，即医治之。四肢才觉重滞，即导引、吐纳、针灸、膏摩，勿令九窍闭塞。”通过四诊做到早期发现，以辨证论证制定个体化的治疗方案，用中药这种天然的药物来早期治疗。

“既病防变”体现现代医学中的三级预防概念，即临床(发病后期)预防。针对发病后期采取治疗措施，防止疾病恶化，预防并发症和病残。《伤寒论》“自利不渴者，属太阴，以其藏有寒故也，当温之，宜服四逆辈”，寓补火生土之意，以防止脾病及肾：《金匮要略》“治未病者，见肝之病，知肝传脾，当先实脾。”依据脏腑病证的传变规律，以治肝实脾为例，系统阐述了这一传变规律，提出了治肝补脾，防止传变的原则。指出在治疗疾病时应注意照顾未病的脏腑，防止疾病的传变途径，防其蔓延为患，使疾病向痊愈方面转化。这方面可发挥中医药对疾病的调理特长，如中药可减轻癌症病人化疗后不良反应，提高生活质量，防止复发，针灸可作为中风患者恢复肢体功能的手段，减少其致残率。这些都是值得大范围内推广的。

总之，新时期具有中医特色优势的治未病预防保健体系的构建，能够充分发挥我国传统中医药所提供的理论基础和技术支撑，在疾病未生、未发、未传、未复之时，通过多种简便的个性化保障手段，能够很好地阻止疾病的发生、发展、传变和复发，我们中医药工作者应该以高度的责任心和使命感，努力践行中医“治未病”思想，使之得到最大程度、最大范围内的传播，并在疾病预防、身体保健上发挥最大功效，成为保障广大人民身体健康的强有力手段。

2009

国医年鉴

5 优秀论文专著

三种教育模式良性互动，促进中医和谐科学发展

国家中医药管理局中医药继续教育项目办公室　樊新荣

摘要：通过对院校教育、师承教育和继续教育三种中医教育模式的阐述，以巩固和加强院校教育的基础地位，调整和提高师承教育的水平，积极推广现代继续教育，从而实现三种教育模式良性互动，促进中医和谐发展。

关键词：中医教育模式；和谐；发展

院校教育、师承教育和继续教育是当前我国中医教育存在的三种模式，它们在传承发展中医过程中分别承担各自的任务。经过一代代中医人的努力，各种教育形式日臻完善。在推动中医学发展中，各种教育形式分别存在自己的优势和不足，如何完善中医教育体制，促进中医和谐发展成为摆在我们面前的艰巨任务。

1、院校教育的优势和不足

中医院校教育具有悠久的历史，在古代发展比较缓慢。1930年，施今墨、萧龙友等人创办北平国医学院，开中医现代院校教育的先河。1956年，以北京、上海、广州、成都四所中医学院成立为标志，中医高等教育翻开了新的一页。截止到2004年，全国共有高等中医院校32所，此外还有58所其他高等学校设置了中医药相关专业。我国中医药院校教育正逐步走上规模化、规范化的轨道。

1.1 院校教育的优势

院校教育是我国中医教育的主流，无论是古代小规模的“太医院”式的院校教育，还是现代规模庞大的高等院校教育体系，都是中医药人才培养的主要形式，现今的中青年临床中医师几乎是清一色的“学院派”。院校教育的优势主要体现在以下两点。一方面，院校教育有利于大规模培养中医药人才。院校教育特别是新中国高等中医药院校的建立，成为中医药人才的主要培养基地。到2004年，中医药院校累计培养本科生14万，专科生27万，研究生8000人[1]，这些人才成为中医医疗、教育、科研等各个领域的骨干，以自己扎实的专业基础支撑和推动中医学的发展。另一方面，院校教育可以培养适合现代医疗体系的全面的中医人才。中医院校具有较好的软、硬件设施及良好的学术氛围，并能顺时开设西医、外语、计算机等课程，使广大中医生在学习专业课的同时汲取更为丰富的营养，有利于培养全面的新一代中医工作者。

1.2 院校教育的不足

院校教育由于与中医学术的特点不能完全兼容，近年来一些不足之处逐渐浮出水面。一方面，中医理论学习与临床实践脱节，学生临床能力整体不强。院校教育人为地将中医学习分为理论学习和临床学习两个阶段，不能将二者很好地衔接融合，理论与实际脱节，影响教学效果。另一方面，课程设置西化，中医生面临“中医不精，西医不通”的尴尬。中医院校的学生既要学习中医又要兼顾西医，所谓“鱼与熊掌不可兼得”，很难在有限的时间内把中医和西医的所有课程都学好。中医毕业生临床以西医为主，导致中医院沦为二流西医院。如何改变这种局面，我们仍需努力。

2、师承教育的优点和缺陷

师承教育的肇始与中医起源同步。中国古代名医辈出，他们的医疗经验及学术特色依靠师承教育的形式，父传子受，师授徒承，代代相传，并逐渐形成了具有一定特色的医学流派，使中医学术流派纷呈，代有薪传。如河间学派中的刘完素——罗知悌——朱丹溪——戴思恭，易水学派中的张元素——李杲——王好古等，形成了一个人才链和人才群体。现代，随着院校教学模式弊端的暴露，中医人才水平整体不高，越来越多的人开始期待这种原生态教学方法的回归，许多地方纷纷开展了“师带徒”、“培养名老中医继承人”等活动。

2.1 师承教育的优点

师承教育的优势在于有利于培养有中医特色的中医。师承教育在教学上并不刻意追求形式的固定规范和内容的系统完整，学生在每天随师侍诊过程中将中医典籍中的经文含义、方药用途以及老师辨证论治的点滴经验同实际相印证，逐步完成对中医概念、理论的深刻理解和间接经验向直接经验的转化，特别是领悟其中某些不可言喻的意蕴。这种教学方式有利于

提高学生的实际动手能力，也使枯燥乏味的理论、概念在生动、直观的临证过程中还原为具体感知。师徒传承可以使徒弟少走弯路，缩短成才周期。

2.2 师承教育的缺陷

师承教育在培养具有扎实中医基本功的优秀中医人才的同时，也存在不足之处。具体表现在：首先，培养人数少，无法满足临床需要。其次，师承教育方式不是现代医学教育的主流，部分师承人员学历得不到承认，对他们缺乏适当的法律保护。再次，师承教育往往接受的是一家之言的教育，思路容易受到局限，不利于中医各家思想的融会贯通和中医的发展创新。最后，单纯的师承教育方式培养人才与现代社会发展需求脱节。随着社会发展，人们对健康的需求和法律意识都在不断提高，师承人员在学好中医的同时，必须适当了解西医、法律等常识。

3、 积极推动继续教育

继续医学教育是卫生技术人员继院校教育之后，以传授、学习现代医学科学技术发展中的新理论、新知识、新技术和新方法为重点，适应各专业卫技人员的实际需求，具有针对性、实用性、先进性的一种终身教育。但对于从事中医药工作的卫技人员，其继续医学教育的要求是既要掌握现代的医学理论与先进技术，又要不断发扬传统中医药学理论，突出中医特色。通过富含中医特色的继续教育工作，可以实现培养具备创新能力、精湛医术、人文素质为一体，综合素质全面发展的中医药工作者的目标。中医学博大精深，要学有所成，必须“博极医源，精勤不倦”，在系统学习之后坚持不懈地接受继续教育。当代中医大家朱良春先生的治学格言“每日必有一得”就贴切地反映了继续教育的必要性和意义，继续教育是校教育和师承教育二者有益的、必要的补充，医学生在入门后，尤其必须重视中医继续教育这一环节，才能在原有基础上不断提高。医学教育者必须积极探索建立和完善多层次、多角度的继续教育机制，才能弥补院校教育和师承教育的不足，从而推进中医学向前发展。历史进入 21 世纪，中医继续教育将被赋予更加丰富的内涵。

3.1 针对院校教育的继续教育方案

院校教育存在缺陷，我们必须在继续教育上做足文章以弥补其不足之处。世界中医药学会联合会副秘书长贺兴东指出：“高等中医药院校培养出来的毕业生不是合格的医生，更不是名医，院校学习只是为他们成为医生打下了必需的基础，他们还必须经过临床实践后考取执业资格，临床后再学习提升自身业务能力，再加上本人有足够的悟性，才有可能成为名中医。”解决院校教育存在的问题，主要从以下两个方面着手。

针对目前中医毕业生中医基础理论薄弱，临床水平不高的现状，继续教育应进一步强化中医学习。首先，理论学习上必须强调中医经典的回归。中医院校毕业的临床医生必须在一定时间内掌握背诵一定数量中医经典著作，并通过中医经典古籍考核，将考核成绩作为晋升职称的必要依据。其次，临床学习中强调中医专科继续教育。中医院各个科室要突出本科室的中医特色，让专科医师加强对专科中医知识的学习。使二级甲等中医院的专科医师在普遍掌握中医基本知识的情况下，对该科的中医专科知识的掌握达到较高水平。三级甲等中医院的专科医师能系统深入地掌握该科的基本理论、学术源流，培养开拓创新意识，在一定范围内起到领头军的作用。

针对中医毕业生西医水平差而临床要求高的问题，继续教育上我们强调西医专科的培训。中医院校学生西医基础较西医院校学生差，要全面达到西医院校学生的水平比较困难，但要在某个专科领域达甚至超越他们要求的水平则不是没有可能。对此，我们可以依托继续教育基地，针对不同水平的医院制定不同层次的专科继续教育方案，让不同等级的中医院对西医专科知识有不同层次的掌握，力争使二级医院达到专科水平，三甲医院达到精英水平。

在继续教育方式上，伴随现代网络技术的飞速发展，中医继续教育也搭乘了科技快车。除了继续开展传统的继续教育方式，开发利用新的教学资源是提高继续教育质量的有效途径。以网络技术为依托，将传统课堂教学模式与现代教育技术相结合，大力开展远程教育，挖掘全国各地新的诊疗技术、独特的治疗手段等制作成幻灯、录像、电视等视听教材或建立中医药学数据库、开办卫星讲座等在全国推广应用，这样的教学手段机动灵活，不受时间和空间限制，可以为继续教育提供极大的便利条件，从而让更多人随时随地享受现代科技带给中医继续教育的便利。

3.2 针对师承教育的继续教育方案

师承教育是一种很好的中医教育手段，近年来开始被官方纳入政府医疗体系的中医药继续教育模式。继续师承教育是精品工程，它旨在提高有一定临床水平和学术认识的医生的中医诊疗水平，面对目前中医状况，我们必须探索出一条与传统师承教育不同的继续师承模式，促使其完成从量变到质量的转变。

首先，政策上给予支持和保护。各级中医主管部门牵头，制定相关政策法规，保护师承教育的合理性和合法性。目前制约中医药师承教育的主要问题是：没能与相关的学位授予挂钩，从职称晋升角度来说，一个医生跟师学习几年，还不如去念个在职学位更实用，不利于调动学习的积极性。因此，当前师承教育需要进一步增强活力，提高质量，解决相应的学位授予问题，这是构建师承继续教育长效机制的关键。我们可以考虑将院校教育后的跟师学习作为临床晋升职称的必要环节，让跟师学习和接受在职教育具有同等重要的地位。

其次，规划上制定合理的培养目标、学习内容、考核指标等。继续师承教育不应仅仅停留在口头上，必须建立健全各项机制，相关部门要制定一整套方案并付诸实行。师生实行双向选择后举行拜师仪式，师徒针对自身特点制定合理的培养目标、跟师学习内容以及如何考核等方案，签订培养协议，让继续师承教育走上规范化的轨道。

最后，管理上要规范。对于师带徒的入口和出口要严格把关。在师傅的选择上，要求以名医为师，以德才兼备的主治以上中青年医师为徒，采取规范的理论、临床考核方式进行选拔。学习结束后，由专家采取规范的考核、答辩等方式考察学习结果。作为继续教育的一种形式，如何保证师承教育的质量而不是“走过场”、“镀镀金”是其中的关键问题，必须做好每个环节的工作。

3.3 做好中医药继续教育的宏观思路

3.3.1 牢牢把握中医药发展的模式是整体和谐医学模式

中医不单是孤立追求身体健康，而是追求“顺应自然——身心健康——适应社会”这样一种整体和谐状态模式，与医学模式发展（概要如下图）相适应，其涵盖了健康、亚健康、疾病状态下的各个过程。

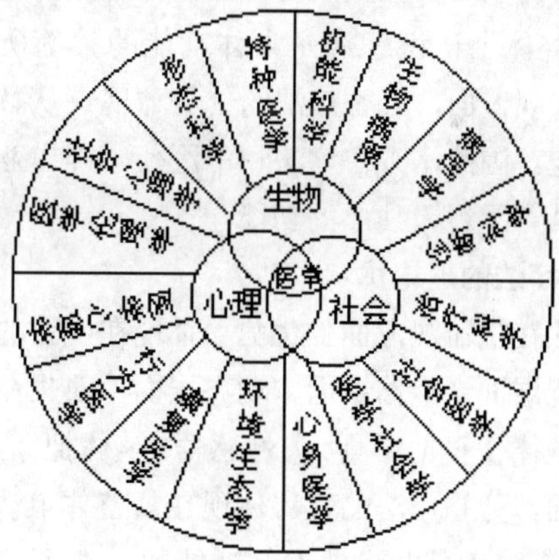

经典中医药体系包括了阴阳、五行、脏腑、经络、病因、病机、诊法、辨证、治则、针灸、摄生、本草、方剂等十三大方面，是中医药学术之根本，而在有些方面要与时俱进，科学发展，解放思想。例如，古人没有上天，没有航空医学；古人没有电脑，没有电脑综合征，等等。这些要求我们在继承基础上加以创新性思考。如鲁迅所言“外之既不后于世界之思潮，内之弗失固有之血脉，取今复古，别立新宗”。基于中医药实际情况，发展之整体和谐医学模式可细化为“基础医学、应用医学、工具医学、医学工程技术”四大部分（概要图略），尤其是工具医学与医学工程技术两部分要发展，例如：热成像技术在中医的运用等。

3.3.2 机制上做好两个结合，规划上要有近、中、长期发展规划

（1）机制上做好两个结合，即强制与激励相结合、固定与灵活相结合

强制——中医药工作者必须接受继续教育；激励——做的好的，奖励（如评定职称优先、颁发相关荣誉等）。固定——常规继续教育项目时间、程序固定化；灵活——突发、应急继续教育项目时间、程序灵活化（如地震后亚健康状态调治、手足口病防治、禽流感等）。

（2）规划上要有近、中、长期发展规划

近期——做好手头工作；中期——健全完善继教

管理系统。保证继教项目网上申报的通畅性、快捷性，节约人力与财力；长期——全面开展"三名三进"、"三名三保"、"三名三培"工程。以培养名医为例，如何成为一个名医，名医又有内科、外科、儿科名医等，内科里又有脑病、肝病、心病等，心病里又有胸痹、心悸、不寐等，胸痹里又有文献、临床、实验等，而每一方面都是很好的继教项目，实际也是一种"宏观、中观、微观"三观互动思想方法与工作方法的体现。

总之，我国的中医院校教育和师承教育这两种现代中医教育形式，都需要由继续教育来补充，在两种教育的基础上有针对性的发展继续教育，从而进一步完善我国的中医教育体制。巩固院校教育的主体地位，培养一批具有扎实基本功，能够胜任基础临床工作的现代中医；调整和提高师承教育水平，着重培养具有较高水平的中医大家，着力于中医学的开拓创新；发展多样化有针对性的继续教育方式，有效弥补院校教育和师承教育的不足，实现三者的良性互动，促进中医的和谐发展。

参考文献：略

芳香疗法的发展优势

中和亚健康服务中心　周筱慧

摘要：芳香疗法的理论优势体现在生命观方面的优势，针对生命的精神、功能、整体、动态等层面的均衡把握，对生命复杂现象及其规律作直觉观测、灵性感悟和整体的引导。在疾病观方面，芳香疗法的优势体现在从整体上认识患病是人体功能的失衡所造成的。在治疗观方面，芳香疗法的优势体现在从整体调节人体功能。因此，芳香疗法和中医药一样在亚健康防治方面具备了得天独厚的功能。

1、芳香疗法的理论优势

芳香疗法在生命观方面的优势，体现在生命的精神层面、功能层面、整体层面、动态层面，对生命复杂现象及其规律作直觉观测、灵性感悟、整体把握上；在疾病观方面，芳香疗法的优势体现在从整体上认识患病是邪气盛正气衰也就是人体功能的失衡所造成的；在治疗观方面，芳香疗法的优势体现在整体调节人体功能失衡状态以及未病养生的预防思想、辨"证"求"本"的诊断方法、发掘正气潜能、自组织自调节的治疗原则上；在医学观方面，芳香疗法的优势则体现在生命的物质层面、个体层面、静态层面的具体分析以及实质治疗上结合生态的综合医药学模式。

从本体论和方法论角度分析，芳香疗法是以实体、形态、结构为本体，兼顾了生命的关系、功能和过程。以有形的原子为本体而并不排斥无形的元气；芳香疗法采用了模型方法、感应综合方法、类比方法，也兼顾了原型方法、因果分析方法、还原方法。中医药学的世界观、生命观是众所周知的整体恒动观。芳香疗法以植物学和有机化学为基础但并不机械对待生命现象，一开始就将人视为天地人大环境中的一个子系统，将人体本身视为一个有机的整体，看成是与天地自然相感应的小环境、小宇宙，是符合人体生命实质的。人除了自然属性、物质属性(包括器官、细胞、分子等组织结构)外，还有社会属性、文化属性、精神心理属性。芳香疗法在系统把握人的社会、文化、精神心理属性方面更有其优势。芳香疗法将整体学说等所采用的整体类比、感应综合的方法，与因果分析方法相比较，在解释自然、生命中的确定性、稳定性、简单性领域有其优势，在解释自然、生命的不确定性、不稳定性、非线性、复杂性领域也有其优势。因此以现代医药学为代表的因果分析方法的作用在人类生理学的领域里显著削弱了，而且，当涉及到心理的或社会的现象时，它就蜕变成完全不确定的了。在这一方面，芳香疗法感应综合的方法则有它的优势。

2、芳香疗法的医学优势

芳香疗法对症论治方法，从整体而论，主要是无损伤性获取信息、系统的功能观察、动态的诊察内容和简便的诊察方法。芳香疗法治疗具有安全、有效、低毒等优势，其单方及复方的药理作用具有多效性，同时存在多个有效成分或部位，而通过辨症治则组成的复方，其各组部分相互之间产生化学反应又具有新物质及新功能，使得复方形成比单方精油更优越的整体调节功能，从而更有力地纠正机体的各种不平衡状态，为有效地治疗复杂疾病奠定了基础。芳香疗法治疗使用的工具或手法，发挥着整体功能综合调节和协助人体自然康复的作用，强调因人施用、辨证施用，注重医患双方的互动性和方法的实用性、有效性。

芳香疗法的优势病种以心脑血管、呼吸、消化、内分泌、皮肤系统的亚健康防治；还包括外科、骨伤科、疼痛治疗的形体病证，还有内脏慢性病和内分泌病及病因复杂或原因不明的病种。芳香疗法长于诊治多系统、多器官、多组织的综合病变，精神神经、内分泌、免疫系统疾患、病毒性疾病以及功能性、原因不明的病证等，而在形体和器质性疾病、原因单纯而明确等病变的诊治上，则与西医药学不可同日而语。芳香疗法在治疗心因性疾病、心身疾病以及男性病、妇科病方面也有较大优势。但芳香疗法优势病种也并非一切均优，而是有条件的。如糖尿病治疗，芳香疗法降糖并不占优势，但对并发症有很好的疗效；芳香疗法治疗慢性肾功能衰竭，主要是能明显延缓慢性肾衰的病理进程；而治疗肿瘤则是从整体提高人体的综合抗病能力与机能恢复能力入手，减少病痛，提高生活质量，延长存活期，减少放化疗的副作用，增强其疗效。对于中风、降血压和快速清除出血、急救等方面不及西医药学，但对中风后遗症的康复，芳疗有着较好的疗效，可提高患者的独立生活能力。

此外一些被西医药学判定的“不治之症”，一些经西医化验、透视、拍片却无法诊断的疾病(如头晕目眩、疲倦无力、心悸、失眠、健忘、无名发热等)，一些服用西药有过敏反应和副作用以及长期服用西药产生抗药性的人，采用芳疗治疗往往能有满意的疗效。

3、芳香疗法的发展观及与中医药的文化结合

21世纪人类面临四大健康忧患，随着生活条件、物质条件、医疗条件的大大改善，人类自身身体素质日益下降、体质日益衰弱。过分讲究卫生、讲究舒适，使机体接触病原体的机会减少，抵抗力下降；环境污染，生态失衡，威胁到人类的生存和繁衍；交通便捷，来往频繁，使疾病扩散机会明显增大，新的病原体不断出现。使当代人类的疾病谱发生了结构性变化，人类受到现代综合征、癌症、心身疾病、医源性疾患等的困扰。

芳香疗法与中医药结合往往可以补充一些现代生物医药学的缺陷和不足。芳香疗法符合“保护生态，回归自然”的要求。中医药学理论体系，既包含有文化社会的因素，又包含有自然科学的因素；既反映了人体五脏之间不可分割的复杂关系，又反映了人体内“藏”与自然万物外“象”的对应关系。中医药学体现了综合、全息的“象”思维特征，“藏象”、“脉象”、“证象”反映了生理功能、病理(病因、病性、病位、病势)等人体各种信息与自然生态各种信息的总合。因此可以说芳香疗法与中医药学是一门顺应自然环境的生态医药学。

芳香疗法和中医药学都强调自我调节、发掘人体正气潜能，自然治疗学可以称之为功能调节治疗学。芳香疗法与中医药学在治病防病方面针对人体无形的功能关系的自组织、自调节的治疗系统，建立了一套功能动态平衡调节模式，而这种调节又主要落实在五脏功能调节上。五脏的功能调节从不同的角度可分为外在调节、内在调节、自组织调节，即时调节、后时调节、前时调节等几类。外在调节，指采用药物、香薰、泡浴、油压、针灸、推拿、气功导引等外在手段，进行五脏功能调节以治疗疾病，以达到动态平衡的健康状态；内在调节，是指人体内部五脏之间依据相生相克原理进行自我调节，五脏的生克调节说明人体本身存在维护健康的能力；自组织调节，是外在调节和内在调节的总称，两者都是通过不断地吸收外在的负熵（即“正气”）由无序达到相对有序，通过五行生克达到稳态平衡的自组织行为。即时调节，是指人体一旦出现五行生克失衡状态，随即就有一种本身的或外在的正气-负熵对它进行调节，通过自组织达到和谐稳态；后时调节是人体五行-五脏生克严重失衡，即时调节无效，在病程长、病情重的情况下，通过香薰、水疗、药物、针灸、气功等手段进行的功能调节；前时调节，是人体在“未病”状态或亚健康状态，五行生克制化尚没有失衡时采用的一种功能调节，中医药学的“养生”、“不治已病治未病”，实际上就是一种前时调节。

由此可见，芳香疗法在对人的自然属性、社会文化属性、精神心理属性的认识方面，在对人的健康、疾病的认识方面，都有现代医药学所不及的优势。芳疗的优势不是指某“领域”的优势，而是指某领域中某“方面”的优势。也就是说 芳香疗法在医药学思想和医疗方法中有优势的一面。 芳香疗法发展应当发扬自己的优势“方面”，与中医药学的优势元素充分结合。在治疗上， 芳香疗法在代谢性、免疫性、功能性疾病以及多组织、多系统、多靶点性疾病或特定病程的治疗方面，在调整亚健康状态、养生摄生、防老抗衰以及保护生态、回归自然等方面发挥了巨大的作用。注重芳香疗法与中医药学的优势发展应当始终以自然医药学为“平台”，而不是以单纯的医疗科学为发展“平台”和发展目标。当然，如何在思维方式层面发扬芳香疗法与中医药学的大生态医药学、功能调节治疗学方面的优势，尽可能弥补量化、细化、形态化方面的不足，才能真正实现芳香疗法与中医药学的规范化发展，才能真正实现自然医学的精髓，促进芳香疗法与中医药学的复兴。

浅议中医美容的经络理论基础

中和亚健康服务中心 黄博明

中医经络是经脉与络脉的总称，意指周身气血运行的通道。内在脏腑气血和外在形体容貌之间是通过什么相联系呢？是遍布全身的经络。经络就是运行气血的信道。由于气血循经络周身循行，使得脏腑组织得到充分的营养，得以新陈代谢；并且机体的脏腑、表里、上下也由于经络的联系而形成一个有机的整体，信息得以互通，功能得以整合，从而进行着协调有序的生命活动。经络之于人体就好象通讯、交通之于城市一样很重要。

在人体经络系统中十二经脉、奇经八脉、十五络、十二经别、十二皮部和美容关系十分密切。现分别论述如下：

（一）十二经脉

十二经脉有阳经、表经与阴经、里经的相互配合。阳经为表，属腑络脏；阴经为里，属脏络腑：手太阴肺经与手阳明大肠经；足太阴脾经与足阳明胃经；手少阴心经与手太阳小肠经；足少阴肾经与足太阳膀胱经；手厥阴心包经与手少阳三焦经；足厥阴肝经与足少阳胆经。表里关系一方面说明脏腑在功能上的完整性、相互配合；一方面说明两经相互络属联系并分别循行于四肢对应的内外侧。

（二）奇经八脉

奇经八脉中的任脉、督脉虽然和脏腑没有直接关系，但好象水库一样，对十二经脉的气血运行起着很重要的溢蓄调节作用，号称“阴脉之海”和“阳脉之海”。并且任脉、督脉所过皆为脏腑所在，因此，也是调节相应脏腑功能的重要经脉。

上述十四条经是经络系统的主干，既能局部就地解决一些美容问题，又能调整脏腑、气血、阴阳，从根本上美容，和美容关系最为密切，是学习经络美容必须掌握的。

（三）络脉

络脉是由十四经分出的行于浅表的支脉，由十五络脉、孙络、浮络组成。十五络是十四经各自别出一络，再加上脾之大络，较为粗大；浮络则是浮行于浅表部位的络脉；孙络是最细小的分支，遍布全身。十五络脉的分布有一定的规律性，十二经脉的络脉从本经肘膝关节以下的络穴分出，沟通表里两经经气，加强表里两经的联系。这一点在调整表里脏腑功能时非常重要。刺激络脉还具有使气血充分渗灌，发挥温养、濡润的作用。因为气血由线状流行逐步扩展为面状弥散，最后通过孙络完成组织的新陈代谢的过程和十五络对于络脉的统属作用是分不开的。

（四）经别

经别是十二经脉别行体腔的支脉，也称“别行之正经”。十二经别多从肘膝关节以上的正经别出（离）；深入体腔与相关脏腑联系（入）；再浅出体表上行头项部（出）；在头项部阳经经别合于本经的经脉，阴经的经别合于相表里的阳经经脉（合）。因此经别的循行特点是离、入、出、合。

“头为诸阳之会”，“清阳出上窍”，“十二经脉，三百六十五络，其血气皆上于面而走空窍”这些是面部经络美容的基本原理。而气血的上达、充养离不了经别，因为正是经别加强沟通了十二经脉与头面部的联系，尤其体现了阳经在头面美容的重要作用。

（五）十二皮部

十二皮部是十二经脉功能活动反映于体表的部位，是经络的皮肤分区，与经脉、络脉，尤其是浮络关系极为密切。皮部的结构对于皮肤美容或皮肤美容疾病的治疗均有指导意义。根据皮部与经脉之间的对应关系及其分布规律，皮肤局部的变化，如丘疹、硬结、斑块等可作为以外测内，经络脏腑辨证的依据；可作为皮肤、毛发美容的依据，刺激相应的经脉、穴位，比如太阳经、太阳皮部与头部，阳明经、阳明皮部与面部、颈部；经络美容中常用到的皮肤针、挑治法、敷贴法、灸法、推拿法、刮痧法、火罐法等，一可促进局部的气血运行，二可调整相应的经络脏腑。

中医认为，人以五脏为中心，通过经络系统，把六腑、五体、五官、九窍、四肢等全身器官联系在一起，并通过精、气、血、津液的作用，构成一个表里相联、上下沟通、相互协调与和谐的统一整体。

机体中的任何功能活动，都是建立在其他功能活动相联系的基础上，处于统一的行气转化的整体联系之中。以经络功能活动为例，经络的功能主要是沟通表里上下，联系脏腑器官。通行气血，濡养脏腑组织。感应传导作用。调节机能平衡。针灸与按摩的疗法，主要是根据某一经或某一脏腑的病变，在病变的邻近部位或循行的远隔部位上取穴，通过针灸或按摩，以调整经络气血的功能活动，从而达到治疗的目的。药物治疗也是以经络为渠道，通过传导作用，才能使药到病所，发挥其治疗作用。

鉴于经络理论博大精深，人体穴位内容丰富，针刺、灸法、按摩等操作方法多样，故需深入研究。

亚健康的中医研究进展

山东中医药大学附属医院　高毅

亚健康是指人体处于健康与疾病之间的一种状态。表现为一定时间内的活力降低、功能和适应能力减退的症状，但不符合现代医学有关疾病的临床或亚临床诊断标准。

本文就亚健康的中医研究现状做一简要综述，并就亚健康研究的相关问题提出自己的几点看法，以求证于同道。

一、亚健康的诊断标准

1.中国中医科学院刘保延领导的研究组提出亚健康状态的概念：持续3个月以上反复出现的不适状态或适应能力显著减退，但无明确疾病诊断，或有明确诊断但所患疾病与目前不适状态没有直接因果关系。即：（1）持续三个月以上反复出现的不适状态或适应能力显著减退，但能维持正常工作。（2）无重大器官器质性疾病及精神心理疾病。（3）尽管有明确的具有非重大器质性疾病或精神心理疾病诊断，但无需用药维持，且与目前不适状态或适应能力的减退无因果关系。

2.浙江中医学院附属医院参考世界卫生组织的标准，建立了临床亚健康诊断标准：持续性或反复发作的疲劳、自觉低热、咽喉痛、肌肉关节痛、失眠、休息质量不高、注意力不集中、健忘、忧郁、紧张。在具体临床表现上，躯体症状为：头昏不爽，两目不涩，神倦乏力，脘腹痞闷，纳谷不馨，食欲减退，面色不华，便秘，舌质暗淡或紫，脉弦细。心理症状为：急躁易怒，心中懊恼，或情绪低落，时而郁郁寡欢，焦虑紧张，失眠多梦，记忆力减退，兴趣及精力下降。社会表现为：不能较好地承担相应的社会角色，工作学习困难，人际关系紧张，家庭关系不和睦。妇女还会有月经不调、痛经、不孕等表现。

（三）中华中医药学会亚健康分会《亚健康中医临床研究指导原则》确立了以下标准：

在亚健康的诊断（或者更多地说是疾病的排除诊断）过程中，可利用现有的医学诊断方法（如病史采集、神经精神状况和整体功能的评定、影像与实验室检查等），为是否存在亚健康的分类判断奠定基础。

在进行亚健康的诊断时，要特别注意与慢性疲劳综合征及精神心理性疾病的鉴别。

二、亚健康的病因病机

1.情志失调　随着社会已从工业社会向后工业社会的不断迈进，社会财富不断积累，人们的物质和精神生活不断丰富，随之而来的是，生活节奏的加快，竞争的日益激烈的，人际关系的复杂和情感交流的困乏，不良情绪出现频率增多，成为导致亚健康状态的重要原因。上述情绪属于中医七情的范畴，七情太过可引起气血紊乱，脏腑失调，引起诸多不适。

2.劳逸失度　必要的劳动可以愉悦精神，强健筋骨，畅通血气，必要的休息可以消除疲劳，恢复体力，安养神气。过度劳作或过度安逸则可损耗气血，扰及脏腑，导致疾病。过劳包括过多的体力劳动、脑力劳动和房劳三个方面。劳则耗气，继则伤精耗血。

3.饮食不节　人之气血赖饮食以充养，谷不入，半日则气衰，一日则气少矣。进食应当卫生清洁，营养丰富，定时、定量，勿过饥过饱，勿过寒过热。过饥则气无所化，过饱则伤脾败胃。

4.起居失常　由于生活和工作的需要，有不少人群起居生活与常人不同，长期夜班，黑白颠倒，或通宵达旦的饮酒作乐、上网聊天，日积月累，都会对人体造成损害，导致阴血不足，虚热内生，阴阳失调，或心肝血虚。

5. 素体不足　人在生活中不可避免的要受到情志、饮食、起居、六淫等因素的影响，是否会出现疾病与个体的遗传素质等体质因素密切相关。体质学说是中医的重要理论之一，结合体质学说研究亚健康的易患人群，具有重要的学术意义和实际应用价值。

三、亚健康的辨证论治

辨证论治是中医诊疗疾病的特色和优势。由于受到医家个人学术观点、临床经验，以及各地气候特点、经济水平、风土人情、地方文化等因素的影响，医家在辨治亚健康时辨证、用药存在着一些差别。

北京慈济健康体检中心的陈红医师认为亚健康的形成与脾胃、肝、肾等脏腑的功能失调有关，尤其是与脾胃的功能失调相关，临床上用参苓白术散加减治疗亚健康状态取得满意疗效。

河北医科大学的杨继军等把亚健康分为六型辨治。①肝郁气滞型：表现为精神抑郁，情绪不宁，胸胁涨满，脘闷纳呆，苔薄白，脉弦；治疗宜疏肝解郁，理气和胃，选用柴胡疏肝散、四逆散、逍遥散等方加减治疗。②气郁化火型：表现为急躁易怒，焦虑不安、失眠多梦、口干口苦、眩晕耳鸣、大便干结，舌质红，态黄，脉弦数；治以理气解郁，清肝泻火之法，选用丹栀逍遥散、龙胆泻肝汤等方加减治疗。③脾虚湿困型：头晕头重，疲乏无力，四肢困倦，嗜睡，胸闷腹胀，口淡纳呆，大便稀软，舌质淡，苔白腻，脉濡缓；治以健脾益气，燥湿和胃，选用香砂六君子汤、参苓白术散、平胃散、藿朴夏苓汤、三仁汤等方加减治疗。④心脾两虚型：精神萎靡，倦怠乏力，心悸健忘，失眠多梦，头晕目眩，纳呆腹胀，面色萎黄，便溏，舌质淡，苔白，脉细弱；治以健脾益气，养心安身，选用归脾汤、养心汤、八珍汤、十全大补汤、补中益气汤、甘麦大枣汤等方加减治疗。⑤肝肾不足型：疲乏无力，腰膝酸软，头晕目眩，失眠健忘，盗汗消瘦，男子遗精，女子带下，须发早白，牙齿松动，舌质红少苔，脉细弱；治以滋补肝肾，调养精血，可选用六味地黄丸、杞菊地黄丸、左归丸、一贯煎等方加减治疗。⑥浊停血瘀型：疲乏无力，嗜睡头晕，精神不振，失眠健忘，工作学习耐力差，行动笨拙，反应迟钝，四肢有肿胀感，大便秘结，面色唇色灰暗，舌质暗红，有瘀斑，苔厚腻；治以清肠通便，活血化瘀，选用青麟丸、桃红四物汤加酒制大黄等方治疗。

袁立霞等根据亚健康的临床表现分为八种证型进行辨证论治。①肝郁气滞：性情急躁，心烦易怒，胸胁窜痛，脘闷纳呆，多梦易惊，心情郁闷，紧张焦虑，舌淡红或暗红，脉弦；治以疏肝解郁，方用柴胡疏肝散加减。②肝脾不调：不耐劳作，神疲食少，两胁作痛，头痛眩晕，女子多月经不调，乳房胀痛，舌质淡红，脉弦虚；治以调肝健脾，方用逍遥散加减。③心脾两虚：体卷乏力，耐力下降，心悸怔忡，健忘失眠，困倦嗜睡，食少便溏，面色萎黄，舌淡苔薄白，脉细弱；治以健脾养心，方用归脾汤加减。④脾虚痰盛：眩晕耳鸣，恶心呕吐，胸闷脘痞，食欲不振，头身困重，肢倦乏力，舌淡苔腻，脉濡；治以健脾豁痰，方选香砂六君子汤加减。⑤脾肾阳虚：形寒肢冷，身倦乏力，少气懒言，神疲嗜睡，腰膝酸软，肠鸣腹痛，甚则周身浮肿，妇女带下多而清稀，男子遗精阳痿，舌淡苔白滑，脉沉细弱；治以温补脾肾，方选金匮肾气丸加减。⑥肝肾阴虚：须发早白，牙齿松动，面色憔悴，头眩目干，腰膝酸疼，梦遗滑精；治以滋养肝肾，方用杞菊地黄丸加减。⑦心肾不交：心烦焦虑，失眠多梦，难以入睡，多梦惊恐，心悸，健忘，头晕耳鸣，腰背酸痛，潮热盗汗，五心烦热，舌红少苔，脉细数；治以交通心肾，方选交泰丸合天王补心丹加减。⑧瘀血内阻：头痛、身痛、胸痛、腰痛等，且痛处不移，肌肤甲错，色暗不华，女子经期延长或痛经，舌质暗或有瘀斑，脉细涩；治以养血活血通络，方用身痛逐瘀汤加减。

李自召将亚健康分为六型进行辨治。①脾气虚弱：腹胀脘闷，食欲不振，胸闷乏力，四肢困倦；治以健脾益气，利湿助运，方选参苓白术散、香砂六君子汤、三仁汤等加减。②肝气郁滞：心烦气躁，易怒，焦虑，头痛，头晕，目赤，口苦咽干；治以疏肝解郁，方选逍遥散、柴胡疏肝散、四逆散等方加减。③心脾两虚：头晕目眩，面色苍白或萎黄，神疲乏力，多梦，心悸，慵懒少动，纳少，便溏，不易入睡；治以养心安身，健脾益气，方选养心汤、归脾汤、天王补心丹、酸枣仁汤加减。④肝肾两虚：须发早白，齿牙动摇，梦遗滑精，筋骨无力，身体消瘦，带下淋漓，腰腿酸痛；治以滋肾水，补肝血，方选六味地黄丸、七宝美髯丹等加减。⑤表虚不固：平时容易感冒；治以益气固表，方用玉屏风散加减。⑥肾衰早老：体力不支，精力下降，机能减退，社会适应能力下降，精神烦躁；治以补肾固元，方选左归丸、封髓丹等。

首都医科大学复兴医院高益民等认为亚健康属于中医虚损、虚劳的范畴，临床将气血辨证、阴阳辨证和脏腑辨证相结合进行辨证论治，其中以气血阴阳为纲，以脏腑辨证为目，分为气虚、血虚、阴虚、阳虚、气血两虚、气阴两虚六类证侯。气虚主要包括肺、脾、心、肾四脏气虚，肺气虚者用玉屏风散或补中益气丸，脾气虚者用人参健脾丸或四君子丸，心气虚者用振源胶囊或芪珍胶囊，肾气虚者用金水宝胶囊或参芪片。血虚证以心、肝血虚为主，心血虚者用养血安神丸、阿胶颗粒，肝血虚者用归脾丸、当归补血丸或养血清脑颗粒。阴虚者以肺、心、肝、肾阴虚为主，肺阴虚者用麦味地黄丸或金水宝胶囊，心阴虚者用生脉胶囊，脾胃阴虚用麦味地黄丸或与保和丸合用，肝阴虚者用杞菊地黄丸、七宝美髯丹，肾阴虚者用六味地黄丸、知柏地黄丸。阳虚者以心、脾、肾三脏为主，心阳虚者用振源胶囊、心悦胶囊，脾阳虚者用参苓白术丸、参芪片，肾阳虚者用五子衍宗丸、仙灵脾片。气血两虚者用十全大补丸、八珍丸，气阴两虚者用金水仙胶囊、生脉胶囊。

尽管在用药上有许多可商榷的地方，高氏对于亚健康辨证体系的应用与建立，以及治疗中药剂型的选择上有诸多可借鉴之处。

赵静将应用脏腑辨证，将亚健康状态分为肝气郁结、心脾两虚、脾胃虚弱、肾元亏虚、肺气亏虚五型，分别治以疏肝理气解郁、健脾养心、健脾养胃、补肾、补肺固卫等治法，相应采用柴胡疏肝散、归脾汤、四君子汤、六味地黄丸或金匮肾气丸、玉屏风散等方治疗。

中国中医研究院刘保延等对北京地区亚健康人群进行流行病学调查，应用聚类及因子分析等数理统计方法对 1828 份调查数据进行处理，结果表明，北京地区亚健康人群以疲劳、失眠、情绪失调、疼痛等症状群为主要临床表现，以虚（气虚和阴虚）、湿、热、郁、瘀、气滞、津亏、痰为主要证候因素，脏腑功能失调多见于心、肝、脾、肾、胆、胃等，以心脾两虚、肝郁脾虚、脾气虚、脾虚湿困、心气虚、肝郁、脾虚肝热、肝肾阴虚、气阴两虚、气虚血瘀等 10 大类基本证候多见。认为亚健康人群的临床表现多呈某一症状为主，其他症状伴随出现的症状群，其证候因素和基本证候分布以心、肝、脾等脏腑功能虚损为主。

中华中医药学会亚健康分会所起草的亚健康中医临床研究指导原则（试行）把亚健康常见的中医证候分为 8 种：肝气郁结、肝郁脾虚、心脾两虚、肝肾阴虚、肺脾气虚、脾虚湿困、肝郁化火、痰热内扰。

四、中医干预亚健康的主要方法

1、调畅情志，颐养精神

精神养生是通过调节人的精神情志等活动，来保护和增强人的心理健康，达到形神统一、却病延年的一种养生方法。

（1）少私寡欲，清静养神：少私，是指减少私心杂念；寡欲，是降低对物质和名利的欲望。用心专一可以排除杂念，驱逐烦恼，维护心神的安定状态。

（2）调节情志，以致中和：情志活动贵在调和适中，情感的发泄应当有节、有度，不宜太过。要善于以“理”制情，以“耐”养性。喜、怒、忧、思、悲、恐、惊七情既要有节制，又要适当疏导。

2、择地而居，作息有时

起居养生，主要是对日常生活，包括居处环境、作息时间、站立坐行、苦乐劳逸、慎避外邪等各个方面，进行科学的安排所采取的一系列保健措施，以达到生活愉快，身心健康，延年益寿的目的。

3、运动养生，劳逸适度

生命在于运动，科学的运动是祛病延年，抗衰长寿的良方。运动养生的基本原则主要是形神兼备，循序渐进，持之以恒，劳逸适度。运动养生的形式多样，既可采用传统的气功、五禽戏、太极拳、八段锦等方法，也可以采用散步、慢跑、跳舞、游泳、骑自行车等方法进行锻炼，还可以采用揉、摩、推、拍等按摩手法，以达到养生防病的目的。要合理安排劳逸时间，有充足睡眠时间，严格把握劳动强度。

4、调节饮食，食疗养生

饮食养生，是指合理地摄取饮食物中的营养，以增进健康，强壮身体，预防疾病，达到延年益寿的目的。药王孙思邈在《千金要方·食治》中说：“安身之本，必资于食”，“不知食宜者，不足以存生也”。在选择饮食中要尽量做到合理调配，食饮有节，因时、因地、因人制宜，并应注意饮食宜忌。

5、推拿针灸及中药治疗

在辨证的基础上合理应用针推及中药，促使人体气血阴阳旺盛，脏腑功能协调，以增强抗病能力，防衰延年，防治亚健康。

亚健康是医学领域中的一个新兴的学科，可谓问题不少，困难很大，机遇与挑战并存。

参考文献：略

III期慢性肾病肾阳虚证患者尿液代谢组学特征的研究

董飞侠1　黄迪2　何立群2 贾伟3

（1.浙江省温州市中医院肾内科　2.上海中医药大学附属曙光医院肾病科 3. 上海交通大学药学院）

证本质研究是中、西医两种医学体系深层次沟通的必由途径。以往的证本质研究多从单一指标或者神经内分泌网络研究，反应的仅仅是证本质的一个点或者是一条线的问题。鉴于尿液代谢组学指标具有先进性、科学性，而且采样简单属于无创伤性而具备实用性。为此，我们开展了慢性肾病肾阳虚证尿液代谢组学的研究，以期在一个面上开展小范围的、前瞻性的临床代谢组学研究。以期从机体的整体代谢途径中阐明肾阳虚证的本质机理。

1、　研究对象

所有病例均来自于2006年9月至2007年9月期间住院患者，肾阳虚组符合 NKF-K/DOQI 诊断标准的慢性肾病III期符合中医肾阳虚证并未经温补肾阳中药治疗的患者30例，男16例，女14例，年龄57.80±3.52岁。非肾阳虚证慢性肾病III期患者30例做为对照组，男17例，女13例，年龄57.90±3.51岁，肾阳虚组和非肾阳虚组在性别、年龄、病程分布经齐性检验均具有可比性。来自我正常体检者30例作为正常对照组，男15例，女15例，年龄56.63±2.09岁。伴有妊娠或哺乳期妇女；合并有心血管、肝和造血系统等严重原发性疾病；精神病的慢性肾病III期患者均不符合纳入标准。

2、研究结果

2.1 主成分分析(PCA)

图1A中，PCA中每一个点代表一个个体的尿液代谢组成成分中的主要成分的得分；三个主要成份能代表整个代谢样本的理解解释率高达80.7%，说明模型比较可信；在尿液代谢成分中有多个可随人体状态变换化的物质成分变量，所有的成分变量的全部累加是这个样本的全部信息，由于这些变量成分的复杂性，无法全部一一定位，这样才用在主要组成成分变量中，选定最主要的组分来反映整体的信息，图 1A 中就是各个样本中前三个可以代表整体信息的程度高达 80.7%，说明这些主成分能代表样本的状况。图 1A 中各点是其主成分用得分来表示，定位于各空间的位点。

2.2 正交偏最小二乘法分析 (OPLSDA)

图 1B 中每一个点代表一个个体全部代谢组分的信息；是样本点对自变量成分 t1 和 t2 贡献率值的空间定位；图 1B 中一个预测成份、一个正交成份累计建模准确性 94.9%，预测性 78.7%，充分说明该模型准确、可信。

2.3 正交偏最小二乘法分析的VIP值

根据模型的Variable Importance (VIP)值 (VIP＞1)排序（图1D），我们得到25个差异代谢物。在前面正交偏最小二乘法分析(OPLSDA)得出的结果的基础上，通过这一步计算分析，与模型相关程度VIP值大于1的主成分质量范围，得出慢性肾病III期患者尿液代谢产物中有 25 个成份显示出明显的差异，经过标品鉴定过差异性物质，将上述得到的差异性代谢物的质谱和保留时间与气质联用分析数据库 NIST 中物质比较，初步定性后，采用购买的标准品进行结构确证。得到代谢物的名称、代谢物所在代谢生化通道以及代谢物在各组间变化方向如下表。

表1. 关键代谢物的名称及其变化

编号	代谢物	变化方向	代谢途径
1	丙氨酸	↑	能量代谢
2	胺基丙二酸二乙酯	↓	能量代谢
3	脯氨酸	↑	精氨酸和脯氨酸代谢
4	柠檬酸	↓	能量代谢
5	马尿酸	↑	消化道微生物区
6	组织胺	↓	组氨酸代谢

注：图中是明确的七种代谢成分及其变化方向和代谢途径，1是丙氨酸、2 胺基丙二酸二乙酯 、3 脯氨酸 4、柠檬酸 5 水解酵素、6 组织胺等物质。

3、讨论：

中医肾阳虚证本质的研究在过去一段时间多从单一的生化指标或者神经内分泌网络入手，随着分子遗传学的发展，运用基因组学、蛋白组学阐释包括肾阳虚证在内的中医证型的本质研究使得证本质研究更上一个层次，然而仍然不能全面阐释证的发生机理的实质。代谢组学是研究机体代谢产物谱变化的一种新的系统方法。代谢物组是蛋白质组、转录组和基因组总体表达的结果，直接反映组织的生化状态，能够较灵敏地反映生命体生理病理状态的变化，能阐明中医“证”的复杂生理病理系统，最能反映中医“证”的概念。从多指标、整体性的分析证的实质比单个指标分析具有更多的优势，从生物样本中代谢物整体分析角度来评价人体状态（包括疾病状态）更为准确、全面。所以应用代谢组学从宏观面上大范围研究中医证本质内在的复杂生物现象是一个科学的过程。

本研究考虑到津液代谢的过程主要依靠肾阳的温煦气化，输送到全身，经过代谢后则化为尿液排出体外。因此，尿液中代谢产物应能充分反应肾阳虚证的本质。本研究结果图 1A 中各各个样本的代谢主成分得分值的空间分布表明肾阳虚、非肾阳虚和正常组有非常显著的差异，R2X=0.807＞0，充分说明从代谢水平上可以明显观察到慢性肾病III期与正常样本的代谢模式差异。图 1B 中在 PC1 维上的明显分离，R2Y=0.949＞0，Q2Y=0.787＞0，显示代谢水平上慢性肾病III期与正常样本的代谢模式差异非常显著，建立的预测能力也很强。从图 1C 可以看出，该模型能够很好的区别肾阳虚和非肾阳虚两组病人，R2Y=0.699＞0，但是建立的预测能力也很弱，Q2Y=－0.607<0。导致这种预测能力下降可能和肾阳虚和非肾阳虚两组病人都是慢性肾病有关。图 1D 中的 25 个差异代谢物排序后，经过标准品鉴定差异性物质的关键代谢成分（表 1）分别是丙氨酸、胺基丙二酸二乙酯、脯氨酸、柠檬酸、马尿酸和组织胺等物质并且明确其变化方向和代谢途径，能够很好的区分了阳虚与非阳虚的差异性，是分析肾阳虚证的良好手段，对于证的客观化具有重要意义。

当然了，在今后的研究中选择与肾阳虚严格对的应肾阴虚来作为对照，扩大样本及注意性别的区别对待，同时要扩大监测变化的代谢物的视窗，比如说利用液质联用 LCMS 的方法来监测更多激素类物质的变化，以期获得与肾阳虚与非肾阳虚的区别；会更加充分的发挥代谢组学的作用，研究各个中医证候、客观的描述中医证本质有着更为广阔的前景。

参考文献：略

图 1A.PCA 得分分布图

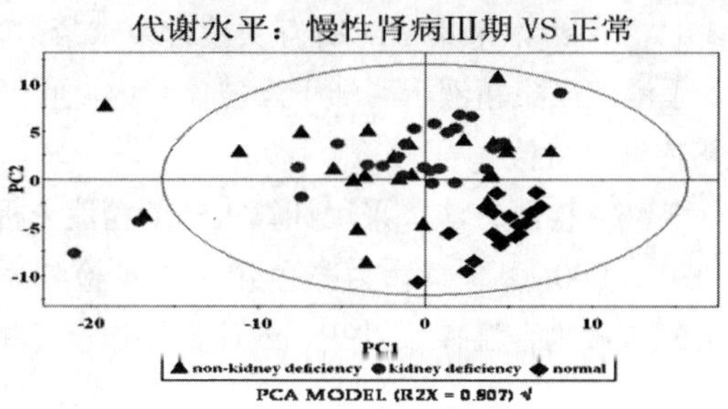

图 1B.(OPLSDA)得分分布图

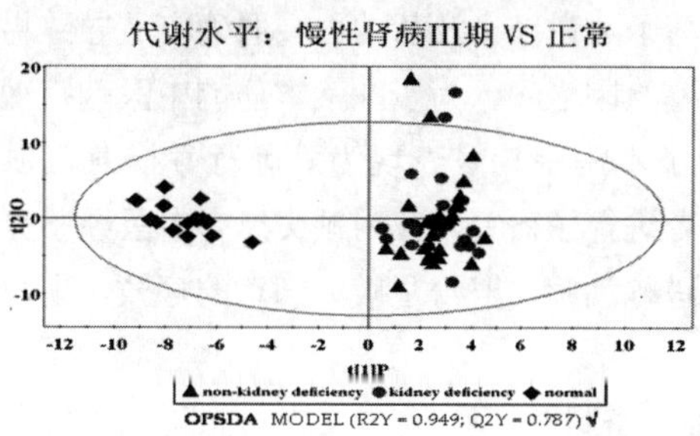

图 1C.慢性肾病III期中肾阳虚 vs 非肾阳虚

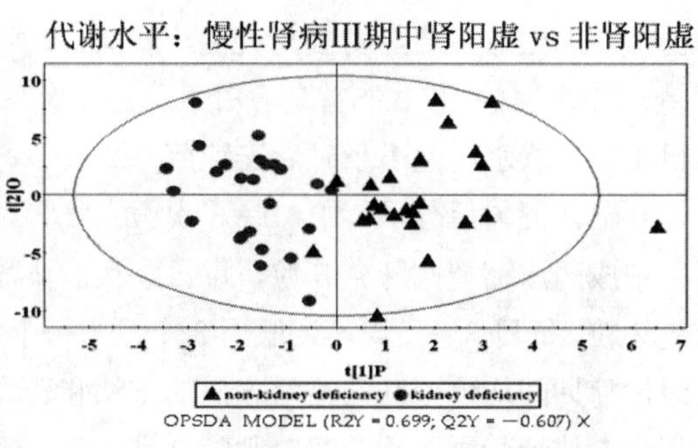

图 1D.正交偏最小二乘法分析的 VIP 值

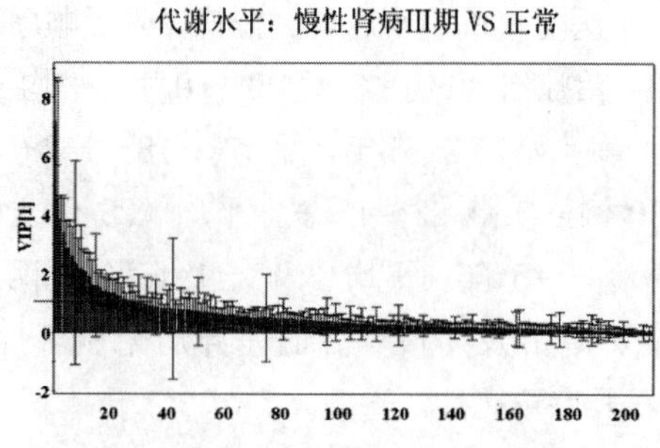

注：◆代表正常人尿样标本的主成分得分，▲代表非肾阳虚患者尿样标本的主成分得分，●代表肾阳虚患者尿样标本的主成分得分。

复方生精汤治疗男性少弱精子症的临床研究

顾文忠[1]，顾勇刚[1]，陆燕春[1]，顾正标[1]，陈雍旦[1]，黄爱民[2]，马俐[1]，陆红[1]，赵英[3]
（1.上海市南汇区中心医院，2.上海市南汇区宣桥镇卫生服务中心，3.上海市南汇区泥城镇卫生服务中心）

摘要：目的：观察复方生精汤治疗男性少弱精子症的疗效。 方法：对60例男性少弱精子症患者，随机分为两组。分别用复方生精汤（治疗组）和归脾丸合补肾强身胶囊（对照组）治疗3个月，并观察临床疗效和药物不良反应。 结果 治疗组治愈8例，显效8例，有效11例，无效3例。对照组治愈2例，显效3例，有效15例，无效10例。差异有显著意义（$P<0.01$）。两组精子密度、活力和活率治疗后均较治疗前提高（$P<0.05$～$P<0.01$）。两组治疗后比较，除精子密度外，差异有显著意义（$P<0.01$）。说明治疗组的疗效明显优于对照组。两组均无药物不良反应发生。 结论 复方生精汤能显著改善少弱精子症患者的精子密度、活力及活率。其疗效优于归脾丸合补肾强身胶囊。

关键词：少弱精子症；复方生精汤

近年来，男性不育患者呈逐年增长的趋势，主要表现在标志男性生育能力最关键的指标—精子质量在不断下降。根据我们中医男性科17年来的临证所见，男性精子数量减少及活动力减弱确实是导致男性不育的重要原因之一。为了探索本病的中医药疗效，我们选择了本病中较多表现为“脾肾亏损兼气血不足”的患者进行了研究，应用顾文忠老中医经验方复方生精汤进行治疗，取得了较为满意的疗效，现总结如下。

1、临床资料

1．1 一般资料 本研究纳入病例共60例，病例收集时间自2004年10月～2008年4月。均为就诊于我院中医男科的门诊患者。按就诊先后顺序随机分为两组。治疗组30例，年龄22～40岁，平均（27.47±5.4）岁；婚龄2～6年，平均(3.18±1.28)年。对照组30例，年龄22～42岁，平均（28.00±6.29）岁；婚龄2～5年，平均(3.13±1.15)年。两组患者在年龄、婚龄及病情等方面差异均无显著性（$P>0.05$），具有可比性。

1．2 西医诊断标准 ⑴男子不育症：育龄男女同居2年以上，性生活正常，未采取避孕措施，女方未生育，责任在男方者。⑵少弱精子症：精子密度低于20×10^6/ml为少精子症；具有前向运动的精子少于50%（a级＋b级)，或a级精子少于25%为弱精子症。

1．3 中医辨证标准 参考《中医证候鉴别诊断学》。脾肾亏损兼气血不足证的主症：⑴神疲乏力，面色少华；⑵腰膝酸软，眩晕耳鸣；⑶精子稀少，活力较差。次症：⑴食欲不振；⑵大便溏薄；⑶小便清长；⑷足跟疼痛；⑸舌淡苔白；⑹脉沉细弱。凡具备主症中任何2项和次症中任何2项，即可诊断。

1．4 病例纳入和排除标准 参考《中药新药治疗男性不育症的临床研究指导原则》。

⑴纳入标准：符合本病西医诊断和中医辨证标准，年龄在20～50岁的男性已婚患者；⑵排除标准：①性生活不正常，有逆行射精或不射精等；②患有慢性全身性疾病和生殖系统感染者；③有先天性畸形、精路梗阻、睾丸发育不良和精索静脉曲张Ⅱ。以上者；④服用抗癫痫、抗肿瘤等有碍生精及精子活力的药物者。

1．5 标本采集 对所有受检者要求禁欲5～7日。手淫法采集精液于清洁干燥玻璃管内，至37℃恒温箱内液化待检。

1．6 检测方法 采用计算机辅助精液分析技术（WLJY—900型北京伟力彩色精子质量检测系统软件）配合载物台温控仪以Macro计数操作全套相关分析。

2、治疗方法

⑴治疗组应用本院顾文忠老中医经验方复方生精汤治疗。处方主要药物：炙黄芪、炒当归、党参、黄精、巴戟、益智仁、制首乌、白术、三七等。用法：每日1剂，清水浸泡1小时后连续煎煮3次，每次取汁150ml，混匀后分早、中、晚3次服完。⑵对照组服用中成药浓缩型归脾丸8粒，每日3次；补肾强身胶囊3粒，每日3次。均连续服用3个月为一个疗程。二组治疗期间均停用其它治疗本病的方法和药物。同时嘱患者戒烟禁酒，不食寒凉肥腻食品。

3、疗效观察

1 疗程后复查精液，在组内和两组间进行精液常规主要指标比较。同时了解配偶自然受孕情况。

4、统计学方法

计量资料采用 t 检验，等级顺序型资料采用 u 检验。

5、治疗结果

5.1 疗效判断标准 治愈：配偶受孕；显效：虽未受孕，但治疗后精液分析精子数量、活动率、活动力均正常；有效：精液分析精子质量好转（级间改善）；无效：治疗前后无变化。

5.2 两组临床疗效 治疗组治愈 8 例，显效 8 例，有效 11 例，无效 3 例。对照组治愈 2 例，显效 3 例，有效 15 例，无效 10 例。两组经等级分值法检验有非常显著性差异（$P<0.01$），治疗组的疗效明显优于对照组。见表 1。

表 1 两组临床疗效比较［例（%）］

组别	例数	治愈	显效	有效	无效	总有效率(%)
治疗组	30	8 (26.67)	8 (26.67)	11 (36.67)	3 (10.00)	90.00
对照组	30	2 (6.67)	3 (10.00)	15 (50.00)	10 (33.33)	66.67

两组疗效比较，u＝3.00 $P<0.01$

5.3 两组精液常规主要指标变化 治疗组服药后其精子密度、活力、活率较服药前有显著改善（$P<0.01$）；对照组服药后较服药前也有明显改善（$P<0.05 \sim 0.01$）。两组间服药后比较，上述指标除精子密度外，均有非常显著性差异（$P<0.01$）。治疗组改善精子的活力和活率明显优于对照组。见表 2。

表 2 治疗前后两组精液常规主要指标变化比较（$\bar{x}\pm s$）

组别	例数	时间	精子密度 ($\times 10^6$/ml)	活力（%）a 级	活力（%）a+b 级	活率（%）
治疗组	30	治疗前	47.83±32.95#	13.72±9.90#	24.41±13.80#	39.31±28.47#
		治疗后	84.00±58.89*	29.49±14.33*△	46.07±16.88*△	61.89±20.87*△
对照组	30	治疗前	34.72±25.00	10.03±8.10	18.48±11.68	28.36±15.70
		治疗后	71.95±65.09*	17.00±12.30**	30.59±19.00*	44.14±25.99*

两组治疗前比较，#$P>0.05$；同组治疗前后比较：*$P<0.01$，**$P<0.05$；两组治疗后比较，△$P<0.01$

5.4 药物不良反应

两组患者均未见不良反应发生。

6 急性毒性试验

复方生精汤的毒性很小。在对小鼠每日 1 次给药剂量达 702.8/Kg 生药（最大给药量）时，用药后 20、30 分钟及 1～8 小时均未见小鼠在饮食、毛色、行为、分泌物和排泄物等方面有任何异常的改变，在给药后 14 天内，未见小鼠在体重方面有减量改变，也未见有小鼠死亡。提示复方生精汤在临床使用时有较好的安全性（本试验委托上海复旦大学医学院药理学系完成）。

7 讨论

中医学认为，肾为先天之本，主藏精。其藏有“先天之精”和“后天之精”。“先天之精”来源于父母生殖之精，“后天之精”来源于脾胃等脏腑化生之精微物质。先、后天之精在肾中密切结合组成肾中精气，以维持机体的生命活动和生殖能力。正如《景岳全书》云：“人之始生，本乎精血之源；人之既生，由乎水谷之养。非精血无以立形体之基，非水谷无以成形体之壮。精血之司在命门，水谷之司在脾胃。故命门得先天之气，脾胃得后天之气也。是以水谷之海本赖先天为主，而精血之海又必赖后天为之资。”故男性不育症之病位主要在肾，其病机主要为肾气不足，精亏血少；脾失健运，精微不足。可见脾肾亏损则不能生精，气血不足则不能化精，从而导致不育。因此，补肾健脾，益气养血是治疗男性不育的重要法则。

复方生精汤以仙灵脾、巴戟、黄芪、当归为君药，补肾助阳，益气生血；以枸杞子、菟丝子、制首乌、山茱萸、党参、白术、茯苓、黄精为臣药，滋肾益精，补中益气；以益智仁、三七为佐药，固精止遗，养血活血；木香、甘草为使药，行散滞气，缓和药性。诸药合用，共奏补肾健脾，益气养血之功。现代中药药理及临床研究证明，仙灵脾、巴戟、益智仁等补肾助阳类中药对下丘脑—垂体—性腺轴功能具有调节作用，能促进精子发生、成熟和改善附属性腺功能。党参、黄芪等补益元气类中药能提供给精子运动的能量，枸杞子、菟丝子、山茱萸等滋肾益精类中药可促进精子的生成，制首乌、黄精等补肾养阴类中药能通过抗氧化作用阻止活性氧（ROS）对精子产生损伤。三七、当归等养血活血药能改善组织缺血、缺氧，使睾丸、前列腺、精索静脉丛的血循环改善，生精细胞功能得到重新调节，促进精子的产生、活力提高。这些均为复方生精汤能治疗少精弱精不育症提供了科学的理论根据。

本临床研究表明，复方生精汤对脾肾亏损、气血不足型男性少精弱精不育症有较好的治疗价值。

参考文献：略

高效薄层扫描法同板快速测定大黄素、白藜芦醇、虎杖苷含量

赵瑞芝，刘少军，周丽玲

文献报道大黄素、白藜芦醇和虎杖苷含量测定方法较多，包括HPLC,HPCE,高速逆流色谱、液相色谱-质谱联用技术、薄层扫描法等，但常只检测其中的一个组分或2个，未见三者同时测定的报道。除薄层扫描法外，其它方法都需要昂贵的仪器或试剂，且较耗时。这里我们报道了一个简单、准确、快速的薄层扫描方法用于虎杖中这三种成分的定量。

1、实验部分

1．1 试药及试剂

所有试剂都是分析纯。虎杖购于广州医药公司。经广州中医药大学鉴定为蓼科植物虎杖的根茎,样品粉碎过100目筛，冰箱4℃保存。大黄素购于北京生物制品检定所， 白藜芦醇购于Sigma公司，虎杖苷为西安保赛生物公司赠品，预制板购于德国默克公司，105℃活化0.5h，干燥器中保持备用。

1．2 试液配置

精密称取大黄素、白藜芦醇、虎杖苷对照品分别为2.2 mg，15.6 mg，31 mg，分别以乙醇定溶于25 、50、50 mL容量瓶中，作为对照品溶液。所有的对照品溶液在不用时均储存于冰箱4℃中。

1．3 供试品溶液的制备

精密称取虎杖药材粉末0.2 g，用95%乙醇超声提取3次，体积分别为(50 mL，25 mL，25 mL)，每次提取5min。过滤，合并提取液至150mL蒸发皿中，自然挥干，以乙醇定溶于5 mL容量瓶中作为供试品溶液。

1．4 线性关系考察

首先，准确吸取1，2，3，4，5，and 6μL 大黄素对照品溶液点于已活化的薄层板上，然后在相应位置再点上0.5，1，1.5，2，2.5，和 3μL的白藜芦醇和0.5，1，2，3，4，和 5μL的虎杖苷。条形点样，斑点长度2 mm，斑点间距10 mm，每个浓度重复点3个点。薄层板首先以石油醚-乙酸丁酯-甲醇-冰醋酸（4:1:0.7:0.02）展开8 cm，取出，挥干溶剂。在285 nm扫描大黄素，在293nm扫描白藜芦醇，然后放入展开槽中以石油醚-乙酸丁酯-甲醇-冰醋酸（4:2:2:0.1)为展开剂进行二次展开，展距8 cm，晾干后，在315 nm扫描虎杖苷。每次展开前，饱和15min。记录扫描的峰面积，以峰面积对浓度做图，得三种成分的标准曲线。

1．5 虎杖中大黄素、白藜芦醇、虎杖苷的测定

定量毛细管点样。样品点样量为2μL，大黄素对照品点样1和4μL，白藜芦醇对照品0.5，2μL，虎杖苷点样2和4μL，每个浓度3个点。展开及扫描同前，外标两点法定量。

1．6 方法学考察

仪器精密度通过重复7次扫描对照品同一斑点光密度吸收值确定，点样精密度通过考察同一浓度点样5次的光密度吸收值确定，稳定性通过分析标准溶液的日内差和日间差获得，均以变异系数（%CV）表示，方法准确度通过三个浓度水平的回收率实验确定。

2、结果与讨论

2．1 色谱分离图见图1、2，精密度、稳定性结果见表1，日内及日间差见表2，回收率结果见表3，含量测定结果见表4。

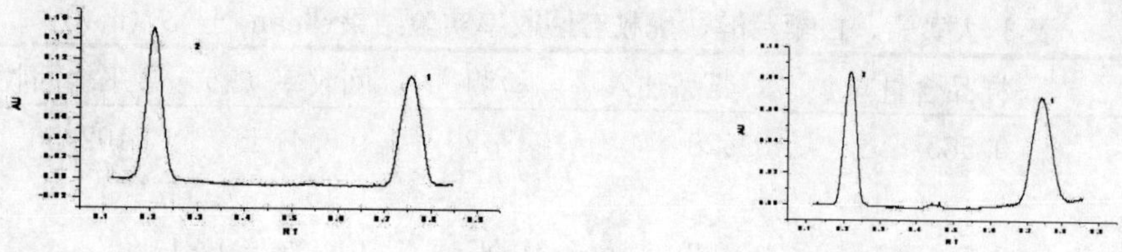

图1 第一次展开薄层图谱，左为对照品图谱，右图为样品图谱，峰1大黄素，峰2为白藜芦醇

图2 第二次展开图谱，左图为对照品，右图为样品，峰2为白藜芦醇，峰3为虎杖苷

表 1 方法学考察结果

序列号	参数	结果		
		大黄素	白藜芦醇	虎杖苷
1	仪器精密度 (% CV, n=7)	0.25	0.23	0.34
2	点样重现性 (%CV, n=5)	0.44	0.35	0.48
3	准确度（平均回收率）	102.56	100.21	100.27
4	检测线	0.022μg	0.039μg	0.078μg
5	定量线	0.088μg	0.156μg	0.31μg
6	特异性	特异	特异	特异
7	线性（相关系数）	0.999	0.999	0.998
8	定量范围(μg $spot^{-1}$)	0.088-0.528μg	0.156-0.78μg	0.31-2.48μg

表 2 日内差与日间差结果

	点样量	日内差	日间差
大黄素	0.088	0.23	0.45
白藜芦醇	0.156	0.25	0.57
虎杖苷	0.31	0.32	0.48

*Mean ± SD (n=3)

2. 2 讨论：

王丹等利用甲醇来提取虎杖，毒性较大。虎杖苷和白藜芦醇在乙醇中溶解良好，大黄素在乙醇和甲醇中溶解度相近，所以我们采用乙醇提取，即使需要更多的溶酶。 超声提取为中药提取的新技术，比起热提取法效率更高，对于热敏感药物的提取也更适合。

在所研究的多种展开剂中，石油醚-乙酸丁酯-正丁醇（4:1:0.7:0.02）对大黄素和白藜芦醇分离较好（见图1），而石油醚-乙酸丁酯-正丁醇（4:2:2:0.1）可使白藜芦醇和虎杖苷得到良好分离（见图2）。

表 3 大黄素、白藜芦醇、虎杖苷回收率实验结果*Mean ± S (n=3)

	样品含量	对照品加入量	检测量	回收率（%）	平均回收率（%）
大黄素	0.583	0.528	1.129	103.41± 1.10	102.56
	0.504	0.352	0.871	104.26±0.81	
	0.515	0.088	0.603	100.00±0.62	
白藜芦醇	0.213	0.312	0.521	98.72±1.23	
	0.184	0.156	0.345	103.2±0.94	
	0.188	0.078	0.265	98.72±0.15	
虎杖苷	1.532	2.48	3.980	98.71±0.21	
	1.324	1.24	2.564	100.00±0.07	
	1.352	0.62	1.985	102.10±0.03	

表 4 虎杖中大黄素、白藜芦醇、虎杖苷测定结果(n = 3)

大黄素 (mg/g)	白藜芦醇 (mg/g)	虎杖苷 (mg/g)
4.96 ± 0.17	1.81 ± 0.05	13.02 ± 0.32

为减少不同板间的分析偏差，我们首先在一块板上制备标准曲线，考察其线性范围。大黄素、白藜芦醇和虎杖苷的线性范围分别为0.088～0.528，0.156～0.78，0.31～2.48μg/点，相关系数分别为0.999，0.999和0.998. 含量测定则使用外标两点法，定量标准曲线为同板制备。方法精密度、重现性、准确度见表1，日内及日间差见表2，回收率实验结果见表3，结果表明方法准确，重现性良好。虎杖药材中三种成分含量测定结果见表4，分别为4.98，1.81和13.02每个/g。

结论：本方法廉价，简便易行，可准确、快速定量3种成分，适宜作为虎杖质量控制方法。

参考文献：略

刘弼臣教授治疗小儿抽动——秽语综合征新经验

刘昌艺

家父刘弼臣教授，业医 50 余年，理论造诣深厚临床经验丰富，对很多疑难怪症，具有独特见解，收效卓著，享誉海内外，素有“京城小儿王”之称。我自北京中医药大学毕业后，一直跟随在中医专家门诊部襄诊，受益良多，现就治疗小儿抽动——秽语综合征的新见解、新思路、新经验综述如下，与同道们共享。

内容摘要：

1、抽动——秽语综合征，又称“多发性抽动症”，临床特征为慢性、波动性、多发性的运动肌(头、面、肩、肢体、躯干等肌肉)快速抽动，交替出现，伴有不自主的发声和言语断续。具体表现为眨眼、点头、噘嘴、皱眉、耸肩、抬臂、踢腿；喉肌抽动则出现轻咳、喊叫怪鸣，甚至口出秽语，咒骂等，因其具有抽动和秽语两组症状，故以此命名。目前，世界上对其病因尚未清楚，有人推测在遗传背景下脑内多巴胺含量升高，以致调节运动功能紊乱而造成，也有人认为与精神因素有关，有的患儿也可出现脑电图轻度异常，所以国外对此病又称为“脑功能轻微障碍症”，或称为图雷特氏综合征，简称“TS 症”。因此病最初在 1825 年由法国人图雷氏所发现，距今已有 170 余年的历史。

刘弼臣教授明确指出，中医文献中虽无抽动—秽语综合征这一病名，但据其临床表现早在2000年前的(内经)中即有记载。隶属于“肝风”、“痉病”和“慢惊”等范畴。多发于5～12岁的儿童时期，一般男孩多于女孩。他通过临床长期观察认为此病复杂多变，不只限于抽动和异常发声，同时或相继出现并总结出具有四大障碍。

1. 1 运动障碍 除了不由自主的抽动外，往往做事不能持久，善始善终，连看电视也不老老实难，表现共济失调。

1. 2 行为障碍 容易激怒，冲动任性，不守纪律，缺乏自我控制能力，甚至不顾危险，爬墙登高，追逐车辆，打架斗殴，自伤或伤人。

1. 3 思维障碍 注意力不集中，别人讲话听不进去，重复动作较多。上课时东张西望，学习成绩时好时坏，写字计数常常出错。

1. 4 人格障碍 胡言乱语，口出脏话；咒骂不避亲疏，举手打人或随地唾沫、撒尿，较长儿童甚至有异常性行为。

这些障碍，虽然每个患儿并不一定全部出现，但都具有轻重不同程度的行为障碍，往往经年累月不愈，甚至延及终身，严重影响学习、工作和生活，也给众多家属产生很大的精神压力。

此病在整个发生、发展过程中，常因感冒或误食海鲜发物及精神情绪紧张而加重。现代医学认为感冒有很大的过敏成分，海发食品含有过敏物质，精神紧张或过度疲劳可以诱发神经过敏。他从临床实际出发，结合现代医学理论的启发，认为抽动——秽语综合征与神经介质过度敏感有关，因而首次提出抽动——语综合征是一种过敏性慢性疾患，属于变态反应性疾病的新见解，受到了国内外学者和广大群众关注。

2、多少年来，国内外医学界对这种病证众说纷纭，解释不清，治疗方面没有特殊药物，临床上常以镇静剂施治，企图控制症状，但效果并不理想，甚至将患儿当作精神障碍症来对待。长期服用治疗精神病的药物，非但对病情无益，反而更易产生记忆力减退、注意力不集中和锥体外系病变如震颤、强直等。过量还可产生伸舌、张口困难、歪颈等不能运动的木僵状态，也有静坐不动。

刘弼臣教授对于这样一种怪病通过上万例临床观察和潜心研究，首次在世界上提出他的独特见解，抽动——秽语综合征由于变态反应所致。在当前仍然缺乏特殊药物治疗的情况下，应该充分发挥中医中药的优势，寻求新的思路，进行治疗。

他认为眨眼斜眼，扬眉张口努嘴，缩鼻做怪相这属面部抽动；点头摇头晃脑、挺颈、斜颈、扭脖耸肩，这属头颈部抽动；挺胸、扭腰鼓肚、撑肛这属躯干、腹部抽动；搓手甩手、捏指、握拳、举臂、踮脚、抖腿、跷脚这属四肢抽动。根据“风胜则动”的原则，不管任何部位的抽动，中医统称为“风”。风的特点是流动急速，容易激荡，变化很快或上或下，所以临床上当一组抽动症状缓锯或消失时又出现另一组抽动，或在原有基础上又增加新的抽动症状，这和“风为阳邪，其性善行而数变”有关。

喉中干咳、吼叫、夹鸣、犬吠或发现”吭吭啊啊、嘘嘘喔喔”声或秽语詈骂或随地唾沫，这些异常发声和行为，中医认为属于顽痰作祟。痰阻气道梗塞喉间而成怪证。

风和痰的关系在病理方面至为密切，往往风动则生火，火盛则风动，风火相煽，则薰灼津液为痰而上壅，痰壅则气逆而窍闭。既可因风而生痰亦可困痰而生风，风痰窜动可致抽搦；痰阻气道则喉间痰鸣怪叫，形成上盛下虚，阴阳不相维系的病理变化。刘弼臣教授根据“诸风掉眩，皆属于肝”和“肺为贮痰之器”的理论，提出转抽动——秽语综合征是一种本源在肝，病发于肺，风痰鼓动横窜经隧，形成阳亢有余，阴静不足，动静变化，平衡失制的新观点。在治疗方面也提供了应予疏肝调肺、涤痰通络、燮理阴阳达到阴平阳秘，精神乃治的新思路，在临床上很有指导价值。

3、《素问·阴阳应象大论》云：“阴静阳躁”，“阴在内，阳在外，阴之使也”，阴主柔静，阳主躁动，守使相依，则阴阳协调，病安从来?由于小儿具有阳常有余，阴常不足，肝常有余，肺常不足的特点，肝主风，体阴而用阳，肺属金为清净之府且肝风最易化火木火邢金则出现金鸣异常，形声不正，尤其是肺为娇脏，卫外不固，感受外风亦能引动内风而加重病情往往易伤而难调，古代医家早有“娇肺遭伤不易愈”的明训，所以抽动——秽语综合征一旦形成，不仅难延期速效，而且病情起伏不定。若仅强制定震，使其宁静，非独不能治，反而反复无常，徒延岁月。刘弼臣教授认为，肝为刚脏、肺为娇脏，一刚一柔，一阴一阳，贵在坚宁，刚柔相济，阴阳协调，待其内外之风平熄，火清痰化，肺气肃清，筋脉通润，心静神宁，则病自缓解。他常根据临床证情表现，灵活选用辛荑、苍耳子宣窍通闭以治缩鼻；菊花、黄连清热明目以治眼动；天麻、钩藤疏肝息风以治头摇，有清滋而不腻胃，寒凉而不伤正之功。木瓜、伸筋草动能舒筋活络，以治肢体抽动。大白芍、炙甘草、酸甘合化，养阴以治腹部挛急。重者则加用全虫、蜈蚣，两药辛温燥烈，走窜性猛，行表达里，无所不至，最能搜剔风邪，开痰行滞，解毒散结，但用量不宜太过，应予掌握。蝉衣、僵蚕、元参、板蓝根、山豆根共伍，既可清热利咽，也可控制异常发声。菖蒲、半夏、郁金、豁痰通窍以疗秽语等，本着辨证论治原则进行组方遣药，每能切中病机，取得良好的疗效。兹举一例如下，以资佐证。

李 X X，男 15 岁，X X 县人，初诊日期：1994 年 5 月 10 日。

患者 1988 年，开始无明显诱因，挤眉弄眼，思想不集中，上课不能好好听讲，小动作很多。1989 年经常出现不自主地摇头，晃脑，身动，眨眼。1990 年病情加重喉中怪鸣而休学，遂至当地 XX 医院检查脑电图正常，彩色电脑声象仪，双侧大脑未见异常，诊为抽动——秽语综合征。服用西药氟哌啶醇、安坦、安定、泰必利等，初则有效，继有则收效不显，近两年来病情发展为多言多语，吵闹、秽语、污言，走遍省内外和北京各大西医医院，迭经中西医、气功和秘方，单方治疗效果不佳，不远千里而来求治。现症：摇头耸肩、挤眉、弄眼、缩鼻、嘴张、少腹时而向前挺动伴以喉中异常出声、秽语、苔黄腻、脉象弦滑。检查鼻腔黏膜破溃，咽峡红赤，听诊心肺日，证属痰热内扰，肝亢风动，当豁痰通窍，柔肝息风以平亢动。治以辛荑 10g、苍耳子 10g、元参 10g、板蓝根 10g、山豆根 5g、木瓜 10g、半夏 10g、伸筋草 15g、黄连 3g、菖蒲 10g、钩藤 10g、全虫 3g、制军 10g，20 付，每日 1 付，水煎服。并嘱忌食海鲜发物，不要精神紧张，稳定情绪。停用其它一切药物。

二诊：1994 年 6 月 4 日

患儿未来，家长诉说：上药服后，诸状明显减轻，精神愉快，饮食二便正常，惟仍时有轻度摇头眨眼，喉中吭吭有声，咯痰不爽，舌苔薄黄，脉象弦滑。证属豁痰通窍见功，阳亢风动未平，再守原方增易以希接效，免生他变。遂予元参 10g、板蓝根 10g、山豆根 5g、天麻 3g、钩藤 10g、菊花 10g、蝉衣 3g、僵蚕 10g、木瓜 10g、伸筋草 15g、全虫 3g、黄连 3g、山栀 5g，20 付，每日 1 付，水煎服。

前后调方 7 次，历时 5 个多月，全部症状消失，改拟调理脾胃以善其后并嘱注意事项，以免反复。随访至今未再复发而愈。类似病例很多，恕不一一赘述，可见他对此病的研究，从理论到实践，从思路到方法，都具有一定的科学性、先进性和实用价值。

4、抽动——秽语综合征在我国儿童中的发病率约为万分之四左右，刘弼臣教授推测近有日渐增多的趋势，已成为我国儿童的常见病，多发病。从中医的观点来看，本病的发生与肝肺二经失调有着极其密切的关系。由于风、痰、火、气四者互为因果，临床上往往标本同病虚实并存，以致阴阳乖戾，变异多端，怪相频出，反复无常。他在临床观察中发现大部分患儿都存在着上呼吸道的慢性病灶，病情的变化往往又随着这些慢性病变轻重为转移，所以在治疗过程中常因感冒而使病情加重，应该给予重视。同时社会环境的因素也有很大的关联，如学习紧张、负担过重、经常受到老师和家长的批评、思想压力很大以及看电视玩游戏机时间长，休息不好等都有关联；应该引起社会各界的注意。为了维护儿童健康，使之茁壮成长，应给予他们一个宽松的生活空间，避免精神刺激，减少心理压力。学校老师也要积极配合，尽皇减轻学业过重的负担，不要人为造成紧张气氛，耐心帮助和关心爱护患儿，多予启发和鼓励，不在精神上施加压力，帮责骂、不体罚，相信对抽动——秽语综合征患儿的康复是大为有益的。

论慢性支气管炎及哮喘的外治法治疗

郝秋来

中医新发明“外治法”人体经络的治疗作用，充分体现了急慢性病的显著效果。它的主要特点：皮肤中药外敷，勿需内服药物。根据人体疾病所犯经络，制定治疗穴位。可以配合其他中医方法治疗，也可以本疗法的单项治疗。中医几千年形成的治疗体系，均为综合性与单项性的。例如：“外治”加“按摩”取得的显著效果，既是三国时期华佗的“膏摩疗法”,“汤液”加“针灸”的显著效果，是《内经》指导的优秀治疗方法。最新创建的“外治”加“汤液”的疗效方法，人体的内调外敷，取得了可喜的效果，可解除人体的病痛之苦。“外治法”以其独特的方法，贯穿于中医治疗体系，可以同中医其他方法结合使用，也可以单项治疗。此项技术的发明，综合协调于中医体系，必当把中医内科治疗学提高到一个崭新的阶段。

中医学几千年形成的基本体系包括：汤液；针灸；导引；按摩；食疗；外治。各种方法的丰富内容均为中医文明民族文化作出伟大贡献。唯有“外治”失传，才使中医学不具完整性。发明实践证明了“外治法“在中医体系中的重要作用.当然，综合治疗基础在于中医诊断，效果决定诊断的正确性，而中医诊断的精髓在《内经》的大部分论述。充分验证了中医治疗的科学性，知识性，复杂性，传承性。“外治法”的单项治疗为简单化治疗，所使用的人体经络为膀胱经一部分，任督二脉一部分。所使用部分位于人体正中线及旁侧，很容易寻找。简便的方法，显著的治疗效果能促进人体健康，延长寿命。

呼吸道疾病中的慢性支气管炎，支气管扩张，慢性咽炎，哮喘等，是一种很难治愈的顽症，严重伤害人体健康，至今没有一种有效的方法治疗。中医上千年总结有“内不治喘”之说。西医治疗人们叫顶药，没有治愈的作用。激素类药品的危害是此症的终生难遇，同骨关节病激素类药品伤害一样。医学认定：慢性支气管炎患肺癌占30%左右，并呈上升趋势。另外，慢性咽炎可诱发心肌炎、肾炎、胃炎等多种疾病。“外治法”的治疗范围包括：流感及病菌，病菌类疾病，各类慢性疾病，各类骨关节病等。本论文中，慢性支气管炎等疾病，均在“外治法”穴位治疗之内。其理论指导为“内经”经络学说，病因病理分析为“内经”相关论述。

一、病因病理分析

慢性支气管炎等疾病，以咳嗽，咳血，哮喘为主要特征，大部分患症原因均以呼吸道感染疾病得不到良好的治疗转为慢性的。

1、五脏受邪之说：

《内经》把咳嗽，咳血，哮喘分为五种患症因素，既五脏患症。指出：“皮毛主表和肺相配合，皮毛感受了寒气，寒气就侵入肺脏”。“寒气入胃，从肺脉注入肺，肺也会受寒，就会造成肺咳”。五脏咳嗽的原因：“秋天的时候是肺先受邪，在春天是肝，夏天是心，季夏是脾，而冬天是肾”。区别在于：肺咳的症状咳嗽时，喘息有声，严重时咳血。心咳的症状咳嗽时，感觉到心痛，喉头像东西堵塞。脾咳的症状咳嗽时右肋痛，严重了不能动弹，一动弹就咳嗽。肝咳的症状咳嗽时左肋痛如果严重行走困难。肾咳的症状咳嗽的时候，腰背互相牵扯痛，严重的会吐出黏沫。《内经·咳论篇》第三十八。

“五脏咳嗽，日久不愈，就会转到六腑”。例如：“脾咳久不见好”。牵连胃，症状是：“咳而呕吐，严重时也可能吐出蛔虫”。“肝咳久不见好。”牵连胆，症状是：“咳嗽起来可吐出胆汁”。“肺咳久不见好”，牵连大肠，症状是：“咳嗽时大便可以失禁”。“心咳久不见好”，牵连小肠，症状是：“咳嗽时放屁”。“肾咳久不见好”，牵连膀胱，症状是：“咳嗽时小便失禁”。各种咳嗽经久不愈，三焦会受病，症状是：“咳嗽时肚肠发满，不想吃东西”。以上各脏腑咳嗽，“无论是哪个脏腑病变所致，其寒邪都聚于胃，联系在肺”。《内经》咳论篇第三十八。《内经》论述了咳喘病的发生原因及“经久不愈”转慢性咳喘病的经过，症状表现等。

2、痹症之说：

《内经》论慢性支气管炎等疾病为”痹症”范畴，是除人体荣卫气之外，所有部位都可以发生的疾病。并阐明了由急性转慢性的过程。”气失去平和而喘息迫促，那么‘风寒湿’痹气就容易凝聚在肺”。”肺痹的症状是，气上逆，烦闷，喘息而呕”。〈内经〉痹论篇第四十三。

3.阴阳失调之说：

《内经》认为：疾病发生的根本原因是人体阴阳失调，五行受损，内因与外因的相合作用。慢性支气管炎等疾病也不例外。指出：“阴阳是宇宙之间的道路，是一切事物的纲领，是千变万化的起源，是生长毁灭的根本，对人体来说是精神活动的大本营”。并说：“天有春夏秋冬，四季变换，形成了生长规律，又有金木水火土的变化，产生了寒暑躁湿风的气候。人有五脏化为五气，发为喜怒悲忧恐情志”。“冬季感受寒气过多了，到了春季容易发生热性病。秋季感受湿气太多了，到了冬季容易发生咳嗽。”《内经·阴阳应象大论篇》第五。

4、四季之气相逆之说：

人体养生与长寿决定于“四季之气相顺还是相逆”。顺应四季之气则百病不生，逆四季之气就会得病而缩短生命历程。咳喘病与四季之气相逆有着重要联系。《内经》指出："到了秋季是草木自然成熟季节，金风渐来，天气劲急，暑湿已去，地气清明，这个季节应早卧早起，与鸡俱兴，使秋天肃杀之气得以平和。如果违背，肺就受伤。""如与秋天之气相逆，那么少阳之气就不能收敛，就会使肺气躁闷"。《内经·四季调神大论篇》第二。

二、各种方法治疗分析

1、西医治疗：

慢性支气管炎用药：抗生素，氯化铵合剂，溴己新，维静宁，氨茶

碱，特步他林，环丙沙星等，支气管扩张用药同慢性支气管炎基本一样。哮喘则以激素类药物为主的雾化吸入，静脉注射氨茶碱，沙丁胺醇等。

目的是增强人体免疫力，防止急性发作。主要用于急慢性期的治疗。

2、中医用药：

〈1〉桑白皮，泽泻，栀子，黄芩，杏仁，生姜，防风，天冬，麦冬，阿胶，连翘等。用于肺咳喘型。

〈2〉紫苏子，陈皮，人参，生姜，白茯苓，木香等。用于治疗心咳喘型。

〈3〉附子，麻黄，苍术，当归，厚朴，半夏，桔梗，党参，肉桂，干姜等。用于治疗寒喘型。

〈4〉牛膝，熟地黄，山萸肉，枸杞子，白芥子，黄柏，五味子等。用于治疗肾咳喘型。以上方药只能用于慢性期治疗。

3.外治法治疗：

〈1〉任脉：

天突，璇机，华盖，紫宫，膻中。

〈2〉督脉：

大椎，陶道，天柱，神道，灵台，至阳。

〈3〉膀胱经：风门，肺俞。

〈4〉肺经：中府。

〈5〉三焦经：天井，四渎。

〈6〉心咳喘加心经：神门。心胞经：内关，天池。

〈7〉肾咳喘加膀胱经肾俞：志室。主要用于急慢性期治疗。

4.针灸治疗：天突，中脘，俞府，尺泽，足三里，风门，身柱，肩井，太渊，气海等。支气管炎及哮喘加列缺，督俞，身柱，灵台，支气管扩张以上穴位灸法治疗。

只能用于慢性期治疗，急性感染性疾病治疗缓慢或无效，被西医方法取代。

三、各种方法的比较分析

以上分析：西医，中医汤液，针灸，外治四种方法治疗，唯有外治与西医能治疗急性及发作期，治疗慢性期。外治法治疗急性及发作期，有立竿见影的效果，对人体无任何伤害，提高人体免疫力，增强人体健康。慢性期治疗为痊愈性的，愈后不复发。而西医在急性及慢性期治疗与之相反，破坏人体免疫力，及阴阳平衡，为身患重症埋下了阴影。通过比较分析，"外治法"是治疗急慢性呼吸道疾病的优秀治疗方法。

四、"内不治喘"原因分析

1、针灸学与〈外治法〉穴位选定及配伍组合基本相同，由此可以证明，此症的重点治疗穴位在人体的膀胱经及任督二脉。应和了〈内经〉咳论篇规定的治疗原则："疗五脏的咳嗽要取俞穴，治疗六腑的咳嗽要取合"。《内经·咳论篇》第三十八。

人体俞穴位于督脉旁侧，督脉位置在后背正中线，为脊神经与内脏活动的相应范围。俞穴的位置在肋间神经分布区域，与督脉同时反应人体的神经活动，包括内脏与神经系统相对应的大部分范围。证明：慢性支气管炎等咳喘病根源在人体的神经系统。历代治疗才有〈内不治喘〉之说。

2、此症《内经》所论为"症"范畴，患症特点是："寒湿"痹气与人体"不平和之气"相聚为病，以粘着的形态存在，凝聚点为多种病气的结合，反映在人体的就是慢性炎症。这也是"内不治喘"的重要因素。

3、治疗深度未能真正解决

治疗效果取决于治疗深度，医科学可以分为三个程度：（1）为表层，如：一般的伤风，感冒等。（2）为中层，如：急性咽喉炎，支气管炎，肺炎，肠胃炎，心肌炎，肾炎等。（3）为深层，表现在人体的各种慢性炎症，神经系统疾病等，西医的成绩在于急性疾病的治疗，挽救了无数的生命，幼小生命的保护与救治不计其数，不论后期伤害如何，其功绩不可灭。中医中层深度治疗落后于西医，才不得不依附西医治疗。治疗学存在的一个重要问题是：慢性疾病及神经系统疾病并深度治疗未真正解决。这才是"内不治喘"的关键所在。

五、以上论症与比较分析：中医"外治法"能担负起人体急性感染性疾病，其中包括慢性支气管炎等疾病的治疗任务。

外治法的治疗定律是："治疗药物的恒定不变，只是疾病侵犯人体脏腑相应经络的穴位变换"。解决了内科治疗病菌，病菌类疾病："一种治疗药物，可以治疗多种病毒，多个部位感染的治疗学重大难题" 。可以在未来可能发生的病毒，及变异病毒大流行时，首发用药，挽救生命。

本论文的真实意义在于：证明祖国中医的科学性，是医科学的主要组成部分。人体健康的重要任务，首当其冲的应该是中医治疗学。

慢性肾炎中医辨证客观化研究思路探讨

何立群 郑平东

慢性肾炎的治疗，中西医结合疗法效果优于单纯中医或西医疗法。众所周知，辨证是中医治疗疾病的前提，然而作为辨证依据的四诊资料，由于受医生学识、经验、水平等因素的影响，不同的医生收集到的四诊资料常有不同程度的差异，从而影响了辨正的准确性，所以用于辨证的指标需客观化。增强辨证的可操作性，提高中医治疗慢性肾炎的疗效，使中医治疗慢性肾炎上升到一个新台阶，是我们这一代中医工作者的首要任务。慢性肾炎任何证候的出现都应有机体内在结构改变的基础，"证"亦必有其微观的表现和物质基础，辨证微观化所得到的资料确有助于辨证，因此在宏观辨证客观化的研究基础上，再进一步研究其微观指标，将使慢性肾炎中医辨证更为全面，使慢性肾炎中医辨证达到较为完美的境界。

1 慢性肾炎辨证分型标准的回顾

中医对慢性肾炎的研究已有40多年，先后4次制定了中医辨证分型的标准，从历次辨证分型标准来看，中医对慢性肾炎的病机认识经历了一个逐步深入的过程。

1965年重庆会议上所定的辨证分型标准的特点是强调正虚，主要是脾肾阳虚，分为肾阳虚、肾阴虚、阴阳两虚3个证型。脾肾阳虚是慢性肾炎的主要病机，肾阴虚和阴阳两虚多是阳损及阴所致，这可能与当年肾炎多有较明显水肿症状有关，所以中医对慢性肾炎的认识多从水肿立论。

1977年北戴河会议将慢性肾炎的辨证分型标准定为气虚型、阳虚型、阴虚型、湿热型及瘀血型。并且提出对慢性肾炎的辨证应结合正虚、邪实两方面，其中正虚可有气虚(气阳不足)、阳虚(脾肾阳虚)、阴虚(肝肾阴虚)，邪实有水湿、湿热、瘀血。本次分型的特点是认识到慢性肾炎标实的病机和证型，正虚之中提出了气虚(气阳不足)的证型。

1983年昆明会议将慢性肾炎分为3阶段共10型。即水肿阶段的风水相搏型、水湿逗留型、水湿泛滥型，肾劳阶段的脾肾气虚型、肝肾阴虚型、肾元亏虚型、肾虚湿热型、肾虚瘀滞型、肾衰阶段的正虚邪实湿浊聚集型、肾元衰竭浊邪壅闭型。本次分型的特点一是分阶段，说明病势的转归；二是定性与定位相结合，可以提高用药的准确性。

1989年南京会议分为本证和标证。本证包括肺肾气虚、脾肾阳虚、肝肾阴虚和气阴两虚，标证有外感(风寒和风热)、水湿、湿热、瘀血、湿浊；并且强调指出，慢性肾炎的病机关键为本虚标实，以正虚为主，兼夹邪实，每种正虚都可以兼夹邪实。此标准更加全面，更加切合临床实际，比较合理地解决了正虚与邪实之间的标本主次关系。

2 慢性肾炎中医辨证的客观化研究

尽管上述慢性肾炎中医辨证对临床治疗和实验室工作具有一定的指导意义，但不可否认它存在缺陷，如症状的程度的定量化和"本"证的定性化问题，这对进一步提高慢性肾炎中医治疗和疗效重复有一定阻力，所以我们试用DME(Differentiation，Measurement，Evaluation)方法和"界点"理论对慢性肾炎(属于中医虚劳证的范畴)的证候诊断标准的评定作了尝试。

2.1 指标的选择：根据历代医家对虚劳证的有关理论结合现代医学慢性肾炎的临床症状，及中医界同仁对慢性肾炎的治疗经验，归纳出慢性肾炎基础证指标3个，即浮肿、腰酸、蛋白尿(所谓亚临界证)，以及虚劳证的辨证指标(即特征信息)，如虚证包括脾肾气虚、肝肾阴虚、阴阳两虚，虚实夹杂包括湿浊、水气、血瘀、热毒的假设标准。

2.2 指标的记数：指标选定后，要考虑如何对指标进行评分，也就是把指标的定性描述转变为定量衡量，我们采用记分法进行指标积分的记数。根据病情轻重、量级大小的原则记分，把四诊信息的记数作为衡量证的组成和从舍依据。我们将特征信息中实证、虚证的症情均以轻(记1分)、中(记2分)、重(记3分)。这样等级资料的信息可转变为计量资料，有利于统计分析。

2．3 指标的辨证：通过群体的回顾性研究以后，我们确定慢性肾炎的基础证指标是浮肿、腰酸、蛋白尿。根据浮肿的部位、程度和发作频度，腰酸的耐受程度和对行为的影响程度，蛋白尿量的情况组成亚临界证，然后与虚劳证的特征信息所组成的临界证一起观察，使慢性肾炎的每个证型指标都从个体水平上升到群体水平，增加辨证指标的可重复性。

2．4 运用“界点”理论研究证的动态：通过DME的群体研究方法，对慢性肾炎的全部临床指标、症、舌、脉进行群体定量，动态的研究，我们采用了临界理论的方法作了慢性肾炎亚临界证(基础证)、临界证(最低诊断标准)、超临界证(半典型及典型证)的研究。

亚临界证是由构成慢性肾炎最基本单位(基础指标)即浮肿、腰酸、蛋白尿组成，它是慢性肾炎的基础证。它的特点是有一定的信息量，只能确定基础证——虚劳证，不能确定是哪一类证型；其次，结合临界证和超临界证的信息，证型即形成，有活泼的动态变化，能和任何信息构成证型。

亚临界证结合慢性肾炎特征信息中的虚证(脾肾阳虚、肝肾阴虚、阴阳两虚)和实证（湿浊、水气、血瘀、热毒)中的任一信息则为虚劳证的临界证。它的特点是某个证的最低诊断标准即是与其他证的鉴别所在，但不是各证的全部信息。亚临界证若遇各特征信息2项以上则为该证的超临界证，如虚劳证的基础证合特征信息2项则为半典型征，3项或3项以上则为典型证。所谓特征信息是构成虚劳证的虚证和实证证型的特点，每个信息(指标)对各证型的组成有其特异功能，且病理特征明显，但必须根据量值来决定。

3 慢性肾炎中医辨证分型微观指标研究

近年来对慢性肾炎中医辨证分型的微观指标的研究，许多学者进行了大量有益的探索，对中医辨证的客观化有很大帮助。如尿渗透压、尿血渗比的改变与肾疾病时的虚实辨证有关。凡不累及肾的气化功能，虽有疾病、尿渗及渗化多属正常。凡累及肾的气化功能，不论气虚(气阴两虚)、阳虚(脾肾阳虚)、阴虚(肝肾阴虚)，其尿渗及渗比均较健康对照组低，而以肾阳虚更为明显。阳虚型尿渗、渗比最低，反映了阳虚者肾小管受损较重，尿浓缩功能差。尿渗及渗比测定可提供定量指标，我们在研究血β_2—MG与慢性肾炎中医辨证分型的关系中发现，辨证为脾肾阳虚、肝肾阳虚、肺气亏虚型患者的血β_2—MG均高于正常值，提示这3组病人的肾小球滤过率降低，似于中医慢睦肾病的病机为肺脾肾三脏相干之病的理论相符，且脾肾阳虚型的血β_2—MG值显著高于肺气亏虚型，符合中医肺病及脾、脾病及肾、气病日久及阳、阳损及阴的理论。许多学者通过慢性肾炎患者血液流变学指标检测发现，中医证型之间存在着不同程度和不同特点的高血粘状态，他们发现肺脾气虚、肝肾阴虚型呈高粘状态，前者以全血黏度增高为主，后者以血浆黏度增高为主；脾肾阳虚型则为全血黏度降低，血浆黏度增高，与健康人相比均有明显差异($P<0.01$)，与中医“气虚而血瘀”、“气弱血不行”及阴虚血瘀、阳虚血瘀理论相吻合，从而为本病的辨证分型及临床运用活血化瘀法提供了客观指标和理论依据。

我们的研究证明，把慢性肾炎中医宏观辨证量化及定性化，并与微观辨证有机结合起来，一定能为中医辨证的客观化创造有利条件。

参考文献：略

浅论“风湿药膏”治痹功效

蒋介勇

风湿病又名痹症是人体营养失调，感受风寒湿热之邪，合而为病。日久正虚内生痰浊、血瘀、热毒，正邪相搏，使经络、肌肤、血脉、筋骨甚至脏腑的气血痹阻失于濡养，而出现肢体、关节肌肉疼痛、肿胀、酸痛、麻木、重者变形、僵直及活动受阻特征，总称风湿病。

1.营养不调，正气亏虚，气血虚弱，脏腑阴阳内伤：

A.肺虚则腠理失密，卫内不固。

B.脾主肌肉，脾虚肌肉不丰，四肢关节失养。

C.肝主筋、肝虚则爪甲不荣，筋骨不韧。

D.肾主骨，肾虚骨髓失充，骨质不坚。

E.心主血脉痹不已，复感于邪，内舍于心。

2.外邪入侵，三气入侵，日入风送寒，寒借风势湿性黏腻，风湿之邪结合邪郁病入，风变火寒，湿变痰瘀：

A.季节气候异常。

B.居住环境欠佳。

C.起居调摄不慎。

D.痰浊瘀血。

3.痰浊与瘀血是人机体在病邪作用下病理产物：肺气郁滞，气化为火，练津为痰。

A.风寒袭肺，肺气郁闷，既肺津凝聚成痰。

B.寒气困脾，脾失运化，湿集成痰。

C.痹伤肾阳：水道不通，水湿上泛，聚成痰。肾阴：虚火灼津，变成痰浊。

D.风火阻心，血脉瘀滞。

4.正气亏虚外感六淫，痰浊瘀血，阻经络成痹证。

痹病证候及内外治法

1.风寒湿痹　姜活 独活 桂枝 秦艽 海风藤 桑枝 当归 川芎 乳香 木香 防风

寒性大加附片，湿重防已薏仁萆薢

2.寒湿痹　乌头 附子 肉桂 细辛 川椒 独活 秦艽 白芍 甘草

3.风湿痹 姜活　独活 桂枝 秦艽 海风藤 桑枝 当归 川芎 乳香 木香 防风 防已 苍术 薏仁 附子 灵仙 姜黄

4.热毒痹　玄参 银花 当归 甘草

5.湿热痹 知母　石膏 苍术 甘草 蚕沙 薏仁 赤小豆

6.寒热错杂症　麻黄 桂枝 白术 附子 白芍 知母 生姜 甘草

7.营养不调症　桂枝 附子 甘草 生姜 大枣 防风 黄芪 白术

8.痰瘀痹症　红花 陈皮 白芥子 竹沥 姜汁 熟地 赤芍 当归 川芎 灵仙 独活 木瓜 穿山甲 地鳖虫 乌梢蛇

9.气血两虚症　人参 茯苓 甘草 当归 白芍 熟地 独活 防风 杜仲 牛膝 桑寄生 细辛

10.肝肾阴虚症　鹿角胶 龟板胶 枸杞 菟丝子 茯苓 六味地黄丸

11.肝肾阳虚症　鹿茸 附子 补骨脂 菟丝子 牛膝 狗脊 独活 枸杞 益智仁 小茴 木香 生姜 大枣 补肝汤　乌头 附子 肉桂 山茱 独活 薏仁 甘草 白茯苓 白芍 伸筋草 柏子仁

12.阴虚内热　熟地 山茱 山药 泽泻 茯苓 黄柏 知母 青蒿 鳖甲 生地 丹皮 桑寄 当归

13.气阴两虚症　桂枝 黄芪 白芍 五味子 麦冬 生姜 大枣 当归 熟地 川芎

14.气虚血瘀症　桂枝 黄芪 生姜 大枣 当归 党参 牛膝 地龙 红花 桃仁 丹参 白术 赤芍

15.气虚痰阻症　人参 黄芪 白术 茯苓 砂仁 生姜 大枣 甘草 白芍 半夏 秦艽

以上痹症根据不同病类用辅助才帮助，风湿药膏把风湿拨出即可。

风湿药膏根据古代医家，内病外治方法，曾经多种药膏能贴风湿病甚多，包括骨刺膏等都具有活血通络止痛功能，但无法消除痰瘀，现制药膏能彻底拨出体外，消除病痛之功效，如风湿、骨刺、骨质增生等。

一、痰瘀生结关节、骨节、上层渐渐入侵，骨节擦逢骨骼内部，待人体虚弱乘虚而入，风化火寒化热湿化瘀作用产生炎症，压迫神经筋脉造成行动不便，麻木酸痛，筋难以伸曲，行动不便。

二、痰瘀在关节骨节上层存在服药难以攻破它的亲和力，而难痊愈。

1.凝结的风湿源，无法从肠胃排去又无法以毛细管挥发消除，因此药攻为引血散瘀难以达效。

2.牵引、理疗、按摩、电疗、热烘、药汤泡浸、手术小刀疗法等也能复生。

此药膏能化瘀痰，后从毛细管拨出，可把周围存在风湿源全部拨出，因此达到彻底治疗的功效。

技术领域：

风湿病是总称，分为7大类：冷痹、热痹、游痹、着痹、尪痹、骨痹。以上7类说明目前全世界对着痹、顽痹为难治之症。

中医着痹，西医叫骨质增生，骨刺是凝结的风湿源，压迫血路、神经，产生麻木、酸痛，目前国内是用手术治疗，但复发率高。服药通经活络不能把风湿排除，因不通肠胃道，增生物黏度高，半固体（如糯米糍）一样无法从肌肉毛细管排除。

因此本人多年研究用药拔出体外，现今10年临床治疗效益甚高，达到99%以上。

注明：拔出白黄色如浓一样，不要怕，坚持拨完为止，即能痊愈，伤口拔完自动复合。

糖尿病人不宜使用。

这种治疗特色千万不要以为过敏或溃烂、伤口自动愈合。

使用方法：

药膏铺贴患处2天1换药，4～5次会拔出象青春痘、疙瘩。接下即能拔出体外，待拔完为止，拔完后20天才能一切正常，拍X光片，看是否消除生物。

禁食牛肉、花生、鱿鱼、大虾。

试论“一分为三”和“三阳三阴”在中医基础理论中的重要地位

太原三部六病门诊部　马文辉

摘　要：“一分为二”和“一分为三”不是一个哲学范畴的概念。有人说：“一分为三”是对阴阳学说“一分为二”的补充和完善，是矛盾的统一，是阴阳的平衡，是物质存在的第三态……这种把“一分为三”纳入阴阳学说的观点是错误的。“一分为三”《周易》称之为“三极之道”，是对时空的划分，“一分为二”《周易》称之为“一阴一阳之为道”，是属性论。中医的三阴三阳是“一分为二”的阴阳之道和“一分为三”的三极之道的有机统一，用以说明宇宙万物的时、位、性三种特性。《内经》的经络针灸治疗体系和《伤寒论》的汤方辨证论治体系都是在三阴三阳理论指导下构建起来的。

关键词：一分为二；一分为三；三阴三阳

“一分为二”与“一分为三”是两个哲学命题，讨论的不是一个范畴的内容。“一分为三”是宇宙的生成论，研究的是事物的空间结构和时间秩序；“一分为二”是事物的属性论，是阴阳的对立统一。既不能把阴阳学说中的阴阳平衡作为“一分为三”的立论依据，也不能把事物的空间结构和时间过程用“一分为二”的观点进行分割，二者不能混淆。三阴三阳是“一分为二”即”一阴一阳之为道”和“一分为三”即“三极之道”的有机结合，是“兼三才而两之”的结果，是中医的时、位、性三位一体的完美统一。三阴三阳是中医的时位观和属性论，是《周易》的“六爻之动，三极之道”在中医领域的继承和发展。《周易・系辞上》说：“变化者，进退之象，刚柔者，昼夜之象，六爻者，三极之道也”。有了时间、空间、属性，运动着的物质就形成了宇宙间的万事万象。

一、一分为三对人体结构和部位的划分

1. 上、中、下三部的划分：《素问・三部九候论》说：“何谓三部，有下部、有中部、有上部”。古人把人体头、胸、腹称为上、中、下三部。按解剖学观点命名当称作“三腔”。《灵枢・百病始生》从病邪入侵途径阐述了三部的病位，说：“三部之气，所伤异类”。

2. 三焦的划分：《灵枢・营卫生会》说：“愿闻三焦之所出……上焦如雾、中焦如沤、下焦如渎，此之谓也”。古人把营卫循环于躯体的头胸、上腹、下腹不同的功能称作上、中、下三焦。《素问・至真要大论》提出了“气游三焦”的观点，明确了中下二焦的分界线：“半，所谓天枢也”。

3. 表、里、枢三部的划分：《素问・阴阳离合论》说：“太阳为开，阳明为合，少阳为枢……太阴为开，厥阴为合，少阴为枢”。《素问・阴阳类论》说：“三阳为表，二阳为里，一阳游部”。其三阳为太阳、二阳为阳明、一阳为少阳，游部即枢部，介于表里之间，故《伤寒论》把它称为（半在里半在外）半表半里部。《灵枢・寿夭刚柔》称作“不表不里”。

二、三阴三阳在划分时位上的应用

1、时间的三阴三阳划分：一昼一夜，一寒一暑的划分是阴阳属性的划分，一天之中的六时（上午、中午、下午、前夜、子夜、后夜），一年之中的六节（太阳、少阳、阳明、太阴、少阴、厥阴），才是对时间的一分为三。如《素问・生气通天论》“阳气者，一日而主外，平旦阳气生、日中而阳气隆、日西而阳气已虚，气门乃闭，反此三时，形乃困薄。”《素问・六节藏象论》、《素问・六微旨大论》把一年分为六节和六步。

2、空间的三阴三阳划分：上下、左右、前后的划分是阴阳属性的划分，一分为三的三维空间划分才是物质运动的基本形态。《素问・生气通天论》说：“天地之间，六合之内…其气三。”《伤寒论》的空间病位完全依据三阴三阳划分为三部六位。

三、三阴三阳的含义：

1、四时阴阳中太少的变化。最初的太少只是一个先后排序概念，太为初、为始、为一，少为次、为中、为二。后来发展成为老少、大小、多少的含义。太阳为阳中之阳以应夏、少阳为阴中之阳以应春、太阴为阴中之阴以应冬、少阴为阳中之阴以应秋。丰富了四时阴阳的内容。但为以后的阴阳排序造成了混乱。尤其是与医学结合以后，其演变过程为：

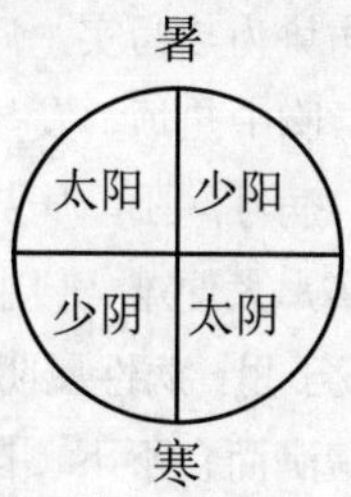

四时次序阴阳

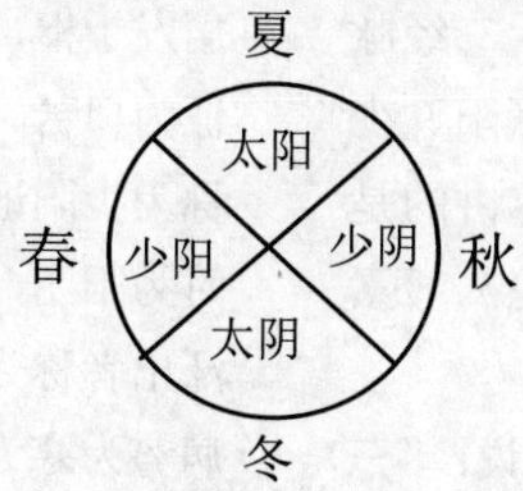

四时老少阴阳

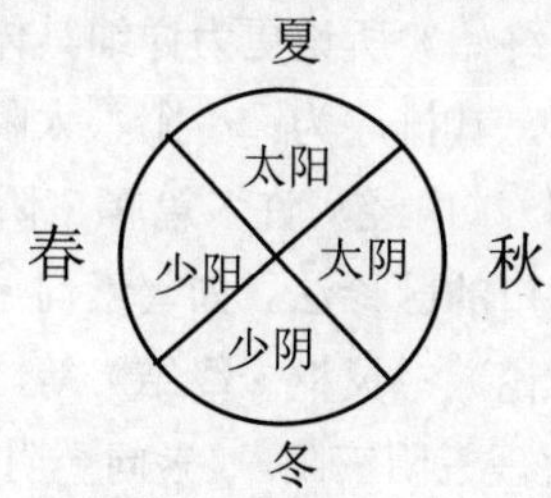

四时医学阴阳

2、六时阴阳中三阴三阳的含义及排序。三阴三阳在六时中太为初、为始、为一，少为次、为中、为二，阳明、厥阴为终、为末、为三。《灵枢·阴阳系日月》说："两阳合于前，故曰阳明……两阴交尽，故曰厥阴"。阳明为二阳之合，厥阴为二阴之交，阳明、厥阴在三阴三阳中只有次序的含义，仅表示阴阳的消长顺序和过程。同样，三阴三阳附于气之多少概念后，其意义和排序则发生了演变。如图示：

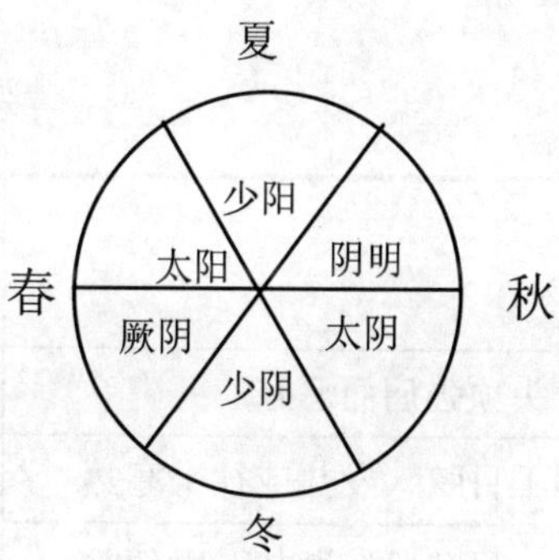

六时次序阴阳

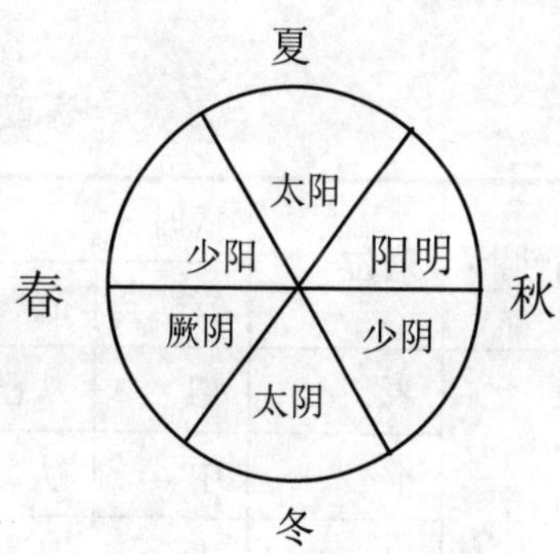

六时老少阴阳

四、三阴三阳在医学中的应用

《素问·至真要大论》说："愿闻阴阳之三也，何谓？岐伯曰：气有多少，异用也。帝曰：阳明何谓也？岐伯曰：两阳合明也。帝曰：厥阴何也。岐伯曰：两阴交尽也"。三阴三阳在《内经》时代已经形成并开始应用于医学理论的构建。

1．六经三阴三阳。《灵枢·经脉》中的"六经"完全采用了三阴三阳的框架，六经的三阴三阳的排序和对应关系与六时三阴三阳发生了重大变化，三阴经的排列顺序厥阴排到了少阴之前。《素问·血气形志篇》说："夫人之常数，太阳常多血少气，少阳常少血多气，阳明常多气多血，少阴常少血多气，厥阴常多血少气，太阴常多气少（多）血，此为天之常数。足太阳少阴为表里，少阳与厥阴为表里，阳明与太阴为表里，是为足阴阳也"。

2．运气三阴三阳，五运与六气的结合形成了运气学说，《素问·天元纪大论》说："阴阳之气，各有多少，三阴三阳也"。运气学说把三阴三阳分作一二三。《素问·阴阳类论》说："一阴厥阴也，厥犹尽也"。其排序及其对应关系为，一阳少阳，二阳阴明，三阳太阳，一阴厥阴，二阴少阴，三阴太阴。《内经》中除七大论专门讲运气的内容外，其它许多篇章也是按运气三阴三阳论述的，如《素问·热论》、《素问·厥论》、《素问·经脉别论》、《素问·阴阳类论》等。

3．脉诊三阴三阳。《素问·阴阳别论》说："三阳在头，三阴在手"。《灵枢·四时气》说："气口候阴，人迎候阳"。阳主外、阴主内，故《灵枢·禁服》说："寸口主中，人迎主外"。其诊脉方法《素问·六节藏象论》讲述得非常清楚“人迎一盛，病在少阳，二盛病在太阳，三盛病在阳明，四盛以上为格阳，寸口一盛，病在厥阴，二盛病在少阴，三盛病在太阴，四盛以上为关阴”。在三阴三阳之外补充了格阳、关阴。《灵枢·终始》所论更为详细具体，把手足十二经脉尽为列出，其排序为：少阳、太阳、阴明、厥阳、少阴、太阴。《内经》许多篇幅三阴三阳的内容讲的是人迎、寸口的脉诊法。如《素问·四时刺逆论》、《素问·腹中论》、《灵枢·终结》等。

4．生理三阴三阳。《素问·阴阳离合论》说：“三阳之离合也，太阳为开，阳明为合，少阳为枢……三阴之离合也，太阴为开，厥阴为合，少阴为枢”。开合枢是三阴三阳在人体的生理功能。生理的三阴三阳排序为太阳、少阳、阳明、太阴、少阴、厥阴。太阳主开，厥阴主合，一开一合，主司表部功能；阳明为合，太阴为开，一开一合主司里部功能；少阳为二阳之枢，少阴为二阴之枢，主司半表半里部的功能。三阴三阳分之为三，合之为一，周而复始，循环无端。

5．病理三阴三阳。《伤寒论》的三阴三阳是对外感热病的病位、病性、病时的一种分类方法。它把病证分为六大类：病发于表，病性属阳，病势为热为实，病时为太阳，病证为脉浮、头项强病而恶寒者称作太阳证；病发于枢，病性属阳，病势为热为实，病时为少阳，病证为口苦、咽干、目眩、胸中热烦、发热或往来寒热者称为少阳证；病发于里，病性属阳，病势为热为实，病时为阳明，病证为胃家实，大便难、日晡所发潮热、自汗出者称为阳明证；病发于里，病性属阴，病时为太阴，病势为寒为虚，病证为腹满而食不下、自利益甚、时腹自痛者称为太阴证；病发于枢，病性属阴，病时为少阴，病证为心动悸、短气、脉微细，但欲寐者称为少阴证；病发于表，病性属阴，病时为厥阴，病证为手足厥冷、脉微欲绝、肢节疼痛者称为厥阴证。如表。

生理的三阴三阳与病理的三阴三阳，其排序及其对应关系和六时阴阳是相同的，其一脉相承，源渊流长，至今仍有效指导着中医的临床辨证用药，具有极强的生命力和现实意义，必须加以发掘提高。

病理三阴三阳时位表

六证	病性	病位	病时		脉证	病势
			发病	欲解		
太阳证	三阳为热	表	初	从已至未上	脉浮，头项强痛而恶寒	三阳为实
少阳证		枢	中	从寅至辰上	口苦咽干目眩、发热或往来寒热	
阳明证		里	未	从申至戌上	胃家实、日晡所发潮热、大便难	
太阴证	三阴为寒	里	初	从亥至丑上	腹满而食不下、自利、时腹自痛	三阴为虚
少阴证		枢	中	从子至寅上	脉微细、但欲寐、心动悸、短气	
厥阴证		表	未	从丑至卯上	手足厥冷、脉微欲绝	

近代医家往往把一分为二和一分为三混为一谈，过分强调了阴阳学说，忽略了一分为三的时空观念。另外，把《内经》的针灸经络体系和《伤寒论》的汤方辨证体系的基础理论三阴三阳变成了简单而具体的手足六经，从而失去了其对中医的指导意义。

太汲神系列中成药结合孙氏奇穴治疗腰椎间盘突出症107例临床观察

河北省新乐市承安镇赤支村孙氏骨科　孙庆辉

关键词：太汲神；孙氏奇穴疗法；腰间盘突出疗效

腰间盘突出又称腰椎间盘纤维环破裂髓核突出，是临床上最常见的腰腿痛疾病，由于各种原因至使纤维环破裂，髓核组织从破裂口突出，刺激或压迫神经根或马尾神经而引起一系列临床腰腿痛等症状。其病因复杂治疗方法甚多，但疗效快、治愈高、复发率低的治疗方法却很少。我科自2006年7月-2007年1月对105例患者采用辨证应用太汲神系列药物和孙氏奇穴疗法进行治疗，基本上实现了治愈率高、疗效快、复发率低的治疗。现报告如下：

临床资料：本组患者107例，男65例，女42例，年龄15～78岁，平均45岁。病龄最长30年，最短半个月，均通过腰椎正侧位X线片腰椎CT或MRI检查，腰L_3-L_4间隙突出10例，腰L4-L5间隙突出35例，L5-S1间隙突出40例，多间隙突出22例，其中中央型突出35例，向左后突出50例，向右后突出27例，随机分为太汲神组35例，孙氏疗法组35例，总分组37例，三组性别、年龄、病情及分型比较差异无显著性意义（均$P>0.05$）。

治疗方法：1、太汲神组35例患者辨证应用太汲神系列中成药。1）肝肾亏虚型：阳虚者口服太汲神天麻丸，每次6粒每日3次，腰部外贴天麻追风膏；阴虚者口服当归拈痛丸和骨刺丸每次各半袋每日3次，腰部外贴天麻追风膏。2）血瘀型：口服太汲神骨筋丸每次4粒，每日3次，外贴外用万应膏。3）寒湿症：口服骨刺丸每次1袋每日3次或风痛安每次6粒，每日3次，外用威灵骨刺膏。4）湿热症：口服当归拈痛丸，每次1袋，每日2次，外用太汲神威灵骨刺膏，20天为一疗程，1～3疗程治愈。

2、孙氏疗法组，35例患者在孙氏腰二穴、臀五穴用针刀进行治疗，按照针刀四步进针法，常规消毒、进行松解剥离，然后注入一号松解液。或注入一号松解液然后外敷孙氏腰腿痛一号膏+直径12.5 mm磁片（同一经络按异极相吸排列）7天1次，4次为一疗程。

3、总合组35例患者同时应用辨证口服太汲神系列中成药和应用孙氏奇穴疗法（治疗方法同孙氏疗法组），7天1次，4次为一个疗程，1～2个疗程治愈。

3组病人疗效比较表

组别	例数	治愈			有效	无效	总有效率
		1疗程	2疗程	3疗程			
太汲神组	35	5	13	8	4	5	30例85.7%
孙氏疗法组	35	15	8	2	4	6	29例82.9%
总合组	37	30	2	0	3	2	35例94.6%

结果：三组患者疗效比较见上表，从上表可以看出，单独应用太汲神中成药的疗效与单独应用孙氏疗法没有明显的差异，但太汲神中成药与孙氏医疗绝技联合应用的疗效明显好于单独应用太汲神中成药和单独应用孙氏医疗绝技，这说明综合治疗有加强疗效的作用。

讨论：腰间盘突出症是一种常见病、多发病，属传统医学痹症范畴。其成因复杂，具有人体自然衰老所造成的肝肾亏虚、气血不足又有长期劳损、外感风、寒、湿、邪等病理因素，带来的慢性积累使人体内的阴阳平衡失调所致。而现代医学认为，由于外伤或慢性劳损，使脊柱周围的韧带筋膜、小关节、肌肉失去力的平衡而促使椎间盘纤维环发生破裂，因局部出血水肿，甚至无菌性炎症粘连等引起的一系列神经根及局部组织疼痛紧张、功能障碍的症状和体征。我们通过辨证应用太汲神中成药和孙氏奇穴疗法使人体内的阴阳平衡失调和力的平衡失调得以纠正，从而快速治愈腰间盘突出。我科近几年来通过运用太汲神中成药和单纯应用孙氏七个穴位治疗腰间盘突出，实现了治愈率高、疗效快、复发率低、治疗简单的效果。

温肾利气法针药并治慢性阻塞性肺疾病缓解期对患者肺功能影响的临床研究

万文蓉[1] 程绍鲁[1] 张卫[1] 谢俊杰[1] 叶清景[1] 邱东升[1]
叶姿英[1] 吴秋燕[1] 金海鹏[1] 刘小雪[2] 谢颜颖[2]
（1、福建中医学院附属厦门中医院， 2、福建中医学院）

摘 要： 目的：研究温肾利气法对慢性阻塞性肺疾病缓解期患者的临床疗效及其对肺功能的影响。方法：将150例符合慢性阻塞性肺疾病（COPD）诊断标准，属于缓解期的病人随机分为治疗组和对照组，每组 75 例，治疗组采用温肾利气法针灸治疗和口服中药，对照组采用温肾利气法中药口服，12 天为 1 疗程，疗程间隔休息 3 天，共治 3 个疗程。**结果**：治疗组在治疗前后肺功能的数值比较差异有显著性（$P<0.05$）。**结论**：温肾利气法可提高慢性阻塞性肺疾病患者的肺功能。

关键词：温肾利气法；慢性阻塞性肺疾病缓急期；肺功能

慢性阻塞性肺疾病（chronic obstructive pulmonary disease，COPD）是一种以不完全可逆的气流受限为特征的疾病，其气流受限呈进行性发展，与肺部对有害气体或有害颗粒的异常炎症反应有关。根据其发病症状及特点，属于中医学肺胀、咳嗽、喘证等范畴。自 2006 年以来，在临床上采用温肾利气法针药并治 COPD 缓解期患者 150 例，观察其对患者肺功能的影响。

1 临床资料

1.1 病例选择

选择符合诊断标准的慢阻肺缓解期患者 150 例。患者均来自我院专家门诊及针灸科门诊和病房自 2006 年 3 月至 2007 年 12 月诊治的慢性阻塞性肺疾病患者。150 例患者随机分为针药治疗组和中药对照组，每组 75 例，治疗组男 47 例，女 28 例，平均年龄（62.40±8.56）岁，平均病程（7.73±3.80）年；对照组男 45 例，女 30 例，平均年龄（61.80±10.10）岁，平均病程（7.70±2.92）年，根据《慢性阻塞性肺疾病诊治指南》和《中药新药临床研究指导原则》将症状、体征分级记分，每项按轻、中、重，分别记 1、2、3 分，如本项症状体征阴性，则记 0 分，治疗组病情积分为 7.27±2.15，对照组为 6.9±2.52。两组病人发病年龄、性别、病程、病情轻重程度等方面基本相似，无统计学差异（$P>0.05$）。

1.2 诊断标准

1.2.1 西医诊断：采用中华医学会呼吸病学分会慢性阻塞性肺疾病学组《慢性阻塞性肺疾病诊治指南（2007 年修订版）》的诊断标准。

1.1.2 纳入标准：①符合上述诊断标准并且是缓解期患者。②患者愿意合作能按要求定期复查者。③年龄、性别不限。

1.1.3 排除标准：①已知病因或具有特异病理表现并有气流阻塞的一些疾病，如囊性纤维化、弥漫性泛细支气管炎或闭塞性细支气管炎等。②并发严重的原发心血管、肾、造血系统疾病。③哺乳或妊娠期妇女。④精神病患者。

2 治疗方法

2.1 针灸处方：温肾利气方由大椎、肺俞（双）、膻中、关元、支沟（双）、列缺、偏历组成。若伴咳嗽以早晚为甚，咯白痰、质稀薄或呈泡沫状者，配合谷；若伴流稀涕、打喷嚏、鼻塞者，配迎香、上星；若伴舌质紫或见明显瘀斑者，配金津、玉液；若伴咯吐黄脓痰者，配风隆、中脘。每日 1 次，每次治疗 30 分钟，加灸效果更好。操作：针刺手法采用平补平泻法。大椎穴可刺 1～1.2 寸；肺俞穴向脊柱方向斜刺 0.5～0.8 寸；膻中穴平刺 0.5～0.8 寸；关元穴直刺 1～1.5 寸，可灸；支沟穴可直刺 0.8～1.2 寸；列缺穴向上平刺 0.5～0.8 寸；偏历穴斜刺 0.5～0.8 寸。灸时以艾炷灸为主，可配合使用艾条灸，其中大椎穴隔姜灸，灸炷可多达百壮，以局部皮肤红润而不起泡为度，主方中其余穴及随症穴均灸 5～7 壮，针与灸法可以交替使用。

2.2 中药处方：温肾利气汤由仙茅 10g、仙灵脾 10g、葶苈子 10g、青皮 10g、陈皮 10g、地鳖虫 10g、麻黄 10g、干姜 10g、细辛 10g、法半夏 10g、紫菀 10g、款冬花 10g 组成。每日 1 剂，每日 2 次。

2.3 方法：治疗组以针灸配合中药治疗，对照组单纯服用中药汤药。12 天为 1 疗程，疗程间隔休息 3 天，共治 3 个疗程。

3 疗效观察

3.1 综合疗效判定

参照《中药新药临床研究指导原则》制定的疗效判定标准。临控：咳、痰、喘症状完全消失，肺部哮鸣音消失；显效：咳、痰、喘症状明显好转，肺部哮鸣音明显好转；有效：咳、痰、喘症状好转，肺部哮鸣音减轻；无效：咳、痰、喘症状及哮鸣音无变化或加重。

3.2 肺功能指标观察

采用美加 Vmax622d 肺功能仪（美国产）。观察 1S 用力呼气容积、用力肺活量（FVC）、用力肺活量 FVC 与 1S 用力呼气容积百分比（FEV1.0%）；根据身高、体重、性别、年龄推算出预计值，并计算其与实测值的百分比。

3.3 统计学处理

应用 SPSS12.0 for windows 统计软件进行统计，疗效评定采用 Ridit 分析，计量资料采用 t 检验，计数资料采用X^2检验。比较2组治疗前后症状、体征积分及肺功能检测项目数值的变化情况。

4 治疗结果

4.1 综合疗效见表1

表1 两组治疗结果比较(n,%)

组别	n	临控	显效	有效	无效	显控率(%)	总有效率(%)
治疗组	75	27	32	12	4	78.7△	94.7※
对照组	75	18	20	28	9	50.7	88.0

注：△ $P<0.05$，※$p>0.05$，显控率相比，u=2.11，则 $P<0.05$，经 Ridit 分析，两组总有效率 $P>0.05$，两组总疗效无统计学意义。

4.2 肺功能指标结果见表2

表2 两组患者治疗前后肺功能的变化（$\bar{X}\pm s$）

项目	组别	治疗前	治疗后
FEV1 (L)	治疗组	1.2293±0.5323★	1.74±0.48△△▲
	对照组	1.2312±0.5402	1.33±0.52
FVC (L)	治疗组	2.1407±0.7574★	2.54±0.65△
	对照组	2.1477±0.8136	2.22±0.79
FEV1%	治疗组	48.07±12.77★	76.8±5.78△△※
	对照组	47.27±14.02	49.27±12.21
FEV1/FVC (%)	治疗组	56.80±9.62★	63.98±7.66△△※
	对照组	55.61±11.51	57.8±7.94

注：★治疗前与对照组相比 $P>0.05$，治疗后与治疗前比较△$P<0.05$，△△$p<0.01$，与对照组治疗后相比▲$P<0.05$，※$P<0.01$。

4 讨论

肾阳虚衰，痰瘀伏肺是COPD的重要病理变化，其进退直接影响本病的转归，所以只有抓住病机，注重内在根源，才能有效地治疗COPD。《类证治裁·喘证》曰："喘由外感者治肺，由内伤者治肾"，对临床具有指导意义。因为"肾中真阳"亦为命门之火，它是人身生化之源，清·陈士铎《石室秘录》指出："命门，先天之火也……肺得命门而治节……无不借助命门之火而温养之。"由此可以看出肺功能的正常运转，有赖于命门真阳的温养煦照。另外，根据朱丹溪"善治痰者，不治痰而治气……"，唐容川"治一切血证皆宜治气"的古训，可知治痰治瘀必以治气为先，实践证明，治气可使痰消瘀化，达到事半功倍的效果。因此对于COPD缓解期提出温肾利气的治疗大法。

温肾利气方由大椎、肺俞（双）、膻中、关元、支沟（双）、列缺、偏历组成。大椎为督脉之穴，督脉总督诸阳，为阳脉之海，阳主表，主温煦，故可祛风散寒；肺俞为肺脏在足太阳膀胱经输注之穴，可补益肺气。《素问·金匮真言论》曰："病在肺，俞在肩背"，背为阳，阳气主温，具有祛风散寒，化痰行瘀的作用，正所谓肺俞与大椎相配切中COPD的病机要害。而肺俞与膻中属前后配穴法，协调阴阳，重在温阳利气。关元属任脉，为足三阴经与任脉之汇，能温肾固精，补气回阳。支沟为手少阳三焦经之穴，三焦经"布膻中，散络心包，下膈，循属三焦”（《灵枢·经脉》），其经别“入缺盆，下走三焦，散于胸中”（《灵枢·经别》），因而支沟可辅助肺俞、膻中清利肺气，通行水道。列缺、偏历分别属于肺经和大肠经的络穴，肺和大肠相表里，互为属络，具有宣肺以利气，降逆以肃肺的功能。诸穴配合标本兼施共奏温肾通阳，以祛寒、化痰、散瘀达到宣肺平喘的作用。

温肾利气汤重用二仙汤（仙茅、仙灵脾）温补肾阳为主，配小青龙汤加葶苈子、青皮、陈皮以宣肺利气、止咳平喘。根据《内经》:“肺苦气上逆，急食苦以泻之”选择“苦降”利气药，葶苈子苦辛寒，泻肺气以除窒塞；青皮苦辛温调肝气，达肺气，使气机升降正常；陈皮苦辛温调脾气，以杜生痰之源。全方配合达到扶正祛邪，标本兼施的目的，使祛邪而不伤正，扶正而不助邪。

本研究表明，治疗组显控率和总有效率分别是78.7％和94.7%，对照组显控率和总有效率分别是50.7％和88%，治疗组显控率明显优于对照组（$P<0.05$），两者总有效率相比虽无显著性（$P>0.05$），但治疗组在疗效趋势上要优于对照组（见表1）。

阻塞性通气功能障碍是慢阻肺基本的病理特征，FVC及FEV_1%是反映气道通气及阻塞程度的指标，治疗组与对照组治疗前肺功能数值无明显差异（$P>0.05$），两者具有可比性；治疗后治疗组在改善患者FVC方面有统计意义，与治疗前相比$P<0.05$；在改善FEV_1、FEV_1%和FEV_1/FVC方面有显著效果（$P<0.01$）；与对照组相比，治疗组在提高FEV_1值上优于对照组（$P<0.05$）；在改善FEV_1%和FEV_1/FVC上与对照组相比有显著差异（$P<0.01$）。与临床症状改善的比较结果基本吻合。说明温肾利气法不仅对提高慢阻肺缓解期患者肺功能是有效的，而且证实针灸通过疏通经络，调和阴阳可以达到扶正固本的作用，因此采取针药结合综合治疗COPD缓解期患者具有临床价值。现代医学研究显示：温肾壮阳的中药不但能起到部分激素样作用，而且能对抗外源性皮质激素所引起的内抑制，改善肾上腺皮质细胞的储备功能，提高肾上腺皮质细胞的稳定性，改善下丘脑-垂体-肾上腺皮质(HPA)轴功能紊乱，进而改善COPD患者的状况。

温肾利气法之所以能改善患者肺功能，具体可能通过以下途径：①温肾利气以化痰，可减轻理化因素刺激所造成的黏膜下腺体的过度增生和杯状细胞增殖，减少黏液分泌，其抗炎作用可减轻患者气道黏膜充血水肿，同时利气使咳痰有力，使痰液容易排出，减轻气道阻力；②温肾利气以行血，可抗红细胞聚集，提高血浆渗透压，降低血浆黏度，使血小板聚集指数降低，有利于改善微循环障碍，从而消除患者脏腑瘀血及慢阻肺血流浓、黏、聚现象，有利于降低肺动脉高压，改善肺通气；③温肾利气以助运，可改善营养障碍，缓解呼吸肌疲劳及肺功能进行性下降。至于是否有助于改善患者肺泡弹力纤维的变性，从而使肺顺应性提高，有待于病理生理学的进一步研究。

由于本课题观察时间较短，观察病例数量偏少，有待于今后继续作进一步的研究探讨，并加以完善。

参考文献：略

“复方癌痛膏(胶囊)”镇痛、抑瘤、消炎作用的临床及实验研究

孔令发

摘要：目的:开发一个低毒无成瘾性但有镇痛抗癌作用的中药制剂。方法及结果:对36例晚期癌症患者外敷“癌痛膏”镇痛有效率94%，显效率55.4%。用药半年到一年，验肝肾无损伤，胃肠道无反应，心率血压无改变，无成瘾性。动物实验:外敷膏剂：(1)镇痛(甲醛法)——与对照组相比有十分显著差异($P<0.01$)，10min起效，持续1h以上；(2)抗炎——对混合巴豆油所致耳肿胀抑制率35.5%；(3)抑菌——对金葡菌、大肠杆菌、克雷白氏肺炎杆菌、乙型溶血性链球菌有较好抑菌作用，MIC为2.5mg/ml。口服胶囊:(1)镇痛(扭法)---($P<0.01$)，(2)抑瘤——对动物移植性肿瘤 S_{180} 的生长有明显抑制作用，瘤重抑制率50%($P<0.01$)，(3)急毒(LD50)---LD50及95%可信限为7.34g/kg.

结论:临床、动物试验均证明癌痛膏(胶囊)具有可靠的镇痛、抑瘤、消炎作用。

关键词:癌痛膏(胶囊)；纯中药；镇痛；抑瘤；消炎。

癌症引起疼痛是当今世界亟待解决的难题，中晚期癌症患者70%以疼痛为主诉，其中30%左右有难以忍受的剧痛。因此，世界卫生组织(WHO)提出:2000年为

基本控制癌痛年的战略目标,并将癌症镇痛治疗列为综合控制癌症四项重点项目之一。我用“癌痛膏(胶囊)”对36例中重度晚期癌症患者进行自身对照观察,并进行了动物试验,现将结果报告如下。

1 临床试验

1.1 病例选择 均为住院患者。36例中除肝癌3例经B超CT诊断外,余均经病理确诊食道癌、胃癌、乳腺癌、肺癌骨转移。36例均为重度疼痛病。其中男22例,女14例,年龄最大85岁,最小32岁。

1.2 用药方法 该药系纯中药制剂,未加任何防腐剂、渗透剂。将药膏涂于肿瘤在体表的投射区,涂药面积大于瘤体面积,药厚大于1 mm。

1.3 观察方法 在涂药前及涂药后1、6、24h用目测标尺法(VAS法)记录疼痛程度,由患者在10cm的横线相应阶段上目测打“x”,以x的位置来表达患者疼痛程度。

1.4 疼痛强度及疼痛缓解程度分级 疼痛强度按WHO分级标准,分为4级:0级无痛;1级轻度疼痛;2级中度疼痛;3级重度疼痛。疼痛缓解强度分4级:I级轻度缓解;II级中度缓解;III级明显缓解;IV级完全缓解,患者无痛。

1.5 疗效评定 显效:治疗后疼痛缓解III-IV度;有效:疼痛缓解I-II度;无效:疼痛无缓解或缓解1/4以下;显效率:(完全缓解例数+明显缓解例数)/总观察例数;总有效:(显效例数+有效例数)/总观察例数。

1.6 结果

1.6.1 疗效 36例中完全缓解13.9%(5/36),明显缓解41.5%(15/36),中度缓解38.5%(14/36),无缓解5.5%(2/36),总有效率为94%,显效率为55.4%,无效率5.5%。

1.6.2 不良反应 36例敷药7d后验肝肾无损伤,胃肠道无反应,心率血压无改变.仅3例敷药后出现局部皮肤红痒,停用5h自行消褪。本品无成瘾现象。

2 癌痛膏外用动物试验

2.1 镇痛试验

2.1.1 材料 小白鼠, 癌痛膏,2.5%甲醛溶液.

2.1.2 方法 甲醛法。

2.1.3 镇痛效果 与对照组相比有十分显著差异($P<0.01$)。

2.2 抗炎作用试验

2.2.1 材料 小白鼠,癌痛膏,氢化可的松注射剂,混合巴豆油。

2.2.2 方法 测试小鼠因混合巴豆油所致耳肿胀抑制率。

2.2.3 抗炎效果 对混合巴豆油所致耳肿胀有较好抑制作用,抑制率35.5%。

2.3 抑菌试验

2.3.1 材料 癌痛膏去赋型剂,用2%吐温80溶液配制成乳剂,所试菌株。

2.3.2 方法 采用平皿琼脂表面点菌双倍释法。

2.3.3 结果 对所试金葡菌、大肠杆菌、克雷白氏肺炎杆菌及乙型溶血性链球菌均有较好抑菌作用,MIC为2.5mg/ml。

3 口服癌痛胶囊动物试验

3.1 镇痛试验

3.1.1 材料 小白鼠, 癌痛胶囊,酒石酸锑钾。

3.1.2 方法 扭体法。

3.1.3 镇痛效果 与对照组相比有十分显著差异($P<0.01$),且随着用药时间延长和剂量的增加,则对抗扭体作用加强。

3.2 急性毒性(LD_{50})试验

3.2.1 目的 观察受试药物一次给小鼠经口灌胃后7d内的毒性反应及死亡分布情况,为临床用药提供科学依据。

3.2.2 毒性表现 LD_{50}及95%可信限为7.34(6.76～7.92)g/kg。

3.3 抑瘤试验

3.3.1 结果 对动物移植性肿瘤S_{180}的生长有明显抑制作用,瘤重抑制率50%,与对照组相比有显著差异($P<0.01$)。

4 讨论

4.1 目前世界上公认的镇痛剂“吗啡”、“杜冷丁”均有成瘾性。“癌痛膏(胶囊)”不仅无成瘾现象,而且其疗效与“吗啡”“杜冷丁”相近,优于阿斯匹林。用药时间愈长,疗效愈显著,愈持久。

4.2 临床可改善呼吸,抑制咯血,消散腹水,控制痉挛。治疗不能进水进食的食道癌,外敷膏剂3～5h后即可进水服药。外敷口服配合用药,除可改善患者生存质量外,并可明显延长生命。

4.3 用于治疗风湿痛、神经痛等疼痛疾病,也可取得相同疗效。

华佗腰腿痛治疗康复机临床观察及其多向效应

（湖北省宜昌市惠民医院理疗科 刘致国，刘翠玲 吉林省长岭县医院 谭晶
宜昌市康复医院颈肩腰腿痛科 卢井武 湖北省中医院推拿科 严祥松 指导教授）

腰椎间盘突出症是一种常见病、多发病，患者门诊主诉仅次于感冒。目前，西医对本病的治疗方法是在保守治疗无效的情况下，采用手术治疗，主要方法有：椎板切除经硬膜入路行椎间盘切除手术，经硬膜外或椎板间入路行椎间盘手术，经前路椎间盘切除手术，近年来应用显微外科手术，新近发展是经皮入路和内窥镜手术等；以上手术的目的主要是通过切除和吸除椎间盘部分对神经根或马尾神经进行减压，以达到治疗或缓解症状的疗效。手术近期效果明显，短期内症状消失。但手术是不能阻止引起腰椎间盘突出的病理过程，也不能使腰部恢复到病前的状态，其可能后遗症有：1、潜在神经损伤的危险；2、有复发的危险；3、可能导致硬膜外血肿和有症状的术后瘢痕；4、可能使椎体不稳。以上均会产生新的疼痛症状。

而中医目前对腰椎间盘突出症的治疗方法主要有：牵引、推拿、针灸、外敷、膏药、中药、神灯、频普仪、热疗、中低频治疗等均有一定的疗效，但疗程较长。

自2001年以来，宜昌东山健安诊所、宜昌三峡医院望州岗门诊部、湖北省中医院、宜昌市卫校医院、宜昌市博爱医院、宜昌市惠民医院、宜昌市康复医院，先后引进华佗腰腿痛治疗康复机应用于临床，累计接诊1896例腰椎间盘突出症患者，临床有效率达98%以上，收到了直达病灶、疗效快捷、安全可靠的较好疗效。

一、治疗方法：患者俯卧，以治疗机的两根指状压头压准在病变穴位压痛点上，一般是该病变椎间隙的华佗夹脊穴或侧隐窝处，粘压好固定腰带后，启动气囊式加力装置，而后顺时针打开治疗机开关旋扭，震颤力由小到大，由慢到快，无档变速，其力度以患者感到轻松舒适为宜，同时按启模拟针灸按摩开关，其强度以患者可承受为宜，并可逐步加大。一般每椎间隙治疗20分钟左右，治疗中患者可根据病变压痛点，任意推拉压头选择施治穴位，一般是下腰L4-5，L5骶1推间隙穴位，同时应选择肾愈穴进行施治。治疗结束后嘱患者喝一杯白开水，对椎管、侧隐窝狭窄患者以跪式或跪卧式实施治疗为宜，病程长患者也应配合按摩震颤神阙、关元穴，以缓解腹腔肌肉僵硬状态。

二、施治机理

华佗腰腿痛治疗康复机（中国专利号：200720094823.0）具有牵引、按摩、针灸功能，其两根指状压头从痛变腰华佗夹脊穴施治，也因以华佗夹脊穴施治而被命名。其两根指状压头以由低到高的额定频率震颤病变椎间隙，有效地松动了椎间隙区域的肌肉、脂肪、韧带等软组织，最大限度地扩展了椎间隙，起到了牵引的作用，为突出的髓核回纳创造了有效空间；其两根压头恒定地震颤椎间隙，穿透了软组织，直达髓核、神经根，可快捷地消除髓核与神经根产生的无菌性炎症及水肿，又因两根压头同时导入中频模拟按摩、针灸功能，进一步定点定位地巩固了疗效，使牵引、按摩、针灸三项功能定点定位地直达病灶，较好地实现了疗效；该机开关为旋扭式，也可利于盲人操作。

三、治疗机的潜在功能

华佗腰腿痛治疗机在治疗腰椎间盘突出症的同时，临床体会，尚有以下潜在功能：

3.1 治疗机按摩、中频针灸下腹部穴位的功能，温通了任脉，任脉是脊髓丘脑束及薄束、楔束在胸腹正中线的反映，脊髓丘脑束及薄束、楔束以及头面部的感觉丘脑束是任脉的实质内容。任脉上行环唇后分支入两目下中央，从两目下入两睛命门，止于丘脑。施治下腹部穴位后患者双目及印堂有温胀舒适感，显示疏通了任脉及身体淋巴系统，强化了免疫功能，可预防、治疗、康复与免疫力降低的系列慢性疾病。

3.2 治疗机按摩、中频针灸脊椎下腰夹脊穴、愈穴的功能，温通了督脉。督脉和足太阳膀胱经循行于背腰部上，督脉在项背部与循行脊里的皮质脊髓束走行和控制躯体的功能一致，所以皮质脊髓束是督脉在项背部的实质内容，交感干是足太阳膀胱经在项背部的突质内容。治疗机实现了施治督脉、足太阳膀胱经的治疗目的。患者施治后四肢有力，后脑有温胀舒适感，显示可预防、治疗、康复与神经中枢及神经分支相关

的脏腑及四肢疾病。

3.3 两根指状压头恒定地按摩、中频针灸在椎动脉、静脉腰干血管的功能，改善了全身的血液循环及微循环，降低了血黏度，改善了血液流变学的性能，通过脾脏的滤血作用，使全血比黏度下降，从而提高了脾脏的免疫功能和淋巴系统的免疫功能，使消炎消肿、活血化瘀的中医理论得到了可能实现。

四、经临床九年观察，华佗腰腿痛治疗康复机其多向效应可能如下

4.1 对西药治疗无菌性炎症、水肿是一种新的可能的完善。西医学认为：西药对无菌性炎症、水肿是不能克制的，是无临床疗效的；急点甘露醇对缓解水肿是事实上的可能，但对无菌性炎症却无能为力。而治疗机由于把牵引、按摩、针灸三项功能集中作用于病变穴位及髓核、神经根上，使消除无菌性炎症、水肿成为可能。

4.2 对中医活血化瘀的理论与实践是一种新的可能的完善。几千年来的中医中药理论核心是祛除风寒湿三邪，通过活血化瘀实现中医疗效。治疗机两根压头压在了腰夹脊穴或愈穴上，施治中可“穿透”皮下组织 7cm，解剖学确认穿透 5.5cm 以上，即越达了皮下组织及椎体，紧接着按摩、针灸的既是下腰髂总动脉、总静脉，此处位于人体上下左右正中部位，实践证明治疗机的活血化瘀惠及了脊椎、四肢和全身。

4.3 对按摩与导引疗法是一种新的可能的完善。几千年来，按摩与导引的临床理论与实践不断地在完善。其作用主要是：活血化瘀、消肿止痛；舒松肌肉、解除痉挛；松解粘连，滑利关节；理筋整骨，矫正移位；调和气血，强筋健骨；温经通络，疏风散寒，治疗机的临床实践证明，其对实现上述作用是快捷有效的，是可能可预见的。

4.4 对腰椎间盘突出症牵引疗法是一种新的可能的完善。牵引疗法的主要机理是：使腰椎间隙拉张开，有足够的空间使突出的椎间盘髓核回纳；使椎间隙内产生负压，从而有利于突出的髓核回纳；治疗机的临床实践，较好地实现了上述治疗目的，尤其是治疗机与牵引床结合临床应用，在牵引状态下使用治疗机施治，可收到事半功倍的疗效。

4.5 对针灸疗法是一种新的可能的完善。针灸镇痛作用原理主要是：疏通经络作用，神经系统的镇痛作用，中枢神经递质和体液因素的作用。治疗机在震颤按摩中同时导入了中频电流模拟按摩和针灸功能，使针刺感应传导到腰腿疼痛点，激发神经系统的抑痛功能，尤其是可促使脑脊液内啡肽含量的明显增强，并对延缓内啡肽的降解起着关键作用，从而达到镇痛效果。

4.6 对西医治疗腰椎间盘突出症的手术理论与手术实践是一种新的可能的完善。如前所述，手术是有利有弊的，手术成功利大弊小，反之，弊大于利，而手术前，应先行保守治疗，保守疗法无效后再行手术应是医患的共同选择，在保守疗法中优先选择治疗机施治应该是可行的，先进的，而对非行手术不可的患者，手术伤口愈合后应用治疗机进行康复也应该是首选的。

4.7 对预防、治疗、康复慢性心脑血管疾病是一种新的可能的完善。治疗慢性心脑血管疾病首选是药物治疗，既药物经口服胃肠吸收或静点注射，药物治疗的理论与实践是消炎止痛、活血化瘀，而消炎止痛、活血化瘀的中药、西药都有一定的副作用，有的刺激肠、胃，有的刺激肝、肾，而治疗机可快捷有效地活血化瘀，可通过提高全身的免疫功能而消除炎症，实现镇痛止痛的目的。

4.8、对预防、治疗、康复胃肠疾病是一种新的可能的完善。中医认为：胃为后天之本；气滞型胃痛的病因为外邪犯胃、饮食不节、情志不畅、胃气壅滞，故胃脘胀满而痛；西医认为，引起胃痛的主要原因是由于急慢性胃炎、消化性溃疡、胃神经官能症等，用治疗机施治于神阙、关元等穴位，可调整植物神经及胃肠功能，使胃肠道副交感神经兴奋性增强，加强胃肠蠕动，腺体分泌增多，促进食物残渣运行；可刺激胃肠壁神经，使胃肠平滑肌紧张度增强，蠕动加强，排泄通畅。同时理疗惠及区域是尿路及前列腺等相关部位，并每次施治 15～20 分钟，可减肥 0.15kg 左右。

4.9 对预防、治疗、康复肾虚症是一种新的可能的完善。中医认为：肾乃生命之源，肾虚和血瘀是导致衰老的一个重要原因，二者相互形成恶性循环，加速了脏腑组织器官的衰老。以治疗机施治腰夹脊穴，特别是施治肾愈穴，较快、较安全、较有效地促进了肾脏及生殖系统的血液循环，其活血化瘀功能可见显效，即可防病、治病，又可强化性功能，使身体健康、延缓衰老、提高性生活的质量及和谐成为可能。

治疗机的禁忌症如下：

1、严重的心脑血管疾病患者；

2、严重的心脏病患者，心脏手术患者；

3、妊娠、经期患者；

4、尿毒症患者；

5、癌症患者；

6、未成年人不宜使用；

7、神阙、肾愈穴以上身体穴位和四肢穴位无临床观察经验。

综上，华佗腰腿痛治疗康复机以预防、治疗、康复腰椎间盘突出症为主，可惠及全身，对人体的相关系列慢性疾病的预防、治疗、康复是可能的，是有效的，对人类几千年来追求的健康长寿、防病治病应该是有所补益的。

参考文献：略

自拟“慢性咽喉炎1号方”、“慢性咽喉炎巩固方”治疗慢性咽喉炎及体会

（四川省广汉市飞鸿诊所　幸泽刚）

关键词：慢性咽喉炎；中医药疗法

慢性咽炎为咽部黏膜、黏膜下及其淋巴组织的慢性炎症，中医称其为“梅核气”。病理学通常将其分为慢性单纯型咽炎、慢性肥厚型咽炎、萎缩性及干燥性咽炎。常见症状有：咽痒、咽干痛感、干呕、颈部紧箍感、粘痰样感、异物堵塞感、灼热等。如遇到感冒、情志变化、饮食不当，症状有加重和反复发作的可能。慢性咽喉炎的诱因可能有上呼吸道感染、嗜好烟酒、抑郁、疲乏、生活无规律以及化学刺激等。

病因及治疗标准：

中医学认为，慢性咽炎的临床表现类似于虚火产喉痹，认为本病基本病机是感受热邪或温热病后，余邪未清，瘀血留滞，阴液亏损，虚火上炎，咽喉痹着。根据临床表现，一般分为肺胃阴虚、痰热郁结、脾虚湿阻、肝肾阴虚等型，前两型较为常见。治疗以滋阴降火，润燥利咽为主。笔者在学习和实践慢性咽喉炎传统治疗方法的基础上，根据多年临床观察总结，认为慢性咽喉炎还有以下特点：以咽喉部充血、咽喉壁淋巴滤泡增生为主要体征，易反复，常由外感诱发；咽喉位处上焦，易受温燥侵袭，所以本病常以干燥为患；咽喉下连胃腑，烟酒饮食刺激易伤胃阴，病变常累及咽喉，所以本病又与胃燥阴伤有关；慢性咽喉炎病程较长，根据中医“久病成癖”理论，必然存在血瘀。因此，邪气久羁而导致气血运行不畅和虚热内生，风、痰、火、淤结于咽喉而发为本病。治疗原则除传统的方法之外，尚需滋阴润燥，化痰散结，活血祛瘀，并根据患者所处的地域适当调整药物配置，方有良效。

笔者自拟口服“慢性咽喉炎1号方”以及“慢性咽喉炎巩固方”，自1991年开始慢性咽喉炎的专科治疗。截至2006年4月，笔者治疗的慢性咽喉炎患者超过10万人，有效率在99.8%以上，治愈率为98%。疗效标准参照《中医常见病症诊疗常规》。治愈：自觉症状消失，咽部充血水肿消失；显效：症状明显减轻，咽部充血水肿基本控制；有效：症状有所改善，咽部充血水肿明显减轻；无效：症状改善轻微或无改善，咽部充血水肿无明显减轻。本方为渐进显效，即用药3～4疗程后症状有所减轻，5个疗程后大部分症状以及体征减轻，8个疗程之后症状及体征完全消失。

治疗方法：

以自拟“慢性咽喉炎1号方”和“慢性咽喉炎巩固方”为主，辅以西药。二方均为散剂，其中“慢性咽喉炎1号方”由连翘、桔梗、射干、夏枯草、赤芍、甘草等组成。“慢性咽喉炎巩固方”则是在“1号方”基础之上，加入扶正、滋阴、固本为主的中药。在服用“1号方”时，一定注意用沸水泡开后密闭，待温热口服。肠胃虚者应该煮沸30秒后密闭，待大温热后口服。在治疗过程中，6天为一疗程。一般说来，在患者服用“慢性咽喉炎1号方”6个疗程之后，笔者开始辨证用药，并根据患者具体情况制定不同的治疗方法。部分患者在服用“慢性咽喉炎1号方”6个疗程之后，继续2个疗程此方即可痊愈；部分患者在6个疗程之后开始服用“慢性咽喉炎巩固方”，2个疗程后即可痊愈；部分脾虚痰湿过重者或者慢性疾病患者（如乙型肝炎、慢性肾炎患者）显效过程较单纯性慢性咽喉炎患者缓慢，笔者在其服用“慢性咽喉炎1号方”6个疗程之后，以中药汤剂治疗之。待其疗效达到单纯性慢性咽喉炎患者6个疗程水准之时，再处以两个疗程的巩固方，则其慢性咽喉炎可痊愈。笔者在使用中药治疗慢性咽喉炎的同时，还会以维生素和养胃药品辅助治疗，其原因是：通常情况下，慢性咽喉炎患者在治疗之时，都会服用消炎、清热类药物，而这些药物多伤及胃气，正气也受到损伤。而维生素和

养胃之剂等恰好能帮助患者恢复机体正常功能。

愈后的注意事项：

1、注意忌食胡椒、瓜子、烧烤以及油炸食品；

2、养成多喝开水的好习惯；

3、咽喉如有不适，切忌随便服用治疗咽喉炎的药物，尤其是清热消炎类药物和各种含片。

体会：

慢性咽喉炎是发病率高、病程长、难治愈的慢性病。中医学称慢性咽炎为“虚火喉痹”，一般分为阴虚型、气虚型、痰热型和肝气郁结等，并时有兼证。肺肾津液耗伤导致的致阴津不足、虚火上升是本病最为本质的病机。因此在治疗时应采用清热解毒，活血化瘀，滋阴降火，理气降逆、化痰散结的药物治疗。本病与个体情绪变化也有很大的关系。《丹溪心法•六郁》中提出：“气血冲和，万病不生，一有拂郁，诸病生焉。故人身诸病，多生于郁”，可见情绪波动可让气机郁滞，日久则“咽中似有异物”。此外，一般喜好烟酒及嗜食辛辣食物的人群，也容易患此病。所以，要治愈本病，除了严格按照医嘱服用药物之外，还要注意保持良好的情绪和科学的饮食，尤其在治愈之后要忌口，以免复发。

病例举例：

病例 1、周某，男，52 岁，农民，家住广汉市东南乡。1996 年来诊，自述患慢性咽喉炎 14 年，病情反复发作未愈。检查后发现：其咽喉部充血，淋巴滤泡增生，咽喉干，有粘痰样感和异物感，时有颈部有衣领紧箍样感，苔白腻脉滑。诊断为慢性咽喉炎痰湿型。患者在口服“慢性咽喉炎 1 号方”8 个疗程后痊愈。2003 年随访未见其复发。

病例 2、谭某，女，39 岁，公务员，家住广汉市某机关。1992 年来诊，自述患慢性咽喉炎 12 年，经过多方治疗仍反复发作。检查后发现：其咽喉部充血，淋巴滤泡增生，咽后壁有扩张的小血管，咽喉部干痛，有灼热感、粘痰样感和异物感，晚间及晨起最为明显。诊为慢性咽喉炎肺胃阴虚型。其服用“慢性咽喉炎 1 号方”6 个疗程后、“慢性咽喉炎巩固方”2 个疗程后痊愈。1996 年 8 月，随访未见其复发。

病例 3、曾某，男，36 岁，农民，家住广汉市新华乡。1994 年来诊，自述患慢性咽喉炎 16 年。检查后发现：患者咽喉部充血，咽后壁淋巴滤泡增生，有扩张的小血管，咽喉部干痛，微痒，有灼热感、粘痰样感和异物感，常胃胀、大便秘结。诊断为脾虚痰滞、湿郁化热型。在口服“慢性咽喉炎 1 号方”8 个疗程之后症状完全消失。2000 年随访发现，该患者咽喉炎未见复发。

脊髓神经再生丹治疗外伤性截瘫及周围神经损伤

山西省新绛县正骨医院　谢胜利　谢钢虎　谢小利

脊髓压缩骨折，脱位合并脊髓损伤，所导致外伤性截瘫是当今国内外公认的疑难病之一，截至目前尚无任何有效措施和理想药物，使已损伤的受压的脊髓神经再生和功能恢复。1970～1992 年，我院运用中医正骨复位、腰围带外固定，并配合脊髓神经再生丹内服为主，治疗外伤性截瘫百余例，通过临床观察均获得满意疗效，现选治疗资料完整 68 例，报告如下。

一、一般资料

68 例患者为 1970 年～1992 年我院收治的门诊及住院病例，经检查均确诊为脊髓神经损伤性截瘫。68 例中，男性 62 例，女性 6 例，年龄最大 54 岁，最小 18 岁，病程时间最长 2 年，最短 1 天。

致病原因：高处坠落 27 例，重物压伤 32 例，交通事故 3 例，刀刺伤 4 例，腰椎穿刺而致者 2 例。

损伤部位：颈椎 22 例，胸腰椎 31 例，腰椎 15 例。

损伤类型：完全截瘫 31 例，不全截瘫 37 例，合并性截瘫 34 例。

二、治疗方法

由于脊髓压缩骨折，脱位合并脊髓损伤的患者，经 CT、MRI 检查，有手术指挥者，应及早实行手术减压，其中对新鲜屈曲型脊髓压缩骨折合并脱位之患者，我院则采用手法正骨复位，然后用腰围固定带外固定。复位后即配合脊髓神经再生丹内服，脊髓神经再生丹系由制剂室制配，方由马钱子粉、麝香、西红花、乳香、没药等组成，每粒 0.3 克，每次服 2 粒，一日 3 次。

三、治疗效果

（一）疗效判定标准

疗效判定标准采用 1978 年全国截瘫会议天津骨科医院制定的 0 分方法判定标准。完全性痊愈（CR）：指能够达到正常人或接近正常人生活功能，如可独立行走，二便自理等。

部分恢复(PR):指运动与感觉功能部分恢复,如可扶杖行走、生活基本自理等。

有效（NC）:指部分功能恢复，但运动功能恢复较差，靠扶双拐行走或需人搀扶，生活不能自理。

无效（PD）：指病情没有恢复的迹象。

（二）疗效结果

（1）完全性截瘫31例，痊愈或基本痊愈10例，占32.3%，部分恢复12例，占38.7%，有效两例，占0.64%，无效7例，占22.5%。

（2）不完全性截瘫37例，痊愈或基本痊愈13例，占35.1%，部分恢复15例，占40.5%，有效7例，占18.9%，无效2例，占5.4%。

（3）总疗效

本组68例，治疗23例33.8%，有效9例，占13.2%，无效9例，占13.2%，总有效率为86.7%。

1992年～1994年，为了正式该药的疗效，笔者请求河北省医学院附属三院权威专家进行实验研究，首先作了动物急慢性毒理实验，药效学实验，实验结果，急性及长期毒理试验表明，本药无毒性反应。①脊髓神经再生丹对坐骨神经损伤大鼠可明显促进其运动功能恢复，显著促进触觉功能恢复，及为显著的促进其运动功能恢复。②脊髓神经再生丹对脊髓，(T12、T13)损伤大鼠，可明显促进后肢运动功能和痛觉功能的恢复。以上实验表明，脊髓神经再生丹对脊髓神经损伤及周围神经损伤，均可促进其运动感觉功能的恢复。③脊髓神经再生丹可显著对抗大鼠血小板聚集，有增大大鼠血管阻力的趋势，提示可能有活血化瘀作用。并在石家庄市三所医院组成了权威专组进行了临床疗效验证，结果如下：

一般资料：本组共43例，其中外伤性截瘫31例，周围神经损伤12例，(股骨头坏死2例):男性34例，女性9例，颈椎损伤4例，胸椎损伤10例，胸腰段损伤5例，腰椎损伤12例，完全性截瘫18例，不完全性截瘫13例，治疗方法以口服脊髓神经再生丹为主，每粒0.3克，每日3次，每日总量为2.7克。根据病情逐渐加量，极少量可至5.4克/日。本组多数服药与手术同步进行，也有晚期运用本药者。

治疗结果，总效率87.3%，治愈率38.7%，显效率29%，无效率 12.7%。周围神经损伤痊愈率为 66.6%，有效率为33.3%，全组均有效。本组与68例资料相比，疗效均无差异，经权威专家组临床疗效验证，实验研究证实了该药对外伤所造成的脊髓神经损伤与周围神经损伤后的神经细胞细维有促进生长发育。从而损伤修复增殖再生的功能达到二便自理、神经功能恢复的目的。本果1994年已通过省级成果鉴定，受到专家们的高度评价。专家们一致认为该药在中医治疗外伤性截瘫方面达到国内先进水平。1999年，国家知识权局经严格的审查后，予授权，专利号：93107525.4

四、体会

外伤性截瘫系由外伤所导致脊髓骨折、脱位合并脊髓损伤，是一种致残率很高的损伤，在临床治疗中病程长，耗资大，恢复慢，而且并发症多，如治疗措施不当或者失治，往往会造成永久残废，甚至危及生命。中医认为，外伤性截瘫主要是由于骨折，筋断，动脉损伤所致，难经，二十八难，“督脉者，起于下极之俞，并与脊裹”二至风府，入与脑。说明督脉能总督周身之阳经。手、足三阳经的经脉都与督脉交会，督脉损伤则气血阻滞。如涉及手足三阳经则会引起经络不通，出现肢体麻木、没有直觉或不能活动，甚则出现脏腑阴阳功能失调。例如：涉及足太阳膀胱经便可出泌尿系功能的障碍；若手阳明大肠经受损，则会出现大便功能障碍等。故《难经》又说：“督之为病，脊强而厥”。指出督脉与脊髓和脑的病变有着密切的联系，所以外伤性截瘫的病因机主要是由于督脉受到严重损伤的结果。由此我们确立了散血瘀、温通经络、接骨续筋、疏通督脉的治则，并在继承古方“八厘散”的基础上加减化裁，经动物试验和临床验证，研制了“脊髓神经再生丹”。

“脊髓神经再生丹”方由马钱子粉、麝香、西红花、乳香、没药等组成。马钱子通络散结、消肿定痛，为治疗跌打损伤，接骨续筋之要药。实验研究证明，马钱子主要成分为番鳖碱和马钱碱对中枢神经系统具有兴奋作用，尤其是番鳖碱脊髓神经有强烈的兴奋作用，而这种作用首先表现在兴奋脊髓的反射机能。麝香具行血分之滞以化瘀开经络之遏以止痛的功效，它除有明显兴奋中枢神经的作用外，并有很强的抗炎活性，在炎症早期能减少渗出和水肿，后期的有抑制肉芽组织增生的作用。西红花具有活血祛瘀通经之功，近年在脊髓损伤微循环的研究中，发现脊髓内微血管对创伤反应极为敏感，当外伤后即出现微循环改变，造成血流缓慢，甚至血流停止，这种变化可能因为脊髓神经损伤后释放出毒性神经传染物质，而使微循环障碍加据，脊髓发生缺血性坏死，西红花在这方面正具有改善微循环的不可代替的独特作用，乳香、没药为“舒筋止痛之药，它们对防止瘢痕组织形成，增加血流量，改善微循环，均具有明显的功效。总之，本方通过活续兼顾痛止并融，达到了活血化瘀，接骨续筋，疏通经络，兴奋脊髓，再生神经的目的。1993 年经动物实验证实，本品具有显著的促进运动、痛觉、触觉功能恢复的作用，通过急、慢性动物毒理试验，亦证明本品无任何毒性反应，长期的临床实践和显著的疗效均提示本品为治疗外伤性截瘫及周围神经损伤理想的药物。总之，本药已具备开发新药前期的临床验证条件，可能开发为新药，造福于人类。

综合治疗股骨头坏死的 398 例

郑群[1]，徐海[1]，徐江[2]，徐柳禾[2]，徐洪[2]
(1. 江苏省盐城市第一人民医院， 2.江苏省盐城市徐氏骨伤门诊)

关键词：股骨头坏死；徐氏骨药；徐氏接骨胶囊；徐氏抗类风湿胶囊

股骨头坏死是一个现代医学名词，其诱因不确定，主要症状为发展缓慢的关节疼痛，活动时加剧，休息时及夜间不明显，后期关节活动时可出现响声及疼痛，由于疼痛，髋关节活动范围逐渐养活肌肉可出现萎缩，而被动活动则到晚期才明显受限。目前临床治愈是世界难题，笔者采用外敷，内服治疗该症，观察疗效满意，现报道如下：

1、 资料与方法

1.1 临床资料

2002 年 1 月～2006 年 7 月间，共治疗股骨头坏死 398 例，年龄 13～75 岁，男 290 例，女 108 例； A 创伤型（110 例），B 非创伤型 188 例（其中，炎症型 88 例，退行性 100 例）；A 来就诊前均为股骨颈骨折，经手术或非手术治愈后半年或一年多，疼痛，经 X 线检查诊断为股骨头坏死，B 来就诊前，X 线检查诊断为股骨头坏死，经我处就诊，复查发现合并有“类风湿关节炎，强直性脊柱炎，骨关节炎，骨质疏松症”按照佐左术于 1986 年提出分型为可分为：早期 202 型例，中期 98 例，晚期 98 例。

1.2 方法

采用外敷徐氏膏药，内服徐氏接骨胶囊、徐氏抗类风湿胶囊。制法，外敷组方（创伤型）：生川乌、生草乌、生南星、乳香、没药、骨碎补、腰黄、红花、透骨草、接骨木、白芷、桃仁、刘寄奴、赤芍等，（炎症型）：蜈蚣、乌梢蛇、全蝎、僵蚕、地龙、蜣螂虫、露蜂房、乳香、没药、牛膝、川乌、甘草、老鹳草、忍冬藤等。

内服：组方（创伤型、退行性）徐氏接骨胶囊：血竭、麝香、红花、自然铜、黑芝麻等，（炎症型）：蜈蚣、炙乌梢蛇、全蝎、地龙、蜣螂虫、露蜂房、制乳香、制川乌、甘草等研末，装胶囊；服法：口服，4 次/d，分别于三餐后 30min 及每晚睡前服用，首次用量 1g 直到 6g，3 个月为一疗程；一般治疗 3～4 疗程。

2、 治疗结果

疗效评定标准：治愈，症状及体征完全消失，X 线片显示股骨头修复正常，疼痛消失，活动正常；显效，症状及体征接近正常，X 线片显示股骨头明显修复，髋部疼痛部分消失，活动基本正常。好转，症状及体征和 X 线片有所改善，继续治疗能维持日常自理生活。

本组患者经 3～4 个疗程治疗，全部获效，其中治愈 92 例，显效：270 例，好转 36 例。

典型病例：①李某，女性，63 岁，2004 年在家不慎跌倒，X 线片显示左股骨颈骨折，经保守治疗痊愈。2005 年 5 月臀、腿筋骨作痛，夜不能寐，X 线片显示：股骨头坏死。来我处治疗，为中期病人采用创伤型治疗，3 个疗程后，疼痛症状全部消失，正常活动。②王某，男性，25 岁，X 线片显示股骨头坏死，已不能行动，扶拐勉强活动，疼痛难忍，已在别处治疗近一年，疗效不佳，来我处诊治：患者面色苍白，胃呆纳少脉象弦细，舌质此苔薄腻，测 HLA-B27 阳性，X 线片显示骶髋关节炎≥3 级，双股骨头轻度变形，关节面塌陷，故诊断为炎症型股骨头坏死，为中期病人，采用 B 方法治疗 3 个疗程，病人疼痛消失，功能正常，X 线片显示：股骨头恢复正常，随访 1 年未发现异常。③周某，男性，74 岁，X 线片显示股骨头坏死，疼痛难忍，在别处治疗半年疗效不佳，经血液检查排除其他因素，为老年性骨质疏松引起骨退行性改变，已不能行走，采用 A 方法治疗 4 个疗程，疼痛减轻，能扶拐行走，X 线片无明显改变，嘱其继续治疗。

3 讨论

股骨头坏死，西医除手术治疗外无良好的治疗方案。中医认为本病多因体质虚弱、肾精亏耗、骨失所养、骨骼萎弱为其本，外伤后遗，关节反复损伤，外邪乘虚侵入骨内寒凝于里，经脉受阻，气血凝滞致使骨失温煦濡养为其标，也可因服激素。酒精中毒和放射及其他因素引起。故治疗上应辨证论治，徐氏分证治疗：创伤型和退行性引起的股骨头坏死，应活血化瘀益气通络使瘀去新生，补益肝肾以滋养筋骨；而炎症型引起的股骨头坏死应补肝肾，强筋骨，行血脉，先治其本(治疗控制炎症)，再治其标(股骨头坏死)，内外合治，标本兼顾，故能取得较好的疗效。

优秀专著篇

医史研究老树新花——《中医史》

著者/主编：邓铁涛

在21世纪中医事业发展再次面临重要契机的时候，李经纬教授的《中医史》问世，有着特别的意义。

一门学科的发展总是建立在以往经验之上的。对中医历史的研究，近年有相当重要的成果，例如四卷本《中国医学通史》就是代表。其中，李经纬教授就是《中国医学通史》古代卷的主编。在多年的积累和深入的思考之后，李教授又于耄耋之年撰成本书，恰如醪醴陈酿，更见醇和。我以为此书堪称适时之史笔，成功之作。

对古代医史的梳理更加精到

由于有编撰《中国医学通史》以及主持医史文物研究的基础，作者对医学史中的相关史实和进展的掌握相当扎实，其中尤为显著的是作者素有深入研究的中医外科技术史等内容。与近代西医相比，中医外科手术相对落后，以致有人怀疑古书所有关于手术记载的真实性，或者持外国传入说。作者以丰富的旁证资料指出，华佗时代进行腹部外科手术完全是有可能的，还有如晋代的唇裂修补手术、唐代的肿瘤切除手术和义眼镶嵌手术等，都有明确依据，我们不能简单地依据今天的现状来怀疑古人的记述。这种观点是正确的。

另外，对本书之命名《中医史》，作者也有严谨的思考，在绪言中，对何谓“医”、何谓“中医”以及历代医称都作了详细考证，这是前人未曾重视的问题，很有价值。另外绪言还就医学史研究的任务作了探讨，对后来者有指导意义。

系统回顾20世纪中医史

《中国医学通史》虽有现代卷，但止于20世纪末段。现在已步入21世纪，有条件对跌荡起伏的20世纪的中医学史作一个完整的回顾了，本书列“20世纪中医学发展历程”一章，作专题思考，这也是近年中医通史著作之首创。虽然限于篇幅，于史事史实方面只作粗线条勾勒，但在勾玄评论方面相当深入，可谓是其精华所在。其中包括对中西医汇通的评述、对建国后中西医结合工作的思考，以及作者对“中西医结合科研模式”和“创造中国统一的新医学”的期望等，融汇着作者以医史学者身份对中医发展路向的独到理解。例如对中西医汇通，作者指出：“(他们)自觉不自觉印证是如何与西医一致，从而证明中医是科学的。虽然不承认，或极力反对西医以不科学、落后为由对中医的批判，但却削足适履称中医如何与西医一样科学，有些给人勉强的感觉。这种倾向，数十年来得到了不断的发展，甚至在今天仍有不断的反映。”这样评价十分有启迪意义。20世纪中医走过的历程是十分曲折的，认真总结其成败得失，必定能为21世纪的中医事业提供参考，这正是“史以为鉴”的功能。

有史有论，论而中肯

有人说史家当以理性为主，不掺感情因素。其实未必尽然。撰史者固然不能因为感情因素而曲解历史，但任何著作中最精彩的，一定是作者最动情的地方。本书在评论史事时，往往结合个人经历和体会，言论剀切而中肯。例如作者原来是西医出身，经过“西学中”而后选择了中医学史作为研究方向，对中西医结合的发展深有体会，正如书中指出：“他们(指西学中人员)是为了继承发扬中医、创新中医而进行研讨的，而绝非轻视、消灭中医。”现代中医、中西医结合都是发展中医的重要力量，关键在于能否正视中医的独特价值，采取合理的方法去研究，决不能以西医学理论为标准衡量中医，这是已为历史证明的事实。

以上几点，是我读《中医史》的一点感想，未必足以概括全书的特色。但其学术价值足以肯定。此外，本书的附录部分，还记载了作者与海外的医史学术交流情况，这也是现代医史的重要资料。

本书是李经纬教授毕生心血的结晶，为现代医史学增添了色彩，而且语言通俗，图文并茂，可读性强，相信普通读者也会读之而不能释卷。略有不足之处，我认为中医“温病”概念的范围要较西医的“传染病”之内涵为大，本书把明清温病学派放入“传染病学派”一节，未必完全恰当。因温病学派虽有诊治传染病之学术经验，但叶、薛、吴、王四家之名著，内涵广博，不只局限于传染病方面，似应以“温病学派对传染病之贡献”为题目更为贴切。

最后想说明推荐此书之目的，是由于近年来对中医抹黑者所为，必须清洗。读《中医史》使广大读者对中医之伟大，有较全面之认识。《中医史》第十一章“20世纪中医发展历程”最后一句说：“我们必须严肃地指出：那些视中医为伪科学的先生们，他们数典忘祖，是全盘西化的继承者，我们不能容许他们践踏中华民族优秀的文化遗产。”这是作者的大声“呐喊。

《微观辨证学专病论治与主诉辨治法》

著者/主编：湖南中医药大学 国家科技支撑计划课题组 余靖主编 郭振球

本书是湖南中医药大学郭振球教授，从业中医临床、论疾诊病的传承创新，宗《伤寒杂病论》，谨守病机，辨病脉证并治，理法方药的临床经验纪要。主要对肺、脾、胰、肝、心、脑、肾脏等常见病、多发病，医案举隅，专病论治。继承发掘，整理提高，以期培养后继科技人才，建立科学诚信，实现中医药现代化。为了探索中医药微观辨证学的发展趋势，在邪气、脏腑、病形理论及四诊辨证的引导下，结合运用现代科学检测，研制了脏腑、神经、免疫、激素和代谢调节病机链，以阐明疾病证候的实质变化。完成了微观辨证学及其学科群崛起，为新世纪中医药学的和谐发展开辟了新的途径。

郭振球主诉辨证法

中医药学有着系统整体的哲学思想，内涵深厚的理论基础，行之有效的辨证论治方法，“主诉辨治法”以证统病是“辨病脉证并治”的最重要的方法。

主诉，是临病人问所便，病人自诉的主要症状或体征。主诉辨证源于汉·张仲景的《伤寒论》，如以“太阳之为病，脉浮，头项强痛，而恶寒”，“太阳病，或已发热，或未发热，必恶寒，体痛呕逆，脉阴阳俱紧者，名曰伤寒”。“太阳病，发热而渴，不恶寒者，为温病”，既诊定了太阳病的总提大纲，又作了伤寒与温病的鉴别诊断。1985年《中医诊断学》将“主诉”纳入“病案”。

“主诉辨治法”，是在《世界传统医学诊断学》、《内科证治新诠》“专病论治”的基础上，经过1978年至2008年30年改革开放，医疗、科教实践，落实“十一五”国家科技支撑计划，总结的临证经验。

“主诉辨治法”抓住主诉、开展有序的望、闻、问、切四诊以外揣法、整体观，病传论三大原则：推进询问病史、探讨病因、落实病位、阐明病机、分清病性、详悉病势、确定证名、依证立法、按法制方、验证疗效。十个步骤，只要熟悉中医经典理论、按序推进辨证十个步骤，听其言、观其形、切其脉，熟能生巧地临病人问所便，而取得“辨证论治”、“辨病脉证并治”的有效结果。如果结合应用视、触、叩、听与新技术，检查病人，据“脏腑、神经、激素、免疫和代谢调节病机链”，冶中西医学理法于一炉，汇千家之言而成一学。这就是掌握“主诉辨治法及《内科证治方略》”，“司外揣内”，辨证论治，以证统病，“专病论治”，有助于处方用药。富有特色，中医格物致知的哲学思想。

秦伯未辑《清代名医医案菁华》自序其端曰：“医非学养深者不足以鸣世，书非选抉严者不可以为法”。“医案皆根据病理而成治疗成绩，亦中医价值之真凭实据也。”“专病论治”和“主诉辨治法”，为了探索中医药微观辨证学及其学科群的发展趋势，在邪气、脏腑、病形理论的指引下，结合运用新技术以脏腑、神经、免疫、激素和代谢节病机链。既阐明了疾病、证候的实质变化。应用“基因靶向”技术，又阐明了方药实质疗效，开发了潜息宁（天母素）、甲芪肝纤颗粒等新药，培养了研究生。也为研究生教学加强创新能力，搭建了一座研究中医药的理、法、方、药的开拓平台或桥梁。

什么叫“以证统病”“以病统论”“以论统案”呢？

如病人自诉咳嗽为主诉，则可统急性支气管炎，弥漫性细支气管炎及慢支气管炎，头痛统神经性头痛，血管神经性头痛，三叉神经痛等，各有其不同的症状、体征，大都可从病人自诉最感困扰、痛苦中及起病的轻、重、缓、急，急性、慢性，再观其形、闻其声、按其脉，获得病情的了解，为辨证论治提供论据，亦即“主诉辨治法”的所由作也，构成了“专病论治”与“以论统案”医论的新篇章。

例如：心痛

1 病毒性心肌炎

病毒心肌炎病先，多因原发病相延。

心前隐痛成昏厥，重症心衰休克传。

[诠释]病毒性心肌炎，是病毒引起的心肌中局限性或弥漫性的急性或亚急性病变。临床症状取决于原发病病变的广泛程度，轻重差别甚大，轻者几无症状，重者可致猝死。老幼均可发病，但以年轻人较易罹及。

心肌炎的症状可出现于原发病的症状期或恢复期。如在原发病的症状期出现，其表现常被原发病所掩盖。多数患者在发病前有发热、全身酸痛、咽痛、腹泻等。心肌炎症状轻者可不显著，也无特殊性。多数患者有胸闷、心前区隐痛、心悸、乏力、恶心、头晕等、部分患者，以心律不齐为首见症状，少数有昏厥。重症与可在短期内迅速发生急性心力衰竭或心源性休克。心肌炎所致的心源性休克，必须感染所致的周围循环衰竭相鉴别。

证　治

心肌炎症热和寒，寒证回阳参附安。

热盛津伤生脉散，气阴亏损炙甘攒。

心前隐痛丹参饮，胸闷瓜蒌薤白餐。

汗出过多心下悸，桂枝甘草治何难。

[诠释]本病的治疗应针对其原发感染，如麻疹、流感、副流感等及时施治；对心肌炎变主要分寒证和热证进行辨治。寒证为心阳不足，其症四肢厥冷，面色苍白，脉微弱，治宜益气温阳，用参附汤或回阳救急汤，重用人参，五味以益气复脉；附子、肉桂，祛寒以温运心阳。热证，热盛津伤，多汗，气少，治宜生津复脉用生脉散。阴液既伤，心气亦损，气阴两亏，心忡，脉结代，治宜益气养阴，用炙甘草汤。如心动过速，脉来疾数而促者，为津伤热结，去姜、桂加人参、黄连以益气而清热结。心前区疼痛彻背，不得卧者，为痰饮壅塞，气机被阻，治宜温阳通痹，用瓜蒌薤白白酒汤，开胸豁痰，行气散结。如因汗出过多，心下悸，脉缓弱，为心阳衰弱，用桂枝甘草汤，温通心气。

[参考]

对原发病毒感染，近年用干扰素或干扰素诱导剂，对防治病毒性心肌炎积累了经验。重症患者肾上腺皮质激素，可使严重心肌炎患者的心力衰竭好转，严重心律失常（如高度房室伟导阻滞）减轻或消除，其作用可能是通过抑制心肌的炎性病变，消除变态反应，减轻毒素的作用，但一般患者不必应用，尤其是发病最初10天以内的患者。此外，促进心肌代谢的药物，如三磷酸腺苷、辅酶A、肌苷、环化腺苷酸、细胞色素C等，在治疗中可能有辅助作用。由于部分患者细胞免疫功能低下，故有用免疫核糖核酸进行治疗者。

2 急性心包炎

急性心包炎若何？恶寒发热痛心多！

须分结核化脓性，风湿心肌病变科。

[诠释]急性心包炎是指心包膜的脏层和壁层的急性炎症，几乎都是继发的。临床感染中毒症状，有恶寒、发热、汗出、全身乏力、体重减轻等。心前区锐痛或钝痛，可向左肩颈、上肢、肩胛或上腹部放射。常伴呼吸困难，偶有咳嗽，吞咽困难，声音嘶哑或呃逆等压迫症状。

各种心包炎的鉴别，风湿性心包炎为风湿性心脏炎的表现之一，常伴其它风湿性心脏病的症状和体征，积液量较少，非脓性，其中多形核白细胞占多数，培养阴性。由于常伴心肌炎，故心包抽液后，心包腔注气可见心脏增大。结核性可有其它结核病性。积液量较多，可为血性，淋巴细胞较多，心脏本身不大，无杂音。积液培养，找结核杆菌可助诊断。化脓性常有显著发热及较重的毒血症，且常有原发的感染病性存在，积液属化脓性质，积液及血培养可助诊断。

证　治

心包炎起恶寒生，桂枝汤合小柴平，

心前痛甚延胡索，苓桂术甘渗液行。

控涎丹去心包液，呃逆橘皮竹茹呈，

积液过多抽取法，如斯方获治功成。

[诠释]急性心包炎起病时，表现有恶寒、发热、汗出、胸胁满闷、心悸、乏力者，治宜调和营卫，用桂枝汤；和解表里，用小柴胡汤；心前区疼痛加延胡

索行气止痛。心包渗液宜温阳化湿，用苓桂术甘汤。心包积液，用控涎丹，以除积液。兼见呃逆，用橘皮竹茹汤，以降逆止呃。心包渗液，引起心脏压塞时，应作心包穿刺抽液，配合服药治疗，才可收到良好效果。

[参考]急性心包炎的治疗，包括对原发疾病的治疗，解除心脏压迫和对症治疗。风湿性心包炎时，应抗风湿，对肾上腺皮质激素反应较好。结核性心包炎症，应尽早开始抗结核治疗，并予足够的剂量和较长的疗程。化脓性心包炎，应选用足量对致病菌有效的抗菌素，如疗效不著，即应即早考虑心包切开引流。非特异性心包炎时肾上腺皮质激素可能有效。

3 急性心肌梗塞

冠脉如逢闭塞时，心肌缺血病情危，
心源休克光胸痛，心律失常心力衰。

[诠释]心肌梗塞是由于冠状动脉急性闭塞，使部分心肌因严重而持久地缺血发生的局部坏死。最常见的原因是冠状动脉粥样硬化，因血栓形成、出血或偶尔因持续性痉挛而发生冠状动脉阻塞约占 95%。起病急骤，病人突然在胸骨下段后面及心前区感觉一种剧烈的绞窄样疼痛，常放射至左臂，亦可波及右臂及上腹部，可能持续数小时，甚至一、二天，急性左心衰竭，心源性休克，心律失常等。注意有不少人常在发生心肌梗塞时毫无疼痛感觉。常见于老年人、脑血管病、糖尿病酸中毒的患者。

证 治

心肌梗塞桂枝桃，血竭当归四逆豪。
胸痛延胡失笑散，通窍活血乳香挑。
心律不齐宜复脉，心源休克参苏煞，
若为心气呈衰竭，君子苏葶白芥操。

[诠释]心肌梗塞突然出现剧烈而频繁的心绞痛，持续时间延长，用硝酸甘油疗效差，心痛时伴有恶心，呕吐、汗出、心动过缓，为心阳虚，血弱不荣所致，治宜活血定痛，先用桂枝、桃仁煎水，送服血竭散；如痛缓兼用当归四逆汤，以通络活血，合血竭共收化瘀、通心脉，温煦心阳之效。胸痛范围较广，安静或睡眠时，疼痛持续不减，用延胡索研末合失笑散吞服，亦可用通窍活血汤加乳香煎水送下。心律不齐，心动悸，脉结代，用复脉汤；心烦，脉促、疾，用加减复脉汤。心源性休克，症见烦躁不安，面色苍白，皮肤湿冷，脉细而数，大汗淋漓，尿量减少，神志迟钝，甚至昏厥，为心气衰微，瘀阻心脉所致，用大剂二味参苏饮煎服，以益心气而活血，急性左心衰竭，病人呼吸困难，咳嗽，紫绀，烦燥不安，或见肺水肿者，为心气衰而水饮内泛所致，治宜益气化饮，用六君子汤益气化痰，加苏子，葶苈、白芥子降气逆而蠲痰饮，以宁心气。

[参考]急性心肌梗塞的治疗，以保护和维持心脏功能，挽救濒死的心肌，防止梗塞扩大，缩小心肌缺血的范围，及时处理各种并发症为原则。尽量使病人不但能渡过急性期危险阶段，而且康复后还能保有较多有功能的心肌，维持较有效的生活。

本病发生时立即给面罩吸氧。缓解疼痛用杜冷丁 50～100mg 肌注或吗啡 5～10mg 皮下注射。复方丹参注射液 2～4ml 加入 50%葡萄糖液 40ml 静脉注射或 8～16ml 加入 50%葡萄糖液或低分子右旋糖酐 500ml 静脉滴注。

抗休克：静脉滴注去甲肾上腺素，根据血压情况调节速度，每分钟不宜超过 40 滴。或生脉注射液 100～200ml 静脉滴注。亦可静脉或肌肉注射甲氧基胺，但要注意不可使用肾上腺素和麻黄素。

《经典心悟》

著者/主编：上海市南汇区中心医院中医科 顾文忠

简介：《经典心悟》由笔者与儿子兼学生顾勇刚共同编写而成。笔者出生于 1945 年，1969 年毕业于上海第二军医大学，1976 年毕业于云南省中医学院首届中医研究班，是一位地道的“西学中”医师。1986 年从部队转业回家乡上海南汇。笔者长期来在部队基层和地方农村二甲综合性医院中医科从事医、教、研工作。根据基层患者的求医需要，一直以中医和中西医结合全科诊疗的方式为患者服务，荣获上海市劳动模范和全国“五·一”劳动奖章。现为中国疑难病研究协会会员、中国中医药学会亚健康分会会员、上海市中医男科专业委员会委员、《实用中医药杂志》编委会顾问。

《经典心悟》一书是笔者在长达近 40 年的中医和中西医结合医、教、研实践中，做到象张仲景那样“勤求古训，博采众方”，象孙思邈那样“博极医源，精勤不倦”，悉心学经典、用经方、做临床取得的实际成果。

《经典心悟》内容分经典研讨、经方实用、专病论治、临床科研、经方衍变和用药心得六部分，现概述如下。

一、经典研讨　选择的是笔者在经典研究方面的点滴心得和体会。如在“试论张仲景的寒热药共用组方法则”中，对张仲景在《伤寒论》和《金匮要略》中实行寒热药共用组成的 65 张代表方剂中的寒热药配伍规律进行了仔细分析，区分出三种组方方法。即寒热并调法——是针对寒热错杂证候而设的一种常用组方治疗法，方中寒药、热药共用以并调寒热同存之证；去性取用法——是在治疗热证时，以多量寒凉药清热为主，同时应用少量温热药于方中，其温热之性被革而功用仍保留，进一步加强了寒凉药的治疗作用。反之，治疗寒证时亦然；反佐诱导法——有二种，一是在方剂组成中使用反佐药物，二是在服药方法上的反佐。在“八纲辨证在经典著作中的证例”中，笔者从分析经典著作中的有关条文入手，采取理、法、方、药相结合的形式，分为八纲的相互联系、八纲的的相互错杂、八纲的相互转化和寒热虚实的真假四方面，列举八纲排列组合的典型证例（32 大证型，40 个方剂）作示范，从中可以看到祖国医学辨证论治细致严密、丝丝入扣的独特风格，更可以学习古代伤寒大师张仲景、近代温病名家吴鞠通在临床准确运用八纲辨证的高超技能。在“略论痰饮”中，笔者从祖国医学的痰饮、痰饮的病因病机、痰饮的治法要点和常见痰饮的证治四方面论述了中医药痰饮学说的要点及其临床指导意义。在“略论血瘀”中，笔者从经典名家论血瘀、血瘀的临床表现、血瘀的共同特征、临床常见血瘀证和常用活血化瘀法五方面，论述了中医“瘀血”学说的内涵及其临床实用价值。

二、经方实用　笔者选择自己应用经方或经方加减治疗临床常见病、多发病、少见病和疑难病的医案。如栀子干姜汤治愈急性胃肠炎，泽泻汤治愈胃潴留，抵当汤治愈继发性闭经，黄连汤治愈急性牙龈炎、阵发性心动过速，附子汤治愈急性风湿性关节炎、女子不孕症，小柴胡汤加味治愈突发性耳聋，下瘀血汤治愈急性外伤性阴囊睾丸肿痛，桂枝加大黄汤治愈感冒合并便秘，桂枝加附子汤治愈腰痛、“病窦症”、腋下蓝汗症，桂枝附子汤合黄芪建中汤加味治愈不明原因发热，柴胡桂枝汤治愈不明原因发热，大柴胡汤合四逆散、附子泻心汤加减治愈不明原因发热，柴胡加龙骨牡蛎汤治愈不明原因盗汗症，四逆汤合白虎汤治愈顽固性口腔溃疡，麻黄附子细辛汤治愈感冒、头痛、急性支气管炎、睾丸胀痛，当归四逆加吴茱萸生姜汤治愈静脉炎，犀角地黄汤合半夏泻心汤加减治愈替代性月经，白虎汤合抵当汤、大承气汤治愈急性睾丸炎，金匮肾气丸治愈泪溢症、高血压病、男子乳房发育症，大承气汤加味治愈急性支气管炎（便秘），三甲复脉汤治愈乙型脑炎（恢复期），白通加猪胆汁汤加减治愈急性胃肠炎、舌体疼痛，乌梅丸治愈口腔溃疡、慢性胆囊炎、慢性细菌性痢疾，乌梅丸加减治愈阴茎勃起功能障碍、男子不育症、慢性前列腺炎，薏苡附子败酱散治愈孕妇急、慢性阑尾炎，麻黄升麻汤治愈急性支气管炎并牙龈炎、胃肠炎等。

三、专病论治　笔者选择自己应用经方或经方加减治疗一些擅长的疾病。如用麻黄杏仁甘草石膏汤加减辨证治疗小儿急性支气管肺炎 32 例，治愈 28 例，好转 4 例。小柴胡汤加减方——“清胰活血解毒汤”治疗急性胰腺炎 22 例，治愈 20 例，好转 2 例。小柴胡汤合白虎汤、清营汤、犀角地黄汤、青蒿鳖甲汤加减方——“复方抗高热饮”治疗感染性高热证 50 例，结果显效 38 例，有效 8 例，无效 4 例，总有效率为 92%。大柴胡汤合大黄牡丹皮汤加减方——“内服消痈汤”兼按摩阑尾穴治疗急性阑尾炎 75 例，治愈 53 例，好转 15 例，无效 7 例，总有效率为 90.74%。大柴胡汤加减方——“清胆消石汤”治疗胆结石和慢性胆囊炎 35 例，治愈 15 例，好转 17 例，无效 3 例，总有效率为 91.43%。柴胡加龙骨牡蛎汤加减治疗恶性肿瘤汗证 32 例，显效 25 例，有效 5 例，无效 2 例，总有效率 94%。四逆合理中丸、甘草小麦大枣汤加味方——“附子温脏汤”治疗肠易激综合征 30 例，治愈 16 例，显效 6 例，好转 6 例，无效 2 例，总有效率 93.3 %。乌梅丸加减方——“白头翁乌梅汤”治疗慢性细菌痢疾 57 例，治愈 47 例，好转 8 例，无效 2 例，总有效率为 96.5%。当归生姜羊肉汤加味方——“黄芪当归生姜羊肉膏”治疗阴茎勃起功能障碍（ED）122 例，治愈 75 例，有效 23 例，无效 24 例，总有效率为 80.3 %。

四、临床科研　笔者选择自己按前瞻性科研程序进行的常见病和疑难病的临床研究。如用半夏泻心汤加味方——“胃炎止痛汤”消除慢性胃炎常见症状的临床研究，即用笔者经验方“胃炎止痛汤”治疗58例脾胃虚弱型慢性胃炎患者的常见临床症状（胃痛、腹胀、纳呆、嗳气、嘈杂），并与中成药香砂六君丸治疗的58例进行随机对照观察，结果治疗组显效40例，好转13例，无效5例，总有效率为91%；对照组显效7例，好转35例，无效16例，总有效率为72%。经统计学处理，两组显效率、总有效率比较有显著性差异（$P<0.01$，$P<0.05$）。说明胃炎止痛汤在治疗效果上优于香砂六君丸。再如，用金匮肾气丸合黄芪建中汤加减方——“复方壮阳合剂”治疗阴茎勃起功能障碍（ED）的临床研究，主要观察“复方壮阳合剂”治疗阳虚证ED的临床疗效。将112例患者随机分成2组，治疗组56例，用复方壮阳合剂治疗，对照组56例用古方右归丸治疗。结果治疗组总有效率为89.30%，对照组为67.85%，两组比较有非常显著性差异（$P<0.01$）。治疗组肝阳虚证、脾肾阳虚证和肾阳虚证疗效与对照组同证相比较，有显著和非常显著性差异（$P<0.05$，$P<0.01$）。说明对于阳虚证ED的治疗，复方壮阳合剂是一种疗效较好的药物。又如用乌梅丸合薏苡附子败酱散、下瘀血汤加减方——“复方前列清汤”治疗慢性前列腺炎的临床研究，主要观察“复方前列清汤”治疗脾肾阳虚兼精室湿热、瘀阻络脉型慢性前列腺炎的疗效。将60例患者按就诊先后顺序随机分为两组，治疗组30例用复方前列清汤治疗，对照组30例用西药左氧氟沙星片治疗。结果：两组临床总体疗效：治疗组愈显率为53.33%，对照组为16.67%，两组比较有非常显著性差异（$P<0.01$）。中医证候疗效：治疗组治疗后与对照组治疗后总分比较有显著性差异（$P<0.05$）。治疗组EPS白细胞数治疗后与对照组治疗后比较有显著性差异（$P<0.05$）。说明复方前列清汤治疗脾肾阳虚兼精室湿热、瘀阻络脉型慢性前列腺炎有显著的临床疗效。

五、经方衍变　笔者选择自己在临证实践中最常用的几个经方进行随证变化应用的经验。如“半夏泻心汤随证变化应用经验”，分中医辨证加减药物和西医辨病加用药物二方面阐述。在中医辨证加减药物时，根据中焦寒热错杂之轻重程度和脘腹症状之不同表现进行加减。在西医辨病加用药物时，根据胃下垂、慢性浅表性胃炎，慢性萎缩性胃炎、胆汁反流性胃炎、胃、十二指肠溃疡、十二指肠壅滞症、胃黏膜脱垂症及胃癌等不同疾病加用有相应药理作用的中药。再如“栀子干姜汤随证变化应用经验”，阐述栀子干姜汤为主治上焦有热、中焦有寒的寒热错杂病证之代表方。可以本方为基础方加味治疗心热脾寒证（失眠等）、肝热脾寒证（乙肝、肝硬化等）、胆热脾寒证（胆囊炎、胆石证、胰腺炎等）、肺热脾寒证（急慢性支气管炎、肺炎等）、胃热脾寒证（慢性胃炎、胃溃疡、消化不良等）、五官郁热脾寒证（眼、耳、鼻、咽喉、面部等疾病）。又如“乌梅丸加减治疗多种慢性病经验”，阐述临床许多慢性病表现为寒热错杂、虚实互现、阴阳紊乱之证，而乌梅丸组方为酸、苦、辛合用；寒热并进，温下清上；补泻同施，邪正兼顾。故临床遇慢性病、疑难病表现为阳虚而寒热错杂证者都可用乌梅丸加减治疗。列举了慢性胃炎、慢性结肠炎、慢性胆囊炎、慢性尿路感染、慢性盆腔炎、慢性前列腺炎6种常见病、多发病和疑难病应用乌梅丸加减治疗的经验。

六、用药心得　笔者选择自己在治疗阳虚证时，广泛应用附子的经验。阐述附子具有回阳救逆、补火助阳、散寒除湿、温经止痛等功效，可用于一切阳虚证候。无论何病，凡见阳虚寒湿之表现，即可投姜附。根据笔者临床经验，将自己在治疗阳虚证时，最常用的经方和自己的验方作了具体介绍。分为附子配伍解表药（辛温、辛凉解表）、配伍泻下药、配伍清热药（清热泻火、清热解毒、清热燥湿、清热凉血）、配伍芳香化湿药、配伍利水渗湿药、配伍安神药、配伍平肝息风药、配伍理气药、配伍理血药（活血祛瘀、止血）、配伍消导药，配伍化痰止咳药（温化寒痰、清化热痰、止咳平喘）、配伍补虚药（补气、补阳、补血、补阴）、配伍收敛药、配伍驱虫药等十六种配伍方法，展示笔者擅用附子的独特体会。

《疑难病症临床经验》

著者/主编：福建省永春中医院　周来兴

作者简介：周来兴，男，国家级老中医专家，第三批全国老中医药专家学术经验继承工作导师，传统医学博士，永春中医院名誉院长，主任医师。兼任永春中医药学会副理事长、秘书长，省脾胃及男科专业委员会委员，中华临床医学会副理事长，中国民族医学科学院特色诊疗专家、中国中医药现代远程教育杂志特约专家、记者。全国高健委康复指导专家委员。从事医、教48年，发表论文80余篇，专著5部，获国际优秀成果奖及全国、省、市、县科技进步奖13项，荣获："全国德艺双馨"医务先进工作者，省自学成才奖，市优秀党员、卫生先进工作者、优秀科技拔尖人才等称号。

为贯彻落实新时期党的中医药政策，本着继承发扬中医药的特色和优势为人民健康服务为己任，以基金资助项目，通过长期从事临床医疗，潜心研究岐黄，积累了丰富诊疗经验和继承老中医专家学术经验。把这份经验传授后人，发扬光大。

作者以中医理论为核心，将十几年来发表在国内外医学杂志80多篇论文中，把散在珠宝贯串成件，付出自己心得，经一年的努力，雕琢完成的一部实用专著——《疑难病症临床经验》。该书纳入国家中医古籍出版社出版《中国专科名医百家》系列丛书年度计划之内，该书完稿后经《中国专科名医百家》编委会审后，确认为入选出版资格。原卫生部部长钱信忠题辞，国家级名老中医药专家蔡友敬教授、主任医师审阅作序，于2004年4月由中央级出版社——国家中医古籍出版社正式出版发行。该书系全国第三批老中医药专家周来兴主任医师从事医、教40余载的临床经验、继承经验和学术思想的结晶，对于继承和发扬祖园传统医学，具有承前启后的作用和突用价值，对临床、科研、教学有一定指导意义。

全书分医海探索（《内经》"痹症"探讨，《内经》"危重症侯"辨析，《内经》"未病"初探，试论阳痿的辨治，胰腺炎现代中医研究概述，清营汤用丹参初探，消化性溃疡中医诊治思路与方法，特发性肺纤维化治疗研究综述等9篇）；临床心得(冠心病辨证与防治，"痛"论治四法，治痹症八法，癫痫的分期辨证用药，嗓音疾病辨证六法，当归芍药散治疗妇科病举隅，发热辨治举隅，病毒性肝炎中医治疗体会，利水法的临床应用，长寿保健酒临床应用体会，男性病治验三则等11篇)；临床报道(溃疡汤治疗胃及十二指肠溃疡420例观察，春阳汤治疗肾虚阳痿400例，举阳丸治疗肾虚阳痿100例观察，通冠宣痹汤为主治疗冠心病55例疗效观察，三伏日灸贴为主治疗虚寒性哮喘760例观察，刮抓疗法治疗小儿消化不良200例临床小结，金樱根为主治疗闭经50例，再发汤治疗斑秃326例临床观察，小儿乙型肝炎表面抗原阳性60例治疗小结，疏肝宣肺清热解毒法治疗急性淋病100例疗效观察，养阴开音汤治疗慢性喉喑210例临床观察，消疣汤治疗。早期尖锐湿疣30例等12篇)；随师拾零(蔡友敬老中医治疗小儿急重症经验，从用药如用兵谈骆安邦治疗急重证经验，骆安邦治疗尿毒症经验，骆老运用大黄附予汤加味治疗原发性坐骨神经痛等6篇)；诊余笔谈("祝由"之我见，血证之治必调其气，暑病漫谈，饮茶话佛手，疑难病证治疗心得等5篇)；以及病案撷粹(30则)、验方集锦(73方)、临证歌诀等八部分，17万余字，是我省近年来又一部中医临床医学专著之作，具有以中医理论指导实践，辨证和辨病，继承与创新以及中西医结合的特色。

"医海探索"尤对《内经》、《金匮》的研究有较深的造诣，继承而不泥古，发扬又不离宗。如对《内经》治未病初探，提出未病先防，治在未病之先；既病防变，治在发病之初；掌握病机，治于发作之先的观点，运用于临床获得显著疗效。如疗外感热症，以清热配凉血以防其邪入深营血；治癫痫重视休止期治疗，以防发作等都是在《内经》治未病的基础上加以阐述创新运用。对消化性溃疡诊治探索，提出传统方法和现代技术相结合为重点，融合中西医认识为一体，多角度全面认识病因病机，多层次诊断，多方位开展综合治疗的新思路与方法，提高了溃疡病的治愈率。在病因上，认为病毒性肝炎以"湿热"为患，提出清热利湿贯穿于治疗的始终，在运用上要注意苦寒伤胃、利湿伤阴之弊。在病理上认为肝藏以其体为阴，易郁易滞，易涩易阻，易致血瘀，故活血化瘀通络为其基本大法，但选用活血化瘀又当分虚实。在清热利湿、活血化瘀基础上，突出辨证以肝、脾、肾为主的治疗方法，对提高疗效有其实用性。"临床心得"是作者诊病治疗别出心裁的体会。如对"心暴痛"提出了目前常用的"活血化瘀"和"芳香开窍"以外的论治四法，即短通、补通、清通、化通以达到"通则不痛"而取得立竿之效。治痹八法，作者对《内经》和《金匮》有关痹证的研究，结合自己临床经验，发经方之活用的总结，具有创造性。"临床报道"是作者对每种病症进行临床疗效观察的全面总结。其中溃疡汤治疗溃疡病；举阳、春阳汤治疗阳痿；再发汤治疗斑秃；三根汤治疗小儿阳黄和刮抓疗法治疗消化不良等，经多年临床验证而成为作者经验方，丰富了中医治疗方法。这些经验方也是作者运用整体观指导辨证，结合辨病而创制的有效方。如肾虚阳痿，认为与心、肝有关，提出治肾勿忘治心，填精勿忘疏肝通络，从而打破了肾虚阳痿单纯补肾的界限。又如治急性淋病，病虽在下焦，而辨证则着眼于整体，认为与肝的疏泄，肺之肃降有关，用疏肝宣肺，清热利湿，通淋解毒之法，提高了疗效，体现了整体治疗观，具有创新性和诊疗特色。“随师拾零”是作者继承的成果，对总结蔡友敬、骆安邦名老中医治学经验，尤其是危急重症和善用经方的经验，是一份宝贵遗产，值得读者细心研究和发扬的。“诊余笔谈”，是笔者善于思考的好学风和治病的经验心得，如在治疗疑难病症方面有其独到的经验，认为疑难病症多缠绵难愈，证候复杂，根据“百病生于气”、“血为百病之胎”、“隆病多为痰作祟”之说，提出调气血、祛痰浊为法，应用于临床治愈不少疑难病症。“病案撷粹”是作者生平治验显著的三十种病症的实例，并用中西医对照办法列出，面广法多，体现作者严谨的治学精神和别出心裁的治疗方法，附以验案，启人思路，可资借鉴。如采用《金匮》方防己黄芪汤治疗慢性肾炎；当归芍药散治疗慢性盆腔炎；小柴胡汤治疗慢性结肠炎；百合鸡子黄汤治疗肺结核；自拟养阴益气汤配合放疗治疗食道癌。以及大剂量芍药甘草汤治疗阻塞性黄疸之胆绞痛，取其药专力宏，缓急止痛获效验，则是治痛症一种新的启示，又如治下肢痹痛案，用芍药甘草汤加苡仁养阴除湿，缓急止痛，以药简量大效宏等宝贵经验，有其临床应用价值。“验方集锦”是笔者广泛猎取，搜集民间有效单方草药，在实践中加以验证的有效验方，具有“简、便、廉、验”的特点，值得临床辨证推广应用。“证治歌诀”将 20 种常见病症按病因证治用歌诀加以概括，字句流畅，言简意赅，朗朗上口，便于记诵，为学者提供一份学习经验。

该书与国内外同类技术比较，当前国内外老中医的医疗经验总结书籍不少，如赴锡武医疗经验，岳美中论医集，省内俞慎初、俞长荣的论医集，市内蔡友敬和吴光烈临床经验等都是国内著名代表作，六体均体现其学术思想和独特临床经验。而本书具有以上同类特色，内容新、立意高，突出以中医理论为核心，以临床疗效为基础，注重中西医结合、辨证与辨病，继承与创新为特色，既有自己的经验，又有继承老中医经验，在总结疗效时，多采用对照组进行比较，经统计学处理，更具有科学性、实用性。此在其他类似名医经验中较为少见，与当前省内外同类水平比较，其学术临床价值与整理水平达到省内同类成果先进水平。

由于《疑难病症临床经验》较系统地向世人介绍作者学术思想和临床经验及继承经验，以深入浅出，通俗易懂，切合实用，便于推广应用。既善于思考，又勇于探索，临床工作中，遵循辨证施治的原则与辨病相结合的特点，处方用药，得心应手，疗效显著，具有较高的临床参考价值与学术价值。正如蔡友敬老中医专家所序：“读者可以从中受到教益与启迪”。本书中不少经验已发表在《美国环球医学》、《世界传统医学杂志》、《中医杂志》、《中国医药学报》、《中国中医药现代远程教育》、《中国全科医学》、《福建中医药》、《新中医》等杂志上，并被引录在《中国药学文摘》和《现代科学技术文库》、《世界传统医学大系》信息库等进行传播，同时还在国内外学术交流会交流。《福建中医药》2005 年 2 期刊登了福建中医药研究院研究员、国家级老中医药专家、博士生导师林永诚主任医师推荐周来兴老中医新著《疑难病症临床经验》的书评：“体现了作者高水平的中医理论修养和对心血管病、神经系统疾病、喉科病、妇科病、湿病、老年保健、男性科疾病均有独特的经验，学识丰富，并掌握多种特色经验方及多种独特疗法，总结较大宗病例疗效，其宝贵的经验方法在临床上推广应用，预期可获得较高的显著疗效，造福广大患者，贡献给社会。读者若能认真学习，勤于实践，善于总结，必能成长为全国名老中医。”给予较高的评价。

三黄四子土参汤治疗脚癣

四川省罗江县人民医院　周惠英

摘要：目的：观察中药治疗脚癣的疗效。方法：采用三黄四子上参汤泡洗治疗。结果：治疗 300 例，治愈 290 例，好转 10 例。结论：三黄四子上参汤治疗急慢性脚癣疗效较好。

关键词：脚癣；三黄四子上参汤；中医药疗法

1 治疗方法

三黄四子土参汤组成：黄连、大黄、黄柏各15g，苍耳子(打碎)、大风子(打碎)、蛇床子、地肤子、土槿皮、苦参各30g。加减、水泡糜烂严重者加白矾15g；痉痒甚者加冰片15g。将上药加水适量，煎煮两遍，滤渣后倒入盆中，待药液温度适宜时浸泡患处，每次40min左右，下次用时需重新煮沸，每日2次，2天一剂，10天1个疗程。

2 治疗结果

治糜烂型脚癣103例，治愈100例，好转3例，治水泡型脚癣105例，治愈102例，好转3例；治脱屑型脚癣92例，治愈88例，好转4例。本方对二种证型共治300例，治愈290例，治愈率为96.7％，好转10例，占3．3%。

3 病案举例

唐某，男，52岁，2000年6月15日就诊，患脚癣5年之久，双脚底及脚趾问缝起小水泡、溃破、糜烂、流水，每到冬天症状转轻，夏季糜烂化脓感染，局部皮肤红肿疼痛，行走不便，晚上奇痒难忍，心烦失眠。种用中西药及克霉A+软膏治疗无效，经用三黄四子土参汤加冰片15g，治疗10天后，糜烂、渗出液减少，溃烂部收敛，红肿消退，奇痒减轻。又继用3天，溃烂已愈，疼痛消失，皮肤恢复正常，随访3年，未再复发。

4 体会

脚癣为临床常见的皮肤病之一，祖国医学对本病的认识较深，其病名繁多，俗称“脚气疮”、“烂脚”等。其为脾运失职，水湿内停，内湿蕴久而化热，湿热下注，感染外邪所致。根据本病的病因病机，应以清热解毒燥湿祛风杀虫止痒为治疗法则。方中黄连、黄柏、大黄清热燥湿，泻火解毒。苍耳子、大风子、蛇床子、地肤子、土槿皮、苦参清热解毒，杀虫止痒。诸药合用，具有清热解毒、燥湿杀虫、收敛止痒之功能，对急慢性脚癣有满意疗效，且药源丰富，价廉实用，值得推广。

信息技术在中医院校教学科研中的应用

南京中医药大学信息技术学院　顾铮

摘要：本文通过调研信息技术在中医院校教学、科研中的应用现状，结合我校的工作实际，论证了现代信息技术在中医院校发展中能发挥重要作用，并具有未来广阔的发展空间。

关键词：信息技术；数据库；医学信息

随着计算机技术、网络通信技术、软件技术和数据库技术的快速发展，信息技术已经成为当今中医院校发展的强力助推剂，深入渗透进中医院校教学、科研的各个方面，成为学校发展与学科建设的重要组成部分。目前，信息技术在中医院校中的应用越来越广泛，下面我们分几个方面来说明。

1 数据库与数据挖掘

随着信息技术的迅猛发展，数据库应用的规模、范围和深度不断扩大，各行业都累积了大量的数据资料。我国中医药行业数据库建设起源于20世纪80年代，经过20余年的建设已经取得了初步的成果。到目前为止，国内已有数10个中医药大学、学院及研究所建设了各种规模不同的、近百个中医药信息数据库，初步实现了中医药信息数字化。

尽管中医药现代资料数据库的建设已经具有一定的规模，但是也存在着一些问题。除了重复建设现象严重，持续性建设状态不好外，这里存在一个主要的问题：即无论是事实型还是文献型的数据库，多为单表型数据库，数据库的应用仅仅停留在查询和统计上，给数据的进一步利用和挖掘造成了很大的困难。因此，如何发掘数据库海量数据中隐含的知识成为了当前人们研究的热点。数据挖掘技术或称KDD（Knowledge Discovery in Database,数据中知识发现）应运而生。数据挖掘技术在西药数据库中的应用较早，中医方面还在转型之中。但是中医药院校目前的课题已经由单纯的使用数据库转向了发掘数据库中隐含的知识。更多的使用到了归纳、抽取、汇总、推导等方法，这就使得数据挖掘技术登上了中医这座舞台。在我国进行的“九五”项目“中药现代化关键问题的基础研究”中开展了“中药复方人工智能信息系统的研究”；国家“973”项目“方剂关键科学问题的基础研究”中也开展了有关方剂基础科学数据的信息处理研究，取得了一定的研究成果。我校的省级课题“信息抽取创建中医文献数据库”，也旨在探索用文本抽取技术生成结构化的中医方剂信息库的方法。还有如“基于知识元的中医古籍计算机知识表示方法”，“古籍数字化标引法”也为中医药数据库建设提出了新的思路。

尽管数据挖掘前景广跨广阔，但是在实际的应用中也面临着不少的问题。①中医药数据具有高维的特点，而数据挖掘的基本问题就在于数据的数量和维数，数据结构也因此显得非常复杂，如何进行探索，选择分析变量。②我国中医药文献浩如烟海，但时也存在很多重复和记录不完整的情况。如何把这些文本电子化，并对这些非标准数据进行挖掘，是值得探讨的难题。③各种不同的挖掘模型如何应用，其效果如何进行正确评价。不同的人对同样的数据进行挖掘，可能产生不同的结果，甚至差异很大，这就涉及到可靠性问题。④数据挖掘的结果是不确定的，要和专业知识相结合才能对其做出判断。

2 医院管理信息系统（HIS）

利用计算机技术，网络通讯技术和软件技术等开发管理信息系统已广泛应用于医学领域的科研、教育、医疗和生产经营等各个方面，其中较有影响的是医院管理信息系统 HIS（Hospital InformationSystem)。我国卫生部 2002 年的定义是：医院信息系统是指利用计算机软硬件技术、网络通讯技术等现代化手段，对医院及其所属各部门的人流、物流、财流进行综合管理，对在医疗活动各阶段中产生的数据进行采集、存储、处理、提取、传输、汇总、加工生成各种信息，从而为医院的整体运行提供全面的、自动化的管理及各种服务的信息系统。由于国家卫生部对医院信息化工作的重视，要求三级甲等医院必须配备 HIS，目前我国的大中型医院一般都具备规模不一、程度不同的医院信息系统。因此，医院信息系统的体系结构、功能模块、技术特点以及发展趋势等，是医学院校的学生必须熟悉的。在全校范围内开设医学信息为必修课，建设医学信息开放性实验室，能使学生尽早接触和了解到相关的知识，从而在工作中能尽快适应实际环境，做到得心应手。

中医院校作为培养中医人才的摇篮，无数的中医药人才在这里茁壮成长，对 HIS 掌握无疑是非常重要的。我校早在上世纪 90 年代就开始关注医学信息发展动态，并于 2001 年设置了医学信息专业，在全校学生中广泛开设医学信息选修课，力求让培养的人才能尽快适应社会、医院、企业的工作需求。这是中医药院校发展的关键所在。

3 网络和多媒体教学技术的应用

要使高等中医药教育跟上时代的步伐，必须先铺设好信息高速公路，构建好数字化校园。

数字化校园就是利用计算机技术、网络技术、通讯技术对学校的教学、科研、管理和生活服务信息资源进行全面的整合和集成，构成同意的用户管理、资源管理和权限控制，从而使学校各项工作的效率和水平得到提高。构建数字化校园重点应房子中医药院校管理数字化和校园生活数字化两个方面。建立教学资源管理平台，远程教育平台，视频点播，数字图书馆等系统，这对进一步夸大中医药教育规模，提高教育质量，加快中医药高素质人才培养有着重要作用。

多媒体教学充分利用了各种资源，如录像、CD、DVD 等，对它们进行优化组合，得到了更好的信息传递方式，并达到了更佳的传播效果。应用多媒体教学使学生了解医学实验病例及手术过程更加直观、生动，师生之间的相互交流更加便利，起到了传统教学所起不到的作用。在中医院校应用多媒体教学，还有它自身的教学特点，因为有很多传统经典的教学内容，简单的制作表达不出它的内涵，比如四大经典的内容、医古文、脉象的内容等。中医药网络课程、网络课件、CAI 课件不断推出，让教师对多媒体教室的设施和教学资源的合理配置也有了更多的理解，这都将有利推动中医院校教学改革的进程，将会给中医教育观念、思想、方法、内容、手段乃至人才培养模式带来巨大的变革，具有深远的意义。

信息技术的发展给古老的中医药学带来了新的活力。它已经渗透到中医院校教学与科研的各个方面，有力的促进了中医药现代化的发展。展望未来，这种渗透力会越来越强，信息技术和中医的融合将改变几千年来中医发长缓慢，中医人才培养困难的局面，给中医药带来革命性的变化。

参考文献：略

中医脑气学说与中医脑气平衡法导论

河南郑州新华中医院 韩自献

关键词：中医脑气学说；中医脑气平衡法；中医基础理论

临床中运用中医思想对脑生理、病理、症状的观察促使我深入思考：心有心气、肺有肺气、胃有胃气、肝有肝气、肾有肾气……。那么，脑也有脑气，髓也有髓气，经也有经气。且脑为气海，统领一身之气，主平衡，平衡则健，失衡则病。有诗为云：脑精充足脑气盛，脑气运转脑神明，推动髓气导经气，脑气平衡身康宁。至此，神经系统作为中医学者独立的研究对象的想法在我脑中萌生了，循环系统、呼吸系统、消化系统、泌尿系统……都要作为中医学者独立的研究对象的想法在我脑中萌生了，构建中医新脏象理论体系的想法在我脑中萌生了。中医学者中医思维(观念)的触角从人体的整体水平深入到系统水平、再深入到器官水平、组织水平、细胞水平、分子水平……。开放求实的眼光一下子看到历代中医学者是如何在“自然医学+社会医学+哲学医学”的中医思想指导下运用“自然医学+社会医学，哲学医学”的语言，把历代自然科学和社会科学成果应用到人体生命科学研究和疾病科学防治中并形成中医理论。历代人体解剖学是如何以不分地域、不分种族的姿态成为各个时代医学的奠基理论的。建立以中医思想学、中医哲学、中医历史学、中医文化学、中医文学、中医数学、中医物理学、中医化学、中医整体生物学、中医系统生物学、中医器官生物学、中医组织生物学、中医细胞生物学、中医分子生物学、中医解剖学、中医生理学、中医病理学、中医体质学、中医心理学、中医人生学、中医社会学、中医宗教学、中医整体中药学、中医系统中药学(中医神经中药学、中医循环中药学、中医呼吸中药学、中医消化中药学、中医生殖中药学、中医泌尿中药学、中医内分泌中药学、中医运动中药学、中医免疫中药学、中医血液中药学)、中医器官中药学、中医组织中药学、中医细胞中药学、中医分子中药学、中医整体方剂学、中医系统方剂学(中医神经方剂学、中医循环方剂学、中医呼吸方剂学、中医消化方剂学、中医生殖方剂学、中医泌尿方剂学、中医内分泌方剂学、中医运动方剂学、中医免疫方剂学、中医血液方剂学)、中医器官方剂学、中医组织方剂学、中医细胞方剂学、中医分子方剂学为基础理论的中医新脏象理论体系有望成为创建现代中医理论体系的前奏。相信中医新脏象理论体系的建立将接过传统中医旧脏象理论体系的接力棒，有力推进现代中医学者的思想水平、理论水平、技术水平的发展和提高。

中医脑气学说和中医脑气平衡法就是在中医思想指导下、在脑内科临床实践活动中蕴育诞生的。是对中医新脏象理论体系之一——中医神经系统理论体系创建的偿试和探索，是脑病诊疗的新思想、新理论、新技术、新发明。

中医脑气学说和中医脑气平衡法是在中医思想指导下，从人体实际出发，实事求是，综合近代人体神经系统知识而创立的中医现代神经新理论、新技术。是对中医基础与临床理论现代化的大胆探索和积极创新。脑气论述由来已久，如《灵枢》曰：“脑为气海，针刺入脑户，真气泄，古立死”。汪韧庵曰：“脑髓一时无气，不但无灵机，必死一时，一刻无气，必死一刻”。《医材改错·脑髓说》曰“小儿病后脑气虚抽风，人人暴得气厥，脑中无气，故病人并无知识”；“两耳通脑，所听之声归于脑，脑气虚，脑缩小，脑气与耳窍之气不接，故耳虚聋”；”“死脑袋者，脑髓无气，耳聋，眼天吊如死”。

历代中医对脑神经的认识除脑气外，还有脑神、脑记忆之说。如李时珍提出“脑为元神之主、人之记忆在脑”。

学效前贤，开放创新，运用中医思想把中医历代神经学与西医当代神经学有机结合，深入开展对人体神经系统的研究，在不断提高对人体神经系统认识的基础上，建议在中医理论体系中增补中医神经学和中医脑气学，把对脑气的研究从一个概念发展成为一个理论学说，也为丰富发展中医心理学提供新的医学论据，供同道参考。

在对脑气的研究中发现：脑为气海，统领一身之气，主平衡，平衡则健，失衡则病。正所谓：脑精充足脑气盛，脑气运转脑神明。推动髓气导经气，脑气平衡身康宁。

脑气由脑的收集信息、处理信息和发出信息三大部分组成。脑组织细胞是脑气赖以产生的物质基础。脑组织细胞和脑气遭受病因侵袭产生脑气失衡之病理变化。脑病诊断以脑气质心理、脑组织生理、脑病因病理、脑症状体征等为依据。脑气平衡法主要由药、穴、灸、推、语言沟通等几方面组成。试分述如下：

1 中医脑气学说初步形成的生理概念有

①脑气——切脑功能。②脑血——供应脑生理活动所需要的血液。③脑精一脑组织结构和生理活动所需要的物质。④脑神——脑高级功能，即主管意志、思维、感情、记忆等脑功能活动。⑤脑津脑液——脑组织中所含水液和营养脑细胞的脑脊液。⑥脑阳——脑兴奋功能。⑦脑为气海——气有升降、有交换、有储存，交换储存在脑，故脑为气海。(心为血海，血有出入、有升降、有交换、有储存，交换储存在心，故心为血海)⑧脑气平衡——脑中阴阳二气的动态平衡。即脑组织结构、脑物质和脑功能的正常状态。⑨脑主平衡——人体是一个平衡系统，处于动态平衡之中，脑在此起着调控作用，这种作用表现在：脑的阴阳平衡主宰着人体的阴阳平衡，即脑的正常生理功能直接或间接的调控着人体系统、器官、组织、细胞的生理功能。

2 中医脑气学说常用病理治疗法术语有

（1）病理术语：脑阴不足 脑阳亢奋 脑阳气虚 脑精气虚 脑血气虚 脑气不足 脑神经虚衰 痰阻脑脉 痰阻脑经 脑气郁结 脑风内动 脑火上炎 脑窍不利 痰迷脑窍 痰火扰脑 脑气聚虚 (2)治则治法术语：镇脑息风 清脑降火 醒脑开窍 化痰复神 宁脑安神 平脑潜阳 疏脑理气 通脉康脑 滋养脑阴 补益脑精 补益脑血 补益脑气 温壮脑阳 养脑安神 健脑提气 补血益脑 大补脑气

3 中医脑气学者诊法思路

脑神经系统检查→相关理化检查→视触叩听检查→望闻问切检查→对气质心理、体质生理、病因、病理、病症、病史、理化检查结果进行哲学思考→对哲学思考(宏观思考和微观思考) →结论进行文学描述。

4 中医脑气平衡法内容提要

①脑气平衡系列药方；②脑气平衡系列穴方；③脑气平衡推拿法；④脑气平衡拔罐法；⑤脑气平衡磁灸法；⑥脑气平衡疏导法。

5 中医脑气平衡法疗效机理及临床主治病症

激活不同的脑细胞，产生不同脑气，治疗不同的疾病。临床用于治疗亚健康、帕金森、舞蹈症、脑萎缩、痴呆、脑中风后遗症、顽固性头疼、失眠等疗效十分显著。

作者简介

韩自献，男，40 岁，汉族。1990 年 7 月毕业于河南中医学院中医系。现任河南中医学院客座教授、郑州新华中医院副院长、副主任医师、高级心理咨询师。系中华中医药学会会员，河南省中医脑病研究会委员，河南省中医药管理局 112 人培养对象，河南心理研究所专家委员会副主任委员。学术上倡导开放创新思想，创立现代中医神经新理论——脑气平衡理论，发明防治神经系统疾病的中医新疗法——脑气平衡法，研制防治神经系统疾病的系列药方——脑气平衡方，独创防治神经系统疾病的针灸疗法——脑气平衡针。临床上擅长治疗顽固性失眠、顽固性头痛、亚健康、脑萎缩、痴呆、帕金森、抑郁症、中风、偏瘫、四肢麻木、内妇科疑难杂症著有《脑气平衡》一书。发表论文有《冠心病从脑治疗》、《小柴胡汤的药理与临床》、《脑气平衡方加减治疗老年痴呆 86 例临床观察》、《中医学现代化新思想、新概念初探》等。合作完成《参蛇瘫速康治疗中风(脑血栓)的临床与实验研究》、《痹痛消颗粒治疗腰椎间突出症临床与实验研究》两项成果。在发现中医思想，创立中医新理论，发明中医新技术的过程中，发现脑功能圆周律——实践产生感觉，感觉产生感情，感情产生反射，反射产生思维，思维产生思想，思想产生认识，认识产生理论，理论产生实践。循环无端，周而复始，律动不止。

中医学现代化新思想新概念初探

河南省郑州市新华中医院 韩自献

关键词：中医学；新思想；新概念

三千年中医学纵观，三千年中医学反思，对中医学现代化的探求和思，惜然醒悟：历代中医人求实求真精神和开放创新思想是中医学不断发的原动力，是中医学现代化的突破口；学效前贤，直面人体和中药，综合代自然科学和社会科学成果，不断发现人体生命奥秘，创立新理论，发明技术，是实现中医学现代化的根本途径。

1 中医学现代化新思想

传统中医药学是中华民族优秀文化遗产的一部分。对现代中医人来，发展是目的，继承是手段。时代要求我们有什么样的医学知识，我们就学什么样的医学知识，固步自封是注定要灭亡的。要实现传统中医学向代中医学的根本转变，中医人首先要在“自然医学+社会医学+哲学医学”思想指导下从事医学技能实践和医学理论思考。其次要综合中西医学理精华，站在现代生命科学高度，提高对人体解剖、生理、病理、中药药理的识，推动中医理论向前发展，提高中医学者临床诊疗水平。临床中对脑生理、病理、症状的观察促使我深入思考：心有心气、肺有气、胃有胃气、肝有肝气、肾有肾气……那么，脑也有脑气、髓也有髓气、也有经气。且脑为气海，统领一身之气，主平衡，平衡则健，失衡则病。有为云：脑精充足脑气盛，脑气运转脑神明，推动髓气导经气，脑气平衡身宁。至此，神经系统作为中医学者独立的研究对象的想法在我脑中萌生，循环系统、呼吸系统、消化系统、泌尿系统……都要作为中医学者独立研究对象的想法在我脑海萌生了。构建中医新脏象理论体系的想法在我海萌生了。中医学者中医思维(观念)的触角从人体的整体水平深入到系统水平、再深入到器官水平、组织水平、细胞水平、分子水平……开放求实眼光一下子看到历代中医学者是如何在“自然医学+社会医学十哲学医”的思想指导下用“自然医学+社会医学+哲学医学”语言把历代自然科学社会科学成果应用到人体生命科学研究和疾病科学防治中并形成中医论的。历代人体解剖学是如何以不分地域、不分种族的姿态成为各个时医学的奠基理论的。建立以中医思想学、中医哲学、中医历史学、中医文学、中医文学、中医数学、中医物理学、中医化学、中医整体生物学、中医统生物学、中医器官生物学、中医组织生物学、中医细胞生物学、中医分生物学、中医解剖学、中医生理学、中医病理学、中医体质学、中医心理、中医人生学、中医社会学、中医宗教学、中医整体中药学、中医系统中药(中医神经中药学、中医循环中药学、中医呼吸中药学、中医消化中药学、医生殖中药学、中医泌尿中药学、中医内分泌中药学、中医运动中药学、医免疫中药学、中医血液中药学)、中医器官中药学、中医组织中药学、中细胞中药学、中医分子中药学、中医整体方剂学、中医系统方剂学(中医神经方剂学、中医循环方剂学、中医呼吸方剂学、中医消化方剂学、中医生殖方剂学、中医泌尿方剂学、中医内分泌方剂学、中医运动方剂学、中医免疫方剂学、中医血液方剂学)、中医器官方剂学、中医组织方剂学、中医细胞方剂学、中医分子方剂学为基础理论的中医新脏象理论体系有望成为创建现代中医理论体系的前奏。相信中医新脏象理论体系的建立将接过传统中医旧脏象理论体系的接力棒，有力推进现代中医人的思想水平、理论水平、技术水平的发展和提高。愿医林同道共同努力，早日创建现代中医理论新体系。中医学现代化的前提是中医人的思想开放，求实创新。其结果使中医学者的基础理论和临床技术相统一，使中医学者从宏观观察时代进人微观观察时代，使中医学者从宏观观察宏微观思考时代进入宏微观观察宏微观思考时代，使中医学者从封闭思考时代进入开放思考时代，使中医学者从临床经验积累时代进人临床经验与实验研究相结合时代，使中医学者从以现象(症状)猜测诊断(取类比象)为主的辨体辨症辨病诊疗时代进入以科技诊断(有的放矢)为主的辨体辨症辨病诊疗时代，使中医学从感性认识阶段(假说阶段)逐步上升到理性认识阶段(理论阶段)，使中医学从朴素的低层次的生物——心理——社会医学模式进图现代高层次的生物——心理——社会医学模式，使中医的解剖学、生理学、病因病理学、中药药理学及临床各科在学习、引进、消化、吸收现代医学、现代生命科学、现代科学的同时与现代医学、现代生命科学、现代科学接轨同步。

2 中医学现代化新概念

中医现代思想：现代自然医学+现代社会医学+现代哲学医学的思想；

中医现代医学：现代中医学者对人体、疾病中药的新认识；

中医现代证(症型)学：现代中医学者对疾体质病病理病症变化的新认识；

中医现代方剂学：现代中医学者对防病治病选药组方方理的新认识；

中医现代中药学：现代中医学者对动植物药用效果和药理的新认识；

中医现代诊断学：现代中医学者对疾病诊断方法的新认识；

中医现代中医人体解剖学：现代中医学者对人体形态、结构的新认识，是现代中医理论的基石；

中医现代生理学：现代中医学者对人体生理功能的新认识；

中医现代病理学：现代中医学者对人体病理变化的新认识；

中医现代基础理论：现代中医学者对人体解剖、生理、中药药理的新认识；

中医脑气平衡学：韩自献对脑气平衡的认识，是中医脑气学和中医脑气平衡法的总称，简称脑气平衡。

2009

国医年鉴

6 科技成果、诊疗技术

补肾法为主治疗 Alzheimer 氏病的研究

项目完成人及单位：

赖世隆 梁伟雄 温泽淮 王 奇 胡镜清 谢 红 李先涛 杨志敏 许卫华 钟振国

广州中医药大学

该项目为国家科技部“九五”科技攻关计划。2001年获广东省科学技术奖二等奖。2003年获中华中医药学会科学技术奖三等奖。

疗法特色：本研究采用D-半乳糖致亚急性衰老加鹅膏蕈氨酸损毁脑Meynert基底核，首次建立新的多因素复合Alzheimer氏病（AD）大鼠模型，并用Aβ肽诱导NG_{108-15}细胞株建立AD细胞模型；同时建立符合国际公认、规范的Morris水迷宫检测系统进行大鼠学习记忆能力检测，从整体-组织-细胞-分子多层次进行多指标的检测，深入阐明补肾益智方多环节、多靶点的作用机理。

通过与美国、香港有关机构合作研究，应用国际公认、规范的研究方法进行广州市城区老年健康调查，结果显示，广州市城区75岁以上老年人痴呆患病率为8.90%，其中AD患病率7.49%，VD1.16%；中医保健观念和措施与老年性痴呆有显著性关联；发现社区人群AD患者apoEε4等位基因频率低于来源于医院的AD患者。

在流行病学研究基础上，应用国际公认诊断标准（DSM Ⅳ和NINCDS-ADRDA）及相关系列量表，采用随机双盲对照多中心临床试验方法，参照国际上关于AD疗效评价标准，进行补肾益智方治疗AD的临床试验，结果表明补肾益智方与石杉碱甲疗效的差异有显著临床意义，总结形成一整套评价中医药治疗AD临床疗效的程序与方法。

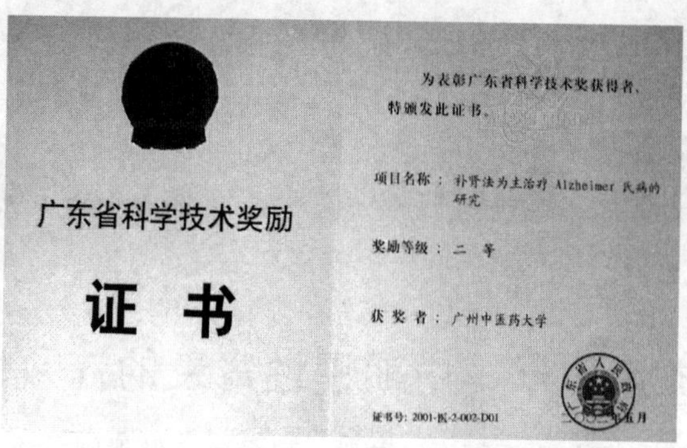

冠心病心脾证治研究

项目完成人及单位：吴焕林 邹 旭 阮新民等 广东省中医院心脏中心

《冠心病心脾证治研究》为广东省中医院心脏中心吴焕林教授、邹旭教授、阮新民教授等人员主持开展的系列研究，荣获2007年广东省科学技术二等奖。该成果是国家“十五”科技攻关计划课题 “基于信息挖掘技术的名老中医临床诊疗经验及传承方法研究（名老中医学术思想、经验传承研究）”分课题“邓铁涛学术思想及临证经验研究”（课题任务书编号：2004BA721A01Z78）的研究成果及既往相关研究成果累积总结而成。

疗法特色：研究通过继承、整理邓铁涛教授学术思想及临证经验，进行文献调查、临床证候流行病学调查及相关的临床应用研究，对邓铁涛教授五脏相关一心脾相关理论在冠心病诊治中的运用及冠心病心脾气虚、痰瘀阻络证进行系统的整理和研究。明确了冠心病心绞痛心脾气虚、痰瘀阻络证的理论基础、证候规律、证候诊断标准及调脾护心治法。其创新性如下：1）首次在脏腑相关、脏腑辨证论治层面对冠心病心绞痛的病机及证治进行了研究，提出了冠心病发病、病机及治法的心脾证治理论。该理论是对血瘀、痰浊等气血津液病机、证治不足的有益补充，有利于明确对冠心病心绞痛患者心、脾脏腑功能的认识，从而对冠心病心绞痛发病过程中的始动脏腑——脾脏的功能进行诊治，达到预防、治疗冠心病心绞痛的目的； 2）明确了广州地区冠心病心绞痛患者以心脾气虚、痰瘀阻络证为主的证型规律；3）建立了冠心病心绞痛心脾气虚、痰瘀阻络证的证候诊断标准；4）明确了益气健脾、化痰活血的调脾护心法作为冠心病心绞痛的主要治法。临床运用调脾护心法可以减少心绞痛发作、改善患者血流变学及调节血脂，提高患者生活质量。该成果理论基础深厚，临床疗效显著。运用对象为冠心病心绞痛患者，研究所得结果明确了心脾证治治法——调脾护心法及其运用条件——心脾气虚、痰瘀阻络证的证候诊断标准，验证了邓铁涛教授冠心方具有良好的临床疗效，证候诊断—治法—方药一体，形成了冠心病心绞痛的临床路径，技术方案全面、成熟，是中医药诊治冠心病心绞痛的适宜临床技术，已在多家医院推广应用，取得了较好的经济效益和社会效益。2007年6月4日研究成果顺利通过以中国科学院陈可冀院士为主任委员，中国中医科学院曹洪欣教授为副主任委员组成的专家组的成果鉴定，一致认为该研究立题科学新颖，设计合理可行，技术路线清晰，研究方法先进，所得结论客观，研究成果为临床治疗该病奠定坚实的理论基础，并具有推广价值，研究水平达到国内同类研究的领先水平。

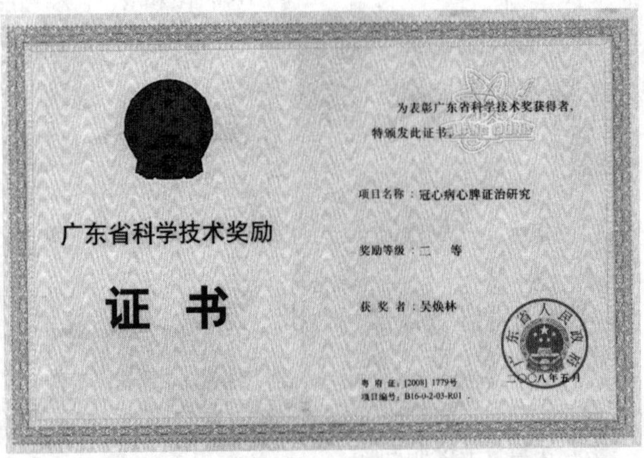

活血化瘀法对血瘀型早、中期慢性肾衰的疗效评价及作用途径

项目完成人及单位：何立群　邵命海　侯卫国　李　屹
李　均　曹和欣　陈　刚　王　琛
蒋宇峰　沈沛成　郑平东
上海中医药大学附属曙光医院肾内科

该项目获2006年上海市科学技术进步二等奖

疗法特色：本项目研究特点为时间跨度大，大样本，反复论证，疗效确切，观察指标先进，紧密结合国际研究的前沿，从不同层次、不同途径、多靶点、全方位阐述抗纤灵颗粒在延缓早中期慢性肾衰进展的机制。

慢性肾衰是常见病和多发病，国内年发病率是自然人群的百万分之 50～100，晚期患者除透析和肾移植外还缺乏有效的治疗方法，而且费用昂贵，需要先进设备，不易在全社会推广应用，因此如何延缓早、中期慢性肾衰的进展是广大肾病工作者的关注焦点，本项目研究成果显示抗纤灵颗粒能有效地延缓肾衰进展，降低了医疗费用，从而为广大慢性肾衰患者带来希望，具有重大的社会和经济效益。

本研究切合临床、组方独特、疗效显著。根据中医辨证论治理论，结合大样本早、中期慢性肾衰患者流行病学调查发现，血瘀证占 63.3%，突破目前慢肾衰治疗局限于扶正降浊的治法，创制扶正活血的抗纤灵颗粒，多次临床随机对照观察患者共430例，抗纤灵颗粒共治疗220例，显效和有效患者180例，有效率在82%～90%，显著优于对照组，疗效确切。

本研究以四种动物模型和三种肾脏固有细胞为研究对象，全面系统论证抗纤灵颗粒的疗效及作用环节。建立改进的阳离子化牛血清白蛋白诱发慢性肾衰的动物模型，模拟人类高发病率的、由免疫复合物肾炎进展到慢性肾衰的过程；Platter 方法建立 5/6 肾切除慢性肾衰模型，模拟人类“健存肾单位学说”；5/6 肾切除配合高蛋白饮食形成伴有大量蛋白尿的慢性肾衰动物模型说明大量蛋白尿在加重慢性肾衰进展中的因素；应用大鼠肾缺血再灌注动物模型，说明“高灌注”、“高滤过学说”在加重慢性肾衰中的作用。肾纤维化、肾小球硬化是多种原因引起肾小球损伤后出现的共同转归，肾小球系膜细胞、肾小管上皮细胞、成纤维细胞的增殖和分化及分泌的细胞因子在慢性肾衰发展过程中起着关键性作用。

证实抗纤灵颗粒通过抑制RAS系统、调节NO和NOS系统、内皮素-花生四烯酸系统、改善肾脏血液动力学；升高 SOD 活性，TAD 氧化酶活性，降低丙二醛，抑制超氧阴离子和羟自由基，调节氧化抗氧化系统，具有良好的抗氧化能力；氧化修饰低密度脂蛋白，抑制肾脏固有细胞过度表达的细胞因子和炎症因子：降低PDGF、TGF-β、TNF-α、IL－6的水平及其mRNA的高表达，降低肾组织AT1R、NF－κB表达，减少尿TGF－β含量，抑制大鼠残余肾细胞平滑肌肌动蛋白（α-SMA）的表达，减少成纤维细胞和系膜细胞的增殖及分泌细胞外基质、FN、Ⅳ胶原和纤维连接蛋白，减轻肾小管上皮变性、坏死、脱落，减轻肾组织损伤，阻止肾间质纤维化，降低肾小球硬化指数，延缓慢性肾衰的进展。

中风病急性期综合治疗方案研究

项目完成人：黄培新 黄燕 刘茂才 梁伟雄 卢明 杜宝新 蔡业峰 郭建文 雒晓东 欧爱华

完成单位：广州中医药大学第二附属医院（广东省中医院）；浙江省中医院，江苏省中医院，黑龙江中医药大学第二附属医院，广西中医学院第一附属医院，长春中医学院附属医院，广西中医学院附属瑞康医院，陕西中医学院附属医院，中日友好医院，北京海淀医院，青海省中医院，广西医科大学第三附属医院，广州市第一人民医院，青海省人民医院

该项目于2007年度获广东省人民政府，科技进步二等奖。该方案的深化研究已被立项为国家“十五”攻关滚动项目（2004BA721A02），国家自然科学基金课题2项（编号：0472208,30400583）。

主要内容如下：

1. 在充分继承历代医家的学术经验、结合中风病临床特点，采用辨证决策树模型创立了中风病“阴阳类证”辨证体系。

2. 通过国家九五攻关、十五攻关课题，制定中西医结合高血压性中、大量脑出血和中小量脑出血综合救治方案；完成两项大样本、多中心、随机对照临床试验，证实中西医结合综合救治方案能降低高血压性脑出血病死率和致残程度，改善90天的生活能力和生存质量。

3. 国家十五攻关后期课题正在将此综合方案扩大应用缺血中风的疗效验证。完成了对中风病“阴阳类证”辨证体系的验证。

4. 完成了中风病阴阳类证辨证、中西医结合综合治疗方案的在全国65间医院初步推广和应用，产生了较好的经济效益和社会效益。

疗法特色：

1 本研究经过 10 年三个国家攻关课题的持续研究，深入而扎实；

2 创立中风病阴阳类证辨证，以类统证，以证统法，执简驭繁；

3 建立中西医结合、内外科联合、简便易行的综合救治方案；

4 采用循证医学/DME 科研设计方法和国际通用结局指标，论证强度高。

应用推广情况：方案简明扼要，可操作性强，易于应用推广：

1 应用单位在2001～2005年已新增利润4000万元；

2 该方案已通过广东省和全国中医脑病学术会议等途径，以协作科研等方式在全国范围内推广，目前已有32家全国三级甲等医院和省内33家二级医院应用了该方案。

该研究已发表论文74篇，被引用达201次；培养博士后4名，博士研究生11名，硕士25名。

中西医结合治疗小儿复发性肾病综合征的实验和临床研究

项目完成单位：福建中医学院附属人民医院

中西医结合干预治疗小儿频复发性肾（Frequent-relapse nephrotic syndrome of children，FRNS）与NF－κB（Nuclear Factor-Kappa B）的临床和实验研究，是以神经-内分泌-免疫网络（Neuro-endocrine-immune Network，NEI）为主线，以西医治疗为基础结合中医益肾活血化法为特色，提出肾虚血瘀证是FRNS发生、发展的重要因素，益肾活血法贯穿治疗始终，临床上能显著提高FRNS的缓解率，降低复发率，减轻西药的副作用。本课题是在前期应用西药联合益肾活血中药肾康灵干预治疗小儿FRNS的系列研究基础上，以阿霉素肾病（AN）大鼠为模型进行动物实验研究，通过观察中西医结合疗法干预治疗AN大鼠和FRNS患儿治疗前后NEI网络系统中NF-κB、TXB_2和6-keto-$PGF_1α$等指标的变化，进一步从临床免疫学、分子生物学等水平，多靶点、多环节地阐明FRNS的发病机理及中西医结合干预治疗的作用机制，寻求FRNS患儿病情复发的客观依据，为FRNS患儿的中西医结合疗法及中医益肾活血法的临床应用推广提供理论依据。

疗法特色：在中西医结合治疗小儿FRNS系列研究的基础上，以西药治疗为基础结合具有中医特色的益肾活血中药肾康灵治疗小儿FRNS，以NEI网络中NF-κB、TXB2和6-keto-PGF1α等关键指标为主要观测内容，旨在探讨FRNS患儿与NEI网络功能的相关性和中医辨证治疗的客观依据，以阐明小儿FRNS的发病机理及中医益肾活血法治疗的作用机制。

应用推广情况：该课题经过几年研究，曾撰写出近五十篇有一定学术价值的系列科研论文约10万余字，多次参加全国性学术会议交流，并在国家级和省级以上有影响的学术刊物上发表50余篇（国家级刊物发表20余篇），其科研成果在省内近十家医院推广应用，临床疗效显著，取得良好的社会效益和经济效益。例如，邵武中医院儿科采用本方案治疗小儿FRNS20例，显效8例，有效7例，无效5例，复发率为30%。龙岩市中医院应用本方案治疗RNS患儿25例，显效9例，有效10例，无效6例，复发率32%。该课题疗效显著，解决了小儿NS频繁复发这一难题，因此多次荣获省部级科技成果奖。

诊疗技术篇

“醒脑开窍”针刺法

项目完成单位：湖南娄底双峰县中医院

1.“醒脑开窍”针法的理论基础

《内经》称中风为“大厥”、“薄厥”，“血之于气并走于上，则为大厥”，对于中风的病因病机，中国传统医学历代各家认识及学说颇为不一，没有形成统一的认识。石学敏院士在继承古代各家之论的基础上，结合现代医学，针对中风病的症状，其主要原因是脑血管的阻塞不通及脑血管的破裂致脑功能异常，亦即“元神之府”失用，脑窍闭塞则神无所依，肢无所用，明确提出中风病的根本病因病机为“窍闭神匿，神不导气”，确立了以醒脑开窍、滋补肝肾为主，疏通经络为辅的治疗大法，创立了“醒脑开窍”针刺法。并分“主方Ⅰ”和“主方Ⅱ”两种临床方法。“主方Ⅰ”取手厥阴心包经内关和督脉水沟2穴，以内关、水沟为主穴，注意了整体的神的调整，同时根据各种不同的伴随症状，进行辨证随症加减，这样就将整体观念与辨证论治有机地结合起来运用于临床。“主方Ⅱ”取督脉上星、印堂、百会、内关、三阴交为主穴，主要用于中风病的恢复期。

2．“醒脑开窍”针法的特点

（1）开创了中风病因、病机及治则的第三阶段。中医治疗中风的第一阶段以唐宋以前的“外风”学说为主。《灵枢》认为中风的病因主要是真气不足而邪气独留。《金匮要略》亦认为是经络空虚，风邪乘虚入中。治则上以疏风祛邪、扶助正气为主。第二阶段以唐宋以后的“内风”学说为主，治则上以滋液息风，补阴潜阳为主。石学敏院士经过长期临床观察，“主不明，则十二官危”，“血苑于上，使人薄厥”“血之与气，并走于上”，剖析了中风病的病位在脑，病理机制是“窍闭神匿，神不导气”，《灵枢·本神》云：“凡刺之法，先必本于神”，醒脑开窍针刺法就是立足于“醒脑”、“醒神”、“调神”。从中医治疗中风历史发展来看，如果说“风”、“痰”学说是第一、二阶段的主流，那么立足于“醒神”“调神”的醒脑开窍针刺法则开创了中医治疗中风的第三阶段。

（2）选穴上的创新。因《素问·痿论篇》有“治痿独取阳明”之说，故针灸治疗中风偏瘫历来以取阳经腧穴为主。没有从整体观的角度对中风病进行全面的分析研究。“醒脑开窍”针刺法取以开窍启闭、改善元神之府，大脑的生理功能为主的阴经腧穴，以内关、水沟、三阴交为主穴，辅以极泉、尺泽、委中疏通经络。水沟取之可调督脉，开窍启闭以“醒脑”“醒神”。内关有养心宁神、疏通气血之功。三阴交有益肾生髓之效。肾藏精，精生髓，脑为髓海，髓海有余可促进脑的生理功能的恢复，三穴相配可促进脑组织的代谢和修复，改善大脑的生理功能，收到“醒神开窍”之功，其余肢体穴为疏通经络之用。

（3）针刺操作手法量学上的特殊要求。在手法操作上，古代医家多以“补”法为主。石学敏院士基于中风病“神窍匿闭”之病机学说和“启闭开窍”针刺法的确立，提出行针施术以“泻”法为主，并对每一俞穴的操作进行了严格的规定，即先刺双侧内关，直刺1～1.5寸，采用捻转提插相结合的泻法，施术1～3分钟。继刺水沟用雀啄泻法，至眼球湿润或流泪为度。三阴交沿胫骨后缘进针，针尖向后斜刺与皮肤呈45度角，进针1～1.5寸采用提插补法，至患侧下肢连续抽动3次为度。极泉穴直刺进针1～1.5寸，用提插泻法以上肢抽动3次为度，尺泽穴同极泉穴，委中仰卧位直腿抬高取穴，进针1～1.5寸，采用提插泻法，以患侧下肢抽动3次为度。

3．“醒脑开窍”针法在临床资料介绍

基于中风病的基本病机为瘀血、肝风、痰浊等病理因素导致“窍闭神匿，神不导气”，石学敏院士确立中风病的治疗法则为醒脑开窍、滋补肝肾为主，疏通经络为辅，在选穴上以阴经和督脉穴为主，强调针刺手法量学。以内关、水沟、三阴交为主穴，辅以极泉、尺泽、委中疏通经络。配穴为吞咽困难加风池、翳风、完骨；语言不利加上廉泉、金津、玉液放血；足下垂、足内翻加丘墟透照海；手指握固或功能低下加合谷透三间、八邪；便秘加丰隆、左水道、左归来、左外水道、左外归来；肩周炎加肩周刺络拔罐；癃闭加上星透百会、中极、曲骨；视力障碍加睛明；听力障碍加耳门、听宫、听会；高血压加人迎、合谷、太冲；颅压高、脑膜刺激征、头痛、呕吐加至阴刺络放血。

整体经络自然平衡特医疗法

项目完成单位：中国医促会　北京中医药进修学院　中山医科大学　北京市特医阁中医药科学研究院总院　中华中医药学会　南方发展研究院心理健康研究所　中华临床医学会　广州市企业评价协会　中国民营医药研究开发协会　广州市微量元素科学研究会微量元素与健康科普工作委员会

08年3月份由广东省省委宣传部和广东省卫生厅编制的《走向世界经济中心的广东》重要文献中独家版面肯定了“整体经络自然平衡特医疗法”。该平衡疗法经历临床十多年的实践当中证明：综合性针对面广，强有力度地达到提升病、患者及亚健康体质要素。尤其对于疑难顽症因长期食药未见其效者；包括多种不明原因之症候群者；追求健康养生保健者。适合现代人群追求：内病外治，整体调养，标本兼治。

诊断准确无误，快速治愈。尽量不靠药物或减少服药机会，及时降幅治疗将要生成疾病的症状。让身体达到无药害而长期处优良养的状态之中。

符合人体保障健康的三大规律准则：

一 促进新陈代谢，去瘀生新。

二 排除障碍，让身体机能疏通运作正常中。

三 整体气血充盈、脏腑平衡，补充了能量，让体内的病灶在萌芽中自然修复。

它是实践学中的现代自然医学方法。既能适合中国国情，又弘扬了中国传统中医特色学《康复疗法》，是当前人们急需寻求的发展趋势。自然疗法亦有称为“全身疗法”。一个好的自然疗法医者，是需要什么病都懂医的，因为治好了全身，每个器官就都会运作正常。

则可达和谐→它的检验方法：是效果！如何治好病痛、能让患者短速解决痛苦见效好是根本。

特色保健理疗服务：运用世界先进的 TDS 经络检测系统对患者进行全面检测，其检测数据通过互联网进入健康评定系统，给患者通过较为全面的人体体能、精神、神经、内分泌、及内脏器官生理病理状况，减少盲区，防止漏诊。

依照系统的健康检测评定、患者的病情、临床症状或医院的检测报告。运用整体平衡医学保健手段，对患者实施“量体裁衣”式的物理康复理疗的系列方案。如使用 QTD-3 型气功治疗机、高压负电高周波能量仪、远红外频谱仪、特医经络诊断治疗，达到标本兼治、无副作用、无痛苦的健康治疗目的。

在予以综合健康处方如：食疗、心理调节、纠正饮食偏差和日常劣习的起居行为等指导建议，找出致病的真正原因而根治其问题。并进行疗效跟踪和其他方式的健康咨询。

康复养生、保健治疗流程：

患者 → TDS 系统检测、人发微量元素检测 → 互联网远程评定 → 专家组评定体质 → 多种综合治疗方式 → 个性化健康处方 → 健康咨询→ 再次 TDS 系统检测 → 康复。

阿是穴邻点透刺加缠针震颤法治疗偏头痛急性发作技术

项目完成人及单位：叶德宝　浙江中医学院针灸推拿系

项目简介：阿是穴邻点透刺加缠针震颤法治疗偏头痛急性发作技术是一套融合了透刺、缠针和震颤法等诸多手法于一体，充分发挥了三者“住痛移疼”的功能，行气活血、通络止痛而治疗急性偏头疼的疗法。该手法操作简单、易学，对于治疗偏头痛急性发作疗效迅速而确切，中止治疗后 30 分钟临床痊愈率为 77.6%。具有广泛的临床应用前景，是一种深受患者欢迎的中医特色诊疗技术。

一、疾病简介

偏头痛是临床常见的一种神经血管性头痛病，常反复发作，缠绵难愈，发作时头痛剧烈，多伴有恶心、呕吐等胃肠道症状或视觉障碍，如畏光、闪光、偏盲等，严重影响患者的正常生活和工作。目前西医对于偏头痛急性发作的治疗，除了止痛剂以外尚无其他更好的疗法。由于偏头痛是一种反复发作性的慢性头痛病，长期服用止痛剂将会产生成瘾性和其他毒副作用。

二、适应症

1. 符合现代医学偏头痛的诊断标准。
2. 符合中医瘀血型偏头痛的诊断标准。
3. 偏头痛急性发作者。
4. 年龄在 10～80 岁之间，性别不限。排除其它颅脑和全身性疾病。

三、禁忌症

经临床观察，该技术无明显临床禁忌症。但对于有高血压、心脏病和出血倾向病史的患者要慎用。

四、治疗方法简介

1. 器械采用 0.30mm 直径，长 40mm 的不锈钢毫针。
2. 患者取坐位或仰卧位，以龙胆紫标出阿是穴（压痛点）。
3. 若痛点在颞部，以 10～15 度的角度进针，从丝竹空穴向阿是穴透刺；若痛点在眉棱部，以相同角度从拈竹穴横透至阿是穴。
4. 得气后，向右轻轻捻转针柄 180～360 度，使软组织轻轻缠绕针尖，行 250～500 次/分的震颤法 1 分钟，轻轻回转针柄 180～360 度，留针 5 分钟；如此反复操作 5 次后出针。出针时应在针下空松时缓慢出针，然后按压针孔 1 分钟以防出血。

电针“二孔”治疗三叉神经第三支疼痛技术的规范化整理与研究

项目完成人及单位：韩春霞　吉林省中医中药研究院

项目简介：传统方法治疗三叉神经痛的效果不令人满意，且副作用较大。经过反复摸索探讨及临床试验，根据三叉神经第三支的神经走行特点，针刺下“二孔”达到止痛或缓解疼痛的目的，丰富和发展了现代解剖、神经医学与传统中医经络学说相结合的理论。

一、疾病简介

三叉神经痛是一种独特的慢性疼痛性疾病，是指在三叉神经分布区域出现短暂的、阵发性的、反复发作的电击样剧烈性疼痛，或伴有同侧面肌痉挛，临床上以第三支疼痛较为多见。本症好发于中老年人，40岁以上患者占70%～80%，女性多于男性。三叉神经痛分为原发性和继发性两种类型。

二、适应症

原发性三叉神经第三支疼痛。

三、禁忌症

1.过于饥饿、疲劳者禁针。

2.有自发性出血或损伤后出血不止者禁针。

3.皮肤有感染，溃疡，瘢痕，不宜针刺。

四、特色

本技术操作简单、方便，有利于推广应用，疗效确切、镇痛效果好，治愈显效率高，无副作用。

五、治疗方法简介

1.针具选用30# 1.0～2.0寸弹性良好的不锈刚毫针。

2.电麻仪选用中国青岛鑫升实业有限公司生产G-6805-1型治疗仪。

3.腧穴定位："二孔"即解剖学的颏孔、下颌孔。

4.患者取仰卧位或坐位。

5.用75%酒精常规消毒局部。

6.颏孔进针时针尖朝下颌角方向，采用平刺法刺入0.8～1.0寸；下颌孔进针时针尖沿下颌骨体内侧面向上直刺1.2～1.5寸。

7.病人有酸胀麻木，或沿神经走行方向触电样放散感。

8.医者针有下沉涩、紧滞感。

9.每日一次，每次留针30分钟。

10.留针期间连接G-6805-1型治疗仪，用低频连续波型，连续开关调至8～9，输出开关调至1.0～2.0，使面部肌肉有抽动麻木感，电流强度以患者能够忍受为度。

电针刺激内麻点治疗四肢手术后疼痛技术

项目完成人及单位：常庚申　河南省洛阳正骨医院

项目简介：电针刺激内麻点治疗四肢手术后疼痛技术是一套利用电针针刺穴位，使经络、气血畅通，从而治疗四肢手术后疼痛的针刺手法。该方法镇痛起效快、效应时间长、镇痛疗效显著，无药物的毒副作用，临床应用总有效率可达99.00%。本技术具有操作简单，使用方便，更利于临床推广应用等特点。

一、疾病简介

四肢手术后疼痛是一种复杂的生理反应，骨科手术创伤大，术后疼痛严重，疼痛刺激使体内释放内源性物质作用于心肌和血管平滑肌，使心肌耗氧量及外周阻力增加，导致血压升高，心率增快，影响饮食和睡眠；手术后疼痛还可抑制免疫功能，使伤口容易感染，不利康复。

二、适应症

1.年龄在18～65岁之间，性别不限。

2.智力正常，表述清楚者。

3.择期四肢骨折、脱位、矫形、良性肿瘤的手术病人。

4.四肢手术后伤口持续疼痛达中度以上(含中度2级)的病人。

三、禁忌症

1.多发骨折合并感染、骨髓炎、骨结核及恶性肿瘤病人。

2.有精神病、吸毒、疼痛性疾痛．妊娠、哺乳期。

3.严重高血压、心脏病的手术病人。

4.针刺局部感染，距手术切口太近者。

5.手术后疼痛在2级以下的病人。

四、特色

镇痛起效快、效应时间长、无药物的毒副作用，且操作简单，使用方便，更利于临床推广应用。

五、治疗方法简介

1.直径0.4mm长度50mm(28#2寸)一次性消毒针灸针，G6805Ⅱ型治疗仪。

2.内麻点定位：位于小腿内侧，内踝尖上7寸（同身寸）胫骨后缘0.5寸处。

3.患者仰卧双足外旋，双膝关节以下外露，术者站针刺侧，常规消毒双侧内麻点皮肤，右手持针与摩肤垂直进针约37mm(1.5寸同身寸)深，针感放射至足或5个足趾同时有微屈状即可。

4.1号治疗仪导联线与毫针衔接，妥善固定毫针，打开治疗机开关，指示灯闪亮，采用连续波。频率由低到高(100～1000 次/分)，强度以病人能耐受为宜（输出电压正脉冲>12.5V，负脉冲>20V，250 欧负载），刺激 30 分钟后拔针，局部按压片刻。

5.针刺疗程：手术后疼痛多在术后 12 小时内最为严重，如针刺治疗后再次出现伤口疼痛者，可重复扎针治疗 30 分钟，大多数患者针刺治疗 1 次即可，针刺治疗后应随访 24 小时。

电针加手法针刺治疗女性尿道综合征技术

项目完成人及单位：陈跃来　上海中医药大学附属岳阳中西医结合医院

项目简介：电针加手法针刺治疗女性尿道综合征技术是一套利用电针针刺腹部及下肢穴位，治疗以尿频、尿急等为主症的尿道综合征的中医特色治疗方法。该方法临床疗效显著，可明显增加尿道综合征患者膀胱容量以及提高尿流率，临床实践中尚未发现不良反应及副作用，并具有适用范围广以及方便经济等特点。

一、疾病简介

尿道综合征(简称 US)是指有下尿路刺激症状（尿频、尿急、排尿不畅和少腹坠胀等），而无膀胱、尿道器质性病变及明显菌尿的一组症候群，多发于中青年妇女，所以常称为女性尿道综合征(FUS)。US 发病率很高，我国女性尿路感染的发病率为 2.37%，其中约半数为 US。尿道综合征的治疗方法较多，但治疗的根本目标是一致的：提高膀胱尿意容量阈值，恢复膀胱尿道功能。

二、适应症

1.女性，年龄 18 岁～70 岁。

2.主症至少具备尿频、尿急以及排尿困难等(西医症状诊断标准中(1)+(2)或(1)+(3))。

3.具备中医淋证或癃证肾虚型诊断标准。

4.尿常规检查正常。

5.愿意并且能够接受针灸治疗。

三、禁忌证

排除的病症：

1.存在严重心、脑、肝、肾疾病的患者。

2.对针灸疗法过敏的患者。

3.凝血功能障碍的患者。

4.子宫大出血患者。

5.针刺局部皮肤感染、溃疡、瘢痕或肿瘤的患者。

6.急性尿潴留患者。

禁忌的情况：

1.经期、孕期妇女。

2.膀胱未排空，或过饥、过饱、过度劳累及大汗大怒时皆不宜。

四、特色

电针技术治疗女性尿道综合征疗效显著，且操作简单，容易规范，在临床上未发现任何不良反应，安全可靠，容易为广大患者接受。

五、治疗方法简介

1.器械：0.35*75mm、0.35*50mm 一次性不锈钢针具，G6805 型电针仪。

2.穴位选择：

第一组为关元、大赫、水道、三阴交；

第二组为肾俞、会阳、中膂俞、委中。

两组交替使用。

3.腹部、骶部穴位在膀胱排空后进针，肾俞直刺 25mm 以局部产生针感为度，中膂俞直刺 40～50mm，使针感持续传至膀胱及会阴、尿道部位，会阳向外上 45 度斜刺进针 40～50mm，并使针感持续传至会阴及尿道部位；腹部穴位采用向下 45 度斜刺 25～40mm，并使针感持续传至膀胱、会阴及尿道部位；下肢穴位进针 25～40mm，以局部酸胀为度。

4.在按相应深度进针后，腹部或骶部穴位针感传导至膀胱、会阴及尿道部，以上穴位在针刺得气后，顺时针方向捻转 45°，频率 10 次 / 分钟，捻针 1 分钟，然后分别接通电针疏密波治疗，频率恒定为疏波 4Hz、密波 20Hz，电针强度以患者舒适为度，下肢穴位进针后以局部酸胀为度，留针 20 分钟。

5.治疗时间及疗程

每次治疗留针 20 分钟，治疗隔日一次，十次为一疗程。

董氏手法治疗腰椎间盘突出症技术

项目完成人及单位：董清平 黑龙江中医药大学附属第一医院

项目简介：董氏手法治疗腰椎间盘突出症技术是根据董清平医师多年临床经验总结出的一系列手法，该方法通过调正脊—盆—髋力学构架系统，使脊柱维持正常生理曲度，恢复其三维立体的力学平衡，松解周围软组织痉挛，从而治疗腰椎间盘突出症。本手法具有简明精要、操作量化规范、易于掌握，安全性良好、病人容易接受，疗效显著等特点。是一种治疗腰椎间盘突出症的较好方法。

一、疾病简介

国外学者估计，人的一生下腰痛发生率为50～70%，下腰痛中坐骨神经痛发生率为13～40%。坐骨神经痛中大约有90%是由腰椎间盘突出症引起的。中国学者推测，五口之家，有一人腰痛。因此说腰椎间盘突出症是世界性的常见病、多发病。腰椎间盘突出症是在椎间盘发生退行性变基础上，由于外力或积累性劳损的作用，使纤维环破裂，髓核突出，刺激或压迫了邻近的神经根或后纵韧带的窦椎神经而出现的一系列临床症状。

二、适应症

1. 急性发作或仅发作数次者。
2. 休息后症状可减轻者。
3. 不同意手术者。

三、禁忌症

1. 中央型腰椎间盘突出，有二便功能障碍者。
2. 巨大型腰椎间盘突出，神经损伤症状明显者。
3. 合并有腰椎管狭窄者。
4. 既往曾做椎间盘手术者。
5. 合并有心脑血管疾病者。

四、治疗方法简介

1. 松脊手法：

⑴ 棘旁点穴：患者卧位，术者立于病人患侧。两手拇指相对，按顺序由下至上点按骶1至腰2患侧棘突旁，每穴持续3秒钟。反复操作3次。

⑵ 牵引下棘旁点穴：病人俯卧位，由两助手分别把持其腋部、踝部，由轻渐重对抗牵引，持续1分钟。反复2次。

⑶ 小斜搬手法：患者侧卧位，患肢在上，呈屈膝屈髋放松状态，健侧下肢伸直。术者一肘部推顶患者肩前部向后上方；另一肘部推按臀部髂骨翼处向前下方。两肘互相配合，同时使腰部旋转15°±3°，放置支点偏下腰段。

2. 旋盆手法：

⑴ 臀中肌点穴：患者仍侧卧，患侧在上。术者用两手拇指叠加垂直点按臀中肌压痛点，持续1分钟。

⑵ 牵引下旋盆手法：病人俯卧位，两助手对抗牵引，术者两手把持患者髂骨两翼左右交替旋搬骨盆，15秒内完成。

3. 调髋手法：

髋内收内旋手法、髋外展外旋手法、双侧屈髋屈膝手法。

⑴ 髋内收内旋手法：病人仰卧位。术者立于患者该侧，一手使其屈髋位，并尽力推膝部向内，呈髋收内旋位，另一手稳定同侧肩部（不离床面）；两手同时用力，持续6秒左右，然后逐渐将下肢伸直。

⑵ 髋外展外旋手法：病人仰卧位。术者立于患者该侧，将其踝部置于对侧大腿上；一手按压膝部向下，另一手按压对侧髂前上棘使骨盆稳定；两手同时用力，持续6秒钟左右，然后逐渐将下肢伸直。

⑶ 双侧屈髋屈膝手法：术者两手把持双小腿，使双下肢屈髋屈膝，双膝贴近胸壁至最大限度，持续数秒左右，然后逐渐将双下肢伸直。调髋手法反复进行3次。

耳尖放血疗法治疗高血压病肝阳上亢证的临床疗效评价

项目完成人及单位：陈华德 浙江中医学院

项目简介：耳尖放血疗法是祖国医学的一种传统的针灸特效疗法，具有祛风清热、清脑明目、镇痛降压的作用。应用此疗法治疗高血压、发热、头痛、眩晕、神经衰弱等病疗效明显，作用迅速，无副作用，可被广泛地应用于临床。

一、疾病简介

高血压病可纳入祖国医学“头痛”、“眩晕”、“中风”等范畴，病因病机复杂多变，涉及心、肝、肾诸脏，但其变动在肝，根源在肾，肝肾阴虚、肝阳上亢是其主要发病机理。肝阳上亢是高血压病的最主要证型，据统计高血压病中肝阳上亢证比例约占87.33%。

二、适应症

1.年龄在18～70岁之间。

2.属于高血压2级低、中、高危险层，并且有中医肝阳上亢症状的高血压肝阳上亢证。

3.尤其适用于肝阳上亢症状明显的高血压患者。

三、禁忌症

此疗法禁忌应用孕妇及哺乳妇女、合并肝、肾和造血系统严重原发疾病及精神病患者、身体特别虚弱及有出血倾向者。

四、特色

耳尖放血法和西药合用，有其独到的作用特点。既能增强西药的降压作用，又能弥补其症状疗效，消除或减轻其副作用。所以，耳尖放血疗法是一种简单实用、安全有效、值得推广的中医针灸疗法。

五、治疗方法简介

1.用手指按摩耳廓使其充血。

2.取患者单侧耳轮顶端的耳尖穴。

3.经严格的碘酊和酒精消毒后，左手固定耳廓，右手持一次性采血针对准施术部位迅速刺入约1～2mm深，随即出针。

4.轻轻挤压针孔周围的耳廓，使其自然出血，然后用酒精棉球吸取血滴。临床上刺血治病的出血量，一般是根据病情、体质而定。大概每侧穴位放血5～10滴，每滴如黄豆般大小。

改进灼烙法治疗慢性扁桃体炎临床疗效研究与评价

项目完成人及单位：陈隆晖　泸州医学院附属中医院

项目简介：小烙铁治疗慢性扁桃体炎，是在总结中医前人方法学的基础上，结合现代医学对扁桃体的认识，进行了大胆改进，灼烙治疗不再是传统方法认识的概念，即“部分或全部烧焦及切削扁桃体”，而首先是考虑保留扁桃体器官。在低温物理刺激治疗后，最终达到消除慢性炎症，保留扁桃体，继续发挥扁桃体的自身功能。

一、疾病简介

慢性扁桃体炎是临床常见病、多发病，目前病因未明。多数学者认为与细菌感染、变态反应、机体免疫抵抗力下降等因素有关。中医称慢性扁桃体炎为“慢乳蛾”，认为是由于人体肺阴不足、阴虚内热、邪毒滞留、日久而致瘀血阻滞喉核肿大的疾病。

二、适应症

1．西医慢性扁桃体炎诊断标准，中医虚火乳蛾肺阴不足。

2．慢性扁桃体炎，同时患有风湿热、肾炎、咽炎、颈淋巴结炎、皮肤病。

3．扁桃体切除后，残留扁桃体又复发形成慢性扁桃体炎者。

4．合并免疫功能或白细胞低下者。

三、禁忌症

1．急性上呼吸道感染、扁桃体炎急性发作期。

2．合并严重全身疾病不能耐受者；心血管、脑血管、肝、肾疾病急性期间。

3．孕妇及造血系统疾病易出血不止者。

4．精神病患者。

四、特色

1．操作方法简便，易于掌握，易推广。

2．器械简单，成本低廉。

3．温度低（90～120摄氏度）保留扁桃体，扁桃体不再反复发炎，继续产生免疫功能。

4．无须麻醉，治疗前后不用任何药物。

五、治疗方法简介

1.特制医用金属小烙铁，特制香油，光源，治疗台一个，座椅两张，额镜一把，酒精灯及医用弯盘各一个。

2.病人正坐于靠背椅上，两眼向前平视，下颌微收，两膝并拢，肩约前倾，两臂下垂，两手至膝上，臀部靠近椅背，腰挺直。3—7岁儿童由家属或护士搂抱在怀中坐好。搂抱者一只手绕过儿童胸前并按住两臂，另一只手按住额部，将其头部固定于胸前，两膝将儿童双腿夹住。

3.治疗医师与病人对坐，病人的两膝放在医师两膝之间。或者医师的左侧大腿靠近病人的左侧大腿对坐。

4.治疗操作前，医师应事先告知病人灼烙操作全过程，以便患者能配合治疗。

5.医师戴好额镜，调节光源，聚光点落在病人的扁桃体上。检查扁桃体，选好灼烙部位，同时选好小烙铁器械型号，Ⅰ度选一号、Ⅱ度选二号、Ⅲ度选三号。

6.点燃酒精灯，打开灼烙剂瓶盖。

7.医师左手持压舌板，右手将小烙铁置于酒精灯外焰上，均匀加热烙铁头约 20 秒（此时经热电偶测定的温度约 250 摄氏度）。

8.立即将已加热的烙铁头浸入特制香油约 0.5 秒钟（此时经热电偶测定温度约 120 摄氏度），所涂香油多少以不下滴为度，过多的香油可在无菌纱布上吸去。

9.医师嘱患者张口，左手所持压舌板尽快伸进患者口腔，压平舌体，充分暴露扁桃体。

10.医师用右手以执笔法握住小烙铁的柄，将加热烙铁头（此时经热电偶测定温度约 90 摄氏度）迅速伸入口腔，轻触患者扁桃体黏膜，触及的时间常规为 0.5 秒钟，若扁桃体达Ⅲ度者，灼烙时间可延长至 1 秒钟，以黏膜变白为度。然后快速将烙铁退出口腔，此时可见灼烙处扁桃体黏膜变白，变白的黏膜面积与选用烙铁头的大小成正相关，一般约 0.1-0.6cm^2。

11.用无菌干纱布将烙铁头清洁后，再按上法，不重叠，不连续的灼烙第二铁，第三铁，每烙一个点为一铁，一侧扁桃体烙三铁（两侧扁桃体共烙 6 铁）为一次治疗量。

12.常规间隔 2～3 天治疗一次，连续治疗 10 次为 1 疗程。90%以上病例只需治疗 10 次，少数病例治疗达 20 次。

肛门病术后电针白环俞止痛法的规范化整理研究

项目完成人及单位：周建华 长春中医学院附属医院

项目简介：疼痛是肛门病术后常见的症状，专家组经过严格筛选，并结合多年临床实践，发现电针白环俞止痛法有很强的镇痛作用，尤其是可缓解括约肌痉挛，镇痛作用确切。具有止痛起效快、持续时间长；操作方便、经济实用；安全、无毒副作用及不良反应等优点。

一、疾病简介

肛门疾病术后的肛部剧痛。

二、适应症

1.一切肛门病（痔、漏、裂等）术后剧痛。（本试验选择混合痔术后病人）

2.年龄 18 岁以上，65 岁以下。

3.符合混合痔诊断标准及术后Ⅱ°（需一般止痛药方可缓解）、Ⅲ°（需使用哌替啶类药物止痛）疼痛诊断标准者。

三、禁忌症

1.年龄小于 18 岁或大于 65 岁。

2.Ⅰ°疼痛（自觉疼痛，不需处理）以下的术后患者。

3.糖尿病、结核病、血液病及心、脑血管、肝肾等系统严重危及生命的原发性疾病或不适宜手术者。

4.妊娠或哺乳期患者。

5.精神病患者。

四、特色

电针白环俞止痛法适应范围广，疗效确切，操作简便，无毒副作用，花费低廉。该法具有疏通气机、祛瘀止痛、缓解平滑肌痉挛的作用。

五、治疗方法简介

1.仪器设置：

（1）华佗牌毫针（苏州医疗用品厂，规格直径 0.35×50mm，产品型号 H，产品标准 GB2024-94）。

（2）自动定时型电针麻仪 6805-C，广东省汕头市医用设备厂。

2.操作方法步骤

（1）准备：无菌 2 寸毫针 2 根、自动定时针麻仪 1 个，消毒备品。注意针体质量以防断针、弯针。

（2）体位：俯卧位或侧卧位。体位选择以行针方便、病人舒适为度。

（3）消毒：以 70%酒精棉球擦拭消毒医者手指及患者局部皮肤，注意消毒要仔细严格。

（4）选穴：白环俞位于骶部，当骶正中嵴旁 1.5

寸，平第4骶后孔。注意选穴的准确性。

（5）行针：以2寸毫针直刺双侧白环俞，进针1.2～1.5寸，以泻法得气后留针。

（6）加电刺激：6805-C型自动定时电针麻仪电刺激导线连于针柄，以14～26次/min的疏密波给予电刺激。

（7）行针时间：每次行针30min，行针过程注意有无晕针等不良反应并及时对症处置。

高氏揉捏法治疗小儿伤食泻技术

项目完成人及单位：高清顺 河南中医学院第一附属医院

项目简介：高氏揉捏法治疗小儿伤食泻技术是一套通过三揉一捏手法提高消化器官的兴奋性，增强消化吸收功能，治疗小儿腹泻的手法。该方法具有可操作性强，易于掌握等特点。无针药之苦，疗效明显，临床治愈率可达92.65%，花费时间短，是治疗小儿腹泻的一种较好的方法。

一、疾病简介

伤食泻是泄泻的一种类型，泄泻是以大便次数增多，便下稀薄或如水样为特征。是婴幼儿常见的一种消化道疾病。小儿脏腑娇嫩，“脾常不足”，乳食不节，易伤脾胃。《素问·痹论》日：“饮食自倍，脾胃乃伤”。若小儿喂养不当，乳食无度，过食肥甜及生冷瓜果等，都易损伤脾胃，脾胃受伤，不能腐熟水谷，则水反为湿，谷反为滞，水谷不分，并走大肠，而成食积泄泻。

二、适应症

3个月～5岁患儿。黄绿色稀便、水样便，或蛋花样便，次数增多，一般不超过10次/日。大便酸臭或如败卵，夹有奶瓣或食物残渣。纳呆，呕吐，嗳腐吞酸。无脱水及全身中毒症状。大便化验可见脂肪球。

三、禁忌症

皮肤溃烂、滑石粉过敏、痢疾、严重腹泻伴脱水或出现全身中毒症状。

四、治疗方法简介

1. 揉腹：患儿仰卧。医者中指放于神阙、天枢穴，食指放于中脘穴，力度以皮肤凹陷3～5mm为宜，顺时针方向揉腹5～6min。

2. 揉足三里：患儿仰卧，双下肢微屈。医者以两拇指指腹放于患儿两侧足三里穴，力度以皮肤凹陷2～3mm为宜，左手逆时针、右手顺时针方向旋揉2～3min，频率80～100次/分钟。

3. 揉背俞穴：患儿俯卧。医者食指、中指、无名指并拢分别放于脾俞、胃俞、三焦俞，力度以皮肤凹陷1～2mm为宜，点揉2～3min，先左侧，后右侧。

4. 捏脊：患儿俯卧。医者两拇指桡侧缘顶住患儿背部皮肤，余四指放于拇指前方，十指同时用力提拿皮肤，沿两侧膀胱经，先从大杼穴开始向下至下髎穴重复捏提6～9遍，再从下髎穴向上至大杼穴处重复捏提3～6遍。结束治疗。根据年龄、体质强弱不同，调节用力的大小。每日或隔日治疗1次，7天为1疗程。

隔药灸治疗溃疡性结肠炎技术

项目完成人及单位： 吴焕淦 上海市针灸经络研究所

项目简介：隔药灸治疗溃疡性结肠炎技术是一套在患者穴位上施以隔药饼灸治疗溃疡性结肠炎的中医特色疗法。研究证明隔药灸疗法的临床痊愈为48.81%，总有效率为91.67%。本疗法疗效确切、操作简便、安全可靠，具有较强的推广性。临床应用后可极大的减轻溃疡性结肠炎患者的病痛与经济负担。

一、疾病简介

溃疡性结肠炎是以腹痛、腹泻、粘液或脓血便为临床主要表现的慢性非特异性炎症性肠病，归属于中医学“泄泻”、“肠澼”等范畴。本病病程缓慢，病情轻重不一，有缓解和反复发作的趋势，失治或治疗不当造成反复发作，缠绵难愈，在后期常会导致肠纤维化，甚至恶变而引发结肠癌。

二、适应症

1.符合1992年中国中西医结合学会消化疾病专业委员会制定的溃疡性结肠炎的中西医结合分型诊断标

准诊断的轻中型、腹泻型溃疡性结肠炎患者。

2.中医辨证分型为脾胃虚弱型。

三、禁忌症

1.重度溃疡性结肠炎患者。

2.合并有心脑血管、肝、肾和造血系统等严重危及生命的原发性疾病以及精神病患者。

3.局部皮肤糜烂、溃疡、痈疖等感染及皮肤病患者。

4.中医辨证非本型的患者。

5.妊娠或哺乳期患者等。

四、特色

本方法安全可靠、操作简便、经济实用。

五、治疗方法简介

1.选穴：天枢（双）、气海、关元。

2.患者取仰卧位，暴露腹部，将做好的药饼放在待灸穴位，点燃艾段上部后置药饼上施灸，每次每穴各灸2壮，每壮约燃15分钟，感觉较烫时适当移动药饼。

3.治疗时间及疗程：每日1次，12次为1疗程，疗程间休息3天，共治疗6个疗程。

踝三针治疗腰椎间盘突出症根性痛技术

项目完成人及单位：周友龙　河南中医学院第三附属医院

项目简介：踝三针治疗腰椎间盘突出症根性痛技术是根据知名医师的临床经验，依据络皮部理论，按照“循经分部,通督化瘀”的原则,采用“以经刺皮”的针法，针刺特殊穴位，治疗腰椎间盘突出症根性痛的疗法。该技术操作简单，重复性好，起效快、镇痛时间长、镇痛效果明显等特点,具有推广价值。

一、疾病简介

腰椎间盘突出症(LIDP)系由于腰椎间盘纤维环退变或外伤发生裂隙，在外力作用下，使髓核等椎间盘组织向正后或后外方膨出或突出，刺激、压迫脊神经根，进而导致神经根炎症、神经根营养障碍和传导特性损害，出现腰痛、坐骨神经痛，甚至明显的神经功能障碍的一种疾病，是临床常见病、多发病，是根性坐骨神经损伤最常见的原因。随着人们生活方式及工作方式的改变，该病发病率逐年上升，据统计全国腰腿痛患者约3～4千万人,每年有数以百万计的患者就诊。椎间盘突出使患者的生活质量及工作能力都显著下降,给患者与社会所带来的问题日益突出,腰推间盘突出症属于中医腰痛范畴，其病因病机中医认为，一为感受风寒，或坐卧湿地，风寒水湿之邪浸渍经络，经络之气阻滞而发病；二为闪挫撞击，积累陈伤，经筋、络脉受损，瘀血凝滞所致；三为正气虚，肾精不足所致。

二、适应症

1. 年龄20～65岁之间的患者。

2. 腰椎间盘突出症并伴有根性痛者。

3. 疼痛程度评分标准≥3分者。

4. 只要符合纳入标准的患者均有显著的镇痛作用。

三、禁忌症

1. 妊娠或哺乳期妇女。

2. 合并有心血管、脑血管、肝、肾等严重原发性疾病，神经官能症及精神病患者。

3. 腰椎间盘突出症突出物钙化，椎管狭窄，梨状肌综合症，干性坐骨神经痛者，肿瘤、结核、腰椎滑脱。

4. 确诊为腰椎间盘突出症但不伴有根性疼痛患者。

四、特色

疗效确切，选穴少，操作简便，痛苦小，即时镇痛效果显著，在临床中可以取代镇痛剂。

五、治疗方法简介

1. 针具选用“三元牌”针灸针：0.35mm3寸(陕西三元现代针灸器械有限责任公司出品)。

2. 患者取侧卧位。

3. 取穴：踝三针定位：足三阳经(足阳明胃经、足少阳胆经、足太阳膀胱经)踝上四寸，每条经脉循行线上各一穴，分别是根痛1、根痛2、根痛3。L3/4椎间盘突出症，取根痛1；L4/5椎间盘突出症取根痛2；L5／S1，椎间盘突出症取根痛3，混合性突出，根据具体情况，综合选穴。

4. 医生左手固定进针点上部(拇食指拉紧皮肤)，右手持针，针与皮肤呈15度角，快速进入皮下，然后针体贴近皮肤表面，沿皮下刺入，进针长度为2.5寸，针刺方向朝上。快速捻转200～300次／分，不提插，幅度360 ～720度，每次连续捻转3min。每10min行针一次，留针30min，每48小时针刺一次。

腱鞘松解刀治疗屈指肌腱狭窄性腱鞘炎技术

项目完成人及单位：李洪波　黑龙江中医药大学第一附属医院

项目简介： 腱鞘松解刀治疗屈指肌腱狭窄性腱鞘炎技术是一套以腱鞘松解刀为治疗工具的特色技术，该方法治疗以手指活动不灵活，局限性酸痛为主症的狭窄性腱鞘炎，具有疗效显著，操作简便、经济，应用安全性高等特点。

一、疾病简介

屈指肌腱狭窄性腱鞘炎，以拇指、中指及食指较常见，一般由于损伤或炎症后引起腱鞘狭窄，或由于肌腱本身增厚引起。患者以手指疼痛或屈伸手指困难为主要症状，屈指可发生弹响，在掌骨头局部可触及结节样肿块，有压痛。严重者患指固定于伸直或屈曲位，严重影响着患者的生活和工作。根据现代医学研究发现，本病与胶元结缔组织疾病有关。中医学认为，本病属“痹症”范围，多因劳损，风寒湿邪阻滞，阻碍经脉气血运行，痹阻而发病。

二、适应症

符合屈指肌腱狭窄性腱鞘炎的诊断标准者。

三、禁忌症

1. 学龄前儿童及患先天性屈指肌腱狭窄性腱鞘炎者。

2. 患糖尿病及心脑血管、肝、肾、造血系统等严重疾病及精神病患者。

四、特色

无切口，损伤小，操作简便，要领易掌握，可控性强、安全，一次治疗即可痊愈。

五、治疗方法简介

1. 器械选用腱鞘松解刀、2%的利多卡因、2%的碘酊、75%的酒精、消毒棉签、医用托盘、一次性 5ml 注射器、无菌孔巾、一次性医用手套。

2. 体位：确定进刀点而定。

3. 选择浓度为 2%的利多卡因作为麻醉剂，一般需要 2～3ml。先在进刀点处做皮肤点状局麻，再将注射针刺入肌腱鞘，注入麻醉剂。

4. 松解腱鞘：麻醉生效后，将腱鞘松解刀沿麻醉针孔刺入，刀尖指向指背侧指骨中心，垂直刺入肌腱鞘后，以此为中心，将拇指肌腱鞘纵行切开约 1.5cm；将食、中、无名、小指肌腱鞘纵行切开约 2cm。

5. 术后处理

(1) 1mm 的创口用脱脂棉敷盖，两条胶布斜形平等环绕固定，中间保留 2mm 间隙。

(2) 术者用拇指用力按压肌腱梭形膨大部，在患者全范围屈伸患指的同时，用手法将切开的肌腱鞘向两侧剥离，并将极少量未切开的腱鞘纤维松解开。

(3) 若患指由于病程过长，指屈伸范围减少，则手法扩大其运动范围至正常。

(4) 术后压迫二十分钟止血。

(5) 术后二小时开始功能锻炼，指由完全伸直——完全屈曲——完全伸直为运动一次，第一天每小时运动 15 次；第二天每小时运动 20 次；第三天以后每小时运动 30 次，至第五天。

(6) 抗菌素口服一周。

(7) 五天内创口禁止接触水。

靳三针治疗儿童精神发育迟滞技术

项目完成人及单位：赖新生 广州中医药大学

项目简介： 靳三针治疗儿童精神发育迟滞技术是一套通过针刺四神针、智三针、颞三针、脑三针等主穴起到调和脏腑、补益心肾、调理脾胃、补气养血的作用，从而治疗儿童精神发育迟滞的疗法。此技术疗效显著，具有操作简便、经济，应用安全性高等特点。是具有广泛推广性的一种治疗儿童精神发育迟滞的较好方法。

一、疾病简介

儿童精神发育迟滞(Mental Retardation MR)，又称弱智儿童，指年龄在 18 岁以下，智力明显低于同龄儿童水平，同时伴有适应性行为缺陷为特征的儿童。严重者生活不能自理。弱智儿童遍及世界各地，严重危害着小儿身心健康，也是一个严重的社会问题。文献报道全世界有1.5亿MR患者，中国约有2000万弱智患儿，而且每年约有20万弱智新生儿出生。

二、适应症

主治儿童精神发育迟滞（MR）患者。符合下列诊断标准：年龄在18岁以下；智力明显低于平均水平，IQ在70以下；社会适应行为明显低于同龄儿童平均水平。

三、禁忌症

1.合并有精神病、严重癫痫。

2.遗传性代谢疾病如苯丙酮尿症及先天性克汀病、先天积水等现代医学通过病因治疗、手术治疗可获显效的病人。

四、治疗方法简介

1.选穴定位

⑴ 主穴：弱智四项（四神针、智三针、脑三针、颞三针）

⑵ 配穴：

① 多动难静者加手智针；多静少动者加足智针；

② 语言障碍者加舌三针、风府透哑门；流涎加舌三针、地仓透颊车；

③ 听力障碍者加耳三针；

④ 运动障碍者加手三针、足三针；

⑤ 癫痫加痫三针。

2. 针具选择为华佗牌不锈钢针灸针，30号1寸毫针。

3. 患者采取坐靠体位（家长抱着或患儿正坐在椅子上），头部保持中正位。

4. 头部穴位平刺0.8寸左右，四神针针尖分别向外平刺，脑三针、颞三针沿皮向下平刺，智三针向后上平刺。舌三针向舌根方向直刺0.8寸左右，耳三针听宫、听会穴需-张口取穴，直刺0.8寸，完骨穴向鼻尖方向斜刺0.8寸；手三针的劳宫向合谷穴方向斜刺0.8寸，内关直刺0.8寸，神门直刺0.5寸。足智针的涌泉穴向太冲穴方向斜刺0.8寸，泉中、泉中内均直刺0.8寸，申脉、照海穴均向下斜刺0.8寸。四肢穴按常规深度直刺0.8寸。主穴每次均针刺，配穴辨症选择使用。针后留针40分钟，每间隔5～10分钟捻针一次，平补平泻。

5. 治疗时间及疗程：每周针刺六次，连续4个月，4个月为一疗程，休息2周后进行第二疗程。连续治疗2个疗程。

经络三联法治疗寻常型银屑病技术

项目完成人及单位：田元生 河南中医药研究院

项目简介：经络三联法治疗寻常型银屑病技术是一套融多种疗法（局麻、针刺、放血、埋线）多种效应于一体，最终达到疏经通络、活瘀化滞、清热消斑等治疗作用的非药物综合疗法。该技术疗效确切，治疗间隔时间长，具有简、便、廉的特点，患者乐于接受。是一种治疗寻常型银屑病的较好方法。

一、疾病简介

中医认为银屑病是内有禀赋血热，情志饮食内伤，郁久化热、化燥致瘀，外感风寒、湿热燥毒诸邪搏于肌肤，内外互动而致经脉气血瘀滞不畅，肌肤失养而发病。寻常性银屑病属中医之白疕病。主症有皮肤出现红疹或斑疹并覆有银白鳞屑。兼症有：皮肤瘙痒、心烦口干、鳞屑刮除后有点状出血、面色无华、面色紫暗、便秘溲黄。舌象常出现：舌质红苔黄，舌质暗或有瘀斑苔薄，舌质淡红苔少。脉象一般有脉弦数、脉沉涩、脉沉细等临床症状。

二、适应症

本法适应于寻常型银屑病或中医辨证的各证型。

三、禁忌症

1、有出血性倾向(如血友病、血小板减少性紫癜等)的患者禁用；

2、凡有高热、急性炎症、心力衰竭等严重疾病及孕妇患者禁用；

3、血压过高(收缩压大于180mmHg)时慎用，以及其它不宜采用埋线治疗的患者。

四、特色

本技术能加速银屑病痊愈，延长复发周期，且副作用小，可重复治疗性强，治疗成本低，安全系数高，病人乐意接受。

五、治疗方法简介

1.埋线：

⑴ 器材：皮肤消毒用品，洞巾、注射器、镊子、

12 号腰穿针，医用手套 2～3 号铬制羊肠线、2%利多卡因、剪刀、消毒纱布及敷料等。

⑵ 背部埋线患者取俯伏坐位，四肢采取仰卧位；术者取两组穴位：一组在脊柱两旁大杼、肺俞、心俞、肝俞、脾俞取穴，医者拇指在以上穴位进行反复按压，找出酸、胀、沉较敏感的四个穴位；二组取穴曲池(双)、足三里(双)。

⑶ 穴位消毒后，用 2%利多可因麻醉。

⑷ 埋线：剪取 2～3 号羊肠线 1～1.5cm，后退 12 号腰穿刺针针芯，将羊肠线放入针管内；将针刺入穴位，并深入至皮下 3～4cm，达到肌肉层，当出现酸胀感后，退出针管，将羊肠线埋置在穴位的皮下组织或肌层内，针孔处用消毒纱布，按压止血后，用创可贴固定。三天创可贴去掉即可，二组穴位交替，两周埋线一次。

2.刺络：

选择耳背后的络脉，医者拇食指在患者耳背压揉几次，在耳背三个大静脉中选择一个充分怒张的静脉。严格消毒后，用 9 号一次性注射器针头，点刺出血。每次放血 3～5 个棉球为度。术毕用棉球按压止血。每隔两周放血一次。

3.耳压法：

⑴ 取两耳的肺点、肝点、皮质下、神门、头、四肢皮肤严重部分对称点，经耳部消毒后，用探棒按压以上各点，找出最敏感的痛、麻、胀点，一次 3～5 穴。

⑵ 用 75%酒精消毒耳廓，左手固定耳部，然后用王不留行籽，紧附于小胶布块上，用小血管钳夹好胶布块的一端，使药籽对准所选耳穴贴附上。

⑶ 嘱患者每同按压 3～5 次，每次按压 1～2 分钟，以痛感能忍为度。每隔两周更换一次。

经皮穴位电刺激治疗瘀滞型肩周炎的临床规范化研究

项目完成人及单位：方剑乔 浙江中医学院

项目简介：临床研究采用规范化和标准化的诊断、辩证和疗效评价标准，明确和固定各治疗参数，以肩部疼痛和肩关节活动为观察指标，分别运用经皮穴位电刺激和电针对 360 例瘀滞型肩周炎患者进行对照治疗。结果：临床研究显示：瘀滞型肩周炎患者经过经皮穴位电刺激治疗后，总体疗效达到 96.67%，疼痛指数下降 62.37%，肩关节活动改善（4 项指标总分提高）42.42%。其肩关节功能活动比治疗前明显改善，对瘀滞型肩周炎有明显的镇痛效应，能明显减轻患者的疼痛。

一、疾病简介

肩关节周围炎是肩痛和活动受限为特征，好发于中老年人群的常见病、多发病。其临床表现主要是肩部的疼痛以及后期伴有关节功能障碍。

二、适应症

瘀滞型肩关节周围炎（粘连前期和粘连期）

三、禁忌症

1.年龄在 65 岁以上者，孕妇和哺乳期妇女，以及对电刺激过度敏感者；

2.合并肩部骨折未愈合者；长期服用（接受）其它药物（治法）以及采取综合治疗者；

3.合并有心血管、脑血管、肝、肾和造血系统等严重原发性疾病，精神病患者；

四、特色

无创伤，可避免感染或疾病的传播，不致引起人们的恐惧，易操作，经济。

五、治疗方法简介

1.使用器械：LH202H 型韩氏穴位神经刺激仪。

2.首次接受治疗的患者，治疗前先对其进行痛阈及肩关节活动功能水平测定并记录；

3.取穴：肩周炎患侧穴位——肩前与肩，外关与合谷；

4.选用韩氏经皮神经刺激仪；

5.操作：两对电极（带有直径为 3 厘米的不干胶电极板）分别粘贴连接肩部二穴和合谷、外关二穴，刺激参数为：连续波、高频（100Hz）刺激 10 分钟后转为低频（2Hz）刺激 30 分钟，强度 10±2mA。隔日治疗；

6.每次治疗结束后，对患者的痛阈及肩关节活动功能进行再次测定和记录。

经穴体外反搏法治疗小儿外部性脑积水技术

项目完成人及单位：宋虎杰 西安中医脑病医院

项目简介：经穴体外反搏治疗小儿外部性脑积水技术是一套选择具有活血化瘀、疏通经络、开窍祛水，且上走头面或其经脉与脑有关的穴位，并安装反搏机配气装置，通过反搏机和经络穴位的同步刺激使脑积水患者得以康复的特色疗法。该方法该技术经临床近10年的使用证实，有效率达82.6%，使用安全、方便，可操作性强，患儿易接受，且安全有效，未发现明显副作用。为小儿脑积水患者带来一种安全有效的治疗方法。

一、疾病简介

外部性脑积水(简称EH)是交通性脑积水的一种特殊类型，是发生在婴儿时期的一种年龄依赖性和自限性疾病，临床以不明原因的抽搐或(和)头围异常增大，CT影像学检查以蛛网膜下腔增宽，前半部球间裂增宽，伴有或不伴有轻度脑室扩大为特征。

二、适应症

1.凡符合西医诊断标准及中医辨证标准的外部性脑积水患者。

2.外部性脑积水轻、中度病例。

3.年龄6月～3岁效果最好。

三、禁忌症

1.经检查证实由其它原因，如颅内占位性病变致"解颅"者。

2.合并有肝肾和造血系统等严重原发性疾病，精神病患者。

3.合并有主动脉瓣闭锁或关闭不全、主动脉瘤、夹层瘤、脑血管畸形、血栓性脉管炎。

4.合并有心衰、严重糖尿病。

四、治疗方法简介

1.器械：采ECP-88A型体外反搏器。

2.患者静卧片刻，测量血压和心率后选定穴位，将穴位触压珠用胶布固定在穴位上。

取穴：下肢：三阴交，悬钟，血海，梁丘，萁门，风市；

上肢：内关，外关，手三里，孔最；

背腹：脾俞，三焦俞，肾俞，气海，关元，天枢，大横。

3.在患者四肢和臀部分别裹上气囊袋，接上心电极板，并在耳垂处加上耳垂脉搏波探头，在荧光屏上观察充放气讯号，心电图和耳垂脉搏波。初步调节充气讯号于T波顶端，放气讯号在下一心动周期P波之前，然后启动电磁阀开关，接着打开减压阀，向气囊袋充气，压力由小逐渐增大，观察耳垂脉搏波的重搏波是否升高，再细调充气讯号与一心动周期的时间关系并增大压力，以达到叩击波升高并最大的超过叩击波为止。反搏持续1小时，在反搏结束前逐渐减压至零。

4.治疗时间及疗程：每次1小时，一日1次，疗程均为3月。

烂裆膏临床实验研究

项目完成人及单位：熊林波 岳阳市中医医院技术顾问

该项目获1999年度湖南省中医药科学技术进步四等奖，岳阳市科学技术进步三等奖。

疗法特色："烂裆膏"是1998年为了解决在抗洪救灾、抗洪抢险人群中特别是人民解放军、武警部队官兵中广泛出现的"烂裆症"、"烂脚丫"、"烂手指"等而特别研制出的纯中药制剂。

"烂裆"是一种物理性皮肤病，又称"汗淅症"或"擦烂红斑"，通常是在因为炎热潮湿的环境中，皮肤皱襞处的互相磨擦或水液、汗液浸渍而发生的皮肤炎症。好发于颈部、脐窝、乳房下、腹股沟、阴部的皱襞及手指间、足趾间等处。平时，除肥胖人群外，在一般人群中不是常见病，但是在抗洪救灾的抗洪抢险的特殊情况下，这种疾病就变成一种发病率极高、为害极大的疾病，甚至造成严重的非战斗性减员。而市面上供应的成品药物大多数针对性不强或使用不便，如水剂、霜剂等其他剂型则无法在这一特定条件下有效地使用，所以，研制一种使用方便的制剂迫在眉睫。

岳阳市中医医院即时组建“烂裆膏科研课题组”，这一举措得到了卫生主管部门和市科委的运行的鼓励，经过短短半个月的攻关，试制并生产了三千多瓶“烂裆膏”送到大堤上，为三千多名抗洪军民治疗烂裆、烂脚丫、烂手指等疾病，因疗效显著立即受到抗洪军民的欢迎，引起了各级抗洪指挥部的重视，新闻媒介也给予了充分的报道。《中国中医药报》在9月4日头版头条以“抗洪将士患烂裆，中药显威驱暑疾”报道了这一课题。9 月，由国家中医药管理局主编，中国中医药出版社出版的《中医药救灾防病手册》收载了我课题的“烂裆膏”及其处方。

药物组成：青黛1份，黄柏10份，苦参3份，寒水石5份，凡士林5份，冰片0.01份。

制剂方法：将青黛、黄柏、苦参、寒水石分别碾末，过120目筛，将凡士林加热溶化，加入上述药末搅拌均匀，待稍冷加入冰片冷却后装盒即可。

经临床 165 例实验观察，随机分为三组，治疗组为烂裆膏62例，对照组皮炎平霜组59例，炉甘石洗剂组52例，治愈率分别为85%、49%、58%，经统计学处理$P<0.01$，有非常显著性差异，临床取得良好效果。

同时，该药在8730部队官兵中所用发现对疮、疡、臁肿等中医外科病症也取得了良好的效果。

烙铁烙法治疗宫颈糜烂诊疗技术的临床研究

项目完成人及单位：张　红 长春中医学院附属医院

项目简介：其技术原理主要是采用烙铁烙灼于宫颈糜烂的病变部位局部，利用其温热之性以直驱病灶湿浊达就近祛邪；二是借其温热流通之性以流畅气血，又可助阳以化气除湿，调节全身的气机，故湿热者“气有余，便是火”可散，以热引热，从治之则也。现代研究证实了宫颈糜烂的病变部位是因炎症鳞状上皮丧失而宫颈的柱状上皮覆盖，使这些病变部位的组织外观呈颗粒状的红色区。此区宫颈管柱状上皮抵抗力低，病原体易侵入发生炎症。本疗法可通过物理性烧灼，彻底破坏宫颈深层的腺体及覆盖的柱状上皮，形成凝固坏死的焦痂，待焦痂脱落后鳞状上皮复生而达治疗之目的。本疗法操作简单、不受停电等限制。有中医执业医师者通过一周的培训班学习即可全面掌握本技术。

一、疾病简介

宫颈糜烂突出表现是病人带下量多，归属于中医带下病范围，是中医妇科临床的常见病、多发病。流行病学调查约占育龄期妇女的 23%-49%，特别是广大农村妇女的发病率更高，其癌症发生率高达 2.5‰。

二、适应症

1.西医宫颈糜烂的诊断标准。

2.中医带下证（脾肾亏损证、脾虚带下证、湿热下注证）。

3.符合 1、2 中的真性和假性糜烂。

4.18～50 岁，非妊娠或哺乳期妇女。

三、禁忌症

1.宫颈肥大、宫颈囊肿、宫颈息肉、子宫颈管炎、宫颈外翻、宫颈鳞状上皮化生。

2.宫颈癌及癌前病变者，由滴虫、霉菌、性病（淋球菌）、结核杆菌、病毒所致的炎症。

3.合并有心血管、肝、肾和造血系统等严重原发性疾病。

4.精神病患者。

5.轻度糜烂、单纯型糜烂及不属于上述中医辨证者。

四、特色

目前中医治疗宫颈糜烂安全、有效的技术项目，操作简单，投入资金少，病人经济负担轻。

五、治疗方法简介

1.烙铁，由紫铜块制成的长方形（1*1*0.5cm）、正方形（1*0.5*0. 5）、圆锥形（顶圆直径 0.5cm，底圆直径 1cm）；酒精灯；阴道窥器；1%新洁尔灭；干棉球；镊子。

2.先排空膀胱，取膀胱结石位，用 1%新洁尔灭荣写洗净外阴、阴道的分泌物，用无菌干棉球擦干。

3.用窥器撑开阴道暴露宫颈后，用 1%新洁尔灭消毒宫颈及阴道后穹窿部，再用无菌干棉球拭净阴道及宫颈分泌物，确定糜烂面积及病变程度。

4.将小烙铁在酒精灯上烧红，自宫颈管内 0.5cm 深处开始，再从宫颈下唇开始灼烙，逐渐向外移动，直至糜烂边缘外 1～2cm，然后再灼烙上唇。

5.灼烙术后，宫颈局部应呈喇叭筒状。

岭南挑筋法治疗强直性脊柱炎技术

项目完成人及单位： 罗 健 广东省肇庆华佗医院

项目简介：岭南挑筋法治疗强直性脊柱炎技术是一套用特制的针具（针挑针），通过挑、提、摇、摆等动作将穴位相应的皮内纤维（筋）挑拨出来而达到治病目的的一种物理刺激疗法。该疗法具有简、便、效、廉，安全性好无副作用等优点。有扶正祛邪，调整阴阳，疏通经络，化痰祛瘀，推动气血运行的作用，是治疗许多疑难疾病较理想的方法之一。

一、疾病简介

强直性脊柱炎是一种累及脊柱中轴及骶髂、髋等多个关节的全身性慢性炎症性疾病。原因尚未明确，现代医学研究此病与遗传、免疫、感染和环境等因素有关。尤其与人体白细胞抗原 B27（HLA-B27）有密切关系。临床主要表现为两骶髂和髋关节，腰、背、颈部反复疼痛，僵硬。体征见早、中期患者脊柱活动有不同程度的受限，晚期患者脊柱出现强直或固定，胸廓活动度减少或消失。该病的病情顽固，致残率高。目前，尚未有根治方法。西医方面主要采用非甾体和激素类消炎药，其有较好消炎、镇痛作用，能明显减轻关节疼痛，但长期服用副作用大，停药后复发率高。中药治疗虽副作用少，但作用慢。因此，寻求一种疗效好且巩固、安全、无副作用的 AS 治疗方法，显得非常迫切和需要。

二、适应症

1.强直性脊柱炎早、中期患者，以早期患者更明显。

2.对各个关节的疼痛都有一定疗效，尤其以腰背骶髂僵痛患者更为明显。

三、禁忌症

强直性脊柱炎合并有糖尿病、血液病（包括血友病和凝血机制异常的有出血倾向及严重贫血患者）、孕妇、精神病、心脏病、肝肾功能不全和红斑狼疮患者。

四、特色

利用特制针具，通过挑、提、摇、摆等动作将穴位相应的皮内纤维（筋）挑拨出来而达到治病目的的一种物理刺激疗法。具有简、便、效、廉、安全性好无副作用等优点。

五、治疗方法简介

1.器械针具为岭南牌Ⅰ型针挑针，其长度约 8cm，直径为 0.15cm，针体形状为长圆形，头部圆锥形如子弹头状。

2.患者取俯卧位或坐位。

3.选 C4-S5 膀胱经穴（包括 1、2 线）、督脉、华佗夹脊穴、阿是穴为针挑点。并常规消毒，带手套，铺孔巾，用 2%普鲁卡因在相应穴位注射直径 0.8cm 皮丘。

4.用右手拇、食、中三指握住岭南牌Ⅰ型针挑针的针体后部八分之七（露出全针八分之一针尖部分），左手食指轻压穴侧以固定皮肤，把针尖放在挑点中心处，右手持针呈 60 度角缓慢进针过皮肤 0.1cm。

5.当针尖穿过皮肤后，左手食指向左轻拔皮肤，右手指把针尖翘高将纤维拉出至表皮上，然后一边向上用力一边将针体作前后摇摆，把挑起的第一条纤维拉出，同时露出一个破口。以后针体与皮肤呈 5 度角进针，将针尖伸进缺口周围真皮层，挑出一些带粘性的皮内纤维（胶原纤维）。挑一条拨出一条，反复多次，直至把针口半径为 0.25cm 范围内的纤维挑完为止。

6.在挑治过程中，先将缺口周围皮内纤维向破口方向轻轻拉至针口上，然后一边作前后摇摆，一边向上用力缓慢拉出纤维。当纤维被拉长，右手指下抵抗力减弱时，即旋转针体，让纤维缠在针体上，纤维随针摆动而拉长，当右手指下抵抗力减弱时，又随之把纤维旋缠在针体上，边摆边旋转，直至把纤维拉出为止。摇摆时，若感到右手指下抵抗力明显减弱时，切勿大力挑提，以免纤维中断，如果中断，可用针重新挑拔。如纤维过粗，不利操作，可用小剪刀剪掉。

7.当针挑点破口半径 0.25cm 范围内感觉已没有纤维阻碍针的活动时，应反复在针口周围再次探找。如确无纤维阻碍针的活动时方可结束操作。最后针口的形状呈上窄下阔，周围隆起一条基边的古井状。上口直径约 0.15cm。深度为 0.25cm。

8.挑毕，伤口涂上碘酊，外贴无菌小纱垫固定。

9.挑治顺序由下往上，先取足太阳膀胱经背俞穴，然后分别再取督脉、华佗夹脊穴。如腰背疼痛较甚，可按其疼痛程度从重到轻顺序挑治其相应的穴位。

拇中指十穴推拿法治疗婴幼儿湿疹技术

项目完成人及单位：何玉华　山西省人民医院

项目简介：拇中指十穴推拿法治疗婴幼儿湿疹技术是一套融推法、揉法、运法、捏脊法等手法于一体，推拿手部穴位治疗小儿湿疹的手法。该方法疗效明显经多年临床应用总有效率可达 99.17%，复发率低，且在临床应用中未见任何不良反应。本技术便于操作及推广运用，既减少患儿服药的痛苦，易取得患儿配合治疗，又体现了中医的特色治疗。

一、疾病简介

婴幼儿湿疹是临床常见且发病率较高的皮肤病，有剧烈瘙痒，慢性病程，反复发作，难以治愈等特点。常常可以合并哮喘，变应性鼻炎等。

二、适应症

年龄在出生后 40 天以上，3 周岁以下的婴幼儿急性湿疹及慢性湿疹急性发作，中医辨证属湿热浸淫型病情程度轻、中、重者。

渗出量化标准：1. 以肉眼观测，渗出表面潮湿，无液滴者为少量，渗出表面有液滴，但不流动者为中量，渗出表面有液滴并流动者为大量。2. 以擦镜纸观测，每次用 1cm 大小圆片纸贴于患处 1 分钟，少量者擦镜纸无渗液浸出，中量者擦镜纸贴于患处，向外渗出但无液滴，大量者擦镜纸贴于患处，向外渗出成液滴状，或擦镜纸渗出大于 5mm。

三、禁忌症

推拿治疗本病一般无明显禁忌证，但对患有疥疮、骨折、溃疡出血及各类重证感染性疾病者则暂不宜接受本法治疗。

四、特色

单纯手法治疗，患儿容易接受，操作简单，效果显著。

五、治疗简介

1. 以适量的滑石粉为介质。

2. 小儿推拿一般是推揉拿捏多种手法的结合，其操作顺序是先上肢，再下肢，后背部(捏脊)，一般应先行轻柔的次数多的动作，如推法、揉法，而刺激重的拿、捏等手法要在最后进行。

3. 治疗穴位处方:手阴阳、脾土、八卦、四横纹、小天心、外劳宫、乙窝风、天河水。

4. 推拿治疗应每日进行一次，每次 30 分钟，三周为一疗程。如一疗程未获痊愈者，可进行第二疗程治疗，期间不休息，至痊愈止，一般轻者 3 周，中度者 4 周，重者 6 周。

平衡针灸针刺肩痛穴治疗肩痛技术

项目完成人及单位：王文远　北京军区总医院全军平衡针灸治疗培训中心

肩痛穴是作者经过长达 40 余年临床研究，数万次针感体验，大面积的临床验证，从下肢腓浅神经发现的治疗肩痛的特效靶穴。经治疗 10 万余例肩痛病人的疗效统计，临床有效率 99%，临床治愈率 90%，一针治愈率 11%。1989 年荣获全军科技进步二等奖，1990 年由中国中医药出版社出版《肩痛一针疗法》，2000 年被列为国家中医药管理局“十五”中医诊疗技术整理与研究项目针刺肩痛穴治疗肩周炎临床规范化研究(国中医药 2000ZL05 号)，2006 年列为国家中医药管理局第一批向全国农村与社区适宜技术推广项目（国中医药通[2006]1 号）。2007 年被列为国家 973 计划项目[2007CB512704]资助。

一、技术路线：

1、体表定位：位于腓骨小头与外踝高点连线的上 1/3 处。

2、靶点定位：腓浅神经上 1/3 处。

3、局部解剖：在腓骨长肌与趾总伸肌之间，深层为腓骨短肌，布有胫前动、静脉肌支和腓浅神经。

4、取穴原则：交叉取穴。右侧病变取左侧穴位，左侧病变取右侧穴位。

5、针刺体位：患者取坐膝直位或仰卧位。

6、针刺方法：局部常规消毒，选择 2 寸一次性无菌性毫针，直刺2～4cm（1～2寸）。

7、针刺角度：直刺。

8、针刺手法：上下提插针刺手法，针刺的方向以左右横断面提插为主。

9、针感：触电式针感，位于足背或第一二趾间。

10、针刺参数

（1）早期患者，即出现临床症状1周以内者，每日1次，2周为1疗程。

（2）中期患者，发病2～4周者，每日1次，4周为1疗程。

（3）粘连者，发病4周以上，每日1次，6周为1疗程。

11、主治：外伤性肩痛、内伤性肩痛、颈源性肩痛、偏瘫性肩痛、颈肩肌筋膜炎、落枕等。

二、技术特点

1、安全。穴位定位安全，大面积推广证明安全，动物实验证实安全。

2、有效。99%的病人3秒钟见效。

3、简便。单穴疗法，易于普及。

4、价廉。一个病人治疗成本就是一根针。

三、技术优势

1、突出人体自身平衡。

2、突出人体信息系统。

3、突出即时效应。

4、突出临床实用性。

四、技术原理

1、人体本身就是一个自我平衡系统：人体本身就是一个有机整体，具有自身的调节修复功能、平衡功能。根据生命科学，按照遗传基因程序，大脑中枢通过外周神经实施对内脏肢体的科学管理。平衡针灸就是利用人体内的自我平衡系统的整体调节原理。

2、靶点靶位：通过针刺外周神经上的密码定位（治疗肩痛的特定靶穴也称靶点），将医生的指令性信息通过传入信息通路反馈于病人大脑高级中枢中负责肩关节的中枢靶位，使失调紊乱的中枢靶位瞬间恢复到原来的平衡状态，间接地依靠病人自己来治疗自己的疾病。

3、中枢调控的作用原理：通过现代基础研究，针刺肩痛穴，可以促进炎症介质和炎症细胞的吸收，可以调整神经通道，松解组织粘连，同时可以镇痛提高组织痛阈，大量释放神经镇痛物质。

五、注意事项

1、严禁病人进行功能锻炼，因为在急性期炎症水肿期越进行功能锻炼，症状越重，不利于修复。

2、严禁患者在治疗期间在局部进行机械性治疗。如封闭、按摩、火罐、刮痧等，以免加重病情。

钳持端提回旋手法复位经皮逆行穿针内固定治疗锁骨骨折技术

项目完成人及单位：杨茂清　山东省文登整骨医院

项目简介：钳持端提回旋手法复位经皮逆行穿针内固定治疗锁骨骨折技术是一套利用锁骨端提钳结合手法复位，使锁骨干各段各型均能达到解剖对位或近解剖对位，经皮逆行穿针内固定能可靠地维持复位后的位置，从而使骨折在解剖或近解剖位置上愈合的中医特色手法。该方法具有操作简便，易于推广，病人痛苦小，骨折复位好骨折愈合快，并发症少等特点。

一、疾病简介

锁骨骨折为骨伤科临床常见病，约占全身骨折的6.8%，由于锁骨的解剖形态特殊，骨折好发于中1/3，且青壮年居多。

二、适应症

1.符合锁骨骨折诊断标准。

2.18～65岁。

3.骨折发生在2周以内。

4.锁骨干部骨折，骨折端明显移位。

三、禁忌症

1.合并臂丛神经或锁骨下血管损伤需手术切开探查者。

2.已接受其他治疗方法影响该法治疗者。

3.合并严重疾病，不能耐受治疗操作者均不适和该方法。

四、特色

本技术治疗锁骨骨折，病人痛苦小，骨折复位好，愈合快，并发症少，且在治疗过程中，病人生活能完全自理不影响作一般的工作。

五、治疗方法简介

1.器械选择：根据病人体形及X线片所示锁骨形

态选择适宜的锁骨端提钳及克氏针。

2.患者取坐位；采用仰卧位时，患肩应接近手术床的边缘并垫高约30度，肩胛冈上缘悬空，以利于克氏针从肩后侧穿出。

3.采用肩部手术常规消毒。

4.复位与固定(以端坐位治疗右锁骨骨折为例)

⑴ 钳夹远折端：用锁骨端提钳于远折端前后缘距近折端约1cm左右由上向下刺入皮肤，进而沿远折端前后缘向深部滑动，直至钳齿尖深度达远折段上下径1/2～2/3时，扣紧钳齿，使钳齿夹持住远折段。

⑵ 回旋骨折端：术者用左膝部向上轻顶患者右肘部(或令一助手托起)，左手提端提钳带动锁骨外折段先向后轻轻牵拉，紧接着向上提拉，同时右手拇指捏住近折端向下前方按压，使远折端绕过近折端的阻挡达到近折端的前上方。

⑶ 逆行穿针：确定髓腔的位置，将克氏针刺入髓腔内，用骨锤击打针尾，至阻力明显增大时，改用骨钻带动克氏针钻入，边进针边调整方向，从锁骨外侧向后的弯曲处突破，并从肩锁关节内侧3cm以内、肩胛冈上缘穿出皮肤。用骨钻自肩胛骨上缘夹持并带动克氏针向后退，直至针尾平外折端断面。

⑷ 骨折端复位与固定：持端提钳提起远折段向后下绕过近折端，当远折端达近折端后下方时，左手持端提钳带动外折段向上提拉的同时向外牵拉，同时矫正侧向移位与重叠移位，复位准确后，助手用骨锤自外向内击打克氏针使其顺行进入近折段髓腔。

⑸ 复位与固定成功后，手法检查骨折端的稳定性，将针尾折弯剪短、锉平埋于肩胛骨上缘皮下。手法理顺骨折端周围旋转移位的骨片，顺皮纹方向捏挤针孔使其自然闭合，消毒，无菌包扎。检查桡动脉搏动，颈腕带悬吊前臂。结束手术。

5.治疗时间及疗程：

一般操作时间为5～10分钟，术后麻醉消退后患者即可行一般活动，生活完全自理。术后3天针孔即可闭合，4～6周骨折可达临床愈合，内固定可取出。

祛障穴冷冻治疗老年性未成熟期白内障规范化整理研究

项目完成人及单位：张庆莲　长春中医学院附属医院

项目简介：根据中医眼科“开导论”原理，祛障穴冷冻则可能有效地达到退邪祛障的目的。经过临床观察，祛障穴冷冻治疗老年性未成熟期白内障效果是显著的。本方法由于其疗程短，副作用少，可以认为是一种手术治疗未成熟期白内障的较好方法之一。

一、疾病简介

老年性白内障又称年龄相关性白内障，是老年期的主要病症之一，是眼科的常见病，致盲率高。在我国约有670万盲人中的白内障致盲率占40%～70%，故不能不引起广大中西眼科任务工作者的重视。

二、适应症

1.符合西医白内障诊断标准或中医白内障诊断标准。

2.视力在0.05－0.8之间，矫正不理想者。

3.未经其它方法治疗或治疗无效者。

4.眼压正常者。

5.老年性未成熟期白内障。

6.45－80岁，全身状况良好，预计生存5年以上。

三、禁忌症

1.有眼球穿通伤者；

2.角膜溃疡者；

3.对麻药过敏者；

4.暴露性角膜炎者；

5.视力低于0.05，矫正视力>1.0；

6.合并有高眼压及结膜炎、角膜炎；

7.合并有糖尿病视网膜病变，肾病高血压性视网膜病变；

8.精神病患者。

四、特色

疗程短，副作用少。

五、治疗方法简介

1.使用器械：常规处置床，尖端直径为2mm的无菌棉签，0.5%地卡因，液态氮、杜瓦瓶（具有两层壁，且两层之间为真空），暖瓶式保温杯，氯霉素眼药水。

2.操作前先将杜瓦瓶内的液态氮分装到暖瓶式保温杯内。

3.对患者进行祛障穴冷冻。

（1）患者仰卧在处置床上；

（2）0.5%地卡因做角、结膜表面麻醉三次，每分钟点一次共点三次；

（3）用标准棉签蘸取液氮之后，迅速接触祛障穴表面，每个穴位冷冻5秒钟左右，以穴位表面出现白色冻斑为宜；

（4）冷冻后氯霉素眼药水点眼一次。

4.冷冻后处理：

（1）冷冻后滴用1～2滴氯霉素眼药水；

（2）冷冻后闭眼3～5分钟；

（3）疼痛重者可服用止痛药，必要时查看角膜上皮。

5.该法一个疗程为35天，1周冷冻1次，共5次。

冉氏“益气通经”指针法治疗腰椎间盘突出症技术

项目完成人及单位：路 玫 河南中医学院第三附属医院

项目简介：冉氏“益气通经”指针法治疗腰椎间盘突出症技术是河南中医学院第三附属医院路玫教授整理、研究该院名老中医冉淑芳医师多年的临床经验总结得出的治疗腰椎间盘突出症的新技术。冉氏“益气通经”指针法以益气通经，平衡阴阳为主，辅以壮腰健肾，行气活血，治疗腰椎间盘突出症的临床疗效明显，在缓解局部疼痛，恢复运动功能，改善临床体征等多方面具有较好的疗效，该方法经济实惠，易学易用，是一项值得推广的中医临床实用技术。

一、疾病简介

腰椎间盘突出症是骨科常见病之一，以腰部疼痛，活动障碍，或伴有下肢麻木、疼痛为主要临床症状，严重影响患者的生活和工作。据流行病学调查，约1/5的腰腿痛病人患有腰椎间盘突出症。

二、适应症

1.符合诊断标准(出自国家中医药管理局1995年颁布实施的《中医病证诊断疗效标准》)。

⑴ 有腰部外伤、慢性劳损或受寒湿史。大部分患者在发病前有慢性腰痛史。

⑵ 常发生于青壮年。

⑶ 腰痛向臀部及下肢放射，腹压增加(如咳嗽、喷嚏)时疼痛加重。

⑷ 脊柱侧弯，腰生理弧度消失，病变部位椎旁有压痛，并向下肢放射，腰活动受限。

⑸ 下肢受累神经支配区有感觉过敏或迟钝，病程长者可出现肌肉萎缩。直腿抬高或加强试验阳性，膝、跟腱反射减弱或消失，拇趾背伸力减弱。

⑹ X线摄片检查：脊柱侧弯，腰生理前凸消失，病变椎间盘可能变窄，相邻边缘有骨赘增生。CT检查可显示椎间盘突出的部位及程度。

2.经影像学检查及病理分型确诊为腰椎间盘突出症的患者。

3.年龄在25～60岁。

三、禁忌症

1. 合并有严重的心脑血管、肝、肾等疾病危及生命者，以及意识不清者。

2. 合并有严重感染者。

3. 妇女妊娠期。

4. 老年退行性腰椎管狭窄。

5. 腰椎结核、腰肌劳损、腰椎肿瘤

四、治疗方法简介

1. 先让病人仰卧床上，医者座在患者床边的椅子上，面对患者。将食指(或中指)放于气海穴上，顺时针旋转点按40分钟。指针力度以病人全身放松、舒适为准。

2. 依次点按双侧风市、阳陵泉、足三里、丘墟、太冲穴，每穴逆时针点按30秒。

3. 让患者俯卧，以腰部压痛点为准，取上、下各相隔3椎为起、止点，用双手食指、中指同时点按各椎棘突下旁开1.5寸处，每穴30秒，虚证顺时针点按，实证逆时针点按。之后重点指针阿是穴(压痛点处)。

4. 依次点按双侧环跳、委中、承筋、承山、昆仑，每穴逆时针点按30秒。点按力度均以病人能耐受为佳。

5. 让患者侧卧，握拳捶打环跳穴8下后，让病人慢慢起身、下床活动5分钟。

三部推拿法治疗不寐技术

项目完成人及单位：周运峰　河南中医学院医院

项目简介：三部推拿法治疗心脾两虚型不寐技术是一套运用推拿手法作用人体的三个部位，即头、腹、背部，对不寐证进行有效治疗的方法。该疗法手法简便易行，可操作性强，具有显著的临床疗效，总有效率达 96.6%。并有见效快、安全舒适，无创痛，无毒副作用，容易被人接受等特点。

一、疾病简介

不寐亦称失眠，是指经常不能获得正常睡眠的一种病证，轻者入眠困难，时寐时醒或醒后不能再寐，严重者可整夜不眠。是临床常见病证之一，虽不属于危重疾病，但常妨碍人们的正常生活、工作、学习和健康，并能加重或诱发，心悸、胸痹、眩晕、头痛、中风等病证。

二、适应症

1.符合洗衣神经衰弱的诊断标准要求，且符合中医不寐的诊断标准要求这，辩证属于心脾两虚型。

2.年龄在 18～65 岁者。

三、禁忌症

1.含并有心脑血管、肝、肾和造血系统等严重危及生命的原发性疾病及精神病患者。

2.妊娠或哺乳期患者。18 岁以下，65 岁以上的患者。

3.不是以不寐为主症的其它相关病症的患者。

四、特色

该疗法是以手法操于人体，是纯粹的自然疗法，对人类“亚健康”又有明显的防治意义，容易被人接受。

五、治疗方法简介

1.操作方法与步骤：

⑴ 头部：患者取仰卧位。医者双手用拿法施于头部两侧 10～20 遍；按揉印堂 1 分钟，再由印堂以两拇指交替直推至神庭 5～10 遍，拇指由神庭沿头正中线(督脉)点按至百会穴，指振百会穴 1 分钟；双手拇指分推前额、眉弓至太阳 5～10 遍，指振太阳穴 1 分钟；按揉风池穴 1 分钟，拿颈项，由上向下，5～10 遍；侧击头部，掌振两颞、头顶，约 2 分钟。

⑵ 腹部：患者取仰卧位。掌摩腹部 6 分钟左右，逆时针方向操作，顺时针方向移动；按揉或一指禅推法施于中脘、神阙、气海、关元各 1 分种指振各穴 1 分钟；双掌自肋下至耻骨联合，从中间向两边平推 3 次；掌振腹部 1 分钟。

⑶ 背部：患者取俯卧位。由内下向外上，提拿两肩井 2 分钟；直推背部督脉及两侧太阳经，每侧推 10～20 次，力度、速度均匀和缓；双手拇指分置于胸椎丽侧的华佗夹脊穴，同时用力，由轻到重，由上到下，逐个点按，以局部酸胀为度。施术 3～6 遍；双掌大鱼际由上向下按揉背部太阳经，以微热为度；按揉心俞、脾俞、胃俞、肾俞，每穴 1 分钟，由轻到重，以酸胀为度；双掌交替轻轻叩击背部两侧太阳经。

2.治疗时间及疗程

每日治疗一次，连续 15 天为一疗程。

三国时期“膏摩疗法”能治疗股骨头坏死

项目完成人及单位：郝秋来

疗法特色：中医“膏摩疗法”是三国时期华佗创建，中医学叫“膏摩治痹症”，失传近两千年之久。实际上就是膏药穴位治疗的失传，因为按摩相传几十代至今。膏药穴位能治疗内脏疾病，骨关节疾病能治疗到髓的深度是继承发明的关键。膏药的治疗深度能达到内脏及骨髓，中医称为“外治法”。发明实践证明，三国时期的“膏摩疗法”既是中医六大治疗体系中的“外治”与“按摩”的综合治疗。实现“膏摩疗法”，也就是实现了中医的“外治法”。有关“膏摩疗法”的继承发明，在“论中医内病外治学的继承发明”论文中均有重论，在此不另重复。“膏摩疗法”运用在当今的各类骨关节病治疗，疗效显著。把“膏药，按摩，汤液”结合在一起，能显效治疗股骨头坏死及初期的类风湿性关节炎，强直性脊柱炎等。股骨头坏死最佳治疗期也在初期。初期治疗痊愈的快，并不留后遗症，而中晚期治疗会落下终生残疾，但通过治疗能恢复股骨头供血功能，恢复自理及生活，中晚期治愈后的恢复期较长，一般需要1到2年的时间。

股骨头坏死是骨的活力成分，包括骨细胞，骨髓，活血细胞及脂肪细胞死亡，所引起的病理过程。由于股骨头负重，其负重面积发生节段性关节面塌陷，最后导致退行性病变。西医对此症的认识是“十病九瘫”，“不死的癌症”。欧美国家与政府定为疑难杂症，认为置换人工关节是唯一的治疗手段。置换技术费用高，痛苦性大，恢复期长，而远期效果欠缺使患者无法接受，因此决不可取。

中医“膏摩疗法”能治愈此症，是股骨头坏死保守治疗的特殊方法。西医学中晚期坏死股骨头不可逆的唯一置换术应该重新考虑。治疗重点应转移到中医治疗范围。股骨头坏死的致病原因很多，但中医论此症为“痿症”范畴，准确的说为“热症”伤害。与其他所论“痹症”治疗，有着根本的区别，“痹症”是股骨头坏死的致病因素是不确切的。

从上个世纪初才被医学界认识的股骨头坏死，已由少见病转变为多发病、常见病。其患症要点是治愈率低，致残率极高。已严重危害了家庭和社会安定。二十一世纪医学对人类的贡献是：安全无痛苦，无毒副作用，无创伤。提高生活质量。保障在身体上，生理上，社会适应上的完好状态。能完成这一伟大目标的只有中医治疗学，是中医学科优秀治疗方法。

治疗穴位及按摩

1、膏药治疗穴位：

肝经：阴廉，五里，阴包，曲泉

胆经：环跳，风市，中渎，阳关

胃经：气冲，髀关，伏兔，阴市

膀胱经：肝俞，肾俞，气海俞，八髎

2、按摩经络：

膀胱经：后背各俞穴～昆仑穴

胃经：足三里～解溪

胆经：阳陵泉～悬钟

肝经：膝关～中封

以揉法为主的按摩，目的是疏通背俞穴及下肢各经络，配合膏药及汤液的治疗。

3、汤液：

补肝肾，续筋骨，祛寒湿药方：白术，熟地黄，木瓜，川断，生姜，陈皮，黄柏，五味子，肉桂，甘草，丹参，黄连，羌活，乌梢蛇等。

补肾阴肾阳搜风药方：当归，蜂房，地龙，淡苁蓉，仙灵脾，土鳖虫，乌梢蛇，熟地黄，五味子，黄柏，乌药，益智仁，肉桂，甘草等。

胃热药方：桑白皮，白芍，大黄，厚朴，芒硝，黄连，枳实，生地黄等。

以上各方为中医三项综合治疗的基础方，根据中医治疗相加减，“实则泻之，虚则补之”。以达到人体阴阳平衡为主要目的。

杉树皮外固定治疗伸直型桡骨下端骨折技术

项目完成人及单位： 张培祥 浙江省立同德医院

项目简介：杉树皮外固定治疗伸直型桡骨下端骨折技术是一套根据全国知名老中医的临床经验总结，利用衫树皮为外固定材料并采用旋后位固定法治疗桡骨下端骨折的特色疗法。应用本技术治疗伸直型桡骨下端骨折时，病人痛苦少，并发症少，疗效显著总有效率达97.85%，此外还具有疗程短，功能恢复快，操作简便，易于学习等特点。在治疗伸直型桡骨下端骨折时有明显的优越性。

一、疾病简介

伸直型桡骨下端骨折是腕部最常见的骨折，多发生于中老年有骨折疏松的患者，跌倒时腕部呈背伸位，手掌着地，骨折部位多在骨松质与骨密质的交界处。

二、疾病简介

外伤后影像学证实为桡骨下端伸直型骨折，发病在2周之内就诊。

二、禁忌症

1. 陈旧性骨折；
2. 开放性骨折；
3. 病理性骨折；
4. 桡骨下端骨折伴下尺桡关节脱位（Galarzzi骨折）；
5. 骨折后局部有张力性水泡；
6. 不能配合的患者如精神病患者。

三、特色

杉树皮的特性使其在治疗伸直型桡骨下端骨折时具有明显的优越性，病人痛苦少，消肿止痛快，透气性好，压迫感少，并发症少，夹板松紧便于调整，疗程短，功能恢复快。

四、治疗方法简介

1. 器械的准备：树龄在 10 年以上，树干直径超过 15cm，杆挺拨直，生长在阳光充足山上的刺杉树表皮，根据肢体长短，粗细、剪取 4 块，并制作为夹板。

2. 杉树皮外固定操作。

3. 整复固定后 3 天摄片复查，调整夹板，有连续性骨痂通过骨折线即可解除固定。

神阙穴微波辐射法治疗肾阳虚月经不调技术

项目完成人及单位：陈丽文 长春中医学院附属医院

项目简介：神阙穴微波辐射法治疗肾阳虚月经不调技术是一套使用微波治疗仪治疗月经量多、小腹寒冷或空坠等肾阳虚月经失调的疗法。该方法简便，操作易于掌握，安全可靠，可免除患者服药之苦及服药后药物对人体的各种副作用，应用范围广泛，是深受患者欢迎、值得推广的一种治疗月经不调的技术。

一、疾病简介

月经不调是妇科常见病，多发病。主要表现为月经的周期或经期长短异常，流血量异常。月经不调严重地危害了广大妇女的身体健康。中医对月经不调的治疗方法很多，但疗程长，需要每天煎服药物，费时费力，而服药日久不可避免都有一定的副作用。

二、适应症

1.符合纳入病例标准者，年龄在 18 岁以上，45 岁以下。

2.符合无排卵型功血西医诊断标准，中医辨证肾阳虚证者。

三、禁忌症

1.年龄在 18 岁以下，45 岁以上未婚者。热敏感性差者。

2.哺乳期妇女。

3.上环者。

4.合并有心血管、肝、肾和造血系统等严重原发性疾病，精神病患者。治疗部位有金属异物者。

四、特色

神阙穴微波辐射法治疗月经不调的方法简便，安全可靠，无痛苦，操作易于掌握，可免除患者服药之苦及服药后药物对人体产生的各种副作用。

五、治疗方法简介

1 器械选用长春志成医用设备有限责任公司生产的 WFL-Ⅲ型微波多功能治疗仪。

2 治疗时间设置为每次 15 分钟。治疗功率的设置 15～20W。

3 患者取平卧或坐位，暴露脐部，患者自己手持理疗辐射器垂直距离神阙穴 1～2cm。

4 按理疗[启动]键，根据患者对热的耐受程度，调节治疗功率，直到病人感觉最舒适为止。

每次治疗时间 15 分钟，每日 1 次，连续 10 次为 1 疗程。共治疗 2 个疗程。

手法整复杉树皮外固定结合皮牵引治疗小儿股骨干骨折技术

项目完成人及单位：张亚军 浙江富阳市中医骨伤科医院

项目简介：手法整复杉树皮外固定结合皮牵引治疗小儿股骨干骨折技术是一套运用独特的手法整复方法并结合杉树皮外固定治疗小儿股骨干骨折的特色疗法。该方法具有肢体肿胀消退较快，并发症少，骨折愈合与功能恢复时间短等特点。患儿免受二次手术痛苦，缩短病程 1～2 周，减少医疗费用及陪护费用 16.4%～19.5%，家长易接受，社会、经济效益优良。

一、疾病简介

股骨干骨折在儿童骨折中较为常见，多数病人年龄集中在 3 岁～14 岁间，治疗目的主要为矫正旋转与成角移位，对断端的复位以功能复位为主。

二、适应症

1.年龄3～14岁，性别不限；

2.一周内的新鲜股骨干骨折；

3.X线表现骨折移位明显。

三、禁忌症

1.开放性骨折；

2.病理性骨折；

3.创伤引起血管神经损伤及下肢皮肤组织损伤者；

4.畸形等其他特殊病种；

5.陈旧性骨折。

四、特色

杉树皮夹板取材方便、制作简单、可塑形强又能防止骨折侧方移位，能保持复位后良好的固定。较对照组石膏固定肿胀消退快，疼痛缓解早，并发症少，独特的整复手法与固定有利于骨折复位和稳定，从而缩短了骨折愈合与功能恢复时间，缩短病程，且经济简便，疗效优良。

五、治疗方法简介

1.杉树皮夹板采用本地产选用清明后取下的大块杉树皮，压平整凉干后备用。制作时削除粗糙外皮，厚度一般3毫米左右，修剪光滑后备用。

2.手法整复（以左侧为例）：患儿仰卧，近端助手双手按住患儿骨盆两侧髂嵴，远端助手以右手扶住患侧腘窝膝外侧，左手握住患侧内后踝，术者立于患侧，左手由内侧握住骨折远端，右手由外侧握住骨折近端，与远侧助手一起屈膝外展，同时嘱远侧助手拨伸牵引，当重叠纠正后折顶、反折；同时回旋触顶手法使断端吻合，使下肢中立位，远端助手维持牵引，使骨折复位。屈膝屈髋外展角度：上中段骨折屈髋大，屈膝小，下段骨折反之。

3.皮牵引：选用二条橡皮布胶，宽约4.0cm，上5.0cm正中断开贴于下肢内外侧上下缘皮肤，其顶端低于骨折断面下1.0cm，胶布长出足跟部下7.0cm左右以利于贴住牵引板，牵引重量按体重设置为2～3kg。膝内外侧及双踝部等骨突部位放置少许脱脂棉花垫，牵引皮肤区有软组织挫伤者以无菌纱布覆盖后行牵引，胶布粘贴皮肤后用绷带包扎固定以防脱落。胶布远侧3～5cm处附牵引托板、牵引绳和滑轮。

4.杉树皮夹板的制作和固定方法：杉树皮夹板为前、后、内、外侧共四块，四块夹板宽度为肢体周径的1/5～1/6，并将各夹板边角压软变钝，放置少量脱脂棉花衬垫。夹板放置完成后，助手手持夹板临时固定，术者用1.0cm宽胶布条至上而下螺旋形环扎固定后，外以绷带螺旋型重叠环扎固定，绷带外再用胶布环扎固定。置患肢于外展位，下肢内外二侧用沙包固定，根据体重情况，安置2～3kg重的牵引锤。

5.入院三天内骨折整复后即摄片检查或透视观察复位情况。根据肢体肿胀变化及时调整夹板松紧度。一般外固定时间3～6周，初始负重时间6周左右，恢复行走时间7～8周。

孙氏旋转手法治疗神经根型颈椎病技术

项目完成人及单位： 朱立国 中国中医科学院望京医院

项目简介：孙氏旋转（提拉）手法治疗神经根型颈椎病技术，是中国中医科学院望京医院朱立国主任医师根据该院孙树椿教授治疗颈椎病独特手法，经过多年的临床实践整理的治疗神经根型颈椎病特色疗法。保守疗法是神经根型颈椎病主要疗法，旋转手法治疗神经根型颈椎病疗效显著、操作简便、见效快捷、安全性高，其治愈率和总有效率分别为15.65%和93.05%，同时具有操作简便，易于学习等特点，是一项值得推广运用的中医临床实用技术。

一、疾病简介

神经根型颈椎病是颈椎间盘退变引起颈椎一系列的病理改变，并有颈部神经根受损害和/或受刺激而引起的一组症候群。现代研究表明，神经根型颈椎病根性痛的病理改变主要表现在颈椎间盘退变基础上诱发钩椎关节退变、关节突关节、关节囊及韧带等组织退变，使神经根受到挤压和刺激，神经根硬膜袖可继发炎症反应导致局部血管渗透性升高和循环障碍，根袖部继发肥厚粘连及纤维化变，使神经根在炎症、水肿等诱因的刺激下产生根性症状。

二、适应症

1.符合诊断标准及中医辨证标准者疾病分期。

⑴西医标准：参照1993年全国第二届颈椎病专题座谈会提出的神经根型颈椎病的诊断标准。

a、颈痛伴上肢放射痛。

b、受压神经根皮肤节段分布区感觉减弱，腱反射异常，肌萎缩，肌力减退。

c、牵拉试验、压头试验阳性。

d、颈椎X线可见椎体增生，钩椎关节增生明显，椎间隙椎间孔变小。CT可见椎体后赘生物及神经根管变窄。

⑵中医标准：参照中医药管理局发布的《中医病证诊断疗效标准》中颈椎病中医证候分类。

颈、肩、上肢串通麻木，以痛为主，颈部僵硬，活动不利，恶寒畏风，头重，舌淡红，苔薄白，脉弦滑紧。

2.符合颈椎病诊断，非急性期病人。

3.年龄在25～65岁。

三、禁忌症

1.眼源性、耳源性眩晕。

2.急性期疼痛严重者。

3.疑有或已确诊的颈椎及椎管内肿瘤者。

4.有出血倾向的血液病患者。

5.骨关节结核、骨髓炎及老年、性骨质疏松等。

6.诊断不明确的脊柱损伤伴脊髓损伤症状者。

7.严重的心、肺、脑疾病患者。

8.手法部位有严重皮肤损伤或皮肤病者。

9.妊娠三个月左右的孕妇。

四、治疗方法简介

手法要求持久、有力、均匀、柔和，从而达到“深透”目的。如《医宗金鉴》所说：“一旦临近，机触于外，巧生于内，手随心转，法从手出。”“持久”是指手法持作时能持续运用一定时间，保持动作和力量的连贯性，同时使该部位产生感应，一定的力度，包括固定部位的压力和运用的功力，同时根据治疗的对象、病症的虚实、施治的部位来决定，使手法轻而不浮，重而不滞。“均匀”是指手法动作的节奏性和用力的稳妥性，动作频率要有节奏而协调，用力要稳。“柔和”是指手法动作的节律协调及用力的均匀缓和，是手法技巧和力量的完美结合。

特定针法治疗前列腺增生引起的排尿困难症的临床多中心疗效再评价

项目完成人及单位：韩崇华　杭州市中医院

项目简介：从诊断、取穴、操作手法、疗效评定、实验室论证等方面作出一整套适宜的、统一规范的量化标准。我们仅取秩边、中极两穴，秩边穴是膀胱经经穴，其解剖位置恰好在支配前列腺体的骶3、4神经和腹下丛神经处，中极穴是膀胱募穴，功效助气化。针灸两穴，能调整膀胱功能，使之气化有权，则溺出畅矣。另从解剖角度看，针刺病所，则有选择性地松驰前列腺平滑肌，而不影响膀胱逼尿肌的收缩，缓解尿梗阻，顺畅排尿。近5年来获得数据完整的病例80例，治疗效果显著，使患者免除了手术的痛苦。3个月后随访患者40例，巩固率为80.5%。用本法治疗BPH引起的排尿困难、急性尿潴留重复率高，有针到尿通之功。

一、疾病简介

前列腺增生症引起的排尿困难，是困扰男性中老年人的疑难病症。它引起患者昼夜尿频，次数多致无法工作和休息。可导致尿潴留、膀胱炎、膀胱结石、肾衰等危险。

二、适应症

50～75岁前列腺增生引起的排尿困难症。

三、禁忌症

1.不符合诊断标准和未纳入标准者。

2.有慢性前列腺炎病史者。

3.反复发作尿路感染者。

4.前列腺或膀胱癌患者以及做过前列腺或膀胱手术者。

四、特色

1.破常规针法，取用5寸长针使“针到病所”见效迅速。

2.取穴精练，养活针刺之痛苦。

3.将多中心、大样本、随机化等临床流行病学/DME方法应用于针法临床研究。

4.对针法临床安全性、有效性、适应症、禁忌症等内容的全面评价。

5.对针法远期疗效，生存质量的观察。

五、治疗方法简介

1.器具：苏州医疗用品厂生产的华佗牌28号5寸毫针和28号2.5寸毫针；艾条。

2.操作方法及步骤：患者仰卧于治疗床上，对进行针刺点作局部常规消毒皮肤，取用苏州医疗用品厂生产的华佗牌28号5寸毫针，作60度刺入秩边穴，针尖向内侧会阴部进针，针进深度3～3.5寸，以针感向会阴部生殖器放射为佳，小幅度提插捻转1分钟，留针20分钟，期间每隔4分钟，作小幅度提插捻转1分钟，强度以患者能忍受为宜，起针完毕。嘱患者仰卧位，常规消毒进针点，取苏州医疗用品厂生产的华佗牌28号2.5寸毫针，直刺中极穴，以针感向会阴部放射为佳，取苏州医疗用品厂生产的华佗牌艾条 2cm长一个，点燃插入柄上，灸2壮。

3.每日1次，5次为一疗程。

提拉旋转斜扳法治疗腰椎间盘突出症的临床评价及技术规范

项目完成人及单位：林应强　广州中医药大学

项目简介：推拿治疗腰椎间盘突出症是临床常用的方法，但临床上推拿方法很多，根据全国名老中医的临床经验，总结了一套比较成熟的治疗腰椎间盘突出症的手法——提拉旋转斜扳法.经观察治疗组于两周后的痊愈率达到83%，优于对照组的41%，远期痊愈率也优于对照组，不同时间疗效评价组间比较差异均有统计学意义，表明“提拉旋转斜扳法”疗效优于对照组。结论：“提拉旋转斜扳法”治疗腰椎间盘突出症疗效优于常规手法治疗。

一、疾病简介

腰痛向臀部及下肢放射，腹压增加时疼痛加重。多发于青壮年。手法治疗腰椎间盘突出症由于具有方法简便，舒适有效，并发症少等优点，已被作为治疗腰椎间盘突出症的重要方法之一，在各级医院中得到广泛运用，成为腰椎间盘突出症的首选疗法。

二、适应症

符合腰椎间盘突出症的中、西医诊断标准。

三、适应人群：

排除有禁忌症的一切患者。

四、特色

本法操作简单，要求条件低，易学、易懂、易掌握，且疗效立竿见影，稳定确切，费用低廉，容易为广大患者接受。

五、禁忌症

1.合并严重的其他器质性病变（包括恶性肿瘤、骨折、骨髓炎等)。

2.合并有心血管、肝、肾等严重原发性疾病。

3.孕妇、血证患者。

六、治疗方法简介

1.病人健侧侧卧于诊床上，肩下垫一厚的软枕头，患侧下肢屈膝90°角以上，膝部伸出床边，健侧肢下伸直。

2.患者的健侧上肢由助手从胸前准备向天花板方向提拉，掌心对患者鼻尖，患侧的上肢环抱在头上。

3.术者双手掌压住患者患侧臀部的上半部，助手将患者的健侧上肢向天花板方向拉提，使患者保持上身离床悬空，健侧肢下伸直及骨盆贴于治疗床的架势（脊柱与床面的夹角约 35°这样可使患者躯干旋转作用力于痛点。

4.此时术者以肘压臀向下有节奏地加大压力，使患者躯干部旋转也逐渐加大，这样扳动约7次，术中也可听到脊柱在扳动时的“咯哒”声。

5.手法结束后检查椎旁压痛，脊柱侧弯，直腿抬高情况。

天灸治疗支气管哮喘的规范化研究

项目完成人及单位：刘炳权　广州中医药大学第二附属医院（广东省中医院)

项目简介：以清代《张氏医通》治哮喘方为基础，将白芥子、细辛、甘遂、延胡按比例共研细末，新鲜老生姜去皮后，石磨磨碎，再用纱布包裹过滤绞汁，用密闭容器保存在4°～8°低温下，用时倒出，把药末、姜汁按照一定比例调和，并制成药饼，用胶布贴于特定穴位。每次贴药1小时，10天贴1次，治疗3个月，共9次。可有效治疗支气管哮喘。

一、疾病简介

支气管哮喘（简称哮喘）是呼吸系统常见病，估计全球有1.6亿患者，近二十年来，其发病率在世界范围内逐年上升且程度加重。随着工业化和空气污染加重，我国哮喘发病率也呈上升趋势。

二、适应症

1.符合“支气管哮喘”西医诊断及中医“哮证”缓解期和发作期属“寒哮症”诊断标准。

2.急性发作期属轻、中度者，非急性发作期属间歇性及轻、中度者。

三、禁忌症

1.合并严重心脑血管、肝、肾、造血系统等疾病者。

2.哮喘持续状态或病情划分为重度、危重者。

3.孕妇、血证、发热、皮肤对药物特别敏感者。

四、特色

天灸疗法对于支气管哮喘有较好的预防复发作用，操作方便、安全、无副作用，且费用较低廉，能被广大患者接受，进行广泛推广应用后，预期可减少支气管哮喘病人的复发情况，提高其生活质量，降低其医疗费用，具有显著的经济效益及社会意义。

五、治疗方法简介

1.药物制备：白芥子 40%、细辛 40%、甘遂 10%、延胡 10%共研细末，用时以老姜汁调和成 1×1×1 立方厘米的药饼，用 5 平方厘米的胶布贴于穴位上。

2.取穴：

（1）肺俞、胃俞、志室、膻中

（2）脾俞、风门、膏肓、天突

（3）肾俞、定喘、心俞、中脘

背部穴位均取双侧。1 次 1 组，3 组交替使用。

3.方法及疗程：

将药物贴于穴位上，每次贴药 1 小时，10 天贴 1 次，治疗 3 个月，共 9 次。

头皮针抽提法提高脑血栓形成后偏瘫患肢肌力的临床研究

项目完成人及单位： 孔尧其 浙江省立同德医院

项目简介：头皮针抽提法是浙江省立同德医院孔尧其主任医师在长期针灸临床实践中总结出来的治疗方法，头皮针取用《头皮针穴名国际标准化方案》的穴位，抽提法是一种行针手法，源于汪机的《针灸问对》，由抽添法演化而成。而头皮针抽提法，不仅有较大的刺激量，而且还有利于配合肢体运动，通过边行针、边运动、长留针、常运动，从而产生较强的改善肌力的效应，不失为一种省时、省力、痛微、效捷的运针手法。

一、疾病简介

中医称脑血管意外为中风或脑卒中，其中脑血栓是最常见的一种。我国中风发病率约为 80～120 人/10 万人，为我国疾病谱第二位。据 1987 年中华人民共和国国家统计局关于全国残疾人抽样调查主要数据的公报指出：脑内疾病所引起的肢体残疾约 118 万人，占全体残疾患者的 15.63%，我国幸存者中的 3/4 不同程度丧失劳动力，重度致残者占 40%以上。

二、适应症

1.脑血栓形成后偏身瘫痪。

2.符合上述脑血栓形成诊断标准、中医诊断标准，并结合 CT 或 MRI 诊断为脑血栓形成的偏瘫病人。

3.中医辨证为中风中经络的实证或本虚标实证者。

4.参照《中药新药治疗中风的临床研究指导原则》，偏瘫侧肢体中上肢瘫、指瘫、下肢瘫、趾瘫肢体功能评分或综合功能评分有一项≥3 分者。

5.发病至接受治疗时间在 2 至 3 个月以内（即发病后第 31 天至第 90 天）者。

6.无神志昏迷，血压基本稳定者。

三、禁忌症

1.CT 或 MRI 诊断为非脑血栓形成的偏瘫者。（包括：脑出血、蛛网膜下腔出血、脑硬膜外出血，脑肿瘤，脑内血管畸形出血，脑炎和脑膜炎等。）

2.中医辨证为中脏腑和虚证者。

3.偏瘫侧肢体功能评分和综合功能评分均≤2 分者。

4.神志昏迷或生命指征不稳定者。

5.发病至接受治疗在 3 月以上者。

6.年龄在 70 岁以上者和妊娠者。

7.头皮有瘢痕、肿瘤、严重感染、溃疡和创伤者，施术部位为头颅手术部位或未植入颅骨者。

四、特色

1.安全性强，在实施过程中无一例意外或明显不适反应。

2.疗效快捷显著，部分病人首次治疗后就可以将患肢肌力提高 2～3 级。

3.手法规范，要领明确，使事件便，易于掌握，有较好的推广应用前景。

4.目前与西医康复相比较，有明显的优势和社会认同感。

五、治疗方法简介

1.器具：佳辰牌一次性不锈钢毫针，型号为30-40号(直径0.23mm-0.30mm)、1寸～1.5寸(25mm-40mm)，产地为江苏省吴江市佳辰针灸器械有限公司。

2.操作方法及步骤

（1）体位：坐位。确不能坐者，可采用仰卧位。

（2）针刺部位：病灶侧（即偏瘫肢体的对侧）头部。

（3）取穴：采用《中国头皮针施术部位标准化方案》：顶中线、顶颞前斜线。顶中线：在头顶部前后正中线，自百会向前至前顶。顶颞前斜线：在头部侧面，即前顶穴起，止于悬厘穴。

（4）皮肤消毒：采用2%的碘酒拭擦施术部位，再用75%的酒精棉球将碘酒拭净，或单用75%的酒精棉球拭擦针刺部位的皮肤。

（5）进针：采用指切进针法。先用左手拇指切按在治疗线旁边，右手持针，紧靠指甲快速将针刺入，针尖至帽状腱膜下层。

（6）针尖方向：顶中线由前顶刺向百会；顶颞前斜线由前顶刺向悬厘的上2/3节段，用两根毫针接力刺法。

（7）手法：在针尖刺入帽状腱膜下层后，使毫针与头皮呈15度～30度角，在腱膜下层进入皮肤1寸(25mm)左右，指下有不紧不松的感觉和一种吸针感。然后进行行针操作，即用爆发力向外速提3次（约5秒钟），每次至多提出1分（2.5mm）许，又缓插至1寸，如此反复运针10遍，共计约5分钟。

（8）留针：间歇动留针2个小时，每隔30分钟运针5遍（约2分30秒）。行针和留针期间，可结合患肢的运动。

（9）出针：出针时，应先以左手拇指按住针孔周围皮肤，右手持针慢慢提至皮下。然而，将针迅速拔出。出针后若有出血，应迅速用消毒棉球压迫止血。

（10）疗程：每日针1次，每周针刺3次，共12次为1个观察疗程。

头穴透刺治疗脑出血急性期技术

项目完成人及单位：东贵荣 黑龙江中医药大学

项目简介：头穴透刺治疗脑出血急性期技术一套头部腧穴透穴针刺的方法，该方法对于脑出血的运动障碍及神经功能缺失均有治疗作用。此技术疗效显著，明显提高康复水平，具有操作简便、经济，应用安全性高等特点。是具有广泛推广性的一种治疗急性脑出血的较好方法。

一、疾病简介

脑血管病是严重危害人类健康的三大致死病因之一。其中脑出血占脑血管病发病率的20～30%，是脑血管病中发病较急、病情较重、死亡率更高的疾病，给社会和患者家庭带来了沉重的经济负担和精神负担。尽管目前医学界对于脑出血治疗方法很多，但是无一种疗法是对脑出血所致神经功能障碍恢复有针对性的治疗方法。脑出血的康复，尤其早期康复至关重要，决定着预后的程度和康复的水平。

二、适应症

1.意识清楚。

2.血压稳定。

3.脑叶出血量≤30ml。

4.丘脑、基底节出血量≤20ml。

5.临床观查出血停止、生命指征稳定为标准者。

6.临床观察分析：病人生命指征稳定者。

三、禁忌症

1.脑干出血。

2.脑室出血。

3.脑叶出血≥30ml。

4.基底节出血≥20ml。

5.脑疝或脑疝倾向者。

6.脑出血并发抽搐发作。

7.深度昏迷。

8.血压高或低血压休克。

9.呕血便。

四、治疗方法简介

1.器械应用华佗牌28号1.5寸针灸针。

2.患者采取平卧、半卧位或坐位体位，头部保持中正位。

3.意识障碍较轻取穴神庭透上星、双太阳；精神症状病人取穴：神庭透上星、双曲差透五处、双本神；头痛病人取穴：双太阳透上关、双风池；尿便障碍病人取穴：四神聪透百会；失语病人取穴：风府透哑门；面瘫病人取穴：地仓透颊车、下关；吞咽困难病人取穴：廉泉、金津、玉液、海泉、风府、双风池、双医风等；瘫痪病人取穴：百会穴透太阳穴连线平均分四段，依次分别针四针；感觉障碍取穴：络却透承灵透悬厘；眼球运动障碍取穴：印堂、太阳等。

4.针刺方法：采用快速进出针、快速小捻转间断针刺方法。以28号1.5寸针灸针首先垂直刺入皮下或头皮帽状腱膜下后，以15度角的针刺方向沿头皮或皮肤轻微、快速、不捻转刺入1.0寸。太阳、风池、下关、廉泉、金津、玉液、海泉等穴位按选穴方向采用快速直刺或斜刺，刺入1.0寸。手法采用快速捻转实行针刺手法同时，患者主动或被动进行运动、语言、吞咽等神经功能锻炼。

5.疗程：每日治疗一次，每周六次，周日停针一天，28天为一疗程。

透穴刺法治疗中风后小脑性共济失调技术

项目完成人及单位：王　顺　黑龙江省中医研究院

项目简介：透穴刺法治疗中风后小脑性共济失调技术是一套在后枕部、项部腧穴进行透刺，对小脑产生良性生物电刺激，同时透刺可改善小脑的血液供应，从而发挥治疗作用的特色疗法。透穴刺法疗效显著，临床应用总有效率为93.33%。该技术操作简便、易于掌握，是治疗中风后小脑性共济失调的较好方法。

一、疾病简介

中风病是世界范围内常见病、多发病，也是病死率、致残率极高的病种之一。中风（包括小脑梗塞和小脑出血）后小脑性共济失调在临床上较为常见。小脑性共济失调有眼球震颤、构音障碍、坐立不稳和小脑步态，即行走时两足分开，步距大小不一，步态蹒跚不稳易倾倒。指鼻试验、跟膝胫试验、对指试验等障碍并有肌张力减低或消失、关节运动过度、快复动作障碍等，并且不受睁眼、闭目或照明度影响，不伴感觉障碍。对于中分后小脑性共济失调病症，中药及针灸应用前景广阔，透穴刺法治疗中风后小脑性共济失调疗效更是显著。

二、适应症

主治中风后小脑性共济失调（包括小脑出血、小脑梗塞），年龄在36～70岁之间；病程在1～20个月病情稳定者。

三、禁忌症

1.脑出血或大面积脑梗塞急性期病情尚未稳定者；

2.伴有严重的心脏、肝、肾、造血系统等疾患者、精神病患者及伴有严重传染性疾患者；

3.体质过度虚弱者。

四、治疗方法简介

1.针具选择为华佗牌不锈钢针灸针 28 号 1.5～3.0寸毫针

2.患者采取坐靠体位（坐扶手椅或靠背椅），头部保持中正位。

3.脑空透风池穴，进针1.5寸，以快速小幅度捻转，每分钟200转，行针2～3分钟；玉枕透天柱进针1.5寸，以快速小幅度捻转，每分钟200转，行针2～3分钟；脑户透风府进针1.5寸，以快速小幅度捻转，每分钟200转，行针2～3分钟；风池透风池以快速小幅度捻转，每分钟200转，行针3分钟，不留针。

4.治疗时间及疗程：每次治疗时间为30分钟，每日治疗一次，30次为一疗程。

眼针治疗急性缺血性中风技术

项目完成人及单位：田维柱　辽宁中医学院附属医院

项目简介：眼针治疗急性缺血性中风技术是根据临床经验总结出的一套利用针刺眼周围穴位以达到止痛消肿、安神定志、调整阴阳、理气和血、通经活络的目的，从而治疗急性缺血性中风的特色方法。该技术疗效显著，操作简便，是一种治疗急性缺血性中风的新方法。

一、疾病简介

缺血性脑血管疾病是指由于脑部血流供应障碍，缺血、缺氧引起的局限性脑组织的缺血性坏死或脑软化，其发病率占全部脑卒中80%。存活者中60%～70%病人遗留瘫痪、失语等严重残疾，给社会和家庭带来沉重的负担。随着人群预测寿命的延长，脑血管疾病的高病发率和高致残率日益严重的威胁人类的生命，寻找一个有效的治疗方法已成为当今医学界的研究热点。缺血性脑血管疾病在祖国医学中属中风范畴，是临床常见病、多发病，其发病率、病死率、致残率和复发率高，严重危害人类健康。中药及针灸治疗应用前景广阔，眼针治疗中风疗效更佳。

二、适应症

本法适于一切符合中风病诊断标准的急性颈内动脉系统脑梗死病人。

三、禁忌症

1. 病情危重，躁动不安者慎用。

2. 眼睑肥厚、浮肿者慎用。

3. 精神病患者慎用。

四、治疗方法简介

1. 器械采用华佗牌32号0.5寸不锈钢毫针、75%酒精、消毒干棉球，镊子、医用盘。

2. 患者一般采用坐位，面对术者，病重体弱者可采用仰卧位。

3. 选取眼睛双侧肝区、肾区、上焦区、下焦区。

4. 右手持针，在距眼眶内缘外2mm处刺入，从经区的一侧刺向另一侧，表里二穴区可同时取，但不可刺到其他穴区。下焦区在鼻梁部，不能常规横刺，要从两内眦连线与鼻梁交点处进针刺向两侧内眦。进针深度：斜刺进针12±2mm，通过真皮到达皮下。进针要稳、准、快，不施手法，不提插、不捻转，病人感到酸、麻、胀、重、凉、热等感觉即可。

5. 留针：10～20分钟，不可超过30分钟。

杨氏钩针治疗肱骨外上髁炎技术

项目完成人及单位：杨楣良　浙江省立同德医院

项目简介：本技术是由浙江省中医药管理局组织实施、由以浙江省同德医院杨楣良教授为组长的专家组经过多年的临床实践，探索出来的。该技术的发现，为肱骨外上髁炎的治疗开辟了一条新的途径。课题组曾用杨氏钩针疗法与毫针针刺疗法系统对照观察治疗肱骨外上髁炎209例，结果表明杨氏钩针疗法组疗效明显高于对照组，总有效率达83%。

一、疾病简介

肱骨外上髁炎又称“肱桡滑囊炎”、“肱桡关节炎综合征”，俗称“网球肘”。属中医“痹症”、“筋痹”范畴，亦称“肘劳”。肱骨外上髁炎是一种临床常见病、多发病。多见于特殊工种或职业，如砖瓦工、网球运动员或有肘部损伤病史者，以40～50岁的男性居多。临床表现为肘外侧疼痛，疼痛呈持续渐进性发展。作拧衣服、扫地、端壶倒水等动作时疼痛加重，常因疼痛而致前臂无力，握力减弱，甚至持物落地，休息时疼痛明显减轻或消失。

二、适应症

肱骨外上髁炎（气滞血瘀型）。

1.符合肱骨外上髁炎的诊断标准者。

2.年龄性别不限。

3.符合中医气滞血瘀型者

三、禁忌症

1.同时患者有局部骨结核、骨肿瘤者。

2.不属于气滞血瘀型者。

3.同时应用糖皮质激素类药物，非甾类，消炎镇痛不能影响结果判定的其它治疗方法和药物者。

4.治疗过程中，病情持续加重或出现严重并发症者。

四、特色

1.强调经络、注重病位。

2.疗效显著，不仅近期效果好，远期效果也十分显著且巩固，明显优于对照组（$P<0.01$）。

3.安全稳妥，无不良反应。

4.使用简便可行，易于推广应用，一般不需特殊设备。

5.缩短疗程节省开支。

五、治疗方法简介

1.器具：

（1）针灸医针华佗牌直径0.32毫米，1.5寸毫针苏州医疗用品厂生产。

（2）钩针，自制。

（3）测力握力器：中国中学生比赛专用，上海金甸实业有限公司生产。

（4）NL-90人体肘部扭力侧力仪，自制。

2.操作方法及步骤

（1）患者取仰卧位，患者90°屈曲，暴露患处，手掌贴靠胸前部。

（2）术者靠近患臂一侧取坐位，距离适度，便于操作为宜，确定痛点部位，并作出记号，局部常规消毒，左手拇指或食指作指切压手，右手持经已消毒的钩针，呈执笔式，针尖朝下，用速刺法将针进入皮下组织后，进行提插法，“得气”后，不出针改行“一穴多向”刺，进行“钩拉”“弹拨”手法，随即作“震颤”手法10次，嗣后再运用针头的光圆部分，对骨膜作轻柔的“按摩”手法，操作手法较重，出针摇大其孔，以泻其实，操作完毕时，按进针方向倒退出针，然后用“创可贴”覆盖固定。

3.疗程：每次操作总时间约8分钟，每隔二天治疗1次，每两次间隔2～3天。6次为一个疗程，治疗需要2个疗程。

仰卧拔伸手法治疗颈椎病技术

项目完成人及单位：詹红生　上海中医药大学附属曙光医院

项目简介：仰卧拔伸手法治疗颈椎病技术是一套运用柔和而又具有渗透力的手法松解颈椎周围的软组织、调整颈椎不良的位置关系，从而治疗颈椎病的中医特色疗法。该技术见效快，临床疗效显著，其愈显率为70.2%、总有效率为94.2%。具有复发率低、适应面广、痛苦小、安全可靠等优点。是治疗神经根型颈椎病，促进患者康复的有效疗法之一。

一、疾病简介

颈椎病为临床常见病，近年来发病率有所升高，且发病年龄提早，低头工作者30多岁即可发病。其中，神经根型颈椎病占50～60%，对人们的生活质量构成威胁，门诊中要求治疗者日渐增多。目前，对于神经根型颈椎病的治疗多采用非手术的方法，包括推拿手法、机械牵引、理疗、药物和功能锻炼等。

二、适应症

25～65岁、男女不限，轻中度颈型、神经根型、椎动脉型、交感型，轻度脊髓型颈椎病。

三、禁忌症

中度和重度脊髓型、其它类型的重度颈椎病。

四、治疗方法简介

1.器械仅需普通治疗床。

2.患者取俯卧位，以一指禅推法、滚法和按揉法在颈项、肩及上背部常规操作，10min。

3.患者取仰卧位，术者立其头端，双手重叠自第3、4颈椎下将颈部稍微托起，与水平方向呈15°～20°角拔伸持续时间不少于1min，反复5遍。

4.以食、中、环三指指腹着力，由下而上沿直线平推，两手协同，交替进行，包括督脉和两侧膀胱经的颈段，每条线各6遍，共12遍。

5.以中指指腹着力，以中等强度力量沿项韧带及其两旁自下而上弹拨，两手交替进行，反复5遍。

6.以中等强度力量勾揉风池、风府穴、阿是穴，按揉肩井穴各2min。

7.在拔伸状态下左右旋转颈椎至极限位，不做扳法，反复5遍。

8.自颈根部将颈椎微微托起，然后边拔伸，两手边向头部滑移至发际，反复5遍。

9.以上治疗每次总时间约20min，隔天1次，6次为1个疗程。

张力平衡针法治疗中风后痉挛瘫痪技术

项目完成人及单位：章薇　湖南中医学院第一附属医院

项目简介：张力平衡针法治疗中风后痉挛瘫痪技术是一套用改进的传统针刺疗法，选伸肌、屈肌侧有效穴位，根据两侧痉挛、弛缓的不同，施以不同手法，以平衡阴阳，改善肌张力，治疗脑卒中的疗法。该方法疗效确切，操作方便，安全可行，患者易于接受。不失为一种治疗中枢性痉挛瘫痪、促进康复的有效疗法之一。

一、疾病简介

急性脑血管病以其高致残率使其幸存者中近 3/4 的人遗留残疾，严重影响生存质量。脑卒中痉挛瘫痪临床表现为一侧肢体瘫痪，呈痉挛性；肌张力增高，腱反射亢进。

二、适应症

脑卒中痉瘫恢复期或后遗症期患者，年龄 45～70 岁。或小儿脑瘫、截瘫、脑外伤等中枢神经系统疾病表现为肌张力增高、痉挛拘急状态者。

三、禁忌症

1.对脑卒中急性期患者，生命体征不稳定及神志不清者，伴有严重糖尿病者，严重感染，严重心脏病，恶性高血压，肝肾功能不全，造血系统疾病者慎用。

2.排除精神病、艾滋病，以及伴有肝炎，结核等传染病史者。

四、特色

本技术疗效确切，操作方便，安全可行，患者易于接受。

五、治疗方法简介

1. 为直径 0.32mm，长 40mm 一次性不锈钢针具。

2. 取穴：上肢屈肌侧：极泉、尺泽、大陵

上肢伸肌侧：肩髃、天井、阳池

下肢伸肌侧：血海、梁丘、照海

下肢屈肌侧：髀关、曲泉、解溪、申脉

3. 患者取仰卧位，患侧上肢置体旁，手臂伸直，掌心向躯干；患侧下肢自然伸直，腘窝处垫高 15cm 左右，支撑踝关节保持中立位。

4. 手法：

弱化手法：先取上肢屈肌，下肢伸肌侧穴位，消毒穴位后，快速刺入各穴，得气后每穴行柔和均匀的捻转手法 1 分钟。

技术标准：进针动作轻柔，快速刺入皮下，捻转角度为 90°±，频率为 60±次/分，以不出现肌肉抽动为度，出针轻慢。

强化手法：取上肢伸肌、下肌屈肌侧穴位，常规消毒，快速刺入各穴，得气后每穴行较强的提插捻转手法 1 分钟。

技术标准：进针动作柔和，快速刺入皮下，根据肌肉丰厚度，提插幅度 1～3cm，频率为 60 次±/分，捻转角度为 180°±，频率为 60 次/分，以出现较强针感为度，出针较快。

5.治疗时间及疗程

留针 30 分钟，出针前分别用上述手法运针 1 分钟，每日 1 次。10 天为了疗程，疗程之间隔两天，连续治疗观察 3～4 疗程。

针刺调肝法治疗抑郁性神经症的规范化研究

项目完成人：符文彬　樊　莉　朱晓平　何　青　王　玲　庄礼兴　刘远声　唐纯志　李颖文　蒙昌荣　张洪来　李　慧　王　聪　刘健华　周道友　文　幸

项目简介：

2008 年获广州中医药大学科学技术奖一等奖、中国针灸学会科学技术奖二等奖，针刺治疗抑郁性神经症并被列入“国家中医药管理局科技成果推广项目、中医临床适宜技术推广项目”。

疗法特色：项目属针灸临床应用研究。主要内容：

（1）研究目的：抑郁性神经症属中医“郁病”范畴，治疗上当以“调肝”为法，国内外虽有针刺治疗本病的临床实践，但尚欠缺有力的循证医学证据，故我们开展此研究以求①科学评价针刺治疗抑郁性神经症的有效性、安全性；②与西药百忧解进行对照，比较针刺与西药在本病治疗上的优劣。

（2）研究过程：自 2004 年 1 月至 2006 年 9 月，采取多中心、大样本、随机对照、盲法评价研究方法，选择符合纳入标准的抑郁性神经症患者共 440 例作为研究对象，随机分为针刺调肝法组、百忧解组，假针刺组（非穴位针刺组），共进行三个月的治疗，通过 HAMD 评分、SDS 评分、生存质量量表、中医证候量化表及抗抑郁药副反应量表(SERS)系统观察治疗前后患者的症状变化及不良反应，科学评价针刺调肝法治疗抑郁性神经症的有效性、安全性，并规范针刺调肝治疗该病的治疗方法。

（3）研究结果：分别对研究数据进行 PP 分析和 ITT 分析，综合两者统计分析结果，发现：

①以 HAMD 量表、SDS 量表作为评价指标，结果显示针刺调肝组疗效优于百忧解，且两组疗效均优于非穴位针刺组；以生存质量量表、中医证候量化表作为评价指标，结果显示针刺调肝组疗效与百忧解相当，且两组疗效均优于非穴位针刺组。

②针刺调肝法的有效性：不论以何种指标进行疗效评价，均显示针刺调肝组疗效优于非穴位针刺组，由于非穴位针刺组是国际上通用的“安慰针”设计方法之一，故可认为针刺调肝法治疗本病具有肯定的疗效。

③针刺调肝法与百忧解的比较：由于 HAMD 量表、SDS 量表为本病的专用评价量表，故以此二者为指标作出的疗效评价结果更为可信，但考虑到针刺本身具有一定的心理安慰作用，且受试者大多来自于中医院，对针灸疗法的心理依从性较西药为高，故尚不能肯定地认为针刺调肝法疗效优于百忧解。

④针刺调肝法的安全性：以抗抑郁药副反应量表(SERS)为评价指标，结果显示针刺调肝法的副作用远低于百忧解，且与非穴位针刺组相近。另外，针刺调肝组及非穴位针刺组均未见如晕针等严重不良反应报告。

（4）由研究结果可得出以下结论：①针刺调肝法对于抑随性神经症是一种有效、安全的疗法。②针刺调肝法对于抑郁性神经症的疗效可能优于或相当于百忧解，但副作用远低于百忧解。

图 1

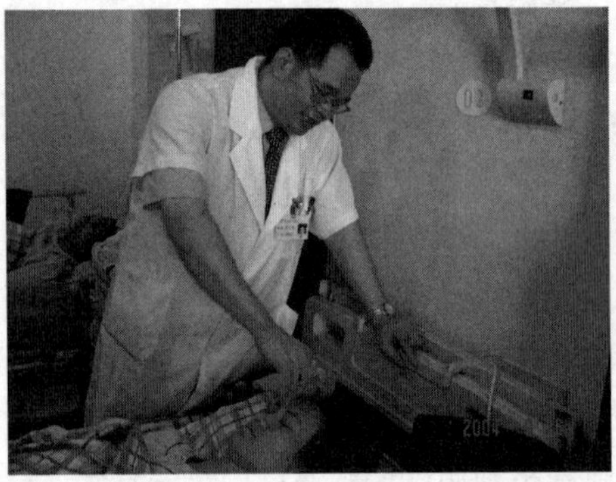

针刺清喘穴治疗哮喘标准技术

项目完成人及单位：蔡志红　吉林省梅河口中医院

项目简介：在十几年的治疗哮喘临床工作中摸索出的一套有效治疗哮喘的新方法，新穴位位于任脉廉泉穴与天突穴之间，命名为清喘穴。并运用于临床近万例哮喘患者，验证了此疗法具有即刻止喘起效快的独特疗效，为患者从服药到药物起效赢得足够的时间的特点，针刺“清喘穴”被认为是治疗哮喘的一种安全、简便、易行、经济疗效确切的一种较好的治疗方法。为哮喘患者喘息症状的恢复提供质量可控、疗效确切新的针刺疗法。

一、疾病简介

支气管哮喘是支气管由于高反应及其他因素引起的广泛气道狭窄性，全球最常见的慢性呼吸系统一中变态反应性疾病。

二、适应症

1.符合西医支气管哮喘急性发作期

2.中医辨证为哮证发作期冷哮的门诊患者

3.符合 1、2 中的诊断标准

4.病情分级属轻、中度者

5.18～65 岁

三、禁忌症

1.妊娠或易晕针者

2.合并有心血管、肝、肾和造血系统等严重疾病

3.合并肺心病、呼吸衰竭的患者

4.病情严重程度分级为重度危重（哮喘持续状态）的患者

5.精神病患者

6.过于饥饿、疲劳者

7.有自发性出血或损伤后出血不止者

8.皮肤有局部感染、溃疡、瘢痕

四、特色

即刻止喘速度快，疗效显著。

五、治疗方法简介

1.32#0.5 寸，弹性良好的不锈钢毫针。

2.清喘穴定位：位于廉泉穴于天突穴之间，环状软骨正中下方凹陷，以手指触之有抵触感。解剖位置，位于颈前正中有一体表自然凹陷，环状软骨前方正中下缘，深至气管表面。甲状腺下动脉有内发出走行在两侧，位置靠后，针刺不易损伤动静脉。

3.患者取仰头位，用 75%酒精（或碘伏）常规消毒针刺穴位，医生以右手持针于清喘穴垂直进针 0.2cm，

震颤5秒钟，患者可即刻止喘，若5秒钟时未达到止喘，可将针提至皮下，先向左斜刺0.5cm，提插3次，再将针提至皮下，向右斜刺0.5cm，提插3次，将针提至皮下向下斜刺0.3cm，手法以震颤为主。同时嘱病人全身放松深吸气，深呼气，患者在0.7至1分钟内可达到即刻止喘。

4.10天为一疗程，若病情需要，休息三天，可继续针刺第二疗程。

至阳穴埋元利针法治疗带状疱疹疼痛技术

项目完成人及单位：杨素清　黑龙江中医药大学附属第一医院

项目简介：至阳穴埋元利针法治疗带状疱疹疼痛技术是一套采用元利针刺至阳穴，并以适当的力量时时拍打埋针处，使其对穴位产生非强烈的持续性刺激，使这种刺激持续传输到受作用的神经节段而发挥止痛作用的疗法。该方法具有简便、见效快，疗程短，无副作用等特点。是一种治疗带状疱疹疼痛的新途径、新方法。

一、疾病简介

带状疱疹，中医称“蛇串疮”，是皮肤科的常见病、多发病，以皮疹和神经痛为特征，严重影响病人的生活质量。有资料表明，带状疱疹的发病率在1.4‰～4.8‰之间，近年来有增加的趋势，其中绝大多数患者伴有剧烈的神经痛，而其中10%的患者可发生带状疱疹后遗神经痛，尤其60岁以上的老年患者后遗神经痛的发病率高达50%～75%。

二、适应症

1. 符合带状疱疹诊断标准伴有疼痛者。
2. 证候分类属肝经郁热证或以肝经郁热证为主。
3. 疼痛为中度痛、持续1个小时以上。

三、禁忌症

1. 至阳穴处有皮损者。
2. 如果病人患有严重心脑血管疾病、肝肾系统疾病、造血系统疾病，以及严重的精神病患者，不宜埋针。
3. 妊娠期的患者，糖尿病的患者，以及皮肤对橡皮膏产生严重皮肤过敏的患者，不宜埋针。

四、特色

该方法采用单穴、单针、单次，具有相当的简便性，免除围针多穴、多针、多次的烦琐；由于采用埋元利针，留针7天并时时拍打，具有一定的持续刺激，免除了应用止痛药物在体内代谢有时并具有一定副作用的弊端。

五、治疗方法简介

1. 器械主要选用元利针（苏州市天马医疗器械厂圣马牌银柄针灸针，针身长50mm，针柄长35mm，直径0.8mm、针尖圆滑）、橡皮膏等。
2. 患者采用端坐位，双手放于腹前。
3. 医者将患者至阳穴处皮肤捏起。针身与皮肤呈现15°角向下平刺刺入皮下1cm，而后于脊柱平行向下送针直至针根处，针柄留于皮外。
4. 用少许消毒棉球及橡皮膏将针柄固定。
5. 留针3～5天，最多可7天。留针期间在病人非睡眠的状态下，每隔2～3小时用手掌以病人能耐受的适当力量拍击埋针处10～20余次。

中医烙法治疗慢性扁桃体炎整理与研究

项目完成人及单位：孙海波 辽宁中医学院附属医院

项目简介：慢性扁桃体炎中医称“乳蛾”，是耳鼻咽喉科的常见病、多发病，尤以儿童多见，中医烙法治疗慢性扁桃体炎不但可保留扁桃体的免疫功能，还可显著提高血清免疫球蛋白水平，提高患者的免疫力。具有不出血、无疼痛，适用范围较广，疗效确切等特点，易于患者接受，同时操作简便，安全可行，因此值得基层卫生部门临床推广应用。

一、疾病简介

慢性扁桃体炎中医称“虚火乳蛾”，是耳鼻喉科的常见病、多发病，尤以儿童多见。该病发病率为22.4%，一般认为发病多是由急性扁桃体炎反复发作或隐窝引流不畅，窝内细菌或病素滋生繁殖而演变为慢性炎症。其病程缠绵，且并发症较多，主要有风湿性关节炎、风湿热、心肌病、肾炎、低热、内分泌紊乱等，严重危害儿童及成人的健康。

二、适应症

1.符合慢性扁桃体炎或扁桃体肥大的诊断标准。

2.年龄在5 0～60岁的门诊或病房病人。

三、禁忌症

1.慢性扁桃体炎急性发作者。

2.体温≥38℃。

3.慢性扁桃体炎引起全身疾病如急性肾炎、风湿热、心肌炎等。

4.妊娠或哺乳期妇女。

5.伴有严重心脑血管、肝、肾和造血系统病症及精神病患者。

四、特点

不出血，无疼痛，适用范围较广，疗效确切，易于患者接受，操作简便，安全可行。

五、治疗方法简介

1.烙具。应用自制的小烙铁，其长度为20cm，直径为0.2～0.3cm。用钢或铜制造。各型烙铁的大小见下表：

规格	直径（cm）	厚度（cm）
大号	1.0	0.2
中号	0.7	0.2～0.3
小号	0.5	0.3

2.病人面对施烙者，端坐张口，儿童应有人在其背后扶头。

3.施烙者左手执握压舌板，将舌压下，使扁桃体充分暴露，不需任何麻醉。

4.施烙者根据患者扁桃体的把大程度来选择适当的烙铁三、四支，在酒精灯上（或在立型小电炉里）加热。

5.将烙铁烧至通红，取一支烙铁蘸上麻油，趁着在麻油瓶中冒烟时取出烙铁，不迟延地送进口腔咽部，对准扁桃体进行烧烙。

6.施烙时让病人发“啊”音，能使软腭抬高咽腔扩大，即能看清扁桃体，便于准确的施烙。

7.当听到烙铁的“滋啦”声音后立即取下，不宜停留。

8.换一支烙铁按上述同样的方法施烙。

9.一次烙疗后可按扁桃体烧烙面范围的大小，用喷粉器喷上适量的冰硼散，但扁桃体无明显充血变可不用喷药。

生命与疾病
• 张仲景故里南阳医圣祠
• 书影《伤寒论》
• 张仲景像

中和亚健康服务中心简介

中和亚健康服务中心（以下简称中心）是经民政部批准，并在国家中医药管理局的业务指导和监督管理下，具有独立法人资格的一级民办非企业的社会组织。中心是国家批准的惟一的从事亚健康研究、服务、管理，并构建亚健康服务体系，培养亚健康专业人才的一级专业组织。

中心以传播中医药文化为先导，以推广中医常用养生保健方法为主要手段，以预防保健专业服务人才培养为突破点，联合有志于亚健康服务的各类机构和企业，共同发展亚健康产业、服务全民健康。构建一个集学术、产业推广；第三方权威质量监督；标准、规范制定；专业人才培训；新产品、新技术研发为一体的产业平台。中心将联合社会各界人士，从以下几个方面共同构建和发展我国的亚健康事业：

★政策/规范

1.在国家中医药管理局等上级主管部门的正确指导下，从事亚健康产业各个环节相关规范的制定。

2.积极参与并推进亚健康产业管理的规范化进程。

3.经主管部门同意或授权进行相关行业统计，收集、分析、发布相关行业信息。

★学术/标准

1.开展各种形式的学术活动，组织重点学术课题的研究和考察活动。

2.编辑出版有关亚健康方面的学术专著、最新科研成果信息、科普期刊、科普图书及音像制品。

3. 研究并制定亚健康临床干预指南等标准。

4. 建立和推广亚健康检测、干预、管理体系。

★人才/教育

1. 开发亚健康师等新的职业。开展亚健康师的培训、认证、考评、管理等各项工作。

2. 制定亚健康专业系列教材，构建亚健康学科体系。

★交流/合作

1. 通过一系列的政府和公益资源，展开整合传播与推广。

2. 中心拥有强大的专家资源，并通过经常性的学术会议和发展论坛，加强专家间的沟通，在广大群众中进行亚健康的普及和宣传。

3. 通过培训、咨询、市场调查、技术推广、展览展示、组织文化艺术交流活动等方式，拓展亚健康产业的宽度和内涵。

4. 通过接受企业或个人捐赠、组织成立基金会组织，为亚健康产业的发展贡献力量。

湖南远志健康管理服务有限公司

公司名称

湖南远志健康管理服务有限公司（以下简称“远志健康”）是富智集团旗下专业从事大众健康服务的全内资民营企业，于2006年8月正式成立。公司注册资本500万元，现有员工35人，90%的员工拥有本科文凭。公司人员主要由医学专业人员和计算机技术人员构成，现有计算机专业技术人员12人，拥有完善的技术开发模式和配套的健康服务模式，下设健康服务部、网络运营部、技术开发部、市场推广部、财务部、综合办公室等若干个部门。

分支机构描述

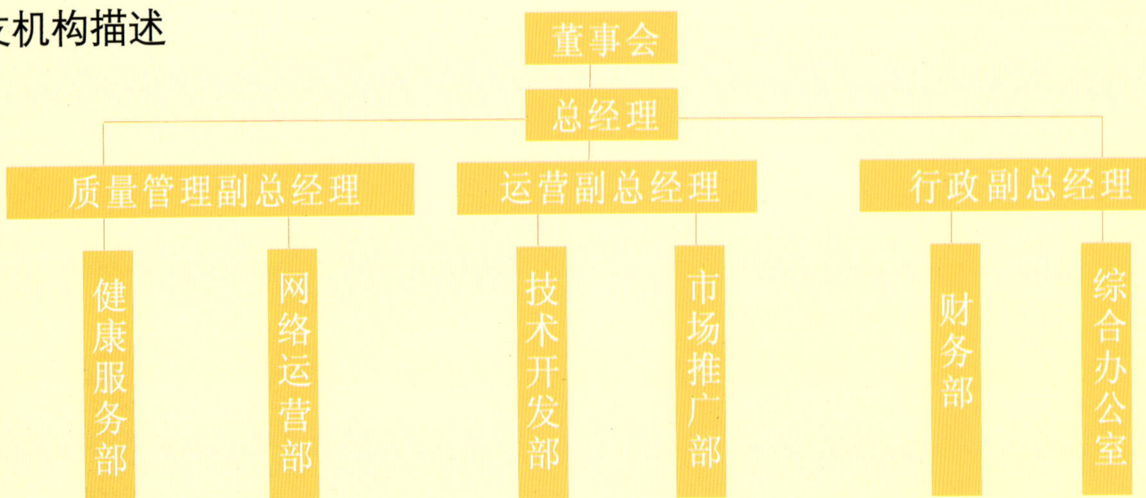

目前主要业务

中医养生手机报

运用移动数据技术，传播中医养生知识。与中国移动合作，采取用户包月方法进行收费。

大　众　教　育

是中国移动移动梦网健康频道惟一合作伙伴，详情见Health.jk5151.com。

健　康　咨　询

健康无忧网的运营、健康咨询热线

短　信　服　务

健康无忧卡短信服务。

联 系 方 式

您有资源需要展示吗？您有会员需要及时快速有效的沟通吗？您有网络平台搭建的需求吗？请尽快与我们联系吧，我们的联系方式：

左女士：(0)13973112941；0731-5357582

E-mail：13973112941@139.com

我们拥有网络平台技术优势

成功案例一：health.jk5151.com

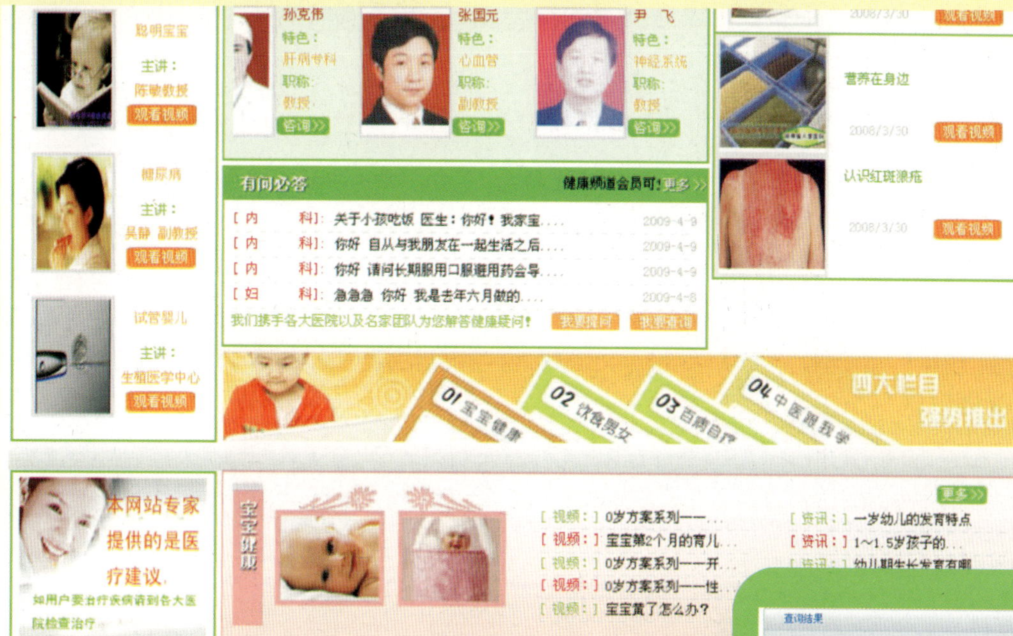

强大的流媒体展示平台：

有效的沟通平台

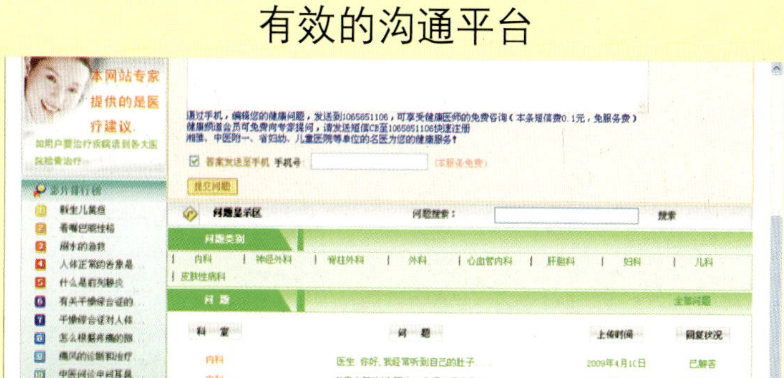

成功案例二：
与阳明学校
共建少儿德育
网络频道……

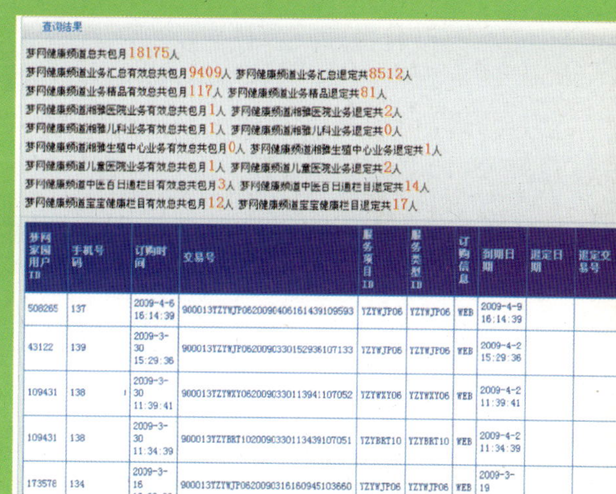

强大的移动通信网络，
快速解决收费通道问题：

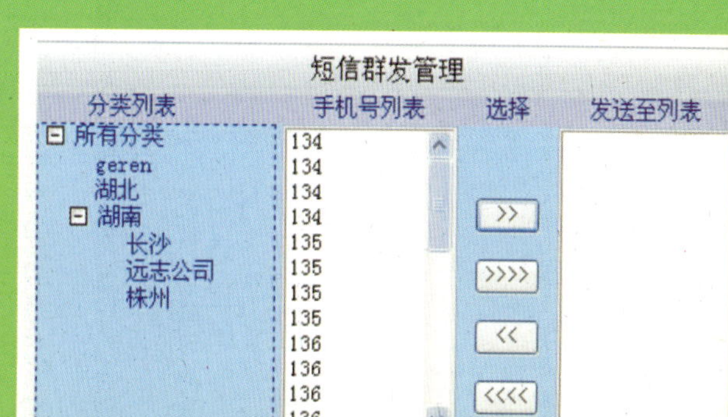

有高效的群发端口优势：

湖南中和亚健康管理服务有限公司·

湖南中和亚健康服务有限公司（以下简称“中和公司”）是富智集团旗下的获得国家中医药管理局主管的中和亚健康服务中心湖南地区独家授权，从事亚健康技术研发与推广、亚健康服务和人才培训的专业机构。

中和公司乘亚健康行业兴起的大势，于2007年9月在湖南长沙成立，公司注册资金500万，主要由中医专家、亚健康管理服务人员和计算机专业人员组成，定位于亚健康服务事业，是中和亚健康服务中心在湖南省开展亚健康预防,检测干预评估等专业培训和考证的唯一授权单位。公司主要从事中医健康教育，亚健康技术研发与推广，亚健康服务、检测、调理和亚健康人才培训等业务。

中和公司以振兴中医药为使命，以推动亚健康事业发展和推广中医养生文化为己任，以提升民众健康水平为目标，在中华中医药学会和国家中医药管理局中和亚健康服务中心的宏观指导下，凭借自身在亚健康、健康服务领域拥有的得天独厚的技术、资源和人才优势，努力构筑全方位的亚健康专业服务平台，为亚健康服务机构和百姓提供技术、专家资源和教育服务。

中和公司一经成立就得到了社会各界的大力支持，在湘潭、长沙等地迅速建立了亚健康服务与人才培训的分支机构。在中和亚健康服务中心的大力支持下，公司先后与湖南中医药大学、湖南农业大学、中南大学湘雅医学院达成全面合作意向，为亚健康技术研发与人才培养奠定了坚实的基础。

2007年获得国家中医药管理局重点课题立项，与湖南中医药大学共同编纂、出版“亚健康专

业系列教材”，为亚健康学科体系和人才培养提供了国家级标准通用教材；承办由中华中医药学会、中和亚健康服务中心、中国自然辩证法研究会易学与科学专业委员会主办的“国学国医岳麓论坛”亚健康分论坛，这是业界最高水平的亚健康与养生学术交流与技术推广平台，该论坛每年5月举办一次，已成为每年亚健康与养生界的一大盛事。

为响应国家中医六名战略和三名三进方针，自公司成立以来，与富智文化传播公司一起，联手湖南中医药大学，全面合作启动“百名中医博士进社区”大型中医活动，先后走进岳阳、娄底、益阳、张家界等地市开展大型中医义诊和中医宣传活动，取得了良好的社会反响。

公司研发出脊柱养生技术—中和平衡健脊术、亚健康全息罐诊罐疗技术、中医骨质增生外治法、健脾护胃的胃痛速效散等系列拥有自主知识产权的中医技术。

作为一家具有强烈社会责任感的企业，中和公司以回报社会，造福民众为自己最高诉求，热忱欢迎一切热爱中医，关心民众健康，有志于亚健康与养生事业的企事业单位洽谈合作，携手推动亚健康事业的大发展。

公司联系方式

公司地址：长沙市铁银商务楼401室
联系电话：0731-2866992
邮箱：jk5151xyh@163.com

长沙富智文化传播有限公司

长沙富智文化传播有限公司(www.chinafuzhi.net)是富智集团旗下的一家定位于文化产业的专业公司，主要从事大型文化活动策划、实施；佛教文化旅游策划、实施；文化用品和礼品的设计、开发、推广；大型会展策划及实施；传统文化网站运营；中医药文化和教育产品的推广和销售；融传统文化于一体的保险经纪业务。

富智文化传播有限公司崇尚中国传统文化,提倡古为今用，立志于把佛、道、儒三家中的哲理应用于现代社会，为老百姓去烦解愁，开心生活。主要项目有:

国学国医岳麓论坛（www.gxgy.org）

由中华中医药学会、中国自然辩证法易学与科学委员会、中和亚健康服务中心和长沙富智文化传播有限公司联合发起的《国学国医岳麓论坛》，2007年7月在长沙成功举办首届论坛后，现已落户湖南，每年定期在湖南由长沙富智文化传播公司承办。国学国医岳麓论坛的宗旨是：弘扬国学，振兴中医，光大中华，惠泽苍生。目的是通过“国学国医”和“和谐社会”的良性互动，推动国学国医的研究、交流、普及，展现国学国医的科学价值体系，创建国学国医的文化产业链，为提升湖南文化市场的影响力，为促进全面小康社会、和谐社会作出贡献。

《国医年鉴》

《国医年鉴》的编写工作是在国家中医药管理局的指导下，由国家中医药管理局机关服务局组织，中和亚健康服务中心、长沙富智文化传播有限公司和中华中医药学会亚健康分会负责承办。我公司参入并组织了《国医年鉴》的收录、校稿、编辑、印刷、发行、销售的全过程，为弘扬国学，振兴中医，继承发扬，促进和谐，全面展现深邃而源远流长的中医药文化敬献微薄之力。

国学国医大讲堂

古有岳麓书院，今有国学国医大讲堂。开讲地址选择在太平文化历史步行街。讲座贴近生活与市民直接沟通，做成以国学国医为主题的高品质的文化快餐消费场所；会员制的文化沙龙；已邀请全国诸多名家大师正式开坛设讲，包括中医养生保健、亚健康防治干预、国学与建筑文化、家居风水、周易与企业经营、等等与老百姓生活息息相关的内容。

湖南中医药三名工程

---百名中医博士进社区

通过在全省范围内举办百名中医博士进社区的大规模活动，提高中医药文化在社会上的影响力，并展开中医药科普宣传活动，集中展示中医药悠久的历史、科学的理论、独特的方法、良好的疗效，让社会了解中医药为中华民族繁衍生息所做出的巨大贡献，了解中医药在维护人民健康，促进经济社会发展，弘扬我国优秀传统文化等方面的重要地位和作用，使广大人民群众了解中医、认识中医、感受中医，让中医药惠及千家万户，为大众健康服务，为构建和谐湖南做出贡献。

南岳佛教文化之旅

公司根据南岳的实际情况推出了“南岳圣帝殿朝圣佛教之旅”定制服务，内容包括：圣帝殿内拜佛、上香、法会、生命预测、斋饭、住宿、游南岳大庙。

国家中医药远教教育系列产品

四大经典、四大基础、《中医名家》系列、《亚健康系列教材》、中医百项

國學國醫大講堂

讲堂介绍

古往今来，植根传统；万事万物，肇始阴阳。阳者，立身之道，始创于孔孟，诠释于贾董，弘扬于程朱，造极于曾毛，可一言以蔽之曰：修身，齐家，治国，平天下，是谓之为国学；阴者，立命之道，源起于岐黄，大成于仲景，彰显于华佗，普惠于思邈，践行于彭祖，亦可一言以概之曰：效法自然，扶正祛邪，平衡阴阳，健身延寿，是谓之为国医。然世俗多将国学国医分而论之，致使论道则阴阳相隔，处事则本末倒置。故需将国学国医合而论之，合而传之，是谓之大道。

通俗地讲，国学国医是不可分割的，而养生（养心与养身）又是以国学国医作为指导。基于此，《国学国医大讲堂》实际上就是一个传播养生文化、促进个人及社会和谐的项目，它通过各种传播手段（包括讲授基地、电视、网络、手机、平面媒体等），有效地组织和发动社会各个阶层群众参与到养生文化中来，以达到个人身心健康、社会和睦和谐的目的，同时又可以组合相关资源，开创和发展整个养生文化产业链。

讲堂项目设计构架

邀请国内知名国学国医方面的专家学者成立《国学国医大讲堂名家讲师团》，以国学国医为主导，以培训、讲座和演说的方式，主题贴近生活、医疗养生、亚健康等等方面，通过传递实用信息、知识、技能、智慧，为组织和个人改善现状的专业服务团体，并提供个人、全国各地有需求的企事业团体等讲座服务，故我们将名家讲师团定位为：以利于对以下活动提供支持，此为《国学国医大讲堂》品牌建立的核心。

1.《国学国医大讲堂》系列讲座

古有岳麓书院，今有国学国医大讲堂，开讲地址选择在太平文化历史步行街，讲座贴近生活与市民直接沟通，做成国学国医为主题高品质的文化快餐消费场所，并做会员制的文化沙龙：

1）少儿国学班：每周日下午14：30至16：30，主讲《弟子规》、《论语》、《幼学琼林》、《千字文》等中国古代优秀的启蒙读物，讲解孝敬父母、关爱兄弟、尊敬长辈、修身养性等内容，以品德教育为根本目的。

2）幸福人生讲座：每周六下午14：30至16：30，通过对传统经典文化的讲解，阐述做人的道理，学会做人的原则，处理好自己与家人、朋友、同事、客户等之间的关系，掌握事业和人生成功的钥匙。

3）周易讲堂：科学的讲解《周易》，并学以致用，让古老的风水学说揭开千年的神秘面纱。

4）国学讲座系列之企业培训：通过一次深入浅出的国学文化全景展现，帮助了解国学底蕴，增强企业凝聚力；领悟国学精髓，提升企业经营管理水平。

5）中医养生讲座：定期邀请湖南中医药大学专家教授、全国名老中医开坛设讲，主讲中医保健服务技术。

国学国医大讲堂

名家讲师团(特别顾问)

2.《国学国医大讲堂》电视专题片录播

录播《国学国医大讲堂》的精品讲座专题片，通过电视台节目时间段定期播出。

3.《国学国医大讲堂》精品讲座音像制品的发行

《国学国医大讲堂》的精品讲座按主题系列制作成教材或可读性强的光碟音像制品，通过各渠道发行。

4.《国学国医大讲堂》养生药用植物博物馆

将中华传统医学长期以来一直视为滋补强壮、固本扶正的珍贵中草药做成盆栽等形式，在《国学国医大讲堂》现场展示，它能区间改善空气氛围，增强中药气息，达到养生及治疗慢性病症的效果。

5.《国学国医大讲堂》网络平台运营

建立《国学国医大讲堂》网站，通过网站可以点播相关内容，并提供相关服务。

6.《国学国医大讲堂》手机3G健康养生服务平台运营

将现代医学知识与传统养生理念有机融合，通过现代通信的先进手段，为人们在不同季节时令里安排日常起居，调控饮食男女，并提供了医药养生、家庭护理、药膳食谱、健康新闻、健康政策、四时保健、生活常识、疾病预防、生活贴士、健康笑话等知识。

7.《国学国医大讲堂》科普小册子、光盘的免费发放

通过对《国学国医大讲堂》科普小册子、光盘的免费发放，介绍国学国医，推广养生文化，惠及大众。

讲堂发展目标

把《国学国医大讲堂》项目打造成中华养生文化平台的基石，树立中华养生文化第一品牌，带动整个养生文化产业的发展。

北京中医药大学
东直门医院

【特色突出 成就辉煌】

北京中医药大学东直门医院创建于1958年。五十年来，医院全面实施名牌战略、诚信医疗、科技兴院、取得了辉煌成就。是一所集中医、中西医结合医疗、教学、科研于一体的大型现代化综合性医院。是全国唯一一所进入国家“211工程”建设的高等中医药院校的附属医院，并率先成为全国示范中医医院、三级甲等中医院和国家食品药品监督管理局认定的临床药理基地。

【特色突出 优势彰显】

医院以知名专家为中坚，继承发扬传统医学的精华，采用中医药和中西结合诊治疾病的优势，多种治疗手段处于国内领先水平，部分处于国际先进水平。医院设有国家中医药管理局急症中心、中医脑病重点专科、肾病重点专科、消化重点专科、中西医结合骨科重点专科、周围血管病重点专科、肛肠病重点专科；中医肾病、中医急诊、中医周围血管病是北京市中医特色诊疗中心建设单位。

【理论创新 铸就辉煌】

理论创新是一个学科发展最重要的源动力。董建华院士在热病领域，提出了寒温统一辨证论，创立了三期二十一候热病辨证方法；在脾胃病领域，力创脾胃“通降论、气血论、虚实论”；在抗衰老研究中，提出“通补法”延缓衰老的中医理论。王永炎院士创新性地提出了中风病急性期“化痰通腑”治则，取得了显著临床疗效；80年代初，首先在全国范围内倡导中医病症的规范化研究，推动了中风病，乃至整个中医学标准规范化的进程；他提出 “毒存脑络”的创新理论丰富了中医理论与实践内涵，大大促进了中医脑病研究的进程。肾病学术带头人吕仁和教授把络病理论与□瘕理论进一步发展，形成“肾络微型□瘕”理论体系，丰富了中医治疗慢性肾脏疾病的理论内涵，取得了显著的临床疗效。东直门医院老一辈专家在丰富的临床经验、坚实的中医基础和严谨的科学研究的基础上，创新发展了中医理论，对中医药事业的发展产生了深远的影响。

【严谨治学 桃李芬芳】

医院自1958年起，累计培养了近9000名高级中医药人才、900多名来自79个国家和地区的外国留学生、近1000名国内进修生。医院又是北京中医药大学临床研究所，设有8个临床研究室、建有Ⅰ、Ⅱ级动物实验室、基础型实验室各1个、应用型实验室2个，基本满足科研教学需要。设有19个临床学科教研室、2个一级学科博士学位授予点，涵盖6个博士学位授权学科点，7个硕士学位授权点。中医内科学为教育部重点学科，中医外科学为北京市重点学科，拥有4个国家中医药管理局重点学科。

【科研创新 硕果累累】

医院承担了 “973” 、 “863”等国家重大课题、国家攻关课题、国家自然基金课题及教育部、国家中医药管理局、北京市课题等共295项。获得3项国家专利、各级科技成果奖59项。

中医内科学教育部重点实验室和北京市重点实验室成绩斐然。中医内科学教育部重点实验室被国家教育部评为建设良好级实验室，获得国家科技进步二等奖1项、教育部科技进步一等奖3项、中华中医药学会科学技术一等奖1项；新药转让2项，获专利1项。

【设备先进 配套齐全】

医院设备配套齐全，拥有国际先进水平的诊疗设备多台。现开放15个病区和EICU、SICU、CCU病房，574张病床。在德国开设分院，拥有82张病床。

展望未来，医院以建设“名医、名科、名院”为指导思想，围绕“抗脏器纤维化、血管疾病、热病的研究”等为主要研究方向。扎实工作，开拓创新，努力把东直门医院建设成为全面满足中医临床研究需要，成为重大、疑难疾病的中医、中西医结合防治研究中心。以强大的中医临床服务功能和技术辐射作用、凸显中医特色和优势、达到国内一流、国际知名的现代化示范性中医医院。

50年

博精 诚信

创新 发展

序

中华医药，肇自炎黄。神农尝百草以治百病；轩辕制九针而救万民。其后汉医圣张仲景论《伤寒》，唐药王孙思邈著《千金》。金元刘李张朱，阐发经旨；清代叶薛吴王，论治温病。论药有李时珍《本草纲目》，称鸿篇巨制；用针有杨继洲《针灸大成》，能总括前贤。数千年间，代有名家！其间，虽历经风雨，几经坎坷，终能以其自成体系、疗效卓著，而傲然医林！惠及中外，泽被古今！

至于当代，天地一新。岐黄医术，欣欣向荣，正如古木之逢春！高等学府育人才，科研院所探幽深。五十年前之仲夏，为东直门医院之首诊。建院伊始，人心振奋！先有秦伯未、方明谦、于道济、单玉堂、胡希恕诸大师奠基，继有董建华、杨甲三、刘弼臣、焦树德诸名家建功。居六朝之古都，汇南北之精英，综贯古今之学，融汇中西之术。疗疾治病，服务民众；含英咀华，培育英才！所谓“惟楚有材，于斯为盛”！至此，始有中医临床首善之名，中医人才摇篮之誉！

光阴荏苒，岁月如歌。五十年过去，再看今日之东直门医院：事业兴旺，人才济济；大师涌现，名家辈出。“星汉灿烂，若出其里”！名医名科，成果斐然；特色医术，卓然不群！秉承“博精、诚信、创新、发展”之院训，强调继承，注重创新，重视学科建设，倡导科研先行。医疗业务，迅速发展；科学研究，硕果累累；人才培养，稳步提升！同心同德，继往开来，与时俱进，开拓创新。足可在行业率先垂范，当无愧于中医名院之名！

“周虽旧邦，其命维新”！试看今日之中医药学，希望与困难同在，机遇与挑战并存。故凡我岐黄学人，皆当奉献才智，奋发精进！团结协作，勤奋努力，以促进事业发展；求新求异，求实求真，以推动学科进步！

青山原不老，为雪白头；绿水本无忧，因风皱面。悠悠岁月，我岐黄传人，几多青丝成雪，唯奉献中医之情，矢志不渝！回顾院史，展望未来，令人几多欣慰，几多感慨！在此谨向海内外同仁，致以问候！祝愿东直门医院以院庆为契机，“百尺竿头，更进一步”！群策群力，再创辉煌！

荔港国医馆

袁健强馆长在开业庆典上致辞

荔港国医馆位于广州市中医文化浓厚的老城区荔湾区(俗称西关)，于2004年9月15日开张营业，是一所经政府行政部门批准注册的医疗机构，是全国建设具有中医药特色的社区卫生服务示范区广州市荔湾区著名品牌国医馆之一，同时也是"广州市城镇职工基本医疗保险定点医疗机构"。

本馆实行大专科、小综合的经营模式，以中医适宜技术"龙氏正骨"和"一指通脊柱推拿"专科治疗颈椎病、腰椎病为主，并设有中医内、儿、妇、骨伤、针灸、康复科及健康管理咨询服务等。尤以推广传统中医适宜技术到社区开展"治未病"服务，由一批临床经验丰富的主任医师、主治医师、临床执业中医师驻诊，服务周到、收费合理、诚信经营、做到"简、便、效、廉"，让病人满意是我馆的追求。

本馆"一指通脊柱推拿"专科主要是采用龙氏手法传人、全国脊诊整脊学术技术委员会副主任委员袁健强医师的特色技术。其主编的《中医经络脊柱推拿疗法图解》和《中医治未病丛书》等五本专著已出版及将出版发行《一指通脊柱推拿术》等书，作为技术推广教材，在医学院校教学推广应用。目前，荔港国医馆还担负着培养中医适宜技术人才的任务，已先后组织了十多期"荔港中医沙龙"。由我国著名中医泰斗邓铁涛教授亲自为沙龙题字，来自全国各地的数十名中医专家前来参加了荔港中医沙龙的学术交流。同时，还将医馆的"一指通脊柱推拿"技术在广州医学院培训中心教学推广，中华医学会会长钟南山院士还亲临培训中心视察指导、在广州医学院护理学院、广州市卫校还将"一指通脊柱推拿"纳入中医康复专业学历教学并为多间社区医疗服务中心、各级医院、民营医疗机构的康复科、针灸推拿科、骨伤科的在职医务人员进行培训、推广应用，为培养中医实用型技能型的专业人才，振兴中医和弘扬中医文化作出应有的贡献。

地址：广州市南岸路67号荔港南湾会所内　邮政编码:510160　预约咨询电话：(020) 81275398/33609813

脊柱推拿咨询电话：(020) 81276018—310　网址：http://lggyg.com

健御强脊柱健康会馆

呵护脊柱
关爱健康

健强一指通：让您身体更轻松

一指通脊柱推拿——袁健强博士独创品牌项目

【专业调理】：各种颈椎、腰椎不适、鼠标手、四肢不适、头晕、头痛、失眠、手脚麻痹等亚健康症状

健御强脊柱健康会馆是国内首家运用中医推拿、营养药膳等中医适宜技术应用到脊柱保健养生的专业机构，其目的是将中医适宜技术生活化，用治未病的方法来为脊柱健康服务，由于专一，所以专业，2007-2008年先后被广州市企业评价协会授予中国广州最信赖服务品牌，及被广东经济发展论坛组委会评为2008年广东最具影响力服务品牌。

会馆为顾客提供个性化、专业化的脊柱养生保健服务。其品牌特色以一指通脊柱推拿为主，附设:脊柱运动保健操、营养药膳套餐、品茗茶艺书画养生、足反射区调理。运用以上外调内养的保健方法进行一系列脊柱保健养生。正如本馆常客传颂称"健强一指通，让您身体更轻松"

会馆设有VIP贵宾会员卡、凡成为本会馆尊贵会员可享受多重优惠。

健强一指通服务项目

一指通颈椎、腰椎推拿调理、脊柱检测、五行灸
脊柱运动健身操、刮痧拔火罐、香熏脊柱经络推拿
营养药膳套餐、护颈枕，护腰围等保健系列、五行贴

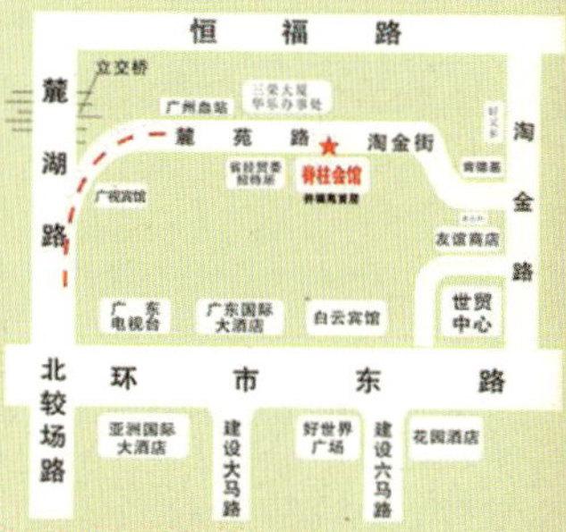

地址：广州市环市东路淘金坑66-68号侨福苑首层

电话：020-83488719　83497256-602　33609812

E-mail:jyqgj@126.com　网址：http://www.jqyzt.com　QQ:295994783

发展健康高科技 实现茶疗产业化

任怀瑞健康茶

renhuairuiliangkangcha

——发明家任怀瑞及中医健康茶疗简介

发明家——任怀瑞

任怀瑞，男，汉族，无党派（国家干部），内蒙古呼和浩特市人，1951年11月出生于托克托，1970年参加工作，工业8年，商业8年，（期间二年上新闻大学），政界8年，1996年主动要求离开政府机关，一心扑在钻研茶道、茶文化、茶与健康这项事业上。2000年办起了“呼和浩特市健康茶庄”，2003年成为中国高级茶艺师（审评师）、2004年成功的发明一项“健康茶”专利。现任中国国际茶文化研究会理事、中国管理创新大会副理事长、世界杰出华商学院客座教授、中国地区开发促进会文化教育委员会副秘书长，中国农经产业高峰论坛副理事长，中国国际权威专家协会“医学保健养生委员会”副主席、全国首批医疗保健行业著名专家，中国中医茶业领域权威专家，世界名人行业专家，中国国际专业人才发展研究中心（科研）首席专家、高级研究员，全国高健委健康茶疗康复指导中心主任

任怀瑞健康茶（发明专利号:ZL200410085311.9），是任怀瑞先生总结并挖掘了历代先人对茶食用、药用、饮用，特别是在传统茶疗的基础上，结合自己26年的临床经验，不断学习，研究，实验而发明的一项专利产品——全新的健康茶疗（无毒副作用、无依赖性）。

该发明开创了一种由绿茶、红茶、花茶、乌龙茶、白茶、黄茶六类纯天然精选茶叶，根据不同的季节，不同的茶性，不同的比例，科学合理配制而成。健康茶具有很高的营养价值和药理成份，经农业部检验报告显示：茶多酚19.9%，咖啡碱5.22%，氨基酸2.9%，黄酮1.2%，儿茶素总量10.26%，且口感纯正，滋味独特，具有三增（增智、增力、增美），三抗（抗癌变、抗辐射、抗衰老），三降（降血压、降血脂、降血糖）和杀菌、消炎、排毒、预防疾病等特殊的防治保健作用。该产品遍及全国各地20多个省市，远销日本、南韩、美国和加拿大。

茶疗特点之一：采取多靶点联合进攻，让病毒穷于应付，达到标本兼治，双向调节之特点，用八个字概括为食、喝、咀、嚼（内用法），泡、洗、溻、润（外用法），适用人群广泛，尤其对新时期疾病患者（亚健康、不健康、疑难杂症等）更有辅助综合调理的效果。

茶疗特点之二：符合时代需要，顺应生命规律，符合养生、康复、防治疾病之法则，具有质量精、功能全、用法简单、整体兼顾、内外并重，效果稳定、持久的特点。注:婴儿、孕妇、痛风症、失眠症均可用，禁用人群：精神病、癫痫病、植物人，本健康茶于任何食物、药物不相冲突。改变传统陈旧观念，从实践中落实科学发展观，“任怀瑞健康茶”属于中国自主创新品牌。

9月21日，全国健康茶疗康复指导中心在内蒙古呼和浩特市宣告成立，办公地点设在“呼和浩特市任怀瑞健康茶庄”。这是国家九部委组成的全国高科技健康产业工作委员会医疗保健康复专业委员会首次设立的全国性的健康茶疗康复指导中心。在成立揭牌仪式上，国家劳动和社会保障部法规司司长卢宏树、全国高健委医疗保健康复专业委员会主任张有强和国家水利部科技司赵福庭处长分别做了重要讲话。“任怀瑞健康茶”是任怀瑞先生总结历代先人对茶食用，药用，饮用，特别是传统茶疗的基础上，结合自己26年的临床经验，不断学习、研究和实验而成的一项专利产品。该专利产品是特效原生态、绿色环保健康产品，在创新型全科医学方面取得了突破性的成就，国际医学界非常重视这项发明创造。全国高健委医疗保健康复专业委员会发现“任怀瑞健康茶”的神奇作用后，通过多次研究论证，认为“任怀瑞健康茶”专利产品值得在全国推广，为此将全国健康茶疗康复指导中心设在“呼和浩特市任怀瑞健康茶庄”。

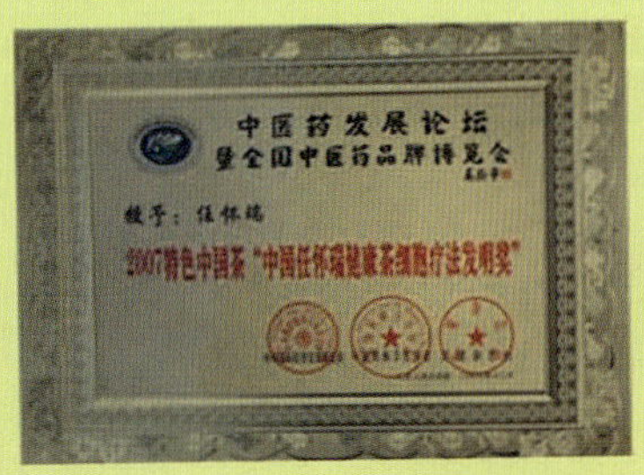

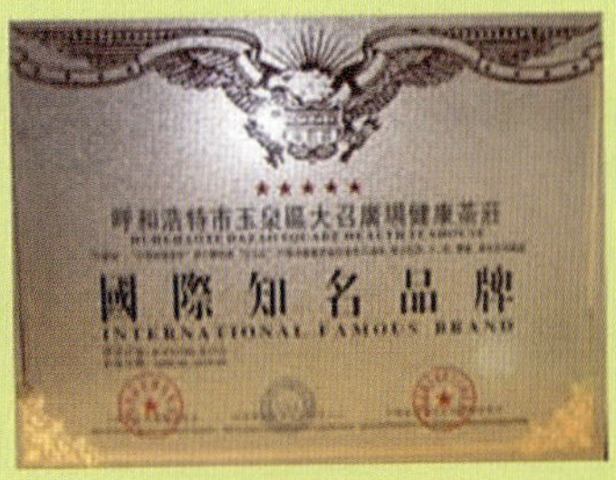

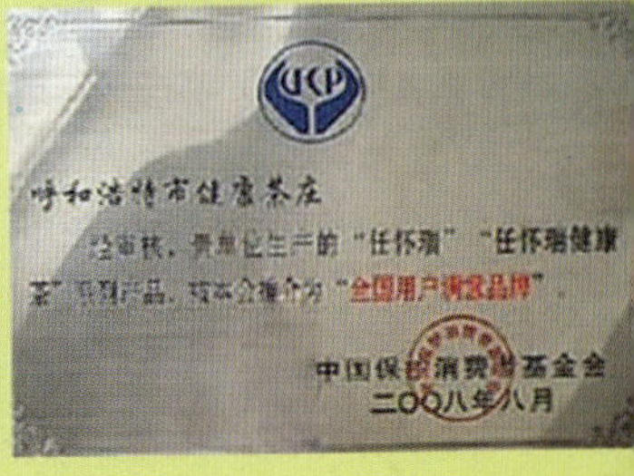

中国火疗传承第一人

----火疗与藏天浩

薪火传承

藏天浩的曾外祖父崔景云老先生出身中医世家，其祖辈曾是大清朝廷的御医。崔老先生年近百岁时，很想将这门医技传给子孙后代，但遍察后辈资质，直到临终前才把这一绝技疗法连同药液配方全部传给了从小就酷爱中医的曾外孙藏天浩。

藏天浩在祖传疗法的基础上继续探索创新，使这门古老的医技，在新时期又焕发出独特的魅力,这就是我们今天所见到的，所体验到的“世纪火龙全息经络自然疗法”。在二零零七年中国民间中医医药科技研讨会上，藏天浩作了关于火龙疗法的学术报告。

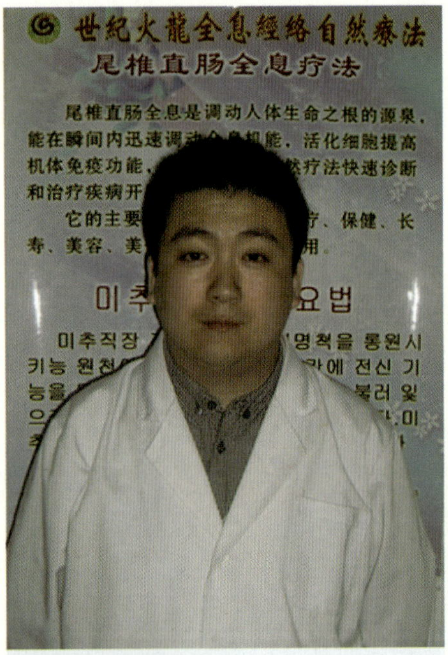

疗法科学

火疗，首先是用火给人体增热，使毛孔张开，因有湿巾敷隔，绝不会伤及皮肤，以火增热的同时，用木槌敲击穴位，使经络疏通，从而达到通滞阻，驱邪瘴的目的。这里应特别指出的是，在人体增热达到治疗需要的温度后，要随即涂以特治药液，让药液从张开的毛孔渗入皮下，这才是治病的关键。

中医强调综合辩证施治，通则不痛，痛则不通。人体经脉通畅，气血正行，既可祛疾除病，亦可防病养生。内病外治，不打针不吃药，火疗是符合中医科学的，也是普适的。

经多年治疗实践，藏天浩初步推出了藏氏火疗十二大治疗项目：

1、疏通经络，打通任督二脉；
2、可强肾壮腰；
3、可治疗肩、腿关节风湿痛；
4、可温胃散寒；
5、可改善人体微循环；
6、可改善神经末稍传导；
7、可祛头部胀痛；
8、可降脂减肥；
9、直肠全息疗法；
10、清肠排毒；
11、藏氏药贴疗法；
12、藏氏针刺疗法

神奇药液

火疗祛病养生，在一些城市已蔚成风气。有些洗浴中心也推出了火疗服务项目。这说明火疗保健已为广大群众所接受。然而要想真正达到治疗效果，仅以增热和敲击穴位是不可能实现的，藏氏火疗与一般保健服务是有很大不同的，其关键之处就在于药液。

好药源于好的药材，在古代，环境未受污染，中草药均采自深山老林，货真质纯。现在用量空前之大，山野间中草药植物几近采绝挖尽。为了保证治疗所需，藏天浩先生把寻找优质药材的目光投向了邻国，通过边贸每年都要从俄罗斯等国购进上等草药原料，这就保证了治疗过程中所用药液都是优质野生药材泡制而成。

火疗的操作手法并不复杂，经过培训指导多数人都能掌握，藏先生已培训出众多学员，他想让更多人能够独立开诊办店，让古老的火疗法发扬光大，造福广大人民群众。

山东博康脑胶质瘤研究所

济南博康门诊部隶属山东博康脑胶质瘤研究所。研 究所自1992年以来，专攻脑胶质瘤的中药治疗研究。脑胶质瘤的治疗是世界医学难题，由于瘤细胞直接生长在脑组织上，呈浸润性生长，常规治疗(手术,放疗,化疗)很难达到治愈与控制复发的目的。1998年我所研究的“中药消瘤汤”治疗脑胶质瘤的临床研究，经过山东省科学技术委员会组织的鉴定会：该项研究达到国内领先水平。1999年荣获山东省卫生科技进步二等奖。2008年我院又上一新台阶，在第三届中医药论坛会议上，取得了重大奖项。

李宏立，研究所所长，祖传四代中医世家，中医脑瘤专家，中医师，毕业于山东中医药大学。从1992年开始与李文海教授共同研究消瘤汤的组成，1999年获得省卫生厅颁发的科技成果二等奖；1998年在山东中医药大学学报04期上发表论文——“消瘤汤加减治疗脑胶质瘤33例”获得好评；2008年在中国北京第三届中医药论坛会议上获得“2008中医药继承与创新”奖，会议期间发表论文“中医中药对治疗脑胶质瘤的研究”获得一等奖。

一、治疗脑瘤的中药药理根据

1、活血化瘀药的抗肿瘤作用：

一些实验表明，许多活血化瘀药物本身就具有抗肿瘤作用，如莪术挥发油对小鼠肉瘤180，艾氏胶水癌，白血病615均有直接破坏作用。莪术中莪术醇及结晶II等对肉瘤37、子宫颈癌 ，艾氏胶水癌能使癌细胞坏死。莪术油作子宫颈局部注射治疗，瘤体可逐步坏死、脱落、缩小或形成溃疡，然后经上皮修复而愈合。初步实程提示，具有抗肿瘤作用的活血化瘀中草药有全蝎、土元、水蛭、三棱、莪术、归尾、喜树、紫树王螯、红娘子等。活血化瘀具有抗凝及纤维蛋白溶解的作用。改善肿瘤患者的“高凝状态”，破坏其周围的血小板、纤维蛋白等血栓组织，对恶性肿瘤及其转移灶有一定意义。桃仁中的苦可红苷有抗肿瘤作用。本方中的活血化瘀药有：桃仁、甲珠、三棱、莪术。

2、软坚散结药抗肿瘤机理

狭叶昆布：提取物对S180肿瘤移植前后胶腔注射100mg/kg或于瘤体内给药50mg/kg均具有明显的抗肿瘤活性。昆布的抗肿瘤主要成分可能是多糖类和核酸类，其活性成分在体内具有很好的抗肿瘤活性。其抗癌机理推测即有细胞毒作用，又有刺激免疫防抗肿瘤活性。其抗癌机理推测即有细胞作用，又有刺激免疫防御功能。

海藻中含褐藻酸20.8%，褐藻酸钠对肿瘤S180有一定抑制作用，能对抗因环磷酰胺引起的白细胞下降，且能对抗C60射线的辐射。对体外瘤细胞有直接抑制作用。海藻中的三种多糖成分有抗肿瘤作用。

3、清热解毒药的抗肿瘤机理

清热解毒药主要用于肿瘤治疗，热毒内蕴的病症，有抗病原微生物的作用，抗炎、解热作用。对肿瘤病人的发热有良好的治疗作用。实验表明，金银花的水及酒浸液对内瘤180及艾氏胶水癌有明显的细胞毒作用。

半枝莲多糖SPS4对S180肉瘤细胞及胶水肝癌细胞均有一定的抑制作用。半枝莲有很强的抗突变作用，为抗癌机理之一。

蒲公英水提物具有已知的抗肿瘤多糖的特点，即活巨噬细胞，使T-DHR上升，后期呈现对增值的抑制效果。

白花蛇草在体外对白血病细胞有较强的抑制作用。

本方中的清热解毒药有双花、连翘、公英、地丁、白花蛇草、半支莲。中医认为脑为神之府，五脏六腑之气及十二脉之精气皆汇于此，说明具有统帅全身各系统，各脏腑的作用，是人体的重要器官，在正常生理情况下，阴阳气血调和，脏腑经脉畅通，才能维持正常生理功能，如因风邪病毒侵袭脑络或情志郁结、脏腑功能失调，致使痰阻脑络、郁而化热，痰、郁热相结合，日久而形成脑瘤。因此，本研究采取以化痰软坚散结，活血化瘀、清热解毒为本病的主要治疗原则。

二，治则

本项研究是以在消瘤治本的基础上根据中医辨证分型的方法进行治疗，我们认为，脑瘤是实证，即有形的疾病，只要脑瘤存在，就会有痰聚血凝，气滞血瘀热毒内生。因此在治疗该病中，始终掌握以祛痰软坚，活血化瘀，清热解毒，消瘤治本为主要治疗原则，同时也要根据标本缓急的具体情况加以治标。譬如，出现发热，咳嗽，咽痛，呕吐，不思饮食，脑水肿时，都应及时地对症治疗以祛除标症，待标症缓解后，仍以治本的原则进行治疗，以期达到脑瘤完全消失的目的。

三，中医对脑瘤的辨证论治

我们认为脑瘤虽是局部的疾病，实际是全身疾病的局部表现，在致病因素上 以内为主，外因通过内因而发病，发病原因较为复杂，但归纳起来，不外乎内因的七情刺激和正气不足，外因六淫不正之气的侵袭，由于内外致病因素的作用，导致阴阳失调，脏腑功能障碍，经络阻塞，气血运行失常，气滞血瘀，痰凝邪毒等互相交结而造成脑瘤的发生，其病因病机概括以下四个方面：

1情志郁结：情志郁结不畅则会影响正常的气机运行，气滞日久必然导致血瘀，气滞血瘀久之蕴结不散，可逐渐形成脑瘤。

2脏腑功能失调：由于脏腑功能失调，以致正气虚弱，不能抵御邪气侵袭，邪气留滞不去，就会造成气滞血瘀，痰凝毒聚，日久则脑瘤生成。

3饮食不节：由于恣食辛辣厚味，脾胃运行失常，或过食甘肥，以致脾湿生痰，痰随气生，阻塞脑络，与气血热毒相搏结，则可导致脑瘤的发生。

4六淫之邪：外感六淫之邪与脑瘤发生发展有着一定的关系，过去古人在《灵枢•五变》中有论述：“寒温不次，邪气稍至，蓄积留止，大聚乃起。”就是说，热气不注意，致癌因素侵入人体，留积不散，就会发生大的积聚。

综上所述，脑的肿瘤形成，其病因病机主要是正气不足，即抗病减低，加之邪毒侵袭，日积月累，导致脑瘤的发生。其中药治疗的机理是以治本为主，兼以祛邪，用祛痰软坚散结和通经活血化瘀，清热解毒的方法联合应用，使血脉无滞留之弊，再加理气解郁之药，使脏腑经络的精气无郁结之患，气血通畅，脏腑和协，消除脑肿瘤生长的内环境，使之不利于脑瘤缩小并消失。所以中药治疗脑瘤，短期疗效较好，同时远期疗效也较理想。

山西瑞芝生物科技有限公司

董建生　山西瑞芝生物科技有限公司董事长

中共党员，大学文化，山西运城人。
1983年7月毕业于山西大学生物系；
1983年9月至1986年10月在山西霍县白龙镇工作；
1986年至1993年在山西闻喜五四一医院工作；
1993年至1995年辞去公职进入市场开拓；
1995年开始研究开发灵芝系列产品；
2001年10月创立了运城瑞芝食品有限公司；
2006年4月更名为山西瑞芝生物科技有限公司，现任公司董事长。

山西瑞芝生物科技有限公司开创于2001年10月，位于山西省运城市盐湖工业科技园区，总投资两千余万元，占地58亩，是一家应用现代高科技生物工程技术，专门从事中华医药瑰宝——灵芝菌种的选育及灵芝系列产品的开发、生产、销售为一体的综合性民营企业。目前是全国最大的灵芝菌丝体生产基地，也是唯一一家有机灵芝生产基地。公司现有员工30人，其中大专以上的工程技术人员7人，高级生物、医学工程技术人员2人，占员工人数的22%。

公司主要以自主知识产权的科研技术为依托，研发生产瑞芝牌灵芝系列食品，并把产品的领域拓宽到美容护肤品等范围，形成了“内服外用”的瑞芝健康产业系统。

瑞芝系列食品是以灵芝为主要原料，借助现代生物工程技术，加工提炼、科学配伍生产出来的一系列功能性食品，它摒弃了旧的观念，采用了新的技术，克服了灵芝老化营养含量大量丢失的缺陷，有效地提高了灵芝多糖等活性物质的含量，而且口感好，容易被人体消化吸收。长期食用，可以调节人体稳态，激发人体自源性功能，使人体加强或恢复自我调节能力，从而达到强身、健体、防病的目的。目前已投入生产的有“灵芝菌粉”、“灵芝菌片”、“灵芝蛋白粉”、“灵芝螺旋藻”、“灵芝高钙片”和灵芝系列护肤品。

灵芝系列产品自投放市场以来，因其先进的技术含量、良好的食用效果和合理的市场售价，深受广大消费者的认可和青睐，销售区域遍及吉林、辽宁、黑龙江、广西、河北、内蒙等全国十多个省、市、自治区。

企业宗旨： 弘扬国宝精髓，造福中华民族，让老百姓受益，让所有人健康。

经营理念： 诚信瑞芝，百姓瑞芝，百年瑞芝

经营目标：

1、让老百姓象消费牛奶一样消费灵芝
2、全面提高人民的生活质量，使中国人的平均寿命再延长20岁

宣传口号：

1、精心打造老百姓能消费起的健康品牌
2、一袋灵芝健康一个民族
3、一天一袋灵芝粉，轻松活到九十九
4、一天两元钱，健康到永远
5、昔日皇宫贡品，今日百姓佳肴
6、牛奶的价位，灵芝的品位。让老百姓象消费牛奶一样消费灵芝

上海春芝堂生物制品有限公司

公司地址：上海市徐汇区百色路451弄33号　电话：8008203003　网址：www.shczt.com.cn

上海春芝堂公司从筹备至今15年来一直以传统中医药+现代化为产品方向，以造福于民、创世界一流企业为使命，以追求人类健康快乐为宗旨，广泛联合国内外专家，加强科研开发和生产管理。成立了以著名的食品营养专家袁亦承教授、中华医学会肾脏学会主任委员董德长教授、世界中医骨科联合会主席施杞教授、中国中医科学院原院长傅士垣教授，中国动脉粥样硬化学会创始人徐也鲁教授等为首的产品研发和健康教育专家团。

春芝堂依靠国内中医药科研院所和著名专家，充分挖掘传统中医药理论精髓，继承和弘扬中医药的理论体系和技术方法，以“整体观念、辨证论治”等传统中医理念为指导，依靠科技创新，加快传统中医药向现代化产业发展的技术升级。现在，春芝堂已形成以大蒜、枸杞、三七等传统中医药精华研究为基础的科研体系，开发了防病、防老、防痛的三宝产品系列为主的数十个功能性保健食品。其中蒜制品居于行业龙头地位，并被中国保健协会认定为蒜制品科研基地。生产基地通过了国家GMP认证，已经引进9条具有国际水平的生产线和多系列现代检测设备，软胶囊生产能力居上海保健品行业首位。

春芝堂开发的养生“三宝”产品针对中老年常见病老痛问题，以通脉、补肾、壮骨为主要功能。产品不仅获得了上海第六人民医院等的权威临床验证，更重要的是消费者服用效果也验证了三宝产品是传统中医药同现代科技相结合的典范，迄今已经惠及数百万人。鉴于春芝堂在中医药现代化和治未病领域的成就，2005年，由中国保健协会主办、春芝堂公司承办的“蒜制品与健康•百年工程”，先后在人民大会堂、上海国际会议中心、钓鱼台国宾馆、深圳国际会展中心召开了四次近2万人的大型总结表彰大会，这在中国中医药发展史上都是罕见的。

春芝堂三宝产品

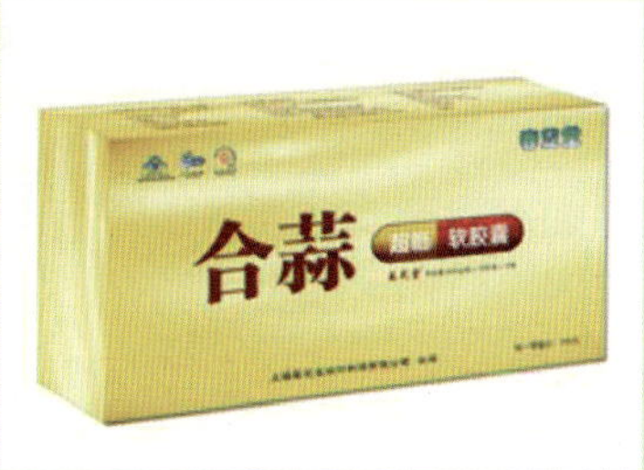

春芝堂合蒜超临软胶囊
中国保健行业十大名牌产品
批准文号：国食健字G20040244
保健功能：调节血压、调节血糖
主要原料：大蒜油、银杏叶提取物、茶叶提取物、硒等

春芝堂枸杞茯苓软胶囊
上海市保健品行业名优产品
批准文号：国食健字G20080060
保健功能：增强免疫力
主要原料：枸杞子提取物、茯苓提取物、硒、牛磺酸等

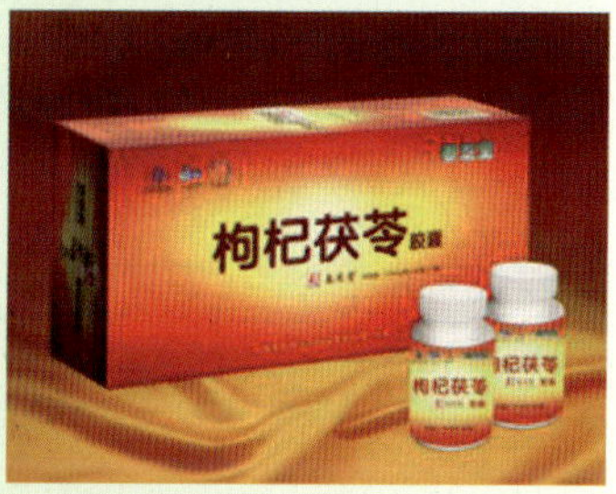

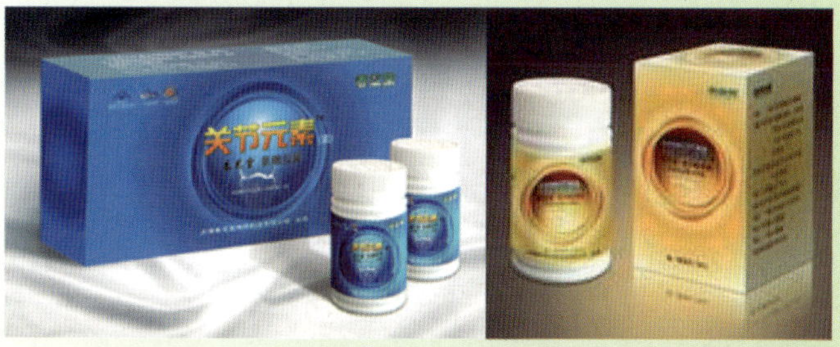

春芝堂关节元素（蓝+黄）
上海市第六人民医院临床验证有效率86.67%
批准文号：国食健字G 20041240，
　　　　　鲁卫食证字（2007）第371727-200126号
适宜人群：骨关节退变人群
主要原料：D-氨基葡萄糖硫酸盐+硫酸软骨素、大豆提取物（大豆异黄酮）、三七提取物、骨碎补等。

上海市第七人民医院中医科

上海市第七人民医院为二级甲等医院，是集医疗、预防、科研、教学功能为一体的综合性医院。中医科始建于上世纪50年代，已历经五十多年的历程，目前初具规模，为上海市综合性医院示范中医科、上海中医药大学临床教学基地、浦东新区特色肾病专科、上海市十一五项目的中医肾病优势专科。拥有上海市叶景华名中医工作室；浦东新区叶玉妹名中医工作室。中医科技术力量雄厚，拥有上海市名中医1名，浦东新区名中医1名，主任医师4名，副主任医师3名，硕博士生导师2名。

叶景华名中医

中医科设中医门诊和中医病房，开放床位46张，门诊在以名中医叶景华肾病特色专科基础上，设有中医内科、中医糖尿病、中医慢支科、中医妇科、中医痔科、中医男性科、中医针灸、中医伤科；并开展"中医治未病"，开设"冬病夏治"穴位敷贴门诊及膏方门诊，共11个专科。年门诊量达10万人次。

病房形成"以中医为主，中西医相结合，内治、外治综合运用"的治疗特色。以收治慢性肾炎、 慢性肾衰、尿路感染、尿毒症血透病人；高血压、糖尿病、冠心病、脑梗塞、脑梗塞后遗症、脑动脉硬化、老年病人及终未期肿瘤姑息治疗和部分肿瘤术后中药调理患者为主。同时开设中医痔科手术，并开展中医治疗室，有中药蒸汽疗法、敷帖疗法、药熏等。年收治患者1000余人次。

叶景华名中医工作室成员

科内拥有上海市名中医叶景华主任医师，从事中医内科临床工作五十年。曾任上海市第七人民医院中医科主任、副院长，中医科主任。享受国务院终身津贴荣誉。1995年被上海市卫生局授予"上海市名中医"称号。有市局中医处立项"叶景华名中医工作室"，对肾病的研究尤具独到见解，带领中医科进行肾衰方为主治疗慢性肾功能衰竭临床与实验研究。先后成为上海市第一批名老中医学术继承班导师、全国第三第四批名老中医学术继承研究班导师、国家"优秀中医临床人才研修项目"导师、上海市名中医药学术继承高级研究班成员博士生导师，共为中医科培养学术继承人才8人。发表论文60余篇，著有《叶景华医技精选》、《简明中医诊疗手册》。

现任科主任叶玉妹主任医师是浦东新区名中医，成立了叶玉妹名中医工作室。2004年3月入围国家中医药管理局"优秀中医临床人才研修项目"。2007经获"全国优秀中医临床人才"荣誉称号；先后师从名中医朱南孙、叶景华等。承担、参与科研课题约12项，2项为市级课题；获新药专利发明人一项。近5年发表论文论著约18篇。

叶玉妹主任和她的团队

中医科先后承担二十多项市区级科研项目，"以益肾清利活血祛风为主治疗慢性肾炎"、"肾衰方为主治疗慢性肾功衰竭临床与实验研究"获市卫生局科技成果三等奖两项。"黄芪注射液及肾酊对肾衰患者血液流变学、免疫功能的影响"、"脑梗塞急性期中医治疗质量控制标准的研究"、"宁神合剂对更年期综合症的临床与实验研究"、"益肾健脾活血对糖尿病肾病的疗效观察"等科研课题的研究已通过鉴定。目前在研市区级课题有9项，国家级、市区级人才培养项目有12项，拥有科研和人才培养经费目前达200万左右。历年来发表论文数达300余篇。

随着近年来《浦东新区创建国家中医药发展综合改革试验方案》的深入开展，我们中医科要发挥身处浦东的得天独厚的优势，并且充分利用综合性医院现代医疗设备的先进，中医科的发展始终和医院整体目标一致，中西医优势互补，提高临床疗效，发展中医科。

深圳市黄多茹中医内科诊所

黄炳华，男，汉族，1939年生，中共党员，是因病成医的乡村医生，广东深圳人，小学学历，赤脚医生函授大学毕业，国际交流医科大学中医学 博士和中医学客座教授。现在深圳市黄多茹中医内科诊所坐诊，2007年8月受聘为中国传统特色医疗协会专家委员会委员，并荣获“中国传统特色名医”称号。2008年出席第46届世界传统医学大会荣获“终身成就奖勋章”和“杰出贡献奖”，同年12月全国中医院院长大会授予“中医药领域德艺双馨人物”和第三届中医药发展论坛授予“改革开放30年中医药发展杰出贡献人物”称号，2009年1月全国道德模范大会授予“全国百名道德模范”称号。

临证简介：1952年失学在本村务农，1960年被选为大队干部，担任文书、会计工作。本已虚弱的体质由于劳累过度，1961年患上虚损病，求医治疗一年无效。1962年春，幸得东莞太平医院容医生指导，自学中医知识，自治三个月痊愈。自此与中医结下不解之缘，潜心业余苦学中医中药。按“春生、夏长、秋收、冬藏”四时之序，以“春养肝、夏养心、秋养肺、冬养将、长夏调脾”法则，调养未病之身，防预未病之病。按五行生、克、承、侮哲理，把病转向浅中医，几十年来他自己无论大小疾病都是自治痊愈，并从中取得丰富的临证实践经验。

1972年，其父亲患脾肾阳虚水肿，用真武汤加减治愈。1966年，舅患痰饮肿胀，用甘遂半夏汤加减康复。1969年，胞弟患肠痈（西医称阑尾炎）用大黄牡丹汤加减治疗三服而愈。从此求医者日增，时逢农村缺医少药，1970年大队安排黄炳华到大被卫生站当赤脚医生兼站长，1977年参加赤脚医生函授予大学学习。

1972年，邻村一女孩12岁，全身水肿，腹大如鼓，经几家中西医院治疗无效，已不能行动，摆放在猪舍内待毙，其母抱一线希望向黄炳华求诊，他用实脾饮加味三刘，泄泻肿消，后用陈夏、香砂六君加减调理月余痊愈。

1973年夏，麻诊大流行，其大儿子也出疹，一天清晨，发现儿子高热神昏、口唇紫绀、鼻翼煽动，急用麻杏石甘汤合银翘散，重用石膏一两，转危为安。

1975年夏，暑厥（西医称乙型脑炎）流行，很多小儿患病，其侄儿也患上，用紫雪丹、安宫牛黄丸，消心牛黄丸随症运用治愈，体智健全。

黄炳华为自己及亲属治病的疗效，乡亲们看在眼里，有病都放心找他治，黄炳华凭着对中医的情结与执着，在责任感的驱使下，他更加勤学苦练，寻阅古代医籍，集采有效验方，经几十年的临证实践，至今仍学而不倦。

1979年以来，农村变城市，工厂林立，人口聚居，汽车挤拥，使蓝天变 ，河水变黑，空气变浊，人们的生活规律与体质，随着环境的变化而变化，“都市病”随之发生。面对这个变化，中医如何应变？黄炳华依据中医“天人相应”的传统观念从其所变。他在治疗与气候环境有关的感冒时，发现都会出现肩背、手足疼痛、咽干、胸闷、干咳等症状，他认为这是四时感冒夹杂着污浊湿气所致，辨证为时疫感冒（西医称病毒性感冒），用败毒散随症加减治疗，效果很好。

在治疗因人体自身失调的内伤疾病时，按“辨证论治”的法则，以“辨证”应其所变。2006年初夏，他接诊一老妇人李某某，曾住院治疗，西医诊断为冠心病、脑血管硬化并轻度闭塞，高血压、糖尿病、辨证为肝阳上亢脾阳虚证，用“培土 抑木湿阳法”治疗两月而愈。

深圳市黄多茹中医内科诊所大楼外观图

年已七旬的黄炳华，他衣食无忧，仍不辞劳苦，为患者治病，2008年五月他中风自治痊愈后，每周只安排周一周四休息，每天除中午半小时用餐，整天伏案10至12个小时坐诊，为城市化后的市民诊治疾病，作出不懈的努力。

在他诊所的大堂有个《奉承以人为本》的牌子：患者可先治病后结算费用，对于经济困难的患者，可先记账后归还。对于经济困难的长期 病患者实行药费减收优惠。其实有的是免收的。其高尚的医德，慈爱的善心，令人敬佩。

专为解决现代人亚健康难题
时尚中医 简单养生
四季康美·治未病
在中华民族发展的数千年里
中医担负着传播、传承中华文明的载体
牢牢地保障了一个民族的身、心、灵的和谐健康！
四季康美以中医养生为核心概念
通过经络疏通，脏腑调节，体质改善，系统调理
让消费者远离亚健康！
四季康美
Seasons Health Esthetics
创健康养生美容第一品牌
让全天下人健康美丽

保健荞酒（专利号ZL03118406.5）

以苦荞麦，糯谷为主要原料和50味中药科学配方酿制而成。减轻了白酒伤肝，败胃，血压升高等弊端。饮后无头痛头昏，醇厚可口，浓香回味。

苦荞麦含有10多种氨基酸，矿物质，微量元素，卢丁（心脑血管的首先药）等《本草纲目》称清肠草，能排出人体有毒之物。

中国有几千年酒文化，国家权威部门统计我国酒产品年销售量多达千万吨之巨。国家提示：酒类产品是对人们身心健康有着重要影响的特殊商品。保健荞酒的研发缓解了这一难题。

益肝“保健香酥饼”（专利号02139010.X）

其配方主要是以四麦（野荞麦，荞麦，大麦芽，小麦）山楂等中草药组成。主要原料二荞麦富含19种氨基酸和10多种矿物质及微量元素。该饼外酥内脆食后令人回味无穷。

石教华， 主任医师，1946年生，湖北省阳新县人。现任湖北省阳新县肝病研究所所长。曾任县政协委员，多次被邀出席美国、越南、新加坡、韩国、香港等国际学术研讨会。50年来对中草药、民间医药进行精心研究，能识、采、用数百味中草药；对血吸虫引起的肝硬化、肝癌、类风湿病、高血压、肿瘤等疾病的治疗有独到经验。撰写论文：《三石汤治疗乙肝有奇效》、《治疗毒蛇咬伤中草药治疗乙型肝炎的探讨》、《乙肝病毒中国人比英国人知道早1700多年》、《蛇毒与中草药治疗肝癌临床疗效》、《中草药220伏电疗法对中风的治疗》等。拥有发明专利二项。

现在肿瘤治疗，大多以割杀、以毒攻毒等治法，副作用大，杀伤力猛。不但肿瘤未控制，反而正气受损体质变差，患者非常痛苦。因此不少患者放弃了治疗。古镇中医肿瘤研究所治疗肿瘤以中医的辩证施治扶正祛邪为理论根据，因势利导，使瘀滞的血液重新流动起来，使痰饮重新化为津液，再一次参加到生命的代谢过程中，使衰弱的正气逐渐强盛起来，脏腑之间失调的关系逐渐恢复平衡，使癌细胞转化成正常细胞，让患者的各种偏低和受损的技能逐步恢复正常。

在具体治疗肿瘤时，注重用纯中药调理为主，以扶正祛邪，正气存内，邪不可 干为理论依据，研究出了复正1号、复正2号、复正3号抗癌外贴膏系列药物，用于各种肿瘤早期、晚期，及术后放化疗期间。多数患者用药后免疫力明显提高。因此，我们认为对于肿瘤保守治疗扶正祛邪，带瘤生存，不失为治疗癌症的一条有效途径，即保存正气又减少患者的痛苦。

对于癌的认识和定义也应当更新，不能总停留在老观点上，现在人们给癌症的定义太重，以至于人们谈癌色变，抑制了人们理性的思考，许多患者不是死于癌症而是死于心理恐惧，对癌症的治疗非常不利。更新对癌症的认识和定义，更有利于防治癌症这一顽疾。

衡水东方周围血管病医院

衡水东方周围血管病医院（衡水市脉管炎病防治研究所）由全国著名血管病专家孙万才教授创建，是一所专业研究治疗脉管炎、糖尿病足坏疽、动脉硬化闭塞症、静脉曲张、静脉炎、雷诺氏症等周围血管病及颈、腰椎键盘突出、骨质增生、腰腿疼等骨关节病集临床、科研为一体的特色专科医院。该院技术力量雄厚，医疗设备先进，中西医结合特色鲜明，在国内外同行中举领先水平，享有盛誉。该院是衡水市卫生局审定的市重点中医脉管炎专科、创建诚信医院先进单位、全国放心医院诚信单位、全国中医治疗疑难病名医名院、全国十佳周围血管病专科医院。原卫生部部长崔月犁亲笔为该院题词“弘扬中医药学，造福人民健康”。

该院院长、研究所所长、传统医学博士、主任医师孙万才系国家有突出贡献的医学专家、曾任武警部队河北总队医院脉管炎科主任、副院长等职，现被聘为中国中西医结合学会周围血管病专业委员会委员、中华中医药学会周围血管病分会委员、河北省中西医结合学会理事、河北省中西医结合周围血管病学会名誉主任委员、第三批河北省名老中医经验传承指导老师、国际交流医科大学教授。

孙万才教授研制的脉管炎冲剂、血香膏荣获河北省科技成果奖、国家科技进步奖；研制的药物骨宁热敷仪治疗颈腰椎间盘突出、骨质增生获国家专利、国家专利产品金奖、国际专利金奖。脉管炎冲剂与药物骨宁热敷仪治疗腰椎间盘突出、骨质增生还双双获得第四十五届世界传统医学杰出贡献成就奖。孙万才教授的事迹与科研成果先后收录于《中国当代名医大观》、《中国当代名医辞典》、《中国发明家成果辞典》、《东方传统医疗荟萃》等书刊。

该院二十年坚持走中西医结合之路，积极探索研究，不断总结完善，终于形成了独特的以中医中药为主，配合血液净化及人自体骨髓干细胞移植术三联疗法。三联疗法可使血栓闭塞性脉管炎、糖尿病足坏疽、动脉硬化闭塞症等缺血肢体血液供应得到改善，踝肱指数增加，血管造影显示有明显的侧支新生血管生成。

衡水东方周围血管病医院在孙万才教授的带领下，时刻遵循“真情服务患者，爱心奉献社会”的办院宗旨；以市场需求为导向，坚持病人第一、服务第一、信誉第一的原则；大力实施质优价平的服务策略、舒适优雅的环境策略、以人为本的管理策略、奉献社会的公益策略；努力实现服务星级化、治疗特色化、环境宾馆化、管理科学化、办院公益化。

衡水东方周围血管病医院
（衡水市脉管炎病防治研究所）

《当代华夏中医药针灸智能系统》

《当代华夏中医药针灸智能系统》是由当代华夏中医药科学研究院联合十余家中医药权威机构，发动多方的力量和资源，历经10年的艰辛，由100多位中医药专家教授参与创作校正，数千名创作人员共同开发整理，在走访了中国600多个城市，2000多个县城，无数个乡村之后，才千锤百炼打造出来的。

《当代华夏中医药针灸智能系统》是建国以来中医药界制作的最伟大的项目工程，涵盖了中医药的所有学科，应用领域极为广泛。其中摄录了近百位老中医的独家绝学，有长达1500小时的珍贵视频资料；采集了11000多味药材标本图片；搜集整理出50000多史存经方、验方、单方、秘方；拍摄了15万余张珍贵图片；灌制了3000余人的现场录音；更汇编了全套中华传统功法、养生药膳、药茶、药酒及美容食疗古方，并系统讲解了中医针灸、拔罐、刮痧、按摩推拿等治疗方式。除了具备大量详实的中医药知识可供快速查询外，还拥有智能辨病、辨证，以及智能开方、验方等创新功能，依托文字、图像、视频形式呈现了中医理论及实践临床技巧，开创了中医药现代教育的先河。

《当代华夏中医药针灸智能系统》是快速传承中华中医药文化的最佳载体，它以现代信息科技为手段，内容涵盖了中医药的所有学科，包括中华中医大全、中华针灸大全、中华中药大全、中华中医名著（古善本影印件）、中医多媒体智能诊病系统、著名专家针法、中华美容妙方、中华药膳秘方、中华药茶药酒大全、中华易经学、中华传统功法、资料汇编等十二大部分。在编制上，以智能、全面、实用、易用为出发点。既是青年学生的良师益友，又是名医专家的智能诊疗助手，既能使中医初学者快速入门，又可使普通使用者做到保健养生不求他人，可供不同层面的中医药工作者和中医药爱好者及现代家庭使用。特别值得一提的是，通过这种网络学习还可以快速的提高基层医护工作者的业务素质及技术水平。为改善现今农村医疗机构的整体面貌，为社会主义新农村医疗卫生事业建设做出贡献，也是我们每个当代华夏中医药人的愿望和心声！

《当代华夏中医药针灸智能系统》的问世填补了目前中医药市场中的多个空白，不仅满足了中医药学多途径发展的需求，也给面临着坎坷、艰辛征途中的传统医药文化的继承与发展带来了转机，使我们古老的医药体系找到了适应市场规律，重现辉煌的机遇。

医乃仁术　诚信为本
——四平消化病研究所

崔兴中老中医

四平消化病研究所所长崔兴中、主任医师，中共党员。1960年以应届优秀毕业生称号毕业于大连医科大学，从事医、教、研、管近半个世纪，历任四平市二医院、传染病医院院长，曾兼任吉林省中西医结合肝病专业委员会副主任委员，四平肝病中西医结合研究中心主任。现兼中国名医理事会常务理事、吉林省民营中医医疗机构协会常务理事。多年来秉承良师益友，中国著名中医专家施莫邦教授赐教，与夫人孙桂贞主任医师共同致力于中药治疗脂肪肝、肥胖症、高脂血症及胃肠病的系列中药开发与临床研究，成功开发研制了“一种治疗脂肪肝及肥胖症的中药制剂”，已获国家发明专利。并陆续开发了胃炎康系列（Ⅰ—Ⅱ）和宁肠系列（Ⅰ—Ⅵ），主治：各种慢性胃炎、尤为萎缩性胃炎、溃疡病，各种久治不愈的慢性结肠炎、肠易激综合征，溃疡性结肠炎、顽固性腹泻、便秘、便血等症，临床疗效独特。

本专利项目主要依据中医对肥胖症、脂肪肝的认识，即“肥胖之人乃为痰湿之体的理论观点”，采取其功能具有健脾助运化痰湿消积滞的10余味中药，经精制加工命名为清脂利肝胶囊，批准文号为：吉卫药制字（96）00149号，主治：脂肪肝、肥胖症、高脂血症、腹胀、右胁肋胀痛等症，临床应用10余年，大量病例验证该药具有减肥降脂治疗脂肪肝之功效，尤其对具有右胁肋胀痛、腹胀乏力等症状明显的中重度脂肪肝疗效卓著，明显优越于现有之药物，且无毒副作用，颇受患者的信赖与好评。该项目市场前景广阔，因超重及肥胖人群日趋增多，脂肪肝与日俱增，且药源丰富，成本低，该项目批量投产，颇具社会与经济效益。愿与有诚意的厂家联手开发，或许可转让，条件（待商另议）。

该所是集科研医疗于一体，是脂肪肝、胃肠病特色专科。其行医理念是：医乃仁术，诚信为本；患者至上，疗效第一；自主创新，专利药品；系列中药，注册药品；跟踪随访，医患和谐。多年来，治愈了大量久治不愈的脂肪肝及胃肠病患者，深受群众的赞誉与好评，并得到有关部门和媒体的广泛关注。其业绩载入《辉煌的中国医药事业》、《世界医学界名人录》等10余部典籍，并荣获“中华名医”、“吉林省优秀专利发明人”、“2004年世界知名人士”、“首届全国中医师创新科技人才”、“吉林省专交会优秀成果奖”、“世界生产率（中国）科学成果奖”、“中国特色医疗突出贡献奖”、首届全国优秀民营中医医疗机构表彰大会上，该所与其本人榜上有名。崔兴中所长在国家发行优秀医疗卫生工作者个性化邮票名列其一。

金日光教授

1956-1960 东北人民大学（现吉林大学）本科及四年制副博士研究生毕业
1961年至今 北京化工大学历任助教、讲师、副教授、教授、博导。

材料科学与工程国家一级学科首席科学家、校学术委员会主任；美国Case大学、日本东京理科大学兼职教授；
中国化工学会、中国力学学会共建的中国流变学专业委员会副主任，中国复合材料学会副理事长兼学报主编；
第七届全国政协委员；第八、九、十届全国政协常委；中国和平统一促进会常务理事；中华环保联合会常务理事。

获国家科技进步二等奖两项，国家发明三等奖一项，国家科技进步三等奖一项。

近二十年来从事生命科学中群子统计力学的研究工作，着重运用第四统计力学来研究中医药学理论的当代科学涵义。

金日光教授不认同把中医药学理论和治疗说成是“非科学”的，但不否认目前确实存在一些问题值得深思：

一是按照现代医学体系很难理解中医药学所用的抽象的哲学语言和其所含的科学真谛；二是随着西医大局的发展，不少中医向西医靠拢，放弃中医之辨证治疗的原则；三是一些中医学界人士认为不必要搞什么中医药学理论的现代化，认为当代化学、物理、生物学理论的引入只能衰弱中医学传统理论的原貌。

对于这些学术争鸣，金日光教授专著了 《当代中医药生命动力学》一书，由上海科技出版社出版发行。又在2007年全国政协第十八次常委会专题会上作了题为《从当代科学角度看准中国传统文化和哲学最灿烂的精华——易经的8341规律》的发言。还在《科学中国人》中进一步用群子统计参数定量地诠释了五行学说和腑脏表里学说以及它们之间的定量关系，并用胚胎学的理论来进一步论证了肺—大肠、心—小肠、肝—胆、脾—胃、肾—膀胱之间表里关系的成因。还用生命动力源的分布定量地考察了大肠癌、糖尿病、肾炎病的成因。

金日光教授还提出了高能态纳米级生命动力源活性水对人类健康长寿的重要意义。

柯亨方

柯亨方，男，1943年7月出生，陕西省商洛市商州区人，现任西安市未央区谭家街道团结村卫生所副所长。

早年考入长安大学(三校合并前身西安工程学院、西安地质学院)，1966年毕业后供职甘肃省地质局系统，长期从事野外科学考察工作，曾全程参加过1975年组建的西藏多学科综合科学考察。

柯亨方系明•清医学家柯琴世医家族后代，因家传而研习中医药科学五十余年，在中医药学术认知方面有个人见解。柯亨方认为，中医药的特色和优势是效法天地自然，采用纯天然药物。他在一次学术研讨会发言稿中说：

首先，为“5．12”四川汶川地震中遇难的同胞们祈祷：愿遇难同胞的灵魂得以安息！

身为科技工作者，特大天灾给人民生命、财产造成重大损失，心理上有一种愧疚和自责感。诚然，地震灾害是一种不可抗拒的自然力因素，但是，面对地震灾害的惨景，不能否认现代科学有时候显得既无奈又无力的事实。科技工作者的灵魂被剧烈撞击。现代科学必须对“单一模式”进行反思。中医的“天人合一”观，体现了尊重自然规律的科学思想，值得科学工作者借鉴。

李乘伊

北京乘伊医学研究院

李乘伊来自山清水秀、地杰人灵的四川省米易县，有着彝族血脉的他1973年出身于武术中医世家，自幼耳濡目染，深得祖传中医精髓，在中学时期就可为师生诊治病情，小有医名，甚至课余时间常有邀诊。他曾就读于成都中医药大学，深造5年毕业。在成都军区八一骨科医院、中国人民解放军总医院(301医院)进修深造并获得博士学位。后又师从于新中国中医事业奠基人之一、卫生部首任中医局局长、中医泰斗吕炳奎先生。医学素养和医术得以达到新的境界。另外，他在中华气功、传统养生之道方面也颇有造诣。多次应邀出国参加世界传统中医学术交流大会。

悟性甚高的李乘伊走遍祖国名山大川，遍访名医，集众家之长，博览古今医学文献，经过多年潜心研究，结合自己积累下的宝贵经验，在传统针灸推拿手法的基础上摸索出一套独特的推拿点穴手法“乘伊透穴疗法”。创办了北京乘伊医学研究院。

杨康庆

腾冲县崇仁诊所(杨康庆诊所)

杨康庆出生于中药之家，清末民国初年，其父亲杨大纯创办崇仁大药房，经营得法，颇有声名。1955年，大药房实行公私合营。

杨康庆1959年考入云南中医学院，1963年毕业后一直从事临床工作，曾任副院长、院长等职。1988年，杨康庆离职创办了崇仁诊所，现已二十余年，诊所初具规模，设有B超室、化验室、观察室．药房、药库。主要从事疑难杂症的研究治疗，擅长治疗小儿常见病、脑拴后遗症、急慢性肝胆胰脾疾病、腮腺炎、带状疱疹、不孕症、肾结石等。

杨康庆现任腾冲医药分会副会长，中国疑难病研究协会常务理事、副会长，腾冲医疗保健康复指导中心主任。

自创特效处方十余个，痔疮特效药膏已申报专利，批复后将面市，健康养生茶现已交腾冲高黎贡山茶业有限公司生产。

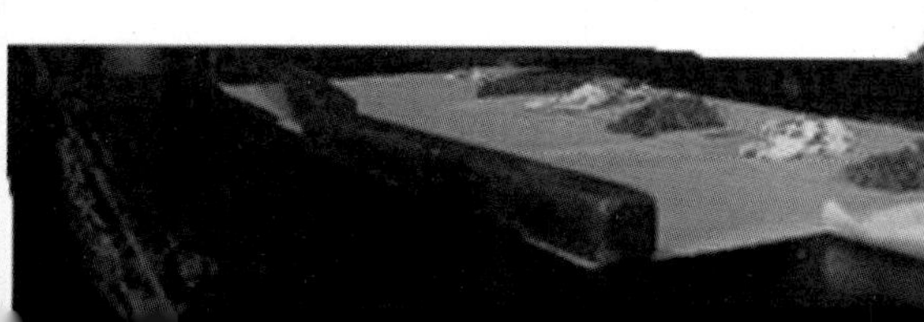

让慢性病患者康复
健康的更健康

项目持有人、联系人：
罗远怀

联系电话：
028—88996192
13908206718

E-mail:
yuanhuailuo@tom.com

世界卫生组织提出，健康不仅仅是没有身体疾患，而且要有完好的生理、心理状态，良好的社会适应能力，才能称得上真正的健康。

人体生理医学的健康是人体内环境与外环境的整体统一。凡是能够影响机体内外环境改变的因素，都将会对健康产生一定程度的影响。所以，人要得到健康需要诸多的健康行为要素的互动。只有拥有健康，才有将来，才有幸福，才有快乐，才是最佳的节约。

患病是每一个人都不愿意的，为什么很多人又难于避免疾病？这关键在于人没有按照健康行为要素维护好人的健康正常值标，而是任意的、放纵的透支健康造成得病。

根据病理学，人得病是不可避免，康复必须要找准生病的机理与原因。科学研究证明，由于不科学的生活方式造成的高血压，冠心病，中风等，心脑血管疾病和糖尿病及各种癌症等“生活方式”病严重威胁人类健康和生命。

如何让慢性病患者康复，健康的更健康？我们从现在启动推行“得康”营养养生健康管理行动，引导培育“135”健康行为来解决这些问题。

“得康”营养养生健康管理行动具有丰富的函义：“得康”营养养生健康管理行动紧紧围绕着一根红线——人体健康的正常值标的维护，促进健康长寿。它具备了自主创新的“231”营养养生健康管理理论体系（“两学说，三理论，一方法”）；引导培育人们实现维护好人体健康的正常值标的“135”健康养生行为（“一维护，三行动，五要素）。

维护好人体健康的正常值标：

1、关键在于提供给人体合理平衡的膳食营养。

解决这一课题，持有自主创新《人体得康营养学》研发的“得康”营养配伍膳食品及其配制方法的发明专利技术成果；

2、如何依据人的生物钟进行自身的养生要素；

3、人的健康是靠养生积累，如何做好自身的健康储蓄，依赖《人的养生五步曲是健康长寿之基》，《营养养生健康管理》，《健康的储蓄与投入管理》的理论指导；

4、处于“亚健康状态”，“慢性衰退性疾病”，“富贵病”等患者康复需要进行专业的健康管理与坚持修复，是按照《人体生理医学》要求进行修复。

只要通过上述的营养养生健康管理的过程步骤，达到充分发挥人体生理的吸收功能，按照人体生理生存的正常需求提供所需的合理平衡膳食营养，提高人体自愈能力；依据人的生理生物钟进行有规律的生活；注重人体内血液体液的循环与道的畅通与排泄，及时将体内的代谢产物排除体外，增强人的新陈代谢能力；注重对患者辩证分析，找准机理，对症施治修复康复生理功能。启动推行“得康”营养养生健康管理行动，引导培育“135”健康养生行为，能达到让慢性病患者康复，健康的更健康。

纳米虫草肽

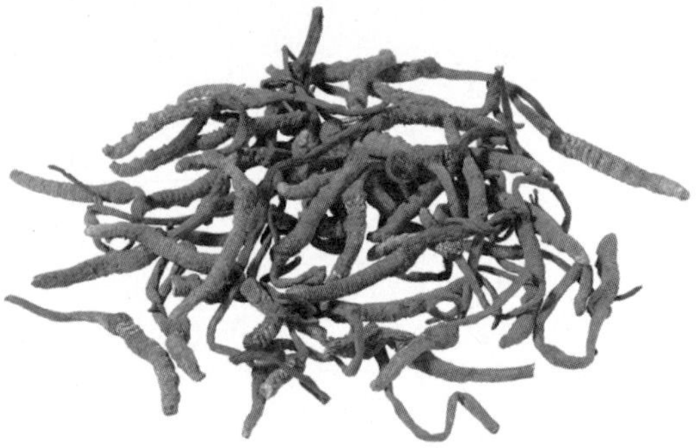

常州市创新生物技术有限公司
常州大康保健药品有限公司
地址：常州新北区科四路38号　　邮编：213022
董事长：钱康南　13906111498
TEL：0519-85199810　　FAX：0519-85136056
E-mail:czdk@hotmail.com

常州市创新生物技术有限公司、常州大康保健药品有限公司钱康南博士发明“虫草多肽制备方法和应用”（ZL200510040961.6），和“纳米虫草粉的制备方法和应用”（ZL200310106417.8）专利技术生产的蚕蛹虫草，蛋虫草经分子蒸馏分离脱脂后，将大于60%的优质虫草蛋白粉经特定的酶解生物工程提取精制得到。这种水溶性多肽蛋白质＞50%，多肽＞48%，虫草素3～8mg/g，腺苷2～3mg/g（比冬虫夏草药典标准高10～100倍），虫草多糖4～10%，虫草酸（甘露醇）＞10%，其他活性物质，天然维生素，微量元素营养价值极高，无抗原，无副作用。由于多肽分子小，易吸收，在微量和低浓度的10-9至10-12mol/L情况下都能发挥其独特的生理作用。

在21世纪第三届国际医药发展大会上，钱教授发明专利“纳米虫草肽制备方法和应用”荣获国际医学金象奖和证书，授予世界中医药科技学院传统医学博士学位证书。钱教授认为：纳米虫草肽这项创新技术已经能实现产业化，因为它首先具有一定规模的市场需求，着眼于人们需求而进行产品的开发设计，注重把产品与健康产业紧密结合，并强调产业化的生产制造。公司与国外集团和常州创新生物技术有限公司合资投资1亿元，2009年计划年产50～100吨纳米虫草肽等供应国内外市场。

随着公司虫草多肽、冬虫夏草菌粉、纳米虫草肽、灵芝孢子肽、纳米膳食纤维、姬松茸和灰树花等系列产品在国内外首先创制成功，也将带动其它各种名贵药材的纳米化。原始的中草药，国外称为草根团，也随着纳米化生物提取的实现，提高了质量标准化进程，使中药走向世界有了新的出路，推动我国纳米粉体中药走向世界和中药现代化的创新及成果转化，促进纳米科技产业发展进程，促使纳米科技中药产品尽快实现其市场价值。

濮阳县来运风湿类风湿研究所

濮阳县来运风湿类风湿研究所王来运早年先后到郑州、济南的医学院校进修和接受培训，得到了数十位专家授教的精心指导。学有所成以后回到家乡，一边为村民治病，一边从事医学研究，先后查阅苦读了《本草纲目》、《伤寒杂病论》、《黄帝内经》等400多部古今中外医学名著，书写了数百万字的读书笔记。

少年时期的王来运，曾目睹了家乡类风湿病患者因为贫穷、缺医少药致残致死的悲惨情景。风湿、类风湿中医学称痹病，世界医学界公认为“二号癌症”，在我国中原地区患者发病率15%，东北、西北的高寒地区发病率达30%以上，每年因此病造成的直接经济损失达20多亿元。

经过10多年的探索和完善，王来运终于试制成功了“伸筋活络丹液”，并申报了国家发明专利。它对于风湿所致的全身关节肿大疼痛、关节变形、筋缩短、肌肉萎缩、上肢不举、下肢瘸拐等病症，均有较好的疗效。

王来运1996年4月获中国发明专利权以后，开始筹建研究所和专科医院。他的计划是：医院建成后，将在北京、上海、天津、濮阳、郑州等地开设分诊部，以方便异地患者治疗。

泰兴市乔氏疗法中心

泰兴市乔氏疗法中心仅是200多平方米，16张治疗床的理疗性单位。中心主任乔纯礼凭着对中医药的热爱和敢于攀登科学高峰的精神，10多年来坚持不懈地在治疗颈肩腰腿足痛方面深入研究，用中药外敷法结合远红外深透法治疗以上疾病，不仅疗效优于其他治疗方法，还具有治疗中无痛苦，愈后不易复发等优点。近年来又用此疗法治疗强直性脊柱炎，类风湿关节炎。经过本门诊治疗获愈的患者说：“用我们的体会支持你。”

网址：www. doctorqiao. com
电话：0523—87656759
地址：江苏泰兴市长征路福泰楼109号
传真：0523-87652656

陕西刘氏圈疗推广中心

陕西刘氏圈疗推广中心是经陕西省科技厅特许批准的以研究开发、培训推广、咨询服务为主旨的，以刘俊岑圈疗成果为基础的，以圈疗特色产品及圈疗独特体系疗法为中心的推广机构。下设研发部、培训部、理疗部，以原陕西省人民医院院长，现陕西省卫生管理研究所常务副所长、教授施文海先生为学科带头人，搜集、整理刘俊岑老先生的特色疗法理论和圈疗产品体系。先后在国内有影响的杂志上发表论文数十篇，并即将出版《刘氏圈疗保健养生手册》一书。研究所目前是刘氏圈疗之圈疗法、香疗法的权威培训机构，已为全国各地输送圈疗技师数千人。其下属的陕西凯兴中药饮片有限公司，以陕西丰富的中药材资源为依托，以保护中药材传统炮制方法，奉献地道药材于大众为己任，并率先在西北取得中药饮片ＧＭＰ认证企业资格，成功推出三百多种优质中药饮片并出口韩国、日本、台湾等地，其拳头产品当归、熟地、柴胡、黄芩、丹参等已可批量供应，其在陕北三千亩、陕南六千亩的药材种植基地充分保证了药材的优质和高效，更有效的确保了妇宝宁等圈疗产品的优质原料来源，形成了集饮片药材种植、加工为一体的绿色产品基地。以圈疗研究所研发、培训、售后服务为技术支持，以推广中心为全国连锁传承机构，普及和推广刘氏圈疗疗法和系列产品，让更多的患者能够充分享受到刘氏圈疗的无穷魅力，还你一个健康的体魄和一个乐观的生活姿态。

陕西刘氏圈疗研究所

西安凯兴工贸有限责任公司

陕西刘氏圈疗推广中心

陕西凯兴中药饮片有限公司

刘氏圈疗保健养生堂全国连锁加盟店

太极神灸　助你健康长寿

太极神灸系列灸品，由江苏泰州市灸疗技术研究所、太极灸疗用品有限公司研制，问世近二十年，经数万家庭应用，不断接受反馈，精益求精，更上一层楼。其总结继承，创新之处在于：

一、确立人体“凡阴阳之要，阳密乃固。”即阳主阴从，所谓阴阳平衡是相对的，暂时的，不平衡是绝对的，持久的，生命活动就是阳气的生、长、旺、衰，绝的过程。当以阳为纲。扶阳——健康之本——就是使机体之间的调节功能、系统免疫功能，通俗讲就是人体自愈功能，向生命运动和谐之极限演变。

二、艾灸，是扶阳养生，祛病强身，最简便、有效、经济且可全面普及和推广的疗法，将为提高民族乃至全人类的体质作出贡献。

本产品对沿袭至今的传统原始操作方法及灸用材料兴利除弊，主要之点：

- 施灸操作变人力为轻便器械。本品可在衣被内随身、随时、随地全天候施灸；
- 灸热利用变漫散灸为聚能灸。本品热利用率提高三倍；
- 施行环保灸。艾灸烟雾是有灸作用的，防火灰烫伤，安全施灸；
- 科学取穴，独取神穴为主要首选。

关于灸穴：脐称神阙穴，脐周八廓为《周易》所称八卦部位，天然联通着人体所有脏腑、部位，古称人之小太极，与天地大太极相应。现代脐全息理论亦印证了其揭示的内在规律，认定脐是人体最大（高）信息元，是体内高级信息元，是体内高级调控系统，也是各经脉的母系统，故拟称之谓“神穴”简明易懂，易找寻，对普及灸法有益。

一元八卦、九穴同灸、量足力宏

临床证明：热感快捷，首为胃肠蠕动明显加强，热敏传导，自然产生，或热流或脉冲式跳动，受灸者身感体受，增强信心。各种慢性病、难治病都可按中医理论所配手册图示辅以配穴坚持久灸，适应疗程长的需要。

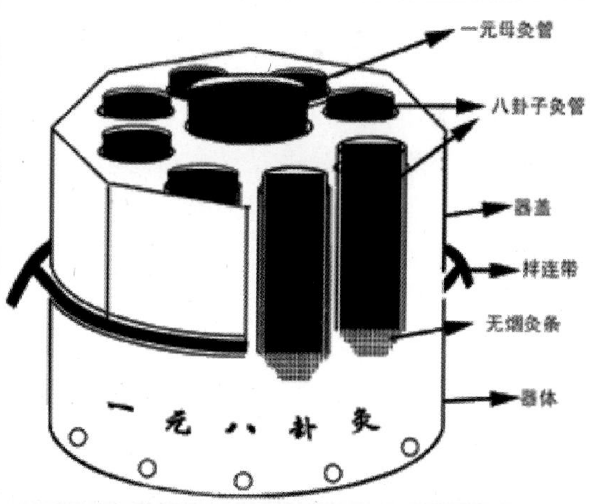

我们殷切希望各地同道、共识同仁以及患者给予临床验证，以检测数据、症状改善程度证实效果，三月无效者免费，接受广泛的实践检验，以达到共赢。

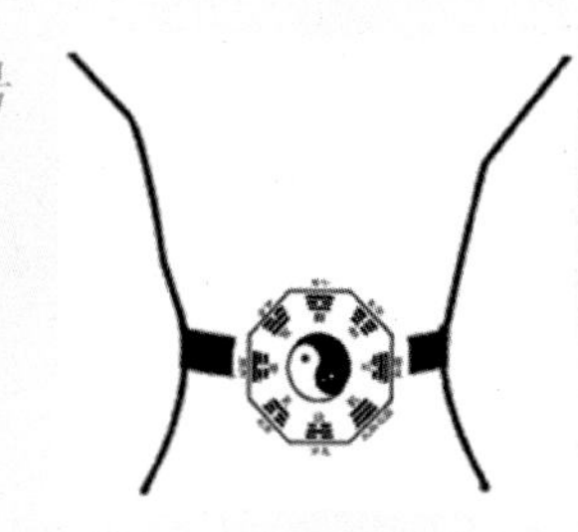

天津中医药大学第二附属医院

医院地址：天津市河北区真理道816号　　邮编：300150

天津中医药大学第二附属医院坐落于天津市河北区，位于海河北岸，成立于20世纪60年代初期，是一所以中医、中西医结合为特色的集医疗、教学、科研、国际交流于一体的三级甲等医院。医院占地面积20311平方米，建筑面积24860平方米，编制床位504张，固定资产7242万元，流动资金4744万元。

医院现有职工834人，拥有硕、博士生导师44人，教授、副教授27人，享受政府特殊津贴专家8人，天津市名中医3人，副高以上职称人员142人，硕、博士学位人员76人。

医院拥有教育部重点学科一个--中医内科，拥有国家中医药管理局重点学科一个--中医妇科，拥有国家中医药管理局重点专科三个--妇科、呼吸科、脑病科，通过国家中医药管理局三级实验室验收，是国家药监局药品临床试验基地，拥有市级卫生系统重点专科专病四个--呼吸科、心血管科、脑病科、糖尿病足专科，研究机构三个--天津市呼吸疾病研究所（三部）、天津市中医肺科治未病重点研究室、天津市中医药生殖健康重点研究室。

主持和承担国家“973”计划、“863”计划、国家科技部“十一五”支撑计划、国家自然基金等各级课题，近年获科研基金支持1500万元。

世界中医药学会联合会妇科专业委员会挂靠在我院。医院担任各级中医、中西医结合学会主任委员、副主任委员、秘书长、副秘书长、常委、理事共计50人。

二附院遵循“承担社会责任，一切服务病人，打造一流学科，培养卓越人才”的办院理念，坚持“以病人为中心”的服务宗旨，经过几十年的发展，已拥有临床科室32个，具有特色中医治疗60余项，形成以中医妇科、呼吸科、心血管科、脑病科、临床药理科为重点，集中医、中西医结合治疗为特色的三级甲等医院，服务范围越来越广，包括河北区、河东区、东丽区、北辰区、滨海新区，并辐射到华北地区，服务人口近200万。2008年医院预计实现收入近两亿元。

医院做为天津市高校临床教学基地，拥有博士学位授权点3个，硕士学位授权点6个，每年培养硕、博士生100余名，本科实习生、见习生及留学生约360人。

医院拥有先进的医疗设备，磁共振成像系统、快速成像螺旋扫描CT机、彩色多普勒、CR-X光机、全自动生化仪、呼吸机、血液净化设备等，用于医疗、教学及科研，设备总值5600万元。

赖钦辉

赖钦辉，男，1957年8月出生，籍贯广东省普宁市，汉族。普宁市里湖中心卫生医院骨伤颈腰专科医生。

出生于中医世家，二十世纪80年代从医，1986年至今主要从事中医骨伤科临床工作。世界骨伤科联合会会员。中国国际特色医师网专家委员，中国医师网健康顾问副主任委员。

长期从事颈腰椎病理论研究及临床工作，多年以来，本着对患者高度负责的态度，救死扶伤，在实践中积累了丰富的经验。

发表论文有《腰椎间盘突出症的中医治疗》，《针刀治疗神经源性膀胱》，《针刀为主综合治疗腰椎间盘突出症800例临床分析》等。个人业绩入编《世界优秀专家人才名典》（中国国际交流出版社）；《中国针刀医学名医录》（中国针刀医学杂志社、中国针刀医学网、北京汉章针刀医学研究院编辑），入编《中国特色药学大典》（中国中医药出版社出版），《走向世界经济中心的广东》（广东省委宣传部、省医学会、省政协编辑、广东经济出版社出版）。曾受到市电视台《人物采风》专题采访报道。

许红征

河北石家庄新闻单位的退休干部，笔名许诺。

10年前由于失去健康而自学中医，主要从事养生保健方面的研究。通过学习中医理论和古今医学界名家名著，结合自己的切身体验，有了自己对中医中药的理解和实践，研究总结出4个个人经验保健饮品。

现为中国发明协会会员（会员编号:0001198）、中华中医药学会会员、中华中医药学会亚健康分会委员、中国药膳研究会会员、中国保健协会会员。

个人资料编入《中国当代发明家大辞典》第二卷。同年被中国中医康复医疗保健工作委员会聘为首届专家。2007年 11月26日，参加了中华中医药学会、广州中医药大学、广东省中医药管理局共同主办的“第三届著名中医药学家学术传承高层论坛暨首届传承高徒奖颁奖大会”，本人撰写的《救治于后，不若摄养在先——我对食物养生的认识与研究》一文入选《第三届著名中医药学家学术传承高层论坛论文集》“新思路“部分。2007年11月29日参加了由中国发明家协会举办的“第二届中国发明家论坛”。

用文化建设的软实力
促进我院的可持续发展

——岳阳市中医院　向明波

我院建于1958年，2005年12月拆迁重建，2008年8月新院竣工试运营。新院建筑面积37000平米，病床500张，设临床科室18个，功能科室8个。有职员412人，其中主任医师10名，副主任医师55名。年门诊服务14万人次，年出院病人7000余人次，是中部地区一所普通地市级中医院。面对医疗行业经营环境的剧变与发展趋势，我院直面挑战，坚持"突出中医特色，发展重点专科"，几年来，走出困境，取得了长足的发展，探索了一条用医院文化建设的软实力促进中医院可持续发展的新路子。

1、建设精神文化是发展医院的客观要求。

1978年以前，我院发展和谐平稳如常。2002年底，全市中、西医院显现"一家欢乐一家愁"的格局。作为处于竞争劣势的中医院，如何因地制宜，奋发有为，是摆在新调整的领导班子面前的最大课题。新班子进入"情况"从"医院发展大讨论动员大会"有序展开。经过了解和思考，大家认为，在医疗机构面临新的经营环境和自身变革的要求下，一定要调整战略和行为，建立"适者生存，与时俱进"的医院文化，要在医院及其全体员工形成共同信奉和付诸实践的价值理念，职业道德和行为规范，要求对医院经营决策中有关全局性、长远性和根本性的问题作出规划，并解决我院未来发展方向和价值取向的问题。对这些问题的探索和回答，也就解决了医院走什么路，举什么旗的问题，也就是医院文化建设需要研究和解决的问题。

2、升华精神文化要务实起步，导向超前。

有了明确的态度以后，我院文化建设迅速推开：首先取缔7家联合科室，终止一切短期行为；其次，组织VI设计，统一视觉系统；再次，进行经营战略SWOT分析，提出抓住三个机遇：党和政府支持中医药快速发展的机遇；人民群众对中医药健康需求增长的机遇；医院面临整体搬迁新建的机遇。瞄准三个目标：努力创建全国重点中医院；努力经营三湘一流地市级中医院；努力兴办群众满意的三甲中医院。用超越现实的愿景和目标去凝集人心。按照"观念决定战略，战略决定战术，战术决定计划，行为决定结果"的思路和逻辑，医院制定和完善了精神文化、行为文化和物质文化三大内容。确定我院的核心价值观为："一切以顾客为中心"；医院的宗旨："顾客的生命、健康和满意高于一切"；医院院训，"团结、奉献、务实、创新"。统一了经营理念，专科建设理念，服务理念等经营价值观、职业价值观和管理价值观，创作了具有我院特色和精神的院徽、院歌等。

3、坚持医院主导精神文化建设，由浅入深由表及里。

医院文化建设是一个长期积累和复杂形成的过程，但没有起步，就没有深入。在文化建设的过程中，我们注意到医院文化除了受社会文化影响外，还在很大程度上受到医院内部传统文化的影响和非正常组织的影响。比如当初提出现代名医理念、营销理念就遭到极少数人的反对。医院组织学习和考试《医疗服务营销技巧》，有的不以为然，内心抵触。针对上述情况，医院一方面宣讲管理理念，临床导向，员工为本，管理自下而上；另一方面强化执行力理念，态度是关键，服从是前提，沟通是手段，要求快速反应，立即行动。坚持医院主导文化建设，凡是遵守共同价值观念的行为将得到赞扬，而破坏共同价值观的行为将受到惩罚。以此长期坚持，形成"我院的事就这么办"的心智模式，培养全院员工对人、事、物相对统一的"看法"，相对统一的好恶及情绪反应，相对统一的实际行动和反应。

用精神文化的凝聚功能增强医院的团队合作力，以及由此引入的战略与措施，转换了全员理念，推动了医院的变革；提高了全员素质，培育了团队精神；规范了医院行为，打造了品牌形象，提供了是非、正误的判断原则，增加了全员同志的归属感、荣誉感、使命感和团队合力。

“张胜利养源粉”

地址：河北省保定市望都县梁家屯村村南
电话：0312-7839016 0312-6171716 传真：0312-7839061 手机：15076442561

“张胜利养源粉”由河北省保定市望都县中医世家长寿秘方当代传人张胜利奉献给社会，造福于大众。“张胜利养源粉”经国家相关部门检验，得到了营养学专家的高度认可，并获得了国家发明专利申请受理号：200810001818.x,申请注册为“张胜利”牌“张胜利养源粉”。“张胜利养源粉”顺利通过了国家权威机构的检验，获得了食品卫生许可证和国家QS质量安全生产许可证。

古代药王孙思邈说：“药疗不如食疗”，食用“张胜利养源粉”具有以下十个方面的作用：

一 、“张胜利养源粉”营养丰富。1、营养成份含量全面、均衡，呈弱碱性。2、此秘方配比要求非常严格，一味也不能多，一味也不能少，各味之间的比例既不能增也不能减。 3、生产工艺要求也非常严格。

二 、人有五脏六腑，食有杂粮五谷，人若缺少一脏一腑就会失去生命，食若缺少一粮一谷就会失去健康。“张胜利养源粉”完全符合中医五谷补养五脏、五色补益五脏的食疗文化；因此长期食用“张胜利养源粉”，就能达到五脏同补、五脏同调之目的。

三 、“张胜利养源粉”中巧妙的配以黑木耳、白木耳，对心脑血管有一定保健作用。

四、蛋白质含量丰富。其含量接近于牛肉蛋白质的含量，并且是完全蛋白质，成人八种、婴幼儿九种必需氨基酸齐全、均衡。“张胜利养源粉”中加入了含有丰富赖氨酸、色氨酸和蛋氨酸的蘑菇、枸杞子、芝麻后，这时组成的蛋白质就是完全蛋白质了。

五、钙脂含量丰富。经河北省权威部门检验，其钙含量比牛肉高40倍之多。所含的钙元素完全是天然的钙元素，易于人体消化吸收。张胜利养源粉中含有补肾的枸杞子、山药以及维生素D、脂肪、氨基酸等。

六、“张胜利养源粉”中科学的加入一定量的海带。日常食物黄豆和豆制品虽对人体有一定益处，但也存在着一定的缺陷,如黄豆中的植酸影响人体对铁、锌的吸收，黄豆中的皂甙类有机化合物能使人体内的碘造成流失，影响人的健康，海带就能非常完美的解决黄豆和豆制品所存在的弊端。因此吃豆类和豆制品时应与海带同时食用。

七、“张胜利养源粉”中所含有的脂肪完全是植物性脂肪。脂肪含量较低，且不含动物性脂肪也不含胆固醇。所以能有效地从饮食方面预防肥胖症的发生。这样既解决了长期食用素食的人群脂肪缺乏问题，又解决了长期食用肉食人群脂肪严重超标的问题。

八、解决了一个人们长期食用精粉和豆制品，而把含有丰富B族维生素的麦麸和提高人体免疫力、代谢功能的豆渣和玉米胚芽扔掉了的问题。中医认为粮、豆的皮为阳，皮内为阴，阴阳平衡就能健康，反之就是疾病。该食品中使用的粮、豆，均是全粮全豆，完全符合中医阴阳平衡理论。

九、“张胜利养源粉”中加入了一定量的蘑菇等食用菌类，这对全面提升人的身体素质是有很大益处的。现代医学表明，双孢菇对病毒性疾病有一定的免疫作用。中医认为，该菌味甘平，有提神、消食、平肝阳等作用。

十、“张胜利养源粉”呈弱碱性，长期食用对人体体液PH值达到7.35至7.45具有非常重要的作用。

“张胜利养源粉”适宜人群：老少皆宜，更是心脑血管病、肥胖症、糖尿病患者理想食品。慎用人群：对蘑菇、黑木耳、白木耳等食用菌类过敏者慎用。

企业简介：望都县大利农副食品加工厂投资300万元，厂房面积900平米，近期将更名为保定市利禾食品有限公司。该公司工艺先进，从精选配料到包装成袋均采用一条龙流水生产线自动完成。

企业文化：质量安全重于泰山，诚实信誉至高无上。

企业理念：不图赚钱，只为奉献；众人健康，我的心愿。

脑血管病的防治

脑血管病的形成过程（先天脑血管病，占位性脑血管病除外）可分为这么几个阶段：高血压\高血糖\高血脂(初始病因)→脑动脉硬化脑血栓形成及斑块(终端病因)→脏府损伤\体质下降(对脑血管的损伤)→在外因作用下（情绪波动等）突发脑血管病。

高血压：初期高血压本身是没有生命危险的，只是长期血压高损伤各脏府器官及血管，以致高血压危症。高血压损害的脏器，主要包括心脏、脑、肾及血管等。所以必须把血压控制在正常范围内，减少对机体的损伤。

高血糖：糖尿病会加快动脉硬化，损伤心脑肾血管，容易导致脑血管病发生，应严格控制血糖，减少危害。

高血脂：容易造成“血稠”，在血管壁上沉积，逐渐形成小斑块（就是我们常说的“动脉粥样硬化”）。这些“斑块”增多、增大，逐渐堵塞血管，使血流变慢，形成血栓，严重时血流被阻断，所以必须经常降脂溶栓，疏通血管，延缓动脉硬化，防止血栓形成。

脑动脉硬化与脑血栓形成：是以上三高的产物，也是脑血管病必存病因。所以防治脑血管疾病中，需控制首要病因，预防最终病因，才是防止脑血管病的根本。而预防脑动脉硬化与脑血栓形成是防治脑血管病的关键。

综合上述脑血管病的三大致病因素，首先是损伤血管，使血管失去正常弹性，血栓形成，血流受阻，影响脏府供血，使之功能减退，甚至缺血灶变性坏死，以致部分功能无法恢复，如腔隙性脑梗塞等。

重庆骑士医院

重庆骑士医院位于重庆市江北区大石坝，是一家集医疗、教学、科研为一体，将传统医学与现代医学相结合的大型现代化综合性民营非营利性医院，是西南地区规模较大、档次较高、技术力量较雄厚的疑难病诊疗机构。该院因其发明的治疗疑难病方法，获得第三十九届布鲁塞尔尤里卡世界发明博览会金奖和骑士勋章而得名。

该院原系中国人民解放军八一骑士重庆专科总医院，由著名改革家、发明家、实业家、慈善家、疑难病专家，国际骑士勋章获得者唐维礼先生于1988年创建，2002年通过ISO9001-2000国际质量体系认证；是重庆市医保、工伤、生育保险、城乡合作医疗等定点医院；是重庆市120急救网络医院，重庆市交通事故绿色救助医院。先后获得“中国优质服务明星医院”，“西南地区百城万家质量保证定点单位”，“创名牌、保质量、重信誉定点单位”，“百佳医院诚信单位”，全国医疗行业“百姓放心、政府满意，百佳和谐”医院等殊荣。2008年12月，在中国改革开放三十年成就大典上，重庆骑士医院又被评为“中国改革与创新示范单位”，唐维礼院长同时荣获“中国改革开放30年医疗行业功勋人物”称号。

该院医疗建筑用房面积5万多平方米，其装饰风格吸取了国内外星级酒店、国内大型三甲医院的优点，环境优雅，布局合理。拥有500张温馨病床，2000m²层流净化手术中心和4000m²制剂中心；开设普外、脑外、胸外、肝胆、骨创骨病、肛肠、妇产、整形美容、呼吸、消化、心脑血管、脑病癫痫、小儿、精神病等30多个特色诊疗专科及疼痛康复、介入、血液治疗、核医学等20多个治疗部；拥有螺旋CT、进口彩超、动态心电图、动态脑电图、全自动生化分析、超声刀、利普刀、腹腔镜、宫腔镜、前列腺汽电切镜、电子胃镜、电子肠镜、膀胱镜等百余种现代化医疗设备。医院精英荟萃、人才济济，专家队伍多系军内外医学权威和优秀的专业技术人才，可组织施行包括颅脑、胸腹部、脊柱、四肢等各部位、多脏器的大中型、较高难度手术和各种疑难危重疾病的抢救与诊疗；并自主研发中成药制剂62个品种；先后获得军队科技成果一、二、三等奖；国家科技成果二等奖和三等奖。目前，该院已经建立起中央计算机网络系统，实行24小时中央监控、远程教学与会诊、电子处方、电子病历等全数字化管理。

建院20年以来，医院始终秉承“毕生捍卫患者的健康与尊严”的理念，坚持诚信为本，服务为民的宗旨，先后治愈了来自全国各地的疑难病患者数百万人次，被群众誉为“慈善医院”、“百姓医院”、“平价医院”、“信得过医院”等；先后有中央电视台、中央人民广播电台、人民日报、光明日报、解放军报等全国50多家新闻媒体对医院的辉煌成绩进行全方位的宣传报道。在建院20周年之际，唐维礼又提出了在全院广泛开展以“送温暖、送温馨、送温情”和“比素质、比形象、比技术、比服务、比效果”为主的“三送、五比”和“热心接待、用心倾听、耐心解答、贴心服务、细心诊断、精心治疗、留心随访、虚心改进、诚心惠民、衷心祝福”等“十心”服务活动，并坚持事事跟踪问效。全体骑士人正以饱满的热情，满怀信心地迎接新的发展机遇。